Wolfgang Eßbach

RELIGIONSSOZIOLOGIE 2,1

Wolfgang Eßbach

RELIGIONSSOZIOLOGIE 2

Entfesselter Markt und artifizielle Lebenswelt als Wiege neuer Religionen

Teilband 1

Wilhelm Fink

Bibliografische Information der Deutschen Nationalbibliothek

Die Deutsche Nationalbibliothek verzeichnet diese Publikation in der Deutschen Nationalbibliografie; detaillierte bibliografische Daten sind im Internet über http://dnb.d-nb.de abrufbar.

Internet: www.fink.de

Einbandgestaltung: Evelyn Ziegler, München
Herstellung: Brill Deutschland GmbH, Paderborn

ISBN 978-3-7705-5820-9 (hardback)
ISBN 978-3-8467-5820-5 (e-book)

Inhalt

Vorwort

Mit dem Erscheinen des zweiten Bandes *Entfesselter Markt und Artifizielle Lebenswelt als Wiege neuer Religionen* ist die Arbeit an der Religionssoziologie, deren erster Band 2014 erschien, beendet. Die ursprüngliche Absicht, die Teile ‚Glaubenskrieg', ‚Revolution', ‚Marktgesellschaft' und ‚Artifizielle Lebenswelt' in einem Band zu vereinen, erwies sich letztlich als nicht praktikabel. Hervorgegangen aus Vorlesungen, die ich unter dem Titel „Religion und gesellschaftliche Erfahrung" seit 1986 zuerst in Göttingen, dann in Freiburg gehalten habe, lagen schon umfangreiche Ausarbeitungen zum Teil *Marktgesellschaft* vor, als der erste Band in den Druck gegeben wurde. Bei der Überarbeitung dieses Teils konnte neuere Literatur nur in begrenztem Umfang berücksichtigt werden, zumal sich die Religionsforschung in den letzten Jahren eines enorm gestiegenen Interesses erfreuen kann, dessen Früchte kaum noch zu übersehen sind.

Konstruktiv und lehrreich für die Arbeit am zweiten Band waren die Diskussionen nach Vorträgen, in denen ich Konzept und Teile dieser Religionssoziologie nach Erscheinen des ersten Bandes vorgestellt habe. Dazu hatte ich Gelegenheit 2014 auf der Tagung des Freiburger SFB 948: *Sakralität und Heldentum. Zum Relationsgeflecht von Heroischem und Religiösem*; 2015 bei einer Diskussionsveranstaltung in Freiburg mit Richard Faber und Magnus Striet und im Rahmen des Exzellenzclusters *Religion und Politik* in Münster; 2016 in Basel im Rahmen des religionswissenschaftlichen Doktorandenkolloquiums Basel/Zürich und auf der Jahrestagung der Sektion Religionssoziologie der Deutschen Gesellschaft für Soziologie *Religionssoziologie und soziologische Theoriebildung* in Göttingen; 2017 im Rahmen der Interdisziplinären Konferenz *Narratives of Disenchantment and Secularization. Origins, Contexts, Transformations* im *Interfaculty Program for the Study of Religion* der LMU München; 2018 im Rahmen der Frühjahrstagung *Religion in Theorie und Praxis* der International Graduate School *Resonante Weltbeziehungen* in Erfurt und im Rahmen der16th Annual Conference of the European Association for the Study of Religions (EASR) *Multiple Religious Identities – Individuals, Communities, Traditions* in Bern.

Hilfreich und motivierend waren die Rezensionen von *Religionssoziologie1. Glaubenskrieg und Revolution als Wiege neuer Religionen*, die Klaus Hock, Moritz Klenk, Andreas Mertin, Dirk Pilz und Monika Wohlrab-Sahr publiziert haben und insbesondere die in Kooperation der Sektionen Religionssoziologie und Kultursoziologie in der DGS und der DFG-Kollegforschergruppe *Multiple Secularities* von Heike Delitz, Kornelia Sammet, Uta Karstein und Clemens Albrecht organisierte Tagung *Soziologie wiederkehrender Religionen. Originalität und Relevanz der Religionssoziologie von Wolfgang Eßbach* an der Universität Leipzig im April 2018. Es war bewegend, eine solch wohlwollende Resonanz und Kritik zu erfahren, in weiterführenden Gesprächen zu lernen und vor allem zu hören, wie mit der vorgeschlagenen Religionstypologie weitergearbeitet werden kann.

Die stärkste und nachhaltigste Ermutigung, das Werk zum Abschluß zu bringen, habe ich von Christa Karpenstein-Eßbach erfahren. Sie war nicht nur die erste Leserin des Manuskripts, ihre ebenso neugierigen wie oft skeptischen Nachfragen waren ein Ansporn, die Thesen prägnanter zu formulieren. Und darüberhinaus gaben mir die abendlichen Diskussionen mit Christa, nach dem gegenseitigen Vorlesen unserer Texte oder Textstücke einen einzigartigen familiären und intellektuellen Rückhalt. Ihr ist dieses Werk gewidmet.

Mein besonderer Dank gilt denen, die sich die Mühe gemacht haben, Teile des zweiten Bandes vor der Drucklegung zu lesen. Axel Paul hat das Kapitel *Eine unheimliche Erfahrung* kritisch durchgesehen. Michael Hagner hat die Kapitel *Die Religion der Wissenschaft* und *Der Naturalismus* gelesen und mir wichtige Hinweise gegeben. Korrekturen und Anregungen zum Kapitel *Der Katholizismus auf dem Weg zur Marktform* verdanke ich Claus Arnold und Michael Ebertz. Wertvolle Hinweise zur Rezeption des Buddhismus um 1900 habe ich von Jürgen Mohn erhalten, und Helmut Zander hat den Abschnitt *Asiatische Religionsimporte* mit hilfreichen Korrekturen versehen. Hartmann Tyrell hat das Kapitel *Die Wissenschaften von der Religion* gelesen und für die Überarbeitung kritische und konstruktive Hinweise gegeben. Soweit es möglich war, habe ich ihre kollegialen Kommentare, Anregungen und Korrekturen aufgegriffen und in der Regel stillschweigend berücksichtigt. Ihr Sachverstand hat dazu beigetragen, das Buch von Irrtümern zu entlasten, und ich bedauere, daß ich nicht allen Anregungen so gründlich habe nachgehen können wie sie es verdient hätten.

Zu den studentischen Hilfskräften, die, vor Jahren beginnend mit Corinna Tröndle und Silke Trötschel, mir bei Recherche und Technik geholfen haben: Johanna Bichlmaier, Johanna Block, Kristian Donko, Katharina Henschel, Sophia Ihle, Nabiela Farouq, Lukas Fendel, Vít Kortus, Kai Löser, Anna Nedlin, Tobias Schlechtriemen und Madeleine Therstappen sei auch hier noch einmal gedankt. Nachfolgend haben Gottfried Haufe und schließlich vor allem Jonas Maier diese Arbeiten übernommen und mit Engagement und Verläßlichkeit zum Abschluß beigetragen.

Freiburg i.Br., im Herbst 2017
Wolfgang Eßbach

Notiz für Leser

Diese Religionssoziologie umfaßt zwei Bände. Der 2014 erschienene erste Band behandelt *Glaubenskrieg und Revolution als Wiege neuer Religionen*, der zweite Band: *Entfesselter Markt und artifizielle Lebenswelt als Wiege neuer Religionen* erscheint nun ein halbes Jahrzehnt später. Auch wenn an Konzeption und Plan, so wie sie in der Einleitung von 2014 entwickelt sind, keine Änderungen vorgenommen wurden, kann es hilfreich sein, auf Fragestellung, Theorie und Methode hier noch einmal einzugehen sowie die wesentlichen Resultate des *Ersten Bandes* so zusammenzufassen, daß der Fortgang der Untersuchung besser nachvollziehbar wird.

Mein Ausgangspunkt auf der Ebene elementarer Soziologie lautet: *Menschen machen Erfahrungen, legen sie sich zurecht, sortieren sie nach Schemata vergangener Erfahrung, bewerten sie als wichtig oder unwichtig, tauschen sie miteinander im Zwischenreich des Dialogs aus und motivieren und legitimieren so ihr Tun oder Unterlassen.* Handelt es sich um Erfahrungen, die sich im jeweiligen Horizont des Üblichen, des schon mal Dagewesenen bewegen, dann finden sich leicht brauchbare Schemata der Interpretation des Geschehens. Man weiß dann, was los ist: Ein Mensch wird geboren, die Ernte ist verhagelt, die Regierung hat einen Reformplan, es droht ein Krieg mit den Nachbarn – das sind Ereignisse, die im guten wie im schlechten erfreuen oder betroffen machen. Man könnte dies *episodische Erfahrungen* nennen. Dann gibt es aber auch Geschehnisse, für die sich nur sehr schwer passende Schemata aus vergangener Erfahrung finden lassen. Irgendwie entsteht der Eindruck von etwas Neuem, nicht recht Einzuordnendem. Wenn solche Geschehnisse andauern, breiten sich Unruhe und Ratlosigkeit und damit ein vermehrter Diskussionsbedarf aus. Diese Erfahrungen sind nicht episodisch, sondern epochal. Es sind dies *epochale Zeiterfahrungen*, weil sie über mehrere Generationen Thema bleiben.

Religion kann nun in den Schemata der Deutung episodischer Erfahrungen eine Rolle spielen. Dazu gibt es eine reiche Literatur, in der die Bedeutung von religiösen Orientierungen in den wiederkehrenden freudigen oder traurigen, belebenden oder gleichgültig hingenommenen Erfahrungen menschlichen Lebens oder seiner herausragenden existentiellen Momente untersucht worden ist. Eine episodische Erfahrung kann auch religiöser Natur sein, wie Berichte vom Erleben einer außerordentlichen Gottesnähe zeigen. Davon ist in dieser Religionssoziologie eher am Rande die Rede. Mein Hauptaugenmerk hat sich auf die Rolle der Religion im Zusammenhang ratlos machender, *epochaler Zeiterfahrungen* gerichtet. Wenn geglaubte Gewißheit ins Wanken gerät, wenn sich für das, was geschieht, keine passenden Interpretationen anbieten, wenn die Sinnressourcen knapp werden und sich eine anhaltende Ratlosigkeit ausbreitet, kommt es in vermehrtem Maße zu einer Wiederkehr, nicht unbedingt der Religion, aber des Themas Religion. Die seit Jahrzehnten anhaltende variantenreiche Diskussion über eine ‚Wiederkehr der Religion', die einsetzte, bevor gewalttätiger Islamismus die moderne westliche Welt zu erschüttern begann, ist denn auch der Anlaß für meine Forschung gewesen.

***

In diesen Debatten ist das Wort ‚Religion' ein noch schwierigeres Wort geworden, als es schon zuvor gewesen ist, und zugleich ist das große Deutungsmuster ‚Säkularisierung' undeutlich geworden, mit dem ein tragender Prozeß europäischer Modernität zusammengefaßt wurde. Die großen summarischen Bezeichnungen von Weltreligionen: Judentum, Christentum, Islam sowie Konfuzianismus, Hinduismus, Buddhismus reichen angesichts ihrer mehr und mehr hervortretenden inneren Pluralisierung nicht mehr aus, sich in der Vielfalt religiöser Phänomene zu orientieren. Was wußte ein durchschnittlich gut informierter Zeitgenosse vor fünfzig Jahren schon von der Diversität religiöser Strömungen im ‚Islam'? Es gibt kaum Gründe anzunehmen, daß diese globale Explosion der Wahrnehmung von Religion und Religiosität ein rasches Ende finden wird. Die Hoffnung, in diesem Horizont einen grenzsichernden Religionsbegriff für wissenschaftliche Zwecke zu fixieren, so wie es die Religionswissenschaftler um 1900 konnten, wird zunehmend geringer. Damals konnte z.B. Hermann Siebeck in seinem *Lehrbuch der Religionsphilosophie* weit ausholend von Religion als einer Ansicht sprechen, „die eine endgültige Bestimmung der Menschheit behauptet, gleichviel, ob sie dieselbe als ein innerweltliches oder überweltliches Gut und Ziel betrachtet, ob sie ferner dieses Ziel positiv als ein bestimmtes Gut oder negativ als den Wegfall eines dem Guten entgegengesetzten Momentes bezeichnet".[1] Man kann bezweifeln, ob ein solch kühner Zugriff heute plausibel zu machen wäre.

In dieser Religionssoziologie haben wir darauf verzichtet, mit einer allgemeinen Vorabdefinition von Religion zu beginnen. Denn die Versuche, Merkmale zu aufzulisten, die allen Religionen gemeinsam sind, haben in Sackgassen geführt. Der Verdacht, europäisch geprägte Religionsbegriffe der außereuropäischen Welt überzustülpen, ist nicht mehr aus der Welt zu schaffen. Wenn man eine Religionstradition als *vera religio,* sei es im Glauben oder als wissenschaftliche Definition auszeichnet, entstehen schwer zu handhabende Probleme. Entweder die Religionsdefinition ist, da sie ein Profil besonders auszeichnet, zu eng, und um sie herum wuchern allerlei nicht-echte Religionen, oder die Definition ist weitestmöglich gefaßt und verliert an analytischer Brauchbarkeit, sofern sie nicht ausgefaltet wird. Wir behandeln daher das Verhältnis von dem, was jeweils als Religion gehandelt wird, zu anderen gesellschaftlichen Phänomenen als Frage. Methodisch gewendet heißt dies: Überall dort, wo vergesellschaftete Individuen etwas als religiös bezeichnen oder unsicher sind, ob

1 Hermann Siebeck, *Lehrbuch der Religionsphilosophie,* Leipzig 189, S. 427.

eine Sache etwas mit Religion zu tun hat, wo darüber gestritten wird, ob es Religion ist oder nicht, setzen wir mit der Arbeit ein.

In der heutigen wie in historischen Gesellschaften werden bestimmte Phänomene als Religion oder als etwas Religiöses gehandelt oder werden mit Worten charakterisiert, die im semantischen Feld von Religion liegen: heilig, transzendent, göttlich, die letzte Instanz, die wahre Weltanschauung, das Unbedingte, das Absolute und wie die 1000 Namen Gottes, der Götter und des Göttlichen auch heißen. Aussagen in diesem Feld behandeln wir als „diskursive Tatbestände" (Joachim Matthes), als „sozio-rhetorische" Akte der Klassifikation (Russell T. McCutcheon), die in eine jeweilige „Ordnung des Diskurses" (Michel Foucault) eingebettet sind. Daß Akteure die eine Religion als wahre Religion und die andere als eine falsche behaupten, daß die einen die anderen als Atheisten oder Ungläubige bezeichnen, daß eine Transzendenz für die einen zu klein, für andere gerade groß genug ist und daß für die einen Nicht-Religion ist, was für andere doch sehr nach Religion schmeckt, all dies ist für uns nicht maßgebend, wohl aber empirisch bedeutsam. Denn: „Sobald jemand meint sagen zu können, was Religion ist und wie man Religiöses von Nichtreligiösem unterscheiden kann, kann im nächsten Augenblick jemand kommen und dieses Kriterium (etwa den Bezug auf den existierenden Gott) negieren *und genau dafür religiöse Qualität in Anspruch nehmen.* Denn was sonst soll es sein wenn nicht Religion, wenn jemand das negiert, was jemand für Religion hält?"[2] Unser diskursanalytischer Ausgangspunkt ist das Gesagte und Geschriebene. Denn die Tatsache, daß etwas gesagt und für wichtig gehalten wurde, um aufgeschrieben zu werden, ist schon für sich genommen ein eminentes Faktum, sei es eine Selbstbeschreibung oder eine Fremdbeschreibung von Religion oder Religiösem. Erst ein solch weites Blickfeld ermöglicht die Einbettung der Diskurse in die Horizonte von epochalen Zeiterfahrungen, die Individuen und Gruppen ratlos gemacht haben.

***

Wenn angesichts irritierender Zeiterfahrungen, die über mehrere Generationen hinweg als gravierend erlebt werden, ein vermehrter Diskussionsbedarf entsteht, so sind Diskurse von Intellektuellen eine ideale Quelle. Wenn in dieser Religionssoziologie von Intellektuellen gesprochen wird, so sind damit Leute gemeint, die hauptberuflich, nebenberuflich oder gelegentlich geistige, d.h. immaterielle Arbeit ausführen und die sich für die Resultate ihrer Arbeit, d.h. für Schriften und Werke ein Publikum suchen. Intellektuelle sind meine Gewährsleute, nicht nur weil sie meist belesen sind, sich differenziert artikulieren können und mehr Zeit haben, sich den Kopf zu zerbrechen, wenn epochale Zeiterfahrungen schwer zu deuten sind, sondern auch, weil Intellektuelle sehr oft zu dem neigen, was Max Weber „Intellektuellenreligiosität" genannt hat. Damit meint er „den Intellektualismus rein als solchen, speziell die metaphysischen Bedürfnisse des Geistes, welcher über

2 Niklas Luhmann, *Die Religion der Gesellschaft*, Frankfurt a.M. 2000, S.14.

ethische und religiöse Fragen zu grübeln nicht durch materielle Not gedrängt wird, sondern durch die eigene innere Nötigung, die Welt als einen *sinnvollen* Kosmos erfassen und zu ihr Stellung nehmen zu können."[3] Es versteht sich, daß nicht alle Intellektuellen dieser Neigung nachgeben und ihr vielleicht auch sehr skeptisch oder kritisch gegenüberstehen, wenn sie diese Tendenz bei Kollegen oder in sich selbst bemerken.

***

Die Definition der epochalen Zeiterfahrungen, die das historisch-soziologische Gerüst der beiden Bände bilden, sind dem fachlichen Interesse von Soziologen an Struktur und Wandel moderner Gesellschaft geschuldet. Wir folgen denen, die für Europa den Beginn der Moderne in der Wendezeit um 1500 sehen. In dieser Zeit setzt der Transformationsprozeß der europäischen Herrschaftsformen von personaler Gewalt zu territorialer Staatsgewalt ein. Es entsteht für unsere Moderne ein *erstes* Strukturelement: der Flächenstaat mit staatlichem Gewaltmonopol. Und dieser Prozeß ist gewaltförmig. Der moderne Territorialstaat bildet sich in Kriegen. Mit der Französischen Revolution tritt ein *zweites* Strukturelement unserer Moderne hinzu: die Etablierung einer politischen Verfassung der Gesellschaft, die sich an Idealen einer neuen Ordnung der Welt: Freiheit, Gleichheit, Brüderlichkeit orientiert. Mit der Entfesselung der Marktgesellschaft, die Schritt für Schritt in Europa nach den gescheiterten Revolutionen von 1848/49 sich machtvoll durchsetzt, tritt ein *drittes* Strukturelement unserer Moderne hinzu: der moderne Kapitalismus mit der Kommodifizierung auch von Arbeit, von Boden und Zahlungsmitteln, deren freie Kommerzialisierung zuvor beschränkt war. Mit der unmerklich fortschreitenden Technisierung und Ästhetisierung der Umwelt tritt ein *viertes* Strukturelement unserer Moderne hinzu: die Artifizielle Lebenswelt, im Sinne von kaum revidierbaren Anlagen umfassender künstlicher Gehäuse, einer nie zuvor dagewesenen Vermehrung von hergestelltem Zeug und von neuartigen Mensch-Maschine-Verbindungen, eine Welt, die mit den Materialschlachten des Ersten Weltkriegs und der fordistischen Massenproduktion als etwas Neues erkennbar wird.

Diese Strukturelemente haben einen historischen Ort, an dem sie erstmals erfahren wurden, und sie sind zugleich bis in unsere Gegenwart konstitutiv für die moderne Gesellschaft europäischer Prägung: der Flächenstaat mit Gewaltmonopol, die an den Idealen von Freiheit und Demokratie orientierte politische Ordnung, die Marktgesellschaft und das Leben in einer hochtechnisierten und ästhetisierten Umwelt. Diese heute, wenn auch nicht als immer problemlos, so doch aber im Prinzip als moderne Selbstverständlichkeiten erfahrenen Strukturelemente waren im Moment ihres erstmaligen In-Erscheinung-Tretens beunruhigend. Sie indizierten eine Krise, und in diesen epochalen Zeiterfahrungen höchst verschiedener Krisen war stets Religion und Religiöses in einer bestimmten Weise präsent.

3 Max Weber, *Religiöse Gemeinschaften*, MWS I/22-2, Tübingen 2005, S. 69.

Dies ist schon in der Genese des ersten Strukturelements gegeben. Die europäischen Staatenbildungskriege waren zugleich Glaubenskriege. Die Sehnsucht nach einer neuen Religion blüht dann inmitten der Französischen Revolution auf. Mit der Entfesselung der Marktwirtschaft profiliert sich ein Glaube an die Wissenschaft als die letzte Instanz, und Religionen selber werden zur Option auf einem Religionsmarkt. Mit der Erfahrung artifizieller Lebenswelt beginnen wiederum neuartige Suchbewegungen nach einer Religiosität, die dem technischen Geist künstlicher Umwelt entspricht.

Diese Zusammenhänge zwischen dem Thema Religion und den vier epochalen Zeiterfahrungen werden in den vier Teilen behandelt: *Glaubenskrieg* und *Revolution* im ersten Band, *Marktgesellschaft* und *Artifizielle Lebenswelt* im hier vorliegenden zweiten Band. Die Teile beginnen jeweils mit einem ersten Kapitel, in denen das jeweilige Strukturmerkmal charakterisiert und die jeweiligen epochalen Zeiterfahrungen rekonstruiert werden. Dem schließen sich dann die Untersuchungen zur Umformung älterer und der Genese neuerer Religionen an.

Ein Ziel dieser Anlage ist es, die gängige Perspektive einer europäischen Bipolarität zwischen Christentum und Säkularismus, die seit der Mitte des 19. Jahrhunderts als stabilisierte Spannung die religiöse Orientierung der Europäer leitet, zu revidieren und die Mehrfaltigkeit sowie die Struktur der europäischen Religionen aufzuzeigen, die zwischen christlichen Konfessionen und religiöser Indifferenz entstanden sind. Denn die Religionsgeschichte der europäischen Moderne hat mehr zu bieten als das marginalisierte Judentum, das Christentum und den Abschied von ihm.

Um dies zu sehen, gilt es, die geläufige Vorstellung von Moderne als einem Prozeß der Überwindung des Alten durch das Neue auf Distanz zu halten. Ein solcher Prozeß ist in der Entwicklung der Naturwissenschaften und der Technik sinnvollerweise anzunehmen, auch lassen sich einer systemtheoretischen Evolutionstheorie folgend segmentäre, stratifikatorische und funktional-differenzierte Gesellschaftsformationen von einer abstrakten Flughöhe aus als eine Reihe von Überwindungen beschreiben. Aber für die europäische Religionsdynamik macht die Rede von der Überwindung des Alten durch das Neue keinen Sinn. Hier gilt nicht das Überwindungsprinzip, sondern das Kumulationsprinzip. Kurz gesagt: Ältere Religionen bleiben und neuere kommen hinzu. Auch wir sehen einen Differenzierungsprozeß in der europäischen Moderne, aber es handelt sich weniger um funktionale Differenzierung als vielmehr um eine Abstand nehmende *kompetitive Differenzierung*, bei der das je neue Gesicht der Religion die Situation grundlegend verändert und die älteren Gesichter der Religion zu Antworten nötigt. Auf diese Weise kann gezeigt werden, daß der viel aufgerufene religiöse „Pluralismus" der Gegenwart in Europa ein in bestimmter Weise geschichtetes, kumulatives Phänomen darstellt, dessen Elemente in einem spannungsreichen Gefüge zueinander stehen und kaum zu beruhigen sind.

***

Die Darstellung der Zusammenhänge zwischen der Thematisierung von Religion und den auf die Genese der genannten Strukturelemente moderner Gesellschaft bezogenen vier epochalen Zeiterfahrungen wird in dieser Religionssoziologie durch die Einführung von Typenbegriffen erleichtert, die wir *kursiv* hervorheben. Dies wird im *Ersten Band* zunächst an der Christentumsgeschichte entwickelt. In der kriegerischen Genese territorialer Staatsgewalt erhält das Christentum in Europa seine moderne Form. Kurz gesagt: Während in der vormodernen Zeit eine Pluralität von Christentümern in Europa existierte und religiöse Innovationen teils in die Berge vertrieben oder ausgelöscht oder aber als Mönchsorden legitimiert wurden, finden der Häretiker Martin Luther mit seiner religiösen Innovation und auch andere Reformatoren Schutz bei einzelnen Landesherrn. Dem katholischen Kaiser gelingt es nicht, die protestantischen Fürsten und Städte zu besiegen. In Europa entstehen die modernen Flächenstaaten als katholische und als protestantische Konfessionsstaaten. Postreformatorisch entsteht so die moderne Form des Christentums, ein neuer Typus von Religion, den ich *Bekenntnisreligion* nenne.

Die soziale Form von *Bekenntnisreligionen* beruht auf scharf betonten Unterschieden in Dogmatik und Kultus. Für Protestanten gilt nur die Bibel, für Katholiken Bibel *und* kirchliche Tradition. Bei den einen darf man zu Heiligen beten, bei anderen nicht, die Zahl der Sakramente ist verschieden, die Gottesmutter Maria wird unterschiedlich behandelt u.s.w. Die Verfeindung der Konfessionen hat sich heute in Deutschland abgeschwächt, und die Feiern zum Reformationsjubiläum 2017 waren von einer interkonfessionellen Versöhnungsrhetorik geprägt, die die unverwüstlichen Konfessionskonturen zwischen Protestanten und Katholiken: zum Beispiel der Streit um den Papst-Primat, die Priesterschaft der Frau, die Heirat von Priestern und um das gemeinsame Abendmahl vergessen machen konnten.

Im *Ersten Band* wurde gezeigt, daß die epochale traumatische Erfahrung der zweihundertjährigen quer durch Europa aufbrechenden Glaubenskriege die Urszene der modernen europäischen Religionsdynamik ist, weil an diesem Geschehen kein glaubender und kein denkender Mensch vorbeikam, schon gar nicht die Intellektuellen. Entweder waren sie darauf aus, das Profil ihrer *Bekenntnisreligion* zu schärfen, wovon nicht zuletzt eine Flut kontroverstheologischer Schriften zeugt, oder sie machten sich auf den Weg, eine weitere neue Religion zu stiften, die für Religionsfrieden und Religionsfreiheit eine sichere Grundlage bieten kann. Dies gelang mit der Aufklärung und der Stiftung von *Rationalreligion*, so nenne ich meinen zweiten Religionstypus.

Die frohe Botschaft der *Rationalreligion* lautet: ‚Nie wieder Glaubenskrieg'. Aus der leidvollen Erfahrung heraus, daß Religion sozial schädlich sein kann, werden zwei Strategien verfolgt: 1. Die Abschirmung des Gemeinwesens vom Toben der Religion durch die Neuverteilung der Sphären, in denen der Glaube weiterexistieren soll. Dies erfolgt über eine Juridifizierung des rechten Bekenntnisses und die Formulierung einer überkonfessionellen Politik, die zumindest innenpolitisch Frieden schafft. 2. Der Glaube selbst wird transformiert. Die *rationalreligiöse* Aufklärung betreibt eine Subversion der Bekenntnisreligion. Sie arbeitet mit dem Modell einer *religio duplex*, derzufolge der Mensch zwei Religionen angehören kann: einer exoterischen, die irgendein *bekenntnisreligiöses* Format haben kann, und einer fundierenden natürlichen Religion. Die *rationalreligiöse* Lehre ist kurz und knapp: Es existiert ein göttliches Wesen, das von den Menschen Verehrung fordert, denn es hat die Welt und den Menschen erschaffen und ihm die Vernunft geschenkt. Dazu gehört das unvertretbare Heilsstreben jedes Einzelnen. Die Verehrung dieses göttlichen Wesens besteht in Tugend und Frömmigkeit und in der Reue über begangene Verfehlungen. Diese einfache Religion ist bei allen Menschen zu finden. Insgesamt also: Zähmung der religiösen Kräfte durch ihre Verwandlung in einen Typus von Religion, der Normen für eine sittliche Lebensführung begründet.

Der *Erste Band* der Religionssoziologie setzt mit dem Teil *Glaubenskrieg* ein, der von den Religionstypen *Bekenntnisreligion* und *Rationalreligion*, als zwei Grundschichten moderner Religion in Europa handelt. Die neue *Rationalreligion* führt einen Erfahrungskern mit sich, der kritisch auf den Typus der modernen *Bekenntnisreligion* bezogen ist. Beide Religionen entstehen miteinander – gegeneinander. Das heißt, die Entstehung territorialer Staatsgewalt, die Glaubenskriege, die *Bekenntnisreligion* und die *Rationalreligion* bilden einen zusammenhängenden Komplex.

In unserer Darstellung sind die in Europa entstandenen modernen Religionen historisch situiert, denn ihr jeweiliger Erfahrungskern ist auf eine epochale Zeiterfahrung mit einer bestimmten erstmals aufgetretenen Problemlage bezogen, eine Problemlage, die jedoch nicht einfach verschwindet. Das Verhältnis von Staat und Religion, die Rolle von Religion in kriegerischen Konflikten, die leitkulturelle Disziplinierung der Untertanen bzw. der Bürger, die Machtorganisation von Kirche, die Religionsfreiheit und der Religionsfriede auf der Basis einer vernünftigen Religionsauffassung, die alle Menschen teilen können – diese schwierigen Fragen sind höchst virulent bis heute. Im Proprium eines jeden Typus moderner Religion liegt ein Potential zur Aktualisierung. Mit anderen Worten: Die Götter aller Religionen sind unsterblich oder können wieder auferstehen, wenn analoge epochale Zeiterfahrung sie anruft. Man könnte im Jargon der Gegenwart von der DNA eines Religionstypus sprechen, deren latente Strukturen bei Bedarf aktiviert werden. Dafür galt es eine darstellerische Lösung zu finden. Den Aktualisierungen eines Typus wird in den Kapiteln nachgegangen, in denen die intellektuelle Verarbeitung der epochalen Zeiterfahrungen der Vergangenheit behandelt werden. Den Lesern werden daher erhebliche Zeitsprünge zugemutet, die Erwartungen an eine traditionelle lineare historische Erzählung irritieren müssen. Historische Soziologie gliedert in diesem Punkt Max Weber folgend ihre Darstellung nach der Genese, dem Profil, der Linie und der Aktualisierung einzelner Idealtypen.

***

Vom *zweiten* Strukturelement unserer Moderne, der Etablierung einer politischen Verfassung der Gesellschaft, die sich an Idealen einer neuen Ordnung der Welt orientiert, handelt der Teil *Revolution* im *Ersten Band.* In der Zeit von 1789 bis 1848 ist die sich wiederholende Revolution die beherrschende Zeiterfahrung in

Europa, egal ob Intellektuelle dafür sind oder dagegen. Und noch lange, vielleicht auch bis heute, träumen manche Intellektuelle von einer Revolution. Die Erfahrung, die in den intensiven Momenten revolutionären Geschehens hervorsticht, ist die des revolutionären Enthusiasmus. Es ist, als ob die Menschen aus einem Schlaf erwachen. Die Revolutionäre wachsen gleichsam über sich hinaus, die Monster der Vergangenheit fallen der Gewalt zum Opfer, ein Jubel erfüllt die Straßen. Von außen sieht es wie ein Größenwahn aus, aber in der Erfahrung des revolutionären Moments fühlen sich die Menschen in ihrer Begeisterung wie von einer göttlichen Macht ergriffen. Daran erinnert man sich auch noch danach: „Eine erhabene Rührung hat in jener Zeit geherrscht, ein Enthusiasmus des Geistes hat die Welt durchschauert, als sei es zur wirklichen Versöhnung des Göttlichen mit der Welt nun erst gekommen", schrieb der Philosoph Hegel über die Französische Revolution.[4]

Während sich die europäischen Glaubenskriege über relativ weite Zeiträume erstreckten, war die Verlaufsform des revolutionären Enthusiasmus von anderer Art. Charakteristisch war das spontane Erwachen, eine Art Bewußtwerdung, dann die euphorische Steigerung, ein intensives Werteerleben, der Drang zu gewaltigen Taten, d.h. zur Gewaltaktion, dann aber auch die Erschöpfung und das Erschrekken, das in Reue und Zerknirschung münden konnte. Aus der Erfahrung des revolutionären Enthusiasmus bilden sich zwei neue Religionen: die *Kunstreligion* und die *Nationalreligion*. Es handelt sich um ein bisweilen antagonistisches Zwillingspaar. Denn die individualisierende Intensität *kunstreligiösen* Erlebens kann in einen Gegensatz zu der sich aufs Kollektiv ausdehnenden Intensität *nationalreligiösen* Erlebens geraten. Bei diesen beiden Religionen handelt es sich um schwebende, Irdisches und Göttliches verschmelzende, synthetisierende Religionen. Sie sind schwer zu stabilisieren, und beide werden von zwei anderen Bewegungen durchkreuzt, die ich die *Ewige Linke* und die *Ewige Rechte* genannt habe. Es sind dies religiöse Aufladungen der politischen Rechts-Links-Unterscheidung: als linker Enthusiasmus für das Ideale und als der rechte Verweis auf das reale Böse auch in mir selbst. Die enthusiastischen Fusionen des Göttlichen und Irdischen aufzuklären, ist dann die Leistung der radikalen Religionskritik als einer Idealismuskritik, die mit den Namen Ludwig Feuerbach, Bruno Bauer, Karl Marx und Max Stirner verbunden ist. Davon handelte das letzte Kapitel von *Religionssoziologie 1*.

***

Im hier vorgelegten Band *Religionssoziologie 2* geht es zuerst um die *Entfesselte der Marktgesellschaft als Wiege neuer Religionen*. Besonderen Wert lege ich darauf, die Spezifität des neuen Strukturelements der Moderne genauer zu fassen und den Bruch mit *rationalreligiöser* Marktauffassung herauszuarbeiten. Dabei geht es auch um ein neu entstehendes Diskursfeld: Mit den Resultaten der junghegelianischen Religionskritik, als da sind: die Gleichordnung von Religion, Metaphysik und

4 G.W.F. Hegel, *Vorlesungen über die Philosophie der Geschichte*, in: ders., Werke in zwanzig Bänden, Bd. 12, Frankfurt am Main 1971, S. 529.

Ideologie bei Marx und bei Stirner die Qualifizierung aller möglichen Zumutungen des Sollens als eine „heilige Sache", der das Individuum zu dienen habe, eröffnet sich bis in die Gegenwart kulturwissenschaftlicher und theologischer Studien ein neuer Diskursstrang: die Rede von der „Religion des Kapitalismus", vom Geld als einer dämonischen Macht oder dem neuen Gott. Derartige *Unterstellungen einer Religiosität*, für die es kaum Selbstzeugnisse von Anhängern gibt, zeugen von einer anhaltenden Unsicherheit, eine religiöse Formation auszuweisen, die mit der epochalen Erfahrung entfesselter Marktgesellschaft als einer *unheimlichen Erfahrung* korrespondiert.

Unsere These lautet, daß es sich recht besehen bei der in Marktgesellschaften genuin neuen religiösen Formation um den Typus *Wissenschaftsreligion* handelt. Neben den *rationalreligiösen* Vernunftglauben tritt mit der entfesselten Marktgesellschaft ein Glaube an die Wissenschaft als eine alle religiöse und spekulative Wahrheit überbietende letzte Instanz. In den Kapiteln *Die Religion der Wissenschaft* und *Der Naturalismus* untersuchen wir diesen Religionstypus in seinen Varianten vom „Materialismus-Streit" bis zum „Kreationismus-Streit" und dem „Neuen Atheismus" in unserer Gegenwart. Der scharfe Gegensatz zwischen denen, die Rudolf von Virchows Diktum folgten: „Ich scheue mich nicht zu sagen, es ist die Wissenschaft für uns Religion geworden", und denen, die den Lehren ihrer *Bekenntnisreligion* treu blieben, der europäische „Kulturkampf" zwischen „Säkularismus" und „Christentum" war folgenreich. Er hat nicht nur bei konfessionell gebundenen Autoren dazu geführt, die Erhebung der Wissenschaft zur absoluten Instanz als eine Nicht-Religion zu profilieren. Zusammen mit Prozessen der Entkirchlichung konnte dies zur Unterfütterung allgemeiner Säkularisierungstheorien verwendet werden.

Wie schon in den Teilen *Glaubenskrieg* und *Revolution* verzichten wir auf diese Diskursstrategien, die einer Tradition folgen, allen Glaubenssystemen, die nicht zum Christentum und zu approbierten Weltreligionen gehören, den Charakter einer Religion abzusprechen. Denn damit wird nicht zuletzt die mit der entfesselten Marktwirtschaft sich herausbildende soziale Form eines *Religionsmarktes* übersehen. Das Nachlassen des Religionszwangs, zunächst bei Intellektuellen, dann das Recht aus einer Kirche auszutreten, und die Popularisierung des Wissenschaftsglaubens ermöglichten ein breites Spektrum von Vereinsbildungen mit einem eigenen Schrifttum, in dem religiöse Fragen *extra ecclesiam* verhandelt wurden. Damit wurde nicht nur *Wissenschaftsreligion* wählbar, sondern auch *National-* und *Kunstreligion* sowie *Rationalreligion*, die in den Logen der Freimaurer weiter gepflegt wurde. Was Karl Mannheim *Konkurrenz im Gebiete des Geistigen* genannt hat, läßt sich für den Religionsmarkt spezifizieren.[5] Sie nötigt die einzelnen Anbieter, ihr Profil abgrenzend zu schärfen oder sich flexibel zu machen, um religiöse Innovationen der Konkurrenten übernehmen zu können. Alle modernen europäischen Religionen gewinnen in dieser Struktur eine mehr oder weniger ausgeprägte Waren-

5 Karl Mannheim, „Die Bedeutung der Konkurrenz" im Gebiete des Geistigen", in: ders., *Wissenssoziologie. Auswahl aus dem Werk*. Eingeleitet und hrsg. von Kurt H. Wolff, Neuwied 1964, S. 566-613.

form als ein Angebot, auf das man sich einlassen kann oder nicht. Anhand des *Katholizismus auf dem Weg zur Marktform* werden diese Prozesse exemplarisch behandelt.

Auch die Philosophie hat sich dem Anpassungsdruck des Religionsmarktes nicht entziehen können. Aus ihrem Begriffsarsenal hat sich der Terminus „Weltanschauung" seit Mitte des 19. Jahrhunderts als Sortierbegriff für die Vielfalt des Religionsmarktes ausgebreitet. *Wissenschaftsreligiöse* Autoren griffen ihn dankbar für ihre „wissenschaftliche Weltanschauung" auf. Aber nicht nur sie. Im Kapitel *Religionsmarkt: Werte und Weltanschauungen* behandeln wir variantenreiche Glaubensarten von Religionsunternehmern oder Weltanschauungsfirmen, die um Anhänger konkurrieren und das Spektrum religiöser Wahlmöglichkeiten erweitern. Dazu gehören auch der Pessimismus, die Theosophie und asiatische Religionsimporte, die um 1900 das Angebot in Europa bereichern.

***

Neue epochale Zeiterfahrungen, die mit der Genese neuer Strukturelemente der Moderne verbunden sind, regen religiöse Kreativität an, die zu neuen Religionen führt und so neue Religionsdeutungen herausfordert. Dies gilt für die *rationalreligiöse* Konfessionskritik, die aus den Erfahrungen der Glaubenskriege Konsequenzen für eine vernünftige Auffassung von Religion zog. Dies gilt für die Junghegelianer Feuerbach, Bauer, Marx und Stirner, die aus dem revolutionären Enthusiasmus in der Folge von 1789 Konsequenzen für eine Auffassung von Religion zogen, die die Anthropologie des Menschen seine gesellschaftlichen Lebensformen und seine je eigenen existentialen Selbstdeutungen zur Grundlage jeder Art von religiösen Manifestationen machten.

Die Religionsdeutungen, die mit der epochalen Zeiterfahrung der modernen Marktgesellschaft als einem dritten Strukturelement unserer Moderne verbunden sind, haben, dem Höchstwert von Wissenschaft folgend, die Religionswissenschaften erarbeitet. Sie haben sich bemüht, um 1900 das weite Feld der Religion auszumessen und dafür wissenschaftliche Definitionen ihres Gegenstandes ‚Religion' zu münzen. Mit dabei war auch das Fach Soziologie, das in der epochalen Zeiterfahrung entfesselter Marktgesellschaft die ‚soziale Frage' zu seinem Thema gemacht hat und die sich zugleich bei Émile Durkheim, Georg Simmel, Max Weber und anderen als Religionssoziologie konstituiert hat. Die Darstellung und Diskussion ihrer Theorien schließen den Teil *Marktgesellschaft* ab.

***

Während die Entfesselung der Marktgesellschaft auf immer weiterer Stufenleiter rund um den Globus heute und auch morgen evident ist, wir auch in der Gegenwart revolutionären Enthusiasmus auf Plätzen aufflammen sehen (Maidan, Tahrir, Taksim) und Nachrichten über Glaubenskriege um territoriale Hegemonie nicht aus den Zeitungen verschwinden, hat sich die epochale Erfahrung einer Technisierung und Ästhetisierung der Umwelt in zumeist in kleineren Schritten einer sukzessiven Umgestaltung von Landschaft, Wohnung, Geräten und Maschinen, von Waffen und Medizintechnik, von Verkehr und Komfort bemerkbar gemacht. Technisierung und Ästhetisierung wurden lange Zeit als etwas verstanden, was schon seit Faustkeil und Bandkeramik unterwegs war. Zudem konnten sich die aufdrängenden Wahrnehmungen der Erfahrung entfesselter Marktwirtschaft, in der Religionen, Werte und Weltanschauungen zum Markte getragen werden, mit der unmerklich anwachsenden Erfahrung des Rhythmus der Maschinen, der Entfremdung von der Natur in einer künstlicher werdenden Welt des Technisch-Machbaren überlappen. Irritationen konnten mal als Problem der Ökonomie, mal als Problem des Daseins der Artefakte erscheinen.

Obwohl das Spektrum der Glaubensrichtungen um 1900 weitgehend ausdifferenziert ist und danach kaum Neuzugänge zu verzeichnen sind, in denen ein zuvor nicht erkennbarer Glaubensinhalt zu identifizieren wäre, setzt eine Suche nach Inspirationsquellen für eine neue Religion ein, die auf die Erfahrung *artifizieller Lebenswelt* antworten könnte. Die religiösen Innovationen, die im 20. Jahrhundert der sich aufdrängenden Erfahrung technisierter und ästhetisierter Lebenswelt entspringen, liegen nicht so sehr auf der Ebene weltanschaulicher Inhalte, sondern richten sich auf Bereiche religiöser Operationalität. Gesucht werden mögliche Profile einer *ritual-technischen Verfahrensreligion.*

Drei Suchfelder können umrissen werden: 1. Dazu gehört das bemerkenswerte Interesse an den magischen und rituellen Praktiken indigener, schriftloser Völker in einer eigentümlichen Verklammerung von Primitivismus und modernsten Artefakten. 2. Dazu gehört die Suche nach einem neuen Ganzheitsglauben, der die Erschütterungen im physikalischen Weltbild (Relativitätstheorie und Quantenphysik), eine drohende atomare Weltvernichtung und die Zerstörung der Umwelt zum Ausgangspunkt für religiöse Aufstiege nimmt. Seien es Hoffnungen auf eine Rettung durch Hyperzivilisationen außerirdischer Übermenschen, seien es Vorstellungen von der „Heiligkeit der Natur", seien es kybernetische und systemische Vorstellungen, die zu Praktiken von Kontrolle und Einklang mit einem großen Ganzen führen sollen. 3. Dazu gehört schließlich der Grundton einer orthopraktischen Religiosität, das heißt ein Spektrum von Machbarkeitsvorstellungen, die ihre religiöse Intensität aus der tiefen Überzeugung gewinnen, daß es zwingende, genau einzuhaltende oder experimentell zu variierende Verfahren sind, die den Segen bringen. In diesen Bereich gehören Vorstellungen, die sich an Ritual und Performativität orientieren, Anweisungen für Meditation und für die pharmakologische Steuerung von Ektasen, die orthopraktischen, sozial-medizinischen und therapeutischen Glaubensrichtungen und die kultischen Zentrierungen auf den eigenen Körper.

Die Sakralisierung von Verfahren könnte in vielleicht nicht allzu langer Zeit in den Bau neuer Kathedralen münden: Kathedralen der auf ihre körperliche Lebenssubstanz geschrumpften Selbste und Kathedralen als rituell umgrenzte, sich selbst regulierende Systeme, in die der Mensch, bei Strafe von Unfällen oder Desastern besser nicht eingreifen sollte. Die religiöse Kreativität, die Menschen entwickeln können, wird freilich den neuen Manifestationen vom Typus einer *ritual-techni-*

schen Verfahrensreligion Alternativen entweder aus den bewährten Kornkammern der mehrfaltigen Religionen in der Moderne oder etwas noch Unbekanntes zur Seite stellen können.

***

Auf eine Zusammenführung der Personenregister am Ende des zweiten Bandes wurde ebenso verzichtet wie auf ein Sachregister. Dafür finden sich Querverweise in den Fußnoten, die helfen, Anschlüsse zu Typenbegriffen und Zeitsprüngen zu finden.

DRITTER TEIL

MARKTGESELLSCHAFT

I. Eine unheimliche Erfahrung

Übersicht

Im Kapitel *Eine unheimliche Erfahrung* gehen wir Wahrnehmungen nach, die Europäer und ihre Intellektuellen mit der Entfesselung der modernen Marktgesellschaft gemacht haben. Dazu klären wir zunächst die Rede von der Moderne, ihrem Aufbrechen von Tradition und ihrer fraglichen Identität (1). Ausgehend von Erfahrungen mit den Märkten unserer Gegenwart wenden wir uns Grundtypen wirtschaftlicher Aktivität zu: Reziprozität, Redistribution, Haushalt und Markt. Seine gesellschaftliche Einbettung wich in der zweiten Hälfte des 19. Jahrhunderts einem totalen Marktsystem. Allerdings lösen die rationalen Wahlhandlungen der Individuen auf Märkten nicht nur ihre ökonomischen Probleme, sondern verursachen auch neue. Die Frage, ob „die Märkte" sich beruhigen oder ob sie angreifen, füllt bis heute die morgendlichen Zeitungen (2). Die Veränderung von Menschen und menschlichen Beziehungen, die bei denen abzulesen ist, die von der Emanzipation des Marktsystems negativ oder positiv getroffen werden, sind von Balzac in seinen Romanen und Novellen, seiner Zeit vorausblickend, anschaulich dargestellt (3). Die unheimliche Dominanz des Geldes in der kapitalistischen Marktgesellschaft hat, bei manchen Intellektuellen den Verdacht genährt, Geld sei der wahre Gott, der von allen seine Verehrung fordere, und der Kapitalismus sei nicht lediglich eine Wirtschaftsordnung, sondern auch als eine Religion zu sehen. Wir behandeln kulturwissenschaftliche und theologische Beiträge zu diesem Thema (4). Danach befassen wir uns mit soziologischen Bemühungen, die Rätselhaftigkeit des Geldes aufzuklären (5). Zwischen der älteren *rationalreligiösen* Auffassung von der Eigengesetzlichkeit der Gesellschaft und Denkmodellen entschränkter Marktwirtschaft, die das Auseinanderfallen von Marktbeziehungen und religiöser und moralischer Kommunikation voraussetzen, ist ein Bruch entstanden, der die wertneutrale Wissenschaft in die Stellung einer letzten Instanz rückt (6).

1. Identität der Moderne?

Eine überlastete Kategorie. Moderne ist ein strittiger Begriff. Der Streit geht um die Diagnose der Gegenwart und um die Bildung von Epochen und Zeitabschnitten. Der Streit entzündet sich an bestimmten Feldern oder Sachgebieten, und schließlich streitet man um die Legitimität eines modernen oder postmodern genannten Denkens.[1] Wie immer man die strukturellen Kriterien von Moderne im Einzelnen historisch spezifischer bestimmen wollte, es besteht ein breiter Konsens, daß zum Kernbereich der europäischen Moderne die religiöse Gewissensfreiheit gehört, die, zur allgemeinen Meinungsfreiheit erweitert, zum Fundament der Menschenrechte wurde. Wir haben dies im *Ersten Band* unserer Religionssoziologie dargestellt. Daher gelten uns die europäischen Glaubenskriege als Urszene der Moderne. Die Durchsetzung der Marktwirtschaft steht dann nach der Revolution, die die Volkssouveränität auf ihre nationalen Fahnen geschrieben hatte, im Zentrum der Modernisierungserfahrung nach 1850.

Seit dieser Zeit, so könnte man pointiert sagen, sind die Intellektuellen zunächst in den westeuropäischen Gesellschaften mit einer neuartigen Erfahrung konfrontiert, der Erfahrung der modernen Gesellschaft und ihren eigentümlichen Prozessen als einer weltimmanenten Angelegenheit. Diese Erfahrung gilt es genauer ins Auge zu fassen, um die neuen Antworten zu verstehen, die auf die Frage nach dem Verhältnis von Religion und Gesellschaft in dieser Zeit entwickelt werden. Dazu bedarf es zunächst einer Befragung der insbesondere in der Soziologie und nicht zuletzt durch die Soziologie überlasteten Kategorie der modernen Gesellschaft.

Im Mainstream der Soziologie erscheint die Heraufkunft der modernen Gesellschaft als ein langer historischer Prozeß, in dem sich zunächst unmerklich in der Sozialstruktur, im intellektuellen Leben, in der Empfindungsweise der Individuen und in der Fähigkeit der Beherrschung und Dienstbarmachung der Naturkräfte in der Art von Inseln Elemente einer modernen Gesellschaftlichkeit gebildet haben.[2] Trotz aller Komplexität und Kontingenz, die sich in den Prozessen der Vermehrung, Verdichtung und Verflechtung der Elemente moderner Gesellschaft im einzelnen darstellt, überwiegen bis heute Sichtweisen, die bemüht sind, Modernisierung als ein Gesamtgeschehen zu betrachten, in dem die verschiedenen Entwicklungen sich so aneinander ausrichteten, daß ihre Bündelung und dann vor allem ihre Verzahnung und Beschleunigung im 19. Jahrhundert zu einer sich selbst tragenden, unwiderstehlichen und unwiderruflichen Moderne geführt haben.

Dabei weisen die Benennungen dessen, was da heraufgekommen ist, auf anhaltende Unsicherheiten. Es ist auch fraglich, wie lange der Terminus ‚moderne Gesellschaft' die widerstreitenden Begriffe ‚liberale', ‚kapitalistische', ‚bürgerliche', ‚fortgeschrittene', ‚demokratische', ‚industrielle' oder ‚zivile Gesellschaft' zu ummanteln vermag. Auch politische Propaganda kann die Brauchbarkeit von Begriffen schädigen, wenn – wie seit 2000 der Fall – alle mögliche Verschlechterung der Lebensverhältnisse in Europa als ‚Modernisierung' des Landes ausgegeben wird. Joachim Fischer hat angesichts der „Theorienot", für die Gegenwartsgesellschaft

1 Vgl. Wolfgang Eßbach, „Gegenwart, Epoche, Felder und Legitimität. Modi moderner und postmoderner Anschauungen", in: ‚Nicht außerhalb der Welt'. Theologie und Soziologie, hg. v. Magnus Striet, Freiburg/Basel/Wien 2014, S. 33-59.

2 Eine prägnante Zusammenfassung und kritische Sichtung der Modernisierungsdebatte findet sich bei Hans van der Loo u. Willem van Reijen, *Modernisierung. Projekt und Paradox*, München ^{2}1997.

eine adäquate Kategorie zu sichern, gegenüber dem vieldeutigen Terminus „moderne Gesellschaft" die Leistungsfähigkeit des klassischen Begriffs der „bürgerlichen Gesellschaft" herausgearbeitet.[3] Mit der Ausbreitung des Diskurses der Postmoderne seit den 60er Jahren des 20. Jahrhunderts haben die Fragen nach der Identität der Moderne und die Suche nach einem möglichen exzentrischen Blickpunkt auf die Moderne nicht nachgelassen.[4]

Orientiert sind die differierenden Benennungen von moderner Gesellschaft am Vokabular historischer Selbstbeschreibungen, die eine Identität von Moderne, einen trotz aller Metamorphosen gleichbleibenden Kernbereich behaupten, der gegen zeitweise Beschränkungen sich letztlich siegreich durchzusetzen vermag. Erzählt wird die Geschichte von der Autonomie des Subjekts, von seiner Freiheit. Manchmal wird der Startpunkt der Autonomie in der Intellektuellengeschichte des Mittelalters gesucht, etwa beim Averroismus, der die Philosophie der theologischen Gehorsamspflicht entzieht, oder beim Ockhamismus, der einen metaphysischen Skeptizismus und empirische Forschung sich zur Grundlage wählt.[5] Andere nehmen die Kaufleute der mittelalterlichen Städte zum Ausgangspunkt ihrer Moderne. Auch diese Ausgangspunkte folgen tradierten Selbstbeschreibungen. Die Affinität von Handelsleuten und freigeistiger Wissenschaft gehört zu den wiederkehrenden Topoi der Erzählung von der Moderne.[6] Diese Strategie der Frühterminierung des Ursprungs der Moderne folgt oftmals den Perspektiven Wilhelm Diltheys und Jacob Burckhardts, die in der Grundlagenkrise der Wissenschaft um 1900, in der die Einheitlichkeit des Wissenschaftsbegriffs zerfällt, durch eine weitausgreifende geistesgeschichtliche Rückbesinnung die Kohärenz neuzeitlicher Modernität positiv sichern wollen.[7]

---

3 Joachim Fischer, „Bürgerliche Gesellschaft. Zur historischen Soziologie der Gegenwartsgesellschaft", in: *Die bürgerliche Kultur und ihre Avantgarden*, hg. v. Clemens Albrecht (= Kultur, Geschichte, Theorie. Studien zur Kultursoziologie, Bd. 1), Würzburg 2004a, S. 97-119.

4 Die Literatur zur Postmoderne ist uferlos und im deutsch-französisch-amerikanischen Intellektuellenstreit selbst Thema wissenssoziologischer Untersuchung geworden. Vgl. Bernd Neumeister, *Kampf um die kritische Vernunft. Die westdeutsche Rezeption des Strukturalismus und des postmodernen Denkens*, Konstanz 2000. Meine Differenzierung von Moderne und Postmoderne findet sich in Wolfgang Eßbach, „Das Formproblem der Moderne bei Georg Lukàcs und Carl Schmitt", in: *Metamorphosen des Politischen. Grundfragen politischer Einheitsbildung seit den 20er Jahren*, hg. v. Andreas Göbel / Dirk van Laak u. Ingeborg Villinger, Berlin 1995, S. 137-155, hier S. 146ff.

5 In einer beeindruckenden Studie hat Karlheinz Stierle Francesco Petrarca „als Gestalt einer Kontinuität und Steigerung, die der spezifischen Modernität der nachantiken Welt Rechnung trägt", vorgestellt. Karlheinz Stierle, *Francesco Petrarca. Ein Intellektueller im Europa des 14. Jahrhunderts*, München/Wien 2003, S. 15.

6 Paradigmatisch ist die Arbeit von Alfred von Martin, *Soziologie der Renaissance. Zur Physiognomik und Rhythmik bürgerlicher Kultur*, Stuttgart 1932.

7 Zur weltanschaulichen Besetzung der Frühneuzeit vgl. Jörg Baur, „Lutherisches Christentum im konfessionellen Zeitalter – Ein Vorschlag zur Orientierung und Verständigung", in: *Religion und Religiosität im Zeitalter des Barock*, Teil I, hg. v. Dieter Breuer, Wiesbaden

Dagegen steht eine Strategie der Spätterminierung des Ursprungs der Moderne, die die zweite Hälfte des 18. Jahrhunderts als eine „Sattelzeit" der modernen Gesellschaft in den Blick nimmt, in der die Autonomie des Menschen sich auf politischer, wirtschaftlicher und kultureller Ebene durchsetzt.[8] Die Strategie der Spätterminierung ist auch dem Interesse geschuldet, nach den Modernitätskatastrophen des 20. Jahrhunderts, dem ‚Archipel Gulag', ‚Auschwitz' und ‚Hiroshima', einen historischen Fixpunkt der Liberalität im Gang der Geschichte ausfindig zu machen, der für die Orientierung in der Zeit nach 1945 hilfreich sein könnte. Unsere Religionssoziologie folgt der Strategie einer mittleren Terminierung. Weder das Molekül von mittelalterlichen Kaufleuten und Freigeistern noch die Sattelzeit war Einstiegspunkt unserer Untersuchung der europäischen Religionsdynamik der Moderne, sondern, wie wir im *Ersten Band* dargelegt haben, die Urszene des europäischen Glaubenskrieges.

Die europäische Religionsentwicklung hat schon immer bei den gängigen Markierungen Probleme bereitet. So unterscheidet Leonard Krieger vier Hauptstadien in der Entwicklung der Ideen und Praktiken der Freiheit.[9] Im ersten Stadium des Liberalismus, der Reformation der Religion, das er Ende des 17. Jahrhunderts enden läßt, geht es vorrangig um Religion – danach nicht mehr. Bis 1750 geht es um die Ausbildung der „Idee der allgemeinen Freiheit unter einer allgemeinen Autorität". Das dritte Stadium reicht von 1750 bis 1918, es ist die „Zeit des Triumphs der allgemeinen Freiheit". Im Zentrum steht die Freiheit des Einzelnen. Vom Ende des Ersten Weltkriegs bis in seine Gegenwart der 1960er Jahre sieht er „die gesamte öffentliche Arena dem Spiel der menschlichen Freiheit erschlossen." In dieses Modell weiß er auch den Totalitarismus zu integrieren, der als freiwillige Aufgabe der individuellen Freiheit zugunsten der kollektiven Freiheit von Klasse, Staat oder Nation charakterisiert wird. Die religiöse Frage ist in solch angelsächsisch geprägter Perspektive gleich zu Beginn definitiv ausgeräumt.

Bei Autoren, die der Soziologie Talcott Parsons folgen, wie Richard Münch in seinen umfangreichen Studien zur Moderne, wird eine Kontinuität des „modernen Wertmusters" angenommen, „dessen Wurzeln bis in die Religion des antiken Judentums zurückreichen und das sich durch die Entwicklung des Christentums vom Frühchristentum, über die alte Kirche, die mittelalterliche Kirche, die mittelalterliche Stadt und den asketischen Protestantismus bis zur Aufklärung und Säkularisierung herausgebildet hat."[10] Diesem Wertmuster wohnt eine permanente Generalisie-

1995, S. 43-62, hier S. 46. Weiterführend sind die Beiträge bei *Dilthey und Cassirer. Die Deutung der Neuzeit als Muster von Geistes- und Kulturgeschichte*, hg. v. Thomas Leinkauf, Hamburg 2003.

8 Reinhart Koselleck, „Einleitung", in: *Geschichtliche Grundbegriffe. Historisches Lexikon zur politisch-sozialen Sprache in Deutschland*, Bd. 1: A-D, hg. v. Otto Brunner / Werner Conze u. Reinhart Koselleck, Stuttgart 1972, S. XIII-XXVII, hier S. XV.

9 Leonard Krieger, „Europäischer und amerikanischer Liberalismus", in: *Liberalismus*, hg. v. Lothar Gall, Königstein/Ts. ²1980, S. 147-161.

10 Richard Münch, *Die Struktur der Moderne. Grundmuster und differentielle Gestaltung des institutionellen Aufbaus der modernen Gesellschaften*, Frankfurt a.M. 1984, S. 69.

rungstendenz inne, die unabschließbar ist. Ihre Komponenten liegen bereits im antiken Judentum vor. „Der große Beitrag der altisraelischen Jahwereligion ist die Konzeption eines Gottes, der sich durch das Wort äußert (Rationalität), der sich mit einer Gemeinschaft verbündet (Solidarität), der die aktive Gestaltung des Lebens und der Welt durch Gebote verlangt (aktive Weltgestaltung) und dem das Individuum als solches verantwortlich gegenüber tritt (persönliche Autonomie).“[11] Dieses quaternäre Wertmuster ist zugleich eine Anwendung des quaternären Handlungssystems Parsonsscher Provenienz, dem bekannten AGIL-Schema, in dem *latency subsystem* als Rationalität, *integrative subsystem* als Solidarität, *goal attainment subsystem* als aktive Weltgestaltung und Freiheit als *adaptive subsystem* überblendet werden. So kann sich soziologische Theorie in ihrem eigenen Idiom selbst legitimieren. Behauptet wird ja nicht mehr und nicht weniger als eine Teleologie des Wertmusters moderner Gesellschaft, die sich in solcher Soziologie finalisiert.[12] Der normativen Kultur der Moderne kann so eine überstarke Identität attestiert werden, in der Soziologie als Teil des modernen Bildungssystems im Konzert normsetzender Fächer sich selbst eine wichtige Funktion zuschreibt.[13] Wir stoßen hier auf den Nachhall der *wissenschaftsreligiösen* Figuren der Konstitutionsphase der Soziologie, die zum Abschluß des *Dritten Teiles* diskutiert wird.

In solch großen selbstlegitimatorischen Rückschauen von Modernisierung, die zum Kernbereich soziologischer Theoriebildung gehören, sind die Unterschiede gesellschaftlicher Zeiterfahrung, die wir in dieser Religionssoziologie aufzeigen, zumeist eingeebnet. Die oft nachgezeichnete Modernisierungslinie: Renaissance, Protestantismus, Revolution, Industrialisierung und Verstädterung macht die Spezifität der Modernisierungserfahrung in der zweiten Hälfte des 19. Jahrhunderts, gerade weil sie sie so überdehnt, unkenntlich. Ihr pathisches Moment unterscheidet sich nämlich markant von der Erfahrung der Glaubenskriege als einem Gewaltgeschehen sich bekriegender *Bekenntnisreligionen* und der Untergrundexistenz klandestiner *Rationalreligion*. Ihr pathisches Moment unterscheidet sich auch von der Erfahrung der Revolution als einer Befreiung, in der sich eine Versöhnung des Göttlichen mit dem Irdischen ankündigt, und dem Erschrecken angesichts der Selbstüberhebung der Individuen.

Eine solche Differenzierung ist auch nicht durch den rhetorischen Verweis zu ersetzen, daß es sich bei den Kernideen der liberalen, modernen Gesellschaft genau besehen um ein Konglomerat handelt, das aus einer antistaatlichen politischen Doktrin, einem individualistischen Freiheitsbegriff, einem Vernunftoptimismus,

---

11 Ebd., S. 99f.

12 Auf den konfessionellen Bias, der im standardisierten Übergang von der mittelalterlichen Kirche zum asketischen Protestantismus erfolgt, hat Wolfgang Reinhard hingewiesen. Wolfgang Reinhard, „Gegenreformation als Modernisierung? Prolegomena zu einer Theorie des konfessionellen Zeitalters“ [1977], in: Ders. (Hg.), *Ausgewählte Abhandlungen*, Berlin 1997, S. 77-102.

13 Richard Münch, *Die Kultur der Moderne*, Bd. 1: *Ihre Grundlagen und ihre Entwicklung in England und Amerika*, Frankfurt a.M. 1986, S. 165ff.

einer Skepsis gegen Spiritualität und einer Ablehnung göttlicher Autorität bestehe. „Die Entwicklung des Liberalismus haben Strömungen von ursprünglich so verschiedenen Lehren beeinflußt, daß Klarheit schwierig und Genauigkeit vielleicht unerreichbar wird. Menschen, die die Ziele des Liberalismus nicht kannten oder ihnen oft feindselig gegenüberstanden, haben Beiträge von größter Bedeutung zu seiner Entwicklung geliefert", bemerkt Harold J. Laski.[14] Eine Einheit ergibt sich ihm zufolge erst aus dem „Triumph der neuen Ordnung im 19. Jahrhundert"[15]. Stephen Holmes beschreibt den Modus, in dem sich moderne Gesellschaft etabliert hat, als eine Serie von Gegendifferenzierungen, mit denen liberale Gruppen immer wieder versucht haben, sich verfestigende soziale Differenzierungen durch einen Aufbau neuer Schranken gegenzudifferenzieren, indem z.B. gegen die Differenz evangelisch/katholisch die Differenz privat/öffentlich gesetzt wurde.[16] Moderne Gesellschaft im Sinne einer liberalen Moderne entstünde somit aus einem notorischen Frontwechsel von Richtungen und querlaufenden Koalitionen, eine Unübersichtlichkeit, die Alan Bullock und Maurice Shock selbst für das liberale Stammland England aufzeigen. Sie bemerken: „Man wird diese Unterschiede und Widersprüche (im Liberalismus, W.E.) nie ganz eliminieren können, und es wäre eine Verzerrung der liberalen Tradition, versuchte man, über ihre inneren Unvereinbarkeiten hinweg zu gehen."[17]

Eine neue Gegendifferenzierung hat im 20. Jahrhundert Schule bei Autoren des Neoliberalismus wie z.B. bei Friedrich August Hayek gemacht. Für ihn spielt die Gegendifferenzierung von privat/öffentlich, die geholfen hat, konfessionelle Konflikte zu entschärfen, eine vergleichsweise geringere Rolle.[18] Sein Angriffspunkt ist die politische Rechts-Links-Unterscheidung. Sie entstammt – wie wir *im Ersten Band* gezeigt haben – der Erfahrung der Revolution, d.h. in religionssoziologischer Hinsicht dem enthusiastischen Streben nach einem Reich der Gerechtigkeit und auf der rechten Seite der reuigen Einsicht in die Sündhaftigkeit menschlicher Selbstver-

14 Harold J. Laski, „Der Aufstieg des europäischen Liberalismus" [1936], in: Gall 1980, S. 122-133, hier S. 122f.

15 Ebd., S. 123

16 Stephen Holmes, „Differenzierung und Arbeitsteilung im Denken des Liberalismus", in: *Soziale Differenzierung*, hg. v. Niklas Luhmann, Opladen 1985, S. 9-41.

17 Zur liberalen Tradition heißt es: „Viel verdankt sie den Dissenters, mit ihrem starken Glauben an den Individualismus, den Stellenwert des Gewissens in der Politik und ihrer demokratischen Tradition der Selbstverwaltung, aber auch den Whigs mit ihrer aristokratischen Tradition bürgerlicher und religiöser Freiheit und ihrer Abneigung gegenüber Willkürherrschaft. Sie übernimmt den Glauben an Naturgesetze und Naturrechte, um zu erleben, wie diese von Bentham und den Philosophical Radicals voller Verachtung zugunsten des Utilitätsprinzips verworfen werden. Den Classical Economists und der Manchester-Schule verdankt sie die Orthodoxie des Freihandels und des *laissez-faire* und macht sich dennoch am Ende des 19. Jahrhunderts die ketzerische Ansicht des proletarischen Radikalismus zu eigen, daß etwas für die Armen getan werden müßte." Alan Bullock u. Maurice Shock, „Englands liberale Tradition", in: Gall 1980, S. 254-282, hier S. 254.

18 Siehe dazu: Lars Gertenbach, *Die Kultivierung des Marktes. Foucault und die Gouvernementalität des Neoliberalismus*, Berlin 2007, S. 69.

gottung. Die neoliberale Gegendifferenzierung operiert mit der neuen Leitunterscheidung liberal/antiliberal. Die Rechts-Links-Unterscheidung zwischen Faschismen und Sozialismen soll dementsprechend „als ein Gegensatz aufgefaßt werden, wie er sich zwischen rivalisierenden sozialistischen Parteien einstellen muß."[19] Lassen sich diese Spiele der Gegendifferenzierung in einer historischen Perspektive erhellen?

STUFEN UND BRÜCHE. An Versuchen, die Widersprüchlichkeit der Identität von moderner Gesellschaft über eine Historisierung aufzulösen, fehlt es nicht. Heinz Dieter Kittsteiner hat seine „Stufen der Moderne" – durchaus vergleichbar mit unserem Ansatz, beunruhigende Zeiterfahrungen und Wiederkehr der Religion als Zusammenhang zu begreifen – als eine Epochengliederung angelegt, die „eine objektive Problemlage und zugleich die kulturellen Reaktionsweisen darauf mitein(bezieht)".[20] Er unterscheidet eine „Stabilisierungsmoderne" mit einem Zentrum zwischen 1640-1720, einer Wendezeit, die etwa Paul Hazards Fokussierung entspricht[21], von einer „evolutiven Moderne", die 1750 einsetzt und bis 1880 reicht. Darin wird freilich die Revolution zu einer institutionellen Evolution herabgestuft und der ökonomischen Evolution zur Seite gestellt. In den vertrackten Verbindungen ökonomischer und politischer Prozesse, bei der mal die ökonomische Revolution der politischen folgt, mal die politische Reaktion sich an ökonomische Umwälzungen anschließen soll, sind verschiedene Varianten eines „geschichtsphilosophischen Synergismus" denkbar. „Diese einmal begonnene Stufe des Kapitalismus hat bis heute nicht aufgehört zu wirken; insofern ist sie nicht abgeschlossen und niemals abschließbar. Sie wird seit dem späten 19. Jahrhundert jedoch überlagert von einer zivilisationskritischen Einstellung, für die Nietzsche einer der entscheidenden Stichwortgeber war."[22] Diese „heroische Moderne" kündigt den geschichtsphilosophischen Synergismus von Ökonomie und Politik auf und will in totalitärer politischer Form eine neue Geschichte begründen. Das Ende der „heroischen Moderne" sieht Kittsteiner im Westen 1945 und im Osten 1989/90. Die danach einsetzende „Globalisierungsmoderne" ist unheroisch geworden. „Gerade das 20. Jahrhundert mußte die Erfahrung machen, daß jene Revolu-

19 Friedrich August Hayek, „Der Weg zur Knechtschaft", in: Ders., *Gesammelte Schriften in deutscher Sprache*, Abt. B, Bd. 2, hg. v. Alfred Bosch / Manfred E. Streit u. Victor Vanberg, Tübingen 2004, S. 104. Einen vergleichbaren Versuch der Gegendifferenzierung unternahm der erfolgreiche Wahlkämpfer Gerhard Schröder mit seiner These, es gebe „keine rechte oder linke Wirtschaftspolitik mehr, sondern nur noch eine moderne oder unmoderne Wirtschaftspolitik" Zit. n. Michael Schmidt-Klingenberg, „Das Kapital ist ein Chamäleon", in: *Der Spiegel* vom 28. Juli 1997, S. 76.

20 Heinz Dieter Kittsteiner, *Out of Control. Über die Unverfügbarkeit des historischen Prozesses*, Berlin/Wien 2004, S. 120.

21 Vgl. Paul Hazard, *Die Krise des europäischen Geistes*, Hamburg 1939.

22 Kittsteiner 2004, S. 13.

tionen, die sich die Überwindung des kapitalistischen Übels zum Ziel gesetzt hatten, größere Übel angerichtet hatten als das, wogegen sie angetreten waren."[23]

Es bleibt in dieser Skizze freilich ein Rest „frei flottierenden Enthusiasmus", der Kittsteiner Sorge macht, weil er sich erneut falsch verwurzeln könnte. Dem könne man jedoch begegnen, indem man zu den Themen der Stabilisierungsmoderne, die die Grundlagen der Entstehung der ersten modernen kapitalistischen Staaten in Holland und England gelegt hat, zurückkehre. „Wenn meine These richtig ist, daß aus dem Zeitalter der ‚Revolutionen' ein nun transzendental obdachloser Enthusiasmus übrig geblieben ist, dann sollte er nicht auf die vollendete Aufklärung setzen, sondern einen Schritt zurückgehen und seine eigene Genealogie bedenkend, mit dem Aushandeln der Gemeinsamkeiten beginnen."[24]

In Kittsteiners projektiertem Stufen-Schema sind Differenzierungen in der Erfahrungsgeschichte, die dem Zusammenhang von Glaubenskriegen und Stabilisierung folgen, nicht hinreichend in den Blick genommen, weder die Erfahrung des revolutionären Enthusiasmus, den wir im *Ersten Band* als ein religionsgeschichtliches Phänomen in seinen Ausprägungen als *Nationalreligion* und *Kunstreligion* untersucht haben, noch die Erfahrung der Entfesselung des Marktes, die – wie zu zeigen sein wird – mit der Ausbreitung einer *Wissenschaftsreligion* und der Entstehung eines Religionsmarktes einhergeht. Die Linienführung einer „heroischen Moderne" übergeht den Erfahrungskern technisierter und ästhetisierter Lebenswelt im 20. Jahrhundert. Kittsteiners fatalistischer, niemals abschließbarer „Kapitalismus" läuft zudem Gefahr, die Brüche zwischen klassischem Liberalismus, seinem Zusammenbruch, dem Keynesianischen Zeitalter und dem Aufstieg des Neoliberalismus in der zweiten Hälfte des 20. Jahrhunderts zu übergehen.

Einen anderen Zuschnitt für die Historisierung der Moderne hat Peter Wagner vorgeschlagen. Er läßt seine Soziologie der Moderne in der zweiten Hälfte des 18. Jahrhunderts mit einem „diskursiven Bruch" beginnen, in dem „zwei einander entgegengesetzte Metaerzählungen, die wir als Diskurs der Befreiung und als Diskurs der Disziplinierung bezeichnen können" aufgetaucht sind.[25] Bei dieser Spätterminierung der Moderne ist die Rolle von Religion schon im Übergang vom Feudalismus zum Absolutismus abgeblendet. Auf den Glaubenskrieg als Urszene der Moderne wird kein Bezug mehr genommen.[26] Für die Epoche 1750-1850 datiert Peter Wagner eine „restringiert liberale Moderne", in der die Seite der Freiheit in Grenzen erstarkt. Es ist dies die Blütezeit der liberalen Ideologie. Seit 1850 setzen dann vermehrt Bestrebungen der Disziplinierung ein, die auf die Form einer „organisierten Moderne" zulaufen, die nach 1917 zu Versuchen einer „Schließung der Moderne" führen. Nach 1945 setzt dann ein Prozeß des Aufbrechens der Ordnung der organisierten Moderne ein, für den „1968" ein symbolisches Datum ge-

23 Ebd., S. 123.

24 Ebd., S. 126.

25 Peter Wagner, *Soziologie der Moderne. Freiheit und Disziplin*, Frankfurt a.M./New York 1995, S. 26.

26 Entsprechend verortet sich Wagner in der „materialistischen Tradition", ebd. S. 78.

worden ist.[27] Mit Blick auf die kulturellen Praktiken diagnostiziert Wagner dann für die 80er Jahre die „Unterscheidung zwischen einer ernsthaften und schweren (organisierten) Moderne und einer verspielten und leichten (erweitert liberalen) Postmoderne".[28] Obwohl Wagner diese Transformationen der Moderne als linearen Prozeß vorstellt, bildet die organisierte Moderne, deren Genese um 1850 einsetzt und die sich erst um „1968" aufzulockern beginnt, das Zentrum seiner soziohistorischen Rekonstruktion.

An diesem Modell überzeugt zunächst, daß es Wagner gelingt, die sozialen Verwerfungen der entfesselten Marktgesellschaft, das Vordringlich-Werden der „sozialen Frage" als eine Krise zu beschreiben, die Konzepte und Praktiken der Organisiertheit als Antwort provoziert. Bekanntlich ist der klassische Liberalismus, von Wagner als „liberale Utopie" aufgerufen, um 1900 in eine Krise geraten. Weder konnte die Ursache von Massenarmut noch die von Arbeitsunfällen mit einer großen Zahl von Opfern im Versagen der Selbstverantwortlichkeit des Einzelnen gefunden werden.[29] Die alte liberale Auffassung, es reiche aus, den Staat aus dem Markt herauszuhalten, war schließlich in den Krisen der Nachkriegszeit nach dem Ersten Weltkrieg delegitimiert. Direkte wirtschaftliche Eingriffe in den Markt, wie sie in keynesianischer Wirtschaftspolitik praktiziert wurden, die bis an die Grenze staatssozialistischer Formen reichten, ließen die freie Marktwirtschaft als ein aus sich heraus lebensunfähiges System erscheinen.[30]

Wagner gelingt es auch, für die Zwischenkriegszeit die Parallelität von Projekten kollektiver Reorganisation der Gesellschaft: sowjetischer Sozialismus, Volksfront in Frankreich, schwedisches Volksheim, amerikanischer New Deal, italienischer Faschismus und deutscher Nationalsozialismus aufzuzeigen. Dabei folgt er der Sache nach der neoliberalen Gegendifferenzierung: liberal/antiliberal und stuft die politische Rechts-Links-Unterscheidung gleichsam zu einem Nebenwiderspruch herab.[31] Wagner bemerkt sehr wohl, daß die Dominanz von Organisiertheit eine Stützung durch den „Aufbau technisch-organisatorischer Systeme" erfährt, deren Grundlagen in der sogenannten zweiten industriellen Revolution gegen Ende des 19. Jahrhunderts gelegt wurden.[32] Freilich ist die Spannung zwischen Technizität und Sozialität der Moderne bei Wagner nicht weiter thematisiert. Damit bleiben die Konturen der „erweitert liberalen" Moderne, die er der „organisierten" Moderne folgen läßt, unklar.

Dies zeigt sich in Wagners Auseinandersetzung mit Autoren, die der „Postmoderne" zugerechnet werden. Er hält ihre Theorien vom Ende der Moderne und die

27 Ebd., S. 186 u. S. 210.

28 Ebd., S.246.

29 Gertenbach 2007, S. 128; siehe auch François Ewald, *Der Vorsorgestaat*, Frankfurt a.M. 1993.

30 Michel Foucault, *Geschichte der Gouvernementalität*, Bd. 2: *Die Geburt der Biopolitik*, Frankfurt a.M. 2004, S. 103.

31 Wagner 1995, S. 110.

32 Ebd., S. 125ff.

Art ihrer Kritik der Moderne für bedeutsam „im Hinblick auf eine Sensibilisierung für Aspekte und Fragen, die in einer Sozialwissenschaft vernachlässigt oder unterdrückt wurden, die oft allzu modern war."[33] Er glaubt feststellen zu können, daß sich diese Autoren zu ihrer Gegenwartsgesellschaft so verhalten „wie die Theoretiker der Krise der Moderne der Jahrhundertwende zur liberalen Gesellschaft und zur liberalen politischen Theorie."[34] Und er führt im einzelnen an: „Georg Simmels Soziologie des fragmentierten Lebens kann so mit dem wiederauflebenden Interesse an der Mikrosoziologie und an der Anthropologie des Alltagslebens verglichen werden, Webers stählernes Gehäuse der Bürokratie mit Foucaults disziplinierender Gesellschaft und Vilfredo Paretos Transformationen der Demokratie mit Jean Baudrillards Massengesellschaft im Schatten der schweigenden Mehrheiten." In beiden Diskursen beider Krisen seien die Autoren unsicher zu entscheiden: „haben sich die Gesellschaften verändert oder waren die Diskurse von Anfang an irrig."[35]

Wenn man, wie Wagner es in der ganzen Anlage seiner *Soziologie der Moderne* vorführt, Moderne mit Liberalität gleichgesetzt und als strukturierendes Prinzip die Alternanz von „liberalen" und „organisierten Praktiken" voraussetzt, so kann man durchaus sagen, daß in Folge der Krise um 1900 Prozesse weitergehender Liberalisierung gleichsam abgebremst wurden und nach den sechziger Jahren des 20. Jahrhunderts wieder in Gang gesetzt wurden, so wie es Ulrich Herbert mit seiner Konzeption der „Hochmoderne" und des „langen 20. Jahrhunderts" entwikkelt hat.[36]

Motivierend für diese Ansätze ist die Abarbeitung an Kritiken, die der Moderne eine Neigung zur „Selbstauslöschung" attestiert haben: der Marxismus der Arbeiterbewegung und Max Webers Befürchtungen einer Erstarrung der Moderne in bürokratischem Rationalismus.[37] Es sind dies zivilisationskritische Deutungen der Moderne, die sich zum Teil mit Kittsteiners „heroischer Moderne" überschneiden."[38] In der zweiten Krise der Moderne in den siebziger Jahren, die sowohl durch das

33 Ebd., S. 222.

34 Ebd., S. 221.

35 Ebd.

36 Die eigentümliche Korrespondenz zwischen den Krisenthematisierungen der Moderne um 1900 und der Moderne nach „1968" wird sichtbar, wenn man mit Ulrich Herbert den Zeitraum von 1890 bis 1970 als Epoche der „Hochmoderne" bezeichnet, an deren Ende die ungelösten Problemlagen ihres Beginns erneut virulent werden. Siehe dazu: Ulrich Herbert, *Wandlungsprozesse in Westdeutschland. Belastung, Integration, Liberalisierung, 1945 – 1980*, Göttingen 2002; Ders., „Europe in High Modernity. Reflections on a Theory of the 20th Century", in: *Journal of Modern European History* (JMEH) 5/2007, S. 5-21. In der Tat ist das gewachsene Interesse an den um 1900 hervortretenden Krisenerscheinungen bemerkenswert. Man hatte den Eindruck, die Intellektuellen in den Jahren vor 2000 entdeckten bei denen, die hundert Jahre zuvor die Brüche in der modernen Welt erfuhren, eine bisweilen unheimliche Aktualität. Zur Krise um 1900 siehe die grundlegende Untersuchung von Klaus Lichtblau, *Kulturkrise und Soziologie um die Jahrhundertwende*, Frankfurt a.M. 1996, zur Aktualisierung insbesondre S. 536f.

37 Wagner 1995, S. 105ff.

38 Kittsteiner 2004, S. 13.

Ende der Vollbeschäftigung und eine „strukturelle“ Arbeitslosigkeit als auch durch einen gesteigerten Anspruch auf mehr Lebensqualität zu charakterisieren ist, sei es Wagner zufolge allerdings nicht zur erwarteten „Legitimationskrise des Kapitalismus“ gekommen.[39] Erfolg hatten diejenigen, die die Forderungen nach einer Anpassung des Kapitalismus an die gestiegenen Erwartungen als unrealistisch abwiesen. Wagner bemerkt: „Das wichtigste diskursive Mittel zur Untermauerung dieser Antwort war die erneute Betonung der liberalen Grundlagen der sozialen Ordnung, die verlangte, daß der Staat nur tue, was andere Akteure nicht tun könnten.“[40] Die Frage, ob es sich dabei um einen neuen liberalen Modus oder lediglich um die „erneute Betonung“ eines altbekannten Liberalismus handelt, ist nicht leicht zu beantworten. Sie bleibt bei Wagner auch letztlich so offen, wie die aus den Banden organisierter Moderne heraustretende pluralistische Gesellschaft mit ihrer Chancen-Risiken-Rhetorik und ihrer Beschwörung der Kontingenz der Moderne.

WANDEL DER ERFAHRUNGSRÄUME. Das *Gabler Wirtschaftslexikon* definiert Kontingenz, diesen Schlüsselbegriff der letzten Moderne: Kontingenz sei die „Möglichkeit und Notwendigkeit, aus mehreren Alternativen auswählen zu können und zu müssen, d.h. eine Selektion zu treffen. Damit werden Alternativen ausgeschieden, die ebenfalls möglich und nützlich gewesen wären, was oft mit dem charakteristischen Satz für die Kontingenz umschrieben wird: ‚Es könnte auch anders sein.‘“[41] Dem folgt schließlich auch Peter Wagner. Er plädiert dafür, „die Kontingenz aller sozialen Phänomene als Ausgangspunkt, als *a priori* der Sozialforschung, und insbesondere die Kontingenz von Gemeinwesen und Selbst als Annahmen einer heutigen Untersuchung der modernen Bedingungen zu akzeptieren.“[42]

Dieses Grundmotiv findet sich auch in einer später erschienenen Arbeit, in der Wagner eine „neue Soziologie der Moderne“ vorstellt.[43] Bemerkenswert an dieser Fortschreibung der Analysen zur Moderne ist die Einbeziehung der Dimension der Erfahrung: Individuen haben mit ihrer Moderne Erfahrungen gemacht und diese interpretiert. Moderne gilt Wagner hier als „eine Anschauungsweise, wie Menschen ihre Leben verstehen“; weiter gilt: in der Moderne bestehe insbesondere eine „Verpflichtung zur Selbstbestimmung“. Dafür, wie diese einzulösen sei, gebe es eine „Vielzahl moderner Antworten“; und die Art der Antworten könne „auf bedeutsa-

39 Viel gelesen in Erwartung der Krise wurde: Jürgen Habermas, *Legitimationsprobleme im Spätkapitalismus*, Frankfurt a.M. 1973.

40 Wagner 1995, S. 205.

41 Jean-Paul Thommen u. Udo Kamps, Art. „Kontingenz“, in: *Gabler Wirtschaftslexikon* http://wirtschaftslexikon.gabler.de/Archiv/4327/kontingenz-v12.html (Letzter Zugriff: 7.9. 2013).

42 Wagner 1995, S. 226. Eine grundlegenden Studie zum Thema hat vorgelegt: Michael Makropoulos, *Modernität und Kontingenz*, München 1997, S. 13ff; Ders., „Kontingenz. Aspekte einer theoretischen Semantik der Moderne“, in: *Archives Européennes de Sociologie* 45/2004, S. 369-399; Niklas Luhmann, *Soziale Systeme*, Frankfurt a.M. 1984, S. 47.

43 Peter Wagner, *Moderne als Erfahrung und Interpretation. Eine neue Soziologie zur Moderne*, Konstanz 2009.

me Momente der gemeinsamen Geschichte zurückverfolgt werden."[44] Hier kommen nun – durchaus vergleichbar mit unserem methodischen Vorgehen – kollektive Erfahrungen ins Spiel: „Die Erfahrung bedeutsamer Momente konstituiert den Hintergrund, vor dem spezifische Antworten auf diese Fragen (d.i. nach der Ordnung gemeinsamen Lebens und der Befriedigung menschlicher Bedürfnisse W.E.) ausgearbeitet werden".[45] Als „bedeutsame Momente" faßt Wagner die Sequenz von wissenschaftlicher Revolution, industrieller Revolution und demokratischer Revolution, wie sie die klassische Modernisierungstheorie konzipiert hat.

Diese Sequenz ist freilich anachronistisch, wenn man ernsthaft erfahrungsgeschichtlich vorgeht. Sie macht Sinn nur als selbstlegitimatorische Rückschau von Modernisierung. Denn in den Jahrhunderten, für die als erste die wissenschaftliche Revolution ein „bedeutsamer Moment" gewesen sein soll, hatten die Intellektuellen wahrlich andere Probleme. Sie hatten ihre Erfahrungen mit den Glaubenskriegen der *Bekenntnisreligionen* zu bewältigen. Die Zentralstellung der Wissenschaft als einer letzten Instanz ist eine Erfahrung, die ganz der Periode der entfesselten Marktwirtschaft nach 1850 angehört.

So mündet Wagners „neue Soziologie der Moderne" in eine anthropologisch gestimmte Perspektive, bei der eine durchgehende Historisierung zurück genommen wird. Moderne sollte „konzeptualisiert werden als eine interpretative Beziehung zur Welt, die eine Reihe von Problemen offenlegt oder vielleicht eher: hervorbringt."[46] Dies gilt nun im Kern für alle historischen und gegenwärtigen Gesellschaften. Jede Gesellschaft brauche Antworten für Fragen, die zugleich die drei zentralen Problematiken der Moderne darstellten: Regeln für das gemeinsame Leben finden, die Bedürfnisse befriedigen und Antworten für das entwickeln, was gültiges Wissen ist.[47] Der Aufbau der Schrift folgt denn auch verschiedenen Interpretationen der politischen, ökonomischen und epistemischen Problematik.

Im Unterschied zu Wagner gehen wir in dieser Religionssoziologie davon aus, daß eine konsequente Historisierung von Moderne, die die Erfahrungsgeschichte ernst nimmt, nicht umhin kommt, für das 20. Jahrhundert die Spannung zwischen Sozialität und Technizität, d. h. zwischen der Erfahrung einer marktgesellschaftlichen und der einer artifiziellen, technisierten und ästhetisierten Moderne genauer zu fassen. Dies gilt gerade auch für eine adäquate Beschreibung der Konzepte, die oft irrigerweise als eine Renaissance des Liberalismus seit den 1970er Jahren interpretiert werden. Lars Gertenbach hat im Anschluß an Michel Foucaults Vorlesungen zur *Geschichte der Gouvernementalität* herausgearbeitet, daß die Neoliberalismen sowohl der *Freiburger Schule* als auch der *Chicago School*, die nach der Krise der 1970er Jahre bestimmend für das Handeln der politischen Akteure werden,

44 Ebd., S. 15.
45 Ebd., S. 15f.
46 Ebd., S. 363.
47 Ebd., S. 17.

keine Wiederbelebung des klassischen Liberalismus darstellen.[48] Dieser fand „seine historische Wahrheit gerade in einem Zurückdrängen des Staates und der Proklamierung einer eigengesetzlichen Sphäre innerhalb der Gesellschaft: der des Marktes."[49] Diese eigengesetzliche Sphäre war ‚natürlich'. Seinen populären Ausdruck fand dies in der Parole: *Laissez-faire*, deren Effekte die Europäer in der zweiten Hälfte des 19. Jahrhunderts erfahren haben. Für den klassischen Liberalismus gilt: „Sowohl praktisch wie auch ethisch unregierbar existiert der Markt als ein Bereich *neben* dem des Staates."[50]

Anders stellt sich der Markt im Neoliberalismus dar. Seine verschiedenen Schulen konvergieren in der Annahme eines „reziproken Bedingungsverhältnis von Ökonomie und Recht, innerhalb dessen der Markt als ein mit Eigengesetzlichkeit ausgestatteter Bereich permanent von einem juridisch-institutionellen Rahmen umschlossen wird."[51] Diese Eigengesetzlichkeit ist nicht ‚natürlich', sondern ‚künstlich'. Mit der Verflechtung von Rechtsordnung und Ökonomie, die Hayek lieber als Katalaxie im Sinne eines freien Tausches verstanden wissen will, verändert sich die Stellung des Staates. Er ist keine Instanz neben dem Markt, sondern seine Hauptaufgabe besteht darin, Spielregeln für den freien Tausch zu erfinden und zu garantieren.[52] Der neoliberale Markt ist auf der Basis der Verflechtung von Recht und Wirtschaft eben nicht mehr wie im klassischen Liberalismus ein Bereich, der nach dem Bild des Wettstreits in der Natur aufgefaßt wird, sondern es handelt sich um einen gemachten Markt, um eine Konstruktion. Gertenbach spricht von einer „Kultivierung des Marktes". Die oft zu hörende Kritik am „Rückzug des Staates" verfehle „gerade die spezifische Qualität des Neoliberalismus, da der Bruch mit der Dichotomie von Markt und Staat zugleich eine Ausweitung der Regierung und einen Rückgang direkter Kontrolle impliziert."[53] Die paradoxe Doppelbewegung findet sich dann auch in den widersprüchlichen Krisendiagnosen, in denen die einen ein Zuviel-Markt und die anderen ein Zuviel-Staat als Grund der Krise angeben.

Mit der Aufgabe der Dichotomie von ‚natürlichem' Markt und ‚künstlichem' Staat löst sich schließlich die Räumlichkeit des Marktes auf: „Ihm haftet vielmehr ein in zweifachen Sinn u-topisches Moment an, da ihm kein eigener Raum zugesprochen wird, er aber gerade aus diesem Grund keinen Bereich der Gesellschaft mehr

48 Gertenbach 2007; siehe dazu auch: Bernhard Walpen, *Die offenen Feinde und ihre Gesellschaft. Eine hegemonietheoretische Studie zur Mont Pèlerin Society*, Hamburg 2004; Philip Mirowski u. Dieter Plehwe (Hg.), *The Road from Mont Pèlerin. The Making of the Neoliberal Thought Collective*, Cambridge/Mass.: Harvard UP 2009.

49 Ebd., S. 87.

50 Ebd.

51 Ebd., S. 91.

52 In der neueren Forschungsrichtung des „Marktdesigns" wird inzwischen davon Abschied genommen, wirtschaftliche Prozesse einfach dem Markt zu überlassen. Vielmehr richtet sich das Interesse darauf, Märkte so zu konstruieren, daß gewünschte Ergebnisse wahrscheinlich werden. Siehe dazu Axel Ockenfels, „Marktdesign und Experimentelle Wirtschaftsforschung", in: *Perspektiven der Wirtschaftspolitik* 10(s1)/Mai 2009, S. 31-53.

53 Gertenbach 2007, S. 98.

exkludiert. So ist der Markt in der neoliberalen Theorie zugleich präsent wie auch zukünftig, existent und utopisch in Einem. Es gibt mit dem Konzept der ‚künstlichen Naturalität' keine dauerhafte und abgeschlossene Finalisierung des Marktes."[54] Nimmt man dies, so versteht man besser, wie es zur Wahrnehmung der gegenwärtigen Moderne mit ihrem Zentrum der kapitalistischen Marktwirtschaft als einer unübersteigbaren Phase der Entwicklung der Moderne kommen konnte. Treffend hat Foucault diese Aporie charakterisiert: „Nichts beweist, daß die Marktwirtschaft Mängel hat, daß sie wesentlich mangelhaft ist, da man alles, was man ihr als Mangel und als Wirkung ihrer Mangelhaftigkeit unterstellt, dem Staat zuschreiben muß."[55]

Für unsere Historisierung der Moderne, die sich an die Erfahrungsgeschichte von Intellektuellen anlehnt, ist die Differenz zwischen einem natürlichen, naiv anthropologischen und einem künstlichen, artifiziellen Markt von konzeptionellem Interesse. Sie hilft uns, im 20. Jahrhundert den Wandel der jeweils dominierenden Modernitätserfahrung genauer zu fassen. Zur Erfahrung entfesselter Marktwirtschaft nach 1850 tritt insbesondere nach dem Ersten Weltkrieg eine neue kollektive Erfahrung hinzu: der von Wagner zurecht bemerkte „Aufbau technisch-organisatorischer Systeme". Aber diese Dimension der Erfahrung artifizieller Lebenswelt verschwindet nicht einfach in den späten Krisen der „organisierten Moderne", sie bildet weiterhin bis in unsere Gegenwart den erfahrungsgeschichtlichen Hintergrund eben auch des basalen Konstruktivismus des neoliberalen Marktes. Man täusche sich nicht, dieser ‚künstliche Markt' ist ein Teil der das 20. Jahrhundert dominierenden Erfahrung artifizieller Lebenswelt, die sowohl die Phänomene der Technisierung als auch der Ästhetisierung umfaßt. Im *Vierten Teil* unserer Religionssoziologie gehen wir darauf ausführlich ein.[56]

In den Historisierungen der Moderne, die Kittsteiner und Wagner vorgenommen haben, lassen sich mit Blick auf die Entscheidungen, die für die Gesamtanlage unserer Religionssoziologie, was den „Startpunkt" der Moderne angeht, die impliziten Folgen der Früh- bzw. Spätterminierung von moderner Gesellschaft gut ablesen. Die wesentliche Differenz besteht darin, daß Kittsteiner nach der frühneuzeitlichen Stabilisierungsmoderne seine evolutive Moderne als Geschichte des Durchbruchs zum industriekapitalistisch dominierten Weltmarkt zäsurlos sich entwickeln läßt, während Wagner 1850 einen Scheitelpunkt annimmt, auf dem die „restringiert liberale Moderne" in eine „organisierte Moderne" übergeht.

In einer früheren Skizze zu Schlüsselbegriffen der Moderne sind wir wie Kittsteiner von der Einheit des 19. Jahrhunderts als einer Diskursformation ausgegangen, die sich um den Schlüsselbegriff der Entwicklung organisiert.[57] Wenn wir in dieser Religionssoziologie den Bruch im 19. Jahrhundert hervorheben, so tun wir dies aus

54 Ebd.

55 Foucault 2004, S. 167.

56 Siehe in diesem Band S. 836ff.

57 Wolfgang Eßbach, „Vernunft, Entwicklung, Leben. Schlüsselbegriffe der Moderne" [1996], wiederabgedruckt in: *Vernunft – Entwicklung – Leben. Schlüsselbegriffe der Moderne*, hg. v. Ulrich Bröckling / Axel T. Paul u. Stefan Kaufmann, München 2004, S. 13-22.

mehreren Gründen.[58] Mit der getrennten Darstellung der Erfahrung der *Revolution* und der Erfahrung der *Marktgesellschaft* tragen wir zuerst dem Umstand Rechnung, daß moderne Gesellschaft in vielen Wahrnehmungen mit einer tiefen Gespaltenheit einhergeht. Es finden sich in ihr antinomische Orientierungen auf einerseits materielle andererseits ideelle Werte, die schwer auszugleichen sind.[59] Moderne Identität ist in vielen Diskursen die Erfahrung von Nicht-Identität. Moderne läßt sich als Kultur einer polarisierenden Differenzierung beschreiben. Viele Autoren von Marx bis Weber, von Carl Schmitt bis Adorno haben den antinomischen Charakter der modernen Lebensform tief empfunden. Dies gilt nicht nur für die leitende Unterscheidung von privat und öffentlich, sondern gilt auch sich fortsetzend im Privaten. Es gilt für die Polaritäten der ökonomischen und der moralischen Werte, sowie der Geschlechtercharaktere des Mannes und der Frau, für die Polaritäten von Geld und Gewalt, von Nationalismus und Kosmopolitismus, von Gemeinschaft und Individuum, von Staat und Markt usw. In der modernen Gesellschaft erleben Intellektuelle ein Spalten und Gespaltensein.[60] Die kühle Rede von der Ausdifferenzierung der Wert- und Funktionssphären, die heute in der Soziologie üblich geworden ist, übergeht das pathische Moment, das mit diesen Prozessen verbunden ist. Der Schlüsselbegriff der Entwicklung war für die Spaltungserfahrung im 19. Jahrhundert insofern ein „erlösendes Wort" (Helmuth Plessner), als die Zerrissenheit tröstend in Evolution umgeschrieben werden konnte, freilich nicht ohne den Nebeneffekt, daß damit „Entwicklung" selbst zu einem rissigen Begriff wurde.

Die Trennung von Revolutionserfahrung und Erfahrung moderner Marktgesellschaft eröffnet zum zweiten die Chance, die Tönung des pathischen Moments genauer zeichnen zu können, die mit der Beschädigung oder gar Desillusionierung enthusiastischer Religiosität bei denen einhergeht, die nun ganz immanent sein wollen. Eine solche Abkehr von den Verhimmelungen aller Art, die wir im *Ersten Band* am Beispiel der radikalen Religionskritik der Junghegelianer untersucht ha-

58 Gute Gründe für die Kohärenz der Epoche 1848-1914 finden sich bei John Wyon Burrow, *Die Krise der Vernunft. Europäisches Denken 1848-1914*, München 2003.

59 Vgl. den Versuch von Hartmut Esser, Max Webers ‚Wertrationalität' mit den Mitteln der Rational-Choice-Theorie verständlich zu machen. Hartmut Esser, „Wertrationalität", in: *Rational-Choice-Theorie in den Sozialwissenschaften. Anwendungen und Probleme*, hg. v. Andreas Diekmann u. Thomas Voss, München 2004, S. 97-111. Weiterführend ist der Versuch von Joachim Fischer, die Verdoppelung von romantischer Wertsetzung in der Warenwerbung und vernunftkontrollierter Wertung durch Institutionen des Warentests als komplementäre Sozialmechanismen zu beschreiben. Joachim Fischer, „Warenwerbung und Warentest oder Poetismus und Rationalismus. Komplementäre Sozialmechanismen in der bürgerlichen Massenkultur", in: *Konsum der Werbung. Zur Produktion und Rezeption von Sinn in der kommerziellen Kultur*, hg. v. Kai-Uwe Hellmann u. Dominik Schrage, Wiesbaden 2004, S. 49-61.

60 Vgl. dazu auch das Kapitel „Die revolutionäre Leidenschaft" in: François Furet, *Das Ende der Illusion*, München/Zürich 1995, S. 13ff; Wolfgang Eßbach, „Intellektuellengruppen in der bürgerlichen Kultur", in: *Kreise – Gruppen – Bünde. Zur Soziologie moderner Intellektuellenassoziation*, hg. v. Richard Faber u. Christine Holste, Würzburg 2000, S. 23-33.

ben, hat man weder in den Zusammenhängen von Glaubenskriegen und *Rationalreligion* noch in den Zusammenhängen von Revolution, *Nationalreligion* und *Kunstreligion* finden können.[61] Insofern bilden die intellektuellen Verarbeitungen der Erfahrung moderner Marktgesellschaft und die der Erfahrung artifizieller Lebenswelt, die wir in diesem *Zweiten Band* der Religionssoziologie behandeln, eine Sequenz, die derjenigen des *Ersten Bandes* zur Seite gestellt werden muß. Dies kann bei der fälligen Dekonstruktion des unhandlich gewordenen Begriffs moderner Gesellschaft und der blaß gewordenen Rede von Moderne helfen, deren „teleologische Sekurität" verloren ist, deren „Ambivalenz" sprichwörtlich wurde und deren dialektische Entwicklung zum „Paradox" geworden ist.[62]

MODERNITÄT ODER TRADITION. Als Modernisierungserfahrung wollen wir Wahrnehmungen begreifen, in denen Moderne als Aufbrechen von Tradition erfahren wurde. Dies gilt zuerst für die Spaltung des *corpus christianum* in den postreformatorischen Glaubens- und Staatenbildungskriegen. Dies gilt dann für die enthusiastischen Aufbrüche der Revolutionszeit. Von diesen beiden Modernisierungserfahrungen handelte der *Erste Band.* In diesem Band geht es um zwei weitere Erfahrungen des Aufbrechens von Tradition: zum einen in der Sozialwelt, zum anderen im Modus der technischen Naturbeherrschung. Einmal erleben die Individuen das Zerreißen gewohnter Bindungen, eine Zersetzung der sozialen Normen, in denen das Leben sich traditionell bewegt hatte, zum anderen wird eine neue Möglichkeit entdeckt, sich Material und Energie der Natur dienstbar zu machen. In der Modernisierungserfahrung werden im Umgang mit der Natur mit einem Male Dinge machbar, die zuvor nur im Traum existierten, und in der Sozialwelt wird das Zusammenleben der Menschen in einer grundsätzlichen Weise problematisch. Richard Münch hat in seiner Modernisierungstheorie dieses Moment für die Moderne in einer aporetischen Formel verewigt: „Jenseits dieses Gegensatzes von Modernität und Tradition befindet sich nur das Nichts."[63]

Beim Aufbrechen der Tradition durch moderne Lebensformen und durch moderne Technik handelt es sich zwar um einen zusammenhängenden Prozeß, dessen beide Seiten sich jedoch erfahrungsgeschichtlich den Individuen gleichsam in zwei Schritten aufdrängen. Technischer Fortschritt erfolgt über lange Perioden sukzessiv; die Erfahrung dramatischer Brüche ist begrenzt auf den Kreis derjenigen, die mit der Materie zu tun haben. Erst im 20. Jahrhundert wird Intellektuellen die Artifizierung der Lebenswelt als ein zuvor nicht im Zentrum gesehenes Problem

61 Zur Religionskritik der Junghegelianer siehe im *Ersten Band* S. 676 ff.

62 Zur teleologischen Sekurität vgl. Kittsteiner 2004, S. 203. Ambivalenz der Moderne ist das Leitmotiv bei Zygmunt Bauman, *Moderne und Ambivalenz*, Hamburg 1992. Die paradoxe Struktur von Modernisierung ist treffend bei van der Loo u. van Reijen 1997, herausgearbeitet.

63 Richard Münch, *Die Kultur der Moderne*, Bd. 2: *Ihre Entwicklung in Frankreich und Deutschland*, Frankfurt a.M. 1986, S. 855.

bewußt.[64] Wir werden diese Dimension im *Vierten Teil* unserer Religionssoziologie behandeln. Dagegen dominiert in der zweiten Hälfte des 19. Jahrhunderts eine grundsätzliche Problematisierung von Sozialität in der kapitalistischen Marktgesellschaft.

Worin bestand sie? Daß Menschen einander brauchen, um existieren zu können, daß sie ihr Handeln in eine Ordnung bringen müssen, daß sie eine Grenze zwischen ihren Regeln und der Wildnis der Natur ziehen müssen: Gesellschaft in diesem Sinne war eine seit langem vertraute Angelegenheit. Zu dieser vertrauten Angelegenheit gehörte auch, daß es Sitten oder Gesetze gab, die das Zusammenleben von Menschen regeln. Wo dies fehlte, war man im Reich der Natur. Tiere halten sich nicht an Gebote. Das Zusammenleben der Menschen folgte einer Ordnung, die familialistisch nach Sitte der Väter oder in einer herrschaftlichen Tradition begründet war. In der Modernisierungserfahrung wird diese Art von Sozialität in Frage gestellt und gegen einen anderen Typus von Sozialität kontrastiert. Dieser entstammt einem Raum, der zwar als ein Raum der Willkür lange bekannt war, den man aber sorgfältig zu begrenzen wußte.

Ferdinand Tönnies hat im Gründungsbuch der Soziologie *Gemeinschaft und Gesellschaft*, die traditionale und die moderne Lebensform als zwei Typen von Zusammenleben kontrastiert. Gemeinschaftlich traditional wird „von der vollkommenen Einheit menschlicher Willen als einem ursprünglichen oder natürlichen Zustande“ ausgegangen. „Die allgemeine Wurzel dieser Verhältnisse ist der Zusammenhang des vegetativen Lebens durch die Geburt“.[65] Damit liegen die Beziehungen von Mann und Frau, Heirat und Familie und die damit gegebenen Verlängerungen des Lebens in die Vergangenheit der Ahnen und in die Zukunft der Kindeskinder am Grunde aller Gemeinschaft. Gesellschaftlich modern gilt wohl auch ein friedliches nebeneinander Leben und Wohnen, das aber auf wesentlichen Trennungen beruht. „Keiner wird für den anderen etwas tun und leisten, keiner dem anderen etwas gönnen und geben wollen, es sei denn um einer Gegenleistung oder Gegengabe willen, welche er *seinem* Gegebenen wenigsten *gleich* achtet.“[66] Aus gemeinschaftlich traditionaler Sicht erscheint Gesellschaft als aufgelöste Gemeinschaft, als Nichtgemeinschaft. Aus einer gesellschaftlich modernen Sicht erscheint das familialistische Muster traditionaler Lebensform als eine defizitäre Art des Zusammenlebens, die menschliche Möglichkeiten der Gesellung geradezu verhindert. Sozialität wird somit in der Modernitätserfahrung zweideutig. Es handelt sich, bevor

64 Beispielhaft etwa bei Hans Freyer, *Über das Dominantwerden technischer Kategorien in der Lebenswelt der industriellen Gesellschaft*, Mainz 1960.

65 Ferdinand Tönnies, *Gemeinschaft und Gesellschaft. Grundbegriffe der reinen Soziologie*, Neudruck der 8. Aufl. v. 1835, Darmstadt ³1991, S. 7. Tönnies bezieht sich auf das 1861 zuerst erschienene klassische Werk *Ancient Law* von Henry S. Maine, in dem zwischen *status* und *contractus* unterschieden wurde. Henry Sumner Maine, *Das alte Recht, sein Zusammenhang mit der Frühgeschichte der Gesellschaft und sein Verhältnis zu modernen Ideen*, hg. u. übers. v. Heiko Dahle, Baden-Baden 1997.

66 Ebd., S. 34. Hervorhebungen in Zitaten sind immer dem Original entnommen.

Soziologie die Terminologie sortiert hat, um eine im mehrfachen Sinne des Wortes unheimliche Erfahrung. Unheimlich, weil die neue Gesellschaft, in der sich die postrevolutionären Individuen wiederfinden, stets beides zugleich ist: Gemeinschaft und Nichtgemeinschaft, Gesellschaft und Nichtgesellschaft.

Wir werden dieser unheimlichen Erfahrung weiter nachgehen. Sie ist wiederkehrend, gleichsam systemisch. Alle Generationen, die das Schicksal, in Marktgesellschaften zu leben, geteilt haben, können davon berichten, Erfolgs- und Mißerfolgsgeschichten erzählen, und die intellektuellen Anstrengungen, das Geschehen auf Märkten zu verstehen und der Rätselhaftigkeit des Geldes auf die Schliche zu kommen, füllen Bibliotheken. Hinzu kommt ein weiteres, das uns besonders interessiert: Wenn es um unheimliche Erfahrungen geht, ist dann auch der Verdacht, daß dabei Religiöses im Spiel sein könnte, nicht weit.

2. Märkte, Marktsystem, Kapitalismus

MÄRKTE UNSERER GEGENWART. Wie steht es heute mit der Unheimlichkeit der Marktgesellschaft? Daß Märkte nicht nur ökonomische Probleme lösen, sondern auch Probleme verursachen, ist uns Zeitgenossen seit der für viele unerwartet hereingebrochenen Krise der Finanzmärkte, die am 15. September 2008 mit dem Untergang der US-Investmentbank *Lehman Brothers* ihren ersten Höhepunkt hatte, wieder ins Gedächtnis gerufen. Mit Erstaunen konnten die Bundesbürger schon einige Jahre zuvor hören, wie der Vorsitzende der Partei, die sich 1958 auf ihrem Parteitag in Bad Godesberg mit der kapitalistischen Marktwirtschaft ausgesöhnt hatte, erklärte: „Kapitalismus ist keine Sache aus dem Museum, sondern brandaktuell."[67]

Nach dem Zweiten Weltkrieg hatte man geglaubt, daß die Marktwirtschaft sich mehr und mehr zu einer „sozialen Marktwirtschaft" entwickeln könnte, in der die Konjunkturzyklen beherrschbar werden und der Schutz der Beschäftigten sowie Lohnzuwächse durch starke Gewerkschaften und Parteien der Arbeiterbewegung gesichert sind. Diese Hoffnung hat sich in der Wachstumsphase der Nachkriegszeit erfüllt, aber seit den 70er Jahren des 20. Jahrhunderts zeigt sich die freier Marktwirtschaft inhärente Krisenneigung in wechselnden Konstellationen. Wolfgang Streeck hat sie als Ausdruck der grundlegenden Spannung zwischen Demokratie und Kapitalismus beschrieben. Denn es sind zwei gegensätzliche Prinzipien, an denen sich die Verteilung knapper Ressourcen orientiert: einmal „an der Grenzproduktivität oder an dem, was sich aus dem ‚freien Spiel der Marktkräfte' ergibt" und andererseits an den „sozialen Bedürfnissen oder Ansprüchen (...), die durch kollektive Entscheidungen der demokratischen Politik beglaubigt werden."[68] Regie-

67 Franz Müntefering, *Freiheit und Verantwortung, SPD: Programmheft I. Tradition und Fortschritt*, Berlin, Januar 2005, S. 18.

68 Wolfgang Streeck, „Die Krisen des demokratischen Kapitalismus. Inflation, staatliche Defizite, private Verschuldung, faule Kredite", in: *Lettre International* 95/2011, S. 7-17, hier

rungen, die sozialpolitischen Forderungen zu sehr folgen, riskieren den Unwillen der Produktionsmittelbesitzer und wirtschaftliche Störungen, während sie umgekehrt soziale Unruhe riskieren, wenn sie die „Marktkräfte" zu sehr freilassen.

Nicht in den Konsequenzen, die aus dieser Spannung zwischen Demokratie und Marktwirtschaft zu ziehen wären, wohl aber in der Beschreibung kommen auch neoliberale Autoren zu einem ähnlichen Resultat. In der Debatte über *Die Zukunft des Kapitalismus*, zu der im Sommer 2009 die *Frankfurter Allgemeinen Zeitung* eingeladen hatte, hat Victor Vanberg anläßlich der aktuellen Krisendebatte bemerkt, der Kapitalismus sei „global robust" aber „lokal verwundbar". Seine Robustheit, die ihm ermöglichte, Krisen zu überstehen, beruhe auf seinen Prinzipien. Sie seien „das Ergebnis eines Jahrtausende umspannenden, von Versuch und Irrtum geleiteten Evolutionsprozesses, der mit der Entdeckung seinen Anfang nahm, daß Menschen sich durch Spezialisierung und Tausch wechselseitig besserstellen können."[69] Aber zu dieser uralten Geschichte der Prinzipien des Marktes kommt noch etwas hinzu: Die Verwundbarkeit des Kapitalismus rühre daher, daß das Schicksal der marktwirtschaftlichen Ordnung von lokalen rechtlichen Bedingungen abhängig sei. In Demokratien bestehe die Gefahr, daß Bürger und Politiker zwar die produktive Seite des Wettbewerbs wertschätzten, nicht aber seine mit „Anforderungen und Unsicherheiten" einhergehende Seite. „Der politische Prozeß eröffnet einzelnen Gruppen die Möglichkeit, für sich das Privileg der Verschonung von Wettbewerbsdruck oder seinen Folgen zu erstreiten."[70]

Wenn die Beschreibungen von Streeck und Vanberg zutreffen, dann empfiehlt es sich, den temporalen und den räumlichen Aspekten nachzugehen, die für die erstaunlichen Metamorphosen von Märkten und Marktsystemen eine entscheidende Rolle spielen. Denn sie lassen den Kapitalismus für die Marktteilnehmer immer auch wieder anders erscheinen. Was den temporalen Aspekt betrifft, so kann man zwischen konjunkturellen und strukturellen Veränderungen unterscheiden. Menschen in kapitalistischen Marktgesellschaften erleben Phasen der Prosperität und solche wirtschaftlicher Rezession und Depression. Für eine erfahrungsgeschichtliche Perspektive steht neben der erstmaligen Erfahrung entfesselter Marktwirtschaft im 19. Jahrhundert, auf die wir später eingehen werden, für die jüngere Vergangenheit der konjunkturelle Wechsel im Vordergrund.

In der westdeutschen kollektiven Erfahrung der „Konsumgesellschaft" in den 50er und 60er Jahren spielte das Ende des Nachkriegsbooms eine besondere Rolle.[71] Nach dem Ölpreisschock 1973 setzte auch in der Soziologie ein Abschied vom

S. 7. Grundlegend dazu: Ders., *Gekaufte Zeit. Die vertagte Krise des demokratischen Kapitalismus*. Berlin 2013.

69 Victor Vanberg, „Global robust, lokal verwundbar", in: *Frankfurter Allgemeine Zeitung* vom 20. Juli 2009, Nr. 165, S. 25.

70 Ebd.

71 Hartmut Kaelble (Hg.), *Der Boom 1948-1973. Gesellschaftliche und wirtschaftliche Folgen in der Bundesrepublik Deutschland und in Europa*, Opladen 1992; Axel Schildt, *Ankunft im Westen. Ein Essay Zur Erfolgsgeschichte der Bundesrepublik*, Frankfurt a.M. 1999; *Dynamische Zeiten. Die 60er Jahre in den beiden deutschen Gesellschaften*, hg. v. Axel Schildt / Detlef Sieg-

„Traum immerwährender Prosperität" ein.[72] Prägende Erfahrungen in Aufschwungphasen können sich aber auch als recht stabil erweisen. Julia C. Ott hat herausgefunden, daß die optimistischen Masseninvestitionen amerikanischer Bürger zu Beginn des 20. Jahrhunderts kulturell so verfestigt waren, daß weder durch den Zusammenbruch der Börse 1929 noch die große Depression Einbußen an der Popularität des Besitzes von Wertpapieren zu verzeichnen waren.[73]

Erfahrungsgeschichtlich relevant ist aber nicht nur der konjunkturelle Wechsel erlebter guter oder schlechter Zeiten. Hennric Jokeit und Ewa Hess haben in einer kleinen, interessanten Skizze den Blick auf längerfristige Wandlungen der psychischen Verfassung der Marktteilnehmer gerichtet, wie sie sich in Symptomen häufig auftretender Psychopathologien zeigen.[74] Die Herausforderungen und Anpassungsleistungen, die die kapitalistische Wirtschaftsform den Individuen abverlangt, haben den Autoren zufolge „in jeder Phase ihrer Vorherrschaft Wissenschaften und Techniken hervorgebracht, um die selbst generierten ‚Betriebsstörungen' der sie konstituierenden Subjekte zu analysieren, zu mildern und (...) um sie in den Kreislauf von Angebot und Nachfrage einzubinden."[75]

Die Autoren sehen im Kapitalismus des ausgehenden 19. Jahrhunderts einen Nährboden für die Neurose, wie sie Freuds Psychoanalyse identifiziert hat.[76] Für die, die unter der Erfahrung von Repression und Ausbeutung litten, brachte die Neurose „das stumme Aufbäumen des geschundenen Kreatürlichen zum Ausdruck; jenes Teils also der menschlichen Konstitution, der sich als eine ‚barbarische Nation' im Innern des Menschen der gewaltsamen Modernisierung und Zivilisierung ebenso trotzig wie vergeblich widersetzte."[77] Im „libertären Wohlstandskapitalismus", den die Autoren insbesondere für die zweite Hälfte des 20. Jahrhunderts ins Auge fassen, seien „Gefügigkeit, Disziplin und Schuld (...) einem neuen Imperativ

---

fried u. Karl Christian Lammers, Hamburg 2000; Ulrich Herbert, „Liberalisierung als Lernprozeß. Die Bundesrepublik in der deutschen Geschichte – eine Skizze", in: Ders., *Wandlungsprozesse in Westdeutschland. Belastung, Integration, Liberalisierung*, Göttingen 2002; zu individualistischen bzw standardisierten Konsumtypen: Detlef Siegfried, „Prosperität und Krisenangst. Die zögerliche Versöhnung der Bundesbürger mit dem neuen Wohlstand", in: *Mit dem Wandel leben. Neuorientierung und Tradition in der Bundesrepublik der 50er und 60er Jahre*, hg. v. Friedrich Kiessling u. Bernhard Rieger, Köln/Weimar/Wien 2011, S. 63-78.

72 Burkart Lutz zeigte, daß der Nachkriegsboom keineswegs als Normalform industriegesellschaftlicher Entwicklung, sondern als Ausnahme zu verstehen sei. Burkart Lutz, *Der kurze Traum immerwährender Prosperität. Eine Neuinterpretation der industriell-kapitalistischen Entwicklung im Europa des 20. Jahrhunderts*, Frankfurt a.M. 1984.

73 Julia C. Ott, *When Wall Street Met Main Street*, Cambridge/Mass.: Harvard UP 2011.

74 Hennric Jokeit u. Ewa Hess, „Neurokapitalismus", in: *Merkur. Deutsche Zeitschrift für europäisches Denken* 721/Juni 2009, S. 541-545.

75 Ebd., S. 541.

76 Zu den verschiedenen Aspekten, unter denen die Psychoanalyse religionssoziologisch relevant wird, siehe in diesem Band u.a. S. 675ff., S. 1281ff. und S. 1344ff.

77 Ebd.

der Selbstverwirklichung" gewichen.[78] Diese zeitliche Situierung könnte allerdings korrigiert werden. Denn für die emotionalen Atmosphären in den totalitären mehr oder weniger staatskapitalistischen Aufbrüchen der Zwischenkriegszeit lassen sich durchaus eben jene Charakteristika beschreiben, die Jokeit und Hess für die Zeit nach 1945 ansetzen: „Das psychische Idealbild eines erfolgreichen Individuums zeichnete sich von nun an durch eine dynamisch erneuerbare Expansionsbereitschaft aus, was wiederum das Bedürfnis nach einem jederzeit aktivierbaren und frustrationsresistenten Selbstantrieb des Subjekts mit sich brachte. Nicht das ganze Potential seiner Möglichkeiten ausschöpfen zu können hieß in dieser Konstellation scheitern."[79] Die Anrufung des Einzelnen, das Beste aus sich herauszuholen, gehörte auch in totalitären Regimes zum ideologischen Programm. Wer dem nicht gerecht wurde, litt nicht zuerst an Neurosen, sondern an psychischen Depressionen.

Diese grobe Skizze des Wandels von der Neurose zur Depression, die von der Forschung als zwei seelische Volksseuchen diagnostiziert wurden, kann helfen, die Differenz der kollektiven Erfahrungslagen entfesselter Marktwirtschaft und artifizieller Lebenswelt, von der wir in diesem Band unserer Religionssoziologie ausgehen, auch in psychohistorischer und medizingeschichtlicher Hinsicht zu verdeutlichen. Im Zentrum der Neurose steht nach psychoanalytischer Auffassung das Schicksal der *vita sexualis* des Einzelnen in seiner Familiengeschichte, d.h. der Konflikt zwischen dem Begehren des Individuums und den sozialen Bindungen mit ihren Verpflichtungen und Verboten. Es ist diese Konstellation, die in der entfesselten Marktgesellschaft im Wechsel vom Vorrang des der Tradition verpflichteten Status innerhalb einer Gemeinschaft zum Vorrang der Vertragsfreiheit in der Gesellschaft aufbricht. Die medizinische Antwort darauf ist bekanntlich die Gesprächstherapie, in der die Bindungen des Einzelnen und sein Begehren zur Sprache kommen und neu sortiert werden. Die psychoanalytisch geprägten Therapieformen, um 1900 entstanden, haben sich dann enorm verbreitert. Der „kommunikationsbezogene Grundansatz durchdrang intime, private, wirtschaftliche und kulturelle Sphären sozialer Interaktionen und erschuf neue Märkte: einen Reparaturmarkt für seelisch Kranke und einen Coachingmarkt für Optimierer kapitalistischer Produktion und Reproduktion."[80]

Depressionen zeigen ein anderes Bild und haben andere therapeutische Gegenmaßnahmen auf den Plan gerufen. In Depression fallen Individuen, wenn ihre Kräfte erschöpft sind, und sie an den Zielvorgaben des psychischen Idealbildes glorreicher Siege und glänzender Erfolge scheitern. Es ist nun aber die Erfahrung einer technisierten der Lebenswelt, welche große Illusionen grenzenloser Machbarkeit nährt. Auf dieser Ebene werden die Träume vom *Triumph des Willens*, von der technischen Überlegenheit und vom gigantischen Überangebot an hergestell-

78 Ebd., S. 542.

79 Ebd., S. 542. Alain Ehrenberg, *Das erschöpfte Selbst. Depression und Gesellschaft in der Gegenwart*, Frankfurt a.M. 2004.

80 Jokeit u. Hess 2009.

tem konsumierbaren Zeugs miteinander vergleichbar.[81] Für Freud waren Neuropsychopharmaka technisch noch nicht verfügbar; die aus seinen Forschungen hervorgegangenen Therapieformen sind auf Kommunikation verwiesen. Das 20. Jahrhundert hat daneben das Aufblühen der Pharmaindustrie und die Produktion von Antidepressiva erlebt, die seit den 1950er Jahren entwickelt und weiterentwickelt wurden.

Am Horizont sehen Jokeit und Hess angesichts der beschleunigten global vernetzen Artifizierung der Lebenswelt neuartige Leiden wie Bewegungsunruhe und Unkonzentriertheit. Die „bipolar affektive Aufmerksamkeitsstörung umschreibt vermutlich die Kernsymtome der seelischen Volkskrankheit des 21. Jahrhunderts."[82] Dagegen sind auf dem Markt diverse Neuroleptika erhältlich. Neuroenhancer zur Steigerung von Leistung und Wohlbefinden werden auch von kerngesunden Menschen eingenommen. Inzwischen sei „eine von Laien praktizierte chemische Beeinflussung der Aufmerksamkeitszustände" keine Seltenheit mehr.[83] Das „Wissen um die Möglichkeit, die eigene emotionale und aufmerksamkeitsökonomische ‚Fitneß' chemisch zu verbessern, hat das öffentliche Bewußtsein längst erreicht. Teenager wissen heute, was Aufmerksamkeitsdefizit und Hyperaktivitätsstörung sind und wie sie behandelt werden."[84]

In unserer Gegenwart durchdringen sich die Techniken, mit denen Neurose, Depression und ADHS bewältigt werden sollen, gegenseitig. Was die psychoanalytisch gefärbten Therapieformen angeht, so hat Eva Illouz die These aufgestellt, daß in der von ihr „emotionaler Kapitalismus" genannten Kultur „sich emotionale und ökonomische Diskurse und Praktiken gegenseitig formen, um so jene breite Bewegung hervorzubringen, die Affekte einerseits zu einem wesentlichen Bestandteil ökonomischen Verhaltens macht, andererseits aber auch das emotionale Leben – vor allem das der Mittelschichten – der Logik ökonomischer Beziehungen und Austauschprozesse unterwirft".[85] Die Doppelbewegung der Psychologisierung der Arbeitswelt und der Rationalisierung der intimen Beziehungen vollzieht sich nach Illouz auf der Basis eines therapeutischen Diskurses der Selbstdiagnose und Selbsthilfe, der in einschlägigen Gruppen, Talkshows, Beratungsgesprächen, Therapiesitzungen und im Internet eingeübt wird.[86]

Bei den neuartigen Leiden der Bewegungsunruhe und Unkonzentriertheit, gegen die Psychopharmaka eingenommen werden, handelt es sich vielleicht um Sym-

81 Vgl. Martin Loiperdinger, *Der Parteitagsfilm ‚Triumph des Willens' von Leni Riefenstahl. Rituale der Mobilmachung*, Opladen 1987.

82 Jokeit u. Hess 2009, S. 545.

83 Ebd., S. 544.

84 Ebd.

85 Eva Illouz, *Gefühle in Zeiten des Kapitalismus* (=Adorno-Vorlesungen 2004), Frankfurt a.M. 2006, S. 13.

86 Illouz schreibt: „Das therapeutische Narrativ setzt Normalität und Selbstverwirklichung als Ziel des Selbstnarrativs fest, aber weil dem Ziel nie ein klarer und positiver Inhalt gegeben wird, kann es de facto eine ganze Reihe nicht selbstverwirklichter und daher kranker Menschen hervorbringen". Ebd., S. 75f. Siehe dazu in diesem Band S. 1344ff.

ptome, die mit den Marktphänomenen zusammenhängen, die Georg Franck als einen „mentalen Kapitalismus" bezeichnet hat.[87] Ein Ausgangspunkt seiner Überlegungen ist die Werbung, die in der Ökonomie als Mittel der Verkaufsförderung verstanden wird. Für den Architekten und Stadtplaner Franck ist Werbung heute weit mehr als eine Begleiterscheinung wirtschaftlicher Aktivitäten: „Die Städte und zusehends die Landschaften mutieren zu Medien für die Werbung. Werbung legt sich wie ein Tau auf alles, was eine öffentliche Schauseite hat. Und sie bestimmt das Aussehen von allem, was auf öffentliche Wirkung aus ist."[88] Nicht nur Privatsender, auch öffentlich-rechtliche Medien sind darauf aus, Werbefläche zu vermieten, nicht anders bei der Finanzierung öffentlich getragener Kultur durch Sponsoren. Es handelt sich für Franck um „eine neue Art Privatisierung eines öffentlichen Raums: die Privatisierung des uns als Subjekte umgebenden Erlebnisraums".[89]

Sie geht über das Privateigentum an Häusern und Wohnungen hinaus und wird von Märkten eines neuen Typs vorangetrieben. „Das Neue an diesen Märkten ist, daß nicht Ware gegen Geld, sondern Information gegen Aufmerksamkeit getauscht wird."[90] Dabei geht es nicht um eine Aufmerksamkeit, die einer dem anderen schenkt, sondern um eine in Besucherzahlen, Einschaltquoten, Umfragewerten quantifizierte. „Durch diese Messung nimmt die abgeschöpfte Aufmerksamkeit den Charakter eines homogenen Wertmaßes an."[91] Aufmerksamkeit wird so ein anonymes Zahlungsmittel, zu dessen Maximierung eine eigene mediale „Technologie der Attraktion" entwickelt wurde. „Publikumsmagneten kann man nicht einfach mit Geld aufbauen. Man braucht noch etwas anderes. Man muß mit Präsentationsfläche oder Sendezeit locken können, die einem Vorschuß an garantierter Beachtung gleichkommen."[92] Es handelt sich dabei um einen Kredit, den diejenigen gewähren können, die über öffentlich sichtbare Flächen verfügen, die von vielen gesehen werden und im öffentlichen Raum auch gesehen werden müssen, wenn man ihn durchquert. In dieser Ökonomie nehmen Massenmedien eine Banken- und Börsenfunktion wahr. Franck erläutert dies am Beispiel der politischen Prominenz. „Politiker wollen aber nicht einfach vorgeführt werden, sondern zur besten Sendezeit in den attraktivsten Kanälen möglichst gut herauskommen. Sie fragen die Art Vorschuß an garantierter Beachtung nach, den auch die erhalten, die das Medium von sich aus herausbringt. Also werden die Konditionen, zu denen Politiker diesen Finanzdienst angeboten bekommen, von ihrer eigenen Performance im Medium abhängen. Verspricht ein Politiker, die Beachtung des Mediums zu mehren, dann wird ihm der Kredit gewährt. Rechnet sich die Präsentation nicht oder wird ein Kredit in weiterem Rahmen nachgefragt, dann kostet die Sache Geld. Die

87 Georg Franck, *Mentaler Kapitalismus. Eine politische Ökonomie des Geistes*, München 2005.

88 Georg Franck, „Mentaler Kapitalismus", in: *Merkur* 645/Januar 2003, S. 1-15 hier S. 1; siehe auch ders. 2005, S. 219ff.

89 Ebd., S. 2.

90 Ebd.

91 Ebd., S. 4.

92 Ebd., S. 6.

Medien finanzieren den Aufbau von Politikern wie die Banken den Aufbau von Firmen."[93] Daß sich die Ökonomie der Aufmerksamkeits-Märkte sehr wohl strukturell an die Geldzirkulation ankoppeln läßt, zeigen die beträchtlichen Honorare, die Stars gezahlt werden. Sie stammen aus den aggregierten Aufmerksamkeitszeiten der Konsumenten.

MÄRKTE IN GRENZEN. Werden die temporalen Aspekte der Konjunkturen von Aufschwung, Boom und Rezession und die Metamorphosen von Märkten und Marktsystemen bisweilen als dramatischer Prozeß erlebt, so geht es bei den räumlichen Aspekten stiller zu. An erster Stelle sticht hier die langfristig räumlich expansive Dynamik der Marktwirtschaft, ihre planetarische Ausdehung, hervor. Sie ist, wenn man der Perspektive Vanbergs folgt, die Bedingung der Robustheit von Marktwirtschaft. Aber dies gilt nur hinsichtlich der abstrakten Prinzipien von Privateigentum, Arbeitsteilung und freiem Tausch. In der historischen und der heutigen Wirklichkeit sind Märkte in lokaler Hinsicht immer verwundbar gewesen. Dies trifft nicht nur auf die Spannung zwischen Demokratie und Kapitalismus heute zu, sondern gilt im Wesentlichen auch für vergangene Epochen der Geschichte. Denn man muß daran erinnern, daß Märkte an und für sich keine neue Erscheinung darstellen. Märkte hat es in den meisten historischen Gesellschaften gegeben. Wir kennen Märkte der Antike wie des Mittelalters, und die moderne Ethnologie hat Märkte bei den verschiedensten kleinen Gesellschaften vorgefunden. Urgeschichtler kennen Märkte seit der späten Steinzeit. Diese Märkte waren stets lokal begrenzt und in sozialstrukturellem und lebensweltlichen Sinne Nischenphänomene.

Wir schließen uns in dieser Frage an die an die berühmten Forschungen von Karl Polanyi an.[94] Sie sind für die Religionssoziologie zentral, denn die Frage nach dem Verhältnis von Wirtschaft und Religion schien in der Marxschen Theorie eine Lösung gefunden zu haben, nach der alle Dynamik gesellschaftlicher Entwicklung in den Sphären der Produktion von Gütern und des Handels auf dem Markt ihren Wurzelgrund hat. Religion als einem Phänomen des gesellschaftlichen Überbaus wurde keine eigene gestaltende Macht zugetraut. Daß diese Religionskritik von der Kritik der enthusiastischen Religionen der Revolutionszeit ihren Ausgang genommen hat, um dann Modell für eine Weiterung zur Kritik der Ideologien zu dienen, haben wir im *Ersten Band* unserer Religionssoziologie dargestellt. [95]

Polanyi hat entschieden der verbreiteten Auffassung widersprochen, die Struktur einer Gesellschaft sei prinzipiell und zu allen Zeiten durch die Wirtschaftsordnung bestimmt. Diese irrige Auffassung hat ihren Ursprung im Denken des 19. Jahrhunderts. Nicht nur Marx ist dieser Auffassung, auch die bürgerlichen Ökonomen gehen hiervon axiomatisch aus. So sehr wir heute Zweifel an dieser Auffassung haben,

93 Ebd., S. 6f.

94 Karl Polanyi, *The Great Transformation. Politische und ökonomische Ursprünge von Gesellschaften und Wirtschaftssystemen* (1944), Frankfurt a.M. 1978.

95 Siehe im *Ersten Band* S.697 ff.

in der Tiefe des 19. Jahrhunderts ist sie ganz und gar nicht aus der Luft gegriffen. Denn in der Zeit, wo sie paradigmatisch formuliert wurde, mußte man schon sehr blind sein, wenn man nicht sehen wollte, wie alle sozialen Beziehungen in den Strudel der ökonomischen Rationalität gezogen wurden, wie auch die ehrwürdigsten Güter der Gesellschaft und der Kultur plötzlich einen Preis bekamen, verkäuflich und käuflich wurden. So lag es also durchaus nahe, hier einen Grundtatbestand menschlicher Gesellschaften zu sehen, daß nämlich der primäre Faktor gesellschaftlicher Organisation im wirtschaftlichen Bereich liegen mußte. Marx und die bürgerliche Ökonomie waren sich darin einig, daß die moderne Gesellschaft eine Wahrheit ans Licht gebracht hatte, die immer schon existiert hatte, die aber die Menschen früherer Zeiten noch nicht so recht hatten einsehen können: die Wahrheit von der grundlegenden Bedeutung der Wirtschaft für die Sozialwelt. In der Vergangenheit waren es eben entweder ideologische oder heilige, aber eben letztlich mit Marx und Stirner gesehen, sekundäre religiöse Vernebelungen gewesen, die verhindert hatten, die grundlegende Wahrheit einzusehen.

Polanyi zufolge ist diese Auffassung jedoch irrig. Es ist dies eine Diskussion, die die Soziologie in besonderer Weise trifft, denn gerade in diesem Fach hat der Ökonomismus des 19. Jahrhunderts eine enorme Verbreitung gefunden. Das Aufblühen neoliberalistischer Wirtschaftsideen in den 80er und 90er Jahren des 20. Jahrhunderts hat in weiten Kreisen der Öffentlichkeit den radikalen Ökonomismus noch einmal zu neuer Blüte gebracht. Zugleich ist aber auch die Einsicht in die Komplexität der Beziehungen von Wirtschaft und Gesellschaft gewachsen.[96]

Polanyi schreibt 1944: „Die neuere historische und anthropologische Forschung brachte die große Erkenntnis, daß die wirtschaftliche Tätigkeit des Menschen in der Regel in seine Sozialbeziehungen eingebettet ist. Sein Tun gilt nicht der Sicherung seines individuellen Interesses an materiellem Besitz, sondern der Sicherung seines gesellschaftlichen Rangs, seiner gesellschaftlichen Ansprüche und seiner gesellschaftlichen Wertvorstellungen. Er schätzt materielle Güter nur insoweit, als sie diesen dienen. Es ist weder der Prozeß der Produktion, noch jener der Distribution an bestimmte, mit dem Besitz von Gütern, verbundene Interessen geknüpft; aber jeder einzelne Schritt in diesem Prozeß hängt mit einer Anzahl von gesellschaftlichen Interessen zusammen, die schließlich sicherstellen, daß der erforderliche Schritt erfolgt. Diese Interessen werden in einer kleinen Jäger- und Fischergemeinschaft ganz anders sein als in einer riesigen despotischen Gesellschaft, doch wird das Wirtschaftssystem in jedem Fall von nichtökonomischen Motiven getragen werden."[97]

96 Vgl. Jens Beckert, *Grenzen des Marktes. Die sozialen Grundlagen wirtschaftlicher Effizienz*, Frankfurt a.M./New York 1997; Axel T. Paul, *Die Gesellschaft des Geldes. Entwurf einer monetären Theorie der Moderne*, Wiesbaden 2004; sowie *Ökonomie und Anthropologie*, (= Studien des Frankreichzentrums der Universität Freiburgs, Bd. 5), hg. v. Axel T. Paul, Berlin 1999. Zur Aktualität von Polanyi vgl. auch die Beiträge in: *La Modernité de Karl Polanyi*, hg. v. Jean-Michel Servet u.a., Paris 1998.

97 Polanyi 1978, S. 75.

Polanyi hat bei der Analyse des Zusammenhangs von Wirtschaftstätigkeit und gesellschaftlichen Beziehungen drei große Bauformen entdeckt, die sich in den verschiedensten Gesellschaften in unterschiedlicher Weise ausgeprägt finden: die *Reziprozität*, die *Redistribution* und die *Haushaltung*. Es handelt sich um Sozialformen, aus denen Elemente von Wirtschaftsordnungen hervorgehen. Es ist dies hier nur sehr knapp auszuführen, um das Phänomen des Marktes genauer in den Griff zu bekommen. Unter *Reziprozität* faßt Polanyi die vielfältigen Formen des Gabentausches und der sozialen Verpflichtung zum Tausch. Der Gabentausch, den wir in fast allen einfachen Gesellschaften antreffen, ist keineswegs eine rein wirtschaftliche Angelegenheit. Er ist der soziale Vertrag dieser Gesellschaften, in den auch das ständige Geben und Nehmen und Wiedergeben im Kosmos einbezogen werden kann. Die Sonne gibt Wärme und Licht, die Erde gibt Früchte. Niemand hat sein Leben aus sich selbst, es ist ihm geschenkt worden. Die Verpflichtung zum Zurückgeben ist universell. So beruht aller menschliche Verkehr auf Gegenseitigkeit.[98] Fragen erfordern Antworten, Herausforderungen muß begegnet werden. Die Aufnahme des Neugeborenen in den Stamm, der Eintritt in die Erwachsenenwelt, die Heirat, das Sterben, all dies sind Begebenheiten, in denen getauscht werden muß. Sozialität gibt es nicht gratis. Sozialität ist mit einer nichtökonomischen Schuldhaftigkeit verbunden, die symbolisch abgetragen werden muß. In dieser archaischen Welt ist die Zirkulation von Wirtschaftsgütern keineswegs grundlegend, sondern ein Effekt nichtökonomischer Dimensionen.[99]

Unter *Redistribution* ist eine Sozial- und Verteilungsorganisation zu verstehen, bei der Teile von Gütern, die – sei es als Kriegsbeute oder als Ergebnis gemeinsamer Arbeit – angefallen sind, im Zentrum des Gemeinwesens aufgehäuft oder aufbewahrt werden, um sie dann wieder unter die Gemeindemitglieder zu verteilen. Auch die Redistribution ist kein rein wirtschaftliches Phänomen, vielmehr hat es in erster Linie eine sozial integrative Funktion. Viele zentralistische Formen der Sozialintegration von der ganz frühen Herausbildung von Stammeshäuptlingen bis zu den frühen zentralistischen Hochkulturen kennen diese Form der Redistribution, die sich bis in das moderne Steuerwesen kontinuiert hat.

---

98 Zu weiterführenden Fragen des Phänomens der Gegenseitigkeit vgl. Marcel Hénaff, *Der Preis der Wahrheit. Gabe, Geld, Philosophie*, Frankfurt a.M. 2009; Jacques Derrida, *Falschgeld. Zeit geben I*, Frankfurt 1993; Wolfgang Eßbach, „Gabe und Rache. Zur Anthropologie der Gegenseitigkeit", in: *Schuld* (= Konkursbuch, Bd. 37), hg. v. Gerburg Treusch-Dieter / Dietmar Kamper u. Bernd Ternes, Tübingen 1999, S. 11-20.

99 Polanyi bezieht sich in seiner Analyse der Reziprozität auf die klassische Studie von Marcel Mauss. Marcel Mauss, *Die Gabe* [1925] Frankfurt 1968. In Frankreich ist Mauss' Theorie der Gabe bis heute vital. MAUSS ist auch der Name einer Gruppe französischer Sozialwissenschaftler und Philosophen, die in der *Revue du MAUSS* seit Jahren dem Ökonomismus und der rational *choice theory* die Stirn bietet. Wenn die Kritik am Neoliberalismus in Frankreich so scharf akzentuiert ist, so hat MAUSS (=mouvement anti-utilitariste en sciences sociales) daran einen wichtigen Anteil. Vgl. Alain Caillé, *Éthique et économie: L'impossible (re)marriage?* Paris: La Découverte 2000; Ders., *L'obligation de donner. La découverte sociologique capitale de Marcel Mauss*, Paris : La Découverte 1996.

Drittens schließlich nennt Polanyi die Form der *Haushaltung*, d.h. die Produktion für den Eigenbedarf einer Teilgruppe, sei es der Sippe oder der Familie. Alles spricht dafür, daß diese Form erst relativ spät auftritt. „Den vereinzelten Wilden, der nur für sich selbst oder seine Familie Nahrung sammelte und auf die Jagd ging, hat es nie gegeben“[100]. Selbst für eine Teilgruppe Haushaltung zu betreiben, dies finden wir zumeist erst auf der Basis von entwickelten Formen der Reziprozität und der Redistribution. Wie die anderen beiden Formen ist auch die Haushaltung kein rein wirtschaftliches Phänomen, sondern ein Effekt der Sozialform der Familie oder der Sippe. Die Aktivitäten orientieren sich an den keineswegs auf sogenannte ökonomische Bedürfnisse zurückzuführenden Notwendigkeiten des sozialen Zusammenlebens der Teilgruppe und ihrer Einbindung in das umfassendere Sozialgeflecht.

Reziprozität, Redistribution und Haushalt, alle drei Grundtypen zeigen, daß die wirtschaftliche Aktivität nicht gesellschaftsbegründend ist, sondern gerade im Gegenteil auf nichtökonomischen Motiven beruht. Dies ist die historische Regel. Entscheidend ist nun, und dies ist die Pointe der Polanyischen Argumentation, daß es eine Ausnahme von dieser Regel gibt, nämlich die moderne Gesellschaft, die sich seit der Mitte des 19. Jahrhunderts in Westeuropa und Amerika vor allem mit der Verallgemeinerung der Lohnarbeit etabliert hat. Allein für diese Gesellschaft kann gesagt werden, daß in ihr die sozialen Beziehungen in die Abhängigkeit von einer spezifischen rein wirtschaftlichen Aktivität geraten sind: dem Kauf und Verkauf von Waren auf dem Markt. Folgt man der Argumentation von Polanyi, so muß man sagen, Marx hatte mit seiner These von der ökonomischen Bedingtheit gesellschaftlicher Beziehungen Recht und Unrecht. Er hatte Recht in Bezug auf die etablierte kapitalistische Gesellschaft des 19. Jahrhunderts, aber er hatte zutiefst Unrecht, wenn er diese Ausnahmeerscheinung der menschlichen Geschichte für alle vergangenen und zukünftigen Gesellschaften generalisierte. Die Emanzipation einer rein wirtschaftlichen Sphäre von der Sozialwelt und die Abhängigkeit der sozialen Beziehungen von wirtschaftlichen Ereignissen ist ein Sonderfall in der menschlichen Geschichte.

Die Unheimlichkeit des Marktgeschehens. Die Erfahrungen, zu denen dieser Sonderfall vielfältige Anlässe gibt, sind ungeheuerlich. Sie haben, wo sie erstmals gemacht wurden, eine traumatische Qualität, die den Erfahrungen der Glaubenskriege und denen der Revolutionszeit nicht nachsteht. Aber die die Kernzone des Pathos ist ein anderes. Die Entfesselung des Marktes ist kein Krieg und sie ist keine Revolution, auch wenn zur Deutung im ersten Moment auf ältere Erfahrungsschichten zurückgegriffen wird und in der Entfesselung des Marktes ein sozialer Krieg oder eine gesellschaftliche Revolution gesehen werden kann.

Aber diese Adhoc-Deutungen lassen sich korrigieren, wenn man sich dem Phänomen des Marktes zuwendet. Untersucht man Märkte, wie es sie zu allen Zeiten bei den verschiedensten Völkern gegeben hat, so fällt als Gemeinsamkeit auf, daß

100 Polanyi 1978, S. 84.

diese Märkte eine untergeordnete Rolle gespielt haben. Diese Gesellschaften haben vielfältige Formen entwickelt, den Markt irgendwie zu begrenzen, zu kontrollieren, zu kanalisieren, seine Existenz nur an bestimmten Orten oder bestimmten Zeiten zuzulassen. Sie haben das Marktgeschehen als etwas eingestuft, das Gefahren barg, vor denen sich das Gemeinwesen schützen mußte. Märkte galten nicht als Institutionen, die innerhalb einer Wirtschaft funktionieren, sondern in ihrem Außen.

Die ersten Märkte liegen außerhalb der menschlichen Gemeinschaften oder zumindest an ihrer Peripherie. Es sind Treffpunkte des Fernhandels. Sich zu diesen Plätzen zu begeben, ist gefährlich. Man geht dort hoch gerüstet hin. Der Fernhandel liegt nahe bei abenteuerlicher Expedition. Wer Handel treiben will, verläßt gleichsam den Schutz der Gemeinschaft und muß sich als Einzelner oder als Haupt einer Karawane in einem fremden Terrain behaupten. Neben dem Fernhandel finden wir die Form des lokalen Marktes. Dieser liegt zwar örtlich innerhalb des Gemeinwesens, aber seine Einrichtung ist von Anfang an durch zahlreiche Sicherheitsvorkehrungen eingeschränkt. Der Markt ist zeitlich begrenzt. Kauf und Verkauf dürfen nicht immer stattfinden, sondern nur an bestimmten Tagen zu bestimmten Zeiten. Der Markt wird eröffnet, und er wird vor allem wieder geschlossen, so wie dies bis heute noch bei der Börse der Fall ist. Der Markt ist auch räumlich beschränkt, der Marktplatz hat eine Grenze, innerhalb ihrer darf getauscht werden, außerhalb der Grenze ist kaufen und verkaufen verboten.

Erhellend ist ein Beispiel aus der Ethnologie: „Der Markt muß an Markttagen regelmäßig visitiert werden. Sollte irgendein Vorfall die Abhaltung des Marktes an einem oder an mehreren Tagen verhindern, dann darf die Markttätigkeit erst wieder aufgenommen werden, nachdem der Marktplatz rituell gereinigt worden ist (...). Jede auf dem Marktplatz verursachte, mit Blutvergießen verbundene Verletzung erfordert die sofortige Sühne. Von diesem Augenblick an durfte keine Frau den Marktplatz verlassen, und die Güter durften nicht mehr berührt werden; sie mußten gereinigt werden, ehe sie weggetragen und als Nahrung verwendet werden durften. Zumindest mußte sofort ein Ziegenbock geopfert werden. Eine kostspieligere und ernstere Sühne war erforderlich, wenn eine Frau auf dem Marktplatz ein Kind gebar oder eine Fehlgeburt hatte. In diesem Fall war ein Milchtier erforderlich. Zusätzlich mußte auch die Hütte des Häuptlings mit dem Opferblut einer Milchkuh gereinigt werden. Auf diese Weise wurden nach und nach alle Frauen des Gebiets besprengt.“[101]

Rituelle oder administrative Beschränkungen des Marktes, die organisierte Unterordnung des Marktes unter die üblichen Sozialbeziehungen finden wir in der überwiegenden Mehrzahl uns bekannt gewordener Gesellschaften. Im mittelalterlichen Europa sah die Kirche eine ihrer Aufgaben darin, das Marktgeschehen einzuhegen. Hierzu gehörten nicht nur das Verbot des Zinsnehmens, sondern ebenso die Zweifel daran, ob ein Kaufmann überhaupt gottgefällig sein konnte. Der Fluß des Goldes mündete zum großen Teil im Ziergold der Reliquienschreine, und das

---

101 Das Beispiel bezieht sich auf das Land der Chaga, angeführt bei R.C. Thurnwald, *Economics in Primitive Communities* 1932, zitiert nach Polanyi 1978, S. 95f.

Almosengeben war oberstes Ziel derer, die über Geld verfügten. George Duby resümiert seine Untersuchung der mittelalterlichen Sozialstruktur: „Die Unterordnung des Ökonomischen unter das Ethische war ein Absolutum, und es sollte noch lange dabei bleiben." 1360 heißt es in einem Dekret des Königs von Frankreich: „Wir brauchen gutes und starkes Geld aus Gold und Silber, sowie schwarzes Geld, damit wir leichter Almosen an die Armen verteilen können."[102]

Welche gefährlichen Züge hat nun das Marktgeschehen, daß sich Gesellschaften so nachhaltig und kompliziert gegen den Markt geschützt haben? Moderne Menschen, die recht und schlecht gelernt haben, als Marktteilnehmer zu funktionieren, haben in der Regel Schwierigkeiten, nachzuvollziehen, welche bedrohlichen Erfahrungen im Marktgeschehen möglich sind. Die hermeneutische Anstrengung der Rekonstruktion der verlorengegangenen Erfahrung ist jedoch nötig. Wir wollen ja die spezifische Erfahrung der modernen Gesellschaft rekonstruieren, mit der die Menschen in der Mitte des 19. Jahrhunderts plötzlich in einer Weise konfrontiert waren, wie nur selten zuvor. Die großen Beschränkungen, denen die europäischen Märkte lange Zeit unterlagen, fallen in der ersten Hälfte des 19. Jahrhunderts Stück für Stück weg, so daß sich seit 1850 die Menschen in Europa erstmals mit einem System weitgehend sich selbst regulierender Märkte konfrontiert sahen.

Die Unheimlichkeit des Marktgeschehens kann man sich vergegenwärtigen, wenn man das alte deutsche Märchen vom *Hans im Glück* nachliest.[103] Volksmärchen haben keine identifizierbaren Autoren, sie erhalten sich über Jahrhunderte dadurch, daß sie immer wieder erzählt werden. Märchen enthalten kondensierte soziale Erfahrungen, d.h. Erfahrungen, die sich wiederholt haben. Daher sind sie auch für Soziologen von ganz besonderer Bedeutung, wenn sie sich auf den Weg machen wollen, verlorengegangene Erfahrungen zu rekonstruieren.

Man erinnert sich: Hans bekommt als Lohn einen Goldklumpen und macht sich auf den Weg. Er verläßt das Gemeinwesen, und auf seinem Weg kommt es zu einer Reihe von Tauschakten. Er trifft einen Reiter. „‚Ach', sprach Hans ganz laut, ‚was ist das Reiten ein schönes Ding! Da sitzt einer wie auf einem Stuhl, stößt sich an keinem Stein, spart die Schuh und kommt fort, er weiß nicht wie." Hans tauscht den Klumpen Gold in ein Pferd um und reitet glücklich davon, bis das Pferd zu galoppieren anfängt und ihn abwirft. Und zwar gerade in dem Augenblick, da er auf einen Bauer mit einer Kuh stößt. Nun sieht er die Vorteile der Kuh. Man kann gemächlich hinter ihr hergehen, sie gibt dazu noch Milch. Also tauscht Hans das

102 George Duby, *Krieger und Bauern. Die Entwicklung von Wirtschaft und Gesellschaft im frühen Mittelalter*, Frankfurt a.M. ²1981, S. 267. Kleinmünzen mit wenig Edelmetallgehalt nannte man im Mittelalter *monnaie noire*. Daß trotz verbreitetem Geldverkehr im Mittelalter Geld als Gabe und nicht als Mittel zum Profit aufgefaßt wurde, zeigt Jacques Le Goff, *Geld im Mittelalter*, Stuttgart 2011.

103 Die Idee, *Hans im Glück* als Marktteilnehmer zu sehen, verdanke ich einem Gespräch mit Hans-Dieter Bahr. Siehe auch Hermann Häring, „Haus Gottes – Hüterin des Abendlandes? Joseph Ratzingers Katholizismus als europäisches Kulturprojekt", in: Katholizismus in Geschichte und Gegenwart, hg. von Richard Faber, Würzburg 2005, S. 159-188, hier S. 174.

Pferd in eine Kuh um. Glücklich zieht er weiter. Es wird heißer, er will die Kuh melken, das klappt nicht so recht, die Kuh tritt ihn. Da trifft er gerade auf einen Metzger, der ihm erklärt, die Kuh sei schon alt, sie tauge wohl nur zum Schlachten. Hans mag kein trockenes Rinderfleisch, sein Auge fällt auf das junge Schwein, das der Metzger mit sich führt. Es wird getauscht Kuh gegen Schwein, und so geht das Märchen weiter. In einer Situation erweist es sich als vorteilhafter, das Schwein in eine Gans zu tauschen, in einer anderen Situation wird die Gans in einen Schleifstein getauscht, der schließlich in den Brunnen fällt. Hans im Glück tauscht, und er ist nach jedem Tauschakt glücklich und zufrieden. Im Märchen heißt es: „Hans zog weiter und überdachte, wie ihm doch alles nach Wunsch ginge, begegnete ihm ja eine Verdrießlichkeit, so würde sie doch gleich wieder gut gemacht."[104]

Für die einzelnen Tauschakte waren immer gute Gründe vorhanden. Hans hat genau überlegt, was in seiner Situation das Beste und Nützlichste und Angenehmste wäre. Aber dennoch vollzieht sich diese unheimliche Bewegung, in der aus einem Goldklumpen ein Schleifstein mit geringem Wert wird. Man wird lange im Märchen suchen und wird kaum einen Fehler entdecken. Hans hat in jeder Lage nachgedacht, Vorteile und Nachteile abgewogen, hat rational den Nutzen kalkuliert, seine Bedürfnisse befragt. Kein Tausch war für sich genommen ein Fehler. Er hatte Glück, daß ihm in jeder Situation ein Tauschgeschäft angeboten wurde, das seine Lage verbesserte. Sollte er sich mit dem Goldklumpen weiter abschleppen, wo ihm ein Pferd angeboten wurde, das eine Verbesserung seiner Situation versprach? Sollte er sich mit der störrischen Kuh weiter herumschlagen, wo das saftige junge Schwein doch nach Lage der Bedürfnisse und der Überlegung sich als viel vorteilhafter darstellte?

RATIONALE WAHLHANDLUNGEN. Hans im Glück ist ein vorbildlicher *rational choice* Akteur. Er befolgt die Grundregel der Selektion des Handelns aus Alternativen: „*Maximiere* die (eigene) Fitneß unter den internen Erfordernissen des *Organismus* und unter den Bedingungen in der jeweiligen (sozialen wie nicht-sozialen) *Umgebung*".[105] Zu den externen Bedingungen gehören zuerst die erlernten Erwartungen, d.h. die „*Kausalhypothesen* von Menschen über Vorgänge und Zusammenhänge in der Umwelt", zu den internen Bedingungen gehören die Bewertungen, d.h. „die Zuweisung von *emotionalen* Besetzungen auf bestimmte – vorgestellte oder erlebte und abgespeicherte – Folgen der Selektion von Alternativen. Diese Zuweisung von Bewertungen erfolgt nach Maßgabe ihrer eingeschätzten Zuträglichkeit für den Organismus, wobei die Zuträglichkeit sowohl biologisch verankert, als – beim Menschen ganz ohne Zweifel – auch: gelernt sein kann."[106] Die

104 Brüder Grimm, *Kinder- und Hausmärchen gesammelt durch die Brüder Grimm*. Textrevision u. Anmerkungen v. Therese Erler, Berlin/Weimar 1977, S. 356.

105 Hartmut Esser, *Soziologie. Allgemeine Grundlagen*, Frankfurt a.M. 1993, S. 222.

106 Ebd. S. 224f. Zur Problematik der rationalen Rekonstruktion von Handlungen und zur Kritik an Karl Poppers Auffassung der Rationalitätshypothese siehe Chrysostomos Mantzavinos, *Naturalistische Hermeneutik*, Tübingen 2006, S. 88f.

Tauschhandlungen, die Hans im Glück gewählt hat, folgten auch nicht einseitig dem Prinzip der Nutzenmaximierung nach seinen Bewertungen und auch nicht einseitig nach dem Prinzip, sich an Erwartungen auszurichten. Vielmehr befolgt Hans im Glück die Hartmut Essersche Regel: „Das Handeln wird nach einer optimierenden *Kombination* von Erwartungen *und* Bewertungen selegiert. Also: Wissen *und* Werte steuern die Selektion des Handelns. ‚Kombination' heißt dabei, daß das *Produkt* der Sicherheit einer Erwartung *und* der Höhe der Bewertung in Bezug auf die verschiedenen Folgen eines Handelns maximiert wird."[107]

Bei James Samuel Coleman folgt selbst der Entschluß, Vertrauen zu schenken, einem auf Eigennutz bedachten Kalkül.[108] Dies kann in manchen Bereichen zu überraschenden Befunden führen. Folgt man der spieltheoretischen Variante der *rational choice theory*, so schneiden nach Diego Gambetta beim Vergleich der Rationalität des Verhaltens von Terroristen mit der von Politikern die letzteren schlechter ab.[109] Auch kann es sein, daß die Wachstumsrate des Wissensfortschritts einer Industrie mit steigender Irrtumsrate der Konsumenten steigt, wenn gewisse Bedingungen gegeben sind.[110] Rationale Wahlhandlungen kann man auch bei jenen Bankern entdecken, die in ihrem *moral hazard* genannten Risikoverhalten einkal-

---

107 Ebd. S. 226. Esser erläutert dies: „Wenn U die Höhe der Bewertung und p die subjektive Erwartung von Konsequenzen einer Handlung sind, dann wird die Handlung aus den überhaupt wählbaren Alternativen gewählt, für die das Produkt p mal U im Vergleich der Alternativen maximal ist. Ist entweder U klein *oder* p klein, dann ist die Tendenz zu der damit verbundenen Handlung auch nur klein. Eine Handlung, bei der U *und* p dagegen nur mäßig groß sind, hat nach dieser Regel im Vergleich dazu eine wesentlich höhere Selektionschance." Ebd., S. 226.

108 James S. Coleman, *Foundations of Social Theory*, Cambridge/Mass./London 1990, S. 108f. Vgl. kritisch dazu Kay Junge, „Vertrauen und die Grundlagen der Sozialtheorie – ein Kommentar zu James S. Coleman", in: *Norm, Herrschaft und Vertrauen. Beiträge zu James S. Colemans Grundlagen der Sozialtheorie*, hg. v. Hans-Peter Müller u. Michael Schmid, Opladen 1998, S. 26-63.

109 Diego Gambetta, „Reason and Terror. Has 9/11 made it hard to think straight?" in: *Boston Review* April/May 2004 http://www.mafhoum.com/press7/195C31.htm (Letzter Zugriff 10.11.2013). Siehe auch Diego Gambetta (Hg), *Making Sense of Suicide Missions*, Oxford: UP 2005.

110 So das Resultat bei Nicole J. Saam, „Fallibles Wissen der Konsumenten als Marktversagensgrund", in: Diekmann u. Voss 2004, S. 289-307. Überprüft wurde die These, „daß die Wachstumsrate des Wissensfortschritts einer Industrie mit steigender Irrtumsrate der Konsumenten sinkt. Die mangelnde Imitierbarkeit einzelner Aktivitäten von Firmen und der Irrtum der Konsumenten wurden als Marktunvollkommenheiten identifiziert, solange sie isoliert voneinander wirken. Überraschenderweise hat das Zusammenwirken beider Marktunvollkommenheiten unter zwei Bedingungen fördernde Wirkung auf den Wissensfortschritt auf Märkten: bei geringer Irrtumsrate der Konsumenten und bei mittlerer Irrtumsrate der Konsumenten im Falle geringer Anzahl der Firmen und geringer Anzahl der Aktivitäten pro Firma." Ebd., S. 306.

kuliert haben, daß die Steuerzahler große Banken nicht Pleite gehen lassen, weil sie öffentliche Aufgaben erfüllen.[111]

Grundlegend für Rational-Choice-Theorien ist die Hypothese, „Verhaltensänderungen möglichst durch die Veränderung von Restriktionen und nicht durch die Veränderung von Präferenzen zu erklären, es sei denn, man hätte für die Annahme von Präferenzänderungen wirklich gute Gründe", so Andreas Diekmann und Thomas Voss mit Bezug auf Gary S. Becker.[112] Von daher ist im Bereich der verschiedenen Varianten von *rational choice theory* nicht ganz einsichtig zu machen, wie sich die Entstehung von sozialen Normen und Werten erklären läßt. Rechnet man sie den gemeinschaftlichen Vorstellungen traditionaler Art zu, so ist mit dem Bruch der Modernisierung neue Normbildung allenfalls zu erklären als ein Effekt von Angebot und Nachfrage oder spieltheoretisch als Evolution von Kooperation, oder die Normentstehung wird mit sog. Signalspielen erklärt. Auch auf diese neuere Diskussion trifft das Urteil von Hans Albert zu: „Was von der ganzen logisch so differenzierten und mit einem ungeheuren Aufwand von Scharfsinn ausgearbeiteten Nutzentheorie übrigbleibt, wenn man sie auf ihren Gehalt an echter Erkenntnis überprüft, ist lediglich die *Faktizität der Entscheidung*, die ja eigentlich durch sie *erklärt* werden sollte, und ein *Begriffsapparat*, der bei einiger Geschicklichkeit zur *nachträglichen Interpretation* jeder Wahlhandlung verwendet werden kann, niemals aber zur *Vorhersage* von Handlungen", und Albert zitiert Gerhard Mackenroths Diktum: „d*er Nutzenbegriff ist ein solcher, dem in der Welt des Erfahrbaren nichts entspricht, er ist eine rationalistische Konstruktion*'".[113]

Bemerkenswert in der neueren Diskussion sind Versuche, die an der Modellvorstellung des *homo oeconomicus* gebildete ‚harte' Variante der *rational choice theory* in den Hintergrund treten zu lassen und über ‚weiche' Varianten nachzudenken, bei denen sogar Gewissensbisse und unbedingte Werte eine Rolle spielen. Es fällt auf, daß in dem Maße, indem sich die Diskussion in Richtung auf komplexe, „weiche" *rational choice*-Modelle entwickelt, der Begriff Rationalität selbst entbehrlich wird.[114] So kommt Anatol Rappoport zu einer Reformulierung der Maximierungs-

111 Siehe dazu die Schrift der berufserfahrenen Bankerin Susanne Schmidt, *Markt ohne Moral. Das Versagen der internationalen Finanzelite*, München 2010, S.73ff

112 Andreas Diekmann und Thomas Voss mit Bezug auf Gary S. Becker., *Accounting for Tastes*, Cambridge/MA 1996 in ihrem „Vorwort" zu Diekmann u. Voss 2004, S. 7-29, hier S. 16.

113 Hans Albert, *Ökonomische Ideologie und politische Theorie. Das ökonomische Argument in der ordnungspolitischen Debatte*, Göttingen 1954, S. 72. Wiederholt hat Hans Albert gefordert, sich für die Analyse des Wirtschaftslebens auf die philosophische Anthropologie zu stützen. „Für eine realistische Theorie muß in der Bedürfnisfrage das Faktum der *Plastizität der menschlichen Antriebsstruktur* maßgeblich sein, das durch die moderne Anthropologie genügend gesichert ist." Ebd., S. 77 u.a. Ein Versuch, die Identität marktwirtschaftlicher Akteure in anspruchsvoller Weise zu komplizieren, findet sich bei John B. Davis, *Individuals and Identity in Economics*, Cambridge: UP 2011.

114 „‚Rationalität' kann man definieren als ‚Handeln in Übereinstimmung mit den Annahmen (Axiomen) einer Entscheidungstheorie'. Da es mehrere Entscheidungstheorien gibt, gibt es entsprechend auch mehrere Rationalitätsbestimmungen. Die Theorie verliert nichts,

regel nach den Weisheiten jüdischer Philosophie: „He who knows not and knows not that he knows not is a fool – avoid him. He who knows not and knows that he knows is simple – teach him. He who knows but knows not that he knows is asleep – wake him. He who knows and knows that he knows is wise – follow him."[115]

Der Kerngehalt des Märchens *Hans im Glück* ist vermutlich aus den Zeiten überliefert, in denen Menschen eine Ahnung und ein Wissen davon hatten, daß es mit Tausch und Handel eine unheimliche Bewandtnis hat. So gut man auch überlegt, hier passiert etwas nicht Faßbares, etwas, von dem eine Bedrohung ausgeht: ein Goldklumpen kann zu einem billigen Stein werden. Hans im Glück ist auf dem Weg. Dies erinnert an die Zeiten, in denen Handelsgeschäfte außerhalb des Gemeinwesens getätigt werden. Aber man kann sich Hans im Glück genausogut als Marktteilnehmer vorstellen und die Stationen des Weges als tägliche Marktbesuche darstellen. Am Unheimlichen des Geschehens würde sich nicht viel ändern.

Der Märchenheld tritt als Einzelner auf, der frei von sozialen Bindungen, gleichsam auf sich gestellt, die schwierigen Tauschgeschäfte machen muß. Es ist dies ein wesentliches Charakteristikum des Marktes. Auf ihm treten Individuen im strengsten Sinne auf. Wer auf den Markt geht, verläßt ein komplexes Bindungsgeflecht von Pietätspflichten, Familienpflichten, kultischen Verpflichtungen, Verpflichtungen des sozialen Ranges usw. Auf dem idealen Markt ist es egal, ob jemand einen höheren oder niederen Rang hat, ob er so oder so gelagerte soziale Bindungen hat, ob er alt oder jung ist. Auf dem Markt kaufen Männer und Frauen. Es gibt für die Vielfalt sozialer Beziehungen keine Sonderpreise. Der Markt nimmt nicht die geringste Rücksicht auf soziale Differenzierungen und Geflechte. Der Preis des Stücks Brot richtet sich nach Angebot und Nachfrage und der Marktpreis gilt für den Hochangesehenen ebenso wie für den weniger Angesehenen; für den jungen Mann von 20 Jahren genauso wie für die alte Frau von 80 Jahren; für den Tischler genauso wie für den Schneider. Zusammengefaßt: Der Marktpreis ist zutiefst asozial, weil keine wie auch immer gelagerte soziale Bindung in ihm zum Ausdruck kommt. Von dieser gefährlichen Asozialität des Marktes erzählt das Märchen Hans im Glück. Man versteht jetzt besser, warum Märkte in allen Gesellschaften reglementiert und begrenzt wurden. Im Marktgeschehen liegt eine sozial destruktive Kraft, die man nicht ungehindert freisetzen darf. Aber genau dies geschieht in der moder-

---

wenn man auf den Begriff Rationalität verzichtet. Da er aber weithin gebräuchlich ist, werden wir ihn auch verwenden." Andreas Diekmann u. Thomas Voss, „Die Theorie rationalen Handelns. Stand und Perspektiven", in: Diekmann u. Voss 2004, S. 13-29, hier S. 13f. Vgl. dazu auch Bernd Biervert u. Josef Wieland, „Gegenstandsbereich und Rationalitätsform der Ökonomie und der Ökonomik", in: Sozialphilosophische Grundlagen ökonomischen Handelns, hg. v. Bernd Biervert / Klaus Held u. Josef Wieland, Frankfurt a.M. 1990, S. 7-32.

115 Anatol Rappoport, „What is Rationality?", in: Diekmann u. Voss 2004, S. 33-59, hier S. 58. Zur Unterscheidung von Vernunft und Rationalität und zur Entwertung von *phronesis* gegenüber Kalkulationen siehe Serge Latouche, *Die Unvernunft der ökonomischen Vernunft. Vom Effizienzwahn zum Vorsichtsprinzip*, Berlin 2004, S. 67ff.

nen Gesellschaft seit 1850 in exzessivem Ausmaß. Die Märkte weiten sich aus und die Schranken fallen.

MÄRKTE OHNE GRENZEN. Von entscheidender Bedeutung ist, daß nun Märkte für drei Bereiche entstehen, die zu vermarkten in früheren Gesellschaften unvorstellbar gewesen ist: Erstens die menschliche Arbeitskraft, zweitens der Boden, drittens die Zahlungsmittel. Daß man mit Äpfel und Birnen handelt oder mit Werkzeugen und Stoffen, ist in der Zeiterfahrung nach 1850 keine neue Sache. Was in der etablierten, d.h. der vollendeten Marktgesellschaft im Vergleich zu früheren Gesellschaften spezifisch neu ist, ist der Arbeitsmarkt, der Bodenmarkt und der Geldmarkt. Arbeit, Boden und Geld werden auf Märkten wie Äpfel und Birnen gehandelt.

Tauschen heißt Ersatz des einen durch das andere. Wer Dinge tauscht, mag sich fragen, ob das neue Ding vollends an die Stelle des alten treten kann. Fehleinschätzungen beim geldvermitteltem Gütertausch auf dem Markt können sozial leichter verkraftet werden, als der Tausch von Arbeitskraft gegen Geld. Die Ersatzlogik des Marktes hat es nämlich in diesem Fall mit der Unersetzbarkeit der eigenen Lebenssubstanz zu tun. Nicht minder gravierend sind die Differenzen zum Gütertausch, wenn der Boden und Geld ersetzbar werden.

Bis zur Mitte des 19. Jahrhunderts waren Arbeit, Boden und Geld sehr beschränkt marktfähig. Für die Märkte, die aus der gesellschaftlichen Bändigung ausbrechen, ist aber gerade entscheidend, daß Arbeit, Boden und Geld auf Märkten zu kaufen sind. Der Vorgang hat eine kaum abzuschätzende Tragweite, denn Arbeit, Boden, Geld bergen enorme soziale Implikationen. Arbeit ist nichts anderes als eine menschliche Tätigkeit. Boden ist nichts anderes als die natürliche Umgebung, in der Menschen existieren, das heißt die Biosphäre. Geld ist nichts anderes als ein rechnerisches Symbol für Kaufkraft, das in der Regel durch den Mechanismus des Bankwesens in Kombination mit den Staatsfinanzen in die Welt gesetzt wurde.[116] Arbeit, Boden, Geld sind im strengen Sinne – darauf hat Polanyi hingewiesen – keine produzierten Waren wie Tische und Stühle, es sind fiktive Waren. Sie sind nicht produziert, sondern als Mensch, Biosphäre und Kognition symbolischer Recheneinheit bilden sie zusammengenommen die Substanz jeder Gesellschaft. Wenn man Arbeit, Boden, Geld wie Waren behandelt und dem Geschehen des Marktes ausliefert, so hat dies drei Folgen. Mit dem Entstehen von Arbeitsmärkten werden die Menschen ihres kulturspezifischen Schutzmantels beraubt und dem Marktgeschehen ausgesetzt, mit dem Entstehen von Bodenmärkten wird die natürliche Umwelt entsozialisiert und dem Marktgeschehen ausgesetzt, und mit dem Entstehen von Geldmärkten wird die symbolische Recheneinheit selbst, die ja den Tausch kalkulierbarer machen sollte, dem Marktgeschehen ausgesetzt. Das entfesselte Marktsystem ist eine Realität zweiter Ordnung, die sich von ihren Grundlagen: der Unersetzbarkeit der eigenen Lebenssubstanz, der Begrenztheit der Erdkruste und der Unwiederholbarkeit der Zeit losgelöst hat.

---

116 Grundlegend zur soziologischen Geldtheorie: Paul 2004.

Zur unwiederholbaren Zeit als einer Ware, d.h. zu Quasi-Geld in Form von derivativen Finanzinstrumenten und dem „Futurehandel", liegen heute Erfahrungen der jüngsten Finanzmarktkrise vor, deren Geschichte kurz erzählt ist.[117] Auf den Zusammenbruch der Aktienspekulation im Bereich der neuen Unternehmen in der Telekommunikation 2000 (Dotcom-Blase) reagierte die US-Notenbank Fed mit einer Politik des billigen Geldes. Die Senkung des Leitzinses ermunterte viele Amerikaner, sich insbesondere durch den Kauf von Wohnungen zu verschulden. Es kommt bis 2006 zu einem Immobilienboom, wie man ihn zuvor noch nicht gesehen hatte. Man konnte, ermuntert durch Politik und Banken, seine Hypothek unter Mißachtung möglicher Risiken noch erhöhen und den Konsum steigern. Ein fataler Zirkel aus wachsender Verschuldung und einer Kreditblase entstand. An Sicherheiten für Hypothekenkredite bestand jedoch kein Interesse, und schließlich wurden Darlehen ohne Garantie vergeben (Subprime-Kredite). Als der Immobilienmarkt ob des Überangebots an Häusern und steigender Zinsen in die Krise geriet, konnten die überschuldeten Familien die Kredite nicht zurückzahlen.

Darauf reagierten die Banken, in dem sie neue Finanzprodukte entwickelten und auf den Markt brachten, um die Geldmaschine in Gang zu halten. Die Subprime-Kredite wurden zerstückelt, neu gebündelt, wieder aufgeteilt und an Investoren verkauft. Es handelte sich um selbst für eine große Zahl von Bankern nicht mehr durchschaubare Finanzprodukte, aus denen wiederum neue Dinge für den Markt erschaffen wurden, die hohe Gewinne versprachen und den Investmentbankern als Verkäufern hohe „Boni" sicherten, ohne daß sie für die fehlenden Kreditsicherungen haftbar gemacht werden konnten. Der Finanzmarkt wurde ein Markt, dem nicht zuletzt im Horizont der Globalisierung eine gesellschaftliche Einbettung im Sinne Polanyis fehlte. Die nationalen Regelungen zur Bankenaufsicht waren mangelhaft und wurden auch noch durch die Neugründung von „Zweckgesellschaften" ohne Bilanzierungspflicht unterlaufen.

Im September 2008 brach die Bank *Lehman Brothers* zusammen. Mehrere Staaten konnten den Bankrott wichtiger Banken nur durch staatliche Geldgaben verhindern, oder sie verstaatlichten bankrotte Geldinstitute. Das Geld wurde weiter billig gemacht, damit die Kreditvergabe weitergehen konnte. Trotzdem schlug die Krise auf dem Geldmarkt auf die Realwirtschaft durch, und es kam es zu Konkursen und zum Anstieg der Arbeitslosigkeit. In der Folge der Bankenrettung verschob sich die Krise auf die Ebene der Verschuldung der Staaten, deren Zentralbanken nach der Lehre der Ökonomen als *lender of last resort* fungieren, wenn niemand

117 Siehe dazu: Dick Bryan u. Michael Rafferty, *Capitalism With Derivatives. A Political Economy of Financial Derivatives, Capital and Class*, New York: Palgrave, 2006; Elena Esposito, *Die Zukunft der Futures. Die Zeit des Geldes in Finanzwelt und Gesellschaft*, Heidelberg 2010; Joseph Stiglitz, *Im freien Fall. Vom Versagen der Märkte zur Neuordnung der Weltwirtschaft*, München 2010; Susanne Schmidt, *Markt ohne Moral: Das Versagen der internationalen Finanzelite*, München 2010; zur Geschichte von Finanzkrisen: Stuart Jenks, *Banken und Finanzkrisen*, Lübeck 2012; zu Optionen und Futures siehe Bernd Rudolph u. Klaus Schäfer, *Derivative Finanzmarktinstrumente*, Berlin/Heidelberg 2005.

mehr bereit ist, einem kreditunwürdigen Schuldner weiterzuhelfen. Ausgelöst durch die drohende Staatspleite Griechenlands im Oktober 2009 gerieten die Staatsverschuldungen der Staaten im Euroraum in das Blickfeld ihrer Kreditgeber.

Die Frage, ob „die Märkte" sich beruhigen oder ob sie angreifen, d.h. ob Investoren und Gläubiger an der Rückzahlungsfähigkeit der Volkswirtschaft zu zweifeln beginnen oder nicht, füllt seitdem die morgendlichen Zeitungen und werden es aller Voraussicht nach auch noch weiter tun. Zurecht bemerkt Wolfgang Streeck: „Das einzige, was man weiß, ist: ‚die Märkte' werden sich beruhigen, wenn sie sich beruhigen werden; aber wann das sein wird, darüber schweigen sie sich aus, ebenso wie darüber, was sie als nächstes verlangen werden. Werden sie Frankreich angreifen? Wenn es sein muß: selbstverständlich. Zufrieden sein werden sie erst, wenn sie völlige Gewißheit haben, daß sie ihr Geld ganz und gar zurückbekommen werden, durch nationale Sparpakete, internationale Einlagensicherungsvereinbarungen, am besten, beides."[118] An der Unheimlichkeit der Erfahrung, die ein entfesseltes Marktgeschehen auslöst, hat sich bis heute im Kern wenig verändert.

In der Erstmaligkeit dieses Geschehens ist das Ungeheuerliche losgelassener Märkte zweifellos intensiver erfahren worden, zumal auch den Ökonomen viele Zusammenhänge unbekannt waren. In der zweiten Hälfte des 19. Jahrhunderts setzt sich die Marktdoktrin durch und reißt alle gesellschaftlichen, natürlichen und selbst auch die wirtschaftlichen Verhältnisse in ihren Strudel. Die Paradoxie der modernen Gesellschaft, ihre gesellschaftliche Nichtgesellschaft tritt dramatisch ins Bewußtsein. Nun gibt es seltsame Kräfte, die der Gesellschaft entspringen und die Gesellschaft bedrohen. Hans van der Loo und Willem van Reijen haben auf den erkenntnissoziologisch interessanten Sachverhalt hingewiesen, daß sozialwissenschaftliche Theorien Modernisierung als eine Entwicklung beschreiben, „die sich gleichsam über die Köpfe der Menschen hinweg vollzieht." Diese Beschreibungsform ist selbst auch ein Produkt der Modernisierung, für die kennzeichnend ist, „daß das Netzwerk menschlicher Aktivitäten immer komplizierter und ausgedehnter wird. Immer mehr Gruppen von Menschen werden voneinander abhängig, damit sie ihre Bedürfnisse befriedigen können. Das geschieht durchweg in einer Weise, die das Verständnis der Betroffenen übersteigt. So erfahren wir das, was in Wahrheit von niemand sonst als von Menschen vollbracht wird, als eine fremde, von außen kommende Kraft, die sich nicht von den Naturkräften unterscheidet."[119] Das pathische Moment der Modernisierungserfahrung, wie sie im entfesselten Marktgeschehen sich ausbreitet, kann als Umschlagsmoment gefaßt werden, in dem die traditionsverwerfende plötzliche Öffnung eines weiten Möglichkeitsraums freier Wahl mit der oft nicht minder plötzlichen Schließung, dem Verlust der Möglichkeiten und der alternativlosen Unfreiheit zusammenfällt: wie gewonnen, so zerronnen.

118 Streeck 2011, S. 15.
119 Van der Loo u. van Reijen 1997, S. 26f.

3. Figuren Balzacs

GESCHÄFTSREISENDER, GELDVERLEIHER, REFORMER. Wer könnte Auskunft geben, wie die Unheimlichkeit der Entfesselung der Märkte, die heute gobal geschieht, in den lokalen Mikrowelten europäischer Länder zu einem Zeitpunkt erfahren wurde, als der Kapitalismus noch jung war? Es macht Sinn, die Dichter zu fragen, denn künstlerische Wahrnehmung arbeitet oftmals seismographisch. Sie zeichnet sich dadurch aus, daß sie soziale Phänomene schon zu einem Zeitpunkt beobachtet und gestaltet, wo sich diese Phänomene erst am Horizont abzeichnen.

Für die Rekonstruktion der frühen Erfahrung gesellschaftlicher Nichtgesellschaft sind die Romane Honoré de Balzacs einschlägig. Balzac starb 1850. Der literarische Durchbruch gelingt ihm in der sog. Julimonarchie (1830-1848), einer Periode, in der Frankreich einen rasanten Prozeß wirtschaftlichen Wachstums erfährt.[120] Die Freisetzung der Marktwirtschaft war bis 1830 staatlich behindert. In den 30er Jahren kommt es schubartig zu neuen Unternehmensgrößen und Industriezweigen. Man erprobt Anleihen, Aktien und Beteiligungen, die Spekulation wird angeheizt. In seinen Romanen und Novellen schildert Balzac hellsichtig und höchst eindrucksvoll die Strukturen der modernen Marktgesellschaft. Im Zentrum seiner Beobachtungen steht die Veränderung von Menschen und menschlichen Beziehungen, die bei denen abzulesen ist, die von der Emanzipation des Marktsystems negativ oder positiv getroffen werden. So entdeckt Balzac neuartige Typen und Charaktere. Arnold Hauser hat bemerkt, „daß Balzac in seinen Werken viel mehr das Bild der nächsten Generation zeichnet, als das seiner eigenen, und daß seine ‚nouveaux riches' und Parvenus, seine Spekulanten und Glücksritter, seine Künstler und Kokotten für das zweite Kaiserreich charakteristischer sind als für die Julimonarchie. Hier scheint tatsächlich das Leben die Kunst nachgeahmt zu haben."[121] Die Balzac-Begeisterung durchlief auch die deutsch-, englisch- und spanischsprachigen Länder Europas, bis es um 1900 zu einer zweiten Welle der Balzaclektüre in Frankreich kommt.[122]

Balzac eignet sich als Zeuge für die Rekonstruktion der Modernisierungserfahrung auch deshalb, weil er mit seiner Literatur zugleich wissenschaftlichen Idealen folgte. Joseph Jurt hat auf die Genese des Konkurrenzverhältnisses zu Beginn des 19. Jahrhunderts hingewiesen, das Louis de Bonald dramatisch als Krieg zwischen Wissenschaft und Literatur beschrieben hat.[123] Balzac partizipiert an diesem Pro-

120 Zum folgenden vgl. Horst Althaus, *Zwischen alter und neuer besitzender Klasse. Stendhal-Balzac-Flaubert-Zola. Beiträge zur französischen Gesellschaftsgeschichte*, Berlin 1987, S. 56ff; Michael Hutter, „Literatur als Quelle wirtschaftlichen Wachstums", in: *Internationales Archiv für Sozialgeschichte der deutschen Literatur* 16(2)/1991, S. 1-50, hier S. 32f.

121 Arnold Hauser, *Sozialgeschichte der Kunst und Literatur*, München 1973, S. 811.

122 David Bellos, *Balzac Criticism in France 1850-1900. The Making of a Reputation*, Oxford 1976.

123 Joseph Jurt, „Sur la guerre de sciences et des lettres", in: *Biologie, Psychologie, Poetologie. Verhandlungen zwischen den Wissenschaften*, hg. v. Walburga Hülk u. Ursula Renner, Würzburg 2005, S. 27-41. Die Entstehung der Soziologie zwischen literarischer und wissenschaftli-

zeß. Im Vorwort zur *Comédie humaine* beruft er sich auf Buffons *Histoire naturelle* und zeigt seine Absicht an, die französische Gesellschaft so systematisch zu analysieren, wie es Buffon mit dem Tierreich gemacht hatte. Für den ersten Teil der *Comédie humaine* sieht er den Titel „Etudes sociales" vor. Diese wissenschaftliche Orientierung folgt der *episteme* des 19. Jahrhunderts, wie sie Foucault als eine Doppelung aus Gesetzmäßigkeiten, deren Tatsachen positivistisch abzulesen sind, und aus einer aus der Tiefe des Lebens herrührenden Kraft analysiert hat. Balzac geht es um die Logik des Lebendigen.[124] Die Skizze von Charakteren, die Balzac einführt, soll helfen, im Geflecht der Reaktionsweisen auf die Entfesselung der Marktwirtschaft die religionssoziologisch bedeutsamen Antworten herauszuarbeiten, mit denen die europäische Intelligenz im postrevolutionären Europa des 19. Jahrhunderts zu tun hat.

In seine „Szenen aus dem Provinzleben" hat Balzac 1833 die Erzählung „Der berühmte Gaudissart" aufgenommen, die von der neuen Figur des Geschäftsreisenden handelt. „Ist nicht der Geschäftsreisende, eine unbekannte Persönlichkeit im Altertum, eine der seltsamsten Gestalten, die von den Sitten der gegenwärtigen Epoche geschaffen wurde? (...) Seltsame Gestalt! Dieser Mann hat alles gesehen, er weiß alles, er kennt die ganze Welt. Gesättigt mit den Lastern von Paris, kann er die Biederkeit der Provinz heucheln. (...) Er sieht nichts gründlich; Menschen und Orte kennt er dem Namen nach; die Dinge wertet er nach der Oberfläche; er hat seinen besondern Maßstab, um alles nach seiner Elle zu messen; sein Blick gleitet über die Dinge hin und durchdringt sie nicht. Er interessiert sich für alles, und nichts interessiert ihn. (...) Er ist ein ausgezeichneter Schauspieler und kann abwechselnd das Lächeln der Zuneigung, der Zufriedenheit, der Dankbarkeit aufsetzen und es fallen lassen, um wieder zu seinem wahren Charakter, zu seinem Normalzustand zurückzukehren, in dem er sich ausruht. Ist er nicht unaufhörlich gezwungen, die Menschen mit einem einzigen Blick zu durchdringen, ihre Handlungen, ihre Sitten, vor allem ihre Zahlungsfähigkeit abzuschätzen und, um seine Zeit nicht zu verlieren, auch noch mit einem Schlag die Erfolgsaussichten zu berechnen? Die Gewohnheit, sich in jeder Angelegenheit rasch zu entscheiden, macht ihn zum Richter (...). Mit der Beredsamkeit eines Warmwasserhahns, den man nach Belieben öffnet, begabt, kann er, ohne jemals fehlzugreifen, seine Kollektion vorbereiteter Phrasen schließen und wieder zur Hand nehmen, die ununterbrochen strömen und auf seine Opfer wie auf eine seelische Dusche wirken. (...) Weder der Habicht, der sich auf seine Beute stürzt, noch der Hirsch, der neue Abwege findet, um den Hunden zu entgehen und die Jäger irre zu führen, noch die Hunde, die dem Wild nachspüren, sind der Schnelligkeit seines Flugs zu vergleichen, wenn er eine Bestellung wittert, der Geschicklichkeit, wenn er seinem Rivalen ein Bein

---

cher Orientierung im 19. Jahrhundert hat Wolf Lepenies grundlegend untersucht. Wolf Lepenies, *Die drei Kulturen. Soziologie zwischen Literatur und Wissenschaft*, München 1985.

124 Vgl. Rainer Warning, „Chaos und Kosmos. Kontingenzbewältigungen in der *Comédie humaine*", in: *Honoré de Balzac*, hg. v. Hans-Ulrich Gumbrecht, Karlheinz Stierle u. Rainer Warning, München 1980, S. 9-56, hier S. 46.

stellt, um ihn zu überholen, und der Kunst, mit der er eine Möglichkeit des Warenabsatzes fühlt, wittert und aufspürt. Was für überlegene Eigenschaften muß nicht ein solcher Mensch besitzen?"[125] Halten wir die Interpretation noch ein wenig zurück, um dem Geschäftsreisenden zwei weitere Figuren Balzacs zur Seite zu stellen.

In einer anderen Novelle erzählt Balzac vom Geldverleiher Gobseck. Auch er ist wie der Geschäftsreisende unaufhörlich gezwungen „die Menschen mit einem einzigen Blick zu durchdringen". In einem Gespräch denkt er über diese für sein Geschäft notwendige Kompetenz nach: „‚Nun,' fuhr er nach kurzem Schweigen fort, währenddes ich ihn beobachtet hatte, ‚glauben Sie, daß es nichts bedeutet, so in die geheimsten Falten des menschlichen Herzens einzudringen, das Leben der anderen mit Beschlag zu belegen und sie nackt zu sehen? Immer verschiedenartig ist das Schauspiel, man sieht furchtbare Wunden, tödliche Kümmernisse, Liebesszenen, Elend, auf das die Wasser der Seine lauern, Freuden von Jünglingen, die zum Schafott führen, verzweifeltes Lachen und rauschende Feste. Oft habe ich gezittert vor der Macht des Wortes in einem jungen, liebenden Mädchen, einem alten Kaufmann, der am Rande des Bankrotts stand, einer Mutter, die das Verbrechen ihres Sohnes verheimlichen möchte, einem brotlosen Künstler, einem großen Manne, von dem die Volksgunst sich abwendet und er, da er kein Geld besitzt, die Früchte seiner Arbeit sich entgleiten sieht. Diese glänzenden Schauspieler spielten für mich allein, ohne mich täuschen zu können. Mein Blick ist wie der Blick Gottes, ich lese in den Herzen. Nichts ist mir verborgen. Ich bin reich genug, um die Gewissen derjenigen zu kaufen, die die Minister an ihren Drähten tanzen lassen, von ihren Büroschreibern bis zu ihren Geliebten: Ist das nicht Macht? Ich kann die schönsten Frauen und die zärtlichsten Liebkosungen haben – ist das nicht Vergnügen? Macht und Vergnügen, liegt darin nicht unsere ganze Gesellschaftsordnung. Solcher Männer gibt es in Paris etwa zehn, und wir alle sind unbekannte, heimliche Könige, die euer Schicksal in der Hand haben. Ist das Leben nicht eine Maschine, die durch das Geld in Bewegung gesetzt wird? Ihr dürft nicht verkennen, daß die Mittel sich mit den Resultaten verschmelzen; man wird niemals die Seele von den Sinnen, den Geist von der Materie trennen können. Das Geld ist die Beseelung unserer gegenwärtigen Gesellschaft."[126]

Schließlich sei ein drittes Beispiel aufgeführt. In dem Roman *Der Landarzt* erzählt Balzac von dem Versuch eines Arztes, im Rahmen seiner Dorfgemeinde durch eine sozialreformerische Politik eine Art antikapitalistischer Utopie, ein autarkes Wirtschaftsmodell zu verwirklichen, das in solidarische Sozialbeziehungen eingebettet ist. In einem Gespräch geht es darum, dieses Modell auf ganz Frankreich auszuweiten. Der Landarzt ist skeptisch, ob dies möglich sein kann. Zwar Reformer, glaubt er dennoch nicht, daß sich seine Versuche durchsetzen könnten. Er kommt zu der Auffassung: „Die Krankheit unserer Zeit ist der Wunsch nach Überlegenheit. Es gibt mehr Heiligenbilder als Nischen, um sie aufzustellen. Und zwar

125 Honoré de Balzac, „Der berühmte Gaudissart" [1833], in: Ders., *Heimliche Könige. Novellen*, Hamburg 1957, S. 243-298, hier S. 243ff.

126 Honoré de Balzac, „Gobseck" [1830], in: Balzac 1957, S. 99-176, hier S. 120f.

aus folgendem Grunde: mit der Monarchie haben wir das Ehrgefühl verloren, mit der Religion unserer Väter die christliche Tugend, mit den vergeblichen Versuchen unserer Regierung die Vaterlandsliebe. Diese Ideen bestehen wohl noch teilweise – denn Ideen gehen nie unter – aber sie durchdringen nicht mehr die Masse. Um heute die Gesellschaft zu stützen, haben wir kein anderes Mittel mehr als den Egoismus. Das Individuum glaubt an sich selbst. Die Zukunft ist der sozial gesinnte Mensch, darüber hinaus sehen wir nichts mehr. Der große Mann, der uns aus dem Schiffbruch, dem wir entgegensteuern, retten wird, wird sich gewiß des Individualismus bedienen, um die Nation wieder aufzubauen; aber indem wir auf diese Wiedergeburt warten, befinden wir uns im Jahrhundert der materiellen Interessen und des Positivismus. Dieses letzte Wort führen sie alle im Munde. Wir sind alle eingeteilt, nicht nach dem was wir wert sind, sondern nach dem was wir besitzen. (...) Wehe dem Land, in dem es so aussieht! Die Völker sowohl als auch der Einzelne verdanken ihre Energie nur ihrem Gefühl. Das Gefühl eines Volkes ist sein Glaube. Aber anstatt Glauben haben wir Interessen.“[127]

NUTZEN, MATERIE, AUSWEGLOSIGKEIT. Welche Aspekte der Erfahrung der modernen Gesellschaft als gesellschaftlicher Nichtgesellschaft können aus diesen drei Passagen hervorgehoben werden? Man muß sich nicht lange bei den ins Auge springenden allgemeinen Aussagen über das Dominantwerden der Geldbeziehungen aufhalten, für die es in den Texten der Zeit zahllose andere Belege gibt. Interessanter ist es, herauszuarbeiten, wie Balzac die neuartigen Charaktere zeichnet, die in der modernen Gesellschaft auftauchen.

Wir finden in allen Beispielen auf der einen Seite den illusionslosen Blick und auf der anderen Seite das Phänomen des Schauspielers, d.h. Menschen, die anderen oder auch sich selbst etwas vormachen. Auch der Gesprächspartner des Landarztes, der die Idee hat, das gute Reformprojekt auf ganz Frankreich auszudehnen, macht sich etwas vor. Der Landarzt korrigiert dies mit illusionslosem Blick. Mit der Erfahrung der Marktgesellschaft, so könnte man vorläufig formulieren, fällt ein neuer Blick auf die Phänomene, ein Blick, mit dem Illusion und Realität getrennt werden sollen. Bestimmte Phänomene erscheinen nun als Oberfläche, als etwas Vorgemachtes oder Gespieltes oder als ein Phänomen geringeren Realitätswertes. Der Geschäftsreisende wertet die Dinge nach der Oberfläche, und er selbst wird als Schauspieler qualifiziert. Umgekehrt der Geldverleiher, der seinen Blick als Blick Gottes interpretiert. Es sind hier die Handlungen der anderen, die er als Schauspiel qualifiziert. Die „furchtbaren Wunden, tödlichen Kümmernisse, Liebesszenen, Elend“ etc. – dies sind zwar auch reale Phänomene, aber auf sie fällt der Blick wie auf ein Schauspiel. Sie werden in gewisser Weise nicht als echt genommen, mit anderen Worten: Sie kommen erst als Phänomen zum Vorschein, wenn sie in Kontakt mit einer anderen Realitätsebene geraten, der nackten Interessensphäre. Jene schauspielerische Fähigkeit des Geschäftsreisenden ist ja nicht in sich begründet, sondern sie wird von einer tieferen Realitätsebene gesteuert, sie ist „Kunst, mit der

127 Honoré de Balzac, *Der Landarzt* [1833], Hamburg 1956, S. 77f.

er eine Möglichkeit des Warenabsatzes fühlt, wittert und aufspürt". Menschlichem Handeln, so bunt und vielfältig es sich darstellt, so verschiedenartig Anlässe, Konstellationen, Formen etc. auch aussehen mögen, liegt, wenn sie mit illusionslosem Blick durchdrungen werden, eine äußerst harte und nicht mehr hintergehbare Realität zugrunde: *materielle Interessen.*

Heute ist die Rede von materiellen Interessen so selbstverständlich, daß man zögert, dies Phänomen alltäglicher Anthropologie moderner Gesellschaft überhaupt noch zu befragen.[128] Folgt man dagegen der Spur der unheimlichen Erfahrung moderner Marktgesellschaft, so wird jener pathische Moment nachvollziehbar, in dem die in die Geldwirtschaft hineingezogenen Individuen sich selbst auf eine einzige Grundwahrheit reduziert sehen. Es gilt: Das Interesse von Individuen wird vom Streben nach nützlichen und angenehmen Dingen regiert. Dies ist die große Hintergrundwahrheit, auf die man überall stößt. Was Nutzen hat oder was angenehm ist, kann sehr verschiedenartig sein. Es kann in den buntesten und schillerndsten Farben auftreten, die verschiedensten Formen haben. Ein unermeßliches Schauspiel kann sich dem Betrachter darbieten. Aber diese verwirrende Vielfalt von Phänomenen darf uns nicht täuschen. Wir haben uns zu fragen: ist dies oder das

128 Obwohl die Marktwirtschaft mit ihren Mechanismen des Marktgesetzes und den aufgebrochenen Begehrlichkeiten der Personen im Zentrum der Gesellschaft, wie sie Balzac erfahren hat, steht, hat nach den Recherchen von Michael Hutter im Bereich der Wirtschaftswissenschaften Balzac weder auf Bastiat noch Proudhon, weder auf Mill noch Jevons, weder auf Roscher noch Knies eingewirkt. Hutter 1991, S. 39. Nur Marx und Engels bilden eine Ausnahme. Marx bewundert Balzacs „tiefe Auffassung der realen Verhältnisse", Karl Marx, *Das Kapital*, Bd. 3, in: *Marx-Engels-Werke (=MEW)*, Bd. 25, S. 49, 1983. Friedrich Engels bemerkt: „Gewiß, Balzac war politisch ein Legitimist; sein großes Werk ist ein ständiges Klagelied über den unvermeidlichen Verfall der guten Gesellschaft; alle seine Sympathien sind bei der Klasse, die zum Untergang verurteilt ist." Aber die „poetische Gerechtigkeit" seines Realismus ist so stark, daß sie die politischen Ansichten des Autors durchbrechen. „Daß Balzac so gezwungen war, gegen seine eigenen Klassensympathien und politischen Vorurteile zu handeln, daß er die Notwendigkeit des Untergangs seiner geliebten Adeligen *sah* und sie als Menschen schilderte, die kein besseres Schicksal verdienen; und daß er die wirklichen Menschen der Zukunft dort *sah*, wo sie damals allein zu finden waren – das betrachte ich als einen der größten Triumphe des Realismus und einen der großartigsten Züge des alten Balzac." Engels an Margaret Harkness in London, Anfang April 1888 (Briefentwurf), in: *MEW*, Bd. 37, S. 42-44, hier S. 44. Der Wertschätzung von Marx und Engels folgt Georg Lukács, *Balzac und der französische Realismus*, Berlin 1952. Als ob sie direkt aus Balzac entlehnt wäre, liest sich die Charakteristik des *homo oeconomicus*, die Thorsten Veblen gegeben hat: „Er kalkuliert Freude und Leid schnell wie der Blitz und oszilliert wie eine homogene Zusammenballung des Wunsches nach Glück unter dem Einfluß von Stimuli, die ihn herumstoßen (...). Er kreist symmetrisch um seine eigene Achse, bis sich das Kräfteparallelogramm auf ihn auswirkt, worauf er den Weg des geringsten Widerstandes wählt." Thorsten Veblen, *The Place of Science in Modern Civilisation and Other Essays*, New York 1961, S. 73, zit. n. Manfred Tietzel, „Die Rationalitätsannahme in den Wirtschaftswissenschaften oder Der homo oeconomicus und seine Verwandten", in: *Jahrbuch für Sozialwissenschaft* 32/1981, S. 115-138, hier S. 117.

für mich mehr oder weniger brauchbar, mehr oder weniger angenehm? Vor dieser einfachen Frage klärt sich das große Theater.

Es ist der *Utilitarismus* des 19. Jahrhunderts, der diese einfache Frage zum Anlaß komplizierter Reflexionen macht. Es wird davon ausgegangen, daß die Haupttätigkeit des Individuums darin besteht, zwischen nützlich und unnütz, zwischen angenehm und unangenehm zu unterscheiden und zwar mit durchdringendem Blick. Alles, was so bunt und vielfältig im menschlichen Handeln erscheint, läßt sich auf diese einfache binäre Tätigkeit zurückführen.

Aber die Beispiele aus der *Comédie humaine* führen uns noch zu zwei weiteren Verarbeitungsmöglichkeiten. Der Geldverleiher Gobseck hatte die utilitaristische Position treffend in dem Satz zusammengefaßt: „Macht und Vergnügen: liegt darin nicht unsere ganze Gesellschaftsordnung" und war dann zu seltsam tiefen Spekulationen übergegangen, die in dem Diktum gipfelten: „Man wird niemals die Seele von den Sinnen, den Geist von der Materie trennen können." Die Kultursphäre, der menschliche Geist, seine Intelligenz, seine Moral, aber auch seine Seele, sein Fühlen und Werten, all dies ist nichts Primäres oder für sich stehendes, sondern im Gegenteil untrennbar verbunden mit sinnlichen, materiellen Phänomenen. Die Regeln der Materie und die Regeln des Geistes sind dieselben. Der Mensch ist nicht mehr das Wesen zwischen Tieren und Göttern. Es gibt nur einen Typus von Gesetzen für alles Geschehen. Wie physikalische Körper durch einen Anstoß in Bewegung geraten, so reagieren auch Menschen, wenn man sie anstößt. Wie die Pflanzen sich nach dem Licht recken, so streben auch Menschen nach dem, was sie brauchen. Der Mensch ist auch nur ein Naturphänomen, es ist unsinnig, ihm besondere Regeln zuzumuten. Das Geschehen in der modernen Gesellschaft wird in diesem Sinne durch Denkmodelle verarbeitet, die in der Terminologie des 19. Jahrhunderts einem *Materialismus* zugerechnet werden, den wir heute Naturalismus nennen würden. Utilitarismus und Naturalismus – neben diesen beiden Reaktionen auf die Erfahrung der modernen Gesellschaft muß noch eine dritte ins Auge gefaßt werden.

Der sozialreformerische Landarzt, von dem Balzac erzählt, ist kein glühender enthusiastischer Revolutionär. Aus seiner großen Lebensbeichte erfahren wir, daß ihn die verschiedensten Lebensumstände tief getroffen haben: die Schreckenserfahrung eines sinnlosen, vergnügungssüchtigen Lebens, gescheiterte Liebesbeziehungen, schuldhafte Verstrickung im Geflecht sozialer Beziehungen, der Tod seiner Geliebten und seines Kindes. Er ist geplagt vom Wunsch, Selbstmord zu begehen, schwankt zwischen stoischer Weltverachtung und christlichem Drang nach klösterlicher Einsamkeit. Alle Philosophien und Religionen desillusionieren ihn an irgendeinem Punkt seines Lebens. Auch das Reformprojekt, das er in Gang gesetzt hat, ist letztlich für ihn ein „seelischer Selbstmord". Am Schluß der langen Lebenserzählung heißt es: „Heute ist mir alles Äußerliche ganz gleichgültig wie es allen Menschen ist, die unter der Gewalt eines einzigen Gedankens stehen. – Ich habe kein anderes Lebensziel mehr als das, das Leben zu verlassen, ich will jedoch nichts tun, um ihm zuvorzukommen, noch auch, um sein Ende zu beschleunigen. Aber ich werde mich eines Tages, wenn die letzte Krankheit kommt, ohne Bedauern zum

Sterben hinlegen."[129] Nimmt man diese innere Haltung ein, so wird verständlich, daß der Landarzt jede Idee einer Ausweitung des Reformprojekts ablehnt, daß er zwar bedauernd, aber doch völlig alternativlos daran festhält, daß jede Erneuerung der Gesellschaft nur mit Hilfe des Egoismus möglich ist, unter dem er leidet. „Um heute die Gesellschaft zu stützen, haben wir kein anderes Mittel mehr als den Egoismus" – dies ist eine ausweglose Situation. Die moderne Gesellschaft ist eine Sackgasse, aus der man nicht mehr herauskommt. Die illusionslose Wahrnehmung kann nur zu einem logisch stringenten Endresultat kommen. Dieser durchdringende Blick trifft ins Tiefschwarze. Diese Art der Verarbeitung der Erfahrung der modernen Gesellschaft nennt das 19. Jahrhunderts *Pessimismus* oder auch gesteigert *Nihilismus*.

Was nach 1850 als Reaktion auf die Entfaltung der modernen Gesellschaft als einer entfesselten Marktgesellschaft sich ausbreitet, sind drei Bewältigungsstrategien: Utilitarismus, Naturalismus, Pessimismus. Allen dreien ist gemeinsam, daß sie die Erfahrung der modernen Gesellschaft im Unterschied zu den bisher behandelten Glaubensformen der *Bekenntnisreligion*, *Rationalreligion*, *Kunstreligion* und *Nationalreligion* weltimmanent verarbeiten wollen. Nun heißt es: Am Grunde alles menschlichen Handelns steht die utilitaristische Wahl zwischen nützlich/unnütz, angenehm/unangenehm. Geist und Kultur des Menschen bilden kein göttlich inspiriertes Sonderreich, sondern sind Effekte von Bewegungsformen der Materie und des organischen Lebens. Dies kann zum optimistischen Glauben an die schrittweise Höherentwicklung der Menschheit führen. Die Stimmung kann aber auch in einen schwarzen Fatalismus umschlagen, wie überhaupt der Wechsel von Hausse und Baisse den Glaubenstakt der sich selbst überlassenen Marktgesellschaft ausmacht. Dann gilt: gegen die Krankheit der modernen Gesellschaft, den Individualismus ist kein Kraut gewachsen. Wir sind in einer Einbahnstrasse. Es gibt immer nur mehr Individualismus. Darunter leiden wir, aber gegen dies Leiden können wir immer nur das Gift des Individualismus einnehmen, das das Leiden verursacht, so die pessimistische oder nihilistische Diagnose.

Keine der im *Ersten Band* unserer Religionssoziologie behandelten Religionen, die in den Malstrom der Marktgesellschaft gezogen werden, weder die *Bekenntnisreligion* noch die *Rationalreligion*, weder die *Kunstreligion* noch die *Nationalreligion* entgeht seit 1850 den Fragen, die Utilitarismus, Naturalismus und Pessimismus stellen: Welchen Nutzen oder welchen Annehmlichkeitswert hat eine Religion? Oder man stellt wissenschaftlich fest, der Glaube an ein Göttliches ist eine organische Hirnstörung, eine Pathologie, oder man neigt sich nihilistisch vor dem unwiderruflichen Tod eines jeden Gottes. Daß 2004 davon berichtet wird, man habe nun das „Gottesgen" gefunden, kann den Religionssoziologen nicht in Erstaunen versetzen.[130]

---

129 Balzac 1956, S. 307.

130 Dean Hamer, *The God Gene. How Faith is Hardwired into Our Genes*, New York/London 2004.

WAS WIRD AUS RELIGION IN DER MARKTWIRTSCHAFT? Die Heraufkunft utilitaristischer, naturalistischer und pessimistischer Verarbeitungsweisen der Erfahrung entfesselter Marktwirtschaft hat die diskursiven Rahmenbedingungen für die Intellektuellen, die nach Antworten auf die Frage nach der Stellung der Religion in der modernen Gesellschaft suchten, grundlegend verändert. Man kann drei ineinander verkeilte Fragen, die bis heute virulent sind, unterscheiden: Stellen Utilitarismus, Naturalismus und Pessimismus den Gipfelpunkt einer Säkularisierung dar? Sind der Kapitalismus und das Marktvertrauen selbst eine neue Religion, die an die Stelle der alten getreten ist? Sind mit der Koinzidenz von entfesselter Marktwirtschaft und dem Siegeszug der Wissenschaft als einer letzten Instanz Profile von *Wissenschaftsreligion* als ein neuer Religionstypus entstanden? In den Debatten über diese Fragen wird mehr als zuvor unsicher, was Religion genannt werden kann.

Zwei Resultate der Religionsdeutung, die den epochalen Zeiterfahrungen der Glaubenskriege und der Revolution entstammen, bilden für diese Debatten die ersten Ausgangspunkte: einmal die Rede von Gott, wie sie sich in den modernen *Bekenntnisreligionen* und kontrastierend in *rationalreligiösen* Glaubensweisen ausgebildet hatte, und andererseits die Entlarvung der enthusiastischen Religionen der Revolutionszeit, insbesondere des Idealismus der *Kunstreligion* und der *Nationalreligion* als Ideologien oder als Sakralisierungen, die ihren irdischen Wurzelgrund in gesellschaftlichen Verhältnissen oder der vitalen Existenz des Einzelnen haben, wie dies Marx und Stirner im Kreise der Junghegelianer gezeigt haben.[131]

Einmal geht es um die Frage: Soll Religion nur heißen, was als ein Glaube an Gott zusammen mit der Befolgung kirchlicher Lehren und Ratschläge und mit der Teilnahme am Gottesdienst der Kirchen kenntlich gemacht werden kann? Es wäre dies eine Religion, wie sie im europäischen Bereich durch den modernen Typus der *Bekenntnisreligion* geprägt ist, der sich postreformatorisch in den neuzeitlichen Glaubens- und Staatenbildungskriegen ausgebildet hat. Im *Ersten Teil* unserer Religionssoziologie haben wir die Genese dieses Religionstypus untersucht.[132] Auch die konfessionskritische Aufklärung der Religion, die wir *Rationalreligion* genannt haben, beruhte bei aller Ablehnung der Priesterreligion dennoch auf dem Glauben an einen Schöpfergott als Garanten für die Göttlichkeit der Natur und für das den Menschen geschenkte Licht der Vernunft.[133] Neben vielem, was Säkularisierung bedeuten könnte, ist es das Schicksal des Glaubens an Gott, das im Hintergrund den Streit um das Ob und Wie und Wieviel der Säkularisierung antreibt.[134]

131 Siehe dazu im *Ersten Band* S. 718 ff.

132 An seine Merkmale sei kurz erinnert: strenge Fixierung von Glaubensinhalten, die im Verbalbekenntnis sprachlich normiert sind, und der Ausbau kultischer Differenzen zu anderen Bekenntnissen. *Bekenntnisreligionen* achten auf ihre Kohärenz und erlauben z.B. nicht, gleichzeitig Katholik und Protestant sein. Dem jüdischen Monotheismus folgend, sind sie gewiß, in ihrer Form *die vera religio* zu sein. Siehe dazu im *Ersten Band* S. 85 ff.

133 Siehe dazu im *Ersten Band* S. 156 ff.

134 Anwendungen des Begriffs Säkularisierung für religiöse Entwicklungen in der frühen Moderne sind im *Ersten Band* mehrfach kritisch diskutiert, insbesondere S. 120ff; 131-143; 245-252; 416-444. Zum anhaltenden Streit um Säkularisierungsthesen siehe: *Moderne und*

Im Gegenzug zu diesem Streit kann gefragt werden: Gehört das, was man Religion nennen sollte, in den weiteren Rahmen all der geistigen Manifestationen des Menschen, die die Wahrheit der Wirklichkeit von Gesellschaft und Einzelexistenz verfehlen und die Menschen mit Hirngespinsten, Mythen und Illusionen berauschen und verblenden? Folgt man Marx, so fallen Religion und Metaphysik unter den Oberbegriff der Ideologie, folgt man Stirner, so ist Sakralisierung, durch die mir etwas als heilig vorgestellt wird, pluralisierbar in den verschiedensten Zumutungen, sich für die Göttlichkeit einer schönen, wahren und guten Sache begeistern zu sollen. Und wer wollte behaupten, daß Säkularisierung in der modernen Marktgesellschaft zur Verringerung von Ideologien und Sakralisierungen beigetragen habe?

Es ist den dramatischen Wandlungen geschuldet, die der Oberbegriff der Ideologie in der Geschichte des Marxismus erfahren hat, daß sich die Relationen von Religion und Ideologie mehrfach verdreht haben. Marx' kritischer Ideologiebegriff wurde im 20. Jahrhundert insbesondere in der Tradition des Marxismus-Leninismus neutralisiert und in den Antagonismus von bürgerlich-reaktionärer Ideologie und proletarisch-revolutionärer Ideologie transformiert. Für die Autoren, die diese Transformation nicht mitmachen wollten, bot es sich an, einen älteren Diskurs aufzugreifen, in dem vom Gott oder Dämon des Geldes die Rede ist. Bis in unsere Zeit hat dieser Diskurs nichts von seiner Attraktivität verloren, denn er kreist um die Unheimlichkeit der Erfahrungen, die Menschen mit dem geldvermittelten Tausch auf Märkten gemacht haben und machen. Im nächsten Abschnitt untersuchen wir Diskurse, die der These vom Bedeutungsverlust von Religion widersprechen und die unheimliche Erfahrung gesellschaftlicher Nicht-Gesellschaft mit dem Verdacht in Verbindung bringen, beim Kapitalismus handele es sich um eine neue Religion des Geldes.

4. Geld: dämonische Macht oder der neue Gott?

EIN ALTER TOPOS. Die Erfahrung entfesselter Marktgesellschaft hat bis in unsere Gegenwart den Verdacht genährt, daß es mit der Weltimmanenz von Utilitarismus, Naturalismus und Pessimismus nicht recht stimme, vielmehr sei das Geld der wahre Gott, der von allen seine Verehrung fordere, und der Kapitalismus sei nicht lediglich eine Wirtschaftsordnung, sondern auch als eine Religion zu sehen.[135] Das Thema hat eine lange Geschichte, wenn man an die Einsicht erinnert, die schon der antike Autor Publilius Syrus hatte: „pecunia una regimen est rerum omnium.

Religion. Kontroversen um Modernität und Säkularisierung, hg. v. Ulrich Willems / Detlef Pollack / Helene Basu / Thomas Gutmann u. Ulrike Spohn, Bielefeld 2013.

135 Eine instruktive Übersicht über neuere Arbeiten gibt: Felix Heidenreich, „Die tückischen Zauberkräfte des Geldes“, in: *Philosophische Rundschau* 60(1)/2013, S. 35-51; siehe auch die Beiträge in: Paul Kellermann (Hg), *Die Geldgesellschaft und ihr Glaube. Ein interdisziplinärer Polylog*, Wiesbaden 2007.

(Geld ist der einzige Herr ob allen Dingen)“, oder an die Zeile in Schillers Gedicht *An die Freude* von 1802 mit seiner präzisen Ortsangabe:

> „An der Themse, auf dem Markt der Welt.
> Tausend Schiffe landen an und gehen;
> Da ist jedes Köstliche zu sehen,
> Und es herrscht der Erde Gott, das Geld.“ [136]

Die Religion des Kapitals ist der Titel einer Satire von Paul Lafargue, dem Schwiegersohn von Karl Marx, aus dem Jahre 1886. Auf einem Londoner Kongreß läßt Lafargue prominente Politiker, Unternehmer, Bankiers und Gelehrte auftreten, um darüber zu beraten, wie der Ausbreitung sozialistischer Ideen zu begegnen sei. Die Anhänger der positivistischen Kirche, die wir im nächsten Kapitel behandeln, der Mediziner und Unterrichtsminister Paul Bert und Pierrre Laffitte, der Verwalter des Nachlasses von Auguste Comte, sowie Herbert Spencer und Ernst Haeckel, auf deren *wissenschaftsreligiöse* Auffassungen wir in einem späteren Kapitel ausführlich eingehen, schlagen vor, „den Sozialismus mit dem Mittel der Wissenschaft zu bändigen.“[137]

In den Streit zwischen ihnen und Vertretern der katholischen Kirche greift der britischen Statistiker und Ökonom Robert Giffen ein. Giffen war der Entdecker des Giffen-Paradoxon, demzufolge die Nachfrage nach einem Gut, wie z.B. nach Brot auch dann ansteigen kann, wenn sich dessen Preis erhöht. In Lafargues Satire schlägt Giffen vor, die neue Religion des Kapitals zu verkünden, nachdem die Bevölkerung nicht mehr durch die alten Konfessionen im Zaum zu halten ist: „Das Kapital ist der wahrhaftige, allgegenwärtige Gott, er offenbart sich in den unterschiedlichsten Gestalten: Er ist glänzendes Gold und stinkender Guano, Hammelherden und Kisten voller Kaffee, Stapel von heiligen Schriften ebenso wie von pornografischen Bildern, gigantischen Maschinen ebenso wie Unmengen kleiner Präservative. Das Kapital ist der Gott, den die ganze Welt kennt, sieht, berührt, schmeckt, er erregt all unsere Sinne, er ist der einzige Gott, der noch auf keinen Atheisten gestoßen ist.“[138] Die ‚Religion des Kapitals‘, die Lafargue Giffen in den Mund legt, ist eine literarische Antwort auf die Erfahrung der entfesselten Marktgesellschaft, gegen deren Unheil sich die soziale Bewegung der Arbeiter richtete. Aber diese Religion hat es als empirisch nachweisbare Selbstbeschreibung von

---

136 Publilius Syrus, Sententiae 458; Friedrich Schiller, „An die Freude“, in: Ders., *Sämtliche Werke*, Bd. 1, hg. v. Gerhard Fricke u. Herbert G. Göpfert, Darmstadt [9]1993, S. 133-136. Zur weiten Verbreitung des Topos siehe Lothar Bornscheuer, „Zur Geltung des ‚Mythos Geld‘ im religiösen, ökonomischen und poetischen Diskurs“ (25.01.2006), in: *Goethezeitportal* http://www.goethezeitportal.de/db/wiss/epoche/bornscheuer_geld.pdf (Letzter Zugriff: 27.10.2013); Jochen Weiß, *Mammon. Eine Motivgeschichte zur Religiosität des Geldes*, Phil.Diss. Universität Mannheim 2004, http://madoc.bib.uni-mannheim.de/madoc/volltexte/2006/1152/ (Letzter Zugriff: 16.10.2013).

137 Paul Lafargue, *Die Religion des Kapitals* (1886), Berlin 2009, S. 11. Zur positivistischen Kirche in diesem Band S. 137ff., zu Spencer und Haeckel S. 378ff..

138 Ebd., S. 15.

Gläubigen nicht gegeben, es handelt sich um eine satirische Fremdbeschreibung, um einen Diskurs des Verdachts.

Die ‚Religion des Kapitals' hat nur insofern einen Realitätsgehalt, als hinter den in der Satire propagierten religiösen Pflichten sich wirklichkeitsnahe Forderungen von Unternehmern verbergen, wenn etwa im „Vater unser", dem Gebet an den Gott Kapital, die Bitten formuliert sind: „Gib uns viele Käufer unserer Waren, der guten wie der schlechten. Gib uns notleidende Arbeiter, die ohne sich aufzulehnen die härteste Arbeit und den erbärmlichsten Lohn hinnehmen. Gib uns eitle Dummköpfe, die an unsere Werbung glauben. Und mache, daß unsere Schuldner ihre Schulden vollständig begleichen und daß die Banken unsere Wechsel akzeptieren und führe uns nicht in das Zuchthaus, sondern bewahre uns vor dem Bankrott und versorge uns mit ewigen Renten. Amen"[139] Über den Witz dieser Satire sollte man die religiösen Positionen der *dramatis personae* nicht übersehen, die es in der entfesselten Marktwirtschaft gegeben hat, und von denen aus Linien bis in unsere Gegenwart führen.

Lafargue hat in der kleinen Satire die Konfliktlagen der geistigen Situation seiner Zeit präzis vorgeführt. Dazu gehört freilich nicht nur der Klassenkampf von Arbeit und Kapital, sondern ebenso der Konflikt zwischen der katholischen Kirche und denen, für die die Wissenschaft zur Religion geworden war. Für diesen Konflikt gibt es zahlreiche Selbstbeschreibungen von Gläubigen, und dazu gehört auch das Hervortreten pessimistischer Weltanschauungen.[140] Es gilt also, zwischen den als Selbstbeschreibungen nachweisbaren religiösen Anschauungen und den Fremdbeschreibungen einer bei anderen vermuteten Religion, den Diskursen des Religions-Verdachts, zu unterscheiden.[141] Beide gehören zum Gegenstandsbereich der Religionssoziologie, aber beide haben für sie ein unterschiedliches Gewicht. Denn die Diskurse des Religions-Verdachts sind in gewisser Weise parasitäre Diskurse. Der Verdacht bringt keine neuen religiösen Elemente ins Spiel, sondern operiert mit den Elementen bekannter Religionstypen. Was die Kapitalismuskritik angeht, so handelt es sich um eine Art ideengeschichtlicher Regression: Marx' Fortschritt von der Religionskritik zur Ideologiekritik wird zur Regression: von der Ideologiekritik zurück zur Kritik einer Religion, die Akteuren unterschoben wird. Es ist dies ein Muster, das sich unter Zuhilfenahme der psychoanalytischen Deutung der Kultur noch vertiefen ließ.

Wir vertreten die These, daß die Positionen, die Intellektuelle in den europäischen „Kulturkämpfen" zwischen dem Katholizismus als einer älteren *Bekenntnis-*

139 Ebd., S. 71f.

140 Der Hinweis auf Schopenhauer und Eduard von Hartmann in der Rede Giffens findet sich ebd., S. 16.

141 Die Unterscheidung zwischen Selbst- und Fremdbeschreibung religiöser Dimensionen ist religionssoziologisch ergiebiger, als mit einer Vorab-Definition von Religion zu arbeiten, um dann festzustellen, daß daran gemessen, „der Begriff der Religion droht überstrapaziert und zugleich verwässert zu werden.", wie es Aida Bosch in ihrer Problematisierung der Kulturkritik als Religionskritik vorgeführt hat. Aida Bosch, *Konsum und Exklusion. Eine Kultursoziologie der Dinge*, Bielefeld 2010, S. 138.

religion und dem neuen Religionstypus einer *Wissenschaftsreligion* eingenommen haben, mehr Einsichten in die Entstehung von Religionsformaten ermöglichen, die mit der epochalen Erfahrung entfesselter Marktwirtschaft verbunden sind, als die Diskurse des Religions-Verdachts.

Dennoch sind die bis in unsere Gegenwart fortgeführten Diskurse über die Göttlichkeit des Geldes, des Marktes oder des Kapitalismus von nicht zu unterschätzender Wirksamkeit. Sie gehören in dieses Kapitel von der unheimlichen Erfahrung gesellschaftlicher Nicht-Gesellschaft, die mit der Entfesselung der Märkte in die Welt gekommen ist. Denn trotz der beachtlichen intellektuellen Anstrengungen, die unternommen wurden, die Rätsel des Geldes aufzulösen und der seltsamen hinter dem Rücken der Individuen versteckten Macht des Marktes auf die Spur zu kommen – das Geld- und Marktvertrauen als eine Religion anzusprechen, spiegelt möglicherweise allzusehr die Unheimlichkeit der Erfahrung entfesselter Marktwirtschaft. Bevor wir den Typus *Wissenschaftsreligion* als die neue Glaubensweise behandeln, die nach unserer Auffassung der Erfahrung des Marktes korrespondiert, wollen wir in diesem Abschnitt den Suchbewegungen nachgehen, die dazu führen, das Geld und den Markt als neue Gottheiten zu deuten.

Im Folgenden konzentrieren wir uns auf einige Diskussionsfelder der weitverzweigten Forschung. Zunächst gehen wir den Versuchen nach, in den sakralen Ursprüngen des Geldes Anhaltspunkte für den durch die Geschichte sich fortsetzenden Geldglauben zu finden. Auffällig ist, daß unsere Sprache zahlreiche Redeweisen und Termini bewahrt hat, mit denen sowohl wirtschaftliche als religiöse Dinge bezeichnet werden, wenn wir z.B. von Schuld und Schulden sprechen, – ein „bewegliches Heer von Metaphern, Metonymien, Anthropomorphismen“ (Nietzsche), das sich Konsumwerbung zunutze machen kann. Kulturwissenschaftliche Forschung geht hier den langen Linien der Kontinuitäten in den Geldsymbolen und ihren religiösen Zusatzbedeutungen nach. Schließlich behandeln wir theologische Diskurse, in denen vom Götzen des Geldes, seiner dämonischen Macht oder von der „Religion des Marktes“ gesprochen wird.

SAKRALE URSPRÜNGE DES GELDES. Ausgehend von der Leitidee, daß Menschen in archaischen Gesellschaften ihr Handeln mehr an religiösen Normen orientiert haben, als daß sie profanen wirtschaftlichen Überlegungen gefolgt sein mögen, ist man Frage nachgegangen, ob der Ursprung des Geldes nicht überhaupt im sakralen Bereich zu suchen sei. Bernhard Laum hat mit seiner Studie *Heiliges Geld* in den Streit der Ökonomen eingegriffen, ob Geld als ein Tauschmittel einen Materialwert wie Gold und Silber oder ein anderes Eigentum ausdrücken können muß, um überhaupt eine Kaufkraft zu besitzen, oder ob es als ein Zahlungsmittel nur funktioniere, wenn eine Autorität Zahlungen in Geld verlange.[142] Laum vertrat die These, die Geldwirtschaft habe ihren Ursprung im sakralen Kult; bei den ersten

142 Bernhard Laum, *Heiliges Geld. Eine historische Untersuchung über den sakralen Ursprung des Geldes* (1924), Berlin 2006; Axel T. Paul, „Das Geheimnis der Münze“, in: *Zeitschrift für Wirtschafts- und Unternehmensethik* 7(3)/2006, S. 379-383.

Geldformen habe es sich um Opferspenden an die Tempel gehandelt; das Rind auf den frühen Münzen rühre nicht aus einem profanen Kuhhandel, sondern sei Ausdruck der Wertgröße eines heiligen Opfertieres. Alfred Müller-Armack, einer der Mitbegründer der Sozialen Marktwirtschaft nach 1945, folgt dieser These und bemerkt: „Bei ihrem Aufkommen im 7. Jahrhundert v. Chr. im vorderen Orient ersetzt die Münze nicht das Vieh, sondern trägt typisch das Bild des heiligen Opfertieres, dann das Bild der Gottheit, und erst mit Alexander dem Großen erscheint als Sinnbild des Staates der Kopf des Herrschers auf der Münze. Die Prägungen des Hellenismus zeigen hierbei das Bild des Herrschers als Gott, nicht das des Staatsmannes. Auch das erste Papiergeld in China dient weniger dem Austausch, als vielmehr dazu, den Toten zu Ehren im Tempel verbrannt zu werden."[143]

Gegen die These vom sakralen Ursprung des Geldes haben u.a. Gunnar Heinsohn und Otto Steiger Stellung bezogen. Die Tempelökonomie spiele nur eine sekundäre Rolle. Nach der von ihnen entwickelten „Eigentumsökonomik" liegt der Ursprung des Geldes in der Genese des Eigentums als eines Rechtstitels. Damit werde die Verpfändung und Belastung von Eigentum möglich. Es könne in einem Kreditvertrag als Sicherheit gestellt werden, der Eigentümer habe dann kein Recht mehr, die Sache zu verkaufen, ihm bliebe lediglich ein Besitzrecht. Eine Eigentümergesellschaft wäre damit die Voraussetzung für die Geldwirtschaft. Auch für ihre Genese setzen Heinsohn und Steiger in der profanen und privaten Sphäre an. Aber der Markt erhält in ihrer Theorie eine andere Bedeutung als bei denen, die Geld zuerst Mittel vestehen, den Tausch zu erleichtern: „Der Markt ist kein Tauschplatz für Angebot und Nachfrage von Gütermengen, sondern die Institution, in der Schuldner sich die Mittel zu beschaffen trachten, in denen sie ihre Zins- und Tilgungspflichten vereinbart haben."[144] Axel T. Paul hat in seiner Kritik an Heinsohn und Steiger darauf hingewiesen, daß es sich bei der Beziehung von Gläubiger und Schuldner nicht um ein duales Verhältnis handelt, sondern um „ein Dreiecksverhältnis, in dem der Dritte nicht bloß als potenter Eigentümer für den Schuldner bürgt, sondern als religiöse oder politische Autorität vor allem das Geld selber legitimiert."[145]

Im Streit, ob Geld als ein durch Tempelpriester oder Herrschergottheiten beglaubigtes Zahlungsmittel oder aus der profanen Welt, sei es des Tauschhandels oder der Dispositionsfreiheit von Eigentümern, entstanden ist, spiegeln sich alternative Modelle, mit denen Ökonomen in ihrer Gegenwart das Rätsel der Multifunktionalität des Geldes auflösen möchten. Mit der Bifurkation von Bargeld und

143 Alfred Müller-Armack, *Religion und Wirtschaft. Geistesgeschichtliche Hintergründe unserer europäischen Lebensform*, Stuttgart 1959, S. 73.

144 Gunnar Heinsohn u. Otto Steiger, *Eigentum, Zins und Geld. Ungelöste Rätsel der Wirtschaftswissenschaften*, Reinbek 1996, S. 303f.

145 Paul, Axel T., „Der Tausch, die Zahlung und die Münze. Über einige Wegmarken und Schwierigkeiten beim Versuch, eine Geschichte des Geldes zu schreiben", in: *Märkte und Menschen, Studien zur historischen Wirtschaftsanthropologie*, hg. v. Wolfgang Reinhard u. Justin Stagl, Wien 2007, S. 33-50, hier S. 42.

Buchgeld, mit den Geldsurrogaten, für die wie bei Schecks oder Geldwechsel kein gesetzlicher Annahmezwang besteht, obwohl sie einen Anspruch auf Geld verbriefen, mit dem digitalen Geld und dem Universum der Derivate auf eigentliche Finanzprodukte, wie Aktien, Anleihen oder auf Zinssätze, Indices, Bonitätsratings, Rohstoffe, Devisen und andere Basiswerte, und mit der Möglichkeit Derivate zweiter Ordnung zu kreieren, haben sich Geldformen enorm vervielfältigt.[146] Dies mag dazu beigetragen haben, den Blick stärker auf die konkrete Erscheinung von Geld zu lenken. Dies ist zunächst die Münze. Zurecht bemerkt Paul gegen einen ahistorischen Begriff von Geldwirtschaft, wie er etwa von Heinsohn und Steiger vertreten wird, daß die Erfindung der Münze sehr wohl eine „entscheidende Etappe in der Evolution des Geldes" ist. „Denn – und eben darin liegt das eigentlich Heilige der Münze, ihr religiöser Mehrwert, wenn man so will – der Prägestempel symbolisierte mehr als das Gewicht oder den Feingehalt eines Geldstücks; er verbürgte seine Akzeptanz als Zahlungs- und damit indirekt auch als Tauschmittel. Er standardisierte ein nur erst irgendwie wertvolles Material und trieb damit, daß er sie einkleidete, die (Geld-)Idee einer unsichtbaren, homogenen Wertidee gewissermaßen rückwirkend aus sich heraus. Die Münze war damit in zweifachem Sinne ein gemünztes Stück Glauben: Glaube daran, daß es so etwas wie Wert an sich überhaupt gibt, und Glaube daran, daß andere ihn teilen."[147] Ob die Erforschung des sakralen Ursprungs des Geldes etwas über seinen heutigen Charakter auszusagen vermag, ist zu bezweifeln, es sei denn, man ginge davon aus, daß Strukturen der Genesis sich ungebrochen in zeitloser Geltung erhalten, was ebenfalls zu bezweifeln ist.

Theologie in den Metaphern von Geld und Ökonomie. Auf die Frage, was vom sakralen Ursprung des Geldes heute geblieben ist, gibt es verschiedene Antworten. Wer einer Theorie der Säkularisierung folgt und darunter die Emanzipation gesellschaftlicher Institutionen von religiöser Kontrolle versteht, wird argumentieren, daß heute von der Heiligkeit des Geldes nichts geblieben ist. Wer dagegen, ausgehend von literarischen Werken und kulturwissenschaftlich informiert der Semantik von Gold, Geld und Markt nachgeht und darüberhinaus noch die gewöhnliche Sprache beobachtet, wird eine Vielzahl von Anklängen an die Sakralität des Geldes und der mit dem Geld verbundenen Einrichtungen finden.

Jochen Hörisch hat wiederholt darauf aufmerksam gemacht, wie sehr „die Begrifflichkeit, die die Bankersphäre umgibt, theologisch aufgesogen ist. Wir erzielen einen *Erlös*, wenn wir unseren Gebrauchtwagen verkaufen, das Wort ist ersichtlich verwandt mit Erlösung. Wir nehmen einen *Kredit* auf, das kommt von Credo, wir sind *Schuldner*, wir sind *Gläubiger*, wir machen einen *Offenbarungseid*, wir gehen

146 Zur Soziologie des Plastikgeldes siehe Aldo Haesler, *Sociologie de l'argent et postmodernité*, Genève 1995; Ders., „Irreflexive Moderne. Die Folgen der Dematerialisierung des Geldes aus der Sicht einer tauschtheoretischen Soziologie", in: *Die gesellschaftliche Macht des Geldes*. Leviathan Sonderheft 21/2002, hg. v. Christoph Deutschmann, Wiesbaden 2002, S. 177-200.

147 Paul 2006, S. 383.

zur *Messe*". Die zentralen Begriffe in diesem Feld seien „durch und durch theologisch geprägt." Freilich, so fügt Hörisch hinzu: „Aber natürlich hat der Satan sie umgeprägt und er hat eine große Freude daran, daß diese Konversion möglich ist von theologischen Begriffen in monetäre, in Banking- und Ökonomiebegriffe. Selbst der Begriff der Konversion ist ja einer, der im theologischen Felde ebenso valide und belastbar ist wie im monetären Feld". Dabei bezieht sich Hörisch auf Goethe, „der im Faust den Mephisto zum großen Banker werden" lasse.[148] Hörisch fahndet nach einer Art Tiefenstruktur theologischer, monetärer und medialer Grammatiken, zwischen denen es normalerweise keine Übersetzungsmöglichkeiten gibt, deren Gemeinsamkeiten jedoch aufscheinen, wenn man sich dem assoziativen Strom von Zusammenklängen überläßt. So werden „Hostie, Münze und CD-Rom" zu Leitmedien der Gegenwart.[149] Dabei steht im Hintergrund der Gedanke, die Religionskritik, die dem Zweifel an der Transsubstantiation der Hostie in den Leib Christi Raum gegeben hat, auf die Geldwirtschaft anzuwenden und Zweifel an der Transsubstantiation etwa verbriefter Rentenansprüche in bare Münze zuzulassen.

Daß die Grenzen zwischen der Rede über das Geld und der über Gott durchlässig gemacht werden können, zeigen nicht nur die geistreichen Texte von Jochen Hörisch, sondern auch die ausufernden Bewegungen in der Konsum-Werbung, alles Mögliche aus dem Bereich der Religion für den Verkauf von Waren zu verwenden. Die Regensburger Theologen Hagen Horoba und Andreas Fuchs haben zwischen 1995 und 1998 eine Sammlung von über 600 Werbe-Anzeigen vorgelegt, in denen religiöse Motive und Elemente zum Kauf verführen sollen. Für die Autoren steht fest: „Der Glaube an einen allmächtigen Markt prägt unsere Zeit. Wie die Religion versprechen Werbung und Konsum ein gelingendes Leben. Die rein marktwirtschaftliche Lehre wird so zum Dogma und begründet die Vorherrschaft des Marktes in allen Lebensbereichen. Ein religiöser Kapitalismus gehört zu den

148 Jochen Hörisch, „Diskussionsbeitrag", in: *Der göttliche Kapitalismus. Ein Gespräch über Geld, Konsum, Kunst und Zerstörung mit Boris Groys, Jochen Hörisch, Thomas Macho, Peter Sloterdijk und Peter Weibel*, München 2007, S. 33f.; siehe auch die beeindruckende Reihe der Arbeiten: Jochen Hörisch, *Gott, Geld und Glück – Zur Logik der Liebe in den Bildungsromanen Goethes, Kellers und Thomas Manns*, Frankfurt a.M. 1983; Ders., *Brot und Wein – Die Poesie des Abendmahls*, Frankfurt a.M. 1992; Ders., *Kopf oder Zahl – Die Poesie des Geldes*, Frankfurt a.M. 1996; Ders., *Das Ende der Vorstellung – Die Poesie der Medien*, Frankfurt a.M. 1999; Ders., *Gott, Geld, Medien – Studien zu den Medien, die die Welt im Innersten zusammenhalten*, Frankfurt a.M. 2004; Ders., *Bedeutsamkeit. Über den Zusammenhang von Zeit, Sinn und Medien*, München 2009; Ders., *Man muss dran glauben. Die Theologie der Märkte*, Paderborn/München 2013. Ebd., S. 34.

149 „Was wenn nicht das Buch der Welt, so doch die Kapitel des vorliegenden Buchs zusammenhält, ist (wie der Verfasser zuversichtlich hofft) mehr als eine Buchbindersynthese, nämlich die These, daß die drei leistungsstarken, weil paradoxiesensiblen Leitmedien Religion, Geld und Medien bzw., um in metonymischer Verdichtung zu formulieren, Hostie, Münze und CD-Rom für die elastischen und ineinander konvertierbaren Integrale sorgen, die die abendländisch-christlichen bzw. westlichen Gesellschaften und Kulturen zusammenhalten." Hörisch 2004, S. 13-14.

Zeichen unserer Zeit. Am augenscheinlichsten zeigt sich die religiöse Dimension in der Werbung. Religiöse Symbole oder Anspielungen auf die Kirche gehören zum Alltag der Reklame."[150] Norbert Bolz und David Bosshart spezifizieren die religiösen Motive in der Werbung. Sie gehen davon aus, daß „das angewachsene religiöse Bedürfnis nach Bindung und Verbindlichkeit" in „einer bis zur Sinnlosigkeit aufgeklärten Welt" die „großen Religionen des Westens offenbar auch nicht mehr befriedigen. Nun tauchen die Götter, die aus dem Himmel der Religion verschwunden sind, als Idole des Marktes wieder auf."[151] Jochen Hirschle folgert aus diesen Wahrnehmungen von Konsumwerbung: „Der transzendente Charakter des Kapitalismus des 21. Jahrhunderts besteht deshalb vorwiegend darin, die Ware planmäßig in eine kulturelle und soziale Tatsache umzuwandeln", sie „als kulturelles Zeichen zu konstituieren, das über ihren Gebrauchswert hinausweist".[152]

Bei den leichtfüßigen Assoziationen von Gottvertrauen und Marktvertrauen handelt es sich um Figuren des Religions-Verdachts. Konstruiert wird eine ‚Religion der Anderen', von der jene Anderen nicht wissen, daß sie Anhänger dieser Religion sind. In ihrer breit angelegten Studie *Der Preis des Geldes* hat Christina von Braun eine Vielzahl von religions- und kulturgeschichtlichen Befunden als Indizien für eine machtvolle Präsenz von Strukturen archaischer Opferkulte und ihren christlichen Transformationen in der kapitalistischen Marktgesellschaft von heute miteinander verknüpft.[153] Wir gehen auf diese Studie ausführlicher ein, weil sie charakteristisch für mögliche Steigerungen des Religions-Verdachts ist, die mit Anleihen bei psychoanalytischen Kulturtheorien plausibilisiert werden sollen.

In der Hauptsache entfaltet von Braun die religiösen Dimensionen der Geldwirtschaft in zwei historischen Schritten: dem antiken Opferkult und dann der christlichen Religion. Beide Schritte sind miteinander verflochten. Denn das Christentum habe den antiken Opferkult nicht überwunden, sondern ihn in das „Kreuzesparadox" von Tod und Auferstehung transformiert.[154] Die Studie will zugleich als eine grundsätzliche Kritik der Wirtschaftswissenschaften gelesen werden, die trotz ihres enormen Aufwands an methodischer Rationalität und Forschungsmitteln sich 2008 mit der von den „Wirtschaftsweisen" unvorhergesehenen Irrationalität des Marktgeschehens konfrontiert sahen. Von Braun plädiert daher für eine unabdingbare Ergänzung der Wirtschaftswissenschaft durch kulturwissenschaftliche Forschung, weil diese in der Lage sei, Phänomene zu sehen, für die jene blind seien.

---

150 Hagen Horoba u. Andreas Fuchs, *Glauben und Kaufen*, http://www.glauben-und-kaufen.de (Letzter Zugriff: 7.1.2014). Die Sammlung ist offline – als DVD – verfügbar. Siehe auch: Jean-Claude Usunier u. Jörg Stolz, *Religions as Brands. New Perspectives on the Marketization of Religion and Spirituality*, Farnham 2014.

151 Norbert Bolz u. David Bosshart, *KULT-Marketing. Die neuen Götter des Marktes*, Düsseldorf 1995, S. 11f.

152 Jochen Hirschle, *Die Entstehung des transzendenten Kapitalismus*, Konstanz/München 2012, S. 131.

153 Christina von Braun, *Der Preis des Geldes. Eine Kulturgeschichte*, Berlin 2012.

154 Zum Kreuzesparadox siehe 1.Kor 1, 18-25.

Im Anschluß an die von Laum eröffnete Forschungsrichtung zur Transformation des heidnischen Tieropfers in von Priestern beglaubigte Münzen, hält von Braun daran fest, daß Geld als eine der Gottheit zu entrichtende Abgabe aufzufassen ist. Im Unterschied zum Tausch unter Menschen erfordere die Opfergabe an Götter ein Gut von höchstem Wert, und dies sei das Leben. Von daher komme dem Vergießen des Blutes, das aus vielen Opferhandlungen bekannt ist, eine besondere Bedeutung zu. Das sakrale Opfer werde dem zirkulären zwischenmenschlichen Tausch entzogen. Seine Zerstörung sei in antiken Opferkulten Vorraussetzung dafür, daß Fruchtbarkeit erhalten bleibt und neues Leben geschenkt wird.[155] Dieser Zusammenhang existiert für von Braun die Zeiten überdauernd in einem „kulturell Unbewußten" und in „kollektiven Imaginationen". Diese hypothetisch in Anspruch genommen Instanzen ermächtigen nun die Autorin zu virtuosen Montagen.

Der Kontext von Opfergabe, zwischenmenschlichem Tausch und Fruchtbarkeit zeige sich nicht nur in den Fruchtbarkeitssymbolen auf Münzen, die sich bis ins 20. Jahrhundert erhalten haben, sondern auch in dem spontanen Ausruf der französischen Finanzministerin Christine Lagarde, als sie von der Lehman-Pleite erfuhr: „Holy Cow!"[156] Von Braun hört mit den Ohren einer Art kulturwissenschaftlicher Psychoanalyse: „Metaphern des Geldes verweisen vor allem auf Fruchtbarkeit und Liquidität, sie schließen an Wasser und Blut als Symbole für Leben an".[157] Letztlich sei die Gelddeckung durch das Opfer den anderen Arten der Deckung wie Boden oder Edelmetall überlegen: „Und je mehr den in den modernen Banken hinterlegten Depots und Währungen die materielle Glaubwürdigkeit fehlt, desto deutlicher wird der Appell an den Ursprung aus dem Opfer: Nur so läßt sich im kollektiven Imaginären der ‚Glaube' ans Geld aufrechterhalten."[158] Solch kühne Kombinatorik erzeugt beim Leser fortlaufend Verblüffung.

Dies gilt auch für den fortgesetzten Einbau von weiteren Assoziationen: Die Entkoppelung vom realen Tieropfer, die mit der Münze möglich wird, stellt einen Vorgang der Abstraktion dar, den von Braun mit jener Abstraktion zusammendenkt, die das etwa gleichzeitig mit dem Geld entstandene phonetische Alphabet ermöglichte.[159] Abstraktionen dieser Art lägen der Genese einer abstrakten Gottesvorstellung, d.h. eines unsichtbaren Gottes bei den Juden und der Unterscheidung von Idee und Realität bei den Griechen zugrunde. Von Braun spricht von einer „Exkarnation", die sowohl in der Sprache als auch beim Tauschmittel stattfindet:

155 Christina von Braun greift hier Elemente aus den klassischen Arbeiten von Henri Hubert und Marcel Mauss auf.

156 Von Braun 2012, S. 10 und zur „Logik des Opfers" S. 40ff.

157 Ebd., S. 8. Siehe dazu auch die Ideengeberin Gerburg Treusch-Dieter, „Blutsbande. Nachdenken über Flüssiges und Festes", in: *Blut* (=Konkursbuch 33), hg. v. Regina Nössler u. Petra Flocke, Tübingen 1997, S. 73-86; wieder abgedruckt in: Gerburg Treusch-Dieter, *Ausgewählte Schriften*, hg. v. Edith Futscher / Heiko Kremer / Birge Krondorfer u. Gerlinde Mauerer, Wien 2014, S. 239-255.

158 Ebd., S. 49.

159 Ebd., S. 54ff.

„In einem Fall (dem Alphabet) ersetzt ein visuelles Zeichen das gesprochene (an den Körper gebundene) Wort; im anderen Fall (dem Geld) tritt ein Zeichen an die Stelle des materiellen Opfers."[160] Für den Prozeß der Abstraktion muß das Opfer der Exkarnation gebracht werden, – dieses Motiv durchzieht die gesamte Studie. Denn die Symbolisierung des Opfers bedeute „einerseits die Überwindung, andererseits aber auch die Festschreibung des Opfers."[161]

Christina von Braun bezieht sich auch in der Formulierung des Titels ihres Buches antipodisch auf die Untersuchung zum Opfer und zur Gabe von Marcel Hénaff.[162] Dieser hatte entschieden herausgearbeitet, daß Liebe, Freundschaft und Wahrheit zu den Werten gehören, die unbezahlbar sind, und auf der Differenz zwischen moderner Geldwirtschaft und antikem Opferkult insistiert. Gegen die These von Marcel Hénaff: „Für die moderne Gesellschaft ist das Opfer abgeschlossen", behauptet von Braun mit Verweis auf krisenbedingte Arbeitslosigkeit, Obdachlosigkeit oder den Verlust von Alterssicherungen und anderen Einschränkungen des Lebens die Persistenz des Opfers: „Es stimmt, daß es keine Opferaltäre mehr gibt, auf denen Menschen oder stellvertretend Tiere ‚geopfert' werden. Richtig ist aber auch, daß bei jeder Krise des Geldes – ob es sich um die Inflation der 1920er Jahre in Deutschland, die ‚große Depression' von 1929 oder die Finanz- und Bankenkrise von 2008 und 2009 handelt – Menschen auf ganz existentielle Weise den ‚Preis' für den Verlust der Glaubwürdigkeit des Geldes zu zahlen haben."[163] Die Verarmung und Verelendung als Folge von Wirtschaftskrisen werden hier über die ungefähre Analogie von ‚einen Preis zahlen' und ‚ein Opfer bringen' bzw. ‚geopfert werden' mit Hilfe der unterlegten, unbewußten Struktur einer Religion des Geldes auf eine Ebene gestellt. Man fühlt sich an das ‚Vater unser' der Unternehmer bei Paul Lafargue erinnert. Bei ihm war dies eine satirische Fiktion, die Autorin beansprucht dagegen eine kulturwissenschaftliche Kompetenz.

Von Braun verschränkt nun diese Persistenz des Opfers der Exkarnation mit der christlichen Lehre von der Inkarnation. Denn die „christliche Religion, deren Heilsbotschaft eine frappierende Ähnlichkeit mit der des Geldes aufweist", habe eine wichtige Rolle in der Geschichte des Geldes gespielt: „Hier wie dort ein Zeichen, das sich materialisiert: ein Wort, das ‚Fleisch wird'."[164] Das Geld habe „den Rückbezug zum theologischen Ursprung nie aufgegeben", und dafür „erwies sich

160 Ebd., S. 57. Von Braun bezieht sich auf Marc Shells Interpretation des unsichtbar machenden Rings des Gyges in Hinblick auf die formalen Ähnlichkeiten zwischen sprachlicher und ökonomischer Symbolisierung: Marc Shell, *The Economy of Literature*, Baltimore/London 1978.

161 Ebd., S. 60.

162 Marcel Hénaff, *Der Preis der Wahrheit. Gabe, Geld, Philosophie*, Frankfurt a.M. 2009; siehe dazu: Stephan Moebius, „Von Mauss zu Hénaff. Eine kleine Wirkungsgeschichte des ‚Essai sur le don'", in: *WestEnd. Neue Zeitschrift für Sozialforschung* 7(1)/2010, S. 68-80.

163 Ebd., S. 81; Hénaff 2009, S. 307.

164 Ebd., S. 11. Mit Bezug auf Johannes 1,14 „Und das Wort ist Fleisch geworden und hat unter uns gewohnt".

keine andere Religion als so geeignet wie die christliche."[165] Zwei Faktoren seien dafür ausschlaggebend gewesen: „Anders als die jüdische Religion oder der Islam „verlangen die christlichen Lehren von ihren Anhängern, an Begebenheiten zu glauben, die mit der rationalen, empirischen Erfahrung nicht vereinbar sind: die Menschwerdung Gottes, die unbefleckte Empfängnis, die Jungfrauengeburt."[166] Die christliche Redensart *credo quia absurdum* sei auch auf das Geld anzuwenden, „dem ebenfalls jeder empirischen Logik zum Trotz, Vertrauen geschenkt wird."[167] Den zweiten Faktor sieht von Braun in den christlichen „Opfer- und Inkarnationslehren, in denen sich die Ursprungsgeschichte des Geldes widerspiegelt. Sie zeigen sich an dem Symbol des Christentums, nämlich dem christlichen Kreuz, das sowohl Tod/Opfer als auch Auferstehung bedeutet."[168] Daß das „Kreuzesparadox" nicht außerhalb des Horizonts von Motiven der Fruchtbarkeit liegt, zeige sich an den Forschungen des Kunsthistorikers Leo Steinberg, der anhand der betont phallischen Darstellungen des Gekreuzigten in der Kunst der Renaissance auf den „Zusammenhang zwischen Erektion und Resurrektion" hingewiesen habe.[169] Diesen Wortwitz hat sich auch Jochen Hörisch nicht entgehen lassen und ihn für die Interpretation des dritten Akts von Richard Wagners *Tristan und Isolde* genutzt.[170]

Nicht nur die Seite der „Exkarnation" durch Opfer, sondern ebenso die Seite der „Exkarnation", die mit der Genese der alphabetischen Schrift einsetzte, kontinuiert sich der Autorin zu Folge bis in unsere Gegenwart des elektronischen Geldes.[171] Für von Braun liest sich die Geschichte des Geldes „als ein langer Emanzipationskampf des Menschen, der ihn aus der Abhängigkeit von den Göttern und der Natur herausführen sollte. Dies war jedoch nur um den Preis einer größeren Abhängigkeit von den Zeichen möglich."[172] Einen Wendepunkt stellt dabei der Gebrauch

165 Ebd., S. 86.

166 Ebd. heißt es weiter: „Zwar verkündigen die jüdische Religion und der Islam den Glauben an einen unsichtbaren Gott, aber für die diesseitige Wahrheit halten sie sich an das, was empirisch erfaßbar ist."

167 Ebd.

168 Ebd. Das Motiv von Opfertod und Auferstehung findet von Braun dann auch in den Schriften Joseph Schumpeters wieder (Ebd., S. 200 ff.). Mit der berühmt gewordenen Formulierung von der „schöpferischen Zerstörung", in der Schumpeter das wesentliche Faktum für den Kapitalismus sah, habe er „das Opfer zu einem inhärenten Teil des Kapitalismus" gemacht (Ebd., S. 216).

169 Ebd.; Leo Steinberg, *The Sexuality of Christ in Renaissance Art and in Modern Oblivion*, New York (Pantheon Books) 1983.

170 „Tristan erhebt sich ‚minnig' und ‚mächtig', er schwingt sich auf und dringt in Isolde ein – der erhabene Gesang versteht Auferstehung nicht nur religiös, umkreist er doch lustvoll die Assonanz von Resurrektion und Erektion". Jochen Hörisch, *Weibes Wonne und Wert. Richard Wagners Theorie-Theater*, Berlin 2015, S. 166.

171 Ebd., S. 221. Von Braun bezieht sich auf: Michael Hutter, „Signum non olet. Grundzüge einer Zeichentheorie des Geldes", in: *Rätsel Geld. Annäherungen aus ökonomischer, soziologischer und historischer Sicht*, hg. v. Waltraud Schelkle u. Manfred Nitsch, Marburg 1995, S. 325-352.

172 Ebd., S. 223.

von Papiergeld dar, der dem Glauben an eine Wirklichkeit aus Zeichen einiges zumutete. In diesem Prozeß, der bis zum Giralgeld reicht und mit den heutigen Geldderivaten nicht zu seinem Ende gekommen ist, erhalten die notierten Ziffern eine herausragende Qualität. Auch hier spielt die christliche Religion eine wichtige Rolle. So habe man sich lange Zeit in Europa gegen die Übernahme der Ziffer Null gewehrt, und erst „als sich die Transsubstantiationslehre durchsetzte – und mit ihr die Vorstellung, daß Zeichen sich materialisieren können –, begann der Siegeszug der Null.“[173]

Und auch hier entdeckt von Braun den Zusammenhang von Geld, Religion und Fruchtbarkeit, zeige doch die Gestalt der Null, die das Kalkulieren in großem Maßstab ermöglicht, die Form eines Ringes oder Kreises, im griechischen Alphabet das Omega, der Vokal, „der in der offenen Mundform seine Gestalt findet.“[174] Der Buchstabe steht jedoch nicht nur für die Oralität, die in einer langen Tradition mit der Weiblichkeit im Unterschied zur Männlichkeit der Schrift verbunden wurde. Von Braun sieht in der Gestalt der Null die „Vorstellung des ‚O‘ als Oralität *und* als weibliches ‚Loch‘“.[175] Bei dieser Deutung der Gestalt von Lettern und Ziffern bezieht sich von Braun auf die Arbeit des Außenseiters Alfred Kallir, die in der kulturwissenschaftlichen Diskussion um die Körperlichkeit von Medien eine wichtige Rolle spielt.[176] In *Sign and Design* hatte Kallir gezeigt, daß die Lettern des Alphabets ursprünglich Piktogramme für Naturphänomene wie Wasser und Luft sowie für die Körper der Geschlechter und seine Teile darstellten, in denen eine Reihe von Fruchtbarkeitssymbolen erkennbar seien.[177] Diese Sichtbarkeit sei dann im Laufe der Geschichte verwischt und abstrahiert. Unter der Annahme eines „kulturell Unbewußten“ seien diese Tiefenstrukturen jedoch nach wie vor gegeben. Was für die Lettern des Alphabets gilt, kommt nun auch mit Blick auf die Gestalt der Null in Betracht: „In der christlichen Welt wurde aus der Null, dem Zeichen für Abwesenheit, ein kreatives Prinzip, daß die Erschaffung der Welt aus dem Zeichen ermöglichte.“[178]

Aber auch die zeichenbasierte Kreation bedarf, wenn es um's Geld geht, einer Beglaubigung. Dafür bleibe schließlich „nur die Deckung durch die Anrufung des symbolischen Opfers“.[179] Die Kosten der Finanzkrise von 2008 haben bekanntlich nicht einfach nur „Steuerzahler“ zu begleichen, sondern insbesondere die Armen

173 Ebd., S. 245. Von Braun bezieht sich dabei auf die originelle Schrift von Brian Rotman, *Die Null und das Nichts. Eine Semiotik des Nullpunkts*, Berlin 2000.

174 Ebd., S. 249.

175 Ebd.

176 Alfred Kallir, *Sign and Design. Die psychogenetischen Quellen des Alphabets*, Berlin 2002; Bettina Mathes, *Under Cover. Das Geschlecht in den Medien*, Bielefeld 2006, S. 28ff; Zur Auseinandersetzung mit Kallir siehe auch Christina von Braun, *Versuch über den Schwindel. Religion, Schrift, Bild, Geschlecht*, Zürich/München 2001, S. 75.

177 Das Alphabet bildet „eine magische Kette von Fruchtbarkeitssymbolen, die zur Sicherung der Erhaltung der Art bestimmt ist.“ Kallir 2002, S. 10.

178 Von Braun 2012, S. 246.

179 Ebd., S. 263.

mit Einbußen an Lebensqualität, Gesundheit und Lebenserwartung. Daher kann von Braun schreiben: „Je mehr sich das Geld dematerialisierte, desto größer wurde sein Verlangen nach menschlichen Körpern."[180] Aber dies ist nicht das Ende der großen Geschichte. Im Anschluß an die Untersuchungen von Kaushik Sunder Rajan in Unternehmen der amerikanischen und indischen Biotech- und Pharmabranche vertritt von Braun die These, der Finanzkapitalismus habe „eine Form von Deckung entwickelt, die in der Materialität verankert ist."[181] Unter „Biokapital" versteht Rajan biotechnisch hergestellte Materialien und Informationen von Lebewesen: Genomabschnitte, Molekülgruppen oder molekulare Muster, die in Form von Waren und Geld zirkulieren. Der Handel mit Teilen des menschlichen Körpers florierte schon in der frühen Neuzeit, mit „Samenbanken" und organisierter „Eizellenspende" wird nun die Reproduktion der menschlichen Gattung auf kapitalistischer Basis möglich.[182] „So wie Opfer und Inkarnation in der Ursprungsgeschichte des Geldes und in den christlichen Lehren eine unaufhebbare Einheit bilden, bietet auch der Finanzkapitalismus beides: Er beglaubigt das Geld nicht nur durch soziale Aussonderung, sondern auch durch die Produktion von Menschenleben."[183] Für eine historisch und diskursanalytisch orientierte Religionssoziologie ist es nicht einfach, einen Zugang zu dieser Studie zu finden, in der ein eigentümliches Panorama von Motiven des Geldes und der Opfer, der Religion und der Fruchtbarkeit gezeigt wird.

Vielleicht kann man das Buch einen postmodernen Theorie-Roman nennen, wenn man davon absieht, daß ihm nicht nur die ironische Leichtigkeit postmoderner Romane fehlt, sondern auch eine Reflexion auf die erfahrungsgeschichtliche Dimension postmoderner Kritik der Moderne, die nach 1945 ihren Startpunkt hatte.[184] Einen Hinweis zur Interpretation gibt die Ankündigung des Aufbau-Verlages, in der es heißt: „Das unverzichtbare Grundlagenwerk: In ihrer brillanten Analyse der Geschichte des Geldes stellt Christina von Braun die Frage in den Mittelpunkt, warum wir an die Macht eines Systems glauben, das kaum jemand mehr versteht."[185] Was versprochen wird, ist ein intellektueller Ausweg aus der

180 Ebd., S. 267.

181 Ebd., S. 357. Kaushik Sunder Rajan, *Biokapitalismus. Werte im postgenomischen Zeitalter*, Frankfurt a.M. 2009.

182 Zur frühen Neuzeit siehe: Valentin Groebner, „Fleisch und Blut, Haut und Haar. Vermarktete Körperteile historisch", in: *Mittelweg 36. Zeitschrift des Hamburger Instituts für Sozialforschung* 16/2007, S. 58-73. Zur Möglichkeit eines Tausches von Emotionen in der „geräteartigen Welt" hat Pierre Klossowski in seiner Analyse der Vergnügungsmodelle von Fourier und de Sade eine erhellende Phantasie lebender Münzen verfaßt. Pierre Klossowski, *Die lebende Münze*, Berlin 1998, S. 58 u. S. 81ff.

183 Von Braun 2012, S. 357.

184 Siehe dazu: Wolfgang Eßbach, „Autonomie oder Souveränität. Ambivalenzen im Denken der Freiheit", in: *Was kostet den Kopf? Ausgesetztes Denken der Aisthesis zwischen Abstraktion und Imagination. Dietmar Kamper zum 65. Geburtstag*, hg. v. Herbert Neidhöfer u. Bernd Ternes, Marburg 2001, S. 221-233; ders. 2014.

185 http://www.aufbau-verlag.de/index.php/der-preis-des-geldes.html (Abruf 15.5.2017).

Ratlosigkeit angesichts der Unheimlichkeit des Marktgeschehens. Linus Hauser hat für die Analyse postmoderner Schriften und solcher, die sich zwischen Literatur, Weltbild und Weltanschauung bewegen, den Terminus „Grandioses Verstehen" eingeführt.[186] Das Verfahren der Intertextualität, dessen sich auch von Braun reichlich bedient, vergleicht Hauser mit der Kolportage: „Sie bedient sich grundsätzlich aus mehreren Werken, um deren bislang nur unterschwellig wahrgenommene Aussage herauszuarbeiten und dann frei umzugestalten."[187] So entsteht ein Übermaß an Bedeutsamkeit in der Entdeckung von symbolischen Verwandtschaften; aus Ähnlichkeiten werden Notwendigkeiten, sodaß ein faszinierend geschlossener Sinnzusammenhang mit einem Gestus der Aufklärung und Entlarvung ans Licht gehoben wird und der Leser glauben könnte, in den Besitz einer Art Geheimwissen gelangt zu sein.

Ihrer zentralen Aussage, daß der archaische religiöse Charakter des Geldglaubens bis in unsere Gegenwart bestimmend ist, liegt die Annahme zugrunde, daß es ein „kulturell Unbewußtes" gebe, aus dem heraus trotz politischem, sozialem und technologischem Wandel zeitüberdauernd immer wieder ein kohärentes kulturelles Muster hervorgehe. Es ist dies eine voraussetzungsvolle Annahme. Sie folgt den Spuren psychoanalytischer Religionstheorie, wie sie sich bei Sigmund Freud und Carl Gustav Jung um 1900 gebildet hat. Wir werden zum Abschluß des *Dritten Teils* darauf zu sprechen kommen, welche Strategien die verschiedenen, sich in Absetzung von der Theologie konstituierenden Religionswissenschaften ausgebildet haben, um ihren Gegenstand ‚Religion' so zu definieren, daß er einer wissenschaftlichen Untersuchung zugänglich wurde.[188] Eine dieser Strategien bestand darin, Religion dort zu fassen, wo sie in einem archaischen Bereich, in ihrer Urform identifiziert werden konnte.

In unserer Religionssoziologie spielt das „kulturell Unbewußte" keine Rolle. Es wäre ohnehin allenfalls auf einer sehr allgemeinen Ebene mit einer ausgearbeiteten Anthropologie zu begründen oder vielleicht konkret durch eine Detailanalyse der Überlieferungsgänge der Traditionsweitergabe durch Intellektuelle zu eruieren. Ansonsten ist die Gefahr zu groß, sich im Irrgarten der Metaphorisierungen zu verlaufen. Unser Weg, die spezifischen Profile der Wiederkehr des Themas Religion zu entziffern, führt zu den dominierenden epochalen Zeiterfahrungen. Wir glauben zeigen zu können, daß das eigenartige Interesse an archaischen Opferkulten, das moderne Wissenschaftler um 1900 verfolgten, der Erfahrung der Extremspannung

186 Linus Hauser, *Kritik der neomythischen Vernunft*, Bd. 2: Neomythen der beruhigten Endlichkeit. Die Zeit ab 1945, Paderborn 2009, S. 30. Mehr als die Fußnoten ausweisen, verdanke ich Hausers herausragendem dreibändigen Werk *Kritik der neomythischen Vernunft* viele Hinweise und Anregungen. Hausers Lebensprojekt der Erforschung religionsförmiger Weltanschauungen von 1800 bis zur Gegenwart gehört zu den gründlichsten Arbeiten, die sich auf dieses schwierige Thema eingelassen haben. Erschienen sind die weiten Bände: Bd. 1: Menschen als Götter der Erde, 1800-1945, 2. überarb. Auflage Paderborn 2005, und Bd. 3: Die Fiktionen der science auf dem Wege in das 21. Jahrhundert, Paderborn 2016.

187 Hauser 2009, S. 30.

188 In diesem Band S. 657ff.

zwischen wissenschaftlich-rationaler Selbstauffassung des aufgeklärten, modernen Bewußtseins und der Irrationalität des entfesselten Markgeschehens zu verdanken ist. Rudolf Otto wird schließlich im Gefühl des Heiligen und seinem innersten Moment des Numinosen das dem Glauben an die Rationalität der modernen Marktgesellschaft widerstreitende Irrationale fokussieren.[189]

THEOLOGIE DER BEFREIUNG. Die Frage, ob der Kapitalismus auch als eine Religion verstanden werden kann, hat insbesondere die Aufmerksamkeit von Theologen der christlichen *Bekenntnisreligionen* auf sich gezogen.[190] Ausgangspunkt dafür ist die Fülle von biblischen Überlieferungen, in denen von monetären und ökonomischen Sachverhalten die Rede ist.[191] Dazu gehört die Erzählung vom goldenen Kalb, das von enttäuschten Juden als ein Götze verehrt wird, ebenso wie das Jesus-Wort: „Niemand kann zwei Herren dienen: Entweder er wird den einen hassen und den andern lieben, oder er wird an dem einen hängen und den andern verachten. Ihr könnt nicht Gott dienen und dem Mammon."[192] Wir konzentrieren uns im Folgenden auf drei Ansätze: die Kapitalismuskritik der „Theologie der Befreiung", Falk Wagners Analyse der Geldbestimmtheit theologischer Kommunikation und Thomas Rusters systemtheoretisch inspirierte Deutung dämonischer Mächte.[193]

Es sind Theoretiker der lateinamerikanischen „Theologie der Befreiung" gewesen, die eine wirtschaftswissenschaftliche und theologisch begründete Kritik des Kapitalismus in die Diskussion gebracht haben. Die Ausgangspunkte waren Erfahrungen vergleichbar denen, die europäische Gesellschaften im 19. Jahrhundert ge-

---

189 Rudolf Otto, *Das Heilige. Über das Irrationale in der Idee des Göttlichen und sein Verhältnis zum Rationalen* [1917], München [23-25]1936. Zu Otto siehe in diesem Band S. 684.

190 Eine grundlegende Untersuchung, die sowohl wirtschafts- und sozialwissenschaftliche Theorien, insbesondere Georg Simmels *Philosophie des Geldes*, als auch wichtige theologische Versuche über das Geld behandelt, hat vorgelegt: Alois Halbmayr, *Gott und Geld in Wechselwirkung. Zur Relativität der Gottesrede*, Paderborn 2009.

191 Siehe dazu die Beiträge in: *Gott und Geld. Jahrbuch für Biblische Theologie*, Bd. 21, Neukirchen Vlyun 2006.

192 „Als aber das Volk sah, daß Mose ausblieb und nicht wieder von dem Berge zurückkam, sammelte es sich gegen Aaron und sprach zu ihm: Auf, mach uns einen Gott, der vor uns hergehe! Denn wir wissen nicht, was diesem Mann Mose widerfahren ist, der uns aus Ägyptenland geführt hat. Aaron sprach zu ihnen: Reißet ab die goldenen Ohrringe an den Ohren eurer Frauen, eurer Söhne und eurer Töchter und bringt sie zu mir. Da riß alles Volk sich die goldenen Ohrringe von den Ohren und brachte sie zu Aaron. Und er nahm sie von ihren Händen und bildete das Gold in einer Form und machte ein gegossenes Kalb. Und sie sprachen: Das ist dein Gott, Israel, der dich aus Ägyptenland geführt hat!" (2. Mose 32,1–4). Das Jesus-Wort findet sich bei Mt 6,24 und Lk 16,13.

193 Zur Implementierung religiöser Semantiken in den ökonomischen Diskurs siehe Sven-Daniel Gettys u. Thomas Mittmann, „‚Der Tanz um das Goldene Kalb der Finanzmärkte'. Konjunkturen religiöser Semantik in deutschen Kapitalismusdebatten seit den 1970er Jahren", in: *Religion, Moral und liberaler Markt. Politische Ökonomie und Ethikdebatten vom 18. Jahrhundert bis zur Gegenwart*, hg. v. Michael Hochgeschwender u. Bernhard Löffler, Bielefeld 2011, S. 283-308.

macht hatten. Die lateinamerikanischen Gesellschaften erlebten in der Mitte des 20. Jahrhunderts soziale Verwerfungen, hervorgerufen durch eine Intensivierung kapitalistischer Marktwirtschaft mit der Folge einer Verelendung der Unterschichten und einem wachsenden Reichtum der Oberschichten. Diese verhinderten soziale Reformen mit Hilfe der von den USA ökonomisch und militärisch gestützten Militärdiktaturen. Die Priester, die in „Basisgemeinden" die biblische Botschaft den Armen predigten und praktische Nächstenliebe übten, gerieten oftmals in Konflikte mit der katholischen Amtskirche. Nach langen Auseinandersetzungen erteilte der Vatikan dem Franziskaner Leonardo Boff, einem bekannten Vertreter der „Theologie der Befreiung", ein Rede- und Lehrverbot, was umso mehr das Interesse an seinen Schriften steigerte.[194]

Die Theologen Hugo Assmann und Franz J. Hinkelammert, die zusammen mit anderen Befreiungstheologen das *Ökumenische Forschungsinstitut (Departamento Ecuménico de Investigaciones DEI)* in Costa Rica gründeten, machen gegen das Ideal einer wertneutralen Wirtschaftswissenschaft geltend, auch „Wirtschaftsfachleute seien hervorragende, aber gefährliche Theologen."[195] Ziel von Assmann und Hinkelammert ist das „Aufdecken einer impliziten oder expliziten ‚Rede über Gott' in der Ökonomie."[196] Diese kennt Varianten, sodaß sie davon ausgehen: „Die Götter der Wirtschaft sind unverkennbar Götter (...). Sie sind zu sehr wahre Götter, als daß man sie – mir nichts, dir nichts – in Frage stellen könnte. Ihre Identität verbirgt sich im Funktionieren der Wirtschaft."[197] Hinzu kommt, „daß in den verschiedenen Wirtschaftstheorien und Wirtschaftsprozessen die Götter eine sonderbare Metamorphose erfahren und einen erbitterten Kampf untereinander ausfechten."[198]

Assmann und Hinkelammert weisen darauf hin, daß es sich bei der schroffen Gegenüberstellung von Kapitalismus und Sozialreformen um ein manichäisches Denken handele, damit werde „die Welt polarisiert zwischen Gott und Teufel, zwischen dem Reich des Guten und dem Reich des Bösen, zwischen dem neuen Jerusalem, das die Märkte verheißen, und dem Untier, das Reformismus, Interventionismus und Wirtschaftsplanung nähren. Gott wird bemüht. Er wird verherrlicht

194 Gustavo Gutiérrez, *Theologie der Befreiung*, München 1973; Leonardo Boff, *Die Neuentdeckung der Kirche. Basisgemeinden in Lateinamerika*, Mainz 1980; Kardinal Joseph Ratzinger u. Leonardo Boff, *Dokumente eines Konfliktes um die Theologie der Befreiung. Das Buch ‚Kirche: Charisma und Macht' in der Diskussion*, Frankfurt a.M. ^{2}1985; Raúl Fornet-Betancourt, *Befreiungstheologie. Kritischer Rückblick und Perspektiven für die Zukunft*, 3 Bde., Mainz 1997.

195 Hugo Assmann u. Franz J. Hinkelammert, *Götze Markt*, Düsseldorf 1992, S. 9; Weitere Arbeiten: Hugo Assmann, *Die Götzen der Unterdrückung und der befreiende Gott*, Münster 1984; Franz J. Hinkelammert, *Die ideologischen Waffen des Todes. Zur Metaphysik des Kapitalismus*, Münster/Fribourg 1985; siehe auch: *Die Religion des Kapitalismus. Die gesellschaftlichen Auswirkungen des totalen Marktes*, hg. v. Willibald Jacob / Jakob Moneta u. Franz Segbers, Luzern/Salzburg 1996; Pax Christi-Kommission Weltwirtschaft (Hg.), *Der Gott Kapital, Anstöße zu einer Religions- und Kulturkritik*, Münster 2006.

196 Assmann u. Hinkelammert 1992, S. 10.

197 Ebd., S. 51.

198 Ebd., S. 10.

durch die Vernichtung seiner Feinde."[199] Nach dieser theologischen Charakterisierung der Befürworter der Marktwirtschaft ist nur folgerichtig: „Und wenn Teufel und Untier die ökonomischen und sozialen Reformen sind, dann sind Teufel und Untier auch die Forderungen der Armen. So ist die Ehre Gottes die Zerstörung der Armen, der Volksbewegungen wie jeglicher Forderungen nach Lebensrecht für alle. Gott ist ein Gott, der die Armen verschlingt, nichts als die transzendentalisierte Personifizierung der Marktgesetze darstellt und Opfer, nicht Barmherzigkeit will. Die Vergöttlichung des Marktes schafft den Gott des Geldes: ‚In God we trust'."[200]

Gegenüber dem Götzen Markt sei die konservative Theologie blind, weil sie die christliche Rede von der Armut einseitig spiritualisiere und generell auf die Begrenztheit des Lebens, auf die Sterblichkeit des Menschen beziehe. Daraus folgt zunächst: Aus spiritueller Armut „lebt, wer der Begrenztheit des Menschseins entgegentritt und sich von den Gütern der Welt lossagt. Armut wird hier also verstanden als Befindlichkeit des Menschen, worauf dieser mit einer als Tugend verstandenen Armut antwortet."[201] Diese Wendung beruht auf einem theologischen Verständnis von Leib und Seele, in dem sich deutlich gnostische Motive zeigen. „Die Seele ist eine Substanz, die einen Körper hat; aber einen Körper haben ist für das Leben der Seele nichts Wesentliches. Der Körper ist primär eine Bedrohung für das Leben der Seele, ja das Gefängnis, in das die Seele eingesperrt ist. Diese will fliehen, aber der Körper läßt sie nicht. Und wenn man dem körperlichen Leben Konzessionen macht, handelt es sich um Konzessionen gegenüber der menschlichen Schwäche."[202] Die konservative Theologie folgere dann weiter: „Ist der Mensch sterblich, ist er auch arm; (...). Wenn aber alle arm sind, gibt es nicht mehr nur eine bestimmte Gruppe von Menschen, die arm sind. Ebensowenig kann man Arme und Reiche gegenüberstellen und den Reichtum der einen für die Ursache der Armut der anderen halten."[203]

Evangelische Armut ist dagegen für die Befreiungstheologen etwas anderes. Konstitutiv für die Botschaft Christi ist „die vorzugsweise Option für die Armen". [204] Will man dieser Option gerecht werden, so können Christen es nicht bei der kapitalistischen Wirtschaftsordnung belassen. Sie sind aufgerufen, gegen die „Schicksalsreligion" des Marktes, in der „die Mechanismen des Marktes wirken, als wären sie ein anderer Name für den ‚Heilsplan Gottes'", Stellung zu nehmen.[205] Dafür sind die Aussagen der klassischen Soziallehre der katholischen Kirche, wie sie in *Rerum novarum* von 1891 und *Quadragesimo anno* von 1931 formuliert sind, unzureichend. Denn in diesen Enzykliken wurde davon ausgegangen: „Die Ordnung der Wirtschaft ist – so heißt es – keine Frage des Glaubens, sondern ausschließlich der

199 Ebd., S. 60.
200 Ebd., S. 60f.
201 Ebd., S. 193f.
202 Ebd., S. 198.
203 Ebd., S. 197.
204 Ebd., S. 194.
205 Ebd., S. 106.

Anwendung des Glaubens, dessen Wahrheit nichts mit ökonomischen Problemen zu tun hat."[206] Dem liegt die Vorstellung zugrunde, daß die Ordnung der Wirtschaft ihrer eigenen Systemlogik zu folgen habe.

In der Anerkennung dieser Systemlogik sehen die Befeiungstheologen eine Verbeugung vor dem Götzen Markt. Dagegen könne eine „heilschaffende und evangelische Logik" Öffnungen bewirken.[207] „Müssen doch Universen, die in ihrer falschen Logik eingeschlossen sind, wiedereröffnet werden: Welten, die vermeintlich abgeschlossen sind; rationale Konstrukte, die Vollkommenheit vortäuschen; Totalitäten, die sich selbst genügen und selbst begründen; Globen, Sphären, Logik-systeme, die alles in ihre funktionale Zirkularität einfangen wollen. Was nicht hinein paßt, wird für inexistent erklärt. (...) Was sich funktional eingliedern läßt, wird zum willigen, leistungsstarken Diener, auch wenn er die Opferlogik verinnerlicht und sich aufopfert. Wer sich nicht aufopfern läßt wird geopfert. Logische Sphären sind Opfersphären. „[208] Bei den in der Soziologie verbreiteten Deutungen der Moderne als einem Prozeß der Ausdifferenzierung sozialer Systeme, die ihren Eigengesetzlichkeiten folgen, handelt es sich für die Befreiungstheologen um irrige Selbstausweise, nach dem Modus: „Die eingeschlossene Wahrheit gibt vor, *die* Wahrheit zu sein."[209] Die Logik eigentätiger Systemstabilisierung erreiche in diesem Denken sogar den Glauben: „ja selbst ihre Götter stellen sie sich als geschlossene, sphärische Perfektions- oder Totalitätswesen vor."[210]

Mit ihrer Hoffnung auf die öffnende Kraft der „heilschaffenden und evangelischen Logik" stehen die Theologen der Befreiung in der Tradition der Franziskaner-Spiritualen des Mittelalters, die sich an die Lehre des calabresischen Abtes Joachim von Fiore hielten. Wir sind im *Zweiten Teil* unserer Religionssoziologie auf diesen die „Ewige Linke" beflügelnden Glauben ausführlich eingegangen.[211]

DIE GELDBESTIMMTHEIT THEOLOGISCHER KOMMUNIKATION. Zu den einflußreichen Schriften in der Diskussion um den Vergleich von Geldglauben und Gottesglauben gehört von protestantischer Seite die Arbeit *Geld oder Gott?* des Münchener systematischen Theologen Falk Wagner, der sich intensiv mit Grundfragen soziologischer Theorie auseinandergesetzt hat.[212] Wagner eröffnet seine Untersuchung im Vorwort mit der These: „Gott – das Absolute – ist zu jeder Zeit gegenwärtig; es fragt sich nur in welcher Gestalt. Unter den Bedingungen der modernen, ökonomisch bestimmten Gesellschaft tritt das Geld seine Karriere als alles bestimmende Wirklichkeit an. Damit löst es die Funktion des Gottesgedankens in der

206 Ebd., S. 198.
207 Ebd., S. 214.
208 Ebd., S. 211.
209 Ebd.
210 Ebd., S. 211f.
211 Im *Ersten Band* S.600 ff.
212 Falk Wagner, *Geld oder Gott? Zur Geldbestimmtheit der kulturellen und religiösen Lebenswelt*, Stuttgart 1984.

Gestalt eines Geld-Pantheismus ab, der alle lebensweltlichen und systematischen Bereiche des individuellen und sozialen Weltumgangs durchdringt."[213]

Wagner zufolge verdränge die Theologie die ubiquitäre „Geldbestimmtheit" gerade auch in Bereichen der „Darstellung religiöser Inhalte und theologischer Positionen (...). Der Pantheismus des Geldes hält dann auch dort Einzug, wo man sich zugute hält, zwischen Gott und Abgott, Gott und Welt, Religion und Aberglaube unterscheiden zu können."[214] Zielpunkt der Arbeit ist denn auch eine kritische Auseinandersetzung mit den Defiziten theologischer Geldlehren und ihrer impliziten Geldbestimmtheit. Die Äquivalenzebene von Geld und Gott, die Wagner diskutiert, zielt auf das Modell „verabsolutierter Kommunikation", das der Strukturlogik des Geldmediums entspreche.[215] Wagner will untersuchen, „ob und wieweit die moderne, d.h. unter den Bedingungen der ökonomisch bestimmten bürgerlichen Gesellschaft agierende theologische Religionstheorie dem Muster verabsolutierter und insofern geldgesteuerter Kommunikation verpflichtet ist".[216]

Es sind zwei extreme Positionen, zwischen denen Wagner einen Mittelweg sucht. Auf der einen Seite erscheint die Geldwirtschaft als eine „Schicksalsmacht", der auch Qualitäten des Dämonischen zugesprochen werden können. Für diese Position steht der Theologe Friedrich Delekat, Mitglied der *Bekennenden Kirche*, für den es um einen „Kampf zwischen Christus und den Mächten dieser Welt" geht, die zur Zeit der Herrschaft des Nationalsozialismus als „Dämon der politischen Macht" und nach 1945 mehr als „Dämon Kapital" vorgestellt werden. [217] Damit sind zugleich antike Motive aufgerufen. Sie finden sich etwa in Vergils Zeilen: „quid non mortalia pectora cogis, auri sacra fames" (Wozu treibst du nicht die Herzen der Menschen, verfluchter Hunger nach Gold).[218] Vom dänomischen Fluch der Geldgier erzählt auch der Mythos vom König Midas.[219] Auf der anderen Seite sieht Wagner Positionen, die eine wechselseitige Kommunizierbarkeit von Theologie und ökonomischer Geldtheorie unterstellen und eine Art „Theologie des Geldes" entwerfen.[220]

---

213 Ebd., S. 3.

214 Ebd.

215 Ebd., S. 95.

216 Ebd., S. 102.

217 Friedrich Delekat, *Der Christ und das Geld. Eine theologisch-ökonomische Studie*, München 1957.

218 Vergil, Aeneis 3, 56.

219 König Midas, entzückt von den Geschichten des alten verkommenen Satyrs Selenos, der volltrunken im Garten schlafend den Anschluß an das wilde Heer des Dionysos verloren hatte, schickt Selenos an Dionysos zurück, der dann durch Boten anfragen läßt, wie Midas belohnt werden möchte: „Möge sich alles, was ich berühre, in Gold verwandeln." Das Gold wird ihm zur Plage, bis – so berichtet Ovid – der gütige Bacchus den alten Zustand wiederherstellt. nach Robert von Ranke-Graves, *Griechische Mythologie*, Reinbek 1984, S. 255; Ovid, *Metamorphosen*, Wiesbaden 1986, S. 269.

220 Wagner bezieht sich hier auf den Bayreuther Theologen Wilhelm F. Kasch, *Geld und Glaube*, Paderborn 1979.

Die Schwächen einer schematischen Abfrage von Theologien nach ihrer Affinität zu ökonomischen Tauschmodellen zeigt sich m. E., wenn man Wagners Fahndungen bei Friedrich Schleiermacher und Albrecht Ritschl miteinander vergleicht, zwei Theologen die in unserer Sicht gerade für die Auseinandersetzung mit den differenten epochalen Zeiterfahrungen der Revolution und der Entfesselung der Marktgesellschaft stehen.

Am Tausch orientierte Religionsauffassungen findet Wagner bei Friedrich Schleiermacher dort, wo dieser die wahre Kirche als eine Form gegenseitiger Mitteilung der religiösen Ansichten und Erfahrungen der Gläubigen entwirft. Wagner gibt zu bedenken: „Angesichts der allgemeinen Austauschbarkeit kann in der Tat alles zum Stoff individualisierter Religion dienen."[221] Und in pointierter Anwendung ökonomischer Terminologie heißt es: mit dem alleinigen Kriterium der Mitteilbarkeit „werden die ‚Arbeitsprodukte' des religiösen Bewußtseins, Anschauung und Gefühl, als immer schon tauschfähige Warenobjekte behandelt."[222] In der Tat könnte man sagen, daß „die gegenseitige Mitteilung bloß auf eine Umfangerweiterung und Bereicherung des je eigenen Religionshabens" hinausläuft.[223] In dieser Interpretation ist leider übersehen, daß die enthusiastische Dehnung, die der Sympathisant der Französischen Revolution und Platonübersetzer Schleiermacher erstrebt, auf eine universelle Verschmelzung zielt, die weit entfernt von borniert egoistischer Bereicherung ist.

Bei Albrecht Ritschl sieht Wagner eine etwas andere am Tausch orientierte Religionsauffassung. Bei Ritschl heißt es: „In aller Religion wird mit Hilfe der erhabenen geistigen Macht, welche der Mensch verehrt, die Lösung des Widerspruchs erstrebt, in welchem der Mensch sich vorfindet, als Theil der Naturwelt und als geistige Persönlichkeit, welche den Anspruch macht, die Natur zu beherrschen. Denn in jener Stellung ist er Theil der Natur, unselbständig gegen dieselbe, abhängig und gehemmt von anderen Dingen; als Geist aber ist er von dem Antriebe bewegt, seine Selbstständigkeit dagegen zu bewähren. In dieser Lage entspringt die Religion als der Glaube an erhabene geistige Mächte, durch deren Hilfe die dem Menschen eigene Macht in irgendeiner Weise ergänzt oder zu einem Ganzen in seiner Art erhoben wird, welches dem Drucke der Naturwelt gewachsen ist."[224] Wagner sieht in dieser Auffassung eine „Fixation des Gegensatzes von Geist und Natur". Daraus folge: das religiöse Bewußtsein „tauscht die unglückliche Abhängigkeit von der Natur gegen die Abhängigkeit von Gott aus, die es insofern als Glück empfindet, als es mit Gottes Hilfe seine immer schon vorausgesetzte Selbständigkeit gegen Natur und Gesellschaft mobilisieren kann."[225]

---

221 Wagner 1984, S. 107.

222 Ebd., S. 109.

223 Ebd., S. 106.

224 Albrecht Ritschl, *Die christliche Lehre von der Rechtfertigung und Versöhnung*, Bd. 3: *Die positive Entwicklung der Lehre*, Bonn ^{3}1888, S. 189f.

225 Wagner 1984, S. 116

In dieser abstrakten Flughöhe der Fahndung nach der ökonomischen Tauschlogik des Geldes im theologischen Diskurs kann man in der Tat viel Tausch entdecken. Dabei verschwindet der Bruch zwischen Schleiermachers Neubestimmung der Religion in den Reden *Über die Religion*, die im Bewußtsein des revolutionären Umbruchs, in dem eine neue Gestalt der Religion sich anbahnt, erfolgt, und Ritschls Bemühen, gegen den weltanschaulichen Naturalismus eine „religiöse Weltanschauung" zu verteidigen.[226] Bei Schleiermacher wird das Reden über Religion gebunden an das, „was meine Stelle im Universum bestimmt und mich zu dem Wesen macht, welches ich bin."[227] Bei Ritschl setzt das „religiöse Erkennen" weitab von allem Enthusiasmus auf der Ebene einer utilitaristischen Empfindungslehre ein: „Im Gefühl von Lust oder von Unlust stellt das Ich für sich fest, ob eine Empfindung, die das Selbstgefühl berührt, zur Verstärkung oder zur Hemmung desselben dient."[228]

Man hat den Eindruck, Wagner ist der Faszination, die die Bewußtseinsform verabsolutierter Kommunikation ausübt, ein gutes Stück weit erlegen, bietet sie ihm doch am Ende das Sprungbrett dafür, den christlichen Gottesgedanken so zu schärfen und „so zu artikulieren, daß er nicht mit der pantheistischen Verwertungstendenz des Geldes verwechselt werden kann. Gott als die alles bestimmende Wirklichkeit ist dann so zu denken, daß zwar alles aus Gott, als dem grundlosen Grund, ist; aber es muß zugleich gewährleistet sein, daß alles das, was nicht Gott ist, außer Gott in Selbständigkeit und Freiheit existieren kann."[229]

THEOLOGIE DER MÄCHTE UND GEWALTEN. Im Unterschied zu Falk Wagner, der in der Tradition der protestantischen Vermittlungstheologen den christlichen Glauben in der modernen Kultur lebbar und für sie erträglich machen will, entfaltet der katholische Theologe Thomas Ruster eine christliche Gegenwelt zur gesellschaftlichen Wirklichkeit der geldbasierten Marktwirtschaft. Dabei bezieht sich Ruster nicht wie die Theologen der Befreiung auf eine christliche Lesart der Marxschen Kritik der politischen Ökonomie, sondern er entfaltet die lange Linie einer „Doppel-Kodierung des biblischen Gottesbildes", d.h. die Zweiseitigkeit eines vertrauten und eines fremden Gottes, als Grundlage für eine kritische Analyse des Schicksals der Gottesvorstelllungen im 20.Jahrhundert.[230]

Adolf von Harnacks Schrift über *Marcion* und Carl Schmitts *Politische Theologie* bilden die Extrempunkte dieser Doppelkodierung: „Verwirft Gott das Gesetz dieser Welt und führt er die Seinen in eine letzte Weltfremdheit – oder bietet der

226 Ritschl 1888, S. 192.

227 Friedrich Schleiermacher, *Über die Religion. Reden an die Gebildeten unter ihren Verächtern* [1799], in der Ausgabe von Rudolf Otto [1899], Göttingen ^{8}2002, S. 21.

228 Ritschl 1888, S.194

229 Wagner 1984, S. 135.

230 Thomas Ruster, *Der verwechselbare Gott. Theologie nach der Entflechtung von Christentum und Religion*, Freiburg 2000, S. 186 u. 188ff; zur Doppel-Kodierung S. 33. Anerkennende Worte zur Theologie der Befreiung finden sich S. 185.

Gottesgedanke das Modell für die Legitimität politischer Ordnung?"[231] Hat der fremde Gott Marcions immerhin im Mönchtum „ein Asyl in der Kirche erhalten", so korrigiert und erweitert Ruster auf der anderen Seite des Gottesbildes die Diagnose Schmitts von der Dominanz des Ökonomischen und seiner Politisierung: „Aber die Religion, die aus dem Ökonomischen hervorgeht, wird anderer Art sein als die, die der ‚politischen Idee des Katholizismus' noch in ihrer säkularisierten Form entspricht. Die ‚neuen Götter des Marktes' geben dem transzendenten Schöpfer und Erhalter der Welt, der noch Schmitts Denken zugrunde lag, endgültig den Abschied."[232] Diese Einsicht führt bei Ruster schließlich nach einer eingehenden Interpretation von Walter Benjamins Fragment *Kapitalismus als Religion*, auf das wir weiter unten eingehen, zu einer Radikalisierung der biblischen Unterscheidung zwischen Gottesdienst und Götzendienst.

Das Verbot des Götzendienstes, die immerwährende Aufgabe, Gott von den Göttern zu unterscheiden, erhält für Ruster eine neue Bedeutung, wenn im Kapitalismus der vertraute Gott als ein Geld-Gott die alles bestimmende Wirklichkeit geworden ist. Der Begriff Religion selbst ist dann neu zu bewerten. Dem Diktum Maimonides': „Gott ohne Tora ist immer ein Götze", folgend, fordert Ruster die Auflösung der Verflechtung von Christentum und Religion.[233] „Götzendienstkritik bedeutet Kritik der Religion: zuerst der Religion, die das Christentum selber war und oft noch sein will, dann Kritik der so genannten Religionen, schließlich Kritik der bislang unbenannten Religion des Kapitalismus. Kritik heißt Unterscheidung, nicht einfach Verwerfung oder Verdammung; am eigenen Leibe und biblisch belehrt können christliche Theologen wissen, wo Recht und Grenzen des Religiösen liegen."[234]

Die Unentschiedenheit des Christentums zwischen einem vertrauten und einem fremden Gott mag vielleicht eines der Charakteristika sein, das dem Christentum seine bemerkenswert unruhige Dynamik verdankt. Bezogen auf die Konstitution von Subjektivierungsweisen, die der „sehr dunkle Begriff des Fleisches" in der Theologie signalisiert, hat Michel Foucault darauf hingewiesen, daß das Christentum im 2. und 3. Jahrhundert einer römischen Gesellschaft gegenübergestanden habe, die eine Moral der Monogamie, der Sexualität, der Fortpflanzung akzeptiert hatte. Auf der andren Seite habe es im Christentum ein Modell des intensiven religiösen Lebens gegeben: die christlichen Mönche, die eine Askese praktizierten, wie sie im hinduistischen und buddhistischen Mönchstum verbreitet war. Foucaults These lautet: „Zwischen einer zivilen Gesellschaft, die eine gewisse Anzahl moralischer Imperative akzeptiert hatte, und diesem Ideal der umfassenden Askese, hat das Christentum immer gezögert. Es hat einerseits versucht, das Vorbild der bud-

231 Ebd., S. 87. Ruster bezieht sich auf Adolf von Harnack, *Marcion. Das Evangelium vom fremden Gott* (1920), Darmstadt 1960; Carl Schmitt, *Politische Theologie. Vier Kapitel zur Lehre von der Souveränität*, München/Leipzig 1922.

232 Ebd., S. 104 u. S. 122.

233 Moses Maimonides zit. n. ebd., S. 177.

234 Ebd., S. 193

dhistischen Askese zu beherrschen und zu verinnerlichen, und zwar so, daß es die Sexualität immer kontrollieren konnte und andererseits die zivile Gesellschaft des römischen Reichs in seine Gewalt zu bringen, um sie von innen heraus zu lenken."[235] Was die fleischlich-spirituelle Subjektivierungsweise – „am eigenen Leibe und biblisch belehrt" – angeht, so plädiert Ruster für „ein neues Verhältnis zur Erfahrung" in der katholischen Theologie, wobei Sakramente als Teilhabe an fremden Erfahrungen eine wichtige Rolle spielen.[236]

Die Götzendienstkritik hat Ruster zu einer Theologie der Mächte und Gewalten weiterentwickelt.[237] Die Funktionssysteme der Gesellschaft, die zwar von Menschen geschaffen wurden, aber diese mit der übermenschlichen Macht von alternativlosen „Sachzwängen" bedrängen, werden von Ruster als „höhere Gewalten" ernst genommen. Ruster fragt nach der Aktualität der biblischen Aussagen, denen zufolge „Christus ‚das Haupt aller Mächte und Gewalten' ist (Kol 2,10)"[238], und er geht davon aus: „Götter im Sinne der prophetischen und weisheitlichen Götzenkritik sind Selbstgemachtes, vor dem sich ihre Hersteller irgendwann niederwerfen und sie um Hilfe anflehen (Jes 44,13ff; Weish 13) – das paßt auf die höheren Gewalten unserer Zeit!"[239]

Um ihnen kritisch beizukommen, sind die eingeübten Unterscheidungen zwischen immanent und transzendent nicht ausreichend. Ruster reaktiviert die in der neuzeitlichen Moderne verlorengegangenen Unterscheidungen von Gott und Himmel einerseits und Himmel und Erde andererseits. Nach der biblischen Wirklichkeitsauffassung ist der Himmel ein Teil der Welt.[240] Die Verwechslung von Gott und Himmel, die Einebnung der Unterschiede alles dessen, was von der Erde als einem überschaubaren und bestimmbaren Bereich unterschieden werden kann, hat einen Religionsbegriff gefördert, dem zufolge es Religion „mit der Beziehung zum relativ unbekannten, unbestimmbaren unmanipulierbaren Bereich der Welt, mit dem Über-Irdischen und Numinosen zu tun" habe.[241] Eine erneuerte Himmelslehre müßte davon ausgehen, daß für Juden und Christen zu den ungreifbaren übermenschlichen Wesen nicht nur Gott, sondern auch die Götter gehören, die sich Jahwe widersetzten. Ruster konstatiert, daß die von Menschen geschaffene „zweite Natur (…) nicht weniger, eher mehr von Dämonen beherrscht ist als die erste. An die Stelle von launischen Göttern, Sphärenkräften und Waldgeistern sind

235 Michel Foucault, „Sexualität und Macht", in: Ders., *Schriften in vier Bänden*, Bd. III, Frankfurt 2003, S. 695-718, hier S. 711.

236 Ruster 2000, S. 194 u. S. 198; Ders., „‚Heilt Kranke, treibt Dämonen aus…'. Die Dämonie der Krankheit und das Sakrament der Krankensalbung", in: *Anzeiger für die Seelsorge* 11/2003a, S. 14-20.

237 Thomas Ruster, *Von Menschen, Mächten und Gewalten. Eine Himmelslehre*, Mainz 2005.

238 Ebd., S. 15.

239 Ebd., S. 16.

240 Ebd., S. 48.

241 Ebd., S. 50.

systemische Zwänge getreten, die sich (...) aus dem Vollzug der Selbsthaltung ergeben."[242]

Ruster nimmt die Theorie sozialer Systeme von Niklas Luhmann gleichsam als Beleg für seine neue Himmelslehre.[243] Er schreibt: „Ich greife also auf Luhmanns Theorie zurück, wie die Theologen der Antike und des Mittelalters auf platonische, gnostische, neuplatonische oder aristotelische Theorien der geistigen Welt zurückgegriffen haben."[244] Daß die Systemtheorie mit ihrem grundlegenden Begriff der Kommunikation eine Theorie der geistigen Welt ist, wird man kaum bezweifeln können. Auch könnte ein Vergleich neuscholastischen Systemdenkens mit dem Luhmannschen möglicherweise erhellend sein. Ruster geht es aber dann nicht um eine empirische Überprüfung systemtheoretischer Beobachtungen, sondern um eine Stützung seiner Theologie der Mächte und Gewalten, die theologisch konsequent mit der Tora-Differenz von Gott und Göttern arbeitet. Himmlische Mächte sind gute und böse Geister, in der neuscholastischen Angelologie von Johann Baptist Heinrich, die er Punkt für Punkt mit Luhmann systemtheoretisch umformuliert, sind es Engel und gefallene Engel, d.h. Dämonen.[245]

Programmatisch heißt es: „Wir werden finden, daß die von Luhmann beschriebene Gesellschaft theologisch als eine dämonische zu qualifizieren ist."[246] Zu den mächtigsten Dämonen gehört der Geld-Gott, die geldbasierte Wirtschaft der Gesellschaft, die eigengesetzlich der Leitdifferenz zahlen/nicht zahlen folgt. Der „Konstruktionsfehler des Geldes" liegt für Ruster in der Zinsproblematik, die die Wirtschaft zu fortgesetztem Wachstum zwingt. „Der Charakter einer systemischen Eigendynamik als himmlische Macht und Gewalt wird hieran besonders deutlich, vor allem wenn man sich die verheerenden Auswirkungen ständigen Wirtschaftswachstums bzw. die Folgen ausbleibenden realen Wachstums bei gleichzeitigem Wachstum der Geldvermögen vor Augen führt."[247] Rusters Theologie folgt der biblischen Wirklichkeitsdeutung, „in der die Macht autonomisierter Systeme eine Grenze hat, obwohl doch jeder Anschein und alle Analysen dagegen sprechen. Oder

242 Ebd., S. 58.

243 Siehe ebd., Kapitel II, S. 62ff. Siehe auch: Thomas Ruster, „Eine kleine (systemtheoretische) Apologie der Neuscholastik", in: *Salzburger Theologische Zeitschrift* (SaThZ) 7/2003b, S. 41-50; Ders., „Es gibt Systeme. Es gibt Engel", in: *Engel unter uns*, hg. v. Michael N. Ebertz, Würzburg 2008, S.115-120.

244 Ebd., S. 64.

245 Johann Baptist Heinrich, *Dogmatische Theologie*, Bd. 5, Mainz 1884, S. 500-824.

246 Ruster 2005, S. 64.

247 Ebd., S. 97 siehe auch: Thomas Ruster, „Die Austreibung des Dämonischen aus der Wirtschaft. Mit Tora und Talmud gegen autonomisierte Funktionssysteme", in: H. G. Nutzinger (Hg.), *Gerechtigkeit in der Wirtschaft – Quadratur des Kreises*, Marburg 2006, S. 147-172, Thomas Ruster beruft sich auf: Helmut Creutz, *Geld-Syndrom. Wege zu einer krisenfreien Marktwirtschaft*, München ^{5}2001 (Christen für gerechte Wirtschaftsordnung CGW). Eine wichtige Rolle spielt hier die „Schwundgeld"-Lehre des Stirnerianers Silvio Gesell, ebd., S. 112. Siehe dazu: Axel T. Paul, „Die Unverfügbarkeit des Geldes und die Rolle der Zentralbanken", in: *Wirtschaftssoziologie* (=KZfSS Sonderheft 49), hg. v. Jens Beckert u. Christoph Deutschmann, Wiesbaden 2009, S. 243-265.

theologisch gesprochen: daß die Götter nur Himmelswesen sind und nicht Gott."[248] Und er erklärt: „In der modernen, funktional differenzierten Gesellschaft, die der Entwicklung der Teilsysteme ausgeliefert ist und ihnen gegenüber kein Korrektiv besitzt, ist die Beobachtung aus Tora-Perspektive einzigartig. Es ist nicht zu sehen, wie diese Gesellschaft noch eine Zukunft haben kann, ohne sich durch die christliche Beobachtung irritieren zu lassen und darüber zu Veränderungen zu kommen."[249]

Die Theologen, die wir behandelt haben, beziehen sich, was die gesellschaftstheoretische Seite ihrer Argumentation angeht, in unterschiedlicher Gewichtung auf drei Autoren: Karl Marx, Georg Simmel und Niklas Luhmann. Insbesondere in Franz J. Hinkelammerts Theologie der Befreiung finden sich wiederkehrend Bezugnahmen auf Marx. Freilich ist es nicht der Marx, der seine an Ludwig Feuerbach und Bruno Bauer anschließende Religionskritik in eine weitergefaßte Ideologiekritik transformiert hat. Hinkelammert geht von der Marxschen Analyse der Ware im *Kapital* aus.[250]

Im vieldiskutierten Abschnitt „Der Fetischcharakter der Ware und ihr Geheimnis" hatte Marx gegen die Auffassung Stellung bezogen, die Form der Ware und das Wertverhältnis der Arbeitsprodukte seien in ihrer „physischen Natur und den daraus entspringenden dinglichen Beziehungen" begründet. Stattdessen sei es umgekehrt: „Es ist nur das bestimmte gesellschaftliche Verhältnis der Menschen selbst, welches hier für sie die phantasmagorische Form eines Verhältnisses von Dingen annimmt. Um daher eine Analogie zu finden, müssen wir in die Nebelregion der religiösen Welt flüchten."[251] Hatte der vormärzliche Marx das Ende der Religionskritik verkündet und zum Studium der Wirklichkeit aufgefordert, so nutzt er in den späteren Schriften dennoch bisweilen „die Nebelregion der religiösen Welt" als eine Art Strukturvorlage, die ihm beim Verständnis sozio-ökonomischer Zusammenhänge hilft. Der Kapitalismus ist für Marx keine Religion, aber Analogien zur Religion sind ihm Instrument zu dessen Analyse. Thomas Ruster erwähnt Marx nicht, obwohl sich seine Charakterisierung der überindividuellen Wirklichkeit und Wirksamkeit von Systemen mit ihren Sachzwängen als dämonisch durchaus an die Debatte um Waren- und Geldfetische anschließen ließe. Falk Wagner bezieht sich an einigen Stellen sowohl auf Marx wie auf Simmel. Beide Theologen haben jedoch in Niklas Luhmann, den Soziologen gefunden, der ihnen eine Beschreibung moderner Gesellschaft anbietet, die sie gut in ihre theologische Argumentation einbeziehen können. Diesen soziologischen Bemühungen, die Rätsel des Geldes ein Stück weit zu lösen, werden wir im nächsten Abschnitt nachgehen.

Der alte Topos vom Geld als einem Gott oder einem Dämon, dem Menschen hörig sind oder willig ihre Opfer darbieten, hat mit der epochalen Zeiterfahrung entfesselter Marktwirtschaft eine neue Konjunktur erlebt, die bis heute anhält. Der

---

248 Ruster 2005, S. 264.

249 Ebd.

250 Hinkelammert 1985.

251 Karl Marx, *Das Kapital. Kritik der politischen Ökonomie*, Bd. 1, in: *MEW*, Bd. 23, Berlin 1962, S. 86.

Rückbezug auf die sakralen Ursprünge des Geldes begleitet diese Konjunktur. Wie immer diese Ursprungsfrage beantwortet wird, fraglich bleibt aber, wie weit die Kenntnis dieser Genese etwas zur Erhellung der Komplexität und Unkalkulierbarkeit heutiger Geldmärkte und Finanzkrisen beiträgt. Was die religionssoziologische Dimension betrifft, so handeln sowohl die psychoanalytisch geprägten kulturwissenschaftlichen Theorien, die das „kulturell Unbewußte" in Anspruch nehmen, als auch Theologen, die gegenüber einer ‚Religion des Geldes' die Tradition der jüdischen und christlichen Götzenkritik erneuern, in religionskritischer Absicht von einer ‚Religion der Anderen', für die sie allerdings keine Zeugen nennen können, die ihren Glauben an einen Geld-Gott bekennen würden. Es handelt sich um Fremdbeschreibungen einer bei anderen vermuteten Religion, die sich an ungefähren Analogien festmacht.

5. Die Rätselhaftigkeit des Geldes

Soziologische Wegweiser im Dickicht der Debatte. Sieht man genauer auf die kulturgeschichtlichen Befunde zum Ursprung des Geldes und kulturwissenschaftlichen Perspektiven zur Persistenz religiöser Dimensionen, so ist festzustellen, daß sie, ebenso wie die Geldkritik von theologischer Seite, ihren Begriff des Geldes ökonomischen Lehrbüchern entnehmen und sich wiederkehrend auf Autoren wie Marx, Simmel und Luhmann beziehen. Diesen Referenzen soll im Folgenden nachgegangen werden.

Lehrbücher der Ökonomen und Soziologen sprechen von drei verschiedenen Geldfunktionen: Man zahlt mit Geld als einem Tauschmittel beim Einkauf oder tilgt seine Schulden mit Geldzahlungen. Diese mediale Funktion wird in der Regel zuerst genannt. Sie ist spontan einleuchtend. Komplizierter wird das Thema Geld, wenn in den Blick gerät, daß man das Tauschmittel auch als Wertaufbewahrungsmittel nutzen kann. Dies gilt in der entfesselten Marktwirtschaft allerdings nur noch für den einzelnen Wirtschaftsteilnehmer; für die Volkswirtschaft einer Gesellschaft hat das Geld heute seine Funktion als Wertaufbewahrungsmittel eingebüßt, denn gesamtgesellschaftlich wird nötiges Geld nicht aus Angespartem genommen, sondern kreditär aus dem Nichts erschaffen.

Schließlich erfüllt Geld eine Funktion als Wertmaßstab, mit dem man in Stand gesetzt wird, alles, was verkauft und gekauft werden kann, wertmäßig zu vergleichen, sogar Äpfel und Birnen. Über die Möglichkeiten, Werte zu messen, über die Fragen, ob der Preis einer Sache oder einer Leistung auch ihren Wert zum Ausdruck bringt, ob der Wert objektiv nach der Seltenheit einer Sache oder Kompetenz oder nach der Menge der Arbeitszeit, die zur Herstellung der Sache oder zur Ausbildung einer Fähigkeit nötig war, zu bemessen sei, oder ob der Wert subjektiv nach dem je individuellen Nutzen der Käufer und Konsumenten zu berechnen sei, ist schwer Einigkeit zu erzielen, wenn man das Thema theoretisch angeht. Praktiker begnügen sich heute damit, die Funktion des Geldes als Wertmaßstab mit der Rede von einer Kraft gleichzusetzen, die als „Kaufkraft" des Geldes bezeichnet wird.

Einig ist man sich darin, daß das Geld seine Funktionen nur dann erfüllt, wenn man es stückeln oder teilen kann, wenn der Wert des Geldes stabil bleibt und vor allem, wenn es von allen anerkannt und akzeptiert wird. Wie es zu einer solchen Anerkennung und Akzeptanz gekommen ist, ob dem die freie Entscheidung eines Kollektivs zugrunde liegt, oder der Zwang, seine Abgaben und Steuern an die politische Herrschaft in Geldform bezahlen zu müssen, oder ob es die Verführungskraft des Geldes war, die zur allgemeinen Anerkennung und Akzeptanz des Geldes geführt haben, interessiert heute Ökonomen vielleicht seltener, wohl aber, daß die Akzeptanz für die Zukunft erhalten bleibt. Mit dem Geld geht es ohnehin nur in die Zukunft, so wie der Glanz des Goldes die aufgehende Sonne des neuen Tages symbolisiert.

Zwischen Ökonomen und Soziologen wird oft gestritten, ob die Aufhellung der Rätselhaftigkeit des Geldes nur gelingt, wenn man zuerst und grundsätzlich von der Tauschfunktion des Geldes ausgeht, oder ob der Frage nach dem Zusammenhang von Geldwirtschaft und sozialer Ordnung der Vorrang gebührt, wo doch ohne die Legitimität des Geldes eine geldbasierte Marktwirtschaft nur schwer vorstellbar ist. Trotz aller Bemühungen ist die Geldthematik Aldo Haesler zufolge „ein paradoxer Magnet" geblieben: „Sie zieht unablässig an, und plötzlich verwirft sie – die Erklärung, das Argument – mit größter Heftigkeit. Die Erfahrung, die jeder Geldforscher einmal gemacht hat, ist immer wieder dieselbe: Beinahe hätte er geglaubt, ins Herz der Moderne vorgestoßen zu sein, und am Ende fragt er sich, ob er irgend etwas Neues an Goethes Genius hinzugedichtet hat."[252]

Wir haben nicht die Absicht, uns in dieser Religionssoziologie an der frustrierenden Suche nach Erklärungen für die seltsame „Macht des Geldes" zu beteiligen. Uns interessiert, in welcher Weise diese Suche mit der Frage nach der Religion verbunden wird. Denn wir wollen untersuchen, welche neuen Profile von Religiosität mit der entfesselten Marktwirtschaft in Europa entstanden sind und bis heute ins Spiel gebracht werden, wenn Gesellschaften mit der geldbasierten Marktwirtschaft unheimliche Erfahrungen machen.

Die Verbindung von Geld und Gott, von Kapitalismus und Religion, die sich bei Karl Marx und Georg Simmel finden, haben Niklas Luhmann und neuerdings Christoph Deutschmann und Axel T. Paul in unterschiedlicher Weise weiterentwikkelt.[253] Wir beginnen diese Reihe von Referenzautoren mit Georg Simmel, der mit Blick auf Marx in methodischer Hinsicht die Absicht verfolgte, „dem historischen

252 Aldo Haesler, „Die Erfindung des Positivsummenspiels", in: *Die Geldgesellschaft und ihr Glaube*, hg. v. Paul Kellermann, Wiesbaden 2007, S. 139-148, hier S. 139. Zu Goethes Auffassungen siehe die berühmte Schrift: Hans Christoph Binswanger, *Geld und Magie. Deutung und Kritik der modernen Wirtschaft anhand von Goethes Faust. Mit einem Nachwort von Iring Fetscher*, Stuttgart 1985.

253 Georg Simmels Religionssoziologie wird in diesem Band S. 797-816 behandelt. Auch Max Webers Arbeiten zum Verhältnis von Religion und Wirtschaftsethik werden wir in diesem Band S. 740-776 im Zusammenhang der Genese der Religionswissenschaften um 1900 erörtern. Hier geht es um die Funktion soziologischer Wegweiser für den Gott-Geld-Komplex.

Materialismus ein Stockwerk unterzubauen, derart, daß der Einbeziehung des wirtschaftlichen Lebens in die Ursachen der geistigen Kultur ihr Erklärungswert gewahrt wird".[254] Es ist allerdings nicht Simmels Soziologie der Religion, auf die für die Verbindung von Geld und Gott Bezug genommen wird, sondern ins Zentrum werden einige Passagen aus dessen *Philosophie des Geldes* gestellt, die man vielleicht besser als eine Psychologie des Geldes lesen sollte.[255] Im Unterschied zu dieser Fokussierung hat Niklas Luhmann, dem wir uns anschließend zuwenden, die Verbindung von Geld und Gott im Rahmen seiner Theorie symbolisch generalisierter Kommunikationsmedien angesiedelt. In Auseinandersetzung mit Simmel und Luhmann hat dann Christoph Deutschmann in seiner Analyse der religiösen Natur des Kapitalismus erneut insbesondere Marx' Auffassung von der schöpferischen Produktivkraft menschlicher Arbeit ins Spiel gebracht. Die neuere soziologische Befassung mit der Rätselhaftigkeit des Geldes setzen wir dann mit Axel T. Pauls geldtheoretischer Unterscheidung von Glauben und Vertrauen fort.

Schließlich wenden wir uns frühen Notizen von Walter Benjamin zu, die auf Dimensionen verweisen, die die zuvor behandelten Theorien überschreiten, die sich an Marx und den Klassikern der Soziologie um 1900 orientieren. Walter Benjamins Fragment *Kapitalismus als Religion* weist tastend und skizzenhaft auf ein Religionsprofil, das nicht mehr allein mit der Erfahrung einer sich vollendenden Marktgesellschaft verbunden ist, sondern mit der sich daneben neu bemerkbar machenden Erfahrung artifizieller Lebenswelt im 20. Jahrhundert, mit der wir uns im *Vierten Teil* befassen werden.[256]

DIE PSYCHOLOGISCHE FORMÄHNLICHKEIT VON GOTT UND GELD. Für die Affinitäten von Geldglauben und Gottesglauben werden in der Soziologie meistens einige Passagen aus Georg Simmels *Philosophie des Geldes* herangezogen, die kaum mit seiner Religionstheorie verbunden sind. Um diese Passagen angemessen einzuordnen, seien einige Bemerkungen zu Simmels Analyse des Geldes vorausgeschickt.

Geld ist für Simmel weit mehr als ein Tauschmittel. Die „Geldform der Werte" ist „Ausdruck oder Reflex jener unbegrenzten Freiheit der Verwendung, die das Geld allen anderen Werten gegenüber auszeichnet."[257] Daß der Geldbesitzer mit seinem Geld machen kann, was er will, verschafft ihm nicht nur in der sozial verdichteten modernen Gesellschaft eine außerordentliche Unabhängigkeit, sein Geldvermögen ist auch, ohne daß einen Kauf realisiert wird, „von einem Umkreis zahlloser Verwendungsmöglichkeiten umgeben, wie von einem Astralleib, der sich über seinen konkreten Umfang hinausstreckt".[258] Geld ist „dasjenige konkrete Mittel, das sich mit dem abstrakten Begriffe desselben ohne Abzug deckt: es ist das

254 Georg Simmel, *Philosophie des Geldes*, in: Ders., *Gesamtausgabe*, Bd. 6, hg. v. Otthein Rammstedt / David P. Frisby u. Klaus Christian Köhnke, Frankfurt a.M. 1989a, S. 13.

255 Zu Simmels Religionssoziologie ausführlich in diesem Band S. 797ff.

256 In diesem Band S. 836ff.; zu Walter Benjamin dort S. 1096ff. und 1416ff.

257 Ebd., S. 276.

258 Ebd.

Mittel schlechthin".[259] So kann es einen Zugriff auf die Güter verschaffen, ohne auf irgendeinen Zweck festgelegt zu sein. Die individuelle Freiheit besteht nicht nur im Verhältnis zu Gütern, sondern auch zu Menschen. Der Geldbesitzer ist frei, mit wem er einen Kauf oder Verkauf verabredet. Darüberhinaus macht Geld unabhängig von Raum und Zeit. Das Geld ermöglicht seinem Besitzer, „daß er seinen nächsten Kreisen ferner rückt, um sich den fernern mehr zu nähern."[260] Und der Geldbesitzer kann Geld für später aufsparen oder mit Hilfe eines Kredits seine Wünsche schon jetzt erfüllen.

In dem Maße, in dem die Geldwirtschaft die Gesellschaft durchdringt, machen die Individuen die unheimliche Erfahrung, daß das Geld doppelt wirken kann. Es zersetzt soziale Bindungen und schafft neue. So zerstört Geld einerseits die Enge festgefügter Familienwirtschaften, andererseits eröffnet es Chancen für individualisierte Intimbeziehungen der Freundschaft und Liebe. Die Geldwirkungen sind paradox: „Nicht nur auf Grund seines immanenten Charakters, sondern gerade weil es auf so viele andere Verbindungsarten der Menschen destruktiv wirkt, sehen wir das Geld den Zusammenhang zwischen sonst ganz zusammenhangslosen Elementen herstellen. Und es gibt heute vielleicht keine Assoziation von Menschen mehr, die nicht, als Ganzes, irgendein Geldinteresse einschlösse, und sei es nur die Saalmiete einer religiösen Korporation."[261] Wenn alle gesellschaftlichen Institutionen in irgendeiner Weise auf Geld angewiesen sind, so stellt sich die Frage, wie die gesellschaftliche Form des Geldes begriffen werden kann.

Soziale Institutionen sind für Simmel Werkzeuge, „durch deren Benutzung der Einzelne Zwecke erreichen kann, zu denen sein bloß persönliches Können niemals zureichen würde."[262] Dies gilt für „das Teilhaben am Staat", für das Zivilrecht und auch für den „kirchlichen Kultus: er ist ein von der Gesamtheit der Kirche bereitetes, die für dieselbe typischen Empfindungen objektivierendes Werkzeug". Und Simmel fügt hinzu, daß es sich dabei um einen „Umweg für die innen und oben gelegenen Endziele der Religiosität" handelt, d.h. für die innere Gewißheit der Nähe zu Gott.[263] Für die Institutionen Staat und Kirche gilt, „daß sie, ausschließlich aus geistigen Kräften gebildet und zu keinem Kompromiß mit der Eigengesetzlichkeit äußerer Materie gezwungen, ihren Zweck in der Ganzheit ihres Wesens restlos ausdrückten. Aber sie stehen dabei ihren spezifischen Zwecken so nahe, daß sie eigentlich schon in sie hinabreichen, und daß das Gefühl sich oft gegen ihre Werkzeugsqualität – nach der sie an sich selbst wertlose, durch den dahinterstehenden Willen jedes Mal erst zu belebende Mittel wären – sträubt und sie für sittliche Endwerte erklärt."[264] Staat und Kirche können es vergessen machen, daß sie Werk-

259 Ebd., S. 265.
260 Ebd., S. 663.
261 Ebd., S. 468.
262 Ebd., S. 262.
263 Ebd., S. 262f.
264 Ebd., S. 264.

zeuge zu etwas anderem sind, weil sie mit ihren Zwecken: der äußere Schutz beim Staat und das Erleben der Nähe Gottes bei der Kirche, eng verkuppelt sind.

Anders beim Geld. „Das Geld steht einer solchen Verdunkelung seines Mittelscharakters sehr fern. Im Unterschied gegen jene Institutionen (Staat und Kirche W.E.) hat es inhaltlich gar keine Beziehungen zu dem einzelnen Zweck, zu dessen Erlangung es uns verhilft. Es steht völlig indifferent über den Objekten". Daher kann Simmel sagen: „Das Geld in seinen vollkommenen Formen ist das absolute Mittel, indem es einerseits völlige teleologische Bestimmtheit besitzt und jede aus anders gearteten Reihen stammende abweist, andrerseits sich aber auch dem Zweck gegenüber auf das reine Mittel- und Werkzeugsein beschränkt, durch keinen Einzelzweck in seinem Wesen präjudiziert wird und sich der Zweckreihe als völlig indifferenter Durchgangspunkt darbietet."[265] Nach dieser Argumentation, die hier auf den Unterschied von religiösem Kultus und dem Geld abstellt, ist es eher unwahrscheinlich, Geldglauben und Gottesglauben in eine Beziehung zueinander bringen zu können.

Aber in einer historischen Perspektive sieht es anders aus. Geldgier habe es wohl zu allen Zeiten gegeben, aber in dem Maße, in dem die einfache, begrenzte Befriedigung von Lebensinteressen und auch „die Erhebung zu dem Religiös-Absoluten, als dem Endzweck des Daseins, ihre Kraft verloren hat", kann sich die Geldgier ausbreiten. „Es kann als eine Ironie der historischen Entwicklung erscheinen, daß in dem Augenblick, wo die inhaltlich befriedigenden und abschließenden Lebenszwecke atrophisch werden, gerade derjenige Wert, der ausschließlich ein Mittel und weiter nichts ist, in ihre Stelle hineinwächst und sich mit ihrer Form bekleidet."[266] Simmel bezieht sich hier auf die um 1900 verbreitete allgemeine Säkularisierungstheorie. Sie besagt: Wie im Modell kommunizierender Röhren, wird das Geld in dem Maße zu einem Höchstwert, indem der Gottesglaube auf den Tiefpunkt fällt. Der Geldglaube wäre somit eine ‚Ersatzreligion'.

Aber schon im anschließenden Satz, der für die Gott-Geld-Analogie oft zitiert wird, rückt Simmel von der historischen Perspektive ab und geht zu einer psychologischen Deutung über: „Allein in Wirklichkeit hat das Geld, als das absolute Mittel und dadurch als der Einheitspunkt unzähliger Zweckreihen, in seiner psychologischen Form bedeutsame Beziehungen gerade zu der Gottesvorstellung, die freilich die Psychologie nur aufdecken kann, weil es ihr Privilegium ist, keine Blasphemien begehen zu können."[267] Was Gott und Geld vergleichbar macht, ist keine

265 Ebd. Geld als ein „absolutes Mittel" konvergiert bei Simmel mit der anthropologischen Überlegung, daß der homo faber zugleich „das ‚zwecksetzende' Tier ist. „Die Idee des Mittels bezeichnet überhaupt die Weltstellung des Menschen: er ist nicht wie das Tier an den Mechanismus des Trieblebens und die Unmittelbarkeit von Wollen und Genießen gebunden, er hat aber auch nicht die unmittelbare Macht – wie wir sie an einem Gotte denken -, daß sein Wille schon an und für sich Verwirklichung des Gewollten sei. Er steht in der Mitte zwischen beiden, indem er zwar weit über den Augenblick hinaus wollen, aber dieses Wollen nur auf dem Umweg über eine gegliederte teleologische Reihe verwirklichen kann." Ebd., S. 264f.

266 Ebd., S. 304f.

267 Ebd., S. 305.

Analogie, die sich auf Institutionen bezieht, sondern eine psychologische Ähnlichkeit. „Der Gottesgedanke hat sein tieferes Wesen darin, daß alle Mannigfaltigkeiten und Gegensätze der Welt in ihm zur Einheit gelangen, daß er nach dem schönen Worte des Nikolaus von Kusa die Coincidentia oppositorum ist. Aus dieser Idee, daß alle Fremdheiten und Unversöhntheiten des Seins in ihm ihre Einheit und Ausgleichung finden, stammt der Friede, die Sicherheit, der allumfassende Reichtum des Gefühls, das mit der Vorstellung Gottes und daß wir ihn haben, mitschwebt. Unzweifelhaft haben die Empfindungen, die das Geld erregt, auf ihrem Gebiete eine psychologische Ähnlichkeit mit diesen."[268]

Psychologische Analogien zwischen Gottesvorstellung und dem Geld als absolutem Mittel sieht Simmel z.B. auch darin, daß die finale Beruhigung nach einer erfolgreichen „Jagd nach dem Gelde" sich durchaus mit der religiösen Stimmung vergleichen lasse. „Denn nicht nur, daß die ganze Aufregung und Anspannung im Kampfe um das Geld die Bedingung für die selige Ruhe im Besitz des Erkämpften bildet; sondern jene Meeresstille der Seele, die die religiösen Güter gewähren, jenes Gefühl, im Einheitspunkte des Daseins zu stehen, erreicht doch seinen höchsten Bewußtseinswert erst als Preis des Suchens und Ringens nach Gott."[269] Als ein weiteres Beispiel für die Analogien zwischen Gottesvorstellung und dem Geld führt Simmel die verbreitete Kritik von Gläubigen am Geldwesen an, die – wie wir oben gezeigt haben – bis in unsere Gegenwart höchst vital ist. Er vermutet, daß diese „Feindseligkeit" gegenüber dem Geldwesen „auch auf den Instinkt für diese psychologische Formähnlichkeit zwischen der höchsten wirtschaftlichen und der höchsten kosmischen Einheit" zurückgeht. Es handele sich, wie Simmel am Beispiel des Zinsverbotes ausführt, um „die erfahrene Gefährlichkeit der Konkurrenz, die gerade das Geldinteresse dem religiösen Interesse bereitet".[270]

Es gilt festzuhalten, daß Simmel die Analogie von Gott und Geld durchgehend psychologisch begründet. Dies gilt auch für den dialektischen Umschlag, demzufolge das Geld „das absolute Mittel ist, das eben dadurch zu der psychologischen Bedeutung eines absoluten Zweckes aufsteigt."[271] Dieser Zweck, den das Geld unmittelbar symbolisiert, macht es auch immun gegen eine Entkräftung durch den Relativismus. Es kann umgekehrt gerade deshalb „psychologisch zu einem absoluten Werte werden, weil es nicht die Auflösung in Relatives zu fürchten hat, derentwegen so viele, von vornherein substanzielle Werte den Anspruch auf Absolutheit nicht aufrechterhalten konnten."[272] Von dieser Immunität gegen allen Relativismus strahlt psychologisch eine Stimmung des Zur-Ruhe-Kommens aus, die an die verheißene Sabbatruhe gemahnt.[273]

268 Ebd.
269 Ebd., S. 306.
270 Ebd.
271 Ebd., S. 307.
272 Ebd.
273 Vgl. Hebräer 4,1-14

Die Codes der Kommunikationsmedien und die Religion. Niklas Luhmann hat in seiner Religionssoziologie mehrfach Gemeinsamkeiten und Unterschiede von Geldglauben und Gottesglauben im Rahmen seiner Theorie symbolisch generalisierter Kommunikationsmedien diskutiert. Er setzt voraus, „daß der Begriff des Glaubens (…) nicht psychologisch oder quasipsychologisch oder sonstwie mit Bezug auf das einzelne Individuum definiert wird“.[274] Dies unterscheidet ihn grundlegend von Simmel. Glaube ist Luhmann zufolge ein „code-abhängiges Kommunikationsmedium“, d.h. nicht eine Vision, das Erfassen einer Wahrheit oder ein intentionales Erlebnis, sondern das, was mit anderen kommuniziert werden kann.[275] Um als Medium funktionieren zu können, bedarf es einer Reflexivität des Glaubens, die die Bedingungen seines Codes mitthematisiert. Dies setzt „einen nicht nur liturgischen Gebrauch der heiligen Worte voraus – so wie das Bankwesen die Möglichkeit der Finanzierung von Geldausgaben, also Kredit, oder verwaltbare Politik die hierarchische Anwendung von Macht auf Macht, oder die Positivität des Rechts die Normierbarkeit der Normsetzung voraussetzen.“[276] Es gibt freilich eine Besonderheit des Geldmediums. Luhmann bemerkt, das Geld erreiche von „allen Kommunikationsmedien (…) die höchsten Grade der Freiheit und Komplexität zulässiger Operationen, weil es durch Ausmünzung und buchmäßige Identifikation von Quantitäten die Gebrauchssymbole, die zirkulieren, vom Code möglicher Kombinationen unterscheidbar macht. Daher ist die Frage berechtigt, ob nicht andere Medien, zum Beispiel Macht oder auch Glauben, geldähnlicher institutionalisiert werden können.“[277]

Grundlage eines Vergleichs von Geldglauben und Gottesglauben sind bei Luhmann voraussetzungsvolle systemtheoretische Modellannahmen.[278] Ihnen zufolge ist es für sich genommen unwahrscheinlich, daß Kommunikation überhaupt zustande kommt. Sowohl auf der Seite von Ego wie auf der von Alter ist Kommunikation kontingent: man kann sich mißverstehen, der eine kann den anderen nicht erreichen, und die Mitteilung kann nicht akzeptiert werden, sodaß Kommunikation nicht möglich ist. Gesellschaften verfügen freilich über Möglichkeiten, die Unwahrscheinlichkeit von Kommunikation zu vermindern. Dies leisten Medien: zuerst die Sprache im Blick auf das Verstehen, und dann machen Verbreitungsmedien wie die Schrift und ihre Nachfolger es möglich, daß die Wahrscheinlichkeit, Adres-

274 Niklas Luhmann, *Funktion der Religion*, Frankfurt a.M. 1982, S. 124.
275 Ebd., S. 140.
276 Ebd., S. 141.
277 Ebd.
278 Es ist hier nicht der Ort, systemtheoretische Fassungen von Religion ausführlicher zu diskutieren. Sie gehören in den Zusammenhang der Untersuchung von Religionsdeutungen, die mit der Zeiterfahrung artifizieller Lebenswelt verbunden sind, in der der Aufschwung der Maschinentheorie des Lebens, die Kybernetik und andere technisch-formale Denkweisen für das Begreifen des Religiösen wichtig werden. Der *Vierte Teil* unserer Religionssoziologie wird davon handeln. Uns interessiert an dieser Stelle allein die Frage, welche Grundlage die heutigen Verdächtigungen haben, der Kapitalismus sei nicht lediglich als eine Wirtschaftsordnung, sondern auch als eine Religion zu sehen.

saten zu erreichen, erhöht wird, und schließlich reduzieren symbolisch generalisierte Kommunikationsmedien die Unwahrscheinlichkeit der Akzeptanz von Kommunikation.[279] Akzeptiert und anschlußfähig werden Kommunikationen in den Medien Macht und Geld, Liebe, Wahrheit und Kunst durch Codes, die im Sinne einer funktionierenden Unterstellung von Kommunikation motivieren und festlegen, worum es jeweils geht: „Man setzt Drohmittel ein (Macht) oder Beweismittel (Wahrheit), man überzeugt durch eine sinnlich nachvollziehbare Formenkombinatorik (Kunst), durch Eingehen auf höchst individuelle Erwartungshaltungen einer/eines anderen (Liebe) oder durch einen ‚Joker' (Geld), den man wiederverwenden kann."[280]

Da symbolisch generalisierte Kommunikationsmedien als Operationsmodi von sozialen Systemen sich in ihren allgemeinen Charakteristika darin ähnlich sind, daß sie mit Hilfe eines binären Codes aus ihrer Umwelt heraustreten und ihre Selbstreproduktion fortsetzen, folgert Luhmann: „Wenn es zutrifft, daß die gesellschaftliche Entwicklung durch Differenzierung von Kommunikationsmedien bestimmt oder doch mitbestimmt wird, wird die Frage nach dem Medium der Religion unabweisbar. Und dann liegt es nahe, die Frage nach etwaigen Entwicklungsschranken der Religion in der Form eines Vergleichs mit den Strukturen und Funktionsweisen der derzeit erfolgreichsten gesellschaftlichen Kommunikationsmedien zu beantworten und den Begriff des Glaubens in eine dafür geeignete Fassung zu bringen."[281]

Sperrig erweist sich dabei insbesondere ein Glaubensbegriff, der auf einer thematischen Fixierung von Dogmen beruht. In dieser Religionssoziologie sprechen wir von *Bekenntnisreligionen.* Theologische Kontroversen erreichen heute nur ein begrenztes Publikum, und ob nach der „Entritualisierung der Glaubensreligionen", von der Luhmann ausgeht, über Rituale oder Sakramente ein Medium entstehen könnte, das reflexiv die Bedingungen seines Codes mitthematisiert, ist ihm zufolge sehr fraglich.[282] Für das politische System ist der binäre Code von mehr oder weniger Macht ebenso prägnant wie der im Rechtssystem von Recht/Unrecht, im Wissenschaftssystem von wahr/unwahr, in den Verbreitungsmedien von Information/Nichtinformation und im Wirtschaftssystem von zahlen/nicht zahlen. Die Begrenztheit von Dogma und Ritus als Operatoren für Religion im Sinne eines symbolisch generalisierten Kommunikationsmediums in den Blick nehmend, fragt Luhmann: „wenn es kein selbsttragendes, die Kommunikation bis in die Einzelheiten durchstrukturiertes Kommunikationsmedium für Religion gibt: wie kann dann das ‚framing' der Motive allein den Systemgrenzen überlassen bleiben, insbe-

279 Zur Theorie der Kommunikationsmedien siehe: Niklas Luhmann, „Einführende Bemerkungen zu einer Theorie symbolisch generalisierter Kommunikationsmedien", in: *Zeitschrift für Soziologie* 3(3)/Juni 1974, S. 236-255; ausführlicher in Ders., *Die Gesellschaft der Gesellschaft*, Frankfurt a.M. 1998, Erster Teilband, S. 316-412.

280 Niklas Luhmann, *Die Religion der Gesellschaft*, hg. v. André Kieserling, Frankfurt a.M. 2002, S. 204.

281 Luhmann 1982, S. 142.

282 Ebd., S. 144f. Siehe dazu in diesem Band S. 1355ff.

sondere unter sozialen Bedingungen, die die Erosion aller Abschottungen begünstigen und zum ständigen Kreuzen von Grenzen einladen?"[283]

Folgt man den Vergleichshinsichten, die Luhmann für die Funktionsweise von Geldglauben und Gottesglauben im Auge hat, so wird man sagen müssen, daß hier die Differenz in der Spezifität der Codes der beiden symbolisch generalisierten Kommunikationsmedien zu sehen ist. In der Wirtschaft geht es um zahlen/nicht zahlen, und was die Religion betrifft, so kommt Luhmann nach einer Diskussion des Religionsbegriffs dazu, im Code immanent/transzendent den passenden operativen Modus des sozialen Systems Religion zu sehen. Die Systemtheorie kennt zwar auch Phänomene der Interpenetration von zwei unterschiedlichen Systemen, die so strukturell aneinander gekoppelt sind, daß das eine nicht ohne das andere existieren kann. Aber für die Wirtschaft der Gesellschaft, operierend mit dem Code zahlen /nicht zahlen, und die Religion der Gesellschaft, operierend mit dem Code immanent/transzendent, dürfte dies nur bei Fragen auf der Ebene: Saalmiete für religiöse Vereinigungen o.ä. von Belang sein. Aber die Unterscheidung des Codes, mit dem Religion operiert, bedeutet, die Seite der Transzendenz in irgendeiner Weise für Kommunikationen verfügbar zu machen. Dazu diene in monotheistischen Religionen die „Chiffre" Gott. Chiffren in Luhmanns Sinn sind keine Symbole, Zeichen, Allegorien oder Begriffe. „Sie haben ihren Sinn überhaupt nicht in der Relation zu anderem, sondern sie sind es selbst."[284] Chiffren wie „Gott" eröffnen demzufolge ebenso wie das „Heilige" eine Möglichkeit, Kommunikationen anzuschließen.

In einem frühen Beitrag war Luhmann, ausgehend vom wirtschaftlichen Phänomen der Knappheit, noch davon ausgegangen, daß in vormaligen Gesellschaftsordnungen eine Vielzahl „funktional äquivalenter moralischer Institutionen" anzutreffen seien, Knappheitsprobleme zu lindern: „zum Beispiel zahllose Regelungen der Hilfe und Dankbarkeit, des Tausches und der Verteilung, der Autonomie des Haushaltes und der männlichen Ehre und Durchsetzungskraft, der Konkurrenz und der Kooperation."[285] Auf diesen früheren Stufen sozialer Evolution würden allerdings „nur einzelne System/Umwelt-Beziehungen, nicht die Beziehungsstruktur des Systems selbst" rationalisiert. In diesen vormodernen Gesellschaften gilt, was das Verhältnis von Rationalisierung und Abstraktion betrifft: „Repräsentativ für das Ziel des Gesellschaftssystems ist, und am stärksten abstrahiert wird, nicht das Geld, sondern die religiöse Weltdeutung, auf die jede Handlung beziehbar ist, die sich zugleich aber dem individuellen Knappheitskalkül entzieht und einem moralischen Kalkül unterworfen bleibt. Erst die bürgerliche Gesellschaft ersetzt die Omnipräsenz Gottes durch die Omnipräsenz des Geldes."[286]

283 Luhmann 2002, S. 209.

284 Luhmann 1982, S. 33; siehe auch Ders., „Die Unterscheidung Gottes", in: *Beiträge zur funktionalen Differenzierung der Gesellschaft*, Wiesbaden ³2005, S. 250-268, hier S. 256.

285 Niklas Luhmann, „Knappheit, Geld und bürgerliche Gesellschaft", in: *Jahrbuch für Sozialwissenschaft* 23/1972, S. 186-210, hier S. 191.

286 Ebd.

Diese pointierte Formulierung ist von Theologen dankbar aufgegriffen und bisweilen so stark durch die theologische Brille gelesen worden, daß Fehlleistungen im Zitat nicht ausbleiben konnten. So schreibt Michael Welker, Luhmann habe die Meinung vertreten, „daß in der bürgerlichen Gesellschaft ‚die Omnipotenz (!) Gottes durch die Omnipotenz (!) des Geldes' ersetzt werde."[287] Sicher gehören Omnipräsenz und Omnipotenz zweifellos zu den Attributen der christlichen Gottesvorstellung, trotzdem bestehen evidenter Weise zwischen Allgegenwart und Allmacht in Bezug auf das Geld Unterschiede. Hinzu kommt: Die Rede vom „Religionsersatz" oder von „Ersatzreligionen", die Luhmann hier nahelegt, mag für Theologen, die sich zu einer *vera religio* bekennen, unproblematisch sein. Wie man es jedoch als Religionssoziologe anstellen soll, zwischen echter Religion und einem „Religionsersatz", zwischen authentischer Religion und „Ersatzreligion" zu unterscheiden, weiß ich nicht.[288]

Luhmann hat denn auch in späteren Schriften trotz seiner funktionalistischen Grundorientierung darauf verzichtet, Geld und Gott schlicht in ein funktionales Äquivalenzverhältnis zu setzen. Die Universalisierung des Geldes bedeutet für ihn in *Die Wirtschaft der Gesellschaft* zugleich eine Spezifikation, durch die externfunktionale und nicht ökonomisierbare Relevanzen ausgeklammert werden. Das ist in „nicht voll ausdifferenzierter Ökonomie", anders, „wo man für Geld so gut wie alles kaufen kann: auch Freunde und Frauen, auch Seelenheil und politischen Einfluß und sogar Staaten, auch Steuereinnahmen, Kanzleitaxen, Adelstitel usw."[289] In der voll ausdifferenzierten Ökonomie, die Luhmann idealiter für seine Gegenwart voraussetzt, gibt es Beschränkungen der Käuflichkeit. Damit werde „dann auch die religiöse und/oder moralische Geldkritik überflüssig." An ihre Stelle tritt für Luhmann die „Unterscheidung von symbolischer und diabolischer Generalisierung."[290]

287 Michael Welker, „Protestantismus und Globalisierung", in: *Johannes Calvin und die kulturelle Prägekraft des Protestantismus* (= Züricher Hochschulforum, Bd. 46), hg. v. Emidio Campi, Zürich 2012, S. 57-72, hier S. 65. Diese Fehlleistung im Zitat findet sich auch im Vorwort von *Gott und Geld. Jahrbuch für Biblische Theologie*, Bd. 21, hg. v. Michael Welker u. Michael Wolter, Neukirchen-Vlyun 2006. Dort heißt es: „Georg Simmel und andere haben wiederholt Strukturanalogien zwischen Glaubenskommunikation und Geldverkehr vermutet und behauptet und darin die Gründe für die verbreitete ‚Klage über das Geld als Gott unserer Zeit' vermutet. Kenneth Burke behauptete, Geld werde zum ‚god-term' im Wirtschaftssystem. Niklas Luhmann übernahm nicht nur diese Wendung, sondern vertrat darüber hinaus die Meinung, daß in der bürgerlichen Gesellschaft ‚die Omnipotenz (!) Gottes durch die Omnipotenz (!) des Geldes' ersetzt werde." Ebd., S. VI. Die Fehlleistung konnte man schon zehn Jahre zuvor bei den Theologen Kurt Koch finden. Er forderte dazu auf, über das Urteil Luhmanns nachzudenken, daß „in der heutigen bürgerlichen Gesellschaft, in der alle wirtschaftlich beurteilten Dinge und Handlungen auf Geld bezogen werden, die ‚Omnipotenz (!) Gottes durch die Omnipotenz (!) des Geldes' ersetzt ist." Kurt Koch, *Konfrontation oder Dialog? Brennpunkte heutiger Glaubensverkündigung*, Styria 1996, S. 34.

288 Zur Diskussion von „Ersatzreligion" vgl. im *Ersten Band* S.444 ff.

289 Niklas Luhmann, *Die Wirtschaft der Gesellschaft*, Frankfurt a.M. 1988, S. 239.

290 Ebd., S. 240.

Die Diabolik sei daran zu erkennen, „daß das Geld andere Symbole, etwa die der nachbarlichen Reziprozität oder die der heilsdienlichen Frömmigkeit, ersetzt und eintrocknen läßt."[291] In *Die Wirtschaft der Gesellschaft* ist nicht mehr davon die Rede, das die bürgerliche Gesellschaft „die Omnipräsenz Gottes durch die Omnipräsenz des Geldes" ersetze, nun ist das Geld nicht nur symbolisches Medium, sondern auch „diabolisches Medium insofern, als es alle anderen Werte auf der Ebene des Codes neutralisiert und in den inferioren Status der Gründe für Zahlungen bzw. Nichtzahlungen abschiebt."[292] Allerdings handelt es sich bei der Unterscheidung von symbolischer und diabolischer Generalisierung nicht um ein harmlose Balance, denn: „Die Diabolik erweist sich durch Grenzziehung als reflexionsüberlegen. Der Geist sieht die Sache von links. Und die Soziologie ist im großen und ganzen noch stolz darauf, dies, wenn nicht durchschauen, so doch mit ihrer eigenen Geschichte bestätigen zu können."[293] Die Freude an sich hochschraubender Hyperreflexion führt bei Luhmann bisweilen zu solch listigen Seitensprüngen bzw. ironischen Kapriolen.

Dirk Baecker hat im Anschluß an Luhmann im Zusammenhang der Debatte um die Wiederkehr des Themas Religion, die dazu verleitet hat, den Religionsverdacht auch auf die Wirtschaft auszudehnen, die Unterschiede zwischen Wirtschaft und Religion klar herausgearbeitet. Der „Kern des Rechnens in der Wirtschaft" setze die „Differenz zweier Zeitpunkte, Gegenwart und Zukunft, in eine Relation zur Differenz von Verzicht auf Bedürfnisbefriedigung und Sicherstellung von Bedürfnisbefriedigung".[294] Den „Kern der Religion" sieht Baecker ausgehend von der Johannesapokalypse in der Unbestimmtheit des Zeitpunkts des prophezeiten Weltuntergangs, bei dem dann „alles hinfällig wird, was auf Erden von den Menschen für wichtig gehalten wird".[295] Die Unterscheidung von Gegenwart und Zukunft, die in der Alternative: Bedürfnisbefriedigung jetzt oder später aufgemacht ist, macht für den Gottesglauben keinen Sinn. In der Religion gilt: „Gott wird nur unterschieden, um jede Unterscheidung an ihm scheitern zu lassen, zum ewigen Vergnügen einer genau darauf kaprizierenden Theologie".[296] Gott ist der „Einwand der Unbestimmtheit gegen jede Bestimmtheit. Er ist der Punkt, an dem jedes Rechnen zu sich selbst kommt, weil es aufhört etwas berechnen zu können, und stattdessen nur noch sich selber bezeichnet."[297]

Weniger apokalyptisch stellt sich die Unbestimmtheit Gottes dar, wenn man mit Baecker das berühmte Formkalkül von George Spencer-Brown einbezieht. Es

291 Ebd., S. 242.
292 Ebd., S. 245.
293 Ebd., S. 264.
294 Dirk Baecker, „Gott rechnet anders. Das Risikokalkül und der Fingerzeig des Unbestimmten", in: Lettre International 84/2009, S. 84-88, hier S. 86; siehe auch Ders., „Volkszählung", in: Ders. (Hg.), *Kapitalismus als Religion*, Berlin 2003, S. 265-282.
295 Ebd. Für Religionstypen, die keinen Weltuntergang im Programm haben, trifft Baeckers hier getroffene Unterscheidung nicht zu.
296 Ebd.
297 Ebd.

besagt, daß in jedem Beginn der Rede von „Form“ bereits die Unterscheidung einer bestimmten und einer unbestimmten Seite vorgenommen wird. Dann könnte man auch sagen, daß Gott rechnet, nur eben in anderer Weise. Gott wäre dann „das Unbestimmte, das an jeder Rechnung teilnimmt, indem es sich in keine Rechnung hineinziehen läßt.“[298]

Religion und Wirtschaft trennt somit die Rechnungsart. In der Wirtschaft geht es um die Errechnung von Chancen, dies ist in der Religion, vor allem seit der Ablaßhandel nachgelassen hat, nicht mehr theologischer Standard.

Geld und Arbeit als Platzhalter des Religiösen. Argumente für die starke Verbindung von Geldglauben und Religion hat der Soziologe Christoph Deutschmann aufgeführt. Ausgehend von einer Darstellung der Schwierigkeiten, für die Soziologie einen allgemeinen Begriff der Religion zu entwickeln, sieht er analoge Schwierigkeiten, sich in der ökonomischen Theorie auf einen allgemeinen Begriff des Geldes zu einigen.[299] Die Religions-Definitionen von Durkheim und Malinowski seien problembehaftet; Weber habe auf eine Definition verzichtet, für Tenbruck könne seine Religion ohnehin letztlich nur der Gläubige definieren, für Luhmann schließlich sei „Gott“ eine „Chiffre“, d.h. „eine Formel, die nichts Bestimmtes bezeichnet, sondern selbst an die Stelle des Bezeichneten tritt, es zugleich repräsentiert und verbirgt.“[300]

In der Tat, Luhmanns Rede von „Gott“ als einer „Chiffre“ ist nicht minder rätselhaft und verliebt in Paradoxe als die Auskünfte der ökonomischen Theorien, die Deutschmann nennt. Die Seinsweise von Geld „läßt sich nicht an seinen beobacht-

---

298 Ebd. Hier liegt denn auch ein wichtiger Unterschied zu Simmels Analogien von Gott und Geld. Gott „ist eben nicht das Unbestimmte, das jederzeit bestimmt und deswegen mit dem Geld, wie Georg Simmel es sah, gleichgesetzt werden kann, sondern er ist das Unbestimmte, das nur um den Preis seiner Verfehlung, wenn nicht der Blasphemie, bestimmt werden kann – das heißt was als Unbestimmtes, deus absconditus, gewürdigt werden will.“ Ebd.

299 Christoph Deutschmann, „Die Verheißung des absoluten Reichtums: Kapitalismus als Religion“, in: *Kapitalismus als Religion*, hg. v. Dirk Baecker, Berlin 2003, S. 145-174, hier S. 145ff; eine erweiterte Fassung erschien in: Ders., *Kapitalistische Dynamik. Eine gesellschaftstheoretische Perspektive*, Wiesbaden 2008, S. 14-40; siehe auch: Ders., *Die Verheißung des absoluten Reichtums. Zur religiösen Natur des Kapitalismus*, Frankfurt a.M./New York 1999; ders., „Ideen und Interessen. Zum Verhältnis von Religion und wirtschaftlicher Entwicklung“, in: *Kölner Zeitschrift für Soziologie und Sozialpsychologie* 53/2013, S. 359-381.

300 Ebd., S. 148, Es sei hier daran erinnert, daß auch wir in unserer Religionssoziologie auf eine Vorab-Definition von Religion verzichtet und uns mit dem Auftauchen von Diskursen beschieden haben, in denen in der heutigen wie in historischen Gesellschaften bestimmte Phänomene als Religion oder etwas Religiöses gehandelt werden. Auf die Probleme einer allgemeinen Definition der Religion kommen wir am Ende des *Dritten Teiles* ausführlicher zurück. Wir hoffen dann deutlich machen zu können, wie sehr die Problematik eines allgemeinen Religionsbegriffs mit der Konstitution der Religionswissenschaften und der Verarbeitung der Erfahrung der kapitalistischen Marktwirtschaft und ihres Religionsmarktes zusammenhängt.

baren Erscheinungen (z.B. Metalldeckung oder institutionelle Garantien) festmachen. Seine letzte ‚Deckung' ist unsichtbar und ruht nicht anders als beim religiösen ‚Glauben', im ‚Vertrauen' der Wirtschaftssubjekte."[301] Die ungeklärte Alternative einer substantialen und einer funktionalen Definition des Geldes sei vergleichbar mit der, die man in der Religionssoziologie finde. Problematisch sei die systemtheoretische „Einstufung des Geldes als bloßes ‚Kommuniktionsmedium'", denn Geld sei auch ein Wertgegenstand.[302] Kommunikation hingegen kann man nicht besitzen. Deutschmann resümiert: „Der Möglichkeitsraum, auf den Geld zurückgreift, ist aus dritter Sicht nicht beobachtbar, wie die lange Liste gescheiterter ‚Werttheorien' zeigt. Die ‚Recheneinheit' Geld mißt etwas Unsichtbares, sie bezeichnet ebensowenig etwas Bestimmtes wie die Formel ‚Gott'".[303] Was die Rätselhaftigkeit des Geldes betrifft, so steht sie der Rätselhaftigkeit Gottes in nichts nach, d.h. Deutschmann analogisiert die unheimliche Erfahrung, die nachdenkliche Menschen mit dem Geld machen, mit der Unbegreiflichkeit des *deus absconditus*.

Angesichts der unbefriedigenden Auskünfte heutiger Geldtheorien wendet sich Deutschmann zurück zu Simmel und Marx als Autoren, deren Denken noch nicht von der fatalen Trennung in einerseits Sozial- und andererseits Wirtschaftswissenschaften geprägt ist, – eine Trennung, durch die das Thema Geld „buchstäblich in ein ‚schwarzes Loch' fiel."[304] Deutschmann bezieht sich auf den oben genannten Grundgedanken Simmels: weil Geld ein allgemeines Mittel ist, ist es „unvermeidlich mehr als ein Mittel – es setzt sich selbst an die Stelle des Vermittelten (…). Schon weil es in dieser Weise Einheit in der Mannigfaltigkeit der Welt stiftet, gerät Geld unwillkürlich in eine Nähe zur Religion".[305] Deutschmann sieht nun darin, über die Analogien Simmels zwischen Geldwirtschaft und Religion hinausgehend, eine tieferliegende Strukturidentität, denn eine „Grundthese der klassischen religionssoziologischen Analysen von Durkheim bis Luhmann lautet, daß die gesellschaftliche Funktion der Religion in der (ihrer Natur nach paradoxen) Reflexion gesellschaftlicher Identität besteht. Es geht in den Religionen, mit anderen Worten, genau um das in den Differenzierungstheorien offen gebliebene Problem der „Identität" der Gesellschaft jenseits aller Individualisierungsprozesse und funktionalen Differenzierungen."[306] In der modernen kapitalistischen Gesellschaft übernehme nun das Geld die gesellschaftliche Funktion der Religion. In einer Gesellschaft, in der der Reproduktionsprozeß als Ganzes geldvermittelt geschehe, werde „Geld in einer unwillkürlichen und ungeplanten Weise zu einer Instanz der Repräsentation

301 Ebd., S. 149.

302 Ebd., S. 150.

303 Ebd., S. 151.

304 Ebd., S. 152.

305 Christoph Deutschmann, „Soziologie kapitalistischer Dynamik", MPIfG Working Paper 09/5. Max-Planck-Institut für Gesellschaftsforschung, Köln 2009, online: http://www.mpifg.de/pu/workpap/wp09-5.pdf (Letzter Zugriff: 09.12.2013), S. 22.

306 Ebd., S. 10.

der Gesellschaft als Totalität. Die Folge ist, daß die Paradoxien religiöser Repräsentation sich auf das Geld übertragen."[307]

Zu diesem Aspekt kommt ein zweiter. Simmel hatte darauf aufmerksam gemacht, daß der Wert einer gegebenen Geldsumme nicht nur äquivalent dem Werte jedes einzelnen Objekts ist, das dasselbe kostet, sondern daß dazu noch ein Wertplus komme, das „der Wahlfreiheit zwischen unbestimmt vielen derartigen Objekten – ein Plus, für das es innerhalb des Waren- oder Arbeitskreises kaum annähernde Analogien gibt."[308] Es ist in der Regel interessanter, Geld statt einer Ware in Händen zu halten.[309] In diesem „Superadditum", dem Wertplus des Geldes, liegt für Deutschmann „eine utopische ‚Verheißung', wie sie stärker nicht sein könnte".[310]

Die Antwort auf die Frage nach dem Ursprung des „Superadditums" findet Deutschmann nicht bei Simmel, sondern bei Marx, und zwar nicht in dessen Werttheorie, sondern beim vormärzlichen Marx, der einen reichen philosophischen Arbeitsbegriff entwickelt und auch später beibehalten hat. Arbeit ist für Marx nicht auf Erwerbstätigkeit zu reduzieren, sondern umfaßt den Gesamtprozeß des gesellschaftlichen, d.h. durch Sprache vermittelten Verhaltens der Menschen zur Natur. Arbeit bei Marx meint nicht „instrumentelles Handeln", wie dies in der Tradition der Kritischen Theorie der Fall ist, sondern liegt nach Deutschmann näher bei Auffassungen des philosophischen Pragmatismus etwa von John Dewey, bei dem die intelligente Bearbeitung der Natur als „Inquiry" erscheint, als „the directed or controlled transformation of an indeterminate situation into a determinately unified one".[311]

In dem Maße, in dem der Akzent darauf gelegt wird, wie die gesellschaftliche Arbeit mit ihren natürlichen Voraussetzungen in die geldbasierte Marktwirtschaft einbezogen wird, tritt zu den bei Simmel diskutierten ähnlichen Arten der Repräsentation der Gesellschaft als Totalität eine weitere hinzu. Bei Simmel hatte nur das Geld als das absolute Mittel, das zum absoluten Zweck wird, und analog dazu die monotheistische Gottesvorstellung die Funktion der Repräsentation der Gesellschaft als Totalität. Dazu kommt für Deutschmann eine grundlegendere Realität: „Geldkapital wie religiöse Sinnformen verweisen auf eine Realität, die in toto unbeobachtbar ist: die Kreativität gesellschaftlicher Arbeit."[312] Was für die Aporien der Definition von einerseits Religion und andererseits Geld gilt, wiederholt sich beim Versuch, die Kreativität der Arbeit zu definieren. Die Fähigkeit, Neues hervorzubringen, ist nicht abschließend definierbar. „Eine solche Definition müßte

307 Ebd., S. 13.

308 Simmel 1989, S. 268.

309 Ebd., S. 274.

310 Deutschmann 2009, S. 21.

311 Ebd., S. 25; John Dewey, „The Pattern of Inquiry" (1938), in: *The Essential Dewey*, Bd. 2: *Ethics, Logic, Psychology*, hg. v. Larry A. Hickman u. Thomas M. Alexander, Bloomington; UP 1998, S. 169-179, hier S. 178.

312 Deutschmann 2009, S. 26.

nicht nur alle früheren und gegenwärtigen, sondern auch alle zukünftigen Erfindungen einschließen, was auf einen Selbstwiderspruch hinauslaufen würde. Die Potentiale der Arbeit sind durch keine gegebene Summe Geldes je einlösbar und als Totalität niemals zu beobachten, geschweige denn privat zu besitzen."[313]

Deutschmann sieht die Koinzidenz von Religion und Kapitalismus im Unterschied zu Simmel und Luhmann beim Thema der schöpferischen Allmacht. Die Mobilisierung der Produktivität der gesellschaftlichen Arbeit im Modus kapitalistischer Produktion und ihre enormen Umwälzungen drängen „den traditionellen Jenseitsglauben in eine aussichtslose Defensivposition, machen ihn als eine bloße Projektion der menschlichen Schöpferkraft durchschaubar."[314] Der Grundgedanke von Feuerbachs Religionskritik, die Theologie in eine Anthropologie umzukehren, der in die Marxsche Ideologienlehre eingegangen ist und der bei Nietzsche seine Fortsetzung gefunden hat, wird von Deutschmann aufgegriffen und erneut umgewendet: „In der Religion wird das kreative Potential des Menschen in Gestalt des Schöpfergottes nur angeschaut, im Kapital wird es zu einem die gesamte Welt durchdringenden Imperativ".[315] Die religiöse Verheißung eines himmlischen Jenseits steckt jetzt in der Verheißung des absoluten Reichtums. Es handelt sich dabei um „eine Verheißung, die nie zu ihrem Ende kommt." Daher sprengt das Kapital den ursprünglichen Sinn von Ökonomie als einer „Befriedigung der Bedürfnisse konkreter Menschen im Rahmen der Hauswirtschaft. Seine Natur ist viel mehr die einer ‚Utopie'".[316] Sie hat freilich durchaus eine reelle Basis, ist doch die Arbeit als ‚variables Kapital' in der Kapitalform eingeschlossen. Da jedoch die Arbeit als gekaufte Arbeitskraft keine Substanz, sondern Potenz ist, besteht ein nur dynamisch aufzulösender „Widerspruch zwischen dem quantitativ fixierten Charakter jeder Geldsumme und der Unbestimmbarkeit der kreativen Potentiale der Arbeit".[317] Es sind nun die Geldbesitzer, die über die göttliche Eigenschaft der menschlichen Arbeit, d.h. über die in „der Kapitalform angelegte Verheißung absoluten Reichtums" verfügen.[318]

Deutschmann verzichtet darauf, die Marxsche Wertlehre, d.h. den Versuch einer quantitativen Fassung des Wertes als „gesellschaftlich notwendiger Arbeitszeit" und ihre Verbindung mit der These vom Fetischcharakter der Ware weiterzuverfolgen, die für die marxistische Religionskritik und Ideologienlehre folgenreich wurde. Stattdessen gilt ihm die Unbestimmbarkeit der Kreativität der Arbeit als Ausgangspunkt für eine andere Interpretation des Zusammenhangs von Religion und Kapitalismus, die den Prozeß der Technisierung hervorhebt. „Das Arbeitsvermögen als reale Grenzbedingung des Herstellungsmöglichen bedarf, darin der Religion ähnlich, (...) der immer neuen Deutung durch unternehmerische ‚Visionen', die die

313 Ebd., S. 27.
314 Deutschmann 1999, S. 117.
315 Ebd., S. 117f. Zu Feuerbachs Religionskritik siehe im *Ersten Band* S. 678 ff.
316 Ebd., S. 90.
317 Deutschmann 2009, S. 27.
318 Deutschmann 1999, S. 93.

Verheißung absoluten Reichtums auf ein für soziales Handeln zugängliches Format kleinarbeiten."[319] Es sind „technologische Leitbilder und organisatorische ‚Mythen'", die die Unbestimmbarkeit der Kreativität der Arbeit, ihre schöpferische Allmacht, bestimmen. „Sie kommen und gehen ganz ähnlich wie religiöse Bewegungen."[320] Deutschmanns Überlegungen weisen hier schon deutlich auf den Erfahrungshorizont artifizieller Lebenswelt, der im 20. Jahrhundert als eine neue Problemlage die Erfahrungsschicht der Marktgesellschaft überlagert hat.

Freilich fehlt bei Deutschmann an dieser Stelle eine genauere begriffliche Unterscheidung von Mythen, religiösen Bewegungen und Religionen. Einerseits heißt es mit Blick auf die technische Seite des Kapitalismus: „Die Industrie erweist sich als Fortsetzung der Religion mit anderen, noch wirksameren Mitteln".[321] Dabei bezieht sich Deutschmann auf Max Webers vieldeutigen Begriff der „Rationalisierung", wie dieser ihn für den Übergang von der Magie zur Religion benutzt hat. Andererseits bezeichnet Deutschmann die technologischen Leitbilder und solche organisatorischer Rationalität als Visionen und Mythen. „Leitbilder entwerfen ein um eine Technologie herum arrangiertes, noch nicht in allen Einzelheiten erkennbares, aber gleichwohl prägnantes und motivierendes Bild der Zukunft. Sie geben der Verheißung des absoluten Reichtums eine greifbare Gestalt und wecken die für Wachstum und Investitionen unabdingbaren Gewinnerwartungen."[322] Diese Imaginationen entstehen nicht aus Veränderungen der Marktnachfrage, sondern werden von historischen Akteuren konstruiert, die Deutschmann nach Webers Typologie von Zauberer, Priester und Propheten beschreibt.[323] So wie in Webers Modellvorstellung die Heilsversprechen religiöser Eliten unter einem Bewährungszwang stehen und im Alltag ihre sonntägliche Glaubwürdigkeit einbüßen können, so wäre es für Deutschmann denkbar, „daß das Schicksal der Verweltlichung und Privatisierung auch die Verheißung absoluten Reichtums als letzte große Religion der Moderne ergreifen könnte und es an der Zeit ist, sich auf eine solche Perspektive einzustellen."[324]

GLAUBEN ODER VERTRAUEN. Axel T. Paul hat in seiner Kritik an Deutschmann angemerkt, dieser übertreibe den religiösen Charakter der Geldwirtschaft. Es sei zwar heute möglich geworden, „Geld als Gott zu verehren". Und in der Tat wuchern – wie wir gesehen haben – die Diskurse, in denen sich der Verdacht ausspricht, daß, nicht so sehr man selbst, sondern vielmehr andere den Geld-Gott verehren. Aber daraus könne nicht gefolgert werden, daß „der Kapitalismus im Kern ein religiöses

319 Ebd., S. 95.

320 Ebd.

321 Ebd., S. 121.

322 Ebd., S. 145. Siehe dazu auch: Christoph Deutschmann, „Die Mythenspirale. Eine wissenssoziologische Interpretation industrieller Rationalisierung", in: *Soziale Welt. Zeitschrift für sozialwissenschaftliche Forschung und Praxis* 48(1)/1997, S. 55-70, aufgenommen in: Ders. 2008, S. 55-71.

323 Ebd., S. 122.

324 Ebd., S. 176.

Unterfangen wäre."[325] Religiöse Kategorien seien allenfalls geeignet, den Aspekt der Legitimität des Geldes aufzuklären.[326] Wenn alles Geld Kredit ist, so setzt Geldwirtschaft voraus, daß in die Legitimität der Währung Vertrauen gesetzt wird. Inwiefern kann aber dieses Vertrauen ein Glaube genannt werden?

Paul schließt sich in diesem wichtigen Punkt Simmel an, der zwischen Glauben und Vertrauen unterschieden hat. Vertrauen ist eine „Vor- oder Nachform des Wissens", als eine „Hypothese künftigen Verhaltens, die sicher genug ist, um praktisches Handeln darauf zu gründen".[327] Anders beim Glauben. Er liegt jenseits des Verhältnisses von Wissen und Nichtwissen. Der Glaube an Gott habe seinen Grund nicht im „Beweise für das Dasein Gottes", diese Beweise seien „nur die nachträgliche Spiegelung eines ganz unmittelbaren Verhalten des Gemütes". Auch der Glaube als „innere Vorbehaltlosigkeit einem Menschen gegenüber ist weder durch Erfahrungen noch durch Hypothesen vermittelt."[328] Folgt man dieser Unterscheidung, so wird man nach Paul „die Geldwirtschaft als vertrauensbasiert und nicht durch einen religiösen Glauben zusammengeschweißt ansprechen müssen."[329]

Dieses Resultat stützt unsere Auffassung, daß wir die verbreiteten Thesen von der Göttlichkeit des Geldes, des Marktes oder des Kapitalismus für eine schiefe Sicht auf das Verhältnis von Marktwirtschaft und Religion halten. Nicht nur weil es sich oftmals um Feststellungen mit einem denunziatorischen Unterton handelt: der dumme Konsument oder der gierige Banker folgten einem falschen Glauben oder beteten den Geld- oder Marktgötzen an. Beispiele, bei denen Autoren wirtschaftliche Institutionen wie Geld, Kapital oder Markt in einem positiv überzeugten Sinne für sich als göttlich auffassen, sind marginal. Dies muß herausgestellt werden, da wir – wie im *Ersten Band* verhandelt – sowohl für die Vernunft als auch für Kunst und Nation auf eine Fülle von Selbstaussagen verweisen können, die zeigen, daß Intellektuelle an die Göttlichkeit der Vernunft, der Kunst oder Nation ernsthaft geglaubt haben. Bei wirtschaftlichen Institutionen wie Geld, Kapital oder Markt fehlen diese Zeugnisse weitestgehend. Die bemerkenswerten intellektuellen Anstrengungen, Geld, Kapitalismus und Markt in irgendeiner Weise religiös zu deuten, spiegeln nach unserer Auffassung immer noch die Unheimlichkeit der Er-

325 Axel T. Paul, *Die Gesellschaft des Geldes. Entwurf einer monetären Theorie der Moderne*, Wiesbaden 2004, S. 205.

326 Ebd., S. 206.

327 Georg Simmel, *Soziologie. Untersuchungen über die Formen der Vergesellschaftung*, in: Ders., *Gesamtausgabe*, Bd. 11, hg. v. Otthein Rammstedt, Frankfurt a.M. 1992a, S. 393.

328 Ebd.

329 Paul 2004, S. 215. Die Differenz von Vertrauen und Glauben ist auch im *Basler Manifest zur Ökonomischen Aufklärung* herausgestellt: „Freie Marktwirtschaft heißt, auf die Produktivität von Vertragsfreiheit, Gestaltungsmöglichkeiten und verantwortliches Handeln zu vertrauen – und eben nicht fundamentalistisch daran zu glauben, daß die Unsichtbare Hand des Marktes mit gottgleicher Weisheit alles so herrlich regiert, weil sie für Gleichgewichtszustände sorgt." *Basler Manifest zur Ökonomischen Aufklärung*, in: *Kapitalismus – eine Religion in der Krise I. Grundprobleme von Risiko, Vertrauen, Schuld*, hg. v. Georg Pfleiderer u. Peter Seele, Zürich/Baden-Baden 2013, S. 369-374, hier S. 369f.

fahrung entfesselter Marktwirtschaft. Wo Ratlosigkeit herrscht, sollen Fremdbeschreibungen einer Religion des Geldes oder Kapitalismus Lösungen suggerieren.

Die Differenz von Vertrauen und Glauben ist für unsere Religionssoziologie aber auch noch aus einem anderen Grunde von Bedeutung. Wenn die Legitimität wirtschaftlicher Institutionen nicht vom Glauben, sondern vom Vertrauen abhängt, so gerät das Verhältnis von Wissen und Nichtwissen ins Zentrum. Simmel hat Vertrauen als einen mittleren „Zustand zwischen Wissen und Nichtwissen" charakterisiert: „Der völlig Wissende braucht nicht zu *vertrauen*, der völlig *Nicht*wissende kann vernünftigerweise nicht einmal vertrauen."[330] Es ist dies die Situation der Marktteilnehmer. Sie sind auf ein Maß an Wissen angewiesen, das es ihnen ermöglicht zu vertrauen.

Für die Erfahrung entfesselter Marktwirtschaft gilt *mutatis mutandis* das, was wir für die Erfahrung der Glaubenskriege und für die Erfahrung der Revolution im *Ersten Band* dargestellt haben: Aus beunruhigenden, verstörenden bisweilen traumatischen Erfahrungen bilden sich responsiv Prozesse der Sakralisierung. Aus der Erfahrung der Glaubenskriege erwachsen *rationalreligiöse* und aus der Erfahrung der Revolution *kunstreligiöse* sowie *nationalreligiöse* Glaubensweisen, die den Enthusiasmus stabilisieren sollen, und sie verlassen sich auf Glaubensätze der Ewigen Linken oder Ewigen Rechten. Aus der Erfahrung entfesselter Marktwirtschaft erwächst etwas anderes. Zwischen Wissen und Nichtwissen, nach vertrauenswürdigen Annahmen suchend, wird Wissen zu einer zentralen Instanz. Hier ist der schwankende Boden für eine neue Art der Sakralisierung: die Sakralisierung des Wissens in der *Wissenschaftsreligion*.

Wir folgen unserem Leitfaden der Darstellung: Die epochalen verstörenden und ratlos machenden Zeiterfahrungen der europäischen Glaubenskriege, der Revolutionszeit nach 1789, der entfesselten Marktwirtschaft und der artifiziellen Lebenswelt, die diese Religionssoziologie zum Ausgangspunkt nimmt, sind nach der Zeitstelle ihres erstmaligen In-Erscheinung-Tretens in unserer Darstellung gereiht, weil sich in der Geburtsstunde einer Konstellation von drängender Erfahrung, religiösem Thema und kritischer Reflexion die typologischen Charakteristika von Religionsdeutung und Religionskritik gut herausarbeiten lassen. Diese Problemlagen haben sich zwar im linearen Prozeß übereinander gelegt, aber für Aktualisierungen sind sie in der Gegenwart kopräsent: Glaubenskriege ebenso wie Revolutionen, Entfesselung der Marktwirtschaft ebenso wie die Technisierung und Ästhetisierung der Lebenswelt. Was mit der Erfahrung entfesselter Marktwirtschaft auf die Bühne tritt ist – so unsere These – nicht in der Hauptsache eine Religion des Geldes, die nur als religionskritische Konstruktion im Diskurs existiert, sondern die Sakralisierung des Wissens in Formen von *Wissenschaftsreligion*.

EINE REINE UND EXTREME KULTRELIGION. Es gilt freilich, zum Thema Geld und Gott, Kapitalismus als Religion noch etwas nachzutragen, das über den Erfahrungsraum des *Dritten Teils* unserer Religionssoziologie hinausgeht. Mit der Ent-

330 Simmel 1992, S. 393.

fesselung der Finanzmärkte, dem ideologischen Siegeszug des neoliberal genannten Marktfundamentalismus und dem in der Bankenkrise erneuten Gewahrwerden der Krisenhaftigkeit des liberalen Kapitalismus, der als Sieger aus der Systemkonkurrenz zum Staatskapitalismus sowjetischer Prägung hervor gegangen war, zog ein kleines, erst 1985 in den *Gesammelten Schriften* lesbares Fragment von Walter Benjamin die Aufmerksamkeit von Intellektuellen auf sich. Datiert auf Mitte 1921 steht das Textstück mit dem Titel *Kapitalismus als Religion* im Zusammenhang mit Aufzeichnungen unter der Überschrift *Geld und Wetter*, die dann in den Aphorismus *Steuerberatung* eingegangen sind, der in der Sammlung *Einbahnstraße* 1928 publiziert wurde.[331]

Der dicht formulierte, inspirierende, anspielungsreiche und in manchem hermetische Text von gut drei Druckseiten ist – wie andere Fragmente Benjamins auch – nicht leicht zu verstehen.[332] Der plakativ gewordene Titel „Kapitalismus als Religion" hat dazu verleitet, die Frage zu übergehen, in welchem Sinne hier von einer Religion die Rede ist. Für Benjamin ist der Kapitalismus „eine reine Kultreligion, vielleicht die extremste, die es je gegeben hat."[333] Der Terminus geht zurück auf Unterscheidungen, die in der frühen religionswissenschaftlichen Diskussion um das Verhältnis von Opferkult und Prophetie in der Geschichte Israels durch Julius Wellhausen und William Robertson Smith entwickelt wurden. Wellhausen zeigte, daß zuerst die Propheten vor den Ritualvorschriften und dem Tempelkult die Religion des alten Israel begründeten; William Robertson Smith vertrat die Auffassung, daß noch vor den Propheten ein gemeinsames heiliges Mal als lokaler Kult gefeiert wurde.[334] Aus dieser Debatte ging die Unterscheidung von Buchreligionen und Kultreligionen hervor. Im Unterschied zu Buchreligionen, bei denen eine allererst zu verstehende Schrift im Mittelpunkt steht, sind Kultreligionen um den praktischen Vollzug von Opferhandlungen zentriert und kennen Aufzeichnungen hauptsächlich als Ritualanweisungen, d.h. als szenische Bemerkungen.[335]

---

331 Walter Benjamin, „Kapitalismus als Religion", in: Ders., Gesammelte Schriften, Bd. 6, hg. v. Rolf Tiedemann u. Hermann Schweppenhäuser, Frankfurt a.M. 1985, S. 100-103; Ders., „Geld und Wetter (Zur Lesabéndio-Kritik)", in: Ders., *Gesammelte Schriften*, Bd. 4.2, hg. v. Tillman Rexroth, Frankfurt a.M. 1972a, S. 941; Ders., „Einbahnstraße", in: Ders., *Gesammelte Schriften*, Bd. 4.1, hg. v. Tillman Rexroth, Frankfurt a.M. 1972b, S. 83-148, hier S. 139. Siehe dazu: Uwe Steiner, „Kapitalismus als Religion. Anmerkungen zu einem Fragment Walter Benjamins", in: *Deutsche Vierteljahrsschrift für Literaturwissenschaft und Geistesgeschichte* 72(1)/1998, S. 147-171. Instruktiv und weiterführend sind die Beiträge in dem Sammelband: *Kapitalismus als Religion*, hg. v. Dirk Baecker, Berlin 2003.

332 Zu Walter Benjamin in diesem Band S. 1096.

333 Benjamin 1985, S. 100-103, hier S. 100.

334 Hans G. Kippenberg, *Die Entdeckung der Religionsgeschichte*, München 1997, S. 100f u. S. 106ff.

335 Siegfried Morenz, „Entstehung und Wesen der Buchreligion" (1950), in: Ders., *Religion und Geschichte des alten Ägypten. Gesammelte Aufsätze*, Weimar 1975, S. 383-394; Michael Pietsch, „‚Ich habe das Gesetzbuch gefunden im Haus des Herrn.' Anfänge der Buchreligion im Alten Testament?" in: *Wortwelten. Theologische Erkundung der Literatur*, hg. v. Maike Schult u. Philipp David, Berlin 2011, S. 143-167.

Gemeinhin wird davon ausgegangen, daß Religionen in der Regel Kulte praktizieren. Dies gilt auch für die modernen europäischen Religionen, die wir bisher untersucht haben. Man denke etwa die Taufe in *Bekenntnisreligionen*, die Freimaurerrituale in der *Rationalreligion*, die Andacht in Momenten auratischen Kunsterlebens in der *Kunstreligion* oder die Sakralisierung der Landesfahne in der *Nationalreligion*. Aber für diese Religionen sind die kultischen Praktiken gerade nicht zentral. Zentral sind die Aussagen, mit denen vorgestellt wird, warum etwas zu verehren und heilig zu halten ist. Die Kultreligion, von der Benjamin spricht, ist dagegen eine Religion ohne Dogmatik und ohne Theologie, d.h., es ist hier nicht möglich, irgendwo der Sinnhaftigkeit einer Überzeugung beizustimmen und etwa zu dieser Religion zu konvertieren. Diese höchst relevanten Unterschiede gehen verloren, wenn man, ob des griffigen Titels, den die fragmentarischen Notizen erhalten haben, Benjamins Textstück der allgemeinen Debatte über die Göttlichkeit von Geld, Kapitalismus oder Markt zuschlägt.

Zu Kultreligionen kann man sich nicht bekennen, aber man kann Kulte mitmachen. Benjamin schreibt: „Der Kapitalismus ist eine Religion aus bloßem Kult", und er bemerkt zur Erläuterung: „Es trägt zur Erkenntnis des Kapitalismus als einer Religion bei, sich zu vergegenwärtigen, daß das ursprüngliche Heidentum sicherlich zu allernächst die Religion nicht als ein ‚höheres' ‚moralisches' Interesse, sondern als das unmittelbarste praktische gefaßt hat".[336] Benjamin gibt auch keinen Hinweis, daß die reine, extreme Kultreligion des Kapitalismus so wie die alten heidnischen Religionen überhaupt Mythen als Erzählungen von Göttern und Menschen benötigte. In der Konsequenz ist gegenüber dieser Art Kultreligion gar keine inhaltliche Religionskritik möglich, weil sie keine Inhalte hat. Sie besteht rein aus orthopraktischen Anweisungen.

Zur üblichen Vorstellung von religiösem Kult gehört gemeinhin auch, daß Menschen sich zu kultischen Handlungen versammeln. Die einzelnen Kulthandlungen, seien es nun Gottesdienste, Inszenierung von Mythen, kultische Tänze, Festmahle o.ä., finden zu besonderen Zeiten und an besonderen oder besonders hergerichteten Orten statt. Auf diese Weise wird der Unterschied von profanem und heiligem Bereich markiert, der für die Religionssoziologie grundlegend ist. „Die Aufteilung der Welt in zwei Bereiche, von denen der eine alles umfaßt, was heilig ist, und der andere alles, was profan ist", gilt seit Émile Durkheim als ein wichtiges Kriterium von Religion.[337] Von dieser grundlegenden religionssoziologischen Unterscheidung von profan und heilig kann beim Kapitalismus als extremer Kultreligion nicht die Rede sein. So ist ein zweiter Zug des Kapitalismus nach Benjamin: „die permanente Dauer des Kultus. Der Kapitalismus ist die Zelebrierung eines Kults sans rêve et sans mercie. Es gibt da keinen ‚Wochentag', keinen Tag an dem nicht Festtag in dem fürchterlichen Sinne der Entfaltung allen sakralen Pompes, der äußersten Anspannung des Verehrenden wäre."[338] Wenn die Unter-

336 Benjamin 1985, S. 102 u. S. 103.

337 Emile Durkheim, *Die elementaren Formen des religiösen Lebens*, Frankfurt a.M. 1981, S. 62.

338 Benjamin 1985, S. 100.

scheidung von profan und heilig aufgehoben ist, so stellt sich die Frage, in welcher Weise dieser permanente Extremkult überhaupt als Religion bezeichnet werden kann. Wollte man Benjamins Beschreibung folgen, so müßte man einen neuartigen Typus von Religion konzipieren, der ganz anders aussähe als die bisher behandelten Religionstypen der *Bekenntnisreligion*, *Rationalreligion*, *Kunst-* und *Nationalreligion* sowie der im diesem Teil zunächst zu behandelnden *Wissenschaftsreligion*.

Zur üblichen Vorstellung von religiösem Kult gehört darüber hinaus, daß die kultischen Handlungen dazu dienen, mit irgendwelchen Göttern oder geistigen Wesen in Verbindung zu treten, sie den Menschen gewogen zu stimmen, etwas wieder gutzumachen, sich mit ihnen zu versöhnen oder um die kosmische Harmonie wieder herzustellen, d.h. eine durch den Menschen bewirkte Störung zu entsühnen. Auch in diesem Punkte unterscheidet sich die reine und extreme Kultreligion des Kapitalismus von dem, was im allgemeinen bei Kultreligionen der Fall ist. „Der Kapitalismus ist vermutlich der erste Fall eines nicht entsühnenden, sondern verschuldenden Kultus. Hierin steht dieses Religionssystem im Sturz einer ungeheuren Bewegung." In Benjamins Sicht handelt es sich um ein „ungeheueres Schuldbewußtsein das sich nicht zu entsühnen weiß, sondern universal" wird. „Darin liegt das historisch Unerhörte des Kapitalismus, daß Religion nicht mehr Reform des Seins sondern dessen Zertrümmerung ist."[339]

Für dieses Merkmal der extremen Kultreligion Kapitalismus ist daran zu erinnern, daß Startpunkt und endlose Weiterung für die kapitalistische Produktionsweise bis in unsere Zeit die Verschuldung ist. Hans Christoph Binswanger weist darauf hin: „Die Voraussetzung für die Entstehung von Unternehmungen ist das Vorhandensein von Kapital, d.h. von Geld, mit dem die Unternehmungen Produktionsfaktorleistungen kaufen können, bevor der Produktionsprozeß beginnt."[340] Es ist immer zuerst das Geld, das als Kapitalvorschuß die Dynamik des Wachstums in Gang setzt, ob es sich nun um die Papiergeldschöpfung der Zentralbanken des 17. Jahrhunderts gehandelt hat oder heute die Kreditschöpfung der Geschäftsbanken handelt. Den Kapitalvorschuß, den Unternehmen einmal geliehen bekommen haben, müssen sie mit Zinsen zurückzahlen. Dies kann nur gelingen, wenn sie weiter wachsen, d.h. neue Kredite aufnehmen und sich weiter verschulden. Sie brauchen „frisches Geld", d.h. neuen Kapitalvorschuß, der nur abbezahlt werden kann, wenn es Wachstum gibt. Binswanger zufolge handelt es sich um eine Wachstumsspirale, für die kein Ende gedacht wird. „Wachstum verlangt weiteres Wachstum."[341] Ob überhaupt eine Rückzahlung etwa der Staatsverschuldung möglich ist, muß bezweifelt werden. Fiktive Rückzahlungspläne aus den 90er Jahren des 20. Jahrhunderts faßten für die Schulden der Bundesrepublik fünfzig Jahre

339 Ebd. Siehe dazu Werner Hamacher, „Schuldgeschichte. Benjamins Skizze ‚Kapitalismus und Religion'", in: *Kapitalismus als Religion*, hg. v. Dirk Baecker, Berlin 2003, S. 77-119.

340 Hans Christoph Binswanger, *Die Wachstumsspirale. Geld, Energie und Imagination in der Dynamik des Marktprozesses*, Marburg 2006, S. 72.

341 Ebd., S. 313.

ins Auge. Bedingung war freilich ein Ende der steigenden Verschuldung.[342] Inzwischen wächst der Verdacht, daß die anwachsende Verschuldung wie ein „Ponzi-Schema" funktioniere, ein Schneeballsystem, mit dem der Italiener Carlo Ponzi in den 1920er Jahren eine betrügerische Schein-Wirtschaft aufgebaut hatte.[343] Die Rede von einer „Zertrümmerung" des Seins dürfte heute nicht mehr so befremdlich klingen, wenn man etwa den Prognosen für die Zerstörung von Klima und Umwelt vertraut, die von der Wachstumsdynamik der kapitalistisch verfaßten Artifizierung der menschlichen Lebenswelt ausgeht.

Schließlich nennt Benjamin noch ein viertes Charakteristikum des Kapitalismus als einer reinen, extremen Kultreligion. Üblicherweise sind in Kultreligionen die Götter oder geistigen Wesen zumindest bekannt und können vielleicht auch angerufen werden. Nicht so in der kapitalistischen Kultreligion: „Der Kultus wird vor einer ungereiften Gottheit zelebriert, jeder Gedanke an sie verletzt das Geheimnis ihrer Reife."[344] Das könnte man so verstehen, daß der Kult gleichsam bewußtlos oder unwissend vollzogen wird, und zwar in einem Leerlauf, einem „Aushalten bis ans Ende, bis an die endliche völlige Verschuldung Gottes, den erreichen Weltzustand der Verzweiflung auf die gerade noch *gehofft* wird."[345] Erst „im Zenith seiner Verschuldung" dürfe der dann wohl gereifte Gott angesprochen werden.[346]

Benjamins fragmentarische Notizen verführen zu Interpretationen, bei denen die Gefahr besteht, sich zu verlaufen. Für uns ist wichtig: so viele Überschneidungen es zwischen Benjamins *Kapitalismus als Religion* und den zuvor behandelten Beiträgen zur religiösen Natur von Geld, Kapitalismus und Markt gibt, die sich in der Regel auf die überlieferten Hochformen des Christentums und seines Schicksals beziehen, – was Benjamin skizzenhaft als reine und extreme Kultreligion vorstellt, ist in der Tat historisch neuartig. Mit dieser neuen Religion ohne Glaubenslehre, einer Religion, in der die Unterscheidung von profan und heilig ausgelöscht ist, deren Kult pervers ist, weil er anders als alle anderen Kulte nicht entsühnt, sondern verschuldet, deren Gott überhaupt erst in der letzten Finanzkrise, dem Zenith seiner Verschuldung, bekannt wird, zeichnet sich das vage Profil eines neu-

342 Horst Boettcher, *Mühlsteine. Staatsschulden und Zinslasten*, Bad Soden am Taunus ^{2}1996.

343 „Boston Consulting: Internationale Finanzwelt ist ein Schneeball-System", in: *Deutsche Wirtschafts Nachrichten* vom 27. Dezember 2012, 02:17 http://deutsche-wirtschafts-nachrichten.de/2012/12/27/boston-consulting-internationale-finanzwelt-ist-ein-schneeball-system/ (Letzter Zugriff 18.09.2013).

344 Benjamin 1985, S. 101.

345 Ebd.

346 Ebd. Vielleicht ist hier Benjamins kleine Aufzeichnung über „Geld und Wetter" hilfreich, in der er notiert: „Regen ist das Symbol des diesseitigen Mißgeschicks" und einige Zeilen weiter schreibt: „Geld gehört mit Regen, nicht etwa mit Sonne zusammen." Benjamin 1972a, S. 941 Im Aphorismus „Steuerberatung" wird dies aufgegriffen: „Das Wetter selbst ist ein Index vom Zustande dieser Welt. Seligkeit ist wolkenlos, kennt kein Wetter. Es kommt auch ein wolkenloses Reich der vollkommenen Güter, auf die kein Geld fällt." Benjamin 1972b, S. 139. Solange aber der Geldregen fällt, ist er der „Vorhang vor dem Drama des Weltunterganges". Benjamin 1972a, S. 941.

en Religionstypus ab, der sich zu den anderen Religionstypen hinzugesellen wird. Wir haben diesen Typus provisorisch eine *ritual-technische Verfahrensreligion* genannt. Zu ihrem Profil gehören einige der Dimensionen, die Benjamins reine und extreme Kultreligion ausmacht: Kult ohne Inhalte, reine Verfahren, die maschinell weiterlaufen, „bis der letzte Zentner fossilen Brennstoffs verglüht ist" (Weber), eine Religion, die nicht entsühnt, sondern verschuldet, deren heimlicher Gott erst mit der Zertrümmerung des Seins bekannt wird. In *Vierten Teil* unserer Religionssoziologie werden wir darauf zurückkommen.

6. Der Bruch mit der rationalreligiösen Marktauffassung

WANDEL DER TAUSCHKONZEPTIONEN. Erfolgreiche Paradigmen neigen dazu, ihre Ursprünge weit zurück in die Vergangenheit zu legen, um zu einer solch großen Erzählung anheben zu können, die ein Höchstmaß an Plausibilität und Legitimität suggeriert. So feiert die moderne Wissenschaft ihren Ursprung in der Renaissance, und der moderne *homo oeconomicus* rechnet Adam Smith zu der Stifterfigur, die das Denken der Wirtschaft als einer sich selbst regulierenden Marktwirtschaft so, wie wir es heute verstehen, begründet habe. Beide Erzählungen führen die Kontinuität des Kampfes gegen die Religion als Kampf gegen den Supranaturalismus und gegen die durch religiöse Autorität angeleitete Lebensführung als Begleitthemen mit sich. Sie krönen das Säkularisierungstheorem, in dem zur Befreiung der Staatlichkeit und der Wissenschaft von religiöser Bevormundung nun auch eine Entlassung der Gesellschaft als einer freien Marktgesellschaft aus religiöser Verbindlichkeit erreicht sei. Diese Sichtweise muß korrigiert werden. Wir kommen zum Abschluß des Kapitels über die unheimliche Erfahrung der entfesselten Marktgesellschaft auf die Frage nach der Identität der Moderne zurück.

Zwischen den heute dominierenden Begründungen für die Freiheit der Märkte und die Pflicht des Staates, ihr Funktionieren zu sichern, und den Theorien über die wirtschaftliche Ordnung, die in der Frühen Neuzeit und dann im 18. Jahrhundert entstanden sind, gibt es mehr Brüche als Kontinuitäten, wenn man die Thematik religionssoziologisch in den Blick nimmt. Die Kontinuitätsannahmen, die immer auch in den Stufentheorien der Moderne mitlaufen, verstellen den Blick auf die grundlegenden Differenzen, die zwischen einer an den Erfahrungen des Glaubenskrieges der Konfessionen gewachsenen *Rationalreligion* und ihrer Gesellschaftslehre einerseits und den an der Erfahrung entfesselter Marktwirtschaft sich bildenden und sich auf sie beziehenden Tendenzen der Erhebung der Wissenschaft zur letzten Instanz andererseits liegen. Im Bann der ratlos machenden unheimlichen Erfahrung entfesselter Marktwirtschaft, liegt es stets nahe, auf bekannte Modellvorstellungen zurückzugreifen. Vielleicht sind die Fragen nach den Voraussetzungen der Geburt des Kapitalismus und des Denkens der Wirtschaft als einer sich selbst regulierenden Marktwirtschaft auch so massiv, daß die Neigung besteht, dem vermeintlich zeitüberdauernden Modell Markt mehr Aufmerksamkeit zu schenken als den Umbrüchen, die die Legitimität der Marktwirtschaft betreffen.

Was die Frage der Geburt des Kapitalismus angeht, so wird man mit Fernand Braudel daran erinnern müssen, daß der Markt bis weit in die Neuzeit nicht die primäre Versorgungsquelle für das Leben der Europäer gewesen ist, sondern randständig gegenüber der Subsistenzwirtschaft blieb.[347] Dann stellt sich die Frage, in welcher Weise die konstitutiven Elemente des Kapitalismus: Geld, Markt und Arbeitsteilung, von denen jedes einzelne Element eine eigene Geschichte hat, sich ineinander verschränkt haben. Ist die Arbeitsteilung die Voraussetzung oder die Folge des Markttausches? Geht man davon aus, daß der Tausch eine Konsequenz der Arbeitsteilung ist, dann erscheint das Geld als ein Mittel, den Tausch zu erleichtern. Wenn der Marktausch die Arbeitsteilung nach sich zieht, so kommt dem Geld eine andere Funktion zu.

Einen wichtigen Fortschritt in dieser vertrackten Debatte verdanken wir dem Soziologen Louis Dumont. Im Zusammenhang der Untersuchung der Entwicklung des Freihandels verweist Dumont auf einen Wandel im Verständnis des Tausches: Eine ältere, „primitive Idee" sei es gewesen, „daß im Handel der Vorteil des einen Partners der Nachteil des anderen ist." Es habe sich um ein „Ideologem" gehandelt, „daß der für traditionelle Gesellschaften charakteristischen allgemeinen Mißachtung des Handels und des Geldes nahekommt. Den Tausch als für beide Seiten vorteilhaft zu betrachten, ist ein fundamentaler Wandel. Er signalisiert die Herausbildung der ökonomischen Kategorie."[348] Nimmt man dies, so versteht man besser, daß die sehr frühe Existenz von Geld und die antike Geldkritik auf der Basis einer nicht-äquivalenten Tauschkonzeption erfolgten. Die Dinge und das Geld sind in dieser Wahrnehmung prinzipiell nicht in ein Gleichgewicht zu bringen, sondern es gibt eine asymmetrische Dominanz des Geldes, die keine Win-win-Resultate erlaubt. Der entscheidende Wandel in der Tauschkonzeption vom „Nullsummen- zum Positivsummenspiel" könnte Aldo Haesler zufolge im 17. Jahrhundert stattgefunden haben.[349]

Dabei bezieht sich Haesler in seinen Überlegungen auch auf die originelle Forschung des Altphilologen Eske Bockelmann, der die Veränderung der Rhythmus-Wahrnehmung im 17. Jahrhundert mit einem Funktionswandel des Geldes und der Genese der Naturwissenschaft und Philosophie der Neuzeit verbindet.[350] Es war sein Interesse am sprachlichen Rhythmus lateinischer Verse, das Bockelmann zur Hypothese eines historischen Wandels der Rhythmus-Wahrnehmung geführt hat.[351] Er nahm Abstand von der gängigen These, die rhythmischen Akzente be-

347 Fernand Braudel, *Die Dynamik des Kapitalismus*, Stuttgart 1997, S. 24.

348 Louis Dumont, *Homo Aequalis I. Genèse et épanouissement de l'idéologie économique*, Paris: Gallimard 1977, S. 45.

349 Siehe dazu die Argumentation von Aldo Haesler, „Die Erfindung des Positivsummenspiels", in: *Die Geldgesellschaft und ihr Glaube*, hg. v. Paul Kellermann, Wiesbaden 2007, S. 139-148.

350 Eske Bockelmann, *Im Takt des Geldes. Zur Genese modernen Denkens*, Springe 2004.

351 Eske Bockelmann (Hg), *Die Metrikvorlesung des Frühhumanisten Peter Luder*, Bamberg 1984; Ders., *Propädeutik einer endlich gültigen Theorie von den deutschen Versen*, Tübingen 1991.

tont/unbetont würden im Sprachmaterial selber liegen, so als ob Silben selbst die Art ihrer Betonung vorgeben würden. Vielmehr müsse man wie bei Phänomenen optischer Täuschungen davon ausgehen, daß Schemata der Wahrnehmung auch im akustischen Bereich vorliegen.

Bockelmann geht nun davon aus, daß die für uns heute selbstverständliche Wahrnehmung einer generellen Zweierordnung des Taktes erst um 1600 erfahrbar geworden ist. Der Wechsel inhaltlich bestimmter Weisen der Betonung mit langen und kurzen Abschnitten, der in Poesie und Musik üblich war, wurde zunehmend einem abstrakten Takt-Schema gleichlanger Zeitintervalle unterworfen. Diese Veränderung im Taktrhythmus, die nur in Europa im 17. Jahrhundert festzustellen sei, verbindet Bockelmann mit der gleichzeitig stattfindenden Ausbreitung der Geldwirtschaft und einem Wandel der Wahrnehmung des Geldes. Ja, er geht noch weiter und stellt die These auf: Die Durchsetzung der Geldwirtschaft sei der Ursprung für den neuartigen Taktrhythmus.[352] Verkürzt gesagt: Die abstrakte Relation der beiden Zeitelemente betont/unbetont in der neuen Rhythmus-Wahrnehmung korrespondiere einer neuartigen Geld-Ware-Relation in der Wirtschaft. Ging es zuvor beim Geld-Ware-Tausch darum, ein bestimmtes kostbares Gut, wie das Gold, gegen einen anderen bestimmten Gegenstand zu tauschen, so verlor in einer veränderten Geld-Wahrnehmung das gemünzte Edelmetall seinen Charakter als ein bestimmter Gegenstand. Neu ist das Schema der Wahrnehmung: „*In aller Wirklichkeit* bezieht unsere Wahrnehmung Elemente *nach einem nicht-inhaltlichen Verhältnis* aufeinander."[353] Es könnte diese Abstraktion gewesen sein, die die alte qualitative Asymmetrie, die den Verdacht genährt hat, daß im Handel der Vorteil des einen Partners der Nachteil des anderen ist, aufgelöst hat.

Der Vorgang ist als Realabstraktion insbesondere bei Marx und bei marxistischen Autoren viel diskutiert. Alfred Sohn-Rethel hatte die Genese des Denkens der reinen Abstraktion und den Zusammenhang von Warenform und Denkform in der griechischen Polis lokalisiert und war der Suchbewegung Horkheimers und Adornos gefolgt, die das Verhängnis der Dialektik von moderner Rationalität schon bei Odysseus aufkommen sahen.[354] Bockelmann gelingt mit seiner skrupulösen Analyse des Wandels der Rhythmusauffassung allerdings eine genauere Historisierung des neuen Modells eines Tausches, der für beide vorteilhaft ist. Vom Inhalt „löst sich der Wert in dem historischen Moment, da das Geld bestimmende Allgemeinheit gewinnt: wenn es ein historisch erstes Mal also heißen kann, ‚all things came to be

352 Bockelmann 2004, S. 164, 185.

353 Ebd., S. 172. Zu Takt und Rhythmus in diesem Band S. 1007ff.

354 Alfred Sohn-Rethel, *Geistige und körperliche Arbeit. Zur Theorie der gesellschaftlichen Synthesis*, Frankfurt a.M. 1970. Aufgegriffen wurden Sohn-Rethels Überlegungen, die er bereits in der Zwischenkriegszeit entwickelt hatte, von George Thomson, *Frühgeschichte Griechenlands und der Ägäis. Forschungen zur Altgriechischen Gesellschaft*, Bd. 1, Berlin(Ost) 1960 sowie von Rudolf Wolfgang Müller, *Geld und Geist. Zur Entstehungsgeschichte von Identitätsbewußtsein und Rationalität seit der Antike*, Frankfurt a.M./New York 1977. Zur Diskussion siehe: *Geld und Geltung. Zu Alfred Sohn-Rethels soziologischer Erkenntnistheorie*, hg. v. Rudolf Heinz u. Jochen Hörisch, Würzburg 2005.

valued with money, and money the value of all things'. Dann beginnt Geld – in diesem für uns prägnanten Sinn – Geld zu sein, indem es *als Geld* allein noch *fungiert.* Der feste Bestand, den es bis dahin nur im wertvoll gedachten *Material* hatte, geht dann nämlich über in die bestandsfeste *Allgemeinheit des Bezugs* aller Dinge auf den Geldwert – und also in dessen für sich genommen festes Bestehen."[355] In dem Maße, in dem die alltägliche Versorgung von Kauf und Verkauf abhängig wird, habe sich ein gleichsam unbewußter Reflex gebildet, der nicht nur auf die Rhythmus-Wahrnehmung, sondern auch auf die gleichzeitig sich ausbreitende neuartige Denkform funktionaler Abstraktion in Naturwissenschaft und Philosophie durchgreift. Um 1600 findet Bockelmann die duale Denkform von zwei Seiten, die keinen eigenen Inhalt haben und die in ein reines Verhältnis von Ja/Nein oder wie 1:0 treten, nicht nur in der Wahrnehmung von Rhythmus, sondern auch in den mathematischen Naturwissenschaften und in der Philosophie bei Descartes, Spinoza und Leibniz wieder.

Bockelmann nimmt an, daß die kollektive Erfahrungsgrundlage des Geldgebrauchs eine Art Denkzwang ausübt. Damit macht er es sich freilich zu einfach. Die Supposition unbewußter Habitualisierungen, wie sollte man sie nachweisen können, da der historische Patient nicht auf der Couch des psychoanalytischen Historikers liegt. Wir beziehen uns in unserer Religionssoziologie ebenfalls auf die kollektiven Erfahrungslagen einer Zeit, verzichten aber auf eine derartige Supposition und nehmen statt dessen die Diskurse von Intellektuellen als Antworten auf bewußt gewordene Ratlosigkeit. Die von Bockelmann ausführlich diskutierten naturwissenschaftlichen Neueinsätze eines empirischen Apriori bei Francis Bacon und eines mathematischen Apriori bei Galileo Galilei lassen sich auch als Lösung für die Problemlage der Reformationszeit entziffern, die darin bestand, ein Gottesbild zu sichern, das Glaubensfrieden und Glaubensfreiheit ermöglicht. Gegen die drohende *bekenntnisreligiöse* Kriegstreiberei, die sich auf kontroverse theologischen Lehren über den rechten und falschen Glauben berief, galt es durch Isolierung einzelner Fakten, ihrer Veränderung und Messung sowie durch die Sprache der Dreiecke, Kreise und anderen mathematischen Figuren, die Galilei zufolge das Alphabet ausmachen, mit dem Gott die Welt geschrieben hat, ein *rationalreligiöses* Gottesbild zu sichern.

Bockelmann verkennt diese Konstitutionsbedingungen *rationalreligiöser* Profile. In seiner abschließenden Interpretation der Monadologie von Leibniz mündet die Supposition eines durch den Geldgebrauch bedingten habitualisierten Denkzwangs bei Bockelmann in eine Überblendung von Leibniz' Philosophie mit heutigen marktwirtschaftlichen Verhältnissen: „Die Menschen, monadisch jeder für sich, alle fensterlos und ohne Verbindung zu den anderen in ihr Einzelinteresse gebannt, welches sie verfolgen, als gäbe es jeweils nur sie auf der Welt, stimmen doch darin mit allen anderen überein und fügen sich so, im blinden Verfolg des je nur Eigenen, insgesamt zum Universum der Marktbeziehungen und der Marktgesellschaft: So schien es Leibniz nun mit den Monaden gemeint und so schien er es verblüffend

355 Bockelmann 2004, S. 225.

genau getroffen zu haben."[356] Während Bockelmann das Neue der frühneuzeitlichen Denkformen der Abstraktion und ihren Bruch mit antiken und mittelalterlichen Tauschvorstellungen und Geldverwendungsweisen konsequent herausgearbeitet hat, versagt er sich eine Historisierung, die die nachfolgenden Brüche in den Blick nimmt. So kommt er zu der Feststellung: „Indem Leibniz nichts weiter tut, als die Welt nach der funktionalen Abstraktion des Geldes zu durchdenken, trifft er die Formung einer Gesellschaft, die nach dieser selben Abstraktion eingerichtet ist: indem er ihr blind, ohne etwas *davon* zu erkennen, folgt. „[357]

Was Leibniz sehend zu erkennen glaubte, war jedoch etwas anderes.[358] Um das Zeitalter der Glaubenskriege hinter sich lassen zu können, hat er die Harmonie verteidigt, die sich aus der Pluralität unendlich vieler kleiner Kraftzentren, den Monaden als graduell verschiedene Einheiten von Geist- und Substanzanteilen, nach Gottes Willen ergibt. „Gott drückt gleichzeitig deutlich und vollkommen Mögliches und Seiendes, Vergangenes, Gegenwärtiges und Zukünftiges aus: er ist die umfassende Quelle von allem, und die geschaffenen Monaden ahmen ihn nach, soweit eben Geschöpfe dies vermögen. Er hat sie als Quellen ihrer Erscheinungen geschaffen, welche Beziehungen zu allem erhalten, die jedoch je nach dem Grade der Vollkommenheit jeder einzelnen von diesen Substanzen mehr oder weniger deutlich sind."[359] Leibniz begründete seinen *rationalreligiösen* Optimismus in einer Zeit, die mit all ihren Ängsten, ihrer Trostlosigkeit und den Gewaltexzessen zu allem Anderen Anlaß gegeben hat. Man muß keine unbewußte Widerspiegelung der Geldwirtschaft bemühen, um zu sehen, daß Leibniz seine Ideen für eine Mathematisierung der „Sätze der Moral und Metaphysik nach einem unfehlbaren Rechenverfahren" entwickelt hat, um den Religionsfrieden zu sichern, den andere dann mit der Verpflichtung aller Menschen auf eine natürliche Religion befördern wollten.[360]

DIE EIGENGESETZLICHKEIT DER GESELLSCHAFT. Friedrich Jonas hat darauf hingewiesen, daß vielleicht seit der Gründung des pharaonischen Großreichs es immer selbstverständlich gewesen war, daß das Zusammenleben und Zusammenhandeln der Menschen einen Herrn voraussetzt, der diesem Handeln Gesetz und Ordnung gibt.[361] Noch bei Thomas Hobbes findet sich diese Vorstellung. Die Intellektuellen der Aufklärungszeit fingen jedoch an, Gesellschaft auch anders zu denken. Grundlegend war die Idee, daß Gesellschaft vielleicht weniger durch die Gebote eines Herrn funktionieren könnte, sondern daß Gesellschaften so etwas wie eine Eigengesetzlichkeit haben, die nicht immer deckungsgleich mit den Herrschaftsansprüchen

356 Ebd., S. 480.
357 Ebd.. S. 481.
358 Siehe dazu im *Ersten Band* S. 205 ff.
359 Gottfried Wilhelm Leibniz, *Kleinere philosophische Schriften*, Leipzig 1966, S. 84f.
360 Leibniz zit. n. Konrad Feiereis, „Die Umprägung der natürlichen Theologie", in *Religionsphilosophie. Ein Beitrag zur deutschen Geistesgeschichte des 18. Jahrhunderts*, Leipzig 1965, S. 24.
361 Friedrich Jonas, *Geschichte der Soziologie*, Bd. 1: *Aufklärung, Liberalismus, Idealismus, Sozialismus, Übergang zur industriellen Gesellschaft*, Reinbek 1976, S. 244.

und der Konfession der Machthaber sein muß. Es wird nun in der Literatur häufig diese Entdeckung der Eigengesetzlichkeit der Gesellschaft mit der Erfahrung der modernen Gesellschaft als einer entfesselten Marktgesellschaft verwechselt.

Dies führt zu Fehlurteilen, denn die Eigengesetzlichkeit der Gesellschaft, die die Intellektuellen in der Zeit der Aufklärung der Religion annahmen, war von vornherein mit bestimmten institutionellen Voraussetzungen verbunden. Die Gesetze der Gesellschaft sah man in einem Zusammenhang mit einer bestehenden Ordnung von Institutionen und vor allem auch mit *rationalreligiösen* Glaubensinhalten. Die Genese der *Rationalreligion* und ihre wesentlichen Charakteristika haben wir im *Ersten Band* dieser Religionssoziologie ausführlich behandelt.[362] Es gelang eine Zähmung der religiösen Kräfte durch ihre Verwandlung in eine *Rationalreligion*, die Normen für eine gesunde, sittliche Lebensführung begründete, und die Menschen ermutigte, das göttliche Geschenk der Vernunft anzunehmen. So konnte die Eigengesetzlichkeit der Gesellschaft als ein Zusammenhang vernunftgeleiteter Individuen begründet werden. Daß nach den Maßstäben der Konfessionen *rationalreligiöser* Glaube an die Göttlichkeit der Vernunft als „Atheismus" qualifiziert oder verdächtigt worden ist, hat nun Autoren im 19. Jahrhundert und später dazu verleitet, *rationalreligiöse* Autoren sowohl als Begründer einer religionsfreien Theorie des Marktes als auch als Vorkämpfer für die Erhebung der Wissenschaft zur letzten Instanz zu annektieren. Diese Inanspruchnahmen sollen im Folgenden in Frage gestellt werden.

Wir unterscheiden also die aufklärerische Idee der Eigengesetzlichkeit der Gesellschaft von der späteren Erfahrung des modernen Marktsystems. Es gilt zur Verdeutlichung die Unterschiede schärfer herauszuarbeiten. Am Beispiel der Argumentation Werner Sombarts in der *Erinnerungsgabe* für Max Weber lassen sich die Schwierigkeiten der Differenzierung von *rationalreligiöser* Gesellschafts- und Marktauffassung und entfesselter Marktkonzeption gut zeigen. Nach Sombart setzt die moderne wissenschaftliche Soziologie dort ein, wo die „theokratische Denkweise, die aus dem Mittelalter herübergekommen war, und die naturrechtlich-vertragstheoretische, die sich in ihrer profanen Gestalt seit dem 16. Jahrhundert ausbildete", überwunden wurden. In beiden verschiedenen Auffassungen, die wir in unserer Religionssoziologie als *bekenntnisreligiöse* und als *rationalreligiöse* Glaubensweisen profiliert haben, „erschienen die menschlichen Verbände und die die Menschen verbindenden Anschauungen als etwas von der kreatürlichen Erscheinungs-

362 Zur Erinnerung: *Rationalreligion* entstand als Alternative zum Typus der modernen *Bekenntnisreligion*, deren Formierung mit der Entstehung des modernen Territorialstaates untrennbar verbunden war, weil hier die Staatenbildungskriege zugleich Glaubenskriege waren. In diesem Prozeß entstanden die modernen christlichen Konfessionen mit ihrem eigentümlichen *bekenntnisreligiösen* Profil. Die traumatische Erfahrung der zweihundertjährigen quer durch Europa aufbrechenden Glaubenskriege ist die Urszene der modernen europäischen Religionsdynamik. Die Verarbeitung dieser Erfahrung hat Intellektuelle dazu gebracht, sich auf den Weg zu machen, eine neue Religion zu stiften, die für Religionsfrieden und Religionsfreiheit eine sichere Grundlage bieten kann: die *Rationalreligion*. Dazu im *Ersten Band* S. 156ff.

welt Verschiedenes. Es sind entweder Abbilder des von Gottes Geiste beseelten und nach Einem Gesetze gebildeten Allganzen oder Schöpfungen der Einen ewigen Vernunft."[363] Erst der Bruch mit diesen beiden Auffassungen habe den Weg für die Soziologie als „einer umfassenden Erfahrungswissenschaft von der menschlichen Gesellschaft" freigemacht. „Erst mußte die alte rationale Betrachtungsweise in Trümmer geschlagen werden, ehe die Bahn für die neue Wissenschaft frei wurde."[364]

Sombart beschreibt hier exakt den Bruch, der die neue Konstellation von Wissen und entfesselter Marktwirtschaft gegenüber *rationalreligiösen* Betrachtungsweisen bedeutete. Nun nimmt Sombart für diesen Bruch allerdings Autoren in Anspruch, bei denen schwerlich ein Bruch mit *rationalreligiösen* Überzeugungen zu erkennen ist. Es sind wesentlich englische Autoren, die er als Begründer der modernen Soziologie als „Erfahrungswissenschaft von der menschlichen Gesellschaft" aufführt, darunter „die Väter des sozialen Optimismus und des sozialen Pessimismus": Anthony Earl of Shaftesbury, Bernhard Mandeville, Adam Smith und andere.[365] Von einem Bruch mit der Auffassung, soziale Verbände seien „Schöpfungen der Einen ewigen Vernunft", kann freilich bei diesen Autoren nicht die Rede sein.[366] Gegen diese Verwischung sowohl der Konturen der *Rationalreligion* als auch der neuen Stellung, die das Wissen in der entfesselten Marktgesellschaft gewinnt, sollen im Folgenden die Unterschiede skizziert werden.

Shaftesburys Denken, das von Sombart für den „Bruch" in Anspruch genommen wird, bewegt sich ganz im Horizont aufgeklärter *Rationalreligion*, die gegen den *bekenntnisreligiösen* Konfessionalismus die Existenz einer natürlichen Religion ins Feld führt. Er geht dabei über Lockes Auffassung, daß tugendhafte Handlungen dem Willen Gottes konform sind, hinaus und will die natürliche Moral für sich in ihren Bewegungsformen untersuchen, „virtue considered by itself".[367] Quelle der enthusiastischen Dehnungen ist ein *moral sense*, den der Schöpfergott jedem Menschen mitgegeben hat. Den Schotten Shaftesbury als einen Ahnherrn erfahrungswissenschaftlichen Denkens anzusprechen, ist irrig.

Ebenfalls voll im Horizont aufklärerischer *Rationalreligion* steht Francis Hutcheson, der Shaftesburys *moral sense* gegen Mandeville verteidigte. In Hutchesons An-

---

363 Werner Sombart, „Die Anfänge der Soziologie", in: *Hauptprobleme der Soziologie. Erinnerungsgabe für Max Weber*, hg. v. Melchior Palyi, Bd. 1, München/Leipzig 1923, S. 5-19, hier S. 7.

364 Ebd., S. 9.

365 Darüberhinaus werden genannt: neben dem Bischof von Peterborough Richard Cumblerand, der Politiker William Temple und der Statistiker William Petty, der Historiker Adam Ferguson und der Jurist John Millar. Ihre französischen Zeitgenossen wie z.B. Montesquieu, Voltaire und Condillac seien „in ihren Grundanschauungen doch abhängig von den englischen Vorbildern." Ebd., S. 10.

366 Trotzdem wird dies weitertransportiert, vgl. z.B. Elmar Waibl, *Ökonomie und Ethik. Die Kapitalismusdebatte in der Philosophie der Neuzeit*, Stuttgart-Bad Canstatt 1984, S. 23; Hartmut Esser, *Soziologie. Allgemeine Grundlagen*, Frankfurt a.M. 1993, S. 239ff.

367 Vgl. zum folgenden Wolfgang H. Schrader, *Ethik und Anthropologie in der englischen Aufklärung. Der Wandel der moral-sense-theory von Shaftesbury bis Hume*, Hamburg 1984.

trittsvorlesung *De naturali hominium socialitate* (Über die natürliche Gesellschaftsfähigkeit des Menschen) geht es nicht in erster Linie um die Frage, ob Gesellschaft ohne Religion möglich sei, sondern ob Menschen auch ohne Staat gesellschaftsfähig sind.[368] Die Frage richtet sich auf die Verfassung und Funktionsweise der gottgegebenen natürlichen Religion, des eingeborenen *moral sense*. Er wird in der gesellschaftlichen Kommunikation von moralischer Billigung und Mißbilligung angeregt und sichtbar. Für die gesellschaftlichen Balancen zwischen Selbstliebe und Wohlwollen hat Hutcheson eine Harmonie arithmetischer Art vorgeschlagen, den berühmten moralischen Kalkül: Das größte Glück der größtmöglichen Zahl. Nur diejenige Handlung verdient die größte Wertschätzung, die aus dem Wohlwollen gegen die große Zahl der das System konstituierenden Teile erfolgt.[369]

Wenn nach dieser Maxime Billigungen und Mißbilligungen erfolgen, führt dieses korrektive Wechselspiel zu einer gesellschaftlichen Eigengesetzlichkeit mit harmonischen Qualitäten. Der grundlegende *moral sense* ist dabei wesentlich „okkulte Qualität", unbekannte Ursache manifester Qualitäten.[370] Daran, daß er der göttlichen Schöpfung entspringt, besteht kein Zweifel für Hutcheson. Aber wie andere glaubenskriegsgeschädigte *Rationalreligiöse* warnt er davor, daß es im Bezug auf die Religion gefährlich sei, „durch verständiges Raisonnement absolute Gewißheit über die Gegenstände erlangen zu wollen, da bei einem mangelhaften Erfolg jenes Verfahrens statt Gewißheit ein Zustand von Unsicherheit entsteht, der nur allzuleicht in einen absoluten Skeptizismus übergeht."[371] Halten wir fest: Das *rationalreligiöse* Axiom, daß schöpfungsgewollt der vernunftgeleitete Selbsterhaltungstrieb des Menschen als Prinzip des Handelns die auf Erden hörbare Stimme Gottes ist, durchzieht die englische Aufklärung von Locke bis Smith.

SATIRE ODER ERNST GEMEINT. Schwieriger ist die Frage, inwieweit man in Mandevilles berühmter *Bienenfabel* einen Bruch mit *rationalreligiösen* Auffassungen entdecken kann.[372] Die Versuche, Mandeville für eine erfahrungswissenschaftliche Ökonomie und Soziologie begründend in Anspruch zu nehmen, beziehen sich hauptsächlich auf dessen provozierende These von den öffentlichen Vorteilen der privaten Laster. Für seine Zeitgenossen handelte es sich bei der *Bienenfabel* um ein

368 Daniel Brühlmeier, „Die Geburt der Sozialwissenschaften aus dem Geist der Moralphilosophie", in: *Schottische Aufklärung. ‚A Hotbed of Genius'*, hg. v. Daniel Brühlmeier / Helmut Holzhey u. Vilem Mudroch, Berlin 1996, S. 23-38, hier S. 27.

369 Schrader 1984, S. 72ff. Lesenswert ist immer noch der Pionier der Hutcheson-Forschung William Richard Scott, *Francis Hutcheson. His life, teaching and position in the history of philosophy*, Cambridge 1900.

370 "This natural Determination to approve and admire, or hate and dislike Actions, is no doubt an occult Quality", Hutcheson, zit. n. Schrader 1984, S. 77.

371 Schrader 1984, S. 75.

372 Bernard Mandeville, *Die Bienenfabel oder Private Laster, öffentliche Vorteile*, hg. u. eingeleitet v. Walter Euchner, Frankfurt a.M. 1968.

Skandalbuch, das nur ein gottloser Verteidiger der Laster schreiben konnte, und bis heute gibt es eine kontroverse Diskussion.[373]

Laurenz Volkmann hat die ausgreifende Polemik Mandevilles „gegen aristokratische Nutznießer, christlich-moralische Bedenkenträger und Sozialutopisten" mit der sozialen Lage eines freiberuflichen Arztes in Verbindung gebracht. Die Polemik sei „in all ihrer skandalösen Singularität ein frühes Beispiel für das Selbstverständnis und Weltbild professioneller Schichten, insbesondere der der beruflich Selbständigen. Mandeville vertrat dabei eine Weltsicht, welche sich bis heute für diesen Berufsstand als Gruppenideologie gehalten hat. Sie ist in besonderem Maße von dem Motiv bestimmt, daß der qualifizierte Freiberufler als wahrer, zu unrecht verkannter Mehrer des Bruttosozialprodukts zu erkennen sei."[374] Freilich sind sich die Leser der *Bienenfabel* bis in unsere Gegenwart nicht sicher, ob es sich um eine Satire handelt, oder ob der Autor es ernst gemeint habe. Man kann nicht übersehen, daß die Bienenfabel dem Stil der Swiftschen Satiren folgt, die, so viel schwarzen Humor sie auch atmen, der breiten europäischen Tradition des humanistischen *Encomiums* aufruht, in dem das Motiv der verkehrten Welt durchgespielt und in moralischer Absicht den Tugendkatalogen Lasterkataloge gegenübergestellt werden.[375]

Für Volkmann steht fest, daß Mandeville ein „ökonomisiertes Menschenbild" propagiere, denn „als letzte Bewertungsinstanz" menschlicher Handlungen trete „der ökonomische Vorteil" hervor.[376] „Nicht allein eine Umakzentuierung oder Ausweitung bisheriger Thesen zur Akzeptanz des Einzelinteresses findet bei ihm statt, sondern eine radikale, erst historisch in ihrer Konsequenz deutlich werdende Neuformulierung durch das literarische *enfant terrible* seiner Zeit."[377] Mandeville sei weniger – wie Marx meinte –, „ein gnadenloser Vivisektierer der verlogenen bürgerlichen Gesellschaft als vielmehr zugleich ihr zynischer Apologet. Es ist dies eine Doppelfunktion, die sich auch heute noch im kaltherzigen *double think* von Wirtschaftbossen niederschlägt, wenn diese in ihrer Isolierung des Marktes Moralvorstellungen als antiquierte Gefühlsduseleien abkanzeln."[378] So kann auch der

---

373 Laurenz Volkmann, *Homo oeconomicus. Studien zur Modellierung eines neuen Menschenbilds in der englischen Literatur vom Mittelalter bis zum 18. Jahrhundert*, Heidelberg 2003, zu Mandeville S. 482 ff. Volkmanns Studie überzeugt durch die breite Berücksichtigung literarischer Texte; Edward G. Hundert, *The Enlightment's Fable. Bernard Mandeville and the Discovery of Society*, Cambridge UP 1994; Zur ambivalenten Rezeption der Bienenfabel siehe Jürgen Jacobs, *Aporien der Aufklärung. Studien zur Geistes- und Literaturgeschichte des 18. Jahrhunderts*, Tübingen/Basel 2001, S. 38ff.

374 Volkmann 2003, S. 484.

375 Vgl. Adolf Hauffen, „Zur Literatur der ironischen Enkomien", in: *Vierteljahresschrift für Literaturgeschichte* 6/1893, S. 161-185. Das Renaissancethema der verkehrten Welt, das in Erasmus' *Lob der Torheit* einen berühmten literarischen Ausdruck gefunden hat, ist untersucht bei Michel Foucault, *Wahnsinn und Gesellschaft. Eine Geschichte des Wahns im Zeitalter der Vernunft*, Frankfurt a.M. 1969, S. 42ff.

376 Ebd., S. 488.

377 Ebd., S. 492.

378 Ebd., S. 521.

Rational-Choice-Theoretiker und Nobelpreisträger Gary S. Becker als ein „ein später Nachfahre Mandevilles" erscheinen.[379]

Allerdings sieht Volkmann auch einige Gedanken und Motive bei Mandeville, die nicht zu einem gottlosen Egoisten passen. Manche seiner Bilder orientieren sich an der älteren Auffassung, die „Partikularismen der Gemeinschaft (...) als Ausdruck der Mannigfaltigkeit der Schöpfung" zu deuten.[380] Hinzu kommt, daß im Unterschied zum Liberalismus des 19. Jahrhunderts dem Staat „eine übergeordnete, zentrale Funktion beim Ausbalancieren der konträren Kräfte zugesprochen." wird.[381] „Kein *laissez faire*, sondern staatliche Regulation" ermögliche den Wohlstand, so daß man ihn vielleicht eher als Ordoliberalen bezeichnen könne.[382] Diese Hervorkehrung der Rolle des Staates paßt ebensowenig zur These, in Mandeville einen Ahnherrn des Marktliberalismus zu sehen, wie sein Bekenntnis, das nicht recht zur Haupttendenz der Bienenfabel paßt: „I would prefer a small peaceable Society, in which Men, neither envy'd nor esteem'd by Neighbours, should be contented to live upon the Natural Product of the Spot they inhabit, to a vast Multitude abounding in Wealth and Power, that should always be conquering others by their Arms Abroad, and debauching themselves by Foreign Luxury at Home."[383] Bei solchen querlaufenden Passagen tut man gut daran, auf eine forcierte Systematisierung der Auffassungen zu verzichten und parallele Diskurse heranzuziehen.

Winfried Schulze hat in seiner Analyse der 1564 publizierten Schrift des Ulmer Bürgers Leonhard Fronsberger *Von dem Lob des Eigennutzen* gezeigt, wie in dieser Schrift alle wesentlichen Thesen Mandevilles präsent sind, insbesondere die These, daß die Verfolgung des Eigennutzens die öffentliche Wohlfahrt fördert.[384] Daß es sich hierbei nicht um einen „atheistischen" Gedanken handelt, zeigen die Begründungsfiguren. Die göttliche Schöpfung ist so gewollt, daß kein Mensch ohne des anderen Hilfe leben könne, die Welt sei „ein einzige policey und wesen" und erfordere eine gesellschaftliche Kooperation aller Teile. Nach dem Willen Gottes seien alle Geschöpfe „in Ungleichheit" und „gegen einander in Streit gesetzt", „aber durch die Ungleichheit und streitende Gegensatzung erscheint die allergrößt Gleichheit, und allerlieblichest Hermoney und Einigkeit (...) gleichsam als in einer Orgel viel und mancherlei Pfeiffen sind, kurz und lang, groß und klein, deren keine auch in ihrem Getön einander gleicht, aber aus solchen ungleichen Stimmen die allersüßest Hörmoney der Musik entspringt"[385]. In seiner Parallellektüre von Fronsberger und

379 Ebd., S. 517.

380 Ebd., S. 486.

381 Ebd., S. 489.

382 Ebd., S. 490 u. 502.

383 Zit. n. ebd., S. 510 nach der Standardausgabe: Bernard Mandeville, *The Fable of the Bees or Privat Vices, Publick Benefits*, 2 Bde., hg. u. mit den Anmerkungen v. F.B. Kaye, Idianapolis 1988, hier Bd. 1, S. 13.

384 Winfried Schulze, „Vom Gemeinnutz zum Eigennutz. Über den Normenwandel in der ständischen Gesellschaft der frühen Neuzeit", in: *Historische Zeitschrift* 243/1986, S. 591-625, hier S. 606.

385 Leonhard Fronsberger, *Von dem Lob des Eigennutzen* [1564], zit. n. Schulze 1986, S. 608.

Mandeville kann Schulze auch noch das Renaissancethema der gesellschaftlichen Harmonie ausweisen, wenn es bei Mandeville heißt: „So herrscht im ganzen Einigkeit / Wenn auch im Einzelnen oft Streit / Wie aus der Musik harmonsche Schöne / Entsprießet aus dem Streit der Töne".[386]

Bemerkenswert ist, daß Mandeville zwar das eigennützige Verhalten der einzelnen Akteure und ihre jeweilige Passung auf dem Markt – wenn etwa die Diebe den Schlossern Arbeit verschaffen – satirisch überzeichnet, aber seine gesamtwirtschaftliche Betrachtung frei von bösartiger Satire ist.[387] Es geht ihm offenbar nicht um eine generelle Entkoppelung von Religion und Wirtschaft, vielmehr um eine Verlagerung: Die Sicherung des Gottvertrauens soll auf der gesamtwirtschaftlichen Ebene erfolgen, während für die Ebene des Verhaltens des Einzelnen angeraten wird, auch die krasse Verschiedenheit der persönlichen Präferenzen in Religion, Moral und Lebensauffassung als dem Wohlstand förderlich zu betrachten. Es ist hier daran zu erinnern, daß die Harmonie der Schöpfung, deren Herstellung aus der Vielfalt und Ungleichheit der Geschöpfe und ihren widerstreitenden Willen erfolgt, in der europäischen *Rationalreligion* oft an der biblischen Geschichte von der Rettung Noahs aus der Sintflut festgemacht wurde, der bekanntlich alle Ungleichheit des Lebens in seine Arche aufnehmen sollte. Die Bedeutung, die die vormosaische noachidische Religion mit ihrem Hauptgebot der Einrichtung von Gerichten und dem Vertrauen darauf, daß Gott die Menschheit nicht noch einmal so katastrophisch strafen werde, für die Genese der *Rationalreligion* gehabt hat, haben wir im *Ersten Band* dieser Religionssoziologie herausgearbeitet.[388]

Die erkennbar pessimistische Tönung der Bienenfabel führt auch noch auf eine andere Spur. Im Kontext des Gesprächszusammenhangs der englischen Aufklärung, die gerade auf den Holländer Mandeville notorisch Bezug nimmt, hat Wolfgang Schrader auf die starke calvinistische Färbung des Mandevilleschen Tugendbegriffs hingewiesen. Die Vorstellung, daß Tugend Selbstverleugnung voraussetze, steht im Horizont der Abwertung der natürlichen Welt, die zu den Kernthemen der Calvinschen Theologie gehört. So heißt es denn auch in einer Schrift Mandevilles: „The chief duty of real religion among christians consists in the sacrifice of the heart, and is a task of self-denial to be performed with the utmost severity against human nature."[389]

Nimmt man diese Befunde zusammen, so kann Mandeville kaum als Apologet der entfesselten Marktwirtschaft bezeichnet werden. Was sich gerade im Fall Man-

386 Mandeville 1968, S. 85. Das Thema der gesellschaftlichen Harmonie als einer Kooperationsnotwendigkeit angesichts des Mangels findet sich auch beim spanischen Humanisten Juan Luis Vives. Vgl. Karl Kohut, „Humanismus und Gesellschaft im 16. Jahrhundert: Das Verhältnis von Tradition und Reform in den gesellschaftspolitischen Schriften des J.L.Vives", in: *Humanismus und Ökonomie*, hg. v. Heinrich Lutz, Weinheim 1982, S. 183-205.

387 Volkmann 2003, S. 507.

388 Vgl. im *Ersten Band* S. 167 ff.

389 Bernard Mandeville, *Free Thoughts on Religion. The Church and National Happiness*, London 1720, zit. n. Schrader 1984, S. 43.

deville zeigt, ist das verbreitete Bestreben, die Ursprünge des Paradigmas der reinen Marktwirtschaft weit zurück in die Vergangenheit zu legen, sei es nun in kritischer oder in affirmativer Hinsicht. Im Kontext unserer Religionssoziologie sind dabei nicht anachronistische Aktualisierungen problematisch, wie sie z.B. Volkmann vornimmt, wenn er schreibt in der *Bienenfabel* sei „ein moralischer Relativismus erlangt, der bei Mandeville zwar noch nicht zum programmatischen Manifest der Liberalisierung einer ökonomisierten Gesellschaft der Einzelwesen wird. Aber doch hebt er in aller Deutlichkeit hervor, daß die Handlungsmöglichkeiten der Einzelnen Akteure weitgehend von den Eingrenzungen durch moralische Restriktionen zu befreien seien".[390] Problematisch ist etwas anderes. Der Anachronismus verdeckt den Bruch mit der *rationalreligiösen* Vorstellung von der Eigengesetzlichkeit der Marktgesellschaft, die im außerökonomischen Glauben an die Göttlichkeit derjenigen Vernunft begründet ist, die den kriegerischen Glaubenskrieg als eine Erfahrung, die den Ton dieser Epoche bildete, überwunden hat. Für die Individuen, die nach 1850 ihre Erfahrungen mit der entfesselten Marktwirtschaft machen, ist es nicht mehr der Fanatismus der Glaubenskriege und auch nicht mehr der Enthusiasmus der Revolutionszeit, die den Ton der Epoche bilden, sondern die Unheimlichkeit des Marktgeschehens, zu deren Abhilfe andere Götter gerufen werden.

Die Religion des Adam Smith. Ideengeschichte, die keine Rücksicht auf die Verschiedenheit der dominierenden Zeiterfahrungen nimmt, die Autoren zu verarbeiten hatten, neigt zu geraden Linien. So glaubt man bei Marx die Blaupausen für die Planwirtschaft der Sowjetunion und bei Adam Smith die für den Marktradikalismus unserer Tage zu erkennen. Was letzteren betrifft, so interessierte man sich zwanzig Jahre später unter dem Eindruck der Französischen Revolution schon nicht mehr sehr stark für ihn.[391] Gegenüber den enthusiastischen Religionen, die in der Revolutionsepoche zur Sakralisierung der Kunst und der Nation aufbrachen, erschien seine idyllische, ruhigen Handel treibende Gesellschaft der *citymen* zu bieder und zu trocken. Erst nach dem Scheitern der europäischen Revolution in der Mitte des 19. Jahrhunderts, der Zeit der Entfesselung der Marktwirtschaft, wurde Adam Smith mehr und mehr zur prominenten Referenzfigur der aufstrebenden

390 Volkmann 2003, S. 499, Als „ideengeschichtliches Dynamit mit retardierter Wirkung" hat Volkmann die Bienenfabel genannt. Ebd., S. 482.

391 Ian Simpson Ross, *The Life of Adam Smith*, Oxford 1995, S. 409. Zu Adam Smith siehe auch Gerhard Streminger, *Adam Smith*, Reinbek 1989; Daniel Brühlmeier, *Denker der Freiheit: Adam Smith*, Sankt-Augustin 1992; *Der andere Adam Smith. Beiträge zur Neubestimmung von Ökonomie als Politischer Ökonomie*, hg. v. Arnold Meyer-Faje u. Peter Ulrich, Bern/Stuttgart 1991, S. 123-144; Reiner Manstetten, *Das Menschenbild der Ökonomie. Der homo oeconomicus und die Anthropologie von Adam Smith*, Freiburg/München 2000. Zum ideengeschichtlichen Kontext vgl. Jörn Leonhard, „Moral der Ökonomie und Ökonomie der Moral. Die Differenzierung der political economy im Großbritannien des 18. und 19. Jahrhunderts", in: *Religion, Moral und liberaler Markt. Politische Ökonomie und Ethikdebatten vom 18. Jahrhundert bis zur Gegenwart*, hg. v. Michael Hochgeschwender u. Bernhard Löffler, Bielefeld 2011, S. 69-87.

Wirtschaftswissenschaften. Mit Smith' *rationalreligiösem* Horizont konnten die marktliberalen Ökonomen freilich wenig anfangen, ja mehr noch, er hinderte sie in ihrer Frontstellung gegen die Arbeiterbewegung, die, was die religiösen Dimensionen betraf, voller Hoffnung auf ein Reich der Gerechtigkeit und des Friedens war. Zudem war für säkulare Wissenschaftler ohnehin die Wissenschaft zur letzten Instanz in Wahrheitsfragen geworden. So blieb für die Religion des Adam Smith nur noch die Frage offen, ob er Atheist war oder schließlich wurde.

Bis heute findet man in Lehrbüchern der Ökonomie einen Adam Smith als Stammvater des *homo oeconomicus*, dessen Lehren auf wenige Kernsätze aus der Schrift *Untersuchung über Wesen und Ursachen des Nationalreichtums* reduziert sind: daß Menschen von Natur aus für Tausch und Handel disponiert sind, daß Menschen nicht wie Hunde vom Wohlwollen ihrer Herren, sondern vom Selbstinteresse der Mitmenschen sich abhängig machen sollen, daß Arbeitsteilung den Reichtum der Gesamtheit mehre, wovon auch relativ gesehen die Armen profitierten, und daß das Zusammenwirken dieser Momente durch eine *invisible hand* besser zustande komme, als durch Steuerung des Staates.[392] Das Interesse daran, daß die regulierende Hand auch unsichtbar bleibt, ist bis heute bei der Mehrzahl der Ökonomen ungetrübt. Für diejenigen, die Adam Smith' siebzehn Jahre zuvor publizierte *Theorie der ethischen Gefühle* gelesen hatten, entstand dann das vieldiskutierte „Adam-Smith-Problem": Wie kann es sein, daß der Verfasser der ökonomischen Schrift auch eine Moralphilosophie vorgelegt hat? Passen beide überhaupt zusammen oder hat Smith sich von einem warmherzigen Moralisten in einen kaltherzigen Ökonomen verwandelt?[393] Es handelt sich hier in vielem um ein Scheinproblem, das überhaupt erst mit Adam Smith als dem wirtschaftswissenschaftlich einseitig zurechtgestutzten Klassiker der Ökonomie entstanden ist.

Trotz aller Akzentverlagerung zwischen Smiths beiden Hauptschriften wird man auf der Basis unserer typologischen Unterscheidung zwischen *Bekenntnisreligion* und *Rationalreligion* sagen können, daß in beiden Schriften eine stimmige Auffassung von moralischer Ökonomie vorliegt, die den Horizont von *Rationalreligion* ebensowenig überschreitet wie die Auffassungen von Shaftesbury und Mandeville. Und man wird mit Blick auf das nächste Kapitel zur „Religion der Wissenschaft" sagen können, daß zwischen Smith und den Formen von *Wissenschaftsreligion*, die mit der Erfahrung entfesselter Marktwirtschaft sich verbreiten, ein unverkennbarer Bruch stattgefunden hat.

Die Religion des Adam Smith war ein durch die Auseinandersetzung mit der stoischen Philosophie geprägter Deismus, eine Form der *Rationalreligion*, die wir im *Ersten Band* unserer Religionssoziologie im Kapitel „Rhythmen der Aufklä-

392 Oft bezieht man sich immer auf die ersten Seiten von Smiths *Untersuchung über das Wesen und Ursachen des Nationalreichtums*, Deutsch mit Anmerkungen von Max Stirner. (=National-Oekonomen der Franzosen und Engländer herausgegeben von Max Stirner Bd. 5-8), Leipzig: Otto Wigand 1846-1847.

393 Vgl. Martin Patzen, „Zur Diskussion des Adam-Smith-Problems – ein Überblick", in: Meyer-Faje u. Ulrich, S. 21-54.

rung" ausführlich dargestellt haben.[394] Die Bedeutung der Stoa für Smith hat insbesondere Hans Christoph Binswanger herausgestellt.[395] Die Quelle dafür, daß Smith den Unterschied von arm und reich mit gutem Gewissen akzeptieren konnte, sei „Philosophie der Stoa, welche die Bedeutung von Gut und Böse durch den Glauben an eine Welt- oder All-vernunft relativiert und damit die eigentliche Alternative zum Christentum war und ist."[396] Der optimistischen Grundtendenz der Stoa sei „das Christentum unter Führung Augustins mit der pessimistischen Idee der Erbsünde" entgegengetreten. Die christliche Lehre „gründet sich auf einem im weltlichen Bereich unauflöslichen Gegensatz von Gut und Böse."[397]

Das antike Christentum habe sich somit in Konflikt mit einer Stoa befunden, deren für alle Orte und alle Zeiten geltende universalen Ordnungsidee „eine Rechtfertigung für die Expansionsbestrebungen des damaligen römischen Imperiums, die auf der Basis der Marktwirtschaft erfolgten", darstellte.[398] Diese Konfliktlinie wertet Binswanger höher als die Übernahmen stoischer Denkmotive in die Lehren der Kirche. Im 17. Jahrhundert habe sich die Stoa „wieder selbstständig gemacht unter dem Titel des Deismus, der Aufklärung und des Fortschrittsglaubens, im Zusammenhang mit einem Wiederaufleben des Optimismus. Die ‚unsichtbare Hand' von Adam Smith auf der Basis des ‚homo oeconomicus' bzw. der Eigenliebe ist nichts anderes als die ökonomische Formulierung dieses Optimismus." [399] Binswangers strikte Unterscheidung von Christentum und Stoa folgt der Einsicht, daß es sich hier um zwei paradigmatisch verschiedene Glaubensweisen handelt. Für die europäische Moderne entspricht diese Differenz der Sache nach der, die wir typologisch zwischen *Bekenntnisreligion* und *Rationalreligion* machen.

Es sind drei stoische Elemente, die Richard Sturn bei Adam Smith ausgemacht hat: das Thema der Selbstbeherrschung, die Gestalt des leidenschaftslosen stoischen Weisen, die er in Smiths Konstruktion des unparteiischen Beobachters wiedererkennt, und die Grundidee einer natürlichen sozialen Harmonie.[400] Das besondere Profil von Smiths Auffassungen zeigt sich Sturn zufolge jedoch gerade dort, wo

394 Vgl. im *Ersten Band* S. 181 ff.

395 Hans Christoph Binswanger, *Die Glaubensgemeinschaft der Ökonomen. Essays zur Kultur der Wirtschaft*, München 1998, S. 52ff; siehe auch Sabine Föllinger, „Der Einfluß der stoischen Philosophie auf die Grundlagen der modernen Wirtschaftstheorie bei Adam Smith", in: *Stoizismus in der europäischen Philosophie, Literatur, Kunst und Politik. Eine Kulturgeschichte von der Antike bis zur Moderne*, hg. v. Barbara Neymeyr / Jochen Schmidt u. Bernhard Zimmermann, Berlin/New York 2008, S. 1063-1080; Harold B. Jones, „Marcus Aurelius, the Stoic Ethic, and Adam Smith", in: *Journal of Business Ethics* 95/2010, S. 89-96. Eine sorgfältige Textanalyse der theologischen Grundlagen in Adam Smith' Gesamtwerk hat vorgelegt: Claudius Luterbacher-Maineri, *Adam Smith – theologische Grundannahmen. Eine textkritische Studie*, Fribourg 2008.

396 Ebd., S. 54.

397 Ebd.

398 Ebd.

399 Ebd.

400 Richard Sturn, „Soziales Handeln und ökonomischer Tausch – die stoischen Wurzeln Adam Smiths", in: Meyer-Faje u. Ulrich, S. 99- 122, hier S. 101f

Smith auf Distanz zur Stoa geht. Während der stoische Weise in seiner Selbstgenügsamkeit als perfekt gelte, sei Smith „dagegen geradezu der Theoretiker des Unvollkommenen. Er untersucht den Gang der Vernunft in einer zuerst unvernünftigen Welt.“[401] Perfektion, sowohl auf der arbeitsteilig-technischen wie auf der Seite der Vernunft, wird bei Smith erst im sozialen Austausch prozeßhaft erreicht. Mit der Stoa teilt Smith zwar die „Vorstellung von jenem göttlichen Wesen, dessen Wohlwollen und Weisheit von aller Ewigkeit her die unendliche Maschine des Universums so ersonnen und geleitet hat, daß sie das größtmögliche Maß von Glückseligkeit hervorbringe“.[402] Aber die bloße Betrachtung und Verehrung des göttlichen Wesens reicht nicht. Die „Sorge für die allgemeine Glückseligkeit aller vernünftigen und fühlenden Wesen ist indessen das Geschäft Gottes und nicht das des Menschen. Dem Menschen ist ein weit niedrigerer Arbeitsbezirk zugewiesen, aber einer, der der Schwäche seiner Fähigkeiten und der Enge seiner Fassungskraft angemessener ist: die Sorge für seine eigene Glückseligkeit, für die seiner Familie, seiner Freunde und seines Landes.“[403] Daher gilt gegen die Stoa gerichtet: „Die erhabensten Spekulationen des beschaulichen Philosophen könnten kaum eine Entschuldigung dafür gewähren, wenn er auch nur die geringste Pflicht zu handeln, dabei vernachlässigt hat.“[404] Die Grundfigur des Handelns aber ist für Smith der Tausch, der alles in den zwischenmenschlichen Verkehr bringt.

In Anlehnung an die antike Beschreibung des Menschen als eines Wesens, das klug ist und Hände als Werkzeuge besitzt, reformuliert Sturn die epistemische und technische Doppelnatur in Bezug auf die Tauschhandlung in zwei doppelseitigen Alternativen: „Tauscht der Mensch, weil er klug ist, oder ist er klug, weil er tauscht?“ Oder anders gefragt: „Tauscht der Mensch, weil er Hände (Werkzeuge) hat (und damit Surplus produzieren kann), oder hat er Werkzeuge, weil er tauscht?“[405] Gleich wie die Antwort lauten könnte, im Zentrum steht für Adam Smith die Tauschhandlung, ohne sie ist der Mensch weder als Vernunftwesen noch als *homo faber* vorstellbar. Im Unterschied zur beschränkt ökonomischen Betrachtungsweise kommt der Tausch Sturn zufolge nicht nur den praktischen, sondern gerade auch den Neigungen des Menschen entgegen, die ihn „als epistemisches Wesen auszeichnen. Dies sind Eigenschaften, die ihn dazu bringen, die Welt zu benennen und zu kategorisieren, relational zu ordnen und kausal zu deuten. Es ist die Lust auf das Wiedererkennen des Bekannten im Neuen, im Überraschenden, das Wundern (wonder) und die Neugier. Diese Neigungen treiben den Menschen zur epistemischen Beschäftigung mit der Welt (zur ‚Forschung‘) und nicht die Aussicht auf materiellen Vorteil“. [406] Wissen und Tauschen bilden einen Zusammenhang, der

401 Ebd., S. 102.

402 Adam Smith, *Theorie der ethischen Gefühle* [1759], hg. v. Walther Eckstein, mit einer Bibliographie v. Günter Gawlick, Hamburg 2004, S. 400.

403 Ebd., S. 400f.

404 Ebd., S. 401.

405 Sturn 1991, S. 103.

406 Ebd., S. 119 mit Bezug auf Smiths Geschichte der Astronomie

mit der Entfesselung der Marktwirtschaft auf einer neuen Grundlage zur exzeptionellen Stellung der Wissenschaft in der Marktgesellschaft führen wird.

Der Zusammenhang von Wissenschaft und Ökonomie ist allerdings insbesondere seit den jüngsten Finanzkrisen in Bedrängnis geraten. In Anbetracht der Ratlosigkeit der Wirtschaftswissenschaft, die sich in ihren diversen und letztlich unvereinbaren Erklärungsversuchen für das Geschehen auf den Finanzmärkten zeigt, hat Joseph Vogl bemerkt: In den Interpretationen „werden nicht nur jeweils unterschiedliche Schichten oder Aspekte derselben Ereignishaftigkeit geltend gemacht, sondern auch verschiedene, einander teils widersprechende, teils überschneidende Ideen vom Zusammenhang der ökonomischen Welt. Es steht hier nicht weniger als die Konsistenz, d. h. der Ordnungsgehalt des finanzökonomischen Systems auf dem Spiel."[407] Diesen sieht Vogl in der „unverwüstlichen Überzeugung liberaler Ökonomie (...), daß das Markgeschehen ein exemplarischer Schauplatz von Ordnung, Integrationsmechanismen, Ausgleich, sinnvollen Allokationen und somit von gesellschaftlicher Vernunft sei und insgesamt an eine kohärente, systematische Darstellungsform appelliere."[408]Als prominente Referenzfigur für diese Ordnungsidee dient ihm Adam Smith.

Wissensgeschichtlich stamme die liberale Idee aus der Übertragung der „Formulierung allgemeiner Gesetzmäßigkeiten für die beweglichen Körper der Natur" auf die soziale Ebene.[409] Der Vorgang ist in der Literatur zur Entstehung des mechanistischen Weltbildes recht gut erforscht.[410] Uns interessiert die Rolle der Religion in diesem Zusammenhang. Für Vogl entsteht hier die „Vorstellung einer besonderen Rationalität des politischen und sozialen Wesens, das sich von der Vorbildlichkeit göttlicher Weltregierung löst und seine Prinzipien in sich selbst aufsucht."[411] Dem kann man folgen, wenn man den Satz dahingehend präzisiert, daß die „Vorbildlichkeit göttlicher Weltregierung" vormodern sowohl die Vorbildlichkeit der von Gott in seine Schöpfung eingelassenen Vernunft als auch die Vorbildlichkeit der durch die Kirche gesicherten Offenbarung sein konnte. Für die „Vorstellung einer besonderen Rationalität des politischen und sozialen Wesens" haben sich die aufgeklärten Intellektuellen meist nur von der Auslegung der Offenbarung durch die Kirche gelöst. Und dies nicht in erster Linie, weil sich, wie Vogl schreibt, „die Forderung ergeben (habe), die Dynamik sozialer und politischer Kräfte nach dem Erkenntnismodell empirischer Naturerfahrung zu systematisieren", sondern weil es darum ging, aus den Katastrophen der europäischen Glaubenskriege herauszu-

407 Joseph Vogl, *Das Gespenst des Kapitals*, Berlin/Zürich 2010, S. 29.

408 Ebd., S. 27.

409 Ebd., S. 31.

410 Franz Borkenau, *Der Übergang vom feudalen zum bürgerlichen Weltbild. Studien zur Geschichte der Philosophie der Manufakturperiode*, Paris 1934; Eduard Jan Dijksterhuis, *Die Mechanisierung des Weltbildes*, Reprint der Ausgabe 1956, Berlin/Heidelberg/New York 1983. Eine „mechanische Objektivität" gibt es überhaupt erst seit der Mitte des 19. Jahrhunderts. Lorraine Daston u. Peter Galison, *Objektivität*, Frankfurt a.M. 2007, S. 121ff.

411 Vogl 2010, S. 31.

kommen.[412] Wenn in dieser Zeit begonnen wurde, Vorstellungen von der besonderen Rationalität des politischen und sozialen Wesens zu entwickeln, das „seine Prinzipien in sich selbst aufsucht", so gründen diese Vorstellungen der Eigengesetzlichkeit der Gesellschaft in der die Gläubigen umtreibenden Sehnsucht nach Religionsfreiheit als einer Freiheit des Gewissens, als Ausdruck der Unvertretbarkeit menschlichen Heilsstrebens.

Zweifellos hat die traumatische Erfahrung, daß der Krieg zwischen Konfessionen, die sich auf das Christentum beriefen, den Sinn dafür gestärkt, wissen zu wollen, wie der Mensch wirklich ist. Auch lösen sich die aufgeklärten Intellektuellen von den Drohungen der Kirchen mit Höllenverdammnis, die den nicht bußfertigen Sündern erwarte, und sie begeben sich auf den Weg der Medizinisierung der Dämonen und der Moralisierung des Bösen.[413] Auch dies ist ein Ausweg aus den Verteufelungen, des religiösen Fanatismus der Glaubenskriege. Aber dieser Wandel und die von Hirschmann überzeugend aufgezeigte Transformation der Leidenschaften in materielle Interessen, bedeutete keineswegs eine Wendung zum „Naturalismus", wie Vogl meint. „Die *manus gubernatis* der Scholastik, Gottes wirkende Hand, die unsichtbar alles Geschaffene lenkt, kehrt als wirksame theologische Metapher für die Vorsehung der Naturordnung, der *oeconomia naturae* wieder." [414] Diese Formulierung läßt die Art des Gentitivs: „Vorsehung der Naturordnung" in der Schwebe. Ist die Naturordnung Subjekt oder Objekt der Vorsehung, mit anderen Worten: Hat die Naturordnung etwas im Sinne eines Naturgesetzes vorgesehen oder hat die Vorsehung als göttliche Vorsehung eine Ordnung der Natur etabliert? Offensichtlich hatte Vogl den *genitivus subjectivus* im Sinn, denn weiter unten heißt es: „Der Markt exekutiert gleichsam ein Naturgesetz und alle weiteren guten Gesetze und Einrichtungen haben sich daran zu bemessen, wie sie den Gehorsam gegen dieses Naturgesetz, also gegen die spontanen Wirtschaftsmechanismen gewährleisten können."[415]

Der Naturalismus, der in der zweiten Hälfte des 19. Jahrhunderts an Boden gewinnt, wird den Markt so sehen, aber weder Adam Smith, noch den Physiokraten kann dies zugeschrieben werden, etwa wenn letztere die Individuen verpflichten, die Handlungen auf den *ordre naturel* auszurichten.[416] Wir haben im *Ersten Teil* unserer Religionssoziologie herausgearbeitet, wie komplementär zum englischen Deismus in Frankreich der Glaube an die Göttlichkeit der Natur bei Aufklärern verbreitet ist.[417] Es kann keine Rede davon sein, daß sich der spätere Liberalismus „zunächst

412 Ebd.

413 Vgl. dazu im *Ersten Band* S. 327 ff. und 363 ff.

414 Ebd., S. 41.

415 Ebd., S. 46. Wenn es bei Isaak Iselin in seinem *Versuch über gesellige Ordnung*, Basel 1772, S. 63 heißt: „Indessen hat es die Vorsehung weislich so geordnet, daß aus dem Kampfe ihrer verschiedenen Vorteile ein allgemeines Wohl entsteht", so liest Vogl dies als „Erwartung irdischer (!) Vorsehung". Vgl. ebd., S. 39.

416 Ebd., S. 46.

417 Vgl. dazu im *Ersten Band* S. 187 ff.

als Naturalismus formiert" habe.[418] Was die Natur betrifft, so gibt es bis weit ins 19. Jahrhundert hinein, vielleicht bis Darwin, Spencer und Haeckel und dem „Materialismus-Streit", die wir in späteren Kapiteln behandeln werden, in Naturphilosophie und experimenteller Naturwissenschaft nur eine von Gott oder einem göttlichen Wesen geschaffene Natur. Auf ihr basiert die natürliche Religion, die natürliche Vernunft, das natürliche Recht.[419] Daß diese Religion der Vernunft aus *bekenntnisreligiöser* Perspektive nicht als Religion begriffen wurde, kann nicht Ausgangspunkt einer konfessionsungebundenen Religionssoziologie sein.

MORALISCHE ÖKONOMIE. Es gilt daher gegen die Einbindung von Adam Smith in den Streit um das Denken der Marktwirtschaft, wie sie heute sowohl in affirmativer wie kritischer Absicht von Ökonomen und ihren kulturwissenschaftlichen Opponenten vorgeführt wird, zu zeigen, wie die moralische Ökonomie des Adam Smith in *rationalreligiöse* Glaubensformen eingebettet gewesen ist. Der Egoismus in der moralischen Ökonomie von Adam Smith wirkt nicht, wie immer wieder behauptet, als *homo oeconomicus* integrativ, sondern aus einem Zusammenhang des Dienstes am Nächsten. Weil, welche Selbsterhaltungsziele auch immer der Einzelne verfolgt, er *nolens volens* nicht allen, aber irgendwelchen anderen dient, entsteht Integration. Je größer die Zahl derer wird, denen der Einzelne auf diese Weise dient, um so mehr moralische Billigung wird er erhalten. Die Harmonie der Gesellschaft steht dabei nicht am Anfang, sondern sie ist nur ex post feststellbar. Denn die Handlungen der Individuen liegen den Reaktionen auf sie voraus. Ein menschliches Wesen, isoliert aufgewachsen, kann „sich ebensowenig über seinen Charakter, über die Schicklichkeit oder Verwerflichkeit seiner Empfindungen und seines Verhaltens Gedanken machen, als über die Schönheit oder Häßlichkeit seines eigenen Gesichts. All das sind Gegenstände, die es nicht leicht erblicken kann, auf die es natürlicherweise nicht achtet, und für die es doch auch nicht mit einem Spiegel ausgerüstet ist, der sie seinem Blicke darbieten könnte. Bringe jenen Menschen in Gesellschaft anderer und er ist sogleich mit dem Spiegel ausgerüstet, dessen er vorher entbehrte. Dieser Spiegel liegt in den Mienen und in dem Betragen derjenigen, mit denen er zusammenlebt, die es ihm stets zu erkennen geben, wenn sie seine Empfindungen teilen, und wenn sie sie mißbilligen; hier erst erblickt er zum erstenmal die Schicklichkeit und Unschicklichkeit seiner eigenen Affekte, die Schönheit und Häßlichkeit seines eigenen Herzens."[420]

---

418 Ebd., S. 47.

419 Eine klare Scheidelinie zwischen *rationalreligiös* fundierten Gesellschaftslehren, die mit dem Terminus „Naturgesetz" im Kern die spätantike, vom Christentum adaptierte, Logodizee und Kosmosspekulation kontinuieren, und den wissenschaftlichen Gesellschaftsauffassungen zieht Ernst Topitsch. Danach gehören Adam Smith ebenso wie Mandeville zur *Rationalreligion.* Ernst Topitsch, *Vom Ursprung und Ende der Metaphysik. Eine Studie zur Weltanschauungskritik,* München 1972, S. 299ff.

420 Adam Smith, *Theorie der ethischen Gefühle,* hg. v. Walther Eckstein [1926], Neuausgabe Hamburg 2004, S. 167f.

Diese Sozialkontrolle ist theologisch begründet. „Der allweise Schöpfer der Natur hat auf diese Weise den Menschen gelehrt, die Gefühle und Urteile seiner Brüder zu achten; sich mehr oder weniger zu freuen, wenn sie sein Betragen gutheißen und sich mehr oder weniger verletzt zu fühlen, wenn sie es mißbilligen. Er hat den Menschen, wenn ich so sagen darf, zum unmittelbaren Richter der Menschen gemacht und hat ihn auch in dieser wie in mancher anderen Beziehung nach seinem Bilde geschaffen und ihn zu seinem Statthalter auf Erden bestellt, damit er das Verhalten seiner Brüder beaufsichtige."[421] Statthalter Gottes auf Erden ist bei Adam Smith nicht die Kirche einer bestimmten Konfession, sondern die Gesellschaft. Sie übt das Richteramt in der „ersten Instanz" aus. Dazu gibt es *rationalreligiös* gesichert eine Berufung „an ein weit höheres Tribunal, an das Tribunal ihres eigenen Gewissens, an jenes Tribunal des vorgestellten, unparteiischen und wohl unterrichteten Zuschauers, an das des ‚inneren Menschen', des großen Richters und Schiedsherrn über ihr Verhalten. (...) Diese Gerichtsbarkeit gründet sich auf den Wunsch, jene Eigenschaften zu besitzen und jene Handlungen zu vollbringen, die wir an anderen Menschen lieben und bewundern, und auf die Furcht, jene Eigenschaften zu besitzen und jene Handlungen zu vollbringen, die wir an anderen Menschen hassen und verachten."[422]

Dieses Gewissen basiert nicht auf der Vorab-Verbindlichkeit des kategorischen Imperativs, der sich über Religion ausschweigt, sondern auf der Annahme, daß der unparteiische menschliche Beobachter, den ich mir vorstelle, milder urteilen wird als der göttliche Richter am Ende der Zeiten. „Wenn wir unsere natürlichen Empfindungen zu Rate ziehen, dann werden wir sogar geneigt sein zu fürchten, daß vor Gott in seiner Heiligkeit das Laster in bedeutend höherem Maße strafwürdig erscheinen möchte, als die schwächlichen und unvollkommenen Tugenden des Menschen jemals belohnenswert erscheinen könnten. Wenn der Mensch vor einem Wesen von unendlicher Vollkommenheit erscheinen soll, dann kann er nur wenig Vertrauen zu seinem eigenen Verdienst oder zu der nur unvollkommenen sittlichen Richtigkeit seines Verhaltens hegen. Vor seinen Mitmenschen, da mag er sich sogar mit Recht erhaben fühlen und mag oft Grund haben, von seinem Charakter und Verhalten hoch zu denken, wenn er sie mit der noch größeren Unvollkommenheit des Charakters und des Verhaltens dieser anderen vergleicht. Ganz anders liegt die Sache, wenn er vor seinem unendlich vollkommenen Schöpfer erscheinen soll. Er muß fürchten, daß er in seiner unbedeutenden Schwäche einem solchen Wesen kaum jemals als ein Gegenstand erscheinen könnte, der der Achtung und Belohnung würdig wäre."[423] Solange wir aber nicht vor Gottes Angesicht stehen, sind wir

421 Ebd., S. 193.

422 Ebd., S. 194. Zu *rationalreligiösen* Vorstellung vom Gewissen siehe im *Ersten Band* S. 252 ff.

423 Ebd., S. 291. In der ersten Auflage mündete diese Passage in die Feststellung: „Die Lehren der Offenbarung stimmen in jeder Beziehung mit dem überein, was uns in solcher Weise die Natur schon ursprünglich gelehrt hat; sie sagen uns, wie wenig wir uns auf unsere eigenen unvollkommenen Tugenden verlassen können, sie zeigen uns aber zu gleicher Zeit auch, daß die gewaltigste Fürbitte für uns dargebracht, und daß die furchtbarste Sühne für

auf seine Statthalter auf Erden verwiesen. Unsere Maßstäbe erwachsen aus der Beobachtung der Maßstäbe anderer. Es ist dies gesellschaftlich die Figur des Dritten und ökonomisch der Markt, auf dem sich durch das Begehren, d.h. die Nachfrage, und durch das Entbehren, d.h. das Angebot, die Preise bilden.

Adam Smiths vierteiliges Vorlesungsprogramm war entsprechend aufgebaut: 1. natürliche Theologie, 2. Ethik im engeren Sinne (Theorie der ethischen Gefühle), 3. Recht und Rechtsphilosophie, 4. Politische Ökonomie (Reichtum der Nationen).[424] Die *rationalreligiöse* Begründung der Marktwirtschaft geht davon aus, daß ein höchstes Wesen, der Gott der Deisten, die Welt zum Zwecke der irdischen Beglückung der Menschheit erschaffen habe. Die Menschen und ihre Triebe sind von Natur aus gut, da Gott, der nur Gutes wollen kann, sie ins Leben gerufen hat. Wenn die Betrachtung der tatsächlichen Zustände soviel Unglück, Bosheit, Verkehrtheit und Unkultur aufweist, so kommt das nur daher, daß die Menschen ihre Verhältnisse nicht nach den von Gott gegebenen natürlichen Gesetzen sich entwikkeln lassen. Diese der Schöpfung immanente Harmonie haben die Konfessionen der Priester durch falsche kriegstreibende Lehren aus ihrem Gleichgewicht gebracht. Daher ist die Pflege der Rationalität in allen Lebensbereichen der wahre Gottesdienst.

Dem entspricht ein bestimmter Stil der öffentlichen Rede, in dem die Diskursverknappung in Sachen Religion, auf die wir im *Ersten Teil* der Religionssoziologie hingewiesen haben, eine besondere Rolle spielt.[425] Die spezielle religionspolitische Situation in Schottland hat den Bedarf an einer neuen Art zu reden vermehrt. Sie erforderte eine besondere Sorgfalt im Sprechen über Fragen der Lebensführung und Moral, d.h. über Gegenstände, die zu den Konfliktmaterien der Konfessionen gehörten. Nicholas Phillipson hat auf die Rolle hingewiesen, die Schottland für den Stil der *literati* in England hatte. „In ihren Augen war England ein Land mit einer freien Verfassung aber ohne eine politische Kultur, die es dazu befähigt hätte, einen Konsens über die Prinzipien der Freiheit und den besten Weg zu deren Erhaltung zu finden. Sie sahen (...), daß für die Verteidigung der britischen Freiheiten die Kultur nun ebenso wichtig war wie das Schwert, und schickten sich deshalb an, diese Kultur zu schaffen. Edinburgh – Schottlands alte Hauptstadt mit ihrer aristo-

---

unsere mannigfachen Übertretungen und Ungerechtigkeiten geleistet worden ist." (Ebd., S. 292) In der sechsten Auflage sind diese Formulierungen gestrichen und ersetzt durch: „In jeder Religion und in jedem Aberglauben, die die Welt jemals gesehen hat, hat es einen Tartarus gegeben, ebenso wie ein Elysium, einen Platz, der vorgesehen war für die Bestrafung der Bösen ebenso, wie einen Platz für die Belohnung der Gerechten." Ebd., S. 137. Die Formulierungen der ersten Auflage haben Anlaß zu einer Kontroverse mit dem englischen Bischof John Magee gegeben, der Smiths Theorie der ethischen Gefühle konfessionalistisch instrumentalisieren wollte. Vgl. die Einführung des Herausgebers Walther Eckstein, Ebd. S. XLV – Zur Wertschätzung Kants für Adam Smith vgl. die Angaben von Eckstein, ebd., S. XXXIII sowie Heinz D. Kittsteiner, *Die Entstehung des modernen Gewissens*, Frankfurt a.M. 1995, S. 281-283.

424 So hat es Smiths Schüler John Millar (1835-1901) mitgeteilt. Vgl. Brühlmeier 1996, S. 29.

425 Dazu im *Ersten Band* S. 236 ff.

kratischen Gesellschaft, ihren Clubs, Gesellschaften und Salons, ihrer Universität und ihrem athenischen Selbstverständnis – wurde zur Kraftquelle dieses neuen Experiments eines planmäßigen kulturellen Aufbaus."[426] Dazu gehörte eine besondere Sorgfalt, die *politeness* der Diskurse zu erhöhen.[427] Die Schotten nahmen großen Anteil an den Versuchen, gegen den Diskurs-Stil der Konfessionsparteien im Rückgriff auf das Ciceronsche Ideal ein öffentliches Sprechen zu kultivieren, in dem unterschiedliche Erfahrungen und Meinungen auch in Glaubensangelegenheiten ausgetauscht werden konnten. Dies richtete sich gegen einen Verhaltensstil am englischen Hofe, bei dem „politische und konfessionelle Zuverlässigkeit eher durch ein betont unzivilisiertes Verhalten – eine Form der aristokratischen *anti-civility* – demonstriert wurde".[428]

Gegen die These des Holländers Mandeville, bei der Höflichkeit handele es sich um bloße Schmeichelei, die der Heuchelei Tür und Tor öffne, konzentrierte insbesondere David Hume seine Aufmerksamkeit auf die Sprachabhängigkeit unserer Überzeugungen. „Humes neuciceronisches Verständnis der die menschliche Existenz prägenden linguistischen Konventionen führte ihn von der Untersuchung des Geistes zu Gesellschaft und Geschichte als deren letzten Quellen. Dies war ein Weg, der es ihm erlaubte, zur speziellen und ihn sein ganzes Leben faszinierenden Frage zurückzukehren, welche besonderen Glaubenssysteme das Verhalten der Engländer leiteten und welches ihr Verhältnis zu jenem System der Freiheit war, welches sie im Laufe ihrer Geschichte erreicht hatten."[429] Aus der Glaubenskriegserfahrung konnte auch gelernt werden, daß die Gewöhnung an eine höfliche Art, über Fragen der Religion und Moral zu sprechen, der harmonischen Selbstregulierung der Gesellschaft mehr nutzt als Jeremiaden und Dramatisierungen.

Die Gewohnheit, sich auf das einladende Aussprechen des erleuchteten Selbstinteresses der Gesellschaftsmitglieder zu verlassen, kann schließlich einen herausgehobenen religiösen Diskurs überflüssig machen, weil seine *rationalreligiöse* Grundlage

426 Eine konsequente Historisierung der schottischen Aufklärung findet sich bei Nicholas Phillipson, „Die schottische Aufklärung", in: Brühlmeier, Holzhey u. Mudroch 1996, S. 7-22, hier S. 15.

427 Vgl. dazu Lawrence E. Klein, *Shaftesbury and the Cult of Politeness: Moral Discourse and Cultural Politics in Early Eighteenth Century England*, Cambridge 1994. Noch 1893 hatte sich Thomas Huxley daran zu halten, daß die Oxforder „Romanes-Vorlesungen" sich satzungsgemäß nicht mit Politik und Religion beschäftigen durften. Also sprach er über „Evolution und Ethik". Vgl. Mario A. di Gregorio, „The Importance of Being Ernst. Thomas Heury Huxley zwischen Karl Ernst von Baer und Ernst Haeckel", in: *Die Rezeption von Evolutionstheorien im 19. Jahrhundert*, hg. v. Eve-Marie Engels, Frankfurt a.M. 1995, S. 183-213, hier S. 204.

428 Ronald G. Asch, „Hof, Adel und Monarchie. Norbert Elias' *Höfische Gesellschaft* im Lichte der neueren Forschung", in: *Höfische Gesellschaft und Zivilisationsprozeß. Norbert Elias Werk in kulturwissenschaftlicher Perspektive*, hg. v. Claudia Opitz, Köln/Weimar/Wien 2005, S. 119-142, hier S. 128.

429 Phillipson 1996, S. 20. Ders., *Hume*, New York 1989. Vgl. auch Gilles Deleuze, *David Hume*, Frankfurt a.M. 1997; Ernst Topitsch u. Gerhard Streminger, *Hume*, Darmstadt 1981.

in alltägliche Performanz übergegangen ist. Schließlich ist es die stumme und unaufdringliche Sprache der Marktpreise, die mir Wunsch und Begehren des Anderen signalisieren, und meine moralische Mißbilligung wird darin bestehen, daß ich die Ware zu diesem Preis nicht kaufe. Was das Denken der Marktwirtschaft angeht, so wird man Adam Smith genausowenig wie andere Aufklärer für das, was man sich heute in den wirtschaftwissenschaftlichen Lehrbüchern als *homo oeconomicus* vorstellt, in Anspruch nehmen können. Vielmehr bewegt sich die schottische Moralphilosophie ganz im Horizont der *Rationalreligion*, die darin erfolgreich war, den Glaubenskrieg zu beenden.

AUSEINANDERFALLEN VON MARKT UND MORALISCHER KOMMUNIKATION. Adam Smith hatte noch argumentieren können, daß in dem Moment, wo jeder frei seine Tätigkeit und den Ort seiner Tätigkeit wählen könne, sich die vorhandenen Arbeitskräfte am Zweckmäßigsten auf die einzelnen Produktionszweige verteilen würden. Smith dachte dabei an den unmerklichen und milden Einfluß der Eigengesetzlichkeit des Marktes, der den Gesamtzusammenhang der Gesellschaft keineswegs zerreißt, er dachte an die moralische Sprache der Preise, die das Begehren und das Sich-für-andere-nützlich-machen nicht zur Maximierungsregel der *rational-choice-theory*, sondern zur biblischen und christlichen Maxime „Du sollst Deinen Nächsten lieben wie Dich selbst" hinführt.[430]

Nach 1850 scheitern diese Ideen an der Erfahrung der entfesselten Marktwirtschaft. Die auf ökonomische und moralische Nahwirkungen ausgerichteten Lehren erwiesen sich unter den Bedingungen des entstandenen Weltmarkts, der auch Arbeit, Boden und Geld zu Waren machte, als desaströs. Friedrich Jonas hat die Problematik treffend zusammengefaßt: „Der Eigentümer, der eine Maschine installiert, erzeugt nicht unmerkliche Nahwirkungen, sondern sehr drastische Fernwirkungen. Die Auswirkung seiner Handlungen bleibt jetzt nicht im wesentlichen auf die Schicht der Handelsbürger und *citymen* beschränkt, die miteinander im Wirtschaftsverkehr stehen, sondern erschüttert die Lebensverhältnisse von Menschen, die wenig Neigung und Möglichkeit haben, ihrem erleuchteten Selbstinteresse zu folgen. In den Gesellschaftszusammenhang, der als Zusammenhang freier Handlungen beschrieben werden konnte, weil er von dem spontanen Interesse des Bürgers an Wirtschaftsverkehr und Geselligkeit beherrscht zu sein schien, werden jetzt Menschen einbezogen, die weder in ihren Besitzverhältnissen, noch in ihrer Wertorientierung die hier geforderten Voraussetzungen mitbringen."[431] Was unter Handelsbürgern an moralischer Kommunikation Chancen hat, kann in großen Entfernungen vor allem dann nicht gelingen, wenn Gemeinschaften mit vormodernen Einstellungen in den Markt einbezogen werden. Insbesondere bricht die soziale Regulation durch die Billigung und Mißbilligung unserer Handlungen zu-

430 Lev 19,18 und Mt 22,39.

431 Jonas 1976, S. 246. Siehe auch Ders., „Das allgemeine Stabilitätspostulat in der nationalökonomischen Klassik, insbesondere bei Ricardo", in: *Schmollers Jahrbuch* 74/1954, 2. Halbbd., S. 527-560.

sammen, die Smith zufolge die Mienen und das Betragen derjenigen, mit denen wir zusammenleben, uns zu erkennen geben, über die großen Entfernungen des Weltmarkts hinweg zusammen.[432]

Das Scheitern der *rationalreligiösen* Marktauffassung in der Erfahrung entschränkter Marktwirtschaft zeigt sich auch im aufbrechenden Streit um die Gegenstandsbestimmung und die Methodik der wissenschaftlichen Ökonomie und wertenden Ökonomik. Der Streit beginnt 1836 mit der Grundsatzkritik von John Stuart Mill an Adam Smith, dieser habe den Gegenstandsbereich der ökonomischen Theorie falsch definiert, und er kontinuiert sich bis Milton Friedmans *Methodology of Positive Economics*.[433] Ohne die bei Adam Smith gegebene *rationalreligiöse* Sicherung der vier Zusammenhänge zwischen Mensch und Kosmos, der menschlichen Interaktion, der Mensch-Ding-Beziehung und der Relation der Dinge untereinander sind wissenschaftliche Ökonomien seit dem 19. Jahrhundert darauf verwiesen, Markt als einen Handlungsraum aus den vier Bezügen herauszupräparieren, ohne sich über die Grenzen, die jede Definition braucht, einigen zu können. Seitdem sind die ‚Grenzen des Marktes' ein theoretisches und realgeschichtliches Dilemma, an dem sich Modernisierungserfahrung stets neu entzünden kann.

Im Laufe der realhistorischen Ausbreitung der Marktbeziehungen hat der Liberalismus auf die Problematik des Auseinanderfallens von Markt und moralischer Kommunikation mit einer eigenartigen Radiusvertauschung reagiert. Während der historische Sachverhalt darin bestand – und auch unter Globalisierungsbedingungen immer noch weiter besteht – daß die kleinräumige, erleuchtete moralische Kommunikation mit der großräumigen ökonomischen Marktverflechtung nicht Schritt halten kann, schreibt sich die liberale Ideologie gerade die Großräumigkeit ihrer Moral und die leider stets noch nachhinkende Kleinräumigkeit der ökonomischen Wohltaten zu. Harold J. Laski stellt fest, „daß der Liberalismus, obgleich er sich immer als universell begriffen hat, wenn er erst einmal in Institutionen verfestigt ist, unumgänglich einem viel engeren Kreis zugute kommt als der Gesellschaft als ganzer, die er zu leiten suchte. Denn obwohl er sich geweigert hat, in der Theorie irgendwelche Einschränkungen seiner Anwendbarkeit anzuerkennen, Einschränkungen aufgrund der Klasse, des Glaubens oder sogar der Rasse, hatten die

432 Zur pessimistischen Weltanschauung und der Bedeutung von Mitleid, das durch Nachrichten und Bilder vom fernen Elend hervorgerufen wird, siehe in diesem Band S, 608ff.

433 Vgl. John Stuart Mill, „Über die Definition der politischen Ökonomie und die ihr angemessene Forschungsmethode", in: Ders., *Einige ungelöste Probleme der politischen Ökonomie*, Frankfurt a.M. 1976, S. 142-184, hier S. 149. Zum Streit seit den 30er Jahren vgl. Ulrich Pagenstecher, *Verstehen und Erklären in der Nationalökonomie. Methodenkontroversen 1930-1985*, Nürnberg 1987. Wir folgen der Argumentation von Bernd Biervert u. Josef Wieland, „Gegenstandsbereich und Rationalform der Ökonomie und der Ökonomik", in: *Sozialphilosophische Grundlagen ökonomischen Handelns*, hg. v. Bernd Biervert / Klaus Held u. Josef Wieland, Frankfurt a.M. 1990, S. 7-32.

historischen Bedingungen unter denen er wirkte, gegen seinen Willen eine Einschränkung zur Folge.“[434]

Die Radiusvertauschung ist dem Umstand zu verdanken, daß die konkrete Basis von Besitz und Geldverfügbarkeit sich dem Weltmarktradius verdankt, während die moralische Kommunikation, so sehr sie den gleichen Radius auch behaupten mag, doch die weitentfernten Armen nur sehr abstrakt erreichen kann. „Die Idee des Liberalismus ist historisch, kurz gesagt, in unentrinnbarer Weise mit dem Besitz von Eigentum verbunden. Die Ziele, denen er dient, sind immer Ziele von Menschen in dieser Position gewesen. Außerhalb dieses engen Kreises war das Individuum, für dessen Rechte er sich stark gemacht hat, immer eine Abstraktion, die nie wirklich in den Genuß seiner Vorzüge kam. Da seine Ziele von Besitzenden bestimmt wurden, war der Spielraum zwischen seinen Ansprüchen und deren Ausführung immer sehr groß.“[435]

So erfährt man im 19. Jahrhundert, daß die Idee, den Besitzer von Produktionsmitteln von der Notwendigkeit zu befreien, Regeln zu gehorchen, die die volle Ausnutzung dieser Produktionsmittel behindern, weite Teile der Gesellschaft verelenden läßt. In das Streben nach Individualbesitz ist das Allgemeinwohl nur mit einer so erheblichen Verzögerung eingeschlossen, daß die arme Welt auch noch heute darauf warten muß. Die Idee, daß die größtmögliche Handlungsfreiheit der Individuen allererst die zu Wohltaten der Nächstenliebe fähigen Reichen hervorbringt, die in der moralischen Kommunikation dann geliebt und bewundert werden, hat in den Augen derer, die in die moderne Marktgesellschaft hineingezogen werden, keinen Realitätsgehalt. Ihnen fehlt jene Sicherheit und Gelassenheit, die die schottische Situation ausgezeichnet hatte.

Nach 1850 bricht ein Problem auf, das für *rationalreligiöse* Aufklärungsdenker unvorstellbar gewesen ist: die Antinomie zwischen Freiheit und Ordnung, die sich in eine Antinomie zwischen Individuum und Gesellschaft transformiert. Diese Antinomie ist die bestimmende unheimliche Erfahrung, der sich die Individuen nach der Revolutionsperiode ausgesetzt sehen. Gesellschaft erschien nun paradoxerweise als beides, als Gesellschaft und als Nichtgesellschaft. Sie erschien nicht nur als Zusammenhang von Menschen, sondern auch als etwas, daß den Einzelnen freisetzte, frei, seine selbstgesetzten Zwecke und Ziele zu verfolgen, und frei, sich im Bruch mit Sozialordnungen willkürlich zu assoziieren. Die moderne Gesellschaft wurde als beides erfahren: als Zusammenhang von Menschen *und* als Dunkelfeld, aus dem unberechenbare Kräfte hervortreten. Diese Kräfte waren keine Dämonen, die man bannen konnte, sondern gesellschaftliche Kräfte, die die Gesellschaft bedrohten.

Auf der Basis dieser Erfahrung verdunkelte sich das Bild der klassischen Nationalökonomie. David C. Somervell weist auf den wichtigen Prozeß der Popularisierung und Trivialisierung der Marktdoktrin hin. „Das Ansehen der klassischen Nationalökonomie hatte unter der Tatsache zu leiden, daß ihre Werke sehr schwer zu

434 Harold J. Laski, „Der Aufstieg des europäischen Liberalismus“, in: *Liberalismus*, hg. v. Lothar Gall, Köln ²1980, S. 125.

435 Ebd., S. 126.

verstehen waren und, daß wenige sich viel Mühe gaben, sie zu verstehen. Wie biblische Texte, aus dem Kontext gerissen, allerlei absurde und unmoralische Zwecke heiligen können, so wurden in gleicher Weise Fragmente nationalökonomischer Argumente von Smith, Ricardo und anderen durch voreilige und voreingenommene Politiker aus dem Kontext herausgenommen und benützt, um im Parlament Praktiken zu rechtfertigen, welche die Nationalökonomen selbst verachtet und verurteilt hätten."[436] Die liberalen Lehren gewannen eine öffentliche Autorität als ein „Evangelium des ökonomischen Fatalismus". Der Glaube gewann Anhänger, die natürliche Ordnung der Welt arbeite gleichsam von selbst darauf hin, Reichtum und gesellschaftlichen Fortschritt hervorzubringen.

Die neue Ratlosigkeit. Mit der neuen Erfahrung der Marktgesellschaft entsteht nach 1850 eine Problemlage, auf die die in Europa entstandenen Religionen, die wir bislang untersucht haben, nur unzureichend vorbereitet waren. Freilich, mit dem Gesellenverein Adolph Kolpings und dem sozialen Priestertum von Ketteler hat der Katholizismus ebenso reagieren können wie die pietistischen Rettungshäuser auf protestantischer Seite. Aber es blieben dies Seitenzweige der *Bekenntnisreligion*, die immer Gefahr liefen, in normale Sozialarbeit oder eine Theologie der Befreiung einzumünden und das konfessionelle Proprium zu verlieren. Die *Kunstreligion* schuf einen von der Welt des Marktes abgesonderten Bereich, in dem auf Erlösung durch Kunst gehofft werden konnte. Die *Nationalreligion* bot sicherlich Integrationsformeln an, die die Anomie der Marktgesellschaft für die überwölben konnte, die an die Auserwähltheit der Nation glaubten. Riskant ist dies allemal gewesen. Verlorene Kriege haben diese Überwölbungen einstürzen lassen. Kurz gesagt: Die genannten Religionen erreichten nicht den Kernbereich der neuen epochalen Zeiterfahrung. Am transformationsfähigsten erwies sich die *Rationalreligion*, vielleicht weil sich die Glaubenskriegserfahrung auf die Konkurrenzerfahrung der Marktwirtschaft ein wenig leichter umstellen ließ, als der Absturz vom Enthusiasmus auf Kalkulation; vielleicht auch, weil ihr sorgfältiges Sprechen und ihr diskretes Schweigen angesichts der stummen Gewalt der Marktverhältnisse geeignet zu sein schien, das Spiel der natürlichen Kräfte als notwendig und beweisbar aufzuzeigen. So konnte die *Rationalreligion* für einige Intellektuelle zur Vorlage genommen werden, auf die Erfahrung der Marktgesellschaft mit dem Entwurf einer ganz anderen Religion, der *Wissenschaftsreligion*, zu reagieren. Der Preis dafür war allerdings die Extermination des Schöpfergottes.

Der Glaube an die gottgewollte, uns vorgegebene sinnvolle Ordnung der Welt ist so zu einem Teil übergegangen an die Instanz, die ihre Versprechen charakteristischer Weise in doppelter Form ausgab: die moderne Wissenschaft, wie sie in der zweiten Hälfte des 19. Jahrhunderts sich ausgebildet hat. Sie trat doppelt auf, als bescheidenes Untersuchen, das die Grenzen zu jedwedem Glauben strikt einhielt, das aber dennoch selbst *Wissenschaftsreligion* werden konnte. Die Doppelseitigkeit

436 David C. Somervell, *Geistige Strömungen in England im 19. Jahrhundert* [1929], Bern 1946, S. 88f.

der Nationalökonomie des 19. Jahrhunderts: einerseits gelehrter Diskurs mit vielen Wenns und Abers und andererseits neues Evangelium, mit dem das Dasein des Marktes, letzte legitime Ordnung allen menschlichen Lebens zu sein, propagiert und geglaubt wurde, ist nur ein Beispiel.

Der Glaube an die Wissenschaft als einer neuen Religion findet sich prägnant ausgearbeitet gerade in derjenigen Wissenschaft, die auf die Erfahrung der Marktgesellschaft deshalb im besonderen Maße reagierte, weil sie in ihr selbst entstanden ist. Denn mit dieser Erfahrung, die man auf die paradoxe Formel bringen könnte, daß Kräfte, die aus dem Zusammenwirken von Individuen herrühren, gerade das Zusammenwirken von Individuen bedrohen, fängt bekanntlich Soziologie an. Und sie hat heute angesichts anderer Zeiterfahrungen Schwierigkeiten, sich von dem Paradigma ihres historischen Antritts zu lösen.

1851 schreibt Robert von Mohl: „Seit ungezählten Jahrhunderten lebten die Menschen in größeren oder kleineren geschlossenen Vereinen mit geordneten Formen und Grundsätzen des Befehls und der Einzeln-Freiheit." Zu diesen Fragen sei auch eine Unmenge von Literatur produziert worden. „Und doch tritt uns erst itzt, d.h. seit etwa 50 Jahren auf diesem Gebiete etwas völlig Neues entgegen, das aus vereinzelten, anfänglich mißachteten und mißverstandenen Anfängen mit wachsender Schnelligkeit zur höchsten Bedeutung geworden ist. (...) Das Wort *Gesellschaft* hat ertönt. Es wird mit tiefer Besorgnis, von Anderen mit giftiger Drohung ausgesprochen; es dient zum Stichworte des Streites auf der Rednertribüne und in der Schenke, es werden mächtige Parteien und Absichten, ganze Lehrgebäude damit bezeichnet. In Leben und Wissenschaft drängt sich der Begriff, das besondere Daseyn, das Bedürfnis, die Gegenwart und Zukunft der Gesellschaft auf, und bringt einen ganz neuen Gegenstand des Bewußtseins, des Wollens und des Denkens."[437]

Mit dem Unklar-Werden von ‚Gesellschaft' entsteht eine neue Wissenschaft und ein spezifisches Problem, die Dauerfrage der Soziologie: Wie ist Integration in der modernen Gesellschaft möglich? Wie ist Integration möglich, wo doch die Menschen als Arbeitskräfte, die Natur als Boden und die Kalkulierbarkeit der Tauschvorgänge als Geld selbst dem unvorhersehbaren, unkontrollierten, seiner Natur nach asozialen Marktgeschehen ausgeliefert sind? Wie kann die moderne Gesellschaft überhaupt existieren, wo in ihr doch jeder, auf den Marktplatz gehen kann und dort frei ist, Güter anzubieten oder zurückzuhalten, zu kaufen oder nicht zu kaufen, und zwar gerade auch Güter, die nur fiktive Waren sind, die ihrem wirklichen Stellenwert nach die Substanz der Gesellschaft ausmachen?

In diesem *Dritten Teil* der Religionssoziologie geht es darum, die Verarbeitungsweisen der Modernitätserfahrung als einer der Entfesselung der Märkte geschuldeten Zersetzung von tradierten Lebensweisen und der Konstruktion moderner Vergesellschaftung im Hinblick auf die Frage zu untersuchen, wie das Thema Religion

---

437 Robert von Mohl, „Gesellschafts-Wissenschaften und Staats-Wissenschaften", in: *Zeitschrift für die gesamte Staatswissenschaft* 7/1851, S. 3-71, hier S. 5f. Ich folge hier H. Friedrich Tenbruck, „Emile Durkheim oder die Geburt der Gesellschaft aus dem Geist der Soziologie", in: *Zeitschrift für Soziologie* 10(4)/Oktober 1981, S. 333-350, hier S. 338 ff.

wiederkehrt. Dabei steht mehr als in den Teilen zuvor in Frage, ob Religion überhaupt eine Rolle in der Modernitätserfahrung spielt. Es war ja gerade das junghegelianische Resultat der Revolutionsperiode gewesen, die Religion als ein peripheres, abgeleitetes, sekundäres Phänomen einzustufen. Ludwig Feuerbachs Umkehrung der Theologie in Anthropologie, Bruno Bauers Charakterisierung der vollendeten Religion als „der absolute Sieg der Willkür", die Marxsche Theorie von materieller Basis und ideologischem Überbau und Stirners Kritik des Heiligen – sie hatten nicht nur den enthusiastischen Vermischungen der neuen Religionen der Revolutionszeit, wie sie in *Kunstreligion* und *Nationalreligion* sich ausprägten, für die, die daran glauben, ein Ende bereitet, sondern auch *Bekenntnisreligion* und *Rationalreligion* als Echos der Lebensprozesse wirklicher Menschen enthüllt. Dennoch, es wird zu zeigen sein, wie diese bis jetzt untersuchten europäischen Religionen im Prozeß entfesselter Marktwirtschaft keineswegs untergehen, sondern sowohl einen Preis bekommen als auch ihren unschätzbaren Wert erhalten.

Es ist die Figur des Marktes selbst, der dabei die Paradoxie innewohnt: Einerseits konkurrieren Religionen und Nichtreligion, Gläubige und Atheisten, Wissenschaftsgläubige und Indifferente und werben um geistige Anhängerschaft. Andererseits verstummt, wie wir gezeigt haben, die Frage nicht, ob der Glaube an das Heil, das der Markt seinen Teilnehmern zu geben verspricht, oder das Medium des Geldes nicht selbst eine Religion sein könnte. So wie man Modernitätserfahrung als eine paradoxe Erfahrung gesellschaftlicher Nichtgesellschaft charakterisieren kann, so erscheint darin Religion auch als paradoxe Erfahrung religiöser Nichtreligion und nichtreligiöser Religion.

In den nächsten beiden Kapiteln *Die Religion der Wissenschaft* und *Der Naturalismus* werden wir die hinzukommende neue Religion der Wissenschaft in ihren Varianten untersuchen. Im Unterschied zu den Diskursen über eine Religion des Geldes handelt es sich bei der *Wissenschaftsreligion* nicht um kritische Fremdbeschreibungen, sondern um positive Selbstbeschreibungen. Anschließend nehmen wir das neue Phänomen eines Religionsmarktes in den Blick und fragen, wie sich die katholische *Bekenntnisreligion* in den Konkurrenzverhältnissen zur Sakralisierung der Nation, der Kunst und der Wissenschaft neu aufstellt. Nach dem Kapitel *Der Katholizismus auf dem Weg zur Marktform* wenden wir uns im Kapitel *Religionsmarkt: Werte und Weltanschauungen* den variantenreichen Glaubensarten zu, die als Religionsunternehmer oder Weltanschauungsfirmen um Anhänger konkurrieren und das Spektrum religiöser Wahlmöglichkeiten auch um religionsförmige Philosophien und asiatische Religionsimporte erweitern.

Blicken wir noch einmal auf die Anlage unserer Religionssoziologie zurück. In jeder der epochalen Zeiterfahrungen, die sich mit der Genese der verschiedenen Strukturelemente der europäischen Moderne in den Diskursen von Intellektuellen ausgebreitet haben, sind zusammen mit neuen Religionstypen neue Weisen der Religionsdeutung entstanden. Die Genese des modernen Flächenstaats mit Gewaltmonopol war verbunden mit der Transformation der Christentümer in sich befehdende *Bekenntnisreligionen* und der Stiftung einer Religionsfrieden und Religionsfreiheit verheißenden *Rationalreligion.* Die Religionsdeutungen, die in dieser

Zeit erarbeitet wurden, sind zentriert um die Fragen der Schärfung von Konfessionsprofilen oder der Konfessionskritik als einer Aufklärung von Religion. Die epochale Zeiterfahrung der Revolution, in der das zweite Strukturelement unserer Moderne: die Demokratie, basierend auf dem Willen freier und gleicher Personen, hervorgetreten ist, war verbunden mit den enthusiastischen Religionen der Sakralisierung von Nation und Kunst, einer Ewigen Linken und Ewigen Rechten. Die neuen Religionsdeutungen, die in dieser Zeit erarbeitet wurden, sind mit den Namen Ludwig Feuerbach, Bruno Bauer, Karl Marx und Max Stirner verbunden. Es sind dies radikale Kritiken aller Religion, mag sie sich nun als ideologischer Überbau gesellschaftlicher Verhältnisse oder als Sakralisierung aller möglichen Sachen, die meine Sache werden sollen, verkleiden.

Neue epochale Zeiterfahrungen, die mit der Genese neuer Strukturelemente der Moderne verbunden sind, regen religiöse Kreativität an, die zu neuen Religionen führen kann und so neue Religionsdeutungen herausfordert. Die Religionsdeutungen, die mit der epochalen Zeiterfahrung der modernen Marktgesellschaft als einem dritten Strukturelement unserer Moderne verbunden sind, haben die Religionswissenschaften erarbeitet, die sich um 1900 zu Wort melden, insbesondere die Soziologie, die sich bei Durkheim, Simmel, Weber und anderen als Religionssoziologie konstituiert. Mit ihnen schließt der *Dritte Teil* unserer Religionssoziologie ab.

II. Die Religion der Wissenschaft

Übersicht

In diesem Kapitel behandeln wir Profile der *Wissenschaftsreligion*. Wir stellen die positivistische Kirche und ihre zumeist als Vereine organisierten Denominationen als ein europäisches Intellektuellen-Netzwerk vor und diskutieren die Frage, wie Wissenschaft eine Religion sein kann. Dort wo über sachbezogene Forschung hinausgehend Wissenschaft mit einem Absolutheitsanspruch und Höchstwert verbunden wird, wo ein starker Glaube an die Wissenschaft als einer letzten Instanz erkennbar ist, die keine anderen Götter neben sich duldet, sprechen wir von *Wissenschaftsreligion*. (1). Das Erleben und die Feier wissenschaftlicher Errungenschaften sowie die Affinitäten von Markt und Wissenschaft bringen diese in eine Zentralstellung in der Marktgesellschaft, die bis zu heutigen Theorien der „Wissensgesellschaft" führt (2). Mit der Entfesselung der Marktwirtschaft und dem neuen Wissenschaftsglauben verändert sich die Balance von Glauben und Wissen, die sowohl in den *Bekenntnisreligionen* als auch in der *Rationalreligion* auf unterschiedliche Weise hergestellt war. Wir behandeln den Streit um die Einheit der Wissenschaft, bzw. der „zwei Kulturen", und die Verhältnisse zwischen Worten des Glaubens und der Sprache der Beweise. Sprachkritik und „Mystik" können zu Wegen werden, um ein *wissenschaftsreligiöses* Proprium zu sichern (3). Die Religion der Wissenschaft kann man an zwei Traditionen anschließen. Im Rahmen der *theologia tripertita* des römischen Gelehrten Varro kann *Wissenschaftsreligion* in der Linie der *theologia naturalis*, der Privatreligion der Gelehrten und Philosophen verortet werden. Auf der anderen Seite verweist das Motiv der „Erkenntnis als Erlösung" auf Elemente des Gnostizismus, dessen Spur bis in die Gegenwart verfolgt wird (4). *Wissenschaftsreligion* erhebt den Anspruch, auch das Handeln der Individuen zu orientieren. Wir stellen die Wege dar, die zum Utilitarismus des 19. Jahrhundert als einer der Marktgesellschaft funktional angemessenen Moralwissenschaft geführt haben (5). Im letzten Abschnitt „Die Verwissenschaftlichung des Sollens" geht es um Versuche, den Graben zwischen rationalem Selbstinteresse und Moral durch neue Berechnungen der Glücksbilanz zu überbrücken (6).

1. Der Positivismus

EINE NEUE RELIGION VERBREITET SICH. Der erste konkrete Plan der Stiftung einer *Wissenschaftsreligion* stammt von Henri de Saint-Simon. In seinem *Neuen Christentum* (1825) ist die Antinomie von Glauben und Wissen überwunden, weil, statt durch theologische Dogmen behindert, nunmehr wissenschaftlicher Fortschritt eine progressiv wachsende Vorstellung von Gott ermöglicht.[1] Einer seiner Sekretäre, Auguste Comte, hat den Plan in die Tat umgesetzt. Die von ihm gestiftete Menschheitsreligion ist der Schluß der Entwicklung des menschlichen Geistes, der in allen Gebieten des menschlichen Wissens drei Phasen durchläuft: die theologische, die metaphysische und die positive, in der schließlich „Liebe als Prinzip, Ordnung als Grundlage und Fortschritt als Ziel" gelten, Worte, die später als positivistisches Gebet bei unvorhersehbaren Anlässen dienten.[2]

Die „positive Religion" war in Institutionen der „positiven Kirche" organisiert, die ihre „Mission" in Leitprogrammen und Statuten definierte.[3] Für sie verfaßte Comte einen „Katechismus der positiven Religion".[4] Es wurden „Apostolate" für Wissenschaftler-Priester eingerichtet und ein Festkalender aufgestellt. Comte selbst ernannte sich zum „grand prêtre de la réligion universelle".[5]

---

1 *Die Lehre Saint-Simons*, eingeleitet u. hg. v. Gottfried Salomon Delatour, Neuwied 1962, S. 216ff. Saint-Simon und die saint-simonistische Schule greifen dabei den Grundgedanken einer sukzessiven Reifung des menschlichen Geistes von Condorcet auf. Jean Antoine Condorcet, *Entwurf einer historischen Darstellung der Fortschritte des menschlichen Geistes* [1793], Frankfurt a.M. 1976. Zum Kontext siehe: Julian Strube, „Ein neues Christentum, Frühsozialismus, Neo-Katholizismus und die Einheit von Religion und Wissenschaft", in: *Zeitschrift für Religions- und Geistesgeschichte* 66(2)/2014, S. 140-162.

2 Auguste Comte, *System der positiven Politik. Erster Halbband von vier Bänden, enthaltend die Widmung und den vorläufigen Diskurs*, übersetzt u. mit Anmerkungen versehen v. Jürgen Brankel, Wien 2004, S. 333. „Liebe als Prinzip" wurde von Comte nach seiner feministischen Wende neu aufgenommen und an die erste Stelle gesetzt.

3 Vgl. dazu grundlegend Bernhard Plé, *Die ‚Welt' aus den Wissenschaften. Der Positivismus in Frankreich, England und Italien von 1848 bis ins zweite Jahrzehnt des 20. Jahrhunderts. Eine wissenssoziologische Studie*, Stuttgart 1996; Vorstellungen eines Wissenschaftler-Klerus entstehen um 1800. Vgl. dazu Michel Serres, „Paris 1800", in: Elemente einer Geschichte der Wissenschaften, hg. v. Michel Serres, Frankfurt a.M. 1989, S. 597-643; siehe auch Guillaume Carnino, *L'invention de la science. La nouvelle religion de l'âge industriel*, Paris 2015. Einen guten Überblick gibt Rüdiger vom Bruch, „Der wissenschaftsgläubige Mensch", in: Ders., Bürgerlichkeit, Staat und Kultur im Kaiserreich, hg. v. Hans-Christoph Liess, Stuttgart 2005, S.11-24.

4 Auguste Comte, *Catéchisme positiviste où sommaire exposition de la réligion universelle, en onze entretiens systématiques entre une femme et un prêtre de l'Humanité*, Paris 1852, deutsch: *Katechismus der positiven Religion*, übersetzt v. E. Roschlau, Leipzig 1891.

5 Grundlegend für jede Comte-Forschung sind die Arbeiten von Henri G. Gouhier, *La jeunesse d'Auguste Comte et la formation du positivisme*, Bd. I: *Sous le signe de la liberté*, Paris: Vrin, 1933; Bd. II: *Saint-Simon jusqu'à la restauration*, Paris: Vrin, 1936; Bd. III: *Auguste Comte et Saint-Simon*, Paris: Vrin, 1941 (^{2}1964-1970); Ders., *La vie d'Auguste Comte*, Paris : Vrin, ^{2}1965. Aus der frühen Rezeption ist hervorzuheben John Stuart Mill, „Auguste Comte und der Positivismus" [1863], in: *Gesammelte Werke*, Bd. 9, Leipzig 1874 (Neudruck Aalen 1968), S. 1-141; Hermann Gruber S. J., *Auguste Comte, der Begründer des Positivismus, sein Leben und seine Lehre*, Freiburg i. Br. 1889; Ders., *Der Positivismus vom Tode Auguste Comtes bis auf unsere Zeit* (1857-1891), Freiburg i. Br. 1891; Wilhelm Ostwald, *Auguste Comte. Der Mann und sein Werk*, Leipzig 1914b. Einen weiterführenden Umbau des Dreistadiengesetzes hat Max Scheler vorgelegt. Max Scheler, „Über die positivistische Geschichtsphilosophie des Wissens (Dreistadiengesetz)", in: *Gesammelte Werke*, Bd. 6:

Die positivistische Kirche spaltete sich 1867. Die einen anerkannten das „Apostolat" des Mathematikers Pierre Lafitte, den Auguste Comte zu seinem literarischen Nachlaßverwalter ernannt hatte. 1892 wurde für den „Apostel" Pierre Lafitte der erste Lehrstuhl für Allgemeine Wissenschaftsgeschichte eingerichtet. Das positivistische „Collège libre des Sciences Sociales" war von 1895 bis 1935 mit Anhängern Comtes besetzt. Laffitte, der auch in England Anhänger fand, setzte sich erfolgreich dafür ein, daß auf dem *Place de la Sorbonne* 1902 eine Statue von Comte aufgestellt wurde, wo sie noch heute steht. Während Lafitte und seine Anhänger mehr die Religion eines wissenschaftlich begründeten Humanismus herausstellten, orientierten sich die Positivisten, die sich dem Mediziner und Philologen Émil Littré anschlossen, am konsequenten Naturalismus des frühen Comte. Es handelte sich bei dieser Spaltung um zwei letztlich zusammenhängende Ausprägungen im weiten Feld des Positivismus. Man konnte den Akzent mal mehr auf den Menschen als ein seine positive Existenz in letzter Instanz wissenschaftlich begreifendes Wesen legen, oder darauf, seine geistigen Fähigkeiten sensualistisch als Entwicklungsmöglichkeit der „Materie" auszuweisen. Beide Richtungen zielten auf eine wissenschaftlich fundierte Ethik, der eher zu folgen sei als den alten Religionen. In Frankreich war die Kulturpolitik der III. Republik unter Jules Ferry mit ihrer Durchsetzung des Laizismus einer der großen Erfolge der Arbeit der „positiven Kirche".[6]

Die 1867 gegründete „London Positivist Society" verbreitete unter Führung des Juristen Frederic Harrison und des Historikers und Philosophen Richard Congreve im Geiste Comtes einen „scientific faith". 1871 faßte der englische Dachverband der „Secular Societies" auf seinem Konzil den Beschluß, daß alle Mitglieder und Beitrittswilligen ein Glaubensbekenntnis abzulegen hätten: „1. I regard Secularism as the Religion of the Present life. 2. I regard the Secular as sacred (...). 3. I belief

Schriften zur Soziologie und Weltanschauungslehre, hg. v. Maria Scheler, Bern/München 1963, S. 27-35 (zuerst Leipzig 1923); Ders., „Zur Soziologie der positiven Wissenschaft – Wissenschaft und Technik, Wirtschaft", in: *Gesammelte Werke*, Bd. 8: *Die Wissensformen und die Gesellschaft*, hg. v. Maria Scheler, Bern/München 1960, S. 92-134. Viel diskutierte Kritiken Comtes entstammen dem Umkreis der Frankfurter Schule: Herbert Marcuse, *Vernunft und Revolution. Hegel und die Entstehung der Gesellschaftstheorie*, Neuwied 1962, S. 283-314; Oskar Negt, *Strukturbeziehungen zwischen den Gesellschaftslehren Comtes und Hegels*, Frankfurt a.M. 1964; Otwin Massing, *Fortschritt und Gegenrevolution. Die Gesellschaftslehre Comtes in ihrer sozialen Funktion*, Stuttgart 1966. Siehe darüber hinaus: Pierre Macherey, *Comte, la philosophie et les sciences*, Paris PUF 1989; Mary Pickering, *Auguste Comte: An Intellectual Biography*, Cambridge: Cambridge UP 1993; Werner Fuchs-Heinritz, *Auguste Comte. Einführung in Leben und Werk*, Opladen 1998; Wolf Lepenies, *Auguste Comte. Die Macht der Zeichen*, München 2010.

6 Waltraud Harth-Peter, „Der französische Positivismus", in: *Kanzel und Katheder. Zum Verhältnis von Religion und Pädagogik seit der Aufklärung*, hg. v. Marian Heitger u. Angelika Wenger, Paderborn 1994, S. 295-325, zu Jules Ferry siehe S. 303ff; Bernhard Plé, „Die sakralen Grundlagen der laizistischen Republik Frankreichs. Zur Liturgie der aufgeklärten Bürgerschaft in der Dritten Republik", in: *Archiv für Kulturgeschichte* 86/2005, S. 373-393.

that Science is the available Providence of man".[7] Die Nachfolge von Auguste Comte durch Pierre Laffitte führte 1878 zur Spaltung der Positivsten in Großbritannien. Congreve gründete daraufhin die „Church of Humanity".

Außerhalb Europas hatte die Religion des Positivismus nachhaltige Wirkungen auf das Projekt der Jungtürken, auf die russische Intelligentia und die brasilianischen Eliten. Noch heute ziert die brasilianische Nationalflagge das Lemma „Ordem e progresso".[8]

Während die Religion des Positivismus in Frankreich und England Fuß faßt, ist die Comte-Rezeption in Deutschland mehrfach gebrochen. Aufgegriffen wird Comte von der positivistischen Richtung des Neukantianismus, nach dem mit Friedrich Eduard Beneke bereits in den dreißiger Jahren des 19. Jahrhunderts eine positivistische Philosophie in Deutschland entstanden war.[9] Ihr Interesse richtet sich nicht allein auf den Bereich der Wissenschaftstheorie, mit der die Stellung der Philosophie im Verhältnis zu den Einzelwissenschaften neu bestimmt werden sollte, sondern gerade auch auf Erkenntnistheorie, für die der Positivismus von John Stuart Mill freilich günstigere Anschlußmöglichkeiten bot als Comtes Soziologie.

Es ist bemerkenswert, wie Beneke die Notwendigkeit seines Positivismus in der Sprache der Marktwirtschaft erläutert: „Die Aktien der Philosophie stehen jetzt bei uns niedriger als irgendwo anders; und es ist mehr als je, wenn nicht bald ein deus ex machina erscheint, ein völliger Bankrott zu befürchten." Es existiere eine Vielfalt der Systeme, die Philosophie habe noch nicht einen wissenschaftlichen Standard erreicht, „wo das einmal gewonnene Capital, ohne Verminderung, und indem ihm täglich ein neuer Gewinnst zuwächst, von einem Forscher auf den anderen übertragen wird".[10]

---

7 Zit. n. Bernhard Plé, „Jenseits des Sichtfeldes der Säkularisierungstheorie – zu einer politischen, sozialen und fachgeschichtlichen Wirkung einer Wissenschaftsreligion in Europa. 1848-1935", in: *Grenzenlose Gesellschaft? 29. Kongreß der Deutschen Gesellschaft für Soziologie, 16. Österreichischer Kongreß für Soziologie, 11. Kongreß der Schweizerischen Gesellschaft für Soziologie*, Freiburg i.Br. 1998, Bd. II/2: *Ad-hoc-Gruppen, Foren*, hg. v. Hermann Schwengel, Pfaffenweiler 1999, S. 46-48, hier S. 48; Ders., „Säkularismus als Religion? Dogmatik und Wissenschaftsglaube der ‚Secular Societies' und Auswirkungen ihrer Praxis von 1852 bis 1940", in: *Sakularisierung und Resakralisierung in westlichen Gesellschaften. Ideengeschichtliche und theoretische Perspektiven*, hg. v. Mathias Hildebrandt / Manfred Brocker u. Hartmut Behr, Wiesbaden 2001, S. 97-116.

8 Zu Brasilien: Joseph Jurt, „Le Brésil: un État-nation à construire. Le rôle des symboles nationaux: de l'empire à la république", in: *Actes de la recherche en sciences sociales* 201-202/2014, S. 44-57; zur Türkei vgl. Niyazi Berkes, *The Development of Secularism in Turkey*, Montreal 1964. Zu Rußland vgl. J. Billington, „The Intelligentsia and the Religion of Humanity", in: *American Historical Review* 65/1960, S. 807-821.

9 Klaus Christian Köhnke, *Entstehung und Aufstieg des Neukantianismus. Die deutsche Universitätsphilosophie zwischen Idealismus und Positivismus*, Frankfurt a.M. 1993, S. 69ff. Zur Comte-Rezeption vgl. ebd., S. 138f; vgl. auch Yvonne Bernart, „Die Rezeptionsgeschichte Auguste Comtes in Deutschland (1859-1997)", in: Schwengel 1999, S. 39-42.

10 Beneke 1832, zit. n. Köhnke 1993, S. 75.

In Absetzung von der positivistischen Richtung des Neukantianismus hat – wie zu zeigen sein wird – Wilhelm Dilthey seine Begründung der Geisteswissenschaften aus einer Auseinandersetzung mit Comte und dem Positivismus heraus entwickelt.[11] Für den Historiker Johann Gustav Droysen war Auguste Comte der Exponent des Kapitalismus, der die neuhumanistische Bildung durch Polytechnik ersetzen wollte.[12] In Deutschland wurde Comte entgegen seiner Programmatik, einen Mittelweg zwischen Geistes- und Naturwissenschaften zu bahnen, überwiegend als purer Naturalist verortet.

Die Gründe dafür liegen in der starken naturphilosophischen Tradition in Deutschland, deren spinozistisch-pantheistischer Erwartungshorizont nach dem Scheitern der von starken religiösen Bewegungen getragenen Revolution von 1848/49 in einen ernüchterten naturforscherlichen Positivismus mündet. Freireligiöse wie z.B. der Naturforscher Emil Adolf Roßmäßler engagieren sich dafür, die Ideen der religiösen Bewegung vor 1848 in eine „natürliche Weltanschauung" zu überführen.[13] Der Deutschkatholik Heribert Rau schreibt ein *Evangelium der Natur. Ein Buch für jedes Haus*. Er verkündet darin eine „Zukunft, deren frohe Botschaft wir täglich um uns im Evangelium der Natur, in den siegreich vordringenden Naturwissenschaften lesen!".[14] Charakteristisch für diese Transformation des Naturbildes ist der sogenannte „Materialismus-Streit" der 1850er Jahre. An ihm beteiligen sich Autoren wie Carl Vogt und Ludwig Büchner, die die Wendung der Religionskritik Ludwig Feuerbachs nachvollzogen haben, der die Umstülpung der Theologie in Anthropologie zu einer Religionskritik erweiterte, bei der das Verhältnis des Menschen zur Natur den Ausgangspunkt bildet.

Zwischen der humanistischen Religion der Wissenschaft in der Linie des Positivismus Comtescher Prägung und den naturalistischen Weltanschauungen, die in Deutschland mit dem harten Umschlag von „Idealismus" in „Materialismus" entstanden, gibt es in der zweiten Hälfte des 19. Jahrhunderts zahlreiche Übergänge und Kombinationen. Wir werden beide Stränge nacheinander zu behandeln, bei beiden ist jedoch die neuartige Positionierung der Wissenschaft maßgeblich, über die John Wyon Burrow zurecht schreibt: „Die Wissenschaft trat hier als eine Gott-

---

11 Hans-Helmut Gander, *Positivismus als Metaphysik. Voraussetzungen und Grundstrukturen von Diltheys Grundlegungen der Geisteswissenschaften*, Freiburg 1988; Heike Kämpf, *Die Exzentrizität des Verstehens: zur Debatte um die Verstehbarkeit des Fremden zwischen Hermeneutik und Ethnologie*, Berlin 2003.

12 Zur Rezeption Comtes in der Geschichtswissenschaft vgl. Kurt Düwell, „Auguste Comte. Das Problem von Ordnung und Fortschritt", in: *Geschichte und politisches Handeln: Studien zu europäischen Denkern der Neuzeit. Theodor Schieder zum Gedächtnis,* hg. v. Peter Alter / Wolfgang J. Mommsen u. Thomas Nipperdey, Stuttgart 1985, S. 146-163.

13 Zu Roßmäßler vgl. Andreas Daum, *Wissenschaftspopularisierung im 19. Jahrhundert. Bürgerliche Kultur, naturwissenschaftliche Bildung und die deutsche Öffentlichkeit 1848-1914*, München ^{2}2002, S. 203ff u.a.

14 Heribert Rau, *Evangelium der Natur. Ein Buch für jedes Haus,* Frankfurt a.M. ^{2}1857, S. 631, zit. n. Daum 2002, S. 203.

heit auf, die ihre Jünger niemals verraten würde."[15] Auf den „Materialismus-Streit" und seine Weiterungen werden wir im Kapitel „Naturalismus" eingehen.[16] Da Comte in Deutschland überwiegend als purer Naturalist verortet wurde, griffen darwinistische Soziologen seine Ideen eher auf als der historischen Schule verbundene Soziologen. Max Weber hat sich kaum mit Comte befaßt.[17]

In Deutschland organisiert sich die *Wissenschaftsreligion* in der Form von Vereinen. Sie greifen für ihr Vorhaben auf den Begriff der „Weltanschauung" zurück, den Kant geprägt hatte, um den Versuch zu bezeichnen, das Unendliche in seiner Totalität durch eine Reflektion der Vernunft zu erfassen.[18] Der Begriff der Weltanschauung, der in Schleiermachers Neubestimmung der Religion noch in der Bedeutung des „Anschauens des Universums" als „die allgemeinste, höchste Formel der Religion" gebraucht wird, avanciert – wie später zu zeigen sein wird – in Deutschland nach 1850 zum zentralen Sortierbegriff für die Angebote auf dem Religionsmarkt.[19] In der zweiten Hälfte des 19. Jahrhunderts entsteht ein Netzwerk von *wissenschaftsreligiösen* Weltanschauungsvereinen. Daß sie den Terminus „Positivismus" in Abgrenzung zu den Wissenschaftskulturen Frankreichs und Englands für ihre Auffassungen nicht verwenden, darf nicht darüber hinwegtäuschen, daß sie Teil der gesamteuropäischen Bewegung zur Stiftung einer auf positivistischen Prinzipien gegründeten *Wissenschaftsreligion* waren. Die deutschen Weltanschauungsvereine schlossen sich 1909 offiziell im „Weimarer Kartell" zusammen. Die Organisationsgeschichte der einzelnen Gruppen mit ihren Spaltungen und Zusammenschlüssen ist stark verästelt. Dennoch lassen sich verschiedene Profile erkennen.[20]

15 John Wyon Burrow, *Die Krise der Vernunft. Europäisches Denken 1848-1914*, München 2003, S. 92.

16 In diesem Band S. 273ff.

17 In der Herbert Spencerschen Linie hat Paul von Lilienfeld Comte aufgegriffen. Paul von Lilienfeld, *Die menschliche Gesellschaft als realer Organismus*, Mitau 1873. Für die Sozialdarwinisten ist Albert Eberhard Friedrich Schäffle, *Bau und Leben des socialen Körpers*, Tübingen 1881 zu nennen. Zur Stellung Comtes in der Soziologieentwicklung siehe Friedrich H. Tenbruck, *Die unbewältigten Sozialwissenschaften oder Die Abschaffung des Menschen*, Graz/Wien/Köln 1984, S. 115ff.

18 Immanuel Kant, „Kritik der Urteilskraft" (§26), in: *Kant Werke* (=Theorie-Werkausgabe), Bd. 10, Frankfurt a.M. 1957, S. 341.

19 Friedrich Schleiermacher, *Über die Religion. Reden an die Gebildeten unter ihren Verächtern* [1799], in der Ausgabe von Rudolf Otto [1899], Göttingen [8]2002, S. 52. Zu Weltanschauung in diesem Band S. 521ff.

20 Früh erkannt hat die Bedeutung dieser Gruppen: Hermann Lübbe, *Politische Philosophie in Deutschland. Studien zu ihrer Geschichte*, Basel/Stuttgart 1963, S.127-172; ausführlicher dazu: Frank Simon-Ritz, *Die Organisation einer Weltanschauung. Die freigeistige Bewegung im Wilhelminischen Deutschland*, Gütersloh 1997; Horst Groschopp, *Dissidenten. Freidenkerei und Kultur in Deutschland*, Berlin 1997; Friedrich Heyer u. Volker Pitzer, *Religion ohne Kirche – Die Bewegung der Freireligiösen. Ein Handbuch*, Stuttgart 1977.

FREIRELIGIÖSE, FREIDENKER, ETHISCHE BEWEGUNG. Einer der Ursprünge der *wissenschaftsreligiösen* Vereine ist in den vormärzlichen Bewegungen der *Lichtfreunde* und *Deutsch-Katholiken* zu sehen, die im Zentrum der Revolution von 1848/49 standen. Wir haben ihre Erwartung einer großen Revolution im *Ersten Band* untersucht.[21] Mit dem Scheitern der Revolution, die zugleich als eine religiöse Reformation begriffen wurde, und mit dem Verklingen des Enthusiasmus setzen die freien Gemeinden auf die Bildung des Volkes gerade auch im Bereich der Naturwissenschaft.[22] 1859 schließen sich die freien katholischen und protestantischen Gemeinden zum *Bund freireligiöser Gemeinden Deutschlands* zusammen. Die Gründung der *Sozialdemokratischen Arbeiterpartei* im Jahre 1869, die nicht nur antiklerikale Positionen vertrat, sondern sich darüber hinaus der radikalen Kritik aller Religion verschrieben hatte, führte zu Spannungen zwischen denen, die „freie Religiosität" im Sinne einer kirchenfreien, dogmatisch nicht gebundenen Religiosität auffaßten, und denen, die darunter ein Frei-Sein von jeder Religiosität verstanden. So argumentierte der Sozialdemokrat Josef Dietzgen, die Freireligiösen seien „wohl die Sache losgeworden, aber können das Wort nicht los werden."[23]

Der Streit um das Wort hat seine lange Vorgeschichte. Wir haben im *Ersten Band* unserer Religionssoziologie gezeigt, wie dem Wort „Religion", mit dem aus *bekenntnisreligiöser* Sicht das Christentum und andere Weltreligionen bezeichnet wurden, *rationalreligiöse* Autoren die Rede von der „Religiosität" im Sinne einer *religio duplex* zur Seite gestellt haben. Die Enthusiasten der Revolutionszeit waren begeistert von dem, was für sie eine „heilige Sache" bedeutete: die Nation oder die Kunst. Im Zusammenhang von Marktgesellschaft und *Wissenschaftsreligion* wird nun das ganze Wortfeld von „Religion, religiös, heilig" zweifelhaft. Die Rede von „Weltanschauung", die Ingredienzien aus Philosophie und Wissenschaft enthält, bietet für einige Jahrzehnte einen Ausweg ohne die diskursive Konfrontation von Religion und Weltanschauung zu beruhigen.

Die Umstellung von „freireligiös" auf „freidenkerisch" findet mit der Gründung des *Deutschen Freidenkerbundes* im Jahre 1881 ihren organisatorischen Ausdruck.[24] Verstärkend dafür war die Rezeption der Darwinschen Evolutionstheorie, auf deren Wirkung für das religiöse Feld wir weiter unten genauer eingehen werden.[25] Allerdings blieben freireligiöse Vereine weiter auf dem Religionsmarkt vertreten und wurden durch freie Prediger wie z.B. Max Maurenbrecher, der den „Sozialismus als eine neue Stufe der Religion" auszeichnete, oder Arthur Drews, der Freiheit nur durch Religion gesichert sah, verstärkt.[26] Das Beispiel von Maurenbrecher und

21 Im *Ersten Band* S. 668ff.

22 Simon-Ritz 1997, S. 57ff.

23 Josef Dietzgen zit. n. ebd., S. 63. Dazu ausführlicher: Sebastian Prüfer, *Sozialismus statt Religion*, Göttingen 2002, S. 223ff, hier S. 247.

24 Ebd., S. 92ff.

25 Groschopp 1997, S. 108ff. Dazu in diesem Band besonders S. 290ff und 355ff.

26 Max Maurenbrecher, „Der Sozialismus als eine neue Stufe der Religion", in: *Religion und Sozialismus, Sieben Vorträge, gehalten beim 5. Weltkongress für Freies Christentum und Religiösen Fortschritt*, hg. v. Wilhelm Schneemelcher, Berlin 1910; Arthur Drews, *Freie Religion.*

Drews zeigt, wie im Unterschied zu Frankreich mit seiner klaren Fronstellung zwischen Katholizismus und Säkularismus in Deutschland die starke Präsenz des Protestantismus an dessen Rändern eigenwillige Vermischungen mit *wissenschaftsreligiösen* Motiven ermöglicht hat.

Aktiv in freireligiösen Vereinen wurde auch Ernst Horneffer, der zusammen mit seinem Bruder August den *Bund für persönliche Religion* gründete. Die Brüder sahen in Nietzsche den Begründer einer „Religion des Heidentums", was sie nicht daran hinderte, Mitglied in einer Freimaurerloge zu sein.[27] Und auch bei den bekennend atheistischen Freidenkern fällt der Abschied vom Wort „Religion" schwer. So heißt es bei Ludwig Büchner: „Religion im richtigen oder in dem alten Ciceronianischen Sinne der relegere oder religere (wiederlesen, überdenken) hat auch der Freidenker. Konfession aber nicht. (...) Der Freidenker glaubt (denn auch er hat einen Glauben), daß die Menschen verdienen, besser, weiser und glücklicher zu sein, als sie bisher waren, und daß ihnen ein unbegrenzter Fortschritt auf dem Weg der Tugend, Weisheit und Glückseligkeit möglich ist."[28]

Es kommt aber nicht nur zwischen „freireligiös" auf „freidenkerisch" zu Spannungen, sondern auch zwischen Sozialdemokraten und Freidenkern.[29] Nachdem 1891 auf dem Erfurter Parteitag der Sozialdemokratie die Opposition der „Jungen", die den Zentralismus der Reichstagsfraktion kritisierten, aus der Partei ausgeschlossen wurde, stellte sich der 1892 in den Vorstand des *Deutschen Freidenkerbundes* berufene Autor Bruno Wille an die Seite der „Jungen" und warf der SPD vor, sie mache ihre Mitglieder „zu knechtenden Knechten der unfehlbaren Dogmen" und praktiziere eine „fanatische, mit allen möglichen Unterdrückungsmitteln arbeitende Unduldsamkeit" und „Autoritätenherrschaft".[30] Zusammen mit Gustav Landauer propagierte Bruno Wille als Herausgeber der Zeitschrift *Der Sozialist. Organ der unabhängigen Sozialisten* Auffassungen, die sich entschieden von der Bevormundung durch den parteilich organisierten „wissenschaftlichen Sozialismus" absetzten. Bruno Wille konnte sich dabei auf Michael Bakunin beziehen,

---

Vorschläge zur Weiterführung des Reformationsgedankens, Jena 1917; Hermann Lübbe, „Drews, Christian Heinrich Arthur", in: *Neue Deutsche Biographie* 4 /1959, S. 117.

27 Jörg-Peter Jatho, *‚Gern beugen sich die Männer des Geistes vor den Männern der Macht.' Ernst Horneffer, zur politischen Biographie des Gießener Philosophieprofessors. Dokumente und ‚Commentar zu den Briefen Nietzsches an Overbeck'*, Gießen 1998; Thomas Mittmann, „Religion nach dem ‚Tod Gottes'. Friedrich Nietzsche als Wegbereiter des Neuheidentums bei Ernst Horneffer", in: *Nietzscheforschung. Jahrbuch der Nietzsche-Gesellschaft*, Bd. 12, Berlin 2005, S. 275-293; Ders. „‚Gott ist tot – es lebe die Religion'. Friedrich Nietzsches Philosophie im Kontext religiöser Vergemeinschaftungen in Deutschland vom Kaiserreich bis zum Nationalsozialismus", in: *Die Gegenwart Gottes in der modernen Gesellschaft: Transzendenz und religiöse Vergemeinschaftung in Deutschland*, hg. v. Michael Geyer u. Lucian Hölscher, Göttingen 2006, S. 253-276.

28 Ludwig Büchner, *Die Religion des Freidenkers* (1894), zit. n. Groschopp 1997, S. 71.

29 Siehe dazu Jochen-Christoph Kaiser, *Arbeiterbewegung und organisierte Religionskritik. Proletarische Freidenkerverbände in Kaiserreich und Weimarer Republik*, Stuttgart 1981, S. 86ff.

30 Bruno Wille, *Philosophie der Befreiung durch das reine Mittel*, Berlin 1894, S. 17.

der ein ausgebildetes Gespür für die *Wissenschaftsreligionen* seiner Zeit hatte, wenn er schreibt: „Die wissenschaftliche Abstraktion ist ihr Gott, die lebenden und realen Individuen sind die Opfer, und sie sind die geweihten und patentierten Hohenpriester."[31]

Parallel zu Freireligiösen und Freidenkern bildete sich ausgehend von den USA und England im bildungsbürgerlichen Milieu die *Ethische Bewegung*, die in organisierter Weise anstelle der Religion eine wissenschaftlich fundierte ethische Weltanschauung begründen wollte.[32] 1892 wird in Berlin die *Deutsche Gesellschaft für Ethische Kultur* gegründet. Prominente Mitglieder sind u.a.: der Astronom Wilhelm Foerster, die Philosophen Georg von Gizycki, Friedrich Jodl, August Döring und Theobald Ziegler, sowie die Sozialwissenschaftler Ignaz Jastrow, Ferdinand Tönnies und Johannes Unold.[33] Im Vorwort zu seiner Übersetzung von Salters, *Die Religion der Moral* charakterisiert von Gizycki die ethische Bewegung als eine, der es nicht um Metaphysik gehe, sondern „deren Religion moralisch und deren Moral religiös" ist.[34]

Die *Deutsche Gesellschaft für Ethische Kultur* hatte mehrere Ableger. Über die Anfänge des *Jungdeutschen Kulturbundes* schreibt Hermann Heimerich, Sozialdemokrat und späterer Bürgermeister der Stadt Mannheim, den die Nationalsozialisten absetzten und verhafteten, weil er sich geweigert hatte, die Hakenkreuzfahne am Rathaus zu hissen, in den Erinnerungen an seine Studienzeit als 21jähriger: „Meine Lektüre war noch ungeordnet und nicht auf ein bestimmtes Ziel gerichtet. Mitten in diesem ungeformten Leben erreichte mich im Februar 1906 ein seltsamer Anruf, der für meine weitere Studienzeit bestimmend werden sollte. Im Treppenhaus der Universität München wurde ein von vier Leipziger Studenten ausgehender Aufruf verteilt, der zum Austritt aus der Kirche und zum Zusammenschluß in einem Jungdeutschen Kulturbund aufforderte."[35] Der Bund „wollte die junge Generation für die moderne Kulturarbeit sammeln und schulen. Es kam ihm nicht so sehr auf die Negation des bisher Bestehenden an, sondern auf eine neue Lebensform." [36] Heimerich wird in der Organisation aktiv, die in die breite Lebensreformbewegung einmünden wird. Freidenkerischer Individualismus und das Streben nach einer organisatorischen Geschlossenheit, die anders aussieht als die der Kirche oder der Partei und die dennoch eine gemeinsame Orientierung bietet, sind aller-

---

31 Michael Bakunin, *Gott und der Staat und andere Schriften*, hg. v. Susanne Hillmann, Reinbek 1969, S. 102, zit. bei Wille 1894, S. 112.

32 Felix Adler, *Society for Ethical Culture*, New York: Society for Ethical Culture, 1893; Stanton Coit, *Die ethische Bewegung in der Religion*, Leipzig 1890.

33 Siehe Simon-Ritz 1997, S. 126-132; Groschopp 1997, S. 126-135; Friedrich Wyss, „Die ethische Bewegung in Amerika und Deutschland", in: *Pädagogium. Monatsschrift für Erziehung und Unterricht* 15/1893, S. 315-323.

34 Georg von Gizycki, „Vorwort", in: William Mackintire Salter, *Die Religion der Moral*, Berlin 1885, S. VI.

35 Hermann Heimerich, *Lebenserinnerungen eines Mannheimer Oberbürgermeisters, aus dem Nachlaß*, hg. u. bearbeitet v. Jörg Schad, Stuttgart/Berlin 1981, S. 22.

36 Ebd., S. 25.

dings für die Vereine, die die wissenschaftliche Weltanschauung und eine ihr entsprechende ethische Praxis verbreiten wollen, nicht leicht zu verbinden. Heimerich erinnert sich: „Wir wollten die ganze damalige Lebensreformbewegung zusammenfassen, wollten Jahrbücher und Handbücher dieser Bewegung herausgeben, ein kulturpolitisches Seminar zur Ausbildung von jüngeren Kräften errichten, Sonntagsfeiern veranstalten, den Moralunterricht ausbauen und Volkshäuser errichten; die Ziele waren also weit gesteckt."[37]

Eine latente Konfliktlinie im *wissenschaftsreligiösen* Netzwerk verlief zwischen eher der bürgerlichen und eher der Arbeiterbewegung zugeneigten Vereinen. Eine andere Spannung entwickelte sich zwischen Vereinen, die Einfluß auf das Bildungssystem nehmen wollten und denen, die gegen kirchliche Normen im Bereich des Familienlebens Stellung bezogen. Im 1906 gegründeten *Bund für weltliche Schule und Moralunterricht* entwickelte man Ideen, wie in den Vereinen ein Jugendunterricht stattfinden könnte, der den Grundsätzen der Vereine entsprach. Dabei gerieten die freien Lehrer bisweilen in Konflikt mit den staatlichen Behörden, für die das ganze Schulwesen Angelegenheit des Staates war.[38] Darüber hinaus ging es um die Kernfrage, den konfessionellen Religionsunterricht aus der staatlichen Schule herauszunehmen und einen neuen Moralunterricht einzuführen. Für Rudolph Penzig sollte dieser eine „bürgerliche Jugendaufnahme" in die „soziale Gemeinschaft" als ein staatlich organisiertes „allgemeines jährliches Fest" ohne kirchliche Symbolik für 16jährige vorsehen.[39] Der Moralunterricht sollte an die Stelle des konfessionellen Religionsunterricht treten, und zwar im strengen Sinne nicht als ein Ersatz, sondern als eine Alternative, die besser geeignet sei, die Realienfächer Mathematik, Physik, Chemie sowie die historisch-philologischen Fächer zu fundieren, die sich am Stand der Wissenschaft orientieren sollten.[40] Bemerkenswert ist der Diskurswandel in den Selbstbezeichnungen. Der Bogen geht vom freireligiösen zum freidenkerischen und über die Ethik schließlich zur modernen Kultur als einem Ensemble von Wissenschaft und Bildung.

UNERLEDIGTE BAUSTELLEN. Blickt man von heute auf die Ziele des *Bundes für weltliche Schule und Moralunterricht* zurück, so haben einige Forderungen ein wechselvolles Schicksal in Deutschland erfahren. In der Weimarer Nationalverfassung konnte man sich nicht auf die Abschaffung des konfessionellen Religionsunterrichts einigen. Nach Art. 149 der Reichsverfassung blieb Religionsunterricht ordentliches Lehrfach an staatlichen Einheitsschulen. Der Unterricht sollte in

37 Ebd., S. 28.

38 Groschopp 1997, S. 209 ff. Angestoßen wurde die Debatte durch den Gründer der 1875 konstituierten *Societies for Ethical Culture* Felix Adler, dessen Initiativschrift 1894 übersetzt wurde: Felix Adler, *Der Moralunterricht der Kinder*, Berlin 1894.

39 Groschopp 1997, S. 213.

40 Zur Orientierung reformpädagogischer Erziehungsmodelle an religiösen Traditionsbeständen siehe Jürgen Oelkers, *Reformpädagogik. Eine kritische Dogmengeschichte*, Weinheim/München ^{4}2005, S. 220ff.

Übereinstimmung mit den Prinzipien der Glaubensgemeinschaften erteilt werden. Eine Abmeldung vom Religionsunterricht durch die Eltern oder religionsmündigen Kinder war möglich.[41] Das Grundgesetz der Bundesrepublik hat diese Regelungen im Kern wieder aufgegriffen.

Die nationalsozialistische Politik zielte auf eine Entchristlichung der Schule. Dazu gehörten eine nach und nach durchgesetzte Reihe von Maßnahmen wie die Befreiung der Schüler vom christlichen Morgengebet, die Abschaffung des Faches Religion in der Reifeprüfung, die Reduktion der Stundenzahl, die Entfernung der Kruzifixe aus Klassenzimmern u.a.m.[42] Dies ging einher mit der Durchdringung aller Schulfächer, insbesondere der „gesinnungsbildenden" Fächer Deutsch und Geschichte, Erdkunde sowie der Biologie mit der nationalsozialistischen Weltanschauung. In der DDR schloß man an den linken Flügel der Freidenker an. Dafür steht exemplarisch die Biographie von Alfred Kurella, der als „Dissidentenkind" aus einer Freidenker-Familie stammend, Mitbegründer der kommunistischen Jugendbewegung wurde und in der DDR als Kulturbeauftragter des ZK der SED großen Einfluß auf das Bildungssystem hatte.[43] Der konfessionell getrennte Religionsunterricht wurde als ordentliches Lehrfach 1946 abgeschafft. In der Verfassung von 1949 erhielten die Kirchen das Recht, ihren Religionsunterricht selbst zu organisieren. Dies sollte auch in den Räumen der Schule erfolgen können. Bürokratische Schikanen haben dann in der Folgezeit die Bedingungen für die Durchführung des Religionsunterrichts zu Lasten der Gläubigen ernorm verschlechtert, zumal die Werbung für den Religionsunterricht verboten wurde.[44]

Thomas Schmidt-Lux hat in einer wegweisenden Untersuchung gezeigt, daß die Lage der Kirchen in der DDR unzureichend beschrieben ist, wenn man nur die repressiven Maßnahmen von Partei und Staat in den Blick nimmt. Vielmehr kommt Schmidt-Lux zu dem Schluß, daß bei der Propagierung der wissenschaftlichen Weltanschauung „zumindest ihr anti-christlicher Gehalt zugunsten einer Orientierung an innerweltlichen Konstrukten (Vernunft, Verstand, Selbstverantwortung, Autonomie) überzeugte".[45] Insgesamt lag das Schwergewicht im Schulsystem der DDR, insbesondere nach Einführung der zehnjährigen polytechnische Ober-

41 Kristian Kronhagel, *Religionsunterricht und Reformpädagogik. Otto Eberhards Beitrag zur Religionspädagogik in der Weimarer Republik*, Münster 2004, S. 57ff.

42 Eindrücklich beschrieben am Beispiel Passau von Christoph Wagner, *Entwicklung, Herrschaft und Untergang der nationalsozialistischen Bewegung in Passau 1920 bis 1945*, Berlin 2007, S.223 ff.

43 Groschopp 1997, S. 416ff.

44 Zum Kontext siehe: Detlef Pollack, *Kirche in der Organisationsgesellschaft. Zum Wandel der gesellschaftlichen Lage der evangelischen Kirchen in der DDR*, Stuttgart 1994, S. 78ff und 106f; Heinz-Elmar Tenorth / Sonja Kudella / Andreas Paetz, *Politisierung im Schulalltag der DDR. Durchsetzung und Scheitern einer Erziehungsambition*, Weinheim 1996.

45 Thomas Schmidt-Lux, *Wissenschaft als Religion. Szientismus im ostdeutschen Säkularisierungsprozeß*, Würzburg 2008, S. 18. In welcher Weise der Staat-Kirche-Konflikt in die Familien in der DDR eindrang und welche Handlungsmöglichkeiten die Familienmitglieder hatten, ist Thema der erhellenden empirischen Untersuchung von Uta Karstein, *Konflikt*

schule, auf einem stark technisch-naturwissenschaftlich ausgerichteten Unterricht und auf einem strikt an der Linie der Staatspartei orientierten Unterricht in den Fächern Staatsbürgerkunde und Geschichte, aber auch Biologie sowie auf der Wehrerziehung und vormilitärischen Ausbildung.

Mit dem Anstieg der Befreiungen vom konfessionellen Religionsunterricht und der Abmeldungen 14-jähriger religionsmündiger Schüler im Zuge der gewachsenen Entkirchlichung in der Bundesrepublik griffen die Kultusminister auf die alte Idee der Einrichtung eines Moralunterrichts als eines Pflichtfachs zurück, von dem befreit werden konnte, wer am Ersatz für den Religionsunterricht teilnahm. Auf den hergebrachten Namen „Moralunterricht" hat man sich für das neue Schulfach nicht einigen können. So gibt es im Angebot: „Ethik", „Allgemeine Ethik", „Ethikunterricht", „Philosophie", „Philosophieren mit Kindern", „Werte und Normen". Zu Auseinandersetzungen zwischen den Kirchen und dem Land Brandenburg kam es, als die Regierung des Landes Mitte der neunziger Jahre das Unterrichtsfach „Lebensgestaltung-Ethik-Religionskunde (LER)" für die unter der Herrschaft der SED konfessionslos gewordenen Schüler einführte. Nach einem Vergleich des Bundesverfassungsgerichts von 2001 können die Schüler in Brandenburg entweder ausschließlich den LER-Unterricht besuchen oder zusätzlich zum LER-Unterricht auch das Angebot des konfessionellen Religionsunterrichts oder das der „Humanistischen Lebenskunde", die vom *Humanistische Verband Deutschlands* verantwortet wird, wahrnehmen oder als dritte Option ausschließlich den Religionsunterricht oder den Lebenskundeunterricht zu besuchen. Der *Humanistische Verband Deutschlands* setzt zu einem Teil die Tradition *wissenschaftsreligiöser* Weltanschauungsvereine des 19. Jahrhunderts fort. Als eine „Weltanschauungsgemeinschaft" hat er sich die „Förderung von Humanismus und Humanität auf weltlicher Grundlage" zum Ziel gesetzt. Darüber hinaus versteht er sich als Interessenvertretung der „Konfessionsfreien, Atheistinnen und Atheisten, Agnostikerinnen und Agnostiker, Freidenkerinnen und Freidenker sowie freigeistigen Menschen".[46]

Nicht minder erfolgreich war aus heutiger Sicht der aus der *Deutschen Gesellschaft für Ethische Kultur* hervorgegangene 1905 gegründete *Bund für Mutterschutz*, der auch den Zusatz *und Sexualreform* im Namen trug.[47] Für ihn engagierte sich ein breites Bündnis von Frauenärzten, Sexualwissenschaftlern und Frauenrechtlerinnen. Den Gründungsaufruf unterzeichneten u.a. auch Werner Sombart und Max Weber. Horst Groschopp hat die Zielsetzungen der Anhänger des Bundes zusammengefaßt: „*Erstens* sahen sie in der zunehmenden Zahl unehelicher Kinder nicht zuerst einen moralischen Verfall, sondern einen Anspruch an soziale Arbeit. Für die betroffenen Kinder sei besser zu sorgen. *Zweitens* gelte es, die Mütter unehelicher Kinder aus der Verfemung zu befreien. Deshalb sollte *drittens* die ‚Ge-

---

um die symbolische Ordnung: Genese, Struktur und Eigensinn des religiös-weltanschaulichen Feldes in der DDR, Würzburg 2013.

46 http://www.humanismus.de/wir-ueber-uns (Letzter Zugriff: 11.01.2015) Der Verband ist Mitglied in der *Internationalen Humanistischen und Ethischen Union* (IHEU).

47 Groschopp 1997, S. 228ff.

schlechtsmoral' reformiert, das menschliche Liebesleben auf der Entwicklungslehre begründet und die sittlichen Anschauungen von christlich-mystischen wie metaphysischen Lehren befreit werden. *Viertens* habe sich dieses Wollen auch in einem sozialen und rassehygienischen Konzept auszudrücken."[48] Führende Gestalt des Bundes war Helene Stöcker, die von konfessioneller Seite heftigen Angriffen ausgesetzt war. Auf der Brandenburgischen Kirchensynode 1905 wurden sie und ihre Mitstreiterinnen verteufelt als „weibliche Apostel des Satans, die sich nicht scheuen das anzupreisen, was die Heilige Schrift als Hurerei brandmarkt."[49]

Der verbreiteten Auffassung, daß erst die „sexuelle Revolution" seit den 60er Jahren des 20. Jahrhunderts in den westlichen Demokratien zu einem tiefgreifenden Wandel der Sexualmoral geführt habe, ist – was die Entwicklung in Deutschland betrifft – die Historikerin Dagmar Herzog entgegengetreten.[50] Die Lockerungen der Sexualmoral seien in der Weimarer Republik und im Nationalsozialismus schon weit fortgeschritten gewesen. Die Protestbewegung der *Sixties* habe sich gegen einen Konservatismus gerichtet, der mit einem antifaschistischen Impetus gegen den erreichten Stand der Permissivität Stellung bezog. In Herzogs Perspektive sei es eine Fehlwahrnehmung gewesen, den Nationalsozialismus und den Judenmord mit einer vorherrschenden Sexualunterdrückung in Verbindung zu bringen.

Folgenreich wurden auch die rassehygienischen Ideen des Mutterschutzbundes, die von den Nationalsozialisten aufgesogen und in ihre biopolitische Praxis integriert wurden. Mit der Diskriminierung des Wortes „Rasse" nach 1945 ist freilich die Praxis der Meliorisierung des Nachwuchses der Bevölkerung nicht verschwunden. Sie liegt jetzt freilich nicht mehr in den Händen der Staatsmacht, sondern bei den Entscheidungen der Eltern, die Möglichkeiten gentechnischer Diagnostik so zu nutzen wie sie es nach ihren Wünschen wollen.[51]

Trotz der historischen Teilerfolge, die die Vereine für eine weltliche Schule und für eine Sexualreform im 20. Jahrhundert erringen konnten, bleiben der Religionsunterricht und die sexuelle Sozialisation unerledigte Baustellen und neuralgische Zonen auch im 21. Jahrhundert, wenn man z.B. den Auseinandersetzungen über den Charakter eines islamischen Religionsunterrichts oder über die Aufklärung über sexuelle Vielfalt an staatlichen Schulen zuhört.

48 Ebd., S. 231.

49 Helene Stöcker, „Zehn Jahre Mutterschutz", zit. n. Gudrun Hamelmann, *Helene Stöcker, der ‚Bund für Mutterschutz' und ‚Die Neue Generation'*, Frankfurt a.M. 1992, S. 69.

50 Dagmar Herzog, *Die Politisierung der Lust. Sexualität in der deutschen Geschichte des 20. Jahrhunderts*, München 2005. Zur „sexuellen Revolution" in diesem Band S. 1277ff.

51 Grundlegend und weitsichtig in diesem Themenfeld sind die Arbeiten von Gerburg Treusch-Dieter, *Von der sexuellen Rebellion zur Gen- und Reproduktionstechnologie*, Tübingen 1990, sowie die einschlägigen Beiträge in: Dies., *Ausgewählte Schriften*, hg. v Edith Futscher / Heiko Kremer / Birge Krondorfer u. Gerlinde Mauerer, Wien 2014.

Eine Bündelung der Kräfte. Die wichtigste Organisation im weiten Feld der *wissenschaftsreligiösen* Weltanschauungsvereine, zu denen auch noch der *Verein der Freidenker für Feuerbestattung* gehörte, der mit der Einrichtung einer Sterbekasse insbesondere nach dem Ersten Weltkrieg großen Zulauf verzeichnen konnte, war der 1906 in Jena gegründete *Deutsche Monistenbund*.[52] Seine Mitglieder gehörten nicht nur in den meisten der bisher genannten Vereinigungen zur Führungsriege, sondern sie verfolgten insbesondere das Ziel der Verbreitung einer neuen Weltanschauung. Im Gründungsmanifest des Bundes heißt es: „Die ungeheuren Fortschritte der Naturwissenschaften haben die veralteten dogmatischen und mystischen Vorstellungen über Welt und Menschen, über Körper und Geist, Schöpfung und Entwicklung, Werden und Vergehen der erkennbaren Dinge beseitigt. Veraltete dualistische Vorstellungen werden zunehmend von monistischen ersetzt und die in der durch Tradition geheiligten Weltanschauung Unbefriedigten suchen nach einer naturwissenschaftlich begründeten, einheitlichen Weltanschauung. Diese verwirft den Glauben an die veralteten traditionellen Dogmen und Offenbarungen und setzt an ihre Stelle die reine Vernunft."[53]

Initiator der Vereinigung war der Zoologe Ernst Haeckel. Er fühlte sich dazu durch den Erfolg seines Buches *Die Welträtsel*, das als eine Widerlegung der Schrift des Physiologen Emil Du Bois-Reymond *Die sieben Welträtsel* angelegt war, zu dieser Initiative ermutigt. Du Bois-Reymond hatte im Anschluß an seine berühmte Ignoramibus-Rede *Über die Grenzen des Naturerkennens* die These aufgestellt, daß es sieben unlösbare Rätsel gebe, die menschliches Forschen und Denken nicht lösen könne: „das Wesen von Materie und Kraft, der Ursprung der Bewegung, die erste Entstehung des Lebens, die anscheinend absichtsvoll zweckmäßige Einrichtung der Natur, das Entstehen der einfachen Sinnesempfindung, das vernünftige Denken und den Ursprung der damit eng verbundenen Sprache und schließlich

52 Zur Übersicht über den *Monistenbund* siehe: Simon-Ritz 1997, S. 133-154; Groschopp 1997, S. 243ff.; zur Geschichte des Bundes: Rosemarie Nöthlich / Heiko Weber / Uwe Hoßfeld / Olaf Breidbach / Erika Krauße, „Weltbild oder Weltanschauung? Die Gründung und Entwicklung des Deutschen Monistenbundes", in: *Jahrbuch für Europäische Wissenschaftskultur* 3/2007, S. 19-67; zur Publizistik des *Monistenbundes*: Rita Panesar, *Medien religiöser Sinnstiftung. Der ‚Volkserzieher', die Zeitschriften des ‚Deutschen Monistenbundes' und die ‚Neue Metaphysische Rundschau' 1897-1936*, Stuttgart 2006; Todd H. Weir, *Secularism and Religion in Nineteenth-Century Germany. The Rise of the Fourth Confession*, Cambridge: University Press, 2014; sowie Ders. (Hg.), *Monism: Science, Philosophy, Religion, and the History of a Worldview*, New York: Palgrave Macmillen, 2012. Zur Herkunft des Begriffs „Monismus" siehe die Miszelle von Friedrich Niewöhner, „Zum Begriff ‚Monismus' bei Haeckel und Ostwald. *Ein Nachtrag zu Horst Hillermann: „Zur Begriffsgeschichte von ‚Monismus'" (Archiv für Begriffsgeschichte XX, 1976, p. 214–235)*", in: *Archiv für Begriffsgeschichte* 24/1980, S. 123-126.

53 Heinrich Schmidt, Die Gründung des Deutschen Monistenbundes, zit. n. Volker Drehsen u. Helmut Zander, „Rationale Weltveränderung durch ‚naturwissenschaftliche' Weltinterpretation? Der Monistenbund – eine Religion der Fortschrittsgläubigkeit", in: Dies. (Hg.), *Vom Weltbildwandel zur Weltanschauungsanalyse. Krisenwahrnehmung und Krisenbewältigung um 1900*, Berlin 1996, S. 217-238, hier S. 218.

die Frage nach der Willensfreiheit.“ [54] Haeckel behauptete, diese Rätsel gelöst zu haben, und entfachte damit einen anhaltenden Streit, ob der Richtigkeit seiner Lösung. 1904 publizierte er anläßlich des internationalen Freidenkerkongresses in Rom seine *Thesen zur Organisation des Monismus*. Er forderte, „daß diese monistische Religion staatlich anerkannt und ihr Gleichberechtigung mit den anderen Konfessionen gewährt wird.“[55] Auf Haeckels Monismus werden wir im nächsten Kapitel zurückkommen.[56]

Nachfolger Haeckels wurde 1911 der Chemiker und Nobelpreisträger Wilhelm Ostwald. In seinem Vorwort zur deutschen Ausgabe von Comtes „Entwurf der wissenschaftlichen Arbeiten welche für eine Reorganisation der Gesellschaft erforderlich sind“ von 1822 macht Ostwald deutlich, wie im Monistenbund und den ihm verbundenen freidenkerischen Vereinen zentrale Motive der Comteschen *Wissenschaftsreligion* variantenreich weiterwirken: „Was Comte von der Zukunft verlangt, die Organisation der geistigen Führer der Menschheit zu einer geistigen Oberbehörde von derselben Konzentration und Gewalt, wie sie vor einem Jahrtausend die römische Kirche in ihrem ausgezeichnet organisierten Klerus besessen hat, trifft so nahe zusammen mit den Bestrebungen, welche ich im *Deutschen Monistenbunde* und in der ‚Brücke‘ zu verwirklichen versucht habe, daß ich die vorliegende alte Schrift unmittelbar als Werbeschrift für die Gedanken beider Vereinigungen verwenden könnte.“[57]

WIE KANN WISSENSCHAFT EINE RELIGION SEIN? Die Vorstellung, daß Wissenschaft eine Religion sein kann, ist im heutigen Sprachgebrauch nicht mehr so geläufig wie im 19. Jahrhundert. Comtes positivistischer Religion, die Vorbild für den seit 1850 sich ausbreitenden Typus von *Wissenschaftsreligion* wurde, überhaupt den Charakter einer Religion abzusprechen, basiert auf einer Begrifflichkeit, die sich exklusiv an der Vorlage des in der europäischen Moderne entstandenen Konfessionalismus der *Bekenntnisreligionen* orientiert. Der scharfe Gegensatz zwischen denen, die den Ideen Comtes folgten, und denen, die den Lehren der Konfessionen treu blieben, der europäische „Kulturkampf“ zwischen „Säkularismus“ und „Christentum“, hat nicht

---

54 Emil Du Bois-Reymond, „Die sieben Welträtsel.“, in der Leibniz-Stiftung der Akademie der Wissenschaften am 8. Juli 1880 gehaltene Rede, in: Ders., *Reden von Emil du Bois-Reymond in zwei Bänden*, Bd. 2, Leipzig ^{2}1912a, S. 65-98, hier S. 74-76 u. S. 79f. Zuvor publizierte er: „Über die Grenzen des Naturerkennens“ (zuerst 1872), in: *Reden von Emil du Bois-Reymond in zwei Bänden*, Bd. 1, Leipzig ^{2}1912b, S. 441-473. Siehe dazu: Godehard Link, „Der Topos des ‚ignorabimus‘ von du Bois-Reymond bis Hilbert“, in: *Littérature et théorie de la connaissance 1890-1935 / Literatur und Erkenntnistheorie 1890-1935*, Straßburg 2004, S. 73-89.

55 Ernst Haeckel, „Der Monistenbund. Thesen zur Organisation des Monismus“, in: *Das freie Wort* 4/1904/05, S. 481-489, hier S. 488, zit. n. Simon-Ritz 1997, S. 133f.

56 In diesem Band S. 378ff.

57 Wilhelm Ostwald, „Vorwort“, in: Auguste Comte, *Entwurf der wissenschaftlichen Arbeiten welche für eine Reorganisation der Gesellschaft erforderlich sind* [1822], hg., eingeleitet u. mit Anmerkungen versehen von Wilhelm Ostwald, Leipzig 1914a, S. VIII.

nur bei konfessionell gebundenen Autoren dazu geführt, die Erhebung der Wissenschaft zur absoluten Instanz als eine Nicht-Religion zu profilieren. Wenn man eine *vera religio*, sei es im Glauben oder als Definition dessen, was als Religion gelten darf, voraussetzt, bleibt keine andere Denkmöglichkeit als die Ausgrenzung. Sie hat in der Religionsdynamik der europäischen Moderne zuerst die Gläubigen der *Rationalreligion* getroffen, deren aus der Erfahrung der Glaubenskriege erwachsene Kirchenkritik als Absage an jede Religion wahrgenommen und bekämpft wurde.

Im Unterschied zu diesem Muster der Ausgrenzung verlegte sich die *bekenntnisreligiöse* Kritik der enthusiastischen Religionen der Revolutionszeit, die *Kunstreligion*, *Nationalreligion* oder die politischen Religionen der *Ewigen Rechten* und der *Ewigen Linken*, vermehrt auf die abwertende Rede von „Ersatzreligionen" oder „Pseudo-Religionen", ein Diskurs, der dann auch rückwirkend auf die Religion der Vernunft als einer „Ersatzreligion" angewandt werden konnte.[58] Die Umstellung lag insofern nahe, als mit den Typen enthusiastischer Religionen und der junghegelianischen Religionskritik der Vorgang der Sakralisierung erfahrbar und erkennbar wurde, während zuvor gegenüber der *Rationalreligion* der harte, institutionell bedeutsame Schnitt: *extra ecclesiam nulla salus* vollzogen wurde. Genese und Entwicklung dieser Religionstypen haben wir im *Ersten Band* unserer Religionssoziologie ausführlich behandelt.

Hinzu kommt, daß die Rede von Sakralisierung sich nicht nur als eine Selbstbeschreibung in dem Sinne, daß die Kunst oder die Nation als etwas gilt, in dem sich Göttliches offenbart, verbreitet hat, sondern ebenso in der Gegenrichtung als Religionskritik angewandt wird. So können besondere Wertschätzungen oder überhaupt Phänomene der Begeisterung oder starker Überzeugungen von denen, die sie nicht teilen, als Religion abqualifiziert werden. Dies haben wir für die „Religion des Geldes" oder „Religion des Marktes" im letzten Abschnitt diskutiert. Auch die Rede von der „Religion des Fußballs" oder der „Religion des Klimawandels" und viele weitere Behauptungen von Sakralisierungen, die wir heute lesen können, treten in der Regel als Kritik auf, während die Adressaten derartiger Kritik in der Regel abstreiten, bei ihrer Begeisterung irgend etwas mit Religion im Sinn gehabt zu haben.

Die Nachhaltigkeit der Frontstellung von „Säkularismus" und „Christentum" zeigt sich nun auch in der Unsicherheit, sinnvolle Bezeichnungen in dem Feld zu finden, das wir als Feld der *Wissenschaftsreligion* typisieren. Handelt es sich um „Agnostiker", die die Antwort auf die Frage nach der Existenz Gottes offenhalten und ihr Leben ohne Bezug zu irgendwelchen Vorstellungen von Gott oder dem Übernatürlichen führen? Sind es „Atheisten", die die Existenz von Gott und Göttern zurückweisen? In welchem Sinne kann man von „Freidenkern" sprechen, die jede Autorität in Angelegenheiten des Glaubens zurückweisen? Sind es „Humanisten", die glauben, daß moralische Werte in der menschlichen Natur verankert sind, die dazu führen, daß Menschen kooperieren, um ihre Lebensqualität zu verbessern? Sind es solche, die generell einen Glauben verwerfen und allein auf ihren

58 Zu „Ersatzreligionen" im *Ersten Band* S. 444ff.

Verstand bauen oder die bloß notorisch skeptisch sind, wenn von Übernatürlichem die Rede ist? Oder sind es „Säkularisten" in dem Sinne, daß sie dafür eintreten, daß Gesetze und öffentliche Einrichtungen religionsneutral sein müssen?

Für diese Bezeichnungen, die eine ernorme historische Bedeutungsfracht mit sich führen, ist charakteristisch, daß Wortverbindungen mit „Religion" oder „religiös" vermieden werden. Oft genutzt wird dann der Terminus „Weltanschauung", der sich seit Mitte des 19. Jahrhunderts als Sortierbegriff für die Vielfalt des Religionsmarktes ausgebreitet hat, bis die Verwendung durch den Nationalsozialismus ihn korrumpiert hat.[59] Oft wird in diesem Zusammenhang auch von „Ideologien" gesprochen, ein Terminus, der an Marx' Lehre vom ideologischen Überbau einer Gesellschaft und den Kontext der Rechts-links-Unterscheidung gebunden ist, den wir im *Zweiten Teil* der Religionssoziologie behandelt haben.[60] Im angelsächsischen Bereich ist es üblich geworden, zwischen *faith* und *belief* zu unterscheiden. Mit *faith* werden vorrangig das Christentum und andere Weltreligionen bezeichnet, während *belief* als Sammelbegriff für ernsthafte philosophische oder wissenschaftliche Überzeugungen benutzt wird. Wir sehen diese Begriffsstrategien, Wortverbindungen mit „Religion" oder „religiös" zu vermeiden und eine Zone von religionsförmiger Nicht-Religion zu konstruieren, im Zusammenhang mit zwei grundlegenden Prozessen: der Entstehung eines Religionsmarktes, auf dem „letzte Instanzen" zur Wahl stehen, die wir als Religionstypen unterscheiden können, und der damit verbundenen Rekonfessionalisierung der *Bekenntnisreligionen*, die sich für ihre Auftritte auf dem Religionsmarkt fit machen.[61] „Weltanschauung" und „Ideologie" benutzen wir als Quellenbegriffe im Unterschied zu *Weltanschauungsreligion* und *Wissenschaftsreligion* als Typenbegriffe.

Dort wo ein starker Glaube an die Wissenschaft als einer letzten Instanz erkennbar ist, die keine anderen Götter neben sich duldet, sprechen wir von *Wissenschaftsreligion*, auch dann, wenn in der Selbstbeschreibung auf Formulierungen wie die der „wissenschaftlichen", sei es „Weltanschauung" oder „Weltauffassung" oder eines „wissenschaftlichen Weltbildes" ausgewichen wird. Wie bei den bisher behandelten Religionstypen der europäischen Moderne geht es uns auch im Feld der *Wissenschaftsreligionen* darum, das *proprium* dieser religiösen Erscheinungen zu erhellen, das der Dichter Louis Ménard am Ende seines Dramas *Prométhée délivré* auf den Punkt gebracht hat, wenn er seinen Protagonisten sagen läßt: „La science est le dieu dont mon âme est le temple".[62]

---

59 Zu Weltanschauung in diesem Band S. 521ff.

60 Im *Ersten Band* S. 697ff.

61 Zum Religionsmarkt in diesem Band S. 409ff. Zur mit der Genese von *Wissenschaftsreligion* einhergehenden Erfindung der Wortes „la science" als Singular siehe: Carnino 2015. Statistiken zur Häufigkeit von „science" und „scientifique" im Zeitraum 1740-1910 auf Grundlage des Catalogue General der BNF findet man ebd., S. 23-27.

62 Louis Ménard zit. nach Wolfgang Drost, „Du Progrès à rebours. Fortschrittsglaube und Dekadenzbewußtsein im 19. Jahrhundert. Das Beispiel Frankreich", in: Ders., *Fortschrittsglaube und Dekadenzbewußtsein im Europa des 19. Jahrhunderts. Literatur – Kunst – Kulturgeschichte*, Heidelberg 1986, S. 13–29, hier S.20. Als Beispiel für Begriffsverwendungen für

Es gibt freilich auch andere Versuche, Bezeichnungen für ein Feld zu umreißen, in das *Wissenschaftsreligion* eingefügt werden könnte. Paul Tillich hat den Terminus „nichtkirchliche autonome Religionen" eingeführt.[63] Dazu zählt er nicht nur Religionen wie die von uns bisher behandelten Varianten von *Kunst-* und *Nationalreligion*, sondern auch solche religiöse Bewegungen, „die auf dem Boden einer reinen Weltanschauungsphilosophie geboren sind", wie der Monistenbund, die Freidenkerbewegung, aber auch die astrologische, chiromantische und graphologische Bewegung und die okkulte Philosophie, die der naturalistischen Entwertung des Geistigen und Religiösen mit einem „wissenschaftlich-gegenständlichen Geistbegriff" anderer Art begegnen.[64] Schließlich führt er den „Asiatismus" als eine „Literatenillusion und ästhetische Spielerei" an, „die dem Ernst der asiatischen Religion und ihrer ungeheuren Größe und Bedeutsamkeit nicht gerecht wird."[65] In ähnlicher Weise hat Donald Geoffrey Charlton die im Frankreich des 19. Jahrhunderts entstandenen nicht-christlichen Religionen als „*Secular Religions*" bezeichnet.[66] Anders verwendet der evangelische Theologen Paul Schütz den Begriff „Säkulare Religion". Für Schütz bedeutet er die Verweltlichung des Christentums, die unter den Bedingungen technischer Zivilisation in eine den Glauben verkehrenden Werkheiligkeit mündet. „Denn das sind die Werke: selbständige Wesen, die ihren Lauf in die Zeit und in den Raum hinausnehmen und sich den Teufel um die Liebes-Worte scheren, die einst ihre Erzeuger waren."[67] Technische Artefakte werden hier in kritischer Absicht als Götzen bezeichnet.

Im Anschluß an Friedrich Tenbrucks grundlegenden Aufsatz zur „Glaubensgeschichte der Moderne" hat Gottfried Küenzlen das Konzept einer „säkularen Religi-

Wissenschaftsreligion in Deutschland mag an dieser Stelle Carus Sterne (= Ernst Krause), *Werden und Vergehen. Eine Entwicklungsgeschichte des Naturganzen in gemeinverständlicher Fassung*, Berlin 1876, S.VIII zitiert werden: „Wer Gelegenheit gehabt hat, in das innere Leben der Menschen den Blick zu lenken, der wird gefunden haben, daß sich zuletzt doch Jeder seine eigene Religion zurecht macht, daß Jeder sich sagt, soviel kannst Du glauben, und mehr nicht, daß es mit einem Worte soviel Religionssysteme wie Köpfe in der Welt gibt. Das Bekenntnis der Naturforscher ist nun unter diesen verschiedenen Weltanschauungen vielleicht das freieste, aber niemals jene rohe fanatische und blutgierige ‚Religion' so unzähliger ‚Frommen'.(…) Denn der wahre Naturforscher erkennt und verehrt mindestens ebenso innig, wie der sogenannte Gläubige, eine ewige und unendliche, in den Vernunftgrenzen allmächtige, immer fortwirkende, unter Umständen lohnende und strafende Macht, welche das Weltall regiert, und es darf sehr gleichgültig erscheinen, ob er ihren Namen mit vier Buchstaben schreibt, wie die meisten Völker der alten Welt, oder mit fünfen."

63 Paul Tillich, „Nichtkirchliche Religionen" (1929), in: Ders., *Die Frage nach dem Unbedingten. Schriften zur Religionsphilosophie*, in: *Gesammelte Werke*, Bd. V, Stuttgart 1964, S. 13-31.

64 Ebd., S. 19f.

65 Ebd., S. 21. Zu den asiatischen Religionsimporten um 1900 in diesem Band S. 613ff.

66 Donald Geoffrey Charlton, *Secular Religions in France 1815-1870*, Oxford 1963.

67 Paul Schütz, *Säkulare Religion. Eine Studie über ihre Erscheinung und ihre Idee bei Schleiermacher und Blumhardt d.J.*, Tübingen 1932, S. 22; zu Schütz siehe Steffen Köhler, *Die Theologie des Expressionismus: Karl Barth, Gottfried Benn, Paul Schütz*, Dettelbach 2005.

onsgeschichte" vorgestellt.[68] Mit dieser heuristisch gemeinten Kategorie will er zeigen, daß Moderne ohne die säkular-religiösen Glaubenskräfte nicht zu verstehen ist, zumal gegenwärtig ein „Geltungsschwund der säkularen Daseinsverständnisse" zu beobachten sei.[69] Dabei wendet er sich gegen einfache funktionalistische Modelle: „Mögen auch in der Verlaufsgeschichte der säkularen Moderne die neuen säkularen Glaubensinhalte, Erlösungshoffnungen und Heilsziele in der Lebensführung des einzelnen vielfach an die Stelle der alten religiös-christlichen Verheißungen getreten sein, so sind sie doch einander nicht einfach funktional austauschbar." Es geht vielmehr „um *säkulare* Glaubensannahmen, die sich gerade als Widerspruch und Überwindung ‚der alten' Religion wußten, und deren *Inhalte* mit eigenen diesseitsorientierten Zielen und Ansprüchen auftraten". Funktionalistische Religionssoziologien erreichen „nicht die *Inhalte* der Heilsziele und Erlösungshoffnungen".[70] Küenzlens geht in seiner Studie dem verbreiteten Heilsziel des „Neuen Menschen" nach.

Dabei handelt es sich um ein in den meisten Kulturen nachweisbares Heilsziel, sei es als Glaube an eine Wiedergeburt oder eine in der Ektase geschehenen Transformation des Individuums.[71] Auch die Naherwartung der Wiederkunft Christi, die die urchristlichen Gemeinden hegten, richtete sich darauf, im eigenen Leben der Verwandlung in einen Neuen Menschen teilhaftig zu werden.[72] Im *mainstream* des Christentums sei dann die Existenzweise als Neuer Mensch erst im Leben nach dem Tode erwartbar geworden. In christlicher Sicht ist das Neuwerden des Menschen prinzipiell „nicht autonome Selbstkonstitution des Menschen, sondern Werk und Geschenk der Gnade Gottes, die dem Glaubenden in Christus erkennbar und erfahrbar ist".[73] In säkularen Religionen identifiziert Küenzlen zwei religionsgeschichtliche Grundfiguren: „Die präsentistische, in der der Mensch sich schon im neuen Leben weiß und die futurisch-eschatologische, in der die neue Zeit und der Neue Mensch im kommenden neuen Äon erst sich bilden werden."[74] In beiden Figuren handele es sich um einen Prozeß der „Verdiesseitigung" der Heilsziele.[75]

Wir teilen Küenzlens Kritik an einem die Inhalte religiöser Erwartungen vergleichgültigenden Funktionalismus. Auch in unserer Religionssoziologie geht es um das jeweilige Proprium der Religionen, die zwischen Christentum und religiöser Indifferenz in der europäischen Moderne entstanden sind. Aber die leichtfüßige Rede von der „Verdiesseitigung" in „säkularen Religionen" suggeriert, daß es je et-

68 Friedrich H. Tenbruck, „Die Glaubensgeschichte der Moderne" [1976], in: Ders., *Die kulturellen Grundlagen der Gesellschaft. Der Fall der Moderne*, Opladen 1989, S. 126-142; Gottfried Küenzlen, *Der Neue Mensch. Eine Untersuchung zur säkularen Religionsgeschichte der Moderne*, München 1994.

69 Küenzlen 1994, S. 12 u. S. 23.

70 Ebd., S. 13f.

71 Ebd., S. 41ff.

72 Ebd., S. 55 im Anschluß an Ernst Benz, „Das Bild des Übermenschen in der europäischen Geistesgeschichte", in: Ders. (Hg.), *Der Übermensch*, Zürich 1961, S. 23-161.

73 Küenzlen 1994, S. 56.

74 Ebd., S. 59.

75 Ebd., S. 57.

was Religiöses gegeben hätte, das ohne ein Diesseits, sei es als Glaube oder als Praxis von Menschen, möglich und zugänglich gewesen wäre. Darum ist der Begriff „säkulare Religionen" unglücklich gewählt. Die Schalheit der Rede vom Diesseits hat Helmuth Plessner mit der knappen Formel angezeigt: „Ein um sein Jenseits (noch in der Form einer Vernunft, eines Sinnes) vermindertes Diesseits ist eben kein Diesseits mehr."[76] Was das Heilsziel des Neuen Menschen oder auch einer Neuen Menschheit betrifft, das zweifellos an Vervollkommnungsideen der Aufklärer anschließt, so sehen wir in der Promotion der Wissenschaft als den alleinseligmachenden Heilsweg zu diesem Ziel das Proprium der Religionen, die sich mit der Entfesselung der Marktwirtschaft neben den älteren Geschwistern verbreiten und sie dominieren wollen.

Ein der Vervollkommnung fähiger Gott. Für das Heilsziel einer Neuen Menschheit stehen schon die Entwürfe von Comtes Lehrer Saint-Simon und seiner Schule. Hier wird der Wissenschaft die Aufgabe zugeschrieben, die postrevolutionäre Gesellschaft neu zu organisieren. Es ist dies die Konsequenz des Wechsels von „organischen" und „kritischen" Epochen der Geschichte, den Saint-Simon glaubte entdeckt zu haben. Das 18.Jahrhundert galt ihm als eine kritische Epoche, die die vormalige organische Epoche der Herrschaft der religiösen Institutionen abgelöst habe. „Die entscheidenden Merkmale der organischen Epochen sind die Einheit, die Übereinstimmung in allem menschlichen Handeln. Was die kritischen Epochen von ihnen unterscheidet, sind die Anarchie, die Verworrenheit, die Unordnung in allen Richtungen. In den organischen Epochen konzentrieren sich bisher alle allgemeinen Ideen auf die Religion, in den kritischen Epochen auf die Philosophie, ein Ausdruck, dessen Sinn im Hinblick auf die früheren Ansichten nur den Untergang bedeutet."[77]

Auf organische Einheit folgt kritische Verwirrung, auf Religion die Philosophie. Dies begreifen die Saint-Simonististen als einen Fortschritt, aber sie sind der Auffassung, die Philosophie der Aufklärung, die die Menschen vom Aberglauben der Konfessionen befreit hat, sei ungeeignet, die moderne Industriegesellschaft zu organisieren. Notwendig sei ein Wechsel von der Philosophie zur Wissenschaft. Die Saint-Simonisten wissen, daß im Auftakt dieses Wechsels „die Ideen, die später der Neugestaltung dienen sollen, sich in ihrem Anfang ebenso die Bezeichnung Philosophie zu eigen" machen.[78] Dennoch insistieren sie auf dem Bruch mit der Welt kirchenkritischer Aufklärung. So heißt es bei Saint-Simon: „Die Schriftsteller des vorigen Jahrhunderts (des 18., W.E.) waren Philosophen. Sie machten deutlich, daß die großen gesellschaftlichen Institutionen auf Vorurteile und Aberglauben gegründet waren. Sie brachten den Aberglauben zu Fall und mit ihm die von ihm ins Leben gerufenen Mächte. Es war das Jahrhundert der Revolutionen und der

76 Helmuth Plessner, „Die verspätete Nation. Über die Verführbarkeit bürgerlichen Geistes (1935/1959)", in: *Gesammelte Schriften*, Bd. 6, Frankfurt a.M. 1982, S. 7-223, hier S. 206.

77 Salomon-Delatour 1962, S. 79.

78 Ebd.

Kritik. Welchen Charakter wird unser Jahrhundert (i.e. das 19. Jahrhundert W.E.) haben? Bis jetzt hat es noch keinen. Wird es immer in den Spuren des letzten Jahrhunderts bleiben? Und werden unsere Schriftsteller nichts anderes sein als ein Echo der einstigen Philosophen? Ich glaube es nicht. Der Gang des Geistes der Menschheit, jenes Verlangen nach allgemeinen Institutionen, das in den Zuckungen Europas so gebieterisch spürbar wird, alles sagt mir, daß sich die Arbeiten unserer Zeit auf die Untersuchung der großen politischen Fragen richten werden. Die Philosophie des vorigen Jahrhunderts ist die der Revolution gewesen; die des 19. Jahrhunderts muß die der Organisation sein."[79]

Die Gesellschaft des 19. Jahrhundert wird bei den Saint-Simonisten als „association universelle" projektiert, deren wesentliche Zweige die Wissenschaft, die Industrie und die Kunst bilden. Um ihrer Aufgabe der Organisation der modernen Marktgesellschaft gerecht zu werden, sei es für die Wissenschaft vor allem nötig, die Theorien zu vervollkommnen. „Man hat die Arbeiten geteilt und geteilt, was ohne Zweifel sehr klug war. Aber man hat das Band gesprengt, das sie zusammenhielt und ihnen eine gemeinschaftliche Richtung gab: von da an ist jede Wissenschaft, die sich darüber glücklich schätzte, was sie ihre Befreiung nannte, einen eigenen Weg gegangen. Da die *alte* Theorie den modernen Endeckungen nicht mehr genügte, hat man daraus geschlossen, man müßte sich *ausschließlich der Beobachtung* widmen, und hat statt eines vollständigen Gebäudes nur einzelne Stützen errichtet."[80] Der Empirismus der Aufklärer, der gut dafür war, unter dem Mantel *bekenntnisreligöser* Großtheorien kleine, solide Wissensbestände zu erzeugen, die weder die herrschende Politik noch die herrschende Konfession irritieren mußten, ist eine unvollständige Wissenschaft. Dem beobachtenden Forschen fehlen anspruchsvolle Theorien.

Die Saint-Simonisten gehen davon aus, „daß die wissenschaftliche *Methode*, bevor sie anzuwenden ist, *Axiome* und *Glaubensmeinungen* voraussetzt, daß sie nur den Zweck hat, die Tatsachen nach der *hypothetischen Anschauung* eines Zusammenhangs, eines *Bandes* zu ordnen und somit diese Anschauung zu bestätigen."[81] Die Axiome einer wissenschaftlichen Methode können mit dieser nicht bewiesen oder deduktiv abgeleitet werden. Statt dessen gilt: „es ist immer das *Gefühl* gewesen, das der *Wissenschaft* ihre Grundlage gab, ihren Bereich absteckte, sie zu ihren Untersuchungen leitete und die Ordnung ihrer Einteilung in Klassen bestimmte, indem es ihr ein *Kriterium* der *Unterschiede* oder der *Ähnlichkeit* verschaffte." [82]

79 Henri de Saint-Simon, „De la Réorganisation de la Societé Européenne" [1814], in: *Die frühen Sozialisten*, hg. v. Frits Kool u. Werner Krause, Olten/Freiburg 1967, S. 169-173, hier S. 169. Zur Unterscheidung von „déisme" und „physicisme" bei Saint-Simon siehe Thomas Petermann, *Claude-Henri de Saint-Simon. Die Gesellschaft als Werkstatt*, Berlin1979, S. 85.

80 Salomon-Delatour 1962, S. 39.

81 Ebd., S. 281.

82 Ebd.

Dies gilt auch für die Wissenschaft, die den Weg vorzeichnet, auf dem das Projekt der „association universelle“ in der neuen organischen Epoche verwirklicht werden soll. Das Projekt ist eine Hypothese, die sich auf die Zukunft bezieht: „Ja, mein Freund, diese Worte *Ordnung, Religion, Gemeinschaft, Hingebung* sind eine Reihe von Hypothesen, die den folgenden entsprechen: *Unordnung, Atheismus, Vereinzelung, Egoismus.*“ Wenn diese beiden Reihen als Hypothesen aufgestellt werden, „bejahe ich im gleichen Augenblick, daß die Menschheit die eine mit Schrecken zurückweist und die andere mit Liebe aufnimmt. Ich versichere, daß sie sich unwiderstehlich an diejenige der beiden Hypothesen klammert, die ihr eine glückliche Zukunft verspricht.“[83] Wissenschaft ist für die Saint-Simonisten prinzipiell auf Erwartungserfüllung angelegt. Mit Karl Acham könnte man sagen, daß wissenschaftliches Arbeiten von „vorwissenschaftlichen Visionen“ geleitet wird, insbesondere wenn es um Theorien mit umfassenden Erklärungsansprüchen geht.[84]

Dies führt zu der Kernfrage des zukünftigen Verhältnisses von Wissenschaft und Religion. In mehreren Sitzungen verhandeln die Saint-Simonisten die Frage: „Hat die Menschheit eine religiöse Zukunft?“[85] Gesucht wird nach einem Gottesbild, daß dem Ziel der „association universelle“ korrespondiert und die religiöse Hingabe, die wissenschaftliches Arbeiten motiviert, fördert. Dafür ist weder das Gottesbild des Konfessionalismus der *Bekenntnisreligionen*, noch das der danach entstandenen Religionen geeignet, denn es handelt sich bei den bisherigen Religionen um reduzierte Gottheiten: „man verleugnet Gott, den großen, den einzigen Gott, der alles belebt, und widmet sich dem Dienste untergeordneter Gottheiten.(...) Die *Freiheit*, die *Vernunft*, das *Vaterland* haben Altäre, oder zumindest herrschen sie doch auf dem Grunde der Herzen, während dem großen *Vaterland*, dem einzigen, wo wahrhafte *Freiheit* herrscht, weil hier *Geist* und *Stärke* der *Liebe* unterworfen sind, keine Gottesverehrung zuteil wird.“[86]

Auguste Comte, selbst Mitglied der Saint-Simonistischen Schule, hat diese Ideen weiterentwickelt. In der Religion des Positivismus wird die Menschheit als „Grand Être“ verehrt.[87] Sie ist das „universelle Zentrum des Positivismus“, in dem

83 Ebd., S. 263.

84 Karl Acham, „Visionen, Werte und Theorien. Zum Verhältnis von Sozialphilosophie und Sozialwissenschaften“, in: *Facetten der Wahrheit. Festschrift für Meinolf Wewel*, hg. v. Ernesto G. Valdès u. Ruth Zimmerling, Freiburg/München 1995, S. 325-360, hier S. 327 u. S. 359; Bernhard Plé, „Trianguläre Verhältnisse von Wissenschaften, Öffentlichkeit und Erklärungserwartungen. Der Positivismus als besonderer Fall für die philosophische und historische Wissenschaftssoziologie“, in: *Politik und Politeia. Festgabe für Jürgen Gebhardt zum 65. Geburtstag*, Würzburg 2000, S. 513-528.

85 Salomon-Delatour 1962, S. 216ff. Siehe dazu: Hans-Christoph Schmidt am Busch, *Religiöse Hingabe oder soziale Freiheit. Die saint-simonistische Theorie und die Hegelsche Sozialphilosophie*, Hamburg 2007, S. 64ff.

86 Ebd., S. 264.

87 Daß es bei diesem „Grand Être“ um Lebende und Tote geht, zeigt Jean-François Braunstein, „La religion des morts-vivantes. Le culte des morts chez Auguste Comte“, in: *Vrin. Revue des sciences philosophiques et théologiques*, 87/2003, S. 59-73.

drei Momente gebündelt sind: das affektive Prinzip (Liebe), die rationale Grundlage (Ordnung) und der aktive Zweck (Fortschritt). „Die Humanität verdichtet also direkt die drei wesentlichen Charaktere des Positivismus, seinen subjektiven Motor, sein objektives Dogma und sein aktives Ziel. Auf dieses alleinige Grand-Être, dessen notwendige Mitglieder wir bewußt sind, werden sich nunmehr alle Aspekte unserer individuellen oder kollektiven Existenz beziehen, unsere Kontemplationen, um es kennenzulernen, unsere Affektionen, um es zu lieben und unsere Handlungen, um ihm zu dienen".[88] Das Heil der Menschen kommt aus der Menschheit, weil sie sich in der Entwicklung positiven Wissens besser versteht, mehr lieben kann und mit sich humaner umgehen lernt. Die *Wissenschaftsreligion* folgt einem selbstreferentiellen Prinzip. Mit ihr bezieht sich die Menschheit affektiv, rational und aktiv auf sich selbst. Es handelt sich um die Religion der futurisch offenen Immanenz.

Der Gott des Positivismus unterscheidet sich somit grundlegend von den Gottesbildern der theologischen und metaphysischen Phase. „Unser Grand-Être ist nicht mehr unbeweglich als absolut; seine relative Natur macht es besonders entwicklungsfähig: mit einem Wort, es ist das Lebendigste der bekannten Wesen. Es weitet sich immer mehr aus und setzt sich immer mehr zusammen durch die kontinuierliche Aufeinanderfolge der menschlichen Generationen. Aber seine notwendigen Wandlungen sind ebenso wie seine grundlegenden Funktionen unveränderlichen Gesetzen unterworfen. Ihre von nun ab beurteilbare Gesamtheit ist ein beeindruckenderes Schauspiel als die erhabene Leblosigkeit des früheren Être-Suprême, dessen Existenz nur von unerklärlichen Launen abhing. So kann allein die wirkliche Wissenschaft uns dieses maßgebliche Schicksal beurteilen lassen, das alle unsere [Schicksale] beherrscht und umgreift."[89] Und weiter heißt es: „Da die Wissenschaft dem direkten oder indirekten Studium der Humanität unwiderruflich geweiht ist, wird sie von nun an einen wahrhaft heiligen Charakter als systematische Grundlage des universellen Kults annehmen."[90]

Als Religion der offenen Immanenz des Humanen bindet sich *Wissenschaftsreligion* nicht an ein absolutes Wesen, sondern an ein relatives, d.h. an ein in seinen immanenten Kausalitäten, seinen funktionalen Beziehungen und seinem Prozessieren erkennbares, liebenswertes und gestaltbares Wesen. „Der Kult der Positivi-

88 Comte 2004, S. 339.

89 Ebd., S. 343.

90 Ebd., S. 346. Comte fährt fort: „Sie (die Wissenschaft, W.E.) allein kann uns nicht nur die Natur und die Situation des Grand-Être, sondern auch seine Schicksale und seine aufeinanderfolgenden Tendenzen wirklich klar machen. In diesem heiligen Amt, dessen riesige Schwierigkeit die gewöhnliche Kombination all unserer spekulativen Kräfte erfordert, werden sich unsere geringsten wissenschaftlichen Verfahren durch ihre ständige Verbindung mit den höchsten Aufgaben veredeln. Die gewissenhafte Präzision und die strenge Umsicht der positiven Methode, die so oft als kindisch wegen ihrer müßigen Anwendung erscheinen, werden dann als unumgängliche Garantien für die Effizienz einer Ausarbeitung, die sich auf unsere wichtigsten Bedürfnisse bezieht, geachtet und empfohlen werden." Ebd., S. 346.

sten richtet sich keineswegs, wie derjenige der Theologen, an ein absolutes, isoliertes, unverständliches Wesen, dessen Existenz keinerlei Beweis hat und das jeden wirklichen Vergleich von sich weist. Kein Geheimnis darf die spontane Evidenz verschlechtern, die das neue Être-Suprême charakterisiert. Es wird nur gemäß einer genügenden Kenntnis der verschiedenen Naturgesetze, die seine Existenz beherrschen, welche die komplizierteste, die wir betrachten können, würdig besungen, geliebt und bedient werden."[91] Die Verehrung des neuen Être-Suprême bedarf denn auch, was die Anthropologie betrifft, sorgfältiger Messungen und quantifizierender Verfahren, die die spontane Evidenz von Kausalitäten und funktionalen Beziehungen für die Religion der offenen Immanenz des Humanen nicht verrätseln. So kann eine Aussicht bestehen, auch das Geistesleben des Menschen, das nach *rationalreligiöser* Auffassung göttlichen Ursprungs war, durch Hirnforschung quantitativ bestimmen zu können.[92]

Damit unterscheidet sich die *Wissenschaftsreligion* von der *Bekenntnisreligion* und der *Rationalreligion*, die Comte als theologische und metaphysische Phase des menschlichen Geistes historisiert und antiquiert. Aber sie unterscheidet sich auch von der *Kunstreligion* und der *Nationalreligion*, weil sie den Enthusiasmus wissenschaftlich abkühlt und sich allein dem Positiven anvertraut, das Comte mit den Adjektiven real und nützlich, gewiß und präzise, organisch und relativ bestimmt hat. „Während der alte Gott unsere Ehrerweisungen nicht annehmen konnte, ohne sich selbst durch eine kindische Eitelkeit zu entwürdigen, wird der neue immer nur unsere verdienten Lobpreisungen annehmen werden, die ihn ebensosehr wie uns verbessern. Diese volle Gegenseitigkeit der Affektion und des Einflusses konnte nur dem finalen Kult angehören, der sich allein an ein relatives, veränderbares und der Vervollkommnung fähiges Wesen richtet, das aus seinen eigenen Anbetern besteht und das besser als jeder von ihnen zuweisbaren Gesetzen, die ermöglichen, seine Wünsche und Neigungen vorauszusehen, unterworfen ist."[93]

2. Wissenschaftsreligion und Markterfahrung

WISSENSCHAFTLICHE ERRUNGENSCHAFTEN ERLEBEN. So wie sich die Stiftung der *Rationalreligion* der Erfahrung *bekenntnisreligiöser* Glaubenskriege, die Stiftungen der *National-* und *Kunstreligion* der Erfahrung des revolutionären Enthusiasmus verdanken, so steht die Wiederkehr der Religion als *Wissenschaftsreligion* im Horizont der Erfahrung der entfesselten Marktgesellschaft und des durch sie ermöglichten Fortschritts der Industrie. Comtes *Wissenschaftsreligion* entfaltete denn auch erst in der zweiten Hälfte des 19. Jahrhunderts ganz ihre Wirkung, da sie sich

91 Ebd., S. 341f.

92 Laurent Clauzade, *L'organe de la pensée: biologie et philosophie chez Auguste Comte*, Presses Univ. Franche-Comté 2009. Grundlegend dazu Michael Hagner, *Homo cerebralis. Der Wandel vom Seelenorgan zum Gehirn*, Frankfurt a.M. 1997.

93 Comte 2004, S. 357.

nunmehr durch die tatsächliche Entwicklung bestätigt fand. Der wirtschaftliche und der wissenschaftliche Fortschritt wurden erlebbar.

1851 demonstriert dies die erste Weltausstellung in London, auf der die neuesten Maschinen, technischen Erfindungen und Industriewaren gezeigt werden. Die Weltausstellung, die – wie Zeitgenossen es sahen – alle Erdenvölker „zum ersten Mal seit der Schöpfung vereinigte", feierte Bacon und Newton als die Begründer der „industriellen Wissenschaft" und England selber als „Uhrturm des internationalen Fortschritts".[94] Sie zeigte, was 1848 im „Kommunistischen Manifest" dramatisch formuliert ist. „Die Bourgeoisie reißt durch die rasche Verbesserung aller Produktionsinstrumente, durch die unendlich erleichterten Kommunikationen alle, auch die barbarischsten Nationen in die Zivilisation. Die wohlfeilen Preise ihrer Waren sind die schwere Artillerie, mit der sie alle chinesischen Mauern in den Grund schießt, mit der sie den hartnäckigsten Fremdenhaß der Barbaren zur Kapitulation zwingt." Dies geht einher mit dem Fortschritt der Wissenschaft. Die „Unterjochung der Naturkräfte, Maschinerie, Anwendung der Chemie auf Industrie und Ackerbau, Dampfschiffahrt, Eisenbahnen, elektrische Telegraphen, Urbarmachung ganzer Weltteile, Schiffbarmachung der Flüsse, ganze aus dem Boden hervorgestampfte Bevölkerungen – welches frühere Jahrhundert ahnte, daß solche Produktionskräfte im Schoß der gesellschaftlichen Arbeit schlummerten."[95]

Das pathische Moment, das mit dem Erleben industriellen und wissenschaftlichen Fortschritts einhergeht, ist in vielen Zeugnissen der Zeit zu finden. 1843 schreibt Heinrich Heine aus Paris über die technische Erfindung, die zum Symbol des Fortschritts werden wird: „Die Eröffnung der beiden neuen Eisenbahnen, wovon die eine nach Orleans, die andere nach Rouen führt, verursacht hier eine Erschütterung, die jeder mitempfindet, wenn er nicht etwa auf einem sozialen Isolierschemel steht. Die ganze Bevölkerung von Paris bildet in diesem Augenblick gleichsam eine Kette, wo einer dem anderen den elektrischen Schlag mitteilt. Während aber die große Menge verdutzt und betäubt die äußere Erscheinung der großen Bewegungsmächte anstarrt, erfaßt den Denker ein unheimliches Grauen, wie wir es immer empfinden, wenn das Ungeheuerste, das Unerhörteste geschieht, dessen Folgen unabsehbar und unberechenbar sind."[96] Entfesselung der industriellen Wirtschaft und Entfesselung des Geistes sind für Friedrich List zusammenhängende Erscheinungen: „Je mehr Industrie und Ackerbau blühen, um so weniger kann

94 Zit. n. John Bagnell Bury, *The Idea of Progress. An Inquiry into its Origins and Growth*, London 1924, S. 321f. Aus Deutschland steuert Kuno Fischer die Schrift *Franz Baco von Verulam. Die Realphilosophie und ihr Zeitalter*, Leipzig 1865 zur Bacon-Verehrung bei. Zu den unterschiedlichen Wahrnehmungen dieser Weltausstellung siehe Gerd Bollenbeck, „Industrialisierung und ästhetische Wahrnehmung. Bemerkungen zur Weltausstellung London 1851", in: *Fortschrittsglaube und Dekadenzbewußtsein im Europa des 19. Jahrhunderts. Literatur – Kunst – Kulturgeschichte*, hg. v. Wolfgang Drost, Heidelberg 1986, S. 289-298.

95 Karl Marx u. Friedrich Engels, „Manifest der kommunistischen Partei", in: *Marx-Engels-Werke (= MEW)*, Bd. 4, Berlin 1971, S. 459-493, hier S. 466f.

96 Heinrich Heine, „Lutetia", Brief vom 5.5.1843, in: *Sämtliche Schriften*, hg. v. Klaus Briegleb, München 2005, S. 217-548, hier S. 448f.

der menschliche Geist in Fesseln gehalten werden, um so mehr ist man genötigt, dem Geist der Duldung Raum zu geben und wahre Moralität und Religiosität an die Stelle des Gewissenszwangs zu setzen. Noch überall hat die Industrie der Toleranz das Wort geführt, noch überall hat sie die Priester in Lehrer des Volkes und in Gelehrte verwandelt."[97]

Was sich in einer Generation vor und nach 1848/49 umgestellt hat, zeigen beispielhaft die beruflichen Situierungen und geistigen Orientierungen des Komponisten Carl Maria von Weber und seines Sohnes, dem Eisenbahningenieur Max Maria von Weber. Vater Carl ist mit seiner aus den vaterländischen Kriegen gegen Napoleon herausgewachsenen romantischen „Nationaloper" *Der Freischütz* in die Musikgeschichte eingegangen. In sein Tagebuch konnte er schreiben: „Der Freischütz wurde mit unglaublichsten Enthusiasmus aufgenommen".[98] Der Sohn des Komponisten schreibt 1865 im Geiste Comtes: „Wer das Wissen liebt, der liebt auch die Menschheit. Jede große Entdeckung, jedes Auffinden neuer Naturkräfte, neuer Gesetze ist auch das Aufschließen neuer Pfade der Humanität. Wie ein Strahlennetz gehen sie aus vom Wirken großer Männer, die Welt immer dichter mit den Wegen einspinnend, die zur Entlastung von Sklavenarbeit, zur Milderung der Gefahr bei redlicher Tätigkeit, zur Verbreitung des erlösenden Gedankens führen. (...) Denker und Entdecker erscheinen uns als die wahren Apostel des erquickenden Glaubens an den Fortschritt der Welt nach oben".[99]

Friedrich Albert Lange hat in seiner *Geschichte des Materialismus* von 1866 den Einbruch der neuen Erfahrungen in der Mitte des 19. Jahrhunderts und die Umstellung von „Idealismus" auf „Materialismus" zum Ausgangspunkt für seine Auseinandersetzung mit dem sog. „Materialismusstreit", den wir weiter unten behandeln, gemacht: „Mit besonderer Energie erhoben sich aber nach der idealpolitischen Sturmflut des Jahres 1848 mit den ersten Zeichen der entschiedenen Ebbe die *materiellen Interessen*. Das tief in seinen Grundfesten erschütterte Österreich suchte eine förmliche Regeneration auf der Basis industriellen Fortschritts zu gewinnen. In fieberhafter Hast schuf von Bruck Straßen auf Straßen; Verträge, Spekulationen und Finanzregeln verdrängten einander. Die Privattätigkeit folgte. In Böhmen entstanden Kohlenwerke, Hochöfen, Eisenbahnen. In Süddeutschland nahm die Baumwollindustrie einen großartigen Aufschwung. In Sachsen entwickelten sich fast alle Zweige der metallischen und der Textilindustrie in größerem Maßstabe als bisher. In Preußen warf man sich mit Verzweiflung auf Bergbau und Hüttenbetrieb. Kohle und Eisen wurden zum Losungswort der Zeit." Und nachdem Lange die Entfesselung der Marktwirtschaft in noch weiteren deutschen Ländern dramatisch charakterisiert hat, heißt es: „Mit dem materiellen Fortschritt ging wieder ein

97 Friedrich List, „Das nationale System der politischen Ökonomie", in: *Schriften, Reden, Briefe*, Bd.6, hg. v. Erwin v. Beckerath, Berlin 1930, S. 237f.

98 Zit. n. Jost Hermand, *Glanz und Elend der deutschen Oper*, Köln/Weimar/Berlin 2008, S. 107.

99 Max Maria von Weber, *Aus der Welt der Arbeit. Gesammelte Schriften*, hg. v. Maria von Wildenbruch, geb. von Weber, Berlin 1907, S. 130.

erneuter Aufschwung der *Naturwissenschaften* Hand in Hand, und namentlich trat die Chemie in immer engere Beziehungen zum Leben". Er verweist darauf, daß man nicht nur den „praktischen Materialismus" der Engländer nachgeahmt habe, sondern dabei gewesen sei, die neuen Erfahrungen mit dem „Einheitsstreben der Vernunft" in Beziehung zu setzen. „Deutschland ist das einzige Land der Erde, in welchem der Apotheker kein Rezept anfertigen kann, ohne sich des Zusammenhangs seiner Tätigkeit mit dem Bestand des Universums bewußt zu sein."[100]

Die Metaphern vom Vormarsch wissenschaftlicher Erkenntnis, der die Vorurteile zu Fall bringt, und das Pathos der Entdeckung und Eroberung, des Abenteuers Wissenschaft usw., begleiten die neuzeitliche Wissenschaft seit ihren Anfängen. So forderte Kepler, die Möglichkeit einer Besiedlung des Planeten Jupiter ausdenkend, Galilei auf, das „Wunder menschlicher Kühnheit, die sich vor allem in Menschen dieses Jahrhunderts zeigt", zur Erforschung dieses Planeten zu nutzen. „Nachdem nun jene Regionen entdeckt sind, wird es, sobald man das Fliegen gelernt haben wird, an Kolonisten aus unserem Menschengeschlecht nicht fehlen. Gib Schiffe, deren Segel der Luft des Himmels angepaßt sind, dann werden auch Leute da sein, denen nicht einmal vor einem Flug in jene Weite graut. Und als ob sie schon dastünden, die dieses Wagnis versuchen, laß uns die Astronomie dazu schaffen – ich für den Mond, für den Jupiter du, Galilei."[101] Vorgeführt wird eine Sequenz, die mit der einzelnen Entdeckung, dem Wunder des Neuen, der Epiphanie der Innovation beginnt, dann folgt die Konstruktion von Mitteln, die es erlauben, in die neuen Räume vorzustoßen, und schließlich wird ein neues, um Wissen vermehrtes Bild von der Welt erzeugt.

Affinitäten von Wissenschaft und Markt. Es ist aber nicht nur die Erlebbarkeit wissenschaftlicher Errungenschaften, die mit der Entfesselung der Marktwirtschaft koinzidiert. Es sind auch bestimmte Charakteristika wissenschaftlichen Handelns selbst, die eine hohe Affinität zum Marktgeschehen haben. Dazu gehören vor allem: 1. die Privilegierung von Aktivität gegenüber Kontemplation, 2. das Umgrenzen von Ausschnitten der Wirklichkeit 3. das Interesse an der Regelhaftigkeit und Kontrollierbarkeit eines Feldes, 4. der Weg der Messung und Quantifizierung, 5. das Streben nach der Eröffnung neuer Forschungsgebiete, 6. der Spielcharakter der Experimente, 7. die Operationen von Hypothese und Verifikation, 8. die Kontingenz der Objektivität und 9. der Wissenschaftspragmatismus. Die die Genese dieser Charakteristika reicht unterschiedlich weit in die Wissenschaftsgeschichte zurück. Sie fügen sich jedoch in der Mitte des 19. Jahrhunderts zu einem

100 Friedrich Albert Lange, *Geschichte des Materialismus und Kritik seiner Bedeutung in der Gegenwart,* 2 Bde., hier Bd. 2, Leipzig [10]1921, S. 84f.

101 Brief Keplers an Galilei vom 9. August 1610, zit. n. Friedrich Wagner, *Die Wissenschaft und die gefährdete Welt. Eine Wissenssoziologie der Atomphysik*, München 1964, S. 39. Zur antiklerikalen Stilisierung der „affaire Galilée" in Frankreich zwischen 1860 und 1880 siehe: Carnino 2015, S.44-57.

Ensemble von wissenschaftlichen Maximen und Haltungen, die im Positivismus gebündelt werden.[102]

Ein erstes Charakteristikum ist darin zu sehen, daß der relative und prozedurale Charakter des Positivismus notwendig mit einer Aktivität verbunden ist, die sich von der passiven Betrachtung des Kosmos als göttlicher Schöpfung oder vernünftiger Ordnung ebenso unterscheidet wie von der negativen Aktivität kritischer Philosophie. Deren Zweifel an den Erscheinungen laufen Gefahr, entweder zur Passivität oder zur Postulierung spekulativer Wesenheiten zu führen. Die wissenschaftliche Aktivität entzieht der Kontemplation Stück für Stück Teile der Wirklichkeit und schafft sich ihre eigene Ontologie der Tatsachen. Denn wo wir handeln, gibt es keine unabänderliche Wirklichkeit. Nicht anders auf dem Markt. Verkauf und Kauf konstituieren als Handlungen das sich stets verändernde Marktgeschehen. Wo diese Aktivität fehlt, bleibt er Marktplatz leer.

Als ein weiteres Charakteristikum kann genannt werden, daß sowohl wissenschaftliche Praxis als auch Marktaktivität nur in umgrenzten Ausschnitten der Wirklichkeit operieren. Wissenschaft spaltet die Welt in eine bereits bekannte und eine noch unbekannte Wirklichkeit auf. Aus der Unendlichkeit des Nichtwissens werden Bezirke isoliert. So wie der Markt erst als ein aus dem Sozialverband ausgegrenzter Raum Wirklichkeit wird, so beruht exakte Forschung seit Galilei auf der Methode der Isolierung der Naturphänomene.[103]

Dem entspricht drittens das Interesse an der Regelhaftigkeit und Kontrollierbarkeit eines Feldes. In Wissenschaft und Markt geht es um die Ausschaltung einer Umgebung von nicht-kontrollierbaren Variablen, die einem größeren Zusammenhang entstammen, in den der Markt bzw. das Labor eingebettet sind. Und es geht beide Male um die Ausschaltung der Instabilitäten des Einzelnen, sei es als Reduktion des Wissenschaftlers auf die Funktion des Experimentators im Labor, sei es als Ausschließung all der ‚irrationalen' Verhaltensmäßigkeiten aus der Modellfigur des *homo oeconomicus*.[104] Immanenz bekommt hier einen neuen, strengen Sinn. Nur in der Immanenz eines Feldes, von dem geglaubt werden kann, daß es in ihm nur Positivitäten gibt, die in ihren Relationen zueinander die Ordnung bilden, ist rational-kalkulierendes Handeln möglich.

---

102 Thomas Kuhn stellt insbesondere die Quantifizierung der Experimentalwissenschaften zwischen 1800 und 1850 heraus und spricht von einer „zweiten wissenschaftliche Revolution". Thomas Kuhn, *Die Entstehung des Neuen: Studien zur Struktur der Wissenschaftsgeschichte*, Frankfurt a.M. 1978, S. 291-294.

103 Grundlegend zu Galilei ist immer noch Leonardo Olschki, *Geschichte der neusprachlichen wissenschaftlichen Literatur*, Bd. III: *Galilei und seine Zeit*, Heidelberg 1927; sowie Eduard Jan Dijksterhuis, *Die Mechanisierung des Weltbildes*, Berlin u.a. 1956. Darüber hinaus: Edgar Zilsel, *Die sozialen Ursprünge der neuzeitlichen Wissenschaft*, hg. v. Wolfgang Krohn, Frankfurt a.M. 1976; Joseph C. Pitt, *Galileo, Human Knowledge and the Book of Nature. Method Replaces Metaphysics*, Dordrecht/Boston/London 1992.

104 Zum „Hinauswurf der Psychologie aus der Ökonomik" vgl. Hans Albert, *Ökonomische Ideologie und politische Theorie. Das ökonomische Argument in der ordnungspolitischen Debatte*, Göttingen 1954, S. 46, 64 u.a.

Um Regelhaftigkeit zu enthüllen und Kontrollierbarkeit zu ermöglichen, gilt es viertens, den Weg der Messung und Quantifizierung zu beschreiten.[105] Dazu werden anspruchsvolle Grundannahmen gemacht, die sich dem Augenschein nicht darbieten: die Existenz von ort- und zeitunabhängiger Naturgesetze und die Annahme, daß sich Naturgesetze mathematisch beschreiben lassen, sodaß „in jeder besonderen Naturlehre nur so viel eigentliche Wissenschaft angetroffen werden könne, als darin *Mathematik* anzutreffen ist."[106] Und so wie die Messung der isolierten Phänomene in die mathematische Formulierung von Regelmäßigkeiten und ‚Naturgesetze' mündet, so führt die Betrachtung des reinen Marktgeschehens als einem Spiel von Angebot und Nachfrage zur Aufstellung von Marktgesetzen.[107]

Die Isolierung von Phänomenbereichen, die Regelhaftigkeit, Kontrollierbarkeit rein gehaltener Immanenz und die Annahme der Meßbarkeit von Naturgesetzen ermöglichen es dem positivistischen Geist fünftens, perennierend neue Forschungsgebiete zu erobern. Nur wenig anders geht es in der Marktwirtschaft um die Eröffnung neuer Märkte. Die Marktfreiheit korrespondiert hier mit der Aktionsfreiheit der Experimente in Verbindung mit dem methodischen Prinzip der intellektuellen Variation.[108] Wissenschaft und Markt sind auf Expansion angelegt. Dabei tauscht sich die Freiheit der Experimente mit dem Experiment der Freiheit aus.[109]

Diese Freiheit ist kein Prinzip, das dem Experimentieren voraus liegt, sondern ist sein Modus. Durch ihn wird sechstens auf dem Wege der Isolierung ein Erkundungsraum eröffnet, der Probehandeln ermöglicht. Im Experiment finden sich alle Elemente, die die Form menschlichen Spiels konstituieren. Die Wiederholung als Grundlage der Erfahrungsfähigkeit, die Modifikation der Situation, die die Spannung erhöht, der Dialog, in dem die Dinge als spielerisches Gegenüber hereingeholt werden, und die Ungewißheit des Ausgangs. „Spiele brauchen Ungewißheiten, Überraschungen und zwar nicht in der Normaldosis des Alltags mit seinen unver-

---

105 Bei jungen Wirtschaftswissenschaftlern wird seit einiger Zeit Kritik an einer primär auf Mathematisierung setzenden Wirtschaftswissenschaft laut: *Die Scheuklappen der Wirtschaftswissenschaft. Postautistische Ökonomik für eine pluralistische Wirtschaftslehre*, hg. v. Thomas Dürmeier / Tanja von Egan-Krieger / Helge Peukert, Marburg 2006.

106 Immanuel Kant, „Metaphysische Anfangsgründe der Naturwissenschaft" [1786], in: *Werke in zwölf Bänden (Theorie-Werkausgabe)* Bd. IX, hg. v. Wilhelm Weischedel, Frankfurt a.M. 1968, S. 7-135, hier S. 14.

107 Claus Peter Ortlieb, „Bewußtlose Objektivität. Aspekte einer Kritik der mathematischen Naturwissenschaft", in: *Hamburger Beiträge zur Modellierung und Simulation*, Heft 9 August 1998, online: http://www.math.uni-hamburg.de/home/ortlieb/hb09bewobj.pdf (Letzter Zugriff: 16.01.2014); sowie Ders., „Mathematisierte Scharlatanerie. Zur ‚ideologiefreien Methodik' der neoklassischen Lehre", in: Dürmeier / von Egan-Krieger / Peukert 2006, S. 55-61.

108 Vgl. dazu Gernot Böhme / Wolfgang van den Daele / Wolfgang Krohn, *Experimentelle Philosophie. Ursprünge autonomer Wissenschaftsentwicklung*, Frankfurt a.M. 1977.

109 So John Stuart Mill mit seiner These, daß der Fortschritt von der Freiheit des Individuums abhängt, Neues einzuführen und zu experimentieren, Alan Bullock u. Maurice Shock, „Englands liberale Tradition", in: *Liberalismus*, hg. v. Lothar Gall, Königsstein/Ts. ²1980, S. 254-282, hier S. 266.

meidlichen Risiken, sondern als gewollte Zutat, als Prise, als Element der Rezeptur des Spiels."[110] Spielraum und Experimentierraum sind affin zum Marktraum, in dem Hans im Glück seine Gewinne oder Verluste macht. Die Einbildungskraft wird im Wechsel gereizt und ernüchtert.

Der positive Geist und der Geist der Marktteilnehmer braucht siebtens das Gefälle von Phantasie und Realismus, von Hypothese und Verifikation, das im Sonderraum einer beobachtbaren Immanenz sichtbar wird. *Theoria* wird dabei zur Hypothese, die falsifizierender Aktivität ausgesetzt wird. Dies geht nicht ohne eine Portion Aggressivität. So wie das Angebot auf dem Markt den sozial eingebetteten Tausch angreift, so zwingt das Experiment Naturphänomene in eine neue konstruierte Anordnung. Michel Foucault hat den Prozeß beschrieben, in dem der Markt als „ein Ort und ein Mechanismus zur Bildung von Wahrheit" für neue Regierungspraktiken wichtig wird. Die Regierung muß sich mit Interventionen zurückhalten, damit der Markt als Instanz der Veridiktion funktioniert, „damit er sowohl seine Wahrheit formulieren und sie der Regierungspraxis als Regel und Norm vorschlagen kann."[111] Friedrich August von Hayek hat schließlich den marktwirtschaftlichen Wettbewerb als einen Hypothesentest entworfen. „Der Wettbewerb ist im wesentlichen ein Prozeß der Meinungsbildung: Indem er Informationen verbreitet, schafft er jene Einheit und jenen Zusammenhang des Wirtschaftssystems, den wir voraussetzen, wenn wir es uns als einen Markt denken. Er schafft die Ansichten, die die Leute darüber haben, was am besten und billigsten ist; was die Menschen über Möglichkeiten und Gelegenheiten wissen, das erfahren sie durch ihn." Auf diese Weise ist die Lösung des wirtschaftlichen Problems der Gesellschaft „eine Forschungsreise ins Unbekannte, ein Versuch, neue Wege zu entdecken, wie diese Dinge besser gemacht werden können als bisher."[112] Was explorative Erfahrung festgestellt hat, hat nicht den Schatten von Notwendigkeit. Aber es ist objektiv. Dies hat Konsequenzen nicht nur für die Wahrheit der Tatsachen, sondern auch für die ethische Wahrheit. In der angelsächsischen positivistischen Tradition kommt dies in der häufigen Personalunion zwischen utilitaristischen Ethikern und Ökonomen zum Ausdruck. „Was utilitaristische Ethik und Ökonomie verbindet, ist zuallererst ein gewisser handfester Realismus, eine Nähe zur Empirie, zur Praxis und zur Politik."[113]

---

110 Heinrich Popitz, *Wege der Kreativität*, Tübingen ²2000, S. 65. Ergiebige Experimente sind, wie Hans-Jörg Rheinberger in einer grundlegenden Studie gezeigt hat, so angelegt, daß das beforschte Wissenschaftsobjekt, das „epistemische Ding", einen Spielraum hat, sichtbar werden zu lassen, was noch nicht festgelegt ist. Dazu: Hans-Jörg Rheinberger, *Experimentalsysteme und epistemische Dinge. Eine Geschichte der Proteinsynthese im Reagenzglas*, Göttingen 2001.

111 Michel Foucault, *Die Geburt der Biopolitik. Geschichte der Gouvernementalität II. Vorlesung am Collège de France 1978-1979*, Frankfurt a.M. 2004 S. 52.

112 Friedrich August von Hayek, „Der Sinn des Wettbewerbs", in: Ders., *Individualismus und wirtschaftliche Ordnung*, Erlenbach/Zürich 1952, S. 122-140, hier S. 133 u. 139f.

113 Dieter Birnbacher, „Der Utilitarismus und die Ökonomie", in: *Sozialphilosophische Grundlagen ökonomischen Handelns*, hg. v. Bernd Biervert / Klaus Held u. Josef Wieland, Frankfurt a.M. 1990, S. 65-101, hier S. 66.

Daraus entsteht achtens eine paradoxe Situation, auf die Viktor von Weizsäcker hingewiesen hat. Sie besteht darin, „daß wir selben Leute dieselbe Objektivität, mit der wir fortgesetzt Objektivitäten vernichten, doch so zu verteidigen den Mut behalten, als wäre sie der *letzte* Anker, der *letzte* Gott. Die Objektivität eines anderen, die Objektivität von gestern müssen wir allezeit als Irrtum oder Nachlässigkeit zu opfern bereit sein – um der Objektivität willen."[114] Diese „zur Selbstzerstörung fähige Objektivität" als eine „sich selbst nicht trauende Objektivität", d.h. die wissenschaftliche Erkenntnis, kann immer nur mehr oder weniger sicher sein.[115] Es handelt sich um Grade der Transformation von Unwahrscheinlichkeit in Wahrscheinlichkeit. Es ist diese Kontingenz, mit der die neuzeitliche Idee von Handlung als eines Spielraums offener Möglichkeiten verbunden ist, die Positivismus, Experimentalismus und Marktgeschehen aneinander binden.[116]

Im 19. Jahrhundert setzt sich neuntens der Wissenschaftspragmatismus durch. Geltungskriterium für die wissenschaftliche Richtigkeit wird zuerst die Machbarkeit eines Ansatzes, auch wenn die entsprechende konsistente Theorie noch nicht formuliert werden kann.[117] Dieser Pragmatismus ist dem des Markthandelns affin. Das erfolgreiche Geschäft demonstriert, was man in konsistenter Weise nur schwer begründen kann. Daß es funktioniert, wird zur Hauptsache. Damit gerät jedoch der Anspruch wissenschaftlicher Erklärung in eine Dauerkrise. Treffend bemerkt Peter Koslowski: „Die wirtschaftlichen und wissenschaftlichen Unternehmen – letztere werden von den wissenschaftlichen Schulen gebildet – müssen immer die Krise ihres Produkts im Wettbewerbsmarkt fürchten. In der modernen fallibilistischen Wissenschaft führen die Vorläufigkeit des Anspruchs auf Wahrheit, das Sich-Bescheiden mit ‚Hypothesen' und der Wettbewerb mit den ebenso fragilen, hypothetischen Ansprüchen der anderen Wissenschaftler dazu, daß hypothetische Wissenschaft immer ein krisenhaftes Gebilde ist. Wie der Unternehmer in der Wirtschaft über eine Krise seiner Branche zu klagen hat, hat auch der Wissenschaftler immer Grund, eine Krise seines Faches zu konstatieren. Wie im Markt die anderen Anbieter den Produzenten zu überrunden suchen, sind auch die Wissenschaftler ständig dabei, die Hypothesen, die andere gerade aufgestellt haben, zu falsifizieren und deren Produkt, die neue Theorie, vom Markt der Wissenschaft zu

---

114 Viktor von Weizsäcker, *Der Begriff sittlicher Wissenschaft*, Frankfurt a.M. 1948, S. 24. Zur Herausbildung des erkenntniskritischen Ideals der Objektivität siehe Lorraine Daston u. Peter Galison, *Objektivität*, Frankfurt a.M. 2007.

115 von Weizsäcker 1948, S. 25.

116 Zur Kontingenz vgl. Michael Makropoulos, *Modernität und Kontingenz*, München 1997, S. 13ff.

117 Vgl. dazu die Analyse der wissenschaftlichen Strategien des Botanikers Matthias Jakob Schleiden gegen die Schellingsche Naturphilosophie, untersucht bei Olaf Breidbach, „Schleidens Kritik an der spekulativen Naturphilosophie", in: *Schelling's und Hegel's Verhältnis von Naturwissenschaft von M.J. Schleiden [1844]. Schriften zur Naturphilosophie*, hg. v. Olaf Breidbach, Weinheim 1988, S. 1-56.

verdrängen."[118] Dabei ist freilich zu bezweifeln, ob Wissenschaftler sich stets so große Mühe mit dem Falsifizieren machen, oder eher ihre Energie darein setzen, die eigenen Hypothesen am Markt durchzusetzen.

Mit einer anderen Bewertung hat Karl Popper den Mechanismus der Falsifikation, sich auf Darwin beziehend, beschrieben. Beim Erkenntnisfortschritt handele es sich um „eine natürliche Auslese von Hypothesen". Unsere „Erkenntnis besteht zu jedem Zeitpunkt aus denjenigen Hypothesen, die ihre (relative) Tüchtigkeit dadurch gezeigt haben, daß sie bis dahin in ihrem Existenzkampf überlebt haben, einem Konkurrenzkampf, der die untüchtigen Hypothesen ausmerzt." Der Unterschied zwischen dem Fortschritt wissenschaftlicher Erkenntnis und der evolutiven Anpassung der Tiere an ihre Umwelt bestehe darin, daß tierisches Wissen „hauptsächlich dadurch wächst, daß diejenigen, die untüchtige Hypothesen haben, selbst ausgemerzt werden", dagegen „läßt die wissenschaftliche Kritik oft unsere Theorien an unserer Stelle sterben; sie merzt dann unsere falschen Vorstellungen aus, ehe wir selbst ihretwegen ausgemerzt werden."[119]

Nimmt man die hier nur kurz skizzierten neun Charakteristika wissenschaftlichen Handelns, die eine hohe Affinität zum Marktgeschehen haben, zusammen, so kann man von einer gegenseitigen Stützung von Wissenschaft und Markt sprechen. In der Sprache der Luhmannschen Systemtheorie könnte man sagen, die systemische Leitdifferenz von richtig und falsch, nach der Wissenschaft operiert, und die systemische Leitdifferenz von zahlen und nicht zahlen, nach der geldbasierte Marktwirtschaft operiert, interpenetrieren sich wechselseitig mit ihren füreinander fremden Leistungsanforderungen. So entsteht eine starke Evidenz mit handfesten Erfolgen. Nach 1850 bestätigt die Erfahrung der Verfügbarkeit der Dinge auf den Märkten den Glauben an die wissenschaftlich-technische Verfügbarkeit der Dinge. Der Markt, das spontane Zusammentreffen von Akteuren mit ihren Begehrlichkeiten und Mangelerfahrungen leitet die Vorstellungen von dem, wie es auf der Welt zugeht. Es ist diese anarchische Welt, die zum Wirkraum von *Wissenschaftsreligion* wird. Die Marktgesellschaft privilegiert das Wissen in einer bestimmten Form, nämlich in der Form der Wissenschaft, an die um so mehr geglaubt wird, je anarchischer die Welt erscheint.

SZIENTISMUS. Die Zentralstellung, in die Wissenschaft mit der Entfesselung der Marktgesellschaft im 19. Jahrhundert gerückt ist, hat sie trotz erheblicher Anfechtungen bis in unsere Gegenwart gehalten. Dabei hat sich die Art und Weise, diese Zentralstellung zu legitimieren, gewandelt. Comtes Religion des Positivismus erschien mit den Schulspaltungen der Positivisten vielen Wissenschaftlern, die im Kern Comtes Glauben teilten, bald als ein sektiererisches Unterfangen. Aber man

---

118 Peter Koslowski, *Die Prüfungen der Neuzeit. Über Postmodernität, Philosophie der Geschichte, Metaphysik, Gnosis*, Wien 1989, S. 90.

119 Karl R. Popper, *Objektive Erkenntnis. Ein evolutionärer Entwurf*, Hamburg 1973, S. 288f. Zu Poppers Auffassungen über den Wissenschaftscharakter der Evolutionstheorie siehe Alan Musgrave, *Weltliche Predigten*, Tübingen 2011, S. 214-236.

konnte auf andere Namen für den Glauben an die Wissenschaft als einer letzten Instanz ausweichen und von „Szientismus“ sprechen.[120] Peter Schöttler ist den Verwendungsweisen dieses Terminus nachgegangen und hat gezeigt, daß Szientismus nicht nur als kritischer und polemischer Begriff für die Überschätzung des wissenschaftlich Möglichen und die hybriden Anmaßungen wissenschaftlicher Autorität verwendet wurde, sondern auch als positive Selbstbeschreibung.[121]

So bezeichnete sich der Wissenschaftshistoriker und Philosoph Abel Rey 1908 in Abgrenzung von den ,,reinen und wahren Positivisten“ im Sinne Comtes als „Szientist“. Dieses neue Wort habe „den Vorteil, jedes Mißverständnis zu vermeiden. Wenn ich vom heutigen Positivismus spreche, wenn ich mich zum Positivismus bekenne, dann nicht in der Absicht, Comtes Doktrin zu übernehmen, sondern lediglich (...) alle Ergebnisse der positiven Wissenschaft“.[122] Schließlich gelangt Rey auch noch zu weiteren Selbstbeschreibungen: „Man könnte die philosophische Haltung, die in diesen kurzen Studien skizziert wurde, als rationalistischen Positivismus oder absoluten Positivismus oder auch als Szientismus bezeichnen. Um aber jedes Mißverständnis zu vermeiden, wäre es vielleicht besser, sie ‚Experimentalismus‘ zu nennen“.[123]

Peter Schöttler weist auch auf den Biologen Félix Le Dantec (1869–1917) hin, einen berühmten Schüler von Pasteur, der sich als „ein unbeugsamer Szientist“ bezeichnete.[124] La Science, mit einem großen S geschrieben, galt ihm, so seine Umschreibung des religiösen Charakters der Wissenschaft, als eine ,,unpersönliche und

120 Hilfreich ist Mikael Stenmark, *Rationality in Science, Religion and Everyday Life. A Critical Evaluation of Four Models of Rationality*, Uppsala 1995; ders., „What Is Scientism?“, in: *Religious Studies* 33(1)/1997, S. 15-32.

121 Peter Schöttler, „Szientismus. Zur Geschichte eines schwierigen Begriffs“, in: *NTM Zeitschrift für Geschichte der Wissenschaften, Technik und Medizin* 20(4)/2012, S. 245-269. Zur Mehrdeutigkeit von „Szientismus“ vgl. Peter Janich, „Szientismus und Naturalismus. Irrwege der Naturwissenschaft als philosophisches Programm?“, in: *Naturalismus. Philosophische Beiträge*, hg. v. Geert Keil u. Herbert Schnädelbach, Frankfurt a.M. 2000, S. 289-309, hier S. 294ff.

122 Abel Rey, *La philosophie moderne*, Paris: Flammarion 1908, S. 6, zit. n. Schöttler 2012, S. 256. Abel Rey wurde nach dem Zweiten Weltkrieg auf den ersten Lehrstuhl für Wissenschaftsgeschichte und Wissenschaftsphilosophie an die Sorbonne berufen, d.h. er war der direkte Vorgänger von Bachelard und Canguilhem.

123 Ebd., S. 367, zit. n. Schöttler 2012, S. 256. Die Übersetzung von Abel Reys Dissertation *Die Theorie der Physik bei den modernen Physikern*, Leipzig 1908a beeindruckte nicht nur Wilhelm Oswald, sondern auch den Physiker Philipp Frank, der zur Intellektuellengruppe des Wiener Kreises gerechnet wird. Rey wehrte sich dagegen, mit dem naiven Glauben an den Mechanismus zugleich die Idee exakter Wissenschaft aufzugeben. Dies wurde dann auch Konsens im Wiener Kreis. Siehe dazu Matthias Neuber, „Philosophie der modernen Physik – Philipp Frank und Abel Rey“, in: *Grazer Philosophische Studien. Internationale Zeitschrift für Analytische Philosophie* 80/2010, S. 131-149.

124 Félix Le Dantec, *Science et conscience. Philosophie du XXe siécle*, Paris: Flammarion 1908, zit. n. Schöttler 2012, S. 256. Zuvor publizierte Félix Le Dantec, *L'Athéisme*, Paris: Flammarion 1907.

außermenschliche" Instanz.[125] Sie „trägt keinerlei Spuren ihrer menschlichen Herkunft. Sie hat (...), was auch immer die meisten unserer Zeitgenossen denken mögen, einen *absoluten Wert.* Eigentlich hat nur die Wissenschaft diesen Wert, und deshalb bezeichne ich mich als *Szientist*!"[126]

Bei Le Dantec findet man auch die Frontstellung zur Philosophie wieder, mit der Saint-Simon den Institutionenwechsel von der Philosophie als geistiger Zentralmacht des 18. Jahrhunderts zur Wissenschaft als der des 19. Jahrhunderts profiliert hat. Freilich ist der szientistische Abgesang auf eine Philosophie neben der Wissenschaft um 100 Jahre verschoben: „Für mich als begeisterten Szientisten sollte das Wort Philosophie im 20. Jahrhundert keine andere Bedeutung mehr haben als die Wissenschaft. Die Eroberungen der wissenschaftlichen Methode waren derart bedeutend, daß wir heute alles von ihr erwarten können. Es ist daher unmöglich, den eloquenten Sophisten, die inkohärente Systeme konstruieren (...), auch noch den geringsten Kredit (!) einzuräumen. Außerhalb der Wissenschaft besteht keinerlei Hoffnung mehr, ein Gebäude zu errichten, das eine gewisse Dauer verspricht!"[127]

Im angelsächsischen Sprachraum hat „scientism" bis in unsere Gegenwart überwiegend eine pejorative Bedeutung, sowohl bei Philosophen wie bei Wissenschaftlern. Ich gebe dafür einige Beispiele. So bemerkt der Atomphysiker Ian Hutchinson: „The few who do still offer reasons for scientism, do not use the word scientism, because of its strongly negative connotations."[128] Im „clash of world-views" bestehe die Gefahr, daß „the health of science is in fact jeopardized by scientism, not promoted by it. At the very least, scientism provokes a defensive, immunological, aggressive response from other intellectual communities, in return for its own arrogance and intellectual bullying. Futhermore, since scientism is unjustified, it taints science itself by association."[129] Die Philosophin Susan Haack definiert Szientis-

125 Félix Le Dantec, *De l'Homme à la science. Philosophie du XXe siécle*, Paris: Flammarion 1907a, S. 3, zit. n. Schöttler 2012, S. 256. Die Formulierung lautet im Zusammenhang: „L'homme a-t-il pu créer quelque chose qui ne soit plus humain, qui soit dégagé de son origine humaine? Les partisanes de la tradition affirment que non; ils défendent à la Science d'étudier l'homme créateur de la Science. Et cependant, le XIXe siècle a fait une découverte, prodigieuse dans ces conséquences philosopiques, découverte qui doit, me semble-t-il, faire pencher la balance du côté de la possibilité d'une Science vraiment impersonelle et extrahumaine". Ebd., S. 3.

126 Félix Le Dantec, *Contre la Métaphysique*, Paris: Alcan 1912, zit. n. Schöttler 2012, S. 256.

127 Ebd. Jürgen Mittelstraß hat die szientistische These zum Verhältnis von Philosophie und Wissenschaft so pointiert: „Philosophie, wenn sie richtig verstanden wird, hat die Aufgabe, sich selbst überflüssig zu machen; Wissenschaft, wenn sie richtig verstanden wird, hat die Aufgabe, der Philosophie dabei zu helfen." Jürgen Mittelstraß, „Das praktische Fundament der Wissenschaft und die Aufgabe der Philosophie", in: Ders. / Friedrich Kambartel, *Zum normativen Fundament der Wissenschaft*, Frankfurt a.M. 1973, S. 1-69, hier S. 17.

128 Ian Hutchinson, *Monopolizing Knowledge. A Scientist Refutes Religion-Denying, Reason-Destroying Scientism*, Belmont 2011, S. 129.

129 Ebd., S. 143. Siehe dazu auch die Auseinandersetzung des amerikanischen Pragmatismus mit szientistischen Ausffassungen: Peter T. Manicas, „Pragmatic Philosophy of Science and

mus: „Scientism is an exaggerated kind of deference towards science, an excessive readiness to accept as authoritative any claim made by the sciences, and to dismiss every kind of criticism of science or its practitioners as anti-scientific prejudice."[130] Der bekennende Atheist Daniel Dennett hat auf die Kritik seines Buches *Breaking the Spell. Religion as a Natural Phenomenon* aus religiösen Kreisen bemerkt: Wenn jemand eine wissenschaftliche Theorie aufstelle, die sie nicht mögen, „they just try to discredit it as ‚scientism'."[131] Wenn es um die Auseinandersetzung zwischen *bekenntnisreligiösen* und *wissenschaftsreligiösen* Intellektuellen in England geht, so bevorzugen letztere eher Termini wie „non religious" oder „secular" als Selbstbeschreibung. Stilbildend sind hier Formulierungen, wie sie sich schon bei George Jacob Holyoake finden, der den Ausdruck „secularism" prägte: „The religious teacher instructs us how to please God by creeds. The Secular teacher how to serve man by sympathy and science."[132]

Wie wir in einem späteren Kapitel zeigen werden, half in Deutschland der Terminus Weltanschauung, neue Religionen zu benennen, die nach 1850 auf dem Religionsmarkt in Konkurrenz zu den christlichen Konfessionen traten.[133] An dieser Stelle sei skizzenhaft auf das wechselvolle Schicksal der Verknüpfung von Wissenschaft und Weltanschauung hingewiesen. Das Wort Weltanschauung wurde ins Englische und Französische entlehnt und brachte dort eine deutsche Eigenheit zum Ausdruck. Mit dem Zusatz „wissenschaftliche Weltanschauung" war für die deutschsprachige Welt eine terminologische Lösung gefunden, die sich rasch verbreitete. Sie findet sich beispielhaft 1875 titelgebend bei Eugen Dühring: *Cursus der Philosophie als streng wissenschaftliche Weltanschauung u. Lebensgestaltung* und 1887 und bei Ludwig Büchner, *Über religiöse und wissenschaftliche Weltanschauung.*[134] In der Weimarer Reichsverfassung von 1919 wurden die weltanschaulichen Vereinigungen, zu denen insbesondere solche gehörten, die eine wissenschaftliche Weltanschauung verbreiten wollten, den Religionsgemeinschaften verfassungsrechtlich gleichgestellt.[135]

---

the Charge of Scientism", in: *Transactions of the Charles S. Peirce Society* 24(2)/1988, S. 179-222.

130 Susan Haack, *Defending Science – Within Reason: Between Scientism and Cynicism*, Amherst 2003, S. 17f.

131 Daniel C. Dennett, *Den Bann brechen. Religion als natürliches Phänomen*, Frankfurt a.M. 2008; Sholto Byrnes, „‚When It Comes to Facts, and Explanations of Facts, Science Is the Only Game In Town' – Daniel Dennett „, in: *New Statesman*, 10. April 2006.

132 George Jacob Holyoake, *The Principles Of Secularism*, third edition, revised. London 1871, S. 39 (Groß- und Kleinschreibung im Original).

133 In diesem Band S. 521.

134 Eugen Dühring, *Cursus der Philosophie als streng wissenschaftliche Weltanschauung u. Lebensgestaltung*, Leipzig 1875; Ludwig Büchner, *Über religiöse und wissenschaftliche Weltanschauung. Ein historisch-kritischer Versuch* [Leipzig 1887], Neustadt am Rübenberge 1999.

135 Diese Bestimmung des Art. 137 Abs. 7 wurde als Art. 140 in das Grundgesetz der Bundesrepublik Deutschland inkorporiert. Das BVG spricht in seinen einschlägigen Entscheidungen vom „religiös-weltanschaulich neutralen Staat" BVerfGE 102, 370.

In den zwanziger Jahren legten die Intellektuellen des „Wiener Kreises", die sich um Moritz Schlick versammelten, Wert darauf, nicht von „wissenschaftlicher Weltanschauung", sondern von „wissenschaftlicher Weltauffassung" zu sprechen.[136] Thomas Mormann zufolge blieb dies „kaum mehr als verbale Kosmetik". Das Bestreben, den eignen Anspruch, eine metaphysikkritische Wissenschaftstheorie für alle Wissenschaft zu konzipieren, nicht als Weltanschauung auszugeben und die Bezüge zur Tradition Comtes zu löschen, ist deutlich erkennbar. Dennoch ist Mormann zuzustimmen: „Insgesamt kann also von einer klaren Unterscheidung der Begriffe „Weltbild", „Weltanschauung" und „Weltauffassung" selbst bei den Vertretern der „wissenschaftlichen Weltauffassung" nicht die Rede sein."[137]

Mit der Zuweisung einer weltanschaulichen Funktion wandelte sich die Zentralstellung von Wissenschaft in den Totalitarismen der Zwischenkriegszeit. Nur solche Wissenschaft galt als wahrhaft wissenschaftlich, die sich der Weltanschauung unterordnete. Lenins Transformation des „wissenschaftlichen Sozialismus" von Friedrich Engels, mit dem der Ruf der Arbeiterbewegung nach Gerechtigkeit ein wissenschaftliches Fundament erhalten sollte, in eine „Weltanschauung" wurde für die Intellektuellen in der Sowjetunion verbindlich. Bereits 1905 hatte Lenin geschrieben: „Unserem ganzen Programm liegt eine wissenschaftliche, und zwar die materialistische Weltanschauung zugrunde." Und: „Die wissenschaftliche Weltanschauung werden wir immer propagieren, und die Inkonsequenz irgendwelcher ‚Christen' müssen wir bekämpfen"; dies stünde allerdings nicht an erster Stelle, da deren „Hirngespinste" ohnehin „rasch jede politische Bedeutung verlieren und durch den ganzen Gang der ökonomischen Entwicklung bald in die Rumpelkammer geworfen werden."[138]

Die Rolle der Wissenschaften im Nationalsozialismus wurde nach 1945 lange Zeit mit der die Formel vom „Mißbrauch der Wissenschaft" verdeckt. Isabel Heinemann und Patrick Wagner zufolge waren an der Erfindung dieses Interpretationsmusters nicht zuletzt solche Wissenschaftler beteiligt, die sich in den Dienst der nationalsozialistischen Weltanschauung gestellt hatten. Das Muster besagte: „Politisch neutrale, ‚reine' Wissenschaft sei ihren Schöpfern aus den Händen gerissen, umgedeutet und damit ohne Zutun der Wissenschaftler zum Werkzeug primitiver Ideologien und psychopathischer Gewalttäter gemacht worden."[139] Dagegen zei-

136 Otto Neurath / Hans Hahn / Rudolf Carnap, *Wissenschaftliche Weltauffassung. Der Wiener Kreis*, Wien 1929.

137 Thomas Mormann, „Wiener wissenschaftliche Weltanschauungen – Zwischen Wissenschaft, Philosophie, Politik und ‚Leben'", in: *Die europäische Wissenschaftsphilosophie und das Wiener Erbe*, hg. v. Elisabeth Nemeth u. Friedrich Stadler, Wien 2013, S. 105-125.

138 Wladimir I. Lenin, „Sozialismus und Religion" [1905], in: *Werke*, Bd. 10, Berlin 1970, S. 70-75, hier S. 73f. Zum Verhältnis von Wissenschaft und Weltanschauung im Marxismus siehe Wolfgang Eßbach, „Wer war Marx? Bilder eines Intellektuellen", in: *Was ist ein Intellektueller? Rückblicke und Vorblicke*, hg. v. Richard Faber, Würzburg 2012, S. 163-181.

139 *Wissenschaft – Planung – Vertreibung: Neuordnungskonzepte und Umsiedlungspolitik im 20. Jahrhundert* (Beiträge zur Geschichte der Deutschen Forschungsgemeinschaft, Bd. 1), hg. v. Isabel Heinemann u. Patrick Wagner, Stuttgart 2006, S. 8.

gen Heinemann und Wagner, daß von einer einseitigen Funktionalisierung der Wissenschaften keine Rede sein kann, vielmehr dominierte eine Verklammerung von Wissenschaft und Weltanschauung, die auf einem Konsens der etablierten Wissenschaftler beruhte.

WISSENSGESELLSCHAFT. Die Erfahrung des Umkippens von wissenschaftlicher Weltanschauung in weltanschauliche Wissenschaft machte nach 1945 andere Begründungen für die Zentralstellung der Wissenschaft erforderlich. In seinem Beitrag von 1966: *The Decline of Politics and Ideology in a Knowledgeable Society* vertrat der Politologe Robert E. Lane die These, daß sich die Beziehungen zwischen Wissenschaft und Politik infolge der enorm gewachsenen Bedeutung von Wissenschaft für die moderne Gesellschaft in Richtung auf eine Professionalisierung politischer Entscheidungen verändern würden. Damit verlören politische Ideologien an Bedeutung; moderne Gesellschaften bewegten sich in Richtung auf eine „Wissensgesellschaft" – ein Terminus, dem eine steile Karriere beschieden sein sollte.[140]

Der amerikanische Ökonom Peter F. Drucker promovierte 1969 Wissen „zur eigentlichen Grundlage der modernen Wirtschaft und Gesellschaft und zum eigentlichen Prinzip des gesellschaftlichen Wirkens".[141] Die These, daß Wissen zur zentralen Ressource für die weitere Entfaltung der Marktwirtschaft werden würde, gab denen Aufwind, die den Klassenkampf zwischen Kapital und Arbeit und die diesen entsprechenden politischen Theorien unter Ideologieverdacht setzten und verabschieden wollten. Dafür schien der Terminus Wissensgesellschaft besonders geeignet, denn Kapital und auch Arbeit konnten in den politischen Theorien der Kritik und auch der Verteidigung der kapitalistischen Marktwirtschaft leicht einen negativen, zumindest zweifelhaften Beigeschmack annehmen. Wissen dagegen ist grundsätzlich positiv gewertet, Nichtwissen gilt als Makel; und, wie es in dem bösen Lied *Gelsenkirchen* von Georg Kreisler heißt, „die Bildung kann man gar nicht übertreiben." Die Kernthese von Lane und Drucker, der sich in der Folge viele Wirtschafts- und Sozialwissenschaftler anschlossen, lautete: In der heraufziehenden Wissensgesellschaft sinke der Wert einfacher handwerklicher Tätigkeiten, repetitive Teilarbeiten könnten schließlich von Maschinen übernommen werden, die

140 Robert E. Lane, „The Decline of Politics and Ideology in a Knowledgeable Society", in: *American Sociological Review* 31(5)/1966, S. 649-662. Zu dieser Karriere bemerken Dirk Tänzler, Hubert Knoblauch und Hans-Georg Soeffner in ihren einleitenden Bemerkungen *Zur Kritik der Wissensgesellschaft*: Die „Idee der ‚Wissensgesellschaft' ist eine der letzten großen Erfindungen der Sozialwissenschaften, die auch außerhalb der akademischen Welt Furore machen konnte – und das, obwohl die Soziologie ihrer Unschuld, nämlich der seit Auguste Comte das Fach heimsuchenden optimistischen Vision als Leitwissenschaft, beraubt, heute einen eher zweifelhaften Ruf genießt. Von daher darf mit Recht daran gezweifelt werden, ob die Soziologie durch diese Konjunktur eines ihrer Konstrukte ihr doch arg lädiertes Image hat aufpolieren können." *Zur Kritik der Wissensgesellschaft*, hg. v. Dirk Tänzler / Hubert Knoblauch u. Hans-Georg Soeffner, Konstanz 2006, S. 7.

141 Peter F. Drucker, *Die Zukunft bewältigen. Aufgaben und Chancen im Zeitalter der Ungewißheit*, Düsseldorf 1969, S. 455f.

zuvor von „Wissensarbeitern“ entwickelt wurden. Mit der Expansion des Bildungssektors würden immer mehr Teile der Bevölkerung in die Lage versetzt, zur Mehrung der Ressource Wissen beizutragen.[142]

Mit Blick auf die Leitbegriffe, die seit den 1960er Jahren für die Gesellschaftsdiagnostik in Umlauf gebracht wurden: wie z.B. Informationsgesellschaft, Wissenschaftsgesellschaft, wissenschaftlich-technische Zivilisation, Netzwerkgesellschaft u. a. m. ist es Nico Stehr zufolge erforderlich, den Terminus Wissensgesellschaft zu präzisieren, um die Weite der Rede von Wissen als einer Ressource angemessen zu beschreiben.[143] Stehr erinnert an die Unterscheidung von Erlösungswissen, Bildungswissen und Herrschaftswissen, die Max Scheler vorgenommen hatte, und bemerkt, daß es der Soziologie kaum gelungen sei, „die begrifflichen Unterscheidungen von Wissensformen, die Max Scheler in den 20er Jahren zur Diskussion stellte, entscheidend weiterzuentwickeln.“ Häufig träfe man auf „die orthodoxe und zur Selbstverständlichkeit erstarrte Abgrenzung von wissenschaftlichem und alltäglichem Wissen“, an die sich die „von (hochspezialisiertem) Fachwissen und dem alltäglichen, nichtrationalen Wissen (von sogenannten Laien)“ anlehnt.[144]

Dagegen gelte es, die besonderen Eigenschaften von Wissen in den Blick zu nehmen, die Wissen von anderen handelbaren Ressourcen unterscheidet. „Werden Wissen, Ideen und Informationen verkauft, so gehen sie zwar an den Käufer über, bleiben aber doch auch Eigentum ihres ursprünglichen Produzenten. Man verliert also in einem Tauschprozeß nicht die Verfügungsgewalt über das Wissen. Es wird nicht wie andere Waren im Prozeß der Konsumtion zerstört. Wissen ist prinzipiell

---

142 Die These ist in dem vieldiskutierten Buch von Daniel Bell, *Die nachindustrielle Gesellschaft* [1973], Frankfurt a.M./New York 1985 weiter ausgebaut worden und von Manuel Castells in seinem 1500 Seiten umfassenden Werk *Das Informationszeitalter* materialreich dargelegt. Manuel Castells, *Das Informationszeitalter, Teil 1: Der Aufstieg der Netzwerkgesellschaft*, Opladen 2001, *Teil 2: Die Macht der Identität*, Opladen 2002, *Teil 3: Jahrtausendwende*, Opladen 2003. Peter Weingart hat darüber hinausgehende differenzierte Analysen zum Verhältnis von Wissen, Politik, Wirtschaft und Medien vorgelegt und die Umrisse und die interne Struktur gegenwärtiger Wissensordnungen aufgewiesen: Peter Weingart, *Die Stunde der Wahrheit? Zum Verhältnis der Wissenschaft zu Politik, Wirtschaft und Medien in der Wissensgesellschaft*, Weilerswist 2001; *Nachrichten aus der Wissensgesellschaft. Analysen zur Veränderung von Wissenschaft*, hg. v. Peter Weingart / Martin Carrier u. Wolfgang Krohn, Velbrück 2007.

143 Nico Stehr, *Wissen und Wirtschaften. Die gesellschaftlichen Grundlagen der modernen Ökonomie*, Frankfurt a.M. 2001, S. 15 u. S. 117f. Nico Stehr hat sich seit den frühen 80er Jahren kontinuierlich mit dem Konzept von Wissensgesellschaft auseinandergesetzt. Hervorzuheben sind neben *Wissen und Wirtschaften* die Arbeiten: *The Knowledge Society. The Growing Impact of Scientific Knowledge on Social Relations*, hg. v. Gernot Böhme u. Nico Stehr, Dordrecht u.a. 1986; Nico Stehr, *Arbeit, Eigentum, Wissen. Zur Theorie von Wissensgesellschaften*, Frankfurt a.M. 1994; Ders., *Die Zerbrechlichkeit moderner Gesellschaften. Die Grenzen der Macht und des modernen Individuums*, Weilerswist 2000; Ders., *Wissenspolitik. Die Überwachung des Wissens*, Frankfurt a.M. 2003; Ders., *Die Moralisierung der Märkte. Eine Gesellschaftstheorie*, Frankfurt a.M. 2007.

144 Stehr 2001, S. 55.

für alle da und verliert auch, wenn es bekannt wird, nicht an Einfluß."[145] Um die Umrisse von Wissensgesellschaft zu zeichnen, bedarf es der Unterscheidung zwischen dem Wissensinhalt als dem, was man weiß, und dem Wissensprozeß als Modus der intellektuellen Aneignung von Dingen, der unmittelbar aus der Untersuchung von Gegenständen erfolgen kann, aber auch indirekt über die Aneignung objektivierten Wissens etwa in Büchern.[146]

Der historischen Sequenz von Agrar-, Industrie- und Wissensgesellschaft entsprechen dann Stehr zufolge drei Wissensformen: In agrarisch dominierten Gesellschaften steht das „Deutungswissen" oder „Orientierungswissen" im Zentrum: „Bis Ende des 18. Jahrhunderts produzierten die damaligen Naturwissenschaften genau wie die heutigen Sozialwissenschaften und die Humanwissenschaften vor allem eine Form von Wissen, dessen soziale Funktion hauptsächlich die Einflußnahme auf das (soziale) Bewußtsein der Gesellschaftsmitglieder war."[147] In der Industriegesellschaft erzeugen die „Mehrzahl der herkömmlichen naturwissenschaftlichen Disziplinen (...) Produktivwissen, eine Form von Wissen, das sich in Methoden der unmittelbaren Naturaneignung umsetzen läßt". Der Wissensgesellschaft entspricht schließlich eine weitere Form von Wissen, die Stehr als „Handlungswissen" bezeichnet. Dabei repräsentiert „Wissen eine unmittelbare Fähigkeit zum Handeln einschließlich der Kapazität zur Konstruktion zusätzlichen Wissens".[148] Im Sinne dieser neuen Form von Wissen korrigiert Stehr die übliche Formel von Francis Bacon „Wissen ist Macht" und übersetzt „scientia est potentia" als „Wissen ist Handlungsvermögen".[149]

Neben dem pragmatischen Aspekt von Wissen, der in der Wissensgesellschaft hervortritt und der ja auch dem Willen zur Anwendung bei vielen Intellektuellen innerhalb und außerhalb der Totalitarismen im 20. Jahrhundert entspricht, ist die Zuspitzung des Wissensbegriffs auf die Form des „zusätzlichen Wissens" für Gegenwartsgesellschaften von zentraler Bedeutung. Stehr geht davon aus, „daß die von der Wissenschaft produzierten Wissensformen nicht nur zunehmen, sondern auch, daß die wissenschaftliche Erkenntnis wenn nicht unbedingt die einzige, dann aber doch die wichtigste Quelle *zusätzlichen Wissens* in der modernen Gesellschaft ist."[150] Zugleich bietet zusätzliches Wissen in Marktwirtschaften dem, der es zuerst nutzt, Konkurrenzvorteile. „Der besondere soziale, aber vor allem ökonomische Stellenwert ergibt sich daraus, daß wissenschaftliches Wissen mehr als jede andere Wissensform kein statisches Wissen repräsentiert und permanent zusätzliche (incremental) Handlungsmöglichkeiten fabriziert und konstituiert. Damit ergibt sich zwischen wissenschaftlichen und ökonomischen Systemen eine interessante Analogie in der Funktion zusätzlichen Wissens; in beiden wird für zusätzliches Wissen

145 Ebd., S. 58.
146 Ebd., S. 56.
147 Ebd., S. 88f.
148 Ebd., S. 89.
149 Ebd., S. 62.
150 Ebd., S. 54.

eine ‚Prämie' entweder in der Form von Anerkennung und Prestige oder monetären Erträgen ausgelobt."[151] Es ist die Knappheit zusätzlichen Wissens, die es zu den begehrtesten Gütern auf dem Wissensmarkt macht und ihm, sobald es erscheint – mit Max Weber gesprochen – ein unvergleichliches Charisma verleiht, das solange strahlt, bis es veralltäglicht wird.[152]

Die Zentralstellung, in die Wissenschaft mit der Entfesselung der Marktgesellschaft im 19. Jahrhundert gerückt ist, hat sie *prima facie* bis heute behauptet. Sie hat auch den für die Moderne charakteristischen Differenzierungsprozeß unbeschadet überstanden, anders als die *Bekenntnisreligionen*, die viele ihrer Funktionen in Bildung, Sozialarbeit, oder psychologischer Beratung an andere gesellschaftliche Einrichtungen abgegeben haben, so daß von „Funktionsverlust von Religion" gesprochen werden konnte. Stehr gibt zu bedenken: „Die Wissenschaft ist womöglich die einzige Institution der modernen Gesellschaft, die im Verlauf ihrer Entwicklung keine ihrer ursprünglichen Aufgaben an andere Gesellschaftsbereiche verloren hat, wie dies die These von der zunehmenden strukturellen Differenzierung unterstellt."[153]

Heute ist ‚Wissensgesellschaft' in den Programmen der verschiedensten politischen Organisationen ein unentbehrliches Schlagwort geworden.[154] Auch die Geschichtswissenschaft hat nachgezogen und daran erinnert, daß Wissen schon immer eine außerordentliche hohe Wertschätzung genossen habe und daß in dieser Perspektive die Wissensgesellschaft älter sei als es die soziologischen Theorien in der Folge von Lane, Drucker und Bell behaupteten.[155] Darüber hinaus ist in den Literaturwissenschaften ein eigener Forschungsbereich entstanden, in dem eine Reihe recht verschiedener Perspektiven auf mögliche Relationen von Literatur und Wis-

151 Ebd., S. 66.

152 „Informiert bleiben: Informationen sind der Treibstoff der Börse. Deshalb erhalten Teilnehmer der zweiten Staffel ein tägliches Briefing sowie einen Newsletter mit tagesaktuellen Informationen und Börsennews." Mit dieser Ansage wirbt *Trading Masters. Die Akademie des Erfolges* für die zweite Staffel ihres „Börsenspiels" in: *UBS KeyInvest Magazin* (3)/2012, S. 31.

153 Stehr 2001, S. 88.

154 Siehe exemplarisch: *Towards Knowledge Societies*, hg. v. United Nations Educational, Scientific and Cultural Organization, Paris: UNESCO Publishing 2005, online: http://unesdoc.unesco.org/images/0014/001418/141843e.pdf (Letzter Zugriff: 16.01.2015).

155 Wissensysteme der Vergangenheit den heutigen gegenüberzustellen, ist das Ziel von Peter Burke, *Papier und Marktgeschrei. Die Geburt der Wissensgesellschaft*, Berlin 2001. Die „Formierungsphase der modernen Wissenschaft vom 15. bis ins frühe 19. Jahrhundert" behandeln die 28 Beiträge in dem reich bebilderten Band *Macht des Wissens. Die Entstehung der modernen Wissensgesellschaft*, hg. v, Richard van Dülmen u. Sina Rauschenbach, Köln/Weimar/Wien 2004. Bei derartigen verdienstvollen Unternehmen wird Wissenschaftsgeschichte von Fachwissen und Professionsgeschichte der Gelehrten als eines Berufsstandes unter dem Titel Wissensgesellschaft ohne eine erkennbare Vorstellung von sozialem Wandel verhandelt. Damit wird unfreiwillig das bekannte Narrativ vom Aufstieg der modernen Wissenschaft bedient, mit dem sich die traditionsverwerfende Praxis des Positivismus selbst legitimieren wollte.

sen erprobt werden.[156] Einerseits werden literarische Werke daraufhin untersucht, wie wissenschaftliche Diskurse in ihnen erscheinen. Andererseits werden wissenschaftliche Texte Gegenstand einer literaturwissenschaftlichen Analyse, die die rhetorischen Figuren und die narrative Struktur von Wissensrepräsentation in den Blick nimmt. Andere Fragen beziehen sich auf die Unterschiede und Verknüpfungen ästhetischer und logischer Darstellung, die Nutzung literarischer Mittel zur Verbreitung von Wissen und auf die Möglichkeiten, ein spezifisches Wissen der Literatur zu bestimmen, das Literaturwissenschaft zu bewahren und zu hüten habe.

Allerdings hat sich zum frohgemuten Optimismus, mit dem der Begriff Wissensgesellschaft in den 1960er Jahren des 20. Jahrhunderts seine Karriere begann, eine um sich greifende Skepsis gesellt. Dafür, daß die Anziehungskraft des Magneten Wissensgesellschaft nachläßt, spricht auch das gewachsene Interesse am Nichtwissen. Der Terminus „agnoiology", den James F. Ferrier 1854, in der Zeit der ersten Erfahrungen entfesselter Marktwirtschaft prägte, um damit die Idee einer „theory of true ignorance" zu bezeichnen, ist von Robert N. Proctor und Londa Schiebinger und anderen aufgegriffen.[157] In der Soziologie ist die soziale Funktion des Nichtwissens zwar schon früh bei Georg Simmel in seinen Überlegungen zur Soziologie des Geheimnisses untersucht, allerdings steht heute nicht unbedingt das Geheimnis der Freimaurer, für Simmel die paradigmatische Vorlage, an erster Stelle, sondern die Erfahrung einer durch Wissenschaft ermöglichten Technisierung der menschlichen Lebenswelt, über deren Folgen die Akteure mehr und mehr im Ungewissen ausharren.[158]

156 Siehe dazu *Literatur und Wissen. Ein interdisziplinäres Handbuch*, hg. v. Roland Borgards / Harald Neumeyer / Nicolas Pethes u. Yvonne Wübben, Stuttgart 2013; Jochen Hörisch, *Das Wissen der Literatur*, München 2007; *Literatur, Wissenschaft und Wissen seit der Epochenschwelle um 1800. Theorie – Epistemologie – komparatistische Fallstudien*, hg. v. Thomas Klinkert u. Monika Neuhofer, Berlin 2008 sowie die Bände der Reihe *Das Wissen der Literatur: Epochen/Krankheiten. Konstellationen von Literatur und Pathologie. Das Wissen der Literatur*, Bd. 1, hg. v. Frank Degler u. Christian Kohlroß, St. Ingbert 2006; *Europa/Erzählen. Zu Politik, Geschichte und Literatur eines Kontinents. Das Wissen der Literatur*, Bd. 2, hg. v. Frank Degler, St. Ingbert 2008.

157 James F. Ferrier, *Institutes of Metaphysic. The Theory of Knowing and Being*, Edinburgh 1854, S. 1; *Agnotology: The Making and Unmaking of Ignorance*, hg. v. Robert N. Proctor u. Londa Schiebinger, Stanford 2008; siehe dazu auch Peter Wehling, *Im Schatten des Nicht-Wissens? Perspektiven der Soziologie des Nichtwissens*, Konstanz 2006 sowie die Verteidigung des Nichtwissens von Cynthia Townley, *A Defense of Ignorance: Its Value for Knowers and Roles in Feminist and Social Epistemologies*, Lanham 2011. Aus literaturwissenschaftlicher Sicht dazu: Achim Geisenhanslüke, *Dummheit und Witz. Poetologie des Nichtwissens*, München 2011.

158 Georg Simmel, „Soziologie. Untersuchungen über die Formen der Vergesellschaftung" [1908], *Gesamtausgabe*, Bd. 11, hg. v. Otthein Rammstedt, Frankfurt a.M. 1992a, S. 383-455. Siehe auch Heinrich Popitz, „Über die Präventivwirkung des Nichtwissens", in: *Soziale Normen*, hg. v. Friedrich Pohlmann u. Wolfgang Eßbach, Frankfurt a.M. 2006, S. 158-174.

Nico Stehr spricht von einer „Entzauberung der Wissenschaft", von der Aufgabe der Illusion, „sie bringe uns auf den sicheren Weg zur Wahrheit und zum Glück."[159] Und Peter Weingart verweist auf „eine Reihe anderer Leitbegriffe und Topoi des öffentlichen Diskurses: Risiko, Unsicherheit, Nichtwissen Autoritätsverfall der Experten. Diese Begriffe signalisieren im scharfen Kontrast zu dem der Wissensgesellschaft, die naturzerstörende Unangemessenheit der Wissenschaft und der Technik, ihr Versagen vor der Aufgabe einer Versöhnung der divergierenden Teile individueller Wohlfahrt, sozialer Gerechtigkeit und des nachhaltigen Umgangs mit den natürlichen Ressourcen sowie ihre Anmaßung einer unbegründeten und nicht legitimierten Autorität."[160] Wir werden im *Vierten Teil* dieser Religionssoziologie untersuchen, welche Zusammenhänge zwischen den pathischen Momenten der Erfahrung, in einer artifiziellen Lebenswelt zu existieren, und Verwerfungen im Feld der modernen europäischen Religionen erkennbar sind.

DAS DREI-STADIEN-GESETZ UND DIE HIERARCHIE DER WISSENSCHAFTEN. Wenden wir unseren Blick zurück zu Comte. Sein berühmtes Drei-Stadien-Gesetz war ein Startpunkt der Idee der Wissensgesellschaft, denn Comte bestimmt hier die unterschiedlichen Korrelationen von gesellschaftlicher Organisation und geistigem Zustand. Dem Aberglauben der theologischen Phase, die vom Fetischismus über den Polytheismus bis zum Monotheismus reicht, korrespondiert die Theokratie als soziale Organisationsform, die militärisch geprägt ist. In der metaphysischen Phase sucht der menschliche Geist nicht mehr nach göttlichen Ursachen für Dinge, die er sich nicht erklären kann, sondern konstruiert Abstrakta, Wesenheiten, denen tatsächliche Kräfte und Qualitäten zugesprochen werden können. Das Schwanken zwischen einer Spekulation, die sich an Theologie zurückbinden will, und einer Empirie, die die Abstraktionen hinter sich läßt, gibt der metaphysischen Phase das Ansehen „einer Art chronischer Krankheit (...), die mit unserer geistigen Individual- und Gattungsentwicklung zwischen Kindheit und Mannesalter natürlich verbunden ist."[161] In sozialer Hinsicht korrespondieren dieser Phase die Entwicklung des Rechts sowie die Krise des Rechts, die in die Revolution münden wird und die sie auch darstellt. Das spekulative philosophische System dieser Entwicklungsstufe des menschlichen Geistes ist dadurch gekennzeichnet, „daß es durch seine Natur aus sich heraus selbst in geistiger und erst recht in sozialer Beziehung lediglich eine *kritische* oder auflösende Tätigkeit hervorrufen kann, ohne jemals irgendetwas ihm Eigentümliches hervorbringen zu können. Von Grund aus inkonsequent behält dieser zweideutige Geist alle Grundprinzipien des theologischen Systems bei, indem er ihnen jedoch mehr und mehr jene für ihre wirksame Autorität unerläßliche

159 Nico Stehr, „Wissensgesellschaften. Vortrag, 33. Stuttgarter Tage der Medienpädagogik", 21. April 2010, online: http://www.stuttgarter-tage.de/fileadmin/Archiv10/Stehr.pdf (Letzter Zugriff: 16.01.2015).

160 Weingart 2001, S. 13.

161 Auguste Comte, *Rede über den Geist des Positivismus*, hg. v. Iring Fetscher, Hamburg 1994, S. 14.

Festigkeit und Starrheit nimmt".[162] Man erkennt in dieser Charakteristik auch vieles wieder, was den Fusionen des Ewigen und Irdischen in der Revolutionserfahrung entsprach, die wir im *Ersten Band* untersucht haben.[163] Aber der revolutionäre, auf das Reich der Gerechtigkeit gerichtete Enthusiasmus und das gottesfürchtige Erschrecken vor der revolutionären Hybris – diese Erfahrungslagen der Revolutionsperiode bilden für Comte keinen Bezugspunkt mehr.

Die Entwicklung des menschlichen Geistes finalisiert sich schließlich im positiven Stadium, in dem Ordnung und Fortschritt miteinander versöhnt sind und dessen Grundlage die moderne industrielle Marktgesellschaft ist. In diesem „endgültigem Stadium rationaler Positivität" ist die Einbildungskraft ständig der wissenschaftlichen Beobachtung untergeordnet.[164] Der positive Geist der Wissenschaft ist unvereinbar sowohl mit der Theologie als auch mit der philosophischen Spekulation. Der Grund dafür, daß sich dieser Gegensatz so langsam entwickelt hat, liegt darin, daß der positive Geist seine Beweise stets nur in einem Relationsgefüge von Beobachtung der Tatsachen und Verifikation, von Erfindung und Methode gelten läßt, während Theologie und Metaphysik ihr Interesse auf das Absolute richten.[165] Anders als Theologie und Metaphysik stellt der positive Geist nur Fragen, die er auch beantworten kann. So sind es zunächst einfache Relationen, die er entdeckt. Schritt für Schritt erweitert, kommt es auf diese Weise „indirekt zu einer kritischen Beurteilung der tollen Vermessenheit des theologischen Geistes angesichts der schwierigsten Fragen".[166] Die rationale Immanenz positiven Wissens bildet sich langsam korrespondierend zur Marktimmanenz, die auch stets nur das prüft, was als Ware auf dem Markt angeboten und gekauft wird. Der Markt und die positive Wissenschaft, beide lehren, sich mit dem Empirischen zu bescheiden. Wilhelm Dilthey hat diese Haltung der positivistischen Naturforscher treffend charakterisiert: „Sie haben in der Erweiterung des Wissens einen festumgrenzten Zweck ihres Daseins gefunden. So ist für sie die Frage nach dem Wert und Zweck des Lebens persönlich gelöst. Kühl und resigniert lassen sie nur Unerforschliches gelten."[167]

162 Ebd., S. 13.

163 Im *Ersten Band* S. 392ff.

164 Comte 1994, S. 15.

165 So „stehen Wissenschaft und Theologie zunächst nicht in offenem Gegensatz zueinander, da sie sich nicht die gleichen Aufgaben stellen; das hat lange Zeit den teilweisen Aufschwung des positiven Geistes trotz des allgemeinen Einflusses des theologischen Geistes und sogar in vieler Hinsicht unter seinem vorläufigem Schutz gestattet. Aber als die rationale Positivität, die zunächst auf bescheidene mathematische Untersuchungen beschränkt war, welche die Theologie im speziellen aufzugreifen verschmäht hatte, anfing, vor allem vermittels der astronomischen Theorie sich auf das unmittelbare Studium der Natur auszudehnen, wurde der Zusammenstoß, wenn er auch latent blieb, aufgrund des wissenschaftlichen und zugleich logischen grundsätzlichen Gegensatzes, der seit dem sich fortschreitend zwischen beiden Gedankenkreisen entwickelt hat, unvermeidlich." Ebd., S. 37.

166 Ebd., S. 38.

167 Wilhelm Dilthey, „Weltanschauungslehre. Abhandlungen zur Philosophie der Philosophie", in: Ders. (Hg.), *Gesammelte Schriften*, Bd. 8, Stuttgart 1962, S. 196.

Die Krisensituation von Vorläufigkeit und Machbarkeit, von Kohärenz wissenschaftlicher Erklärung und der Offenheit des Experimentierens zeigt sich bei Comte in der Anlage seines „Hierarchiegesetzes". Teils geht es mit der Struktur von Marktwirtschaft konform, teils weicht es in charakteristischer Weise von ihr ab. Das rationale Nutzenkalkül auf dem Markt ist eine vorausschauende Aktivität, die sich auf logisches Denken und eine möglichst exakte, am besten mathematische Methode stützt. Für Comte besteht „der wahre positive Geist vor allem darin *zu sehen um vorauszusehen*, zu erforschen was ist, um daraus aufgrund des allgemeinen Lehrsatzes von der Unwandelbarkeit der Naturgesetze – das zu erschließen, was sein wird."[168]

Die Anfangswissenschaft des positiven Geistes ist die Mathematik. Comte war fasziniert von den mathematischen Demonstrationen von Gaspard Monge, nach dem Astronomen einen Mondkrater und einen Asterioden benannt haben. Die Mathematik ist die erste von sechs Grundwissenschaften, die hierarchisch in systematischer Abhängigkeit voneinander und zugleich in historischer Folge nach den Wachstumsprinzipien des positiven Geistes, nämlich der abnehmenden Allgemeinheit und der zunehmenden Kompliziertheit, geordnet sind. Der Anfangswissenschaft Mathematik steht die Endwissenschaft Soziologie gegenüber, die als Krönung des positiven Geistes das neue Priestertum der Wissenschaft, ihren rationalen und aktiven Dienst am *Grand-Être* lenkt. Der wissenschaftliche Aufschwung der Soziologie kommt historisch spät, und Comte investiert gerade in diese Wissenschaft, weil hier noch so viel zu tun ist.[169]

Der erste Gegenstand exakter mathematischer Methode ist historisch und systematisch die Astronomie.[170] Der Blick zum gestirnten Himmel verharrt freilich nicht in stoischem Schauer, wie er in Ciceros „Traum des Scipio" erfahren wird, vielmehr schreitet der positive Geist weiter zu Physik und Chemie und dann weiter zur Biologie und zum Endzweck der Soziologie. Diese enzyklopädische Formel ist zugleich ein Curriculum. Sie „erlaubt es endlich, jedem denkenden Wesen nach

168 Comte 1994, S. 20. „Sehen um Vorauszusehen" ist eine Formel, die Rapp Bacon zuschreibt. Vgl. Friedrich Rapp, *Fortschritt. Entwicklung und Sinngehalt einer philosophischen Idee*, Darmstadt 1992, S. 134f.

169 Eine kritische Auseinandersetzung mit Comtes finaler Stellung der Soziologie, die bis heute Soziologen wie z.B. Pierre Bourdieu verführt, die „intellektuellen Kommandohöhen" zu besetzen, hat Johannes Weiß vorgelegt: Johannes Weiß, „Tabula Rasa – Auguste Comte und der soziologische Suprematimsus", in: *Sociologia Internationalis* 40/2002, S. 73-83.

170 „Das Grundgefühl für die Unwandelbarkeit der Naturgesetze mußte sich in der Tat zunächst an den einfachsten und allgemeinsten Erscheinungen entwickeln, deren Regelmäßigkeit und überlegene Größe uns die einzige reale Ordnung zeigten, die von jeder menschlichen Beeinflussung vollständig unabhängig ist. Bevor sie noch irgendeinen wirklich wissenschaftlichen Charakter annehmen konnten, hat diese Klasse von Vorstellungen vor allem den entscheidenden Übergang vom Fetischismus zum Polytheismus bewirkt, der überall aus dem Stern-Kult hervorgegangen ist. Ihr erster mathematischer Entwurf in den Schulen von Thales und Pythagoras hat dann die hauptsächliche geistige Quelle für den Verfall des Polytheismus und den Einfluß des Monotheismus gebildet." Comte 1994, S. 116.

seinem Belieben, die allgemeine Geschichte des positiven Geistes zu wiederholen, indem es auf fast unmerkliche Weise von den einfachsten mathematischen Ideen zu den höchsten sozialen Gedanken übergeht."[171] Jede Wissenschaft ruht der Arbeit der vorausgehenden auf.

Der Gang des positiven Geistes vom kalkulierenden Blick auf die Bewegung der Sterne zur Ordnung der industriellen Marktgesellschaft korrespondiert in großen Zügen dem Drei-Stadien-Gesetz, wobei freilich der Entwicklungsprozeß durch Konflikte der Paradigmen und Verstellungen der Rangfolgen hindurch erfolgte. „Da sich der positivistische Geist bei seiner allein bisher vollendeten vorläufigen Entfaltung von den untergeordneten Untersuchungen schrittweise auf die höheren ausgedehnt hat, waren diese unvermeidlicherweise der knechtenden Einwirkung der ersteren ausgesetzt, gegen deren Einfluß ihre notwendige Eigentümlichkeit zunächst nur durch eine übermäßige Verlängerung der theologisch-metaphysischen Vormundschaft bewahrt wurde. Dieses bedauerliche, in Bezug auf die Wissenschaft von den lebendigen Körpern noch sehr spürbare Schwanken, ist heute kennzeichnend für das, was im Grunde die langen und im übrigen so leeren Kontroversen zwischen dem *Materialismus* und dem *Spiritualismus* an Realität enthalten."[172] Mit dieser Diagnose zielt Comte auf die Kontroversen um den naturwissenschaftlichen Materialismus, die – wie weiter unten untersucht wird – wesentlich mit zur Profilierung von *Wissenschaftsreligion* im 19. Jahrhundert beigetragen haben.[173] Zielpunkt bei Comte ist die Einheit von Natur- und Kulturwissenschaften, die den Prozessen abnehmender Allgemeinheit und zunehmender Kompliziertheit paradigmatisch gerecht wird.[174] Dieses Ziel verfolgen auch die *wissenschaftsreligiösen* Vereine des *Monistenbunds*.

Gustav Flaubert hat Comtes Stufenleiter der Wissenschaften in seinem letzten Roman *Bouvard und Pécuchet* in eine tragisch komische Kette des wiederholten Scheiterns zweier wissensdurstiger Herren verwandelt.[175] Sie entscheiden gemeinsam, sich den Wissenschaften zu widmen und ihr Leben danach auszurichten. Sie gehen systematisch vor, kümmern sich zunächst um die Pflanzen und Tiere ihres Gutes. Dann haben sie Pech mit ihren landwirtschaftlichen Projekten und wenden sich konsequenter Weise den chemischen Grundlagen zu. Die praktizierte Chemie führt zu Unglücken, und die beiden Helden erkennen die Notwendigkeit, mit medizinischen Studien zu beginnen. Unter ihren experimentellen Behandlungen

---

171 Ebd., S. 109.

172 Ebd., S. 113.

173 In diesem Band S. 273ff.

174 Wie sehr dies bis heute die wissenschaftstheoretische Problemstellung bestimmt, zeigt u.a. Gerhard Preyer, „Philosophie und Soziologie", in: Ders., *Interpretation, Sprache und das Soziale. Philosophische Artikel*, Frankfurt a.M. 2004, S. 319-330.

175 Gustave Flaubert: *Bouvard und Pécuchet*, aus dem Französischen v. Georg Goyert, mit einem Vorwort v. Victor Brombert u. einem Nachwort v. Uwe Japp, Frankfurt a.M./Leipzig 1996; zur Interpretation siehe Andreas Hetzel, „‚Minen des Komischen'. Flaubert liest Comte", in: *Kleinbürger. Zur Kulturgeschichte des begrenzten Bewußtseins*, hg. v. Thomas Althaus, Tübingen 2001, S. 103-124.

verenden jedoch die Haustiere, denen sie irgendwelche Substanzen injiziert hatten. Das Scheitern bringt sie auf die Idee, sich mit der Mineralogie und der Erdgeschichte zu befassen. Sie unternehmen Forschungsreisen auf der Suche nach Fossilien und diskutieren die Abstammung des Menschen aus dem Tierreich. Da diese Geschichte für die Ansprüche ihres positivistischen Geistes zu viele Lücken aufweist, machen sie sich an die Erforschung der Geschichte. Die genaue Nachprüfung von Jahreszahlen befriedigt ihren Wissensdurst nicht, und sie beginnen, sich mit historischen Romanen zu befassen. Dies führt sie zur Lektüre von Tragödien. Als sie anfangen, selbst Theaterstücke zu schreiben, entdecken sie die Tücken des Satzbaus und dies erweckt ihr Interesse an Linguistik und Ästhetik. Und so geht es weiter durch alle Disziplinen. Stets wiederholt sich eine Erfahrung: „Auf einer festen Basis begannen sie ihre Folgerungen; die Basis brach zusammen, und plötzlich war jeder Gedanke fort; fortgeflogen wie eine Fliege, die man fangen will."[176].

Bouvard und Pécuchet glauben aber weiter unerschütterlich an die positivistische Wissenschaft, sie wollen unbestreitbare Tatsachen. Was die eine Disziplin an Problemen hinterläßt, soll die nächste beheben. Enttäuscht verabschieden sie sich kurzfristig von der Wissenschaft und lesen okkultistische Bücher. Dann soll die Philosophie Klarheit bringen, aber sie schrecken dann vor den Höhenflügen begrifflicher Abstraktion und der Metaphysik zurück: „Sie hatten das Gefühl, als würden sie während einer nächtlichen, endlosen Ballonfahrt bei eisiger Kälte einem grundlosen Abgrund zugetrieben – nichts um sie als das Unfaßbare, das Unbewegliche, das Ewige. Das war zu viel. Sie verzichteten".[177] Sicheren Boden hoffen sie mit dem Studium der Psychologie zu erreichen. Allerdings nagt der philosophische Zweifel weiter, die Wendung zur Religion bringt keine Lösung, denn sie hält einer exakten wissenschaftlichen Prüfung nicht stand.

Flauberts Parodie von Comtes enzyklopädischem Curriculum ist unvollendet geblieben. Die Skizzen des Plans für den Romanschluß, die sich im Nachlaß fanden greifen mit futuristischen Hypothesen weit voraus: „Péucuchet sieht die Zukunft der Menschheit schwarz: der moderne Mensch ist minderwertig und zur Maschine geworden. (...) Barbarei durch maßlosen Individualismus und der Wahnsinn der Wissenschaft."[178] Anders sein Freund und Mitstreiter: „Bouvard sieht die Zukunft der Menschheit in rosigem Licht. Der moderne Mensch schreitet fort. (...) Paris wird ein Wintergarten werden; – Spaliere mit Früchten auf den Boulevards; die Seine filtriert und warm; (...) – Erleuchtung der Häuser – man wird das Licht aufspeichern (...). Verschwinden des Bösen als Folge des Verschwindens der Bedürfnisse. Die Philosophie wird Religion sein. Gemeinschaft der Völker. Öffentliche Feste. Man wird in den Sternen lesen. Und wenn die Erde verbraucht ist, wird die Menschheit auf die Sterne auswandern."[179]

176 Flaubert 1996, S. 280.
177 Ebd., S. 273.
178 Ebd., S. 376.
179 Ebd., S. 377.

Soziologie oder Psychologie. Schon früh ist bemerkt worden, daß in Comtes enzyklopädischem Gesetz die Psychologie fehlt.[180] Dies unterscheidet Comte von anderen Positivisten. Nicht nur der Positivismus eines John Stuart Mill rückt die Psychologie ins Zentrum, auch der deutsche Neukantianismus sucht über eine Wendung zur Psychologie der Erkenntnistheorie und der Philosophie der Wissenschaften eine antispekulative, positive, empirische Erfahrungsbasis zu sichern.[181] Man kann hier eine europäische Differenzierung im Positivismus erkennen, die ihn verschiedenen politischen Strömungen zutreibt: einerseits dem Liberalismus, andererseits dem Sozialismus. Für einen eher liberalen Positivismus wird die Psychologie führend; für Comte dagegen rückt die soziale Frage in den Vordergrund. Daher findet sich im Positivismus Comtes keine positive Würdigung der Marktwirtschaft. Im Zentrum steht nicht individuelle Kalkulation, sondern die kollektive Voraussicht institutionalisierter *Wissenschaftsreligion,* sie stellt die Hypothesen auf, die kollektive Praxis wissenschaftlich begleitet realisiert. Bei Comte steht Wissenschaft an der Seite der Regierung.

Comtes Abweis der Psychologie läßt sich aufklären, wenn man die konfessionellen Bezüge berücksichtigt. Die psychologische Thematik gehört für Comte noch zur theologischen Phase, der die Tendenz zur Individualisierung innewohnt. „Die Religionen konnten jedem in der Tat bisher nur ein rein persönliches Ziel, das ewige Heil, vorschlagen, wobei die Gesellschaft nur als Mittel und allenfalls als Bedingung eingreifen konnte und keinerlei fortschrittliche Bestimmung“ beisteuern konnte.[182] Der Protestantismus erscheint mit seiner Konzentration auf die individuelle Heilsgewißheit noch als eine Steigerung der Prinzipien der theologischen Phase. Die Harmonie der gesellschaftlichen Energien zu befördern, bedarf es dagegen Comte zufolge des in der Soziologie gipfelnden Positivismus, dem katholische Charakteristika zugerechnet werden.

Comte glaubt zeigen zu können, „daß allein die positive Philosophie schrittweise das hohe Ziel einer universellen Vereinigung verwirklichen kann, das der Katholizismus im Mittelalter verfrüht in Angriff genommen hatte, das aber im Grunde, wie die Erfahrung vollauf erwiesen hat, mit der theologischen Natur seiner Philosophie unvereinbar war, die eine zu geringe logische Geschlossenheit stiftete, um eine derartige soziale Wirksamkeit zu gestatten.“[183] Für Comte ist „unbestreitbar, daß das theologische Denken seiner Natur nach wesentlich individualistisch und niemals direkt kollektivistisch ist.“ Insbesondere habe die metaphysische Phase „zu dem verhängnisvollen System des *Egoismus*“ geführt.[184] Die Einheit der Wissen-

180 Siehe dazu auch Jean-François Braunstein, „Antipsychologisme et philosophie du cerveau chez Auguste Comte“, in: *Revue internationale de philosophie* 52(203)/1998, S. 7-28; Laurent Clauzade, *L'organe de la pensée. Biologie et philosophie chez Auguste Comte*, Besançon 2009.

181 Vgl. dazu Köhnke 1993, S. 45ff., 69ff. u.a.m.

182 Comte 2004, S. 72.

183 Comte 1994, S. 31.

184 Ebd., S. 77 u. 79.

schaften auf der Basis einer universellen *unified theory* orientiert sich an der Formwelt des Katholizismus.[185]

Dieser antipsychologischen, kollektivistischen Orientierung Comtes sind liberale Positivisten entgegengetreten. In Friedrich A. von Hayeks entschiedener Ablehnung von Comtes Positivismus als eines Denkens, das „ihn mit Notwendigkeit zu den charakteristischen Zügen einer totalitären Auffassung der Gesellschaft“ führt, wird die konfessionelle Prägung von Hayeks Positivismus deutlich. Sie ist anglophil protestantisch fermentiert und wird damit begründet, daß sich der französische Positivismus nicht auf den Wettbewerb der Überzeugungen und das Sich-Durchsetzen von Konventionen stützte, die ‚positiv‘ gelten, gleichviel ob sie gültig sind oder nicht, weil sie zuletzt auf der ‚psychologischen‘ Einschätzung beruhten.[186]

Für John Stuart Mill ist es eine „eigentümliche Schrulle, die bei französischen Denkern sehr häufig vorkommt, bei Herrn Comte aber mehr als bei allen anderen“, trotz der Verschiedenheit psychologischer Einschätzungen, die Menschen haben, gerade in der Religion „Einheit“ und „System“ zu begründen. „Daß alle Vollkommenheit in der Einheit bestehe, dies gilt ihm augenscheinlich als eine Maxime, die kein Mensch von gesunden Sinnen anzweifeln könne. Es kommt ihm, wie es scheint, niemals in den Sinn, daß jemand von vornherein eine Einwendung erheben und fragen könne: Wozu dieses unablässige und ausnahmslose Systematisieren? Warum ist es notwendig, daß das gesamte menschliche Leben nur Einem Ziele zugewandt sei und in ein System von Mitteln zu einem einzigen Zweck verwandelt werde?“[187] In seiner „maßlosen Sucht nach ‚Einheit‘ und ‚Systematisati-

185 Solch ausgreifende Phantasien sind bis heute in den Wissenschaften virulent. Für die Soziologie vgl. Tilmann Sutter, „Der Traum von der ‚Grand Unified Theory‘. Zur Pluralität fachuniversaler Theorien in der Soziologie“, in: *Soziologie. Forum der Deutschen Gesellschaft für Soziologie* 34(1)/2005, S. 54-64. Für die Naturwissenschaften vgl. Stephen William Hawking, *Eine kurze Geschichte der Zeit. Die Suche nach der Urkraft des Universums*, Reinbek 1991, S. 100.

186 Für Hayek stellt sich die englisch-französische Bifurkation so dar: „Die Folge davon war, daß der Übergang von der älteren rationalistischen Auffassung, die die Gesellschaft als eine bewußte Schöpfung des Menschen betrachtete, zu der neueren Auffassung, die sie nach wissenschaftlichen Grundsätzen neu schaffen wollte, sich in Frankreich vollzog, ohne das Stadium durchzumachen, in dem das Wirken der spontanen Kräfte der Gesellschaft allgemein verstanden wurde. Der revolutionäre Kult der Vernunft war ein Symptom der allgemeinen Akzeptierung der pragmatischen Auffassung der sozialen Institutionen – des geraden Gegenteils von Smith's Auffassung. In gewissem Sinn wäre es ebenso richtig zu sagen, daß dieselbe Verherrlichung ‚Der Vernunft‘ als der universellen Schöpferin, die zu den Triumphen der Wissenschaft führte, nun zu der neuen Einstellung gegenüber den Problemen der Gesellschaft führte, als es richtig ist zu sagen, daß der Einfluß der durch die Triumphe der Wissenschaft und Technik entstandenen neuen Denkgewohnheiten zu dieser Einstellung führte.“ Friedrich August von Hayek, *Mißbrauch und Verfall der Vernunft. Ein Fragment*, Frankfurt a.M. 1959, S. 258 u. 316. Zu Hayeks Kritik der katholischen Soziallehre siehe Friedrich August von Hayek, *Recht, Gesetzgebung und Freiheit*, Bd. 2: *Die Illusion der sozialen Gerechtigkeit*, Landsberg a.L. 1981, S. 97.

187 Mill 1874, S. 99f.

on‘“ weiche Comte sogar von seinem Vorbild der Katholischen Kirche ab. Diese kenne die Doppelung moralischer Maßstäbe. „Der eine Maßstab verbürgt, wenn getreulich erfüllt, die Seligkeit, der andere und höhere macht den, der ihn erreicht, zum Heiligen. Herr Comte hat sich hier wohl unbewußt (denn dies mit Bewußtsein zu tun, lag ihm so fern als möglich) ein Blatt aus dem Buch des verachteten Protestantismus angeeignet. Gleich den extremsten Calvinisten verlangt er, daß alle Gläubige Heilige seien, und verdammt sie (in seiner Weise), wenn sie es nicht sind.“[188] Die querlaufenden Perspektivierungen, mit denen Mill und Hayek den *bekenntnisreligiösen* Hintergrund gegen Comte ins Feld führen, könnten ihre Auflösung darin finden, daß in Hayeks konsequentem Marktliberalismus jene calvinistische Glaubensgewißheit, zu den Heiligen zu gehören, als psychologische Selbsteinschätzung fortwirkt, die Mill bei Comte als ein totalitäres Erziehungsprogramm dechiffriert. Dies mag auch erklären, daß Mill weit entfernt war, die Marktwirtschaft sittlich zu überhöhen. Sich an Comte in sozialpolitischer Hinsicht annähernd, schreibt Mill: „Die rohe Art und Weise, wie der Anteil des Arbeiters am Ertrag bestimmt wird, nämlich der Wettbewerb des Marktes, mag eine praktische Notwendigkeit darstellen, sicherlich aber kein sittliches Ideal“.[189]

Für Comte gehören die einzelnen „psychologischen“ Haltungen nicht zu den Kräften, auf die der Positivismus bauen kann. Er hat eine andere soziale Basis. Nicht die individualistischen Charaktere der herrschenden Oberschichten, „die alle mehr oder weniger vom metaphysischen Empirismus und vom aristokratischen Egoismus beherrscht sind und daher in ihrem blinden politischen Agieren die revolutionäre Situation nur unendlich verlängern können“, sondern die kollektiv und sozial orientierten Charaktere der Proletarier und der Frauen sind „notwendig die wesentlichen Hilfskräfte der neuen allgemeinen Doktrin.“[190]

Der Positivismus ist zunächst affin zur proletarischen Situation. „Die beiden Geistesarten werden immer mehr denselben Wirklichkeitsinstinkt, eine ähnliche Vorliebe für Nützlichkeit und eine gleiche Tendenz, das Detaildenken der Gesamtschau unterzuordnen, aufweisen.“ Es existiert eine „innere Allianz“, die darauf hinstrebt, „daß jeder Proletarier in vielerlei Hinsicht ein spontaner Philosoph ist, wie jeder Philosoph unter verschiedenen Aspekten einen systematischen Proletarier

188 Ebd., S. 102f.

189 Ebd., S. 105. Mill fährt fort: „Zu ihrer Verteidigung läßt sich nur anführen, daß die Civilisation bisher nicht im Stande gewesen ist, eine bessere Methode zu organisieren, als diese erste rohe Annäherung an eine billige Verteilung. So roh dieselbe auch ist, wir tun besser daran, die Sache vor der Hand sich selbst regeln zu lassen, als sie auf irgendeinem der bisher versuchten Wege künstlich zu regeln. Doch in welcher Weise auch immer die Frage endgültig entschieden werde, die wahre, sittliche und soziale Idee der Arbeit bleibt dadurch unberührt. Solange nicht Arbeiter wie Arbeitgeber ihr Werk in demselben Geiste vollbringen, in dem die Krieger den Heeresdienst verrichten, wird die Industrie niemals versittlicht werden und das militärische Leben trotz der gesellschaftsfeindlichen Natur seines direkten Zweckes, auch fortan wie bisher die Hauptschule sittlichen Zusammenwirkens bleiben.“ Ebd., S. 105f.

190 Comte 2004, S. 80f.

darstellt."[191] Der Disposition auf die Gesamtschau, die die proletarische Kraft bestimmt, entspricht die die sozial-moralische Kontinuität der Gattung stiftende Kraft der Frauen. „Allein der weibliche Standpunkt erlaubt der positiven Philosophie, das wirkliche Ganze der menschlichen, zugleich individuellen und kollektiven Existenzen zu umfassen. Denn diese Existenz kann nur würdig systematisiert werden, wenn sie als Ausgangspunkt die kontinuierliche Unterordnung der Intelligenz unter die Soziabilität hat, welche unmittelbar durch die wahre, persönliche und soziale Natur der Frau vorgestellt wird."[192] Gerade der Bezug auf die Proletarier und die Frauen zeigt Comte zufolge, „wie sehr der Positivismus geeigneter als der Katholizismus ist, um in der Tiefe die spontanen Tendenzen des Volkes und der Frauen in der finalen Institution der geistigen Macht zu gebrauchen."[193]

Letztlich ist die universelle „positive Kirche" dazu bestimmt, den mittelalterlichen Katholizismus erinnernd, auch das individualisierende protestantische Nationalstaatsprinzip zu überwinden. Die Autorität der Wissenschaft, wie sie Comtes *Wissenschaftsreligion* vorsieht, orientiert sich nicht am Pluralismus geistes- und meinungsfreier Überzeugungen eines privaten Priestertums unmittelbar vor Gott, sondern an der öffentlich institutionalisierten Hierarchie von Wissenschaftspriestern, geführt durch einen Geistesorden von etwa 100 Personen der Elite positiver Wissenschaft, die den Prozessen und der relationalen Selbstreferenz des Grand-Être durch Herstellung wissenschaftlicher Wahrheit dienen.

3. Glauben und Wissen

GRUNDMUSTER DER DOPPELTEN WAHRHEIT. An Comte scheiden sich bis heute die Geister. Die einen sehen in Comtes *Wissenschaftsreligion* die Konsequenz seiner positivistischen Wissenschaftsauffassung. Die anderen sehen in seiner Stiftung der Menschheitsreligion, die schließlich als eine exakte Imitation des Katholizismus auftrat – ein Katholizismus ohne christliches Bekenntnis freilich, wie das bekannte Epigramm von Thomas Huxley lautete – verbunden mit einer besonderen Verehrung nicht nur des Proletariats, sondern gerade auch der Frau, eine skurrile Abweichung vom wahren Weg der Wissenschaft, den er so eindrucksvoll zum Gesetz erhoben hatte. In der Konsequenz müsse man seine abstruse *Wissenschaftsreligion* vom soliden Frühwerk trennen.[194] Man folgt damit der Argumentationslinie vom

---

191 Ebd., S. 186.

192 Ebd., S. 81.

193 Ebd.

194 Siehe dazu Wolf Lepenies, *Die drei Kulturen. Soziologie zwischen Literatur und Wissenschaft*, München 1985, S. 15-48, bes. S. 38 u. 126; Ders., „Das abgelehnte Meisterwerk. Von der soziologischen Theorie zur sozialen Bewegung, Zum 200. Geburtstag von Auguste Comte", in: *Frankfurter Allgemeine Zeitung* vom 7. Januar 1998, S. B2. An Comtes Religion interessiert Lepenies in einer späteren religionssensibleren Studie insbesondere die Bedeutung von Medien wie Plakaten, Plastiken, Medaillen und Graphiken zur Verbreitung der positivistischen Lehre: Lepenies 2010.

„grellen Widerspruch zwischen den beiden Abschnitten von Herrn Comtes's intellektueller Laufbahn", die John Stuart Mill nach Comtes Tod eröffnet hat.[195] Werner Fuchs-Heinritz, der die Kohärenz des Comteschen Werks herausstellt, weist darauf hin, daß Comte diese Argumentationslinie gekannt hat. Diejenigen, die sich nur auf sein erstes Hauptwerk beriefen, seien keine „vollständigen Positivisten", da sie nur ihr Denken, aber nicht ihr Leben ändern wollten.[196]

Eine Antwort läßt sich nur finden, wenn man den Bruch herausarbeitet, den Comte mit der überlieferten Fassung des Verhältnisses von Glauben und Wissen vollzieht. Anders als in den selbstlegitimatorischen Erzählungen vom mühsamen aber kontinuierlichen Aufstieg der modernen Wissenschaft aus dem Dunkel des Mittelalters heraus, haben wir es mit einem weiten Feld von Verwerfungen in den Verhältnissen zwischen Wissenschaftsauffassungen und europäischen Religionen zu tun.

Die Scholastiker des Mittelalters hatten mit dem metatheoretischen Grundmuster der doppelten Wahrheit eine Struktur entwickelt, auf deren Basis Religion und Wissenschaft lange Zeit – und im Prinzip wohl auch bis heute – parallel geführt werden konnten.[197] Es gab eine Glaubenswahrheit und eine Wissenswahrheit. Die Glaubenswahrheit war den Menschen durch Gottes Wort gegeben, die Wissenswahrheit konnte er selbst durch Erforschung von Gottes Werk, der Schöpfung, gewinnen. Die Gleichrangigkeit der beiden Wahrheiten war im Prinzip unproblematisch, wenn man darauf verzichtete, den Vorrang der einen vor der anderen zu behaupten. Die Kirchenväter hatten demgegenüber noch argumentiert, die Erforschung des Kosmos böte in Erwartung der Parusie weniger Sicherheit als das Wort Gottes. Aber mit dem Nachlassen der Angst vor dem Untergang der Welt und dem neuen Vertrauen in die Dignität und Stabilität des Kosmos konnten das Streben nach Wissenswahrheit und nach Glaubenswahrheit, d.h. nach Werkwahrheit und Wortwahrheit Gottes miteinander darum wetteifern, das bessere Gotteslob zu sein.

---

195 Mill 1874, S. 3.

196 Fuchs-Heinritz 1998, S. 306. Vgl. auch Gerhard Wagner, „Auguste Comte und die Religion der Menschheit", in: Schwengel 1999, S. 49-50. Herbert Schnädelbach bringt Comte in eine andere Stellung: „Der Empirismus ist im Deutschland des 19. und 20. Jahrhunderts eine *Naturwissenschaftler-Philosophie*; in dieser Variante heißt er seit Comte auch *Positivismus*, und erst im Zuge des Aufstiegs des *Szientismus* als herrschender Weltanschauung, den die Krise des Historismus beschleunigt, wird er auch allgemeines Bildungsgut." Herbert Schnädelbach, *Philosophie in Deutschland 1831-1933*, Frankfurt a.M. 1983, S. 110. Dazu hat er einen Durchgang durch die inneren Aporien der positivistischen Denkfigur vorgelegt: Ders., *Erfahrung, Begründung und Reflexion. Versuch über den Positivismus*, Frankfurt a.M. 1971. Eine immer noch gut lesbare Übersicht über die Positivismen bietet Leszek Kolakowski, *Die Philosophie des Positivismus*, München 1971.

197 Vgl. Max Maywald, *Die Lehre von der zweifachen Wahrheit*, Berlin 1868. Daß es sich dabei um ein averroistisches Modell handelt, ist diskutiert bei Friedrich Niewöhner, „Averroismus vor Averroes? Zu einer Theorie der doppelten Wahrheit im 10. Jahrhundert", in: *Mediaevalia philosophica Polonorum* 32/1995, S. 33-39. Immer noch lesenswert ist Ernest Renan, „Averroès et l'averroisme", in: *Œuvres complèts*, Bd. 3, Paris: Calmann-Lévy, 1852, S. 10-365; zum Einfluß auf die Schule von Padua Ebd., S. 248ff.

So behaupteten Pomponazzi (1462-1526) und die Rationalisten der Schule von Padua den Vorrang der wissenschaftlichen Schöpfungsinterpretation vor der biblischen.

Hinzu kommt eine weitere Entwicklung. Peter Harrison hat herausgearbeitet, wie mit dem Aufstieg des Protestantismus sich die Verhältnisse zwischen Wort- und Werkwahrheit verschoben haben. Indem der Protestantismus die Relevanz der Wortwahrheit bis zum fundamentalistischen Biblizismus steigerte, verloren die Dinge der Schöpfung ihre Fähigkeit, als Zeichen zu agieren. Im Unterschied zur verbreiteten Auffassung, wonach der frühneuzeitliche neue Blick auf die Welt mit einem Unglauben gegenüber der Bibel einherging, stellt Harrison die umgekehrte These auf. Der strike protestantische Literalismus, das sola-scriptura-Prinzip, zwang die Gläubigen, die Natur anders zu sehen.[198]

Die stabile Welt, die von den göttlichen Eingriffslaunen verschont wird, zu erforschen, ermöglichte für viele Intellektuelle auch darum einen gottgefälligeren Zugang zu Gott, weil der Mensch dafür etwas tun muß. Er muß z.B. die andere Sprache lernen, in der Gott sich in seiner Schöpfung offenbart hat. Für Galilei war dies die Mathematik, für Kepler die Geometrie.[199] Diese Wissenschaften boten einen sichereren, exakteren Zugang zu Gott als die Worte des Evangeliums, die Gott ja der Auffassungsgabe der Menschen anpassen mußte und die somit semantische Unklarheiten bargen. Der Gott Descartes' wird zum ersten Beweger der mathematisch gleichen Bewegung der Weltmaschine. Die mathematische Wahrheit selbst ist göttlichen Ursprungs, sie ist dem Philosophen vom „Engel der Wahrheit" mitgeteilt.[200] Der stoffliche Gegenpol dieser Mathematik wurde die universelle Materie, der ebenfalls eine göttliche Qualität zugeschrieben wurde. Der scholastischen Struktur der doppelten Wahrheit von göttlicher Wort- und Werkoffenbarung folgt in strikter Weise die Umkehrung, die Descartes an dem Jesus-Wort „Himmel und Erde werden vergehen, aber meine Worte werden nicht vergehen" (Mat. 24,35, Mark. 13, 31, Luk. 21,33) vorgenommen hat: „Der Glaube lehrt uns, daß die Erde und der Himmel untergehen, will sagen ihr Aussehen ändern, indessen die Welt, also die Materie, aus der sie besteht, niemals vergehen werde".[201] Es ist diese Sub-

198 Peter Harrison, *The Bible, Protestantism, and the Rise of Natural Science*, Cambridge: University Press, 1998, S. 4ff u. 266ff.

199 Hans Blumenberg, „Der kopernikanische Umsturz und die Weltstellung des Menschen. Eine Studie im Zusammenhang von Naturwissenschaft und Geistesgeschichte", in: *Studium Generale* 8/1955, S. 637-648; Ders., „Kosmos und System. Aus der Genesis der kopernikanischen Welt", in: *Studium Generale* 10/1957, S. 61-80; Hans Blumenberg, *Die kopernikanische Wende*, Frankfurt a.M. 1965 sowie grundlegend Ders., *Die Lesbarkeit der Welt*, Frankfurt a.M. 1986; Wagner 1964, S. 34-38.

200 Vgl. Descartes, Brief an Mersenne vom 15. April 1630, zit. n. Wagner 1964, S. 52 u. S. 383.

201 Descartes, zit. n. Wagner 1964, S. 383. Einschlägig ist die Formulierung, die Swammardan 1680 als Titel für seine Naturkunde gewählt hat: „Bibel der Natur", nach Briese 2003, S. 381. Grundlegend zur älteren Naturauffassung ist Dieter Groh, *Schöpfung im Widerspruch. Deutungen der Natur und des Menschen von der Genesis bis zur Reformation*, Frankfurt a.M. 2003.

stanz der Schöpfung, die die Ewigkeit Gottes durch alle Metamorphosen hindurch bezeugt.

In der Naturforschung liegen denn auch für Francis Bacon weniger Versuchungen zur Sünde als in der Auslegung der Wortwahrheit: „Denn jene reine und unbefleckte Naturerkenntnis, kraft welcher Adam den Dingen ihren Eigentümlichkeiten entsprechend, die Namen gab, war keineswegs Grund oder Anlaß des Sündenfalls. Vielmehr war der Grund und die Art der Versuchung gerade jene ehrgeizige und herrschsüchtige Begierde nach moralischem Wissen, das über Gutes und Böses entscheidet."[202] Die Werkwahrheit der Schöpfung zu erforschen, war zugleich eine Mission, mit der magische Vorstellungen und Praktiken schwach christianisierter Unterschichten oder auch die gelehrte Magie antiker Herkunft bekämpft und entkräftet werden konnte. Wir haben darüber im *Ersten Band* dieser Religionssoziologie berichtet.

Wenn Cowley in seinem Widmungsgedicht „To The Royal Society" von 1667 in Bacon den Moses sieht, der sein Volk aus der Wüste führt und vom Gipfel seines „Exalted Wit" das gelobte Land sieht und zeigt, spricht daraus ein Glaube an den Segen der Wissenschaft, der sich seiner Fundierung in der *Rationalreligion* gewiß ist.[203] Die immanente Ordnung der Natur als eines Schöpfungswerks folgt der göttlichen Vorsehung. Naturforschung ist Gotteslob um so mehr, je mehr die Einheit des Ganzen sichtbar wird. So ist es das Ziel Friedrich Oetingers, daß „die Wissenschaften der Logik, das ist der Vernunftlehre, der Ontologie, das ist der allgemeinen Begriffe, der Kosmologie, das ist der Welt, der Pneumatologie, das ist der Geister, der Psychologie, das ist der Seele, der Theologie, der Astronomie, der Physik, der Moral, der Arithmetik, der Geometrie und Algebra" im göttlichen Heilsplan zu einer Zentralwissenschaft so zusammengeführt würden, daß sie alle „einmal in der Vollkommenheit intuitiv beisammenstehen und von den Kindern Gottes gesehen werden".[204]

Eine Religionssoziologie, die mit historischer Tiefenschärfe die nach 1850 einsetzende Verklärung der neuzeitlichen Wissenschaft und die Genese ihres Gründungsmythos von Galilei, Bacon und Newton in den Blick nimmt, wird die Bezeichnung *Wissenschaftsreligion* sorgfältiger verwenden, als dies im Anschluß an das vielzitierte Diktum von Rudolf Virchow aus dem Jahre 1865 „Es ist die Wissenschaft für uns Religion geworden" zur Gewohnheit geworden ist.[205] *Wissenschaftsreligion* in dem Sinne, daß Forschung als Gottesdienst darauf gerichtet ist, der Unendlichkeit des nicht von uns gemachten, sondern uns vom Schöpfergott gegebenen

---

202 Francis Bacon, *Das neue Organon*, Berlin 1982, S. 16.

203 Vgl. Th. Sprat, *The History of the Royal-Society of London*, London 1667 (Widmungsstrophe V), zit. n. Wagner 1964, S. 384.

204 Friedrich Christoph Oetinger, „Die güldene Zeit" [1759], in: Ders., *Abhandlung von den letzten Dingen*, hg. v. Karl Chr. Eberhard Ehmann, Stuttgart 1864, S. 139.

205 Zit. n. *Wege der Naturforschung 1822-1872 im Spiegel der Versammlungen deutscher Naturforscher und Ärzte*, hg. v. Hans Querner u. Heinrich Schipperges, Heidelberg/New York 1972, S. 21; zu Virchow vgl. Manfred Vasold, *Rudolf Virchow*, Stuttgart 1988.

Kosmos durch nicht abschließbare Forschung zu entsprechen, war zuerst das Projekt der neuzeitlichen Naturforschung selbst gewesen. Und dies klingt noch nach, wenn Albert Einstein „kosmische Religiosität" als stärksten Antrieb für wissenschaftliche Forschung auffaßt.[206] Dazu gehörte gerade auch, daß die christliche Grunderfahrung der Falsifizierbarkeit und Eitelkeit menschlicher Erkenntnisse durch aktives Weiterforschen erneuert werden konnte.[207]

Die Einheit der Wissenschaft. Die *rationalreligiöse* Idee der Einheit des Wissens, als Wissen des Ganzen schließt den Glauben an die verkündete Wortwahrheit ein, sofern diese im Lichte der Vernunft geläutert ist. Das unterscheidet diese Einheitsidee von *wissenschaftsreligiösen* Konzepten, die auf dem Bruch mit der Tradition einer Balance von Glauben und Wissen basieren und den Unterschied von Wortwahrheit und Werkwahrheit zu Lasten der ersteren einebnen. Dieser Bruch wird erst mit der Ausbreitung des Positivismus in der Zeit der Entfesselung der Marktwirtschaft nach 1850 offensichtlich.

Denn noch in den Wissenschaftsauffassungen von „Idealismus" und „Romantik", die von der Erfahrung des revolutionären Enthusiasmus durchtränkt sind, bleibt die Einheit der Wissenschaft Ausgangs- und Zielpunkt der Forschung. Freilich hat sich das Gottesbild gewandelt. So geht Fichte in seiner Wissenschaftslehre „von dem Wissen schlechtweg, in seiner Einheit" aus. Dabei kann ihm nicht verborgen bleiben: „Nur Eines ist schlechthin durch sich selbst: Gott, und Gott ist nicht der tote Begriff, den wir soeben aussprachen, sondern er ist in sich selbst lauter Leben."[208] An diesem Leben partizipiert, wer sich enthusiastisch der Forschung hingibt. Der Forscher „muß es nicht nur dunkel fühlen, sondern es zum klaren Bewußtseyn und zu seiner höchsten Maxime erheben, daß er nur Wahrheit suche, wie sie auch ausfalle und daß selbst die Wahrheit, daß es überall keine Wahrheit gebe, ihm willkommen seyn würde, wenn sie nur Wahrheit wäre. Kein Satz, so

---

206 Einstein behauptet, daß die „kosmische Religiosität die stärkste und edelste Triebfeder wissenschaftlicher Forschung ist. Nur wer die ungeheuren Anstrengungen und vor allem die Hingabe ermessen kann, ohne welche bahnbrechende wissenschaftliche Gedankenschöpfungen nicht zustande kommen können, vermag die Stärke des Gefühls ermessen, aus dem allein solche dem unmittelbar praktischen Leben abgewandte Arbeit erwachsen kann. (...) Ein Zeitgenosse hat nicht mit Unrecht gesagt, daß die ernsthaften Forscher in unserer im allgemeinen materialistisch eingestellten Zeit die einzigen tief religiösen Menschen seien." Albert Einstein, *Mein Weltbild*, hg. v. Carl Seelig, Amsterdam 1934, S. 20f. Siehe dazu Britta Scheideler, *Eine ‚besonders edle Gemeinschaft' – Naturwissenschaftler und das Ideal des ‚wissenschaftlichen Menschen'* (= Preprint 126 des MPI für Wissenschaftsgeschichte), Berlin 1999. Zu Einstein siehe weiter in diesem Band S. 1130ff.

207 Eine lohnende Forschungsperspektive, die Zusammenhänge zwischen religiösen Auffassungen und wissenschaftlicher Arbeit genauer zu erhellen in der Lage sein könnte, ist die Biographieforschung. Siehe dazu den Band: *Eminent Lives in Twentieth-Century Science and Religion*, hg. v. Nicolaas A. Rupke, überarb. u. stark erweiterte Ausg., Frankfurt a.M. 2009.

208 Johann Gottlieb Fichte, „Die Wissenschaftslehre, in ihrem allgemeinen Umrisse", in: *Fichtes Werke*, Bd. 2, *Zur theoretischen Philosophie II*, hg. v. Immanuel Hermann Fichte, Berlin 1971a, S. 693-709, hier S. 696.

trocken und so spitzfindig er aussehe, muß ihm gleichgültig – alle müssen ihm gleich heilig seyn, weil sie alle in das eine System der Wahrheit geboren, und jeder alle unterstützt."[209]

Hegels philosophischer Gottesbegriff, das Absolute, ist ohnehin „der einzige Gegenstand und Inhalt der Philosophie". Darin geht es nicht nur um die Einheit der Wissenschaft, sondern mehr noch: „die Philosophie hat mit Kunst und Religion denselben Inhalt und denselben Zweck". Die besonderen Wissenschaften, die in Hegels dynamischem System ihre je eigene Stelle haben, betreiben dieses Geschäft im Horizont der Totalität der „Gestaltungen der reellen und ideellen Endlichkeit, sowie der Unendlichkeit und Heiligkeit in sich".[210] Die Frage, ob Wissen beim unmittelbar Gegebenen oder dem Vermittelten beginnt, ist für Hegel schon schief gestellt, denn er geht davon aus, „daß es Nichts gibt, nichts im Himmel oder in der Natur oder im Geiste oder wo es sei, was nicht ebenso die Unmittelbarkeit enthält als die Vermittlung, so daß sich diese beiden Bestimmungen als ungetrennt und untrennbar und jener Gegensatz sich als ein Nichtiges zeigt."[211] Methodische oder erkenntnistheoretische Vorabklärungen, wie sie eine spätere Wissenschaftstheorie verlangt, machen für Hegel keinen Sinn: „Vor der Wissenschaft aber schon über das Erkennen ins reine kommen wollen, heißt verlangen, daß es außerhalb derselben erörtert werden sollte; außerhalb der Wissenschaft läßt sich dies wenigstens nicht auf wissenschaftliche Weise, um die es hier allein zu tun ist, bewerkstelligen."[212]

Wie Wolf Lepenies gezeigt hat, ist es das quantitative Anwachsen der Berichte über naturforscherliche Entdeckungen und Experimente gewesen, das um 1800 die bisherigen Darstellungsformen der Naturgeschichte sprengte, die sich zuvor gut in *rationalreligiöse* Auffassungen fügten. „Zwar hatten immer schon quantitative Erweiterungen des Wissens zu Veränderungen wissenschaftlicher Methoden, Techniken und Theorie geführt, doch beschleunigt sich dieser Wissenszuwachs nunmehr so sehr, daß die herkömmlichen informationsverarbeitenden Techniken, die – in enger Anlehnung an die Methoden der klassischen Naturgeschichte – vor allem auf einer räumlichen Anordnung des Wissensbestandes beruhen, nunmehr in ihrer Kapazität erschöpft sind."[213] Dieser sich in verschiedenen Fächern unterschiedlich auswirkende „Erfahrungsdruck" und der „Empirisierungszwang" haben mit dazu beigetragen, daß an die Stelle räumlicher Klassifikationssyteme eine „Verzeitlichung" der Informationsbestände getreten sei. [214]

---

209 Johann Gottlieb Fichte, „Ueber den Begriff der Wissenschaftslehre oder der sogenannten Philosophie", in: *Fichtes Werke*, Bd. 1, *Zur theoretischen Philosophie I*, hg. v. Immanuel Hermann Fichte, Berlin 1971b, S. 27-81, hier S. 76.

210 Georg Wilhelm Friedrich Hegel, „Wissenschaft der Logik II", in: *Hegel Werke*, Bd. 6, Red. Eva Moldenhauer u. Karl Markus Michel, Frankfurt a.M. 1969a, S. 549.

211 Georg Wilhelm Friedrich Hegel, „Wissenschaft der Logik I" , in: Hegel Werke, Bd. 5, Red. Eva Moldenhauer u. Karl Markus Michel, Frankfurt a.M. 1969b, S. 65.

212 Ebd., S. 66.

213 Wolf Lepenies, *Das Ende der Naturgeschichte. Wandel kultureller Selbstverständlichkeiten in den Wissenschaften des 18. und 19. Jahrhunderts*, Frankfurt a.M. 1978, S. 16.

214 Ebd., S. 16ff.

Dieser Bruch berührt die Idee der Einheit der Wissenschaft in besonderer Weise. Das Auftauchen der neuen Empirizitäten der Humanwissenschaften: Arbeit, Leben, Sprache, die Michel Foucault in *Die Ordnung der Dinge* untersucht hat, ist nicht problemlos in eine temporale Struktur zu überführen, die eine Einheit der Wissenschaft sichern könnte. Wie sollten auch die Positivitäten der Ökonomie, Biologie und Philologie kohärent verzeitlicht werden? Foucault bemerkt: „So erfindet sich die europäische Kultur eine Tiefe, in der nicht mehr von Identitäten, unterschiedenen Merkmalen, zusammenhängenden Tafeln mit all ihren Wegen und möglichen Bahnen, sondern von großen verborgenen Kräften, die von ihrem ursprünglichen und unzugänglichen Kern her entwickelt sind, und vom Ursprung, von der Kausalität und der Geschichte die Rede sein wird." [215] Es ist diese ungeklärte Tiefe, die dazu verleitet, Wissenschaft als Ganze zu sakralisieren.

Damit entstehen um die Einheit der Wissenschaft zwei Kampfzonen. Einmal sind Positivisten bemüht, die naturwissenschaftliche Forschungsweise für alle Disziplinen verbindlich zu machen. Zum anderen geht es ihnen darum, der Philosophie jeden Sonderstatus abzusprechen. Für den Positivisten Frederic Harrison ist es gerade der einheitliche Ausgriff von *science* auf die menschliche Welt, die der Wissenschaft ihren religiösen Charakter gibt. So könne der Bruch zwischen „Science and Devotion" geheilt werden. Denn: „So long as Science is occupied with the physical fact around us, it is impossible to say that Science can present us a religious basis of life (...). But the great intellectual fact of our generation is this: that Science has extended its domain to the scene of Men. Social things have now been brought, like the physical things, within the realm of Law."[216] Mit anderen Worten, solange außerhalb der Naturwissenschaft noch andere geistige Bemühungen gelten, ist Wissenschaft als Letztinstanz nur unvollkommen und daher auch nicht sakralisierbar. Es bliebe ein Außen, das dem Alleinvertretungsanspruch abträglich wäre.[217]

Ein Außen wäre zum anderen nicht vollständig beseitigt, wenn es eine Philosophie gäbe, die sich auf andere Grundlagen beruft als den Positivismus. So führt der Historiker Carl Twesten aus: Es „will die positive Philosophie nichts anderes sein als die systematische Zusammenfassung der einzelnen Wissenschaften. Sie widerspricht jedem Versuche, die Philosophie als etwas für sich bestehendes, von den übrigen Wissenschaften unabhängiges, auf anderen, ihr ausschließlich zukommenden Grundlagen beruhendes hinzustellen. Sie unterwirft das philosophische Denken denselben Regeln, beschränkt es auf dieselben Gegenstände, führt es auf dieselben Quellen zurück wie das wissenschaftliche Denken überhaupt (...). Sie will die Grundsätze der positiven Wissenschaften auf alle Zweige menschlicher Er-

215 Michel Foucault, *Die Ordnung der Dinge*, Frankfurt a.M. 1974, S. 308.

216 Frederic Harrison, *Autobiographic Memoires* [1911], zit. n. Plé 1996, S. 211.

217 Dies bildet auch den Hintergrund für Stellungnahmen wie die von Edward O. Wilson: „Das gewaltigste Projekt des Geistes war und wird immer der Versuch sein, die Natur- und Geisteswissenschaften miteinander zu vereinen." Edward O. Wilson, *Die Einheit des Wissens*, Berlin 1998, S. 15.

kenntnis angewendet wissen, und erkennt darüber hinaus keine Wissenschaft und keine Philosophie an."[218]

In Deutschland mit seinem vergleichsweise starken Bildungsbürgertum kommt es freilich auch zu kühnen Kompromissen. So bestärkt der Neukantianer Alois Riehl in einem Vortrag über humanistische Ziele des mathematischen und naturwissenschaftlichen Unterrichts die „Forderung eines Schulmannes: Griechisch und Physik!", und will nur eine Korrektur anbringen: „nicht Homer und Galilei", sondern „Platon und Galilei".[219]

EINE NEUE ZWEI-REICHE-LEHRE. Hellhörige könnten in der Spaltung der Einheit der Wissenschaft, die sich im 19. Jahrhundert Bahn bricht und die bis heute virulent ist, einen fernen Nachhall der vieldiskutierten Zwei-Reiche-Lehre von Martin Luther vernehmen, nach der im Reich Gottes die rechtgläubigen Christen, leben im Reich der Welt die übrigen Menschen.[220] Dilthey, dessen wirkmächtige Konzeption der „Geisteswissenschaften" für diese Spaltung steht, ordnet freilich seine zwei Wissenschafts-Reiche nebeneinander; für ihn sind die „Geisteswissenschaften ein selbständiges Ganzes neben den Naturwissenschaften".[221] Zu den Geisteswissenschaften gehört das „Ganze der Wissenschaften, welche die geschichtlich-gesellschaftliche Wirklichkeit zu ihrem Gegenstande haben".[222] Um die Ordnung des

---

218 Carl Twesten, *Die religiösen, politischen und socialen Ideen der asiatischen Culturvölker und der Aegypter, in ihrer historischen Entwickelung*, Berlin 1872, S. 64. Zum Positivsmus in der Geschichtsschreibung siehe Eckhardt Fuchs, „Positivistischer Szientismus in vergleichender Perspektive: Zum nomothetischen Wissenschaftsverständnis in der englischen, amerikanischen und deutschen Geschichtsschreibung", in: *Geschichtsdiskurs*, Bd. 3: *Die Epoche der Historisierung*, hg. v. Wolfgang Küttler / Jörn Rüsen u. Ernst Schulin, Frankfurt a.M. 1997, S. 396-423.

219 Alois Riehl, *Humanistische Ziele des mathematischen und naturwissenschaftlichen Unterrichts. Vortrag gehalten in der Vereinigung der Freunde des humanistischen Gymnasiums in Berlin und der Provinz Brandenburg am 4. Dezember 1908*, Berlin 1909. Zit. n. Otto Brüggemann, *Naturwissenschaft und Bildung. Die Anerkennung des Bildungswertes der Naturwissenschaften in Vergangenheit und Gegenwart*, Heidelberg 1967, S. 65. Zuvor hatte schon Emil Du Bois-Reymond gefordert: „Kegelschnitte! Kein griechiches Scriptum mehr!" Emil Du Bois-Reymond, „Culturgeschichte und Naturwissenschaft. Ein am 24. März 1877 im Verein für wissenschaftliche Vorlesungen zu Köln gehaltener Vortrag", in: *Deutsche Rundschau* 13/1877, S. 214-250, hier S. 247.

220 Martin Luther, „Von weltlicher Obrigkeit, wie weit man ihr Gehorsam schuldig sei", in: *D. Martin Luthers Werke*, Weimarer Ausgabe, Bd. 11, Weimar 1900, S. 229-281

221 Wilhelm Dilthey, *Einleitung in die Geisteswissenschaften. Versuch einer Grundlegung für das Studium der Gesellschaft und der Geschichte*, Bd. 1, Leipzig 1883, S. 28. Die Literatur zu Dilthey ist unüberschaubar. Für unseren Zusammenhang sei hervorgehoben: Hans-Ulrich Lessing, *Die Idee einer Kritik der historischen Vernunft. Wilhelm Diltheys erkenntnistheoretisch-logisch-methodologische Grundlegung der Geisteswissenschaften*, Freiburg/München 1984; Ders., *Wilhelm Diltheys ‚Einleitung in die Geisteswissenschaften'*, Darmstadt 2001; Hans-Helmuth Gander, *Positivismus als Metaphysik*, Freiburg 1988. Zum Terminus ‚Geisteswissenschaften' vgl. die Angaben bei Köhnke 1993, S. 137 u.a.m.

222 Dilthey 1883, S. 28.

Nebeneinanders zu begründen, schlägt Dilthey eine allgemeine Definition von Wissenschaft vor: „Unter Wissenschaft versteht der Sprachgebrauch einen Inbegriff von Sätzen, dessen Elemente Begriffe, d.h. vollkommen bestimmt, im ganzen Denkzusammenhang konstant und allgemeingültig, dessen Verbindungen begründet, in dem endlich die Teile zum Zweck der Mitteilung zu einem Ganzen verbunden sind, weil entweder ein Bestandteil der Wirklichkeit durch diese Verbindung von Sätzen in seiner Vollständigkeit gedacht oder ein Zweig der menschlichen Tätigkeit durch sie geregelt wird."[223]

Die positivistische Begrifflichkeit aufgreifend, bestimmt Dilthey die Gegenstände der Geisteswissenschaften als „geistige Tatsachen". Sie zu erforschen, bedarf es auch einer „empirischen Methode", die sich freilich von anderen positivistischen Auffassungen unterscheidet. „Eine solche Methode steht in Gegensatz zu einer neuerdings nur zu häufig gerade von den sogenannten Positivisten geübten, welche aus einer meist in naturwissenschaftlichen Beschäftigungen erwachsenen Begriffsbestimmung des Wissens den Inhalt des Begriffes Wissenschaft ableitet und von ihm aus darüber entscheidet, welchen intellektuellen Beschäftigungen der Name und Rang einer Wissenschaft zukomme."[224] Diltheys Konzeption der Geisteswissenschaften neben den Naturwissenschaften kompliziert die Lage in den Verhältnissen von Glauben und Wissen. Denn mit der Zentralstellung der Wissenschaft als einer letzten Instanz gerät im 19. Jahrhundert nicht nur die *rationalreligiöse* Balance von Glauben und Wissen aus dem Lot, sondern die Wissenschaftler setzen einen fundamentalen Streit darüber in Gang, was überhaupt als wahre Wissenschaft zu gelten habe und welche Kriterien erfüllt sein müssen, um nicht ins Außerhalb der Einheit der Wissenschaft gestoßen zu werden – ein Streit, der in vielem an die Kontroverstheologie der Glaubenskriegszeit erinnert. Wie später zu zeigen sein wird, korrespondiert der Streit um den Begriff wahrer Wissenschaft mit dem anderen Streit, bei dem es im Zusammenhang der Entstehung der Religionswissenschaften um 1900 um eine wissenschaftliche Definition von Religion geht.

Diltheys Wissenschaftsverständnis folgt in dem Punkte positivistischer Denkungsart, daß Wissenschaft sich mit Tatsachen zu befassen habe, allerdings sind es in den Geisteswissenschaften Tatsachen einer anderen Art als die Tatsachen, mit denen sich Physiker und Biologen befassen. Diese können ihre Tatsachen einem vorausgesetzten, gleichsam idealen Begriff von Natur, d.h. von der Einheit der Natur zuordnen. Geistige Tatsachen bilden im Unterschied dazu „die Wirklichkeit, welche wir nicht meistern, sondern zunächst begreifen wollen."[225] Grundlegend für Dilthey ist die Differenz von Naturbeherrschung und humanem Selbstverständnis, wie es sich geschichtlich in der Menschheit entwickelt hat. Und es ist dann nur folgerichtig, wenn die Eigenart des Gegenstands die Wahl der Methode bestimmt und nicht die Methode den Gegenstand beherrscht. Die empirische Methode in den Geisteswissenschaften fordert, daß an den geistigen Tatsachen selbst

223 Ebd.
224 Ebd., S. 29.
225 Ebd., S. 28.

„der Wert der einzelnen Verfahrungsweisen, deren das Denken sich hier zur Lösung seiner Aufgaben bedient, historisch-kritisch entwickelt, daß an der Anschauung dieses großen Vorganges, dessen Subjekt die Menschheit selber ist, die Natur des Wissens und Erkennens auf diesem Gebiet aufgeklärt werde."[226] Mit dieser Auffassung war Dilthey selbst gegen *wissenschaftsreligiöse* Tendenzen relativ immun. Stattdessen erweiterte er die Differenz von Natur- und Geistwissenschaften zu einer Typologie von Weltanschauungen, mit der er eine wegweisende Antwort auf die neue Situation eines Religionsmarktes und Weltanschauungspluralismus gab, die wir in einem späteren Kapitel würdigen werden.[227]

Der Glaube an eine vorausgesetzte und sich in der Zeit immer klarer darstellende Einheit der Wissenschaft ist ein Proprium *wissenschaftsreligiöser* Auffassungen. Um 1900 erleben die europäischen Gesellschaften freilich eine Grundlagenkrise moderner Wissenschaft, die auch die *Wissenschaftsreligion* im Kern berührt. Der Berliner Philosoph Friedrich Paulsen bemerkte 1902 „eine dem Wissenschaftsbetrieb feindliche Unterströmung".[228] Die Hoffnung, daß auf dem Wege wissenschaftlicher Forschung „eine allseitige und vollständig gesicherte Weltanschauung und eine in notwendigen Gedanken befestigte Lebensweisheit" zu gewinnen sei, ist enttäuscht. Die Religion habe dies dereinst leisten können und dann auch „ihre Erbin im 18. Jahrhundert die Philosophie (...). Dann wendete sich ein neues Geschlecht, mißtrauisch gegen die Vernunft wie das frühere gegen den Glauben, zur Wissenschaft: die exakte Forschung wird uns den Boden unter den Füßen sichern und uns ein treues Weltbild geben. Aber die Wissenschaft leistet das nicht; immer deutlicher wird es, sie führt nicht zu einer das Ganze umspannenden, die Phantasie und das Gemüt befriedigenden Weltansicht; sie bringt nur tausend fragmentarische Kenntnisse zu Wege, zum Teil leidlich gesichert, vor allem in den Naturwissenschaften, die wenigstens der Technik eine Grundlage geben, zum Teil ewig fragwürdige, ewig der Umwertung ausgesetzte, wie in den historischen Wissenschaften. Die Folge ist ein Gefühl der Enttäuschung: die Wissenschaft sättigt nicht den Hunger nach Erkenntnis".[229]

Natur- und Geisteswissenschaften treten in dem Moment auseinander, da sowohl für den Naturbegriff wie für den Geistbegriff neue wissenschaftliche Rahmungen erforderlich werden. Die alte Vorstellung einer Gesetzesratio, die der Natur immanent ist und die menschlicher Intellekt nach und nach durchsichtig machen kann, weil er selbst der naturimmanenten Gesetzlichkeit angehört, gerät

226 Ebd., S. 29.

227 In diesem Band S. 545ff.

228 Friedrich Paulsen, *Die deutschen Universitäten und das Universitätsstudium*, Berlin 1902, S. 81f.

229 Ebd. Zur Krise des Glaubens an die Möglichkeit eines kohärenten Weltbildes siehe Gregor Schiemann, *Wahrheitsgewissheitsverlust: Hermann von Helmholtz' Mechanismus im Anbruch der Moderne; eine Studie zum Übergang von klassischer zu moderner Naturphilosophie*, Darmstadt 1997, S. 149ff; Lorraine Daston, „Die Angst vor dem Fortschritt – Die Wissenschaften um 1900", *Nachrichtenblatt der Deutschen Gesellschaft für Geschichte der Medizin, Naturwissenschaft und Technik* 46(3)/1996, S. 126–142.

mit einigen Resultaten physikalischer, biologischer und psychologischer Forschung in Bedrängnis. In der Physik erregt die Entdeckung elektromagnetischer Wellen und der Röntgenstrahlen großes Aufsehen, und mit der Quantentheorie von Max Planck (1900) und der speziellen Relativitätstheorie von Albert Einstein (1905) zeigen sich Grenzen der mechanistischen Theorien.[230] Aber auch von einer anderen Seite wird die stabile Beziehung physikalischer Naturgesetzlichkeit, die sich im zeitlichen empirischen Geschehen zeigt, zum erkennenden Vernunftsubjekt, das sich seiner zeitlosen Vernunftfunktion sicher ist, fraglich, wenn sich z. B. in medizinischen und psychologischen Experimenten herausstellt, daß bei hirngeschädigten Soldaten des Ersten Weltkriegs nicht nur Ausfallerscheinungen zu vermelden sind, sondern aus dieser Natur heraus sich relativ geschlossene Sonderwelten einer anderen Wahrnehmung und eines anderen Denkens bilden können.[231] Mit diesen und anderen Forschungen wurden biologische Phänomene vom physikalischen Naturbegriff ein Stück weit distanziert und in eine neue Beziehung zu psychischen Erfahrungs- und Erlebniswelten gebracht. Es ist auf der einen Seite die ratlos machende Krise der Anschauung, die Physik und Mathematik herbeigeführt haben, und im Gegenzug der Versuch Goldsteins, in holistischer Perspektive den katastrophischen Reaktionen seiner Patienten eine biologische Ordnung zu unterlegen, die beide zur Krise des mechanistischen Denkens beigetragen haben.

Während biologische und psychologische Forschung sich aus dem unsicher gewordenen Physikalismus des Naturbegriffs herausarbeiten, in dem Zug um Zug Differenzierungen zwischen Anorganischem und Organischem und solchen zwischen Organischem und Psychischem hervortreten, pluralisiert sich mit den Fortschritten von ethnologischer und historischer Forschung das, was als menschlicher Geist bislang kohärent und eindeutig vorgestellt wurde. Kunst, Religion und das Wissen selbst stehen nicht mehr niederen Lebensphänomenen absolut entgegen, sondern sie werden daseinsrelativ. 1931 bemerkt Helmuth Plessner rückblickend: das Problem der Geschichte, d.h. die europäische Leitfrage von Fortschritt und Tradition habe im neuen deutschen Kaiserreich „eine über seine wissenschaftliche und weltanschaulich-gemüthafte Seite hinausgreifende Aktualität gewonnen".[232] Dabei träten nicht zuletzt nationale Unterschiede hervor. „Eine spezifisch europäische Frage, welche die positivistisch gebildeten Demokratien des Westens gewissermaßen durch ihre politische Entwicklung für sich entschieden hatten, wurde zum Leitfaden, an dem Deutschland seine geistige Gespaltenheit bewußt überwin-

230 Differenziert bei Michael Heidelberger, „Weltbildveränderungen in der modernen Physik vor dem Ersten Weltkrieg", in: *Wissenschaften und Wissenschaftspolitik. Bestandsaufnahmen zu Formationen, Brüchen und Kontinuitäten im Deutschland des 20. Jahrhunderts*, hg. v. Rüdiger vom Bruch u. Brigitte Kaderas, Stuttgart 2002, S. 84-96. In diesem Band S. 1130ff.

231 Kurt Goldstein u. Adhémar Gelb, *Psychologische Analysen hirnpathologischer Fälle aufgrund von Untersuchungen Hirnverletzter*, Bd. 1, Berlin 1918; Kurt Goldstein, *Die Behandlung, Fürsorge und Begutachtung der Hirnverletzten*, Leipzig 1919.

232 Helmuth Plessner, „Macht und menschliche Natur. Ein Versuch zur Anthropologie der geschichtlichen Weltansicht" [1931], in: *Gesammelte Schriften*, Bd. 5, hg. v. Günter Dux / Odo Marquard u. Elisabeth Ströker, Frankfurt a.M. 1981, S. 135-234, hier S. 168.

den wollte." Und mit Blick auf den Zusammenhang von Erfahrung der Marktwirtschaft und *Wissenschaftsreligion* heißt es weiter: „War dieser Leitfaden aber einmal aufgenommen, so mußte die Reflexion zwangsläufig zu den Fundamenten der modernen Wissensgläubigkeit, auf denen Kapitalismus und Industrialismus ruhen, vorgetrieben werden."[233]

Diltheys Geisteswissenschaften haben auch dazu das Tor geöffnet. Über Wahrheit und Wissen kann man seitdem nicht mehr sprechen, ohne sich mit Fragen von Historizität und Kulturrelativität auseinanderzusetzen. Mit der um 1900 offenbar werdenden Krise der Einheit der Wissenschaft tauchen bis heute sie nicht in Ruhe lassende Streitfragen auf. Haben die Naturwissenschaften nicht nur eine Geschichte, sondern sind darüber hinaus auch ihre Forschungsresultate historisch zu relativieren? Inwieweit ist naturwissenschaftliches Wissen in der Lage, auf die Sinndimensionen zuzugreifen? In welchem Umfange hat Sinnstiftung und Sinnsetzung die Herstellung wissenschaftlichen Wissens zu regieren?

Es sind dies Themen der anhaltenden Debatte über die „Zwei Kulturen", „der literarisch Gebildeten" einerseits, der „Naturwissenschaftler" andererseits", die Charles Percy Snow 1959 angestoßen hat, und deren Grundfragen shon die Neukantianer um 1900 mit der strikten Scheidung ideographischer Wertewissenschaft von nomothetischer Gesetzeswissenschaft zu beantworten versucht haben.[234] Als *science war* hat die Auseinandersetzung um die „zwei Galaxien" (Snow) Ende des 20. Jahrhunderts vor allem in den USA eine besondere Dramatik gewonnen, die Beobachtern bisweilen als ein wissenschaftlicher Glaubenskrieg erscheint.[235] Gegen die Zwei-Kulturen-These hat Rudolf Stichweh geltend gemacht, daß sie kaum noch einer Wirklichkeit entspricht, in der sich die Zahl disziplinärer Eigenwelten, zwischen denen Verständigungsschwierigkeiten bestehen, enorm vervielfältigt hat.

233 Ebd.

234 C. P. Snow, „Die zwei Kulturen", [1959], in: *Die zwei Kulturen. Literarische und naturwissenschaftliche Intelligenz. C. P. Snows These in der Diskussion*, hg. v. Helmut Kreuzer, München 1987, S. 19-96, hier S. 21; Heinrich Rickert, *Kulturwissenschaft und Naturwissenschaft*, Freiburg 1899. Mögliche Brücken über den Graben zwischen Natur- und Geisteswissenschaften diskutiert Hermann Lübbe, „Die Einheit von Naturgeschichte und Kulturgeschichte", in: *Einheit der Wissenschaft. Wider die Trennung von Natur und Geist, Kunst und Wissenschaft*, hg. v. Herbert Mainusch u. Richard Toellner, Opladen 1993, S. 47-68.

235 So bemerkt die Wissenschaftspublizistin Hazel Rosenstrauch im Österreichischen Rundfunk (ORF): „Wo es, selten genug, zu Kooperationen kommt, entdecken Natur- und Geisteswissenschaftler, daß sie – auch in ihren Unsicherheiten – vielleicht gar nicht so weit voneinander entfernt sind, wie es die Glaubenskriege des vorigen Jahrhunderts ("science wars") suggerierten." online: http://sciencev1.orf.at/rosenstrauch/115918.html (Letzter Zugriff: 08.02.2015). Über die Erfahrung von Verständigungsbarrieren berichtet Heinz-Jürgen Schmidt, „Kommunikationsprobleme zwischen Philosophie und Physik", in: *Grenzüberschreitungen in der Wissenschaft. Crossing Boundaries in Science*, hg v. Peter Weingart, Baden-Baden 1996, S. 106-115. Im Anschluß an Boaventura de Sousa Santos argumentiert Peter Wagner für eine Koexistenz pluraler Wissensformen. Peter Wagner, *Moderne als Erfahrung und Interpretation. Eine neue Soziologie zur Moderne*, Konstanz 2009, S. 213ff; Boaventura de Sousa Santos (Hg.), *Cognitive Justice in a Global World*, Lanham 2007.

Inzwischen sei zudem eine „dritte Kultur" entstanden, die wenig mit John Brockmans Ziel der Popularisierung der Naturwissenschaften zu tun hat.[236] Informationstheorie, Theorien von Kommunikation und Beobachtung, Spieltheorie und die Modellierung von Netzwerken hätten eine „intensive kognitive und konzeptuelle Dynamik zwischen Human- und Naturwissenschaften freigesetzt, die in ihrer Intensität und Produktivität neu ist, und die alle Ideologeme der Abgrenzung, der prinzipiellen epistemischen Überlegenheit der einen oder der anderen Seite entbehrlich macht."[237] Genau besehen setzt Stichweh auf die vermittelnde Potenz der variantenreichen Weiterentwicklungen der Kybernetik. Sie ermögliche das „interdisziplinäre Milieu des unablässigen Austauschs von Konzepten, Abstraktionen, Theorien und Methoden".[238] Dabei bezieht er sich auf Donald T. Campbell, der in ironischer Anspielung auf *wissenschaftsreligiöse* Traditionen einem seiner „crackpot paper" den Titel gegeben hat: *The Fish Scale Model of Omniscience* (Das Fischschuppenmodell der Allwissenheit).[239]

Charakteristisch für Unternehmungen, die Wissenschaft als eine Einheit nicht technisch, sondern religiös oder weltanschaulich als letzte verbindliche Instanz zu erheben, gehört, daß sie Natur-, Sozial- und Kulturwissenschaften gleich ordnen und nur Unterschiede der Komplexität der Gegenstände gelten lassen. Dies gilt nicht nur für die letzte große Anstrengung, die Einheit der Wissenschaft zu begründen, die im 20. Jahrhundert der Neopositivismus des Wiener Kreises unternommen hat, sondern auch schon für den klassischen Positivismus. Trotz ihrer Differenzen, was die Rolle der Psychologie angeht, sind sich Comte und Mill darin einig gewesen, daß schließlich eine methodologische Integration der Einzelwissenschaften zu einer Einheitswissenschaft erfolgen soll.

Nicht nur für Plessner ruhten Kapitalismus und Industrialismus auf den Fundamenten der modernen Wissensgläubigkeit. Dieter Birnbacher weist in seiner Interpretation von Mills „System der deduktiven und induktiven Logik" darauf hin, daß unter den Sozialwissenschaften einzig die politische Ökonomie „als eine Wissenschaft, die den Menschen als *homo oeconomicus* sieht und von allen ‚störenden' Variablen abstrahiert, dem methodologischen Rahmen von Mills Logik gerecht werden kann."[240] Die Wissenschaft des Marktes erhält in dieser Argumentation eine epistemologische Zentralität zwischen Natur- und Kulturwissenschaften. Das

236 John Brockman, *Die dritte Kultur. Das Weltbild der modernen Naturwissenschaft*, München 1996.

237 Rudolf Stichweh, „Die zwei Kulturen? Eine Korrektur", in: *Frankfurter Allgemeine Zeitung* vom 3. Dezember 2008, S. N7.

238 Ebd.

239 Donald T. Campbell, „Ethnocentrism of Disciplines and the Fish-Scale Model of Omniscience", in: *Interdisciplinary Relationships in the Social Science*, hg. v. Muzafer Sherif u. Carolyn W. Sherif M. Sherif, Chicago 1969, S. 328-348.

240 Dieter Birnbacher, „John Stuart Mill (1806-1873)", in: *Klassiker der Philosophie*, Bd. 2, *Von Immanuel Kant bis Jean-Paul Sartre*, hg. v. Otfried Höffe, München 1981, S. 132-152, hier S. 151.

wäre eine weitere Variation der „Wirtschaftstheologie", deren weit zurückreichende geistesgeschichtliche Quellen Alexander Rüstow aufgedeckt hat.[241]

WORTE DES GLAUBENS. Die Umstellung der Glauben-Wissen-Balance zu einem Positivismus, dessen wissenschaftstheoretisches Koordinatensystem dann *wissenschaftsreligiös* unterbaut werden konnte, ist gut anhand der geistigen Entwicklung von Franz Brentano zu beobachten, der heute nicht nur für die Phänomenologie oder den Logischen Positivismus, sondern auch von der Analytischen Philosophie, der empirischen Sinnespsychologie und der *philosophy of mind* als eine Gründungsfigur in Anspruch genommen wird.[242] Brentano hat sich intensiv mit der Fehlbarkeit und der Unfehlbarkeit der Worte auseinandergesetzt, die dem Glauben und dem Wissen zu Gebote stehen. Der ehemalige katholische Priester suchte zunächst die Theologie als Leitstern philosophischer Arbeit zu erhalten. Anläßlich der Beschäftigung mit einem Gutachten zur päpstlichen Unfehlbarkeit im Vorfeld des Ersten Vatikanischen Konzils erfolgt eine Umstellung, bei der nunmehr Religion als ein Philosophiesurrogat erscheint. Bei der Ausarbeitung dieser Umstellung steht Comtes Positivismus Pate.[243]

Besonderes Interesse verdient in unserem Zusammenhang Brentanos Auseinandersetzung mit Comtes Stellung zum Theismus. Comtes These einer Feindschaft zwischen Theologie und Positivismus bezieht sich Brentano zufolge nicht darauf, daß der Glaube an einen Gott unverträglich mit der Erforschung der Naturgesetze sei. Comte leugne „nicht das Dasein Gottes, sondern nur seine Erkennbarkeit". Der Theismus könnte „das Ende und der Tod aller wissenschaftlichen Untersuchungen sein, wenn einer mit der Entdeckung, daß alles von Gott herrühre, sich aller Erforschung der sekundären Ursachen und ihrer Gesetze entbunden glaubte, indem er mit Überspringung aller sekundären wirkenden Prinzipien immer sogleich auf Gott als den ersten und vollkommenen Erklärungsgrund hinüberweise. – Warum beschreiben die Planeten diese Bahn? – Antwort: weil Gott es so will! – Warum gehen Sonne, Mond und Sterne täglich auf und unter? – Weil Gott es so will. Diese Antworten sind allerdings im strengsten Sinne richtig; aber dennoch ist es klar, daß eine Beschränkung auf sie die Aufhebung der ganzen Astrono-

241 Alexander Rüstow, *Das Versagen des Wirtschaftsliberalismus* [Istanbul 1945], Dritte überarbeitete Auflage mit Übersetzungen u. einer aktuellen wirtschaftspolitischen Deutung der Herausgeber Frank P. u. Gerhard Maier-Rigaud, Marburg 2001, S. 28ff.

242 Vgl. Alfred Kastil, *Die Philosophie Franz Brentanos. Eine Einführung in seine Lehre,* Bern 1951; sowie Eberhard Tiefensee, *Philosophie und Religion bei Franz Brentano (1838-1917)*, Tübingen 1998; Arkadiusz Chrudzimski, *Die Ontologie Franz Brentanos*, Dordrecht 2004.

243 Brentanos anonym veröffentlichte erste Denkschrift „Einige Bemerkungen über die Frage: Ist es zeitgemäß, die Unfehlbarkeit des Papstes zu definieren?" sowie eine Darstellung der kirchen- und universitätspolitischen Konflikte, die schließlich 1873 zur Niederlegung seines Priesteramts führten, finden sich bei Theobald Freudenberger, *Die Universität Würzburg und das erste vatikanische Konzil. Ein Beitrag zur Kirchen- und Geistesgeschichte des 19. Jahrhunderts*, Neustadt a.d. Aisch 1969, hier S. 135-225 u. S. 407-437.

mie sein würde, und ähnliches würde bei ähnlichen Verfahren in betreff der anderen Wissenschaften die Folge sein."[244]

An Gott als Erstursache zu glauben, ist freilich im Sinne Comtes schon ein Zuviel von Gott aussagen. Brentano präzisiert die Comtesche Redeweise vom theologischen Stadium und weist darauf hin, daß Comte sie „nicht bloß die theologische, sondern auch die *fiktive* Erklärungsweise (nannte); ein Name, der in vieler Hinsicht passender ist und, um ganz deutlich zu werden, nur näher als die *Personen fingierende* zu bestimmen wäre."[245] Entsprechend präzisiert Brentano Comtes metaphysisches Stadium als eines, in dem eine *„entitätenfingierende* Erklärungsweise" vorherrscht. Die theistische Erklärungsweise ‚weil Gott es will' unterlegt „vorschnell und ohne exakte Begründung den Vorgängen in der äußeren Natur Analoga unserer Seelentätigkeiten, unseres Denkens, Empfindens und Wollens als Prinzipien".[246] Der Positivismus nimmt die „Personen fingierende Erklärungsweise" zurück. Er ist in einem exakten Sinne atheistisch, weil er aussagenkritisch jede theistische Aussage als unzulässige Analogie entlarvt.

Gegen Hegels Anspruch, die Gedanken Gottes vor Erschaffung der Welt zu begreifen, und gegen Schellings Idee, aus empirischen Daten auf ein Dasein Gottes zu schließen, hatte schon einer der vergessenen Wegbereiter des Positivismus in Deutschland, Otto Friedrich Gruppe, eine heitere Sprachkritik formuliert, derzufolge die ganze neuzeitliche Metaphysik auf einem „tiefen Verkennen der Sprache" beruhe.[247]

Dadurch, daß der Positivismus aussagenkritisch jede theistische Aussage verwirft, verliert er freilich nicht seinen *wissenschaftsreligiösen* Charakter. Im Gegenteil, sein sprachkritisches Programm kann oft als eine Radikalisierung einer Religiosität entziffert werden, die mit den Traditionen der europäischen Mystik kommuniziert.[248] Das intensive mystische Sich-Einlassen auf die Dinge, das Mühe hat, die

244 Franz Brentano, „Auguste Comte" [1869], in: Ders., *Die vier Phasen der Philosophie und ihr augenblicklicher Stand. Nebst Abhandlungen über Plotinus, Thomas von Aquin, Kant, Schopenhauer und Auguste Comte*, hg. v. Oskar Kraus, Leipzig 1926, S. 99-133, hier S. 123f; Ders., „Auguste Comte und die positive Philosophie", in: *Chilianeum. Blätter für katholische Philosophie, Kunst und Leben*, Neue Folge (2)/1869, S. 15-37.

245 Brentano weist darauf hin, daß auch Stuart Mill, statt von theologischer Naturerklärung zu sprechen, die Formulierung „personelle oder volitionelle" Naturerklärung vorzieht. Brentano 1926, S. 126.

246 Ebd., S. 125.

247 Otto Friedrich Gruppe, *Wendepunkt der Philosophie im 19. Jahrhundert*, Berlin 1834, S. 18. Zuvor erschien: Ders., *Antäus. Ein Briefwechsel über speculative Philosophie in ihrem Conflict mit Wissenschaft und Sprache*, Berlin 1831; zu Gruppe vgl. auch Briese 1998, S. 131-146.

248 Wichtige Klärungen zum Mystik-Begriff findet man bei Kurt Flasch. Es handelt sich „um eine nachträgliche Nomenklatur, um eine zum Zweck des Redens erfundene Konstruktion". Kurt Flasch, „Meister Eckhart und die ‚Deutsche Mystik'. Zur Kritik eines historiographischen Schemas", in: *Die Philosophie im 14. und 15. Jahrhundert*, hg. v. Olaf Pluta, Amsterdam 1988, S. 439-463, hier S. 442. Jens Lemanski hat zurecht daran erinnert, daß die Lehren der mittelalterlichen Mystiker meist weder dunkel noch geheimnisvoll sind. „Seit der Zeit des Clemens von Alexandria gilt nicht die Lehre der Mystiker als geheimnisvoll

richtigen Worte zu finden und die gefundenen Worte oft rasch wieder aufgibt, ist nicht nur der Quellpunkt poetischer Sprachbilder geworden, sondern es hat ebenso eine sprachkritische Wirkung entfalten können. Im Anschluß an Kuno Fischers Darstellung der Auflösung der mittelalterlichen Scholastik hat Erich Rothacker darauf hingewiesen: „Nicht der Gedanke, sondern der Glaube, die radikalisierte Religiosität von Franziskanern zerstört die großen rationalen Systeme und bereitet so profanem Denken den Weg.“[249] So ist Mystik oftmals als die Religion der Gebildeten bezeichnet worden, die in den Kirchen keine religiöse Heimat finden konnten. Dies geht nicht zuletzt auf Ernst Troeltsch zurück, der neben „Anstaltskirchen“ und „Freiwilligkeitskirchen“, ein Unterschied, der als der von Kirche und Sekte in die Religionssoziologie eingegangen ist, versucht hat, die Mystik als einen dritten Typus einzuführen.[250] Die Mystik, der verstreute Bereich von „Spiritualität“, ist von einem religionsgeschichtlichen Randphänomen, als das es seit dem Mittelalter mitgeführt wurde, im 20. Jahrhundert zu einer bemerkenswerten Prominenz aufgestiegen. Für das Verhältnis von Glauben und Wissen und für die Sprachnot der Worte des Glaubens bot Mystik eine scheinbar ideale Paßform. Mit der historisch-systematischen Problematik, die die Profilierung dieses Typus bei Troeltsch mit sich führt, werden wir uns im Zusammenhang der Analyse der Religionswissenschaften genauer befassen, die für die Religionsdeutung in der entfesselten Marktgesellschaft bis heute vieldiskutierte Konzepte entwickelt hat.[251]

Die Mystik ist für Ernst Topitsch „der eigentliche Widerpart der in der intentionalen Weltauffassung verwurzelten Philosophie“ gewesen.[252] Mystisches Erleben führt vor, wie über Erstursachen niemals absolut, sondern nur relational gesprochen werden kann. Mystisches Erleben kann stets sprachkritisch gegen dogmatische Aussagen über Gott gewendet werden und so Aussagen, die sich in den Grenzen einer demütigen Vernunft halten, stärken. Mystik und Sprachkritik stehen

und dunkel, sondern der biblische Text, der durch die mystische Exegese offen gelegt wird. Ähnlich verhält es sich in der mystischen Theologie seit Dionysius Areopagita: Nicht die Theologie ist das Mystische, sondern dasjenige, wohin sie führt.“ Jens Lemanski, *Christentum im Atheismus. Spuren der mystischen Imitatio Christi-Lehre in der Ethik Schopenhauers*, London: Turnshare Ltd., 2009, S. 7. Ähnlich verhält es sich auch mit *Wissenschaftsreligionen*, geheimnisvoll und dunkel ist die wahre Wirklichkeit. Siehe auch die Überlegungen von Klaus Vondung, „Gibt es gute und schlechte Mystik?“, in: Ders. u. K-Ludwig Pfeiffer (Hg.), *Mystik und Moderne*, Bd. 1: Jenseits der entzauberten Welt. Naturwissenschaft und Mystik in der Moderne, München 2006, S. 157-169.

249 Erich Rothacker, *Logik und Systematik der Geisteswissenschaften* [1926], Bonn 1947, S. 66.

250 Ernst Troeltsch, *Soziallehren der christlichen Kirchen und Gruppen.* Die Buchfassung erschien 1912, im Folgenden zit. n. Troeltsch, *Gesammelte Schriften*, Bd.1, [Tübingen 1922], Neudruck Aalen 1961, S. 794ff. u. 848ff. Daß als „mystisch“ bezeichnete Autoren sich selbst als Wissenschaftler verstanden, zeigen Beiträge in: Moritz Baßler u. Hildegard Châtellier (Hg), *Mystique, mysticisme et modernité en Allemagne autour de 1900 / Mystik, Mystizismus und Moderne in Deutschland um 1900*, Préface de Antoine Faivre, Straßburg 1998.

251 In diesem Band S. 737ff.

252 Ernst Topitsch, *Vom Ursprung und Ende der Metaphysik. Eine Studie zur Weltanschauungskritik*, München 1972, S. 361.

auch im Zentrum des Werks von Fritz Mauthner, der in seiner vierbändigen Geschichte des Atheismus über Auguste Comte bemerkt, dieser habe „einen geistigen Samen gesät (...), dessen Frucht heute noch nicht völlig in die Scheuer gebracht worden ist (...). Immer noch lernt man von ihm, in England und Amerika, in England und in Deutschland".[253] Am Ende der *Geschichte des Atheismus* prägt Fritz Mauthner die paradoxe Formel „gottlose Mystik" als Religion derjenigen, die in voller Freiheit sich das Gefühl einer inneren Religion erhalten möchten und um den sprachlichen Ausdruck verlegen sind.

Wissenschaftliche Wahrheit ist aussagengebunden, und im Streit um die korrekte Aussage bleibt eine Rückseite des Nicht-Gesagten, die als ein letztes religiöses Fundament erhalten bleiben kann. Wenn es um die beharrlichen Zurückhaltung oder um die bekennende Verweigerung geht, so konkurriert die Religion des Positivismus, in dieser Variante als gottlose Mystik gelesen, streng genommen nicht mit anderen Religionen – im Gegenteil, sie kann mit den verschiedensten Religionen Koalitionen eingehen, sie konkurriert einzig mit der Theologie abendländischer Prägung, die die Produktion von Gottesbeweisen als sprachliche Aussagen zu ihren ersten Aufgaben zählt. Dies ist bei Mauthner klar gesehen: „Für die Kritik der Sprache verflüchtigen sich alle diese Gottesbeweise (am wahrnehmbarsten der ontologische) zu einem fernen Lachen über den Betrug der feierlichen Worte. Das Dasein eines Wortes bietet keine Gewähr für das Dasein des Wortinhalts."[254]

Mauthner resümiert: „Um ganz frei zu werden, frei von den Worten des Glaubens, aber auch frei von den Worten einer überheblichen Philosophie, mußte das menschliche Denken hindurchgelangen durch den Sensualismus, Materialismus bis zu der sprachkritischen Einsicht, daß es, das Denken, nichts als Sprache sei und daß die Sprache ein ungeeignetes Werkzeug sei, die Wirklichkeit zu begreifen oder gar die sogenannten letzten Fragen, obgleich oder weil diese nur Menschenfragen der Menschensprache sind, in befriedigender, in beruhigender Weise zu beantworten. Zur Sprachkritik konnten wir nur kommen durch den Materialismus hindurch, ihn durch Aufnahme vernichtend, nicht am Materialismus vorbei."[255] Dieser Durchgang durch den „Materialismus" ist dann eine lehrreiche sprachkritische Schule, wenn er die englische empiristische Tradition des Beobachtens, Beschrei-

253 Fritz Mauthner, *Der Atheismus und seine Geschichte im Abendland*, 4. Bd., Stuttgart/Berlin 1923, S. 117. Mauthner, der aus einer Familie stammte, in der der sabbatianische Messianismus eines Jakob Frank lebendig war, könnte der Ausgangspunkt für eine noch ausstehende Soziologie der Agnostik sein. Zu Mauthners Sprachkritik vgl. Joachim Kühn, *Gescheiterte Sprachkritik. Fritz Mauthners Leben und Werk*, Berlin 1975; Walter Eschenbacher, *Fritz Mauthner und die deutsche Literatur um 1900. Eine Untersuchung zur Sprachkrise der Jahrhundertwende*, Frankfurt a.M./Bern 1977; Gerald Hartung (Hg.), *An den Grenzen der Sprachkritik: Fritz Mauthners Beiträge zur Sprach- und Kulturtheorie*, Würzburg 2013. Siehe auch Gershon Weiler, „Fritz Mauthner. A Study in Jewish Self-Rejection", in: *Leo Baeck. Yearbook* 8/1963, S. 136-149; Sander L. Gilman, *Jüdischer Selbsthaß. Antisemitismus und die verborgene Sprache der Juden*, Frankfurt a.M. 1993, S. 131ff.

254 Mauthner 1923, S. 442.

255 Ebd., S. 426.

bens und der theoriefreien Informationssammlung aufnimmt, wie sie Isaac Watt vertreten hat.[256] Das Buch ist eine sekundäre Quelle des Wissens, weil der Verdacht falscher Zeugenschaft stets präsent ist. Andererseits muß das Beobachtete aber auch ausgesagt oder aufgeschrieben werden, um als Wissen nicht verloren zu gehen.

SPRACHE DER BEWEISE. Bei John Stuart Mill bildet letztinstanzlich der Beweis das Entscheidungskriterium, das zu einer sicheren Aussage führt. Sein Hauptwerk zur Logik ist geradezu eine Wissenschaft vom Beweis, wobei der Schwerpunkt auf der induktiven Logik liegt, d.h. den Schlüssen, von beobachtbaren Einzelfällen zu allgemeinen Gesetzeshypothesen oder Gesetzen zu kommen. Worte des Glaubens wird man in dieser Sprache der Beweise nicht finden können. Dennoch hat Mills Aussagen zur Religion zu Papier gebracht. Seine Stieftochter Helen Taylor hat sie 1874 posthum veröffentlicht und damit die atheistischen Anhänger Mills, der zu den wenigen Menschen des 19. Jahrhunderts gehörte, die vollständig areligiös erzogen worden waren, irritiert und verunsichert.[257]

Im ersten der *Drei Essays über Religion* widerlegt Mill die Rückführung von Moral auf Natur, wie sie im viktorianischen England verbreitet war. Im zweiten Essay „Vom Nutzen der Religion" geht Mill der Frage nach, warum die Sehnsucht nach Religion auch bei säkularisierten Menschen anzutreffen ist. Die Lösung des Problems, wie die Künstlichkeit der Moral wenn nicht durch Natur, dann auf andere Weise zu stützen sei und wie die subjektive Erfahrung, in seinem Einzeldasein von einem unbekannten Schicksal abhängig zu sein, einen angemessenen Ausdruck finden kann, wird im dritten Essay „Theismus" vorgeführt. Die Leistungen der Religionskritik und Bibelkritik seiner Zeit vollauf anerkennend, bekennt Mill: „Christus bleibt uns dennoch, eine einzig dastehende Gestalt, ebenso unähnlich allen seinen Vorgängern wie allen seinen Nachfolgern, selbst denen, die sich seiner unmittelbaren persönlichen Unterweisung erfreuten."[258] Diese Aussage hat man freilich zu seinen Lebzeiten nicht von Mill hören können.

Öffentlich trat Mill als entschiedener Verteidiger der Sprache der Beweise auf. So kritisiert Mill denn auch an Comtes Schriften seit 1851 dessen Herabsetzung des Beweises. „Was die Beweise anlangt, so wäre es (Comte zufolge, W.E.) nicht unerwünscht, wenn selbst die Theoretiker dieselben vergäßen und nur die Ergebnisse behielten. Unter allen Verirrungen, welche Männer der Wissenschaft sich zu schulden kommen lassen, dünkt Herrn Comte ihre pedantische Sorge um Vollständigkeit des Beweises und um die vollkommene Rationalisierung der wissenschaftlichen Prozesse die allergrößte. Es sollte genügen, daß die Lehren eine mit sich selbst und mit bekannten Tatsachen übereinstimmende Erklärung der Phäno-

256 Isaac Watts, *The Improvement of the Mind*, London: T. Purdy and Son, 1809. An Watt geschult waren Faradays berühmte Vorlesungen für Kinder. Michael Faraday, *Naturgeschichte einer Kerze*, mit einer Einleitung u. Biographie v. Peter Buck, Bad Salzdetfurth ²1980.

257 John Stuart Mill, *Drei Essays über Religion. Natur – Die Nützlichkeit der Religion – Theismus* [1874], Stuttgart 1984.

258 John Stuart Mill, „Theismus", in: Ebd., S. 109-212, hier S. 209.

mene liefern, und daß die Verfahrungsweisen durch ihre Früchte gerechtfertigt werden."[259] Dem kann Mill nicht folgen. Sichere Beweise sind das Fundament für gültige Aussagen.

Allerdings hat der Induktivismus, d.h. die Methode, zunächst zu beobachten und zu experimentieren, dann die Daten zu sammeln und zu ordnen, um schließlich die klassifizierten Daten zu verallgemeinern und auf dieser Grundlage eine Theorie aufzustellen, für die nicht lange gehalten, deren Bedürfnis nach Gewißheit groß war. Alan Musgrave bemerkt: „Obwohl kaum mehr vorstellbar, war der Induktivismus vor gar nicht allzu langer Zeit die offizielle Wissenschaftsphilosophie. Fast jeder – Wissenschaftler, Philosophen und Laien gleichermaßen – erkannte ihn in irgendeiner seiner Spielarten an. Wissenschaftler verwendeten ihn als Knüppel, mit dem sie auf ihre Gegner einschlugen."[260] Das logische Problem des Induktivismus bestand darin, daß Beobachtungen und Experimente notwendigerweise speziell sind und daher allgemeinen Schlüssen schwerlich als Grundlage dienen können. Wie kann man auch gewiß sein, daß ein so gewonnenes allgemeines Gesetz auch tatsächlich überall gilt? Musgrave spricht von der „Logikleiche im Keller des Induktivismus".[261]

Auf die Frage nach dem Geltungshorizont der Wahrheit von Aussagen hat Samuel Butler, der entschiedene Antipositivist, eine pointierte doppelte Antwort gegeben. Er erklärt „daß die Männer der Religion eine Menge kleiner Lügen um einer einzigen großen Wahrheit willen sagten, und daß die Männer der Naturwissenschaft eine Menge kleiner Wahrheiten um einer einzigen großen Lüge wegen sprächen".[262] Daß man es im Speziellen nicht so genau nehmen sollte, wenn es um die einzige große Wahrheit geht, ist für Wissenschaftler, die ein Maximum an Gewißheit in beiden Dimensionen gewinnen wollen, nicht akzeptabel.

Es ist dies die Problemlage, aus der heraus Analytische Philosophie als eine der Derivationen des Positivismus entsteht. Die Wendung zur Sprache, die Gottlob Frege zum Ende des 19. Jahrhunderts einleitet, verdankt sich ebenfalls dem wachsenden Mißtrauen gegen die natürliche Sprache, die Gedanken zum Ausdruck zu bringen. So behauptet Frege Michael Dummett zufolge „im Zuge seiner philosophischen Entwicklung mit immer stärkerem Nachdruck, sein eigentliches Thema seien nicht die Sätze, durch die Gedanken zum Ausdruck gebracht werden, sondern die Gedanken selbst."[263] Dabei stört die Sprache. 1906 schreibt Frege an Husserl: „Die Hauptaufgabe des Logikers besteht in einer Befreiung von der Sprache".[264] In dieser Perspektive wird es so schwer, über das Fassen eines Sinns etwas zu sagen,

259 Mill 1874, S. 126.

260 Musgrave 2011, S. 42.

261 Ebd., S. 47.

262 Samuel Butler, zit. n. David C. Somervell, *Geistige Strömungen in England im 19. Jahrhundert*, Bern 1946, S. 185.

263 Michael Dummett, *Ursprünge der analytischen Philosophie*, Frankfurt a.M. 1988, S. 13.

264 Gottlob Frege, *Wissenschaftlicher Briefwechsel*, hg. v. Gottfried Gabriel / Hans Hermes / Friedrich Kambartel / Christian Thiel u. Albert Veraart, Hamburg 1976, S. 102f.

daß Frege einen mystischen Spiritualismus in Anspruch nehmen muß, demzufolge „der Sinn ein unabhängig existierender Gegenstand ist, mit dem das Bewußtsein irgendwie in Berührung kommt."[265] Von Freges Kampf mit der Sprache und von Mauthners sprachkritischer gottloser Mystik ließe sich die *wissenschaftsreligiöse* Problematik zu Ludwig Wittgensteins Sprachphilosophie weiterführen, der am 27.5.1915 in sein Tagebuch schreibt: „Was sich nicht ausdrücken läßt, das drücken wir nicht aus – –. Und wie wollen wir *fragen*, ob sich DAS ausdrücken läßt, was sich nicht AUSDRÜCKEN läßt? *Gibt es keinen Bereich außerhalb den Tatsachen*?"[266]

Wittgensteins berühmter letzter Satz aus dem *Tractatus logico-philosophicus*: „Worüber man nicht sprechen kann, davon muß man schweigen", hat zu einem langen Streit darüber geführt, ob es sich um das Schweigen eines Positivisten, Atheisten, Theisten oder Agnostikers handelt.[267] Nachdem gegen den Widerstand der Nachlaßverwalter zunächst 1985 an entlegener Stelle in der katalanischen Zeitschrift *Sabar* in spanischer Sprache und dann 1991 im Verlag *Turia & Kant* die von Wilhelm Baum besorgte deutsche Ausgabe der geheimen Tagebücher der Jahre 1914-16 erschienen war, konnte die mystische Seite des ‚Tractatus' nicht mehr verheimlicht werden.[268] Wittgenstein schrieb in seinen Heften auf der rechten Seite in normaler Schrift, auf der linken Seite in einer Geheimschrift. In den Ausgaben vor 1991 war die Existenz der linken Seite verschwiegen worden. Verschlüsselt

265 Dummett 1988, S. 90.

266 Ludwig Wittgenstein, „Tagebücher 1914-1916", in: *Schriften*, Bd. 1, Frankfurt a.M. 1969, S. 85-278, hier S. 143; zum Verhältnis von Experiment und Aussage vgl. Maurice Merleau-Ponty, *Das Sichtbare und das Unsichtbare*, München 1994; zum „Wahrnehmungsglauben", ebd., S. 17, 47 u. 139.

267 Siehe auch die Beiträge in: Ulrich Arnswald u. Anja Weiberg (Hg.), *Der Denker als Seiltänzer. Ludwig Wittgenstein über Religion, Ethik und Mystik*, Düsseldorf 2001; insbesondere von Dieter Mersch, „‚Es gibt allerdings Unaussprechliches ...'. Wittgensteins Ethik des Zeigens.", in: Ebd., S. 133-155; von Genia Schönbaumsfeld, „Wittgenstein über religiösen Glauben", in: Ebd., S. 179-192; sowie von Ilse Somavilla, „Religion und Kunst in Wittgensteins Philosophieren: Parallelen und Unterschiede", in: Ebd., S. 231-254. Hilfreich ist die Darstellung der Metaphysikkritik Wittgensteins in Peter Michael Stephan Hacker, *Wittgenstein im Kontext der analytischen Philosophie*, Frankfurt 1997, bes. S. 76ff u. 226ff; sowie Hilary Putnam, *Für eine Erneuerung der Philosophie*, Stuttgart 1997, S. 172ff.

268 Ludwig Wittgenstein, *Geheime Tagebücher 1914-1916*, hg. u. dokumentiert v. Wilhelm Baum, mit einem Vorwort v. Hans Albert, Wien/Berlin 1991. Hans Albert bemerkt in seinem Vorwort, hier zeige sich „Wittgenstein als ein durch die christliche Tradition geprägter religiöser Denker, der zum moralischen Rigorismus neigt und der Kierkegaard und Tolstoi näher stehen dürfte als denjenigen, die von ihm Anregungen für die Entwicklung des Programms der logischen Analyse erhalten haben." Ebd., S. 7. Im Nachwort des Herausgebers ist die komplizierte Verheimlichungs- und Editionsgeschichte dargelegt. Siehe auch: Wilhelm von Baum, *Wittgenstein, Rilke und Ludwig von Ficker*, Wien 1993. Vgl. zur Diskussion: Stephen Toulmin, „Wittgenstein war kein Positivist", in: *Neues Forum* 17/1970a, S. 620-624; Ders., „Der Metaphysiker Wittgenstein", in: *Neues Forum*, 17/1970b, S. 699-703; Hans Blumenberg, „Doppelte Buchführung. Synopse der Kriegstagebücher Wittgensteins 1914-1916", in: *Frankfurter Allgemeine Zeitung* vom 25. April 1990, S. N3; auch aus dem Nachlaß in: Ders., *Lebensthemen. Aus dem Nachlaß*, Stuttgart 1998, S. 120-128.

waren dort Wittgensteins Gebete: „Meine Seele schrumpft zusammen. Gott erleuchte mich! Gott erleuchte mich! Gott erleuchte meine Seele.“ und ein mehrfaches „Gott mit mir!“. „Gott ist die Liebe“, heißt es, und an anderer Stelle: „Aber noch immer kann ich *das eine erlösende Wort* nicht aussprechen. Ich gehe rund um es herum und ganz nahe, aber noch konnte ich es selbst nicht erfassen!!“. Von Selbstzweifeln gepeinigt, notiert er: „Ohne Erfolg gearbeitet. Ich bin ganz im Dunkeln darüber, wie meine Arbeit weitergehen wird. *Nur* durch Wunder kann sie gelingen. Nur dadurch / indem VON AUSSERHALB MIR der Schleier von meinen Augen weggenommen wird.“[269] Treffend bemerkt Andreas Bähr, Wittgenstein erscheine in den *Geheimen Tagebüchern* „philosophisch weniger als Sprachanalytiker denn als Mystiker (...), zudem als religiös und moralisch Selbstverzweifelnder: als an sich selbst und der ‚Arbeit‘ des Erkennens fast *Ver*zweifelnder.“[270]

Thomas Nagel hat, in der Linie der Analytischen Philosophie weiterdenkend, in seinen Überlegungen zu der Frage, wie es für endliche und begrenzte Wesen möglich sein soll, unbegrenzte oder universell gültige Gedanken zu denken, zu Aussagen gefunden, die in ihm eine Angst vor dem Religiösen auslösten. „Wenn ich von der Angst vor dem Religiösen spreche, meine ich nicht die völlig vernünftige Abneigung gegen bestimmte etablierte Religionen und religiöse Institutionen aufgrund ihrer fragwürdigen moralischen Doktrinen, ihrer sozialpolitischen Maßnahmen und ihres politischen Einflusses. Ebensowenig beziehe ich mich auf die Verknüpfung vieler religiöser Überzeugungen mit abergläubischen Vorstellungen und der Akzeptanz ganz offensichtlich falscher empirischer Behauptungen. Ich spreche von etwas viel Tieferem, und zwar von der Angst vor dem Religiösen selbst. Ich spreche aus Erfahrung, da ich selbst dieser Angst stark ausgesetzt bin: Ich will, daß der Atheismus wahr ist, und es beunruhigt mich, daß einige der intelligentesten und gebildetsten Leute, die ich kenne, im religiösen Sinne gläubig sind. Es ist nicht nur so, daß ich nicht an Gott glaube und natürlich hoffe, daß ich mit meiner Überzeugung richtig liege; vielmehr hoffe ich, es möge keinen Gott geben! Ich will

269 Wittgenstein 1991, S. 26, 42, 53, 58 u. 63. Nach einer Nietzschelektüre notiert Wittgenstein: „Bin stark berührt von seiner Feindschaft / gegen das Christentum. Denn auch in seinen Schriften ist etwas Wahrheit enthalten. Gewiß, das Christentum ist der einzige *sichere* Weg zum Glück. Aber wie, wenn einer dies Glück verschmähte?! Könnte es nicht besser sein, unglücklich, im hoffnungslosen Kampf gegen die äußere Welt zugrunde zu gehen? Aber ein solches Leben ist sinnlos. Aber warum nicht ein sinnloses Leben führen? Ist es unwürdig? Wie verträgt es sich mit dem streng solipsistischen Standpunkt? Was muß ich aber tun, daß mein Leben / mir nicht verloren geht? Ich muß mir seiner immer – des Geistes immer – bewußt sein. – – –.“ Ebd., S. 47.

270 Andreas Bähr, „Erkenntnis-Arbeit eines Un-Gelehrten: Ludwig Wittgenstein“, in: *Gelehrtenleben. Wissenschaftspraxis in der Neuzeit* (= Selbstzeugnisse der Neuzeit 18), hg. v. Alf Lüdtke u. Reiner Prass, Köln/Weimar/Wien 2008, S. 153-163, hier S. 154. In Erneuerung der Theodizee-Problematik hat Ernst Tugendhat die Entstehung der Mystik aus der egozentrischen Sorge dargestellt. Ernst Tugendhat, *Egozentrizität und Mystik, Eine anthropologische Studie*, München 2003.

nicht, daß es einen Gott gibt; ich will nicht, daß das Universum so beschaffen ist."[271]

Es könnte sich durchaus um derartige Beunruhigungen handeln, die Intellektuelle dazu bringen, dem Schweigen den Vorzug vor dem Reden zu geben. Es wäre dies nicht das politische und zivilisierte Schweigen, das mit der *rationalreligiösen* Praxis der Diskursverknappung einhergeht, die wir im *Ersten Teil* dieser Religionssoziologie untersucht haben.[272] Vielmehr handelt es sich um eine Verschlossenheit aus Prinzip. Vielleicht liegt solche Verschlossenheit in der Linie der Rückzugsbewegung, der aufwendige Erkenntnistheorie oder Wissenschaftstheorie immer dann folgen, wenn sie sich auf minimalistische Fundamente zurückziehen. Die umfängliche Befestigung eines kleinen Sortiments von Prinzipien gehörte schon zu den Charakteristika des neukantianischen Denkstils. Diese Art der Vernunftbehauptung, die sich einerseits als einsamen Fels in einem wogenden Meer des Willens zur Weltanschauung erfährt und die andererseits durch die Resultate naturalistischer Forschungspraxis ihre Prinzipien aufgeweicht sieht, gerät notorisch in eine prekäre Lage.

Nagel kann zeigen, in welch komischer Situation sich befindet, wer der prinzipiellen Angst vor dem Religiösen zu viel Raum gibt. „Denn sich in seinen Überzeugungen von der Hoffnung beeinflussen zu lassen, daß Gott nicht existiert, ist genauso irrational wie eine Beeinflussung durch die Hoffnung, daß Gott existiert."[273] Seine Auseinandersetzung mit der evolutionären Erkenntnistheorie, die behauptet, die rationale Fähigkeit des Menschen sei Produkt der natürlichen Selektion und die somit das Denken unbegrenzter und universell gültiger Gedanken dem Relativismus bio-sozialer Kontingenzen überantwortet, führt Nagel denn auch zu Aussagen, die in der Tradition der Mystik verwurzelt sind: „Das Vertrauen, das wir in unsere Vernunft setzen, impliziert, so denke ich, die Überzeugung, daß – selbst wenn die Existenz menschlicher Wesen und insbesondere unsere eigene Existenz das Produkt einer langen Abfolge physikalischer und biologischer Zufälle sein sollte, und obgleich es hätte sein können, daß niemals irgendwelche intelligenten Lebewesen existieren – die von uns angewandten grundlegenden Methoden rationalen Denkens dennoch nicht allein menschlich sind, sondern einer allgemeineren Kategorie des Geistes gehören."[274] Eine den Menschen übersteigende „allgemeinere Kategorie des Geistes" könnte durchaus als eine Reformulierung *rationalreligiöser* Auffassungen betrachtet werden.

Die Debatte „Glauben und Wissen" ist zu Beginn des 21. Jahrhunderts auch in anderen Kontexten erneut aufgeflammt, die weniger einen Bezug zur *Wissenschaftsreligion* haben, als vielmehr in den Kontext kulturalistischer Debatten gehören.

---

271 Thomas Nagel, „Relativismus und Vernunft", in: *Wissen zwischen Entdeckung und Konstruktion. Erkenntnistheoretische Kontroversen*, hg. v. Matthias Vogel u. Lutz Wingert, Frankfurt a.M. 2003, S. 107-130, hier S. 123.

272 Im *Ersten Band* S. 236ff.

273 Ebd., S. 124.

274 Ebd., S. 127.

Noch 1969 konnte Theodor W. Adorno davon sprechen, daß „im Gefolge der allgemeinen Neutralisierung allen Geistes zu bloßer Kultur seit den letzten 150 Jahren der Widerspruch der traditionellen Offenbarungsreligion zur Erkenntnis kaum mehr geführt wird, sondern beide als Sparten des Kulturbetriebs nebeneinander existieren".[275]

Inzwischen hat sich die Diskurslage in den Diskussionen der Intellektuellen verändert. Die neutralisierende Kulturalisierung von Religion hat zu einer Konvergenz von Glauben und Wissen geführt, die im rettenden Begriff „Sinn" kulminiert. Eine Konsequenz davon wäre: „Sinn ist entweder transzendent oder es gibt keinen."[276] Zum anderen hat sich die Konkurrenz der Begründungsideale, die sich lange Zeit auf den Gottesglauben oder die objektivistische Metaphysik oder auf den Szientismus gestützt haben, zumindest im philosophischen Diskurs so abgeschwächt, daß mit Gianni Vattimo von einer Art „Säkularisierung der Philosophie" gesprochen werden kann, die eine neue Haltung zur Botschaft der Religion eröffnet: „Auch und vor allem auf Grund des postmodernen Pluralismus können wir das Sein ausschließlich als Ereignis denken und die Wahrheit nicht mehr als Widerspiegelung einer ewigen Struktur des Realen, sondern als geschichtliche Botschaft, die es zu hören gilt und auf die zu antworten wir aufgerufen sind. Eine solche Auffassung von der Wahrheit gilt nicht nur für die Theologie und die Religion; es ist diejenige, welche mehr oder weniger explizit heute auch für einen großen Teil der Naturwissenschaften gilt, zumindest derjenigen, die sich der Historizität ihrer Paradigmen bewußt geworden sind."[277]

4. Gelehrtenreligion, Erkenntnis als Erlösung

THEOLOGIA NATURALIS. Kann man Comtes *Wissenschaftsreligion* als eine Verlängerung der neuen Religionen auffassen, die aus der Erfahrung des revolutionären Enthusiasmus geboren sind, die wir im *Zweiten Teil* unserer Religionssoziologie untersucht haben? Auf den ersten Blick könnte man in Comtes *Wissenschaftsreligion* und ihren Denominationen Varianten der neureligiösen Revolutionskulte im Stil von Robespierres „Kult des Höchsten Wesens und der Natur" sehen.[278] Dage-

275 Theodor W. Adorno, „Vernunft und Offenbarung", in: Ders., *Stichworte. Kritische Modelle 2*, Frankfurt a.M. 1969, S. 20-28, hier S. 26.

276 Gabriel Amengual, „Nihilismus und Gottesbegriff", in: *Glauben und Wissen* (= Hegel-Jahrbuch 2003), hg. v. Andreas Arndt / Karol Bal u. Henning Ottmann, Berlin 2003, S. 38-44, hier S. 41. Zu „Sinn" in diesem Band S. 980ff.

277 Gianni Vattimo, *Jenseits des Christentums. Gibt es eine Welt ohne Gott?*, München 2004, S. 13f. Zur „Säkularisierung der Philosophie" siehe Ders., *Abschied. Theologie, Metaphysik und die Philosophie heute*, Wien 2003. Eine Neuverhandlung der Verhältnisse zwischen Wissenschaft und Religion im Rahmen der Science Studies hat Silke Gülker angestoßen: Silke Gülker, *Science and Religion. Steps toward an Analytical Framework within Contemporary Science Studies* (= WZB Discussion Paper SP III 2012-603), Berlin 2012.

278 Im *Ersten Band*, S. 416ff.

gen spricht nicht nur die strikte Abgrenzung der kritischen Revolutionsphase von der positiven Moderne, die bei Comte konsequent durchgehalten wird. Man könnte aber auch daran denken, in der Beschreibung der positivistischen Kulte ästhetische Dimensionen zu finden, die an *Kunstreligion* erinnern, und die Betonung der sozialen Harmonie ist in gewissen Bereichen auch affin zum *national-religiösen* Einheitsstreben. Gegen solche Zuordnungen spricht hingegen die entschiedene Unterordnung der Ästhetik unter die wissenschaftliche Moral, die *Kunstreligion* nicht kennt. Auch widerstreitet die supranationale Orientierung auf die Gesamtheit der menschlichen Gattung der Heiligung der Nation. *Wissenschaftsreligion* schließt an andere intellektuelle Traditionen an.

Wir haben im *Ersten Band* den heuristischen Wert der Religionstypologie der *theologia tripertita* des römischen Gelehrten Marcus Terentius Varro besonders herausgestellt.[279] Seine Religionstypologie sei hier kurz in Erinnerung gerufen. Varro zufolge gibt es einen dreifachen Bezug zu den Göttern. Die politische Theologie (*theologia civile*) bindet das Volk an die Herrschaft in den Formen der Lokalgottheit oder der Heiligung der Gesetze. Ein anderer Götterbezug ist durch Mythos und Poesie charakterisiert (*theologia fabulosa*). Schließlich gibt es die philosophische Gottesvorstellung (*theologia naturalis*). Sie sucht hinter den mythisch-dichterischen Gestalten und Erzählungen nach dem wahren Sein des Kosmos, dessen Mysterien sie sich zuwendet, seien es nun die Zahlen oder die Elemente, Formen oder Substanzen.

Die politische Theologie band die Bürger an das Gesetz und die Herrschaft. Sie mußte daher in ihren Riten einen sichtbaren und öffentlichen Charakter haben. Dagegen standen die speziellen Religionen der Philosophen und Gebildeten, die intellektuell von der Schlichtheit und Gemeinverständlichkeit der politischen Religion nicht befriedigt wurden und die daher ein spekulatives und forscherliches Eindringen in die Rätsel des Kosmos suchten. Zu den Spannungen zwischen einfacherer Staatsreligion und komplizierter gelehrter Privatreligion konnten mit der poetischen Religion weitere Konfliktzonen diskutiert werden, wie z.B. die zwischen philosophischer Wahrheit und dichterischer Phantasie. Auch konnten die Gottheiten politischer Theologie durch ihre Darstellung im Theater oder durch die Erzählung von Mythen mit ihrem Geflecht von Frevel und Rache möglicherweise sich mehr verletzt als geehrt oder unangemessen repräsentiert fühlen. Im poetischen Furor konnten damit auch die Grenzen zwischen staatsfrommer und staatskritischer Literatur überschritten werden. Adolf von Harnack hat Varro „ein Genie der Klassifikation" genannt.[280]

---

279 Im *Ersten Band*, S. 402ff. Ich greife zurück auf Formulierungen meines Beitrags: Wolfgang Eßbach, „Varros drei Religionen und die soziologische Religionstheorie", in: *Rückkehr der Religion oder säkulare Kultur? Kultur- und Religionssoziologie heute*, hg. v. Richard Faber u. Frithjof Hager, Würzburg 2008a, S. 124-140.

280 Adolf von Harnack, *Die Mission und Ausbreitung des Christentums in den ersten drei Jahrhunderten*, 4. verbesserte u. vermehrte Aufl., Leipzig 1924, S. 287.

Augustinus-Lesern war der dreifache Gottesbezug durch seine Kritik der römischen Götterlehre in *De civitate Dei* bekannt.[281] In die christliche Auffassung war die *theologia tripertita* nicht übersetzbar oder integrierbar. Augustinus widerlegt sie mit dem Argument, einen Unterschied zwischen *theologia civile* und *fabulosa* sei nicht erkennbar, da in beiden Formen dieselben falschen Göttergestalten verehrt würden. Da die *theologia naturalis* den allmächtigen Schöpfergott nicht kenne und ohnehin als Mysterienreligion nur Einzelnen, nicht jedoch der Menschheit nutzen könne, sei auch sie abzulehnen. Die dreifache Theologie kursierte aber in den freigeistigen *rationalreligiösen* Intellektuellenkreisen.[282]

Als ein heuristisches Modell hat uns die Religionstypologie der *theologia tripertita* geholfen, den Unterschied zwischen politischer Theologie und Demotheologie aufzuhellen. Auf der einen Seite gibt es in der Linie der *theologia civile* eine auf die politische Herrschaft bezogene Staatsreligion, wie sie mit den *Bekenntnisreligionen* der frühen Neuzeit in der glaubenskriegerischen Urszene der Moderne entstanden ist. Auf der anderen Seite gibt es in der Linie der *theologia fabulosa* eine den Enthusiasmus entzündende Religion, die durch Mythos und Poesie geweckt wird. In diesem *Dritten Teil* unserer Religionssoziologie, in dem es um die Erfahrung entfesselter Marktwirtschaft und die Genese sowie das Profil von *Wissenschaftsreligion* geht, ist die Linie der *theologia naturalis* von besonderem Interesse. Nicht die enthusiasmierende *theologia fabulosa*, auch nicht die *theologia civilis*, die die Ordnung des Gemeinwesens stützt, sondern die *theologia naturalis* bildet den Horizont, in den man zurückgehen muß, wenn man *Wissenschaftsreligion* charakterisieren will.

Die *theologia naturalis* ist auf den Kreis der Gebildeten beschränkt, die sich dem wahren Sein des Kosmos und seinen Mysterien zuwenden. Varro zufolge paßt die philosophische Religion als Ganze nicht zur Politik, weil sie einige überflüssige und für das Volk schädliche Elemente aufweist.[283] *Theologia naturalis* ist eine komplizierte Privatreligion der Gelehrten, die der antiken Naturphilosophie nahesteht, die zwischen *doxa* und *episteme* unterscheidet. Anders als die Religionen des Geset-

---

281 Aurelius Augustinus, *Über den Gottesstaat* (in 3 Bänden der Bibliothek der Kirchenväter), hg. v. Otto Bardenhewer / Theodor Schermann u. Karl Weyman, hier IV, 27; VI, 5 u. 6 , Kempten/München 1911, S. 223ff, S. 308ff.

282 Zur Verbreitung der dreifachen Theologie vgl. Justin A. I. Champion, *The Pillars of Priestcraft Shaken. The Church of England and its Enemies 1660-1730*, Cambridge: University Press, 1992, S. 166ff; Martin Mulsow, *Moderne aus dem Untergrund. Radikale Frühaufklärung in Deutschland 1680-1720*, Hamburg 2002, S. 161-260; Jan Assmann, „Monotheismus als politische Theologie", in: *Politische Theologie. Formen und Funktionen im 20. Jahrhundert*, hg. v. Jürgen Brokhoff u. Jürgen Fohrmann, Paderborn 2003b, S. 13-27.

283 Godo Lieberg, „Die ‚theologia tripertita' in Forschung und Bezeugung", in: *Aufstieg und Niedergang der römischen Welt. Geschichte und Kultur Roms im Spiegel der neueren Forschung*, Bd. I/4, *Von den Anfängen Roms bis zum Ausgang der Republik*, hg. v. Hildegard Temporini, Berlin 1973, S. 63-115, hier S. 87f.

zes und des Mythos sorgt sich die Religion der gelehrten Kosmosbetrachtung um eine sorgfältige Einteilung der *res divine*.[284]

Varro schließt an jene Unterscheidungen an, über die in der griechischen Antike so heftig gestritten wurde. Wer über ein besonderes Wissen verfügte, sei es als Zimmermann oder Kapitän, als Arzt oder Dichter, hat diese Kompetenz, weil eine Gottheit ihm das Geheimnis enthüllt oder ihn inspiriert hat. Um so wichtiger ist es, Gottheiten zu unterscheiden und im Wettstreit der Debatte zu zeigen, welche Mythen glaubwürdig sein könnten und welche nicht, um dann selbst gegen die olympischen Göttergeschichten neue konkurrierende Modelle einer rein theoretischen Schau ins Spiel zu bringen. Geoffrey Lloyd bemerkt zu den „naturalistischen" Modellen der Griechen: „Wir dürfen nicht vergessen, daß die Urheber der diversen konkurrierenden Theorien mit diesen auch sich selbst herausstellten und zu Ansehen bringen wollten. Gewiß, die frühen Philosophen und medizinischen Schriftsteller widmeten sich manchen empirischen Forschungen. Doch zeigen die Eigenartigkeiten und Extravaganzen einiger Theorien auch die Absicht, ihrem Publikum zu imponieren. Die Selbstherrlichkeit, mit der manche dieser Schriftsteller die Neuigkeit und Überlegenheit ihrer eigenen Theorien verkünden, verrät ihr Wetteifern um Prestige."[285] Dieser Polyzentrik entsprechen die antiken Mysterienkulte. „Die Mysterien waren Initiationsriten mit freiwilligem, persönlichem und geheimem Charakter und zielten auf einen Geisteswandel durch Erfahrung des Heiligen. Die Mysterien sind eine Form persönlicher Religion, die von einer individuellen Entscheidung abhängt und auf ein Heil abzielt, das durch intime Vertrautheit mit dem Göttlichen erreicht wird."[286]

Vorraussetzung aller dieser Bemühungen ist eine Annahme, die sich in einem Fragment Heraklits findet: ‚Die Natur liebt es, sich zu verbergen' (physis kryptesthai philei). Pierre Hadot hat den Weg dieser folgenreichen Annahme von der Personalisierung einer sich verhüllenden Natur bei Cicero, Lukrez und Seneca bis zu Wittgenstein untersucht und zwei Varianten des Denkens des Naturgeheimnisses

284 Godo Lieberg interpretiert das Varro-Referat bei Augustin, *Der Gottesstaat*, VII, 5: „Das Verhältnis zwischen *genus civile* und *physicum* läßt sich dabei auch so verstehen, daß die Staatsreligion durch die *interpretatio physiologica* einen Bezug zur philosophischen Theologie gewonnen hat. Trotzdem gilt, daß Varro es für nötig hielt, die *theologia civilis* mit großer Sorgfalt in der Unterscheidung – der Text sagt: *tanta cura distinctionis!* – vom *genus physicum* abzutrennen." Ebd., S. 99.

285 Geoffrey Lloyd, „Weltbilder und Weltmodelle", in: Jacques Brunschwig u. Ders. (Hg.): *Das Wissen der Griechen. Eine Enzyklopädie*, München 2000, S. 52-67, hier S. 62; Lloyd zitiert den griechischen Arzt, der vermutlich im frühen 4. Jahrhundert die Theorie entwickelt hat, daß Gesundheit von einem Gleichgewicht zwischen Ernährung und Leibesübungen abhängt: „Das ist eine schöne Sache für mich als ihren Entdecker und eine nützliche für alle, die davon hören. Denn keiner meiner Vorgänger ist auf diese Idee gekommen, obwohl ich dafür halte, daß sie in jeder Hinsicht von großer Bedeutung ist." Ebd., S. 62.

286 Luc Brisson, „Mythos und Wissen", in: Brunschwig u. Lloyd 2000, S. 68-77, hier S. 71.

hervorgehoben.[287] Die Mysterien der Natur konnten so aufgefaßt werden, daß die Prinzipien natürlicher Prozesse nur sehr schwer und schrittweise, oft erst im Verlauf von Generationen zu erhellen seien. Andererseits war daran zu denken, daß in den alten Mythen eine verhüllte Wahrheit der Naturprozesse schon vorliege, die es zu entschlüsseln gelte. In jedem Fall hatte *theologia naturalis* Sorge zu tragen, daß die Schritte zu solcher Entzauberung und Aufklärung geheim blieben, wenn die Gefahr drohte, das Volk könnte den Respekt vor den Göttern der *theologia civilis* verlieren. Im Horizont der *theologia naturalis* sind jene Motive versammelt, die auf die Spur der *Wissenschaftsreligion* führen.

Es ist bemerkenswert, daß Varro den Jahwe-Kult der *theologia naturalis* zuordnet, der Gelehrtenreligion, die einheitliche Prinzipien für den Kosmos als verehrungswürdig denkt. Die Exklusivität des Jüdischen rührt aus seinem nicht jedermann zugänglichen abstrakten Prinzip. Damit rückt die Religion der Juden an die Seite der philosophischen Gottesbezüge, etwa des Glaubens an eine monistische Weltseele oder an dualistische Kräfte von Anziehung und Abstoßung. Dem Glauben an das Bündnis des einen Gottes mit seinem Volk hat Varro vermutlich weniger Bedeutung zugemessen als der Bindung an ein höchstes, sich der Benennung entziehendes Sein.

In die scholastische Unterscheidung von Glauben und Wissen konnte die alte *theologia naturalis* dann gut eingebaut werden, wenn unterlegt wurde, daß es sich bei den Mysterien des Kosmos um Offenbarungen Gottes in seiner Schöpfung handelte. Dennoch, wer Paulus' *Ersten Brief an die Korinther* konsequent folgte, mußte sein Streben nach Wissen zurückstellen. Zu den vorrangigen theologischen Tugenden, die jetzt gelten, gehört explizit nicht die Erkenntnis. „Nun aber bleiben Glaube, Hoffnung, Liebe, diese drei; aber die Liebe ist die größte unter ihnen" (1. Kor. 13.13). Die Erkenntnis, wie auch die Prophetie und das Zungenreden sind in sich begrenzt und endlich, ein Stückwerk in der Spanne vor der Parusie. „Wir sehen jetzt nur undeutlich wie in einem trüben Spiegel; dann aber von Angesicht zu Angesicht. Jetzt erkenne ich stückweise; dann aber werde ich erkennen, wie ich erkannt bin" (1. Kor. 13, 12).[288]

Die historische Linie der *theologia naturalis* läßt sich – das Modell aus heutiger Sicht genutzt – auf die *Rationalreligion* beziehen, wenn man an ihr Vertrauen auf den vom Schöpfergott ins Werk gesetzten oder auf den der göttlichen Natur immanenten Gesamtmechanismus der Welt denkt. Wir haben diese Religion, die als

287 Pierre Hadot, *Zur Idee der Naturgeheimnisse. Beim Betrachten des Widmungsblattes in den Humboldtschen ‚Ideen zu einer Geographie der Pflanzen'*, (= Abhandlungen der Geistes- und sozialwissenschaftlichen Klasse / Akademie der Wissenschaften und der Literatur Mainz, 8/1982), Wiesbaden 1982; Ders., *Le Voile d'Isis'. Essai sur l'histoire de l'idée de Nature*, Paris: Gallimard, 2004 ; grundlegend zu Kontext und Wirkungsgeschichte: Burkhard Gladigow, „Vom Naturgeheimnis zum Welträtsel", in: *Schleier und Schwelle*, Bd. 3, *Geheimnis und Neugierde* (= Archäologie der literarischen Kommunikation V), hg. v. Aleida Assmann u. Jan Assmann, München 1999, S. 77-95, bes. S. 83f.

288 Manfred Sommer, *Evidenz im Augenblick. Eine Phänomenologie der reinen Empfindung*, Frankfurt a.M. 1987, S. 356.

Antwort auf die konfessionellen Kriege gestiftet wurde, im *Zweiten Teil* unserer Religionssoziologie untersucht. Der paulinischen Mahnung, das Streben nach Wissen zurückzustellen, sind *rationalreligiöse* Autoren kaum gefolgt. Die *Wissenschaftsreligion* des 19. Jahrhunderts hat – so sehr sich manche ihrer Protagonisten auch auf „die Aufklärung" berufen mögen – dagegen mit ihrer Aufkündigung der Balance zwischen Glauben und Wissen und mit der Erhebung von Naturgesetzen und Gesetzen der Evolution zu den wahren fundamentalen Bedingungen alles Seins einen neuartigen Monismus verkündet.

Erkenntnis in der verkehrten Welt. Die paulinische Nachordnung von Erkenntnis hinter Glaube, Hoffnung, Liebe ist nicht nur gegen die antike Philosophie, die das Erkenntnisstreben zum anthropologischen Hauptmerkmal gemacht hat, und auch nicht nur gegen die *theologia naturalis* gerichtet. Es handelt sich gleichermaßen um eine Abgrenzung gegen die antike Gnosis, in deren Zentrum der Glaube an eine Erlösung durch Wissen steht. Daher gehört die Auseinandersetzung mit Inanspruchnahmen von Gnosis zu den wiederkehrenden Elementen der Religion der Wissenschaft. Das griechische Allerweltswort Gnosis/Erkenntnis ist in der Antike verschiedenen Gruppen zugesprochen worden. Durch die patristische Apologetik des wahren Glaubens ist ein Korpus gnostischer ‚Irrlehren' geformt, das Intellektuelle, die nach Auswegen aus biblizistischer oder kirchlicher Dogmatik suchten, seit dem achtzehnten Jahrhundert immer wieder fasziniert hat. 1966 einigte sich eine internationale Kommission aus Religionswissenschaftlern, Theologen und Philosophen auf dem Kongreß in Messina auf eine Minimaldefinition. Man unterschied eine bestimmte Gruppe von gnostizistischen Systemen des zweiten Jahrhunderts nach Christus von einer die Zeiten übergreifenden „Gnosis", als einem „Wissen um göttliche Geschehnisse, das einer Elite vorbehalten ist."[289] Die Definition schließt, was den elitären Aspekt angeht, an die Varronische *theologia naturalis* an, schränkt aber das Wissen auf göttliche Geheimnisse ein.

In gnostischen Lehren erhält Erkenntnis einen Erlösungswert, weil daran geglaubt wird, daß die Welt als ein Labyrinth von Täuschungsvorrichtungen von einem bösen Demiurgen geschaffen wurde. Gnostische Texte erzählen davon, daß unsere Seele am Anfang aus einer unermeßlichen Lichtfülle, dem *pleroma*, als kleiner Lichtfunken in den finsteren Kosmos gefallen ist, d.h. in eine Falle, in der so ziemlich alles verkehrt ist. Gnosis variiert inverses Denken, in dem das, was als jüdische oder christliche Glaubenstradition geoffenbart ist, eine diabolische Verwirrung der Wahrheit eines anderen guten Gottes ist, den zu erkennen Gnosis sich bemüht. Inverses Denken stellt die Dinge auf den Kopf oder vom Kopf auf die Füße, je nach der vorausgehenden Definition von Verkehrtheit. In gnostisch inspi-

289 Christoph Markschies, „Christliche Religionsphilosophie oder vorchristliche antike Religion: Was ist Gnosis?", in: *Glaube – Erkenntnis – Freiheit. Herausforderungen der Gnosis in Geschichte und Gegenwart*, hg. v. Albert Franz, Paderborn 1999, S. 47-71; Vgl. auch die instruktive Einführung: Ders., *Die Gnosis*, München 2001; zum Messina-Kolloquium ebd., S. 22; Ders., Gnosis und Christentum, Berlin 2009.

rierten Geschichten liegt der Ursprung des Sündenfalls nicht bei Eva, sondern schon in der problematischen Geburt Adams. „Adam fiel mit dem Kopf nach unten; deshalb kommen alle Menschen in derselben Lage, mit dem Kopf nach unten, auf die Welt. Das ist jedoch eine Umkehr des ursprünglichen Zustandes von Adam, für den die linke Seite zur rechten wird und umgekehrt, und so hält der gefallene Mensch das Schöne für das Häßliche und das Gute für das Schlechte. Aus diesem Grund läßt sich Petrus mit dem Kopf nach unten kreuzigen, um die Situation zu kreuzigen, die mit dem Falle Adams und mit der Degeneration der ursprünglichen Natur Adams in der physischen Geburt des Menschen gegeben war."[290]

Willem van Reijen hat die neue Erkenntnis, die Gnosis nach der Destruktion der traditionellen Erkenntnis zu erreichen beabsichtigt, als ein Paradox beschrieben: „Das höchste Wissen ist ein Wissen um einen unbekannten, ja unerkennbaren Gott. Diese Spekulation der Gnostiker zielt darauf, den Widerspruch zwischen dem Alten Testament (in dem ein intriganter, ziemlich bösartiger Gott herrscht) und dem Neuen Testament (in dem wir einem Gott der Liebe begegnen) aufzuheben. Zugleich damit wollten die Gnostiker eine Antwort auf die Frage, wie das Böse in die Welt kommt, geben. Die Gnosis konnte aber eher als Kritik denn als positive Theologie reüssieren."[291] Die affektive Grundstimmung des Gnostikers ist das Gefühl des Exils, d.h. der Weltfremdheit als der Erfahrung, in einer fremden Welt zu sein. Die Erlösung durch Wissen finalisiert sich daher nicht in einem *bekenntnisreligiösen* Glauben, auch nicht in *rationalreligiösem* Vertrauen auf eine Welt, die der natürlichen Vernunft des Menschen zugewandt ist, und schon gar nicht im Enthusiasmus *kunstreligiöser* oder *nationalreligiöser* Erbauung. Gnosis bleibt skeptisch in einer Langzeitperspektive, die auch chiliastische Erwartungen auf Täuschungen hin untersucht. So heißt es im koptischen Thomasevangelium: „Wer sucht, soll nicht aufhören zu suchen, bis er findet; und wenn er findet, wird er bestürzt sein; und wenn er bestürzt ist, wird er verwundert sein, und er wird über das All herrschen."[292]

Als dem inversen Denken verpflichtet, stellt Gnosis eine Art negativer Theologie dar, deren Institutionalisierungsneigung nur sehr gering ist. Dies bringt sie in eine strukturelle Nähe zur *theologia naturalis* als einer Privatreligion der Gelehrten. Bei der Gnosis handelt es sich um eine intellektuelle Haltung, die bestehende Glaubensinhalte kritisch durchdringt. Manfred Sommer hat dies so charakterisiert: „Der Gnostiker wird, was er ist, nicht, indem er nun etwas ganz anderes glaubt als vorher, sondern indem er alles, was er vorher war und dachte, in ein umfassenderes Schema der Weltdeutung integriert, das ihn begreifen läßt, wie das, was ist, gewor-

290 Erik Peterson, „Einige Beobachtungen zu den Anfängen der christlichen Askese", in: Ders., *Frühkirche, Judentum und Gnosis. Studien und Untersuchungen*, Darmstadt 1982, S. 209-220, hier S. 217.

291 Willem van Reijen, „Das authentische Selbst – eine Aufgabe", in: *Jahrbuch der Psychoanalyse. Beiträge zur Theorie, Praxis und Geschichte* 43/2001, S. 187-206, hier S. 200f.

292 Zit. n. *Neutestamentliche Apokryphen in deutscher Übersetzung*, Bd. 1, *Evangelien*, hg. v. Wilhelm Schneemelcher, Tübingen [5]1987, S. 98.

den ist und wohinein es zu überwinden not tut. In der gnoseogenen Situation gibt es zwischen dem, der schon Gnostiker ist, und denen, zu denen er soeben noch gehörte und die nun Adressaten seiner neuen Wahrheit werden, einen gemeinsamen Bestand an Überzeugungen, einen gemeinsamen Fundus an Vorstellungen über die Wirklichkeit. Der Gnostiker aber lernt und lehrt, diese Überzeugungen und Vorstellungen als Verblendungen zu durchschauen, indem er sie auf ihre Genese hin durchsichtig werden läßt, das Selbstverständliche als etwas Gewordenes einsieht und aufzeigt."[293] Von daher wird erklärlich, daß gnostische Motive in den verschiedensten Wissens- und Glaubensformen anzutreffen sind.

Den Auftakt des Gnosisinteresses im 19. Jahrhundert bildet das bahnbrechende Werk *Die christliche Gnosis* von Ferdinand Christian Baur, das zeitgleich mit David Friedrich Strauß' *Leben Jesu* erschien.[294] Baur hegelianisiert die Gnosis. Entzweiung und Versöhnung sind ein ewiges dialektisches Grundmuster. Gnosis ist dabei die spekulative Durchdringung des christlichen Glaubens, d.h. Religions-Philosophie in dem Sinne, daß die Täuschungen religiöser *doxa* mit Hilfe gnostischer *episteme* durchschaut werden. Gnosis ist keine neue Religion im Sinne eines Abschlusses der letzten Fragen. Aber je tiefere Schichten des Wissens erreicht werden, um so mehr wächst Bestürzung und Erlösungsnähe. Bei Baur lernt man, daß Gnosis nicht in revolutionären Aktivismus münden muß, wie dies bei den Junghegelianern bisweilen der Fall ist.[295]

Nach dem Scheitern der 48er-Revolution bezieht sich der Sozialist Alphons Constant auf ein – vermutlich von ihm selbst verfaßtes – „gnostisches Evangelium", das ein Freund im Orient gefunden habe und konstruiert daraus einen Mythos, in dem der düstere Satan als freie Intelligenz in die Gestalt Luzifers transformiert wird. Unter dem Pseudonym Eliphas Lévi wird Constant zur Schlüsselfigur des europäischen Okkultismus.[296] Programmatisch zielt dieser integrative Luziferanismus auf eine Vereinigung von Wissenschaft, Glaube und Vernunft. Constants gnostische Inversion des Satans in den Lichtbringer Luzifer ist die Vorlage für die Theosophie der Helena Blavatsky und die Anthroposophie Rudolf Steiners geworden, deren Programm der Struktur von *Wissenschaftsreligion* folgt. „Das bedeutsame Symbol der Weisheit, die uns durch Forschung gegeben wird, ist Lucifer, zu

293 Sommer 1987, S. 51.

294 Ferdinand Christian Baur, *Die christliche Gnosis oder Die christliche Religions-Philosophie in ihrer geschichtlichen Entwicklung*, Tübingen 1835; zuvor erschien Ferdinand Christian Baur, *Das manichäische Religionssystem nach den Quellen neu untersucht und entwickelt*, Tübingen 1831; vgl. dazu im Kapitel „Hegel und Söhne" im *Ersten Band* unserer Religionssoziologie S. 676ff.

295 Vgl. Wolfgang Eßbach, *Die Junghegelianer. Soziologie einer Intellektuellengruppe*, München 1988, S. 351ff; Zu Baurs Treue zur Orthodoxie vgl. Olaf Briese, *Konkurrenzen. Philosophische Kultur in Deutschland 1830-1850, Portraits und Profile*, Würzburg 1998, S. 170ff.

296 Vgl. Christopher McIntosh, *Eliphas Lévi and the French Occult Revival*, London: Rider, 1972. Julian Strube, *Sozialismus, Katholizismus und Okkultismus im Frankreich des 19. Jahrhunderts. Die Genealogie der Schriften von Eliphas Lévi*, Berlin/Boston 2016.Siehe auch in diesem Band S. 623ff.

deutsch der Träger des Lichtes. Kinder des Lucifer sind alle, die nach Erkenntnis, nach Weisheit streben", heißt es bei Rudolf Steiner.[297] Luzifer wird „als scientifischer Führer des Menschen zu Gott" gesehen, der sich vom trägen und niederen Ahriman, einer Art bösem Rest-Satan, abhebt.[298] Daß gnostische Motive über die okkulte Szene auch in die Ideologie des Nationalsozialismus eingingen, hat Harald Strohm untersucht.[299]

Aus heutiger Sicht mag es seltsam anmuten, den Occultismus des 19. Jahrhunderts den *Wissenschaftsreligionen* zuzuordnen. Aber die meisten Occultisten verstanden sich durchaus als Wissenschaftler, auch wenn sie die akademisch zertifizierten Methoden für unzureichend hielten, den ungeheuerlichen Rätseln des Kosmos auf die Spur zu kommen. Ja man kann vielleicht auch sagen, daß sie dazu neigten, Macht und Umfang der verborgenen Geisterwelt größer einzuschätzen als, das wenige, was sie mit ihren Experimenten an gesichertem Wissen herausbekommen hatten. Solche Tendenzen findet man auch bei Positivisten. Samuel Saenger hat darauf hingewiesen, daß der jüngere Mill ebenso wie sein Vater James Mill in seinen letzten Lebensjahren sich gnostisch-manichäistischen Vorstellungen zuwandte: „Der Gott, den Mill mit der positivistischen Deutung der Tatsachen in Natur und Geschichte für vereinbar hält, ist allgütig und weise, aber nicht allmächtig: seine Macht hat an den Dämonen der Finsternis eine Schranke."[300]

Auch die kritische jüdische Intelligenz der Jahrhundertwende im Umkreis von Gustav Landauer und Ernst Bloch nutzt gnostisch-dualistische Denkmuster.[301] Der junge Leo Löwenthal entwirft in einer Seminararbeit bei Karl Jaspers 1920 eine negative Religionsphilosophie, in der es heißt: „So hebt denn das Problem des Dämonischen an bei der unseligen Verzaubertheit dieser Welt, deren schier völliges Verlassensein uns der Verzweiflung eines negativen Gottesbeweises in die Hände gibt." Es gelte „leibhaft hindurchzuwandeln durch das Reich absoluter Negation, wo des Teufels Fratzen und grinsende Gestalten ihren behäbigen Wohnsitz gefunden. Hier, hier in dieser isolierten, pfadlos sich dehnenden Wildnis schuf ja das moderne Denken aus Not und Angst, aus Trotz und Unwissen sich selber den Zwist des Seins und des Sollens, flüchtete sich aus dem Ich das unbekannte Selbst als inthronisierter neuer Gott, der ab ovo schon unerreichbar und unerkannt bleiben mußte." Marx und Husserl gelten als die beiden großen Entlarver der Teufelsfratzen. „So muß aus einheitlicher Grundhaltung Marxens weltgeschichtsdialektische Ökonomik mit der phänomenologischen Tendenz verschmelzen zu einer

297 So Rudolf Steiner 1903, zit. n. Ernst Osterkamp, *Lucifer – Stationen eines Motivs*, Münster 1977, S. 230f.

298 Joachim Schmidt, *Satanismus – Mythos und Wirklichkeit*, Marburg 1992, S. 124; Zum Verhältnis Rudolf Steiners zur Gnosis siehe Luca Di Blasi, *Der Geist in der Revolte. Der Gnostizismus und seine Wiederkehr in der Postmoderne*, München 2002, S. 203-208.

299 Harald Strohm, *Die Gnosis und der Nationalsozialismus*, Frankfurt a.M. 1997.

300 Samuel Saenger, *John Stuart Mill. Sein Leben und Lebenswerk*, Stuttgart 1901, S. 197.

301 Vgl. Gustav Landauer, *Skepsis und Mystik. Versuche im Anschluß an Mauthners Sprachkritik*, Berlin 1903; für Bloch siehe Anton F. Christen, *Ernst Blochs Metaphysik der Materie*, Bonn 1979, S. 9 u.a.

,negativen Religionsphilosophie', die den ganzen unbestrahlten Brei der Dinge erkennt, ihn umgestaltet zu einem zeitlich sich fügenden Kosmos und ihn in kindlichem Verlangen darreicht, auf daß das Wunder sich vollziehen dürfe."[302]

GNOSIS UND MODERNE. Seit den berühmten Thesen von Eric Voegelin zur Gnosis als einer die Neuzeit insgesamt bestimmenden Religion der Moderne hat sich die Gnosisdebatte enorm ausgeweitet.[303] Gnostisch ist für Voegelin die Selbstvergottung des Menschen, wie sie durch unangreifbares, totalitäres Systemdenken neuzeitlich auf den Weg gebracht wurde. Für Voegelin geht es dieser Gnosis nicht um Erkenntnis, sondern um Bemächtigung. Von hier aus hat er seinen Begriff „politische Religion" entworfen, den wir im *Zweiten Teil* unserer Religionssoziologie von der *Nationalreligion* unterschieden haben und dessen totalitärer Gehalt sich erst voll im Erfahrungshorizont technisierter Lebenswelten erschließt.[304]

Für die Diskussion von *Wissenschaftsreligion* sind Voegelins Charakterisierungen der Differenz von Gnosis-Wissen und philosophischem Wissen wichtig. Voegelin wirbt für einen Begriff von Philosophie, der nicht auf Gnosis, sondern auf paulinisch imprägnierte Noesis gebaut ist. „Philosophie entspringt der Liebe zum Sein; sie ist das liebende Bemühen des Menschen, die Ordnung des Seins zu erkennen und sich auf sie einzustimmen. Gnosis will Herrschaft über das Sein; um sich des Seins zu bemächtigen, konstruiert der Gnostiker sein System. Das System ist eine gnostische Denkform, nicht eine philosophische."[305] Von dieser grundlegenden Unterscheidung ausgehend, beanspruchen Voegelin zufolge gnostische Systeme in der Moderne und insbesondere im 20. Jahrhundert zu Unrecht das Prädikat ,wissenschaftlich' für sich. Im „Ideologieklima unserer Zeit ist der Ausdruck ,Wissenschaft' zu einem Topos geworden, der den verschiedenartigsten, nicht-noetischen Interpretationen von gesellschaftlicher Ordnung Prestige verleihen soll. Ob wir die ältere Schicht der Ideologien betrachten – den Progressivismus der Aufklärung, den Positivismus und Marxismus des 19. Jahrhunderts – oder die jüngere Schicht – den deutschen Historismus, den amerikanischen Behaviorismus und die jüngste Produktion dieser Art: den nach-stalinschen ,wissenschaftlichen Kommunismus' des Sowjetimperiums –, sie alle haben zweifellos den Charakter nicht-noetischen Selbstverständnisses von Gesellschaften, ja ihre Vertreter würden den Verdacht, eine noetische Interpretation im Sinne der klassischen Philosophie zu betreiben,

302 Leo Löwenthal, „Das Dämonische. Entwurf einer negativen Religionsphilosophie" [1920/1922], in: Ders., *Untergang der Dämonologien. Studien über Judentum, Antisemitismus und faschistischen Geist*, Leipzig 1990, S. 10-26, hier S. 11, 12 u. 13; „Wir waren damals alle Gnostiker", hat mir Leo Löwenthal bei einem unserer letzten Gespräche in Berkeley erklärt.

303 Eric Voegelin, *Wissenschaft, Politik und Gnosis*, München 1959; siehe dazu die erhellenden Ausführungen von Reinhard W. Sonnenschmidt, *Politische Gnosis. Entfremdungsglaube und Unsterblichkeitsillusion in spätantiker Religion und politischer Philosophie*, München 2001, S. 137ff.

304 Im *Ersten Band*, S. 540 u. 637.

305 Voegelin 1959, S. 54.

mit Entrüstung zurückweisen, und doch nehmen sie alle für sich den Charakter der ‚Wissenschaft' in Anspruch."[306] Indem Voegelin Gnosis aus dem Horizont der *theologia naturalis* herausnimmt, ihr Erkenntnisleistungen abspricht und als Grundfigur „politischer Religion" behandelt, verschärft er den Streit um die Legitimationsgrundlagen neuzeitlicher Wissenschaft.[307]

Auf Voegelins Thesen hat Hans Blumenberg mit seinen berühmten Studien zur *Legitimität der Neuzeit* geantwortet. Neuzeitliches Philosophieren und neuzeitliche Wissenschaft stelle keine Neuauflage der spätantiken Gnosis dar, vielmehr sei Neuzeit als zweite gelungenere Überwindung der Gnosis zu begreifen, nachdem die erste patristische und mittelalterliche Überwindung der Gnosis sich als unzureichend erwiesen habe. Es sind bei Blumenberg die zum Wissenstrieb anthropologisierte theoretische Neugier und die zukunftspragmatische technische Vision, die sowohl die christliche als auch die gnostische Resignation vor dem irdischen Jammertal endgültig überwinden.[308]

Im Streit um das Verhältnis von Gnosis und Moderne, der seit den 1960er Jahren des 20. Jahrhunderts immer wieder aufbricht, kehren die wichtigsten Motive der europäischen Glauben-Wissen-Diskussion in seltsam verschobener Perspektive wieder. Denn hier geht es nicht mehr allein um die Verhältnisse zwischen christlichem Glauben und moderner Wissenschaft, sondern um eine Gnosis, die einerseits als Religion und andererseits als Modus der Wissensgewinnung angesprochen werden kann. Peter Koslowskis Formulierung von einem „Gnostizismus ohne Pleroma" trifft dabei sehr gut die *wissenschaftsreligiösen* Dimensionen, in denen Klosow-

306 Eric Voegelin, „Was ist Politische Realität?", in: Ders., *Anamnesis. Zur Theorie der Geschichte und Politik*, München 1966, S. 283-354, hier S. 286; Reinhard W. Sonnenschmidt fragt sich nicht ganz zu Unrecht am Schluß seiner Analyse von Voegelins Gnosisbegriff: „Das Kokettieren mit pneumatisch erborgter, aber ‚richtiger' Transzendenz läßt die Frage zurück, ob Voegelin nun verhinderter Gnostiker, philosophierender Christ oder einfach ein anonymer Theologe war, der wissenschaftlich universell dachte. Dennoch: seine Gnosis-Kritik im besonderen und seine politische Philosophie im allgemeinen haben Symbole hervorgebracht, die das Verständnis moderner Gnosis erleichtern". Sonnenschmidt 2001, S. 256.

307 Richard Faber, „Eric Voegelin. Gnosis-Verdacht als polit(olog)isches Stratagem", in: *Religionstheorie und Politische Theologie*, Bd. 2, *Gnosis und Politik*, hg. v. Jakob Taubes, Paderborn 1984, S. 230-248.

308 Hans Blumenberg, *Legitimität der Neuzeit*, Frankfurt a.M. 1966, erweitert und überarbeitet als Neuausgabe: Ders., *Säkularisierung und Selbstbehauptung*, Frankfurt a.M. 1974; sowie Ders., *Der Prozeß der theoretischen Neugierde*, Frankfurt a.M. 1973; siehe dazu Odo Marquard, „Das gnostische Rezidiv als Gegenneuzeit. Ultrakurztheorem in lockerem Anschluß an Blumenberg", in: Taubes 1984, S. 31-36; Walter Jaeschke, „Gnostizismus – ein Schlagwort zwischen geschichtlicher Aufklärung und Häreseomachie", in: *Archiv für Begriffsgeschichte* 28/1984, S. 269-280. Aus der neueren Literatur zur Gnosis in der Moderne ist hervorzuheben Michael Pauen, *Dithyrambiker des Untergangs. Gnostizismus in Ästhetik und Philosophie der Moderne*, Berlin 1994; Ruth Groh, *Carl Schmitts gnostischer Dualismus. ‚Der boshafte Schöpfer dieser Welt hat es so eingerichtet (...)'*, Berlin 2014.

ski freilich eher antireligiöse Mythologie und Nihilismus zu erkennen glaubt.[309] Gnosis als Religion aufgefaßt, konnte nicht nur wie bei Voegelin dazu dienen, weite Partien moderner Wissenschaft ideologiekritisch zu bearbeiten, sondern auch dazu, Gnosis religionswissenschaftlich als eine Weltreligion zu profilieren, die innerhalb anderer Weltreligionen als jüdische, christliche, islamische, indische bzw. buddhistische Gnosis Fuß gefaßt hat.[310]

In dieser großen Perspektive erscheint als gnostische Gemeinsamkeit das Gefühl der Geworfenheit in die Welt.[311] Es handelt sich hierbei um eine existentialistische Thematisierung, bei der Gnosis vorrangig als psychologische Selbsterkenntnis und Selbstbesinnung des Einzelnen erscheint. Dabei tritt die gnostische intellektuelle Energie beim Erkennen der Täuschungen, die die Welt als eine Falle bereithält, in den Hintergrund.[312] Diese Gnosis, in der das Erleben von Entfremdung vor dem Erkennen und dem Wissen rangiert, hat bei Peter Sloterdijk und Thomas Macho eine zusätzliche therapeutische Dimension der Selbstheilung erhalten. Solche Varianten von Gnosis kommunizieren nicht zuerst mit der Erfahrung der Marktgesellschaft als einer Existenzgrundlage, die einen hohen positiven Wissensstand, kluge Voraussicht und wache rationale Wahlhandlungen erfordern, sondern weit mehr mit der Erfahrung artifizieller Lebenswelt, in die das nackte Leben geworfen ist und nun bangen muß heil zu bleiben. Dieser Komplex wird im *Vierten Teil* unserer Religionssoziologie wieder aufgegriffen.

INTELLEKTUELLENRELIGION. Maßgeblichen Einfluß auf die Akzentverschiebung innerhalb der gnostischen Formel von Wissen hin zu Erlösung, von Erkenntnis zu Selbsterkenntnis, von Ideologiekritik zur Therapeutik hat die Verknüpfung von Intellektualismus und Gnosis gehabt, die Max Weber zu Beginn des 20. Jahrhunderts vorgenommen hat.[313] Diese Verknüpfung erfolgte mit einem aktualisierenden Blick

309 Peter Koslowski, „Gnosis und Gnostizismus in der Philosophie. Systematische Überlegungen", in: Ders., *Gnosis und Mystik in der Geschichte der Philosophie*, Darmstadt 1988, S. 395.

310 Ein Ausgangspunkt für diese Perspektive ist Gilles Quispel, *Gnosis als Weltreligion*, Zürich 1951; vgl. dazu auch die Zusammenstellung in *Weltrevolution der Seele. Ein Lese- und Arbeitsbuch der Gnosis von der Spätantike bis zur Gegenwart*, hg. v. Peter Sloterdijk u. Thomas H. Macho, Zürich 1993, S. 242ff.; der Ausweitungen versuchen die Herausgeber durch die Termini „Kryptognosis" und „Metagnosis" Herr zu werden.

311 Quispel 1951, S. 32.

312 Vgl. dazu die Aktualisierungen von Gnosis, die Hans Jonas vorgenommen hat. Hans Jonas, *Gnosis und spätantiker Geist*, Erster Teil, *Die mythologische Gnosis*, Göttingen 1934 (Nachdruck 1988); Ders., *Gnosis und spätantiker Geist*, Zweiter Teil, *Von der Mythologie zur mystischen Philosophie*, hg. v. Kurt Rudolph, Göttingen 1993; darin insbesondere: Ders., *Gnosis, Existenzialismus und Nihilismus*, S. 359-379; Ders., *Gnosis. Die Botschaft des fremden Gottes*, Frankfurt/Leipzig 1999.

313 Vgl. dazu Hans G. Kippenberg, „Intellektualismus und Gnosis", in: *Max Webers Studie über das antike Judentum: Interpretation und Kritik*, hg. v. Wolfgang Schluchter, Frankfurt a.M. 1981, S. 201-215; Ders., „Intellektuellen-Religion", in: *Die Religion von Oberschichten. Religion – Profession – Intellektualismus*, hg. v. Peter Antes u. Donate Pahnke, Marburg 1989, S. 181-201. In diesem Band S. 787ff.

auf die ihm zweifelhafte religiöse Authentizität seiner intellektuellen Zeitgenossen in der wilhelminischen Ära, denen er attestierte, „das Bedürfnis (zu) empfinden, neben allerlei andern Sensationen auch die eines ‚religiösen' Zustandes als ‚Erlebnis' zu genießen, gewissermaßen um ihr inneres Ameublement stilvoll mit garantiert echten alten Gerätschaften auszustatten: – aus solcher Quelle ist noch nirgends eine religiöse Erneuerung erwachsen".[314] Kontrastierend dazu stellt er als zentrale gesellschaftliche Funktion der Intellektuellen heraus: „Ihr Werk vornehmlich war die Sublimierung des religiösen Heilsbesitzes zum ‚Erlösungs'-Glauben. Die Konzeption der Erlösungsidee war an sich uralt, wenn man die Befreiung von Not, Hunger, Dürre, Krankheit und – letztlich – Leid und Tod mit darunter begreift. Aber eine spezifische Bedeutung erlangte die Erlösung doch erst, wo sie Ausdruck eines systematisch-rationalisierten ‚Weltbildes' und der Stellungnahme dazu war."[315]

Webers Verknüpfung von Gnosis und Intellektuellenreligion folgte durchaus der Linie, die Ferdinand Christian Baur eröffnet hatte. Grundsätzlich bei Weber war dann die entschiedene Ausrichtung dieser Verknüpfung auf das Thema der Erlösung. Für Weber sind „die vorderasiatischen Erlösungslehren des Manichäismus und der Gnosis beide ganz spezifische Intellektuellenreligionen, sowohl was ihre Schöpfer wie was ihre wesentlichen Träger und auch was den Charakter ihrer Erlösungslehre angeht."[316] Hans G. Kippenberg bemerkt zurecht: „Weber veranschlagte den Anteil ‚Intellektualismus' in den Erlösungsreligionen überraschend hoch."[317] Mehr als bei anderen Themen zeigt sich in dieser Erlösungszentrierung die kulturprotestantische Prägung der Weberschen Religionssoziologie und ihr Zusammenhang mit den pessimistischen und nihilistischen Verarbeitungen der Erfahrung moderner Marktgesellschaft, auf die wir später zurückkommen.[318]

So wird man in Webers breiter Religionssoziologie nicht sehr fündig, wenn man nach Aussagen zur *Wissenschaftsreligion* sucht. Weber meidet es geradezu, Gnosis mit „Erkenntnis", „Erkenntnistheorie" oder „Wissen" bzw. „Wissenschaft" in Ver-

314 Max Weber, „Die Wirtschaftsethik der Weltreligionen. Vergleichende Religionssoziologische Untersuchungen. Einleitung", in: MWS I/19, hg. v. Helwig Schmidt-Glintzer u. Petra Kolonko, Tübingen 1991a, S. 1-26, hier S. 10f.; Kippenberg 1981, S. 182. Vgl. auch die Formulierung: „Das Bedürfnis des literarischen, akademisch-vornehmen oder auch Kaffeehausintellektualismus aber, in dem Inventar seiner Sensationsquellen und Diskussionsobjekte, die ‚religiösen' Gefühle nicht zu vermissen, das Bedürfnis von Schriftstellern, Bücher über diese interessanten Problematiken zu schreiben, und das noch weit wirksamere von findigen Verlegern, solche Bücher zu verkaufen, vermögen zwar den Schein eines weit verbreiteten ‚religiösen Interesses' vorzutäuschen, ändern aber nichts daran, daß aus derartigen Bedürfnissen von Intellektuellen und ihrem Geplauder noch niemals eine neue Religion entstanden ist und daß die Mode diesen Gegenstand der Konvention und Publizistik, den sie aufgebracht hat, auch wieder beseitigen wird." Max Weber, *Wirtschaft und Gesellschaft. Grundriß der verstehenden Soziologie*, hg. v. Johannes Winkelmann, Köln/Berlin 1964, S. 404.

315 Weber 1989, S. 101.

316 Weber 1964, S. 393.

317 Kippenberg 1981, S. 194.

318 In diesem Band, S. 776ff.

bindung zu bringen. Er koppelt überwiegend „Intellektualismus“ nicht an Wissenserwerb, sondern an Sinnproduktion. Dies macht den Weg frei, „Sinn“ vorrangig im Blick auf seine Erlösungsversprechen zu thematisieren. Als Neukantianer operierte er ohnehin mit einem gespaltenen Wissenschaftsbegriff. In der Konsequenz konnte er denen nicht folgen, die ihr Bedürfnis, auf Sinnfragen eine Antwort zu erhalten, mit einer Wissenschaft befriedigen wollten, die sich naturwissenschaftlicher Methoden bediente. Gegen monistische Auffassungen schrieb Max Weber: „Wer – außer einigen großen Kindern, wie sie sich gerade in den Naturwissenschaften finden – glaubt heute noch, daß Erkenntnisse der Astronomie, der Biologie oder der Physik oder Chemie uns etwas über den *Sinn* der Welt, ja auch nur etwas darüber lehren könnten: auf welchem Weg man einem solchen ‚Sinn‘ – wenn es ihn gibt – auf die Spur kommen könnte?“[319]

Sowohl in Bezug auf das aufklärerische Konzept der *Rationalreligion* als auch auf die in seiner Zeit vorliegenden *wissenschaftsreligiösen* Auffassungen hat Weber stets abwehrend reagiert. Zurecht bemerkt Hans G. Kippenberg: „Weber geht ein Glaube an die Macht der Vernunft vollkommen ab. Nicht die Aufklärung, sondern die Reformation hat den entscheidenden Beitrag zur Eigenart der europäischen Kulturentwicklung geleistet. Die zunehmende Herrschaft des Menschen über die Natur, die Rationalisierung aller Lebensbereiche ist in letzter Konsequenz Resultat eines religionshistorischen Prozesses. Nicht die Vernunft, sondern die Erlösungsreligion hat die moderne Welt hervorgebracht.“[320] Von dieser Radikalisierung der Erlösungsfrage ausgehend, wird Gnosis bei Weber nach dem Aktiv-Passiv-Schema der innerweltlichen Askese rationaler praktischer Ethik des Protestantismus gegenübergestellt. Bemerkenswert ist die Charakterisierung vom „apathisch-ekstatisch(en) Gottesbesitz der Gnosis“.[321] Letztlich schlägt Weber typologisch Gnosis der Mystik zu, die in dieser Zeit ohnehin in Verdacht steht, religiöser Zufluchtsort für Wissenschaftler zu sein. Daß er sich selbst einmal als verkappten „Mystiker“ bezeichnet haben soll, verdient festgehalten zu werden.[322]

---

319 Max Weber, „Wissenschaft als Beruf“, in: Ders., *Gesammelte Aufsätze zur Wissenschaftslehre*, hg. v. Johannes Winckelmann, Tübingen 1988b, S. 582-613, hier S. 597.

320 Kippenberg 1981, S. 200; Das Erlösungsmotiv ist bei Max Weber enorm ausgeweitet: „Stets ist die Erlösung, die der Intellektuelle sucht, eine Erlösung von ‚innerer Not‘ und daher einerseits lebensfremderen, andererseits prinzipielleren und systematischer erfaßten Charakters, als die Erlösung von äußerer Not, welche den nicht privilegierten Schichten eignet. Der Intellektuelle sucht auf Wegen, deren Kasuistik ins Unendliche geht, seiner Lebensführung einen durchgehenden ‚Sinn‘ zu verleihen, also ‚Einheit‘ mit sich selbst, mit den Menschen, mit dem Kosmos. Er ist es, der die Konzeption der ‚Welt‘ als eines ‚Sinn‘-Problems vollzieht.“ Max Weber 1964, S. 396; im deutlichen Oberschichtenbezug scheint noch die Varronische *theologia naturalis* durch, die als Privatreligion der Gelehrten elitär herausgehoben ist.

321 Max Weber, „Die Wirtschaftsethik der Weltreligionen. Hinduismus und Buddhismus“, in: MWS I/20, hg. v. Helwig Schmidt-Glintzer u. Karl-Heinz Golzio, Tübingen 1998a, S. 259.

322 Vgl. Eduard Baumgarten, *Max Weber – Werk und Person. Dokumente*, Tübingen 1964, S. 677.

Die Gefangenschaft des Erkenntnissubjekts. Die Verflechtung von Wissenschaft, Intellektualismus, Gnosis und Mystik, die in die Kernbereiche positivistischer *Wissenschaftsreligion* hineinführt, läßt sich subtiler noch als bei Auguste Comte bei den Empiriokritizisten Richard Avenarius (1843-1896) und Ernst Mach (1838-1916) aufzeigen.[323] Daß sie die Bezeichnung Positivismus meiden, die erst der Avenarius-Schüler Joseph Petzoldt offensiv verwendet, sollte ebensowenig irritieren, wie der Umstand, daß sie sich nicht auf Comte beziehen, sondern dem neukantianischen Diskursfeld entspringen.[324] Die gnostische Wachsamkeit, den Täuschungen und Fallen zu entkommen, die diese Welt bereit hält, läßt sie über Comte hinausgehend ein komplexes Verdachtsuniversum denunzieren, zu dem die menschliche Subjektivität und die Mitteilungsform menschlicher Sprache hinzugerechnet werden.

Grundlage dafür sind die erkenntnisbiologischen und psychophysiologischen Annahmen der Wissenschaft des 19. Jahrhunderts, die sich von den spekulativen Systemen der enthusiastischen Epoche freigemacht hatte. Was wir sehen und erkennen können, sind Signale, die uns über den Absender in der Außenwelt nichts verraten. Wir können aber die Signale trotzdem so deuten, daß wir in der Welt, von der wir nichts außer den Signalen haben, überleben können: so die Zentralaussage bei Hermann von Helmholtz, die in der Figur von der operativen Geschlossenheit von Systemen bis Luhmann überlebt hat.[325] Hermann Lotze hält die beruhigende Versicherung bereit, daß es so etwas wie einen allgemeinen „Weltgrund" gibt, der den Austausch von Ich und Welt im Erkennen ermöglicht. „Wir können nicht angeben", so Lotze, „wie es ein materieller Bewegungsreiz, der unseren Körper trifft, anfangen mag, um einen psychischen Zustand zu erzeugen", aber wir können davon ausgehen: „keine Wirkung in der Welt geht deshalb von einem Object zum anderen über, ohne in dem Übergange zunächst auf den allgemeinen Weltgrund zurückzugehen, der beide verknüpft."[326] Das vor dem Hintergrund der Erfahrung entfesselter Marktgesellschaft so gern „*commercium*-Problem" genannte erkenntnistheore-

323 Richard Avenarius, *Philosophie als Denken gemäß dem Prinzip des kleinsten Kraftmaßes (Prolegomena zu einer Kritik der reinen Erfahrung)* [1876], Berlin, ³1917; Ders., *Kritik der reinen Erfahrung*, Bd. 1, Leipzig, ³1921; Bd. 2, Leipzig ²1908; Ders., *Der menschliche Weltbegriff*, Leipzig ²1905: Literatur zu Richard Avenarius: Oskar Ewald, *Richard Avenarius als Begründer des Empiriokritizismus*, Berlin 1905; Manfred Sommer, *Husserl und der frühe Positivismus*, Frankfurt a.M. 1985; Ernst Mach, *Analyse der Empfindungen und das Verhältnis des Physischen zum Psychischen*, Jena ⁹1922 [Neudruck Darmstadt 1991, mit einem Vorwort v. Gereon Wolters]; Ders., *Erkenntnis und Irrtum. Skizzen zur Psychologie der Forschung*, Darmstadt 1991. Literatur zu Mach: Hermann Lübbe, *Bewußtsein in Geschichten: Studien zur Phänomenologie der Subjektivität, Mach / Husserl / Schapp u. Wittgenstein*, Freiburg 1972; Ernst Wolfgang Orth, *Dilthey und der Wandel des Philosophiebegriffs seit dem 19. Jahrhundert. Studien zu Dilthey und Brentano, Mach, Nietzsche, Twardowski, Husserl, Heidegger*, Freiburg/München 1984; Sommer 1987.

324 Vgl. Köhnke 1993, S. 388ff.

325 Hermann von Helmholtz, „Über das Sehen des Menschen" [1855], in: Ders., *Vorträge und Reden*, Bd. 1, Braunschweig ⁴1896, S. 85-117.

326 Hermann Lotze, *Medizinische Psychologie oder Physiologie der Seele*, Leipzig 1872, S. 166.

tische Dilemma, den Zusammenhang von Hirn und Gedanke, von psychischen und physischen Prozessen aufzuklären, hat schließlich Emil du Bois-Reymond 1872 mit seiner resignativen Formel „Ignorabimus" beiseite gestellt – eine Formel, die für diejenigen, die der Religion des Positivismus anhängen und auf das Comtesche „Savoir pour prévoir" nicht verzichten wollen, inakzeptabel ist.[327] Wer sucht, soll nicht aufhören zu suchen, bis er findet.

Manfred Sommer hat mit Blick auf die Gefangenschaft des operativ geschlossenen Erkenntnissubjekts und seine Entfremdung von einer unerreichbaren wahren Wirklichkeit den Versuch unternommen, „den Positivismus als eine gnostische Formation zu identifizieren."[328] Dabei hebt Sommer zu Recht hervor, daß Gnosis kein fixes System ist. „Es gibt da Entwicklungen und Transformationen, Potenzierungen und Reduktionen, Mutationen und Inversionen. Die Chance, in derartige Vorgänge Einsicht zu gewinnen, vergibt man, wenn man die Gnosis als ein abgeschlossenes Inventar und eine rigide Formation von Vorstellungen betrachtet: ein stabiler Komplex von Bildern und Begriffen, der gelegentlich wiederkehrt; ein altvertrauter, aber glücklich überwundener Zustand, auf den, wer nicht aufpaßt, regredieren kann."[329] Man wird hinzufügen können, daß der gnostische Modus wie der Positivismus stets das Relative gegenüber dem Absoluten präferieren wird und daß anders Erkenntnis in der Welt der Täuschungen, Verdrehungen und Verkehrungen nicht fortschreitet. So muß anerkannt werden: „Was Gnosis ist, wissen wir noch gar nicht, obschon wir natürlich vieles über sie wissen, auch die Schwierigkeiten, die wir haben, sie definitorisch einzukreisen und ihre Grenzen exakt festzulegen."[330]

Der Empiriokritizismus strebt einem Wissen zu, das bei Richard Avenarius in „reiner Erfahrung" und bei Ernst Mach in „reiner Empfindung" gegründet wird. Die besonders ausgezeichnete Wirklichkeit, die erkannt werden soll, ist für die Empiriokritizisten verschleiert und verstellt durch in der Geschichte des Denkens angehäufte Vorurteile, Sprachgewohnheiten und allerlei Erfahrungszutaten. Die Reinigung der Erfahrung führt zu einer gleichsam prälapsarischen, adamitischen „natürlichen Weltansicht". In der reinen Erfahrung, wie sie Avenarius anstrebte, ist die traditionelle Auffassung, derzufolge psychische Phänomene als substantiell gesonderte, vom Körper unterschiedene Einheit zu begreifen seien, als Täuschung der Introjektion oder „Einlegung" anerkannt.[331] Wenn wir vorurteilsbelastet die Welt in äußere Dinge und innere Bilder einteilen und so zu dualistischen Auffassungen kommen, so verlegen wir in Wahrheit die Bilder der Dinge in etwas, das aus dem natürlichen Weltbegriff ausgegrenzt sein soll: das sogenannte Innere.

---

327 Emil du Bois-Reymond, „Über die Grenzen des Naturerkennens" [1872], in: Ders., *Vorträge über die Philosophie der Gesellschaft*, hg. v. Siegfried Wollgast, Hamburg 1974, S. 54-77, hier S 67; Siehe dazu die Beiträge in: *Der Ignorabimus-Streit. Naturwissenschaft, Philosophie und Weltanschauung im 19. Jahrhundert*, hg. v. Kurt Bayertz / Myriam Gerhard u. Walter Jaeschke, Hamburg 2007.

328 Sommer 1987, S. 52.

329 Ebd., S. 49.

330 Ebd., S. 49f.

331 Avenarius 1905, S. 25ff.; vgl. dazu die Darstellung und Kritik bei Mach 1922, S. 42f.

Die Reinigung der Erfahrung besteht nun darin, sie von diesem ‚Inneren', das sich der Einstofflichkeit der Welt entzieht, d.h. von dem ‚Inneren', das vorgibt, nicht von dieser Welt zu sein, gesäubert wird. Das menschliche Ich produziert notorisch Zutaten zur Erfahrung und droht sie zu trüben und zu täuschen. Erkannt werden muß, daß das zentrale Nervensystem und seine Umgebung derselben Welt angehören. Wenn ich meine Erfahrungsvorräte in den Teil, der zu meinem Körper, meinen Gefühlen und Gedanken gehört, und den Teil der Dinge, die mich umgeben, zergliedere, so handelt es sich um eine unvermeidliche überlebenspraktische Koordination in derselben Erfahrungswirklichkeit. Avenarius nennt sie „empiriokritische Principialkoordination". Niklas Luhmann wird später von „Interpenetration" und „Struktureller Kopplung" sprechen.[332]

Manfred Sommer hat dies mit Bezug auf Ernst Mach eine „Inversion der Gnosis" genannt.[333] Während in der antiken Gnosis aus der Lichtfülle einzelne Tropfen von außen in eine finstere Welt gelangen, dort umherirren und sich fragen, wer wir waren und was wir wurden, wo wir waren und wohinein wir geworfen wurden, so spricht die Gnosis der Empiriokritizisten von einem hellen Diesseits, in dem Menschen herumirren, weil ihre Erfahrungskompetenz durch die Einflüsterungen aus einem dunklen Jenseits mit theologischen und metaphysischen Floskeln und Denkgewohnheiten blind gemacht wurde. So fragt Avenarius im Vorwort zu seinem „Menschlichen Weltbegriff": „Ist die Welt wirklich so beschaffen, daß sie nur der oberflächlichen Betrachtung einheitlich und widerspruchslos erscheint, aber jeden, der sie in ihrer Gesamtheit schärfer erfassen möchte, in die Irre führt – und um so gewisser, je strenger folgerecht der Denker vorgeht? Oder ist die Welt doch im Grunde einheitlich und widerspruchslos, und es ist wirklich ein ‚böser Geist', welcher gerade den entschlossenen Denker, der konsequent zu sein sich bemüht, ‚im Kreise führt'? Im ersten Fall – worin begründet sich die Unvermeidlichkeit des Widerspruchs, zu dem bisher noch jede wahrhaft allgemeine Weltbetrachtung geführt zu haben scheint? Im zweiten Fall – welches ist der ‚böse Geist', der die nach wahrer Welterkenntnis Hungernden und Dürstenden verschmachten läßt? Das waren die Fragen, über welche ich hier mit mir ins Klare zu kommen suchte."[334]

In die Helle des Diesseits gelangt Ernst Mach, indem er aus dem weiten Begriff Erfahrung das spezielle Moment der Empfindung hervorhebt. „Farben, Töne, Wärmen, Drücke, Räume, Zeiten usw. sind in mannigfaltiger Weise miteinander verknüpft, und an dieselben sind Stimmungen, Gefühle und Willen gebunden. Aus diesem Gewebe tritt das relativ Festere und Beständigere hervor, es prägt sich dem

332 Niklas Luhmann, *Soziale Systeme. Grundriß einer allgemeinen Theorie*, Frankfurt a.M. 1984, S. 286ff.

333 Sommer 1987, S. 52 u. 327.

334 Avenarius 1905, S. XIIf. Die Problemlage ist redundant, wenn man die Debatten um den Kontextualismus heute verfolgt. Die Kontextabhängigkeit des Wissens abzustellen, ist leichter gesagt als getan, aber der Ausbruch aus den Irrgärten, Fallen und Gefängnissen der Kontexte gelingt nur auf dem Wege komplexer Deutungsanstrengungen; vgl. *Contextualism in Philosophy, Knowledge, Meaning, and Truth*, hg. v. Gerhard Preyer u. Georg Peter, Oxford: University Press, 2005.

Gedächtnis ein und drückt sich in der Sprache aus. Als relativ beständiger zeigen sich zunächst räumlich und zeitlich (funktional) verknüpfte *Komplexe* von Farben, Tönen, Drücken usw., die deshalb besondere Namen erhalten, und als *Körper* bezeichnet werden. Absolut beständig sind solche *Komplexe* keineswegs."[335] Ihre Beständigkeit ist relativ, ebenso die Beständigkeit des Ich. „Die Komplexe zerfallen in *Elemente*, d.h. in letzte Bestandteile, die wir *bisher* nicht weiter zerlegen konnten."[336] Die Analyse der Empfindungen eröffnet einen Weg, zu den reinen Empfindungen zu kommen, die weder als physische noch als psychische Größen zu begreifen sind. Der Weg der Analyse ist zugleich ein sprachkritischer Weg, denn so unmittelbar gegenwärtig und evident erlebt „Farben, Töne, Wärmen, Drücke, Räume, Zeiten usw." auch sind, ihre Benennung und sprachliche Unterscheidung führt ein Heer von Interpretationen ein, die als Zutaten zur reinen Empfindung diese in metaphysische Dunkelheit einhüllen. Bei dem Daß der reinen Empfindung handelt es sich um ein seltsam plötzliches Geschehen, das sprachlich nur durch Negationen davon freizuhalten ist, daß es sich mit anderem zu Komplexen verknüpft und verklebt.

Ernst Mach hat den Moment seiner Erleuchtung als ein mystisches Erlebnis beschrieben und zwar nicht cartesianisch in dem Sinne, daß ihm in dunkler Nacht des Zweifels ein Licht aufgegangen ist, sondern in der Art inverser Gnosis: „An einem heitern Sommertage im Freien erschien mir einmal die Welt samt meinem Ich als *eine* zusammenhängende Masse von Empfindungen, nur im Ich stärker zusammenhängend. Obgleich die eigentliche Reflexion sich erst später hinzugesellte, so ist doch dieser Moment für meine ganze Anschauung bestimmend geworden. Übrigens habe ich noch einen langen und harten Kampf gekämpft, bevor ich imstande war, die gewonnene Ansicht auch in meinem Spezialgebiete festzuhalten. Man nimmt mit dem Wertvollen der physikalischen Lehren notwendig eine bedeutende Dosis falscher Metaphysik auf, welche von dem, was beibehalten werden muß, recht schwer losgeht, gerade dann, wenn diese Lehren geläufig geworden."[337] Die augenblickliche Evidenz einer Welt aus elementaren Empfindungen, die weder als physische noch als psychische rubriziert werden können, ist der mystische Moment für das *wissenschaftsreligiöse* Gründungsgeschehen, dem dann die Anstrengung der Forschung folgt.[338]

---

335 Mach 1922, S. 1f.

336 Ebd., S. 4.

337 Mach 1922, S. 24. Über sein positivistisches Bekehrungserlebnis schreibt Maurice Ajam: „Ce fut pour moi une révélation. J'ai trouvé dans cette belle doctrine positiviste la force qui m'a conduit dans la vie."; Plé 1996, S. 191; Dort auch weitere Beispiele für Erlösung durch Positivismus aus innerer Not.

338 Olaf Breidbach hat am Beispiel von Ernst Haeckel gezeigt, daß in monistischen Naturauffassungen der Glaube vorherrscht, daß uns Natur unmittelbar zugänglich ist. Die Unmittelbarkeit ist „durch die Naturwissenschaft gesichert. Demnach ist das, was unmittelbar ist, immer schon naturwissenschaftlich. Es ist demnach eben dadurch, daß es naturwissenschaftlich ist, unmittelbar. Insoweit versichert sich letztlich jede Erfahrung in den Naturwissenschaften. Sicher sind wir uns unserer Erfahrung demnach nur dadurch und in soweit, als sie sich naturwissenschaftlich beschreibbar findet." Olaf Breidbach, „Alle für eines. Der

Der mystische Moment des Evidenzerlebens, die Schau der Welt als einer Welt reiner positiver Tatsachen ist freilich schwer gegen ihren gewichtigsten Gegner stabil zu halten, gegen die Ökonomie. Denn die Verwendung von Namen ist im Lebensvollzug ökonomischer als das Verweilen im mystischen Augenblick. Mit dem zusammenhängenden Ganzen ist auch schlecht handeln, ökonomischer ist es, mit stellvertretenden Symbolen zu operieren, die nur Teile repräsentieren. Richard Avenarius führt dies als Ökonomie des Denkens ein.[339] Die Geschichte des menschlichen Wissens kann als Kapitalanhäufung des Wissens beschrieben werden. Wissenschaftliche Begriffe, Gesetze, Hypothesen sind dann Abkürzungen, mit denen gedanklicher Aufwand eingespart werden kann. Die Erfahrung kann aufbewahrt und in repräsentativen Formen weitergegeben werden. Das Einsparen der Primärerfahrung und das Sich-Verlassen auf die Sekundärerfahrung ist überlebensförderlich. Aber es hat als Begleiterscheinung das unvermeidliche Sich-Einnisten metaphysischer Dunkelheit in die petrifizierte Sprache. Es gilt also, gegen die Ökonomie, mit der unser zentrales Nervensystem an seine Umwelt angepaßt ist, die Reinigungsarbeiten an der wissenschaftlichen Sprache immer wieder aufzunehmen und zu kontinuieren. Auch dies ist ökonomisch, denn wir sparen viel, wenn wir die vielen überflüssigen Dogmen, metaphysischen Fragen und Leerformeln ausmerzen. Erlösung durch Wissen ist hier eine Erlösung aus dem labyrinthischen unökonomischen Überfluß metaphysischen Wortwusts. Die mystische Evidenz in ihrer Plötzlichkeit, in ihrem klarem Durchblick, bildet dabei das *wissenschaftsreligiöse* Kernstück.

DER TEUFEL ALS BEOBACHTER. Heute unter der veränderten gesellschaftlichen Zeiterfahrung einer artifiziellen Lebenswelt geht Wissenschaft mit den gnostischen Dimensionen ihres *wissenschaftsreligiösen* Erbes anders um, wie am Beispiel Niklas Luhmanns gezeigt werden kann. Freilich, auch er platziert seinen Theorieentwurf als einen der „Angebote auf dem Markt der Erkenntnistheorien".[340] Aber vor den mystischen Augenblick der Evidenz sind Testverfahren gesetzt. Zudem gilt: „Fachvertreter der Wissenschaftstheorie treten nach wie vor als Gesetzgeber auf. Aber man kann sich trösten: Sie sind gewählt und können abberufen werden, wenn sich hinreichend breiter Gegenkonsens bildet."[341] Entscheidend für Luhmann ist der spontane operative Anfang, der sich auch als solcher kenntlich macht: „Die folgenden Überlegungen", so beginnt Luhmanns systemtheoretischer Gründungstext, „gehen davon aus, daß es Systeme gibt. Sie beginnen also nicht mit einem erkenntnistheoretischen Zweifel."[342] Der Einstieg in und der Durchgang durch das Gewe-

---

Monismus als wissenschaftsgeschichtliches Problem", in: *Monismus um 1900. Wissenschaftskultur und Weltanschauung*, hg. v. Paul Ziche, Berlin 2000a, S. 9-22, hier S. 12 u. 17f; vgl. auch Ders., „Neue Natürlichkeit?", in: Ders. u. Werner Lippert (Hg.), *Natur der Dinge – Neue Natürlichkeit?*, Wien/New York 2000b, S. 6-26.

339 Avenarius 1917.

340 Luhmann 1984, S. 653.

341 Ebd., S. 647.

342 Ebd., S. 30.

be der Relationen, der stete Wechsel der Beobachtungsposten frustriert lange Strekken das Bedürfnis nach Erkenntnissicherheit. „Kein System kann ein anderes analytisch dekomponieren, um auf Letztelemente (Substanzen) zu kommen, an denen die Erkenntnis letzten Halt und sichere Übereinstimmung mit ihrem Objekt finden kann."[343]

Dabei kennt Luhmann die Geschichte gnoseogener Paradoxien in der Begründung von Wissenschaft. Die Genealogie des Beobachters führt er auf den Teufel zurück, der versucht, „die Einheit an der man selbst teilhat, wie von außen zu beobachten. Diese Einheit wird in der Tradition als eine nicht überbietbare Vollkommenheit behauptet, zugleich aber über Personalisierung unter dem Namen Gott als (im Prinzip) beobachtbar dargestellt. Will man diese Einheit beobachten, muß man eine Grenze ziehen, eine Differenz einrichten, zumindest die Differenz zum Beobachter. Dieser muß, will er beobachten können, sich abgrenzen, sich ausgrenzen, sich in der Einheit, die er beobachten will, eingrenzen. Wenn er aber annehmen muß, daß das Eine das Gute (der Eine der Gute) ist und als Perfektion kein Außerhalb duldet, wird er im Versuch der Abgrenzung zum Gegenteil, zum Bösen." So entsteht der Teufel „als Ausbund an Klugheit und Torheit zugleich."[344]

Der Wissenschaft, die beobachten will, bleibt somit nur, sich selbst zu unterscheiden, d.h. eine gnostische Umdeutung vorzunehmen und das Diabolische als einen autonomen Bezirk legitimer Beobachtung zu entmoralisieren, ein Prozeß, der mit der Ausdifferenzierung moderner Wissenschaft erfolgt ist. Die funktionale Analyse liegt ganz in dieser Bahn selbstreferentieller Wissenschaft, für die „Beobachten, Beschreiben, Erkennen keine ‚metaphysische', subjektive Sonderstellung in Anspruch" nimmt.[345] Dennoch: der zunächst erfolgte Abweis erkenntnistheoretischer Zweifel wird dann postoperativ wieder zurückgenommen. „Mit der Wahl eines Problems, das die Einheit der Differenz von Erkenntnis und Gegenstand formuliert, geht die funktionale Methode über eine bloße Methodenentscheidung hinaus und beansprucht, Theorie der Erkenntnis zu sein."[346] Absolute Garantien für Erkenntnisgewinn gibt es freilich nicht. „Man kann vermuten, daß Einsichten um so größeren Erkenntniswert besitzen, je verschiedener die Sachverhalte sind, an denen sie bestätigt werden können. Das Funktionieren trotz Heterogenität ist deshalb eine Art Beweis."[347] Hauptsache es funktioniert.

Aber auch diese Gründung von Wissenschaft in einer *ritual-technischen Verfahrensreligion*, deren Varianten wir im *Vierten Teil* der unserer Religionssoziologie untersuchen, kennt noch Reminiszenzen an die Mystik. „Wenn die Analyse überhaupt Ordnung entdeckt und nicht Chaos, wenn sie trotz Abstraktion nicht ins Beliebige abrutscht, sondern auf gut konturierte Sachverhalte stößt, ist das für sie ein Symptom dafür, daß sie es mit Realität zu tun hat. Das Prägnanzerleben behebt

343 Ebd., S. 61.
344 Niklas Luhmann, *Die Wissenschaft der Gesellschaft*, Frankfurt a.M. 1992, S. 118.
345 Luhmann 1984, S. 244f.
346 Ebd., S. 90.
347 Ebd.

gewissermaßen die alten erkenntnistheoretischen Zweifel, denen weder die transzendentale Synthese noch die Dialektik hatten beikommen können."[348] Das Evidenzerleben ist nicht mehr der mystische Augenblick in der Helle eines heiteren Sommertages im Freien, sondern, nicht minder mystisch, zum „Prägnanzerleben" mutiert, das irgendwann im Erklimmen der Abstraktion sich einstellt. So heißt es schließlich: „Gerade das Ausklammern, gerade das vorläufige Absehen von erkenntnistheoretischen Fragestellungen ist eine Einstellung zur Erkenntnistheorie. Es muß sich erkenntnistheoretisch rechtfertigen lassen und es rechtfertigt sich durch die Erwartung, daß die Erkenntnis als einer ihrer Gegenstände auftauchen wird, sobald die Begrifflichkeit der Forschung ein hinreichendes Abstraktionsniveau erreicht."[349]

Die Erwartung der Epiphanie von Prägnanzerleben verlagert den Moment, mit dem Comtes *Wissenschaftsreligion* und die szientifische Mystik Ernst Machs beginnen, um ihrer Arbeit den rechten Schwung zu geben, in den Prozeß selbst bzw. verwandelt ihn in die Prozedur des Beobachtens selbst. „Beobachten ist nichts anderes als ein unterscheidendes Bezeichnen. Das spricht zunächst gegen die Beobachtung einer nichts ausschließenden und selbst das Beobachten einschließenden Einheit. Man hat denn auch die nicht übertreffbare Einheit, die sich deshalb der Beobachtung entzieht, Gott genannt, und daraus gefolgert, daß derjenige Engel, der einen Beobachtungsversuch unternahm, nur den Standpunkt des Bösen einnehmen konnte. Das Unternehmen benötigte eine nicht zulässige Differenz, es wurde zum *dia*bolon und der Versucher zum Teufel."[350]

Hier kann Luhmann auf die Resultate des Kampfes der Aufklärung mit dem Teufelsglauben, die wir im *Ersten Band* unserer Religionssoziologie in der ‚Unterbrechung' skizziert haben, zurückgreifen und fragen: „Aber warum sollte die Differenz nicht zulässig sein – und warum der Teufel böse? Vielleicht geht es nicht anders, wenn die Gesellschaft im ganzen involviert ist. Aber die Wissenschaft versucht, durch Ausdifferenzierung eines eigenen Systems, das autonom über Wahrheit und Unwahrheit befindet, dem moralischen Urteil zu entkommen. Schon die Gesellschaft bildet Grenzen, um die Welt beobachten zu können. Die Wissenschaft wiederholt diesen Prozeß in der Gesellschaft. Es geht also um wiederholte, um gestaffelte Reflexion, aber um das gleiche Prinzip: ‚that the parts of the Universe have a higher reflective power than the whole of it.' (Gotthard Günther) Und nur in dem Maße, als sich katastrophale Folgen dieses Versuchs abzuzeichnen beginnen, wird eine wiederum moralische Beurteilung der wissenschaftlichen Beobachtungen wahrscheinlich."[351] Der Teufel steckt im Artefaktproblem.[352]

---

348 Ebd., S. 379.

349 Ebd., S. 381.

350 Luhmann 1992, S. 268f.

351 Ebd., S. 269.

352 Siehe im *Ersten Band* S. 358ff. Eine vergleichbare Problemlage findet sich bei Vilém Flusser, *Geschichte des Teufels*, Göttingen 1993.

Vor dem GAU, der trotz *savoir pour prévoir* den Glauben an die Heilsbringung durch Wissenschaft zu relativieren vermag, könnte jedoch die starke Befestigung jener Trennung schützen, die der Traditionslinie der *theologia naturalis* inhärent ist, der Unterscheidung von Gebildeten und Ungebildeten. So hat z.B. Wolf Singer vorgeschlagen, die Folgen, die die Resultate neuerer Hirnforschung für das Verständnis von Willensfreiheit und Schuldfähigkeit mit sich bringen, dadurch zu bewältigen, daß man sie für den akademischen Bereich voll anerkenne, wogegen es zweckmäßig sei, „im Rechtsalltag und im Selbstverständnis der Gesellschaft an den Begriffen ‚Freiheit', ‚Schuld' und ‚Strafe für Schuld' festzuhalten, weil jeder, der in unserem Kulturkreis erzogen wurde, damit zwar vage, aber zumindest konsensfähige Inhalte seiner Selbsterfahrung benannt" finde.[353] Folgte man dem, so spräche allerdings auch nichts gegen die Entwicklung einer wissenschaftlichen Ethik als akademischer Sondermoral, mit der wissenschaftliche Beobachtungen im Sinne Luhmanns dauerhaft entmoralisiert werden könnten.

Peter Koslowski hat in seiner Auseinandersetzung mit postmodernen Autoren den Voegelinschen Gnosis-Verdacht bis in die Gegenwart verlängert, aber zugleich entscheidend differenziert. Er erinnert an das Diktum Franz von Baaders, daß „der Teufel den Menschen in scientivischen Illusionen" halte. „Der Szientismus ist der umfassendste, rationalste und daher überzeugendste Totalmythos." Charakteristisch ist der Glaube daran, „daß das menschliche Erkennen der Welt die Weise ihres In-Erscheinung-Tretens im Erkennen vorschreibe."[354] Dabei schwanke die gegenwärtige Wissenschaft „zwischen Ultrarealismus und Fiktionalität. Einerseits behauptet ein Teil der Wissenschaftler einen extremen Realismus, daß die Theorie die Angleichung an die Wirklichkeit sei, und folgt dem alten Anspruch der Referenzverschärfung durch Wissenschaft. Andererseits bedient sich die größere Gruppe der Wissenschaftler mehr und mehr der Simulation als Methode, wird ihre Wissenschaft zunehmend fiktional, künstlerisch und imaginativ. (...) Das Moment der Fiktion und Poiesis, des Erdenkens neuer Modelle und ihre imaginative Durchsetzung in der Gemeinschaft der Forscher spielt eine immer größere Rolle."[355] Dem Vordringen konstruktivistischer Ansätze in der Wissenschaft stehe der Rückgang

353 Wolf Singer, „Grenzen der Intuition: Determinismus oder Freiheit", in: *Summa. Dieter Simon zum 70. Geburtstag*, hg. v. Rainer Maria Kiesow, Frankfurt a.M. 2005, S. 529-538, hier S. 538; vgl. dazu den entschiedenen Widerspruch des Strafrechtlers und Rechtssoziologen Klaus Lüderssen, „Den Kindern zuliebe. Hirnforschung und Strafrechtsreform", in: *Frankfurter Allgemeine Zeitung* vom 14. Juli 2005, S. 32; Martin Hochhuth, „Die Bedeutung der neuen Willensfreiheitsdebatte für das Recht", in: *Juristenzeitung* 60/2005, S. 745-753.

354 Peter Koslowski, *Die Prüfungen der Neuzeit. Über Postmodernität, Philosophie der Geschichte, Metaphysik, Gnosis*, Wien 1989, S. 100; siehe auch Ders., „Die religiöse Dimension der Gesellschaft, nicht die gesellschaftliche Funktion der Religion", in: Ders. (Hg.), *Die religiöse Dimension der Gesellschaft. Religion und ihre Theorien*, Tübingen 1985, S. 292-293; Ders., *Prinzipien der ethischen Ökonomie*, Tübingen 1988b; sowie: Ders. (Hg.), *Gnosis und Mystik in der Geschichte der Philosophie*, Zürich 1988c.

355 Ebd., S. 96; zur Rolle der Fiktion bei der Herstellung wissenschaftlicher Welten vgl. Nelson Goodman, *Weisen der Welterzeugung*, Frankfurt a.M. 1984.

der Fiktionalität in Werken der Kunst der Gegenwart gegenüber, in denen die unmittelbare Präsenz von Materialien und Geschehnissen in den Vordergrund rücke. Das Täuschungspotential dieser postmodernen Ironien veranschlagt Koslowski sehr hoch. Daher bedarf es zur Entmythologisierung erheblicher gnostischer Anstrengungen.

Dazu unterscheidet Koslowski zwischen Gnostizismus und Gnosis, d. h. einem modernen Gnostizismus, der vergleichbar dem spätantiken Doketismus lehrte, Christus sei nur scheinbar Mensch geworden, und einer christlichen Gnosis, die die Spur Ferdinand Baurs wieder aufgreift. „Der Streit um den scheinhaften oder historischen Charakter der Menschwerdung Gottes hat, wie man aus Tertullian erkennen kann, nicht nur Bedeutung für die Christologie, sondern für das gesamte Wirklichkeitsverständnis des Menschen. Der Doketismus führt zur theologischen Verankerung des heute von den französischen Postmodernisten sehr betonten Wirklichkeitsmodus der Simulation. In der Simulation wird Wirklichkeit scheinhaft erzeugt. Im Doketismus erzeugt Christus den Schein von Leiblichkeit. Die Überzeugung von der wirklichen, leiblichen Menschwerdung Gottes in einem historischen Zeitabschnitt und an einem Ort verankert dagegen die Bedeutung des Hier und Jetzt und das historische Wirklichsein im Bewußtsein des Menschen. Das Wirklichsein gewinnt damit den unendlichen Vorrang vor dem nur Möglich- oder Simuliertsein."[356] Die christliche Gnosis, die Koslowski als eine essentialistische Postmoderne anstrebt, folgt in weiten Strecken der postmodernen Kritik am Szientismus der Moderne, wie sie z.B. Jean-François Lyotard formuliert hat.[357]

Aber gegen die postmoderne Polymythie des Pluralismus, der an die Stelle des monistischen Gnostizismus der Moderne getreten sei, fordert Koslowski eine „christliche, nicht-mythologische Postmoderne".[358] Wenn die alte Glauben-Wissen-Balance, die sich in der Spannung zwischen einerseits wissenschaftlicher Suche nach allgemeingültigen Gesetzen, die frei vom Subjekt anerkannt werden, und andererseits dem Glauben an das singuläre historische Ereignis der Inkarnation bewegte, durch den atheistischen Szientismus und seine Figuren einer Erlösung durch Wissenschaft untergraben ist, so eröffnen postmoderne Modernitätskritiken mit ihrem Insistieren auf Singularitäten, ihrer Kritik der Repräsentation, der Dekonstruktion usw. einen Weg, sich der historischen Singularität des christlichen Heilsereignisses zu vergewissern.

Die Selbstgenerierung von Pluralitäten und Ereignissen und die Ironien des postmodernen Fiktionalismus und Konstruktivismus vermögen zwar den modernen Szientismus in Bedrängnis zu bringen, aber sie gelangen Koslowski zufolge nicht zur Erkenntnis der Tragik moderner Wissenschaft. Sie besteht „nicht im Zuviel-wissen-Wollen, sondern in der Abtrennung des Wissens vom Baum des Le-

356 Ebd., S. 131.

357 Jean-François Lyotard, *Das postmoderne Wissen. Ein Bericht*, Wien 1994. Eine erste Übersetzung von *La condition postmoderne* [1979] erschien in: *Theatro machinarum* 1(3/4)/1982, S. 3-125.

358 Koslowski 1989, S. 137.

bens, im Gegen-die-Weisheit-wissen-Wollen."[359] Koslowskis geistespolitische Lageeinschätzung der Kräfteverhältnisse zwischen Szientismus, Postmoderne und Christentum lautet: „Das Christentum kann sich als absolute Religion nicht als Mythos verstehen. In einer Situation in der die Mythologie droht, wieder zur herrschenden Weltsicht und zur sozialen Orientierung zu werden, wird das Christentum eher an die Seite des Szientismus und der Moderne als an die Seite des totalen Pluralismus und der dekonstruktivistischen Polymythie treten. Noch ist es aber nicht ausgemacht, ob die Signatur der Postmoderne mythologisch oder christlich sein wird."[360] Der Dienst, den postmoderner Dekonstruktivismus für Klossowskis Perspektive einer christlichen Gnosis der Postmoderne leisten könnte, ist somit begrenzt.

Die Bezüge zu gnostischen Denkmotiven, die sich in der Diskussion von Intellektuellen seit der Zeit der Entfesselung der Marktwirtschaft im 19. Jahrhundert finden, haben viele Enden. Sucht man nach einem gemeinsamen Nenner, so spricht viel dafür, daß Gnosis als Erlösung durch Wissen in einer Zeit, die den Aufstieg von Wissenschaft zur letzten Instanz erlebte, gerade deshalb zu einem gern genutzten Traditionsbestand werden, weil der Täuschungsverdacht gegenüber einem bösartigen Schöpfergott und seiner Welt in alle möglichen Richtungen erhoben werden konnte.

5. Wege zum Utilitarismus

WISSEN UND SOLLEN. In der Erfahrung entfesselter Marktgesellschaft entsteht ein erhöhter Bedarf an sicherem Wissen. Traditionelles Wissen und das Wissen von gestern stehen unter Verdacht, dem gestiegenen Wunsch nach objektivem Wissen nicht mehr zu entsprechen. Die Kalkulationen der Marktteilnehmer sind auf belastbare Informationen angewiesen, wenn sie nicht scheitern wollen. Sicheres Wissen bereitzustellen, ist Aufgabe der Wissenschaft, die mit der Ausbreitung von Marktbeziehungen aufblüht und sich zugleich unentbehrlich macht. So kann sie in eine Fundamentalstellung geraten und als letzte Instanz zur *Wissenschaftsreligion* erhoben werden.

Der Positivismus, den Comte eröffnet und dessen Grundfigur zu vielen europäischen Varianten von *Wissenschaftsreligion* geführt hat, bindet sich nicht an ein absolutes Wesen, sondern an ein relatives. Es ist gerade diese Absolutsetzung des Relativen, die *Wissenschaftsreligion* auszeichnet. Objektivität wird nicht absolut behauptet, sondern nur für den Augenblick, in dem durch wissenschaftlichen Beweis eine Evidenz erzeugt wird. Das Schwanken zwischen Erkenntnishoffnung und

---

359 Ebd., S. 100.

360 Ebd., S. 137; Luca Di Blasi hat an die Arbeiten von Koslowski anschließend das gnostizistische Panorama der Spätantike und seine gegenwärtige Renaissance als „Neo-Gnostizismus" weitergehend aufgefächert. Di Blasi 2002; Di Blasi weist darauf hin, daß sich Koslowski mittlerweile vom Ausdruck „Gnosis" distanziert und lieber von einer „Philosophie der Offenbarung" spricht. Ebd., S. 240.

Erkenntnissicherheit zu regulieren, ist die Aufgabe einer Spezialdisziplin: der Erkenntnistheorie, die ebenfalls zur Totalperspektive geweitet werden kann. Dennoch bleibt es bei der Evidenz im Augenblick, die erst im Rückblick auf die Geschichte des wissenschaftlichen Fortschritts eine Tragfähigkeit erwirbt. Es ist die Erfahrungslage entfesselter Marktgesellschaften, in der nun alles zum Markt getragen werden kann, die eine *wissenschaftsreligiöse* Versicherung stets aufs neue hervortreibt. Unabweisbar wird damit die Frage, welches menschliche Handeln dem wissenschaftlichen Wissen angemessen ist und wie von der Erkenntnis dessen, was der Fall ist, zu dem zu gelangen ist, was getan werden soll. Am günstigsten wäre es, ein Sollen zu finden, daß nicht kontrafaktisch operiert, sondern im Einklang mit der Wirklichkeit, so wie Wissenschaft sie erkannt hat, steht. Wer sich auf die Suche nach diesem Stein der Weisen macht, wird über kurz oder lang im weiten Feld des Utilitarismus landen.

Daß Menschen ihr Handeln nach dem Nutzen ausrichten, den sie vom Tun oder Lassen für sich oder für das, was ihnen wichtig ist, erwarten, gehört zu den trivialen Beobachtungen, die immer wieder dazu verleiten, dem Utilitarismus eine anthropologische Wahrheit zuzusprechen, die immer schon gegolten habe, die aber erst spät mit der Heraufkunft der Marktgesellschaft als eine solche voll erkannt worden sei und die nunmehr der Verwissenschaftlichung der Moral als Fundament zu dienen habe. Diese neu zu konzipierende Moralwissenschaft, die die alte verschüttete Wahrheit nun fundamental sichert, sieht sich einer gewaltigen Tradition gegenüber, in der in Europa über Ethik nachgedacht wurde. Sie ist dadurch gekennzeichnet, daß Motive der Deskription moralisch wertvollen Handelns und der Präskription, das Sollen und das Sein sich in den Polemiken um eine Ethik austauschen.

In sich etablierenden Marktgesellschaften herrscht kein Mangel an Ethik. Die komplexe Schichtung religiöser und moralischer Traditionen hat ein weites Arsenal ethischer Maximen und Reflexionen anwachsen lassen. Die *Bekenntnisreligion* und die *Rationalreligion* ebenso wie die *Kunstreligion* und *Nationalreligion* sind aus ihrem jeweiligen Proprium heraus durchaus in der Lage, auf die Situation von Marktgesellschaften mit ethischen Imperativen zu antworten. Hinzukommt: die Anhänger dieser Religionen haben sich ja auch in erheblichem Umfange selbst an wissenschaftlicher Forschung beteiligt. Allerdings bedurfte es dafür einer Rahmenbildung, die die Kompatibilität ihrer Religion mit der neuen Forschung sicherte. In der Regel wurde der kleine Rahmen wissenschaftlicher Forschung in den größeren der Religion eingefügt. Wem dies jedoch zu kompliziert war oder wessen wissenschaftlicher Forscherdrang darauf zielte, die Rahmen zu sprengen, konnte sich zur Abdeckung seiner ethischen Probleme dem Projekt einer Verwissenschaftlichung der Moral verschreiben.

Das normative Handlungswissen auf die sichere Grundlage wissenschaftlicher Erkenntnis zu stellen, gehört zu den wiederkehrenden Desideraten schon des Positivismus. Für Louis André (1838-1913) kam dem Positivismus das Definitionsmonopol für Moral allein schon deshalb zu, weil die Übertragung der Methode der Naturerkenntnis auf das Sittliche die größte Sicherheit bot, verfüge sie doch über

„des principes certaines" sowie „une évidence indiscutable".[361] Eine wissenschaftlich begründete Morallehre stellt auch für den Mediziner John Henry Bridges (1832-1906) den Ausweg aus der krisenhaften Verunsicherung der modernen Gesellschaft dar. Der Positivismus mache eine „supreme order to which man is subject" erkennbar, eine „positive religion, religion standing on a groundwork of undeniable fact, of demonstrable science, as opposed to religion resting on the shifting basis of disputed theological beliefs."[362] Für den Evolutionisten James Dennis Hird gilt: „Ethics are a part of the cosmic process. They are as natural as gravitation. When once we realize this, we shall beginn to look for the facts and laws of true morality, and not waste our time in trying to paint the dreams of other men on the living tissues of every generation."[363] Avenarius zufolge ist es erfahrungswissenschaftlich möglich, eine Weltinterpretation zu entwerfen, in der die Entgegensetzung von Psychischem und Physischem und damit von Sollen und Sein aufgehoben ist. Eine „wissenschaftliche Ethik" kann vom Sollen als einer positiven Tatsache ausgehen.[364] Der Konsens in der Forderung nach Moralwissenschaft geht so weit, daß man sogar beim ‚idealistisch' geprägten Neukantianer Hermann Cohen, der gegen den Naturalismus von Vogt und Moleschott, und den Positivismus von Comte und Mill Stellung bezieht, eine Feier Platons als jemanden findet, der mit der Begründung der Logik auf Mathematik als erster zugleich die Ethik in den Rang einer Wissenschaft erhoben habe.[365]

MENSCHENBILD UND MORAL. Gemeinhin wird davon ausgegangen, daß die desillusionierende Frage nach dem Menschen, wie er wirklich ist, in der Renaissance auftaucht. Es ist dies insbesondere eine Frage, die sich der Fürst stellen muß, wenn er eine kluge Politik betreiben will. Folgt er nur einem Menschenbild davon, wie der Mensch nach den religiösen oder moralischen Geboten sein sollte, wird er rasch Schiffbruch leiden. Der Fürst muß sich fragen, wie die Menschen wirklich sind. Die Antwort, auf die man dabei stößt, lautet: Die Menschen sind neben allen guten Seiten, die sie haben, auch beherrscht von allerlei Leidenschaften und Lastern.[366]

361 Zit. n. Plé 1996, S. 280.

362 John Henry Bridges, *Five Discourses of Positive Religion*, London: Reeves and Turner, 1882, S. 26, zit. n. Ebd., S. 183.

363 James Dennis Hird, *An Easy Outline of Evolution*, London: Watts & Co., 1903, S. 229, zit. n. Angela Schwarz, *Der Schlüssel zur modernen Welt. Wissenschaftspopularisierung in Großbritannien und Deutschland im Übergang zur Moderne (ca. 1870-1914)*, Stuttgart 1999, S. 298.

364 Vgl Kolakowski 1971, S. 129.

365 Vgl. dazu Köhnke 1993, S. 293.

366 Grundlegend ist Dominik Perler, *Transformationen der Gefühle. Philosophische Emotionstheorien 1270-1670*, Frankfurt a.M. 2011. Darüberhinaus ist anregend: Peter Nickl, *Ordnung der Gefühle. Studien zum Begriff des Habitus*, Hamburg 2001; sowie die Beiträge im Themenheft *Berliner Debatte Initial* 17(1)/2006: *Zivilisationsbruch mit Zuschauer. Gestalten des Mitgefühls.*

Die Wahrnehmung dieser Spannung konnte in mehreren Traditionslinien ausgedeutet werden. Für die Linie jüdischer Ethik stand der Gehorsam gegenüber den Geboten und Ritualvorschriften im Zentrum, die Gott seinem Volk durch die Propheten gegeben hat.[367] In der christlichen Linie konnte dies um die Einladung der *imitatio christi* erweitert werden, sowohl als Nachfolge im Kreuzesleiden der Märtyrer, als auch in der Nachfolge eines gottgefälligen Lebens, wie es die Heiligen vorgeführt haben. Die Sollensethik jüdisch-christlicher Prägung konnte dem Einwand, ihre moralischen Forderungen seien illusionär und unrealistisch, stets mit dem Verweis auf das empirische Beispiel ihrer Märtyrer und Heiligen begegnen. Christliche Morallehren haben in der Regel nichts Menschenunmögliches gefordert, wohl aber eine aufrechte Gesinnung und eine ethische Bemühung des guten Willens.[368]

Auf der anderen Seite konnte im Denkhorizont der Antike die Spannung von Tugend und Laster in der Linie einer Erfolgsethik ausgedeutet werden, die sich am höchsten Gut, dem Glück, als Zielpunkt allen menschlichen Handelns orientierte.[369] Die Antworten auf die sokratische Frage: Wie soll ich leben? bewegen sich in der griechischen Philosophie in einem Spektrum, dessen Vielfalt die Moderne nicht wesentlich erweitert hat. Der Gegensatz einer Bezugnahme auf *nomos* oder auf *physis* ist in Griechenland ebenso durchdiskutiert wie die Möglichkeiten einer Balance zwischen individuellem und kollektivem Wohlergehen der Polisbürger. Hergestellt ist auch die Bindung der Tugend an das Wissen. Menschliche Schlechtigkeit wurzelt Sokrates zufolge in seiner Unwissenheit. Ebenso sind Fragen der Moral gebunden an die Architekturen der menschlichen Seele. Das Gemüt (*thymos*) und die Begierde spielen bei der Zielfindung des Guten mit. Als Kandidaten für die Rechtfertigung des Handelns stehen in Griechenland bereits zwei Typen zur Verfügung, die die utilitaristische Debatte seit Bentham beherrschen: Das Konsequenzprinzip, bei dem Handlungen durch das Ziel gerechtfertigt werden, und die Privilegierung des Hedonismus. Von den griechischen Philosophen wird allein Epikur der Gewährsmann Benthams.

In den Morallehren der frühen Neuzeit finden wir zentriert um das Ideal der höfischen Aristokratie der *honnêteté* Hybridisierungen antiker und christlicher Mo-

367 Man beachte die Spannweite zwischen Oskar Goldberg, *Wirklichkeit der Hebräer*, hg. v. Manfred Voigts, Wiesbaden 2005 und Leo Trepp, „Jüdische Ethik. Grundlagen und Lebensformen“, in: *Ethik in nichtchristlichen Kulturen*, hg. v. Peter Antes / Heinz Bechert u. Wilhelm Dupre, Stuttgart 1984, S. 13-47.

368 Zu christlichen Morallehren: Heribert Jone, *Katholische Moraltheologie*, Paderborn [12]1940; Stephan Pfürtner / Dieter Lührmann / Adolf Martin Ritter, *Ethik in der europäischen Geschichte*, 2 Bde., Stuttgart 1988; Trutz Rendtorff, *Ethik. Grundelemente, Methodologie und Konkretionen einer ethischen Theologie*, 2 Bde., Stuttgart u.a. [2]1990.

369 Zu antiken Morallehren vgl. Bruno Snell, *Die Entdeckung des Geistes. Studien zur Entstehung des europäischen Denkens bei den Griechen* [1948], Göttingen 1975; Julia Annas, *The Morality of Happiness*, Oxford: University Press, 1993; Martha Nussbaum, *The Therapy of Desire. Theory and Practice in Hellenistic Ethics*, Princeton: University Press, 1994; Pierre Hadot, *Wege zur Weisheit. Oder: Was lehrt uns die antike Philosophie?*, Frankfurt a.M. 1993.

tive. Das aristotelische Ziel der Eudämonie konnte mit christlicher Jenseitsvorstellung fusionieren und die vier platonischen Kardinaltugenden: Weisheit, Gerechtigkeit, Tapferkeit, Besonnenheit durch die drei paulinischen Tugenden Glaube, Hoffnung, Liebe überwölbt werden. Konkurrierend dazu konnte man sich auf die Schulen der Stoiker und Epikuräer beziehen oder, wenn die Glaubenskriege an Heftigkeit zunahmen, als Pyrrhoniker eine skeptische Lebenshaltung einnehmen. Zweifel, ob es sich bei der *honnêteté* nur um eine konventionalistische Verhaltenslehre oder schon um eine gewissenhafte Moral gehandelt hat, werden bürgerliche Autoren später erheben.[370] Das Ideal lebt dennoch bis ins 19. Jahrhundert, zumal in der amerikanischen republikanischen Tradition fort, die an Machiavelli anschließt.[371] Und auch Tocquevilles Analyse der Demokratie ist von aristokratischem Ethos getragen. Zu fordern ist, daß der Einzelne sich moralisch beherrsche und die Rechte anderer nicht verletze.[372]

Die Sichtung der Leidenschaften Albert O. Hirschman hat in einer berühmten Studie herausgearbeitet, wie neben dem moralischen Postulat der Unterdrükkung der Leidenschaften alternative Umgangsweisen mit den negativen Möglichkeiten menschlichen Begehrens entstehen.[373] In Absetzung zu *bekenntnisreligiöser* Präskription bilden sich Ethiken, die *rationalreligiös* begründet werden. Hier geht es darum, die Leidenschaften zu ordnen und zu verwandeln. So heißt es bei Giambattista Vico: „Aus Grausamkeit, Habsucht und Ehrgeiz, den drei Lastern, die alle Menschheit in die Irre führen, macht (die Gesellschaft) nationale Verteidigung, Handel und Politik und begründet damit die Stärke, den Wohlstand, die Weisheit der Republiken; aus diesen drei großen Lastern, die ganz gewiß den Menschen auf Erden vernichten würden, läßt die Gesellschaft auf diese Weise das allgemeine Glück hervorgehen. Dieses Prinzip beweist die Existenz einer göttlichen Vorsehung: Durch ihre vernünftigen Gesetze werden die Leidenschaften der Menschen, die gänzlich mit dem Streben nach privaten Vorteilen beschäftigt sind, in eine öf-

---

370 Laurence Kohlberg hat in seiner Rekonstruktion der Stufen des moralischen Bewußtseins in der Individualentwicklung zwischen minderwertiger *law and order orientation* und höherwertiger *ethical-principal orientation* unterschieden. Laurence Kohlberg, *Essays on Moral Development*, Vol. 1: *The Philosophy of Moral Development. Moral Stages and the Idea of Justice*, San Francisco 1981; Vol. 2: *The Psychology of Moral Development. The Nature and Validity of Moral Stages*, San Francisco 1984. Aus der umfangreichen Diskussion dieser Thesen vgl. Tilmann Sutter, *Moral aus der Perspektive der Amoral*, Pfaffenweiler 1990. Die Debatten um unzureichendes Schamgefühl und durchgebildetes Schuldbewußtsein repetieren bis heute die Denkfiguren der bürgerlichen Kritik an der *honnêteté*.

371 Vgl. die berühmte Studie von John G. A. Pocock, *The Machiavellian Moment. Florentine Political Thought and the Atlantic Republican Tradition*, Princeton: University Press, 1975.

372 Hans-Christoph Schröder, „Alexis de Tocqueville. Ein Aristokrat als Analytiker der demokratischen Gesellschaft“, in: *Geschichte und politisches Handeln. Theodor Schieder zum Gedächtnis*, hg. v. Peter Alter u.a., Stuttgart 1985, S. 175.

373 Albert Otto Hirschman, *Leidenschaften und Interessen. Politische Begründung des Kapitalismus vor seinem Sieg*, Frankfurt a.M. 1980.

fentliche Ordnung verwandelt, die es den Menschen erlaubt, in der menschlichen Gesellschaft zu leben."[374]

Der Gedanke, daß es in der Absicht Gottes läge, die Leidenschaften zu nützlichen Instrumenten werden zu lassen, ist bis zur Mitte des 19. Jahrhunderts wieder und wieder reformuliert worden. Erinnert sei an Mandevilles berühmte Bienenfabel, in der auf geheimnisvolle Weise aus privaten Lastern öffentliche Tugenden werden, an Adam Smith' *invisible hand*, die das Marktgeschehen auf geheimnisvolle Weise zum Guten lenkt, an Hegels „List der Vernunft", die ebenso geheimnisvoll bewirkt, daß sich auch durch schändliche Taten und grausame Konflikte letztendlich die gute Vernunft durchsetzt, oder man denke an die anarchistische Utopie von Charles Fourier, in der durch eine ausgeklügelte Reorganisation der Gesellschaft aus blutrünstigen Mördern gesellschaftsfähige Metzger werden. Die Grundfigur entstammt der *rationalreligiösen* Schicht europäischer Religionsdynamik, die wir im *Ersten Band* unserer Religionssoziologie behandelt haben. Der Gedanke einer geheimnisvollen Verwandlung böser Leidenschaften in gute Bestrebungen kann sich freilich wirksam nur so lange halten, so lange die Existenz einer irgendwie gefaßten göttlichen Vorsehung glaubhaft ist. Mit diesem Glauben ist es nach 1848 bei vielen Intellektuellen nicht mehr so gut bestellt.

Neben den skizzierten Ethiken der Unterdrückung der Leidenschaften und der Transformationen der Laster in eine gute Harmonie bildet sich frühneuzeitlich noch eine dritte Linie heraus, die moralischen Beurteilungen zurückzustellen und die menschlichen Affekte, die die medizinische Literatur der Antike schon ausgiebig beschrieben hatte, gründlicher zu untersuchen. Descartes' Alterswerk „Die Leidenschaften der Seele" handelt von den Einwirkungen der Körperdispositionen und leiblichen Zustände auf das Gemüt.[375] Die Seelenaffekte Staunen, Liebe und Haß, Freude, Trauer und Begehren werden durch Bewegungen der *spiritus animales* verursacht. Leidenschaften und Affekte werden in ein mechanistisches Organismusmodell integriert. Sie sind zunächst anthropologisch neutral und können dann moralischer Bewertung unterzogen werden. Die differenzierte Untersuchung einzelner Leidenschaften nach ihrer innerorganischen Strebung bot die Grundlage für einen Umgang mit den Leidenschaften, der den Utilitarismus vorbereitet. Bei Hobbes werden die körperlichen Strebungen – so differenziert sie aufgefaltet sind – letztlich binär kodiert: Begehren oder Verlangen strebt zur Ursache hin, Abneigung oder Abscheu von ihr weg.[376] Die Objekte dieser Strebungen sind moralisch neutral. Der Mensch im Naturzustand nennt etwas gut, was er begehrt, und schlecht,

---

374 Giambattista Vico, *Scienza nuova*, zit. n. Ebd., S. 25.

375 Vgl. zum folgenden die Darstellung bei Martin Schneider, *Das Weltbild des 17. Jahrhunderts. Philosophisches Denken zwischen Reformation und Aufklärung*, Darmstadt 2004, S. 246ff; sowie Ernst Cassirer, *Philosophie der Aufklärung*, Tübingen 1932, S. 123-177; Eugen Lerch, „Passion und Gefühl", in: *Archivum Romanicum* (22)/1938, S. 320-349; Erich Auerbach, „Passio als Leidenschaft", in: Ders., *Gesammelte Aufsätze zur romanischen Philologie*, Bern 1967, S. 161-176; Joseph Vogl, *Kalkül und Leidenschaft. Poetik des ökonomischen Menschen*, München 2002.

376 Zu Hobbes Affektenlehre vgl. Schneider 2004, S. 254ff.

was Abneigung hervorruft. Im Zustand des Staates dagegen entscheidet der Repräsentant oder Richter, was gut und was schlecht ist. Bei Hobbes, dem Glaubenskriegsgeschädigten, bedingen die Entfesselungen des natürlichen Begehrens und das Recht- und Gewaltmonopol des Staats sich gegenseitig.[377]

Ausgehend von einer Differenzierung des Triebgeschehens konnte aber auch an staatsfernere Umgangsweisen mit den Leidenschaften gedacht werden, wenn man sich daran machte, Leidenschaften durch Leidenschaften zu zähmen. Es ist dies ein Gedanke, der die Richtung für eine utilitaristische Handhabung des Leidenschaftsproblems anzeigt. Für die mittelalterlichen Theologen galt die Vorstellung, daß sich die fundamentalen Leidenschaften wie in einem Feuerbrand gegenseitig steigern. Francis Bacon dagegen glaubt von den Dichtern, die über die menschlichen Leidenschaften schreiben, und den Historikern, die die Taten der Menschen beschreiben, mehr lernen zu können als von den Moralphilosophen. Er lobt Dichter und Historiker, weil sie „mit großer Lebendigkeit darstellten, wie Affekte entzündet und angespornt werden; wie sie befriedigt und gezähmt werden; wie sie sich offenbaren, wie sie wirken, wie sie sich unterscheiden, wie sie zusammenwirken und einander verstärken, wie sie miteinander verwoben sind und wie sie einander bekämpfen und zusammenstoßen, und dergleichen Eigenheiten mehr; wobei letzteres in moralischen und politischen Fragen von besonderem Nutzen ist; wie man (so sage ich) Affekt gegen Affekt einsetzt und den einen durch den anderen beherrscht: So wie wir das Tier mit Hilfe des Tieres hetzen, den Vogel mit Hilfe des Vogels jagen (...) Denn wie es bei der Regierung von Staaten mitunter notwendig ist, eine Fraktion durch eine andere einzudämmen, so verhält es sich auch mit der Regierung unseres Innern."[378]

Die Untersuchung der verschiedenen Eigenheiten der Leidenschaften ergibt, daß Hochmut, Neid und Habgier sich nicht notwendigerweise gegenseitig steigern im Sinne einer Kumulation moralischen Übels, sondern sie sind, weil sie in sich verschieden sind, auch gegeneinander einsetzbar. Leidenschaften können durch andere Leidenschaften neutralisiert werden, die Prunksucht kann dem Geiz Schranken setzen und umgekehrt. Der wichtige Gedanke der Neutralisierung der Leidenschaften durch andere Leidenschaften eröffnet eine Bahn, an deren Ende eine utilitaristische Anthropologie und Ethik stehen wird. Dabei sind jedoch noch einige Zwischenstufen von Interesse.

377 Vgl. die Arbeit von Hartmut Neuendorff, *Der Begriff des Interesses. Eine Studie zu den Gesellschaftstheorien von Hobbes, Smith und Marx*, Frankfurt a.M. 1973, darin den Abschnitt „Hobbes". Wolfgang Köhler bemerkt zurecht, daß Hobbes kein Utilitarist gewesen ist. Wolfgang R. Köhler, *Zur Geschichte und Struktur der utilitaristischen Ethik*, Frankfurt a.M. 1979, S. 6.

378 Francis Bacon zit. n. Hirschman 1980, S. 30. Zu Bacon vgl. auch Rüdiger Ahrens, *Die Essays von Francis Bacon. Literarische Form und moralische Aussage*, Heidelberg 1974; siehe auch Alban J. Krailsheimer, *Studies in Self-Interest. From Descartes to La Bruyère*, Oxford 1962.

Das materielle Interesse. Wenn nun Leidenschaften durch andere Leidenschaften neutralisiert werden können, was liegt näher, als sich auf die Suche nach Leidenschaften zu machen, die bestimmte Qualitäten haben, wie z.B. eine solche Stärke, um als Kampfmittel gegen weniger wünschenswerte Leidenschaften erfolgreich sein zu können. Darüber hinaus sollten sie trotz ihres Leidenschaftscharakters Wirkungen zeitigen, die nicht ganz so schädlich sind. Frühneuzeitliche Subjekttheorien handeln in der Regel vom Souverän, und seine Leidenschaften sind in besonderer Weise reflektiert und diskursiviert worden. Hirschman weist auf eine Passage des hugenottischen Herzog Rohan von 1638 hin, in der dieser davon spricht, er habe gewisse historische Episoden geschildert, weil sie zeigen sollen, daß „man sich in Staatsfragen nicht durch wirre Begierden leiten lassen darf, die uns oft veranlassen, Aufgaben zu übernehmen, die unsere Kraft übersteigen; auch nicht durch heftige Leidenschaften, die uns, sobald sie von uns Besitz ergreifen, auf verschiedene Weise erregen (...); sondern allein durch unser von der Vernunft geleitetes Interesse, das die Richtschnur unseres Handelns sein muß.“[379] Nicht mehr *bekenntnisreligiöse* Vorschrift soll gegen die Leidenschaften ins Feld geführt werden, sondern das vom göttlichen Geschenk der Vernunft erleuchtete Interesse.

Interesse ist hier ein leidenschaftlicher Bewegungsgrund, aber ein solcher, der irgendwie noch anders ist als die anderen Bewegungsgründe, die dem Feld der Leidenschaften entspringen. Interesse ist eine Leidenschaft, die entsprechend dem Neutralisierungsmodell anderen Leidenschaften wirksam entgegengesetzt werden kann. Denn das Interesse ist mit dem Selbsterhaltungstrieb verbunden. Als Prinzip des Handelns repräsentiert dieser Trieb die Stimme Gottes im Menschen.[380] Will man im Horizont von *Rationalreligion* den *bekenntnisreligiösen* Vorschriften, die Leidenschaften zu unterdrücken, entkommen, weil diese konfessionell kodiert den Glaubenskrieg fördern, so gilt es, eine Leidenschaftsgruppe ausfindig zu machen, die wirksam und nutzbringend gegen andere eingesetzt werden kann. Bezogen auf den Fürsten ist dies in der frühen Neuzeit das Interesse. Aber wie so vieles, was in der frühen Neuzeit am Fürsten abgehandelt wurde, verallgemeinerungsfähig für andere Gesellschaftsgruppen wurde, so wurde auch dies Affektmodell als allgemein gültig in die Anthropologie des 18. Jahrhunderts übernommen. Hirschman resümiert die neue Überlegung: „Daß nämlich *eine Gruppe von Leidenschaften, die bislang verschiedentlich als Gier, Habsucht oder Gewinnsucht bekannt waren, nutzbringend eingesetzt werden könnten, um andere, wie Ehrgeiz, Machtgier oder sexuelle Begierde zu bekämpfen oder zu zügeln.*“[381] Aus dem, was früher Gier, Habsucht, Gewinnsucht hieß, werden materielle Interessen, und es entsteht ein neues Szenario. Die materiellen Interessen werden anderen Leidenschaften gegenübergestellt und es wird den Menschen nahegelegt: Seht die günstigen Folgen, wenn ihr euch

379 Henri Duc de Rohan [1638], zit. n. Hirschman 1980, S. 43.

380 John Locke, *Zwei Abhandlungen über die Regierung*, hg. v. Walter Euchner, Frankfurt a.M. 1977, S. 136.

381 Hirschman 1980, S. 49.

durch eure materiellen Interessen leiten laßt, und fürchtet die schlimmen Folgen, wenn ihr euren Leidenschaften folgt.

Sieht man sich die Begründungen im 17. und 18. Jahrhundert an, in denen die Interessen als Moderierer der Leidenschaften vorgestellt werden, so fällt auf, daß es überwiegend noch Vorteile für die Gesamtgesellschaft oder für die Staatsräson sind, die ins Feld geführt werden. Dies gilt auch für den weiteren Bereich der Diskussion um Selbsterhaltung und Selbstliebe. Eine *philautia*, die den *rationalreligiösen* Glauben an eine kosmisch garantierte Zweckordnung umstürzt, ist bis ins 19. Jahrhundert hinein kein Thema, mögen modernisierungstheoretische Selbstlegitimationen auch das isolierte, vereinzelte Individuum der Marktgesellschaft noch so weit historisch zurück verlegen.[382] Wer den Standpunkt der Interessenorientierung verteidigt, kann zwei Vorteile anführen: Eine von materiellen Interessen regierte Welt ist vor allem deshalb für das Gemeinwesen von Nutzen, weil die Handlungen von Menschen, die materiellen Interessen folgen, voraussagbar und beständig sind. Wer dagegen den Leidenschaften folgt, ist schwer zu kalkulieren, insofern macht die Verfolgung von Interessen das menschliche Miteinanderleben sicherer. Zum zweiten mildert sich das Kriegsproblem, wo Menschen ihren materiellen Interessen folgen und Handel treiben. Interessen helfen, die Umgangsformen zu zivilisieren. Schließlich handelt es sich beim materiellen Interesse, insbesondere dem Interesse am Gelderwerb, um eine ruhige und beruhigende Leidenschaft. Sie ist gleichmäßig und mäßigend. Diese Leidenschaft muß, wenn sie zum Zuge kommen will, immer durch Überlegung gedämpft und gestreckt werden. All diese Vorzüge einer von materiellen Interessen regierten Welt stellten den Kollektivnutzen ins Zentrum. Diese Argumentation hat sich freilich nur so lange halten können, wie sie von der gesellschaftlichen Erfahrung nicht Lügen gestraft wurde. Spätestens nach 1850 glauben dies nur noch marktwirtschaftliche Utopisten.

Der Diskurs von der wohltätigen Wirkung der Interessenorientierung hatte freilich auch schon eine ältere Grenzziehung dort, wo es um den Klerus ging. *Rationalreligiös* betrachtet, darf der Klerus materielle Interessen nicht verfolgen. „Mit seiner Verpflichtung, Moral zu predigen", ist der Klerus David Hume zufolge als eine Institution zu betrachten, die „in dieser Welt kein anderes sinnvolles Ziel hat."[383] Orientiert er sich dennoch an materiellen Interessen, so wie es die aufgeklärte Anthropologie vorschreibt, gerät er unter den Verdacht, ein Geschäft aus der Religion zu machen. Erich Rothacker bemerkt zu dieser Vorgeschichte des Utilitarismus:

382 Vgl. *Subjektivität und Selbsterhaltung. Beiträge zur Diagnose der Moderne*, hg. v. Hans Ebeling, Frankfurt a.M. 1976; Hans-Jürgen Fuchs, *Entfremdung und Narzissmus. Semantische Untersuchungen zur Geschichte der ‚Selbstbezogenheit' als Vorgeschichte von ‚amour-propre'*, Stuttgart 1977; Winfried Schulze, „Vom Gemeinnutz zum Eigennutz. Über den Normenwandel in der ständischen Gesellschaft der frühen Neuzeit", in: *Historische Zeitschrift* 243 /1986, S. 591-625, hier S. 609 u. 620.

383 „Even the clergy, as their duty leads them to inculcate morality, may justly be thought, so far as regards this world, to have no other useful object to their institution." David Hume, „Of the origin of government", in: *David Hume's Political Essays*, hg. v. Charles W. Hendel, New York: The Liberal Arts Pr., 1953, S. 39-42, hier S. 39.

„Die Lehren des 18. Jahrhunderts vom Priesterteufel und Betrüger, der die Religion erfindet, zeigen das utilitarische Motiv interessanterweise auch einmal aus der Perspektive des Geschädigten. Sie stellen neben der objektivistischen Lehre von der Entstehung der Religion aus der Furcht eine subjektivistische Theorie dar, denn hier erzeugt klug erdachte subjektive Willkür die ewigen Wahrheiten."[384] Bentham wird später von den „finsteren Interessen" sprechen, die der Utilitarismus zu bekämpfen hat.

SENTIMENTALISIERUNG. Der Diskurs von den Interessen als Beruhiger der Leidenschaften zehrt noch von der Erfahrung heftiger Leidenschaften wie sie in der Periode der Glaubenskriege möglich war, die mit der Vertreibung der Salzburger Protestanten 1730 zu Ende ging. In der zweiten Hälfte des 18. Jahrhunderts kommt es jedoch zu einer wichtigen Verschiebung in der Wahrnehmung von Affekten. In den Enklaven bürgerlicher Gesellschaft, in denen sich die Spaltung von privat und öffentlich und die Polarisierung der Geschlechtscharaktere von Mann und Frau durchsetzt, kommt es zu einer Sentimentalisierung der familiären und freundschaftlichen Bindungen. Die Innigkeit des Gefühls ist ein Charakteristikum der Epoche der Empfindsamkeit. Es ist hier an die Rolle zu erinnern, die das menschliche Herz als Zufluchtsort für eine eigensinnige Religiosität in der Argumentation der *rationalreligiösen* Aufklärung und den freien pietistischen Gemeinden gespielt hat. Im 18. Jahrhundert werden Phänomene des Affektes gleichsam umdefiniert.[385] Neben die ältere Konstruktion von Leidenschaften und Interessen tritt eine neue Konstruktion. Es gibt jetzt Gefühle, und diese Gefühle sind nicht in erster Linie etwas, das sich analytisch gegliedert auf einem Tableau darstellen läßt, sondern diese Gefühle haben einen integralen Aspekt. Sie durchströmen den ganzen Menschen und sie verlangen Befriedigung. Gefühle, wie sie im 18. Jahrhundert kodiert werden, kann man nicht in Schach halten wie die Leidenschaften. Man muß dies auch nicht. Denn diese Gefühle streben nur nach glücklicher, harmonischer Erfüllung. Neben die ältere Konstruktion von Leidenschaften und Interessen tritt die Konstruktion von Gefühl und Glück. Alle Menschen streben nach einer glücklichen Erfüllung ihrer Gefühlsregung, dem *pursuit of happiness*.[386]

Diese Sentimentalisierung führt in eigenartiger Doppelung einerseits zu einer Vertiefung des moralischen Bewußtseins, andererseits wird eine plötzliche Perversion von Moral in Unmoral möglich. Heinz D. Kittsteiner hat darauf hingewiesen, daß der „Typus des innerlich gefühlten ‚vox-Dei'-Gewissens" in der zweiten Hälfte des 18. Jahrhunderts stärker hervortritt. Für Rousseau ist das Gewissen „göttlicher

384 Rothacker 1947, S. 49.

385 Den Wechsel von der Analyse ausdifferenzierter Gemütsbewegungen zu Gefühlen hat untersucht: Jutta Stalfort, *Die Erfindung der Gefühle. Eine Studie über den historischen Wandel menschlicher Emotionalität (1750-1850)*, Bielefeld 2013.

386 Einen von der analytischen Philosophie ausgehenden Versuch, die empirische Erfassung von Gefühlen mit rationalistischen Vernunftprinzipien zu verknüpfen, hat unternommen: Christoph Fehige, *Soll ich?*, Ditzingen 2004.

Instinkt, unsterbliche und himmlische Stimme, sicherer Führer eines Unwissenden und Beschränkten, aber vernünftigen und freien Wesens". Dabei macht die Voranstellung von Instinkt eine irrationale Zutat kenntlich. Kittsteiner schreibt: „Die Akte des Gewissens sind keine logischen Urteile, sondern mit der Vernunft verbundene Gefühle. In dem ungeheuren Labyrinth menschlicher Meinungen haben wir nun einen sicheren Stand; wir können moralisch sein, ohne gelehrt zu sein."[387]

In dem Maße, in dem Sentimentalisierung als eine das ganze Gefühlsleben des Einzelnen ergreifende Bewegung aufgefaßt wird, verstärkt sich die Individualisierungslinie. Die Gefühle eines jeden sind einzigartig. Daß jeder einzelne Organismus physiologisch auf eine ihm eigene individuelle Weise organisiert ist, war der Ausgangspunkt LaMettries. Der einzigartige Organismus erzeugt seine Imaginationen, die seine Gefühle erregen. In LaMettries *Discours sur le bonheur* wird Andrejs Petrowski zufolge deutlich, „daß die Anordnung der Welt durch die subjektiv gesteuerte Einbildungskraft allein dem Zweck dient, für das Individuum Glückszustände zu realisieren. Das physiologisch determinierte Individuum kennt als einzig für es verbindliche Werte das Empfinden von Glücks- und Unglückszuständen."[388] Für die integrale Subjektivität ist das moralisch Gute so sehr eine individuelle Kategorie geworden, daß auch der Verbrecher für sich Gutes tun kann. Die solitäre Gefühlsgewißheit kann damit aber ebenso in die Pathologien der Melancholie, Hypochondrie und in den Selbstmord umschlagen, wie sie zum Ausklang des 18. Jahrhunderts populär werden.[389] Es ist dies aber auch der Gefühlsraum, aus dem der Enthusiasmus der Revolutionsperiode hervorbricht. Die Rezeption Shaftesburys und seiner Philosophie der guten Laune, die Aufschwünge der Begeisterung, Geniekult und „Sturm und Drang" lassen die thymotischen Leidenschaften als ein „Ausblühen des Ewigen und Göttlichen in der Welt" (Fichte) in Erscheinung treten. Ihnen wird nun – wie wir im *Zweiten Teil* unserer Religionssoziologie ausgeführt haben – eine schöpferische Kraft zugesprochen. *Nationalreligion* und *Kunstreligion* werden von dieser Kraft beflügelt.[390] Nach 1848 folgt mit der Erfah-

387 Heinz D. Kittsteiner, *Die Entstehung des modernen Gewissens*, Frankfurt a.M. 1995, S. 212.

388 Andrejs Petrowski, *Weltverschlinger, Manipulatoren und Schwärmer. Problematische Individualität in der Literatur des späten 18. Jahrhunderts*, Heidelberg 2002, S. 61f; zu La Mettrie vgl. auch Alex Sutter, *Göttliche Maschinen. Die Automaten für Lebendiges bei Descartes, Leibniz, La Mettrie und Kant*, Frankfurt a.M. 1988; Ursula Pia Jauch, *Jenseits der Maschine. Philosophie, Ironie und Ästhetik bei Julien Offray de La Mettrie (1709-1751)*, München/Wien 1998; Kathleen Wellmann, *La Mettrie. Medicine, Philosophy and Enlightenment*, Durham/London 1992. Michel Foucault hat in seiner Untersuchung des Wandels der Beichtpraxis zum sechsten Gebot den Prozeß als einen charakterisiert, in dem es „vorzugsweise nicht mehr um die sexuelle Beziehung zwischen Individuen, um die legitimen und illegitimen Geschlechtsbeziehungen geht, sondern in denen sich der einsame begehrende Körper herausbildet." Michel Foucault, *Die Anormalen. Vorlesungen am College de France (1974-1975)*, Frankfurt a.M. 2002, S.257.

389 Julia Schreiner, *Jenseits vom Glück. Suizid, Melancholie und Hypochondrie in deutschsprachigen Texten des späten 18. Jahrhundert*, München 2003.

390 Zur Rede von „Trieben" im Zusammenhang von Schleiermachers Neubestimmung der Religion siehe Peter Grove, „‚Vereinigungsphilosophie' beim frühen Schleiermacher und bei

rung entfesselter Marktwirtschaft die Ernüchterung. Die Leidenschaft fürs Ideale bekommt es nun auf breiter Front mit den Verteidigern des Utilitarismus zu tun.

DER NUTZWERT EINER HANDLUNG. Als Begründer des „klassischen" Utilitarismus gelten Jeremy Bentham, John Stuart Mill und Henry Sidgwick.[391] Jeremy Bentham appellierte in seinen frühen Schriften im Ausgang des 18. Jahrhunderts an den aufgeklärten Absolutismus, sein Reformgefängnis, das „Panoptikum" zu realisieren. Von der Aristokratie enttäuscht, begeisterte er sich kurzfristig für die Revolution, um sie dann später um so heftiger zu kritisieren.[392] Als Mitglied der kleinen Gruppe der „philosophical radicals" propagierte er dann öffentlich eine wachsende Liste von Reformen der Politik und Gesetzgebung in den verschiedensten Sachgebieten. Bentham hat ein an Unübersichtlichkeit kaum zu überbietendes Werk hinterlassen.[393] Es harrt bis heute einer gültigen Edition, zumal Freunde, Schüler und Lektoren sich genötigt sahen, die Benthamschen Satzungetüme, in denen, dem Ideal einer wissenschaftlichen Genauigkeit folgend, skrupulös die Erklärung in zweiter und dritter Potenz in Satzgefüge einmontiert wurde, eigenhändig einer Les-

---

Herder", in: *200 Jahre ‚Reden über die Religion'*, hg. v. Ulrich Barth u. Claus-Dieter Osthövener, Berlin/New York 2000, S. 228-343, bes. S. 334ff.

391 Immer noch hilfreich: Elie Halévy, *La formation du radicalisme philosophique*, 3 Bde., Paris: Félix Alcan, 1901-1904; Leslie Stephen, *The English Utilitarians*, 3Bde., New York: Peter Smith, 1950. Zum „nachklassischen" Utilitarismus werden George Edward Moore, *Principia Ethica* [1903], Stuttgart 1970 u. Hastings Rashdall, *The Theory of Good and Evil. A Treatise on Moral Philosophy*, 2 Bde., Oxford 1907 gerechnet. Im 20. Jahrhundert wird der Utilitarismus zum prominenten Bezugspunkt weit überwiegend angelsächsischer moralphilosophischer Texte. Zur Einführung siehe *Einführung in die utilitaristische Ethik. Klassische und zeitgenössische Texte*, hg. v. Otfried Höffe, 3. akt. Auflage, Tübingen/Basel 2003. Der Band enthält eine umfangreiche Bibliographie. Hervorzuheben sind aus der neueren Diskussion Köhler 1979; Bernard Williams, *Kritik des Utilitarismus*, hg. v. Wolfgang R. Köhler, Frankfurt a.M. 1979; Richard Mervyn Hare, *Moralisches Denken. Seine Ebenen, seine Methode, sein Witz* [1981], Frankfurt a.M. 1992; *Zum moralischen Denken*, 2 Bde., hg. v. Christoph Fehige u. Georg Meggle, Frankfurt a.M. 1995; Rainer W. Trapp, *‚Nicht-klassischer' Utilitarismus*, Frankfurt a.M. 1988; *Utilitarianism and Beyond*, hg. v. Amartya Kumar Sen u. Bernard Williams, Cambridge: University Press, 1982; Dieter Birnbacher, *Verantwortung für zukünftige Generationen*, Stuttgart 1988; Jean-Claude Wolf, *Utilitarismus, Pragmatismus und kollektive Verantwortung*, Freiburg (Schweiz) 1993; Bernward Gesang, *Eine Verteidigung des Utilitarismus*, Stuttgart 2003; Dieter Thomä, *Vom Glück in der Moderne*, Frankfurt a.M. 2003.

392 Zu Benthams politischen Schriften, seinem intellektuellen Werdegang und zum Stand der Bentham-Rezeption siehe Peter Niesen, „Einleitung: Utilitarismus und Demokratie in Zeiten der Revolution", in: Ders., (Hg.), *Jeremy Bentham: Unsinn auf Stelzen. Schriften zur Französischen Revolution*, Berlin 2013, S. 11-65.

393 Zu Bentham siehe u.a. Philip Schofield, *Utility and Democracy: The Political Thought of Jeremy Bentham*, Oxford: University Press, 2009; Wilhelm Hofmann, *Politik des aufgeklärten Glücks. Jeremy Benthams philosophisch-politisches Denken*, Berlin 2002; John R. Dinwiddy, *Bentham*, Oxford: University Press, 1989.

barkeit zuzuführen.[394] Daß es der Bentham-Schüler John Stuart Mill war, der einen großen Teil der Texte redigierte und in seiner Autobiographie ein Bild Benthams vermittelt, das ihm für eine Fortentwicklung des Utilitarismus in seinem Sinne als Gegenbild dient, kompliziert die Situation.

Dennoch, die Grundfigur, die Bentham von 1789 bis zu seiner 1834 publizierten, mit dem an Comtes Neuschöpfung „Sociologie" erinnernden Neologismus „Deontology" bezeichneten Pflichtenlehre durchhält, ist einfach. Individuen sind von den Konsequenzen ihrer Handlungen betroffen. Der Nutzen eines Handlungsresultats besteht in einer Bilanz der Gefühle, d.h. der Menge an Lust abzüglich der Menge an Schmerz, die das Handlungsresultat hervorgerufen hat. Eine Handlung hat einen individuellen Nutzwert, der sich als Summe der Nutzwerte aller Konsequenzen dieser Handlung fassen läßt. Ausgehend von diesem individuellen Nutzwert läßt sich der kollektive Gesamtnutzen einer Population errechnen. Dabei gilt das Glück des einen so wertvoll wie das Glück des anderen. Jeder zählt für 1 und niemand für mehr als 1. Alle individuellen Nutzwerte werden wie Stimmen bei demokratischen Wahlen gleichstark gewichtet.

Folgt man dieser Methode, so ist bei alternativen Handlungsmöglichkeiten, wie Ulrich Gähde resümiert, „diejenige zu wählen, bei der die zugehörige interpersonelle Nutzensumme am höchsten ist. Das Problem der moralischen Richtigkeit von Handlungen soll so reduziert werden auf das mit empirisch/mathematischen Mitteln entscheidbare Problem der Optimierung einer Empfindungsbilanz."[395] Deontologisch geboten ist die Handlung, die dem „greatest happiness principle" entspricht, der oft zitierten Formel vom „größten Glück der größten Zahl", die genauer als „größtmögliches Glück der größtmöglichen Zahl" übersetzt werden sollte, geht es doch nicht allein um eine numerische Mehrheit, sondern weitergehend um eine „Maximierung der Reichweite der gesellschaftlichen Glücksgüter".[396] Die Maximierungsregel gilt individuell für die einzelnen Nutzenquanten und kollektiv für die Nutzenquanten einer Menschenzahl, die als von den Handlungskonsequenzen betroffen zählbar ist.

Es darf nicht übersehen werden, daß Bentham nicht primär an einer Moralwissenschaft für Privatleute interessiert war, auch steht bei aller Affinität zur ökonomischen Rationalität intentional Wirtschaft nicht im Zentrum seines Werks, sondern die Rechtstheorie. Die Politik des öffentlichen Glücks sollte durch Gesetzesreformen optimiert werden, die sich auf die Strafgesetzgebung, den Strafvollzug, auf

394 Zu Benthams Stil vgl. John R. Dinwiddy, „Bentham and the Early Nineteenth Century", in: Ders., *Radicalism and Reform in Britain, 1780-1850*, London: Hambledon, 1992, S. 291-313, hier S. 295ff.

395 Ulrich Gähde, „Zum Wandel des Nutzenbegriffs im klassischen Utilitarismus", in: Ders. u. Wolfgang H. Schrader (Hg.), *Der klassische Utilitarismus. Einflüsse – Entwicklung – Folgen*, Berlin 1992, S. 83-110, hier S. 93.

396 Hofmann 2002, S. 21. Birnbacher 1981, S. 134, schreibt die Formel vom größten Glück Helvetius zu. Auch Beccaria kommt als Urheber in Frage. Wahrscheinlich geht die Formel auf Francis Hutcheson, *Eine Untersuchung über den Ursprung unserer Ideen von Schönheit und Tugend: über moralisch Gutes und Schlechtes* (1725), Hamburg 1986, S. 71 zurück.

Regelungen von Gesetzen zur Geburtenkontrolle bis zur Emanzipation der Kolonien und bis zum Tierschutz u.a.m. bezogen.[397] Wenn Friedrich Engels nach der Lektüre von Stirners *Der Einzige und sein Eigentum* seinen Freund Marx auf die Parallelen zwischen dem „Egoismus Benthams“ und Stirners Eigenheit hinweist und Benthams Vorstellungen als die einer „in Atome aufgelösten Gesellschaft“ charakterisiert, so ist die rechtstheoretische Dimension Benthams zugunsten der Manchester-kapitalistischen Rahmung abgedunkelt.[398] So sehr es Bentham um die Reform der Politik ging, seine Hauptwirkung entfaltete sein Utilitarismus in der moralwissenschaftlichen Verarbeitung der Erfahrungen der Marktgesellschaft.

Für Bentham ist das subjektive Interesse die letztinstanzliche Wertbasis. Plural gerechnet werden nur die Personen, nicht die Wertorientierungen. Bernward Gesang hat den „Wertmonismus“ als einen „Pfeiler des Utilitarismus“ besonders herausgestellt. Der Utilitarismus basiere auf der Eingebung, „daß es *ein und nur ein* intrinsisches Gut gibt und daß man daher alle moralisch relevanten Güter in die eine ‚Währung‘ Glück umrechnen kann. Glück wird als die Quelle verstanden, aus der alle anderen moralischen Werte entspringen.“[399] Gerechtigkeit, Freiheit, Frieden u.s.w. werden nicht wertpluralistisch behandelt, und das Problem der Wertantinomien wird monistisch umgangen. Es gibt nur einen Wert. Die utilitaristische Moralwissenschaft ist, so anpassungsfähig an die Konjunkturen der Marktgesellschaft sie sich auch zeigt, in ihrem Kernbereich gegen den Relativismus der Werte gerichtet. Anders gesagt: Alle auf den Markt gelangenden Waren haben ihre unterschiedlichen Preise, ihr intrinsischer Wert jedoch ist das Geld. Das Geld sagt uns nicht, was wir tun sollen, sondern wir müssen entscheiden, was wir kaufen wollen.

Der utilitaristische Wertmonismus ist antithetisch gegen das Prinzip der Askese gestellt, das lautet: „Handlungen werden insoweit gebilligt, als sie dazu neigen, das Glück zu vermindern; sie werden insoweit mißbilligt, als sie dazu neigen, es zu vermehren.“[400] Askeseforderungen findet Bentham bei Moralphilosophen. Ihren Ursprung sieht er freilich in der religiösen Askese, die für ihn eine krankhafte und perverse Erscheinung darstellt. Religiöse Askese entspringt der Furcht, sie ist „das Produkt einer abergläubischen Phantasie: die Furcht vor künftiger Strafe von seiten einer verdrießlichen und rachsüchtigen Gottheit.“[401] Es verdient festgehalten zu werden, daß bei Bentham die atheistische Abweisung eines göttlichen Strafgerichts mit umfänglichen Reformvorschlägen zum Strafvollzug und einer ausgebreiteten Theorie der Strafe einhergeht. Die Strafe dient dem Glück aller Gesellschaftsmit-

397 Eine Liste der Benthamschen Reformvorschläge findet sich bei Köhler 1979, S. 15.

398 Engels an Marx, „Brief vom 19. November 1844“, in *Marx-Engels-Werke (= MEW)*, Bd. 27, *Briefe Februar 1842 – Dezember 1851*, Berlin 1973, S. 11. Vgl. auch die Aussagen von Marx über Bentham im *Kapital*, Bd. 1, in: *Marx Engels Werke (= MEW)*, Bd. 23, *Das Kapital, Bd. 1*, Berlin 1962, S. 189f u. S. 636f; sowie die Angaben bei Hofmann 2002, S. 45.

399 Gesang 2003, S. 19.

400 Jeremy Bentham, „Einführung in die Prinzipien der Moral und der Gesetzgebung“ , in: Höffe 2003, S. 55-83, hier S. 62.

401 Ebd. Zur Religionsauffassung Benthams siehe Philip Schofield, „Jeremy Bentham. Prophet of Secularism“, in: *Philosophy and Public Issues* 1(1)/2011, S. 50-74.

glieder. Das Prinzip der Vergeltungsstrafe und die Todesstrafe hat er im Unterschied zu Kant entschieden abgelehnt.[402] Im Unterschied zur Prinzipienmoral ist die Moral Benthams erfahrungsabhängig und d.h. zuerst abhängig von der zentrierenden Erfahrung bürgerlicher Gesellschaft als einer Marktgesellschaft. In ihr gibt es keine Tragödien, sondern stets nur ein kleineres Übel.

EIN RADIKALER NEUEINSATZ. So sehr eine spätere Perspektivierung bemüht ist, Benthams Utilitarismus in eine Kontinuität mit den *rationalreligiösen* Positionen der schottischen Aufklärung zu stellen – Bentham selbst hat seine Auffassung entschieden von der Philosophie des *moral sense* abgesetzt. Vernunftgesetz, Naturgesetz, *common sense*, diese *rationalreligiösen* Errungenschaften in der Pazifizierung des Glaubenskrieges werden von Bentham abgewiesen.[403] Sie basieren auf einem unwissenschaftlichen, intuitiven Moralverständnis, das habituell geworden ist und Sympathie und Antipathie als Kompaß benutzt. Überhaupt wird bei Bentham der *rationalreligiöse* Glaube, daß eigennütziges Streben automatisch zum Gemeinwohl führt, zurückgewiesen.[404] Waren Sympathie und Antipathie in der moralischen Ökonomie Adam Smiths als Regulatoren in der Kalkulation von Gebrauchswert und Tauschwert mit im Spiel, so insistiert Bentham auf einem konsequenten Anti-Intuitionismus.

Daß Benthams Lehren und seine Lebensweise zur Anekdotenbildung gereizt hat, mag auch daran liegen, daß seine wissenschaftlichen Berechnungen von Handlungsoptima oftmals zu antiintuitiven Resultaten führten, die als Skurrilitäten weitererzählt werden konnten. Es ist die Homogenität des geistigen Universums, das der Utilitarismus mit seiner strikt logisch-mathematischen Orientierung errichtet hat, die zu *prima facie* absurden Resultaten führen kann. Da die wissenschaftliche Moral im Dienste der Modernisierung steht, sind ihr intuitive moralische Überzeugungen per se des Traditionalismus verdächtig. Kritik der Intuition beinhaltet somit zugleich die Aufgabe einer Modernisierung der Moral.[405]

Sentenzen aus Benthams Schrift *Zur Verteidigung des Wuchers* leisten in dieser Hinsicht noch heute ihre Dienste, wenn z.B. Otmar Issing, das seinerzeitige Mitglied des Direktoriums der Deutschen Bundesbank, Benthams Einwand gegen Ge-

402 Vgl. dazu Kant: „Das Strafgesetz ist ein kategorischer Imperativ und, wehe dem! welcher die Schlangenwindungen der Glückseligkeitslehre durchkriecht, um etwas aufzufinden, was durch den Vorteil, den es verspricht, ihn von der Strafe, oder auch nur einem Grade derselben entbinde, nach dem pharisäischen Wahlspruch: ‚Es ist besser, daß *ein* Mensch sterbe, als daß das ganze Volk verderbe'; denn, wenn die Gerechtigkeit untergeht, so hat es keinen Wert mehr, daß Menschen auf Erden leben." Immanuel Kant, „Die Metaphysik der Sitten", in: *Kant-Werke (Theorie-Werkausgabe)*, Bd. VIII, hg. v. Wilhelm Weischedel, Frankfurt a.M. 1979, S. 453.

403 Bentham 2003, S. 68; vgl. auch die Interpretation bei Hofmann 2002, S. 189.

404 Der Glaube an eine natürliche Ordnung findet in die Wirtschaftstheorie erst wieder bei Friedrich A. von Hayek Eingang, allerdings nicht auf einer naturrechtsphilosophischen Grundlage, sondern auf der Basis der Evolutionstheorien des 20. Jahrhunderts.

405 Vgl. dazu Hare 1992, S. 198ff.

setze, mit denen Einfältige vor Wucherern zu schützen seien: „Keine Einfalt könne in diesem Fall ein Individuum so sehr des richtigen Urteils unfähig machen wie der Gesetzgeber", für seine Erläuterungen zur kreditgetriebenen Wirtschaft verwendet.[406] Angesichts der fortgeschrittenen Verbürgerlichung des Adels dürfte Benthams nützlicher Vorschlag, Adeligen ihren Titel auf die Stirn zu drucken, jedoch unnötige Kosten verursachen.[407] Die Reform des Scheidungsrechts und die Ermöglichung von Lebensabschnittspartnerschaften könnte auch Benthams Vorschlag für die Institution der *Short-Term Marriage* überflüssig machen, mit dem sowohl die Prostitution als auch die Seitensprünge reduziert werden sollten.[408] Eine kontraintuitive Modernisierung der Moral im Eherecht hat der deutsche Ethikrat 2014 mit seinem Nutzen und Schaden abwägenden Vorschlag, den Inzest nicht mehr unter Strafe zu stellen, initiieren wollen, und dabei einen Sturm der Entrüstung hervorgerufen.[409]

Aus utilitaristischen Erwägungen heraus hat Bentham nicht nur seinen Körper testamentarisch der Nachwelt vermacht und dabei die Gelegenheit ergriffen, sich Gedanken zur optimalen Nutzung der Toten durch die Lebenden zu machen, sondern auch den Ritus der feierlichen Verwertung seines Leichnams genauesten kalkuliert.[410] Im Vorlesungssaal der *Webb Street School of Anatomy* öffnete im Juni 1832 der Zeremonienmeister, der Mediziner Southwood Smith, den Körper des Toten und entnahm die Organe. Dabei erklärte er: „Mit diesem Akt trägt er durch sein eigenes persönliches Beispiel das große praktische Prinzip weiter, dessen Ent-

406 Otmar Issing, „Der Zins und sein moralischer Schatten. Bis heute ist der Preis des Kredits mit dem Stigma des Anstößigen behaftet. Zur Rolle des Zinses in der modernen Wirtschaft", in: *Frankfurter Allgemeine Zeitung* vom 20. November 1993.

407 Jeremy Bentham, „Principles of Penal Law. Part III. Indirect Means of Preventing Crimes", in: *Works of Jeremy Bentham*, Bd.1, Teil 2, hg. v. John Bowring, Edinburgh 1838-1843, S. 557.

408 Mary Sokol, „Jeremy Bentham on Love and Marriage: A Utilitarian Proposal for Short-Term Marriage", in: *The Journal of Legal History* 30(1)/2009, online: http://www.tandfonline.com/doi/pdf/10.1080/01440360902765415 (Letzter Zugriff: 01.03.2015); Dies., *Bentham, Law and Marriage: A Utilitarian Code of Law in Historical Contexts*, New York: Continuum Books, 2011.

409 Deutscher Ethikrat, *Inzestverbot, Stellungnahme vom 24. September 2014*, online:http://www.ethikrat.org/themen/gesellschaft-und-recht/inzestverbot (letzter Zugriff: 01.03.2015). Siehe dazu die Berichterstattung: Martin Spiewak, „Der Ethikrat empfiehlt, den Inzest-Paragrafen zu liberalisieren. Gibt es keine dringlicheren Probleme?", in: *DIE ZEIT* (40)/2014 vom 25. September 2014; Heike Schmoll, „Im Schoße der Familie. Der Ethikrat befürwortet unter bestimmten Voraussetzungen die Aufhebung des Inzestverbots für erwachsene Geschwister", in: *Frankfurter Allgemeine Zeitung* vom 25.09.2014; Eckhard Fuhr, „Inzest ist und bleibt eine soziale Katastrophe", in: *Die Welt* vom 28.9.2014.

410 Jeremy Bentham, „Staatseinnahmen ohne Belastung", in: Niesen 2013, S. 227-252; Peter Niesen, „Vom Nutzen der Toten für die Lebenden. Zu Jeremy Benthams ‚Staatseinnahmen ohne Belastung'", in: *Berliner Debatte/Initial* 4/2009, S. 62-69. Zum Ritual der Sezierung und Mumifizierung von Benthams Leichnam siehe die ausführliche Darstellung der Zeremonie bei Christian Welzbacher, *Der radikale Narr des Kapitals: Jeremy Bentham, das ‚Panoptikum' und die ‚Auto-Ikone'*, Berlin 2011, S. 115ff.

wicklung und Durchsetzung seinen Namen unsterblich gemacht hat."[411] Das Herz wurde in ein Glasgefäß gelegt und anschließend verschloß er den mit Stroh und Stoff gefüllten Innenraum des Körpers.

In der Zeitschrift Monthly Repository war zu lesen: „Kein in seinen Soldatenmantel gehüllter Leichnam eines Helden auf dem Schlachtfeld, keine Trauerfeier mit Priestern in Stola und Mitra im Chor gotischer Kirchen, hat jemals solche Empfindungen geweckt, wie die strenge Schlichtheit jener Stunde, in der das Nützlichkeitsprinzip über Vorstellung und Herz triumphierte."[412] Die Präparierung gemäß des von den Maoris praktizierten und von Bentham für nützlich erachteten Trocknungsverfahren scheiterte, es mußte ein Ersatzwachskopf angefertigt werden. Der präparierte Leichnam wurde als „Auto-Ikone", „as a man who is his own image" (Bentham), schlicht eingekleidet und mit Pantoffeln, Hut und Spazierstock auf einen Stuhl gesetzt, den echten Kopf auf einem Teller zwischen den Füßen platziert.[413]

Im Testament bat er seine Freunde und Schüler, sich am Geburts- und Todestag in einem Club zu versammeln: „Es ist mein Wunsch, daß in diesem Falle mein Testamentsvollstrecker veranlaßt, daß mein Skelett bei einer solchen Zusammenkunft auf einem geziemenden Stuhl an das Kopfende eines Tisches platziert wird, ganz so wie man bei einer öffentlichen Versammlung für gewöhnlich den Vorsitzenden platziert." [414] Die mobile Auto-Ikone machte dies möglich. Zuletzt nahm Bentham 2006 an einer internationalen Utilitarismus-Konferenz teil.[415] Heute kann man Benthams Auto-Ikone im Londoner University College treffen.

Benthams Utilitarismus setzt sich nicht nur von *Bekenntnisreligion* und *Rationalreligion* ab, sondern macht sich auch untauglich für *nationalreligiösen* Überschwang. Der umfängliche „moral code", den Amtsträger einhalten müssen und anhand dessen das Parlament die Regierung kontrolliert, enthält den Verzicht auf expansive Außenpolitik, auf Kolonien und erklärt sich dagegen, „für den Unsinn der nationalen Ehre auch nur einen Menschen unglücklich zu machen."[416] Daß Bentham jeder Sinn für *kunstreligiöse* Begeisterung abgeht, zeigt sein oft zitiertes Diktum: „quantity of pleasure being equal, push-pin is as good as poetry".[417]

Der Utilitarismus, den Bentham begründet hat, ist variantenreich und erstaunlich wandlungsfähig. Alternativen in den moralischen Direktiven werden in der Diskussion über lange Zeit kopräsent gehalten, auch wenn sie sich widersprechen. Als Resultate moralwissenschaftlicher Analyse unterliegen utilitaristische Imperative oder Empfehlungen ebenso empirischer Falsifikation wie die Resultate anderer

---

411 Zit. n. Welzbacher 2011, S. 121.

412 Zit. n. Ebd.

413 Ebd., S. 127.

414 Ebd., S. 128.

415 Ebd., S. 129 u. 212.

416 Vgl. Hofmann 2002, S. 277.

417 Der Ausspruch findet sich in Benthams „The Rationale of Reward" [1843], zit. n. Gähde 1992, S. 97; „push-pin" ist ein schlichtes Kinderspiel.

Wissenschaften. Moralische Irrwege sind der Preis, der zu zahlen ist, wenn man sich auf das Paradigma einläßt. Trotz dieser ethischen Elastizität und Anpassungsfähigkeit verfügt der Utilitarismus über einen Identitätskern, der unbedingte Anerkennung erheischt.

Wie alle modernen europäischen Religionen, die wir in dieser Religionssoziologie untersuchen, besitzt auch die *Wissenschaftsreligion* ein proprium. Dazu gehören, miteinander auf vielfältige Weise verflochten: der Glaube an das „Grand Être" der voranschreitenden Menschheit, der naturalistische Monismus und die *moral science* des Utilitarismus.[418] Wie beim Positivismus und beim Naturalismus, den wir im nächsten Kapitel untersuchen, sind die Glaubenssätze vor 1850 formuliert und erreichen ihre Breitenwirkung in der zweiten Hälfte des 19. Jahrhunderts. Dies gilt auch für die später zu behandelnde Weltanschauung des Pessimismus.[419] Benthams *Introduction to the Principles of Morals and Legislation* erscheint 1789 und Schopenhauers *Die Welt als Wille und Vorstellung* 1819. Die Konjunkturen beider Lektüren korrespondieren der Entfesselung der Marktwirtschaft.

6. Die Verwissenschaftlichung des Sollens

EINE ENGLISCHE MORALITÄT. Der Utilitarismus als die Variante einer Moralwissenschaft, die auf die Erfahrung von Marktgesellschaften antwortet, hat es schwer gehabt, in Deutschland Fuß zu fassen. So sehr im Horizont der neoliberalen Welle seit dem Epochenumbruch 1989/90 das Interesse am Utilitarismus als einer der wichtigsten Bezugspunkte angelsächsischer Moralphilosophie gewachsen ist, es bleibt ungewiß, ob diese Art, sein Handeln ethisch einzurichten, sich in den kontinentalen Tiefenschichten Europas einwurzeln wird. Die Moralwissenschaft des Utilitarismus ist ein Kind des englischen Kapitalismus, dessen Erstmaligkeit in Europa die wirtschaftlich schlechter aufgestellten Nationen auch in eine geistige Gegenlage gebracht hat.

Dies ist in Deutschland prägnant bei Nietzsche nachzulesen, der bei den „unermüdlichen unvermeidlichen englischen Utilitariern" die alte, puritanische Scheinheiligkeit „dies Mal unter die neue Form der Wissenschaftlichkeit versteckt" sieht. „Zuletzt wollen sie Alle, daß die *englische* Moralität recht bekomme: insofern gerade damit der Menschheit, oder dem ‚allgemeinen Nutzen' oder ‚dem Glück der Meisten', nein! dem Glücke *Englands* am besten gedient wird; sie möchten mit al-

418 Der Terminus *moral science* ist mit John Stuart Mills *System der Logik* von 1843 entschieden utilitaristisch profiliert worden. In der deutschen Übersetzung des Chemikers J. Schiel ist er als „Geisteswissenschaft" übersetzt. Diese Wortwahl schließt an den nach 1848 einsetzenden hegelkritischen Austausch von „Philosophie" in „Wissenschaft" an. Aus Naturphilosophie wird Naturwissenschaft und aus der Philosophie des Geistes die Geisteswissenschaft. 1882 wird Wilhelm Windelband die neukantianische Philosophie als „kritische Wissenschaft von den allgemeingültigen Werten" vorstellen; zit. n. Köhnke 1993, S. 416.

419 In diesem Band S. 583ff.

len Kräften sich beweisen, daß das Streben nach *englischem* Glück, ich meine nach comfort und fashion (und, an höchster Stelle, einem Sitz im Parlament) zugleich auch der rechte Pfad der Tugend sei, ja daß, so viel Tugend es bisher in der Welt gegeben hat, es eben in einem solchen Streben bestanden habe."[420] Deutschlands geistige Tiefe gegen den flachen englischen Krämergeist zu kontrastieren, gehörte zu den Stereotypen des deutschen Nationalismus.[421]

Die Diskussion des Utilitarismus ist in Deutschland auch dadurch erschwert, daß die utilitaristischen Ideen, die der Positivismus, Liberalismus und Sozialdarwinismus um 1900 in Deutschland aufgenommen hatten, wenn es um Kriterien für soziale Selektion, die Kosten für Armenfürsorge oder für Behinderte und Kranke ging, auch vom Modernisierungselan der nationalsozialistischen Bewegung aufgegriffen und realisiert wurden.[422] Es waren die utilitaristisch argumentierenden Wissenschaftler, der Jurist Karl Binding und der Mediziner Alfred Hoche, deren Begründung der Vernichtung unwerten Lebens integraler Bestandteil nationalsozialistischer Vernichtungspolitik wurde.[423] Dieses ‚Streben nach deutschem Glück' – wie Nietzsche abzuwandeln wäre – endete in einer Katastrophe und hat am Tag danach der tiefen emotionalen Abwehr des moralwissenschaftlichen Utilitarismus in Deutschland eine neue Dimension hinzugefügt.

Bentham hat im Deutschland des 19. Jahrhunderts wenig Anerkennung gefunden, um so interessanter sind die Ausnahmen. Robert von Mohl behandelt ihn in seiner *Geschichte und Literatur der Staatswissenschaften* „mit gutem Bedachte" als Kontrapunkt zu Machiavelli als „eine der merkwürdigsten Erscheinungen in der ganzen Geschichte der Staatswissenschaften. Wenige, wenn überhaupt Einer, reichen an ihn heran in der Selbständigkeit des Gedankens, in der so seltenen Verbindung von zergliederndem Scharfsinne einer- und zäher Festhaltung eines beherrschenden Grundsatzes andererseits, in rücksichtslosem Mute und heiligem Eifer für das als gut Erkannte."[424] Die „platte Nutzenslehre" wird zurückgewiesen, insofern sie als alleiniger Maßstab für menschliches Handeln behauptet wird. Benthams Kampf gegen die „sinister interests" wird als „üble Eigenschaft, nicht bloß den Verstand, sondern auch den guten Glauben und das Herz Andersdenkender zu verdächtigen und anzugreifen", bezeichnet.[425] Aber insgesamt überwiegen Aner-

420 Friedrich Nietzsche „„Jenseits von Gut und Böse. Vorspiel einer Philosophie der Zukunft", in: *Sämtliche Werke (Kommentierte Studienausgabe KSA)*, Bd. 5, hg. v. Giorgio Colli u. Mazzino Montinari, München 1980a, S. 9-243, hier S. 164.

421 Paradigmatisch in der Soziologie dafür Werner Sombart, *Händler und Helden*, München/Leipzig 1915, S. 14 u.a.; berühmt auch Thomas Mann, *Betrachtungen eines Unpolitischen. Gesammelte Werke*, Bd. 13, Frankfurt a.M. 1983, S. 324ff.

422 Vgl. Gisela Bock, *Zwangssterilisation im Nationalsozialismus*, Opladen 1986.

423 Karl Binding u. Alfred Hoche, *Die Freigabe der Vernichtung lebensunwerten Lebens*, Leipzig 1920.

424 Robert von Mohl, „Jeremy Bentham und seine Bedeutung für die Staatswissenschaften", in: Ders., *Die Geschichte und Literatur der Staatswissenschaften. In Monographien dargestellt*, 3. Bd., Erlangen 1858, S. 595-635, hier S. 597 u. 598f.

425 Ebd., S. 603.

kennung und Wohlwollen, denn für die Staatswissenschaften „ist es doch immer eine berechtigte Frage, ob aus einem Grundsatze oder einer Einrichtung sich Schaden oder Nutzen ergebe".[426] Und wenn Comte Bentham angreife, „daß er die Pflicht, das allgemein Nützliche zu tun, an die Spitze gestellt habe, während die Aufgabe der Wissenschaften nur sei, das Wesen der Dinge, ihren Zusammenhang und ihre Folgen ausfindig zu machen", so verteidigt von Mohl die Benthamsche Sicht in dieser Frage.[427]

Entschiedener noch als Robert von Mohl hat der allzu unbekannte Friedrich Eduard Benecke den Utilitarismus Benthams gewürdigt und produktiv aufgegriffen. In seiner *Grundlegung zur Physik der Sitten*, die er als ein „Gegenstück zu Kants Grundlegung zur Metaphysik der Sitten" betitelte, wendet er sich gegen den hochmütigen Abweis einer erfahrungswissenschaftlich basierten Philosophie.[428] Benecke schreibt: „Man findet seit Kant bei uns Deutschen in der wissenschaftlichen Theorie eine ganz wunderliche Scheu vor dem Begriffe des ‚Nutzens', während man in der Praxis demselben nicht selten nur zu sehr, und aus nur zu beschränkten Gesichtspunkten huldigt. Es ist beinahe, als fürchte man, daß durch die Kontrolle einer aufgeklärten Wissenschaft diese Beschränktheit werde gemißbilligt werden, und zöge eben deshalb vor, unter unklaren formalen Ausdrücken sich zu verhüllen."[429] Kants gesinnungsethischer Rigorismus abstrahiert Benecke zufolge vollkommen von den Kontexten einer Handlung, erfahrungsgebundene Veränderungen sittlicher Einstellungen sind in Kants statischer Moral nicht möglich, moralisches Lernen nicht vorgesehen. Benecke urteilt: „Er war bei der Abfassung seiner sittlichen Gebote zu sehr Mann, zu sehr Greis, zu sehr Philosoph und zu sehr ein Bürger des 18. Jahrhunderts."[430]

Beneckes Kritik der Kantschen Moralphilosophie und seine reflektierte Auseinandersetzung mit Bentham erhellt eine zentrale Eigenschaft utilitaristischer Moralwissenschaft, nämlich ihre bemerkenswerte Wandlungsfähigkeit. So sehr Bentham bis heute regelmäßig als Begründer des klassischen Utilitarismus aufgerufen wird, die ihm nachfolgenden Theorien schon der zweiten Generation der Utilitaristen, die mit dem Namen John Stuart Mill verbunden ist, enthalten gravierende Umbauten. Als wissenschaftliche Moral, die den realistischen Kern ihrer Annahmen immer wie-

426 Ebd., S. 633f.

427 Ebd., S. 633.

428 Friedrich Eduard Beneke, *Grundlegung zur Physik der Sitten. Ein Gegenstück zu Kants Grundlegung zur Metaphysik der Sitten*, Berlin 1822. Zur Bentham-Rezeption von Benecke vgl. Hofmann 2002, S. 49ff. Beneckes Stellung im Rahmen des Neukantianismus hat Köhnke 1993, S. 72ff. untersucht. Eine Sammlung zeitgenössischer Kommentare zu Bentham hat David Baumgardt, *Bentham and the Ethics of Today*, Princeton: University Press, 1952 zusammengestellt.

429 Jeremias Bentham, *Grundsätze der Civil- und Criminal-Gesetzgebung. Aus den Handschriften des englischen Rechtsgelehrten Jeremias Bentham*, hg. v. Etienne Dumont, Mitglied des repräsentativen Rates v. Genf, nach der zweiten u. verbesserten Auflage für Deutschland bearbeitet u. mit Anmerkungen v. Dr. Friedrich Eduard Benecke, Berlin 1830, S. IX.

430 Benecke 1822, S. 43.

der zu verifizieren hat, operiert der Utilitarismus wie ein kybernetisches System, das Ist- und Sollzustände verrechnet. Wie in der Erkenntnistheorie so auch in der Moralwissenschaft: die Fundamentalisierung des Wissenschaftscharakters und der Relativismus der sach- und erfahrungsbezogenen Aussagen bedingen einander.

DAS GLÜCK BERECHNEN. Prüfstein für die Realisierung von Benthams Deontologie ist eine wissenschaftliche Methode zur Messung von Nutzenwerten, basierend auf einer quantitativen Erhebung von Lustmengen und Schmerzmengen. Dabei ist Glück als ein außermoralischer Wert vorausgesetzt, er muß selbst nicht verdient werden, wie Askese behauptet. Die Haltung des Individuums zu diesem Wert ist nicht Opfer, sondern Anspruch. Bei seiner Rechnung geht Bentham von einer postrevolutionären Situation aus. Die Individuen erfreuen sich keiner Privilegien mehr, und sie leiden nicht mehr unter der Herrschaft der Aristokratie. Sie sind frei auch vom Aberglauben an eine übernatürliche Realität, aber sie sind nicht frei von naturgegebenen Autoritäten, d.h. vom ‚Joch der Natur'. Der berühmte Anfang der ‚Introduction' sagt dies deutlich: „Die Natur hat die Menschheit unter die Herrschaft zweier souveräner Gebieter – *Leid* und *Freude* – gestellt. Es ist an ihnen allein aufzuzeigen, was wir tun sollen, wie auch zu bestimmen, was wir tun werden. Sowohl der Maßstab für Richtig und Falsch, als auch die Kette der Ursachen und Wirkungen sind an ihrem Thron festgemacht. Sie beherrschen uns in allem, was wir tun, was wir sagen, was wir denken: jegliche Anstrengung, die wir auf uns nehmen können, um unser Joch von uns zu schütteln, wird lediglich dazu dienen, es zu beweisen und zu bestätigen."[431]

Das Maß an Lust und Schmerz, das durch eine Handlung hervorgerufen wird, hängt von vielen Faktoren ab. Bentham nennt die Intensität und Dauer der Gefühle, die Sicherheit und zeitliche Nähe, mit der sie kommen, die Fruchtbarkeit, verwandte Empfindungen zu erzeugen, die Reinheit, in der sie auftreten, und die Menge der Personen, die mitempfinden. Die Frage, wie diese einzelnen Parameter gemessen werden und wie sie miteinander so verknüpft werden können, daß eine Summenbildung erfolgen kann, hat Bentham an seine Nachfolger weitergereicht.[432] Er selbst sah zwei Ansatzpunkte. Einerseits projektierte er ein introspektives Verfahren, bei dem eine Selbsteinschätzung von sich entscheidenden Indi-

---

431 Bentham 2003, S. 55. Pain/Pleasure wird teils mit Schmerz/Lust, teils mit Leid/Freude übersetzt. Robert von Mohl bietet noch an: Genuß/Pein bzw. Vergnügen/Pein. Robert von Mohl, *Die Geschichte und Literatur der Staatswissenschaften,* 3. Bd., Erlangen 1858, S. 595-635. Das Problem der Benennung von Empfindungen hat Bentham zu ausufernden Reflektionen über die Sprache veranlaßt, in der öffentlich über Interessen und Betroffenheit geredet wird. Vgl. dazu das Kapitel „Im Sprachgewirr", in: Hofmann 2002, S. 108-156.

432 Als Maßeinheiten werden dabei unter anderem diskutiert: Die Zeit, die jemand braucht, um sich zu entscheiden, das sichtbare Verhalten von Freude oder Enttäuschung sowie physische Merkmale: „Nimmt der Speichelfluß von P zu, wenn man ihn mit der Möglichkeit konfrontiert, x zu erlangen, mag dies Aufschluß über die Intensität geben, mit der P x wünscht, und die physische Reaktion von P kann mit der von Q verglichen werden." Gesang 2003, S. 25. Die Versuche, Einstellungen zu Werten zu messen und zu vergleichen,

viduen vorgenommen wird. Von der inneren Empfindung eines gerade noch wahrnehmbaren Schwellenwerts ausgehend, sollte die Intensität multipliziert werden können. Die andere Methode geht vom Resultat der Entscheidung aus. Die ausgeführte Handlung zeigt an, wie das Individuum seine Gefühlsbilanz kalkuliert hat. Es handelt sich bei Bentham um einen Externalismus, wie er später im Behaviourismus der angelsächsisch bestimmten Psychologie im 20. Jahrhundert ausgebreitet worden ist.

Wurde *rationalreligiös* das Wertvollste als Geheimnis des Herzens gehütet, verkündete es in der Revolutionserfahrung enthusiastisch seine unendlichen Ziele der Verschmelzung des Göttlichen mit dem Irdischen, so wird die Religion der Wissenschaft skeptisch und mißtrauisch. Zu den bedrohlichsten Erscheinungen gehören bei Bentham die „sinister interests", deren heimtückische Praktiken er in seiner kritischen Analyse der politischen Rhetorik schonungslos entlarvt hat.[433] Die Religion der Wissenschaft kann im Bereich der *moral science* das, was Menschen sagen, nicht ignorieren. Sie kann die introspektiv gewonnenen Aussagen nicht entbehren, aber verläßlicher sind Beobachtungen externen Verhaltens, deren Bewegungen vergleichbar und meßbar gemacht werden können. Wenn nun die Erwartung der Lust, die einer Handlung folgt, für die Ausführung der Handlung bestimmend ist, so kann die Kraft dieser Motivation zugleich als Maß dieser Empfindung genommen werden. Von der sichtbaren Handlung kann somit auf die Gefühle zurückgeschlossen werden. Die forschungspraktische Methode, die Bentham mehrfach diskutiert, nimmt die Höhe des Geldbetrags, die ein Individuum auszugeben bereit ist, um einen Zustand oder Sachverhalt herzustellen, als Maß für die Motivationskraft des Resultats einer Gefühlsbilanz.[434]

ERFAHRUNGEN EINES PROBANDEN. Zu den ersten Menschen, die von den Konsequenzen utilitaristischer Moralwissenschaft betroffen wurden, gehörte John Stuart Mill.[435] Sein Vater James Mill zählt zu den ersten Benthamianern. Er ließ seinem Sohn eine konsequent atheistische Erziehung angedeihen, die er auch selbst in die Hand nahm. Mit drei Jahren lernt der kleine John griechische Vokabeln, mit acht

laufen schließlich in Demoskopie und soziologische Glücksforschung aus. Vgl. dazu Ruut Veenhoven, *Conditions of Happiness*, Dordrecht 1984; sowie Thomä 2003, S. 160ff.

433 Vgl. dazu die Listen von Betrugsmanövern in seinem *Handbook of Political Fallacies*, hg. v. Harold A. Larrabee, New York: Crowell, 1971.

434 Gähde 1992, S. 96.

435 Zu Mill vgl. Michael St. John Packe, *The Life of John Stuart Mill*, London: Secker and Warburg, 1954; F. L. van Holthoon, *The Road to Utopia. A Study of John Stuart Mill's Social Thought*, Assen 1971; Birnbacher 1981; Fred Berger, *Happiness, Justice & Freedom. The Moral and Political Philosophy of John Stuart Mill*, Berkeley: University of California Press, 1984; John Skorupski, *John Stuart Mill*, London/New York: Routledge, 1989; Jean-Claude Wolf, *Kommentar zu Mills ‚Utilitarianism'*, München/Freiburg 1992; *Der soziale Liberalismus John Stuart Mills*, hg. v. Gregory Claeys, Baden-Baden 1987; Ernst Nolte, „John Stuart Mill. Vom Benthamschen Erbe zur Ambivalenz des Fortschritts", in: Alter u.a. 1985, S. 186-196.

Jahren liest er Herodot und Platon, dazu kommen Arithmetik, Algebra und Geometrie. Mit zwölf Jahren liest er Aristoteles und lateinische Autoren, er korrigiert das Werk seines Vaters *The History of British India* und studiert Adam Smith sowie David Ricardo, der ein Freund der Familie war. Nach einer Frankreichreise, wo er die französische Sprache lernt und in Montpellier sich mit Chemie und Zoologie befaßt, ist der fünfzehnjährige Mill so weit, daß er Bentham liest und entdeckt, daß seine Erziehung „a course of Benthamism“[436] war. Der Sechzehnjährige gründet mit Gleichgesinnten eine ‚Utilitarian Society‘, die mithilft, den Namen Utilitarismus, der sich bei Bentham nicht findet, populär zu machen.

Aber der Schwung des Engagements gerät ins Stocken. Der Zwanzigjährige erkennt die Fehlkalkulationen des an ihm vollzogenen utilitaristischen Erziehungsexperiments. In seiner Autobiographie, die zu den sehr seltenen Lebenserinnerungen gehört, in denen die eigene Mutter nirgends erwähnt wird, erinnert er sich an die Frage, die er sich gestellt hatte: „‚Suppose that all your objects in life were realized; that all the changes in institutions and opinions which you are looking forward to, could be completely effected at this very instant: would this be a great joy and happiness to you?‘ And an irrepressible self-consciousness distinctly answered, ‚No!‘ At this my heart sank within me: the whole foundation on which my life was constructed fell down.“[437] Mill macht das utilitaristische Erziehungsprogramm seines Vaters für die seelische Krise, die 1826 mit einem Nervenzusammenbruch einsetzt, verantwortlich. Die Einsicht in den Irrweg der angewandten Moralwissenschaft seines Vaters führt freilich nicht zur Aufgabe des Utilitarismus, sondern zu Modifikationen. Der *wissenschaftsreligiöse* Rahmen der Bestimmung des Endzwecks des Lebens wird nicht verlassen. Mill schreibt in seiner Autobiographie: „I never, indeed, wavered in the conviction that happiness is the test of all rules of conduct, and the end of life.“[438] Die Modifikationen beziehen sich auf den Einbau der empirisch gemachten schmerzlichen Erfahrungen, d.h. auf Anreicherungen, Erweiterungen und Verfeinerungen der Definition von ‚happiness‘. In seinen *Remarks on Bentham's Philosophy* (1833) und der Schrift *Bentham* (1838) kritisiert Mill die Borniertheit und Verbohrtheit Benthams, der unfähig gewesen sei, aus den Einwänden seiner Gegner zu lernen. Im modernistischen Gestus der Abrechnung rechnet er Bentham zum 18. Jahrhundert und sich zum 19.[439]

Bei John Stuart Mill konturiert sich ein Typus von Moralwissenschaft, der diskussionsfreudig Argument und Gegenargument bis in die feinsten Verästelungen auslotet. Mill geht auf die Einwände seiner Kritiker in einem Maße ein, daß er

436 John Stuart Mill, „Autobiography“, in: *Collected Works*, Bd. 1, hg. v. John M. Robson u. Jack Stillinger, Toronto 1981, S. 67.

437 Ebd., S 139.

438 Ebd., S. 145.

439 Vgl. John Stuart Mill, „Bentham“ [1874], in: *Gesammelte Werke*, Bd. 10/1, hg. v. Theodor Gomperz, Aalen 1968a, S. 136-186; Zum Verhältnis von Mill und Bentham vgl. Hofmann 2002, S. 24ff.; sowie Alasdair MacIntyre, *Der Verlust der Tugend*, Frankfurt a.M. 1987, S. 90f.

bisweilen als ihr Fürsprecher gelesen werden kann. Quelle dieser Extensionen, die in der professionellen Moralwissenschaft und Ethikdebatte bis heute Gebirge wertvollster Abhandlungen zeitigt, in denen Angriff und Verteidigung sowie das Prüfen ‚starker' und ‚schwacher' Begründungen sich ausspricht, ist Mills Hereinnahme qualitativer Bestimmungen von *pain/pleasure* in den utilitaristischen Kernbereich.

Nach dem Tod des Vaters 1836 wird Mill als Folge einer schweren Nervenkrankheit zeitlebens ein nervöses Zucken im rechten Auge nicht mehr los. Die nicht rationaler Berechnung unterliegenden Dimensionen menschlichen Lebens erhalten mit der Überwindung der persönlichen Krise ein starkes Gewicht. Es sind insbesondere die Gedichte von Wordsworth, deren heilende Wirkung er rückblickend eindrucksvoll beschreibt: „What made Wordsworth's poems a medicine for my state of mind, was that they expressed, not mere outward beauty, but states of feeling, and of thought coloured by feeling, under the excitement of beauty. They seemed to be the very culture of the feelings, which I was in quest of. In them I seemed to draw from a source of inward joy, of sympathetic and imaginative pleasure, which could be shared in by all human beings; which had no connexion with struggle or imperfection, but would be made richer by every improvement in the physical or social condition of mankind."[440] Es war nicht zuletzt die Liebesbindung an die verheiratete Harriet Taylor, die er nach dem Tod ihres Mannes heiratete, die Mill die Weite edler Gefühle und den Sinn für das Glück des anderen eröffnete. Mit Harriet Taylor, die Mill nicht minder vergötterte als Auguste Comte seine Clotilde De Vaux, gewinnt der Millsche Utilitarismus ein sozial-liberales Profil, zu dem auch das Plädoyer für die Gleichstellung der Frau gehörte.[441]

Die Erfindung der Ethikkommision. Mills Moralwissenschaft behält das Benthamsche Prinzip des größtmöglichen Glücks der größtmöglichen Zahl bei, unterscheidet aber zwischen moralisch wertvollen und moralisch minderwertigen Formen von Lust.[442] Letztere beziehen sich lediglich auf Triebbefriedigungen, die ersteren beziehen emotionale und dann auch intellektuelle Kompetenzen bzw. Ideale mit ein. Wo solch qualitative Differenzierung vorgenommen wird, verbieten sich schlichte Rechnungen von Lustquanten. In diesen Kalkulationen müssen Qualitäten gegen Quantitäten gewichtet werden. Hier reichen auch Benthamsche demokratisch/demoskopische Verfahren, bei denen jeder für 1 zählt, nicht aus. Mill übergibt das Problem an „kompetente Testpersonen", denen Entscheidungsalternativen vorgelegt werden.[443] Deren Bewertungen, sowohl der relativen Gewichtung verschiedener Empfindungsformen als auch der bestimmten Entscheidung, bieten dann Mill zufolge eine sichere Basis für empirisch begründete moralwissen-

440 Mill 1981, S. 151.

441 Vgl. Mary Lyndon Shanley, „Sklaverei und Freiheit in der Ehe: J. S. Mills ‚Unterdrückung der Frauen'", in: Claeys 1987, S. 157-180.

442 Vgl. zum Folgenden Gähde 1992, S. 83-110, hier S. 98ff.

443 John Stuart Mill, *Collected Works*, Vol. X, *Essays On Ethics, Religion and Society*, hg. v. John M. Robson, Toronto: University Press, 1969, S. 213.

schaftliche Aussagen. Mit diesem Verfahren sind die wichtigsten Bausteine vorhanden, aus denen 100 Jahre später in einem veränderten gesellschaftlichen Erfahrungsraum Nationale Ethikkommissionen errichtet werden.[444]

Im Juni 1964 hatte die Generalversammlung des Weltärztebundes in Helsinki Grundsätze für die medizinische Forschung am Menschen aufgestellt und in einer revidierten Fassung von 1975 die Verfahrensregeln für ein vor Beginn der Forschung anzufertigendes Studienprotokoll präzisiert, das explizit die ethischen Erwägungen der Helsinki-Deklaration einzubeziehen habe und einer „Forschungsethik – Kommission" vorzulegen sei.[445] Seitdem sind in den westlichen Ländern zunehmend medizinische Ethikkommissionen zunächst als freiwillige Formen der Selbstkontrolle eingerichtet worden, die nicht nur Forschungsvorhaben, sondern auch vor Ort riskante oder grenzwertige Behandlungsweisen und neue Arzneimittel nicht nur aus medizinischer, sondern auch aus ethischer, rechtlicher und sozialer Sicht zu beurteilen haben. Sie dienen damit auch dem Schutz der Ärzte vor einer Kriminalisierung im Gefolge der Innovationsdynamik der Medizintechnik. Auch auf Seiten der Politik wuchs die moralische Unsicherheit angesichts der schnellen Fortschritte im Bereich der Biotechnologien, z.B. der Präimplantationsdiagnostik, dem Klonen und der embryonalen Stammzellforschung.

Mit der Einrichtung von Nationalen Ethikkommissionen schaffte sich die Politik „eine Institution eigener Art für die Reflexion der Bezüge, die wissenschaftliches Wissen zu gesellschaftlichen Werten hat."[446] Diese Institution unterschied sich von den bisherigen Formen der wissenschaftlichen Politikberatung durch beschränkte, zweckgebundene Anhörungen oder Gremien und parlamentarischen Enquetekommissionen, zu denen Spezialisten eingeladen wurden. Zu den Besonderheiten der Nationalen Ethikkommissionen gehören: die gewollte Vermischung von wissenschaftlicher Expertise und wertender Stellungnahme, eine inter- und transdisziplinäre Besetzung der Kommissionen und die Verquickung von Politikberatung und einer offensiven Öffentlichkeitsarbeit.

444 Siehe zum folgenden insbesondere: Petra Gehring, „Fragliche Expertise. Zur Etablierung der Bioethik in Deutschland", in: *Wissenschaft und Demokratie*, hg. v. Michael Hagner, Frankfurt a.M. 2012, S. 112-139; darüberhinaus: Joachim Nocke, „Organisierte Moral. Das Beispiel der sogenannten Ethikkommissionen", in: *Politik – Verfassung – Gesellschaft. Traditionslinien und Entwicklungsperspektiven. Otwin Massing zum 60. Geburtstag*, hg. v. Peter Nahamowitz u. Stefan Breuer, Baden-Baden 1995, S. 347-373; Kirsten Endres u. Gero Kellermann, „Nationale Ethikkommissionen: Funktionen und Wirkungsweisen", in: Weingart / Carrier u. Krohn 2007, S. 247-265.

445 Die Deklaration wurde zuletzt 2013 revidiert, online: http://www.bundesaerztekammer.de/downloads/DeklHelsinki2013.pdf (letzter Zugriff: 05.03.2015). Zur Geschichte der Zulässigkeit von Menschenversuchen siehe Karl Heinz Leven, „Der Hippokratische Eid im 20. Jahrhundert", in: *Geschichte und Ethik in der Medizin. Von den Schwierigkeiten einer Kooperation (= Jahrbuch Medizinethik, Bd. 10)*, hg. v. Richard Toellner u. Urban Wiesing, Stuttgart/Jena u.a. 1997, S. 111-129; *Menschenversuche – Wahnsinn und Wirklichkeit*, hg. v. Rainer Osnowski, Köln 1988; Andreas Jens Reuland, *Menschenversuche in der Weimarer Republik*, Norderstedt 2004.

446 Endres u. Kellermann 2007, S. 249.

Diese Besonderheiten werfen eine Reihe von Fragen auf. Macht es im demokratischen Rechtsstaat Sinn, von der Politik für ethische Fragen eine eigene Kommission einzusetzen? Handelt es sich dabei nicht um eine „Verstaatlichung der Ethik"?[447] Kritisiert wird, daß die parlamentarische Willensbildung durch eine vorhergehende Einflußnahme einer nationalen Kommission unzulässiger Weise entkräftet werden könnte.[448] Folgte man der Benthamschen demokratisch/demoskopischen Regel, nach der jeder für 1 zählt und niemand für mehr als 1, so erübrigte sich dieser Einwand. Wenn man jedoch zwischen moralisch wertvollen und moralisch minderwertigen Formen von Präferenzen unterscheiden will, bedarf es einer Lösung, die der Erfindung von Mill folgt: ausgewählte Repräsentanten votieren für Entscheidungsalternativen, die sie zuvor entwickelt haben. So sehr sich man sich in einzelnen Ländern bemüht, auch Durchschnittsbürger an den Kommissionen zu beteiligen, so stellen Endres und Kellermann dennoch fest: „Bisher gehören die Mitglieder fast ausschließlich dem gehobenen Mittelstand an, sind hochqualifiziert, gebildet und meistens über 50 Jahre alt."[449]

Wenn nun in der Kommission zu Sach- und Wertfragen dieselben Personen votieren, so bleibt die Stellung der Ethik in einer eigentümlichen Schwebe. Haben professionelle Ethikfachleute mehr Ethikkompetenz als andere Kommissionsmitglieder? Wenn Fähigkeit zu ethischer Problematisierung jedem Kommissionsmitglied zugebilligt werden muß, welche Bedeutung soll dann eine professionelle moralphilosophische Belehrung haben? In den meisten Nationalen Ethikkommissionen sind denn auch Philosophen eher in der Minderheit.[450]

Auch für Mill, den „Heiligen des Rationalismus" (Gladstone), haben Philosophen keinen Sonderstatus, wenn es um ethisches Urteilsvermögen geht. Er bindet Moralwissenschaft an die Urteile von Individuen, die durch eine umfassend vielseitige Erfahrung charismatisiert sind. „Nicht kompetent sind für Mill Personen, die – etwa aufgrund von Geburt oder sozialer Stellung – nicht in der Lage gewesen sind, ihre intellektuellen oder emotionalen Fähigkeiten auszubilden. Für kompetent hält er dagegen Personen, die die ganze Breite möglicher Empfindungsformen kennengelernt haben und deswegen zu einer Abwägung nicht nur zwischen verschiedenen Empfindungsstärken, sondern auch zwischen verschiedenen Empfindungsformen befähigt sind."[451]

---

447 Karl-Peter Sommermann, „Ethisierung des öffentlichen Diskurses und Verstaatlichung der Ethik", in: *Archiv für Rechts- und Sozialphilosophie* 89(1)/2003, S. 75-86.

448 Der damalige Präsident des Bundesverfassungsgerichts Hans-Jügen Papier schrieb zu den in Räten bestellten Interessenvertretern, problematisch werde es, „wenn die Artikulation partikularer Interessen in die verfassungsmäßigen Verfahren staatlicher Willensbildung hineinzuwirken und bestimmenden Einfluß auf die dem Parlament vorbehaltende Sachentscheidung zu gewinnen beginnt." Hans-Jürgen Papier, „Überholte Verfassung?", in: *Frankfurter Allgemeine Zeitung* vom 27. November 2003, S. 8.

449 Endres u. Kellermann 2007, S. 260.

450 Ebd., S. 252.

451 Gähde 1992, S. 100.

Zu den Verfahren, auf deren Grundlage solch „kompetente Testpersonen" staatlicherseits ausgewählt werden könnten, hat Mill keine Angaben gemacht. Die Besetzung von Nationalen Ethikkommissionen durch staatliche Instanzen ist heute am Prinzip der Inter- und Transdisziplinarität orientiert.[452] Unter den 10-25 Mitgliedern finden sich in der Regel Mediziner, Biologen, Verfassungs- und Medizinrechtler, darüber hinaus weitere Natur- und Sozialwissenschaftler, Philosophen und Theologen. Hinzukommen je nach den unterschiedlichen nationalen Regelungen: Politiker, Parlamentarier, Verbandsvertreter, Vertreter von Verbänden zur Unterstützung von Behinderten, Naturschützer, Gewerkschaftler und Geistliche. Dem liegt die Idee eines Zusammenspiels von Wertepluralismus mit einem Expertentum verschiedener Fachbereiche zugrunde.

Das Zusammenführen von Personen mit unterschiedlichen professionellen Hintergründen und Wertorientierungen soll dazu beitragen, ein möglichst breites Spektrum von ethischen Positionen miteinander in einen Austausch zu bringen. Wolfgang van den Daele vergleicht in seinem Beitrag zum Umgang mit unlösbaren moralischen Konflikten im *Nationalen Ethikrat* diesen mit einer „Modellarena, in der gewissermaßen stellvertretend für die Gesellschaft ausgelotet worden ist, ob man bei moralischen Konflikten, bei denen es keinen Konsens über die Grundlagen der Bewertung gibt, gleichwohl durch Deliberation zu einer Lösung gelangen kann."[453] Was sich bei Mill als individueller Stil einer moralwissenschaftlichen Argumentation zeigt, die die feinsten Verästelungen „schwacher" und „starker" Argumente auslotet, ist in den Ethikkommissionen gleichsam kollektiviert. Es werden nicht ausgewählten Testpersonen je einzeln moralische Urteile abverlangt und dann ausgezählt, sondern es soll eine gemeinschaftliche Beratschlagung stattfinden.

Dies setzt nun zusätzlich zur Kompetenz in Moralfragen eine Reihe weiterer moralischer Kompetenzen voraus, die das „Ethos des Diskurses" betreffen.[454] Zunächst verlangt dieses Ethos, „daß die Beteiligten sich als gleichberechtigte Partner im Dialog anerkennen. Es gehört zu den selbstverständlichen Regeln eines Diskurses, daß den Beteiligten Authentizität zugeschrieben wird. Der Einwand: ‚Das können Sie doch nicht im Ernst meinen!' ist ausgeschlossen – er kann höchstens in der Pause geäußert werden."[455] Auch wenn Beteiligte den Verdacht haben, „daß jemand sich auf partikulare moralische oder religiöse Überzeugungen beruft, weil ihm die Argumente ausgegangen sind", darf man diesen Verdacht nicht äußern. „Damit ist ein Minimum an formalem Respekt vor abweichenden moralischen

---

452 Endres u. Kellermann 2007, S. 252ff.

453 Wolfgang van den Daele, „Streitkultur. Über den Umgang mit unlösbaren moralischen Konflikten im Nationalen Ethikrat", in: *Politische Kultur im Wandel von Staatlichkeit (= WZB-Jahrbuch 2007)*, hg. v. Dieter Gosewinkel u. Gunnar Folke Schuppert, Berlin 2008a, S. 357-384, hier S. 358.

454 Ebd., S. 362.

455 Ebd.

Positionen gewährleistet."[456] Positionen, die man aus inhaltlichen Gründen nicht teilt, haben stets als moralische Positionen zu gelten. Die Ethikkommission ist somit ein künstlicher Raum, in dem wie in einem Labor mit Argumenten experimentiert wird, bis ein Konsens erreicht ist.

Bei den Teilnehmern wird darüberhinaus als moralische Diskurs-Kompetenz vorausgesetzt, „daß die Mitglieder offen gegenüber Argumenten sind und nicht auf vorgefaßten Meinungen beharren."[457] Durch die Organisiertheit als ein Verfahren werden die Auffassungen, die die Teilnehmer bei Eintritt in den Beratungsprozeß haben, vorab unter den Verdacht minderer Qualität gestellt und das Bei-seiner-Meinung-Bleiben könnte dann den weiteren Verdacht der Beratungsresistenz nach sich ziehen. ‚Offenheit' wird damit zur Forderung, sich in moralischen Fragen elastisch zu verhalten. Diese Voraussetzung „impliziert ein erhebliches Zugeständnis, weil sie die Geltung der eigenen moralischen Überzeugungen relativiert."[458] Es liegt nahe, daran zu denken, daß Personen mit unsicheren eigenen moralischen Überzeugungen besonders geeignete Kommissionsmitglieder sind.[459]

Wie aber wird mit dem Umstand umgegangen, daß die Kommissionsmitglieder unterschiedliche Interessen haben und diesen entsprechende Nutzenkalkulationen anstellen? Nach van den Daele sind Interessen „im sozialen Binnenraum der Argumentation zur Sache virtualisiert oder vorläufig eingeklammert; Interessen sind eben keine Argumente."[460] Die Konflikte sollen daher in gegenseitigem Respekt als Wertkonflikte und nicht als Interessenkonflikte verhandelt werden. Dies könnte aber die Schlichtungschancen vermindern, denn Wertkonflikte belasten den sozialen Frieden weitaus mehr als Interessenkonflikte. Albert Hirschman zu Folge handelt es sich bei Interessenkonflikten um „teilbare Konflikte", denn es geht um Teilhabe an knappen Gütern, die nach Quantitäten aufgeteilt werden können. Dagegen geht es in Wertkonflikten um unverzichtbare Qualitäten, die nicht teilbar sind, weil ihre Beschädigung einen vollständigen Verlust bedeutet.[461] Wo diese Gefahr der vollständigen Niederlage einer Partei droht und eine Fortsetzung der Berat-

---

456 Wolfgang van den Daele, „Soziale Integration durch Argumentieren – Aus dem Innenleben deliberativer Verfahren. WZB-Abschiedslecture vom 23. November 2005", in: *WZB-Vorlesungen Nr. 15*, S. 12.

457 Endres u. Kellermann 2007, S. 258.

458 van den Daele 2005, S. 13.

459 Da sich mit Vorurteilen und unreflektiert übernommenen Regeln moralische Urteile nicht begründen lassen, gilt es, sich mit den unterschiedlichen Sichtweisen abwägend auseinanderzusetzen, um dann zu einem kohärenten Urteil zu kommen. Daß diese leichter gesagt als getan ist, zeigt Paul Thagard. In seiner Theorie der Multikohärenz ethischer Urteile plädiert er dafür, als kohärent anzusehen, was sich als eine maximale Befriedigung der positiven und negativen Zwänge darstellt, die die unterschiedlichen Überzeugungen in sich bergen. Allerdings können die einzelnen Kohärenzmessungen so kompliziert werden, daß sich die Hilfe eines Computerprogramms empfiehlt. Paul Thagard, „Ethical Coherence", in: *Philosophical Psychology* 11(4)/1998, S. 405-422.

460 van den Daele 2008a, S. 362.

461 Albert Otto Hirschman, „Wieviel Gemeinsinn braucht die liberale Gesellschaft?", in: *Leviathan* 22/1994, S. 293-304, hier S. 301ff.

schlagungen keinen Konsens erwarten läßt, wird man zum Verfahren übergehen, den grundsätzlichen Vorbehalt zu Protokoll geben, ohne auf einer weiteren Diskussion zu bestehen.[462]

Um die notwendige Elastizität der moralischen Überzeugungen und verschwiegenen Nutzenkalkulationen bei allen zu erreichen, bedarf es einer hinreichenden Zeitspanne. Dabei besteht die Erwartung, daß die Qualität der Empfehlungen sich erhöht, wenn sich die Kommissionen viel Zeit nehmen. In gewisser Weise folgt das Verfahren der klassischen Arbeitswertlehre von Adam Smith, nach der der Wert einer Sache durch die in ihre Herstellung investierte Arbeitszeit bestimmt wird. Zeit kosten auch die verschiedenen diskussionstechnischen Verfahren der Zerkleinerung von Problemen in mehrere Unterprobleme, mit denen nicht auflösbare moralische Konflikte prozedural wieder in Richtung auf teilbare Konflikte transformiert werden, in dem Werte in einzelne „Präferenzen" gestückelt werden.

Ethische Konflikte, die mit wissenschaftlicher Forschung zusammenhängen, hat es auch schon in früheren Zeiten gegeben, wenn man an die moralische Scheu vor der Sezierung von Leichen denkt. Die gleichberechtigte Beteiligung von Nicht-Wissenschaftlern in Ethikkommissionen berührt nun aber auch die Geltung der traditionellen ethischen Normen der Wissenschaft, insbesondere die Norm der Unparteilichkeit und der Unabhängigkeit der Forschung von wirtschaftlichen Interessen.[463] Denn charakteristisch für unsere Gegenwart ist der Abbau der Schranken, die zwischen der akademisch relativ eingekapselten Grundlagenforschung und den späteren gesellschaftlichen Anwendungen lange Zeit bestanden haben. Diese Durchlässigkeit führt zu einer Politisierung der Wissenschaft und provoziert Peter Weingart zufolge „Kontrollen der Wissenschaft mit der Tendenz, immer näher an die Quellen der Forschung zu gelangen, um schon die Gestaltung neuer Techniken oder gar des Wissens selbst zu beeinflussen."[464] Aber nicht nur dies. Angewandte Ethik lenkt Petra Gehring zufolge das Augenmerk „auf die eigenartige Technizität liberaler Freiheiten."[465] Betrieben wird ein „*engineering* von Zweifel, Vertrauen, Zustimmung – von Meinungen und von Denkformen, mittels derer man zu Meinungen kommt."[466] Es ist der neue Erfahrungsraum umfassender Artifizierung der menschlichen Lebenswelt, in dem die Ethik wissenschaftlicher Forschung und die Ethik des Machens mit zugleich *technizistischen und rituellen Verfahrensordnungen* unlösbar verquickt sind.[467]

462 van den Daele 2005, S. 13.

463 Weingart / Carrier u. Krohn 2007, S. 234 ff.; zur Diskussion siehe Kristiane Weber-Hassemer, „Politische Entscheidung und Politikberatung in der ‚konsensualen Demokratie'. Das Beispiel des Nationalen Ethikrates", in: *Technik und Demokratie. Zwischen Expertokratie, Parlament und Bürgerbeteiligung*, hg. v. Kirsten Mensch u. Jan C. Schmidt, Opladen 2003, S. 77-88.

464 Weingart / Carrier u. Krohn 2007, S. 229.

465 Gehring 2012, S. 139.

466 Ebd. S. 138. Vgl. Arthur L. Caplan, „Ethical Engineers Need Not Apply: The State of Applied Ethics Today", in: *Science Technology and Human Values* 6/1980, S. 24-32.

467 Zu Technizität und Ritualismus in diesem Band S. 1355ff.

Von rationalreligiöser Minimalethik zum Rationalitätsritual. Wolfgang van den Daele macht im Rückblick auf seine Erfahrungen im Nationalen Ethikrat mehrfach auf eine elementare Voraussetzung aufmerksam, ohne die eine Beratschlagung kaum vorstellbar gewesen wäre: „Bei Wertkonflikten können die Beteiligten zur Begründung ihrer Ansprüche auf ein breites Spektrum geteilter moralischer Prinzipien und Normen rekurrieren."[468] Zu diesem „Spektrum" gehörten „moralische Prinzipien und Normen (...), die im Grundsatz unbestritten waren: das Menschenrecht auf Gesundheit, den Grundsatz der Vertragstreue, die Pflicht zu helfen."[469] Es ist dies eine Minimalmoral, die in religionssoziologischer Perspektive der langen Linie *rationalreligiöser* Auffassungen folgt, die wir im *Ersten Band* der Religionssoziologie untersucht haben. Auch die Lösung, einen grundsätzlichen Vorbehalt zu Protokoll zu geben, ohne auf einer weiteren Diskussion zu bestehen, ist als Diskursverknappung aus den Zeiten bekannt, in denen b*ekenntnisreligiöse* theologische Kontroversen konflikttreibend wirkten.

Die Verbindlichkeit einer Minimalmoral ist bei van den Daele selbstverständlich, weil die Kommissionsteilnehmer den „Erwartungen unserer rationalistischen Kultur entsprechend (...) unterstellen, daß die Ansprüche gut begründet sind und Argumente produzieren, die im Repertoire der Kultur für solche Begründungen bereitgehalten sind;"[470] Vergessen ist hier, daß diese „Erwartungen unserer rationalistischen Kultur" in der Stiftung einer *Rationalreligion* begründet sind, und nur schwerlich von dem prinzipiell abzusetzen sind, was van den Daele „moralische Intuitionen" nennt. Sie sind in der Kommission lediglich „Ressource und nicht Thema, weil der Fall, daß sie in aktuellen moralischen Diskursen unter Begründungszwang geraten, so gut wie nie vorkommt."[471]

Die Balance von „rationalistischer Kultur" und „moralischen Intuitionen" ist freilich schwierig durchzuhalten, wenn letztere nicht durchdringen dürfen und der „rationalen Kultur" das Fundament abgesprochen wird. So schreibt van den Daele: „Die moralischen Intuitionen, die in aktuellen moralischen Diskursen mobilisiert werden, werden auch nicht durch die metaphysische Ernüchterung erschüttert, die daraus folgt, daß in unserer Kultur moralische Geltung nicht mehr auf religiöse Offenbarung oder transzendente Vernunft gestützt werden kann, sondern nur noch auf ‚das Wollen aller' (Tugendhat)."[472] Damit ist die „Hoffnung auf eine Letztbegründung, die moralische Inhalte zweifelsfrei und endgültig festschreibt", aufgegeben.[473] Wovon nach dieser Entfundamentlisierung die Hoffnung auf das

468 Van den Daele 2005, S. 6.

469 Ebd., S. 11.

470 Wolfgang van den Daele, „Soziologische Aufklärung und moralische Geltung: Empirische Argumente im bioethischen Diskurs", in: *Praxis in der Ethik. Zur Methodenreflexion in der anwendungsorientierten Moralphilosophie*, hg. v. Michael Zürn u. Herwig Grimm, Berlin 2008b, S. 119-152, hier S. 126.

471 Ebd.

472 Ebd., S. 127.

473 Ebd.

„Licht der in der Kultur anerkannten moralischen Regeln und Ideale“ sich nähren soll, wird nicht gesagt.[474]

Jürgen Habermas, an dessen Theorie kommunikativen Handelns sich van den Daele orientiert, ging für moderne Moralbegründung von einer „Versprachlichung des Sakralen“ aus. Im Anschluß an Durkheims Religionssoziologie, in der das Heilige als Idealisierung der beim Kult im ekstatischen Konsens versammelten Individuen entziffert wird, konzipierte Habermas ein Modell für alle Geltungsbegriffe. In der Moderne „verwandelt sich die *religiöse Glaubensgemeinschaft,* die gesellschaftliche Kooperation erst möglich macht, zu einer *unter Kooperationszwängen stehenden Kommunikationsgemeinschaft.*“[475] Es ging darum, „die religiöse Macht der Vereinigung im Medium der Vernunft zu regenerieren“.[476] Man kann darin durchaus eine Erneuerung *rationalreligiöser* Auffassungen sehen.

Van den Daele kann nach der teilnehmenden Beobachtung der Beratungen der „kompententen Testpersonen“ im Nationalen Ethikrat diesen Vernunftglauben nicht teilen: „Aus unseren Untersuchungen folgt, daß eine Theorie kommunikativen Handelns, wie Jürgen Habermas sie vorschlägt, nicht erklären kann, was in Diskursen passiert. Habermas stellt allein auf Argumente und die in Sprechakten erhobenen Geltungsansprüche ab und blendet das Interesse am Argument und die strategischen Ziele, die Sprecher verfolgen, systematisch aus. Interessen und Ziele werden tatsächlich im Diskurs in die Latenz gedrängt, weil sie nicht als solche als Argument eingebracht werden können. Damit werden sie jedoch nicht wirkungslos. Am Ende entscheiden die Sprecher nach Interessen und nach Kosten-/Nutzenerwägungen, ob sie Diskursergebnisse in Handeln umsetzen.“[477] Von der „Kultur der Rationalität“ bleibt in ethischer Hinsicht allein ein Rationalitätsritual, das die rationalen Wahlhandlungen notdürftig verbirgt, damit es nicht zu kraß wird.

---

474 Einen „ethisch-ökologischen“ Weg hat Isabelle Stengers skizziert: Isabelle Stengers, „Der kosmopolitische Vorschlag“, in: Dies., *Spekulativer Konstruktivismus*, mit e. Vorw. v. Bruno Latour, Berlin 2008, S. 153-185. Stengers schlägt eine behutsame Interpretation vor, „die darauf hinweist, wie eine Umgestaltung stattfinden könnte, die keinen unberührt läßt“. (Ebd. S.168) Dafür bedarf es einer politischen Bühne, auf der „Palaver“ eröffnet werden können, die die Dinge komplexer machen und zu dem auch die einbezogen werden, für die anderes wichtiger ist, weil es eben um Dinge geht, die keinen unberührt lassen. Damit nimmt Stengers Abschied von der Annahme, daß „das allgemeine Interesse das einzige ist, was (egoistische) Interessen auf legitime Weise dazu zwingen kann, sich zu beugen.“ (Ebd. S.180) Zu ihrem „ethisch-ökologischen Weg gehört eben auch das „vorübergehende Entsetzen, das der Selbstsicherheit, so gerechtfertigt sie auch sein mag, einen Schrecken einjagt“, wie in Cromwells Ausruf: „Meine Brüder im Herrn, beim Herzen Christi, ich flehe euch an: bedenkt daß ihr irren könnt!“ (Ebd. 159)

475 Jürgen Habermas, *Theorie kommunikativen Handelns*, 2 Bde., Frankfurt a.M. 1981, hier Bd. 2, S. 139.

476 Jürgen Habermas, *Der philosophische Diskurs der Moderne*, Frankfurt a.M. 1985, S. 31ff. u. 377ff.

477 Van den Daele 2005, S. 16. Wer eine robustere Lösung sucht, könnte sie in Norbert Hoersters „interessenfundierter Ethik“ finden: Norbert Hoerster, *Ethik und Interesse*, Stuttgart 2003; Ders., *Wie läßt sich Moral begründen?*, München 2014.

Zu diesem Ungleichgewicht kommt ein weiteres. Das Gleichgewicht, das die bekannte Formel der Trennung von Werten und Tatsachen verspricht, ist gestört, wenn nicht nur die „objektive Wissenschaft als das einzige und verbindliche Referenzsystem zur Klärung von strittigen Tatsachenbehauptungen" gilt, sondern auch bei kritischen Fragen der Risiken und Gefährdungen der Anwendung von neue Technologien allein die Resultate objektiver Wissenschaft ausschlaggebend sind.[478] Denn: „Die Kritiker schöpften ihre Argumente aus einer genauen und kompetenten Beobachtung der Wissenschaft, aber nicht aus eigener Forschung. Das versetzte sie zwar in die Lage, als "Gegenexperten" die kritischen Fragen zu stellen, änderte aber nichts daran, dass die Insider der Forschung die "Experten" blieben: Nur sie konnten die Antworten geben – und sie taten das oft unter Verweis auf Resultate, die die Kritiker noch gar nicht gelesen haben konnten."[479] Gegenexperten konnten „technokratische Übergriffe der Experten durch einseitige Fragestellungen, Verschweigen von Tatsachen und verdeckte politisch-moralische Wertungen" ausschließen. „Das Mandat der Wissenschaft, die Tatsachen zu klären, wurde dadurch eher bekräftigt." Dies galt auch für den Verweis auf wissenschaftlich Ungeklärtes oder Umstrittenes. Ob es aber „diese Unsicherheiten gibt und wo genau sie liegen, wird aber ebenfalls im Bezugsrahmen der Wissenschaft entschieden. Niemand kann eine wissenschaftliche Kontroverse von außen anzetteln. Auch um festzustellen, was man nicht weiß oder was kontrovers ist, muß man wieder auf Expertenwissen zurückgreifen."[480]

Dieser Zentralstellung objektiver Wissenschaft als einer letzten Instanz, gegen die allenfalls zwischendurch moralische Bezweiflungen ins Feld geführt werden können, um dann wieder von der letzten Instanz ausgeräumt zu werden, ist auch nicht auf dem Wege einer wissenssoziologischen Argumentation beizukommen. „Der unbestreitbare Tatbestand, daß auch Wissenschaft schließlich eine Konstruktion in der Gesellschaft ist, ändert nichts daran, dass ihr das Mandat zugeschrieben wird, über Wahrheit und Falschheit empirischer Behauptungen zu entscheiden. Wissenssoziologische Argumente, die den Unterschied zwischen Wissenschaft und Politik einebnen oder die Möglichkeit von Wahrheit grundsätzlich in Frage stellen, sind in einer Diskussion über die möglichen Risiken der Gentechnik schlechterdings nicht ‚anschlußfähig'– sie wären von den Diskurspartnern mit Kopfschütteln quittiert, mithin als abweichendes Verhalten sanktioniert worden."[481] Vor dem Hintergrund der Affinitäten von Marktwirtschaft und Wissenschaft, die im 19. Jahrhundert erkennbar wurden, ist das Dual von Nutzen/Kosten-Kalkulation und Fundamentalstellung der Wissenschaft, das Ethikkommissionen eigen ist, heute ergänzt durch Rationalitätsrituale, die die Überzeugungen kräftigen sollen.

Allerdings gilt dies nur für das Beratungslabor der längerfristig präsenten „kompetenten Testpersonen". Zu den Besonderheiten der Nationalen Ethikkommissio-

478 Ebd., S. 6.
479 Ebd., S. 7.
480 Ebd., S. 8.
481 Ebd., S. 9.

nen gehört schließlich die Verbindung von Politikberatung mit einer offensiven Öffentlichkeitsarbeit. Endres und Kellermann haben dazu festgestellt: „Nahezu alle untersuchten Ethikkommissionen sehen es ausdrücklich als ihre Aufgabe an, die öffentliche Debatte anzuregen. Laut Satzung des Nationalen Ethikrates in Deutschland gehört es zu seinen Hauptaufgaben, der Öffentlichkeit Informations- und Diskussionsangebote zu unterbreiten und öffentliche Konferenzen zu ethischen Fragen im Bereich der Lebenswissenschaften durchzuführen. In den USA gehört *public education* zur expliziten Aufgabe des President's Council."[482] Dieser Funktion entspricht auch die Form der ethischen Expertise. Die Kommission wird entweder eine neutrale Darlegung der existierenden moralischen Auffassungen publizieren oder auf dem Wege der Abstimmung für die eine oder andere Alternative votieren oder mehrere konträrere Sichtweisen neben einander stellen.[483] Politiker erwarten in der Regel eindeutige Empfehlungen, die sich für eine starke Legitimation politischen Handelns eignen. Unter den Bedingungen des gesellschaftlichen Pluralismus der Werte sind sie jedoch nicht einfach zu erreichen. Somit neigen Kommissionen dazu, die Alternativen so zu bündeln, daß eine Aussicht auf Mehrheitsfähigkeit im Parlament besteht.[484] „Die Kommissionen stehen vor einem Dilemma: Einerseits sollten sie keine ‚faulen Kompromisse' schließen, indem sie beispielsweise die kontroversen Begründungen weglassen. Andererseits dürfen sie nicht unübersichtlich viele Beurteilungen nennen, damit sie politischen und öffentlichen Einfluß haben."[485] Diese Bezogenheit der Arbeit der Ethikkommissionen auf ein *public understandig of science* steht in der Tradition der Wissenschaftspopularisierung, die im 19. Jahrhundert mitgetragen durch einen *wissenschaftsreligiösen* Missionsgeist entstanden ist. Darüber wird im nächsten Kapitel zu berichten sein.

ANTHROPOLOGIE UND MARKTWIRTSCHAFT. Trotz aller Parallelen zwischen John Stuart Mills „kompetenten Testpersonen" und den Verfahren heutiger Ethikkommissionen besteht der entscheidende Unterschied darin, daß für Mill der Fluchtpunkt eines an wissenschaftlicher Wahrheit orientierten moralischen Urteils Vorrang vor den organisatorisch-technischen Anordnungen hat. Um zu Aussagen über das Kompetenzniveau von Testpersonen zu kommen, bedarf es nach Mill einer wissenschaftlichen Anthropologie, mit der festgestellt werden kann, welches die menschenmögliche Breite von Empfindungsformen ist.

So begrüßt Mill die Erweiterung, die Comte später an seiner Systematik der sechs Grundwissenschaften vorgenommen hat. Comte „fügt nämlich den sechs Grundwissenschaften seiner ursprünglichen Einteilung noch eine siebente unter dem Namen der Moral hinzu, welche die Spitze der Stufenleiter unmittelbar über der Soziologie

482 Endres u. Kellermann 2007 S. 251. Jochen Taupitz spricht von „gesellschaftsorientierten" Ethikkommissionen: vgl. Jochen Taupitz, „Ethikkommissionen in der Politik. Bleibt die Ethik auf der Strecke?", in: *Juristenzeitung (JZ)* 58(17) /2003, S. 815-821, hier S. 818.

483 Endres u. Kellermann 2007 S. 259ff.

484 Ebd., S. 263.

485 Ebd., S. 262.

zu bilden bestimmt ist. Noch angemessener, meint er, wäre für diese Wissenschaft der Name Anthropologie, weil ihr Gegenstand die individuelle Menschennatur ist, ein Studium, das, richtig verstanden, noch speziellerer und verwickelterer Art ist als jenes der Gesellschaft. Denn dasselbe muß notgedrungen die Verschiedenheiten der Konstitutionen und Temperamente mit in Betracht ziehen (la réaction cérebrale des viscères végétatifs), deren (übrigens noch so ungenügend verstandene) Wirkungen beim Individuum von höchster Wichtigkeit sind, in der Theorie der Gesellschaft aber vernachlässigt werden können; denn sie heben sich, da sie bei verschiedenen Individuen verschieden sind, im großen Maßstab wechselseitig auf."[486]

Allerdings hat Mill keine Anthropologie in Angriff genommen, die den Reichtum menschlicher Kompetenz und seine Progression aufzeigt. Seine anthropologischen Annahmen orientierten sich vielmehr an den beiden Grundfiguren, die Bentham und seine Freunde entwickelt hatten: die Existenz „finsterer Interessen" und den Malthusianismus. Am deutlichsten sind Mills Modifikationen der „finsteren Interessen", die danach streben, sich mehr zu verschaffen als ihnen nach Maßgabe der eigenen Arbeit und ihrer ehrlichen Lust-Schmerz-Bilanz zusteht. Lokalisierte Mill zunächst die „finsteren Interessen" in der Aristokratie und bei den Reichen, so führt ihn die wachsende Einsicht in die Komplexität moderner marktwirtschaftlich fundierter Lebensverhältnisse dazu – nicht zuletzt unter dem Einfluß Tocquevilles – , in der „Tyrannei der Majorität" die „finsteren Interessen" zu vermuten.[487] Was die biologische Anthropologie betrifft, so blieb Mill zeitlebens ein Malthusianer. Der Druck der Bevölkerung auf die Lebensmittel fördert die Entwicklung menschlicher Fähigkeiten. Ohne diesen Druck verkümmern Kompetenzen auch bei denen, die als erwählte „Testpersonen" Daten liefern sollen, mit denen eine moralwissenschaftliche Kalkulation möglich ist.

Geht man auf den epochalen Erfahrungsgrund, in dem Mills Utilitarismus wurzelt, zurück, so bemerkt man, daß Mill eine Kombination von Prinzipienfestigkeit und Eklektizismus bietet, die dem Marktgeschehen angepaßt ist. Es gibt ein einziges Grundprinzip, das besagt, „daß Handlungen insoweit und in dem Maße moralisch richtig sind, als sie die Tendenz haben, Glück zu befördern, und insoweit moralisch falsch, als sie die Tendenz haben, das Gegenteil von Glück zu bewirken."[488] So wie auf dem Markt mehrere Käufer und Verkäufer ihre Auffassungen über ein gutes oder schlechtes Geschäft ausbilden, so gibt es stets die Situation moralischer Meinungsverschiedenheiten. Mills Utilitarismus bietet hier eine Methode zur Beilegung moralischer Streitigkeiten. Dazu setzt er seine intellektuelle Energie ein, um die vielfältigen Verästelungen in moralischen Erwägungen und Abwägungen danach abzusuchen, wie die moralisch relevanten Umstände bewertet werden, die als versteckte oder nachgelagerte in der vordergründigen Handlungsalternative enthal-

486 John Stuart Mill, „Auguste Comte und Positivismus", in: *Gesammelte Werke*, Bd. 9, übers. u. hg. v. Theodor Gomperz, Leipzig 1874, Reprint Aalen 1968b, S. 131f.

487 Zur Bedeutung von Tocqueville und Malthus für John Stuart Mill vgl. Nolte 1985, S. 187 u. 191.

488 John Stuart Mill, *Utilitarismus*, hg. v. Dieter Birnbacher, Stuttgart 1985, S. 13.

ten sind. So kommt es zu einem Eklektizismus, der scharfsinnig die Zerrissenheit moralischer Urteile aufdeckt und dabei zugleich moralische Intuitionen oder Gewohnheiten zerreißt.

Der Fortschritt utilitaristischer Moralwissenschaft bringt moralische Neuheiten auf den Markt und regeneriert so das Marktmodell des utilitaristischen Grundprinzips. Wenn es um moralische Innovationen geht, so zählt freilich nicht, wie bei Bentham, jeder 1. Der Tocqueville-Leser Mill war entschiedener Kritiker der Weisheit der Majorität. Seine ausgewählten „Testpersonen" waren nach dem Bilde geformt, nach dem er selbst geformt war. Sie hatten ihre Erfahrungen in der Extremspannung einer konsequenten Glücksorientierung und einer sanktionsorientierten Erziehung.[489]

In beiden Seiten spiegelt sich die Entfesselung der Marktwirtschaft. Der Wandel von der gesellschaftlichen hin zu einer individualistischen Konzeption des Reichtums und damit verknüpft die Ablösung der göttlichen Sanktion einer Sollensethik durch die utilitaristische Sanktion einer Nutzenethik, die flexibel auf gemachte Erfahrungen reagiert, steht auf der einen Seite. Auf der anderen Seite ist der Glaube an die Freiheit des Individuums ein Glaube aus Prinzip, der sich auch von den Erfahrungen der Niederlage angesichts einer Übermacht nicht irritieren läßt. Das Standardargument des Utilitarismus, wie er auf der Höhe der Millschen Argumentationskraft angelangt ist, lautet, daß allein der Nachweis des Schadens zählt, wenn das natürliche Reich der Freiheit des Einzelnen eingeschränkt werden soll.

Im 19. Jahrhundert müssen englische Utilitaristen die Erfahrung machen, daß die Enthemmung der Marktwirtschaft zu einer Schadensbilanz, d.h. zur Verelendung der Unterschichten in einem bisher unbekannten Ausmaß führt. Mills Unterscheidungen der Handlungen zwischen „self-regarding" und „other-regarding", die er in seinem Essay über die Freiheit erläutert, stellen einen Versuch dar, den Utilitarimus in eine Sozialethik zu transformieren, ohne das liberale Prinzip der Verfolgung des Eigeninteresses aufzugeben.[490] So bleibt Mills Denken in einer grundlegenden Aporie gefangen, bei der sich Prinzipialismus und Okkasionalismus im Wege stehen.

DER GRABEN ZWISCHEN MORAL UND RATIONALEM SELBSTINTERESSE. Im Anschluß an Mill ist Henry Sidgwick weiter in die Untiefen introspektiver Nutzenabschätzung hinabgestiegen und hat die Meßgrundlagen von Lust und Schmerz korrigiert.[491] Er bezweifelt, daß das Empfindungsmaß von Lust und Schmerz und die

489 Hingewiesen sei hier auf die enorme Wirkung, die der Utilitarist Henry Brougham (1778-1868) auf das englische Erziehungssystem hatte. Vgl. Somervell 1946, S. 78ff.

490 Zur sozial-liberalen Wende im englischen Liberalismus vgl. Bullock u. Shock 1980, S. 271ff. Zur wirtschaftlichen Entwicklung vergleiche Eric J. Hobsbawn, *Industrie und Empire. Britische Wirtschaftsgeschichte seit 1750*, Bd. 1, Frankfurt a.M. 1969, S. 111ff.

491 Henry Sidgwick, *Die Methoden der Ethik* [1874], 2 Bde, Leipzig 1909; zu Sidgwick siehe *Essays on Henry Sidgwick*, hg. v. Bart Schultz, Cambridge: University Press, 1992; zum Folgenden vgl. Gähde 1992, S. 103ff.

Motivation, eine Handlung vollziehen zu wollen, ineinander fallen. Starke Empfindungen müssen nicht in Handlungen münden, und schwache Empfindungen können eine starke handlungsmotivierende Kraft besitzen. Werden Handlungen nach dem Modell von Kaufentscheidungen betrachtet, so sind Präferenzen meßbar, und die Wohlfahrtsökonomik hat dies konsequent aufgegriffen.[492] Dagegen bleibt die innere Erfahrung von Lust und Schmerz trotz aller subtiler Typisierung und Berechnung labyrinthisch abgedunkelt.

Sidgwick, mit dem der Utilitarismus seine Akademisierung erreicht, gibt den Kampf gegen den Intuitionismus auf, den Bentham und Mill geführt hatten. Zwar bietet der „perzeptionale Intuitionismus", der die Richtigkeit der Einzelhandlung dem Gewissen spontan folgend erkennt, keine Grundlage für eine wissenschaftliche Ethik, und auch der „dogmatische Intuitionismus" der *common sense*-Moral, den Sidgwick ausgiebig untersucht, enthält keine Grundsätze, die zu wissenschaftlichen Axiomen zu erheben wären. Aber die Prüfung der dem „philosophischen Intuitionismus" zugrunde liegenden Prinzipien Gerechtigkeit, Wohlwollen, Klugheit führen Sidgwick zu dem Resultat, daß der Utilitarismus einer solchen Basis bedürfe.[493]

Die Veränderungen, die Sidgwick am Utilitarismus vornimmt, spiegeln die Krisenneigung liberaler Marktwirtschaft. Mit der Zunahme von Armut und Unfall gerät die Figur des selbstverantwortlichen, Lust und Schmerz kalkulierenden Individuums aus ihrem theoretischen Gleichgewicht. Nach marktliberaler Auffassung sind es die Individuen, die in ihrer Freiheit auf dem Markte ihr Unglück selbst verschulden. François Ewald hat herausgearbeitet, wie Armut im 19. Jahrhundert dem Unfall untergeordnet wird: „Reiche und Arme stimmen in ihrem Wesen überein, so daß Armut nur ein Akzidenz, ein Unfall, sein kann, womit sie sich voneinander nur durch die Art und Weise unterscheiden, in der sie jeweils vorzusorgen und ein konstitutives Unglück zu verhindern vermochten. Der Unfall ist die Form des Übels, die mit der liberalen Objektivierung der Freiheit verknüpft ist."[494] Mit der Progression der Schadensbilanz, die dann auch unter Anwendung von Wahrscheinlichkeitsrechnungen statistisch beschrieben werden konnte, wird das utilitaristische Axiom unglaubwürdig.

Näherte sich die utilitaristische Moralwissenschaft bei Mill, soweit es ihr möglich war, sozialistischen Positionen an, so reduziert Sidgwick die Versuche einer moralwissenschaftlichen Reform sozialer Verhältnisse. Der hedonistische Empirismus prüft nicht mehr die Kalküle des Marktteilnehmers, sondern sein moralisches Bewußtsein. Das Prinzip Moral selbst entzieht sich wissenschaftlicher Begründung. „Die für das Moralprinzip eigentümliche Form der Erkenntnis soll in einer mora-

492 Alfred Bohnen, *Die utilitaristische Ethik als Grundlage der modernen Wohlfahrtsökonomik*, Göttingen 1964; Ders., „Der hedonistische Kalkül und die Wohlfahrtsökonomik. Über die Rolle der utilitaristischen Ethik im wirtschaftswissenschaftlichen Denken", in: Gähde u. Schrader 1992, S. 318-339.

493 Sidgwick 1909, Bd. I, S. 110ff.

494 François Ewald, *Der Vorsorgestaat*, Frankfurt a.M. 1993, S. 105.

lischen Intuition bestehen, für die vier Kriterien aufgestellt werden: sie muß selbstevident sein und sich in klarer und präziser Form darstellen lassen; sie darf anderen grundlegenden Wahrheiten nicht widersprechen und muß unter den Fachleuten allgemeine Zustimmung finden."[495]

Zwischen dem Moralprinzip und dem Prinzip rationalen Selbstinteresses bleibt ein Graben. Allein die religiöse Sanktion, d.h. die Existenz eines richtenden Gottes wäre nach Sidgwick imstande, Tugend und Glück zu versöhnen, weil dann die guten Taten auch belohnt und die schlechten bestraft würden. Zur Frage, ob der Widerspruch von Moralprinzip und Selbstinteresse auf diese Weise aufgehoben werden solle, bemerkt Sidgwick: „Diejenigen, die behaupten, daß das Gebäude der Naturwissenschaft auf Schlüssen aufgebaut ist, die sich aus selbstevidenten Prämissen logisch ergeben, können mit Recht verlangen, daß alle praktischen, auf philosophische Gewißheit Anspruch machenden Urteile auf gleich sicheren Boden gegründet werden sollten. Wenn wir andererseits finden, daß man in unserer angenommenen Erkenntnis der Natur gewöhnlich Sätze als allgemeingültig annimmt, welche auf keinem anderen Boden zu ruhen scheinen, als daß wir sehr geneigt sind, sie anzunehmen, und daß sie für den systematischen Zusammenhang unserer Erkenntnis unerläßlich sind, – so wird es noch schwieriger sein, eine in ähnlicher Weise begründete Annahme in der Ethik zurückzuweisen, ohne dem allgemeinen Skeptizismus Tor und Tür zu öffnen."[496]

Die Frage, wie soziale Integration möglich sein soll, wird auf der Basis des utilitaristischen Interessenbegriffs offengelassen. Es ist diese Offenheit, die ihn so passend macht, um die Erfahrung der modernen Gesellschaft als einer gesellschaftlichen Nichtgesellschaft zu verarbeiten. In der modernen Gesellschaft folgen die Menschen ihren Interessen, sie wollen ihr Glück befördern und ihr Unglück vermeiden, oder wie Balzacs Landarzt diagnostizierte: So „befinden wir uns im Jahrhundert der materiellen Interessen und des Positivismus. Dieses letzte Wort führen sie alle im Munde. Wir sind alle eingeteilt, nicht nach dem, was wir wert sind, sondern nach dem, was wir besitzen."[497] Je mehr jedoch in der Offenheit marktwirtschaftlicher Vergesellschaftung sich die sozial destruktiven Effekte der Freisetzung der Individuen in der modernen Gesellschaft bemerkbar machen, um so dringender wird die ratlos machende Frage, die sich zum Ende des Jahrhunderts Soziologie zu eigen machen wird: „Wie ist Gesellschaft möglich?" Sidgwicks Vorsicht bei der moralwissenschaftlichen Innovation intuitiver, d.h. traditioneller Moralvorstellungen signalisiert diese Ratlosigkeit. Der empirische Hedonismus, der sich auf dem Markt breit macht, soll moralwissenschaftlich sensibel eingebracht werden, denn er gilt als „einzige Methode, die gewöhnlich bei der letzten Lösung

495 Höffe 2003, S. 26.

496 Henry Sidgwick, *Some Fundamental Ethical Controversies* [1889], zit. n. A. G. Sinclair, *Der Utilitarismus bei Sidgwick und Spencer*, Heidelberg 1907, S. 78.

497 Honoré de Balzac, *Der Landarzt* [1833], Hamburg 1956, S. 78.

derartiger Probleme anwendbar ist – wenigstens solange die Soziologie noch in den Anfangsgründen steckt."[498]

„GEFÄLLT MIR!". Blicken wir zurück. Mit der Heraufkunft des Utilitarismus erfährt die frühmoderne Rede von den materiellen Interessen eine gravierende Wandlung. Interessen werden nicht mehr wie in der älteren *rationalreligiösen* Konzeption als Gegeninstanz zur Bändigung und Mäßigung der unkalkulierbaren, jähen Leidenschaften begriffen, sondern schließlich als Ausfluß einer biologisch begründeten Empfindungslehre betrachtet. Der Einbau der Rede von den Interessen in das utilitaristische Konstrukt war möglich geworden, nachdem man das Gesamt der einzelnen Affekte als Gefühl ansprach. Seinen Interessen folgen, hieß nun nicht mehr seine Leidenschaften zu kontrollieren, sondern dem Gefühlskompaß von Lust und Schmerz zu folgen. Man redete zwar auch noch von ‚Interessen', aber der Begründungszusammenhang hatte sich verschoben. Die alte Rede von Interessen bezog sich auf ihre zivilisierende Kraft gegenüber der Blindwütigkeit der Leidenschaften, nicht zuletzt der Fanatismen der Glaubenskriege, die für die Gesellschaft nachteilige Folgen haben. Die neue Rede von Interessen bezieht sich auf die sensorische Unterscheidung von natürlichen Empfindungen des Einzelmenschen. Nun erscheinen Lustsuche und Schmerzvermeidung als Verfolgung von Interessen. Mit schlafgängerischer Sicherheit orientieren sich die Individuen in modernen Marktgesellschaften an der Regel der Schmerzvermeidung, Unlustvermeidung und Glücksgewinnung. Dieser utilitaristische Maßstab dient der Legitimation von modernen Herrschaftsordnungen ebenso wie der Legitimation des Widerstands gegen diese.

Schmerz und Lust sind zunächst nichts weiter als somatische Empfindungen, wie sie bei allen höher entwickelten Organismen tierischer Art auftreten. Die alte Rede von Interessen bezog sich auf eine gesellschaftlich institutionalisierte Norm, die gerade gegen das Ungesellschaftliche der Leidenschaften gewendet wurde. Die neue Rede von Interessen bezieht sich auf ein naturales Geschehen jenseits aller Sozialordnung, das jedes Lebewesen in seiner biologischen Einsamkeit mit sich führt. Indem Utilitaristen ihre Moralwissenschaft in den Empfindungen von Schmerz und Lust verankerten, d. h. auf eine naturale Ebene gegangen waren, fanden sie ihren natürlichen Partner im naturwissenschaftlichen Materialismus, den wir heute Naturalismus nennen. Wo dieser Weg weitergegangen wurde, stellte sich der Gedanke ein, daß man vielleicht im Bereich der Natur auf Gesetze und Regeln stoßen könnte, die hilfreich für die Beantwortung der Frage nach der sozi-

498 Sidgwick 1909, Bd. II, Buch IV, S. 252. Das Leiden, das entsteht, wenn Kindern intuitive Moralvorstellungen verleidet werden und die Erziehung sich auf die Anpassung an die Marktgesellschaft konzentriert, hat Andreas Gruschka hellsichtig untersucht: Andreas Gruschka, *Bürgerliche Kälte und Pädagogik. Moral in Gesellschaft und Erziehung*, Wetzlar 1994; Ders., „Wie lernt man, kalt zu werden? – Von den Konflikten auf dem Weg zum guten und schlechten Menschen (Teil 2)", in: *Pädagogische Korrespondenz. Zeitschrift für kritische Zeitdiagnostik in Pädagogik und Gesellschaft* (19)/1997, S. 34-59.

alen Integration sein können. In jedem Fall glaubte man, nach der Revolutionsperiode, nach den Positionen der Religionskritik eines Feuerbach, Bauer, Marx und Stirner, zu wissen, daß nur weltimmanente Lösungen glaubwürdig sind.

Man muß sich die große Weichenstellung, den Bruch im Denken des 19. Jahrhunderts, bewußt machen: Sind einmal religiöse Deutungsmuster als zweitrangige ideologische Bereiche eingestuft, so konzentriert sich die Suche nach Erklärungen auf das, was bleibt, nämlich die Dualität von Natur und Gesellschaft, von Naturpol und Gesellschaftspol. Auf sie gründet sich *Wissenschaftsreligion*. Jahrhundertelang hatten in Europa Denkformen Geltung gehabt, denen zufolge der Mensch gleichsam zwischen Natur und göttlicher Transzendenz steht. Der Mensch gehörte sowohl zur Natur, war Teil der kreatürlichen Welt, aber er war auch Gottes Ebenbild, war fähig, an einer transzendenten Sphäre teilzuhaben. Auch die radikalen Aufklärer hielten daran fest, daß die Vernunft göttlichen Ursprungs ist. Diese Denkform bricht in der Mitte des 19. Jahrhunderts. Gott ist jetzt ein Effekt irdischen Geschehens. Natur und Gesellschaft bleiben die einzigen Bezugspunkte. Daß der Naturalismus, den wir im nächsten Kapitel untersuchen werden, eine derart zentrierende Stellung für die *Wissenschaftsreligion* einnehmen konnte, verdankt sich nicht zuletzt der Verknüpfung mit dem zeitgleichen Utilitarismus.

Die *Wissenschaftsreligion* des 19. Jahrhunderts hat das, was in der europäischen Tradition *scientia* genannt wurde, entscheidend transformiert. Das *rationalreligiöse* Programm einer *nuova scienza*, das Galilei und Descartes entworfen hatten, versprach mit seinem mechanistischen Weltbild auf der Ebene der Naturforschung eine Sicherheit der Welt, deren konfessionelle Garantien in den Glaubenskriegen für viele Intellektuelle unglaubwürdig geworden waren. Wie wir im *Ersten Band* dieser Religionssoziologie gezeigt haben, gerieten die *rationalreligiösen* Grundlagen angesichts der Erfahrung des revolutionären Enthusiasmus, der flammenden Gewißheit einer Neubestimmung des Religiösen in Bedrängnis. Denn nun schlug „im Menschen die Natur die Augen auf" (Schelling) und arbeitete mit an der großen Emanzipation.

Die Ernüchterung setzt mit der Erfahrung der Entfesselung der Marktwirtschaft ein. Dies ist von vielen Zeitgenossen notiert worden. „Die Revolution war aus, als die Vernünftigen bemerkten, daß die Idee von Freiheit und Gleichheit ein bloßer Zauber wäre, der nur scheinbar über die Wirklichkeit gesiegt, und der sich in der Tat niemals verwirklichen ließ," schreibt 1834 ein hellsichtiger Anonymus und fügt an: „Das materielle Wohlsein und die Bequemlichkeit, wozu denn auch eine gesicherte Zukunft gehört, denn Sorgen stören ebenfalls das materielle Wohlsein, – dies ist die allgemeine Idee, die uns begeisternd belebt. – Der Nutzen regiert die Welt; das hat man immer gesagt, und ist wohl immer so gewesen". Auch sei das Geld „zwar wohl immer geschätzt worden, allein doch nur als Repräsentant der Dinge; jetzt gilt aber der Repräsentant mehr als der Repräsentierte, und die Sachen und Dinge sind bloß Repräsentanten des Geldes geworden."[499] Die Erfahrung der

499 (Anonym), *Der Zeitgeist und das Geld. Eine vorgelesene Rede von G.*, Dortmund 1834, S. 41, 43 u. 47.

Entfesselung der Marktwirtschaft, die das Bedürfnis nach Zukunftssicherheit und belastbarem Wissen steigerte, mutete nun dem axiomatischen Modell einer logisch-deduktiven Wissenschaft die Aufgabe zu, die Kontingenzen der Marktwirtschaft, d.h. ihre segenbringenden und verheerenden Folgen zu bewältigen. In dieser Konstellation wurde *Wissenschaftsreligion* gestiftet. Ihr letzter Zweig ist die Moralwissenschaft.

Seit Bentham ist die Arbeitsteilung von moralwissenschaftlichem Utilitarismus und marktwirtschaftlicher Ökonomie verschieden ausgelegt worden. Für den Ökonomen William Stanley Jevons (1835-1888) waren nur die Handlungsparameter Intensität und Dauer für eine mathematische Behandlung im Rahmen der Wirtschaftswissenschaft von Nutzen. Alle anderen Parameter Benthams, die sich nicht mathematisieren ließen, sollten aus der Wirtschaftswissenschaft ausgeschlossen und der Ethik zugewiesen werden.[500] Der strikte Abweis, aus ökonomischen Analysen moralische Postulate abzuleiten, den Wirtschaftswissenschaftler im Geiste Jevons verteidigten, entzieht dem Utilitarismus ein Stück weit seine realistische Basis. So sieht sich Dieter Birnbacher genötigt, die wirtschaftswissenschaftliche Terminologie für den Utilitarismus in Anführungszeichen zu setzen. „‚Ökonomisch' am Utilitarismus ist vor allem seine Tendenz, Werte und Güter höchst unterschiedlicher Art als kommensurabel zu betrachten und Abwägungen zwischen ihnen zum Gegenstand quantitativer Analysen zu machen: Die Rationalität der utilitaristischen Ethik ist die Rationalität des Kalküls. Wie für den Ökonomen der Preis, ist für den Utilitaristen der ‚Nutzen' die Einheit, die Unterschiedliches vergleichbar und verrechenbar macht. Ähnlich wie Geldwerte werden Nutzwerte von den meisten Utilitaristen als kardinal skalierbare Größen aufgefaßt, die zwar empirisch nicht exakt meßbar sind, dieses Schicksal aber mit vielen ‚Preisen' teilen, die sich nicht real – etwa auf einem Konkurrenzmarkt – bilden, sondern nach bestimmten Kriterien abgeschätzt oder festgesetzt werden müssen. Entscheidend ist, daß zumindest in der Theorie alle positiven und negativen Nutzengrößen gegeneinander ‚verrechnet' werden, was im übrigen nicht heißt, daß nicht auch der Utilitarist bestimmte Güter so hoch veranschlagen kann, daß diese in allen realen möglichen Konfliktsituationen über konkurrierenden Güter dominieren."[501]

Bleibt die Frage, ob jenseits einer utilitaristischen Moral eine Chance besteht, das Marktverhalten von Individuen zu moralisieren. Dieser Frage ist Nico Stehr nachgegangen. Seine Ausgangsthese lautet: „Die noch heute gültige Theorie des Marktes entstammt einer Gesellschaft, die es nicht mehr gibt." Das bis heute vorausgesetzte typische Marktverhalten stammt „aus einer Welt, die keinen verbreiteten Wohlstand oder kein allgemeines Bildungswesen, sondern nur ausgesprochene

500 William Stanley Jevons, *The Theory of Political Economy*, Harmondsworth 1970, S. 78, 93f. u. 102; zum Kontext vgl. Bernd Biervert u. Josef Wieland, „Gegenstandsbereich und Rationalitätsform der Ökonomie und der Ökonomik", in: Dies. u. Klaus Held (Hg.), *Sozialphilosophische Grundlagen ökonomischen Handelns*, Frankfurt a.M. 1990, S. 7-32, hier S. 13f.

501 Dieter Birnbacher, „Der Utilitarismus und die Ökonomie", in: Biervert / Held u. Wieland 1990, S. 65-101, hier S. 67.

Armut, umfassende Machtlosigkeit, verbreiteten Hunger und Analphabetismus kannte.“ [502] Während Kritiker der Marktwirtschaft die Schattenseiten und Mißerfolge des kapitalistischen Wirtschaftssystems zum Ankerpunkt ihrer Kritik machen, sieht Stehr gerade in den Erfolgen des Systems eine Chance für die Moralisierung der Märkte.

Stehr nennt drei Bereiche: Entwickelte Gesellschaften kennen im Vergleich zu den europäischen Gesellschaften des 19. Jahrhunderts einen Grad an individuellem Wohlstand und materieller Sicherheit, der historisch einmalig ist.[503] Unter diesen Bedingungen gewinnt der Konsum eine die Besorgung lebensnotwendiger Dinge überscheitende Dimension, in der sich Kaufmotive ästhetischer und auch moralischer Art ansiedeln können. Zu den Erfolgen der Marktwirtschaft gehört an zweiter Stelle der historisch beispiellose Zugang breiter Bevölkerungsschichten zum Wissen. Dadurch sind die Akteure auf dem Markt klüger geworden. Dies eröffnet die Chance, bei Kaufentscheidungen Bedürfnisse, Werte und Interessen überlegter und informierter miteinander zu verknüpfen. Wissenszuwächse können moralische Kompetenzen anregen, die sich auf Entscheidungen, bei dieser oder jener Firma einen Arbeitsvertrag zu unterschreiben, auswirken. Schließlich nennt Stehr die Extension der Märkte, die Chancen für ihre Moralisierung eröffnet. Dazu gehört nicht nur die geographische Ausweitung, sondern auch die Einbeziehung von Leistungen beispielsweise im Gesundheits- und Erziehungswesen und des Umweltschutzes in das Marktsystem, die Fragen nach den moralischen Anforderungen, die Qualität der Leistungen betreffend, herausfordern. Moralisierung der Märkte bedeutet, „daß das Marktverhalten in modernen Gesellschaften nicht mehr vorrangig von den Eigeninteressen der Marktteilnehmer bestimmt und dieser Wandlungsprozeß schließlich zu einem sich selbst aktualisierenden und verstärkenden Prozeß wird.“[504]

Für die Axiomatik der herrschenden Volkswirtschaftlehre, die an der zeitlosen Fiktion eines *homo oeconomicus* festhält, der einer utilitaristischen Moral folgt, gehört ein derartiger Prozeß zum Unmöglichen. Allerdings ist es um die Axiomatik in den Wissenschaften nicht mehr so gut bestellt. Mit Bezug auf die heutige Lage hat Julian Nida-Rümelin auf die allgemeine Krise der Axiomatisierung hingewiesen: „Seit einigen Jahrzehnten ist bekannt, daß es grundsätzliche, systematische Grenzen der Axiomatisierung gibt, und daß das Projekt der Axiomatisierung für einen weiten Bereich der Wissenschaften gar nicht durchführbar ist. Daß Axiome die Begründungslast der Theorie tragen, gilt nicht für die moderne Naturwissenschaft. In der Ethik scheint das Gegenteil der Fall. Hier scheint man nach wie vor überzeugt, daß es begründende Axiome gibt, also Prinzipien, die selbstevident sind

502 Stehr 2007, S. 9. Siehe dazu auch: *Die Verantwortung der Konsumenten. Über das Verhältnis von Markt, Moral und Konsum*, hg. v. Ludger Heidbrink / Imke Schmidt u. Björn Ahaus, Frankfurt/New York 2011. Grundlegend zur Konsumsoziologie: Dominik Schrage, *Die Verfügbarkeit der Dinge. Eine historische Soziologie des Konsums*, Frankfurt a.M. 2009.

503 Ebd., S. 49ff.

504 Ebd., S. 63.

oder aus der Logik der Moralsprache postuliert werden können."[505] Gegen Richard Mervyn Hare und Karl Otto Apel gerichtet ist seine Frage, die man ebenso an die Vertreter des Utilitarismus richten könnte: „Weshalb aber sollen wir an diesem Ideal einer Wissenschaft festhalten, das nirgendwo sonst funktioniert hat? Es hat zwar einst eine wichtige Rolle für den Abschied vom Traditionalismus in den Wissenschaften gespielt und damit die moderne Wissenschaft hervorgebracht, läßt sich aber abgesehen davon nicht ernsthaft vertreten. In der Wissenschaftstheorie verficht heute niemand mehr diese Form des Rationalismus – weshalb also sollte sie in der Ethik als einziger wissenschaftlicher Disziplin nach wie vor gelten?"[506] Wir vermuten, es ist die Struktur des Religionsmarktes, auf dem sich im Wettbewerb der Weltanschauungen gerade die *wissenschaftsreligiöse* Konzeption von Ethik, die sich hinter ihrer Axiomatik verbirgt, immer wieder erneuert.

505 Julian Nida-Rümelin, „Moral und Ethik. Komplexität und Reduktion", in: *Wissen im 21. Jahrhundert. Komplexität und Reduktion*, hg. v. Daniela Rippl, München 2002, S. 89-104, hier S. 102. Vgl. auch Ders., *Kritik des Konsequentialismus*, München 1993, sowie Ders., *Angewandte Ethik*, Stuttgart 1996.

506 Ebd.

III. Der Naturalismus

Übersicht

Wissenschaftsreligion, die dem weiten Feld des Naturalismus entspringt, setzt auf die Popularisierung von Wissenschaft und die öffentliche Etablierung einer geistigen Autorität, deren Aussagen zu glauben sind (1). ‚Atheismus' und ‚Materialismus' gehören zu den Schlüsselkonzepten für die Popularisierungskampagnen. Die Negation der Existenz Gottes und der heutige ‚Neue Atheismus', bemüht, eine Biologie der Religion zu konstruieren, sind vielfältig verknüpft mit Vorstellungen von ‚Materialismus' im Sinne einer restlos positiven Totalität der Materie (2). Die Fusion von Einzelforschung und Weltauffassung ist ein Proprium naturalistischer *Wissenschaftsreligion*. Dies wird am Beispiel von Jacob Moleschott und Ludwig Büchner vorgeführt. Wo dann Experimente nicht hinreichen, wird Erkenntnistheorie ein Schiedsrichter. Sie hütet auch, was als Naturgesetz gilt, und markiert die Grenzen des Naturerkennens. Die Naturgesetze zu erkennen und Wertentscheidungen zu treffen, bedarf es dann eines Organs fürs Ganze: des Gehirns (3). Wir wenden uns anschließend der langen Linie des Progressismus zu, die mit dem *rationalreligiösen* Fortschrittsglauben einsetzt, sich in der Revolutionsbegeisterung für das Unendliche steigert und in das *wissenschaftsreligiöse* Vertrauen auf den Fortschritt mündet. In der Auseinandersetzung mit Charles Darwin werden verschiedene Varianten des Entwicklungsgedankens vorgestellt und biopolitische Konsequenzen aufgezeigt (4). Schließlich behandeln wir die monistischen Synthesen von Ernst Haeckel und Herbert Spencer und einige Fortsetzungen in der Gegenwart (5).

1. Die Popularisierung des Wissenschaftsglaubens

Aus dem Labor in die Öffentlichkeit. Als private Gelehrtenreligion in der Linie der *theologia naturalis* hätte die *Wissenschaftsreligion* wohl nicht jene gesellschaftliche Durchschlagskraft gewonnen, wenn sie sich nicht bemüht hätte, ihren Glauben mit missionarischem Elan zu verbreiten. Es sind drei Stoßrichtungen, die breitere Schichten der Bevölkerung, die mit zunehmender Alphabetisierung Zugang zur bürgerlichen Öffentlichkeit fanden, hierfür empfänglich machen sollten. Während die *rationalreligiösen* Autoren die Kirchen der *Bekenntnisreligionen* angriffen, zielte die erste Stoßrichtung der Missionare der *Wissenschaftsreligion* auf den Gottesglauben überhaupt, sie predigten einen konsequenten „Atheismus" und sahen insbesondere in Ludwig Feuerbach nach 1848 einen Bündnispartner. Zum zweiten wurde „Materialismus“ zu einem Kampfbegriff. Schließlich wurden Atheismus und Materialismus zu einem neuen „naturwissenschaftlichen Weltbild“ verflochten, für das heute der vieldeutige Terminus Naturalismus steht.[1]

Ein markantes Ereignis für die Popularisierung des Wissenschaftsglaubens ist *Köhlerglaube und Wissenschaft. Eine Streitschrift gegen Hofrat Rudolph in Göttingen* von Carl Vogt, erschienen 1855. Die Streitschrift erreichte bis Juni desselben Jahres drei Auflagen.[2] Die Schrift ist Teil des sogenannten ‚Materialismus-Streits‘, der in den 1850er Jahren unter Naturwissenschaftlern ausgetragen wurde und der die Positionskämpfe um die Religion der Wissenschaft maßgeblich bestimmt hat.[3] Es war dies nicht der erste ‚Materialismus-Streit‘. Fünfzig Jahre zuvor hatte der Phrenologe Franz Joseph Gall 1805 in Wien auf kaiserlichen Befehl ein Vorlesungsverbot erhalten, weil seine Lehre zum „Materialismus“ führe. Gall glaubte, im menschlichen Gehirn ein Organ der Religiosität gefunden zu haben.[4] Der Streit mit den katholischen Monarchisten machte ihn in Europa zu einer Berühmtheit, und die Liberalen schlugen sich auf seine Seite. Was den Streit um Galls Phrenologie von dem zweiten ‚Materialismus-Streit‘ der 1850er Jahre unterscheidet ist, daß Gall keineswegs *wissenschaftsreligiöse* Ambitionen hegte. Im Gegenteil, er verteidigte sich gegen den Materialismus-Vorwurf und bestand darauf, daß das Organ der Religiosität zwar von Natur aus bei den Individuen unterschiedlich ausgeprägt sei, aber durch Erziehung eher aktiviert oder eher eingehegt werden könne. Die Existenz Gottes werde durch Hirnforschung keineswegs bestritten. Im Gegenteil, Gall führt „Beweise für das Dasein Gottes aus der Organologie“ an, die *rationalreligiösen* Auffassungen folgen. Zu allen Zeiten habe „die Organisation den Menschen zu Gott hingeführt, und immer hat er seine Abhängigkeit von einer höchsten Macht gefühlt, und das Bedürfnis, zu Gott seine Zuflucht zu nehmen und ihn zu verehren. Wer würde wagen zu glauben, daß die Empfindung dieses Organs allein ohne Gegenstand in der äußeren Welt wäre? Die Natur kann den Menschen in seinem

1 In der Frage der Terminologie schließen wir uns Hilary Putnam an: „die Ausdrücke ‚Physikalismus‘ und ‚Naturalismus‘ sind in der analytischen Philosophie mittlerweile praktisch gleichbedeutend mit dem Materialismus“. Hilary Putnam, *Für eine Erneuerung der Philosophie*, Stuttgart 1997, S. 82.

2 Carl Vogt, „Köhlerglaube und Wissenschaft“, in: *Vogt, Moleschott, Büchner. Schriften zum kleinbürgerlichen Materialismus in Deutschland*, hg. u. eingeleitet v. Dieter Wittich, 2. Bd., Berlin 1971a, S. 517-640.

3 Ergiebig sind immer noch die älteren Arbeiten von Otto Zöckler, *Die Geschichte der Beziehungen zwischen Theologie und Naturwissenschaft*, 2 Bde., Gütersloh 1879 und Sidney Billing, *Scientific Materialism and Ultimate Conceptions*, London: Bickers and Son, 1879. Grundlegend sind die Studien von Frederick Gregory, *Scientific Materialism in Nineteenth Century Germany*, Dordrecht 1970; Ders., *Nature Lost? Natural Science and the German Theological Traditions of the 19th Century*, Cambridge: Harvard University Press, 1992; siehe auch: Annette Wittkau-Horgby, *Materialismus. Entstehung und Wirkung in den Wissenschaften des 19. Jahrhunderts*, Göttingen 1998.

4 Zu Gall siehe: Michael Hagner, *Homo cerebralis. Der Wandel vom Seelenorgan zum Gehirn*, Frankfurt a.M. 1997, S. 89ff.

wichtigsten Interesse nicht so mißbrauchen, und es ist ein Gott, weil es ein Organ gibt, ihn zu erkennen und zu verehren."[5]

Bemerkenswert am zweiten Streit um den ,Materialismus' ist, daß er aus den abgeschirmten Räumen der Laboratorien und der um sie versammelten *scientific community* in eine breite Öffentlichkeit getragen wurde und auch die Trennung zwischen wissenschaftlich explorativem und demonstrativ unterhaltsamem Experiment vor ausgewähltem Publikum ignorierte.[6] Berichte über die Referate der Sitzungen der Göttinger Naturforscher erscheinen in der Zeitung, Stellungnahmen und Erwiderungen, in denen z.B. „über die letzten Enden der einzelnen (Primitiv-) Nervenfasern, welche seiner (d.i. Rudolph Wagner) Ansicht nach nicht als Schlingen, sondern frei, gleich abgeschnittenen Fäden, endigen", gestritten wird, finden ein interessiertes Publikum.[7] Der ,Materialismus-Streit', kann als Startpunkt der *wissenschaftsreligiösen* Mobilisierung betrachtet werden, die heute unter den weiten Mantel von Wissenschaftspopularisierung geschlüpft ist und die seit etwa 2000 in den Kampagnen des *public understanding of science* erneut auflebt.

Freilich gibt es wichtige Unterschiede zwischen der missionarischen Wissenschaftspopularisierung, die im 19. Jahrhundert durch den ,Materialismus-Streit' angestoßen wurde, und der Angleichung des *public understanding of science* an die Formen der unterhaltsamen Popularkultur mit ihren Events und den Vergnügungsparks nachgebildeten *Science Centern* heute.[8] Peter Weingart zufolge ist das ältere „Aufklärungsmodell" der Vermittlung von Wissenschaft, das eine eher bildungsbürgerlich geprägte Öffentlichkeit voraussetzte, in Massendemokratien nicht mehr tragend.[9] Dem entspricht eine Geringschätzung von Popularisierung, wenn

5 Franz Joseph Gall, *Neue Physiologie des Gehirns und Psychologie des menschlichen Geistes*, Nürnberg 1829, S. 434f.

6 Vgl. Oliver Hochadel, Öffentliche Wissenschaft. Elektrizität in der deutschen Aufklärung, Göttingen 2003.

7 Der Streit entflammte auf der 31. Versammlung Deutscher Naturforscher in Göttingen im September 1854. Vgl. die Berichterstattung eines Doktor Reclam im *Deutschen Museum* von Robert Prutz, 1854, No. 47, zit. n. Vogt 1971a, S. 556.

8 Zur Eventisierung von Wissenschaft siehe Silke Bellanger, „Zwischen Nähe und Distanz. Vermittlung von Wissenschaft und Technik in Science Centers", in: *Entstaatlichung und soziale Sicherheit. Verhandlungen des 31. Kongresses der Deutschen Gesellschaft für Soziologie in Leipzig*, hg. v. Jutta Allmendiger, Opladen 2003a, S. 915-927; Dies., „Wie die Dinge in die Ausstellung kamen und was ihnen dort widerfuhr", in: Dies. / Wolfgang Eßbach / Stefan Kaufmann / Dirk Verdicchio / Wolfram Lutterer u. Gereon Uerz (Hg.): *Landschaft, Geschlecht, Artefakte. Zur Soziologie naturaler und artifizieller Alteritäten*, Würzburg 2003b, S. 191-206.

9 Peter Weingart, *Die Stunde der Wahrheit? Zum Verhältnis der Wissenschaft zu Politik, Wirtschaft und Medien in der Wissensgesellschaft*, Weilerswist 2001, S. 233ff. John Brockman hat daraus die Konsequenz gezogen, eine „Dritte Kultur" zu erfinden: „Traditional intellectual media played a vertical game: journalists wrote up and professors wrote down. Today, third culture thinkers tend to avoid the middleman and endeavor to express their deepest thoughts in a manner accessible to the intelligent reading public." John Brockman, *The Third Culture: Beyond the Scientific Revolution*, New York: Simon & Schuster, 1995; Intro-

Wissenschaftler unter sich sind, während zugleich das gesellschaftliche Prestige von Wissenschaftlern auch dann hoch im Kurs steht, wenn man ihre Forschung nicht nachvollziehen kann. Die massendemokratische Öffentlichkeit orientiert sich an den innerwissenschaftlich abgegebenen Bekundungen der Reputation von Wissenschaftlern. „‚Popularisierer' haben in diesem Arrangement keine hervorgehobene Funktion. Die Reputation gilt den Innovatoren. Bedenkt man, daß die Vermittlung wissenschaftlichen Wissens nach außen aus der Sicht der Wissenschaft unweigerlich zu Vereinfachungen, wenn nicht gar Verfälschungen führen muß, erklärt sich, warum Popularisierungserfolge von ‚innen' her mit großer Skepsis betrachtet werden."[10]

Grundlegend für den Wandel der Vermittlungskonzepte von Wissenschaft ist die Erfindung und Durchsetzung neuer Verbreitungsmedien im 20. Jahrhundert. Dazu gehören im wesentlichen auf der Technik der Photographie aufbauende Bildmedien und ihre Weiterungen hin zur Audiovision. Die Bildgebung hat in der Naturforschung immer schon eine große Bedeutung gehabt. Die Zeichnung von Naturerscheinungen übertraf oftmals die verbale Beschreibung an Präzision, und war ob ihrer anschaulichen Prägnanz weniger Mißverständnissen ausgesetzt als die Hermeneutik von Texten. Zeitgenössische Popularisierung kommt ohne photographische und filmische Präsentation und ohne graphische Darstellung von Sachverhalten nicht aus. Dieser Zug zur Visualisierung steht in eigenartigem Widerspruch zur heutigen Naturforschung, die mehr und mehr in Bereiche vorgestoßen ist, die natürlicher Beobachtung entzogen sind und selbst nur wiederum durch aufwendige technische Verfahren sichtbar gemacht werden können.[11] Dem entspricht – gleichsam als ein Versuch der Rettung der natürlichen Anschauung von Naturphänomenen – das kulturwissenschaftliche Interesse an historischen Pflanzen- und Tierzeichnungen, medizinhistorischen Bildern sowie Skizzen und Schaubildern, die sich in älteren Werken der Wissenschaftsgeschichte finden. Auch als Wandschmuck haben naturhistorische Kupferstiche insbesondere nach 1945 eine wachsende Popularität erfahren.[12]

---

duction online: http://edge.org/documents/ThirdCulture/d-Contents.html (Letzter Zugriff: 07.04.2015)

10 Ebd., S. 235. Siehe dazu auch die Überlegungen zu Mißverständnissen und gestörten Verhältnissen zwischen Wissenschaft und Öffentlichkeit von Jürgen Mittelstraß, *Leonardo-Welt. Über Wissenschaft, Forschung und Verantwortung*, Frankfurt a.M. 1992, S. 252ff.

11 Die überragende Bedeutung von Bildern für das, was als „objektiv" gilt, haben in einer umfangreichen Studie herausgestellt: Lorraine Daston u. Peter Galison, *Objektivität*, Frankfurt a.M. 2007, bes. S. 45; Henning Schmidgen, „Pictures, Preparations, and Living Processes: The Production of Immediate Visual Perception (Anschauung) in late-19th-Century Physiology", in: *Journal of the History of Biology* 37/2004, S. 477-513.

12 So erfreuen sich Ernst Haeckels *Kunstformen der Natur* von 1904 anhaltender Beliebtheit. Online findet man eine HTML-Version herausgegeben von Kurt Stüber, 1999: http://biolib.mpipz.mpg.de/haeckel/kunstformen/natur.html. (Letzter Zugriff: 07.04.2015): Der Prestel Verlag in München legte den Band 1998 neu auf. Siehe auch Olaf Breidbach, *Ernst Haeckel: Bildwelten der Natur*, München 2006a. Bilder von Blastozysten lösten andere De-

Die Durchsetzung technischer Verbreitungsmedien hat die Bedingungen von Wissenschaftsvermittlung in einer Weise verändert, daß für *wissenschaftsreligiöse* Ambitionen auf diesem Wege weniger Chancen bestehen als im 19. Jahrhundert. Vielleicht bietet hier die künstlerisch anspruchsvolle Ausstellung neue Möglichkeiten. So ist aufmerksamen Beobachtern der Berliner Ausstellung „Sieben Hügel" im Jahre 2000 aufgefallen, wie hier Wissenschaftsobjekte konsequent historisch und soziologisch dekontextualisiert ausgestellt wurden. Gefunden war, wie Ulrich Raulff bemerkte, „eine ideale Form, um eine *Wissenschaftsreligion* zu zelebrieren, die endlich die kulturellen Ketten des neunzehnten und die politischen Ideologien des zwanzigsten Jahrhunderts abgeschüttelt hat und im Begriff ist, eine reine Religion zu werden: die stärkste Form der Bindung und Bündelung geistiger Energie."[13]

Dieser historische Wandel ist zu berücksichtigen, wenn man nach Parallelen zwischen den Wissenschaftspopularisierungen im 19. Jahrhundert und denen der Wende zum 21. Jahrhundert sucht. Entscheidend für unseren Zusammenhang ist, daß sich der gesellschaftliche Erfahrungshorizont markant verschoben hat. In der wichtigen Pionierstudie zur Wissenschaftspopularisierung von Angela Schwarz fällt diese Verschiebung bisweilen einem voreiligen Aktualisierungsinteresse zum Opfer. *Tertium comparationis* der Wissenschaftspopularisierungen heute und damals ist für Angela Schwarz die „Krise" eines tiefgreifenden Umwälzungsprozesses, in dem Angst vor dem Neuen und Nicht-Vertrauten der Entwicklung und Erfindung in Naturwissenschaft und Technik aufkommt.[14] Ihren Forschungsüberblick resümierend, schreibt sie: „Die Hinwendung zur Popularisierung bestimmter Disziplinen orientierte sich oft entweder an der Beliebtheit eines Faches, die es für eine gewisse Zeit in den Vordergrund rücken ließ, oder entstand aus einer aktuellen Problematik aus der Gegenwart des Verfassers einer Untersuchung. Daß in einer Epoche der ‚Computer-Revolution' und des Umbruchs in die ‚digitale Gesellschaft' nach Vorbehalten gegenüber oder Angst vor neuen Technologien in der Vergangenheit und nach den Maßnahmen, diese abzubauen, gefragt wird, liegt nahe. Ähnliches gilt für genetische Manipulation und die biologisch planbare Gesellschaft, um die Wende ins 20. Jahrhunderts bereits unter dem Stichwort ‚Eugenik' ein vieldiskutiertes Thema, und die Eingriffe des Menschen in das ökologische System und

---

batten aus. Vgl. Jörn Ahrens, *Frühembryonale Menschen? Anthropologische und ethische Effekte der Biowissenschaften*, München 2008.

13 Ulrich Raulff, „Den Göttern eines neuen Sonnenkultes. Auf den sieben Hügeln der Begeisterung: Die Kunst- und Wunderkammer des Zwanzigsten Jahrhunderts im Berliner Gropius-Bau", in: *Frankfurter Allgemeine Zeitung* vom 15. Mai 2000, S. 49; vgl. dazu auch den Ausstellungskatalog „Sieben Hügel" Berliner Festspiele (Hg.): *7 Hügel – Bilder und Zeichen des 21. Jahrhunderts, 14.05. bis 29.10.2000 im Martin-Gropius-Bau*, 7 Bde., Berlin 2000 sowie den Beitrag des Frankfurter Rechtstheoretikers und Strafrechtlers Klaus Günther zu dieser Debatte: Klaus Günther, „Heiliges Erschauern. Über die Heraufkunft einer neuen Wissenschaftsreligion und ihre Gefahren", in: *Die Zeit* 27/2000 vom 29. Juni 2000, S. 39.

14 Angela Schwarz, *Der Schlüssel zur modernen Welt. Wissenschaftspopularisierung in Großbritannien und Deutschland im Übergang zur Moderne (ca. 1870-1914)*, Stuttgart 1999, bes. S. 11ff u. 368ff.

seine Entfremdung von der Natur. Es ist vielleicht kein Zufall, daß gerade in Zeiten eines möglichen ökologischen GAUs Studien über den Zusammenhang von Naturkunde und Reaktion auf die Krisensituation um die Jahrhundertwende (um 1900, W.E.) entstehen."[15]

Die Angst vor der Technik ist zweifellos eine zentrale Erfahrungsdimension, die nach den „Materialschlachten" des Ersten Weltkrieges eine qualitativ neue Stufe erreicht und sich bis zur apokalyptischen Wahrnehmung der Atomspaltung, Genspaltung und der Spaltung des Moleküls von Signal und Bedeutung in der Computerisierung steigert. Es ist jedoch sehr fraglich, ob das Neue und Nicht-Vertraute im Erfahrungshorizont der zweiten Hälfte des 19. Jahrhunderts in mentalitätsgeschichtlicher Perspektive in erster Linie als Herausforderung durch Wissenschaft und Technik zu beschreiben ist.

Wir gehen vielmehr davon aus, daß im Zentrum der Modernisierungserfahrung dieser Zeit die Auflösung sozialer Bindungen und die Entfesselung von Kräften aller Art steht, zu denen u.a. auch die Potenzen von Wissenschaft und Technik gehören konnten. Grundlage dieser Entfesselung ist die Entlassung des Marktgeschehens aus seinen traditionalen Beschränkungen. Die im 19. Jahrhundert gestiftete europäische *Wissenschaftsreligion* bleibt in ihrem *proprium* unverstanden, wenn nicht die spätere Veränderung des gesellschaftlichen Erfahrungshorizonts von „Kapitalismus" zu „technischer Welt" begriffen ist, eine Veränderung, deren breitere Wahrnehmung wir mit dem Scheitelpunkt des Ersten Weltkriegs ansetzen.

Es ist in diesem Zusammenhang auch generell hervorzuheben, daß der Bezug zu „Krise" oder „Umwälzungsprozeß", der in modernisierungstheoretisch grundierten Argumentationen notorisch wiederkehrt, als allgemeines Erklärungsmuster unzureichend ist. Er hat zweifellos seinen Ursprung in der Modernisierungserfahrung selbst. Der Hiatus zwischen Tradition und Moderne, zwischen Ladenhüter und den neuen Waren ist die Krise. Marktgeschehen ist Krisengeschehen. Weder die Glaubenskriege noch die Revolution verdienen es, zu einer „Krise" herabgestuft zu werden, so sehr dies auch Autoren tun mögen, die die Modernisierungserfahrung absolut setzen. Und auch die artifizielle Lebenswelt des 20. Jahrhunderts, deren Erfahrungshorizont, neue religiöse Erscheinungen und Problemlage der Religionskritik wir im *Vierten Teil* unserer Religionssoziologie untersuchen, kennt in einem strengen Sinn keine „Krisen", sondern kleinere oder größere „Katastrophen". Es ist ein Effekt der Schichtung der jeweils dominierenden gesellschaftlichen Zeiterfahrungen, der europäischen Religionsdynamik und der auf sie bezogenen Religionskritik und Religionsdeutung, daß eingefleischte Marktmenschen uns auch noch in Zukunft damit trösten werden, daß es sich bei artefaktbedingten Katastrophen um eine zu überwindende Krise handelt.

Gesellschaften bewahren die mit Mühe erarbeiteten Deutungen ihrer vergangenen Erfahrungen, auch wenn sie nicht mehr so recht auf die neuen passen wollen. Was der Erfahrung von Glaubenskrieg *oder* Revolution *oder* Markt an Glauben und Wissen abgerungen wurde, bleibt verfügbar. Wir werden in einem späteren

15 Ebd., S. 99.

Kapitel weiter zeigen, wie gerade die am Marktgeschehen gebildete Modernisierungserfahrung es ermöglicht, die Schichtung europäischer Religionen, die wir in unserer Religionssoziologie aufzeigen, als alternative Angebote auf einem Religions- und Weltanschauungsmarkt zu deuten.

UMFASSEND UND SPEZIELL. Wir unterscheiden zwischen einer Wissensverbreitung, die es von frühen Hochkulturen bis ins 18. Jahrhundert gegeben hat, und der modernen Wissenschaftspopularisierung mit ihrer *wissenschaftsreligiösen* Akzentuierung.[16] Traditionelle Wissensverbreitung, die in Europa um 1800 überwiegend in lateinischer Sprache erfolgte, bewegte sich langsam innerhalb der Korporation des Gelehrtenstandes, die ein Vorrecht auf Wissen besaß. Ihr zur Seite trat eine Wissensverbreitung, die sich an die Öffentlichkeit der ‚gebildeten Welt' richtete. Das im Arkanum des Labors erprobte Experiment konnte öffentlich gezeigt werden, Aufsehen erregen, sich durch Korrespondenz oder Zeitung herumsprechen, Akzeptanz finden, in das alltägliche Orientierungswissen eingehen und durch Ratschlagliteratur stabilisiert und kontinuiert werden.

Universalgelehrte wie Herder und zuletzt Hegel waren bestrebt, das Gesamtwissen der Zeit in Darstellungen zu integrieren, die den gebildeten Ständen eine geistige Orientierung zu geben versprachen. In dieser Tradition stehen auch noch die Arbeiten von Alexander von Humboldt: seine *Ansichten der Natur* (1808), die Kosmos-Vorlesungen in Berlin (1827/1828) und das groß angelegt Werk *Kosmos* (1845-1862).[17] Ziel war, das Wissen über die Natur als Ganzer zu vermitteln, indem empirische Befunde, philosophische Einheitsidee und die Ästhetik der Natur miteinander verknüpft werden.

Mit den *Chemischen Briefen* von Justus Liebig, die für die Brüder Grimm ein Vorbild der Wissenschaftspopularisierung darstellten, zeichnen sich Veränderungen ab.[18] Liebig nutzt die in der ‚gebildeten Welt' beliebte literarische Form der Briefe. Er publiziert sie seit 1841 im Feuilleton der *Augsburger Zeitung*. Aber im Unterschied zu Alexander von Humboldt steht nicht mehr der „Kosmos" im Zentrum, sondern die gezielte Werbung für ein spezielles Fach: die Chemie, für ihre epistemologische Eigenständigkeit und ihre disziplinäre Institutionalisierung. Im

16 Historisch breit gestreute Beiträge zur Wissensverbreitung finden sich in *Wissenspopularisierung. Konzepte der Wissensverbreitung im Wandel*, hg. v. Carsten Kretschmann, Berlin 2003b; *Popularisierung der Naturwissenschaften*, hg. v. Gudrun Wolfschmidt, Berlin 2002.

17 Siehe auch die Neuausgabe Alexander von Humboldt, *Kosmos – Entwurf einer physischen Weltbeschreibung*, hg. v. Ottmar Ette, Frankfurt a.M. 2004, die auch als Hörbuch, gesprochen von Hans Magnus Enzensberger vorliegt.

18 Regine Zott, „Popularisierung und Wissenschaftssprache. ‚die Chemie...in Liebigs Munde wird sie sprachgewaltig...'", in: *Berichte der Justus-Liebig-Gesellschaft* 4/1998, S. 26-50; zur Frage, was bei der Popularisierung der chemischen Rede geschieht, siehe Jürgen Link, „Zu Justus Liebigs Symbolgebrauch", in: *Lendemains* 30(8)/1983, S. 22-27. Zur Entwicklung in England: Jan Golinski, *Science as public culture: Chemistry and Enlightenment in Britain 1760-1820*, Cambridge: University Press, 1992.

Unterschied zu Alexander von Humboldt ist Justus Liebig etablierter Universitätsprofessor, der fachintern strategische Ziele verfolgt.[19]

Hinzu kommt: Im 19. Jahrhundert verliert mit der Ausbreitung der neuen Druckmaschinen, der Ausweitung des Marktes für Printmedien und der zunehmenden Alphabetisierung der Bevölkerung die Idee einer kohärenten Öffentlichkeit des gebildeten Publikums, das imstande ist, die Neuigkeiten der Forschung zu verarbeiten, an Realität. Es kommt zu einer Differenzierung der Märkte für Wissensverbreitung.[20] Die Differenzierung beginnt im Wissenschaftsraum der Universitäten und setzt sich in der Segmentierung des Publikums fort.[21] Die Idee einer *universitas litterarum* gerät in Bedrängnis. „Wir sehen die Gelehrten unserer Zeit vertieft in ein Detailstudium von so unermeßlicher Ausdehnung, daß auch der größte Polyhistor nicht mehr daran denken kann, mehr als ein kleines Teilgebiet der heutigen Wissenschaft in seinem Kopfe zu beherbergen", heißt es bei Hermann von Helmholtz in seiner Heidelberger Preisverleihungsrede von 1862.[22] Er sieht sich genötigt, die Naturwissenschaften zu verteidigen, weil man sie „in neuerer Zeit gerade am meisten beschuldigt hat, einen isolierten Weg eingeschlagen zu haben und den übrigen Wissenschaften, die durch gemeinsame philologische und historische Studien untereinander verbunden sind, fremd geworden zu sein."[23] Abgelehnt wird die Art der Einheit der Wissenschaft, wie sie Hegel gedacht hat. Eine solche Art eigne sich „in allen den Wissenschaften, deren Gegenstand sich wesentlich aus psychologischer Grundlage entwickelt und die daher unter dem Namen der *Geisteswissenschaften* passend zusammengefaßt werden." Bei den Naturwissenschaften seien „im Gegenteil die Tatsachen der Natur das entscheidende Prüfungsmittel".[24]

19 Die Verbreitung der *Chemischen Briefe* war enorm. Ab 1844 erscheinen sie als Buch in etwa 50 Auflagen und vielen Übersetzungen.

20 Reinhard Wittmann, *Buchmarkt und Lektüre im 18. und 19. Jahrhundert. Beiträge zum literarischen Leben 1750-1880*, Tübingen 1982; Ders., *Geschichte des Deutschen Buchhandels. Ein Überblick*, München 1991, S. 237ff.

21 Zur Ausdifferenzierung der Wissenschaften vgl. die Arbeiten von Peter Weingart, *Wissenschaftssoziologie*, Bielefeld 2003; Robert K. Merton, *Entwicklung und Wandel von Forschungsinteressen. Aufsätze zur Wissenschaftssoziologie*, Frankfurt a.M. 1985 und Rudolf Stichweh, *Ausdifferenzierung der Wissenschaft. Eine Analyse am deutschen Beispiel* (=Report Wissenschaftsforschung 8), Bielefeld 1982.

22 Hermann von Helmholtz, *Über das Verhältnis der Naturwissenschaften zur Gesamtheit der Wissenschaften*, Heidelberg 1862, S. 3.

23 Ebd., S. 6.

24 Ebd., S. 7 u. 8. Es verdient festgehalten zu werden, daß für Hermann von Helmholtz 1862 der *science war* zwischen Natur- und Geisteswissenschaften der Vergangenheit angehört. Im Rückblick schreibt er: „So stellte sich eine Zeit lang ein schneidender und scharfer Gegensatz zwischen den Naturwissenschaften auf der einen und den Geisteswissenschaften auf der anderen Seite her, wobei den ersteren nicht selten der Charakter der Wissenschaft ganz abgesprochen wurde. Freilich dauerte das gespannte Verhältnis in seiner ersten Bitterkeit nicht lange. Die Naturwissenschaften erwiesen vor Jedermanns Augen durch eine schnell auf einander folgende Reihe glänzender Entdeckungen und Anwendungen, daß ein gesun-

Für den Mediziner Jean-François-Eugène Robinet bestand jedoch die Gefahr gerade darin, daß die einzelnen Wissenschaften beanspruchten, Erkenntnisse von Gesetzen in je eigener Regie anzustreben. Die neue Leitidee der Gesetzeserkenntnis war wohl geeignet, die ins Ungewisse führende Suche nach Erstursachen zu beenden, aber statt des endlosen spekulativen Regressus auf Erstursachen wurde nun die Gesetzespluralität spezialisierter Wissenschaften zum Problem. Robinet beklagt die „extrême complication" einzelner Relationen der „lois concrètes", „was für ihn zur Folge hatte, daß nicht nur die Einzelerkenntnisse, sondern auch die Wissenschaften sich voneinander verselbständigten. Der Positivismus sollte daher entschieden allen Mißverständnissen entgegentreten, welche aus ihm die Forderung nach grenzenloser Arbeitsteiligkeit der Wissenschaften ableiteten. Aus solchen Forderungen folgte für Robinet der Ordnungsverlust (‚dèsordre') der Erkenntnisse und damit das Gegenteil dessen, was der Positivismus für ihn versprach: die ‚systématisation positive'."[25] Bernhard Plé zeigt, wie aus dieser Problemlage heraus die Stiftung eines „foi nouvelle", als einem „foi positive" als ein Kernstück positivistischer Wissenschaftreligion erwuchs.

Wissenschaftspopularisierung im 19. Jahrhundert ist ein komplexes Geschehen. „Die Popularisierung zielt auf eine im wissenschaftsinternen Dialog nicht mit umfaßte Gemeinschaft möglicher Adressaten wissenschaftlicher Inhalte und Ergebnisse. Sie grenzt also einen innerwissenschaftlichen und einen außerwissenschaftlichen Raum voneinander ab, d.h. die Popularisierung der Wissenschaften geht mit der Professionalisierung der Wissenschaften und damit einer entsprechenden Eingrenzung eines innerwissenschaftlichen, dann zu popularisierenden Diskussionszusammenhanges einher bzw. setzt diese voraus. Popularisierung und Professionalisierung der Wissenschaften weisen sich von daher nicht als bloßes *add on* zu einer Wissenschaftsdiskussion aus. Sie stehen in direktem Bezug (dazu, W.E.) und sind selbst Effekt der strukturellen Veränderung des Kommunikationsraumes, den wir als wissenschaftlich attributieren."[26]

In der Popularisierungsforschung tritt der religionssoziologische Aspekt freilich oft nur verdeckt hervor, zumal wenn man bemüht ist, sich von einer „älteren Forschung" zu distanzieren, die „die Popularisierung stets als eine Form von hier-

---

der Kern ungewöhnlicher Fruchtbarkeit in ihnen wohne; man konnte ihnen Achtung und Anerkennung nicht versagen. Und auch in den übrigen Gebieten des Wissens erhoben gewissenhafte Erforscher der Tatsachen bald ihren Widerspruch gegen den allzu kühnen Icarusflug der Spekulation." Ebd., S. 9.

25 Zit. n. Bernhard Plé, *Die ‚Welt' aus den Wissenschaften. Der Positivismus in Frankreich, England und Italien von 1848 bis ins zweite Jahrzehnt des 20. Jahrhunderts. Eine wissenssoziologische Studie*, Stuttgart 1996a, S. 171f.

26 Rosemarie Nöthlich / Olaf Breidbach u. Uwe Hoßfeld, „‚Was ist die Natur?' Einige Aspekte zur Wissenschaftspopularisierung in Deutschland", in: *‚Klassische Universität' und ‚akademische Provinz'. Die Universität Jena von der Mitte des 19. bis in die 30er Jahre des 20. Jahrhunderts*, hg. v. Matthias Steinbach, Jena 2005, S. 238-250, hier S. 240. Die Autoren datieren den Prozeß in das ausgehende 19. Jahrhundert, sodaß der ‚Materialismus-Streit' hier abgeblendet bleibt.

archischem Wissenstransfer, bei dem bestimmte wissenschaftliche Erkenntnisse von einem engen, homogenen Expertenkreis – einseitig – an ein nicht näher zu spezifizierendes Laienpublikum weitergegeben werden", betrachtete.[27] Es ist die ans Sakrale gemahnende Figur der Hierarchie, die der neueren Popularisierungsforschung ein Dorn im Auge ist. Der vielzitierten Edition ‚Expository Science' von Terry Shinn und Richard Whitley zufolge ist die „Hierarchie" durch die Vorstellung eines „Kontinuums" zwischen Experten und Laien zu ersetzen.[28] Der aktive Anteil der Rezipienten in der Aufnahme von Wissenschaft kann dabei anwachsend bis zu einer solchen Höhe veranschlagt werden, daß sich Wissenschaftspopularisierung in ein egalitäres Kommunikationsgeschehen verwandelt, das der Fluchtlinie einer joachitisch geisterfüllten Menschheit folgt. Sein Pendant im 19. Jahrhundert findet dieser Streit um Ansätze der Popularisierungsforschung in der Debatte der Londoner Positivisten, ob ihre Einrichtung eines Priestertums der Wissenschaft dem katholischen Universalmodell folgt oder dem minoritären Sektenmodell.[29]

Die These, „daß gesellschaftliche Krisensituationen die Nachfrage nach popularisiertem Wissen erhöhen" oder daß die Wissenspartizipation mit dem Komplexerwerden der Gesellschaft dringlicher wird, ist zumindest einseitig.[30] Die Popularisierer hatten sehr wohl ein Bewußtsein davon, daß bei wachsender Komplexität und Spezialisierung der Wissenschaft eben gerade auch die Nachfrage nach Religion sich erhöht. Die Popularisierer der Wissenschaft hatten in der Regel Angebote für zwei Nachfragen bereitzustellen: Es sollte das neueste objektive Wissen sein, und dies sollte zugleich eine sichere Orientierung geben, wie sie nur Religion zu geben vermag. Die *Wissenschaftsreligion* bot exakt diese Kombination.

Wo diese anspruchsvolle Lösung, die positivistische Religion der Gebildeten populär zu machen, die Popularisierer zu allzu heftigen Konflikten mit der Kirche führte, konnte auch ein versöhnlicherer Weg der Popularisierung eingeschlagen

27 Carsten Kretschmann, „Einleitung: Wissenspopularisierung – ein altes, neues Forschungsfeld", in: Ders. (Hg.): *Wissenspopularisierung. Konzepte der Wissensverbreitung im Wandel*, Berlin 2003a, S. 7-21, hier S. 9. Kretschmanns Einleitung gibt einen guten Überblick über den Forschungsstand in den verschiedenen Disziplinen. Grundlegend ist die Arbeit von Andreas Daum, *Wissenschaftspopularisierung im 19. Jahrhundert. Bürgerliche Kultur, naturwissenschaftliche Bildung und die deutsche Öffentlichkeit 1848-1914*, München ^{2}2002. Vgl. auch Mitchell G. Ash, „Wissenschaftspopularisierung und Bürgerliche Kultur im 19. Jahrhundert", in: *Geschichte und Gesellschaft*, 28/2002, S. 322-334; *Inszenierte Wissenschaft: Zur Popularisierung von Wissen im 19. Jahrhundert*, hg. v. Stefanie Samida, Bielefeld 2011; Kristin Becker, *Affe, Mond und Meer. Inszenierungen von Wissen und Wissenschaft im 19. und frühen 20. Jahrhundert*, Berlin 2014.

28 *Expository Science: Forms and Functions of Popularisation* (= Sociology of Science, No. 9), hg v. Terry Shinn u. Richard Whitley, Dordrecht u. a. 1985. Die Idee eines Kontinuums ist freilich in den Ländern naheliegend, die wie z.B. Großbritannien im 19. Jahrhundert eine lebendige Tradition von Autodidakten und Amateurforschern kennen. Vgl. dazu Schwarz 1999, S. 152.

29 „Positivism is a Catholicism become Scientific", argumentiert der Mediziner John Henry Bridges, der sich an der Debatte „Is Positivism a Sect?" beteiligt. Zit. n. Plé 1996a, S. 221.

30 Kretschmann 2003a, S. 14.

werden. Angela Schwarz charakterisiert ihn als „Doppelstrategie, mit der Tradition und Moderne zusammengeführt werden".[31] Das *rationalreligiöse* physiko-theologische Modell vom ordnungssichernden und gütigen Gott bot hierfür eine hinreichende Grundlage. Konsequente Monisten wie August Forel wußten allerdings auch, diese Versöhnungsfiguren taktisch zu nutzen. So heißt es in einem Brief Forels an Wilhelm Ostwald: „*Die wissenschaftliche Erkenntnis muß für das Volk in ein Gemütskleid eingekleidet werden, sonst wird die Religion uns diese Massen immer wieder entziehen.* Die blödsinnige Tyrannei der katholischen Kirche hält sich nur mit solchen Mitteln aufrecht. Warum sollen wir denn nicht diesen den Menschenmassen nun einmal unentbehrlichen formalistischen Gefühlsmantel der Wahrheit statt der Lüge anhängen um letztere zu bekämpfen?"[32]

Forel bietet Ostwald an, ihm eine Broschüre mit dem Ritual des Guttemplerordens zur Einsicht schicken, das er selbst abgefaßt hat. „Daraus werden Sie ersehen, wie man dem Volke unseren Zustand mundgerecht machen kann, dadurch daß man es in regelmäßigen Andacht ähnlichen Sitzungen damit füttert und wieder füttert. Ganz maschinenmäßig werden ihm dann diese Sätze und Lehren zur Religion und ohne es zu merken wird es freisinnig, monistisch von Kindsbeinen auf, aber dafür ist eben eine konsequente systematisch organisatorische Bearbeitung der Massen nötig."[33] Da die beiden Wissenschaftler mit Vorträgen voll ausgelastet seien, müßten „solche Rituale mit Musik und sonstigen passenden Zeremonien festgenagelt und durch eine feste Organisation überall mittelst des Mundes dritter Personen dem Volke in kleineren Kreisen stets und immer gepredigt werden. Das wird dann zu einer empfindlichen Konkurrenz für die Kirche."[34]

Und dann folgen auch noch taktische Vorschläge für die Popularisierung der *Wissenschaftsreligion*: „Der Hauptwitz besteht darin, daß man seine Sätze so konstruiert, daß sie intensiv auf Gemüt und Pflichtgefühl wirken und mit entsprechendem Ton vorgetragen oder vorgelesen werden können, während man zu gleicher Zeit mit äußerster Vorsicht alle metaphysischen Hypothesen und Glaubensdogmen daraus entfernt. Man braucht gar nicht von Monismus, von Energie, von Weltanschauung und dergleichen, sowenig wie von Gott, Christus, Sünde und dergleichen zu sprechen. Man muß nur rein menschlich zum Menschen reden, das verstehen

31 Schwarz 1999, S. 360. Vgl. auch Dies., „Bilden, Überzeugen, Unterhalten: Wissenschaftspopularisierung und Wissenskultur im 19. Jahrhundert", in: Kretschmann 2003b, S. 221-234.

32 Brief von August Forel an Wilhelm Ostwald, vom 22. November 1911, in:, *August Forel. Briefe – Correspondance. 1864-1927*, hg. v. Hans Huldrych Walser, Bern 1968, S. 422.

33 Ebd. Die Abstinenzorganisation der Guttempler wurde 1851 in Utica im Staat New York/USA als „Order of Good Templars" gegründet und breitete sich dann auch in Europa aus. Papst Leo XIII. glaubte irrtümlicher Weise, hinter den Guttemplern verstecke sich eine freimaurerische Loge und verbot 1893 allen Katholiken den Beitritt zum Orden. Als Selbsthilfeorganisation bei Alkoholproblemen sind die Guttempler bis heute in vielen Ländern aktiv. Siehe auch: August Forel, *Der Guttempler-Orden. (Independent Order of Good Templars). Ein sozialer Reformator. Seine Geschichte, sein Zweck, seine Grundsätze, seine Organisation und seine Thätigkeit*, Basel 1897.

34 Ebd.

und fühlen die einfachen Leute, denn ihre sozialen Beziehungen zu ihren Mitmenschen liegen ihnen eigentlich noch näher als uns Intellektuellen."[35]

POLITISCHE UND WISSENSCHAFTLICHE FRONTSTELLUNGEN. Der ‚Materialismus-Streit' kann zeigen, wie die Professionalisierung der Naturwissenschaft nicht nur mit einer wissenschaftsphilosophischen Grundlagendebatte einhergeht, die die Universitäten seitdem nicht mehr in Ruhe läßt, sondern wie zugleich auch in den Wellen der Popularisierung der Naturwissenschaft die Religion der Wissenschaft ihr missionarisches Profil gewinnt. Frederick Gregory hat den ‚Materialismus-Streit' als zweite Welle der Idealismuskritik nach den Junghegelianern charakterisiert.[36] Andreas Daum ordnet den ‚Materialismus-Streit' in einen Dreierrhythmus ein. In allen drei Wellen der Wissenschaftspopularisierung, die er in seiner grundlegenden Studie unterschieden hat – der freireligiösen, der atheistisch-materialistischen und der ethisch-monistischen – sind *wissenschaftsreligiöse* Themen der Motor der Popularisierungsbewegung.[37] Wie in Frankreich und England war auch in Deutschland „die naturwissenschaftliche Bildung von vornherein weltanschaulich kontaminiert", bemerkt Olaf Breidbach.[38]

Zur Frage, vor welchem Publikum wissenschaftliche Aussagen ihre Gültigkeit gewinnen, schreibt Carl Vogt: „Dem Laien gelten die Resultate der Wissenschaft als Wahrheiten; er muß sie hinnehmen auf Treu und Glauben, denn er kann nicht nachgehen auf den Wegen, die man zu ihrer Erreichung gewandelt ist. Der Fachgenosse kann diese Wege untersuchen; was man ihm geboten hat, kann er kritisch zerlegen; er kann die Fehler der Methode nachweisen oder die Richtigkeit des Resultats bestätigen. Diese Kritik ist dem Laien unmöglich, weil er bald nicht Mittel, bald nicht Kenntnisse, bald nicht Zeit hat, sie zu üben; ihm bleibt als Anhaltspunkt nur das Vertrauen auf die Kritik der Fachgenossen, auf die Währung des Namens, der ihm diese oder jene Resultate vorführt."[39] Bemerkenswert ist nicht nur die Metaphorisierung der wissenschaftlichen Reputation als „Währung", sondern auch die Selbstverständlichkeit, mit der der kirchenrechtliche Terminus des Laien zur Differenzierung der Öffentlichkeit angewandt wird.

Mit der Schrift „Köhlerglaube und Wissenschaft", aus der diese Passage entnommen ist, hat sich Vogt aber gerade an den Laien gewandt. Sein Kontrahent Rudolph Wagner verfährt nicht anders. Anläßlich der italienischen Übersetzung seiner *Physiologischen Briefe* – sie sind gegen Vogts gleichnamig betitelte *Physiologische Briefe* gerichtet – bemerkt Wagner: „Am nachteiligsten, höre ich, waren die Urteile von Fachgenossen. Nun gestehe ich zwar offen, daß ich über die deutschen

35 Ebd.

36 Gregory 1970, S. XI.

37 Daum 2002, S. 210f.

38 Olaf Breidbach, „Alle für Eines. Der Monismus als wissenschaftsgeschichtliches Problem", in: *Monismus um 1900. Wissenschaftskultur und Weltanschauung*, hg. v. Paul Ziche, Berlin 2000, S. 9-22, hier S. 15.

39 Vogt 1971a, S. 540f.

‚Gelehrten von Profession' in vieler Hinsicht die Meinung *Goethes* teile und mich bei dieser Unternehmung am wenigsten um dasselbe kümmern würde. Schon in ein öffentliches Zeitungsblatt etwas zu schreiben, gilt vielen Fachgenossen für eine der Hoheit der Gelehrtenwelt sich entäußernde Tat, während ich dies für ein Überbleibsel des Pedantismus und Gelehrtendünkels aus dem vorigen Jahrhundert halte. Selbst das, was in England seit Jahren als die höchste und schwierigste Aufgabe wissenschaftlicher Männer galt, den Inhalt ihrer Spezialfächer in populärer Form zu verbreiten, erregt noch hie und da in Deutschland ein vornehmes Achselzucken. Außerdem ist ja das Nörgeln des einen deutschen Gelehrten über die Leistungen des anderen ein sehr allgemein geübtes Geschäft und aus der Kleinlichkeit unserer öffentlichen Verhältnisse erklärbar. Je mehr jemand aus dem engsten Kreis der Forschung und Mitteilungsweise heraustritt umso häufiger hört man: ‚Doch Brutus ist ein ehrenwerter Mann'."[40]

Annette Wittkau-Horgby hat sich in ihrer Analyse des ‚Materialismus-Streits' bemüht, aus der aggressiven Polemik von Vogts „Köhlerglaube und Wissenschaft" die sachbezogenen Thesen herauszufiltern und urteilt: „Vogt stellte Wagner als den Inbegriff jener altmodischen abergläubigen Wissenschaftler dar, die noch immer an einen Schöpfer glaubten. Er zog weiter Wagners persönliche moralische Integrität in Zweifel, warf ihm politische Feigheit und Verschlagenheit vor und versuchte, alle diese Vorwürfe überzeugend zu belegen. Aber die Argumente, die Wagner gegen den Materialismus vorgebracht hatte, vermochte er nicht zu entkräften. Vogts Replik war brilliant und scharf formuliert, und die politische Position, die er vertrat, läßt ihn im heutigen Rückblick viel sympathischer als Wagner erscheinen. Das sollte aber nicht darüber hinwegtäuschen, daß seine Argumentation, was ihre logische Stringenz betrifft, Wagners Argumentation unterlegen war."[41] Dabei ist daran zu erinnern, daß sich Carl Vogt nicht nur als Mediziner, Zoologe, Geologe und Polarforscher bekannt gemacht hat. Er war zugleich Politiker, hatte Kontakte zu Pierre-Joseph Proudhon und Michael Bakunin, zu Georg Herwegh und Alexander Herzen sowie dem Schweizer Journalisten James Fazy. Er war zusammen mit Robert Blum Wortführer der demokratischen Linken in der deutschen Nationalversammlung. Mit dem Rumpfparlament ging er nach Stuttgart, wo er einer der letzten Reichsregenten war. 1852 flieht er, seines Amtes enthoben, in die Schweiz.[42]

40 Rudolph Wagner, „In den Göttinger Gelehrten Anzeigen vom 2. Mai 1853", zit. n. Vogt 1971a, S. 553.

41 Wittkau-Horgby 1998, S. 102.

42 Zu Vogt vgl. Hermann Misteli, *Carl Vogt. Seine Entwicklung vom angehenden naturwissenschaftlichen Materialisten zum idealen Politiker der Paulskirche 1817-1849*, Zürich 1938; Werner Bröker, *Politische Motive naturwissenschaftlicher Argumentation gegen Religion und Kirche im 19. Jahrhundert. Dargestellt am Materialisten Karl Vogt (1817-1895)*, Münster 1973; Christian Jansen, „‚Revolution' – ‚Realismus' – ‚Realpolitik'. Der nachrevolutionäre Paradigmenwechsel in den 1850er Jahren im deutschen oppositionellen Diskurs und sein historischer Kontext", in: *Weltanschauung, Philosophie und Naturwissenschaft im 19. Jahrhundert*, Bd. 1: *Der Materialismus-Streit*, hg. v. Kurt Bayertz / Myriam Gerhard u. Walter Jaeschke, Hamburg 2007, S. 223-249. Marx und Engels haben sich veranlaßt gesehen, ge-

Vogt konnte also für die Popularisierung seiner Thesen im ‚Materialismus-Streit' seine politisch geübte, große rhetorische Begabung voll zur Geltung bringen und den persönlich-politischen Angriff auf Wagner zur Herabsetzung der Reputation seines Gegners verwenden.[43]

Aber auch der Kontrahent Wagner ergreift politisch Partei und funktionalisiert seine wissenschaftliche Kritik für eine Herabwürdigung der emigrierten Revolutionäre und eine Unterstützung der Reaktion. Annette Wittkau-Horgby bemerkt, „daß Wagner bei der Wahl der Mittel zur Bekämpfung seiner Gegner offenbar nicht zimperlich war. So spricht er etwa im Hinblick auf die Materialisten von ‚einer Meute', von ‚Gesellen', von einem ‚frivolen Gesindel', das, wenn es auch ‚aus Furcht äußerlich zahm' erscheine, ‚mit Peitschenhieben' zurückgewiesen werden müsse, damit es nicht ‚aus dem gährenden Inhalte seiner Eingeweide' seinen ‚stinkenden Athem dem Volke entgegen' blase."[44]

Dabei wäre es zu kurz gegriffen, wenn man in diesem *science war* nur darauf achtete, wie die eigene politische und religiöse Überzeugung, die der noch lebendigen Revolutionserfahrung und der Periode der Konstitution der Ewigen Rechten und Ewigen Linken entsprungen war, durch einen Angriff auf den gegnerischen Glauben unkenntlich gemacht wird. Vielmehr ist der Wissenschaftssprache selbst, wie sie sich in dieser Zeit öffentlich macht und als Ideal vorgestellt wird, eine polemische Seite inhärent. Das Glauben oder Für-Wahr-Halten soll sich zu ‚Behauptungen' zuspitzen, die scharf formuliert sind, weil sie bewiesen wurden. So beruft sich Vogt auf Liebigs Formulierung: „Jede naturwissenschaftliche Arbeit, welche einigermaßen den Stempel der Vollendung an sich trägt, läßt sich im Resultate in wenigen Worten wiedergeben. Allein diese wenigen Worte sind unvergängliche Tatsachen, zu deren Auffindung zahllose Versuche und Fragen erforderlich waren; die Arbeiten selbst, die mühsamen Versuche und verwickelten Apparate fallen der Vergangenheit anheim, sobald nur die Wahrheit ermittelt ist".[45]

Diese Art der Diskursverknappung ähnelt von weitem der *rationalreligiösen* Vereinfachung des Glaubens, die wir im *Ersten Band* der Religionssoziologie unter-

---

gen Carl Vogt Stellung zu nehmen. Vgl. Karl Marx, „Herr Vogt" [1860], in: *MEGA²*, Abt. I, Bd. 18, Berlin 1984, S. 51-339; Friedrich Engels, „Abermals Herr Vogt", [1871], in: *MEGA²*, Abt. I, Bd. 22, Berlin 1978,S. 167-173. Zur Auseinandersetzung zwischen Marx und Vogt vgl. Gregory 1970, S. 198ff.

43 Wie sehr sein polemischer Stil noch heute zu faszinieren vermag, zeigt die Rezension von Bernhard Wördehoff, langjähriger Chefredakteur des Deutschlandfunks zur Edition von Vogts *Erinnerungen an die deutsche Nationalversammlung 1848/49* (= Berichte der Justus-Liebig-Gesellschaft zu Gießen, Bd. 6), bearb. v. Günther Klaus Judel, Gießen 2002: Bernhard Wördehoff, „Da hilft nur noch Spott! Reformunfähiges Deutschland – wie der Naturforscher und Politiker Carl Vogt das Parlament in der Paulskirche erlebte. Seine ätzenden Notizen wurden jetzt erstmals veröffentlicht", in: *Die Zeit* 13/2002 vom 21. März 2002, S. 90.

44 Wittkau-Horgby 1998, S. 104.

45 Liebig, zit. n. Vogt 1971a, S. 540.

sucht haben.[46] Aber während die Schlichtheit der Aussagen natürlicher Religion angesichts der fanatischen Kontroversen des Konfessionalismus eine befriedende Funktion hatte, reizt die Etablierung der absoluten Autorität wissenschaftlich festgestellter Tatsachen zum unablässigen Kampf gegen den Aberglauben, gegen die veralteten Vorstellungen oder die Alltagsintuitionen der Uninformierten. D. G. Charlton bemerkt zurecht: „It is too rarely emphazised that the nineteenth century was an age that longed for infallibility – and found it, whether in the papal infallibility asserted in France by Bonald, Maistre, and Lamennais and proclaimed later by the Pope himself or the infallibility of science announced by the adherents of ‚scientism'".[47] Wie könnte man überhören, daß die Sehnsucht nach Unfehlbarkeit strikt der riskanten Lage entspricht, der Marktteilnehmer ausgesetzt sind? Als Käufer und Verkäufer sind sie existentiell von der Richtigkeit ihrer Entscheidungen auf dem Markt abhängig.

AUF DEM WEG ZUR UNFEHLBARKEIT. Als eine der Ursachen für die Verbreitung des neuen Wissenschaftsglaubens in der Öffentlichkeit des 19. Jahrhunderts nennt Angela Schwarz das Vertrauen, „die Naturwissenschaften und ihre anscheinend objektive Methodik könnten nicht nur Vorgänge in der Natur, sondern auch solche in der Gesellschaft berechnen und so vorhersagbar machen."[48] *Savoir pour prévoir:* darin gipfelte ja auch das Programm des Positivismus von Auguste Comte. Hinzu kam ein starker Fortschrittsoptimismus, der die Rolle der Wissenschaft als verläßlichsten Garanten universeller Wahrheiten ausstellte. Wo die Unfehlbarkeit in Zweifel geriet, wie zum Beispiel in Großbritannien im letzten Drittel des 19. Jahrhunderts, entstand eine Debatte, die unter dem vielsagenden Titel „Bankrott der Wissenschaft" geführt wurde.[49] Daß die Wissenschaft, so hoch ihre letztinstanzliche Autorität auch angesetzt wurde, im Einzelnen keine unumstößlichen Wahrheiten zu bieten hatte und hat, forderte die Debatten über den Bankrott der Wissenschaft nur zu gesteigerten Popularisierungsanstrengungen heraus.

Bekämpft werden mußten auch die Zweifel, die die später noch zu behandelnde pessimistische Weltanschauung ausstreute, ob die Wissenschaften die Sehnsucht nach sicherem Wissen über künftige Entwicklungen überhaupt befriedigen könnten und ob nicht eher ein Umschlag von Fortschritt in Niedergang zu erwarten sei.[50]

---

46 Im *Ersten Band* S. 236ff.

47 Donald Geoffrey Charlton, *Secular Religions in France 1815-1870*, London: Oxford University Press 1963, S. vii. Vgl. auch Ders., *Positivist Thought in France during the Second Empire 1852-1870*, Oxford: Clarendon Press 1959.

48 Schwarz 1999, S. 72.

49 Vgl. Roy MacLeod, „The ‚Bankruptcy of Science' Debate: The Creed of Science and its Critics 1885-1900", in: *Science, Technology and Human Values* 7(41)/1982, S. 2-15; sowie Schwarz 1999, S. 74.

50 Zur sozialpathologischen Deutung von Armut und Verbrechen als Zeichen einer Krise, die entweder unaufhaltsam in Dekadenz mündet oder als „heilsame Krise" zu einem optimistischen Ausgang führen kann, siehe Bernhard Plé, „Das Ende der Kameralistik. Zur Krisenwahrnehmung in der Nachfolge der deutschen Kameralistik im Vergleich mit dem französi-

Eine besondere Sensibilität dafür entwickelten Künstler, die daran glaubten, daß der Fortschritt der Wissenschaft den Niedergang der schönen Künste nach sich ziehe. So warnte John Ruskin 1859 in einem der Entwicklung weit vorgreifenden Vortrag vor der *School of Design* in Bradford, „daß von Meeresstrand zu Meeresstrand die Insel mit Schornsteinen so dicht besetzt ist wie Masten im Hafen von Liverpool stehen, daß es keine Wiese dazwischen geben wird, keine Bäume, keine Gärten, nur ein wenig Getreide, das auf Hausdächern wächst und mit Dampfkraft gereift und geerntet wird, daß da auch kein Platz da sein wird für Straßen, die folglich auf Viadukten über die Dächer der Mühlen oder in Tunnels unter der Erde geführt werden, daß der Rauch das Licht der Sonne außer Kraft setzt und Sie nur bei künstlichem Gaslicht arbeiten können, daß kein Hektar englischen Bodens ohne Schacht und Maschine ist, daß es also keinen Fleck geben wird, an dem Sie nicht Gefahr laufen, im nächsten Moment in die Luft gejagt oder in kleine Stücke gerissen zu werden. Unter diesen Umständen, wenn dies die Zukunft Englands sein soll, wird kein Design und keine Weiterentwicklung der schönen Künste möglich sein."[51]

In Deutschland richtete sich die siegessichere Polemik des naturwissenschaftlichen Materialismus gegen die sogenannte romantische Naturphilosophie, die aufs Engste mit der Epoche des revolutionären Enthusiasmus verbunden war. Dieser „Ikarusflug der Spekulation" (Helmholtz) galt nun als gescheitert. Nicht nur die lautstarke Verachtung, mit der sich positivistische Naturwissenschaftler in Deutschland von der Generation ihrer naturphilosophischen Vorgänger absetzen, der sie mehr verdanken als sie zuzugeben bereit gewesen sind, ist Teil der Unfehlbarkeitsorientierung.[52] Die Effekte reichen weit darüber hinaus. Mit dem ‚Materialismus-Streit' – von einem Zeitgenossen auch als „Froschmäusekrieg zwischen den Pedanten des Glaubens und Unglaubens" tituliert[53] – ist eine Bahn eröffnet worden, auf der sich zuspitzend bis zum Ersten Weltkrieg, vor allem dann verstärkt durch die Auseinandersetzung um Darwin, auf die wir später eingehen, Naturwissenschaft und Religion als in letzter Konsequenz unvereinbar stilisiert wurden.

---

schen Positivismus", in: *Vom Weltbildwandel zur Weltanschauungsanalyse. Krisenwahrnehmung und Krisenbewältigung um 1900*, hg. v. Volker Drehsen u. Walter Sparn, Berlin 1996b, S. 69-88; zu Vorstellungen von Degeneration und Dekadenz siehe Gereon Uerz, ÜberMorgen. Zukunftsvorstellungen als Elemente der gesellschaftlichen Konstruktion der Wirklichkeit, Paderborn 2006, S. 167 ff.; zu ambivalenten Gefühlen der Epigonalität siehe Martin Doerry, Übergangsmenschen. Die Mentalität der Wilhelminer und die Krise des Kaiserreichs, Weinheim/München 1986, S.30ff. Zum Pessimismus in diesem Band, S. 583ff.

51 John Ruskin zit. n. Wolfgang Kemp, „Das Ende der Welt am Ende des 19. Jahrhunderts", in: *Fortschrittsglaube und Dekadenzbewußtsein im Europa des 19. Jahrhunderts. Literatur – Kunst – Kulturgeschichte*, hg. v. Wolfgang Drost, Heidelberg 1986, S. 203-210, hier S. 205.

52 Auf die Kontinuität zwischen romantischer Naturphilosophie und der positivistischen Naturwissenschaft haben hingewiesen: Dietrich von Engelhardt, „Romantik im Spannungsfeld von Naturgefühl, Naturwissenschaft und Naturphilosophie", in: *Romantik in Deutschland*, hg. v. Richard Brinkmann, Stuttgart 1978, S. 167-174; Brigitte Lohff, *Die Suche nach der Wissenschaftlichkeit der Physiologie in der Zeit der Romantik*, Stuttgart 1990.

53 Wilhelm Schulze-Bodmer, *Der Froschmäusekrieg zwischen den Pedanten des Glaubens und Unglaubens. Mit einer Zueignung an Professor Karl Vogt*, Leipzig 1856.

In den Naturwissenschaften kann das Ziel der Unfehlbarkeit freilich nur erreicht werden, wenn man dem Prinzip des Reduktionismus folgt, d.h. Fragen und Gegenstände, die ‚nicht dazu gehören', müssen aus den Gebieten, für die die Unfehlbarkeit gelten soll, ausgegrenzt werden. Naturwissenschaftliche Evidenz ist nur beschränkt möglich. So gilt eine Behauptung stets nur ausschließlich für einen bestimmten Bezirk, so wie im Zeitalter der Glaubenskriege der Territorialismus der Bekenntnisse, d.h. das Prinzip *cuius regio eius religio* eine Atempause im Krieg gewähren konnte. Im Kampf gegen den ‚Aberglauben' und gegen die ‚metaphysischen Leerformeln' bleibt jedoch auch beim Neopositivismus des 20. Jahrhunderts die Sehnsucht nach einer letzten Wahrheit erhalten. „Der Positivismus unternimmt die Anstrengung der ursprungsphilosophischen Letztbegründung eines absolutistischen Wahrheitsbegriffs", stellt Herbert Schnädelbach fest.[54]

Die Differenz zur vom Neopositivismus leidenschaftlich bekämpften Religion und Metaphysik besteht freilich nicht im Ziel, eine letzten Gewißheit zu erreichen, sondern nur darin, diese in einer „wissenschaftstheoretisch" fundamentalisierten Methode zu suchen. Dies bringt freilich nur eine kurzfristige Entlastung. In religionssoziologischer Perspektive gehört Methode nicht allein in den Bereich bloßer Verfahren der Informationsgewinnung und Interpretation im Innenraum wissenschaftlicher Praxis, d.h. in den Bezirk abgeschirmter Professionalität, sondern sie wird selbst Teil der Popularisierungsstrategie, indem sie als allein wahrheitsgenerierender Weg beworben wird.

Die Metaphorik vom Kampf zwischen Naturwissenschaft und Religion hat auch die Religionssoziologie so tief geprägt, daß *wissenschaftsreligiöse* Bewegungen und Glaubenswelten ebenso selten in den Blick geraten sind wie Autoren, die an *rationalreligiösen* Überzeugungen festhielten. Andreas Daum bemerkt zurecht: „Das Konfliktparadigma ist bis heute in der deutschen Historiographie und im kulturellen Bewußtsein tradiert worden, während es im angelsächsischen Raum inzwischen ungleich stärker als ideologisches Konstrukt und als Ergebnis spezifischer Diskussionsverläufe kritisch bewertet wird. Das Konfliktparadigma übersieht nicht nur die zeitgenössischen Zwischentöne, sondern verhindert als fixes Interpretationsschema noch immer die Aufarbeitung weithin unbekannter Quellenmaterialien, z.B. aus der kirchlichen apologetischen Literatur und den christlich motivierten Naturwissenschaftlerkreisen."[55]

Es sind nicht sehr viele Intellektuelle, die, wie z.B. Alexander Kissler, heute gegen das Konfliktparadigma Stellung beziehen. Seinen kurzweiligen und engagier-

54 Herbert Schnädelbach, *Erfahrung, Begründung und Reflexion. Versuch über den Positivismus*, Frankfurt a.M. 1971, S. 123.

55 Daum 2002, S. 79. Das Konfliktparadigma findet sich z. B. in den einflußreichen Schriften von John William Draper, *History of the Conflict between Religion and Science*, London: Henry S. King and Co., 1875, sowie Andrew Dickson White, *A History of the Warfare of Science with Theology in Christendom*, 2 Bde. London: D. Appleton, 1896. Beispiele für Passagen, die das Konfliktparadigma unterlaufen haben, bieten die Beiträge in *Science and Beliefs. From Natural Philosophy to Natural Science, 1700-1900*, hg. v. David M. Knight u. Matthew Eddy, Hamshire/Burlington 2005.

ten Durchgang durch die *rationalreligiöse* Aufklärung der Religion abschließend schreibt er: „Zu keiner Zeit hat es sich für die Menschheit ausgezahlt, wenn die Extremisten der Vernunft oder des Glaubens das Zepter schwangen. Wer die Glaubenslosen verfolgt, tötet den Glauben. Wer Gläubige diskriminiert, mordet die Vernunft." Und: „In der Zeit, die Gegenwart heißt, stehen die Erben des theologischen Denkens bereit. Die Letztbegründungs- und Allerklärungsgewalt ruht in den Händen der Lebenswissenschaftler und Konzernlenker, die beide wissen, daß nur zählt was man zählen kann." Kissler wirbt für „eine neue Allianz von Vernunft und Glaube – von jenem Glauben, der der Vernunft sich öffnet, weil er sie in sich trägt, und von jener Vernunft, die den Glauben verstehen will, weil auch sie aus Freiheit geboren ist und Wahrheit sucht."[56]

Ein Zeitsprung in den amerikanischen Kreationismus-Streit. Die Geschichte der Popularisierung der *Wissenschaftsreligion* begann mit dem ‚Materialismus-Streit' der1850er Jahre in Deutschland. Es sollte nicht bei diesem Streit bleiben. In den 1860er Jahren folgte, ausgelöst durch Darwins epochales Werk Über die Entstehung der Arten (1859), der ‚Darwinismus-Streit' über die Evolutionstheorie und die biblische Schöpfungsgeschichte, der weit über die intellektuelle Welt hinaus die europäische Öffentlichkeit erschütterte. In den 1870er Jahren folgte dann der so genannte ‚Ignoramibus-Streit' über die Frage, ob es der Wissenschaft prinzipiell gelingen kann, alle Welträtsel zu lösen, oder ob fundamentale Grenzen des Naturerkennens existieren.[57] Im Zentrum dieser drei großen Kontroversen, in denen *wissenschaftsreligiöser* Naturalismus in die Köpfe und Herzen der Leser Einzug halten sollte, stand die Biologie.

Im 20. Jahrhundert kommen zwei weitere Bereiche der Popularisierung bedeutsamer Ergebnisse naturwissenschaftlicher Forschung hinzu, die allerdings nicht mehr in das Konfliktparadigma des Kampfes zwischen Naturwissenschaft und Religion passen. Es handelt sich um die Theorien von Albert Einstein zur Struktur von Raum und Zeit, die Auseinandersetzungen um die Quantenmechanik und dann der Aufstieg der Kybernetik. Die Neue Physik eignete sich weniger dazu, antireligiöse Affekte und Überzeugungen zu provozieren als vielmehr dazu, naturwissenschaftliche Theorien zu verwenden, um eine spekulative Religiosität abzustützen, sei es in der Form von universellen Weltformeln, Urlichttheorien u.a.m.[58]

56 Alexander Kissler, *Der aufgeklärte Gott. Wie die Religion zur Vernunft kam*, München 2008, S. 266 u. 277f.

57 Den historischen Kontext, die Bedeutung und Wirkung dieser drei miteinander verbundenen Kontroversen herausgearbeitet zu haben, ist das Verdienst der drei von Kurt Bayertz, Myriam Gerhard und Walter Jaeschke herausgegebenen Bände: *Weltanschauung, Philosophie und Naturwissenschaft im 19. Jahrhundert*, Bd. 1: *Der Materialismus-Streit*, Bd. 2: *Der Darwinismus-Streit*, Bd. 3: *Der Ignoramibus-Streit*, Hamburg 2007.

58 Milena Wazeck, *Einsteins Gegner: Die öffentliche Kontroverse um die Relativitätstheorie in den 1920er Jahren*, Frankfurt a.M. 2009; grundlegend dazu Linus Hauser, *Kritik der neomythischen Vernunft*, Bd. 3: Die Fiktionen der *science* auf dem Wege in das 21. Jahrhundert, Paderborn 2016.

Nach diesem Modus können auch kybernetische Modelle mit dem Glauben an „Ganzheitlichkeit" und östliche Weisheitslehren und Steuerungsphantasien fusioniert werden. Wir werden im *Vierten Teil* darauf zurückkommen.[59]

Für die Ausbildung eines *wissenschaftsreligiösen* Naturalismus, der gegen alle Religion Front macht, sind die Auseinandersetzungen um die Evolutionstheorie Darwins prägend gewesen. Bevor wir dem im Horizont des 19. Jahrhunderts, seinen Ideen von Fortschritt, Entwicklung und einer Ökonomie des Lebens nachgehen, muten wir dem Leser einen Zeitsprung in den amerikanischen Kreationismus-Streit unserer Tage zu.[60] Denn die Situation in den USA unterschied sich erheblich von den Ausbreitungsbedingungen der *Wissenschaftsreligion* in Europa.

Im Vergleich zu den guten Chancen, die etwa die positivistische Kirche in Frankreich hatte, sich in den Hochschulen und im Bildungssystem gegen den politisch schwachen Katholizismus erfolgreich durchzusetzen, standen die amerikanischen Wissenschaftler einem Protestantismus gegenüber, der auf die *wissenschaftsreligiösen* Herausforderungen effektiver reagieren konnte. 1910 hatte die *Presbyterian General Assembly* ein *Statement of Belief* verabschiedet, in dem der Glaube an die Irrtumslosigkeit der Bibel, die Jungfrauengeburt Jesu, seine stellvertretende Sühne am Kreuz, seine körperliche Auferstehung sowie die Authentizität der in der Bibel berichteten Wunder als *fundamentals* des rechten christlichen Glaubens festgeschrieben wurden. Mit diesem Bekenntnis-*Statement* konnte ein weites Spektrum fundamentalistischer Bestrebungen gebündelt werden.[61] Bestimmend für die Dynamik der Popularisierung in den USA waren zudem die Besonderheiten der politischen Verantwortung für das Bildungssystem. Während in Frankreich unter Jules Ferry und seinen Nachfolgern das staatliche Schulsystem als Mittel zur Durchsetzung des Wissenschafts-

59 In diesem Band, S. 1226ff. Siehe dazu: *Die Transformation des Humanen. Beiträge zur Kulturgeschichte der Kybernetik*, hg. v. Michael Hagner u. Erich Hörl, Frankfurt a.M. 2007; Pascal Eitler, „Körper – Kosmos – Kybernetik. Transformationen der Religion im ‚New Age' (Westdeutschland 1970-1990)", in: *Zeithistorische Forschungen/Studies in Contemporary History* 4/2007, S. 116-136.

60 Grundlegend sind die Arbeiten von Ronald L. Numbers, *The Creationists. The Evolution of scientific Creationism*, New York: Alfred A. Knopf, 1992 (als erweiterte Neuauflage unter dem Titel: *The Creationists. From scientific Creationism to Intelligent Design*, Cambridge 2006); ders., *Darwinism Comes to America*, Cambridge 1998; ders., *Disseminating Darwinism. The Role of Place, Race, Religion, and Gender*, Cambridge 1999.

61 George M. Marsden, *Fundamentalism and American Culture. The Shaping of Twentieth-Century Evangelicalism 1870-1925*, New York/Oxford: Oxford University Press, 1980, S. 117. Zur Rhetorik vgl. Jonathan J. Edwards, „Countersymbols and the Constitution of Resistance in American Fundamentalism, 1919–1922", in: *Rhetoric & Public Affairs* 17(3)/2014, S. 421-454. Übergreifend ist die Darstellung von Michael Hochgeschwender, *Amerikanische Religion. Evangelikalismus, Pfingstlertum und Fundamentalismus*, Frankfurt a.M. 2007. Siehe auch die vergleichende Studie von Martin Riesebrodt, *Fundamentalismus als patriarchalische Protestbewegung. Amerikanische Protestanten (1910-28) und iranische Schiiten (1961-79) im Vergleich*, Tübingen 1990. Zur Unterscheidung von ‚radikal' und ‚fundamental' im *Ersten Band* S. 572ff.

glaubens eingesetzt werden konnte, waren Aufsicht und Verwaltung der Schulen in den USA lokal und demokratisch organisiert.

Mit der Ausbreitung des Fundamentalismus in den Gemeinden gerieten die amerikanischen Biologielehrer zu nehmend in Konflikte mit den lokalen Schulträgern, wenn sie die Evolutionstheorie von Charles Darwin zum Gegenstand des Unterrichts machten. 1925 forderte das Mitglied des Abgeordnetenhauses von Tennessee John W. Butler, Evolutionstheorien Darwinscher Prägung an den Bildungsinstitutionen des Bundesstaates zu verbieten. Er überzeugte die Mehrheit der Abgeordneten. Gegen den *Butler Act* von 1925 verstieß der Biologielehrer John T. Scopes. Es kam zum Aufsehen erregenden Prozeß, der die Öffentlichkeit in zwei Lager spaltete: die einen wollten einer Popularisierung der Wissenschaften, die dem *Statement of Belief* widersprachen, Schranken setzen, die anderen sahen im *Butler Act* eine Einschränkung ihrer im 1. Zusatzartikel zur Verfassung der Vereinigten Staaten garantierten Redefreiheit. Im „Affenprozeß" von 1925 verwickelte sich der Präsidentschaftskandidat William Jennings Bryan, der das Verbot der Evolutionstheorie an Schulen verteidigte, in peinliche Widersprüche, über die dann die Presse berichten konnte. Dennoch bekam die Anklage recht, und Scopes wurde zu einer Geldstrafe verurteilt. Da der *Butler Act* in Kraft blieb und auch eine ganze Reihe von Bundesstaaten ähnliche Gesetze gegen die Evolutionslehre in Schulen und Universitäten verabschiedeten, waren der Popularisierung der Wissenschaft in den Bereichen, die dem *Statement of Belief* widersprachen, in den USA lange Zeit enge Grenzen gesetzt.

Daß der *Butler Act* schließlich 1967 aufgehoben wurde, war auch eine Folge der großen Bildungsreformen, die die US-Administration unter Dwight Eisenhower nach dem sogenannten *Sputnik Shock* 1957 durchgeführt hatte. Im Rahmen des *Federal-aid-to-Education-Programm* war der Bau neuer Schulen erfolgt, die Lehrerausbildung reformiert und neue naturwissenschaftliche Lehrbücher in Gebrauch genommen, in denen nun auch szientifische Standards und die Darwinsche Evolutionstheorie ihren Platz bekommen hatten. Da sich jedoch an der lokalen und demokratischen Aufsicht und Verwaltung der Schulen in den USA kaum etwas geändert hatte, entwickelten sich langwährende Auseinandersetzungen um die Bildungsinhalte an Schulen, die bis heute andauern. Man kann von einer breiten Bewegung des „science denialism" sprechen.[62]

Wichtig in unserem Zusammenhang ist, daß seit den 1980er Jahren nicht mehr allein fundamentalistische Gruppen sich in Stellung bringen, die an die Irrtumslo-

62 David Morrison, „Science Denialism: Evolution and Climate Change", in: *Reports of the National Center for Science Education* 31(5)/2011, S. 3.1-3.10. Siehe auch Chris Mooney, *The Republican War on Science*, New York: Basic Books, 2005. Zu den historischen Wurzeln und Streitthemen der *Culture Wars* siehe James Davison Hunter, *Culture Wars. The Strugge to Define America*, New York: Basic Books, 1991. Zum religiösen Feld, in dem sich eine Bewegung des „New Christian Right" in den USA nach 1945 gebildet hat, siehe Robert Wuthnow, *The Restructuring of American Religion: Society and Faith Since World War II*. Princeton: University Press, 1988.

sigkeit der Bibel im Sinne eines biblischen Literalismus glauben, sondern zunehmend solche Gruppen, die ihren Glauben offensiv mit kritischen Fragen und eigener wissenschaftlicher Forschung für Bildungseinrichtungen unentbehrlich machen wollen. Tom Kaden hat in seiner grundlegenden Studie *Kreationismus und Antikreationismus in den Vereinigten Staaten* das unübersichtliche Geflecht von Glaubensgemeinschaften und Organisationen, die im Streit um die schulischen und akademischen Bildungsinhalte aufeinanderstoßen, konfliktsoziologisch untersucht.[63] Die von szientistischer Seite entwickelten Praktiken der Popularisierung der Religion der Wissenschaft werden von einer *faith based science* gleichsam zurückgespiegelt, so daß man von einer Gegenwissenschaftsreligion sprechen könnte.

Auf der Basis einer Analyse der *Statements of Faith* hat Tom Kaden drei Varianten von kreationistischen Positionen typisiert. Die Richtungen des *Young Earth Creationism* stehen ganz in der Tradition der älteren Fundamentalisten und folgen dem biblischen Literalismus, demzufolge Gott die Erde 4000 v. Chr. erschaffen hat. Für die Richtungen des *Old Earth Creationism* verbinden sich „nicht nur die authentische biblische Botschaft mit neuesten wissenschaftlichen, insbesondere kosmologischen Erkenntnissen, sondern beides ergänzen einander."[64] Durch den Einklang der modernen Kosmologie mit dem biblischen Schöpferbild wird der Wahrheitsgehalt des christlichen Glaubens bestätigt. Von daher werden die biblischen Schöpfungstage im Sinne einer *Day/Age Theory* „metaphorisch als lange Zeiträume verstanden".[65] *Intelligent Design* ist eine dritte Variante, die dem Kreationismus zugerechnet wird. Vertreter dieser Richtung gehen bei ihrem wissenschaftlichen Forschungsprogramm davon aus, daß es „gewisse Merkmale des Universums und lebender Dinge"[66] gibt, die nicht erklärt werden können, wenn man an zufallsgesteuerten ziellosen Prozessen nach Art der natürlichen Selektion als Basisannahme festhält. Was als letztendlicher Grund für das *Intelligent Design* anzunehmen ist, bleibt offen und unbestimmt. Im Unterschied zu den beiden ersten beiden Typen, bei denen mit einer biblischen Aussage begonnen wird, um diese dann mit der empirischen Welt in Übereinstimmung zu bringen, verfährt *Intelligent Design* „nicht nur umgekehrt, indem es von empirischen Beobachtungen ausgeht, es verneint auch, daß die moderne Biologie überhaupt erkennen kann, ob es sich beim intelligenten Designer um ein übernatürliches Agens handelt, geschweige denn um den christlichen Schöpfergott."[67] *Intelligent Design* präsentiert sich als ein legitimes Wissenschaftsprogramm, die Gegner äußern dagegen den Verdacht, es handele sich um „eine weitere Version des Kreationismus (…), der sich nur deswegen

63 Tom Kaden, *Kreationismus und Antikreationismus in den Vereinigten Staaten von Amerika: Eine konfliktsoziologische Untersuchung*, Wiesbaden 2015.

64 Ebd., S. 13.

65 Ebd., S. 16.

66 Ebd., S. 30 mit Bezug auf: http://www.intelligentdesign.org/whatisid.php (Letzter Zugriff: 10.10.2017).

67 Ebd., S. 20

nicht auf den christlichen Schöpfergott bezieht, weil er dann keine Chance hätte, sich in Schulen und an Universitäten zu verankern."[68]

Auf der Seite der Antikreationisten lassen sich Kaden zufolge in der Hauptsache zwei Positionen typisieren: ein „nomatischer" und ein „antitheistischer Antikreationismus".[69] Vertreter des ersteren folgen der Auffassung des Paläontologen Stephen Jay Goulds: „Science and religion are not in conflict, for their teachings occupy distinctly different domains. (...) The lack of conflict between science and religion arises from a lack of overlap between their respective domains of professional expertise – science in the empirical constitution of the universe, and religion in the search for proper ethical values and the spiritual meaning of our lives."[70] Im Unterschied zu dieser „Nonoverlapping Magisteria", die auch vom *National Center for Science Education* (NCSE) in Oakland verbreitet wird, vertreten Autoren wie Richard Dawkins einen „antitheistischen Antikreationismus", der auch unter dem Namen „Neuer Atheismus" firmiert. Kaden kann mit Hilfe der konzeptionellen Erweiterung von Pierre Bourdieus Theorie sozialer Felder in seiner Studie zeigen, wie die extremem und vermittelnden Positionen der Kontrahenten mit ihren Kraftfeldern kartographisiert werden können. Dieser Forschungszugang ist für die Analyse von Nutzen, „weil er die Bestimmung der Positionen als wissenschaftlich oder religiös vermeidet und damit auf Konzepte verzichtet, die innerhalb des Konflikts als Kampfmittel verwendet werden".[71]

Die *Creation/Evolution-Debate* hat seit den 80er Jahren weite Verbreitung in den audiovisuellen Medien der USA erfahren, und mit dem Internet sind die Popularisierungen von *Pro-Creation* oder *No-Creation* für ein weltweites Publikum erreichbar.[72] Es fällt bei der *Creation/Evolution-Debate* auf, daß „die religiöse Bezugsgröße

68 Ebd.

69 Zusammenfassend ebd., S. 197ff.

70 Stephen Jay Gould, „Nonoverlapping Magisteria", in: *Natural History* 106(2)/1997, S. 16-22. Zit. n. Ebd., S. 62.

71 Kaden 2015, S. 198. Kaden bezieht sich insbesondere auf Pierre Bourdieu, *Das religiöse Feld. Texte zur Ökonomie des Heilsgeschehens*, Konstanz 2000 und die konzeptionellen Weiterentwicklungen von Leif H. Seibert, „Glaubwürdigkeit als religiöses Vermögen", in: *Berliner Journal für Soziologie* 20(1) 2010, S. 89-117 und Uta Karstein, *Konflikt um die symbolische Ordnung: Genese, Struktur und Eigensinn des religiös-weltanschaulichen Feldes in der DDR*, Würzburg 2013.

72 Beispielhaft dafür sind aus der unübersehbar gewordenen Menge der auf *youtube* hochgeladenen Filme: *The Thinking Atheist* stellt die „Top Ten Creationist Arguments" (30.12.2009) vor, um zu zeigen: „We hear the same Creationist arguments SO OFTEN, we decided to assemble our 10 favorites and address them here. Feel free to use this video as a response to the Creationists in your circle." online: http://www.youtube.com/watch?v=SSxgnu3Hww8 (Letzter Zugriff: 07.04.2015). Pastor Manning erläutert seine These „God is the Designer of Pro-Creation, Satan is the Designer of No-Creation" (28.03.2013) online: http://www.youtube.com/watch?v=__gfOjpkPpc (Letzter Zugriff: 07.04.2015). Unter dem Titel „Creationism is Stupid!" (01.06.2013) finden sich Ausschnitte der „most convincing presentation as to why the earth was definitely created 2000 years after the Sumerians invented glue." online: http:// www.youtube.com/watch?v=PaimSZ2JDY0 (Letzter Zugriff: 07.04.2015). Im

im amerikanischen Kreationismus und Antikreationismus fast ausschließlich das protestantische Christentum" darstellt.[73] Der Katholizismus steht hier etwas beiseite, da seit dem II. Vatikanischen Konzil die Verlautbarungen der Kirche dahingehen, daß die Wahrheit der Wissenschaft zur Wahrheit des Glaubens nie in Widerspruch stehen könne. Mit der Rehabilitation Galileo Galileis durch Papst Johannes Paul II. im Jahre 1992 schien der polemischen Weltbild-Konfrontation mit dem Katholizismus der Boden entzogen zu sein. [74]

NICHT NUR IN DEN USA. Um so irritierter war die Öffentlichkeit, als der Erzbischof von Wien Christoph Schönborn in seinem am 7. Juli 2005 in der New York Times veröffentlichten Beitrag „Finding Design in Nature" die Äußerung von Papst Johannes Paul II., daß Evolution „mehr als nur eine Hypothese ist", relativierte und erklärte: „Die Evolution im Sinn einer gemeinsamen Abstammung (aller Lebewesen) kann wahr sein, aber die Evolution im neodarwinistischen Sinn – ein zielloser, ungeplanter Vorgang zufälliger Veränderung und natürlicher Selektion – ist es nicht. Jedes Denksystem, das die überwältigende Evidenz für einen Plan in der Biologie leugnet oder wegzuerklären versucht, ist Ideologie, nicht Wissenschaft."[75] Es mag der äußerst heftige Protest von Intellektuellen in der deutschsprachigen Öffentlichkeit gewesen sein, der den Kardinal veranlaßte, sich zu korrigieren. Im Darwin-Jahr 2009 erklärte er in einem Vortrag vor der Österreichischen Akademie der Wissenschaften zum Thema *Schöpfung und Evolution – zwei Paradigmen und ihr gegenseitiges Verständnis*, die „kreationistischen Thesen von einer Erschaffung der Welt in sechs 24-Stunden-Tagen, wie die pseudowissenschaftlichen Spekulationen über eine ‚junge' Erde, über eine historische Deutung der Sintflut, etc." seien unhaltbar. Was das Intelligent Design betreffe, so könne ein *design*, als „Zielgerichtetheit nicht auf der Ebene der Kausalität gefunden werden (…), mit der sich die naturwissenschaftliche Methode befaßt". Allerdings sei es für ihn eine „sinnvolle, vernünftige Sichtweise", auf einen Schöpfer zu schließen: „Ich erwarte mir nicht von der naturwis-

---

Programm von originstv (Cornerstone TeleVision Network) erklärt der Wissenschaftler Jerry Bergmann Ph.D. in der Sendung „Many scientists convert from evolution to creationism, convinced by the evidence." (31.07.2014) die Gründe für diese Konversion. online: http://www.youtube. com/watch?v= owDOD7WZvEw (Letzter Zugriff: 07.04.2015).

73 Kaden 2015, S. 116.

74 „Ansprache Johannes Paul II. an die Teilnehmer der Vollversammlung der päpstlichen Akademie der Wissenschaften vom 31.10.1992", online: http://www.vatican.va/holy_father/john_paul_ii/speeches/1992/october/documents/hf_jp-ii_spe_19921031_accademia-scienze_ge.html (Letzter Zugriff: 07.04.2015)

75 Christoph Kardinal Schönborn, „Den Plan in der Natur entdecken", 07.07.2005, online: http://www.forum-grenzfragen.de/den-plan-in-der-natur-entdecken/ (Letzter Zugriff: 10.10.2017). Siehe dazu auch den Beitrag von Manfred Laubichler, „Glaube ans Design. Ritt den Kardinal der Teufel?", in: *Frankfurter Allgemeine Zeitung* vom 15. Juli 2005, S.33.

senschaftlichen Forschung, daß sie mir Gott beweist. Das kann sie so wenig, wie sie das Gegenteil beweisen kann".[76]

Eine große mediale Aufmerksamkeit erregte im Herbst 2006 die hessische Kultusministerin Karin Wolff mit ihrem Schreiben an den *Verband deutscher Biologen*, der sich dafür ausgesprochen hatte, im schulischen Biologieunterricht ausschließlich naturwissenschaftliche Erkenntnisse zu vermitteln. Die Ministerin plädierte dafür, das Fach Biologie um philosophische und theologische Fragen zu ergänzen. Sie hielt es „für sinnvoll, daß man nicht einfach Schüler in der Biologie mit der Evolutionslehre konfrontiert und Schüler im Religionsunterricht mit der Schöpfungslehre der Bibel", sondern „gelegentlich auch schaut, ob es Gegensätze oder Konvergenzen gibt."[77] Zur Stelle in diesem Konflikt war der Evolutionsbiologe Ulrich Kutschera, eine treibende Kraft im Aufspüren kreationistischer Tendenzen in Deutschland, der der Ministerin sein Lehrbuch der Evolutionsbiologie zur Lektüre empfahl.[78] Es verdient ergänzt zu werden, daß Ulrich Kutschera zu den engagierten Mitgliedern der *Giordano-Bruno-Stiftung zur Förderung des evolutionären Humanismus* gehört.[79] Im *Manifest des evolutionären Humanismus*, das der Publizist Michael Schmidt-Salomon im Auftrag der Stiftung verfaßt hat, wird eine naturalistische, humanistische und religionskritische Weltanschauung vorgestellt, die als neue „Leitkultur" religiöse Weltbilder verdrängen soll.[80] Nicht alle Kommentatoren konnten sich über den Vorschlag der Ministerin entrüsten. Patrik Bahners gab zu bedenken: „Die Harmonie von Sieben-Tage-Mythos und heutigem Wissen vom Aufbau des Lebens mag dahinstehen. Aber kann man bestreiten, daß ein Vergleich ältester und neuester kosmologischer Theorien geeignet ist, das Denkvermögen von Schülern zu stimulieren? In diesem Streit steht die Ministerin auf der Seite der Aufklärung, und ihre Kritiker reden dogmatisch."[81]

Geht man den tieferen Schichten dieser öffentlichen Erregungen nach, so kann man feststellen, daß es sich hier nicht nur um eine den amerikanischen Streit

76 Zit n. dem Bericht des Österreichischen Rundfunks (ORF) vom 05. 03. 2009 „Schönborn distanziert sich vom Kreationismus", online http://religionv1.orf.at/projekt03/news/0903/ne090305_schoenborn_fr.htm (Letzter Zugriff: 07.04.2015).

77 Zit. n. Patrick Bahners, „Das verschleierte Weltbild zu Kassel. Wer ist der Dogmatiker? Die hessische Kultusministerin und der Biologenverband streiten um Evolution und Schöpfung", in: *Frankfurter Allgemeine Zeitung* vom 4. November 2006, S. 6; dazu auch der Bericht auf S. 1. Siehe dazu auch die Berichte in *Der Spiegel*: http://www.spiegel.de/schulspiegel/wissen/kreationismus-in-deutschland-vor-uns-die-sintflut-a-437733.html (Letzter Zugriff: 07.04.2015) und in *Die Welt*: http://www.welt.de/wissenschaft/article91539/Kreationisten-im-hessischen-Biologie-Unterricht.html (Letzter Zugriff: 07.04.2015).

78 Ulrich Kutschera, *Evolutionsbiologie*, Stuttgart ^{3}2008; siehe auch Ders., *Streitpunkt Evolution. Darwinismus und Intelligentes Design*, Münster 2004.

79 Vgl. hierzu die Website der *Giordano-Bruno-Stiftung*: http://www.giordano-bruno-stiftung.de (Letzter Zugriff: 07.04.2015). Kritisch dazu: Linus Hauser, „Die Giordano Bruno Stiftung im kulturgeschichtlichen Kontext", in: *Zeitschrift für Religions- und Weltanschauungsfragen* 74/2011, S. 139-144.

80 Michael Schmidt-Salomon, *Manifest des Evolutionären Humanismus. Plädoyer für eine zeitgemäße Leitkultur*, Aschaffenburg 2005.

81 Bahners 2006.

von Kreationisten und Antikreationisten nachholende Entwicklung handelt, sondern um eine Revitalisierung der Großstreits des 19. Jahrhunderts um den Materialismus, den Darwinismus und die Welträtsel. Auch die Organisations- und Aktionsformen, wie die der *Giordano-Bruno-Stiftung* erinnern mit ihrem polemischen Impetus an die Aktivitäten der *wissenschaftsreligiösen* Vereine, die im Europa des 19. Jahrhunderts den Glauben an die Wissenschaft verbreiten wollten.

Wie stilbildend die Popularisierungs-Rhetorik eines Carl Vogt für die heutige naturalistische Kritik der *Bekenntnisreligionen* geworden ist, zeigt z.B. das Vorwort, das Ulrich Kutschera zu einer Streitschrift gegen den Kreationismus geschrieben hat: „Nicht nur in den USA, sondern auch in Deutschland bemüht sich eine äußerst wortgewandte Gruppe gläubiger Christen darum, die Uhr der Biologiegeschichte um 150 Jahre zurückzustellen und den Vor-Darwinschen Schöpfungsglauben wieder zu beleben. Die deutschen Kreationisten sind eine besonders erfolgreiche Vereinigung, da auch eine Reihe studierter Biologen – darunter sogar ein beamteter Hochschullehrer – an vorderster Front aktiv mitarbeiten. Das biologische Faktenwissen wird geschickt dazu mißbraucht, ein Gebräu aus christlicher Dogmatik und naturwissenschaftlichen Inhalten zu kochen und in didaktisch geschickt aufgemachter Form dem Laienpublikum darzureichen. Um diese ‚Theo-Biologie' zu durchschauen, muß man über ein solides naturwissenschaftliches Grundwissen verfügen. Der Erfolg der deutschen Kreationisten zeigt, daß diese Strategie gut gewählt war. Ich bekomme regelmäßig Anfragen verunsicherter Schüler und Studenten, die sich bei mir nach der Relevanz und Aussagekraft des von biblischer Offenbarung inspirierten ‚Grundtypen-Modells' der deutschen ‚Schöpfungsforscher' erkundigen."[82]

Die antikreationistische Popularisierung des Wissenschaftsglaubens, wie sie von der *Giordano-Bruno-Stiftung* betrieben wird, kann allerdings auch ungewollte Folgen haben. Der Philosoph Norbert Hoerster, der in Fragen der Sterbehilfe, der Abtreibung und Embryonenforschung utilitaristisch geprägte Positionen vertrat, erklärte im November 2011 seinen Austritt aus der Stiftung und ihrem Beirat.[83] Hoerster erklärte, er könne sich nicht „mit einem Verständnis von ‚Aufklärung', wie es der Vorstand der Stiftung und insbesondere sein Sprecher Michael Schmidt-Salomon zunehmend zu erkennen gibt", identifizieren. Dazu gehörten zum einen ins aggressiv-vulgäre gehende „Kampagnen, die für Aufsehen sorgen", wie zum Beispiel die Anti-Papst-Demonstrationen in Berlin, oder die Werbung für das Buch *Heilige Scheiße*.[84] Zum anderen wandte er sich gegen den „Neuen Atheismus"

---

82 Ulrich Kutschera, „Vorwort", in: Jochem Kotthaus, *Propheten des Aberglaubens – Der deutsche Kreationismus zwischen Mystizismus und Pseudowissenschaft* (=Forum Religionskritik, Bd. 4), Münster 2003, S. 7.

83 Norbert Hoerster, „Mit Affen gegen den Papst. Die Produkte dieser Denkfabrik sind schlechte Reklame: Warum ich aus der Giordano-Bruno-Stiftung austrete", in: *Frankfurter Allgemeine Zeitung* vom 26. November 2011.

84 Stefan Bonner u. Anne Weiß, *Heilige Scheiße. Wären wir ohne Religion wirklich besser dran?*, Köln 2011.

und schrieb: „Ich sehe nicht, wieso ausgerechnet die Evolutionstheorie den Gottesglauben widerlegen, ja ersetzen kann".[85]

Die Dynamik der Popularisierung des Wissenschaftsglaubens wird sich wahrscheinlich fortsetzen, denn der Übersprung von den Resultaten wissenschaftlicher Forschung zu „Weltbild", „Weltauffassung", „Weltansicht", „Weltanschauung" oder anderen Decknamen, unter denen die Wissenschaftsreligion Unterschlupf finden kann, ist ebensowenig aufzuhalten wie das Bestreben von Autoren und konfessionell gebundenen Wissenschaftlern, die Resultate wissenschaftlicher Forschung, sei es monistisch oder im Modus einer Art Zwei-Reiche-Lehre, mit ihrer Konfession in Einklang zu bringen. Vorerst hat der Europarat den Bericht seines Ausschusses für Kultur, Wissenschaft und Bildung *Die Gefahren des Kreationismus in der Bildung*, den der französische Sozialist und Mathematiker Guy Lengagne maßgeblich verfaßt hatte, abgelehnt. Lengagnes Bericht gipfelte in der These, daß kreationistische Theorien die Menschenrechte und die Demokratie gefährdeten. Der Kreationismus sei nicht faktenbasiert, würde er an Einfluß gewinnen, so könnte zum Beispiel die Forschung zu Medikamenten gegen AIDS behindert werden. Im Biologieunterricht habe der Kreationismus nichts zu suchen, allenfalls könne er Teil des Religionsunterrichts sein. Ein konsequenter Kreationismus ziele darauf, die Demokratie durch die Theokratie zu ersetzen. Dreiundsechzig der einhundertneunzehn Europaratsmitglieder lehnten den Bericht als unausgewogen ab.[86]

Vorerst ist auch der den lehrreichen und unterhaltsamen Science Centern entgegengesetzte Themenpark Genesis-Land, der vielleicht in Nordbaden auf Betreiben der Schweizer Firma Genesis-Land (Zürich) entstehen könnte, noch nicht zu besuchen.[87] In der Projektwerbung heißt es: „Wir erleben vor allem in Europa und im Speziellen im deutschsprachigen Raum eine Zeit, in der darüber diskutiert wird, ob

85 Hoerster 2011.

86 Guy Lengagne, *The dangers of Creationism in Education. Report Committee on Culture, Science and Education*, 17 September 2007, Doc. 11375; online:http://assembly.coe.int/ASP/Doc/XrefViewHTML.asp?FileID=11751&Language=en (Letzter Zugriff: 07.04.2015) Siehe dazu auch die breite Berichterstattung: Christian Schwägerl, „Würmer zu Brüdern. Der Europarat soll den Kreationismus bekämpfen", in: *Frankfurter Allgemeine Zeitung* vom 23. Juni 2007, S. 35; Christina Neuhaus, „Europarat will Kreationismus nicht verdammen", online: http://www.welt.de/politik/article976267/Europarat-will-Kreationismus-nicht-verdammen.html (Letzter Zugriff: 07.04.2015); Alex Rühle, „Gott beweist: Darwin ist tot", in: *Süddeutsche Zeitung* vom 29. Juni 2007; Andreas Dippel, „‚Gefahren des Kreationismus in der Schule': Europarat lehnt Abstimmung ab", in: *pro. Christliches Medienmagazin* vom 25. Juni 2007, online: http://www.pro-medienmagazin.de/politik/detailansicht/aktuell/gefahren-des-kreationismus-in-der-schule-europarat-lehnt-abstimmung-ab-85274/ (Letzter Zugriff: 07.04.2015); Susanne Kutter u. Andreas Henry, „Darwin oder Gott?", in: *WirtschaftsWoche und Handelsblatt* vom 08. September 2007, online: http://www.handelsblatt.com/technologie/forschung-medizin/forschung-innovation/entstehung-der-welt-darwin-oder-gott-seite-all/2858522-all.html (Letzter Zugriff: 07.04.2015).

87 Siehe dazu die Homepage: http://www.genesis-land.ch (Letzter Zugriff: 07.04.2015) , sowie Oda Lambrecht u. Christan Baars, *Mission Gottesreich. Fundamentalistische Christen in Deutschland*, Berlin ^{2}2009, S. 101ff.

der biblische Unterricht aus den Lehrprogrammen der Schulen gestrichen werden soll. Dadurch entzieht die westliche Gesellschaft ihren Kindern das Wissen über die Grundlage unserer Kultur: Die Bibel. Wir möchten die biblische Geschichte und Botschaft in einer modernen und erlebnisreichen Art vermitteln. Das Projekt GENESIS-LAND versteht sich als konfessionsübergreifendes Werk und ist ein Gemeinschaftswerk von Menschen, die sich zum christlichen Glauben bekennen. Der Themenpark soll nach kaufmännischen Grundsätzen geführt werden und mittelfristig eine Rendite abwerfen, mit der unter anderem auch künftige Investitionen getätigt werden können. Mit diesem Themenpark möchten wir eine Erlebnis- und gleichzeitig eine Besinnungsstätte für die breite Öffentlichkeit schaffen."[88]

Blicken wir zurück: Naturalistische Lehren waren seit der Antike in der Linie der *theologia naturalis* als eine zunächst spekulative Gelehrtenreligion verbreitet, auch der Experimentalismus der frühen Moderne fand lange Zeit in abgeschiedenen Labors statt und war von öffentlichen Schaustellungen demonstrativer Experimente getrennt. Seit der Mitte des 19. Jahrhunderts drängt der Naturalismus an die größer werdende Öffentlichkeit und verschreibt sich der Popularisierung des Wissenschaftsglaubens. Die gefeierten Triumpfe des wissenschaftlichen Fortschritts sind der Rückenwind für den Willen, in eine offene Konkurrenz zur Weltanschauung der *Bekenntnisreligionen* zu treten. Das amerikanische Beispiel zeigt, daß die Werbungsstrategien und -techniken, die die Popularisierer des Wissenschaftsglaubens entwickelt hatten, nun auch die Kampagnen der Kreationisten prägen. Es ist die Entfesselung der Marktwirtschaft, das heißt, die Auflösung traditionaler Lebensformen und die umfassende Entsicherung der Gesellschaft, die beides bereitet hat: einen fruchtbaren Boden für die Konversion zum naturalistischen Wissenschaftsglauben und einen Markt der Glaubensangebote, auf dem dann auch die *Bekenntnisreligionen* als Wettbewerber auftreten.

2. „Atheismus" und „Materialismus"

GOTTLOSIGKEIT: FREMD- UND SELBSTBESCHREIBUNG. Der Naturalismus, der als zentrale Grundlage der *Wissenschaftsreligion* im 19. Jahrhundert nicht zuletzt durch die missionarische Popularisierung von Wissenschaft an Kontur gewinnt, beruht auf einer Verknüpfung von zwei Thesen: der Negation der Existenz Gottes und der positiven

88 Die Projektidee http://www.genesis-land.ch. Geplant sind vier Pavillons und als Höhepunkt die Arche Noah: „Der Pavillon Erde ist gestaltet wie eine Schnecke und beinhaltet sieben Räume, in denen je ein Schöpfungstag multimedial dargestellt wird." Im „Pavillon Wasser / Sintflut" sollen die Rätsel des Sintflut-Berichts „wenigstens teilweise" gelöst werden. Im „Pavillon Luft / Geist" wird in vier Blütenblättern „das Leben und Wirken von Jesus Christus dargestellt. Im ersten Blatt Ankündigung und Geburt, im zweiten Leben und Wirken, im dritten die Passion und im vierten Auferstehung und Himmelfahrt. (…) Der Pavillon Feuer besteht aus den folgenden drei Funktionsräumen: Endzeit, Gericht und Neue Welt.(…) Die Arche Noah ist das eigentliche Zentrum und die Hauptattraktion des Themenparks. Die Maße der Arche betragen 150 m Länge, 25 m Breite und 15 m Höhe." Der Eventgarten ist noch nicht fertiggestellt.

Totalität der Materie. Beide Thesen sind in verschiedenen historischen Konstellationen von Intellektuellen ins Spiel gebracht worden. Sie konnten miteinander verknüpft werden, wie etwa bei Lukrez, oder aber nebeneinander stehen wie bei Gassendi, der eine materialistische Naturauffassung mit dem Gottesglauben verbinden konnte. Auch im Mittelalter war der Unglaube präsent und Atheismus war eine Denkmöglichkeit, die sehr wohl mit dem Glauben an eine geistbeseelte Natur einhergehen konnte.[89]

Die Selbstbezeichnung als Atheist verbreitet sich erst in der zweiten Hälfte des 19. Jahrhunderts. Eine offene Absage an den Gottesglauben findet sich etwa bei Pierre-Joseph Proudhon. In seiner *Philosophie des Elends* von 1846 heißt es: „Man sage uns nicht: ‚Die Wege Gottes sind unerforschlich'! Wir haben sie erforscht und in blutigen Lettern den Beweis seiner Ohnmacht, wenn nicht seiner Böswilligkeit gelesen."[90] Wenige Jahre später schreibt er, das Gottesbild positivistisch umkehrend: „Die Ratschlüsse Gottes sind unerforschlich, sagt der Gläubige. Nur eine gottvergessene Philosophie, welche ihre schwankende Logik auf die Ereignisse anwendet, kann es in ihrem unbändigen Hochmut unternehmen, sie zu begreifen." Statt dessen propagiert Proudhon einen positivistischen Gottesbegriff: „Gott ist die allgemeine, von Vernunft erfüllte Kraft, welche vermöge einer unendlichen immanenten Selbstentwicklung alle Wesen vom unwägbaren Stoffe bis zum Menschen, erzeugt und im Menschen allein zum Selbstbewußtsein kommt. Weit entfernt unser Herr zu sein, ist Gott vielmehr Gegenstand unseres Studiums."[91] Dem konnten wohl die meisten *wissenschaftsreligiösen* Autoren beipflichten.

Die Jungehegelianer propagieren den Atheismus als eine notwenige Stufe im Prozeß der Emanzipation, die Marx dann freilich zügig überwinden möchte, um zu einem nicht mehr durch die Negation Gottes vermittelten positiven Humanismus zu kommen. So schreibt Marx 1844: „Indem die Wesenhaftigkeit des Menschen und der Natur (...) sinnlich anschaubar geworden ist, ist die Frage nach einem *fremden* Wesen, nach einem Wesen über der Natur und dem Menschen – eine Frage, welche das Geständnis von der Unwesentlichkeit der Natur und des Menschen einschließt – praktisch unmöglich geworden. Der *Atheismus*, als Leugnung dieser Unwesentlichkeit, hat keinen Sinn mehr, denn der Atheismus ist eine *Negation des Gottes* und setzt durch diese Negation das *Dasein des Menschen*; aber der Sozialismus als Sozialismus bedarf einer solchen Vermittlung nicht mehr; er beginnt von dem *theoretisch* und *praktisch sinnlichen Bewußtsein* des Menschen und der Natur als des *Wesens*. Er ist *positives*, nicht mehr durch die Aufhebung der Religion vermitteltes *Selbstbewußtsein* des Menschen".[92]

89 Eine grundlegende Korrektur des Bildes von einem konform gottgläubigen Mittelalter findet sich bei Dorothea Weltecke, *‚Der Narr spricht: Es ist kein Gott.' Atheismus, Unglauben und Glaubenszweifel vom 12. Jahrhundert bis zur Neuzeit*, Frankfurt a.M. 2010.

90 Zit. n. Karl Löwith, *Weltgeschichte und Heilsgeschehen. Zur Kritik der Geschichtsphilosophie* (= Sämtliche Schriften, Bd. 2), Stuttgart 1983, S. 74.

91 Pierre-Joseph Proudhon, *Bekenntnisse eines Revolutionärs um zur Geschichtsschreibung der Februarrevolution beizutragen* [1849], Reinbek bei Hamburg 1969, S. 9 u. 10.

92 Karl Marx, „Ökonomisch-philosophische Manuskripte aus dem Jahre 1844", in: *Marx-Engels-Werke* (= MEW), *Ergänzungsband Erster Teil*, Berlin 1968, S. 465-588, hier S. 546.

Über weite Strecken der europäischen Geschichte wird dagegen vom Atheismus als einem Atheismus der anderen gesprochen.[93] Winfried Schröder konstatiert in seinem Beitrag für den religionssoziologischen Sammelband *Atheismus und religiöse Indifferenz*, daß im 17./18. Jahrhundert die Verfechter des Atheismus „eine verschwindende Minderheit in der frühneuzeitlichen Gesellschaft bildeten." Sie stehen an den „Rändern der philosophischen Szenerie".[94] Der Atheismusvorwurf grassiert vornehmlich in Glaubenskriegszeiten. Und hier kann jeder, der in irgendeiner Weise vom *bekenntnisreligiösen* Dogma abweicht, zur imaginären, sich immer mehr ausdehnenden Gemeinschaft der „Atheisten" dazugezählt werden.[95]

Wir haben im *Ersten Band* in unserer Analyse der *Rationalreligion* gezeigt, daß es von der Vorstellung Abschied zu nehmen gilt, beim ‚Zeitalter der Vernunft' habe sich um eine irreligiöse, glaubensfeindliche Epoche gehandelt.[96] Was sie geleistet hat, ist die „progressive Modifikation des Gottesbildes".[97] Die polemische Struktur der Positionen und Gegenpositionen in der Frage, worin das *lumen naturale* zu erkennen und anzuerkennen sei, hat die Forschung oft dazu verführt, den Verteidigern der Göttlichkeit der Vernunft einen verkappten Atheismus zu unterstellen und der Aufklärung Motive zu unterschieben, die einer späteren Erfahrungslage entstammten.

Wenn z. B. Pierre Bayle mit seinen *Pensées divers sur la comète* (1689) eine „Atheismusdiskussion" in Europa provoziert, so will Bayle mit seiner These, daß auch eine Gesellschaft von Atheisten durchaus existieren könnte, sein Argument stützen, daß in der Idolatrie die sozial destruktiven Kräfte von Religion zu suchen sind. Atheisten könnten friedlich zusammenleben, diejenigen, die an Idole glauben, dagegen nie.[98] Diderot hat sich dem angeschlossen: der kirchliche Aberglaube ist eine schlimmere Beleidigung Gottes als der Atheismus.[99] Einen Atheismus wird man auch schwerlich in den neuen Religionen finden, die aus der Erfahrung des revolu-

93 Die spekulative Diskussion über Atheismus und Aberglaube der anderen von Epikur bis Rousseau untersucht Rémi Brague, „Atheismus oder Aberglaube? Zur Inaktualität eines heutigen Problems", in: *Philosophisches Jahrbuch* 118(2)/2001, S. 213-231; instruktiv aus religionssoziologischer Sicht ist die Einleitung zu *Atheismus und religiöse Indifferenz*, hg. v. Christel Gärtner / Detlef Pollack u. Monika Wohlrab-Sahr, Opladen 2003, S. 9-20.

94 Winfried Schröder, „Der Tod Gottes in der Neuzeit: Philosophiehistorische Anmerkungen zum Zusammenhang von Atheismus und Moderne", in: Gärtner / Pollack u. Wohlrab-Sahr 2003, S. 23-39, hier S. 23. Die Exzeptionalität des Atheismus hebt Schröder auch in seiner grundlegenden Studie hervor: Winfried Schröder, *Ursprünge des Atheismus. Untersuchungen zur Metaphysik- und Religionskritik des 17. und 18. Jahrhunderts*, Stuttgart/Bad Cannstatt 1998, S. 45ff.

95 So verfährt z.B. Hans-Martin Barth, *Atheismus und Orthodoxie. Analysen und Modelle christlicher Apologetik im 17. Jahrhundert*, Göttingen 1971.

96 Im *Ersten Band*, S. 158ff.

97 Jean Delumeau, *Rassurer et protéger. Le sentiment de sécurité dans l'Occident d'autrefois*, Paris: Fayard, 1989, S. 520.

98 Siehe dazu Michael Czelinski-Uesbeck, *Der tugendhafte Atheist. Studien zur Vorgeschichte der Spinoza-Renaissance in Deutschland*, Würzburg 2007, bes. S. 100ff.

99 Cassirer 1932a, S. 216.

tionären Enthusiasmus entstanden sind. Es sei daran erinnert, daß Robespierre nach seiner Festrede zur Feier des „Kultes des höchsten Wesens und der Natur" mittels einer Fackel eine Figurengruppe, welche den Atheismus, die Zwietracht und die Selbstsucht vorstellen sollte, in Brand setzt.[100]

Was die blinde Übernahme des Atheismusvorwurfs befördert hat, ist der Umstand, daß sich das forscherliche Interesse an *rationalreligiösen* Glaubensformen und an den enthusiastischen Religionen der Revolutionszeit auf zwei gegensätzliche Fraktionen des 19. und des 20. Jahrhunderts verteilt hat. Einmal sind es kirchlich gebundene, oft protestantische Wissenschaftler gewesen, die darauf fixiert sind, hellhörig die Übereinstimmung oder die Abweichung *rationalreligiöser* Auffassungen von ihrem eigenen Bild wahren Glaubens genau abzumessen. Zum anderen sind es kirchenfreie, agnostische oder atheistische Wissenschaftler, die in entgegengesetzter Richtung darauf fixiert sind, in der *Rationalreligion* die Anfänge des Atheismus ausfindig zu machen, der nach ihrer Auffassung der modernen Welt allein angemessen ist. Die Dominanz und leicht stabilisierbare Bipolarität beider Fraktionen hat dazu beigetragen, die Eigenständigkeit und die Strahlkraft der europäischen Religionen, die zwischen Christentum und religiöser Indifferenz entstanden sind, zu verdunkeln.

Der bekennende Atheismus orientiert sich. Mit der Ausbreitung der *Wissenschaftsreligion* im 19. Jahrhundert entsteht auch ein historiographisches Interesse am Atheismus. Grob gesagt kann man davon ausgehen, daß Gottfried Arnolds *Ketzergeschichte* und Bayles *Wörterbuch*, die beiden zentralen Kompendien der *Rationalreligion*, nun als Atheismusgeschichte umgeschrieben werden. In dieser Reihe stehen viel gelesenen Werke: Die zweibändige *Geschichte des Materialismus und Kritik seiner Bedeutung in der Gegenwart* von Friedrich Albert Lange 1866, Fritz Mauthners vierbändiges Werk *Der Atheismus und seine Geschichte im Abendlande* von 1920 und das fünfbändige Werk von Hermann Ley, *Geschichte der Aufklärung und des Atheismus*, das 1966-1989 in der DDR erschien.[101] Als Antidot gegen die Diskussionen über „die ,Wiederkehr des Religiösen', die ,Vergeltung Gottes', die ,Wiederverzauberung der Welt'" hat Georges Minois das Projekt einer großen Geschichte des Atheismus wieder aufgenommen.[102]

100 Zur Symbolik des Kults siehe Mona Ozouf, *La Fête révolutionnaire. 1789-1799*, Paris: Gallimard, 1976.

101 Friedrich Albert Lange, *Geschichte des Materialismus und Kritik seiner Bedeutung in der Gegenwart* [1866], 2 Bde, Leipzig [10]1921; Fritz Mauthner *Der Atheismus und seine Geschichte im Abendlande*, 4 Bde, Stuttgart [2]1920. In orthodox marxistischer Linie bewegt sich das fünfbändige Werk von Hermann Ley, *Geschichte der Aufklärung und des Atheismus*, 5 Bde., Berlin 1966-1989; kritisch dazu: *Atheismus: Ideologie, Philosophie oder Mentalität?*, hg. v. Richard Faber u. Susanne Lanwerd, Würzburg 2006.

102 Georges Minois, *Geschichte des Atheismus. Von den Anfängen bis zur Gegenwart*, Weimar 2000. Zum Atheismus als Basis für eine sozialwissenschaftliche Erforschung von Religion siehe den ideengeschichtlichen Abriß bei Rodney Stark u. Roger Finke, *Acts of Faith: Explaining the Human Side of Religion*, Berkeley: University of California Press, 2000, S. 1-23.

Während *rationalreligiöse* Autoren in den kirchlich organisierten *Bekenntnisreligionen* ihren Hauptgegner sahen, sodaß man zwar von einer Konfessionskritik, aber nicht von einer generellen Religionskritik sprechen kann, zielt der bekennende Atheismus der zweiten Hälfte des 19. Jahrhunderts auf den Gottesglauben selbst. Dies zeigt unter anderem der Richtungswechsel in der *Secular Society*, die 1846 von George Holyoake mit der Zielrichtung gegründet wurde, eine Organisation zu schaffen, in der säkularistische Auffassungen thematisiert werden konnten, nachdem die Theologie nicht mehr allgemein akzeptiert war.[103] Holyoake ging es um eine Koexistenz von Christentum und Positivismus. Ab 1866 geht die *Secular Society* unter seinem Nachfolger Charles Bradlaugh zu einem aggressiven Atheismus über.[104]

Die Umstellung der *rationalreligiösen* Glauben-Wissen-Balance zum *wissenschaftsreligiösen* Atheismus läßt sich gut beobachten, wenn man die Konflikte um die kultischen Regeln der Freimaurer in den Blick nimmt, die in der zweiten Hälfte des 19. Jahrhunderts aufbrechen.[105] Im ersten Hauptstück der „Alten Pflichten" der Maurer, die der presbyterianische Prediger James Anderson 1723 im *Book of Constitutions* in deistischem Geiste aufgeschrieben hatte, stand zu lesen: „Ein Freimaurer ist als solcher verpflichtet, dem Sittengesetz zu gehorchen, und wenn er die Kunst recht versteht, wird er niemals ein stupider Atheist oder ein irreligiöser Freigeist sein. Während die Werkmaurer in allen Zeiten überall auf die betreffende Landes- oder Volksreligion verpflichtet wurden, hält man es jetzt für angemessen, sie nur zu der Religion verpflichten, in der alle Menschen übereinstimmen, und ihnen die eigene Meinung zu lassen; das heißt, sie sollen gute und aufrichtige Männer sein, Männer von Ehre und Anstand, durch welches Bekenntnis oder Überzeugung sie sich auch unterscheiden mögen."[106] In der zweiten Hälfte des 19. Jahrhunderts gerät der auch kultisch vorgeschriebene Bezug zum „Allmächtigen Baumeister Aller Welten" in die aggressiver werdende Stimmung atheistischer Religionskritik. Dem offenen Austrag des Streits um den Theismus stand freilich das sechste Hauptstück der „Alten Pflichten" entgegen: „Weder privates Gezänk noch Streitigkeiten über Völker, Familien, Religionen oder Politik dürfen in die Loge getragen werden. Denn als Maurer stehen wir zur ältesten Allgemeinen Religion (...) und vor allen Völkern zu Winkelmaß, Wasserwaage und Senkblei", d.h. zu den Symbolen für Recht, Gerechtigkeit, Menschlichkeit.[107]

103 Vgl. Hermann Lübbe, *Säkularisierung. Geschichte eines ideenpolitischen Begriffs*, mit einem neuen Nachwort, Freiburg ^{3}2003, S. 49f.

104 Walter L. Arnstein, *The Bradlaugh Case. A study in late Victorian opinion and politics*, Oxford 1965, S. 61 u. 157f.

105 Zum folgenden vgl. Hans-Detlef Mebes, „Zur Gründungs- und ersten Entwicklungsgeschichte eines ‚Allgemeinen Freimaurer-Bundes auf monistischer Weltanschauung' des nachmaligen (Reform-) ‚Freimaurerbundes Zur Aufgehenden Sonne'", in: Ziche 2000, S. 129-154.

106 James Anderson, *Book of Constitutions*, zit. n. Mebes 2000, S. 129.

107 Mebes 2000, S. 131.

In dieser Situation gelang dem Freiburger Kaufmann und Fabrikanten Gottfried August Ficke eine Erfindung, die den *wissenschaftsreligiösen* Bestrebungen entgegenkam. Er beantragte bei der zuständigen Großloge, für die Freiburger Loge „statt der üblichen Bibel einen Band mit unbeschriebenen, leeren Seiten auflegen zu dürfen. Dieses, als sogenanntes ‚Weißes Buch' in die deutsche Freimaurergeschichte eingegangene Werk trug lediglich die Aufschrift GOTT auf dem Einbanddeckel."[108] Diese Fickesche Ritualreform fand in Kontinentaleuropa rasch viele Anhänger unter den Maurern. 1877 stellte der „Grand Orient de France" einer jeden Bauhütte das obligatorische Auflegen der Bibel während der rituellen Tempelarbeit frei. Die Großlogen von England, Schottland, Irland und mehreren in den USA und Kanada erklärten daraufhin den französischen ‚Grand Orient' und die Logen, die ihm in der Bibelfrage folgten, für irregulär. Hans-Detlef Mebes erinnert daran: „Seitdem besteht ein bis heute nicht überwundenes, nichtsdestoweniger fortlaufend hochaktuelles Schisma, und die Weltfreimaurerei ist in den England-hörigen konservativ-liberalistischen regulären und den Frankreich-hörigen progressiv-liberalen irregulären Flügel geteilt, mit der Konsequenz, daß in etlichen europäischen und südamerikanischen Ländern beide Lager nebeneinander existieren, ohne miteinander in offizielle Verbindungen zu treten."[109] Den Bruch mit *rationalreligiösen* Glaubensformen und Praktiken haben die 1905 gegründeten, der Religion des Positivismus verpflichteten Logen noch weiter getrieben, indem vorgeschlagen wurde, das „Weiße Buch" ohne die Goldaufschrift „GOTT" oder „Großer Baumeister Aller Welten" in Gebrauch zu nehmen.[110]

Die *Wissenschaftsreligion* des 19. Jahrhunderts profiliert den Atheismus und sucht begierig seine Spuren in der Vergangenheit. Dabei gilt ihr der Atheismus auch biographisch als das Ursprüngliche. Der Paradoxie, als Atheist die Existenz Gottes voraussetzen zu müssen, um sie ablehnen zu können, entkommt, wer von einem angeborenen Atheismus ausgeht. So erklärt Félix le Dantec: „Je suis athé, comme je suis breton, comme on est brun ou blond, sans l'avoir voulu."[111] Erst der Kathechismus habe ihn mit der Lehre von Gott bekannt gemacht, aber Mathematik und Physik seien interessanter gewesen. Der *rationalreligiöse* Glaube an eine natürliche Religiosität, die zur anthropologischen Konstitution des Menschen gehört, ist hier aufgegeben.

Dieser Bruch mit der Aufklärung wiederholt sich heute bei den Vertretern der schon erwähnten *Giordano Bruno Stiftung*. Herbert Schnädelbach hat von einem „konfessionellen Atheismus mit seiner naturwissenschaftlich verpackten Propaganda" gesprochen und bemerkt: „Diese selbsternannten Apostel der Aufklärung übersehen, daß in der neuzeitlichen Aufklärungsbewegung die militanten Atheisten immer eine Minderheit waren; die meisten Aufklärer waren Deisten und Anhänger der Physikotheologie (...). Gleichwohl war im sowjetischen Machtbereich der Atheis-

108 Ebd.
109 Ebd., S. 132.
110 Ebd., S. 142.
111 Félix Le Dantec, *L'Athéisme*, Paris: Flammarion, 1907, S. 10.

mus Staatsreligion, und seitdem ist vielen fröhlichen Atheisten das Lachen vergangen. Im Übrigen ist der Glaube an eine Tatsache nicht besonders gehaltvoll, und wenn in der Nachfolge Ludwig Feuerbachs ein konfessioneller Humanismus an die Stelle tritt mit dem ersten Glaubensartikel ‚Der Mensch ist für den Menschen das höchste Wesen', dann ist nicht ausgeschlossen, daß irgendein Mensch wie Josef Stalin oder Adolf Hitler zum *summum ens* aufsteigt. Darum verzichten wir besser auf einen Nachfolger Gottes und bleiben bei dem Grundsatz: ‚Der Mensch ist dem Menschen ein Mensch', wobei gegen Thomas Hobbes zu sagen bleibt, daß dies schwieriger sein kann, als wenn er nur ein Wolf wäre."[112] Eine atheistische Anthropologie, die der Gefahr der Überhöhung eines Idealmenschen entgeht, ist schwer zu machen. Denn die anthropologische Konstitution gründet sich weder auf Brüderlichkeit noch Wolfsnatur, sondern auf Unklarheit, auf die Unergründlichkeit menschlicher Freiheit.

NEUER ATHEISMUS. Mit der Amtsübernahme des amerikanischen Präsidenten George W. Bush, der sich als evangelikaler Christ bekannte und der dann auch für politische Entscheidungen eine göttliche Inspiration in Anspruch nahm, wurde im Jahre 2001 auch für europäische Beobachter deutlich, daß in den USA ein religiöser Wandel stattgefunden hatte, der mit der Lehre vom notwendigen Zusammenhang zwischen Modernisierung und Säkularisierung nicht in Übereinstimmung zu bringen war.[113] Im selben Jahr entführten Terroristen des islamistischen Netzwerks al-Quaida vier Flugzeuge und lenkten zwei davon in die Türme des *World Trade Centers* in New York City. Insgesamt verloren etwa 3000 Menschen bei diesen Anschlägen ihr Leben. Die Psychoanalytikerin Julia Kristeva schrieb: „Jahrzehnte des Rationalismus und Positivismus haben bei vielen von uns die Neigung entstehen lassen, sich den Menschen als ein vernünftiges Tier vorzustellen, geleitet von einer einzigen klar ersichtlichen Logik. (...) Die Religionen, die das Böse exorzierten und von der Hölle sprachen, waren weniger blauäugig als wir."[114] Sowohl das Anwachsen der religiösen Bewegungen der Evangelikalen, Pfingstler und Fundamentalisten, als auch die anti-westliche Kampf islamistischer Gruppen, haben in den USA ein gesellschaftliches Klima erzeugt, in dem nicht-religiöse Autoren sich diskriminiert fühlten.

Die Streitschrift *Der Herr ist kein Hirte. Wie Religion die Welt vergiftet*, die Christopher Hitchens, ein Trotzkist der 1970er Jahre, der sich nach den Terroranschlägen vom 11. September 2001 zum Neokonservativen wandelte, ist randvoll mit wütenden Angriffen auf alle Religion.[115] Das Panorama der von allen Weltreligio-

112 Herbert Schnädelbach, *Religion in der Modernen Welt*, Frankfurt a.M. 2009, S. 53f.

113 Zur Vorgeschichte siehe Hochgeschwender 2007, S. 166ff u. 211ff.

114 Julia Kristeva, „Wie wird man Terrorist?", in: *Die Tageszeitung* vom 10.Oktober 2001.

115 Christopher Hitchens, *Der Herr ist kein Hirte. Wie Religion die Welt vergiftet*, München 2007; (Original: God Is Not Great. How Religion Poisons Everything, New York: Twelve Books, 2007.); zu Hitchens Trotzkismus vgl. S. 185ff. Gegen das Anwachsen der religiösen Bewegungen in den USA richtet sich auch das Buch des Philosophen und Neurowissen-

nen praktizierten religiösen Gewalt der Gegenwart bringt ihn zur Überzeugung: „Die Religion ist gleich in mehrfacher Hinsicht nicht nur amoralisch, sondern entschieden unmoralisch. Die Ursachen für Verfehlungen und Verbrechen sind dabei nicht so sehr im Verhalten ihrer Anhänger zu suchen, das bisweilen sogar vorbildlich ist, sondern in den religiösen Grundsätzen. Dazu gehört, daß die Religion den Unschuldigen und Leichtgläubigen ein falsches Bild der Welt vorgaukelt“, und weiter gehörten dazu die Lehren vom „Blutopfer“, „Sühneopfer“, von der „ewigen Belohnung und/oder Bestrafung“, sowie „das Auferlegen unerfüllbarer Aufgaben und Regeln.“[116]

Der Katalog ist nicht neu. Neu ist die dramatisierte Szenerie, in der religiöser Terror mit dem Erstarken der religiösen Rechten in den USA so in Beziehung setzt wird, daß das Resultat lautet: „Die Religion vergiftet alles.“[117] Für Hitchens, ein Befürworter des *War on Terror*, handelt es sich in den USA um ein Wettrennen. Während „engagierte und geduldige Forscher in einem entlegenen Teil in der kanadischen Arktis mehrer Skelette eines großen Fisches gefunden haben, der vor dreihundertfünfundsiebzig Millionen Jahren lebte“, und damit „eines der langgesuchten fehlenden Bindeglieder, die uns Aufklärung über unsere Herkunft erlauben“, gefunden ist, belagerten derweil „Vertreter des ‚Intelligent Design‘ wieder einmal eine Schulbehörde und fordern, man möge den Kindern ihren Schund beibringen. (…) Während Forschung und Vernunft einen winzigen Schritt nach vorne taten, gelang den Kräften der Barbarei ein gewaltiger und bedrohlicher Sprung.“[118] Dabei kennt Hitchens auch die Ursachen: „Religiöse Gräueltaten der Vergangenheit und Gegenwart erklären sich nicht daraus, daß wir böse sind, sondern daraus, daß die menschliche Spezies von Natur aus nur teilweise rational ist. Die Evolution bringt es mit sich, daß der präfrontale Kortex bei uns zu klein, die Adrenalindrüsen zu groß und die Sexualorgane schlampig konstruiert sind“.[119]

Der prominenteste Vertreter des Neuen Atheismus ist Richard Dawkins, dessen Buch *Der Gotteswahn* in einunddreißig Sprachen übersetzt wurde.[120] 1995 wurde er auf den Lehrstuhl „For the Public Understanding of Science“ in Oxford berufen. An die amerikanischen Leser seines Buches gerichtet, konstatiert er: „Atheisten nehmen heute in Amerika die gleiche Stellung ein wie vor fünfzig Jahren die Homosexuellen.“[121] In Anbetracht der Ergebnisse einer Gallup-Umfrage von 1999, nach der 96% der US-Bürger bei gleicher Qualifikation eine Frau, 94% einen Katholiken, 92% einen Juden oder Schwarzen, 79% einen Mormonen oder einen Homosexuellen, aber nur 49% einen Atheisten wählen würden, fordert er ein „Co-

---

schaftlers Sam Harris, *Das Ende des Glaubens. Religion, Terror und das Licht der Vernunft*, Winterthur 2007.

116 Ebd., S. 249.

117 Ebd., S. 29.

118 Ebd., S. 336.

119 Ebd., S. 19.

120 Richard Dawkins, *Der Gotteswahn*, Berlin [6]2007; (Original: The God Delusion, London: Bantam Press, 2006).

121 Ebd., S. 15.

ming out" der Atheisten.[122] Auch Dawkins bezieht sich einerseits auf Fundamentalisten, die in seiner Sicht die die Naturwissenschaft unterwandern.[123] Andererseits auf religiös motivierte Gewalt, deren Intentionen durch Sprachregelungen von Politikern verdeckt werde. „Unsere westlichen Politiker vermeiden es, das ‚R-Wort' (Religion) in den Mund zu nehmen. Stattdessen sprechen sie vom ‚Krieg gegen den Terror', als sei Terror eine Art Geist oder Kraft mit eigenem Willen und Verstand. Oder sie behaupten, Terroristen seien ausschließlich vom ‚Bösen' motiviert. Aber die Terroristen sind nicht vom Bösen motiviert. So fehlgeleitet sie uns auch erscheinen mögen, ihre Motive sind die gleichen wie bei den Christen, die Abtreibungsärzte ermorden."[124]

Wie andere neue Atheisten bekämpft Dawkins alle Religion und dies in religiöse Gefühle bewußt verletzender Weise. 2006 eröffnet er seinen Vortrag in der *First Parish Church* im amerikanischen Cambridge mit den Worten: „Der Gott aus dem Alten Testament ist ein frauenfeindlicher, homophober, rassistischer, völkermordender, sadomasochistischer, unberechenbar bösartiger Tyrann."[125] Den Vorwurf, seine Weltanschauung sei die des 19. Jahrhunderts, weist der bekennende Atheist zurück: „Welche verschlüsselte Bedeutung hat demnach ‚Sie kommen aus dem 19. Jahrhundert' im Zusammenhang einer Diskussion über Religion? Im Klartext bedeutet es: ‚Sie sind so grob und ungeschlacht, wie können Sie so unsensibel und schlecht erzogen sein, mir eine direkte, zugespitzte Frage wie ‚Glauben sie an Wunder?' oder ‚Glauben sie, daß Jesus von einer Jungfrau zur Welt gebracht wurde?' zu stellen'? Wissen Sie nicht, daß man solche Fragen in gepflegter Gesellschaft nicht stellt? Solche Fragen waren schon im 19. Jahrhundert aus der Mode.' Aber überlegen wir einmal, warum es unhöflich ist, religiösen Menschen heute eine solche Frage zu stellen. Es ist peinlich! Aber das Peinliche ist die Antwort, wenn sie Ja lautet."[126] Im *Ersten Band* der Religionssoziologie haben wir herausgearbeitet, wie die Verknappung religiöser Diskurse in der frühen Moderne ein Modus sein konnte, den Religionsfrieden zu wahren. Insbesondere im akademischen Bereich galt die Regel: ‚No politics, no religion!'. Dawkins gibt diese Zurückhaltung auf. Fernab aller Hermeneutik religiöser Symbolsprachen nimmt er Sätze *bekenntnisreligiöser* Glaubenslehren provokativ in einer positivistischen Manier, die Vogt, Moleschott und Büchner in nichts nachsteht.

BIOLOGIE DER RELIGION. Was den neuen Atheismus von dem des 19. Jahrhunderts unterscheidet, ist das Projekt, die Genese und Funktion von Religion mit Hilfe der Evolutionstheorie zu erklären. Modelle für die Genese der Religion, mit denen diese als vorteilhaft im Prozeß der natürlichen Selektion dargestellt wird, hat Dani-

---

122 Ebd., S. 16.

123 Ebd., S. 391ff.

124 Ebd., S. 424f.

125 zit. n. Jörg Blech, „ Glücklicher ohne Gott", in: *Der Spiegel* 46/2006 vom 23.10.2006, S. 188-190, hier S. 188.

126 Dawkins 2007, S. 220f.

el C. Dennett entwickelt.[127] Wenn es in seiner Wahrnehmung insbesondere in den USA als ein Tabubruch angesehen wird, Religion wissenschaftlich zu untersuchen, so stellt sich für ihn die Frage, welche evolutionsgeschichtlichen Bedingungen dazu führen, daß Dinge für uns besonders wertvoll sind. Es ist die Enttäuschung der Säkularisationstheorie und der Diskurs über die Wiederkehr der Religion, die Dennet nach der Funktion von Religion innerhalb des Evolutionsgeschehens fragen läßt. Denn was sich trotz hoher Kosten als persistent erweist, muß biologisch zu erklären sein.[128]

Dennet greift auf eine Idee von Dawkins zurück, nach der kulturelle Replikatoren, sogenannte „Meme", analog zu genetischer Replikation anzunehmen sind. Für den Brückenbau zwischen Memen und Genen können dann verschiedene Hypothesen aufgestellt werden: „Naschkatzentheorien" sehen in Religionen ein Suchtphänomen: „Sind Religionen möglicherweise selbst so etwas wie Saccharin fürs Gehirn?"[129] „Symbiotentheorien" sehen in Religionen Replikatoren, die „von einem menschlichen Wirt auf den nächsten überspringen", wie etwa Mutualisten, Kommensale oder Parasiten.[130] Theorien der sexuellen Selektion rechnen damit, daß Religion für die sexuelle Partnerwahl vorteilhaft gewesen sein könnte. „Vielleicht bevorzugten sie (die Frauen, W.E.) Männer, die ein Gefühl für Musik und Feierlichkeit hatten, welches sich dann zu einer Vorliebe für ausgeprägte Entrückung verstärkt haben könnte."[131] Mit Blick auf unseren Kontext gesellschaftlicher Zeiterfahrung von Marktgesellschaften und *Wissenschaftsreligion* ist es nicht verwunderlich, wenn dann auch noch Geldtheorien der Religion aufgeführt werden, „denen zufolge Religionen kulturelle Artefakte sind, die eher Währungssystemen gleichen".[132] Die Biologie der Religion ist ein mit Spekulationen überladenes Projekt, die schwache Beweisführung wird oftmals mit dem Vergnügen am abwegigen Witz überdeckt.[133]

---

127 Daniel Dennett, *Den Bann brechen: Religion als natürliches Phänomen*, Frankfurt a.M. 2008. Siehe dazu auch die religionspolitischen Überlegungen von Florian Seidl, „‚Deus sive Natura'. Neo-Darwinismus und Religion", in: *Grenzgänge zwischen Politik und Religion. Festschrift für Claus Ekkehard Bärsch zum 70. Geburtstag*, hg. v. Elke-Vera Kotowski u. Reinhard Sonnenschmidt, München 2009, S. 89-99.

128 Siehe zum Folgenden „Die Theorienliste einer Marsianerin"; Ebd., S. 104ff.

129 Ebd., S. 115.

130 Ebd., S. 116.

131 Ebd., S. 120.

132 Ebd., S. 123.

133 Aus einer Vielzahl von Ansätzen seien genannt: Wolfgang Wickler, *Die Biologie der Zehn Gebote und die Natur des Menschen. Wissen und Glauben im Widerstreit*, Heidelberg 2014; *The Biological Evolution of Religious Mind and Behavior*, hg. v. Wulf Schiefenhövel u. Eckart Voland, Berlin/Heidelberg 2009. Aus religionswissenschaftlicher Sicht: Ina Wunn / Patrick Urban u. Constantin Klein, *Götter – Gene – Genesis. Die Biologie der Religionsentstehung*, Heidelberg 2015. Ein unterhaltsames Panorama von diversen Versuchen, einen biologischen Grund für die Religion zu finden, schildert Ulrich Schnabel, *Die Vermessung des Glaubens. Forscher ergründen, wie der Glaube entsteht und warum er Berge versetzt*, München 2008. Eine ernüchternde Bilanz zur Anwendung evolutionsbiologischer Konzepte in der

Dawkins Bemühen, Religion aus dem Prozeß der natürlichen Selektion zu erklären, folgt dem, was Dennet eine „Perlentheorie", nennt.[134] Die evolutive Funktion der offensichtlich verschwenderischen Dimensionen religiöser Kulte ist nicht in direktem Zugriff einsehbar zu machen.[135] Dawkins bevorzugt ein Erklärungsmodell, demzufolge Religion als ein Nebenprodukt von etwas anderem auftritt. Grund der Religion könnte so etwas sein wie das „primitiv-vorteilhafte Merkmal" bei manchen Lebewesen, „das manchmal falsch funktioniert", wie bei Motten, die in die Kerze fliegen, weil sie gewohnt sind, ihr Verhalten an der Lichtquelle des Mondes zu orientieren.[136] Das läßt sich mit Kindergehirnen vergleichen: „Die natürliche Selektion stattet das Gehirn eines Kindes mit der Neigung aus, den Eltern oder Stammesältesten alles zu glauben, was sie erzählen. Ein solcher vertrauensvoller Gehorsam dient wie bei der Motte, die sich am Mond orientiert, dem Überleben."[137] Aber es geht auch anders. Dawkins fragt: „Könnte die irrationale Religion ein Nebenprodukt der irrationalen Mechanismen sein, die ursprünglich von der natürlichen Selektion ins Gehirn gepflanzt wurden, damit wir uns verlieben?"[138] Und er erinnert an die „berühmte, von einem Orgasmus begleitete Vision der heiligen Theresa von Avila", die ausführlich zu zitieren er sich nicht untersagen kann.[139]

An Dawkins-Kritiken fehlt es nicht. Für Friedrich-Wilhelm Graf ist er ein „biologistischer Haßprediger".[140] Gerhard Lohfink schreibt: „Ein böser Geist geht um in Europa (und nicht nur dort): ein immer schriller auftretender kämpferischer Atheismus, wie es ihn seit dem 19. Jahrhundert nicht mehr gegeben hat – sieht man einmal von dem verblichenen ‚Wissenschaftlichen Atheismus' der Sowjetunion und ihrer ehemaligen Satelliten ab. Der neue Atheismus instrumentalisiert wie der alte die Naturwissenschaften für seine Zwecke. Er mißbraucht sie und versucht, ihnen seine eigene Weltanschauung aufzuzwingen."[141] Es sind nicht nur Theologen, die gegen Dawkins Position beziehen. Die wissenschaftstheoretische Aussagenanalyse von Dawkins Hauptargument, es gäbe mit ziemlicher Sicherheit keinen Gott, durch ein Team von Salzburger Wissenschaftstheoretikern führt zu dem Re-

---

Soziologie zieht Dirk Richter, „Das Scheitern der Biologisierung der Soziologie. Zum Stand der Diskussion um die Soziobiologie und anderer evolutionstheoretischer Ansätze", in: *Kölner Zeitschrift für Soziologie und Sozialpsychologie* 57(3)/2005, S. 523-542.

134 Dennett 2008, S. 124.

135 Dawkins 2007, S. 225ff.

136 Ebd., S. 243.

137 Ebd., S. 245f.

138 Ebd., S. 259.

139 Ebd., S. 260.

140 Friedrich Wilhelm Graf, „Der ‚liebe Gott' als blutrünstiges Ungeheuer. Richard Dawkins und Christopher Hitchens – ein biologistischer Hassprediger und ein liberaler Skeptiker greifen in ihren Büchern die Religion an", in: *Süddeutsche Zeitung* vom 19. Mai 2010, online: http://www.sueddeutsche.de/wissen/religion-und-wissenschaft-der-liebe-gott-als-blutruenstiges-ungeheuer-1.879879 (Letzter Zugriff: 10.04.2015)

141 Gerhard Lohfink, *Welche Argumente hat der neue Atheismus? Eine kritische Auseinandersetzung*, Bad Tölz 2008, S. 9.

sultat, daß die drei möglichen Leseweisen des Hauptarguments nach den Regeln der formalen Logik als zu schwach zu qualifizieren sind.[142] Der Philosoph Peter Strasser entziffert „Dawkins' Metaphern als Elemente einer Mythologie", die auf Menschheitsängste verweisen: „Wir sind Besetzte und Besessene, ‚Wirte' nicht nur im biologischen Sinn des Wortes, sondern regelrecht metaphysischen Sinne des Wortes. Wir sind Opfer eines uns unverständlichen Schicksals, ‚Zufall' genannt, hinter dem – das scheint ein Gebot unserer um Licht ringenden Vernunft zu sein – sich etwas Absolutes, ‚Göttliches', verbergen muß. Aber dieser Gott ohne Gesicht und Namen ist nach allem, was wir über seine Agenten, ob Gene oder Meme, wissen, *kein Gott der Liebe*. Er hält uns, wie man Haustiere hält oder Versuchskaninchen, für einen Plan, von dem das Versuchstier nichts wissen kann. Der Gott, der Dawkins schuf, indem er nolens volens aus Dawkinsscher Metaphorik entsprang, ist eine Ausgeburt der Paranoia: das schlimmste aller denkbaren Monster."[143]

Alister McGrath weist in seiner Streitschrift *Der Atheismus-Wahn* auf die zentrale Problematik der Definition dessen hin, was mit Religion gemeint ist.[144] McGrath sieht nicht nur treffend, daß Dawkins die Problematik einer Definition von Religion umgeht, sondern er zeigt auch, welchen Religionsbegriff Dawkins für seine Kernthese zugrunde gelegt hat. Als globales Merkmal von Religion weise Dawkins, ohne Feuerbach zu erwähnen, die „Wunscherfüllung" aus.[145] Daran zeige sich, daß Dawkins Schrift *Der Gotteswahn* „auf ausrangierten Annahmen des 19. Jahrhunderts beruht, mit denen er im 21. Jahrhundert eine Anklage gegen die Religion zusammenzimmern möchte."[146] Es handele sich um einen antiquierten Religionsbegriff, mit dem heute der Vielschichtigkeit religiöser Phänomene nicht beizukommen sei. McGrath ist zuzustimmen: „Von den unzähligen Definitionen für Religion, die in den vergangenen 150 Jahren zur Diskussion standen, gab jede einzelne vor, ‚wissenschaftlich' oder ‚objektiv' zu sein, doch keine war wirklich langlebig oder maßgeblich genug, um bis heute Beachtung zu finden. Darüberhinaus sind solche Definitionen nur selten neutral."[147] Diese in der heutigen Religionsforschung weitgehend anerkannte Einsicht hat mich in dieser Religionssoziologie dazu geführt, jeder Glaubensweise, die in Europa als Religion, Glaube, Weltanschauung oder Sakralisierung gehandelt wurde, den Titel ‚Religion' zuzuerkennen, um danach zwischen Religionstypen Unterscheidungen einzuführen, im Kontext epochaler Zeiterfahrungen in Erscheinung getreten sind.

---

142 Albert J.J. Anglberger / Christian J. Feldbacher u. Stefan H. Gugerell, „Richard Dawkins ‚Hauptargument' wissenschaftstheoretisch betrachtet", in: *Neuer Atheismus wissenschaftlich betrachtet*, hg. v. Albert J.J. Anglberger u. Paul Weingartner, Heusenstamm 2010, S. 181-197.

143 Peter Strasser, *Warum überhaupt Religion? Der Gott, der Richard Dawkins schuf*, Paderborn 2008, S. 106.

144 Alister McGrath, *Der Atheismus-Wahn: Eine Antwort auf Richard Dawkins und den atheistischen Fundamentalismus*, Asslar 2007, S. 72ff.

145 Ebd. S. 75.

146 Ebd.

147 Ebd., S. 72f.

Der Nihilismus. Eine neuere Version der berühmten „Gott ist tot"-Szene aus Friedrich Nietzsches *Zarathustra* hat Michel Onfray vorgeschlagen: „Ist Gott tot? Das werden wir noch sehen... Eine solch gute Nachricht hätte erhellende Auswirkungen gehabt. Wir warten aber immer noch – vergeblich – auf den geringsten Beweis dafür."[148] Onfray nennt die üblicherweise für den Atheismus in Anspruch genommenen Intellektuellen von Jean Meslier bis Ludwig Feuerbach, aber entscheidend für ihn ist das „philosophische Erdbeben", das mit dem Auftreten Nietzsches verbunden ist: „Zum ersten Mal taucht in der westlichen Welt ein radikales und fundiert post-christliches Denken auf."[149]

Es ist diese Orientierung an Nietzsche, der Onfray eine libertäre links-nietzscheanische Färbung gibt, und die ihn von Dawkins, Hichtchens, Dennet und anderen Neuen Atheisten unterscheidet. Onfray folgt in der Hauptsache der bekannten Argumentation von Nietzsches *Genealogie der Moral.* Nur kurz weist er darauf hin, daß Nietzsches Auseinandersetzung mit dem Nihilismus über die monotheistischen Religionen hinausgeht: „Die Ausprägungen des zeitgenössischen Nihilismus rufen mehr denn je nach einer Umwertung der Werte, die die aus den Monotheismen hervorgegangenen Lösungen und Hypothesen religiöser und laizistischer Natur endlich überwindet."[150] In der Tat kann man bei Nietzsche eine tiefe Kritik an der laizistischen *Wissenschaftsreligion* des 19. Jahrhunderts finden. Sie ist komplexer als Nietzsches Verhältnis zum Atheismus, das er, Félix le Dantecs angeborenem Atheismus vergleichbar, sobeschreibt: „Ich kenne den Atheismus durchaus nicht als Ergebnis, noch weniger als Ereignis: er versteht sich bei mir aus Instinkt."[151] Nietzsches Perspektive auf den Nihilismus trifft sowohl die Wertphilosophie, die wir später als eine Anstrengung, Philosophie für den Religionsmarkt fit zu machen, behandeln als auch die *Wissenschaftsreligion.*[152] Daher soll schon im Zusammenhang dieses Kapitels darauf eingegangen werden.

Nietzsche benutzt den Terminus Nihilismus zeitdiagnostisch. So heißt es: „Der Nihilismus steht vor der Tür: Woher kommt uns dieser unheiligste aller Gäste?" Ausgangspunkt ist die Beobachtung der Gegenläufigkeit von Wahrheit und Wertschätzung: „Es dämmert der Gegensatz der Welt, die wir verehren, und der Welt, die wir leben, die wir – sind. Es bleibt übrig, entweder unsere Verehrungen abzuschaffen oder uns selbst. Letzteres ist der Nihilismus."[153]

---

148 Michel Onfray, *Wir brauchen keinen Gott. Warum man jetzt Atheist sein muß*, München 2006, S. 31; (frz. Original: Traité d'athéologie. Physique de la métaphysique, Paris: Grasset, 2005.).

149 Ebd., S. 58f.

150 Ebd., S. 61. Siehe auch den Abschnitt „Gegen die Religion der Laizisten" Ebd., S. 292-294.

151 Friedrich Nietzsche, „Ecce homo", in: *Sämtliche Werke. Kritische Studienausgabe in 15 Bänden (KSA)*, Bd. 6, *Der Fall Wagner*, hg. v. Giorgio Colli u. Mazzino Montinari, München 1980a, S. 255-374, hier S. 278f.

152 Zur Wertphilosophie in diesem Band, S. 523ff.

153 Friedrich Nietzsche, *Sämtliche Werke. Kritische Studienausgabe in 15 Bänden (KSA)*, Bd. 12, *Nachgelassene Fragmente Herbst 1885 – Herbst 1886*,hg. v. Giorgio Colli u. Mazzino Montinari, München 1980b, S. 129.

Die Welt, die wir sind, umfaßt, was Positivismus und Naturforschung herausgebracht haben. Dagegen steht die Welt, die verehrungswürdig ist, weil sie einen Wert hat. In unserem Zusammenhang ist wichtig: Nicht nur christliche Wahrheit und wirklichkeitswissenschaftlich erforschte Welt stehen in einem Widerspruch, eine Konfliktlage, in der naturalistischer Atheismus und Gottesglaube sich gegenüberstehen. Ein Widerspruch besteht auch zwischen den positiven Tatsachen und den Wertzuschreibungen, die den positiven Tatsachen einen Sinn geben sollen.

Im Entwurf einer seiner vielen Vorreden, die Nietzsche zu ungeschriebenen Büchern entworfen hat, heißt es 1888: „Ich beschreibe, was kommt: Die Heraufkunft des Nihilismus. Ich kann hier beschreiben, weil hier etwas Notwendiges sich begibt – Zeichen davon sind überall, die *Augen* nur für diese Zeichen fehlen noch. Ich lobe, ich tadle hier nicht, *daß* er kommt: Ich glaube, es gibt eine der größten *Krisen*, einen Augenblick der *allertiefsten* Selbstbesinnung des Menschen: ob der Mensch sich davon erholt, ob er Herr wird über diese Krise, das ist eine Frage seiner Kraft: Es ist *möglich*... der moderne Mensch glaubt versuchsweise bald an diesen, bald an jenen *Wert* und läßt ihn dann fallen: Der Kreis der überlebten und fallengelassenen Werte wird immer voller; die *Leere* und *Armut an Werten* kommt immer mehr zum Gefühl; die Bewegung ist unaufhaltsam – obwohl im großen Stil die Verzögerung versucht ist – Endlich wagt er eine Kritik der Werte überhaupt; er *erkennt* deren Herkunft; er erkennt genug, um an keinen Wert mehr zu glauben; das *Pathos* ist da, der neue Schauder... Was ich erzähle, ist die Geschichte der nächsten zwei Jahrhunderte...“.[154] Man ist versucht, unsere postmoderne Existenz heute in dieser Beschreibung eines Experimentierens mit diesem oder jenem Glauben wiederzufinden. Daß dabei die Summe der fallengelassenen Werte wächst, nährt die irritierende Erfahrung des Relativismus der Werte, der Beliebigkeit der Ideale und ihrer raschen Verfallszeit.

Nietzsche identifiziert verschiedene Phasen des Anwachsens des Nihilismus. In einer ersten Phase geht es darum: „Der Mensch sucht ‚die Wahrheit‘: eine Welt, die sich nicht widerspricht, nicht täuscht, nicht wechselt, eine *wahre* Welt“.[155] Der Wille zur Wahrheit ist hier das Verlangen nach einer Welt des Bleibenden. Widerspruch, Täuschung und Wechsel erscheinen als eine Ursache des Leidens. Dieser Phase entspricht der scholastische *ordo universi*, der nicht zerstört werden kann. Nur durch diabolische Machenschaften kann er kurz irritiert werden kann, etwa durch die listige Nachfrage: „Warum leitet der Mensch gerade das Leiden vom Wechsel, Täuschung, Widerspruch ab, und warum nicht vielmehr sein Glück?“[156]

In der zweiten Phase heißt es: „Die Sinne täuschen, die Vernunft korrigiert die Irrtümer: *folglich*, schloß man, ist die Vernunft der Weg zum Bleibenden; die *un-*

154 Friedrich Nietzsche, *Sämtliche Werke. Kritische Studienausgabe in 15 Bänden (KSA)*, Bd. 13, *Nachgelassene Fragmente November 1887 – März 1888*, hg. v. Giorgio Colli u. Mazzino Montinari, München 1980c, S. 56f.

155 Nietzsche 1980b, S. 364.

156 Ebd.

sinnlichsten Ideen müssen der ‚wahren Welt' am nächsten sein."[157] Es ist dies die Phase der *Rationalreligion*, des Glaubens an die Göttlichkeit der Vernunft, in der es dann auch zur Kritik an der illusionären normativen Ordnung in den Konfessionsstaaten kommen kann: „In summa: Die Welt, wie sie sein *sollte*, existiert; diese Welt, in der wir leben, ist nur Irrtum, – diese unsere Welt sollte *nicht* existieren."[158] Im revolutionären Enthusiasmus der Fusionen des Irdischen und Göttlichen geht es dann um die „*Fiktion einer Welt*, welche unseren Wünschen entspricht, psychologische Kunstgriffe und Interpretationen, um alles, was wir ehren und als angenehm empfinden, mit dieser *wahren Welt* zu verknüpfen. ‚Wille zur Wahrheit', auf dieser Stufe ist wesentlich *Kunst der Interpretation*; wozu immer noch Kraft der Interpretation gehört."[159] Der Wille zur Wahrheit hat sich weiter verschoben. Nach dem Willen zur Wahrheit als Verlangen nach einer Welt des Bleibenden mit der Entwertung von Widerspruch, Täuschung, Wechsel nun Wille zur Wahrheit als Kunst der Interpretation nach Maßgabe von Fiktionen. Wunschbilder müssen in die richtige Welt hineininterpretiert werden.

In der dritten Phase heißt es: „Dieselbe Spezies Mensch, noch eine Stufe ärmer geworden, *nicht mehr im Besitz der Kraft* zu interpretieren, des Schaffens von Fiktionen, macht den *Nihilisten*. Ein Nihilist ist der Mensch, welcher von der Welt, wie sie ist, urteilt, sie sollte *nicht* sein, und von der Welt, wie sie sein sollte, urteilt, sie existiert nicht. Demnach hat dasein (handeln, leiden, wollen, fühlen) keinen Sinn: Das Pathos des ‚umsonst' ist das Nihilisten-Pathos".[160] In dieser Phase werden nicht nur die wirkliche Welt, sondern auch die Fiktionen entwertet, wozu denn auch die postidealistischen *wissenschaftsreligiösen* Fiktionen gehören.

Die Bedingungen, unter denen der Nihilismus eintreten muß, hat Nietzsche genau beschrieben. Zusammengefaßt sind es drei Bedingungen. „Der *Nihilism* als *psychologischer Zustand* wird eintreten müssen *erstens*, wenn wir einen ‚Sinn' in allem Geschehen gesucht haben, der nicht darin ist: So daß der Sucher endlich den Mut verliert. Nihilismus ist da das Bewußtwerden der langen *Vergeudung* von Kraft, die Qual des ‚umsonst', die Unsicherheit, der Mangel an Gelegenheit, sich irgendwie zu erholen, irgendwoher noch zu beruhigen – die Scham vor sich selbst, als habe man sich allzu lange *betrogen*...".[161] Man hatte gehofft, „daß ein Etwas durch den Prozeß selbst *erreicht* werden soll: – Und nun begreift man, daß mit dem Werden *nichts* erzielt, *nichts* erreicht wird... Also die Enttäuschung über einen angeblichen *Zweck des Werdens* als Ursache des Nihilismus: Sei es in Hinsicht auf einen ganz bestimmten Zweck, sei es, verallgemeinert, die Einsicht, in das unzureichende aller bisherigen Zweck-Hypothesen, die die ganze ‚Entwicklung' betreffen (– der Mensch *mehr* nicht Mitarbeiter, geschweige denn Mittelpunkt des Werdens)."[162] Diese Bedin-

157 Ebd., S.365.
158 Ebd.
159 Ebd., S. 366.
160 Ebd.
161 Nietzsche1980c, S. 46.
162 Ebd., S. 46f.

gung für die Entstehung des Nihilismus bezieht sich auf das *wissenschaftsreligiöse* Vertrauen auf den Fortschritt. Hinzu kommt eine zweite Bedingung, die den Glauben an „eine *Ganzheit,* eine *Systematisierung,* selbst eine *Organisierung* in allem Geschehen und unter allem Geschehen" betrifft. Es geht hier um eine „Art Einheit, irgendeine Form des ‚Monismus': Und in der Folge dieses Glaubens der Mensch in tiefem Zusammenhangs- und Abhängigkeits-Gefühl von einem unendlich überlegenen Ganzen, ein Modus der Gottheit".[163] Wenn dann schließlich eingesehen ist, „daß mit dem Werden nichts erzielt werden soll, und daß unter allem Werden keine große Einheit waltet, in der der Einzelne völlig untertauchen darf, wie in einem Element höchsten Wertes: so bleibt als *Ausflucht* übrig, diese ganze Welt des Werdens als Täuschung zu verurteilen und eine Welt zu erfinden, welche jenseits derselben liegt, als *wahre* Welt. Sobald aber der Mensch dahinter kommt, wie nur aus psychologischen Bedürfnissen diese Welt gezimmert ist und wie er dazu ganz und gar kein Recht hat, so entsteht die letzte Form des Nihilismus".[164]

Nach dieser Diagnose, daß der Glaube an den Zweck des Werdens, an die Einheit des Geschehens und an das Sein der Wahrheit die Welt entwerten, bietet Nietzsche eine Therapie an: „Gesetzt, wir haben erkannt, inwiefern mit diesen *drei* Kategorien die Welt nicht mehr *ausgelegt* werden darf, und daß nach dieser Einsicht die Welt für uns wertlos zu werden anfängt: so müssen wir fragen, *woher* unser Glaube an diese 3 Kategorien stammt – versuchen wir, ob es nicht möglich ist, *ihnen* den Glauben zu kündigen. Haben wir diese 3 Kategorien *entwertet,* so ist der Nachweis ihrer Unanwendbarkeit auf das All kein Grund mehr, *das All zu entwerten.*"[165]

Der Wille zur Wahrheit ist die Ursache des Nihilismus. Diese Konsequenz ist nicht leicht einzusehen, und es kostet Selbstüberwindung, um dieser Lehre beizutreten. Der Zweck des Werdens, der Mensch als Mitarbeiter im Mittelpunkt der Geschichte, das Entwicklungsdenken, dann die Einheit des Geschehens, die Systematizität und Folgerichtigkeit und schließlich das Sein der Wahrheit, die Leitdifferenz zu Täuschung, Lüge und Irrtum, diese Werte, die Nietzsche zufolge oben auf sind, sind dabei, die Welt zu entwerten. Darum werden wir – so Nietzsches Gedanke – irgendwann zu einer Entwertung der Entwertung kommen müssen, zu einer Entwertung all der Gründe, die die Welt entwerten.

Dies betrifft alle drei genannten Kategorien: 1. Zweck des Werdens: Es wird dazu kommen müssen, die Entwertungstendenz des Entwicklungsdenkens zu entwerten, also z.B. die Diskurse: etwas sei rückständig, primitiv, unentwickelt oder gehöre einer vergangenen Phase an, so wie es Comte mit seinem Drei-Stadien-Gesetz ermöglicht. Wer diese Entwertungstendenz entwertet, muß überhistorisch denken: „Die Welt ist in jedem einzelnen Augenblick fertig und hat ihr Ende

163 Ebd., S. 47.
164 Ebd., S. 47f.
165 Ebd., S. 48f.

erreicht."[166] Das Fertigsein der Welt kommt jeden Augenblick wieder, Nietzsche hat es in seiner schwer verständlichen Lehre von der ewigen Wiederkunft zusammengefaßt. Wenn man will, geht es um die Konzeption einer ewigen post-histoire. 2. Einheit des Geschehens: Es wird dazu kommen müssen, die Entwertungstendenz des Systemdenkens, Organisationsdenkens zu entwerten, also z.B. zu sagen, etwas hat eine Funktion, etwas ist ein Baustein für usw. Wer diese Entwertungstendenz entwertet, muß sich verbieten, Vielheiten, Pluralitäten zu irgendwelchen Gesamteinheiten zusammenführen zu wollen. 3. Sein der Wahrheit: Es wird dazu kommen müssen, die Entwertungstendenz des Wahrheitswillens zu entwerten. Wer diese Entwertungstendenz entwertet, muß den schönen Schein, die Simulation, die Verstellung, die Lüge, die Maske, das Kostüm, d.h. das, was verbirgt, mehr schätzen als das Verborgene. „Nur als ästhetisches Phänomen ist die Welt gerechtfertigt", heißt es schon früh bei Nietzsche.[167]

Umwertung der Werte, Entwertung der Entwertung – Nietzsches Beschreibung der „Logik" des Nihilismus und seine Vorschläge zur Therapie übersteigen das Profil des Atheismus, der sich primär dem biblischen Schöpfergott entgegenstellt. Seine Auseinandersetzung mit dem Nihilismus tritt dabei auch aus dem Schatten des Pessimismus heraus, der – wie später zu zeigen sein wird – als eine eigene Weltanschauung die Erfahrung entfesselter Marktwirtschaft begleitet.[168] Weitreichender ist Nietzsches hypothetische Einsicht in den Gegensatz der Welt, die wir sind, wenn wir uns an die Forschungsresultate halten, die Positivismus und Naturforschung herausgebracht haben, und der Welt, die nach Maßgabe unserer experimentell erprobten und fallengelassenen Werte oder einer Biologie der Werte verehrungswürdig ist. Nietzsche hat sein Denken als Denken *mit* dem Nihilismus verstanden, in der Erwartung, daß gerade mit dem Nihilismus auch Kräfte entstehen, „die Werte umzuwenden und das Werdende, die scheinbare Welt als einzige zu vergöttlichen, gutzuheißen"[169].

DAS MATERIALISMUS-ATHEISMUS-SYNDROM. Kehren wir zurück zum „Materialismus-Streit". Es war die Verknüpfung der zwei Thesen: der Negation der Existenz Gottes und der positiven Totalität der Materie, die der Religion der Wissenschaft ihren polemischen Schwung verliehen hat. Die Genese dieses Materialismus-Atheismus-Syndroms ist verwickelt. Denn ebenso wie der Terminus ‚Atheismus' kann

166 Friedrich Nietzsche, „Vom Nutzen und Nachteil der Historie für das Leben", in: *Sämtliche Werke. Kritische Studienausgabe in 15 Bänden (KSA)*, Bd.1, *Die Geburt der Tragödie*, hg. v. Giorgio Colli u. Mazzino Montinari, München 1980c, S. 243-334, hier S. 255.

167 Friedrich Nietzsche, „Die Geburt der Tragödie", in: Colli u. Montinari 1980d, S. 9-156, hier S. 47.

168 Zum Pessimismus in diesem Band, S. 583ff.

169 Nietzsche 1980b, S. 367. S. auch „Kritik des Nihilismus", Nietzsche 1980c, S. 46. Magnus Schlette sieht Nietzsche nach Feuerbach in einer Bewegung der „Radikalisierung der Religion qua Selbstaufhebung", für die er den Terminus „religiöser Atheismus" verwendet. Magnus Schlette, „Vollendung der Religion? Überlegungen zum religiösen Atheismus im 19, Jahrhundert", in: Gärtner / Pollack u. Wohlrab-Sahr 2003, S. 41-73.

der des ‚Materialismus' vieldeutig gebraucht werden. Mit ihm können sowohl ethischer Hedonismus, eine Auszeichnung der sinnlichen Wahrnehmung, eine skeptisch-realistische Weltsicht, ein praktisches Interesse an funktionierenden Zusammenhängen, ein metaphysisches Prinzip oder eine Orientierung an exakter Naturforschung verbunden werden. Die polemische Qualität erfährt denn auch einen Mehrwert, wenn ‚Materialismus' und ‚Atheismus' zusammengeschlossen werden.

Diese Weichenstellung hat ihre lange Vorgeschichte in der klerikalen Polemik gegen *rationalreligiöse* Naturauffassungen, die antike Lehren – insbesondere die aristotelische Auffassung der Materialität der Seele und der lukrezschen Annahme einer Selbstschöpfung der Natur – zu integrieren verstand.[170] Es war die konfessionelle Polemik gegen den französischen Libertinismus, der Ideen der italienischen Renaissance aufgegriffen hatte, die in den zwanziger Jahren des 17. Jahrhunderts bei François Garasse und Marin Mersenne „Materialismus", „Atheismus" und „Epikuräismus" zu gemeinsam agierenden apokalyptischen Reitern zusammenschloß. Damit war ein Syndrom konstituiert, auf das sich in der Gegenbesetzung die *rationalreligiöse* Konfessionskritik positiv beziehen konnte.[171]

Die gängige marxistische These, wonach der ‚Materialismus' den ‚Atheismus' zur Folge habe, ist freilich korrekturbedürftig. Wir haben im *Ersten Band* darauf hingewiesen, daß zwei Prozesse zu unterscheiden sind.[172] In dem einen Prozeß kommt es zur Interessenverlagerung: Mit wachsender naturforscherlicher und anthropologischer Neugier erlahmt das Interesse an theologischem Scharfsinn. In dem darin verflochtenen zweiten Prozeß gerät die menschliche Subjektivität in Gefahr, im immer klarer sich abzeichnenden Wirkungsgefüge der Materie zum Spielball der Natur zu werden. In dieser Wahrnehmung kann der Materie eine absolute Qualität zugesprochen werden, und der Glaube an die Göttlichkeit der Natur hat dann kann eine Dezentrierung der Stellung des Menschen im Kosmos zur Folge.

Gegenläufig ist aber auch eine andere Wahrnehmung präsent. Die Steigerungen der Fähigkeiten der Beherrschung der Materie können den Makel der Unvollkommenheit der Natur hervortreten lassen, gilt es doch ihre Unzulänglichkeiten ins Lebensdienliche umzugestalten. Mini-Subjekt und Vertrauen auf die systemischen

170 Das aristotelische Axiom *nihil est in intellectu quod non prius fuerit in sensu* ist seit den mittelalterlichen Lektüren des Aristoteles ebensooft hin- und hergewälzt worden wie Lukrezens Abweis einer Erschaffung der Welt durch Götter. (Lukrez, *Von der Natur*, hg. v. Hermann Diels, Düsseldorf/Zürich ²1991, S. 411-415). Daß Lukrez nicht nur von der Laienintelligenz, sondern auch von Klerikern rezipiert und geschätzt wurde, zeigt Stephen Greenblatt, *Die Wende. Wie die Renaissance begann*, München 2012.

171 Die Literatur zum französischen Materialismus und Naturbegriff ist zahlreich. Neben den Arbeiten von Kondylis 1981 und Cassirer 1932 sind hervorzuheben Jean Ehrard, *L'idée de nature en France dans la première moitié du XVIIIe siècle* [1963], Paris: Albin Michel, 1994; Michel Delon, *L'idée d'énergie au tournants des lumières (1770-1820)*, Paris: Presses Universitaires de France, 1988; Arno Baruzzi, *Die französischen Materialisten des 18. Jahrhunderts. La Mettrie – Helvétius – Diderot—Sade*, München 1986.

172 Im *Ersten Band* S. 189ff.

Prozesse der Materie oder Größenwahn und Weltverlust – diese Aporie ist in der Situation um 1800 mit der wachsenden Einsicht in die Determiniertheit menschlicher Subjektivität präsent. Max Stirners Materialismus des Selbst und der Materialismus der Verhältnisse von Marx und Engels wollten mit ihren Konzepten diese Aporie zu überwinden.

Die junghegelianische Rezeption französischer Schriftsteller der Aufklärung folgte diesem Materialismus-Atheismus-Syndrom ebenso wie die wirkmächtige *Geschichte des Materialismus* von Friedrich Albert Lange. Er setzt den Ursprung des Materialismus mit der Bemühung griechischer Philosophen gleich, „die Welt einheitlich aufzufassen", um gleich hinzuzufügen: „Mit dem Beginn des konsequenten Denkens ist aber auch ein Kampf gegeben gegen die traditionellen Annahmen der Religion."[173] Zur Göttinger Naturforscherversammlung von 1854 bemerkt er, sie hätte „uns beinahe das Schauspiel der großen Religionsdispute der Reformationszeit wiederholt".[174] Obgleich seine Darstellung die Vielfalt „materialistischer" Auffassungen durch die Philosophiegeschichte hindurch verfolgt und obgleich er im Vorwort zur zweiten Auflage den Titel seines Werks relativiert, ist es bis heute zu einer problematischen Rezeption gekommen.[175] Zum Zweck des Buchs schreibt Lange im Vorwort zur zweiten Auflage: „Derselbe liegt nach meiner Auffassung nach wie vor in der *Aufklärung über die Prinzipien*, und ich verteidige mich nicht stark, wenn man deshalb den Titel dieses Buchs nicht ganz angemessen findet. Dieser hat jetzt ein historisches Recht und mag bleiben."[176] Gegen seine Intention, den „Standpunkt des Ideals" auszuweisen und damit der exakten Forschung auf allen Gebieten die Bahn frei zu machen, hat es Lange nicht verhindern können, daß das Syndrom: Materialismus-Atheismus auch durch ihn befestigt wurde.[177]

Im Streit um die Religion der Wissenschaft steht polemisch ‚Materialismus' gegen ‚Spiritualismus' bzw. ‚Idealismus' und verstärkt damit die Wahrnehmung der bürgerlichen Marktgesellschaft als eine der gespaltenen Werte und antinomischen Strukturen. Diese Frontstellung schließt an die *rationalreligiöse* Alternative an, die Herrschaft Gottes in der Natur und im von ihr abhängigen Erdenleben der Menschen entweder nach dem Modell einer absoluten Substanz oder eines absoluten Subjekts zu denken. Materialismus versus Spiritualismus bzw. Idealismus werden jedoch in der Mitte des 19. Jahrhunderts abweichend von den älteren *rationalreligiösen* Vorlagen ins Spiel gebracht: ‚Spiritualismus' oder ‚Idealismus' werden nun in der Epoche des revolutionären Enthusiasmus mit dem Abheben und Schweben der Spekulation identifiziert, die Göttliches und Irdisches im Taumel der Begeisterung versöhnen will. ‚Materialismus' signalisiert nun auch, allein auf eine Wirklichkeit zu bauen, die als enttäuschungsresistentes Ensemble von Gegebenheiten und Relationen anzuerkennen ist. Als ‚spiritualistisch' oder ‚idealistisch' eingeordnet werden

173 Lange1921, Bd. 1, S. 3.
174 Lange 1921, Bd. 2, S. 86.
175 Vgl. Köhnke 1993, S. 233ff u. 241ff.
176 Lange 1921, Bd. 1, S. XIII.
177 Zum Standpunkt des Ideals vgl. Lange 1921, Bd. 2, S. 512ff.

nach 1850 nicht nur die Erwachten von links, sondern auch die Erweckten von rechts, d. h. die reuigen Enthusiasten, die nunmehr das überlieferte Syndrom glaubensfeindlicher Einstellungen auf den Positivismus anwenden konnten. Der Positivismus wurde von ihnen als Neuauflage von Materialismus und Atheismus bekämpft.[178] Im Gegenzug suchen sich die Anhänger der *Wissenschaftsreligion* ihre Vorläufer in der Philosophie der Antike, der Renaissance und der Aufklärung.

Es gehört zu den Grundzügen der aus der Modernitätserfahrung entspringenden Denkhaltungen der zweiten Hälfte des 19. Jahrhunderts, daß sie bestrebt sind, der Moderne eine Tradition zu verpassen, die die Plötzlichkeit im Fallen und Steigen der Werte auf dem Markt kompensiert. Die Konstruktion einer ‚materialistischen' Tradition gehört in diesen Kontext. Dabei wird die *rationalreligiöse* Fundierung des älteren mechanistischen Weltbildes heruntergespielt.[179] Dagegen muß daran erinnert werden, daß für die ‚Materialisten' der frühen Neuzeit bis ins 18. Jahrhundert naturforscherliche Aktivitäten die Religion unterstützen und ihren Teil mit dazu beitragen, das religiöse Denken angesichts der Glaubenskriegserfahrung zu transformieren. „Aufgrund ihrer Einbettung in den alten Glauben an den göttlichen Ursprung und die göttliche Prägung der Natur in allen ihren Teilen sind die ‚kopernikanische Wende' und die wissenschaftlichen Innovationen der New Science von den meisten Zeitgenossen wahrscheinlich nicht als große Revolution wahrgenommen wurden, als die sie aus heutiger Perspektive erscheinen: nicht als Verlust der ‚heiligen' Natur, als Beginn der ‚Entzweiung' von Mensch und Natur durch die ‚objektiven' Naturwissenschaften. Die überlieferte Vorstellung der Natur als eines Ganzen konnte durch den Schöpfungsglauben noch für eine Weile gerettet werden", urteilen Ruth Groh und Dieter Groh und wählen als historischen Einschnitt für eine Naturauffassung jenseits der *Rationalreligion* die Veröffentlichung von Darwins Entdeckungen 1859. Mit ihr trat „der entscheidende Modernisierungsschock" ein.[180]

178 Plé 1996, S. 96ff.

179 So heißt es in der ansonsten verdienstvollen Studie von Overmann über das frühe 18. Jahrhundert: „Viele Denker werden von der expandierenden Macht der Materie angezogen wie die Insekten vom Licht, und der orthodoxe Gott wird auf seine Ingenieurfunktion reduziert oder von der Materie absorbiert." Overmann 1993, S. 14. Overmann folgt in seinem Materialismusbuch Ernst Bloch, der Friedrich Albert Langes *Geschichte des Materialismus* aus dem Neukantianischen ins Marxistische übersetzt hat. Ernst Bloch, *Avicenna und die Aristotelische Linke*, Frankfurt a.M. 1963; Ders., *Das Materialismusproblem, seine Geschichte und Substanz*, Frankfurt a.M. 1972; Ders., *Vorlesungen zur Geschichte der Renaissance*, Frankfurt a.M. ^{2}1980. In der Spannung von *natura lapsa* und *oeconomia naturae* hat Dieter Groh in seiner grundlegenden Studie ältere Naturauffassungen aufgearbeitet. Dieter Groh, *Schöpfung im Widerspruch. Deutungen der Natur und des Menschen von der Genesis bis zur Reformation*, Frankfurt a.M. 2003. Aus theologischer Sicht vgl. Udo Krolzik, *Säkularisierung der Natur. Providentia-Dei-Lehre und das Naturverständnis der Frühaufklärung*, Neukirchen-Vluyn 1988.

180 Ruth Groh u. Dieter Groh, *Weltbild und Naturaneignung. Zur Kulturgeschichte der Natur*, Frankfurt a.M. 1991, S. 58.

Freilich verbreitete sich dieser ‚Modernisierungsschock' – wie später zu zeigen sein wird – recht langsam. Dies nicht nur, weil die *bekenntnisreligiöse* Abwehr des Positivismus mit Hilfe des alten Materialismus-Atheismus-Syndroms andauerte, sondern auch, weil das Kernstück des Positivismus, nämlich die Überzeugung, daß es die Methoden der Naturwissenschaften sind, die die theistische Naturauffassung letztlich widerlegten, diese ins Zentrum der Debatte rückte. Um ein breites Publikum für naturkundliches Wissen der neuen Art zu erreichen, eignete sich gerade oftmals die Reaktivierung physikotheologischer Naturdeutungen, in denen gezeigt wurde, wie komplex Naturzusammenhänge sind, besser als frontale Angriffe auf den Schöpferglauben. Insbesondere in England kam es zu einer Revitalisierung der theistischen Naturauffassung.[181]

Eine Pluralität von Materialismen. Kurt Bayertz hat den Versuch unternommen, Gemeinsamkeiten und Unterschiede zwischen dem modernern Materialismus und seinen zahlreichen Vorläufern idealtypisch zu ordnen und dabei die Stellung von Vogt, Moleschott und Büchner genauer aufzuzeigen.[182] In den philosophischen Konzeptionen von antiken Autoren und solchen, die nach dem Auftauchen des Wortes ‚Materialismus' Mitte des 17. Jahrhunderts rückwirkend diesem zugeordnet wurden, lassen sich drei Positionen identifizieren.

Zunächst wird davon ausgegangen, daß es sich bei der Wirklichkeit, mit der Menschen es zu tun haben, um eine objektive und reale Welt handelt, die auf allen Komplexitätsebenen als ein einheitliches, monistisches Zusammenspiel von Materie begriffen wird. Abgewehrt wird die Annahme eines in die Welt eingreifenden geistigen Prinzips oder die Reduktion materieller auf geistige Phänomene oder der Dualismus von zwei voneinander unabhängigen Welten oder Substanzen. Die atheistischen Stoßrichtungen richten sich hier sowohl gegen den Glauben an ein Eingreifen Gottes in die Welt als auch gegen den Glauben an einen neben seiner Schöpfung weiterexistierenden Gott oder überhaupt eines präkosmischen Geistes. Die zweite Position betrifft die Einordnung der geistigen Lebensäußerungen des Menschen in das Spiel der Materie. Es wird davon ausgegangen, daß ebenso wie neben der materiellen Welt kein andersartiges geistiges Prinzip existiert, so auch die geistigen Fähigkeiten des Menschen unter dem Primat der Materie stehen. Was Menschen denken, ist somit Widerspiegelung oder Repräsentation der realen Welt. Die atheistischen Stoßrichtungen richten sich hier gegen die Auszeichnung geistiger Fähigkeiten als eines Moments der Gottesebenbildlichkeit des Menschen und

181 In England dominierte lange Zeit die Naturauffassung von Paley, derzufolge die anwachsende Erkenntnis von Naturzusammenhängen als ein Weg zu Gott begriffen wurde. William Paley, *Natürliche Theologie*, aus d. Engl. v. Dr. Hermann Hauff, Stuttgart/Tübingen 1837; vgl. dazu Groh u. Groh 1991, S. 50ff. Die komplexen Diskursverflechtungen erhellt: Holger Steinmann, *Absehen – Wissen – Glauben. Physikotheologie und Rhetorik 1665-1747*, Berlin 2008.

182 Kurt Bayertz, „Was ist moderner Materialismus?" in: Ders. / Gerhard u. Jaeschke 2007, Bd. 1, S. 50-70.

gegen den Glauben an die Göttlichkeit der Vernunft. Die dritte Position betrifft die ethische Frage, wie die im Menschen als einem Lebewesen sich regenden körperlichen und vitalen Bedürfnisse und Empfindungen zu bewerten sind. Da es sich um objektive Regungen handelt, sind sie „der geistigen Steuerung nur partiell zugänglich; ihre prinzipielle Unterdrückung ist unzumutbar, wenn nicht unmöglich."[183] In der Konsequenz haben Menschen einen Anspruch auf das Glück, das ihnen die Befriedigung ihrer körperlichen und vitalen Bedürfnisse schenkt. Die atheistischen Stoßrichtungen richten sich hier gegen alle asketischen, anti-hedonistischen Imperative, die sich auf göttliche Gesetze oder Gebote beziehen.

Die drei philosophischen Positionen bilden nach Bayertz keinen notwendigen Zusammenhang untereinander und sind in sich auch variantenreich. Für den modernen Materialismus von Vogt, Moleschott und Büchner ist nun charakteristisch, daß er sich nicht mehr direkt, sondern indirekt auf Natur bezieht: „An die Stelle der Natur tritt die *Naturwissenschaft*."[184] Damit lösen sich materialistische Auffassungen von der Philosophie und beziehen sich auf den Progreß der naturwissenschaftlichen Forschung. Mit diesem Bezug stehen die Materialisten freilich nicht allein, denn auch *bekenntnisreligiöse* und *rationalreligiöse* Wissenschaftler betreiben naturwissenschaftliche Forschung, ohne daß der durch sie erreichte wissenschaftliche Fortschritt ihrem Gottes- oder Vernunftglauben abträglich gewesen wäre. Dies zeigt das Beispiel der 1866 publizierten Entdeckung der Regeln des Vererbungsvorgangs bei Merkmalen im einfachen Erbgang durch den Augustinermönch Gregor Mendel.

Als Bezugpunkt für Materialisten eignen sich die Naturwissenschaften deshalb besonders, weil sie mit dem „Immanenzprinzip" arbeiten. Dabei besteht freilich ein Unterschied: „Von materialistischer Seite wird es als ein *substantielles* Prinzip verstanden: als eine ontologische Aussage darüber, wie die Welt letzten Endes und ihrem Wesen nach *ist*. In Rahmen der naturwissenschaftlichen Forschung fungiert es demgegenüber als eine *methodologische Regel*, nach der nur das in Betracht gezogen wird, was ‚natürlich erklärt' werden kann."[185] Diese methodologische Regel befolgen auch die Kommissionen der katholischen Kirche, wenn sie überprüfen, ob es sich bei einem angezeigten Wunder um ein natürlich erklärbares Geschehen handelt oder um ein Zeichen Gottes. In aller Deutlichkeit hat Helmuth Plessner in der Diskussion um den Vitalismus die methodologische Begrenzung von Naturwissenschaft aufgezeigt: „Naturwissenschaft treiben, heißt die Spielregeln der eindeutigen Bestimmbarkeit einhalten, sonst nichts. Damit ist man weder Mechanist noch Materialist; man bindet sich nur an eine Methode. Jeder naturwissenschaftlich geführte Beweis hat bedingte Geltung mit Rücksicht auf den unendlichen Fortschritt und die beständige Modifizierbarkeit der Theorien. Aus der Naturwissenschaft kann keine Wesensaussage gewonnen werden, *weder* die mechanistisch-materialistische *noch* die vitalistische Lebensdeutung. Naturwissenschaft bestimmt,

183 Ebd., S. 51.
184 Ebd., S. 55.
185 Ebd., S. 57f.

aber deutet nicht. Sie ist autonom nach ihrer Regel, so wie Philosophie nach der ihrigen, was gegenseitige Beeinflussungen und Förderung in der Seele des Forschers keineswegs ausschließt. Man kann Vitalist sein, und der Schreiber dieser Zeilen ist es aus philosophischen Gründen, und muß doch das Ziel der exakten Biologie anerkennen, von dem wir freilich unendlich weit entfernt sind: Darstellung qualitativer Differenzierung nach quantitativen Funktionen."[186]

Freilich gibt es demungeachtet Bestrebungen, aus der Summe der gesicherten Befunde eine Verallgemeinerung im Sinne eines Weltbildes zu entwerfen, dem eine „inhärente Tendenz zum Reduktionismus" eigen ist. So gibt es Bayertz zufolge „immer nur *eine* Form des legitimen Weltverständnisses, *eine* Form rationaler Erklärung, nämlich die von der jeweils avanciertesten naturwissenschaftlichen Theorie vorgegebene Form."[187] Mit wissenschaftlichen Revolutionen werden Umbauten im Weltbild bezeichnet, die aufgrund neuer Entdeckungen und geprüfter Theorien fällig werden. Über die Frage, was obsolet geworden ist oder nur in einen neuen Rahmen gestellt werden muß, kommt es in der Regel zu intensiven Debatten.

So hat z.B. die Beobachtung, daß bei Energieumwandlungen, wie sie in Dampfmaschinen geschehen, eine gewisse Menge der Energie verlorengeht, zur Formulierung der beiden berühmten Sätze geführt: „1) Die Energie der Welt ist konstant. 2) Die Entropie der Welt strebt einem Maximum zu."[188] Die beruhigende Botschaft des ersten thermodynamischen Hauptsatzes wurde durch den Entropiesatz dementiert und hat die Zeitgenossen, denen die Erfahrung der Auflösung sozialer Bindungen in der entfesselten Marktgesellschaft präsent war, dazu verleitet, nun auch in der physikalischen Welt Unordnung und Zerfall wiederzufinden. Elizabeth R. Neswald schreibt in ihrer grundlegenden Studie *Thermodynamik als kultureller Kampfplatz*: „Die Gesetze der Thermodynamik wurden als neue Naturgesetze postuliert, die, kaum aufgestellt, universelle Gültigkeit beanspruchen. Sie wurden zur Grundlage einer neuen Naturanschauung, die, obwohl in diesem Zeitraum noch innerhalb des Paradigmas der Mechanik begriffen, dieses im Laufe des Jahrhunderts verdrängte. Das mechanische Uhrwerk-Universum wurde durch den thermodynamischen Dampfmaschinen-Kosmos ersetzt, denn auch in der Kosmologie bekam die Wärme eine unverzichtbare Rolle als treibende Kraft planetarer Entstehungsprozesse." [189]

Beunruhigend war für manche Intellektuelle, die an den unaufhaltsamen Fortschritt der Welt zu glauben sich gewöhnt hatten, daß alles Leben im Universum

186 Helmuth Plessner, „Vitalismus und ärztliches Denken" [1922], in: *Gesammelte Schriften IX*, Frankfurt a.M. 1985a, S. 7-27, hier S. 19f.; siehe dazu und zur Pluralität von Materialismen Reinhard Mocek, „Materialismus und Anthropologie im 19. Jahrhundert", in: Bayertz / Gerhard u. Jaeschke 2007, Bd. 1, S. 177- 203 hier 198 und 202.

187 Bayertz 2007, S. 58.

188 Rudolf Clausius, „Über verschiedene für die Anwendung bequeme Formen der Hauptgleichungen der mechanischen Wärmetheorie", in: *Annalen der Physik und Chemie* 75/1865, S. 353-400, hier S. 400.

189 Elizabeth R. Neswald, *Thermodynamik als kultureller Kampfplatz. Zur Faszinationsgeschichte der Entropie 1850-1915*, Freiburg 2006, S. 12.

nach dem Entropiesatz dereinst aus Mangel an Wärme dem Untergang geweiht sein sollte. So schreibt Friedrich Engels 1869 an Marx in London: „In Deutschland hat die Umwandlung der Naturkräfte, namentlich die der Wärme in mechanische Kraft etc., Anlaß gegeben zu einer höchst abgeschmackten Theorie, (…) daß die Welt immer kälter wird, die Temperatur innerhalb des Universums sich immer mehr ausgleicht und damit zuletzt ein Moment eintritt, wo alles Leben unmöglich wird und die ganze Welt aus verfrorenen, sich umeinander drehenden Kugeln besteht. Ich warte nur darauf, daß die Pfaffen sich dieser Theorie als letztes Wortes des Materialismus bemächtigen. Etwas Dümmeres kann man sich nicht denken."[190] So kommt Engels denn auch in seinen Studien zur Dialektik der Natur zu einer optimistischen Perspektive. Die Materie bewege sich in einem ewigen Kreislauf, „in dem jede endliche Daseinsweise der Materie, sei sie Sonne oder Dunstnebel, einzelnes Tier oder Tiergattung, chemische Verbindung oder Trennung, gleicherweise vergänglich, und worin nichts ewig ist als die ewig sich verändernde, ewig sich bewegende Materie und die Gesetze, nach denen sie sich bewegt und verändert. Aber wie oft und wie unbarmherzig auch in Zeit und Raum dieser Kreislauf sich vollzieht; wieviel Millionen Sonnen und Erden auch entstehn und vergehn mögen; wie lange es auch dauern mag, bis in einem Sonnensystem nur auf Einem Planeten die Bedingungen des organischen Lebens sich herstellen; wie zahllose organische Wesen auch vorhergehn und vorher untergehn müssen, ehe aus ihrer Mitte sich Tiere mit denkfähigem Gehirn entwickeln und für eine kurze Spanne Zeit lebensfähige Bedingungen vorfinden, um dann auch ohne Gnade ausgerottet zu werden – wir haben die Gewißheit, daß die Materie in allen ihren Wandlungen ewig dieselbe bleibt, daß keins ihrer Attribute je verlorengehn kann, und daß sie daher auch mit derselben eisernen Notwendigkeit, womit sie auf der Erde ihre höchste Blüte, den denkenden Geist, wieder ausrotten wird, ihn anderswo und in andrer Zeit wieder erzeugen muß."[191]

Andere Beispiele für den von Kontroversen begleiteten Umbau der materialistischen Weltauffassung, der jeweils nötig wird, wenn etwas zur wissenschaftlichen Revolution erhoben wird, ist die – später noch zu behandelnde weltanschauliche Verallgemeinerung der Darwinschen Evolutionstheorie und ihres „Modernisierungsschocks", sowie die Revolution der nicht-klassischen Physik durch die Quantenphysik Max Plancks. Auch hier wurden bisherige legitime Weltauffassungen delegitimiert und eine wiederum einzig gültige Form rationaler Erklärung als materialistisches Weltbild hypostasiert. Die Problematik der Bestrebungen, aus einzelnen Forschungsresultaten in speziellen Disziplinen Verallgemeinerungen im Sinne eines Weltbildes zu entwerfen, dem dann eine *wissenschaftsreligiöse* Qualität zugesprochen werden kann, wird im nächsten Abschnitt wieder aufgegriffen.

---

190 Engels an Marx in London, Brief vom 21. März 1869, in: *Marx-Engels-Werke (= MEW)*, Bd. 32, *Briefe, Januar 1868 – Mitte Juli 1870*, Berlin 1974, S.286f.

191 Friedrich Engels, „Dialektik der Natur", in: *Marx-Engels-Werke (= MEW)*, Bd. 20, *Anti-Dühring. Dialektik der Natur*, Berlin 1975, S. 305- 568, hier S. 327. Siehe auch zur Debatte um die Wärmetod-Hypothese: Neswald 2006, S. 179ff.

Die Unsterblichkeit der Seele. Für das Materialismus-Atheismus-Syndrom ist die Frage nach der Unsterblichkeit der Seele von zentraler Bedeutung, geht es dabei doch um den materialistischen Glauben an die Restlosigkeit der Materie, der keine zweite Welt kennt. Die Grundstruktur der Beseelungsidee und der Idee der Einwohnung einer Seele im Körper ist in vielen Gesellschaften ähnlich.[192] In der Bibel findet man allerdings nichts zur Unsterblichkeit der menschlichen Seele. Allein Gott ist unsterblich. Erst am jüngsten Tage bei der Wiederkunft Jesu Christi und der Auferstehung der Toten kann Gott dem Gläubigen die Unsterblichkeit schenken. (1. Kor. 15,51-55).

Es war das Fünfte Laterankonzil (1512-1517), das in einer Zeit andrängender evangelischer Bewegungen die dogmatische Definition über die Unsterblichkeit der individuellen Seele beschloß. Dies war gegen die Attraktivität des averroistischen Monopsychismus gerichtet, der nur eine einzige unsterbliche Seele kannte, an der die einzelnen Individuen einen Anteil hatten.[193] Pietro Pomponazzi hat in seinem *Tractatus de immortalitate animae* (1516) diese heterodox gewordene Lehre vertreten und die Unsterblichkeit der individuellen Seele geleugnet. Papst Leo X. verurteilte Pompazzis Traktat, das in Venedig öffentlich verbrannt wurde.[194] Nicht minder bedeutsam für den Einstieg in die moderne Unsterblichkeitsdebatte in Europa wurde Bernardino Telesios These, die er – im Titel seiner Schrift Lukrez seine Referenz erweisend – in *De rerum natura* (1565) entwickelte. Es gelte, zwischen den materiellen und immateriellen, d.h. den sterblichen und den unsterblichen Anteilen der Seele zu unterscheiden. Wärme und Kälte bewirken, daß sich die Materie ausdehnt und zusammenzieht. Die Wärme weckt in Organismen einen *spiritus animalis*; unabhängig davon habe Gott dem Menschen eine unsterbliche Seele hinzugefügt. So ist der Mensch einerseits bestrebt, sich selbst als Lebewesen zu erhalten, und hat zugleich darüberhinausgehend das Verlangen nach tugendhafter Selbstvervollkommnung.[195]

---

192 Vgl. Heinrich Popitz, „Die Kreativität religiöser Ideen. Zur Anthropologie der Sinnstiftung", in: Ders., *Wege der Kreativität*, Tübingen ²2000, S. 135-192, hier S. 139ff. Einen Überblick über wichtige Etappen der Geschichte der Seelenvorstellungen gibt der Band: *‚Die Seele'. Ihre Geschichte im Abendland*, hg. v. Gerd Jüttemann / Michael Sonntag u. Christoph Wulf, Göttingen 2005.

193 Die Konstruktion eines kohärenten Averroismus stammt von Ernest Renan, „Averroès et l'averroisme", in: *Œuvres complèts*, Bd. 3, Paris: Calmann-Lévy, 1852, S. 1-365; Kritisch dazu: Friedrich Niewöhner, „Averroismus", in: *Religion in Geschichte und Gegenwart*, Bd. 1, hg. v. Hans D. Betz / Don S. Browning / Bernd Janowski u. Eberhard Jüngel, Tübingen ⁴1998, Sp. 1023.

194 Jürgen Wonde, *Subjekt und Unsterblichkeit bei Pietro Pomponazzi*, Stuttgart 1994, S. 3; zur Diskussion von Averroismus ebd., S. 6ff. Wichtig sind auch die mittelalterlichen Auseinandersetzungen zur Unsterblichkeitsfrage: Olaf Pluta, *Kritiker der Unsterblichkeitsdoktrin in Mittelalter und Renaissance*, Amsterdam 1986.

195 Martin Mulsow, *Frühneuzeitliche Selbsterhaltung: Telesio und die Naturphilosophie der Renaissance*, Tübingen 1998, S. 96ff. passim. Die Rationalisierung der Naturphilosophie geht eben oftmals mit einer „gesteigerten Rolle von Religion" einher. Ebd., S. 404.

Mit diesen Varianten gehört das Thema der Unsterblichkeit der individuellen Seele in der Moderne zu denen, die ob ihres biographischen Bezuges den Einzelnen vielleicht mehr anrühren als die ferneren Fragen nach dem Ursprung der Materie. Eine Kritik des *kunstreligiösen* Glaubens an die unsterblichen Werke der Kunst oder eine Kritik des *nationalreligiösen* Glaubens etwa an das ‚ewige Deutschtum' hat nicht so mobilisieren können wie der Angriff auf den Glauben an die Unsterblichkeit der Seele. Dies hat z.B. Ludwig Feuerbach zu spüren bekommen, dessen Universitätskarriere nach der Veröffentlichung seiner *Gedanken über Tod und Unsterblichkeit* scheiterte.[196]

Wilhelm Ostwald berichtet über die Fassungslosigkeit von William James, als der Monist an der Harvard University die den wissenschaftlichen Streit beruhigende agnostizistische Linie überschritt und behauptete, daß er haltbare Gründe nur gegen die Annahme einer Unsterblichkeit der menschlichen Seele gefunden habe.[197] In Ruhe gelassen hat das Thema auch nicht den im Umgang mit dem Tod erfahrenen greisen Soldaten Graf Moltke, der in seinen posthum veröffentlichten *Trostgedanken* (1892) zwar nicht an die Auferstehung des Fleisches glaubt, aber nicht von dem Gedanken lassen kann, daß das Göttlichste im Menschen, sein Gemüt, der Seele verbleiben müßte, „wenn sie unsterblich ist".[198] Die Protestbriefe, die der Limburger Bischof Kamphaus nach seinem Zeitungsbeitrag „Eine Fortsetzung findet nicht statt", in dem er die heutige kirchliche Ganztodlehre erläutert, erhalten hat, zeugen von der unverminderten Virulenz der Thematik. So schreibt ein Leser: „Weil die Kontinuität des Seins der Person gemäß der ‚Ganztodlehre' durch ihre absolute Vernichtung im Tod unterbrochen ist, kann der Mensch nach dem Tod nicht mehr zur Rechenschaft gezogen oder belohnt werden. Gericht, Läuterung und Hölle entfallen. Wenn es keine Seele gibt, dann existieren auch keine ‚Armen Seelen', für die man beten kann und soll. Wenn es keine Seele gibt, dann braucht man seine Seele auch nicht mehr vor dem Verderben der Hölle zu retten, um sie vor Verlust der Gnade zu bewahren. Dann sind Anstrengung und Entbehrung, Hingabe und Kampf überflüssig: ‚Dann laßt uns essen und trinken, denn morgen sind wir tot'." (1 Kor. 15,32)[199]

196 Ludwig Feuerbach, „Gedanken über Tod und Unsterblichkeit", in: *Ludwig Feuerbach. Gesammelte Werke*, Bd. 1, *Frühe Schriften, Kritiken und Reflexionen (1828-1834)*, hg. v. Werner Schuffenhauer, Berlin 1981, S. 175-515.

197 So Wilhelm Ostwald in seinen *Lebenslinien. Eine Selbstbiographie*, 3 Bde., hier Bd. 3: *Gross-Bothen und die Welt. 1905-1927*, Berlin 1927, S. 72f. über sein Erlebnis in dem Austauschsemester an der Harvard University 1905, an der er die Ingersoll-Lecture am 13. September 1905 gelesen hat.

198 Vgl. die Angaben bei Fritz Mauthner, *Der Atheismus und seine Geschichte im Abendland*, Bd. 4, Stuttgart/Berlin 1923, S. 312.

199 Franz Kamphaus (Bischof von Limburg), „Eine Fortsetzung findet nicht statt", in: *Frankfurter Allgemeine Zeitung* vom 11. November 2004, S. 8; Leserbrief von Norbert Clasen (Eichstätt), „Abschied von der Seele", in: *Frankfurter Allgemeine Zeitung* vom 28. Dezember 2004, S. 36.

Der Verweis auf 1. Kor. 15,32 findet sich auch bei Rudolf Wagner, der wie andere der christlichen Naturforscher den Glauben an die Unsterblichkeit der Seele nach wie vor im Materialismus-Streit bekannte. Dagegen schrieb Carl Vogt: „Wir sehen täglich die allmähliche Entwicklung aller geistigen Funktionen im Kinde. Von den ersten Reflexionsbewegungen im Mutterleib an bis zu dem erwachsenen Alter beobachten wir eine ununterbrochene Reihe allmählicher Ausbildung in Empfindung, Bewegung, Bewußtsein, Urteilsvermögen, Willenskraft und überhaupt allem geistigen Vermögen. Wir sehen diese Entwicklung in strengster Übereinstimmung mit der Ausbildung des Organes. Eine solche Entwicklung ist unvereinbar mit der Annahme einer unsterblichen Seelensubstanz, die in das Gehirn als Organ hineingepflanzt ist. Wir sehen täglich eine ähnliche rückschreitende Metamorphose der geistigen Funktionen bei dem Greise."[200] Daraus folge, „daß die Eigenschaft, welche mit einem materiellen Substrate in übereinstimmender Weise sich entwickelt und zurückbildet und mit diesem Substrat leidet, auch mit demselben zugrunde geht; daß also die geistigen Funktionen, die mit dem Gehirn in übereinstimmender Weise sich entwickeln, leiden und sich zurückbilden, auch mit dem Gehirne zugrunde gehen müssen. Das werfe um, wer kann!"[201]

Rudolph Wagner hatte gegen Vogt Beweislücken der physiologischen Argumentation aufgezeigt, die Vogt voreilig übersprungen hatte, und darauf verwiesen, daß unter Physiologen noch keine Einigkeit über die Natur der Seele bestünde. Es ging ihm um das Offenhalten der Frage. So entschieden die Materialisten die Unsterblichkeit der Seele als eine auf die Person bezogene Einheit angriffen, für die Frage nach dem postmortalen Weiterleben hielten sie Formeln von der Ewigkeit der Materie und dem Kreislauf des Lebens bereit. Das Stirb-und-Werde-Motiv konnte dabei bis in die Dimension der Entstehung der Sterne ausgezogen werden. So heißt es bei dem Astronomen Max Wilhelm Meyer: „Ein neuer Lebenslauf beginnt; eine neue Generation von Welten entsteht aus dem verwesten Fleisch und Blut der Untergegangenen; von neuem werden unter ungestümen Kämpfen sich Millionen junger Welten aus dem wild verworrenen Zustande emporwachsender Jugendlichkeit zu kraftvoll mannhaften Wesen konsolidieren, in denen zielbewußte Ordnung herrscht, welche sie zu gemeinschaftlichem Wirken als gewaltige Nation zusammenfügt; bis auch diese Generation (...) das Alter herannahen fühlt und hinstirbt und verwest, wie alle die vorangegangenen Sonnen-Geschlechter."[202]

Das Offenhalten der Frage nach der Unsterblichkeit der Seele und die forscherliche Vorsicht beim Behaupten von Zusammenhängen zwischen verschiedenen Naturphänomenen erfolgte bei Rudolph Wagner mit Blick auf die befürchteteten politisch-moralischen Folgen des Vogtschen Monismus. Daß die wissenschaftlichen Antworten auf viele offene Fragen erst in Zukunft erfolgen können, spiegelte für Wagner die Notwendigkeit der regulativen Idee eines Jüngsten Gerichts. „Die

---

200 Vogt 1971a, S. 632.

201 Ebd.

202 Max Wilhelm Meyer, *Die Lebensgeschichte der Gestirne in Briefen an eine Freundin. Eine populäre Astronomie der Fixsterne*, Leipzig ^{3}1898, S. 201f.

Geschichte des Menschengeschlechts, ein Produkt der Handlungen von Millionen von Individuen, zeigt uns nur zum kleinen Teil einen festen gesetzmäßigen Gang der Erscheinungen. Tausende von Phänomenen, von Handlungen erscheinen völlig sinnlos, ohne eine außerirdische Ausgleichung. Hier weist alles auf eine zukünftige Lösung der Widersprüche hin und führt uns notwendig zur Lehre von dem zukünftigen Gerichte und der Wiedervergeltung. Die ganze moralische Weltordnung würde ohne eine solche Annahme zum völligen Unsinn."[203]

Diese Standardargumentation der *theologia civile*, derzufolge die Bindung von Menschengruppen an eine politische Ordnung in religiöser Orientierung wurzeln müsse, um als moralische Ordnung anerkannt zu werden, wird von Vogt entschieden zurückgewiesen: „Die Existenz einer unsterblichen Seele ist Herrn *Wagner* nicht das Resultat der Forschung oder des Nachdenkens, sie ist das notwendige Requisit des ganzen Gebäudes der Rache, welches dieser Zelote sich aufgerichtet hat. Er bedarf einer unsterblichen Seele, um sie nach dem Tode des Menschen quälen und strafen zu können; er bedarf eines solchen Objekts, an welchem der Haß, den seine Religion in sich trägt, sich weiden könne (...). Weil Herr *Wagner*, um allen Postulaten seines Glaubens zu genügen, einer unsterblichen Seele nicht entbehren kann, deshalb trägt er dieselbe notgedrungen in die Wissenschaft hinein und sucht sie darin einzubürgern."[204]

Das Nachdenken über den Glauben an die Unsterblichkeit der Seele ist mit dem Materialismus-Streit nicht zu Ende gewesen. Das Thema bleibt Kern des Materialismus-Atheismus-Syndroms. Im Spannungsfeld von russisch-orthodoxer Kirche, Wissenschaftsglauben und der freien religionsphilosophischen Kreativität russischer Intellektueller ist die kühne, weil ebenso materialistische wie religiöse Utopie des 1828 geborenen Nikolaj Fedorov entstanden. Seinen zentralen Gedankengang hat Michael Hagemeister nachgezeichnet: „Der Mensch ist sterblich. Angesichts der Realität des Todes besitzt er nichts, nicht einmal ‚sein' Leben. Alles ist ihm gegeben und kann ihm jederzeit wieder genommen werden. Ein solches Dasein ist unfrei, entwürdigend und sinnlos. Ziel eines sterblichen Wesens muß deshalb sein, den Tod zu überwinden und unsterblich zu werden."[205] Die Sterblichkeit sei Folge einer chaotischen Natur, innerhalb derer allein der Mensch in der Lage sei, qua Vernunft und Wille das Sterbliche in der Natur unsterblich zu machen. „In dem der Mensch sich selbst und die äußere Natur vollständig reguliert und in ein Kunst-Werk verwandelt, beseitigt er jegliche Trennung, Zerstörung und Vergänglichkeit und damit jede Begrenzung in Raum und Zeit."[206]

---

203 Rudolph Wagner, zit. n. Vogt 1971a, S. 633.

204 Vogt 1971a, S. 633f.

205 Michael Hagemeister, *Nikolaj Fedorov. Studien zu Leben, Werk und Wirkung*, München 1989, S. 61; Ders., „Nikolaj Fedorov und der ‚russische Kosmismus'", in: *Russische religiöse Philosophie. Das wiedergewonnene Erbe: Aneignung und Distanz*, hg. v. Franz Josef Klehr u. Eberhard Müller, Stuttgart 1992, S. 159-170.

206 Ebd., S. 62.

Das Ziel der Unsterblichkeit, die Fedorov als ethische Pflicht den Menschen auferlegt, weil sonst ihre Existenz sinnlos wäre, unterscheidet sich von all den Vorstellungen, die die Unsterblichkeit in der Erinnerung der Lebenden und späteren Generationen aufgehoben wissen wollen. Für Zygmunt Baumann ist der Tod als „das Gewahrsein der Sterblichkeit (...) die entscheidende Bedingung für die kulturelle Schöpferkraft. Ihm ist es zu verdanken, daß Dauer zu einer Aufgabe, zu einer dringenden, höchsten Aufgabe – zum Ursprung und Maß aller Aufgaben – wird, und so schafft der Tod, jene riesige, stets emsige Fabrik der Dauer."[207] Daraus erwachsen zwei Hauptstrategien: Entweder der „Wunsch nach individueller Unsterblichkeit geht auf im Dienst an der Unsterblichkeit der größeren Einheit", etwa der Kirche, des Volkes oder einer anderen heiligen Sache. Oder für die „unverwechselbar individuellen Taten" einer Person werden Orte der Erinnerung geschaffen. [208] Bei den Grabmälern des unbekannten Soldaten und auch bei den berühmten Geistesgrößen, denen eine Grablege in einem Pantheon zuerkannt wurde, handelt es sich um kulturelle Institutionen eines Fortlebens in der Erinnerung.

Anders bei Fedorov. Sein Projekt der Unsterblichkeit zielt nicht auf Erinnerungskultur, auch nicht auf den Stirb-und-werde-Kreislauf der Metamorphosen der Materie, sondern auf die physische Unsterblichkeit der Person, die durch wissenschaftlich-technischen Fortschritt angestrebt werden soll. Mehr noch, die zu erwerbenden technischen Kompetenzen sollen der „Auferweckung" der toten Väter durch die Söhne dienen, als eine physische Wiederherstellung durch Sammlung und Rekombination der zerstreuten Partikel. Nur diese Aufgabe könne dem menschlichen Leben einen Sinn geben. Die „Wiederherstellung aller untergegangenen Geschlechter tritt an die Stelle der unbewußten, ziellosen, ‚natürlichen' Fortpflanzung (sowie der passiven Erwartung einer transzendenten Auferstehung)". Erst „die allumfassende Gemeinschaft der Menschheit (einschließlich aller Verstorbenen) ist imstande, das Universum zu vollenden".[209]

Religion ist für Fedorov im Kern von ihren Anfängen an Totenkult und Ahnenverehrung. Dies gilt auch für das Christentum. In den gebauten Kirchen wird der Seelen der Verstorbenen gedacht und es werden die Heiligen verehrt. „Im Gottesdienst vereinigen sich alle diese Himmelsbewohner zu einem Ganzen mit denen, die den Gottesdienst im Gotteshaus vollziehen".[210] Aber dieses Projekt blieb beschränkt. „Das Gotteshaus blieb ein Gebäude, es wurde nicht zum Weltgebäude, und der Gottesdienst, die Liturgie als gemeinsames Werk der Auferweckung blieb auf das Gotteshaus beschränkt; er wurde zur Sache der Priester und der Gemeinde, und der Vorgang der Wandlung, d.h. der Wiederbelebung sank zum leeren Ritual

207 Zygmunt Bauman, *Tod, Unsterblichkeit und andere Lebensstrategien*, Frankfurt a.M. 1994, S. 12.

208 Zygmunt Bauman, „Unsterblichkeit, Biologie und Computer", in: *Die Technik auf dem Weg zur Seele*, hg. v. Christa Maar / Ernst Pöppel u. Thomas Christaller, Reinbek bei Hamburg 1996, S. 241-256, hier S. 243f.

209 Hagemeister 1989, S. 62.

210 Fedorov zit. n. Ebd., S. 86.

herab."[211] Die osterlachende Kirche der russischen Orthodoxie weitet sich bei Fedorov zu einem wissenschaftlich-technischen Großprojekt, dem es nach einer langen Reihe von Experimenten möglich werden soll, „alle Moleküle und Atome der Außenwelt so zu erkennen und zu lenken, daß das, was zerstreut ist, gesammelt wird und das, was zerfallen ist, wieder vereint wird, d. h. zusammengesetzt wird zu jenen Körpern, wie die Väter sie bei ihrem Tode hatten."[212]

Darüber, ob Fedorovs „Kosmismus", der manche Unsterblichkeitsprojekte der jungen Sowjetunion inspiriert hat, religiös genannt werden kann oder ob er Atheist war, ist man in der Literatur uneins.[213] Wir sehen in diesem Glauben einen *wissenschaftsreligiösen* Materialismus, der auf eine technische Umsetzung von Unsterblichkeit gerichtet ist, die im 20. Jahrhundert bis zur Gegenwart als eine Antwort auf die Erfahrung artifizierter Lebenswelt gesehen werden kann.[214]

3. Weltbilder im Dickicht der Spezialisten

Spezialdisziplin und Totalperspektive. Der Materialismus-Streit in Deutschland befestigte die Koppelung von ‚Materialismus' an ‚Naturwissenschaften'. Damit profilierte sich neben der älteren Tradition des philosophischen Materialismus, der mit *rationalreligiösen* Auffassungen kompatibel sein konnte, ein sich von Philosophie distanzierender naturwissenschaftlicher Materialismus.[215] Die Variante des „historischen Materialismus" blieb auf den Kreis der Anhänger von Marx und Engels beschränkt, und ihr Kampf gegen die „Vulgärmaterialisten" erreichte nur wenige der Intellektuellen, die sich mit den Arbeiterparteien verbunden hatten.[216]

211 Ebd.

212 Ebd., S. 124.

213 Zur Diskussion um Fedorovs Atheismus: Hagemeister 1992. S. 163f.; Hagemeister 1989, S. 63, FN 7. Nikolai Fedorov wird auch in der akzelerationistischen Szene diskutiert. Siehe *Benedict Singleton: The Accelerationist Cosmism of Nikolai Fedorov*, online: http://darkecologies.com/2014/06/17/benedict-singleton-the-cosmism-of-nikolai-fedorov/ (Letzter Zugriff: 12.04.2015). Zu Unsterblichkeitsprojekten vor und nach der russischen Revolution siehe Hagemeister 1989, S. 155ff; *Die Neue Menschheit. Biopolitische Utopien in Russland zu Beginn des 20. Jahrhunderts*, hg. v. Boris Groys u. Michael Hagemeister, Frankfurt a. M. 2005; Richard Saage, *Utopieforschung*, Bd. II, *An der Schwelle des 21. Jahrhunderts*, Berlin 2008, S. 133ff.

214 Man denke an Ray Kurzweils Entwicklung von Unbersterblichkeitsapparaten. Tobias Hülswitt, „Im Gespräch: Ray Kurzweil. Werden wir ewig leben, Mr. Kurzweil?", in: *Frankfurter Allgemeine Zeitung* vom 23. Februar 2008, S. Z6.

215 Renate Wahsner, „Der Materialismusbegriff in der Mitte des 19. Jahrhunderts", in: Bayertz / Gerhard u. Jaeschke 2007, Bd. 1, S. 71-101. Zur Vorgeschichte der Professionalisierung von „Naturwissenschaft" siehe Denise Phillips, *Acolytes of Nature. Defining Natural Science in Germany 1770-1850*, Chicago: University Press, 2013.

216 Zur Dominanz des naturwissenschaftlichen Materialismus in der Arbeiterbewegung vgl. die inspirierende Studie von Erhard Lucas, *Vom Scheitern der deutschen Arbeiterbewegung*, Frankfurt a.M. 1983, S. 71ff.

Darüberhinaus befestigte der Materialismus-Streit die Koppelung von Naturwissenschaft und Wissenschaft schlechthin für diejenigen, die sich von Hegels *Enzyklopädie der philosophischen Wissenschaften* emanzipieren wollten. Frederick Gregory weist zu Recht darauf hin, daß es sich bei den Materialisten des 19. Jahrhunderts nach heutigen Standards um Metaphysiker handelte, deren Philosophie einen bestimmten Kranz metaphysischer Postulate umfaßte. Postuliert wurde, daß eine unabhängige Welt existiert, daß Menschen wie andere Lebewesen auch materielle Wesen sind, deren Bewußtsein nicht unabhängig von ihrem Körper existiert, und daß es keinen Gott oder ein anderes nicht-humanes Wesen gibt, dessen Existenzweise nicht eines der materiellen Wesen ist.[217]

Bei dem ‚Materialismus', um den 1855 gestritten wird, handelt es sich somit genau betrachtet um einen Monismus, in dem Sinne, daß einzig in der Methode empirischer Naturwissenschaft als Erforschung materieller Phänomene eine Grundlage für das Wissen um den einheitlichen, alles andere ausschließenden Zusammenhang der Welt zu finden sei. Den Titel einer Wissenschaft sollten nur solche Bemühungen erhalten, deren Vertreter bereit waren, von der Vorraussetzung eines auf dem Wege der naturwissenschaftlichen Methode ergründbaren, einheitlichen, naturgesetzlichen Zusammenhangs von physikalischen, chemischen, biologischen, sozialen, kognitiven, ästhetischen und ethischen Prozessen auszugehen. Damit war zugleich ein Totalanspruch begründet, ein neuer Typus von Religiosität, der sich von *Bekenntnisreligion*, *Rationalreligion* sowie *Kunst-* und *Nationalreligion* grundlegend unterschied. Aber gerade das Proprium dieses neuen Religionstyps, Einzelforschung, Methodendogmatik und Weltanschauung zusammenzufügen, führte zu erheblichen Spannungen.

1852 erschien *Der Kreislauf des Lebens. Physiologische Antworten auf Liebig's Chemische Briefe* von Jacob Moleschott.[218] Liebig hatte 1844 die chemischen Grundlagen der Pflanzen- und Tierphysiologie in seinen *Chemischen Briefen* dargestellt. Moleschott argumentiert ebenfalls auf den drei Ebenen der Popularisierung, des professionellen Disputs und der Religionskritik. Es geht ihm darum, die wissenschaftliche Forschung „für das Volk in weiten Kreisen, nicht bloß für die Aristokratie der Bildung, genießbar zu machen", und er profiliert sich in seiner Anrede an Liebig als Spezialist: „Sie sind kein Physiologe und ich kein Chemiker. Aber ich habe denselben Stoff, den Sie so anregend zu ordnen wußten, mit gleicher Liebe aufgefaßt und mit der Kraft des Gedankens gehegt. Mein Verhältnis zum Stoff ist ein anderes und daraus erwuchsen andere Ansichten. Auf eine vorurteilsfreie Prüfung muß auch meine Darstellung ein Anrecht haben, weil die Wissenschaft als solche stets frei sein wird von den Staatsformen, welche gewissen Menschenklassen den freien, unbefangenen Verkehr mit anderen versagen."[219]

217 Gregory 1970, S. Xf sowie S. 146ff.

218 Jacob Moleschott, „Der Kreislauf des Lebens. Physiologische Antworten auf Liebig's Chemische Briefe" [1852], in: Wittich 1971, Bd. 1, S. 28-341.

219 Moleschott 1971, S. 32.

Moleschotts Eröffnung verweist auf ein grundlegendes Problem von *Wissenschaftsreligion*, das sich an diesem Autor gut aufzeigen läßt. Das politische Argument der Wissenschaftsdemokratie, übertragen auf die Verhältnisse zwischen Disziplinen, führt dann zu erheblichen Schwierigkeiten, wenn es darum geht, *wissenschaftsreligiöse* Stiftungen anzustreben. Charakteristisch für die naturwissenschaftlichen Materialisten ist Olaf Breidbach zu Folge „die Tendenz, die Erklärung der Gesamtwelt über die Sicht ihrer Teildisziplin zu finden."[220] Der disziplinäre Problemhorizont wird zur Totalperspektive der Weltanschauung, Weltauffassung, eines Weltbildes ausgeweitet. Auch wenn zwischen Naturforschern verschiedener Disziplinen davon die Rede ist, daß sie sich immerhin mit „demselben Stoff" befassen, so setzt dies die Konstruktion einer Geschlossenheit naturwissenschaftlicher Erfahrung voraus, die einzelwissenschaftlich – „induktiv", wie es im 19. Jahrhundert hieß – gar nicht begründbar ist. Weder aus der Beobachtung von Ameisen noch aus der Erforschung von Hirnströmen ist ein wissenschaftliches Weltbild zu zaubern, das sich außerhalb der Typen von *Wissenschaftsreligion* bewegt, die wir in diesem Teil unserer Religionssoziologie untersuchen.

Renate Wahsner hat auf die Frage: *Gibt es ein naturwissenschaftliches Weltbild?* geantwortet: „Ein nur auf der Grundlage der Naturwissenschaft begründetes Konzept kann kein Weltbild sein, denn die Naturwissenschaft ist gezwungen, die Welt unter der *Form des Objekts* zu fassen. Das Subjekt als Subjekt kommt darin nicht vor. Eine Welt ohne Subjekt kann aber wohl nicht als Welt, Welt als Ganzes, bezeichnet werden."[221] Schon der Terminus ‚Natur' als ein „Zusammenhang alles Bestehenden, alles dem Menschen Gegenüberstehenden" ist höchst voraussetzungsvoll.[222] Nicht minder voraussetzungsvoll ist der „Übergang von der Verwendung des Denkmittels der Substantialität zu der des Denkmittels der Variabilität", d.h. der „Umbruch vom Substanzdenken zum Funktionsdenken".[223] Erst damit ist jedoch eine universelle Vergleichbarkeit, Gleichartigkeit und somit nachgerade praktische Meßbarkeit aller Dinge, nicht nur der Natur, sondern auch der Technik, errungen.

Erwin Schrödinger, den Wahsner als ihren Gewährsmann heranzieht, hatte in den Entscheidungen der antiken Philosophen, „die die Sicht des Menschen auf die Welt – künstlich – einschränken, es aber dadurch ermöglichen, daß der Gegenstand der menschlichen Sinne zu einem zusammenhängenden Ganzen" werden kann, eine Grundbedingung von Naturwissenschaft gesehen.[224] Zwei Annahmen seien dafür erforderlich: Die „Verständlichkeitshypothese" besagt, daß sich das Na-

---

220 Breidbach 2000, S. 13.

221 Renate Wahsner, „Gibt es ein naturwissenschaftliches Weltbild?", in: *Naturwissenschaft und Weltbild, Preprint 368 des Max-Planck-Instituts für Wissenschaftsgeschichte*, Berlin 2009, S. 7-23, hier S. 7.

222 Ebd., S. 8.

223 Ebd., S. 10; grundlegend: Ernst Cassirer, *Substanzbegriff und Funktionsbegriff. Untersuchungen über die Grundfragen der Erkenntniskritik*, Berlin 1910.

224 Ebd., S. 11; zum Folgenden Ebd., S. 10-12.

turgeschehen verstehen läßt, die „Objektivierungshypothese" besagt, daß das Erkenntnissubjekt aus dem Naturgeschehen als einem verständlichen Etwas herausgenommen und in der Position eines Beobachters außerhalb fixiert wird. Wo so angesetzt wird, ist hinzuzunehmen, daß zum einen die Erfahrung der Mechanik im Naturgeschehen dieses verständlich machen kann und daß zum anderen die Beobachtung des Gleichbleibenden in der Veränderung die Annahme rechtfertigt, daß die Dinge der Natur nicht einfach verschwinden, sondern nur umgewandelt werden. So ist seit Leukipp und Demokrit die Materie ewig und unzerstörbar. Die Entdeckung und Formulierung von mechanischen und transformativen Bedingungszusammenhängen im Naturgeschehen erfordert nun stets ein selektives Herausgreifen dieser Zusammenhänge aus dem Weltzusammenhang. Sie beruhen daher auf einem Verzicht. Diese Selektion zu organisieren, ist die Aufgabe von Forschung in Einzeldisziplinen.

Die naturwissenschaftlichen Materialisten des 19. Jahrhunderts waren nicht nur nicht bereit, den Preis zu zahlen, die Resultate ihrer speziellen Naturforschung als Teilerkenntnisse zu begrenzen, sie machten darüber hinaus das Erkenntnissubjekt selbst zum integralen Teil des Naturzusammenhangs, den sie schlechtweg mit dem Weltzusammenhang gleichsetzten. Renate Wahsner bemerkt abschließend: „das Erkenntnissubjekt ist kein bloßes Objekt unter Objekten innerhalb der zu erkennenden Natur. Behandelt man es dennoch so, dann untersucht man nicht eigentlich das Erkenntnissubjekt, sondern macht sich den Menschen oder das Bewußtsein zum Objekt. Es ist dies durchaus eine legitime Vorgehensweise, nur kann durch sie eben nicht herausgefunden werden, wie das Subjekt sich selbst gegeben ist. *Die Möglichkeit, das Subjekt auch als Objekt zu denken, ersetzt nicht die Notwendigkeit, das Subjekt auch als Subjekt zu denken.* Genau darum geht es aber, und genau das kann Naturwissenschaft nicht leisten. Deshalb kommen naturwissenschaftliche Weltbilder zwar vor, existieren sie, sind aber nicht wirklich."[225]

Es sind dies Einsichten, die schon die Zeitgenossen der naturwissenschaftlichen Weltbildner formuliert haben. So hat Rudolf Eucken gegen seinen Kollegen Ernst Haeckel deutlich gemacht: Die Grundbegriffe ‚Materie' oder ‚Geist' seien nicht mit naturwissenschaftlichen Methoden, sondern zuerst mit philosophischen und geisteswissenschaftlichen Methoden zu begreifen. „Der Monismus erkenne nicht, daß die exakten Untersuchungen, die ihm als Ausgangspunkt dienten, und deren Bedeutung Eucken würdigt, zu keinen philosophischen Ergebnissen führten. Der Monismus operiere mit einem falschen Begriff von Allgemeinheit. Er kenne nur die induktive Allgemeinheit und sehe nicht, daß die Kategorien, die auch der Naturforschung zugrunde liegen, nicht einzelwissenschaftlich gewonnen werden könnten."[226] Am Beispiel Moleschotts disziplinär gestifteter Weltanschauung wird dies deutlich.

225 Ebd., S. 22.

226 Zusammenstellung der Argumente Euckens gegen den Monismus von Uwe Dathe, „Rudolf Eucken – Ein Gegner des Monismus und Freund des Monisten", in: Ziche 2000, S. 41-59, hier S. 44. Zur Materialismuskritik zeitgenössischer Philosophen siehe Myriam

Als Physiologe konzentriert sich Moleschott auf Fragen des Stoffwechsels. Der Stoff ist unsterblich und unveränderlich. „Die Unveränderlichkeit des Stoffs, des Vorrats und der Eigenschaften und die gegenseitige Verwandtschaft der Elemente, d.h. ihre durch Gegensätze bedingte Neigung, sich miteinander zu verbinden, begründen die Ewigkeit des Kreislaufs".[227] Moleschott behandelt die Stoffwechselprozesse beim Wachstum von Pflanzen und Tieren. Teils folgt er den Ergebnissen Liebigs und würdigt z.B. die „so bedeutende Leistung *Liebigs*, daß er den Ammoniakgehalt der Luft und des Regens kennen lehrte", teils korrigiert er seine Auffassung, so z.B. in der Frage der Seegewächse: „*Liebig* sagt: ‚Wir wissen, daß bei den Seegewächsen von einer Zufuhr an Nahrung, von Humus (Dammerde), durch die Wurzel nicht die Rede sein kann.' Warum? Fehlen etwa im Meere die Bedingungen der Verwesung, welche die untergegangenen Pflanzen in Dammsäure, in Quellsäure und Quellsatzsäure verwandeln? Aber, gesetzt sie fehlten, so würden der Riesentang und andere Seegewächse sich dem Beispiel der ohne Dammerde wachsenden Flechten anreihen. Daß deshalb anderen Pflanzen die Dammsäure nicht zur Nahrung gereicht, ist keine Folge. Oder essen wir kein Fleisch, weil der Grönländer von Fischen und die Bewohner mancher Inseln der Südsee von Brotfrucht leben?"[228]

Die interdisziplinären Korrekturen weichen dann immer wieder einer fundamentalen Auseinandersetzung. Denn an der Schnittstelle von Popularisierung und Professionalisierung liegt auch bei Moleschott der Streit um das Verhältnis von Naturforschung und Gottesglauben. Liebigs Naturwissenschaft folgt im wesentlichen dem metatheoretischen Muster der doppelten Wahrheit, wie es in der Scholastik entwickelt und in der *Rationalreligion* als *religio duplex* fortgeführt wurde. Er hatte in seinen *Chemischen Briefen* geschrieben: „Ohne die Kenntnis der Naturgesetze und der Naturerscheinungen scheitert der menschliche Geist in dem Versuche, sich eine Vorstellung über die Größe und unergründliche Weisheit des Schöpfers zu schaffen; denn alles, was die reichste Phantasie, die höchste Geistesbildung an Bildern nur zu ersinnen vermag, erscheint gegen die Wirklichkeit gehalten wie eine bunte, schillernde, inhaltslose Seifenblase."[229] Naturwissenschaft zu treiben, ist ein höherwertiges Gotteslob, weil hier ein bilderfreier Zugang zur Schöpfung möglich ist. So heißt es: „Darin liegt eben der hohe Wert und die Erhabenheit der Naturerkenntnis, daß sie das wahre Christentum vermittelt. Darin liegt das Göttliche des Ursprungs der christlichen Lehre, daß wir den Besitz ihrer Wahrheiten, die richtige Vorstellung eines über alle Welten erhabenen Wesens nicht dem menschlichen Wege der empirischen Forschung, sondern einer höheren Erleuchtung verdanken."[230]

Gerhard, „Die philosophische Kritik am naturwissenschaftlichen Materialismus im 19. Jahrhundert", in: Bayertz / Gerhard u. Jaeschke 2007, Bd. 1, S. 127-141.

227 Moleschott 1971, S. 56.

228 Ebd., S. 79 u. 74.

229 Justus von Liebig, *Chemische Briefe*, Heidelberg 1851, S. 26.

230 Ebd., S. 29. An anderer Stelle heißt es: „Die einfache Erkenntnis der Natur, sie drängt uns mit unwiderstehlicher Kraft die Überzeugung auf, daß dieses etwas (d.i. der menschliche

Moleschott fragt dagegen: „Wenn wir uns ohne Kenntnis der Naturgesetze den Schöpfer nicht vorstellen können, wozu dient uns denn die Offenbarung? Und wenn wir die besten Wahrheiten nur einer höheren Erleuchtung verdanken können, einer Erleuchtung, deren unsere Sinne nicht fähig sein sollen, wozu denn die Erforschung von Naturgesetzen und Naturerscheinungen? Entweder hat Christus mit wenigen Broten und noch wenigeren Fischen Tausende von Hungrigen gesättigt, dann steht die geoffenbarte Wahrheit über der natürlichen. Oder aber wir können uns ohne die Kenntnis von Naturgesetzen die höchste Vorstellung nicht machen, und dann waren jene Tausende nicht hungrig. Die eine Annahme schließt unwiderruflich die andere aus."[231] Es ist nicht allein der monistische Impuls, der Moleschott zu der Auffassung nötigt, daß Forschung und Offenbarung sich ausschließen. Hinzu tritt das ökonomische Argument von Mangel und Überfluß. Der Erleuchtung ermangelt es an Forschung, die Forschung macht jedoch den Glauben an den Schöpfer überflüssig.

Die rechte Nahrung für das Volk. Nach 1848 wird die Feuerbachsche Religionskritik zu einem wichtigen Flankenschutz für den naturwissenschaftlichen Materialismus. Allerdings sind die Beziehungen zwischen Moleschott und Feuerbach nicht ohne Reibungen. Denn einerseits hat Feuerbach die politisch-revolutionären Seiten seiner Religionskritik, die die enthusiastische freireligiöse Bewegung beflügelt hatte, revidiert. Andererseits bleibt Feuerbachs vormärzliche Religionskritik, die wir im *Ersten Band* unserer Religionssoziologie vorgestellt und diskutiert haben, eine wichtige philosophische Stütze für den naturwissenschaftlichen Materialismus.[232]

Vor der Revolution hatte Feuerbach geschrieben: „Die neue Religion, die Religion der Zukunft ist die Politik. In religiöser, allgemeinster Form ausgesprochen ist ihr Prinzip: der Glaube an den Menschen als die höchste und letzte Bestimmung des Menschen und ein diesem Glauben gemäßes Leben für den Menschen, mit dem Menschen. Diesem gemäß muß das Prinzip der Philosophie auch ein reales sein; ihre Aufgabe ist, den Menschen als *absolutes Wesen* zu fassen und zu konstruieren".[233] Nun spricht er 1851 im Vorwort zu seinen *Vorlesungen über das Wesen der Religion* von der Revolution, sie sei ein „illegitimes Kind des christlichen Glaubens" gewe-

---

Geist) nicht die Grenze ist, über welche hinaus nichts ihm Ähnliches und Vollkommeneres mehr besteht; unserer Wahrnehmung sind seine niedrigen und niedrigsten Abstufungen allein zugänglich, und wie eine jede andere Wahrheit in der Naturforschung begründet sie das Bestehen eines höheren, eines unendlich höchsten Wesens, für dessen Anschauung und Erkenntnis die Sinne nicht mehr zureichen, das wir nur durch die Vervollkommnung der Werkzeuge unseres Geistes in seiner Größe und Erhabenheit erfassen." Ebd., S. 31.

231 Moleschott 1971, S. 38.

232 Im *Ersten Band* S. 678ff.

233 Ludwig Feuerbach, „Notwendigkeit einer Veränderung" [1842/43], in: *Feuerbachs Bruch mit der Spekulation. Kritische Einleitung zu Feuerbach. Die Notwendigkeit einer Veränderung (1842)*, hg. v. Carlo Ascheri, mit einem Vorwort v. Karl Löwith, Frankfurt a.M. 1964, S. 145-162, S. 158.

sen, man hätte nur „die christlichen Tatwunder auf das Gebiet der Politik" verpflanzt.[234]

Moleschott zieht aus der Feuerbachschen Religionskritik eine naturwissenschaftliche Konsequenz. Gottesvorstellungen sind Projektionen des Menschen, die weit entfernte Ursachen phantasieren. Dagegen suche der Naturwissenschaftler „für jede Erscheinung die nächste Quelle, für jede Quelle einen Grund und weiter und weiter rückwärts, solange die sinnliche Wahrnehmung reicht".[235] So kritisiert Moleschott die ausgreifende Spekulation über eine „Lebenskraft" nach dem Modell der Feuerbachschen Religionskritik: „Alle Vorstellungen von der Lebenskraft lassen sich auf die tief wurzelnde Neigung des Menschen zurückführen, sich eine Reihe von Erscheinungen, deren Zusammenhang ihm rätselhaft blieb, in der Gestalt einer Persönlichkeit vorzustellen. Merkwürdig genug entspringt die wesenloseste Trennung von Kraft und Stoff gerade dem Bedürfnis, sich in den Wogen schwankender Erscheinungen an dem zum Steuermann verkörperten Bilde eines gemeinsamen Grundes festzuhalten."[236] Noch in seinen Lebenserinnerungen feiert Moleschott Ludwig Feuerbach als den Denker, der den menschlichen Ursprung der Gottesvorstellungen aufgeklärt habe.[237]

Feuerbachs Reaktionen auf Moleschott sind jedoch ambivalent. 1850 war Jacob Moleschotts *Lehre der Nahrungsmittel* erschienen.[238] Moleschott bat Feuerbach, die Schrift zu rezensieren und begründet dies in seinem Brief: „Die negative Kritik, die in Ihrem Wesen des Christentums so gewaltig Bahn gebrochen hat, wird erst dann ihre allgemeine Anerkennung finden, wenn an die Stelle der veralteten Satzungen ein positives Wissen getreten ist, das, wie alles wahre Wissen, zugleich frei macht und den Forderungen des Gefühls genügt."[239] Feuerbach entsprach der Bitte und publizierte unter dem Titel *Die Naturwissenschaften und die Revolution* seine Rezension der *Lehre der Nahrungsmittel*.

Er verknüpft darin seine Kritik am Christentum und an der spekulativen theologisierenden Philosophie mit den Forschungsergebnissen Moleschotts und deren Totalisierung. Der Erfahrungshorizont entfesselter Marktgesellschaft tritt dabei Schritt für Schritt als Bezugspunkt der Argumentation hervor. Zunächst wird der Glaube an den Fortschritt aufgerufen: „Der Naturforscher sieht, wie die Natur in ewigem Fortschritt begriffen ist, wie sie nie mehr auf eine einmal überschrittene

234 Ludwig Feuerbach, „Vorwort" zu: *Vorlesungen über das Wesen der Religion* [1851], in: *Ludwig Feuerbach. Gesammelte Werke*, Bd. 6, *Vorlesungen über das Wesen der Religion. Nebst Zusätzen und Anmerkungen*, hg. v. Werner Schuffenhauer, Berlin 1967, S. 3-5, hier S. 5.

235 Ebd., S. 39.

236 Ebd., S. 256.

237 Jacob Moleschott, *Für meine Freunde. Lebenserinnerungen*, Gießen 1895, S. 181. Zum Verhältnis Feuerbachs zu Moleschott vgl. Gregory 1970, S. 191ff.

238 Jacob Moleschott, *Lehre der Nahrungsmittel. Für das Volk*, Erlangen 1850.

239 Brief Jacob Moleschott an Feuerbach vom 30. März 1850, zit. n. Ludwig Feuerbach, „Die Naturwissenschaften und die Revolution", in: *Werke*, Bd. 4, *Kritiken und Abhandlungen 3 (1844 – 1866)*, hg. v. Erich Thies, Frankfurt a.M. 1975, S. 243-265, hier im Anhang S. 480.

Stufe zurückfällt, nie mehr aus einem Mann ein Knabe, einem Weibe ein Mädchen, einer Frucht eine Blüte, einer Blüte ein Blatt wird, wie in der Natur immer das Alte abstirbt, und zwar nur dazu, um den Dünger für eine bessere Zukunft abzugeben."[240]

Dann verweist Feuerbach auf die Weitung von der Spezialdisziplin zur Totalperspektive. Der Naturforscher richte seinen Blick von den Einzelheiten auf die Zusammenhänge und auf „die Einheit des Ganzen". „Der Blick in die Natur erhebt darum den Menschen über die engherzigen Schranken des peinlichen Rechts, sie macht den Menschen kommunistisch, d. h. freisinnig und freigiebig."[241] Moleschotts Schrift handle nun aber von den Resultaten der modernen Chemie über die Nahrungsmittel, „sie hat also eigentlich nur einen gastronomischen Zweck und Gegenstand, und doch ist sie eine, und zwar in höchstem Grade, Kopf und Herz aufregende, eine sowohl in philosophischer als ethischer und selbst politischer Beziehung höchst wichtige, ja revolutionäre Schrift."[242] Die Ernährung der Bevölkerung rückt ins Zentrum.

Vor dem Erfahrungshintergrund der Agrarkrisen, die nicht allein auf Mißernten zurückzuführen waren, sondern mit der Durchsetzung der Marktwirtschaft verbunden waren, fragt Feuerbach: „Was haben sich nicht sonst die Philosophen den Kopf zerbrochen mit der Frage von dem Bande zwischen dem Leib und der Seele! Jetzt wissen wir aus wissenschaftlichen Gründen, was längst das Volk aus der Erfahrung wußte: daß Essen und Trinken Leib und Seele zusammenhält, daß das gesuchte Band also die Nahrung ist. Wie hat man sich nicht sonst über eingeborene oder von außen kommende Ideen gezankt und die verächtlich auf die herabgeblickt, welche den Ursprung der Ideen aus den Sinnen ableiteten! (...) Jetzt wissen wir, daß die Respiration die hauptsächlichste Quelle der Wärme, daß die Luft ein wesentlicher Teil unserer Selbst ist, daß wir alles von außen pumpen, daß wir nichts zu eigen haben, daß wir als reine Lumpen und Kommunisten auf die Welt kommen, daß gar nichts in uns ist, was nicht auch außer uns existiert, daß wir am Ende nur aus Sauerstoff, Stickstoff, Kohlenstoff und Wasserstoff, diesen wenigen, einfachen und doch so unendlich verschiedenartiger Verbindung fähigen, diesen geisterhaften, unmittelbar un- und übersinnlichen und dennoch an sich und mittelbar sinnlichen Stoffen zusammengeflickt sind."[243]

Feuerbach rekapituliert die verschiedenen theologischen und philosophischen Anstrengungen, Geist und Materie zu denken, um mit Formulierungen zu resümieren, die beträchtliches Aufsehen erregten: „Unnütze Fragen! Das Sein ist eins mit dem Essen; sein heißt essen; was ist, ißt und wird gegessen. Essen ist die subjektive, tätige, gegessen werden die objektive, leidende Form des Seins, aber beides unzertrennlich. Erst im Essen erfüllt sich daher der hohle Begriff des Seins und offenbart sich die Unsinnigkeit der Frage, ob Sein und Nichtsein identisch, das

240 Feuerbach 1975, S. 244ff.
241 Ebd., S. 247.
242 Ebd., S. 552.
243 Ebd., S. 253f.

heißt ob essen und hungern identisch ist (...) Die alte Welt stellte den Leib auf den Kopf, die neue setzt den Kopf auf den Leib; die alte Welt liest die Materie aus dem Geiste, die neue läßt den Geist aus der Materie entspringen".[244] Und Feuerbach zitiert Moleschott „‚Das Gehirn kann ohne phosphorhaltiges Fett nicht bestehen'... An das phosphorhaltige Fett ist die Entstehung, folglich auch die Tätigkeit des Gehirns geknüpft... Ohne Phosphor kein Gedanke'" und merkt dazu an: „Wo hat je ein spekulativer Philosoph daran gedacht?"[245]

Die polemische Herabwürdigung des menschlichen Bewußtseins durch den drastischen Bezug zu Stoffwechselvorgängen ist im naturwissenschaftlichen Materialismus öfters anzutreffen. Skandalwirkungen haben z.B. Carl Vogts Vergleiche hervorgerufen, „daß alle jene Fähigkeiten, die wir unter dem Namen Seelentätigkeiten begreifen, nur Funktionen der Gehirnsubstanz sind; oder, um mich einigermaßen grob hier auszudrücken, daß die Gedanken in demselben Verhältnis etwa zu dem Gehirne stehen, wie die Galle zu der Leber oder der Urin zu den Nieren".[246]

Im Zentrum der Moleschottschen Schrift steht das Grundnahrungsmittel der unteren Klassen: die Kartoffel. Moleschott kommt zu dem Resultat, daß eine Ernährung, die überwiegend aus Kartoffeln besteht, zu Mangelerscheinungen führt: „Träges Kartoffelblut, soll es den Muskeln Kraft zur Arbeit, dem Hirn den belebenden Schwung der Hoffnung erteilen? (...) Du kannst nicht siegen, denn deine Nahrung kann nur ohnmächtige Verzweiflung, nicht Begeisterung wecken, und nur Begeisterung vermag es den Riesen abzuwehren, dem mit reichem Blute Tatkraft durch die Adern rollt." Und Feuerbach kommentiert: „Die Speisen werden zu Blut, das Blut zu Herz und Hirn, zu Gedanken und Gesinnungsstoff. Menschliche Kost ist die Grundlage menschlicher Bildung und Gesinnung. Wollt Ihr das Volk bessern, so gebt ihm statt Deklamationen gegen die Sünde bessere Speisen. Der Mensch ist, was er ißt. Wer nur Pflanzenkost genießt, ist auch nur ein vegetierendes Wesen, hat keine Tatkraft."[247] Feuerbach führt schließlich die Niederlage der Märzrevolution 1848 auf die mangelhafte Ernährungsgrundlage des Volkes zurück und

---

244 Ebd., S. 254f.

245 Ebd., S. 255f.

246 Carl Vogt, „Physiologische Briefe für Gebildete aller Stände. 12. Brief", in: Wittich 1971b, S. 1-24, hier S. 17f. Urheber dieses Vergleichs war der französische Arzt Pierre-Jean-Georges Cabanis (1757-1808), der die Gedanken als Exkremente des Gehirns bezeichnet hat. Verständnisvoll äußert sich Comte zu diesem Vergleich: „Ferner war es in dem Augenblick, wo das Studium der intellektuellen und affektiven Funktionen aus dem Gebiete der Metaphysik herausgetreten war, um dem der Physiologie eingereiht zu werden, außerordentlich schwierig, jede Übertreibung in der Festlegung der Grenzen der Physiologie zu vermeiden und an der Aufnahme auch der sozialen Erscheinungen in dieses Gebiet vorüberzugehen. Die Zeiten der Eroberung sind nicht die der genauen Grenzen. So ist auch *Cabanis*, der einer der wichtigsten Mitarbeiter in dieser großen Revolution gewesen ist, insbesondere entschuldbar, daß er sich in dieser Beziehung Irrtümern hingegeben hat." Auguste Comte, *Entwurf der wissenschaftlichen Arbeiten welche für eine Reorganisation der Gesellschaft erforderlich sind* [1822], Leipzig 1914, S. 181f.

247 Feuerbach 1975, S. 263.

propagiert mit Moleschott den Übergang zu Hülsenfrüchten als Ernährungsgrundlage.[248]

Die naturwissenschaftlichen Materialisten suchen nach einer monistischen Erklärung des Zusammenhangs von Geist und Materie, und sie versuchen, diesen Zusammenhang auf möglichst kurzem Wege herzustellen. Daß die Ernährungsfrage im Vordergrund steht, verweist darauf, daß es um Erfahrungsgehalte der modernen Marktgesellschaft nach 1848 geht, um die Erfahrung, daß mehr Reichtum produziert wird als je zuvor und daß trotzdem der Hunger in den Elendsquartieren zunimmt. Es ist eben dies die Erfahrung von gesellschaftlicher Nichtgesellschaft, in der die Bedingungen des Stoffwechsels mit denen des Markttauschs verflochten sind.[249]

Feuerbachs Verhältnis zu Moleschott war ambivalent. Einerseits ist er für ihn „der Einzige (mir bekannte) radikale und prinzipielle Naturforscher", andererseits stoßen ihn die „widerlichen Popularisationen und Trivialitäten" ab.[250] Einem Freund gegenüber charakterisiert er seine Rezension „als eine prosaische Satire auf unsere bisherige Philosophie" und er genießt das Echo, das sein Wortspiel vom Sein und Essen hervorgerufen hat.[251] Zweifelsohne ist diese Rezension mit feiner Ironie in einem humoristischen Ton geschrieben. Dies kann aber nicht vergessen machen, daß sie dadurch eher zur Popularisierung materialistischer Ideen beigetragen hat als zu ihrer Kritik.[252]

---

248 Der Zusammenhang von Ernährung und Glaubensvorstellungen ist auch bei Carl Vogt ausgeführt. Glaubensvorstellungen sind abhängig von den Molekülen und Atomen, die der Mensch mit der Nahrung seiner Körper zuführt. „ (...), denn da der Glaube nur eine Eigenschaft der Körperatome ist, so hängt eine Veränderung des Glaubens nur von der Art und Weise der Ersetzung der Körperatome ab. Die Teltower Bauern sind so verstockt stabil, weil sie ihre Körperatome stets wieder durch Steckrübenatome ersetzen." Carl Vogt, *Untersuchungen über Tierstaaten*, Frankfurt a.M. 1851, S. 5.

249 Zu Agrarkrisen und Nahrungsmittelversorgung im 19. Jahrhundert vgl. Thomas Nipperdey, *Deutsche Geschichte 1800-1866*, München 1983, S. 145. Zu erinnern ist in diesem Zusammenhang an die Broad Church Party des Predigers Charles Kingsley (1819-1875), der seine Seelsorge mit der Sorge für ausreichende Ernährung begann. Sein „Muskelchristentum" der arbeitenden Klasse setzte sich von der Hochkirche und den protestantischen Gruppen entschieden ab. Vgl. dazu Mauthner 1923, S. 158f.

250 Feuerbach an F.W. Heidenreich vom 25. Mai 1852, zit. n. Feuerbach 1975, hier im Anhang S. 481.

251 Vgl. auch Ludwig Feuerbach, „Das Geheimnis des Opfers oder Der Mensch ist, was er ißt", in: *Ludwig Feuerbach. Gesammelte Werke II: Kleinere Schriften IV (1851-1866)*, hg. v. Wolfgang Harich, Berlin 1972, S. 26-52.

252 Wie ambivalent die Texte bis heute sind, die im *science-war* des Materialismusstreits erschienen sind, zeigt die unterschiedliche Wahrnehmung, die Carl Vogts *Untersuchungen über Tierstaaten* bis heute erfährt. Vogt hatte darin geschrieben: „Der Fortschritt der Menschheit zum Besseren liegt nur in der Anarchie, und das Ziel ihres Strebens kann nur die Anarchie sein. Ja! Die Anarchie! Aber ihre Herbeiführung wird nur möglich durch die Berücksichtigung jener Grundsätze, welche uns die Betrachtung des Tierreiches gelehrt hat. Nur die Änderung der materiellen Zustände, die sukzessive Verbesserung der Ernährung, die endliche Herbeiführung des Gleichgewichtes in den Gehirnsekretionen durch zweckmäßige An-

Das Ganze aus Kraft und Stoff. Nicht nur Vogt und Moleschott haben sich auf Feuerbachs Religionskritik berufen. Unter dem Motto „Now what I want, is – facts" von Charles Dickens bekundet Ludwig Büchner im Vorwort seines Bestsellers *Kraft und Stoff*, der zu Lebzeiten des Verfassers neunzehn Auflagen verzeichnen konnte, seinen Lesern den Entschluß, „vor den ebenso einfachen als unvermeidlichen Konsequenzen einer empirisch-philosophischen Naturbetrachtung nicht zimperlich sich zurückzuziehen, sondern die Wahrheit in allen ihren Teilen einzugestehen."[253] Büchner erhebt nicht den Anspruch, noch nicht Dagewesenes vorzutragen, ähnliche oder verwandte Anschauungen seien z.T. schon von den ältesten griechischen Philosophen vorgetragen worden, „aber die notwendige empirische Basis zu denselben konnte eben erst durch die Fortschritte der Naturwissenschaften in unseren Jahrhunderten geliefert werden."[254] Allein aus den Spezialdisziplinen kann eine wissenschaftliche Weltanschauung gestiftet werden. Denn Schulphilosophie „sinkt von Tag zu Tag in der Achtung des Publikums und verliert in ihrer spekulativen Hohlheit an Boden gegenüber dem raschen Emporblühen der empirischen Wissenschaften, welche es mehr und mehr außer Zweifel setzen, daß das makrokosmische wie das mikrokosmische Dasein in allen Punkten seines Entstehens, Lebens und Vergehens nur *mechanischen* und in den Dingen selbst gelegenen Gesetzen gehorcht."[255]

Ludwig Feuerbachs Kritik der Spekulation gibt auch bei Büchner die philosophische Leitlinie ab. Die Schriften der Spezialisten Liebig, Du Bois-Reymond, Cotta, Droßbach, Vogt und Moleschott, aber auch Alexander von Humboldt und Oerstedt u.a.m. werden zitiert. Zugleich ruft Büchner die Autoren der Renaissance auf, die er für seinen Materialismus als Autorität gebrauchen kann: Sebastian Franck, Bernardino Telesio und Giordano Bruno.[256] Die Ausgangsthese lautet: „Keine Kraft ohne Stoff – kein Stoff ohne Kraft!"[257] Materielose Kräfte kann es nicht geben, folglich hat es keinen Schöpfergott gegeben. „Die Welt oder der Stoff mit seinen

---

ordnung der Lebensmittel macht jenen anarchischen Zustand möglich, der dem Kurzsichtigen als krause Unordnung, dem Weiterblickenden als Abbild der Harmonie der Sphären erscheinen muß. Komm denn, du süße, welterlösende Anarchie, welcher das bedrückte Gemüt des Regierten wie des Regierenden entgegenseufzt, als der einzigen Retterin aus diesen Zuständen der Verdumpfung, komm' und erlöse uns von dem Übel, das man Staat nennt!" Vogt 1851, S. 30f. Für Annette Wittkau-Horgby formuliert Vogt ernsthaft seine politischen Überzeugungen, für Bernhard Wördehoff wollte Vogt darin „seine Erfahrung mit dem Duodezstaatengeist der Deutschen in einer tierischen Komödie zusammenfassen". Wittkau-Horgby 1998, S. 94; Wördehoff 2002. Eine gute Charakteristik von Vogts „Tierstaaten" findet sich bei Gregory 1970, S. 195f.

253 Ludwig Büchner, *Kraft und Stoff. Empirisch-naturphilosophische Studien. In allgemein-verständlicher Darstellung*, in: Wittich 1971, Bd. 2, S. 345-516, hier S. 347. Ab der 15. Auflage Leipzig 1883 lautet der Titel „Kraft und Stoff Oder Grundzüge der natürlichen Weltordnung nebst einer darauf gebauten Moral oder Sittenlehre. In allgemein-verständlicher Darstellung". Zu Büchner vgl. Schwarz 1999, S. 177ff.

254 Ebd.

255 Ebd., S. 348.

256 Ebd., S. 361.

257 Ebd., S. 352.

Eigenschaften, die wir Kräfte nennen, mußten von Ewigkeit sein und werden in Ewigkeit sein müssen – mit *einem Worte*: die Welt kann nicht geschaffen sein".[258] Der Stoff ist unsterblich, unvernichtbar, und wie es die Bibel parodierend heißt: „kein Stäubchen im Weltall, noch so klein oder so groß kann verloren gehen, keines hinzukommen."[259] Entstehen und Vergehen sind ein Prozeß unausgesetzter Metamorphose *„derselben Grundstoffe, deren Menge und Qualität an sich stets dieselbe und für alle Zeiten unabänderliche bleibt."*[260] Die Naturgesetze, „nach denen der Stoff sich bewegt, bald zerstörend, bald aufbauend, und die mannigfaltigsten organischen oder anorganischen Bildungen zu Wege bringend, sind *ewige* und *unabänderliche*. Eine starre, unerbittliche Notwendigkeit beherrscht die Masse".[261] Die Gottgläubigen haben sich darauf einzustellen: „Keine Hand hält die Erde in ihrem Schwung, kein Gebot läßt die Sonne stillstehen oder stillt die Wut der sich bekämpfenden Elemente, kein Ruf weckt den Schlaf des Toten; kein Engel befreit den um Freiheit flehenden Gefangenen aus seinem Kerker; keine Hand aus den Wolken reicht dem Hungernden ein Brot, kein Zeichen am Himmel gewährt außernatürliche Kenntnis."[262]

In der Teleologiefrage ist Büchner entschieden, die Natur handelt nicht nach selbstbewußten Zwecken. „Eine Menge uns zweckmäßig erscheinender Einrichtungen in der Natur sind nichts anderes als die Folge der Einwirkung äußerer natürlicher Verhältnisse und Lebensbedingungen auf entstehende oder entstandene Naturwesen, einer Einwirkung von welcher niemals zu vergessen ist, daß sie Millionen Jahre zur Verfügung hatte, um sich geltend zu machen."[263] An anderer Stelle heißt es: „Es gibt keine Zwecke, welche die Natur zugunsten eines Bevorzugten zu erreichen bemüht wäre; die Natur ist sich selbst Zweck, sich selbst erzeugend, sich selbst erfüllend!"[264] Auch der Mensch ist Resultat der notwendigen und unabänderlichen Gesetze der Wechselwirkung von Kraft und Stoff, aber ihm wird eine Stellung an der Spitze der Hierarchie der Lebewesen zugewiesen. „Unter allen Bildungen nun, welche die Wechselwirkung von Kraft und Stoff auf der Erde hervorgebracht, welche die Erde erzeugt hat, ist der Mensch die oberste, die vollkommenste. Darum hat er das Recht und die Macht, auf sich selbst stolz zu sein und über alles zu herrschen, was er zu bezwingen imstande ist. Er hat auch das Recht, sich *heute wenigstens* als den Mittelpunkt und Gipfel der ihn umgebenden Schöpfung anzusehen und keine höhere Macht über sich anzuerkennen. Er ist das letzte und oberste Glied des irdischen Zeugungsaktes, keine anderen Mächte sind ihm be-

258 Ebd., S. 354.
259 Ebd., S. 357.
260 Ebd.
261 Ebd., S. 369.
262 Ebd., S. 371.
263 Ebd., S. 409.
264 Ebd., S. 418.

kannt als die der Natur, welche er durch Erkenntnis zu beherrschen und zu zügeln vermag."[265]

Der triumphierende Humanismus, den Büchner hier als Konsequenz seines naturwissenschaftlichen Materialismus predigt, ist nur ein halbes Jahrhundert von Friedrich Immanuel Niethammers Prägung des Terminus „Humanismus" entfernt.[266] Niethammers Bildungsreligion, die als Variante der *kunstreligiösen* Bestrebungen der Revolutionszeit aufgefaßt werden kann, verstand Bildung als Selbstzweck. Büchners Humanismus feiert die technische Verfügung über die Natur. Zum Ausgang des 19. Jahrhunderts wird Nietzsche notieren: „Jetzt ist die Menschengeschichte nur die Fortsetzung der Tier- und Pflanzengeschichte; ja, in den untersten Tiefen des Meeres findet der historische Universalist noch die Spuren seiner selbst, als lebenden Schleim; den ungeheuren Weg, welchen der Mensch bereits durchlaufen hat, wie ein Wunder anstaunend, schwindelt dem Blicke vor dem noch erstaunlicheren Wunder, vor dem modernen Menschen selbst, der diesen Weg zu übersehen vermag. Er steht hoch und stolz auf der Pyramide des Weltprozesses: Indem er oben darauf den Schlußstein seiner Erkenntnis legt, scheint er der horchenden Natur rings umher zuzurufen: ‚Wir sind am Ziele, wir sind das Ziel, wir sind die vollendete Natur.'"[267] Die Anspielung auf die „Theophysis" kosmischer Evolution von Ernst Haeckel, die wir in einem eigenen Abschnitt behandeln werden, ist nicht zu überhören. Nietzsches bitterböse Bemerkung eignet sich auch als ein vorweg genommener Kommentar zur „neuen" Religion des „evolutionären Humanismus" von Julian Huxley, dem Kirchenvater der Giordano-Bruno-Stiftung. Für Huxley war der Mensch der Gipfel der Evolution und somit in der Lage, mit Hilfe von Eugenik und Gentechnik seine weitere Evolution zu gestalten.[268]

WO EXPERIMENTE NICHT HINREICHEN. Die *wissenschaftsreligiöse* Rhetorik setzt in der Regel mit der These ein, daß die naturalistische Weltanschauung eine logisch notwendige Konsequenz empirischer Forschung sei.[269] Demgegenüber verteidigen sich christliche Naturwissenschaftler mit einer Haltung, die zum Arsenal *rationalreligiöser* Selbstbehauptung gegen konfessionelle Zumutungen entstammt: der Skepsis, jetzt freilich nicht als Skepsis gegen den Wunderglauben, sondern als Skepsis gegen die bloße Behauptung gesicherter Forschungsergebnisse und gegen das in die Zukunft weisende Vorpreschen logischer Ableitungen, für die empirische Tatsachen allererst zu erbringen wären. In dieser Alternanz von projektiver Sicherheit einer

265 Ebd., S. 419. „*Heute wenigstens*", ist von Ludwig Büchner hervorgehoben. Um 2000 wird man die Projektionen von Moravec hinzunehmen müssen, denen zufolge sich die menschliche Lebensform als der des Regimes der Maschinen unterlegen erweist. Vgl. dazu Uerz 2006, S. 391ff.

266 Friedrich Immanuel Niethammer, *Der Streit des Philanthropinismus und Humanismus in der Theorie des Erziehungs-Unterrichts unsrer Zeit*, Jena 1808.

267 Nietzsche 1980d, S. 312f.

268 Julian Huxley, *Der evolutionäre Humanismus: zehn Essays über die Leitgedanken und Probleme*, München 1964.

269 Zu den unterschiedlichen Positionen in dieser Frage vgl. Wittkau-Horgby 1998, S. 73f.

möglichen neuen Erkenntnis und skeptischer Reserviertheit fällt der dritten Position, der erkenntniskritischen, eine Art Schiedsfunktion zu. Sie hat zu bestimmen, was überhaupt strenges Wissen sein kann. In allen Milieus, in denen *Wissenschaftsreligion* eine Chance hat, sind Erkenntnistheorie und Wissenschaftstheorie begehrte Tummelplätze für die Suche nach zuletzt erreichbarer Sicherheit, die in Marktgesellschaften das kostbarste Gut ist.

Auch die Spielarten des Positivismus, die Bernhard Plé untersucht hat, haben sich nach den Graden der Gewißheit in der Erkennbarkeit der Welt differenziert. Bei Pierre Laffitte ist die Sinnbestimmung in der Gegenwart endgültig erkannt. Bei Frederic Harrison ist die Sinngebung für die Gegenwart zwar erkannt, aber sie ist stets neu erkennbar in der Zukunft. Man konnte aber auch glauben, daß die Sinnbestimmung für die Gegenwart zwar partiell erkannt, aber endgültig erst in der Zukunft erkennbar ist. George Henry Lewes vertrat die Auffassung, in der Gegenwart und in der Zukunft sei die Sinnbestimmung stets nur partiell erkennbar.[270] Der Streit geht hier über das Verschieben der Grenze, die das Relative von dem Absoluten trennt.

Friedrich Albert Lange hat gegen den Feuerbach, auf den sich Vogt, Moleschott und Büchner beriefen, eingewandt: „Seine Sinnlichkeit ist eine neue Form des absoluten Denkens, welche von der tatsächlichen Erfahrung gänzlich absieht. Daß er dessen ungeachtet gerade auf einige Naturforscher einen so großen Einfluß gewann, erklärt sich nicht aus der Natur der empirischen Wissenschaften, sondern aus der Wirkung der Naturphilosophie auf das junge Deutschland."[271] Lange sieht die naturwissenschaftlichen Feuerbachanhänger noch im Banne metaphysischer Dogmen, die Kant kritisch beiseite geräumt habe, indem er von den Dingen nur das eine zu sagen vermochte, daß wir sie als eine notwendige Konsequenz unseres eigenen Verstandes voraussetzen müssen. Den Materialisten des Materialismus-Streits hält Lange den kategorischen Imperativ entgegen: „‚*Begnüge dich mit der gegebnen Welt!*' Ist dann nicht die Fata Morgana der *intelligiblen Welt* mit einem Zauberschlage vernichtet?"[272] Allenfalls in der sensualistischen Philosophie Heinrich Czolbes, der die radikale Beseitigung des Übersinnlichen zum Prinzip der ganzen Weltauffassung machen will, sieht Lange einen „echten Materialismus".[273]

Wo die erkenntnistheoretische Debatte den akademischen Raum verlassen mußte, wie z.B. bei der Frage des Darwinismus im Biologieunterricht der Schule – wie gezeigt, ein Streitfeld bis in unsere Gegenwart – entzündeten sich große öffent-

---

270 Vgl. die Differenzierung der Hauptgruppen und Spielarten des Positivismus bei Plé 1996, S. 153.

271 Lange 1921, Bd. 2, S. 96.

272 Ebd., S. 100 In seinem Urteil über den wirkmächtigen Popularisator Ludwig Büchner schwankt Friedrich Albert Lange. Er lobt ihn, weil er hilft, die „*esoterische Lehrform* endlich bis auf den letzten Rest zu vertilgen", und er fordert, „daß der absichtlichen Erschwerung des Verständnisses für Uneingeweihte für immer ein Ende gemacht werden muß", tadelt dann aber auch die „schwer begreiflichen Trivialitäten". Ebd., S. 87, 88 u. 94.

273 Ebd., S. 102ff.; Heinrich Czolbe (1819-1873), *Neue Darstellung des Sensualismus*, Leipzig 1855; zu Czolbe vgl. Gregory 1970, S. 122-141.

liche Debatten. 1877 kam es zu einer erkenntnistheoretischen Kontroverse zwischen Ernst Haeckel und Rudolf Virchow. Gegen die *wissenschaftsreligiöse* Tendenz der „spekulativen Expansion" gerichtet, warnte Virchow davor, „in die Köpfe der Schullehrer dasjenige hineinzutragen, was wir bloß vermuten." Gegen Haeckel gewendet, hieß dies: „Wir müssen daher den Schullehrern sagen, lehrt das nicht."[274] Dieser antwortete darauf mit dem Vorwurf, Virchow sei der „Bekehrung vom Freidenker zum Finsterling" erlegen.[275]

Der Comte-Anhänger Jürgen Bona-Meyer hat die Erkenntnisresignation und Enthaltsamkeit im Materialismus-Streit zu einem konsequenten Kritizismus ausgebaut. „Der prinzipielle Kritizismus bestimmt überall mit Schärfe die Grenzen unserer Einsicht; er kennt die Frage, für die wir vergeblich nach einer Lösung suchen; er weiß, wo es keine abwägbaren Gründe mehr gibt. Hier erklärt er, so weit das Bestreben wissenschaftlicher Einsicht geht, die kritische Enthaltsamkeit für allein berechtigt; dem konsequenten subjektiven Meinen und Glauben aber läßt er Tür und Tor offen. Eine jede positive Ansicht pflegt sich für bewiesener und begreiflicher zu halten als die ihr entgegengesetzten; der Kritizismus bekämpft das Trumpfen auf Beweisbarkeit und Begreiflichkeit als Täuschung an ihnen allen. Er haßt den Schein der Einsicht und zieht das offene Bekenntnis des Nichterkennens vor, wissend, daß die Erkenntnis der Grenzen unserer Einsicht auch etwas wert ist. Wer die Grenzen kennt, erstrebt mit ungeteilter Kraft das Mögliche innerhalb der Grenzen. Er bringt zum Streite der Parteien ein unparteiisches Urteil. Dieser Kritizismus nun ist mein Standpunkt."[276]

Heftigste Debatten löste die berühmte Rede aus, die Emil Du Bois-Reymond am 14. August 1872 auf der *Leipziger Versammlung Deutscher Naturforscher* gehalten hatte. Denn in seiner Rede sprach einer der renommiertesten Naturwissenschaftler seiner Zeit, Vertreter eines strengen naturwissenschaftlichen Materialismus, Ständiger Sekretär der *Königlich-Preußischen Akademie der Wissenschaften* und Rektor der Berliner Universität, Über die Grenzen des Naturerkennens.[277] Der Paukenschlag war effektvoll komponiert. Die verbreitete Rhetorik vom unaufhaltsamen Siegeszug der Wissenschaft aufgreifend, beginnt Du Bois-Reymond mit den Worten: „Meine Herren! Wie es einen Welteroberer der alten Zeit an einem Rasttag inmitten seiner Siegeszüge verlangen konnte, die Grenzen der unübersehbaren

274 Rudolf Virchow, *Die Freiheit* [1877], zit. n. Daum 2002, S. 67.

275 Ernst Haeckel, *Freie Wissenschaft* [1878], zit. n. Daum 2002, S. 68.

276 Jürgen Bona-Meyer, *Zum Streit über Leib und Seele. Worte der Kritik. Sechs Vorlesungen, Am Hamburger Akademischen Gymnasium gehalten*, Hamburg 1856, S. 35, zit. n. Köhnke 1993, S. 160. Als „organisierten Skeptizismus" hat Robert Merton die Leitidee moderner Wissenschaft bezeichnet. Robert Merton, „Wissenschaft und demokratische Sozialstruktur", in: *Wissenschaftssoziologie*, Bd. 1, *Wissenschaftliche Entwicklung als sozialer Prozeß*, hg. v. Peter Weingart, Frankfurt a.M. 1972, S. 45-59, hier S. 55.

277 Emil Du Bois Reymond, *Über die Grenzen des Naturerkennens. Ein Vortrag in der zweiten öffentlichen Sitzung der 45. Versammlung Deutscher Naturforscher und Ärzte zu Leipzig am 14. August gehalten von Emil Du Bois Reymond,* Leipzig 1872; Bayertz / Gerhard u. Jaeschke 2007, Bd. 3.

seiner Herrschaft unterworfenen Länderstrecken genauer festgestellt zu sehen, um hier ein noch nicht zinspflichtig gemachtes Volk zum Tribut heranzuziehen, dort in der Wasserwüste ein seinen Reiterscharen unüberwindliches Naturhindernis, und die wahre Schranke seiner Macht zu erkennen: so wird es für die Weltbesiegerin unserer Tage, die Naturwissenschaft, kein unangemessenes Beginnen sein, wenn sie bei festlicher Gelegenheit von der Arbeit ruhend die wahren Grenzen ihres unermeßlichen Reiches einmal klar sich vorzuzeichnen versucht. Für um so gerechtfertigter halte ich dies Unternehmen, als ich glaube, daß über die Grenzen des Naturerkennens zwei Irrtümer sehr verbreitet sind, und als ich es für möglich halte, einer solchen Betrachtung, trotz ihrer scheinbaren Trivialität, selbst für die, welche jene Irrtümer nicht teilen, einige neue Seiten abzugewinnen."[278]

Die nicht trivialen Grenzen des Naturerkennens liegen zum einen in der Unbegreiflichkeit des Wesens von Materie und Kraft, zum anderen in der Unerklärbarkeit des Bewußtseins aus seinen materiellen Bedingungen. Es wäre schon interessant, „wenn wir auch nur wüßten, welcher Tanz von Kohlenstoff-, Wasserstoff-, Stickstoff-, Sauerstoff-, Phosphor- und anderen Atomen der Seligkeit musikalischen Empfindens, welcher Wirbel solcher Atome dem Gipfel sinnlichen Genießens, welcher Molekularsturm dem wütenden Schmerz beim Mißhandeln des *N. trigeminusus* entspricht."[279] Die Grenzen des Naturerkennens verhindern dies jedoch. Besäße man eine astronomisch-atomistische Weltformel, so ließe sich auch der Tag vorhersagen, „da das griechische Kreuz von der Sophienmoschee blitzen, da England seine letzte Steinkohle verbrennen wird."[280] Und mit gezielter Anspielung auf die religiösen Ambitionen wissenschaftsgläubiger Kollegen heißt es: „Solchem Geiste wären die Haare auf unserem Haupte gezählt, und ohne sein Wissen fiele kein Sperling zur Erde."[281] Auch diese Erkenntnis wird es nicht geben. Denn es handelt sich hier um prinzipielle Grenzen. „Innerhalb dieser Grenzen ist der Naturforscher Herr und Meister, zergliedert er und baut er auf, und Niemand weiß, wo die Schranke seines Wissens und seiner Macht liegt; aber über diese Grenzen hinaus kann er nicht, und er wird es niemals können." [282]

Der berühmt gewordene Schluß der Rede hat die naturwissenschaftlichen Materialisten zu heftigen Reaktionen veranlaßt. Du Bois-Reymond erklärte: „In Bezug auf die Rätsel der Körperwelt ist der Naturforscher längst gewöhnt, mit männlicher

278 Ebd., S. 1f.

279 Ebd., S. 24.

280 Ebd., S. 4. Die Anspielungen sind nicht ohne Raffinesse und ohne Nachhall: das griechische Kreuz auf der Hagia Sophia, der heiligen Weisheit, wurde nach dem Fall von Konstantinopel 1453 demontiert. Den Verweis auf Englands letzte Steinkohle wird man als letzten Zentner fossilen Brennstoffs in den berühmten Schlußpassagen von Max Webers *Protestantischer Ethik* wiederfinden.

281 Ebd., S. 5: vgl. Mt 10,29-31.

282 Ebd., S. 29. Zur Frage der Lösbarkeit der „Welträsel" siehe Burkhard Gladigow, „Vom Naturgeheimnis zum Welträtsel", in: *Schleier und Schwelle (Archäologie der literarischen Kommunikation V)*, Bd. 3, *Geheimnis und Neugierde*, hg. v. Aleida Assmann u. Jan Assmann, München 1999, S. 77- 95.

Entsagung sein *‚Ignoramus‘* auszusprechen. Im Rückblick auf die durchlaufene siegreiche Bahn, trägt ihn dabei das stille Bewußtsein, daß, wo er jetzt nicht weiß, er wenigstens unter Umständen wissen könnte, und dereinst vielleicht wissen wird. In Bezug auf das Rätsel aber, was Materie und Kraft seien, und wie sie zu denken vermögen, muß er ein für allemal zu dem viel schwerer abzugebenden Wahrspruch sich entschließen: *‚Ignorabimus!‘*“.[283] Mit dieser Position verließ Du Bois-Reymond denn auch den Horizont skeptischer Argumentation, wie er z.B. von Jürgen Bona-Meyer formuliert worden war. Du Bois-Reymond zweifelte nicht, sondern schwang sich zu einer Behauptung auf, die eine prophetische Provokation darstellte.

Andrea Reichenberger hat die mehrseitige Frontstellung der Ignorabimus-Rede herausgearbeitet.[284] Zum einen hatte die Rede die Funktion, diejenigen in die Schranken zu weisen, die ihre Wissenschaft als eine *Wissenschaftsreligion* verbreiteten. Zum anderen sollten die Gegner des naturwissenschaftlichen Materialismus damit besänftigt werden, daß ein dem Naturerkennen unzugänglicher Bereich apodiktisch verteidigt wurde. Diese Frontstellungen fanden vor dem Hintergrund des auch politisch aufgeladenen Streits zwischen demokratisch-säkularistischen und konservativ-kirchlichen Kräften statt, der die Freiheit der Forschung von zwei Seiten bedrohte. Daß Emil Du Bois-Reymond sehr wohl zwischen einer den *rationalreligiösen* Glauben offen lassenden Auffassung und der *Wissenschaftsreligion* seiner Zeitgenossen zu unterscheiden wußte, wird in einer späteren Rede über den stets gern für den atheistischen Materialismus angerufenen Ahnherrn, den Autor von *L'homme machine*, Julien Offray de La Mettrie, deutlich: Es „muß bemerkt werden, daß im Grunde La Mettrie sehr vorsichtig sich ausspricht. Keineswegs leugnet er ein höchstes Wesen, er gibt nur zu verstehen, daß mit dualistischer Auffassung der Welt auch nicht viel gewonnen sei. Mit der aufrichtigen Bescheidenheit des Naturforschers bezeichnet er die beiden Grenzen des menschlichen Erkennens. Nie werden wir, sagt er, das Wesen dessen begreifen, was wir Materie und Kraft nennen und nie werden wir begreifen, wie Materie denkt.“[285] Die Langzeitwirkung der Ignorabimus-Rede mag man daran ermessen, daß der Mathematiker David Hilbert verfügte, nach seinem Tod 1943 auf seinen Grabstein auf dem Göttinger Stadtfriedhof an der Groner Landstraße – dem Autor dieser Religionssoziologie wohl vertraut – die Worte einzumeißeln: „Wir müssen wissen, wir werden wissen“.

283 Ebd., S. 34.

284 Andrea Reichenberger, „Emil Du Bois-Reymonds Ignorabimus-Rede. Ein diplomatischer Schachzug im Streit um Forschungsfreiheit, Verantwortung und Legitimation der Wissenschaft“, in: Bayertz / Gerhard u. Jaeschke 2007, Bd. 3, S. 63-88; Hermann Lübbe, „Wissenschaft und Weltanschauung. Ideenpolitische Fronten im Streit um Emil Du Bois-Reymond“, in: *Philosophisches Jahrbuch* 87/1980, S. 225-241.

285 Emil Du Bois-Reymond, „La Mettrie. In der Friedrichs-Sitzung der Akademie der Wissenschaften am 28. Januar 1875 gehaltene Rede“, in: *Reden von Emil du Bois-Reymond in zwei Bänden. Erster Band.* hg. v. Estelle du Bois-Reymond, 2. vervollständigte Auflage, Leipzig 1912, S. 509-539, hier S. 528.

NATURGESETZE, MARKTGESETZE. Kritizismus und Agnostizismus eignen sich freilich nicht, wenn man im Weltanschauungskampf der *Wissenschaftsreligion* Partei ergreifen will. So zeichnet sich eine Entwicklung ab, in der die demutsvolle erkenntnisresignative Seite sich akademisch im Neukantianismus feststellt, gegen alle Metaphysik Stellung bezieht und dabei sowohl empirische Forschung als auch *wissenschaftsreligiöse* Popularisierung bedient. Aber nicht nur dies, im 19. Jahrhundert hütet Erkenntnistheorie auch die Bestimmung dessen, was als Naturgesetz anerkannt werden muß. Ernst Topitsch hat herausgearbeitet, wie die Idee der Naturgesetze noch ganz im Banne der intentionalen Weltauffassung steht, bei der die physische Welt und die geistige Welt isomorphe Gesetzesordnungen aufweisen.[286] Naturgesetze seien Späterscheinungen der antiken Idee des kosmischen Logos. Auch bei Kant, dem Bürgen und Heros für die Erkenntnistheoriediskussion des 19. Jahrhunderts, sei die antike Logosidee noch wirksam. „Wenngleich bei Kant der soziokosmische Hintergrund dieser Überzeugungen schon sehr verblaßt ist, so haben sie ihn doch noch ganz in ihrem Bann gehalten. Es scheint sonst schwer verständlich, daß er die ‚Natur' ausdrücklich als ‚das *Dasein* der Dinge, so fern es nach allgemeinen Gesetzen bestimmt ist' definierte."[287]

Für Hermann von Helmholtz ist die „Kenntnis des *Gesetzes* der Erscheinungen" beides: „geistig faßbarer Zusammenhang der Kenntnisse" und Bedingung für „die Voraussicht des Erfolges in noch unbekannten Fällen und unter Bedingungen, die wir durch unsere Handlungen erst herbeizuführen beabsichtigen."[288] Naturgesetze sind nicht spekulativ auszudenken. „Wir müssen sie vielmehr in den Tatsachen *entdecken*; wir müssen sie in immer wiederholten Beobachtungen oder Versuchen, an immer neuen Einzelfällen, unter immer wieder veränderten Umständen prüfen, und nur in dem Maße, als sie unter einem immer größeren Wechsel der Bedingungen und in einer immer größeren Zahl von Fällen und bei immer genaueren Beobachtungsmitteln ausnahmslos sich bewähren, steigt unser Vertrauen in ihre Zuverlässigkeit."[289] Naturgesetze treten dem Menschen „als eine fremde Macht" gegenüber, vollständig erkannt haben sie ausnahmslos Geltung. „Die Gesetzlichkeit der Natur wird als kausaler Zusammenhang aufgefaßt, sobald wir die Unabhängigkeit derselben von unserem Denken und unserem Willen anerkennen."[290] Zum kausalen Zusammenhang gehören die Unsterblichkeit und Konstanz der Elemente,

---

286 Topitsch 1972, S. 286ff. u. 302.

287 Ebd. Vgl. auch Immanuel Kant, „Prolegomena zu einer jeden künftigen Metaphysik, die als Wissenschaft wird auftreten können", in: *Kant Werke*, Bd. 5, *Schriften zur Metaphysik und Logik. 1*, hg. v. Wilhelm Weischedel, Frankfurt a.M. 1968, S. 109-264, hier S. 159.

288 Hermann von Helmholtz, *Über das Ziel und die Fortschritte der Naturwissenschaft. Eröffnungsrede für die Naturforscherversammlung zu Innsbruck 1890*, Nachdruck Braunschweig 1964, S. 4. Grundlegend zur Entwicklung des Gesetzesbegriffs bei von Helmholtz ist: Gregor Schiemann, *Wahrheitsgewissheitsverlust: Hermann von Helmholtz' Mechanismus im Anbruch der Moderne; eine Studie zum Übergang von klassischer zu moderner Naturphilosophie*, Darmstadt 1997.

289 Ebd., S. 5.

290 Ebd., S. 7.

die ihre Verteilung im Raum und ihre Eigenschaften verändern können. Aber auch diese Bewegungen sind Naturgesetzen unterworfen, die herauszufinden „das Endziel der Naturwissenschaften ist", nämlich: „die allen anderen Veränderungen zugrunde liegenden Bewegungen und deren Triebkräfte zu finden, also sich in Mechanik aufzulösen."[291] Das Verfahren der Induktion wird bis in die dreißiger Jahre des 20. Jahrhunderts, d.h. bis zur Korrektur des induktiven Ansatzes von Carnap und des Wiener Kreises für „Wissenschaftliche Weltauffassung" durch Poppers *Logik der Forschung* Sicherheit bieten.[292] Für die Zeit bis dahin bieten die Naturgesetze eine die Aussagen bisher bekannter Religionen überbietende Gewißheit. Angela Schwarz bemerkt: „Durch die Herausarbeitung einer Ordnung und der Naturgesetze als ihren Garanten konnte die Wissenschaft zu einer Quelle eines gestärkten oder neuen Gefühls der Sicherheit werden und damit ihren schlechten Ruf als Urheber tiefgreifender Verunsicherung widerlegen."[293]

Die Fundamentalisierung der Naturgesetze, die nicht mehr der Weisheit des Schöpfergottes zugerechnet werden, sondern in eine Antithese zu seiner Allmacht gebracht werden, birgt im 19. Jahrhundert ein Gemisch von Bezügen. In unserem Zusammenhang ist zentral, daß Gesetze solcher Art zur Vorlage für die Gesetze des Marktes genommen werden konnten, wie umgekehrt Darwin die malthusianische Ökonomie der Knappheit an Lebensmitteln im Verhältnis zur Vermehrung der Population in die Biosphäre verlegt hat. In der modernen Marktgesellschaft wird ein Zusammenhang erfahren, der wie ein Mechanismus prozessiert und dabei zugleich eine Pluralität von Willen freisetzt. Michel Foucault hat auf die doppelte Kontextualisierung aufmerksam gemacht, in die der Wille, seine Gebundenheit und Freiheit, europäisch bis ins 19. Jahrhundert verwoben war. Entweder wurde in ihm nach dem Modell der Naturphilosophie eine Kraft gesehen, oder nach dem Modell der Rechtsphilosophie ein Bewußtsein des Guten und des Bösen. „Entweder man denkt in den Begriffen Wille – Natur – Kraft oder in den Begriffen Wille – Gesetz – Gut und Böse."[294] Mit Schopenhauer, auf dessen Rezeption wir weiter unter eingehen, wird Foucault zufolge diese doppelte Kontextualisierung prekär.

Im Zusammenhang unserer Fragestellung des Erscheinens von *Wissenschaftsreligion* im Erfahrungshorizont moderner Marktgesellschaft können diese Überlegungen weitergeführt werden. Der Markt als Mechanismus führt vor, wie strengste Kausalität und strengste Willkür eine Einheit darstellen. Nach diesem Modell ist der Kosmos geteilt in die Sphäre des Seins, in der die Naturgesetze ausnahmslos gelten, und die Sphäre des Willens, in der die Individuen als Marktteilnehmer ihre Werte behaupten. In der modernen Marktgesellschaft zerspaltet sich die alte Idee

291 Ebd., S. 9.

292 Karl Raymund Popper, *Logik der Forschung* [1934], Tübingen [10]1994a, insb. S. 47ff; sowie Ders., *Ausgangspunkte. Meine intellektuelle Entwicklung*, Hamburg 1994b, S. 121.

293 Schwarz 1999, S. 297.

294 Michel Foucault, „Methodologie zur Erkenntnis der Welt: Wie man sich vom Marxismus befreien kann" [1978], in: Ders., *Dits et Écrits. Schriften*, Bd. 3, *1976-1979*, Frankfurt a.M. 2003, S. 748-775, hier S. 758.

einer wertrationalen Weltordnung mit ihrer *oeconomia naturae* in wertirrationale Naturgesetze und dem Wertwollen der Bewußtseine. Die Grenze zwischen beiden ist relativ, in ihr steht das relativistische Grand-Être Comtes. Die Antinomie von Seinsgesetzen und Wertewollen ist fundamental für die Möglichkeit von *Wissenschaftsreligion*. In dieser Struktur regeneriert sich der Weltanschauungsvorwurf stets von neuem. Wissenschaftler sind sich überwiegend einig, daß es die anderen Kollegen sind, die Wissenschaft als Religion betreiben und somit eigentlich gar nicht voll zur Wissenschaft gehören. Der Streit um die Exklusions- und die Zugangsbedingungen zur Kommunikationsgemeinschaft der Wissenschaft, den zu befrieden Karl-Otto Apel sich vergeblich bemüht hat, basiert auf dieser der Marktgesellschaft korrespondierenden Spaltung, die im 20. Jahrhundert als Spaltung von einerseits wertfreier formaler Logik und analytischer Philosophie und subjektbezogenem Existentialismus andererseits fortwirkt.[295]

Die Spaltung von Seinsgesetz und Wertwollen, die Nietzsche – wie wir gezeigt haben – als Movens der Heraufkunft des Nihilismus gesehen hat, ist seit der Mitte des 19. Jahrhunderts von den Zeitgenossen intensiv erfahren worden. So diagnostiziert Hermann Ulrici, der Mitherausgeber der *Zeitschrift für Philosophie und Philosophische Kritik*: „Nicht mehr der forschende, erkennende Geist ist es, der über Recht und Gut und Wahr zu Gericht sitzt, sondern der Wille gibt den Ausschlag, stellt die Frage, erteilt die Antwort, und weiset einem Jeden seinen Platz an". Er bemerkt, daß sich „wissenschaftliche Stellungen" ebenso schroff scheiden wie außerwissenschaftliche Positionen. „‚Wir wollen Recht haben, – wir wollen eure Einwendungen nicht hören!' – rufen die Parteien, wenn auch nicht mit Worten, doch im Herzen, sich gegenseitig zu. Wissenschaft! Wissenschaft! tönt's zwischen durch wohl auch auf jeder Seite. Aber der Nachsatz ist immer: die Wissenschaft fordert, daß dies oder jenes geschehe, die Wissenschaft zeigt, daß wir Recht haben. Der Wissenschaft wird gehuldigt, aber nicht um ihrer selbst willen".[296]

Auch die Fundamentalisierung der „Naturgesetze", wie sie von Helmholtz und andere vornehmen, ist in ihren Metaphoriken doppelt kontextualisiert. Wo es um die Konstanz der Elemente, um das Gesetz von der Erhaltung der Kraft geht, sind wir noch ein wenig Teil der alten wohltätigen *oeconomia naturae*. Als populäres Beispiel dient von Helmholtz die Industrialisierung. „In der Tat tritt an den Maschinen und den zu ihren Bewegungen nötigen Triebkräften die durch das Gesetz von der Erhaltung der Kraft ausgesprochene Gleichartigkeit aller Naturkräfte in der am meisten populären Form heraus. Jede Maschine, welche in Tätigkeit gesetzt werden soll, bedarf einer mechanischen Triebkraft. Wo diese hergenommen wird und welche Form sie hat, ist einerlei, wenn sie nur groß genug ist und anhaltend

295 Karl-Otto Apel, „Das Apriori der Kommunikationsgemeinschaft und die Grundlagen der Ethik. Zum Problem einer rationalen Begründung der Ethik im Zeitalter der Wissenschaft", in: Ders., *Transformation der Philosophie*, Bd. 2, *Das Apriori der Kommunikationsgemeinschaft*, Frankfurt a.M. 1976, S. 358-435, hier S. 368.

296 Hermann Ulrici, *Aphorismen zur philosophischen Verständigung über die Tendenzen unserer Zeit* [1847], zit. n. Köhnke 1993, S. 110f.

wirkt. Bald brauchen wir eine Dampfmaschine, bald ein Wasserrad oder eine Turbine, bald Pferde oder Ochsen an einem Göpelwerk, bald eine Windmühle, oder, wenn nicht viel Kraft nötig ist, den menschlichen Arm, ein aufgezogenes Gewicht oder eine elektro-magnetische Maschine. Welche von diesen Treibkräften wir wählen, ist nur abhängig von der Größe, der Kraft die wir brauchen, und von der Gunst der Gelegenheit."[297]

Auf dem Markt der Triebkräfte gibt es für den Willen jedoch immer nur ein Kraftangebot in begrenzter Quantität. „Wir *verbrauchen* immer etwas dabei, was die Natur uns liefert. (...) Wie aber die aus einem bestimmten Naturprozeß zu gewinnende Triebkraft eine begrenzte ist, so ist auch andererseits der Betrag der Veränderungen begrenzt, die wir durch Aufwendung einer bestimmten Triebkraft hervorbringen können. (...) Jede Veränderung in der Natur ist äquivalent einer gewissen Erzeugung oder einem gewissen Verbrauch an Triebkraft. Wird Triebkraft erzeugt, so kann sie entweder als solche zur Erscheinung kommen, oder unmittelbar wieder verbraucht werden, um andere Veränderungen von äquivalenter Größe hervorzubringen."[298] In dieser Perspektive greift von Helmholtz zum Topos der Erhabenheit. „Das Weltall erscheint, nach diesem Gesetze, ausgestattet mit einem Vorrate an Energie, der durch allen bunten Wechsel der Naturprozesse nicht vermehrt, aber auch nicht vermindert werden kann; der da fortbesteht in stets wechselnder Erscheinungsweise, aber, wie die Materie, von Ewigkeit zu Ewigkeit in unveränderlicher Größe; *wirkend im Raume*, aber nicht, wie die Materie, *teilbar* mit dem Raume. Alle Veränderung in der Welt besteht nur in einem Wechsel der Erscheinungsform dieses Vorrats von Energie."[299]

Im Übergang zur organischen Natur sind die Naturwissenschaftler im 19. Jahrhundert zerstritten. Sind alle Lebensvorgänge gleichermaßen gesetzmäßig wie die anorganische Natur oder ist Lebewesen, vielleicht sogar dem Wesen des Lebens, ein Lebenswille zuzusprechen? Was die „vitalistische" Konkurrenz angeht, so steht für von Helmholtz fest, daß diese „Vorstellung dem Gesetze von der Erhaltung der Kraft direkt widerspricht. Könnte die Lebenskraft die Schwere eines Gewichts zeitweilig aufheben, so würde dasselbe ohne Arbeit zu beliebiger Höhe geschafft werden können, und später, wenn die Wirkung seiner Schwere wieder freigegeben wäre, beliebig große Arbeit zu leisten vermögen. So wäre Arbeit ohne Gegenarbeit aus Nichts zu schaffen. Könnte die Lebenskraft zeitweilig die chemische Anziehung des Kohlenstoffs zum Sauerstoff aufheben, so würde Kohlensäure ohne Arbeitsaufwand zu zerlegen sein, und der freigewordene Kohlenstoff und Sauerstoff würde

297 Helmholtz 1964, S. 11.

298 Ebd., S. 11 u. 12.

299 Ebd., S. 13. Daß dieser Absolutismus *wissenschaftsreligiös* immer wieder zu Relativierungen herausfordert, zeigen die notorischen Versuche, an den Naturkonstanten zu rütteln. So z.B. John Webb und seine Kollegen mit ihrer Messung von Lichtspektren weit entfernter Quasare. Vgl. dazu den Bericht über die Entwarnung von Manfred Lindinger, „Die ewig Unveränderlichen. Auf die Naturkonstanten kann man sich noch immer verlassen", in: *Frankfurter Allgemeine Zeitung* vom 14. April 2004, S. N1.

wieder neue Arbeit leisten können. In der Tat finden wir aber keine Spur davon, daß die lebenden Organismen irgend welches Quantum an Arbeit ohne entsprechenden Verbrauch erzeugen könnten."[300]

Darwins natürliche Zuchtwahl, die Helmholtz 1869 rezipiert hat, verdüstert das Bild. Aus den als ökonomisch plausibel erscheinenden Naturgesetzen wird im Verlauf seines Vortrags „das blinde Walten eines Naturgesetzes".[301] Auf die Anpassungsverhältnisse von Organismus und Umwelt sei wohl Verlaß, „der Glaube an die Zuverlässigkeit unserer Sinne ist deshalb kein blinder Glaube, sondern ein nach seiner praktischen Richtigkeit durch unzählbare Versuche immer wieder geprüfter und bewährter", aber bei Darwin „hat die Untersuchung der wirklichen Tatsachen den Glauben an die vorbestimmte Harmonie der inneren und äußeren Welt auf das Unbarmherzigste in Stücke zerschlagen."[302]

Trost bietet hier von Helmholtz die Theorie der Sinneserfahrung, die zugleich eine Wissenschaftstheorie ist. Die Sinnesempfindungen „hängen also durchaus nicht von der Natur des äußeren Erregungsmittels, sondern nur von der Natur des getroffenen Nervenapparats ab."[303] Daß wir mit unseren eigenwilligen Seh- und Höraktivitäten etwas Richtiges treffen, liegt daran, „daß unsere Empfindungen nach ihrer Qualität nur *Zeichen* für die äußeren Objekte sind und durchaus nicht *Abbilder* von irgendwelcher Ähnlichkeit. Ein *Bild* muß in irgendeiner Beziehung seinem Objekte *gleichartig* sein; wie z.B. eine Statue mit dem abgebildeten Menschen gleiche Körperform, ein Gemälde gleiche Farbe und gleiche perspektivische Projektion hat. Für ein *Zeichen* genügt es, daß es zur Erscheinung komme, so oft der zu bezeichnende Vorgang eintritt, ohne daß irgendwelche andere Art von Übereinstimmung, als die Gleichzeitigkeit des Auftretens zwischen ihnen existiert; nur von dieser letzteren Art ist die Korrespondenz zwischen unseren Sinnesempfindungen und ihren Objekten."[304] Auf solchen Treffpunkten von eigenwilliger Seh- und Hör-Nachfrage und Zeichen-Angeboten müssen Lebewesen – so auch der Mensch – lernen. Dem blinden Walten der Naturgesetze gegenüber gilt es, Fleiß, Tapferkeit und heroischen Willen auszubilden. Was Deutschland angeht, so kann von Helmholtz stolz erklären, „daß bei uns eine größere Furchtlosigkeit vor den Konsequenzen der ganzen und vollen Wahrheit herrscht, als anderswo. (...) Ein arbeitsfrohes, mäßiges, sittenstrenges Volk darf solche Kühnheit üben, es darf der Wahrheit voll in das Antlitz zu schauen suchen".[305]

---

300 Helmholtz 1964, S. 16.

301 Ebd., S. 18.

302 Ebd., S. 21.

303 Ebd., S. 22.

304 Ebd., S. 23.

305 Ebd., S. 27. Helmholtz bemerkt weiter, auch in England und Frankreich gäbe es ausgezeichnete Forscher, aber sie hätten sich fast immer vor gesellschaftlichen und kirchlichen Vorurteilen beugen müssen. In Deutschland sei die Situation anders. Die Aufstellung „voreiliger und einseitiger Theorien" sei nicht schädlich, „wenn diese auch die Grundlagen der Sittlichkeit und der Gesellschaft anzutasten scheinen." Ebd. Zu Helmholtz im Kontext des Neukantianismus vgl. Köhnke 1993, S. 151ff.

Für den revolutionären Enthusiasmus spielte der Zusammenhang von äußerem Erregungsmittel und der Natur des Nervenapparats kaum eine Rolle. Der Begriff des Geistes reichte als Garantie hin.[306] Der zählt nun nicht mehr. Das Naturgesetz und die Willensfreiheit, das Angebot der Natur und die Nachfrage der Individuen, der Mechanismus des Marktes und die Präferenzen der Marktteilnehmer, – diese verschiedenen Ebenen verstärken sich in der zweiten Hälfte 19. Jahrhundert in ihrer Plausibilität gegenseitig. Dieser unheimliche Vorgang führt in das Dilemma, entweder den seinsgesetzlichen Kausalketten und Zwangsläufigkeiten oder dem freien Wertewollen zuviel zuzumuten. Rudolf Virchow, der sich bemühte, im Materialismus-Streit eine klare Grenze zwischen Wissenschaft und Weltanschauung zu fixieren, erklärt: „Es gibt einen materialistischen Dogmatismus so gut, wie einen kirchlichen und einen idealistischen, und ich gestehe gern zu, daß der eine wie die anderen reale Objekte haben *können.*“[307] Da die Naturforschung hier noch zu wenig kompetent sei, könnten nüchterne und gewissenhafte Naturwissenschaftler dazu keine Aussagen machen. Dies gilt aber nur für die Seite der Formulierung von Seinsgesetzen. In der anderen Frage der Willensfreiheit dagegen stellt Rudolf Virchow entschieden fest: „Kein Naturforscher, er mag eine noch so materialistische Richtung haben, wird es in Abrede stellen, daß der Mensch denkt, daß dieses sein Denken nach bestimmten Gesetzen vor sich geht und daß der denkende Mensch sich selbst bestimmen, seine Handlungen regulieren kann.“[308]

Die angestrengte Sorge, die Balance zwischen Naturgesetz und Willensfreiheit zu wahren, gehört zu den Charakteristika des deutschen Neukantianismus. Beide Pole ließen sich auch ins Politische übersetzen. Es ging um die Balancen zwischen einer politisch-moralischen Auffassung der Person und einer Achtung der Gesetze des Rechtsstaats. Klaus Christian Köhnke hat diese Haltung treffend charakterisiert. Die Neukantianer selber seien „durchaus einem mechanistischen, naturwissenschaftlichen Weltbild und einer entsprechenden Auffassung von Wissenschaft ebensowenig wie dem christlichen Glauben oder den Zweifeln an einem qualitativen Fortschritt in der Geschichte gegenüber bereits prinzipiell abgeneigt“ gewesen.[309] Was sie in diesen Bereichen bekämpften war „die Verabsolutierung dieser Meinungen, Erkenntnisse und Ideen zu ganzen Weltanschauungen“. Dabei übernahmen sie „gewissermaßen die Rolle eines Anwalts für die Ideale der bürgerlichen Freiheit: Glaubens- und Gewissensfreiheit, Freiheiten des politischen, wirtschaftlichen und privaten Handelns“ und „verteidigten sie gegen ‚Dogmenzwang‘, kirchliche oder staatliche ‚Bevormundung‘, Kollektivismus und deterministisches

306 Fritz Mauthner hat darauf hingewiesen, daß im Zuge des erkenntnistheoretisch stimulierten Trennungsprozesses von Philosophie und Psychologie das Schlagwort „Voluntarismus“ als Ersatz für den „spirituellen Seelenbegriff“ herhalten mußte. Mauthner 1923, S. 222.

307 Rudolf Virchow, „Die Einheitsbestrebungen in der Wissenschaftlichen Medizin“, in: *Gesammelte Abhandlungen zur Wissenschaftlichen Medizin*, Frankfurt a.M. 1856, S. 4-56, hier S. 18.

308 Virchow 1856, S. 19.

309 Köhnke 1993, S. 321.

Geschichtsdenken."[310] Die entscheidende Leistung bestünde dann vielleicht darin, die „Rettung des Idealismus zumal im ethischen, bei einer doch sehr starken naturalistischen Prägung des Denkens über die meisten Fragen in Wissenschaft und Philosophie zu ermöglichen, die der moralwissenschaftlichen Diskussion in Deutschland eine andere Richtung als der heute dominierenden angelsächsischen Ethik gegeben hat".[311] Dazu gehören die Bemühungen, die Philosophie mit einer eigenen Wertephilosophie auf dem Religionsmarkt zu platzieren.[312]

EIN ORGAN FÜRS GANZE. Michael Hagner hat den Streit um die Erklärbarkeit des Bewußtseins aus seinen materiellen Bedingungen in den Kontext der Hirnforschung des 19. Jahrhunderts gestellt und auf den Konsens hinwiesen, in dem sich alle Anatomen und Anthropologen unabhängig von politischen oder weltanschaulichen Einstellungen einig waren, „daß das Gehirn rassische, Intelligenz- und Geschlechtsunterschiede bedinge".[313] Rudolf Wagners Verteidigung der Existenz der Seele im Streit mit Carl Vogt hinderte Wagner nicht daran, „sich selbst als eifriger Hirnvermesser, dem es um die Korrelation von Intelligenz, Kulturfähigkeit und Gehirnentwicklung ging", zu betätigen und für „eine Seelenlehre, die auf Hirnforschung basierte", zu votieren.[314]

Davon weichen die Auffassungen über das menschliche Gehirn und die Denkfähigkeit des Menschen, die Ludwig Büchner in *Kraft und Stoff* vertritt, nur wenig ab. Die Unterschiede der Gehirne von Kindern und Alten werden ebenso mit ihren geistigen Fähigkeiten parallelisiert wie die Differenzen der Schädel der einzelnen Menschenrassen.[315] Allerdings gibt es eine Wechselwirkung von Gehirn und Umwelt. Da Gehirn und Seele voneinander abhängig sind, kann durch vermehrte geistige Tätigkeit das Gehirn an Masse zunehmen. „Es ist eine tägliche Erfahrung der Hutmacher, daß die gebildeten Klassen durchschnittlich ungleich größerer Hüte bedürfen als die ungebildeten. Ebenso ist es eine ganz alltägliche Beobachtung und Erfahrung, daß man die Stirne und ihre seitlichen Teile bei den *unteren* Klassen weniger entwickelt sieht als bei den höheren."[316] Im Kern argumentiert Büchner

310 Ebd.

311 Ebd., S. 324.

312 In diesem Band, S. 538ff.

313 Michael Hagner, „Hirnforschung und Materialismus", in: Bayertz / Gerhard u. Jaeschke 2007, Bd. 1, S. 204-222, hier S. 209. Siehe auch die grundlegenden Untersuchungen: Michael Hagner, *Homo cerebralis. Der Wandel vom Seelenorgan zum Gehirn*, Frankfurt a.M. 2008; ders., *Geniale Gehirne. Zur Geschichte der Elitegehirnforschung*, Göttingen 2004; ders., *Der Geist bei der Arbeit. Historische Untersuchungen zur Hirnforschung*, Göttingen 2006; Olaf Breidbach, *Die Materialisierung des Ichs – Zur Geschichte der Hirnforschung im 19. und 20. Jahrhundert*, Frankfurt a.M. 1997. Zu den langen Linien: Ders., „Neuro-Anthropologie?", in: *Anthropologie nach Haeckel*, hg. v. Dirk Preuss / Uwe Hossfeld u. Olaf Breidbach, Stuttgart 2006b, S. 12-27.

314 Hagner 2007, S. 211.

315 Büchner 1971, S. 423ff.

316 Ebd., S. 434.

hier lamarckistisch. Durch zivilisatorische Entwicklung kommt es zur cerebralen Höherentwicklung und somit auch zur Zunahme des Schädelumfangs.

Kraft und Stoff endet mit dem Kapitel über den freien Willen als „der notwendige Schlußstein des Ganzen".[317] Da moralische Betrachtung nur einen sehr geringen Einfluß auf das Handeln der Menschen habe, bleibt für Büchner der Utilitarismus in den Grenzen der Naturgesetze als Handlungsgrund. „In diesem Sinne sind wir alle Epikuräer und Egoisten, denn wir tun nur das, was uns angenehm oder vorteilhaft erscheint; wir folgen meist blindlings den Anstößen, welche uns die Beschaffenheit unserer inneren Natur oder die äußeren Umstände erteilen, unbekümmert um das, was Moral oder Sitte spricht. Diese Anstöße aber beruhen auf ebensolchen *Natur*notwendigkeiten, wie der ganze Bau der Welt. Die interessante und neue Wissenschaft der Statistik hat bestimmte Naturgesetze in allen jenen Erscheinungen nachgewiesen, welche man bisher für Produkte des Zufalls, des freien Willens hielt."[318] Rationales Wahlverhalten mag dem Einzelnen als freier Wille erscheinen, so wie ein spontaner Kaufwunsch, aber dies ist eine Täuschung. „Demselben Gesetz, dem Pflanzen und Tiere unterliegen, unterliegt auch der Mensch, ein Gesetz, dessen markierten Zügen wir bereits in der Vorwelt begegnet sind. Wie die Pflanze nach Existenz, sowie nach Größe, Gestalt und Schönheit von dem Boden abhängig ist, in dem sie wurzelt, wie das Tier, klein oder groß, zahm oder wild, schön oder häßlich ist, je nach den äußeren Umständen, unter denen es aufwuchs, (...) so ist der Mensch nicht minder physisch und geistig ein Produkt solcher äußeren Umstände, Zufälligkeiten, Anlagen, und wird auf diese Weise nicht jenes geistig unabhängige, frei wählende Wesen, als welchen ihn die Moralisten sich vorzustellen pflegen."[319]

So ist auch im Bereich der Kriminalität der freie Wille und die Schuldfähigkeit weniger hoch anzusetzen als es Moralisten für gegeben halten. Ob eine Tat Verbrechen wird, hängt von den äußeren Umständen und der einzelnen Intelligenz ab. „Der Gebildete findet Mittel und Wege um irgendeinem ihm unerträglichen Verhältnis zu begegnen, ihm aus dem Wege zu gehen, ohne gegen das positive Gesetz zu verstoßen; der Ungebildete weiß sich nicht anders als durch ein Verbrechen zu helfen; er ist ein Opfer seiner Verhältnisse. Was tut der freie Wille bei dem, welcher aus Not stiehlt, raubt, mordet! Wie hoch beläuft sich die Zurechnungsfähigkeit eines Menschen, dessen Zerstörungstrieb, dessen Anlage zur Grausamkeit groß und dessen Verstandeskräfte klein sind? Mangel an Verstand, Armut und Mangel an Bildung sind die drei großen verbrechenzeugenden Faktoren."[320] Der freie Wille ist nichts anderes als das Resultat der stärksten Motive. Die Gesellschaft, so fragt Büchner rhetorisch, „ist sie denn nicht in der Tat *ein bellum omnium contra omnes*? Ein allgemeines Wettrennen, in welchem jeder den anderen auf jede mögliche Wei-

317 Ebd., S. 500.
318 Ebd., S. 503f.
319 Ebd., S. 505.
320 Ebd., S. 508.

se zu überholen, ja zu vernichten trachtet?" Und er fügt Feuerbachs Diktum an: „Alle Menschen sind praktische Atheisten."[321]

Zu Beginn des 21. Jahrhunderts liest man Büchners Text und die seiner materialistischen Mitstreiter in einer Ambivalenz zwischen Wahrnehmungen wissenschaftshistorischer Antiquitäten und einer irritierenden Aktualität. Freilich sind heutige Neurophysiologen bemüht, auf die Drastik eines Cabanis oder Vogts, die Gedanken in demselben Verhältnis zum Hirn zu sehen, wie der Urin zu den Nieren, zu verzichten. Die Physiologie der Gedanken kann heute das smartere, medial gefälligere sogenannte bildgebende Verfahren nutzen, wenn sie Seele und Bewußtsein sichtbar machen will. Der Streit um den freien Willen und die Schuldfähigkeit des Menschen ist geblieben, wie das Meer der Stellungnahmen im Anschluß an die Libet-Experimente zeigt.[322] Was das Verhältnis von Hirn und Geist angeht, so hat Michael Pauen auf die bemerkenswerte Kontinuität der Argumentationsmuster hingewiesen, die heutige Thesen zu den philosophischen Konsequenzen der Hirnforschung mit den Argumenten von Vogt, Moleschott und Büchner haben.[323] Wie vor über 150 Jahren ist die Willensfreiheit Hauptzielpunkt der Debatte und bezieht von daher ihre spektakuläre Aufmerksamkeit, die zu den konstitutiven Seiten materialistischer *Wissenschaftsreligion* gehört.

Auch der derzeit in der Wissenschaftstheorie diskutierte „anomale Monismus" von Donald Davidson, bei dem angenommen wird, daß geistige Ereignisse mit physischen in kausale Wechselwirkung treten können, d.h. daß Überzeugungen und Wünsche als psychische Vorgänge und Ereignisse physische Bewegungen des Körpers verursachen und daß umgekehrt die Veränderung in der physischen Welt unsere Überzeugungen, Empfindungen und Absichten beeinflussen, ist nicht viel weiter vorgedrungen als die Überlegungen von Ludwig Büchner zur Wechselwirkung zwischen Hirn und Umwelt.[324] Anomal wird der Monismus von Davidson, weil er einerseits am Prinzip des nomologischen Charakters der Kausalität festhält, demzu-

---

321 Ebd. u. S. 509.

322 Benjamin Libet, *Mind time. Wie das Gehirn Bewußtsein produziert*, Frankfurt a.M. 2005. Vgl. dazu exemplarisch die Diskussionen im Anschluß an die Experimente: *Hirnforschung und Willensfreiheit. Zur Deutung der neuesten Experimente*, hg. v. Christian Geyer, Frankfurt a.M. 2004; Michael Hagner, „Du störst! Menschen im Labor und Fallibilismus: Über Benjamin Libets ‚Mind Time'", in: *Nach Feierabend. Züricher Jahrbuch für Wissensgeschichte 1*, Zürich/Berlin 2005, S. 127-135, sowie die Beiträge in *Der freie Wille und die Schuldfähigkeit. In Recht, Psychiatrie und Neurowissenschaften*, hg. v. Thomas Stome u. Hans Schanda, Berlin 2010.

323 Michael Pauen, „Materialismus und Metaphysik. Können naturwissenschaftliche Erkenntnisse Bewußtsein und Subjektivität in Frage stellen?", in: *Neue Rundschau* 3/1999a, S. 29-47; Ders., *Das Rätsel des Bewußtseins. Eine Erklärungsstrategie*, Paderborn 1999b; Ders., „Vom Streit über die Seelenfrage bis zur Erklärungslücke. Wissenschaftlicher Materialismus und die Philosophie der Naturforscher im Vergleich mit dem Physikalismus der Gegenwart", in: Bayertz / Gerhard u. Jaeschke 2007, Bd. 1, S. 102-125.

324 Donald Davidson, „Mentale Ereignisse", in: *Analytische Philosophie des Geistes*, hg. v. Peter Bieri, Königstein 1981, S. 73-92. Vgl. dazu die Diskussion bei Michael Heidelberger, „Zum Leib-Seele-Problem seit Fechner und Mach", in: *Elemente moderner Wissenschaftsthe-*

folge es ein striktes Gesetz gibt, wenn zwei Ereignisse als Ursache und Wirkung miteinander verbunden sind, andererseits soll es keine Gesetze geben, die Ereignisse unter ihrer geistigen Beschreibung mit Ereignissen unter ihrer psychischen Beschreibung verbinden. Die mentale Anomalie fällt aber bei ihm dadurch wieder zusammen, daß er keinerlei Hinweis gibt, warum eine psychische Beschreibungsebene überhaupt notwendig ist. Daß es eine mentale Beschreibungsebene gibt, wird von Davidson einfach als ein Faktum „mit natürlicher Frömmigkeit" hingenommen.[325] Mit dieser Argumentation hat Davidson nur ein wenig Frömmigkeit gegen den reduktiven Materialismus, wie ihn Vogt, Moleschott und Büchner vertreten haben, aufzubieten. Schwer zu sagen, wann die „fortlaufende Cerebralisierung des Menschen" mit der unausweichlichen Konsequenz von Wertkonflikten ihr Ende erreichen wird.[326] Denn das Hirn ist das spezielle Organ fürs Ganze, eine ideale Vorraussetzung, aus einer Spezialdiziplin eine Totalperspektive zu zaubern.

Wo immer neue Forschungsresultate das ältere Wissen antiquieren, geschieht, was man naturwissenschaftlichen Fortschritt nennen könnte. Aber dieser Relativismus des Wissensfortschritts, der mit der Relativität des *wissenschaftsreligiös* zu verehrenden „Grand Être" bei Comte konform geht, ist in auffälliger Weise an einen engen Kranz von Themen gebunden. Dazu gehören die Konstanten der Natur (das Wesen von Materie und Kraft), Anfang und Ende des Universums (der Ursprung der Bewegung), die Entstehung des Lebens, die zweckmäßige Einrichtung der Natur, die Entstehung von Sinnesempfindung, Bewußtsein, Denken, sowie der Ursprung der Sprache und die Willensfreiheit. In Variationen handelt es sich um die sieben Welträtsel, die Du Bois-Reymond in seiner Leibniz-Rede vor der Berliner Akademie postuliert hat.[327] Heutige Naturwissenschaft beantwortet die Welträtsel mit der Formel von der „spontan" genannten Selbstorganisation der Materie.[328] Sie paßt immer noch gut auf die Episteme, die zusammen mit der Entfesselung der Marktwirtschaft im 19. Jahrhundert evident wurden: Naturgesetz und Marktgesetz sind affin als Seinsgesetze und das freie, spontane Wertwollen der Individuen findet seinen letzten Grund in utilitaristischen Motiven, die ebenso dem Naturgesetz folgen. Dieser positive Verbund der naturalistischen *Wissenschaftsreligion* bleibt seiner Struktur nach auch dann, wenn das Denken der Materie entsubstantialisiert und in Methodologie transformiert wird.

---

orie. Zur Interaktion von Philosophie, Geschichte und Theorie der Wissenschaften, hg. v. Friedrich Stadler, Wien/New York 2000, S. 91-104.

325 Vgl. Davidson 1981; zum Begriff der „natürlichen Frömmigkeit" siehe Samuel Alexander, *Space, Time and Deity*, Bd. 2, London: Macmillan, 1922, S. 47.

326 Hagner 2007, S. 211.

327 Emil Du Bois-Reymond, „Die sieben Welträtsel" [1880], in: *Vorträge über Philosophie und Gesellschaft*, hg. v. Siegfried Wollgast, Hamburg 1974a, S. 159-187.

328 Vgl. dazu die Überlegungen von Friedrich Rapp, *Fortschritt. Entwicklung und Sinngehalt einer philosophischen Idee*, Darmstadt 1992, S. 82.

4. Fortschritt, Entwicklung, Ökonomie des Lebens

DIE UMBILDUNG DES FORTSCHRITTSBEGRIFFS. Der naturwissenschaftlich begründete Naturalismus feiert seine Erfolge im 19. Jahrhundert als einen Fortschritt. Bevor praktische, biopolitische Konsequenzen dieses Fortschritts in den Horizont der Machbarkeit gerieten kam, war das Bündnis von Naturalismus und Entwicklungsdenken entstanden. Dafür steht heute der Mythos Darwin. Seine Evolutionstheorie hat die Verhältnisse in der langen Linie des Progressismus umgewälzt, die mit dem *rationalreligiösen* Fortschrittsglauben einsetzt und sich in der Revolutionsbegeisterung für das Unendliche steigert. Der Entfesselung der Marktgesellschaft, der Spaltung von Modernität und Tradition und der Plötzlichkeit der Modernisierungserfahrung haben weder die *bekenntnisreligiösen* noch die *rationalreligiösen* Auffassungen von den ‚Progressen' noch die der enthusiastischen Religionen der Revolutionszeit standgehalten.[329]

Michel Foucault hat die „Veränderung von der *Ordnung* zur *Geschichte*", die im 19. Jahrhundert die Auffassungsweise der Tatsachen der Arbeit, des Lebens und der Sprache umgestaltet hat, detailliert untersucht.[330] Im Ordnungsraum der Repräsentation konnten der Glaube an Gott und das Wissen über die Natur als zwei Hälften der Wahrheit koexistieren. Im Ordnungsraum der Zeit mit seiner dunklen Tiefe dagegen werden nicht nur traditioneller Glaube und neues Wissen sequenzialisiert, vielmehr tut sich in dem Auseinanderfallen von „religiöser" Regression und „wissenschaftlicher" Progression nach zwei Seiten eine unzugängliche Hinterwelt auf, ein Außerhalb des Glaubens und ein Außerhalb des Wissens, die nur schwer zueinander in Beziehung gesetzt werden können.

Die Stiftung der *Wissenschaftsreligion* war mit einer spezifischen Umbildung des Fortschrittsbegriffs verbunden. Wissenschaftlicher Fortschritt stand danach, wie es Friedrich Tenbruck in seiner Kritik der Säkularisierungsthese charakterisiert hat, in „kognitiver Systemkonkurrenz" zur Religion. Nach diesem Erklärungsschema schließen „Religion und Wissenschaft einander wesensmäßig und notwendig" aus. „Wissenschaft und Religion sind zwei umgekehrt proportionale Größen: jeder Zuwachs der einen muß einem Verlust der anderen entsprechen. Die Entfaltung der Wissenschaft ist nach diesem Schema identisch mit dem Ende der Religion. Unterstellt man also, daß die Entfaltung der Wissenschaft aus irgendwelchen Gründen unaufhaltsam war oder ist, so sinkt damit die Säkularisierung zu einem selbstverständlichen Vorgang herab. Sie ist nicht erklärungsbedürftig, sondern nur

329 Grundlegend zum Folgenden ist Reinhard Koselleck, „‚Fortschritt' und ‚Niedergang' – Nachtrag zur Geschichte zweier Begriffe", in: Ders., *Begriffsgeschichten – Studien zur Semantik und Pragmatik der politischen und sozialen Sprache*, Frankfurt a.M. 2010, S. 159-182. Zu wichtigen Differenzierungen im Fortschrittsbegriff vgl. Lorraine Daston, „Die Angst vor dem Fortschritt – Die Wissenschaften um 1900", *Nachrichtenblatt der Deutschen Gesellschaft für Geschichte der Medizin, Naturwissenschaft und Technik* 46(3)/1996, S. 126-142.

330 Michel Foucault, *Die Ordnung der Dinge. Eine Archäologie der Humanwissenschaften* [1966], Frankfurt a.M. 1974, S. 269ff.

eine empirische Konsequenz des wahren Verhältnisses von Wissenschaft und Religion. Eine Erklärung der Vorgänge ist überflüssig, ihre Details sind bloße Zufälle und Umwege gegenüber der gradlinigen Notwendigkeit".[331] Das Schema gehört selbst zu den Lehren der *Wissenschaftsreligion*. Tenbruck bemerkt: „Diese Theorie hat zwar im 19. Jahrhundert die Diskussion beherrscht, muß nun aber als herabgesunkenes Kulturgut abgelehnt werden", und er verweist als Ersatztheorem auf die mit Durkheim entwickelte funktionale Theorie der Religion, die wir weiter unten behandeln.[332]

Die neuartige Stiftung von *Wissenschaftsreligion* im 19. Jahrhundert wird in der Literatur verkannt, wenn die theoretische Einstellung griechischer Philosophie, die christliche Eschatologie, *rationalreligiöse* Erwartung der Vervollkommnung der Menschheit und Wissenschaftsreligion mehr oder weniger bruchlos in eine Linie gebracht werden. Der Gedanke, daß der sich unverdrossen rührende menschliche Geist in der Erfahrung allmählich Schritt für Schritt fortschreitet, gehört zwar auch schon zu den Denkmöglichkeiten der Antike.[333] Das Wachstum der Weisheit kompensiert im Denken der Antike den Rückgang der physischen Fähigkeiten des Menschen im Lebenszyklus. Ohnehin ist evident, daß jeder Sozialisationsprozeß Fortschritt ebenso vorführt wie die Verbesserung, Modifikation und Weitergabe von Tradition sowie die einfache Erfahrung der Vervollkommnungsmöglichkeiten in der Handhabung von Werkzeugen und Waffen.

Fortschreiten bezieht sich in diesen Fällen, systematisch betrachtet, entweder auf Wandlungen im Kosmos, auf das Leben des Einzelnen oder auf die historische Welt des Menschen. *Wissenschaftsreligion* hingegen – dies gilt es herauszustellen – gründet sich in erster Linie auf den *Wissens*fortschritt. *Wissenschaftsreligiöses* Fortschrittsvertrauen zeichnet sich dadurch aus, daß die Geschichte des Fortschritts und die Geschichte des Fortschrittsdenkens als eine einzigartige Geschichte sicheren Wissens ausgestellt werden. Die Geschichte des wissenschaftlichen Fortschritts ist nicht nur die Gegengeschichte zur Geschichte der Irrtümer, des Aberglaubens, der Spekulation und der absurden Lehren der Kirchen, sondern auch mit Tenbruck positiv als „Glaubensgeschichte der Moderne" zu sehen. „Die noch unentzifferte Glaubensgeschichte der modernen Welt ist von der Wissenschaft im Namen der Wahrheit geschrieben und damit eben auch verhüllt worden: sie ist als Glaubens-

331 Friedrich H. Tenbruck, „Wissenschaft und Religion", in: *Religion im Umbruch. Soziologische Beiträge zur Situation von Religion und Kirche in der gegenwärtigen Gesellschaft*, hg. v. Jakobus Wössner, Stuttgart 1972, S. 217-244, hier S. 222.

332 Ebd., S. 224. In das Schema paßt auch nicht der französische Neokatholizismus, in dem wissenschaftlicher Fortschritt gottgewollt ist. Vgl. dazu Uerz 2006, S. 133ff.

333 So bei Lukrez, *De rerum natura. V, 1454-1457*, hg. v. Hermann Diels, Düsseldorf 1991, S. 520f. Vgl. zum folgenden Joachim Ritters Artikel „Fortschritt", in: *Historisches Wörterbuch der Philosophie*, Bd. 2, Basel 1972, S. 1032-1059. Siehe auch: Arthur O. Lovejoy u. Georg Boas, *Primitivism and Related Ideas in Antiquity*, New York: Octagon Books, 1965; *Der Sinn der Geschichte. Sieben Essays*, hg. v. Leonhard Reinisch, München 1961; Robert Nisbet, *History of the Idea of Progress*, New York: Basic Books, 1980. Eine facettenreiche Untersuchung zum Fortschritt hat Friedrich Rapp vorgelegt: Rapp 1992.

geschichte unkenntlich. Wer die moderne Welt verstehen will, muß den Vorgang der sogenannten Säkularisierung durchstoßen, um dahinter die Glaubensgeschichte der Moderne zu entdecken. Der Schlüssel zu dieser Glaubensgeschichte liegt in der Geschichte der Wissenschaft."[334] Deshalb ist hier kurz an die Geschichte der Fortschrittsvorstellungen und ihrer Verschiebungen zu erinnern, damit das Proprium des *wissenschaftsreligiösen* Fortschrittsvertrauens kenntlich wird.

Ein kohärenter Begriff vom Fortschritt des Menschengeschlechts bildet sich im 17. Jahrhundert heraus und tritt neben den heilsgeschichtlichen Glauben an die fortschreitende Darstellung Gottes in der Weltgeschichte in der Tradition Joachim von Fiores.[335] Die Absetzung von der heilsgeschichtlichen Vorsehung wird gestützt durch den Vergleich mit der Antike, der gegenüber Francis Bacon stolz und selbstbewußt auf die wissenschaftlichen und technischen Fortschritte seiner Zeit verweist. In dieser Konstellation entstehen die charakteristischen beiden Ambivalenzen des Progressismus *rationalreligiöser* Aufklärung. Einerseits ist die antike Naturphilosophie und ihre weltzugewandte theoretische Einstellung vorbildgebender Maßstab, andererseits gilt es anzuerkennen, daß sie untergegangen ist und ihr das Christentum geschichtlich folgte. Die zweite Ambivalenz betrifft das gespaltene Verhältnis der *rationalreligiösen* Fortschrittsdenker zum Christentum. Einerseits ist der Fortschritt vom Alten zum Neuen Testament modellbildend für die Idee des Fortschritts, andererseits sind es gerade die glaubenskriegerischen *Bekenntnisreligionen*, die das neue Denken und das Denken des Neuen oftmals behindern und gefährden. Karl Löwith bemerkt: der Fortschrittsgedanke „ist seinem Ursprung nach christlich und seiner Tendenz nach antichristlich."[336] Dabei wäre im Lichte unserer Darstellung der *Rationalreligion* zu präzisieren, daß die „antichristliche" Stoßrichtung besser als eine gegen die Form der *Bekenntnisreligion* gerichtete charakterisiert werden sollte; denn an dem zutiefst *rationalreligiösen* Charakter des Progressismus der Aufklärung kann kein Zweifel bestehen.

Es verdient allerdings hinzugefügt zu werden, daß im protestantisch-calvinistischen Bereich das Jesuswort „Werdet vollkommen, wie Euer Vater im Himmel vollkommen ist" (Matt 5,48) im Sinne einer theologischen Fortschrittsforderung aufgefaßt werden konnte. Es geht hier um einen Fortschritt aus dem unvollkommenen Zustand der Sündhaftigkeit zu einem vollkommenen der absoluten Heiligkeit, ein Fortschritt, der durch die Lehre von der Apokatastasis gestützt werden konnte. So schreibt der englische Essayist Josef Addison: „Es gibt meiner Meinung

334 Friedrich H. Tenbruck, „Die Glaubensgeschichte der Moderne", in: Ders., *Die kulturellen Grundlagen der Gesellschaft. Der Fall der Moderne*, Opladen 1989, S. 126-142, hier S. 132.

335 Zur Fortschrittsidee John Bagnell Bury, *The Idea of Progress. An Inquiry into its Origins and Growth*, London: Macmillan, 1924; Albert Salomon, „The Religion of Progress", in: *Social Research* 13(4)/1946, S. 441-462.

336 Löwith 1983, S. 71. Immer wieder hervorgehoben wird der Übergang von einer passiven Erwartung biblischer Weissagungen zum aktiven Eingriff in die Welt, wie er bereits bei Bacon greifbar ist. Vgl. Friedrich Wagner, *Die Wissenschaft und die gefährdete Welt. Eine Wissenschaftssoziologie der Atomphysik*, München 1964, S. 48f. Zu Joachim von Fiore im *Ersten Band* S. 604ff.

nach keine angenehmere und frohlockendere Betrachtung in der Religion als diese des immerwährenden Fortschritts, den die Seele in Richtung auf die Vollkommenheit der Natur macht, ohne dort innerhalb einer Periode anzulangen. (...) Ja sogar für Gott selbst muß es ein wohlgefälliger Anblick sein, in seinen Augen zu sehen, wie seine Schöpfung sich beständig verschönert und ihm durch einen größeren Grad der Ähnlichkeit näher rückt."[337]

AUF DEN SCHULTERN VON RIESEN. Die Unterschiede zwischen dem Fortschrittsglauben der Aufklärung und dem *wissenschaftsreligiösen* Fortschrittsvertrauen werden deutlicher, wenn man sich auf die Frage konzentriert, wie die Fortschreitenden sich auf die beziehen, die vor ihnen Fortschritte gemacht haben. Sich auf Autoritäten zu berufen, ist eine lange Praxis christlicher Theologie.[338] Sie sichert die Stabilität der Offenbarungsauslegung und die Tiefe der einmal erreichten Weisheit. Die Nennung von Vorläufern, wie sie Auguste Comte vornimmt, ist dagegen an einer Fortschrittslinie der Wissenschaft orientiert. Sie konstituiert eine Reihe, in die sich der Wissenschaftler stellt. Es ist diese Reihung, die die Verwerfungen und Brüche im Denken von Fortschritt herunterspielt und den Gang der Glaubensgeschichte der Moderne gleichmäßig taktet. Auguste Comtes Dankbarkeit reicht bis zu Aristoteles, zu Thomas von Aquin, Roger Bacon und Dante, um im Höhenkamm zu Francis Bacon, Descartes und Leibniz weiterzuschreiten. Wissenschaftlicher Fortschritt begründet sich selbst, indem vergangener Fortschritt dokumentiert wird. So unterläßt es Comte nicht, gegenüber John Stuart Mill zu erklären, wie sehr es ihn erstaune, daß Giambattista Vico den Grundgedanken seines Stadiengesetzes vorweggenommen hatte.[339]

Die entscheidende Differenz der Fortschrittsauffassungen von Vico und Comte besteht jedoch in religionssoziologischer Hinsicht darin, daß das methodische Prinzip der „Neuen Wissenschaft", Vicos *verum et factum convertuntur*, d.h. die Gewißheit, daß die von uns Menschen faktisch hervorgebrachte *mondo civile* dem entspricht, was dem menschlichen Geist als Wahrheit zu erkennen möglich ist, in der göttlichen Vorsehung begründet ist. „Die Geschichte wird von den Individuen gemacht; doch die Individualität ist das konkret gewordene Universale und jede individuelle Handlung, gerade weil sie individuell ist, ist überindividuell", so for-

337 Josef Addison, (1672-1719), *The Spectator*, zit. n. Heribert M. Nobis, „Darwins ‚Erster Entwurf zur Entstehung der Arten'. Ideengeschichtliche Hintergründe, methodologische Voraussetzungen, gesellschaftspolitische Folgen", in: Charles Darwin, *Essay zur Entstehung der Arten*, hg. v. Heribert M. Nobis, München 1971, S. 13.

338 Robert Merton hat einen wunderbaren Text über die seit dem 13. Jahrhundert perennierende Rede von dem Gefühl, Zwerg auf den Schultern von Riesen zu sein, geschrieben. Robert K. Merton, *Auf den Schultern von Riesen. Ein Leitfaden durch das Labyrinth der Gelehrsamkeit*, Frankfurt a.M. 1980.

339 Vgl. die Angaben bei Benedetto Croce, *Die Philosophie Giambattista Vicos*, Tübingen 1927, S. 248; Helmut Schoeck, *Geschichte der Soziologie. Ursprung und Aufstieg der Wissenschaft von der menschlichen Gesellschaft*, Freiburg/München 1974, S. 93f.

muliert Croce den *rationalreligiösen* Grundgedanken Vicos.[340] Der Fortschritt ist *rationalreligiös* vorgestellt einer, den nicht irgendwelche „autonomen Individuen" machen, auch nicht „die Gesellschaft", sondern er gründet in der Praxis der durch die göttliche Vorsehung erleuchteten Menschen. Auch die Fortschrittslehre von Turgot, die in der positivistischen Kirche als Vorstufe zu Comtes Drei-Stadien-Gesetz diskutiert wurde und auf die seitdem in der wissenschaftlichen Literatur notorisch verwiesen wird, ist durchgehend *rationalreligiöser* Art. Der Fortschritt entsteht durch den Geist des Christentums, und es ist die fortschreitende Wirkung der „natürlichen Religion", die den Fortschritt der Menschheit verbürgt. Der Titel von Turgots Vortrag von 1750 formuliert die These: *Discours sur les avantages que l'établissement du christianisme a procuré au genre humain*.[341]

Auch die Auseinandersetzung Comtes mit seinem Vorläufer Condorcet kann deutlich machen, wie die Gewißheit des Fortschritts auf die Grundlage verschiedener Religionstypen basiert werden kann. Bei Condorcets 1793 verfaßten *Entwurf einer historischen Darstellung der Fortschritte des menschlichen Geistes* handelt es sich um einen Fortschritt, der seinen enthusiastischen Schwung von den neuen Religionen der Revolutionsperiode bezieht.[342] Wie in Schleiermachers ‚Reden' geht der Geschmack ins Unendliche. Für Condorcet steht fest, „daß die Natur der Vervollkommnung der menschlichen Fähigkeiten keine Grenze gesetzt hat; daß die Fähigkeit des Menschen zur Vervollkommnung tatsächlich unabsehbar ist; daß die Fortschritte dieser Fähigkeit zur Vervollkommnung, die inskünftig von keiner Macht, die sie aufhalten wollte, mehr abhängig sind, ihre Grenze allein im zeitlichen Bestand des Planeten haben, auf den die Natur uns hat angewiesen sein lassen."[343] Die Perfektibilität des Menschen ist grenzenlos, und sie kann niemals rückläufig sein. Nach seinem Bruch mit Saint-Simon nennt Comte Condorcet seinen „unmittelbaren Vorgänger".[344] Freilich, der Gedanke Condorcets, daß die Analyse der Fortschritte der Vergangenheit Voraussagen für die Zukunft ermögliche, das ‚savoir pour prévoir' wird von Comte als „der einzige philosophische Gesichtspunkt von hoher Bedeutung, den Condorcet bei der Ausführung seiner Arbeit zur Geltung gebracht hat", betrachtet.[345] Entschieden abgewiesen wird der enthusiastische Überschwang, die „schimärische und absurde Erwartung" grenzenloser Vervollkommnung.

Von Comte abgewiesen wird auch Condorcets Aburteilung der früheren Epochen durch die Absolutsetzung des jetzt erreichten Wissensstandes. „Condorcet hat nicht gesehen, daß der erste Erfolg der Arbeit zur Gestaltung der positiven Philo-

340 Croce 1927, S. 97.

341 Vgl. Löwith 1983, S. 110f. sowie die Angaben bei Werner Fuchs-Heinritz, *Auguste Comte. Einführung in Leben und Werk*, Opladen 1998, S. 283f.

342 Jean Antoine Condorcet, *Entwurf einer historischen Darstellung der Fortschritte des menschlichen Geistes* [1793], Frankfurt a.M. 1976.

343 Ebd., S. 31.

344 Mary Pickering, *Auguste Comte. An Intellectual Biography*, Vol. 1, Cambridge: University Press, 1993, S. 240.

345 Comte 1914, S. 156.

sophie unbedingt dahin führen muß, unwiderruflich die kritische Philosophie des 18. Jahrhunderts zum Verschwinden zu bringen und alle Kräfte der Denker auf die Reorganisation der Gesellschaft, d.h. auf den praktischen Zweck einer solchen Arbeit zu richten. Er hat deshalb auch nicht gesehen, daß die unumgänglichste erste Bedingung für jeden, der diese wichtige Unternehmung durchführen möchte, darin besteht, sich tunlichst von den kritischen Vorurteilen zu befreien, welche in alle Kämpfe durch diese Philosophie hineingebracht sind. Statt dessen hat er sich blind von diesen Vorurteilen beherrschen lassen. Er hat die Vergangenheit *getadelt*, statt sie zu *untersuchen*, und infolgedessen ist sein Werk nichts geworden als eine lange und ermüdende Deklamation, aus welcher man keinerlei positive Belehrung ziehen kann. Bewunderung und Tadel der Phänomene müssen mit gleicher Strenge aus jeder positiven Wissenschaft verdammt sein, weil jedes derartige Vorurteil den unmittelbaren und unvermeidlichen Effekt hat, die Prüfung zu verhindern oder ihr Ergebnis zu verfälschen."[346]

Comtes Distinktionen machen deutlich, wie sich das *wissenschaftsreligiöse* Fortschrittsvertrauen vom *rationalreligiösen* Fortschrittsglauben und der revolutionären Fortschrittsbegeisterung unterscheidet. Für ihn begründet sich der religiöse Charakter der Wissenschaft durch ihre geschichtstheoretisch finale Stellung als einer Institution, die die Institutionen der Theologie und der Philosophie ablöst. Im Horizont eines solchen Institutionalismus kann sich eine Selbstdeutung festsetzen, die dem wissenschaftlichen Geist ein Alleinstellungsmerkmal zuspricht. Von daher kann nach Abschälung aller anderen Dimensionen von Fortschritt der wissenschaftliche Fortschritt stets nur als Sieger auf dem Gipfel erscheinen. Aber dem wissenschaftlichen Geist bleibt die Erfahrung nicht erspart, daß sich die Selbstzuschreibung, den Sieg über Theologie und Metaphysik davongetragen zu haben, auf dem Marktplatz wissenschaftlicher Unternehmen anders darstellt. Olaf Briese formuliert treffend: „Einerseits hat jede Wissenschaft die ihr gemäßen Institutionen. Andererseits haben Institutionen ihre Art Wissenschaft. Wissenschaft ist das, was sich institutionell gegen Wissenschaft behauptet. Aber, möglicherweise weitaus wichtiger: was im Konkurrenzkampf von Institution gegen Institution entsteht und etabliert wird, ist Wissenschaft."[347]

Anthony Giddens hat auf die Redundanz der aggressiven Formel vom Sieg der Wissenschaft hingewiesen, die die periodisch gesetzten epistemologischen Neubegründungen der Soziologie gegen die Metaphysik immer wieder fraglich macht. „Schon die Häufigkeit, mit der die These, letztendlich habe die Wissenschaft bei der Erforschung der Gesellschaft den Sieg über die Philosophie davongetragen, in der Vergangenheit vorgetragen worden ist, könnte einen gegen die Vorstellung von der großen Trennungslinie (zwischen vorwissenschaftlicher, spekulativer und wissenschaftlicher Soziologie, W.E.) einnehmen. Saint-Simon nahm sie für seine Werke gegen die der vorangegangenen Philosophen des 18. Jahrhunderts in Anspruch,

346 Ebd., S. 147f.

347 Olaf Briese, *Angst in den Zeiten der Cholera. Über kulturelle Ursprünge des Bakteriums. Seuchen-Cordon I*, Berlin 2003, S. 365.

Comte und Marx wendeten dieselbe Vorstellung gegen Saint-Simon, Durkheim und Weber gegen Comte und Marx; und Parsons schließlich führte sie gegen Weber, Durkheim und ihre Generation ins Feld".[348]

So sehr Vorläufer im Begründungszusammenhang von Fortschritt benötigt werden, zwischen den Fortschritten der Vergangenheit und denen der Gegenwart soll ein Hiatus gelegt werden. Die Zwerge auf den Schultern von Riesen sollen aus einer spätern Sicht Riesen sein. Anders würden Stimmungen der Epigonalität sich breit machen. Dagegen ist der Fortschritt der Gegenwart auf die in der Zukunft zu erwartenden Fortschritte bezogen, die er vorbereiten soll, damit dereinst die Zwerge von heute Riesen einer künftigen Vergangenheit sind. Dieser Absprung des modernen Fortschrittsbegriffs wird übersehen, wenn man säkularisierungstheoretisch Eschatologie und die Idee geschichtlichen Fortschritts ineinanderschiebt. Die moderne Fortschrittsidee ist Hans Blumenberg zufolge „die ständige Selbstrechtfertigung der Gegenwart durch die Zukunft, die sie sich gibt, vor der Vergangenheit, mit der sie sich vergleicht."[349] In der Wissenschaft gilt der Primat der Zukunft über die Gegenwart. Der Psychiater und Hirnforscher August Forel begründet sein Engagement im *Internationalen Orden für Ethik und Kultur (I.O.E.C.)* mit der futuristischen Zielsetzung, daß die „wissenschaftliche Religion (...) unsere ganze Gesellschaft auf wissenschaftlich wahrer Grundlage erzieht und den abergläubigen Kultus einer mehr oder weniger verbesserten vereinheitlichten Auflage der alten anthropomorphen Götter und der menschlichen Ahnen durch den Kultus unserer Nachkommen und einer besseren Menschheit ersetzt."[350] Für diese Zukunft warb Forel mit eugenischen Programmen.

Der *wissenschaftsreligiöse* Kultus der Verehrung zukünftiger Kinder hebt sich nicht nur vom Ahnenkult anthropomorpher Götter ab, sondern er gewinnt seine Sicherheit durch den Evidenzbeweis vergangener Fortschritte. Darauf kann sich immer wieder berufen, wer dem religionskritischen Verdacht begegnen will, er verfalle den Illusionen einer Fortschrittsreligion. Zurecht weist Ernst Topitsch darauf hin, daß sich das Fortschrittsvertrauen rückblickend auf die Entwicklung von Wissen, Technik und Politik seit dem 18. Jahrhundert auf eine breite empirische Basis stützen konnte.[351] Die Träume vom Fortschritt konnten in dem Maße weitergeträumt werden, als ihnen die prognostizierten Veränderungen in der Wirklichkeit hinreichend nachkamen.

Das Lernen an der Wirklichkeit und der Wirksamkeit des Wissens brauchte auch keine großen Sprünge. Es konnte sich auch gradualistisch vollziehen, auf dem

348 Anthony Giddens, „Die klassische Gesellschaftstheorie und der Ursprung der modernen Soziologie", in: *Geschichte der Soziologie*, hg. v. Wolf Lepenies, Bd. 1, Franfurt a.M. 1981, S. 96-136, hier S. 124.

349 Hans Blumenberg, *Säkularisierung und Selbstbehauptung*, Frankfurt a.M. 1974, S. 41.

350 August Forel, „Zum Begriff des Monismus" [1908], zit. n. Heiko Weber, „Der Monismus als Theorie einer einheitlichen Weltanschauung am Beispiel der Positionen von Ernst Haeckel und August Forel", in: Ziche 2000, S. 81-127, hier S. 101.

351 Ernst Topitsch, *Vom Ursprung und Ende der Metaphysik. Eine Studie zur Weltanschauungskritik*, München 1972, S. 311.

Wege der kleinen Verbesserungen, wie sie John Morley in seinem Essay *Über den Kompromiß* (1874) reflektiert hat.[352] Die Doppelung von Merklichkeit und Unmerklichkeit des wissenschaftlichen Fortschritts beruht freilich zum Teil auf einer psychologischen Täuschung, auf die Erich Rothacker aufmerksam gemacht hat. „Nachträglich hält man alles Entdeckte für selbstverständlich. Vorher aber ahnt niemand etwas von diesen Möglichkeiten".[353] Erst im 20. Jahrhundert wird das Akkumulationsmodell des wissenschaftlichen Fortschritts grundsätzlich in Frage gestellt, indem der technisch-konstruktive Charakter wissenschaftlicher Praxis ins Zentrum rückt.[354] Damit treten mit der epochalen Erfahrung artifizieller Lebenswelt neben die Religion der Wissenschaft Elemente eines weiteren Religionstypus in Erscheinung, in dem der Glaube an *technische und rituelle Verfahren* dominiert.[355]

Mit den Versuchen, sich den Fortschritt zu erklären, antworten Intellektuelle auf die Erfahrungslage entfesselter Marktgesellschaft. Ausgegangen wird von einer Unbegrenztheit des Wollens und einer Einschätzung der verfügbaren Mittel, das Gewollte zu erreichen. Die Ausweitung von Ware-Geld-Beziehungen steigert das Bewußtsein der Verfügbarkeit von Dingen und Leistungen, und das Ausmaß der Geldverfügbarkeit gibt das Tempo der Zielerreichung vor. Gefragt sind Investitionen, die zukünftige Gewinne abwerfen. Wer Angst vor dem Neuen hat und so weitermachen will wie bisher, befindet sich nicht mehr auf sicherem Boden, sondern er läuft Gefahr, am Markt zu scheitern. Tradition erhöht das Risiko, weil mit dem Markt täglich offene Situationen hergestellt werden. Zweifellos bringt wissenschaftlicher Fortschritt Klärungen für Probleme, die man sich zuvor nicht erklären konnte, aber zugleich wachsen die neuen, noch nicht gelösten Probleme. Der Markt befördert das methodische Prinzip der intellektuellen Variation, so daß sich die Konkurrenz des sicheren Wissens und des noch nicht ganz sicheren Wissens, die Konkurrenz von *state of the art* und ungedecktem Wechsel auf die Zukunft entwickeln kann. Die Risikobereiteren werden stets wieder so argumentieren wie Zachary Macaulay: „Wir prophezeien nichts, sondern sagen nur dies: wenn irgendeine Person dem Parlament, das in Verwirrung und Schrecken nach dem Krach von 1720 (der sog. Südsee-Spekulation) zusammentrat, gesagt hätte, daß im Jahre 1830 der Wohlstand Englands..."[356]. Und sollte sich der wissenschaftliche Fortschritt vor einem bestimmten Problem hilflos erweisen, wie z.B. die Medizin gegenüber der Cholera in der Mitte des 19. Jahrhunderts, so kann man immer noch

352 John Morley, *On compromise*, London: Macmillan, 1921.

353 Erich Rothacker, *Vom Sinn der Wissenschaft*, Köln 1943, S. 32.

354 Vgl. dazu Gaston Bachelards „Konzept des epistemologischen Bruchs", in: Ders., *Die Bildung des wissenschaftlichen Geistes. Beitrag zu einer Psychoanalyse der objektiven Erkenntnis* [1938], Frankfurt a.M. 1978.

355 In diesem Band, S. 1267ff.

356 Thomas Babington Macaulay, *Lord Macaulay's Review of Southey's Colloquies* [1829], hg. v. University of Sheffield Department of English Literature, Sheffield 1973, zit. n. David C. Somervell, *Geistige Strömungen in England im 19. Jahrhundert*, Bern 1946, S. 143. Das Zitat endet mit drei Auslassungspunkten.

auf das Argumentationsmuster zurückgreifen, demzufolge das Scheitern der Wissenschaft in diesem Fall gerade die Grundlage für den kommenden Sieg des wissenschaftlichen Fortschritts darstelle, so wie eine jede Baisse die Grundlage der kommenden Hausse ist.

VARIANTEN DES ENTWICKLUNGSDENKENS. „‚Entwicklung‘ heißt von jetzt an das Zauberwort, durch das wir alle uns umgebenden Rätsel lösen, oder wenigstens auf den Weg ihrer Lösung gelangen können“, schreibt der Monist Ernst Haeckel 1874 im Vorwort seiner *Natürlichen Schöpfungsgeschichte*.[357] Und in der Tat avanciert Entwicklung zum Schlüsselbegriff, der die Modernitätserfahrung im 19. Jahrhundert resümiert.[358] Vielleicht eignete sich der dem vegetativen Bereich entnommene Begriff Entwicklung auch noch besser als der an animalische Organismen gemahnende Begriff des Fortschritts: Körper schreiten fort, Pflanzen entwickeln sich, eine Differenz, die auch die westeuropäischen Sprachen mit ‚progress/progrès‘ und ‚evolution/évolution‘ kennen.[359]

Die Konzentration der Forschung auf Darwin und den Darwinismus hat lange Zeit den Blick auf das Spektrum der Entwicklungsbegriffe verstellt, die im 19. Jahrhundert kursierten.[360] Das Interesse an Darwin verdankt sich drei Problemzonen: Erstens dem periodisch aufbrechenden Streit zwischen Evolutionisten und Kreationisten, in dem sich der Konflikt zwischen Schöpfungsglauben und Atheismus kon-

---

357 Ernst Haeckel, *Die natürliche Schöpfungsgeschichte* [1868] (=Gemeinverständliche Werke, Bd.1), Leipzig 1924, S. 4. Daß sich „Evolution“ selbst in den USA zur Vergöttlichung eignete, zeigt das Werk von Judson Minot Savage, *The Religion of Evolution*, Boston 1876. Zu Savage siehe Ernst Benz, „Theologie der Evolution im 19. Jahrhundert“, in: *Biologismus im 19. Jahrhundert*, hg. v. Gunter Mann, Stuttgart 1973, S.43-72, hier S. 57ff.

358 Vgl. Wolfgang Eßbach, „Vernunft, Entwicklung, Leben. Schlüsselbegriffe der Moderne“, in: *Vernunft – Entwicklung – Leben. Schlüsselbegriffe der Moderne*, hg. v. Ulrich Bröckling / Axel T. Paul u. Stefan Kaufmann, München 2004, S. 13-22.

359 Generell zu Organismusanalogien und Metaphern: Susanne Lüdemann, *Metaphern der Gesellschaft. Studien zum soziologischen und politischen Imaginären*, München 2004; Tobias Schlechtriemen, „Die Metapher des Organismus und ihre Funktionen in frühen soziologischen Theorien“, in: *Methoden der Metaphernforschung und -analyse*, hg. v. Matthias Junge, Wiesbaden 2014, S. 233-250.

360 Die Literatur zu Darwin und zur Darwinrezeption ist unübersehrbar. Anregend in der Perspektive einer Philosophie der Biologie ist: Michael Rüse, *Taking Darwin Seriously: A Naturalistic Approach to Philosophy*, Oxford 1986. Einen Versuch, Darwin vom Darwin-Mythos zu trennen macht: Thomas P. Weber, *Darwin und die neuen Biowissenschaften*, Köln 2005. Zur Darwinrezeption vgl. u.a. Alvar Ellegård, *Darwin and the General Reader. The Reception of Darwin's Theory of Evolution in the British Periodical Press 1859-1872*, mit einem neuen Vorwort von David L. Hull, Chicago/London: University of Chicago Press, 1990, zuerst 1958; *Darwin und die Evolutionstheorie*, hg. v. Kurt Bayertz / Bernhard Heidtmann u. Hans-Jörg Rheinberger, Köln 1982; *The Comparative Reception of Darwinism*, hg. v. Thomas F. Glick, Chicago/London: University of Chicago Press, 1988; *Darwin and his Critics. The Reception of Darwin's Theory of Evolution by the Scientific Community*, hg. v. David Hull, Chicago/London 1983; *The Darwinian Heritage*, hg. v. David Cohn, Princetown/ New Jersey: Princetown University Press, 1985.

tinuiert. Davon war im Abschnitt über die Popularisierung des Wissenschaftsglaubens die Rede.[361] Zweitens der anhaltenden wissenschaftlichen Fruchtbarkeit der evolutionstheoretischen Perspektive in den *life sciences*, die heute Darwin zu ihrem Stammvater zählen. Schließlich ist als drittes Thema der Streit über den Anteil Darwinscher Denkweisen am Sozialdarwinismus, der Eugenik und an rassenbiologischen Ideen und Programmen zu nennen, die in den totalitären Bewegungen des 20. Jahrhunderts Grundlage für Staatsverbrechen wurden, die die europäische Zivilisation traumatisiert haben. Davon soll am Ende dieses Abschnitts die Rede sein.

Gegen den Mythos von der „darwinschen Revolution" hat Peter J. Bowler in seinen grundlegenden Studien gezeigt, daß mit Darwins *Origin of Species* kein Paradigmenwechsel von der Schöpfungstheologie zum nicht-teleologischen, selektionistischen Denken eingeleitet wurde. Vielmehr muß anerkannt werden, daß im 19. Jahrhundert eine ganze Reihe von Evolutionsvorstellungen mit differenten Profilen entstanden. Darwin habe dabei lediglich als ein Katalysator gewirkt.[362] Der Mythos Darwin wurde in die polarisierende Optik der Whig-Interpretation der Geschichte, die von einer unversöhnlichen Feindschaft zwischen Religion und Wissenschaft ausging, interpretiert und ist daher gerade für den angelsächsischen Bereich relativiert worden.[363] Dies mag seinen Grund auch darin haben, daß in

361 In diesem Band, S. 273ff.

362 Peter J. Bowler, *The Eclipse of Darwinism* [¹1983], Baltimore/London: John Hopkins University Press, Neuaufl. ²1992a; Ders., *The Non-Darwinian Revolution. Reinterpreting a Historical Myth* [¹1988], Baltimore/London: John Hopkins University Press, Neuaufl. ²1992b; Ders., *Life's Splendid Drama: Evolutionary Biology and the Reconstruction of Life's Ancestory 1860-1940*, Chicago 1996. Zur Diskussion um die Bowlersche These siehe Eve-Marie Engels, „Biologische Ideen von Evolution im 19. Jahrhundert und ihre Leitfunktionen. Eine Einleitung", in: Dies. (Hg.), *Die Rezeption von Evolutionstheorie im 19. Jahrhundert*, Frankfurt a.M. 1995b, S. 13-66. Zum Begriff der ‚Darwin'schen Revolution' siehe Wolfgang Lefèvre, *Die Entstehung der biologischen Evolutionstheorie*, Überarbeitete Auflage m. einem neuen Nachwort, Frankfurt a.M. 2009, S. 298-317.

363 Dazu beigetragen hat auch die legendenumwobende Huxley-Wilberforce-Debatte vom 30. Juni 1860 auf der Jahrestagung der British Association for the Advancement of Science in Oxford. Der Bischof Samuel Wilberforce soll in einer Debatte den Darwin-Verteidiger Thomas Henry Huxley gefragt haben, ob er väterlicher- oder mütterlicherseits von Affen abstamme. Huxley habe geantwortet, er schäme sich nicht für einen Affen als Vorfahren, wohl aber für die Ausführungen des Bischofs. Ob der Wortwechsel so stattgefunden hat, ist nicht sicher. Es waren wohl die Biographien der Söhne Francis Darwin und Leonard Huxley, die halfen, die Szene als paradigmatisch für die Unvereinbarkeit von Religion und Wissenschaft hochzustilisieren. Dem können sich auch Theologen nicht entziehen. Kenneth J. Howell vergleicht die Debatte mit dem Galilei-Prozeß: Kenneth J. Howell, „Did the Bulldog Bite the Bishop? An Anglican Bishop, an Agnostic Scientist, and a Roman Pontiff", in: *Logos. A Journal of Catholic Thought and Culture* 6(3)/2003, S. 41-67. Siehe auch Frank A. J. L. James, „An ‚Open Clash between Science and the Church'?: Wilberforce, Huxley and Hooker on Darwin at the British Association, Oxford, 1860", in: *Science and Beliefs. From Natural Philosophy to Natural Science, 1700–1900*, hg. v. David M. Knight u. Matthew Eddy, Hamshire/Burlington 2005, S. 171-193; Thomas Gondermann, „‚Ape-Theory' Huxley contra Wilberforce", in: Ders., *Evolution und Rasse. Theoretischer und institutioneller Wandel*

England und den USA – wie an der Spaltung der Weltfreimaurerei abzulesen – der Theismus traditionellerweise stark verwurzelt ist und die Spannung zwischen Wirklichkeit und Mystik weniger zum Tragen kam als auf dem europäischen Kontinent.

William Paleys Schrift *Evidences of Christianity*, in der das Dasein des gütigen und weisen Gottes aus der Natur in langen Beweisketten nachgewiesen wird, war lange Pflichtlektüre für den BA an englischen Universitäten und hat, wie Darwin in seiner Autobiographie berichtet, ob seiner klaren Logik und meisterhaften Diktion auch ihn bezaubert.[364] Die Mehrheit der englischen Physiker erhob denn auch starke Einwände gegen Darwins These einer ungerichteten Evolution. Helmut Pulte hat darauf aufmerksam gemacht, daß die Abkehr der viktorianischen Physiker von Newtons Physikotheologie, die eine göttliche Intervention in das Naturgeschehen vorsah, zwar im Bereich der Himmelsmechanik erfolgte, aber zunächst keine Konsequenzen für den ganzen Naturbegriff hatte. „Während die Berufung auf eine göttliche Intervention im Bereich der Physik mehr und mehr als unwissenschaftlich galt, wurde der Bereich des Organischen für die Physiker zum *Reservat*, in dem eine solche Einwirkung weiterhin als möglich und notwendig angesehen wurde."[365] Die Astronomie von Laplace, derzufolge es eines Gottes beim Himmelsgeschehen nicht bedurfte, wurde akzeptiert, nicht aber Darwins „gottloser" Ursprung der Arten.

Daß Physiker wie Michael Faraday für Zwecke der Popularisierung die Physikotheologie noch voll in Anspruch nahmen, zeigen seine Vorlesungen für Kinder aus dem Jahre 1860. Das Experiment zur Darstellung des Sauerstoffs beim Einatmen und Kohlenstoffs beim Ausatmen reflektierend, fragt er seine Zuhörer: „Was hat dieser ganze Prozeß zu bedeuten, der in uns vorgeht, ohne den wir nicht sein können, weder am Tage, noch bei Nacht, und welcher vom Schöpfer so eingerichtet ist, daß er im Wachen wie im Schlaf ganz unabhängig von unserem Willen sich fortsetzt?"[366] Die gegenseitige Abhängigkeit der Pflanzen von Kohlensäure und der Tiere von Sauerstoff feiert Faraday als Harmonie der Schöpfung, in die sich auch der Mensch einzufügen habe. „Und so sehen wir denn alles sich regen zu dem einen großen Werke, die beiden lebendigen Reiche der Schöpfung einander dienstbar zu machen. (...) Was dem Einen den Tod brächte, dem Andern bringt es Leben. Und so sehen wir Menschen uns abhängig nicht nur von unseren Nebenmenschen, sondern abhängig von aller Mitkreatur, sehen uns mit dem All der Schöpfung zu ei-

in der viktorianischen Anthropologie, Bielefeld 2007a, S. 100-104; James R. Moore, *The Post-Darwinian Controversies: A Study of the Protestant Struggle to come to terms with Darwin in Britain and America. 1870-1900*, Cambridge: University Press, 1979.

364 Vgl. dazu Matthias Schramm, *Natur ohne Sinn? Das Ende des teleologischen Weltbildes*, Graz/Wien/Köln 1985, S. 183; sowie die klugen Beobachtungen von Fritz Mauthner über das „Christeln" der Engländer. Mauthner 1923, S. 156 u.a.

365 Helmut Pulte, „Darwin in der Physik und bei den Physikern des 19. Jahrhunderts. Eine vergleichende wissenschaftstheoretische und -historische Untersuchung", in: Engels 1995a, S. 105-146, hier S. 119f.

366 Michael Faraday, *Naturgeschichte einer Kerze*, hg. v. Peter Buck, Bad Salzdetfurth ^{2}1980, S. 183f.

nem großen Ganzen verbunden durch die Gesetze, nach denen jedes Glied zum Heile des anderen lebet und webet und schafft."[367] Auch unter Darwins Freunden, die einem Großteil seiner Überlegungen folgten, erhoben sich Zweifel, wenn die Frage des *intelligent design* berührt wurde. So hatte Darwin die Selektion mit einem Architekten verglichen, der unterschiedliche Steine auf ihre Tauglichkeit hinselektiert und damit den Widerspruch des Geologen Charles Lyell hervorgerufen, der ihn vor einer „Vergöttlichung" der natürlichen Selektion warnte.[368]

Neben dem bis heute sich fortsetzenden Streit um das *intelligent design*, der zur Perpetuierung des Mythos Darwin beiträgt, ist in religionssoziologischer Hinsicht die Reaktualisierung der alten Diskussion über das zwanzigjährige Zögern Darwins, mit seiner Selektionstheorie an die Öffentlichkeit zu treten, von Interesse. Der Topos, Darwin habe sich aus Sorge vor den möglichen religiösen und gesellschaftlichen Reaktionen diese Zurückhaltung auferlegt, gehört wahrscheinlich zur Legendenbildung.[369] Darwin verheimlichte keineswegs seine Hypothesen und Entdeckungen gegenüber Kollegen, und es war bekannt, daß auch andere Wissenschaftler der Frage nach der Entstehung der Arten auf der Spur waren. Insbesondere galt dies für Alfred Russel Wallace, dessen Notizbuch der Zeit von 1855-59 erst im Jahre 2013 als Faksimile für eine breitere Öffentlichkeit einsehbar ist.[370] Von daher könnte die oft erzählte Geschichte der Doppelpräsentation der Theorie der natürlichen Selektion von 1858 vor der *Linnean Society* in London, bei der von Wallace eine druckreife Abhandlung und von Darwin kurze Auszüge aus seinen Schriften vorgestellt wurden, durchaus Anlaß zu kriminalistischen Spekulationen geben. In seiner Studie über Wallace urteilt Matthias Glaubrecht: Wallace sei „weitaus mehr als nur der Mann im Schatten Darwins oder gar der ewige Zweite, der nie in gleicher Weise für seine Entdeckung anerkannt wurde. Und das keineswegs nur, weil er es war, der in einem kurzen, klarsichtigen Aufsatz jene Theorie von der Veränderlichkeit der Arten durch natürliche Auslese entwarf".[371] Wallace habe dies als Erster getan, er sei aber dann auch derjenige gewesen, der nach Darwins Tod den Terminus „Darwinismus", für die Entdeckungen prägte, die zu Lebzeiten Darwins als „Darwin-Wallace-Theorie" bezeichnet wurden.

---

367 Ebd. S. 191f. Die Vorlesung zur Naturgeschichte einer Kerze endet mit den Worten: „Und so wünsche ich Euch denn zum Schluß unserer Vorlesungen, daß Ihr Euer Leben lang den Vergleich mit einer Kerze in jeder Beziehung bestehen möget, daß Ihr wie sie eine Leuchte sein möget für Eure Umgebung, daß Ihr in allen Euren Handlungen die Schönheit einer Kerzenflamme widerspiegeln möget, daß Ihr in treuer Pflichterfüllung Schönes, Gutes und Edles wirket für die Menschheit." Ebd. S. 195.

368 *The Correspondence of Charles Darwin*, hg. v. Frederick H. Burkhardt / Duncan Porter / Janet Browne / Marsha Richmond, Cambridge: University Press, 1993, S. 255 u. 258.

369 John van Wyhe, „Mind the gap. Did Darwin avoid publishing his theory for many years?", in: *Notes and Records of the Royal Society* 61/2007, S. 177-205.

370 Alfred Russel Wallace, *On the Organic Law of Change. A Facsimile Edition and Annotated Transcription of Alfred Russel Wallace's Species Notebook of 1855-1859*, Introduction and notes by James T. Costa, Cambridge, MA: Harvard University Press, 2013.

371 Matthias Glaubrecht, *Am Ende des Archipels – Alfred Russel Wallace*, Berlin 2013, S. 21.

Der Grund dafür, daß Wallace seine Entdeckung allein dem Konkurrenten Darwin überließ, mag damit zusammenhängen, daß er keine hinreichenden Gründe dafür fand, wie die mentalen Fähigkeiten des Menschen durch natürliche Zuchtwahl zustande gekommen seien. Das Argument, das Wallace in seiner Schrift *The Limits of Natural Selection as applied to Man* anführt, lautet Glaubrecht zufolge: Die menschliche Intelligenz sei „offenkundig größer als notwendig, um zu überleben; ergo könne sie nicht das Ergebnis einer allgemeinen natürlichen Auslese sein. Tatsächlich können Anpassungsprozesse nicht mehr liefern, als bestellt wurde."[372] In der Konsequenz machte sich Wallace auf die Suche nach „einer überlegenen Intelligenz", und zwar nicht, indem er sich einer *Bekenntnisreligion* zuwandte, sondern auf dem Wege eines experimentellen Spiritismus. Wallace „war in seiner Begründung einer Sonderstellung des Menschen und seines Gehirns in keinster Weise ein religiös motivierter Kreationist; vielmehr kombiniert er eine konsequente Auslegung der natürlichen Selektion mit uns heute völlig fremden spiritualistischen (!) Überlegungen als Teil seiner ganz persönlichen Weltsicht."[373] Diesem Urteil Glaubrechts ist nur zum Teil zuzustimmen. Denn der Spiritismus, dem sich Wallace zuwendet, versteht sich dort, wo es sich um mehr als die Mode des geselligen Tischerückens handelt, als eine vollgültige Wissenschaft.[374] Auch noch 1893 wehrt Wallace sich gegen die naturalistische Schließung des Darwinismus durch den vorzeitigen Abbruch der experimentellen Untersuchung okkulter Phänomene: „The whole history of science shows us that whenever the educated and scientific men of any age have denied the facts of other investigators on a priori grounds of absurdity or impossibility, the deniers have always been wrong."[375]

Anders stellt sich die Darwinismus-Debatte in Frankreich und Deutschland dar. Während in Frankreich Darwins *Ursprung der Arten* mäßiges Aufsehen erregte und – befördert durch das Engagement von Clémence Royer – sich vorrangig auf die sozial-moralischen Fragen der „élection" konzentrierte, wurde in Deutschland

372 Ebd., S. 331. Siehe Alfred Russel Wallace, „The Limits of Natural Selection as applied to Man", in: *Contributions to the Theory of Natural Selection. A Series of Essays*, Cambridge: University Press, 2009, S. 332-371.

373 Ebd., S. 336.

374 Zum Streit um den Wissenschaftscharakter des Spiritismus siehe: Helmut Zander, „Esoterische Wissenschaft um 1900, ‚Pseudowissenchaft' als Produkt ehemals ‚hochkultureller' Praxis", in: *Pseudowissenschaft*, hg. v. Dirk Rupnow u.a., Frankfurt a.M. 2008, S. 77-99; Barbara Wolf-Braun, „Konstruktionen des Mediumismus um 1900", in: *Trancemedien und neue Medien um 1900: ein anderer Blick auf die Moderne*, hg. v. Marcus Hahn u. Erhard Schüttpelz, Bielefeld 2009, S. 145-172; Wilhelm Wundt, *Der Spiritismus, eine sogenannte wissenschaftliche Frage. Offener Brief an Herrn Prof. Dr. Ulrici*, Leipzig 1879. Zum Fortwirken der älteren Naturphilosophie im Spiritismus siehe Heinz Schott, „Zur Biologisierung des Menschen", in: *Wissenschaften und Wissenschaftspolitik. Bestandsaufnahmen zu Formationen, Brüchen und Kontinuitäten im Deutschland des 20. Jahrhunderts*, hg. v. Rüdiger vom Bruch u. Brigitte Kaderas, Stuttgart 2002, S. 99-108, hier S. 106f.

375 Alfred Russel Wallace, *Notes on the Growth of Opinion as to Obscure Psychical Phenomena During the Last Fifty Years* [1893], online: http://people.wku.edu/charles.smith/wallace/S478.htm (Letzter Zugriff: 22.04.2015).

die Diskussion um Darwin als direkte Fortsetzung des Materialismusstreits geführt.[376] Von daher war der physikotheologische Widerstand gegen Darwin in Deutschland geringer. Wenn Eve-Marie Engels gegen Bowlers Non-Darwinismusthese geltend macht, daß, wenn nicht für England, so doch „in bezug auf die deutsche Biologie des 19. Jahrhunderts von einer darwinschen Revolution zu sprechen" ist, so muß freilich ergänzt werden, daß Weisheit und Güte des Schöpfergottes in den naturästhetischen Dimensionen bei Haeckel und Bölsche weiterlebten.[377]

Was die Beantwortung der Frage, ob mit Darwin ein Paradigmenwechsel der Biologie im 19. Jahrhundert erfolgte, erschwert, ist, daß Darwin mit seinen Studien konsequent der Tradition deskriptiver Naturforschung folgte, die sich für ausgreifende Weltanschauungsdiskussionen ohnehin kaum eignete. Die Transformation Darwins zum Darwinismus wurde dadurch befördert, daß die Rezipienten selektiv vorgingen. Der *Ursprung der Arten* ist – wie Matthias Schramm bemerkt – „ein Gewebe von Theorien, das in ihm seine Darstellung findet. Das hat bis heute das volle Verständnis der Darwinschen Lehre erschwert. Was einleuchtend schien, wurde herausgegriffen und der Rest vergessen".[378] Ernst Mayr hat herausgearbeitet, daß die Darwinsche Lehre, genau betrachtet, aus fünf separaten Theorien besteht: Die *Evolution* als historische Perspektive auf den Wandel der Arten, der *Gradualismus* als ein Veränderungsprozeß, der in infinitesimalen Schritten erfolgte, die *gemeinsame Abstammung* in dem Sinne, daß verwandte Arten auf gemeinsame Vorfahren zurückgehen, die *Artbildung* durch Isolation von Teilen der Population, die sich unabhängig voneinander entwickeln, wie die Finkenarten auf den Galapagos-Inseln, und die *natürliche Auslese*, dem folgenreichsten theoretischen Element seiner Lehre, das zutiefst mit dem Marktdenken des 19. Jahrhunderts verbunden ist.[379]

376 Zur französischen Rezeption vgl. Joy Harvey, „Charles Darwins ‚Selected Strategies': Die französische versus die englische Reaktion", in: Engels 1995a, S. 225-261. Darwin scheiterte, Clémence Royer davon zu überzeugen, statt von „élection naturelle" von „sélection naturelle" zu sprechen. Zur Darwinrezeption in Deutschland: Rolf Peter Sieferle, *Die Krise der menschlichen Natur. Zur Geschichte eines Konzepts*, Frankfurt a.M. 1989; Engels1995b; Eve-Marie Engels, „Darwin, der ‚bedeutendste Pfadfinder' der Wissenschaft des 19. Jahrhunderts", in: *Inszenierte Wissenschaft. Zur Popularisierung von Wissen im 19. Jahrhundert*, hg. v. Stefanie Samida, Bielefeld 2011, S. 213-243.

377 Engels1995b, S. 44. Zu Bölsches Begeisterung für den Zusammenhang von Genie und Evolution siehe Philipp Sarasin u. Michael Hagner, „Wilhelm Bölsche und der ‚Geist'. Populärer Darwinismus in Deutschland 1887-1934", in: *Nach Feierabend. Zürcher Jahrbuch für Wissensgeschichte* 4/2008, S. 47-67. Zu den Konsequenzen der antiteleologischen Pointe von Darwins Evolutionstheorie für literarische Narrationen siehe Philip Ajouri, *Erzählen nach Darwin. Die Krise der Teleologie im literarischen Realismus: Friedrich Theodor Vischer und Gottfried Keller*, Berlin/New York 2007.

378 Schramm 1985, S. 184.

379 Ernst Mayr, *Die Entwicklung der biologischen Gedankenwelt*, Berlin/Heidelberg/New York/Tokio 1984, S. 404-409; Ders., ...*und Darwin hat doch recht*, München/Zürich 1994. Darwins Lehre wurde auch schon von Zeitgenossen als aus mehreren Bestandteilen zusammengesetzt wahrgenommen. 1876 unterscheidet Rudolf Schmid zwischen der „Abstammungs-

Dabei war es insbesondere das Mißverständnis der Identität von Deszendenz- und Selektionstheorie, das im 19. Jahrhundert einer angemessenen Rezeption im Wege stand, „weil die Gegner von Darwinianern den Glauben an die untrennbare Einheit beider Theorien kritiklos annehmen, ohne ihre tatsächliche Heterogenität zu ahnen", wie schon Eduard von Hartmann 1875 erkannte.[380] Auf der anderen Seite sträubten sich die „enragierten Vertreter des Darwinismus (...) deshalb gegen die notwendige Sonderung, weil sie die durchschlagende Gewalt der von ihnen verteidigten Naturanschauung darin suchen, ein *fertiges Ganze* zu geben, worin keine klaffenden Erklärungslücken mehr bleiben, am wenigsten solche, welche keine Aussicht bieten, jemals andere als *metaphysische* Erklärung zuzulassen."[381] Der *wissenschaftsreligiöse* Charakter dieser Darwinrezeption ist hier deutlich gesehen.

Heute kann die „Darwin-Industrie", wie sie zuerst von Timothy Lenoir genannt wurde, enorme publizistische Erfolge vorweisen.[382] 2009 war von der UNESCO das Jahr der Astronomie ausgerufen, es sollte an Galilei und Kepler erinnert werden; 2009 wurde dagegen ein Darwin-Jahr. Bemerkenswert war, daß die düstere Seite der Folgen Darwins, jene Soziallehren, die irgendeine sichtbar gemachte Kollektion von Merkmalen als die fittere, überlegene, besser angepaßte auszeichneten und Anderen das Verschwinden von dieser Erde nahelegten, nur sehr selten thematisiert wurden. 2009 feierte man meist einen hellen Darwin, der niemand mehr so recht weh tut, einen Darwin, der uns von einer Natur erzählt, die wunderschöne Lebewesen hervorgebracht hat. Hans-Jörg Rheinberger fragte in seinem Rückblick aus das Darwin-Jahr: „Gehört der Darwin der Klassenkämpfer, der Rassenhygieniker, der Manchester-Liberalen endgültig der Vergangenheit an? Die spielerische Seite der Evolution scheint gefragt – und die ästhetische?"[383]

Die Ökonomie des Lebens und der Lebensmittel. Die Ästhetisierung der Naturforschung Darwins gehört der Erfahrung der artifiziellen Lebenswelt unserer Gegenwart an. In der zweiten Hälfte des 19. Jahrhunderts kommt Darwins Verbindung der historischen Perspektive der Entwicklung der Arten mit der systematischen Perspektive der Regeln der Selektion der Modernisierungserfahrung in hohem Maße entgegen. In der Markterfahrung kollidiert die Welt der Tradition, d.h. der Herkunft der Güter als eine Geschichte von Produktion, die Voraussetzungen

oder Deszendenztheorie", der Entwicklungstheorie und der Selektionstheorie. Ernst Haeckel unterscheidet zwischen 1. der monistischen Entwicklungslehre, 2. der „Abstammungslehre oder Deszendenztheorie" und 3. der „Züchtungslehre oder Selektionstheorie". Vgl. die Diskussion bei Engels 1995b, S. 36 u. 37.

380 Eduard von Hartmann, *Wahrheit und Irrtum im Darwinismus* [1875], zit n. Bayertz / Gerhard u. Jaeschke 2007, Bd. 2, S. 200.

381 Ebd., S. 200f.

382 Timothy Lenoir, „Essay Review: The Darwin Industry", in: *Journal of the History of Biology* 20(1)/1987, S. 115-130; Michael Ruse, „The Darwin Industry: A Guide", in: *Victorian Studies* 39(2)/1996, S. 217-235.

383 Hans-Jörg Rheinberger, „Was bleibt vom Darwin-Jahr 2009", in: *Frankfurter Allgemeine Zeitung* vom 7. April 2010, S. N5.

aufruht, mit der Welt der jeweiligen Jetzt-Moderne, die die Auswahl, den Preis, d.h. den Markterfolg und die Zukunft begründet.

In seiner Autobiographie erinnert sich Darwin daran, daß es seine Lektüre von Thomas Robert Malthus 1798 erschienenem *Essay on the Priciple of Population* gewesen war, die ihm die Bedeutung von dem „überall stattfindenden Kampf um die Existenz" bewußt gemacht habe.[384] Auf das Motiv vom Krieg in der Natur verweisend, schreibt Darwin in seinem Entwurf zur Entstehung der Arten von 1844: „Bedenkt man aber die enorme geometrische Vermehrungskraft jedes Organismus, und daß jedes Land unter gewöhnlichen Umständen bis zur höchsten Möglichkeit mit Organismen besetzt sein würde, so sieht man, daß er (der Krieg in der Natur, W.E.) vorhanden sein muß."[385] Es ist die dem Überfluß der Natur zu verdankende, immer gegebene Überproduktion von Nachkommen, die in Relation zum immer gegebenen Mangel an Lebensbedingungen einen Prozeß der Auswahl notwendig macht. In *Der Entstehung der Arten* von 1859 heißt es: „Da mehr Individuen ins Leben treten, als bestehen können, so muß auf jeden Fall ein Kampf ums Dasein eintreten, entweder zwischen Individuen derselben oder verschiedener Arten oder zwischen Individuen und äußeren Lebensbedingungen. Das ist die Lehre von Malthus mit verstärkter Kraft auf das ganze Tier- und Pflanzenreich angewendet".[386]

Malthus hatte seine Schrift gegen den revolutionären Enthusiasmus einer in Zukunft grenzenlosen Lebensverlängerung bei Condorcet und die These des Anarchisten William Godwin geschrieben, daß in einer gerechten Gesellschaft genügend

384 Charles Darwin, „Autobiographie", in: *Leben und Briefe von Charles Darwin*, 3 Bde., hg. v. Francis Darwin, Stuttgart 1887, Bd. 1, S. 25-95, hier S. 74.

385 In der Fortsetzung notiert Darwin: „Malthus bezüglich des Menschen – bei Tieren keine moralische Hemmung – sie erzeugen Nachkommen in dem Teil des Jahres, wo Vorräte am üppigsten oder Jahreszeit am günstigsten – jedes Land hat seine besonderen Jahreszeiten –, Rotkehlchen ausrechnen – schwanken sie je nach Jahren der Vertilgung. Brauchte es noch Beweise, so setze man irgendeinen besonderen Wechsel des Klimas bei uns voraus, und wie erstaunlich würden einige Stämme zunehmen, auch eingeführte Tiere – das Nachdrängen ist stets vorhanden – Fähigkeit alpiner Pflanzen, andere Klimate zu ertragen – man denke an unzählige Samen, die umhergestreut werden – Wälder gewinnen ihren alten Prozentsatz zurück – Tausende von Keilen werden in den Haushalt der Natur hineingetrieben. Dies alles erfordert viel Nachdenken, Malthus studieren und die Vermehrungsstatistik nachrechnen, die periodischen Widerstände in Betracht ziehen." Charles Darwin, *Essay zur Entstehung der Arten* [1844], mit einer Einführung, hg. v. Heribert M. Nobis, München 1971, S. 39f.

386 Charles Darwin, *Die Entstehung der Arten durch natürliche Zuchtwahl*, übersetzt v. Carl W. Neumann, Stuttgart 1963, S. 102f. Zum Verhältnis von Ökonomie und Darwinschen Lehren vgl. Silvan S. Schweber, „Darwin and the Political Economists. Divergence of Character", in: *Journal of the History of Biology* 13(2)/1980, S. 195-289; Elliot Sober, „Darwin on natural Selection. A Philosophical Perspective", in: *The Darwinian Heritage*, hg. v. David Kohn, Princeton: University Press, 1985, S. 867-900; Adrian Desmond u. James Moore, *Darwin*, München/Leipzig 1992. Peter Gay hat herausgearbeitet, wie die Rechtfertigung von Gewalt im 19. Jahrhundert durch die wissenschaftliche „Apotheose des Konflikts" gestützt worden ist, wozu zentral auch die Berufung auf Darwin gehörte. Peter Gay, *Kult der Gewalt. Aggression im bürgerlichen Zeitalter*, München 1996, S. 51ff.

Lebensmittel für eine sich vermehrende Bevölkerung hergestellt werden könnten, wenn nicht die Reichen mit Hilfe des Eigentumstitels den Armen die Lebensmittel vorenthielten.[387] Malthus führte dagegen wirtschaftliche Not auf den Umstand zurück, daß biologische Vermehrung der Bevölkerung ungehemmt in geometrischer Progression verlaufe, während eine Steigerung der Produktion von Bodenerzeugnissen nur in arithmetischer Progression vor sich gehe. Die Vermehrung der Bevölkerung findet damit nach Malthus in der Menge der Unterhaltsmittel der Nahrung ihre Begrenzung.[388] Gegen diese Lehre verfaßte der Sozialist William Cobbett ein Bühnenstück, dessen Aufführung freilich verboten wurde. Auf die Frage des Malthusianers Thimble, wieviel Kinder ihre Mutter hatte, gibt die 18jährige Betsy an, es seien 17 gewesen. Thimble antwortete: „Ungeheuerlich. Nichts als Pest, Seuche, Hunger und plötzlicher Tod kann das Land retten. Die Regierung sollte eine Schiffsladung Gift einführen. Aber, Mädchen, kannst du Dir nicht für zehn oder zwölf Jahre ‚moralische Zurückhaltung' auferlegen?" Betsy: „Bitte, Herr, was ist das?" Thimble: „Kannst Du nicht allein bleiben, bis du etwa dreißig bist?" Betsy: „Dreißig Jahre alt? Herr! (Sie unterdrückt ein Lachen)".[389]

Für die Revolutionäre Condorcet und Godwin und Sozialisten wie Cobbett lag die Ursache des Elends in mangelhaften politischen Institutionen. Bei Malthus, dessen Lehre in der Folgezeit stets Anlaß zu heftigen Reaktionen geben wird, ist es nicht die Politik, sondern die Biologie des Menschen, seine natürliche Reproduktionsrate, die maßgeblich für das Leben in der Gesellschaft wird. Malthusianische Argumente sind auch immer wieder von John Stuart Mill vertreten worden: „Wenn die Erde jenen großen Bestandteil ihrer Lieblichkeit verlieren müßte, den sie jetzt Dingen verdankt, welche die unbegrenzte Vermehrung des Vermögens und der Bevölkerung ihr entziehen würde, lediglich zu dem Zwecke, um eine zahlreichere, aber nicht eine bessere oder glücklichere Bevölkerung ernähren zu können, so hoffe ich von ganzem Herzen im Interesse der Nachwelt, daß man schon viel früher, als die Notwendigkeit dazu treibt, mit einem stationären Zustand sich zufrieden

---

387 William Godwin, *Politische Gerechtigkeit* [1793] (=Haufe-Schriftenreihe zur rechtswissenschaftlichen Grundlagenforschung, Bd. 17), aus d. Engl. v. Jutta Schlösser, hg. u. mit einem Anhang versehen v. Hermann Klenner, Freiburg i. Br. u.a. 2004. Zu Godwin siehe George Woodcock, *Anarchism. A History of Libertarian Ideas and Movements*, Harmondsworth 1962, S. 56ff.

388 Leopold von Wiese, „Malthusianismus", in: *Handwörterbuch der Sozialwissenschaften* (27. Lieferung), Bd. 7, Stuttgart/Tübingen 1961, S. 102-105; Gerhard Stavenhagen, *Geschichte der Wirtschaftstheorie*, Göttingen ^{4}1969, S. 76-84.

389 Zit. n. Somervell 1946, S. 56. Daß dann angesichts der Cholera-Epidemie diese als wirksamer Reinigungsprozeß und heilsamer naturhafter Selektionsvorgang wissenschaftlich beschrieben wurde, zeigt Briese 2003, S.161f. Vgl. dazu auch Brian Dolan (Hg.), *Malthus, Medicine, & Morality. ‚Malthusianism' after 1798*, Amsterdam 2000. Für Friedrich Albert Lange steht dagegen fest, „daß eine gesteigerte Vermehrung eines Volkes oder eines Bestandteils der Bevölkerung nicht durch die vermehrte Fruchtbarkeit, sondern regelmäßig durch die verminderte Sterblichkeit hervorgerufen wird." Friedrich Albert Lange, „Die Arbeiterfrage in ihrer Bedeutung für Gegenwart und Zukunft (1865)", in: Bayertz / Gerhard u. Jaeschke 2007, Bd. 2, S. 51-100, hier S. 72.

geben wird."[390] Der Utilitarist Dieter Birnbacher stellt diese Auffassungen Mills heute angesichts der Diskussion um das Bevölkerungswachstum heraus.[391]

Mit seiner naturalistischen Sicht, die Malthus' gesamte politische Ökonomie kennzeichnet, gehört er zu den Autoren, die im Bruch mit dem Enthusiasmus der Revolutionsperiode der Biopolitik der Bevölkerung ein wissenschaftliches Fundament gaben. Daß Malthus selbst in späteren Auflagen und die späteren Ökonomen, Soziologen und Bevölkerungswissenschaftler die einfache Malthusianische Rechnung kompliziert haben, ändert nichts am grundlegenden Perspektivwechsel.[392] Es geht nicht mehr um mögliche Ordnungen, aufgrund derer Beziehungen zwischen den Bedürfnissen, der Arbeit, der Güterherstellung und dem Konsum gedacht werden, schon gar nicht mehr um das göttliche Gebot „Seid fruchtbar und mehret euch" (1. Mose 9,7), sondern um naturimmanente Erklärungen, die um die biologische Alternative Leben oder Sterben zentriert sind. Michel Foucault hat diesen Wechsel pointiert: „Der *homo oeconomicus* ist nicht derjenige, der sich seine eigenen Bedürfnisse und die Gegenstände, die sie mildern können, repräsentiert. Er ist derjenige, der sein Leben verbringt, verbraucht und verliert, indem er versucht, der Drohung des Todes zu entgehen."[393] Mit dem „Kampf ums Dasein" der malthusianisch-darwinischen Lebensauffassung als einer Überlebensauffassung, die als Metapher für eine mathematisch beschreibbare Relation zwischen zwei unterschiedlich schnell wachsenden Größen, der Reproduktionsrate von Organismen und der Zunahme von Substanzmitteln fungiert, war eine Formel gefunden, die das Denken von Fortschritt und Entwicklung nachhaltig tangierte. Ihre Evidenz bezog sie aus der Affinität von vergangenen blinden Naturprozessen mit unvorhersehbaren Marktprozessen.

Jakob Tanner hat die Linie herausgearbeitet, die bis zu Friedrich A. Hayeks evolutionärer Epistemologie führt. Die „spontane Ordnung", die sich durch den eigentumsbasierten Markttausch herstellt, ist ihrem Wesen nach unpolitisch. „Hayek unterstellt ein evolutives Kontinuum von biologischen Organismen bis hin zu komplexen sozialen Institutionen. Physiologische Organe können so als bewährte, routinierte Problemlöser verstanden werden. Ebenso treibt die ‚spontane Ordnung' spezifische politische Organe hervor, die sich – der biologischen Selektion entsprechend – an eine sich immerzu wandelnde Umgebung anpassen müssen. Künstliche

390 Mill zit. n. Dieter Birnbacher, „John Stuart Mill (1806-1873)", in: *Klassiker der Philosophie*, 2. Bd., *Von Immanuel Kant bis Jean-Paul Sartre*, hg. v. Otfried Höffe, München 1981, S. 132-152, hier S. 152.

391 Ebd.

392 Zur weiteren Diskussion vgl. Balint Balla, *Soziologie der Knappheit*, Stuttgart 1978; Hartmut Esser, *Soziologie. Allgemeine Grundlagen*, Frankfurt a.M. 1993, S. 275ff.

393 Foucault 1974, S. 315. Den Ähnlichkeiten von Foucaults Problemstellungen mit denen Darwins ist Philipp Sarasin nachgegangen: Philipp Sarasin, *Darwin und Foucault. Genealogie und Geschichte im Zeitalter der Biologie*, Frankfurt a.M. 2009. Zum Horizont einer malthusianisch-darwinischen Lebensauffassung siehe bes. S.195ff u. 352ff. Einen Überblick zur Diskussion um Biopolitik gibt Thomas Lemke, *Biopolitik zur Einführung*, Hamburg 2007.

Konstruktionen wie Recht, die ein spezifisches Beharrungsvermögen aufweisen, stellen damit ein potenzielles Evolutionshindernis dar."[394]

ENTWICKLUNG, ONTOGENETISCH. Die Erfahrung der Marktgesellschaft mit ihren gemeinschaftsauflösenden Effekten gesellschaftlicher Nichtgesellschaft konnte durchaus dem „Kampf ums Dasein" Plausibilität verschaffen. Aber das Theorem der natürlichen Auslese war nicht problemlos mit dem breiteren Diskurs von Entwicklung zu verbinden. Dieser bezog sich in der Regel auf zwei Komplexe: Entwicklung konnte bei einem einzelnen Individuum beobachtet werden und bei Kollektiven. Während für die kollektive Entwicklung in der Revolutionsperiode, anschließend an die Aufklärungsideen einer „Erziehung des Menschengeschlechts", ein geschichtsphilosophischer Entwicklungsbegriff verbreitet war, stand für die Individualentwicklung ein ontogenetisches Modell bereit.

Herder hatte die Eigenheit des Organismus und seine Konjekturen als Bildungsprozeß aufgefaßt.[395] Für das Wachstum einzelner Lebewesen sind Phänomene des Vegetativen besonders aufschlußreich. Jean-Baptiste Lamarck, ein bedeutender Kenner der Pflanzenwelt Frankreichs, hatte den Erwerb von Eigenschaften und seine Vererbung erforscht. Die Embryologie des 19. Jahrhunderts studierte die Entwicklung an Wachstums- und Reifungsprozessen und war dabei auf eine rhythmische Vorstellung von Individualentwicklung gestoßen.[396] Organischer Fortschritt vollzog sich hier phasenweise in einer durch Geburt und Tod begrenzten Lebensspanne. Biologen wie Alexander Braun konnten dies Paradigma für die gesamte Biologie verallgemeinern: „Zu den wesentlichen und allgemeinen Eigenschaften jeder natürlichen Entwicklungsgeschichte gehört *Anfang* und *Ziel*, und, was damit in Verbindung steht, *Jugend* und *Alter*."[397]

Auch das Modell der ontogenetischen Entwicklung eignete sich, die Krisenerscheinungen in der Modernisierungserfahrung in den Blick zu nehmen und sich zurechtzulegen, die mit den von der Marktgesellschaft besonders betroffenen biographischen Lagen der Jugend und des Alters hervortraten. Paradigmatisch dafür war der Streit um die industrielle Kinderarbeit. Für die einen waren Kinder die idealen Agenten der neuen Produktionsprozesse, frei vom Ballast des Stolzes auf traditionales Können; für die anderen waren sie wehrlose Opfer, des Schutzes der Familie beraubt, Symbole des physischen und moralischen Bankrotts des Sozialen.

394 Jakob Tanner, „Politik. Die Evolution des ‚zoon politikon' im Widerstreit", in: *Evolution. Ein interdisziplinäres Handbuch*, hg. v. Philipp Sarasin u. Marianne Sommer, Stuttgart 2010, S. 358-366, hier S. 360.

395 Vgl. Stefan Metzger, *Die Konjektur des Organismus. Wahrscheinlichkeitsdenken und Performanz im späten 18. Jahrhundert*, München 2002.

396 Janina Wellmann, *Die Form des Werdens. Eine Kulturgeschichte der Embryologie, 1760-1830*, Göttingen 2010.

397 Alexander Braun, *Betrachtungen über die Erscheinung der Verjüngung in der Natur, insbesondere in der Lebens- und Bildungsgeschichte der Pflanze*, Freiburg i. Br. 1849/50, S. 4, zit. n. Thomas Junker, „Zur Rezeption der Darwinschen Theorien bei deutschen Botanikern (1859-1880)", in: Engels 1995a, S. 147-181, hier S. 169.

Kinder werden in der Marktwirtschaft ein soziales Problem, ob sie nun der zweifelhaften Freiheit der Straße preisgegeben werden oder im Brutkasten der Familie nicht minder zweifelhafte Imaginationen ausbilden. Zum Lebensende hin werden die Alten ein soziales Problem. Das Wissen und die Weisheit des Alters werden einer Zeit zugerechnet, die sterben muß, weil die Welt modern wird.[398]

Hinzu kommt ein weiterer Aspekt: Im ontogenetischen Entwicklungsdenken wird der Erwerb von neuen Eigenschaften in besonderem Maße akzentuiert. Dieser Erwerb erfolgt individualbiologisch zielgerichtet. Aus einem Embryo wird notwendig ein Adulttier derselben Art. Der Biologe Wolfgang Friedrich Gutmann hat darauf aufmerksam gemacht, daß in der herkömmlichen Evolutionstheorie der Zeitfaktor einseitig mit Blick auf Populationen in Umwelten zum Tragen komme. „Die überkommene Evolutionstheorie versucht lebende Organisation über die von außen bewirkte Auslese und Anpassung verständlich zumachen. Der Organismus mit seiner Strukturiertheit und seiner maschinenhaften Energiewandleraktion kommt nicht vor. Der Organismus der evolutionistischen Tradition ist ein Spielfeld von Mutationen, auf das externe Selektionsmechanismen von der Umwelt her einwirken und die Organisation des Lebewesens in Form von Außenanpassungen bestimmen."[399] Jedoch erst über ein dynamisches Verständnis der Invidiualentwicklung kommt man zu einem angemessenen Verständnis der Phylogenese.

Bei den ökonomischen Dogmen sieht es ähnlich aus. In modernen Marktgesellschaften erscheint das Verhalten der Marktteilnehmer über Außenanpassungen definiert. Selbstentwicklung in einer Eigenzeit und biographischer Wandel sind dagegen zweitrangig. So ist auch der Prozeß der Sozialisation in Marktgesellschaften in eine zutiefst ambivalente Stellung geraten: einerseits ist Erziehung hemmende Mitgift veralteter Einstellungen, und andererseits ermöglicht sie rational zu organisierende Befähigung für etwas Neues. Gegen das Denken in ontogenetischen Entwicklungsnotwendigkeiten stand das Evolutionsmodell der natürlichen Selektion, bei dem das Kollektivgeschehen nicht mehr auf Notwendigkeit, sondern auf Zufall begründet wurde.

Der Einspruch gegen Darwin, den der Biologe Albert Kölliker formuliert hat, macht die Spannung deutlich: „Hätten Darwin und seine Anhänger, denen doch der Parallelismus in der gesamten Tierreihe und der einzelnen Organismen wohl bekannt war, der letzteren nur einige Aufmerksamkeit geschenkt, so hätten sie zu der Einsicht kommen müssen, daß wenn die Entwicklung eines jeden Geschöpfes unwandelbaren Regeln folgt, es von vornherein unmöglich ist, anzunehmen, daß

398 Ich greife zurück auf Eßbach 2004.

399 Wolfgang Friedrich Gutmann, „Prozeß und Zeit in Evolution und Phylogenese", in: *Zeitbegriffe. Ergebnisse des interdisziplinären Symposiums ‚Zeitbegriff der Naturwissenschaften, Zeiterfahrung und Zeitbewusstsein'(Kassel 1983)*, hg. v. Gottfried Heinemann, Freiburg/München 1986, S. 211-240, hier S. 214. Siehe auch die Diskussion der Ansätze von Darwin-Kritikern zu einer mehr organismuszentrierten Evolutionstheorie bei Michael Weingarten, *Organismen – Objekte oder Subjekte der Evolution? Philosophische Studien zum Paradigmawechsel in der Evolutionsbiologie*, Darmstadt 1993, S. 79ff.

das Tierreich anderen Gesetzen gehorche. Wenn dort die Notwenigkeit regiert, so kann hier nicht der Zufall walten, und braucht es in der Tat gar keiner anderen Erwägung, um zur Überzeugung zu gelangen, daß der Grundgedanke von Darwin, der alle Umwandlungen an die zufällige Entstehung nützlicher Varietäten kettet, ein verfehlter ist."[400] Thomas Junker bemerkt zum Widerstand von Biologen wie Kölliker gegen Darwin: „Die Evolution der Organismen soll mit ‚Notwendigkeit' und nach ‚unwandelbaren Regeln' erfolgen, nicht aber zufällig. Kölliker und die anderen Vertreter des ontogenetischen Paradigmas versuchten offensichtlich, die als nihilistisch empfundenen Konsequenzen der Selektionstheorie (die Zufälligkeit der Welt) abzuwehren und postulierten statt dessen eine ‚organische' Entwicklung und einen geordneten Fortschritt."[401] Junkers Untersuchung der Einstellung von Botanikern zu Darwin in Deutschland zeigt, daß politisch konservative Botaniker eher protektionistisch und ontogenetisch argumentierten, während politisch liberale Botaniker eher bereit waren, das Theorem von der natürlichen Auslese einzubeziehen. Dem entsprach durchaus der lokale Erfahrungsraum von eher protektionistischen Entwicklungspolitiken im Süden Deutschlands und eher marktliberalen Verhältnissen in Norddeutschland.

Wie tief sich die Zweideutigkeit von Entwicklung: ontogenetisch geordneter Prozeß versus kollektive Evolution durch Auslese in biologische Paradigmen eingegraben hat, zeigen die alternativen Pfade einer am einzelnen biologischen Kompartiment, etwa der Zelle, oder an Populationen orientierten Denk- und Forschungsweisen.[402] Die Verbindung beider Perspektiven geht in der Regel zu Lasten einer Seite. Wer den Akzent auf Epigenese legt, für den zählen zunächst die inhärenten Möglichkeiten eines Lebewesens, seine Entwicklungslogik, der ein erkennbarer Rationalitätskern innewohnt. Populationisten dagegen argumentieren wie François Jacob: „Das Lebewesen stellt wohl die Ausführung eines Entwurfs dar, doch wurde dieser nicht von der Weltvernunft geschaffen. Es strebt nach einem Ziel, doch wurde dieses von keinem Willen bestimmt. Dieses Ziel besteht darin, für die folgende Generation ein völlig gleiches Programm vorzubereiten; und das heißt sich zu reproduzieren. Ein Organismus ist immer nur ein Übergang, eine Etappe zwischen dem, was war, und dem, was sein wird. Die Reproduktion stellt gleichzeitig seinen Ursprung und sein Ende dar, Ursache und Ziel."[403]

Die Entwertung des Individuellen zugunsten kollektiver Reproduktionsprozesse korrespondiert in strikter Weise mit den Erfahrungen von Marktgesellschaft, in der

400 Albert Kölliker, *Morphologie und Entwicklungsgeschichte des Penatulidenstammes*, Frankfurt a.M. 1872, S. 26f., zit. n. Junker 1995, S. 168.

401 Junker 1995, S. 168f.

402 Vgl. die offenen Fragen bei G.S. Stent, „Thinking in one dimension: the impact of molecular biology on development", in: *Cell* 40/1985, S. 1-2; E. Jablonka u. M. J. Lamb, *Epigenetic Inheritance and Evolution*, Oxford: University Press 1955; Ulrich Wolf, „Principles in ontogenesis under biological aspect", in: *PHREN. Festschrift zum 70. Geburtstag von Helmut Berninger*, München 1997, S. 97-111.

403 François Jacob, *Die Logik des Lebenden. Von der Urzeugung zum genetischen Code*, Frankfurt a.M. 1972, S. 10. Mutatis mutandis gilt dies für die Warenform wie sie Marx analysiert hat.

die wohlüberlegten Ziele der einzelnen Marktteilnehmer in kontingenter Weise, d.h. glücklich oder unglücklich in den kollektiven Reproduktionsprozeß eingehen. Dieser Lage entspricht auch die soziologische Kernfrage des 19. Jahrhunderts, die unter der Formel ‚Individuum und Gesellschaft' kontinuierlich traktiert wurde. Wenig geholfen hat hier die Marxsche Einlassung, es sei „vor allem zu vermeiden, die ‚Gesellschaft' wieder als Abstraktion dem Individuum gegenüber zu fixieren. Das Individuum *ist* das *gesellschaftliche* Wesen."[404] Wo es um die Unersetzbarkeit des Ich und der eigenen Lebenssubstanz, d.h. der Stirnerschen „Selbstangehörigkeit Meiner" ging, brach die Differenz wieder auf.

Ob sich mit naturwissenschaftlichen Evolutionsbegriffen überhaupt irgendeine Art von Fortschreiten einsichtig machen läßt, ist von Historikern wie Gustav Droysen grundsätzlich bezweifelt worden. Die naturwissenschaftliche Methode sehe „in den Veränderungen, die sie beobachtet, bis zu den Äquivalenten der Kräfte hinauf nur das im Wechsel Gleiche und Bleibende, und die vitalen Erscheinungen interessieren sie nur, insoweit sie entweder in Perioden oder morphologisch sich wiederholen; in dem individuellen Sein sieht und sucht sie nur entweder den Gattungsbegriff oder den Vermittler des Stoffwechsels. Indem sie den Begriff des Fortschrittes – Darwins Entwicklungstheorie ist der stärkste Beweis dafür – ihrer Methode nach von sich ausschließt, – den Fortschritt nicht in ihrer Erkenntnis, sondern als Moment in dem, was sie erkennen will, – so hat sie weder eine Stelle noch einen Ausdruck für den Zweckbegriff, sie stellt ihn außer Rechnung, indem sie ihn teils zur Nützlichkeit degradiert und die alte Lessingsche Frage offen läßt, was denn der Nutzen des Nutzens sei, teils unter Formen wie Ewigkeit der Materie, Entwicklung usw. anderen Methoden als Problem überweist."[405] Darwins Evolutionsbegriff taugt danach nicht zur Bewältigung der Aufgaben, die die historischer Erforschung von Entwicklungen mit sich führen.

Zu den bemerkenswerten neueren Versuchen, ausgehend von der aus einem Naturgeschehen gewordenen und sich entwickelnden Existenz des Einzelnen zu einer Überwindung des neodarwinistischen Naturalismus zu kommen, gehört Thomas Nagels Schrift *Geist und Kosmos.*[406] Nagel geht der Frage nach, wie es sein kann, daß wir in diese Welt passen. Dabei ist weniger die gnostische Erfahrung leitend, wir seien zufällig aus der Lichtfülle eines Pleroma irrtümlicherweise in diese dunkle Welt gefallen, die ein übler Gott geschaffen hat. Vielmehr lautet der

404 Karl Marx, „Ökonomisch-philosophische Manuskripte aus dem Jahre 1844", in: *Marx-Engels-Werke (=MEW)*, Ergänzungsband: *Schriften, Manuskripte, Briefe bis 1844, Erster Teil*, Berlin 1973, S. 465-588, hier S. 538.

405 Johann Gustav Droysen, „Erhebung der Geschichte zum Rang einer Wissenschaft" (=Besprechung von H. T. Buckles, *History of Civilisation in England*, dt. Ausgabe 1860/61), abgedruckt in: Johann Gustav Droysen, *Historik. Vorlesung über Enzyklopädie und Methodologie der Geschichte*, hg. v. Rudolf Hübner, Darmstadt [4]1960, S. 386-405, hier S. 403.

406 Thomas Nagel, *Geist und Kosmos. Warum die materialistische neodarwinistische Konzeption der Natur so gut wie sicher falsch ist*, Berlin 2013.

Einsatz: „Daß die Welt Sie und mich und alle anderen hervorgebracht hat, ist das Erstaunlichste an ihr."[407]

Angesicht der schwachen Antworten naturalistischer Forschungsprogramme, unsere Passung als geistbegabte, denkende Wesen in diese Welt plausibel zu machen, kommt Nagel zu einem eigenen Versuch, zwischen Naturforschung und Metaphysik einen Weg zu bahnen: „Wenn die zeitgenössische Forschung in der Molekularbiologie die Möglichkeit offen läßt, legitime Zweifel zu hegen angesichts einer vollständig mechanistischen Darstellung von Ursprung und Evolution des Lebens, die einzig von den Gesetzen der Chemie und Physik abhängt, läßt sich dies zusammen mit dem Scheitern des psychophysischen Reduktionismus in der Vermutung bündeln, daß in der Naturgeschichte auch Prinzipien eines anderen Typs wirksam sind, Prinzipien einer Größenordnung, die ihrer logischen Form nach eher teleologisch statt mechanistisch sind." [408] Und er fügt hinzu: „Mir ist klar, daß solche Zweifel vielen Menschen anstößig erscheinen mögen, was aber daran liegt, daß in unserer säkularen Kultur fast jeder der Einschüchterung erlegen ist, das reduktive Forschungsprogramm als sakrosankt aufzufassen, weil es heißt, daß alles andere keine Wissenschaft wäre."[409]

Angriffspunkte seiner Argumentation sind sowohl die weltanschauliche Dehnung von Forschungen in speziellen Disziplinen als auch die Vorstellungen einer Hierarchie der Wissenschaften. Nagel zielt kritisch auf „ein umfassendes, spekulatives Weltbild, das durch Extrapolation aus einigen Entdeckungen der Biologie, Chemie und Physik erschlossen werden kann – eine bestimmte naturalistische *Weltanschauung*, die eine hierarchische Beziehung unter den Gegenständen dieser Wissenschaften postuliert und durch ihre Vereinigung die grundsätzliche Vollständigkeit einer Erklärung für alles im Universum geltend macht."[410] Bezogen auf die naturalistische Evolutionstheorie heißt dies: Aus einer objektivierenden Perspektive ist sehr wohl plausibel zu machen, wie Populationen auf dem Wege natürlicher Selektion fit geworden sind. Aber um einsehbar zu machen, wie wir als sich entwickelnde Existenzen dazu kommen, objektive Wahrheit als einen Wert vorauszusetzen, gilt es probeweise die Perspektive zu drehen: „Kurz gesagt: Werte sind nicht ein zufälliger Nebeneffekt des Lebens; vielmehr gibt es Leben, weil Leben eine notwendige Bedingung für Werte ist."[411] Es ist dies eine Umstellung, auf die wir im Zusammenhang der Erörterung der Wertphilosophie in der Tradition Hermann Lotzes im Kapitel *Religionsmarkt: Werte und Weltanschauungen* zurück kommen werden.[412]

407 Ebd., S. 17.

408 Ebd.

409 Ebd.

410 Ebd,. S. 12; *Weltanschauung*, im Original deutsch.

411 Ebd., S. 176.

412 In diesem Band, S. 523ff.

5. Monistische Synthesen

Kosmische Evolution. Unter den Evolutionisten, die sich vorgenommen hatten, für Ontogenese und Populationsgenese ein allumfassendes Gesetz aufzustellen, das auch die anorganische Welt mit einbezieht, kommt Ernst Haeckel und Herbert Spencer eine besondere Bedeutung zu. Beide gelten als „Klassiker" ihrer Fächer: der Biologie und der Soziologie.[413] Beide beziehen sich auf die Forschungen Darwins. Allerdings sind beide heute ins Zwielicht geraten. Denn die Übersetzung der Evolutionstheorie in sozialdarwinistische Programme, die Haeckel und Spencer vorschlugen, wurde die Grundlage sowohl für einen Raubtierkapitalismus als auch für biopolitische Staatsverbrechen. Nach dieser Erfahrung sind die großen Entwicklungsmodelle des menschlichen Geistes heute weitaus stärker methodologisch und erkenntniskritisch reflektiert. In mancher Hinsicht orientieren sie sich wieder ein Stück weit an Comtes Drei-Stadien-Gesetz. Dafür stehen die soziologische Weltanschauungsanalyse von Ernst Topitsch und die Soziologie der Geistesgeschichte von Günter Dux.[414] Sie zehren noch von der großen Geste der monistischen Synthesen. Allerdings halten sie Distanz zur fachwissenschaftlich ausdifferenzierten biologischen Evolutionstheorie. Ernst Topitsch geht es um die „genetisch-historische Analyse und Kritik des metaphysischen Denkens", Günter Dux um das Projekt einer „historisch-genetischen Theorie". In diesen Vorhaben hat das Programm, die Überlegenheit des Positivismus über den Glauben auszuweisen, beeindruckende Fortsetzungen gefunden.

Beginnen wir mit Ernst Haeckel. In Deutschland gehört er zu denen, die die Varianten des Entwicklungsdenkens in einer umfassenden Konzeption kosmischer Evolution synthetisiert haben.[415] Haeckel, der in Deutschland als wirkmächtiger

413 Dirk Käsler hat Herbert Spencer in seine vielgelesenen *Klassiker des soziologischen Denkens* aufgenommen. Dirk Käsler (Hg.), *Klassiker des soziologischen Denkens,* Bd. 1, *Von Comte bis Durkheim,* München 1976, S. 159ff. Im Rahmen der Exzellenzinitiative des Bunds und der Länder bewarb sich die Georg-August-Universität Göttingen mit einem „Exzellenzcluster", das den Titel „Haeckel-Center for Biodiversity Research" trug (Pressemitteilung von DFG und Wissenschaftsrat vom 20. Januar 2006).

414 Topitsch 1972; Günter Dux, *Die Logik der Weltbilder. Sinnstrukturen im Wandel der Geschichte,* Frankfurt a.M. 1982; sowie Ders., *Historisch-genetische Theorie der Kultur. Instabile Welten. Zur prozessualen Logik im kulturellen Wandel,* Weilerswist 2000.

415 Zu Ernst Haeckel siehe: Robert J. Richards, *The Tragic Sense of Life. Ernst Haeckel and the Struggle over Evolutionary,* Chicago: University Press, 2008; Erika Krauße, *Ernst Haeckel,* Leipzig 1987; Uwe Hoßfeld (Hg.), *Ernst Haeckel,* Freiburg 2010. Zu unterschiedlichen Bewertungen Haeckels siehe Dietrich von Engelhardt, „Polemik und Kontroversen um Haeckel", in: *Medizinhistorisches Journal* 15/1980, S. 284-304; Jürgen Sandmann, *Der Bruch mit der humanitären Tradition. Die Biologisierung der Ethik bei Ernst Haeckel und anderen Darwinisten seiner Zeit,* Stuttgart/New York 1990; Ders., „Ernst Haeckels Entwicklungslehre als Teil seiner biologistischen Weltanschauung", in: Engels 1995a, S. 326-346; apologetisch ist der Beitrag von Klaus Hofmann, „Der Naturforscher, Philosoph und Aufklärer Ernst Haeckel. Ein Kämpferherz für Fortschritt und Bildung", in: *Aufklärung und Kritik* 2/2000, S. 36-53. Zum Verhältnis von Wissenschaft und Weltanschauung Mario A.

Popularisator Darwins angesprochen werden kann, integriert dessen Evolutionstheorie in eine eigene Konzeption. Sein Interesse gilt zunächst der zoologischen Systematik von Radiolarien. Dabei stören ihn die zahlreichen Übergangsformen der von ihm auf einer Mittelmeerreise neu entdeckten Arten. Die von Darwin formulierten Prinzipien der Deszendenztheorie verwendet er in gleichsam umgekehrter Blickrichtung zur Rekonstruktion eines hypothetischen chronologischen Entwicklungsprozesses, in die er die morphologische Vielfalt seiner Übergangsformen einordnen kann. Haeckels Interesse gilt der Aufstellung von Stammbäumen.[416] Zurecht bemerkt Richard Grathoff: „Darwins Entdeckung wird eingeordnet (und damit verschüttet) im Kanon der traditionalen Entwicklungstheorien".[417] Die Synthese von Ontogenese und Populationsgenese stellt er mit Hilfe des von ihm so genannten „biogenetischen Grundgesetzes" her, demzufolge die Ontogenese eine verkürzte und beschleunigte Rekapitulation der Phylogenese ist.[418] Im Rückschluß von in seiner Zeit lebenden Embryonen auf naturgeschichtlich frühe Stadien der Evolution von Lebewesen identifiziert er anhand einer Untersuchung über Kalkschwämme die „Gastraea", primitive, als Darm aufgetretene Lebewesen, die ihm als Vorfahren aller mehrzelligen Tiere gelten.[419]

War Darwins *Ursprung der Arten* zunächst nur auf den Bereich organischen Lebens bezogen, so weitet Haeckel die Evolutionstheorie in zwei Richtungen aus: zum einen auf die menschliche Sphäre, indem er auf Lamarckistische Ideen zurückgreift, zum anderen auf die anorganische Welt, indem er Goethe zu seinem Gewährsmann erklärt. Lamarck hatte in seiner *Philosophie zoologique* die Unveränderlichkeit der Arten in Frage gestellt und als Modus der Variation die Vererbung erworbener Eigenschaften angenommen.[420] Haeckel hält daran fest. Zurecht be-

---

Di Gregorio, *From Here to Eternity. Ernst Haeckel and Scientific Faith*, Göttingen 2005; grundlegend ist Bernhard Kleeberg, *Theophysis. Ernst Haeckels Philosophie des Naturganzen*, Köln/Weimar/Wien 2005.

416 Im Kontext des Interesses an der populären Visualisierung naturwissenschaftlicher Forschung haben Darwins Büsche und Haeckels Stammbäume besondere Aufmerksamkeit auf sich gezogen. Julia Voss, *Darwins Diagramme – Bilder von der Entdeckung der Unordnung*, Preprint 249 des MPI für Wissenschaftsgeschichte, Berlin 2003; Georg Uschmann, „Zur Geschichte der Stammbaum-Darstellungen", in: *Gesammelte Vorträge über moderne Probleme der Abstammungslehre*, Bd. 2, hg. v. Manfred Gersch, Jena 1967, S. 9-30. Zu Stammbaum und Büschen vgl. Eve-Marie 1995c, hier S. 25. Vergleiche auch die Analyse von Kleeberg 2005, S. 159ff., sowie Horst Bredekamp, *Darwins Korallen. Die frühen Evolutionsdiagramme und die Tradition der Naturgeschichte*, Berlin 2005.

417 Richard Grathoff, *Milieu und Lebenswelt*, Frankfurt a.M. 1989, S. 388.

418 Ernst Haeckel, „Über Entwicklungsgang und Aufgabe der Zoologie. Rede gehalten beim Eintritt in die Philosophische Fakultät zu Jena am 12. Januar 1869", in: *Jenaische Zeitschrift für Naturwissenschaft*, 5/1869, S. 353-370.

419 Ernst Haeckel, *Die Kalkschwämme. Eine Monographie*, 3 Bde, Berlin 1872.

420 Grundlegend zu Lamarck in religionssoziologischer Hinsicht ist Jeanne Bonnefoy, *Dieu et l'âme. Les conceptions philosophiques et religieuses de Lamarck*, Paris: Téqui, 2002. Siehe auch *Jean-Baptiste Lamarck 1744-1829. Congrès national des sociétés historiques et scientifiques*, hg. v. Goulvent Laurent, Paris: Éditions du CTHS, 1997; Wolfgang Lefèvre, *Jean Baptiste La-*

merkt Heiko Weber, ohne dies Prinzip „läßt sich der Entwicklungsgedanke nicht auf die psychologischen Erscheinungen übertragen. Mit Hilfe des Gesetzes der Vererbung erworbener Eigenschaften ist die Höherentwicklung von Menschen und Menschenrassen zu belegen, auch wenn sich die anatomisch-physiologischen Befunde gleichen."[421] Für die Ausdehnung des Entwicklungsgedankens auf die anorganische Welt berief sich Haeckel auf Goethe. In der Schrift *Kristallseelen* heißt es: „*Alle Substanz besitzt Leben*, anorganische ebenso wie organische; *alle Dinge sind beseelt*, Kristalle so gut wie Organismen. Unerschütterlich erhebt sich aufs neue die alte Überzeugung von dem inneren einheitlichen Zusammenhange alles Geschehens, von der unbegrenzten Herrschaft allgemeingültiger Naturgesetze: ‚Nach ewigen, ehernen, großen Gesetzen müssen wir alle unseres Daseins Kreise vollenden!' Was Goethe vor hundert Jahren mit seinem wunderbar tiefen Naturverständnis geahnt und mit unvergleichlichen Dichterworten in Weimar und Jena prophetisch ausgesprochen hatte, das ist heute zum strahlenden Sonnenlichte wissenschaftlicher Erkenntnis und Wahrheit geworden."[422]

Die synthetische Energie Haeckels ist atemberaubend. Er synthetisiert Figuren spekulativer Philosophie und der romantischen Naturbetrachtung mit dem, was die exakte Naturforschung seiner Zeit zu bieten hat. Walter Gebhard konstatiert, Haeckel „realisiert die poetischen Texte als Vorläufer diskursiver, als epistemologische Vorgriffe, kaum als in sich selbst zurückverweisende Sprachgebilde."[423] So stellt Haeckel seine Ausführungen in der *Systematischen Einleitung in die allgemeine Entwicklungsgeschichte* im II. Band seiner *Generellen Morphologie* unter das Goethe-Motto:

> „Alle Gestalten sind ähnlich und keine gleichet der andern;
> Und so deutet der Chor auf ein geheimes Gesetz,
> Auf ein heiliges Rätsel!"[424]

---

marck (1744-1829), Max-Planck-Institut für Wissenschaftsgeschichte Preprint 61, Berlin 1997.

421 Weber 2000, S. 86. Auf die Abhängigkeit Haeckels von der Tradition der deutschen Embryologie weist Mario A. Di Gregorio hin, der Haeckel einen „Semidarwinisten" nennt. Mario A. Di Gregorio, „The Importance of Being Ernst. Thomas Henry Huxley zwischen Karl Ernst von Baer und Ernst Haeckel", in: Engels 1995a, S. 182-213, hier S. 197.

422 Ernst Haeckel, *Kristallseelen. Studien über das anorganische Leben*, Leipzig 1917, S. VIII. In einer autobiographischen Skizze schreibt Haeckel über sich selbst: „Mit besonderem Eifer war Haeckel ferner bemüht, unserem ‚Dichterfürsten' Goethe eine hervorragende Rolle als Begründer der Entwicklungslehre zuzuerteilen und durch zahlreiche, aus Goethes Schriften entnommene Zitate nachzuweisen, daß dieser unvergleichliche Mann in Wahrheit neben Lamarck als ein Vorläufer Darwins zu betrachten ist." Haeckel 1924, S. XXII.

423 Walter Gebhard, *‚Der Zusammenhang der Dinge'. Weltgleichnis und Naturverklärung im Totalitätsbewußtsein des 19. Jahrhunderts*, Tübingen 1984, S. 305.

424 Ernst Haeckel, *Generelle Morphologie der Organismen. Allgemeine Grundzüge der organischen Formen-Wissenschaft*, Bd. 2, *Allgemeine Entwicklungsgeschichte der Organismen*, Berlin 1866, S. XVII.

Was bei Goethe Aufforderung zur Andacht und Introspektion ist, verwandelt Haeckel in ein Forschungsprogramm, so daß er erklären kann, die Deszendenztheorie habe das Rätsel gelöst.[425] Während Emil Dubois-Reymond in seiner Rede Über die Grenzen des Naturerkennens – wie oben ausgeführt – mit dem berühmten „Ignorabimus" schließt und das Rätselmotiv aus der Goetheschen Naturfrömmigkeit in erkenntnistheoretische Selbstbeschreibung umsetzt, gibt Ernst Haeckel in seinen *Welträtseln* von 1889 die Auflösung bekannt.[426] Bezogen auf unsere Religionstypologie stellt sich Haeckels monistische Religion mit Darwin, Lamarck und Goethe als ein Hybrid aus *Kunstreligion* und *Wissenschaftsreligion* dar. Dies hat dem monistischen Zugriff eine enorme Flexibilität ermöglicht.

EIN WISSENSCHAFTSRELIGIÖSER PANTHEISMUS? Haeckels Dauerinanspruch-nahme von Goethes naturwissenschaftlichen Schriften hat mit dazu beigetragen, die monistische Entwicklungslehre und ihre von Haeckel betriebene Weiterbildung zur monistischen Religion in den Horizont pantheistischer Glaubensweisen zu stellen.[427] Das Schlagwort lag nahe, da historisch an die diversen wiederkehrenden Frontstellungen angeknüpft werden konnte, die zwischen denen aufbrachen, die einen personalen Theismus vertraten und denen die sich auf einen apersonalen Pantheismus beriefen und damit zugleich den Verdacht erregten, verkappte Atheisten zu sein.

Die Zuordnung von Haeckels *wissenschaftsreligiösen* Monismus zum Pantheismus bedarf freilich einiger Differenzierungen. Zunächst erscheint Pantheismus beim späten Toland als Gegensatz zum Deismus. Prägend wurde dann der Pantheismus-Streit von 1785 zwischen Friedrich Heinrich Jacobi und Moses Mendelssohn, in dem es um die Zuordnung Spinozas zum Pantheismus ging.[428] Später wird die enthusiastische Dehnung des religiösen Gefühls auf die Welt, wie sie in Schleiermachers ‚Reden' und in der Romantik anzutreffen ist, als pantheistisch bezeichnet. Pantheismus schöpft dabei immer auch aus dem breiten Strom der Naturmystik, die von weit her kommt.[429] Zu einem Streit um den „politischen Pantheismus"

---

425 Ebd.

426 Emil Du Bois Reymond, *Über die Grenzen des Naturerkennens. Vorträge über Philosophie und Gesellschaft* (=Philosophische Bibliothek, Bd. 287, Hamburg), hg. v. S. Wollgast, Berlin 1974b, S. 54-77; Ernst Haeckel, *Die Welträtsel. Gemeinverständliche Studien über monistische Philosophie* [1919], Bonn 1960 und viele weitere Auflagen.

427 Vgl. zum folgenden die Beiträge von Burkhard Gladigow, „Pantheismus als ‚Religion' von Naturwissenschaftlern", in: *Die Religion von Oberschichten. Religion – Profession – Intellektualismus*, hg. v. Peter Antes u. Donate Pahnke, Marburg 1998, S. 219-239; Ders., „Pantheismus und Naturmystik", in: *Die Trennung von Natur und Geist*, hg. v. Rüdiger Bubner / Burkhard Gladigow u. Walter Haug, München 1990, S. 119-144.

428 Vgl. dazu die Texte in: *Die Hauptschriften zum Pantheismus-Streit zwischen Jacobi und Mendelssohn*, hg. v. Heinrich Scholz, Berlin 1916.

429 Vgl. dazu die Beiträge in: *Epochen der Naturmystik. Hermetische Tradition im wissenschaftlichen Fortschritt*, hg. v. Antoine Faivre u. Rolf Christian Zimmermann, Berlin 1979.

kommt es im deutschen Vormärz.[430] Weltanschauungstypologisch wird Pantheismus dann bei Wilhelm Dilthey fixiert.[431] Um 1900 entbrennt erneut ein Pantheismus-Streit, dessen Zielscheibe die Religion des Positivismus bzw. Monismus ist.[432] Nimmt man noch die Pantheismus-Interpretation in der marxistischen Tradition hinzu, in der Pantheismus, Materialismus und Atheismus enggeführt werden, so wird der diffuse Syndromcharakter von Pantheismus deutlich.[433]

Burkhard Gladigow resümiert seinen Überblick zum Verhältnis von Naturwissenschaften und Pantheismus mit der Bemerkung, „daß Pantheismus die bevorzugte Religionsform von Wissenschaftlern ist, – sofern sie sich im Rahmen ihrer Profession äußern."[434] Als *wissenschaftsreligiöse* Elemente, die mit Pantheismus angerufen werden, nennt Gladigow: „die Schlagworte Einheit bzw. Einheitlichkeit, Antidualismus und das Fehlen (oder den Ausschluß) einer Mythologie". Charakteristisch sei „eine dogmatische Übertragung einer Intellektuellenreligiosität, die jene Forderungen einer Symbolökonomie in den Wissenschaften, ‚immer mehr durch immer weniger zu erklären', auch auf das religiöse Weltbild überträgt."[435]

„Wenn uns nur jemand mit Sicherheit sagen könnte, was das Schlagwort ‚Pantheismus' eigentlich in sich begreife", hat Fritz Mauthner bemerkt und im Zusammenhang der „Unfaßbarkeit des Pantheismus" an die verlorengegangene Begriffsbildung erinnert, die der calvinistische Mystiker Theodor Under-Eyck (1635-1693) vorgeschlagen hat: „Syntheismus". Damit meinte Under-Eyck „ein besonders inniges Einsgefühl, Mitgefühl, mit dem All, frei von Konfessionen. Wer dieses Mitgefühl nicht besitzt, der ist in seinen Augen ein Atheist, auch wenn er sich selbst für

430 August von Blumröder, *Über die verschiedenen Formen, in welchen der Pantheismus oder die Weltvergötterung neuerer Zeit aufgetreten ist, nebst Winken über die verderbliche Tendenz des politischen Pantheismus*, s. l. 1832. Vgl. dazu Olaf Briese, *Konkurrenzen. Philosophische Kultur in Deutschland 1830-1850. Portraits und Profile*, Würzburg 1998, S.78ff.

431 Wilhelm Dilthey, *Wilhelm Diltheys Gesammelte Schriften*, Bd. 2, *Weltanschauung und Analyse des Menschen mit Renaissance und Reformation. Abhandlungen zur Geschichte der Philosophie und Religion*, Leipzig 1914, S. 246ff u. 312ff.

432 Vgl. R. Schwellenbach, „Wider den Pantheismus", in: *Preußische Jahrbücher* 148/1912, S. 306-315, sowie die weiteren Angaben bei Gladigow 1998, S. 228.

433 Vgl. Siegfried Wollgast, *Philosophie in Deutschland zwischen Reformation und Aufklärung 1550-1650*, Berlin 1988; Ley 1966-1989.

434 Gladigow 1998, S. 235.

435 Ebd. „Wer sich um die Vermittlung von Wissenschaft bemüht, kann getrost aufhören eine Tatsache an die andere zu reihen. Er sollte sich vielmehr darum bemühen, Wissenschaft in etwas zu verwandeln, das als Einheit dastehen und Menschen dazu veranlassen kann, sich meditierend und unterhaltend etwa bei einem Spaziergang mit ihren wunderlichen Themen zu beschäftigen", bemerkt der naturwissenschaftlich geprägte Wissenschaftshistoriker Ernst Peter Fischer, und er erinnert daran, daß Max Planck sich nicht gescheut habe, „einige Naturgesetze mit dem Attribut ‚heilig' zu versehen", und an das „mystische Erlebnis" des Studenten Werner Heisenberg, „dem die Natur eines Nachts ihre Schönheit offenbarte und ihm zu seinem Schrecken gestattete, sie durch diese geschaute Form zu verstehen." Ernst Peter Fischer, „Keine kalten Kleinigkeiten", in: *Frankfurter Allgemeine Zeitung* vom 29. Juni 2006, S. 8.

einen Wiedergeborenen hielte, für einen besonders Frommen".[436] Als „Syntheismus" wäre Comtes *Wissenschaftsreligion* ebenso treffend bezeichnet wie die anderen Varianten von *Wissenschaftsreligion*, der Monismus Haeckels und die synthetische Philosophie Herbert Spencers.

Ernst Haeckel verfolgt mit seiner *Wissenschaftsreligion* mehrere Ziele, die er in seinen *Thesen zur Organisation des Monismus* von 1908 zusammengestellt hat.[437] Gegen Offenbarungsglauben oder Apriorismus soll Erfahrungswissen die Grundlage des Monismus bilden, der sich gegen den kosmoslogischen Dualismus von Geist und Natur richtet oder gegen Denkweisen, die die biophysische Einheit der Natur durch vitalistische Vorstellungen von hinzutretenden Kräften aufspalten. Es geht im speziellen um den Weltanschauungskampf „der Entwicklung der Welt (Genesis) gegen die Schöpfung der Welt (Kreation), der Abstammungslehre (Deszendenz-Theorie) gegen die Urzeugung (Archigonie), sowie der Lebens-Umbildung (Metabolie des Plasmas), der Stammesgeschichte (Phylogenie), der Anthropogenie, des Affenursprungs (Pithecoiden-Theorie) gegen die Unsterblichkeit der Seele, des Substanz-Gesetzes gegen Willensfreiheit und Gott."[438]

Es fällt auf, daß Haeckel seinen Kampf gegen Religionen, die wie die *Bekenntnisreligion* und *Rationalreligion* auf einem Dualismus von Transzendenz und Immanenz basieren, mit einer virtuosen Strategie der Übertragung physiko-theologischer Denkfiguren in seine *Wissenschaftsreligion* verbindet. Haeckel glaubt: „So finden wir Gott im Naturgesetz selbst. Der Wille Gottes ist im fallenden Regentropfen und im wachsenden Kristall ebenso gesetzmäßig wirksam, wie im Duft der Rose und im Geist des Menschen."[439] In *Theophysis* übernimmt Haeckel für seine Einheitslehre auch noch die christliche Trinitätsvorstellung, um so die Auseinandersetzungen um den Substanzbegriff in der monistischen Kirche zwischen Vertretern des Materialismus in der Vogtschen Tradition, der Energetik des Nobelpreisträgers Wilhelm Ostwald und der Psychosomatik auszugleichen. Gottvater erscheint als Energie, Gottsohn als Materie und der Heilige Geist als Psyche. „Ich betrachte jetzt diese ‚Trinität der Substanz' als die einfachste (provisorische) Lösung des fundamentalen Welträtsels und glaube, daß dadurch auch das physikalische Gravitati-

---

436 Mauthner 1923, S. 422. Mauthner bezieht sich auf die vergessene, fast tausend Seiten umfängliche Schrift von Under-Eyck aus dem Jahre 1689 „Der Närrische Atheist entdeckt und seiner Torheit überzeuget" und bemerkt, daß Gottfried Arnold in seiner Ketzergeschichte auch diesen Ketzer verteidigt habe.

437 Vgl. zum Folgenden Weber 2000, S. 112.

438 Ebd., S. 113.

439 Ernst Haeckel, „Der Monismus als Band zwischen Religion und Wissenschaft. Glaubensbekenntnis eines Naturforschers", vorgetragen am 9. Oktober 1892 in Altenburg beim 75-jährigen Jubiläum der Naturforschenden Gesellschaft des Osterlandes, Bonn ^{2}1893, S. 33, zit. n. Volker Drehsen u. Helmut Zander, „Rationale Weltveränderung durch ‚naturwissenschaftliche' Weltinterpretation? Der Monistenbund – eine Religion der Fortschrittsgläubigkeit", in: *Vom Weltbildwandel zur Weltanschauungsanalyse. Krisenwahrnehmung und Krisenbewältigung um 1900*, hg. v. Volker Drehsen, Berlin 1996, S. 217-238, hier S. 221.

onsgesetz und das chemische Grundgesetz von der ‚Wahlverwandtschaft oder Affinität' seine tiefere Erklärung findet."[440]

Bei allen Versuchen, so etwas wie eine der Physikotheologie verwandte Dogmatik des Monismus stabil zuhalten, dominiert letztlich bei Haeckel der dynamische Aspekt seines *wissenschaftsreligiösen* Pantheismus: Entwicklung bleibt das Lösungswort für alle Welträtsel. Das Wissen um die Evolution des Kosmos, dessen Teil jeder einzelne ist, gilt als Grundlage der Vergewisserung der Sinnhaftigkeit und Bestimmung der eigenen Existenz. Die Makel, die noch mit ihr verbunden sind, zu tilgen, wird allein der Fortsetzung der Entwicklung anheim gegeben. Eine Erlösung vom Übel und vom Bösen kann es nur durch Entwicklung geben. Haeckel habe „Entwicklung als qualitas occulta" eingeführt, bemerkt Adolf Bastian in seiner Rezension von Haeckels *Anthropogenie* (1874).[441]

Die *wissenschaftsreligiösen* Schriften, die wie Haeckel eine Erlösung durch Entwicklung versprechen, finden ihre Leser in der zweiten Hälfte des 19. Jahrhunderts nicht nur in bildungsbürgerlichen Schichten, sondern gerade auch in der Arbeiterschaft. Erhard Lucas hat die Ausleihstatistiken der sozialdemokratischen Arbeiterbibliotheken in der Zeit von 1880 bis 1900 untersucht. Ludwig Büchners *Kraft und Stoff* (1855), Ernst Haeckels *Natürliche Schöpfungs-Geschichte* (1868), Arnold Dodel *Moses oder Darwin* (1877) und ähnliche Titel stehen an den oberen Plätzen des Ausleihverhaltens der Arbeiter.[442]

Worin besteht die Leistung von Büchern dieser Art? Wie kann mit ihrer Hilfe die proletarische Situation in entfesselten Marktgesellschaften bewältigt werden? Was hat der Monismus, die Einheit von Geist und Materie mit der proletarischen Solidarität zu tun, mit der der Ungesellschaftlichkeit der modernen Gesellschaft begegnet werden sollte? Vielleicht war es dies: Was Büchner, Haeckel, Spencer und andere vorlegen, ist ein Evolutionsmodell, in dem begreiflich gemacht werden soll, wie von den ersten Urnebeln angefangen über die Bildung der Erdkruste, die Urzeugung, die Entwicklung von organischem Leben, die Entwicklung der Tierwelt, dann der Urmenschen über Horden, frühe Staatenbildungen in der klassischen

---

440 Ernst Haeckel, *Dank dem Monistenbunde. Sonderdruck aus dem monistischen Jahrhundert 3*, Leipzig 1914, S. 465-477, hier S. 473, zit. n. Weber 2000, S. 120. Daß für die Verehrung der „Gott-Natur" durch die monistische Kirche eine enteignende Säkularisation von Kirchengebäuden für nötig erachtet wurde, sei nur am Rande vermerkt. Haeckel 1960, S. 438. Zu den Reaktionen der Religionsforschung um 1900 auf Haeckel im Kontext der Trennungsversuche von Religion und Naturwissenschaft siehe Volkard Krech, *Wissenschaft und Religion. Studien zur Geschichte der Religionsforschung in Deutschland 1871-1933*, Tübingen 2002, S. 164-173.

441 Adolf Bastian, „Haeckel, Die Anthropogenie. Leipzig 1875", in: *Zeitschrift für Ethnologie* 7/1875, S. 203-208, hier S. 206.

442 Lucas 1983, S. 71. Siehe auch: Werner Michler, *Darwinismus und Literatur. Naturwissenschaftliche und literarische Intelligenz in Österreich 1859-1994*, Wien 1999, insbesondere zum Verhältnis von Minna und Karl Kautsky zu Darwin und Haeckel, S.165ff.; Sebastian Prüfer, *Sozialismus statt Religion*, Göttingen 2002, S. 324ff. Grundlegend zum Verhältnis der Arbeiterbewegung zum Naturalismus ist Reinhard Mocek, *Biologie und soziale Befreiung. Zur Geschichte des Biologismus und der ‚Rassenhygiene' in der Arbeiterbewegung*, Frankfurt a.M. 2002.

Antike, des Mittelalters, der Neuzeit bis zur Gegenwart ein unaufhaltsamer Aufstieg stattfindet. Dieser Evolutionismus des Aufstiegs der Menschheit als ein zwangsläufiges aus Naturgesetzen ableitbares Fortschreiten zu immer höheren und komplizierteren Formen der Materie und ihres Effektes Geist, ist eine *Wissenschaftsreligion*, die auf die Kontingenzen und vor allem die grundsätzliche Zukunftsoffenheit moderner Marktgesellschaften bezogen ist.

Wenn sich aus Niederem Höheres entwickelt, heißt dies auch, daß der gegenwärtige noch ungesellschaftliche Zustand, in dem der natürliche Kampf ums Dasein noch vorherrscht, sich weiterentwickeln muß zu einer höheren Form der Gesellschaft. Mit dem Glauben an solch ein allgemeines Naturgesetz der Evolution konnten soziale Hoffnungen wissenschaftlich objektiv gemacht werden. Die Erfahrung der gesellschaftlichen Nichtgesellschaft in der modernen Gesellschaft, die unkalkulierbaren Zufälle, denen die Individuen auf dem Markte, d. h. nunmehr im Marktsystem, das Arbeitsmärkte, Bodenmärkte und Geldmärkte kennt, ausgeliefert sind, diese chaotische Zerrissenheit der modernen Gesellschaft, sie ist im Glauben an eine derartige ganzheitlichen Evolution eben kein Zufall, sondern ein naturnotwendiger Entwicklungsschritt in einer Entwicklung, die beim Urnebel anfängt und als Entwicklung der Materie von Ewigkeit zu Ewigkeit weitergeht. Die höhere Form ist der Entwicklungsrichtung der Materie gleichsam einprogrammiert. Mit der organischen Metapher der Entwicklung kann Heterogenes in einen sinnvollen Zusammenhang gebracht werden. Entfesselte Marktgesellschaften haben einen erhöhten Bedarf an Objektivität, und objektiver als im positivistischen Evolutionismus des 19. Jahrhunderts geht es nicht.

Biopolitische Praxis. Das Wissen um den regelhaften Ereignisablauf natürlicher Auslese hat das Denken über Gesellschaft im 19. Jahrhundert in besonderem Maße herausgefordert. Offen war, ob überhaupt etwas getan werden konnte, und ebenso offen war, welche Leitvorstellungen mit der Entwicklung harmonierten und welche nicht. Im selben Jahr, in dem Haeckel auf dem Internationalen Freidenkerkongreß in Rom zum Gegenpapst gewählt wurde, erscheint *Die Lebenswunder. Gemeinverständliche Studien über biologische Philosophie.*[443] Bereits nach zwei Jahren sind 200 000 Exemplare verkauft und 15 Übersetzungen erschienen. Darin fordert Haeckel die Tötung von „Geisteskranken". Die Entscheidungen soll eine „Kommission von zuverlässigen und gewissenhaften Ärzten" treffen. Die mörderische Praxis wird utilitaristisch begründet: „Nimmt man die Gesamtzahl der Bevölkerung von Europa auf 390-400 Millionen an, so befinden sich darunter also mindestens zwei Millionen Geisteskranke, und unter diesen mehr als 200.000 Unheilbare. Welche ungeheure Summe von Schmerz und Leid bedeuten diese entsetzlichen Zahlen für die unglücklichen Kranken selbst, welche namenlose Fülle von Trauer

443 Ernst Haeckel, *Die Lebenswunder. Gemeinverständliche Studien über biologische Philosophie*, Stuttgart 1904; Ludger Fittkau u. Petra Gehring, „Ernst Haeckel: Der eugenische Gegenpapst, seine nationalsozialistische und seine realsozialistische Vergangenheit", in: *KulturRRevolution. Zeitschrift für angewandte Diskurstheorie* 45-46/2003, S. 128-132.

und Sorge für ihre Familien, welche Verluste an Privatvermögen und Staatskosten für die Gesamtheit! Wieviel von diesen Schmerzen und Verlusten könnte gespart werden, wenn man sich endlich entschließen wollte, die ganz Unheilbaren durch eine Morphiumgabe von ihren namenlosen Qualen zu befreien!"[444]

Für Unheilbare oder schwer leidende Kranke sollte durch Patientenverfügung eine Tötung vorgenommen werden, die Haeckel als „Autolyse" bezeichnet, in der Selbstauflösung und Selbsterlösung zusammenfallen. Für die Kindereuthanasie dient Haeckel das antike Sparta als Vorbild: „Ein ausgezeichnetes Beispiel von künstlicher Züchtung der Menschen in großem Maßstabe liefern die alten Spartaner, bei denen auf Grund eines besonderen Gesetzes schon die neugeborenen Kinder einer sorgfältigen Musterung und Auslese unterworfen werden mußten. Alle schwächlichen, kränklichen oder mit irgendeinem körperlichen Gebrechen behafteten Kinder wurden getötet."[445] Als naturwissenschaftlich gesichertes Argument führt Haeckel dabei an, daß das Gehirn des Neugeborenen so wenig entwickelt sei, daß ihm „menschlicher Geist" nicht zugerechnet werden kann. „Es kann daher auch die Tötung von neugeborenen verkrüppelten Kindern, wie sie z.B. die Spartaner behufs der Selektion der Tüchtigsten übten, vernünftigerweise gar nicht unter den Begriff des ‚*Mordes*' fallen, wie es noch in unseren modernen Gesetzbüchern geschieht. Vielmehr müssen wir dieselbe als eine zweckmäßige, sowohl für die Beteiligten wie die Gesellschaft nützliche Maßregel billigen."[446]

Haeckels biopolitisches Programm ist Teil einer breiten europäischen und amerikanischen Bewegung der Eugenik und Rassenhygiene, die nach Maßnahmen sucht, die Evolution von Populationen politisch zu gestalten.[447] In England hatte Francis Galton, ein Vetter Charles Darwins, die Eugenik begründet, mit der die Darwinsche Selektionstheorie für die Bevölkerungsentwicklung Englands nutzbar gemacht werden sollte. Zwei Grundannahmen spielten dabei eine zentrale Rolle. Man ging zum einen davon aus, daß die Fitneß einer Population von der Stärke des Selektionsdrucks abhängig ist. Zum anderen orientierte sich Galton an der Theorie

444 Haeckel 1904, S. 135.

445 Ernst Haeckel, *Natürliche Schöpfungsgeschichte*, Berlin ²1870, S. 152f.

446 Haeckel 1904, S. 23.

447 Die zentrale Stellung von Haeckel und dem Monistenbund in dieser Bewegung ist zuerst herausgestellt von Daniel Gasman, *The Scientific Origins of National Socialism: Social Darwinism in Ernst Haeckel and the German Monist League*, London/New York 1971; Ders., *Haeckels Monism and the Birth of Fascist Ideology*, New York/Frankfurt a.M./Berlin 1998. Inzwischen ist der Kreis der Ideengeber stark ausgeweitet. Siehe die übergreifenden Darstellungen: Udo Benzenhöfer, *Der gute Tod? Euthanasie und Sterbehilfe in Geschichte und Gegenwart*, München 1999; Sieferle1989. Für Deutschland: Paul Weindling, *Health, Race, and German Politics Between National Unification and Nazism 1870-1945*, Cambridge: University Press, 1989; Kurt Bayertz / Peter Weingart u. Jürgen Kroll, *Rasse, Blut und Gene. Geschichte der Eugenik und Rassenhygienik in Deutschland*, Frankfurt a.M. 1988. Zur Bedeutung der Eugenik in der Gesetzgebung zur „Bewahrung" von Personen mit abweichendem Verhalten: Matthias Willing, *Das Bewahrungsgesetz (1918-1967). Eine rechtshistorische Studie zur Geschichte der deutschen Fürsorge*, Tübingen 2003, S. 61 passim.

der Kontinuität des Keimplasmas, die August Weismann entwickelt hatte.[448] Wie Wolfgang Walter herausgearbeitet hat, gewinnen beide Momente bei Galton eine *wissenschaftsreligiöse* Bedeutung.[449] Galton kann es nicht beim Wissen um den Mechanismus der Selektion belassen, vielmehr wendet er das Wissen in eine Aufgabe um, der er höchsten Wert beimißt. Dazu bedarf es einer neuen Religion. Sie „rests chiefly upon the proper Interpretation of Facts about which there is no dispute, – namely on those habitual occurrences which are always open to observation, and which form the basis of so-called natural religion".[450] Diese „natural religion" unterscheidet sich wesentlich von dem, was die *rationalreligiösen* Deisten darunter verstanden. Es geht nicht mehr um einen friedensstiftenden Glauben, der den Offenbarungsreligionen vorausliegt und der so das Konfliktpotential der *Bekenntnisreligionen* entschärft. Jetzt ist Natur mit Evolution gleichgesetzt. Sie hat die absolute Stellung, ist die neue Gottheit, der zu dienen *wissenschaftsreligiöse* Pflicht ist. Es geht um die Zukunft der Evolution, um die Zukunft der biologischen Natur des Menschen. Sie ist im Keimplasma verborgen, und die Kontinuität des Keimplasmas ist ein pantheistisches Geschehen, „welches die Solidarität zwischen allen Lebewesen herstellt."[451] Daher fordert Galton, die Eugenik „must be introduced into the national conscience, like a new religion. It has, indeed, strong claims to become an orthodox religious tenet of the future, for eugenics co-operate with the workings of nature by securing that humanity shall be represented by the fittest races".[452]

Dem *wissenschaftsreligiösen* Imperativ, die Verantwortung für die Evolution zu übernehmen, folgen zuerst Intellektuelle in den USA.[453] Hier wird die Eugenik zuerst auch mit Gesetzen den Populationen auferlegt, andere Länder folgen.[454] Es waren überwiegend Wissenschaftler aus dem progressiven Lager, die für eine rasse-

448 August Weismann, *Die Allmacht der Naturzüchtung*, Jena 1893.

449 Wolfgang Walter, *Der Geist der Eugenik. Francis Galtons Wissenschaftsreligion in kultursoziologischer Perspektive*, Bielefeld 1983.

450 Francis Galton, *Inquiries into Human Faculty and its Development*, London: Macmillan, 1883, S. 152.

451 Walter 1983. S. 155.

452 Francis Galton, „Eugenics: Its Definition, Scope, and Aims", in: *The American Journal of Sociology* 10(1)/1904, S. 5-6, online: http://galton.org/essays/1900-1911/galton-1904-am-journ-soc-eugenics-scope-aims.htm (Letzter Zugriff: 30.04.2015)

453 Edwin R. Black, *War Against the Weak: Eugenics and America's Campaign to Create a Master Race*, New York: Four Walls Eight Windows, 2003; Donald Pickens, *Eugenics and the Progressives*, Nashville 1968.

454 Geoffrey Russell, *Eugenics and Politics in Britain*, Leyden 1976; William Schneider, „Toward the Improvement of the Human Race. The History of Eugenics in France", in: *Journal of Modern History* 54/1982, S. 268-291; Nancy Stepan, *The Hour of Eugenics: Race, Gender, and Nation in Latin America*, Cornell: University Press, 1991. Das internationale Netzwerk der Eugeniker hat untersucht: Stefan Kühl, *Die Internationale der Rassisten. Aufstieg und Niedergang der internationalen Bewegung für Eugenik und Rassenhygiene im 20. Jahrhundert*, Frankfurt/New York 1997. Zu den langen Linien der Eugenik siehe Daniel J. Kevles, *In the Name of Eugenics. Genetics and the Uses of Human Heredity*, 2. Auflage mit einem neuen Vorwort, Cambridge: Harvard University Press, 1995.

hygienische Politik eintraten.[455] Nach der Oktoberrevolution hatten die Eugeniker dann auch in der UdSSR ein neues Feld, ihre biopolitischen Konzepte umzusetzen.[456] In der Praxis setzte sich überwiegend die sogenannte „negative Eugenik“ durch, die darauf aus war, Menschen mit gemessen am für die Zukunft erforderlich gehaltenen Fitneß-Ideal mangelhaften Kompetenzen durch Sterilisation oder Verehelichungsverbote von der Fortpflanzung auszuschließen. Gegner der Eugenik waren an vorderster Front die antimodernistisch eingestellten Gruppen in den Kirchen. Gegen die eugenisch indizierte Sterilisation oder den Schwangerschaftsabbruch nahm insbesondere der offizielle Katholizismus Stellung. Im protestantischen Bereich waren der Eugenik aufgeschlossene, kulturprotestantisch geprägte Gruppen stark vertreten.[457]

Rolf Peter Sieferle hat zwischen einer systematisch orientierten Rassenkunde und der Rassenhygiene unterschieden. Erstere schloß sich an ältere Vorstellungen vom Kampf der Rassen in der Geschichte, der Eroberung und der Unterwerfung fremder Ethnien und an Gobineaus Modell der Überschichtung der Rassen an.[458] „In ihrer Perspektive bildet ein ‚Volk‘ ein Konglomerat einzelner miteinander vermischter Rassenbestandteile unterschiedlicher Qualität, die es mit Hilfe unterschiedlicher archäologischer, anthropometrischer und konjekturalgeschichtlicher Methoden zu bestimmen gilt. Politisches Ziel dieses Unternehmens kann es dann sein, durch gezielte Züchtungsprojekte den Anteil der ‚wertvollen‘ Rassenbestandteile innerhalb des Volkes zu vergrößern“.[459] Dagegen orientierte sich die Rassenhygiene an der Evolutionstheorie. In dieser Perspektive geht es nicht um Rassentypologien und Rassenmischung, sondern um das Staatsvolk „als vitale Einheit als

455 Diese für viele emanzipatorische Gruppierungen schmerzliche Erkenntnis trifft auch die Frauenbewegung. Siehe dazu Susanne Omran, „Das monistische Jahrhundert. Wissenschaftsreligion, Geschlechterpolitik und sexuelle Ethik der Auslese um 1900“, in: *metis. Zeitschrift für historische Frauen- und Geschlechterforschung* 17/2000, S. 30-47.

456 M. B. Adams, „The politics of human heredity in the USSR 1920-1940“, in: *Genome* 31/1989, S. 879-884.

457 In der Forschung zum Verhältnis von Religion und Eugenik dominiert die Frage nach dem Zusammenhang mit der nationalsozialistischen Rassenhygiene. Siehe dazu die Studien von Michael Schwartz, „Konfessionelle Milieus und Weimarer Eugenik“, in: *Historische Zeitschrift* 261/1995, S. 403-448; Ders., „Protestantismus und Eugenik“, in: *Sozialer Protestantismus und Sozialstaat, Diakonie und Wohlfahrtspflege in Deutschland 1890 bis 1938*, hg. v. Jochen-Christoph Kaiser u. Martin Greschat, Stuttgart 1996, S. 118-135; Ingrid Richter, *Katholizismus und Eugenik in der Weimarer Republik und im Dritten Reich. Zwischen Sittlichkeitsreform und Rassenhygiene*, Paderborn 2001; *Eugenik – Sterilisation – ‚Euthanasie‘. Politische Biologie in Deutschland, 1895–1945. Eine Dokumentation*, hg. v. Jochen-Christoph Kaiser / Kurt Nowak u. Michael Schwartz, Berlin 1992.

458 Rolf Peter Sieferle, „Rassismus, Rassenhygiene, Menschenzuchtideale“, in: *Handbuch zur ‚Völkischen Bewegung‘ 1871-1918*, hg. v. Uwe Puschner / Walter Schmitz u. Justus H. Ulbricht, München/New Providence/London/Paris 1996, S. 436-448, hier S. 444f.

459 Ebd. Führend in diesem Felde war zunächst die angelsächsische Anthropologie. Siehe Thomas Gondermann, *Evolution und Rasse: Theoretischer und institutioneller Wandel in der viktorianischen Anthropologie*, Bielefeld 2007b.

Population mit einem bestimmten (physischen und mentalen) Begabungsniveau."[460] Beide Ansätze konnten allerdings kombiniert werden. So hatte der „Kryptoanthropologe" Otto Ammon die Auffassung vertreten, daß „nicht nur ein Volk, sondern auch ein Individuum aus einem Mosaik diskreter Rassenelemente" besteht.[461] Mit dieser Kombination der Rassenkunde in der Tradition von Gobineau und Georges Vacher de Lapouge und der Haeckelschen Eugenik aus *wissenschaftsreligiösem* Evolutionsglauben konnte man daran denken, „nicht nur ein allgemeines Kompetenzniveau zu erhalten bzw. zu steigern, sondern durch bewußte Selektion aus dem Rassengemisch die gewünschten Rassenlemente in reiner Form wieder herauszuzüchten – ein Projekt, das sich allerdings über mehrere Jahrhunderte erstrecken müßte."[462]

So lange haben die Europäer nicht warten wollen. 1915 greift Haeckel auf das Modell des Rassenkampfes zurück, wenn er schreibt, der „Todfeind England" habe „alle verschiedenen Menschenrassen zur Vernichtung des deutschen Brudervolkes mobil gemacht". England rufe „als Verbündete die niederen Menschenrassen aus allen Erdteilen zusammen: vorab die gelben, schlitzäugigen Japaner, die perfiden Seeräuber des Ostens!, dann die Mongolen," – und es folgt eine lange Liste von fremden Ethnien bis zur Bemerkung, daß „auch noch die Reste der Rothäute aus Amerika auf die blutdampfenden Schlachtfelder von Europa herübergeschleppt" werden.[463] Zwischen Rassenkampf und Rassenhygiene sind die Biopolitiken im 20. Jahrhundert bis zum Judenmord der Nationalsozialisten weitergegangen. Das Erschrecken über diese Verbrechen hat freilich nicht zu einem Ende der Ideen geführt, die Qualität des Erbguts für eine gesunde Zukunft steigern zu wollen. Aus der fremdbestimmten Eugenik wurde die selbstbestimmte Anwendung der Humangenetik. Ihr Objekt ist weniger der Genpool einer Population als vielmehr das Erbgut des Einzelnen, der nun seinen Teil der Verantwortung für die Evolution übernimmt.[464]

---

460 Ebd., S. 445.

461 Otto Ammon, *Die Gesellschaftsordnung und ihre natürliche Grundlage*, 3 Bde., Jena 1895, 1896, 1900; Ders., *Die natürliche Auslese beim Menschen*, Jena 1893

462 Sieferle1996, S. 444. Zu den Übergängen siehe Wolfgang Eßbach, „Gemeinschaft – Rassismus – Biopolitik", in: *Medien, Körper, Geschlecht. Diskursivierungen von Materialität*, hg. v. Birgit Reigraf / Dierk Spreen u. Sabine Mehlmann, Bielefeld 2012, S. 201-215.

463 Ernst Haeckel, *Ewigkeit. Weltkriegsgedanken über Leben und Tod, Religion und Entwicklungslehre*, Berlin 1915, S. 85f.

464 Zu diesem Diskurswandel siehe: Dorothee Obermann-Jeschke, *Eugenik im Wandel. Kontinuitäten, Brüche und Transformationen. Eine diskursgeschichtliche Analyse*, Münster 2008; zu Kontinuitäten über 1945 hinweg siehe Regina Wecker, *Wie nationalsozialistisch ist die Eugenik? Internationale Debatten zur Geschichte der Eugenik im 20. Jahrhundert*, Wien 2009; zur humangenetischen Regulierung: Andreas Lösch, *Genomprojekt und Moderne. Soziologische Analysen des bioethischen Diskurses*, Frankfurt a.M./New York 2001.

INTEGRATION UND DESINTEGRATION, GRUNDGESETZ DER EVOLUTION. Mehrere Jahre bevor Darwin mit seiner Evolutionstheorie an die Öffentlichkeit trat, hat Herbert Spencer in seinen Essays zur „Theorie der Bevölkerung“ und „Entwicklungshypothese“ ein kosmisches Evolutionsgesetz formuliert, und die berühmten Schlagworte vom ‚Kampf ums Dasein‘ und vom ‚Überleben des Tüchtigsten‘ finden sich bei ihm schon früh.[465] Als ihm 1858 Darwins Theorie bekannt wird, entschließt er sich, eine Serie von Arbeiten zu schreiben, in denen der Entwicklungsgedanke auf alle Erscheinungsgebiete angewandt wird: Astronomie, Geologie, Biologie, Gesellschaftsgeschichte, Moral und Ästhetik. Sein zehnbändiges *System der synthetischen Philosophie* (1862-1896) umfaßt nichts weniger als die Entwicklung des Weltganzen vom Sternennebel bis zur gegenwärtigen Höhe menschlicher Kultur.[466]

Die Diskussion um die Beziehungen zwischen Spencer und Darwin, insbesondere zwischen der Idee einer universellen, fortschrittlichen Entwicklung bei Spencer und der natürlichen Auslese bei Darwin, ist bis in die Gegenwart hinein stark politisiert, geht es doch um die Frage, inwieweit die Marktgesellschaft im Bruch mit Adam Smiths moralischer Ökonomie naturalistisch legitimiert werden kann.[467] Spencers *Social Statics* von 1851 war eine engagierte Verteidigung freien Unternehmertums, und mit seinen politischen Interventionen stand Spencer auch in biopolitischer Hinsicht auf der Seite des Manchesterkapitalismus.

Ziel der synthetischen Philosophie Spencers war es, alles verfügbare Wissen zu integrieren. Die erkannten Naturgesetze der Unzerstörbarkeit des Stoffes, der Kontinuität der Bewegung usw. galten ihm als erste Stufen von Erkenntnissynthesen, die sich in einem universalen Gesetz zusammenfassen lassen. Da Entwicklung mit einer Bindung von Energie bzw. einer Integration von Stoffen beginnt und mit einem Abbau von Stoffen bzw. einer Freisetzung von Energie endet, bezieht Spencer

465 Falko Schmieder, „Die Entstehungsphase des Konzepts ‚Survival of the fittest‘“, in: *Forum Interdisziplinäre Begriffsgeschichte* (E-Journal) 3/2014, S. 47-49. Aus der umfangreichen Literatur zu Spencer seien genannt: Michael W. Taylor, *Men versus the State: Herbert Spencer and Late Victorian Individualism*, Oxford: University Press, 1992; Mark Francis, *Herbert Spencer and the Invention of Modern Life*, New York: Cornell University Press, 2007; Peter J. Bowler, „Herbert Spencers Idee der Evolution und ihre Rezeption“, in: *Die Rezeption von Evolutionstheorien im 19. Jahrhundert*, hg. v. Eve-Marie Engels, Frankfurt a.M. 1995a, S. 309-325; Ders., *Evolution. The History of an Idea*, Berkeley: University of California Press, ³2003, S. 220ff.; Eve-Marie Engels, „Herbert Spencers Moralwissenschaft – Ethik oder Sozialtechnologie? Zur Frage des naturalistischen Fehlschlusses bei Herbert Spencer“, in: *Evolution und Ethik*, hg. v. Kurt Bayertz, Stuttgart 1993, S. 243-287; Wittkau-Horbgy 1998, S. 182-197; Paul Kellermann, *Kritik einer Soziologie der Ordnung. Theorie und System bei Comte, Spencer und Parsons*, Freiburg 1967; Leopold von Wiese, *Herbert Spencers Einführung in die Soziologie*, Köln/Opladen 1960.

466 Herbert Spencer, *System der Synthetischen Philosophie*, Bd. I-XI, Stuttgart 1875-1906.

467 Richard Hofstadter nimmt eine direkte Abhängigkeit Darwins von Spencer an; vgl. Richard Hofstadter, *Social Darwinism in American Thought* [1944], mit einer neuen Einleitung v. Eric Froner, Boston ⁴1992, S. 13ff. Dagegen behauptet David Rindos, Spencer sei nicht von Darwin abhängig gewesen; vgl. David Rindos, *The Origins of Agriculture. An Evolutionary Perspective*, San Diego 1984, S. 62ff.

sein universales Gesetz auf derartiges Geschehen zwischen Konzentration und Zerstreuung, Integration und Desintegration. Ob Prozesse der Integration oder Desintegration beschrieben werden, ist eine Frage der Perspektive. Spencer wählt die Perspektive der Integration, weil sie interessantere Erscheinungen bietet, und er erweitert den Aspekt der Aufnahme von Materie um den der Differenzierung als einer Andersverteilung von Materie.[468] Seine vielzitierte Definition von Entwicklung lautet schließlich: „Entwicklung ist eine Integration von Substanz und einer diese begleitenden Zerstörung von Bewegung, während welcher die Substanz von einer relativ unbestimmten inkohärenten Homogenität zu einer relativ bestimmten, kohärenten Heterogenität übergeht und während welcher die zurückbleibende Bewegung eine parallele Umwandlung erfährt."[469] Es handelt sich um ein universales Entwicklungsgesetz, das für Himmelkörper, Organismen und Gesellschaften gleichermaßen gilt und für dessen Nachweis Spencer zehn Bände plant und diese in 35 Jahren auch bis auf die geplante Seitenzahl fertigstellt.

Die Integration von ontogenetischen und populationsgenetischen Entwicklungsbegriffen bei Spencer verdankt sich, wie Bowler herausgearbeitet hat, wie bei Haeckel auch einer primär Lamarckistischen Sichtweise, in die die Darwinsche natürliche Selektion eingearbeitet wurde.[470] Spencer orientierte sich nicht nur an Karl Ernst von Baers Forschungen zur embryologischen Entwicklung, er korrigierte auch Benthams Utilitarismus, indem er mit seiner These von der Koevolution von Individuum und Gesellschaft den Lamarckistischen Grundgedanken der Vererbung erworbener Eigenschaften gleichsam soziologisierte. Malthus' Bevölkerungstheorem, das bei Darwin im Kontext der Variabilität von Populationen Bedeutung gewann, wird für Spencer in anderer Weise wichtig. Für Spencer, so bemerkt Bowler, „verstärkte Malthus' Prinzip den Wettbewerb unter den Individuen, wodurch jedes Individuum zur Modifikation seiner Aktivitäten gebracht werde, um seine Effektivität innerhalb der Wirtschaft zu maximieren."[471] Damit wurde die individuelle Selbstverbesserung gegenüber den eliminatorischen Effekten der Auslese herausgestellt.[472]

Spencer deutet den Kampf ums Dasein evolutionär in eigenartiger Weise um. Er ist kein letztes Prinzip oder Endzweck, sondern ein Mittel, mit dem sich die Gesellschaft als ein Aggregat von Individuen entwickelt. Gesellschaft ist eine Art Organismus, genauer gesagt ein Hyperorganismus, d.h. ein Organismus aus Organismen. Beide Einheiten: der Einzelorganismus und der Hyperorganismus folgen demselben Entwicklungsgesetz. Dem evolutiven Fortschritt entsprechend gibt es bei Spencer eine Synthese von einfachen Organismen zu Hyperorganismen in der

468 Herbert Spencer, *Grundsätze einer synthetischen Auffassung der Dinge*, Stuttgart ²1901, S. 281ff u. S. 517ff.

469 Ebd., S. 402.

470 Bowler 1995, S. 312f.

471 Ebd., S. 315f.

472 Charakteristisch dafür ist Spencers Debatte mit dem für die Eugeniker so wichtigen Biologen August Weismann, der die Exklusivität der Vererbung allein durch die Keimbahn herausgestellt hat. Dazu Bowler 1995, S. 317.

Entwicklung selbst. Soziale Aggregate, die voneinander abhängig werden, z.B. zwei gleichartige, aber getrennte Siedlungen werden in der Entwicklung zu einer Einheit mit innerer Differenzierung. Gesellschaftliches Wachstum durch Integration, Desintegration und höherer Integration vollzieht sich entsprechend der evolutiven Bewegung von unzusammenhängender Gleichartigkeit zu zusammenhängender Ungleichartigkeit. Jede Gesellschaft ist ein organisiertes Ganzes, an dessen Entwicklung auch die mitarbeiten, die dagegen sind oder ahnungslos, und das sind die meisten.

Das Verhältnis von Biologie und Soziologie ist bei Spencer durch zwei Figuren gekennzeichnet. Einmal ist der Mensch für ihn das Endproblem der Biologie, und im selben Augenblick ist er der Anfang der Soziologie. Diesen Hiatus überbrückt Spencer, indem er als analoge Denkform für Biologie und Soziologie die Organismusmetapher einsetzt. In seiner *Einleitung in das Studium der Soziologie* heißt es: „Erstens setzt, da alle gesellschaftlichen Handlungen durch die Handlungen von Individuen bestimmt werden, und alle Handlungen von Individuen vitale Handlungen sind, welche mit den Gesetzen des Lebens im allgemeinen im Einklang stehen, eine rationale Erklärung gesellschaftlicher Handlungen Kenntnisse der Lebensgesetze voraus. Zweitens bietet eine Gesellschaft als ein Ganzes, ohne Rücksicht auf die lebenden Einheiten derselben betrachtet, Erscheinungen des Wachstums, der Bildung und Verrichtung gleich denen des Wachstums, der Bildung und Verrichtung in einem individuellen Körper dar, und letztere sind notwendige Schlüssel zur ersteren."[473]

Die Anwendung der Organismusmetapher auf die moderne Gesellschaft liest sich bei Spencer so: „Die Gesellschaft ist einem fortwährenden Wachstum unterworfen. Indem sie wächst, werden ihre Teile ungleich: sie zeigt also auch eine Zunahme der Verschiedenheiten des inneren Baues. Die ungleichen Teile übernehmen zugleich Tätigkeiten verschiedener Art. Diese Tätigkeiten weichen nicht einfach voneinander ab, sondern ihre Verschiedenheiten stehen in der Beziehung zu einander, daß die eine erst die andere möglich macht. Die wechselseitige Unterstützung, welche sie sich auf diese Weise gewähren, verursacht dann wieder eine wechselseitige Abhängigkeit der Teile, und indem die wechselseitig abhängigen Teile so durch und für einander leben, bilden sie ein Aggregat, das nach demselben allgemeinen Grundsatz aufgebaut ist wie ein einzelner Organismus."[474]

Was leistet ein solches Organismusmodell? Mit ihm kann die Erfahrung der ungesellschaftlichen Gesellschaftlichkeit der modernen Marktgesellschaft theoretisiert werden. Die Fülle sozialer Konflikte und Spannungen, die schwankenden Ungleichheiten der Lebenslagen können als organische Wachstumskrisen interpre-

473 Herbert Spencer, *Einleitung in das Studium der Soziologie*, Teil 2, Leipzig ²1896b, S. 162f.

474 Herbert Spencer, *Die Principien der Sociologie*, Bd. 2, Stuttgart ³1877, S. 21. Zur heuristischen Bedeutung der Organismusmetapher bei Spencer siehe Karl Acham, „Konstruktion und Rekonstruktion. Zu einigen Fragen der Heuristik", in: *Urteilskraft und Heuristik in den Wissenschaften. Beiträge zur Entstehung des Neuen*, hg. v. Frithjof Rodi, Weilerwist 2003, S.111-137, hier S. 128f.

tiert werden, in denen Teile einer Gesellschaft ungleich werden und soziale Bindungen zerreißen. Das heißt, Phänomene von Nichtgesellschaftlichkeit werden als Signale einer Krise wahrgenommen, die jedoch nur eine Etappe auf der evolutiven Stufenleiter darstellt. Der ungesellschaftliche Egoismus der Wirtschaftssubjekte gewinnt dabei eine zusätzliche Bedeutung. In ihm kommt nicht bloß ein utilitiaristisches Streben nach Glück zum Ausdruck, sondern im Organismus der Gesellschaft ist Egoismus ein Indiz des Wachstums. Wachstum heißt eben Ungleichgewicht, heißt aber zugleich Höherentwicklung und Ausdifferenzierung von Funktionen.[475]

AGNOSTIZISMUS UND ERKENNBARKEIT IM WENDEPUNKT. Es war wohl das Konzept des ‚Survival of the fittest' und die Organismusmetapher, die mit dazu beigetragen haben, Spencer der Gruppe der Sozialdarwinisten zuzurechnen. Dabei ist zu berücksichtigen, daß unter diesem ideengeschichtlichen Begriff sehr unterschiedliche Vorstellungen des Zusammenhangs von Natur- und Gesellschaftsgeschichte versammelt werden, wenn sie sich nur auf ein in der gesellschaftlichen Entwicklung zum Ausdruck kommendes Naturgesetz beriefen.[476] Das tut auch Spencer, aber sein Entwicklungsbegriff ist stark formalisiert.

Die Evolution von unzusammenhängender Gleichartigkeit zu zusammenhängender Ungleichartigkeit ist um einen Umschlagspunkt zentriert. Dieser perspektiviert in ambivalenter Weise die Wendung von Tradition zur Moderne, und Spencer ist bemüht, stets vom Moment dieser Wandlung aus zu denken. Die Beispiele dafür liegen Spencer vor Augen: „So sehen wir Integrationen auftreten als Folgen des Wachstums benachbarter, gleiche Funktionen ausführender Teile; wie beispielsweise die Vereinigung Manchesters mit seinen baumwollwebenden Vorstädten. Es finden sich noch andere Integrationen, welche entstehen, wenn unter verschiedenen, eine besondere Gattung von Waren produzierenden Orten der eine einen immer größeren Teil des Geschäfts erhält, Meister und Arbeiter zu sich heranzieht und die

475 Spencer hat maßgeblich auch die strukturell-funktionale Soziologie Parsons und die Systemtheorie Luhmanns beeinflußt. Man braucht nur den Systemaspekt, der in der Untersuchung von Organismen enthalten ist, hervorzukehren, und man ist sehr schnell bei systemtheoretischen Vorstellungen. In der Sozialstrukturananlyse Spencers gibt es schon drei große Systeme, für die er organismische Modelle vorschlägt: Das Ernährungssystem (die produzierenden Klassen), das Gefäßsystem (die Verkehrsklassen) und das Kontrollsystem (die herrschenden Klassen). Zu Spencers Soziologie im Kontext von *Wissenschaftsreligion*: Michael Bock, *Soziologie als Grundlage des Wirklichkeitsverständnisses. Zur Entstehung des modernen Weltbildes*, Stuttgart 1980, S. 113-120.

476 Grundlegend sind die Studien: Hofstadter 1992 [1944]; Robert C. Bannister, *Social Darwinism. Science and Myth in Anglo-American Social Thought*, Philadelphia 1979. Für Deutschland siehe Peter Weingart, „Biologie und Gesellschaftstheorie", in: *Menschenbilder: Zur Pluralisierung der Vorstellungen von der menschlichen Natur (1850-1914)*, hg. v. Achim Barsch u. Peter M. Hejl, Frankfurt a.M. 2000, S. 146-166; sowie Peter M. Hejl, „Biologische Metaphern in der deutschsprachigen Soziologie des 19. Jahrhunderts", in: Barsch/Hejl 2000, S. 167-214.

anderen Orte verkümmern läßt: ein Beweis hierfür ist das Wachstum der Tuchbezirke von Yorkshire auf Kosten derer von West-England oder die Absorption der Töpferei-Manufaktur durch Staffordshire und den darauf folgenden Niedergang der Geschäfte in Derby und an anderen Orten."[477]

Die Zustandsänderungen, als Moment der Wandlung gefaßt, treten aus dem Schatten des Nicht-Wahrnehmbaren ins Wahrnehmbare und verschwinden wieder ins Unsichtbare.[478] Spencers Entwicklungsdefiniton zielt auf die Mitte dieser Dynamik von Gewinn und Verlust. Dem entspricht ein konsequenter Agnostizismus, was die in dieser Sichtweise peripheren Fragen des Ursprungs und Endes von Evolution angeht. Sie liegen im Dunkel des Nichterkennbaren, dem Reich der Religion. Wissenschaft befaßt sich dagegen mit dem Erkennbaren, dem Phänomenalen und konzentriert sich insbesondere auf den Wendepunkt in Entwicklungsprozessen, d.h. auf den Moment, wo eine höchste Sichtbarkeit und damit Erforschbarkeit erreicht ist. Wie sein Entwicklungsbegriff so ist auch Spencers bekennender Agnostizismus strikt formal. Darin ähnelt er manchen neukantianischen Grenzziehungen zwischen Wissenschaft und Weltanschauung. Zugleich ist der Agnostizismus die Voraussetzung für eine Versöhnung von Religion und Wissenschaft, die er für möglich hält. „Wenn Religion und Wissenschaft miteinander zu versöhnen sind, so muß die Grundlage der Versöhnung diese tiefste, umfassendste und gewisseste aller Tatsachen sein, – daß die Kraft, welche das Universum offenbart, unerforschbar ist."[479] Die Entwicklung der Theologie selber läuft für Spencer auf die Anerkennung der „Unergründlichkeit der Schöpfung" zu, wenn davon die Rede ist, daß „ein Gott, welcher verstanden wird, überhaupt kein Gott wäre".[480]

Annette Wittkau-Horgby hat die These aufgestellt, daß mit der Ausbreitung der Theorie Darwins der verbreitete Agnostizismus seinen Charakter verändert habe und bei Spencer schließlich zur bloßen Fassade geworden sei.[481] Darwin habe weder auf überzeugte Christen noch auf überzeugte Atheisten gewirkt, wohl aber auf Skeptiker, die die Vermutung der Existenz eines Weltschöpfers nicht aufgeben wollten. Unter dem Einfluß der plausiblen Erläuterungen Darwins „kehrte sich die weltanschauliche Vermutung um: an die Stelle der Vermutung der Existenz Gottes trat jetzt die Vermutung seiner Nicht-Existenz".[482] Bei Spencer sieht Wittkau-Horgby nach dem aggressiven Materialismus von Vogt und Moleschott und nach Darwins Agnostizismus mit materialistischer Vermutung nunmehr einen „Materialismus mit agnostischer Fassade".[483]

477 Spencer 1901, S. 319.
478 Ebd., S. 277-281.
479 Ebd., S. 43.
480 Spencer 1901, S. 43.
481 Wittkau-Horgby 1998, S. 153ff u. S. 189ff.
482 Ebd., S. 155.
483 Ebd., S. 190.

Der beschriebene Prozeß vom Skeptiker zum Materialisten mag durchaus in vielen Fällen aufgetreten sein. Wenig hilfreich ist jedoch die Fixierung auf die öffentliche Bekenntnisseite und ihre Herabsetzung als Fassade.[484] Zur *Wissenschaftsreligion* gehört konstitutiv ihr uneindeutiges Verhältnis zum Bekenntnis. *Wissenschaftsreligion* in der Linie der *theologia naturalis* nimmt sich gerade elitär aus den gesellschaftlichen Glaubenskonventionen der *theologia civile* heraus bzw. befolgt sie nur nebenbei. Im öffentlichen Bekennen treten Wissenschaftler denn auch als Experten so auf, daß sie als ‚Priester' einer Religion erscheinen können, die eine besondere nicht jedermann ohne Einweihung zugängliche Wahrheit hüten.

Wichtiger ist darüber hinaus ein anderer Effekt des Agnostizismus, der sich bei Spencer zeigt. Im Unterschied zu Comtes expliziter positivistischer Religion mit ihrem eingreifenden, gesellschaftsorganisierenden Impetus beschränkt Spencer die Aufgabe seiner Soziologie auf passive Gesellschaftsbeobachtung. Es gilt, sichtbar zu machen, was geschieht. Mehr nicht. Es fehlt der *wissenschaftsreligiöse* Auftrag, für die Zukunft der Evolution eine Verantwortung zu übernehmen. Diese politische Abstinenz, das *laissez faire*, ist damit begründet, daß: „There is scarcely any consciousness that the original causes are often numerous and widely different from the apparent cause; and that beyond each immediate result there will be multitudinous remote results, most of them incalculable."[485] Angesichts der Komplexität sozialer Prozesse ist dem Selbstlauf der Evolution mehr Vertrauen entgegenzubringen als den planvollen Absichten einiger, die den Agnostizismus in Bezug auf die letzten Ursachen und etwaige künftige Resultate verwerfen und drauflos agieren. Sie folgen dem „‚Man muß etwas tun'-Trieb, welcher der Ursprung von viel individuellem und sozialem Unheil ist. Eine liebenswürdige Besorgtheit, ein Übel ungeschehen zu machen oder zu neutralisieren, treibt oft zu übereiltem Handeln, wie man bei der Eile sehen kann, mit der jemand, der gefallen ist, von denjenigen, welche gerade zur Hand sind, aufgerissen wird, gerade als ob Gefahr dabei wäre, ihn liegen zu lassen, was nicht der Fall, und keine Gefahr, ihn unvorsichtig aufzurichten, was allerdings der Fall ist."[486]

Spencers Agnostizismus ist keine Fassade. Er markiert vielmehr den evolutiven Wendepunkt der zwei Religionen, in deren Mitte sich Spencer sah. Er blickt zurück auf die Epoche, in der die „Konfession der Feindschaft" vorherrschte, und er erwartet eine Zukunft, in der die „Religion der Freundschaft" sich ausbreitet. Spencers Agnostizismus liegt zwischen diesem Nicht-mehr und Noch-nicht. „Es würde unsere Vorstellungen von vielen Dingen aufklären, wenn wir deutlich die Wahrheit erkennten, daß wir zwei Religionen haben. Die primitive Menschheit hat

484 Auch John Wyon Burrow weist die „verlockende" Auffassung zurück, „Spencers Begriff des ‚Unerkennbaren' bloß als eine Art Alibi aufzufassen, als eine Flucht vor der Auseinandersetzung mit den letzten Fragen, denen nach der Natur und nach der Ursache des Seins selbst". John Wyon Burrow, *Die Krise der Vernunft. Europäisches Denken 1848-1914*, München 2003, S. 80.

485 Herbert Spencer, *The Study of Sociology*, London: Williams and Norgate, 1894, S. 2.

486 Herbert Spencer, *Einleitung in das Studium der Soziologie*, Teil 1, Leipzig 1896a, S. 25.

nur eine. Die Menschheit der ferneren Zukunft wird nur eine haben. Die beiden sind entgegengesetzt und wir, die wir in der Mitte der Laufbahn der Zivilisation leben, müssen an beide glauben."[487] In der Phase unzusammenhängender Gleichartigkeit hat der permanente Kriegszustand dem Fortschritt gedient. Die Konfession der Feindschaft habe mitgeholfen, „beständig Rassen auszurotten, welche aus dem einen oder anderen Grunde am wenigsten tauglich waren, es mit den Existenzbedingungen, denen sie unterworfen waren, aufzunehmen".[488] Durch den Krieg und die Konfession der Feindschaft sind aus Stämmen Staaten geworden, die Arbeitsteilung als zusammenhängende Ungleichartigkeit, die Industrie und Wissenschaft haben sich ausdifferenziert.

In der evolutiven Wendezeit, in der sich Spencer sieht, d.h. in der Situation einer nicht überschaubaren Komplexität, die Agnostizismus fordert, wird die Konfession der Feindschaft dysfunktional. Die moderne Kriegstechnik führt dazu, „die bestgewachsenen und gesündesten auszusuchen und dem Gemetzel auszusetzen, die physisch geringern dagegen daheim zu lassen, um die Rasse fortzupflanzen".[489] Es fehlten wertvolle Kräfte, die nötig sind, Großgesellschaften weiterzuentwickeln. Insofern sinkt der Kurs der Konfession der Feindschaft. Aber nach der Zukunftsreligion der Freundschaft, die perspektivisch der Evolution komplexer Gesellschaften angemessen sein wird, kann jetzt auf dem Wendepunkt noch nicht gehandelt werden.

In der Modernisierungserfahrung entfesselter Marktgesellschaft müssen Individuen an zwei Religionen glauben, und es gilt, zwischen ihnen einen Kompromiß zu finden.[490] Der Kompromiß bildet sich in einem „Rhythmus zwischen entgegengesetzten Zuständen. Die eine Kraft oder Richtung wird nicht fortwährend von der anderen Kraft oder Richtung aufgehoben, sondern bald überwiegt die eine bedeutend, und gleich darauf tritt durch Reaktion ein Übergewicht der anderen ein. Was sich uns in den täglich, wöchentlich, und in längeren Zwischenräumen eintretenden Veränderungen der Preise von Fonds, Aktien oder Waren zeigt, was man in der Abwechslung von Manien und Paniken durch irrationale Hoffnungen und absurde Befürchtungen verursacht sieht, was graphische Darstellungen dieser Veränderungen durch auf- und absteigende Linien bald zu bedeutender Höhe, bald zu gleicher Tiefe, ausdrücken, entdecken wir in allen sozialen Erscheinungen, die moralischen und religiösen inbegriffen."[491] Der Kompromiß, den Spencer gefunden hat, ist der unsicheren menschlichen Lage in Marktgesellschaften vollendet angepaßt.[492]

487 Ebd., S. 224.

488 Ebd., S. 244.

489 Ebd., S. 249.

490 Die zwei Religionen werden auf das Doppelerbe Europas: der antiken und der jüdisch-christlichen Tradition zurückgeführt, ebd., S. 226.

491 Ebd., S. 229.

492 Daß Spencer dem aggressiven Konkurrenzkampf Grenzen setzt, hat Peter Gay betont. Gay 1996, S. 56-59.

Soziale Selektion. Der zentrale Unterschied der behandelten Vorstellungen kosmischer Evolution ist darin zu sehen, daß Haeckel von einer „Natur" als einer sich entwickelnden substanzartigen Totalität her denkt und diese absolut setzt, während Spencer, vom Scheitelpunkt der Modernitätserfahrung ausgehend, nicht substanzlogisch verfährt, sondern den stets an eine subjektive Perspektivierung gebundenen Hiatus zwischen Tradition und Moderne in den Blick nimmt. Daß Spencer einen Agnostizismus verteidigt und Haeckel die „monistische Kirche" gründet, entspricht den unterschiedlichen Ausgangspunkten.

In dem Maße, in dem sich die Frage stellt, ob überhaupt und wenn ja, wie Handlungsspielräume in den Blick genommen werden können oder sollen, die es erlauben, blinde Evolutionsprozesse zu beeinflussen, sind die Differenzen von Selektion wichtig geworden. In Darwins Konzept sind es die *künstliche* Selektion durch züchterische Praxis, die (malthusianische) *natürliche* Selektion durch Wettbewerb um begrenzte Ressourcen und die *sexuelle* Selektion durch Auswahl des männlichen Sexualpartners durch das Weibchen.[493] Diese Dreiseitigkeit von Selektion konnte sich bequem in die mentalen Strukturen der *longue durée* der trifunktionalen Ideologie, wie sie Dumezil entwickelt hat, als planerische, als durch den Überlebenskampf bestimmte und als produktive Funktion einschreiben.[494]

Neben den Vertretern des *laissez faire* und Haeckels staatlichen Maßnahmen war jedoch noch eine weitere Option in der Diskussion. Der französische Anthropologe Paul Broca fügte nach dem Erscheinen von Darwins *Descent of Man* als Selektionsweise die „soziale Selektion" hinzu.[495] Mit der Organisation von Gesellschaften sei zwar die natürliche Selektion noch rudimentär wirksam, aber der direkte Wettbewerb mit anderen Arten sei einem innergesellschaftlichen Wettbewerb gewichen, bei dem körperliche Fähigkeiten weniger zählten als Intelligenz, Klassenzugehörigkeit und spezielle Begabungen. Soziale Selektion habe dazu geführt, daß schwächere Individuen, die in einer nicht-zivilisierten Gesellschaft mit voll wirksamer natürlicher Selektion wenig Überlebenschancen gehabt hätten, in der differenziert organisierten modernen Gesellschaft nützliche Leistungen erbringen würden. Broca schreibt: „Die erste (natürliche Selektion) entwickelt Merkmale, die für das Individuum als Mitglied der Art nützlich sind, sie vervollkommnet die Art. Die zweite (soziale Selektion) entwickelt Merkmale, die für das Individuum als Mit-

493 Mayr 1984.

494 Die drei Funktionen sind: das göttliche Gesetz, das den Plan der Welt bestimmt, der bewehrte Arm, der zum Gehorsam zwingt, und die Fruchtbarkeit der Arbeit, der Fülle und der Feste. Siehe: Georges Dumézil, *Mythos und Epos. Die Ideologie der drei Funktionen in den Epen der indoeuropäischen Völker*, Bd. 1, *Die erleichterte Erde*, Frankfurt a.M. 1989.

495 Francis Schiller, *Paul Broca: Founder of French Anthropology, Explorer of the Brain*, Oxford: University Press, 1992. Zu Brocas Hirnforschung siehe Michael Hagner, *Homo cerebralis. Der Wandel vom Seelenorgan zum Gehirn*, Berlin 1997, S. 335ff u. S. 265ff. Zu Broca im Quartier Latin siehe Philip G. Nord, *The Republican Moment: Struggles for Democracy in Nineteenth-century France*, Harvard: University Press, 1995, S. 41-44. Zum folgenden vgl. Harvey1995, S. 242ff.

glied einer bestimmten Gesellschaft nützlich sind."[496] Im Wechsel von der natürlichen zur sozialen Selektion verändert sich die Lage der Schwachen. Ihre Perspektive ist nicht mehr Elimination, sondern Vervollkommnung. „Nachdem die Zivilisation den Schwachen die Vorteile des Lebens gewährt hat, gewährt sie ihnen nun einen anderen Vorteil, sie vervollkommnet sie."[497]

Der Hirnforscher Broca konnte mit der Theorie von der positiven Wirkung sozialer Selektion auch das irritierende Resultat von Schädelmessungen erklären, war doch die durchschnittliche Gehirngröße der Schädel der Höhle von *L'homme Mort* größer als die der modernen Franzosen.[498] Die Vervollkommnung der Schwachen sollte durch Erziehung im Geist des Positivismus erfolgen und Broca nahm an, daß Erziehung Veränderungen des Gehirns bewirkten. „Erziehung, Erziehung in all ihren Formen, ist die intelligente Kraft, die der Gesellschaft die Verbesserung ihres Volkes einfach durch den Kampf gegen die Wirkungsweise der natürlichen Selektion ermöglichen wird. Sie ist sicherlich das effektivste Mittel, das ihr zur Verfügung steht. Kombiniere diese mit gerechten Institutionen, die es jedem Individuum ermöglichen, eine seiner Nützlichkeit entsprechende Position zu erlangen, und man wird die Menschheit haben, die selbst durch die mitleidsloseste Selektion nicht hätte hervorgebracht werden können."[499] Gebildetere Menschen hätten größere Schädel als die Ungebildeten, auch sei seit der Französischen Revolution sei der Kopfumfang der Franzosen größer geworden. Es handelt sich hier um eine Variante des Lamarckismus, der in Frankreich nie ganz den Boden unter den Füßen verloren hat.[500]

---

496 Paul Broca, „Les selections", in: Ders., *Memoires d'anthropologie III*, Paris : C. Reinwald, 1877, S. 205-250, hier S. 242: „La différence entre ces deux sélections est considérable. La première développe les caractères utiles à l'individu considéré comme membre d'une espèce; elle agit donc, lorsqu'elle est efficace, de manière à perfectionner l'espèce. La seconde développe les caractères utiles a l'individu considéré comme membre d'une certaine société."

497 Ebd., S. 244: „la civilisation, après avoir accordé aux faibles le bienfait de la vie, leur accorde un autre bienfait plus grand encore: elle les perfectionne à leur tour."

498 Ebd., S. 245.

499 Broca 1877, S. 245: „L'éducation, l'éducation sous toutes ses formes, voilà la force intelligente qui permet à la société d'améliorer la race, tout en luttant contre les sommaires procédés de perfectionnement de la sélection naturelle. C'est certainement le plus efficace des moyens dont elle dispose. Joignez-y des institutions équitables permettant à chaque individu d'obtenir une position proportionelle à son utilité, et vous aurez plus fait pour la race que ne pourrait faire la sélection naturelle la plus impitoyable." Darwin notierte an den Rand seines Exemplars von Broca: „Education acts on brain which is impossible". Harvey 1995, S. 247. Daß im Zeitalter des Neoliberalismus seit den 1990er Jahren erneut eine Debatte um Hirn und Erziehung aufbricht, verwundert nicht.

500 Von hier aus wären die Linien sowohl zu Paul Kammerer als auch zu Trofim Lyssenko weiterzuziehen. Beide Male geriet der Lamarckismus in die Strudel politischer Ideologien. Kammerers Versuche mit Geburtshelferkröten im Wien der 1920er Jahre wurden aus nationalistischen und antisemitischen Kreisen der Universität als Fälschungen skandalisiert. Die von Stalin befohlene Genetik Lyssenkos führte in der Sowjetunion zu verheerenden Missernten und nachfolgenden Hungersnöten. Vgl. Klaus Taschwer, *‚Der Fall Paul Kammerer'. Das abenteuerliche Leben des umstrittensten Biologen seiner Zeit*, München 2016; Shores Medwedjew, *Der Fall Lyssenko. Eine Wissenschaft kapituliert*, Hamburg 1971.

Brocas sozialliberale, Spencers marktliberale und Haeckels etatistische Akzentuierung können als drei Versuche gelesen werden, die Evolutionstheorie auf die Entwicklung des Menschen zu seiner modernen Gesellschaft zu übertragen. Die europäische Diskussion dieser Thematik hat zahllose Kombinationen der drei Akzentuierungen erfahren, in denen zwischen Sterben-lassen und Leben-machen im Detail gestritten wurde. Ob man nun vor der Alternative der Elimination zurückschreckte, ein Eingreifen forderte, um das Verelenden nicht mit ansehen zu müssen, oder sich an den positiven Seiten der Lebenssteigerung orientierte, die Debatten waren getrieben durch die sich vor den Augen abspielenden Prozesse des Traditionszerfalls, der Desintegration, der Krise und der neuen Möglichkeiten glücklicher Zukünfte, die einigen Gewinnern der Marktgesellschaft ja auch schon zuteil wurden.

Hinzu kommt ein Weiteres: Mit der Übergabe der Verantwortung für die Übel dieser Welt an den Menschen, die Feuerbach, Bruno Bauer, Marx und Stirner im Ausgang der Revolutionsperiode gefordert hatten, war der Theismus in Bedrängnis geraten. Nun fraß sich mit dem naturwissenschaftlichen Materialismus und mit Darwin der Zweifel an der Sonderstellung des Menschen im Kosmos in die Gemüter. In dem Maße, in dem die Tier-Mensch-Differenz als letzte christlich geglaubte Bastion der Privilegierung des Menschen durch seinen Schöpfer kosmisch evolutionär eingeebnet wurde, in dem Maße gewannen nun die Abstände *im* Menschlichen an Bedeutung. Gesundheit, Rasse, Klasse, Bildungsfähigkeit, Intelligenz und Seelenverfassung wurden zu evolutionär gedeuteten letztinstanzlichen Unterschieden, an denen man sich zu orientieren hatte.

Damit verändert sich die Wahrnehmung der Charaktere, die die Marktwirtschaft hervorbringt. Romanleser des 19. Jahrhunderts haben dies bemerkt, als sie die Romane Balzacs mit denen von Emile Zola verglichen. Die späteren literaturgeschichtlichen Stilbezeichnungen „Realismus" und „Naturalismus" sind kaum geeignet, die Dramatik der veränderten Erfahrungslage zum Ausdruck zu bringen. Der französische Sozialist, Mitbegründer der französischen Arbeiterpartei, Schwiegersohn und Schüler von Marx, Paul Lafargue (1842-1912) hat für diese Wandlung einen klaren Blick gehabt, wenn er schreibt: „Zur Zeit als Balzac schrieb (er starb im Jahre 1850), war die riesige Konzentration der Kapitalien, welche unsere Epoche charakterisiert, noch in ihren Anfängen begriffen, auch in Frankreich. Man kannte damals noch nicht die Riesenmagazine, welche die Länge ihrer Gänge nach Kilometern messen, die Zahl ihrer Verkäufer und Verkäuferinnen nach Tausenden Beziffern (...). Wohl gab es einen Kampf ums Dasein, den es ja stets gegeben hat – wenngleich damals seine Theorie noch nicht formuliert und der jetzt gebräuchliche Ausdruck für die Tatsache noch nicht gefunden war –, allein er zeigte eine andere Form und andere charakteristische Eigentümlichkeiten als in unseren Tagen". [501]

501 Paul Lafargue, „‚Das Geld' von Zola", in: Ders., *Vom Ursprung der Ideen. Eine Auswahl seiner Schriften von 1886 bis 1900*, hg. v. Katharina Scheinfuß, Dresden 1970, S. 172-213, hier S. 179f.

Worin bestand der Unterschied? Lafargue schreibt: „Damals war der Kampf ums Dasein noch nicht demoralisierend. Er degradierte den Menschen nicht, sondern entwickelte in ihm gewisse Vorzüge, wie Mut, Ausdauer, Klugheit, Vorsicht und Voraussicht, Ordnungssinn usw. Balzac beobachtete und schilderte folglich Menschen, welche mit ihren eigenen physischen und geistigen Kräften gegeneinander kämpften. Der Kampf ums Dasein, den die Menschen in jenen Tagen führten, wies eine große Ähnlichkeit mit dem Kampf ums Dasein der Tiere auf, die einander im körperlichen Ringen mit Klauen und Zähnen, mit Gewandtheit und List zu überwinden suchen." Das sei nun anders geworden: „Der Kampf der einzelnen Menschen unter- und miteinander wird durch den Kampf der ökonomischen Organismen (Banken, Fabriken, Minen, Riesenmagazine) untereinander abgelöst und beseitigt. Die Kraft und die Klugheit des Einzelnen verschwinden vor ihrer unwiderstehlichen Macht, die blind wie eine Naturkraft waltet. Der Mensch wird von ihrem Räderwerk ergriffen, in die Höhe gewirbelt, fortgeführt, wie ein Fangball hin- und hergeschleudert, heute auf den Gipfel alles irdischen Glücks gehoben, morgen aus seiner Höhe heruntergestürzt, einem armseligen Strohhalm gleich mit Füßen getreten, ohne daß er ihnen mit Aufbietung all seiner Klugheit, mit Anspannung all seiner Energie den geringsten Widerstand entgegenzusetzen vermöchte."[502] So skizziert Lafargue die Romanthemen von Emile Zola.

Es sind dies Erfahrungen, die auch englische Liberale machen. Gegen den Spencerschen Marktfundamentalismus des *laissez faire* gelangen Liberale wie Leonard Hobhaus zur Einsicht, daß „die tatsächliche Struktur des industriellen und kommerziellen Systems des Landes gegen Ende des 19. Jahrhunderts nicht mehr den Modellen, die von den classical economists abgeleitet waren (entsprach). Eine Wirtschaft, die in zunehmendem Maße von der Macht der Trusts, der Kombinate und der Finanzkraft Londons beherrscht war, konnte mit den Methoden Ricardoscher Ökonomie nicht mehr angemessen analysiert werden."[503] Die Erfahrung der modernen Gesellschaft als einer entfesselten Marktgesellschaft kennt Steigerungen. Bei Balzac kämpfen die Menschen wie Tiere, und das erscheint noch vergleichsweise human. Denn bei Zola sind es Riesenorganismen, die sich bekämpfen. Dies kann man ertragen, wenn man fest an die kosmologischen Entwicklungsgesetze vom Urnebel bis zur Zukunftsgesellschaft glaubt. Dies kann man auch heute ertragen, wenn man von einer Wachstumskrise spricht, einem Mangel an Investitionen in die Zukunft, in der dann die Kredite von unseren Kindern und Enkeln in der Kontinuität des Keimplasmas zurückgezahlt werden.

---

502 Ebd. Darwinistische Motive in literarischen Werken hat untersucht: Peter Sprengel, *Darwin in der Poesie. Spuren der Evolutionslehre in der deutschsprachigen Literatur des 19. und 20. Jahrhunderts*, Würzburg 1998.

503 Hobhaus nach Alan Bullock u. Maurice Shock, „Englands liberale Tradition", *Liberalismus*, hg. v. Lothar Gall, Königsstein/Ts. ^{2}1980, S. 254-282, hier S. 274. Die Konsequenz ist eine Ethisierung der Diskussion, erkennbar z.B. in der Gründung der *Fabian Society*

EVOLUTION DER ERKENNTNIS UND NEUE SYNTHESEN. Haeckels biogenetisches Grundgesetz des Zusammenhangs von Ontogenese und Phylogenese, Spencers Parallelisierung organischer und sozialer Evolution und Brocas Konzept der sozialen Selektion folgen der Bahn, die Comtes positivistische Religion eröffnet hat. Während Haeckel bei der Verehrung der „Gott-Natur" endet, Spencer den Agnostizismus nicht mehr den Absolutheitsansprüchen der „Konfession der Feindschaft" opfern will und noch nicht der kommenden „Religion der Freundschaft" allen Glauben schenken kann, zeichnet sich Comtes Positivismus durch eine entschiedene Einbeziehung von Erkenntnistheorie aus. Nicht nur Individualgeschichte und Gattungsgeschichte werden synthetisiert, sondern auch Erkenntnis, und zwar als eine sich entwickelnde Tatsache. Gerade dies hat Comte für spätere Versuche, „Entwicklung" zu erklären und zu verstehen, interessant gemacht. Während kosmische Evolution stets mit dem Problem einer Teleologik der Substanz zu kämpfen hat, eröffnet ein auf das Wachstum des Wissens konzentrierter Entwicklungsgedanke in der erfahrenen marktwirtschaftlichen Krisenhaftigkeit von Entwicklung Chancen des Dazulernens. Daher lohnt es sich hier, noch einmal auf Comte zurückzukommen.

Der Anfang – so seine paradoxe Denkfigur – ist einerseits unentbehrlich, aber andererseits bloß provisorisch und vorbereitend. „Bei ihrem ersten, notwendig theologischen, Aufschwung weisen alle unsere Forschungen spontan eine typische Vorliebe für die unlösbarsten Fragen über Gegenstände auf, die einer entscheidenden Nachprüfung am unzugänglichsten sind." [504] Der menschliche Geist sucht „in einer Zeit, in der er den einfachsten wissenschaftlichen Problemen noch nicht gewachsen ist, begierig und fast ausschließlich nach den wesentlichen *Ursachen*, seien sie nun Erstursachen oder Endursachen – der verschiedenen Erscheinungen, die ihn beeindrucken, sowie nach der ihnen zugrunde liegenden Erzeugungsweise, mit einem Wort nach absoluten Erkenntnissen." Diese religiöse Tendenz des wissenschaftlichen Geistes wird in der Regel auch durch eine bestimmte Neigung erfüllt, nämlich „menschliche Art und Weise auf alles zu übertragen, indem wir alle nur möglichen Phänomene denen angleichen, die wir selbst produzieren und welche uns deshalb auch als erste, infolge der unmittelbaren Intuition, von der sie begleitet sind, ziemlich bekannt erscheinen."[505]

Die heutige soziologische Weltanschauungsanalyse, die Soziologie der Geistesgeschichte und der Symbolentwicklung hat diese Comtesche Einsicht aufgegriffen und in verschiedener Weise ausgebaut. Dafür stehen die „genetisch-historische Analyse und Kritik des metaphysischen Denkens" von Ernst Topitsch, Norbert Elias' Entwurf einer „Symboltheorie", die wir hier einschieben, und die „historisch-genetische Theorie" von Günter Dux.[506] In diesen Vorhaben hat das Programm,

504 August Comte, *Rede über den Geist des Positivismus*, hg. v. Iring Fetscher, Hamburg 1994, S. 5f.

505 Ebd.

506 Zur Konjunktur der Ideen für umfassende Synthesen unter evolutionstheoretischen Prämissen siehe *Die Kultur des Neoevolutionismus. Zur diskursiven Renaturalisierung von Mensch*

die Überlegenheit des Positivismus über den Glauben auszuweisen, beeindruckende Fortsetzungen gefunden.

Ernst Topitschs Interesse richtet sich darauf, über die Geistesgeschichte hinausgehend „zu ursprünglicheren Denkstrukturen vorzudringen." Dies erfolgt über eine Beobachtung des geistigen Verhaltens von Kindern, Primitiven und zivilisierten Erwachsenen in ihrem Alltag. Ursprünglich sind der pragmatisch-wertende Bezug zu Dingen, das Wissenwollen, was die Dinge für das noch unterentwickelte Individuum bedeuten, sowie die Gefühle der Anmutung und Abstoßung, der Vertrautheit und der Fremdheit. Davon ausgehend ist der Vorgang der Analogiebildung grundlegend: „Dem Fernerliegenden und Unbekannten wird der Charakter des Fremden und Befremdlichen genommen, indem man es nach Analogie des Naheliegenden und alltäglich Vertrauten auffaßt. So dienen die Dinge und Vorgänge der täglichen Lebenswirklichkeit als Modellvorstellungen für das Weltverständnis."[507] Wichtig werden insbesondere die Modellvorstellungen, die den Tatsachen der gesellschaftlichen Erzeugung und Erhaltung des Lebens entlehnt sind. Es handelt sich um biomorphe Modelle, die der Beobachtung biologischer Prozesse folgen, oder um intentionale Modellvorstellungen, die entweder soziomorph den sozialen Beziehungen oder technomorph den künstlerisch-handwerklichen Tätigkeiten folgen.

Wie bei Comte ist Wissen hier selbst ein soziologisches Faktum. Das praktische Interesse spiegelt sich gleichsam über den Modus der Analogie in intentionalen Modellvorstellungen. „So entsteht oft eine scheinbar geschlossene ‚intentionale' Weltauffassung, die nach dem Leitbild unseres Wollens und Handelns gestaltet ist und auf dieses zurückbezogen wird – denn unser Wille und unser Tun soll sich in die ‚Harmonie' des kosmischen Gesellschaftsverbandes oder Kunstwerkes einfügen."[508] Dieses Weltbild inkorporiert empirisch-pragmatisches Wissen, Annahmen über Handlungsfolgen, daraus abgeleitete Handlungsanweisungen und vor allem auch Vorhersagen. Für Topitsch wie für Comte ist der Paradefall für den „Zusammenstoß zwischen Mythos und Erfahrungswissen" das Schicksal der Astrologie.[509]

---

und Gesellschaft, hg. v. Fabian Deus / Anna-Lena Dießelmann / Luisa Fischer u. Clemens Knobloch, Bielefeld 2015.

507 Topitsch 1972, S. 9f. Zu Topitsch siehe Karl Acham, „Weltanschauungsanalyse aus dem Geist der Sprachkritik: Ernst Topitsch", in: Ders. (Hg.), *Geschichte der österreichischen Humanwissenschaften*, Band 6.1, *Philosophie und Religion: Erleben, Wissen, Erkennen*, Wien 2004, S. 451-480; Kurt Salamun, „Ernst Topitsch (1919-2003)", in: *Kunst und Geisteswissenschaften aus Graz. Werk und Wirken überregional bedeutsamer Künstler und Gelehrter vom 15. Jahrhundert bis zur Jahrtausendwende*, hg. v. Karl Acham, Wien/Köln/ Weimar 2009, S. 665-680.

508 Ebd., S. 10.

509 Ebd., S. 357. In Comtes „Enzyklopädischem Gesetz" steht die Astronomie an erster Stelle, „weil sie das allgemeine Milieu aller möglichen Erscheinungen charakterisiert und ohne jede weitere Komplikation die einfache mathematische, d.h. geometrische oder mechanische Daseinsweise, die allem realen Daseienden gemeinsam ist, offenbart." Comte 1994, S. 107. Zur Inkriminierung der Astrologie vgl. Uerz 2006, S. 73ff.

Topitsch hat sich sowohl mit der Genese als auch den Prozessen der Auflösung der intentionalen Weltauffassung, die vom Mythos über die Theologie zur Metaphysik reicht, befaßt. Je mehr „die empirisch-pragmatische Komponente jenes Weltbildes ausfällt, desto stärker verlagert sich dessen Schwerpunkt auf Gebiete, die einer erfahrungsmäßigen Prüfung entzogen sind."[510] Es kommt zu verschiedenen Formen des „*Ausweichens in den Bereich des empirisch nicht Falsifizierbaren*". Hierzu gehören die Verlagerung auf die „außertheoretischen Bereiche des *Werthaft-Emotionalen*" und die Hervorkehrung der „bisherigen *moralisch-politischen* und ästhetischen Funktionen". Dann bleiben vom intentionalen Weltbild nur „*kategorische Forderungen*, etwa des Wortlautes, daß die Staatsordnung in die Weltordnung eingefügt werden oder daß man die ‚naturgegebenen' Rechtsprinzipien beachten soll." Am Ende handelt es sich um „*pseudo-normative Leerformeln*, also Ausdrücke, die einen Normgehalt vorspiegeln, ohne ihn wirklich zu besitzen."[511] Sie können psycho-technisch zur Motivationserregung eingesetzt werden oder der kontemplativen Tröstung über das Unabänderliche dienen.[512]

Während Topitsch die Ebene einer Soziologie der Entwicklung von Erkenntnisformen in den Blick nimmt, zielt Norbert Elias' posthum publizierte unvollendete Symboltheorie auf den Zusammenhang, der mit den Termini Sprache, Gedächtnis, Wissen und Denken aufgerufen ist.[513] Ausgangspunkt ist die Doppelfunktion der Sprache: sie ermöglicht Kommunikation in einer Sprachgemeinschaft und verhindert sie mit Menschen anderer Sprachgemeinschaften, ungeachtet der Tatsache, daß alle einer Spezies angehören.[514] Im Unterschied zu den artspezifischen Kommunikationsmitteln der Tierarten sind sie bei Menschen gruppenspezifisch.[515] Sexuelle Reproduktion und Kommunikationsmittel sind bei Tierarten homolog, nicht aber beim Menschen. Sie existieren über lange Perioden der Menschheitsgeschichte stets in Gemeinschaften mit einer besonderen Sprache.

Die biologischen Anlagen zur Lautbildung bedürfen daher beim Menschen einer gruppenspezifischen Aktivierung. Es ist diese soziale Grundbedingung: die Aktivierung der Sprache der Säuglinge durch Erwachsene Mitglieder einer speziellen Sprachgemeinschaft, die der menschlichen Sprache ihren selbstdistanzierenden Charakter verleiht.[516] Denn die Bedeutung von Lautmustern ist nicht angeboren. Damit können die lautlichen Mittel die Symbolfunktion gewinnen, erfahrene Wirklichkeit zu repräsentieren und vor allem den Fundus von Lautmustern zu erweitern und an die nächste Generation weiterzugeben, ohne daß sich die biologische Konstitution der Spezies Mensch verändert. Die Möglichkeit der Distanzierung durch Sprache geht jedoch noch weiter. Mit der „Anwendung von Menschen

510 Topitsch 1972, S. 357.
511 Ebd., S. 358 u. 359.
512 Ebd., S. 360.
513 Norbert Elias, „Die Symboltheorie", in: *Gesammelte Schriften*, Bd. 13, Frankfurt a.M. 2001.
514 Ebd., S. 31ff.
515 Ebd., S. 41.
516 Ebd., S. 56.

erzeugter Lautmuster als Symbole" gewinnen „Personen Zugang zu einer Dimension des Universums, die spezifisch menschlich ist. Sie bleiben weiter in den vier Dimensionen der Raum-Zeit lokalisiert, wie alle vormenschlichen Ereignisse auch, aber zusätzlich sind sie als Menschen in einer *fünften* Dimension lokalisiert, in derjenigen der Symbole".[517]

Elias reserviert den Terminus ‚Evolution' für den Wandel der Spezies Mensch und redet von ‚Entwicklung', wenn es um den Wandel von Gruppen geht, die aufgrund der sozialen Tatsache gruppenspezifischer Sprachen existieren.[518] Die „Symbolemanzipation" als ein neuartiger Kommunikationstypus „widerspiegelte die Vorherrschaft, die die Anpassung mittels erlernten Wissens und Verhaltens im Fall der Menschen gewonnen hatte, sowie die Überlegenheit, die dieses Übergewicht den Menschen in ihrem Überlebenskampf gab."[519] In beiden Prozessen, der ungeplanten und ziellosen Evolution sowie der ungeplanten aber gerichteten Entwicklung geht es um die generative Weitergabe von lebensdienlichen Voraussetzungen, um biologische und soziale Ausstattungen zum Überleben. Anpassung durch Wissen ermöglicht dann Wandlungsprozesse, die sich auf die „Triade der Grundkontrollen" beziehen: die Kontrolle außermenschlicher, zwischenmenschlicher und individueller Geschehenszusammenhänge.[520] Erweiterung und Wandel der als Symbole verwendeten Lautmuster sind im Prinzip grenzenlos; allerdings erreichen einige im praktischen Umgang mit den Grundkontrollen eine höhere „Wirklichkeitskongruenz".[521] Insbesondere hat wissenschaftliche Arbeit „den Charakter eines Prozesses in Richtung auf größere Wirklichkeitskongruenz oder in Richtung auf einen geringeren Phantasiegehalt der Symbole auf einer Vielzahl von Ebenen." [522]

Elias unterscheidet in seinem Modell der Symbolentwicklung Phasen des „durch Priester dominierten Wissens" und des „säkularen Wissens", die einander abwechseln. Einer ersten Phase der Priesterdominanz (altorientalische Reiche bis 6. Jahrhundert v.Chr.) folgt eine erste Phase säkularen Wissens (griechisch-römische Antike). Dem folgen eine zweite Phase der Priesterdominanz (Mittelalter bis 15. Jahrhundert) und eine zweite Phase säkularen Wissens (ab15. Jahrhundert).[523] Damit setzt sich Elias explizit von Comtes Drei-Stadien-Gesetz ab. Comte und Elias unterscheiden sich nicht darin, daß sie die Binarität religiös/säkular zugrunde legen, sondern darin, wie sie die Entwicklungssequenz modellieren. Comte hat der Entwicklung eine notwendige und irreversible Richtung von religiösen zu säkularen Weltbildern gegeben. Elias Schema einer konjunkturellen Alternanz von Priesterwissen und säkularem Wissen berücksichtigt den Einschlag der Macht, insbesonde-

517 Ebd., S. 76f.
518 Ebd., S. 40f.
519 Ebd., S. 71 u. 86.
520 Norbert Elias, *Was ist Soziologie?*, München 1970, S. 173.
521 Elias 2001, S. 170.
522 Ebd., S. 171.
523 Ebd., S. 209.

re die „enge Verbindung zwischen Prozessen des Wissens und der Staatenbildung.“ [524] Was Elias anmahnt, ist die Einbeziehung der Prozesse, in denen es um Gewalt und Pazifizierung geht, in Theorien gesellschaftlicher Entwicklung.

Günter Dux hat dagegen in konsequenter Einbeziehung der Psychologie kognitiver Entwicklung, wie sie Jean Piaget erforscht hat, den Wechsel im Weltverständnis vom „subjektivisch-sinnhaften“ zum „funktional-relationalen“ Interpretationsschema an die ontogentische Entwicklung des Menschenkindes zurückgebunden.[525] *„Die primäre Art, die Welt aufzubauen, ist subjektivisch. Eben deshalb wird die Welt im subjektivischen Schema begriffen.“* Und mit Vereis auf Comte heißt es: „Die subjektivische Deutung gibt der Welt in ihren frühen Formen etwas Phantastisches, ontogenetisch und, wie noch zu erörtern sein wird, historisch.“[526] Wie für Comte so ist auch für Dux der menschliche Geist in dieser Phase nicht einfach unverständig und irrational, vielmehr handelt es sich um eine „Logik des Weltverstehens“, die der Handlungsmacht des Menschen nachgebildet ist und in ihr einen absolutistischen Ursprung setzt, aus dem wiederum substanzlogische Begründungen gezogen werden.[527] Dux arbeitet die Comtesche Linie vom Fetischismus zum Monotheismus auf der Grundlage des heutigen Wissenstandes nach. Dies ergibt das an Feuerbachs Umkehrung von Theologie in Anthropologie anschließende religionssoziologische Resultat: „Die kategorialen Formen, unter denen der Mensch die Welt begreift, sind Resultat seiner eigenen Tätigkeit. Sie bilden sich im geschützten Binnenraum einer Sozietät, im Umgang vor allem mit der sorgenden Bezugsperson. Eben deshalb aber tragen sie auch das Stigma ihrer Genese. Daß die Welt im subjektivischen Schema begriffen wird, das subjektivische Schema als explikatives Paradigma fungiert, ist Resultat dieser sozialen Genese der Anschauungs- und Denkformen. Eben deshalb aber sind es auch die Götter.“[528]

Das subjektivische Interpretationsschema wird jedoch durchkreuzt von Lernprozessen, die zum Fortschritt im Naturverständnis führen. Durchgängig wird ein *„anthropologisch verankertes Interesse, die Natur in konstanten Relationen zu fixieren“*,

---

524 Ebd., S. 210.

525 Dux 1982, S. 282; sowie Dux 2000. Zu Dux vgl. Günther Neumann, *Der Anfang der abendländischen Philosophie. Eine vergleichende Untersuchung zu den Parmenides-Auslegungen von Emil Angehrn, Günter Dux, Klaus Held und dem frühen Martin Heidegger*, Berlin 2006; *Die Entwicklung sozialer Wirklichkeit. Auseinandersetzungen mit der historisch-genetischen Theorie der Gesellschaft*, hg. v. Nikolaos Psarros, Weilerswist 2003; Christopher Linden, *Zur Entwicklung von Welt- und Gottesbildern. Eine fundamentaltheologische Auseinandersetzung mit der Weltbildtheorie von Günter Dux*, Frankfurt a.M. u.a. 1998; *Ende der Religion – Religion ohne Ende? Zur Theorie der ‚Geistesgeschichte' von Günter Dux*, hg. v. Falk Wagner et al., Wien 1996.

526 Dux 1982, S. 95.

527 Ebd., S. 122. Günter Dux, „Das historische Bewußtsein der Neuzeit. Anthropologie als Grundlagenwissenschaft“, in: *Saeculum* 39(1)/1988, S. 82-95; Ders., „Das Problem der Logik im historischen Verstehen. Zur Kritik der Entscheidung als geschichtsphilosophischer und historischer Kategorie“, in: *Dilthey-Jahrbuch für Philosophie und Geschichte der Geisteswissenschaften* 7/1990-1991, S. 44-70.

528 Dux 1982, S. 199.

angenommen.[529] Nicht unbedingt eine philosophisch tief gedachte Objektivität interessiert hier, wohl aber „auf Dauer gestellte operante Mechanismen".[530] Sie können zur Sprache gebracht werden, zu Objektbenennungen und Begriffshierarchien führen, mit denen ein Zuwachs an Operationalität und Konstanzwissen erreicht wird. Der Fortschritt des positivistischen Geistes stellt sich für Dux als ein menschheitsgeschichtlicher Lernprozeß dar, der zwar durch Barrieren gegen das Lernen verzögert werden kann, aber sich dennoch kontinuiert. „Es ist schlicht die Nötigung, unter der Bedingung von Unsicherheit, notabene der Unsicherheit der bisherigen Deutungsmuster, sich nach besserem Wissen umzusehen. Das braucht System, verlangt Methode. Die Pointe im Verständnis der Entstehung der Naturwissenschaften ist, daß sie den Prozeß fortsetzen, der schon im vorwissenschaftlichen Aufbau der Lebenswelt, und zwar in jeder, verfolgt wurde: die naturale Wirklichkeit in Konstanzsätzen festzustellen. Eben darauf beruht auch ihr welthistorischer Siegeszug."[531]

Der Wechsel des interpretativen Paradigmas vom subjektivisch-sinnhaften zum funktional-relationalen folgt einer „Logik der Entwicklung", die nicht auf die Vielzahl wissenschaftsgeschichtlicher Ereignisse, Abbrüche, Stagnationen und Sprünge abzubilden ist. „Es ist eine virtuelle Linie, und doch darin real, daß jede Weiterentwicklung irgendwie und irgendwann von dem zuvor erworbenen Wissen profitiert, zuweilen erst, nachdem sich die Trägerkultur auf ein Niveau heraufgearbeitet hat, das längst vor ihr erreicht war. Insgesamt aber läßt der Prozeß Logik und Konsequenz erkennen. Sie hängt, um es zu wiederholen, an einem, an der Konstanz des Interesses, mit dem der Mensch die Natur angeht: Er braucht Wissen um ihre regelhaften Ereignisabläufe, und er bekommt es. Diesen Prozeß setzt er fort. Das ist fast schon alles."[532]

Zum Abschluß der Kapitel über die *Religion der Wissenschaft* und den *Naturalismus* ist an die Leitidee dieser Religionssoziologie zu erinnern: Nicht aller Glaube, der sich auf Christliches bezieht, existiert in einer Religion vom Typus der *Bekenntnisreligion*, nicht jeder Modus rationalen Denkens muß die Form einer Religion vom Typus der *Rationalreligion* annehmen, nicht jedes Nationalgefühl ist dem Typus der *Nationalreligion* zuzuordnen, ebensowenig wie jede Freude an der Kunst als *Kunstreligion* angesprochen werden kann. So ist auch nicht jede mit Ernst und Leidenschaft betriebene wissenschaftliche Arbeit, jeder Stolz auf ‚wissenschaftliche Errungenschaften' *Wissenschaftsreligion.*

Der Naturalismus ist zum Kern von *Wissenschaftsreligionen* geworden, weil er gerade auch in Absetzung von anderen Wissenschaften ein letztes Wort beansprucht. Wie immer auch verschieden gewichtet, gehören dazu die fundamentalen Überzeugungen: „1. Der Mensch gehört vollständig in den Naturzusammenhang. 2. Naturwissenschaften haben ein Erklärungsprivileg. 3. Der Naturalismus strebt eine Ein-

529 Ebd., S. 250.
530 Ebd., S. 252.
531 Ebd., S. 276.
532 Ebd., S. 285.

heit der Wissenschaften an oder behauptet eine solche Einheit. 4. Der naturalistische Erkenntnistheoretiker berücksichtigt empirisches Wissen. 5. Der Naturalismus vertritt eine Kontinuitätsthese von Common Sense und Wissenschaft."[533] Die großen Synthesen, wie sie Topitsch, Elias und Dux entworfen haben, halten sich vor allem in Hinblick auf das Erklärungsprivileg der Naturwissenschaften auf Distanz. Die Orientierung und Abarbeitung an Comte ist dagegen deutlich erkennbar.

533 Thomas Sukopp, „Naturalismus in der gegenwärtigen Erkenntnistheorie: ein Überblick", in: Ders. u. Gerhard Vollmer (Hg.), *Naturalismus: Positionen, Perspektiven, Probleme*, Tübingen 2007, S. 1-23, hier S. 4. In diesen Punkten faßt Sukopp die Selbstbeschreibungen naturalistischer Positionen zusammen, wie sie kapitelweise diskutiert werden von Geert Keil u. Herbert Schnädelbach, „Naturalismus", in: Dies. (Hg.), *Naturalismus. Philosophische Beiträge*, Frankfurt a.M. 2000, S. 7-45, hier S. 13. Siehe dazu auch die instruktiven Diskussionsbände: Sukopp u. Vollmer 2007 sowie *Naturalismus als Paradigma. Wie weit reicht die naturwissenschaftliche Erklärung des Menschen?*, hg. v. Ludger Honnefelder u. Matthias Schmidt, Berlin 2007.

IV. Der Katholizismus auf dem Weg zur Marktform

Übersicht

Mit der Entfesselung der Marktgesellschaft und der Verfügbarkeit der naturalistischen Selektionstheorie verbreitet sich die Erfahrung, daß Konflikte zwischen Religionen in das Konkurrenzmodell des Marktes transformiert werden können. Voraussetzungen für einen Religionsmarkt bilden sich zunächst in England und den USA. Am Beispiel des Katholizismus wird gezeigt, wie diese *Bekenntnisreligion* in den „Kulturkämpfen" der Versuchung widersteht, eine *Nationalreligion* zu werden (1). Wir wenden uns der Diskussion um Modernität oder Rückständigkeit des Katholizismus zu und zeigen, wie die Abwehr liberaler Ideen innerkirchlich mit dem Prozeß einer organisatorischen Modernisierung, einem Aufschwung der katholischen Laienbewegung und einem neuen marktgerechten Konfessionalismus verbunden war (2). Der Katholizismus hat sich in Konkurrenz zur *Kunstreligion* auf die ästhetischen Innovationen der Künstlergruppe der Nazarener bezogen, die in Zusammenhang mit dem revolutionären Enthusiasmus entstanden waren, und ihre Bilder für eine religiöse Massenkunst genutzt. Die Ästhetisierung des Sakralen ist mit der Aneignung von Traditionen popularer Religion verbunden. Im Zentrum ihrer Transformation zu einer organisierten Massenreligiosität steht die Visualität des Spirituellen (3). Seine Marktförmigkeit erreicht der Katholizismus schließlich in der Konkurrenz mit der *Wissenschaftsreligion*. Wir konzentrieren und auf zwei Themen, die den Antikatholizismus der positivistischen Gläubigen unablässig angestachelt haben, Beweise zu verlangen: die Marienerscheinungen mit Wunderheilungen an Gnadenorten und das Dogma von der Unfehlbarkeit des Papstes. Die Verehrung der Frau im Positivismus und die Maria des ultramontanen Katholizismus sowie die Infabillität des Papstes und der Fallibilismus der *Wissenschaftsreligion* werden als bestimmende Konstellationen der Marktgesellschaft des 19. Jahrhunderts vorgestellt (4).

1. Konfession, Nation, Marktform

EIN MARKT FÜR RELIGIONEN. Die Heraufkunft der *Wissenschaftsreligion* hat die Beziehungen, wie sie sich zwischen den europäischen Religionen bis zur Mitte des 19. Jahrhunderts entwickelt hatten, grundlegend verändert. Denn dieser Typus von Religion bezog seine Glaubwürdigkeit und Attraktivität aus der neuen Erfahrung der Entfesselung der Märkte, des unternehmerischen Experimentalismus, der

Dominanz utilitaristischer Kalküle und des Wettbewerbs, der, wie die naturalistische Evolutionstheorie lehrte, Grundgesetz allen Lebens ist.

Die europäischen Intellektuellen konnten auf einen Schatz von Erfahrungen, wie mit religiösen Dingen in der Moderne umzugehen sei, zurückgreifen. Man kannte aus historischer Erinnerung den Fanatismus der Glaubenskriege, in dem sich Konfessionen auf der Basis eines juristischen Bekenntnisbegriffs in der Symbiose mit der Staatsgewalt gegeneinander bis in kultische Details hinein profilierten und bekämpften. Dagegen hatte das stille, heimliche Netzwerk aufklärerischer *Rationalreligion* subversive, marranische Praktiken entwickelt, um den Glaubenskrieg zu mäßigen und schließlich zu beenden. Als *rationalreligiöser* Aufklärer konnte man Katholik, Protestant oder Jude sein, da die neue Religion zuerst Geheimnis des Herzens war, das sich aus dem Gewaltgeschehen der Glaubenskriege gerettet hatte. Man wußte seit 1789 auch, daß es möglich geworden war, vom Anhänger der *Rationalreligion* zu den neuen enthusiastischen Religionen der Revolutionszeit zu konvertieren. Aber man mußte es nicht, man konnte auch neben den neuen Religionen der Revolutionszeit, die ihr Proprium im Glauben an die Fusion des Endlichen mit dem Unendlichen hatten, weiter seinen *rationalreligiösen* Glauben still bewahren. Kurz gesagt: Um 1800 konnten Intellektuelle in Europa schon auf sehr verschiedene Weise religiös sein. Zum Schatz der Erfahrungen gehörte auch das Wissen um die notorische Präsenz von Konjunkturen der Abflachung religiöser Intensität, der Laxheit und der religiösen Indifferenz sowie des nie auszurottenden Religionsspotts.

Die Chance, sich seine Religion aus einem Angebot von Religionen auf einem Religionsmarkt aussuchen zu können, setzte nicht nur ein entsprechendes Angebot voraus, sondern vor allem auch ein Nachlassen des Religionszwangs. Von einem Markt wird man nicht sprechen können, wenn religionsmündige Untertanen im Preußen des 18. Jahrhunderts nur zwischen den drei legitimen Konfessionen (katholisch, lutherisch, reformiert) wählen konnten. Jede weitere Pluralisierung war durch staatliche Gesetze blockiert. Das von Theologen wie Karl Gottlieb Bretschneider 1819 beklagte Anwachsen der Zahl der „Unkirchlichen" unter den gebildeten Ständen signalisierte allerdings ein Nachlassen des sozialen Religionszwangs.[1] Religiöse Indifferenz konnte bei den „Unkirchlichen" ebenso ausschlaggebend sein wie eine Orientierung an den vielfältig differenzierten Formationen der *Rationalreligion*, *Nationalreligion* und *Kunstreligion*, die den *Bekenntnisreligionen* das Terrain streitig gemacht hatten. Mehr in Richtung eines Religionsmarktes zeigen die Wahrnehmungen der religiösen Lage in den schnell wachsenden Großstädten. Callum

1 Karl Gottlieb Bretschneider, *Ueber die Unkirchlichkeit dieser Zeit im protestantischen Deutschlande. Den Gebildeten der protestantischen Kirche gewidmet* [1819], Gotha ^{2}1822. Erst das Toleranzedikt Friedrich Wilhelm IV. vom März 1847 begründete in Preußen das Recht auf den Kirchenaustritt und eröffnete neben Katholiken, Protestanten und Juden einen rechtlich freien Raum für die Ausbreitung der „vierten Konfession" *wissenschaftsreligiöser* Organisationen. Todd H. Weir, *Secularism and Religion in Nineteenth-Century Germany. The Rise of the Fourth Confession*, Cambridge: University Press, 2014, S. 58ff.

C. Brown ist dem Mythos der *unholy city* im 19. Jahrhundert nachgegangen.[2] So schreibt ein Geistlicher 1827 über London: „The metropolis of a great empire must necessarily be, in the present state of human society, the focus of vice. Such was Nineveh, such was Babylon, such was Rome – SUCH IS LONDON."[3] In den großen Städten waren sich die Geistlichen nicht mehr sicher, wie groß ihre Gemeinde ist.

Das Interesse, die Zahl derer festzustellen, die zum Gottesdienst kamen, war zunächst bei Methodisten verbreitet, die nicht in Kirchengebäuden, sondern auf Feldern und Wiesen predigten und sich im gemeinsamen Gebet versammelten. Dann beginnt man auch in der Stadt mit der Zählung der Kirchgänger. Zwar kannte man aus kirchlichen Taufbüchern, Heirats- und Bestattungsregistern die Zahl der Kirchenmitglieder, aber mit wachsender Wahrnehmung eines dem ländlichen sozialen Religionszwang entbundenen städtischen Marktes der Möglichkeiten interessiert der meßbare Grad der Intensität des Glaubens. Damit ergreifen der Markgesellschaft adäquate Methoden der Wissensgenerierung die Sphäre des Glaubens. Brown schreibt: „In the 1840s and 1850s, churches were infected as much as other branches of the nation's life by the mania for statistics."[4] Der nunmehr statistisch untermauerte Diskurs der Gefahr einer *unholy city* wird Brown zufolge bis ins 20. Jahrhundert zu einem Kernelement der sozialwissenschaftlichen Säkularisierungstheorie werden, insofern sich der Blick auf Prozesse der Entkirchlichung richtet.

Daran schließen die drei Fragen an, die sich in der religionssoziologischen Diskussion um Chancen organisierter Religion heute stellen: Kommt es in entwickelten Marktgesellschaften zu einem unaufhaltsamen Niedergang der Kirchen? Bietet gerade der Wettbewerb von organisierten Religionsgemeinschaften auf einem Religionsmarkt Chancen für eine Revitalisierung des religiösen Lebens? Kommt es zur Ausbreitung schwer zu messender individualisierter Religiosität?[5] Aus historisch-soziologischer Perspektive lassen sich diese drei Alternativen: ‚Säkularisierung, reli-

2 Callum G. Brown, *The Death of Christian Britain. Understanding Secularisation 1800-2000*, London: Routledge, 2009, S. 18ff.

3 John Blackburn, *Reflections on the Moral and Spiritual Claims of the Metropolis*, London: Holdsworth, 1827, zit. n. Brown 2009, S. 19.

4 Brown 2009, S. 25. Siehe auch Browns Untersuchung von Religionsstatistiken 1800-1950 ebd., S. 145ff.; zur zählbaren Frömmigkeit siehe Benjamin Ziemann, *Katholische Kirche und Sozialwissenschaften 1945-1975*, Göttingen 2007, bes. S. 36ff.; sowie grundsätzlich zur Verwissenschaftlichung S. 337ff.

5 Statistische Erhebungen dienen bis heute dazu, diese konkurrierenden Erklärungsmodelle für die Lage der Kirchen zu überprüfen. Vgl. Detlef Pollack, „Wiederkehr der Religion oder Säkularisierung: Zum religiösen Wandel in Deutschland", in: *Ost-West. Europäische Perspektiven* 1/2007, online: http://www.owep.de/artikel/588/wiederkehr-religion-oder-saekularisierung-zum-religioesen-wandel-in-deutschland (Letzter Zugriff: 16.06.2015); Gert Pickel, „Säkularisierung, Individualisierung oder Marktmodell? Religiosität und ihre Erklärungsfaktoren im europäischen Vergleich", in: *Kölner Zeitschrift für Soziologie und Sozialpsychologie* 62/2010, S. 219-245; ders., „Die Situation der Religion in Deutschland – Rückkehr des Religiösen oder voranschreitende Säkularisierung?", in: Ders. u. Oliver Hidalgo (Hg.): *Poli-*

giöse Vitalisierung durch den Markt oder Individualisierung' relativieren, wenn man anerkennt, daß sich die Verhältnisse von Kampf bzw. Koexistenz, von Osmose und Symbiose im religiösen Feld mit der Heraufkunft der *Wissenschaftsreligion* verändert haben. Denn hier ist ein Religionstyp in Erscheinung getreten, dessen Gläubige darauf setzen konnten, daß mit der Entfesselung der Marktgesellschaft sich Kampf und Koexistenz von Religionen, von religiöser Indifferenz und religiöser Intensität in das Konkurrenzmodell des Marktes transformieren würden.[6] Zwischen Krieg und Frieden, zwischen Indifferenz und Intensität in Religionssachen stellt der Markt eine einzigartige Sozialform dar. Sie organisiert die Prozesse von Wachstum und Schrumpfung und offenbart damit die Relativität von Religionsbindung, die sie eben auch mit dem positivistischen Mittel der Statistik sichtbar machen kann. Als Religion des Relativen, fundiert in einer Wissenssicherheit, der ein Verfallsdatum inhärent ist, zwingt *Wissenschaftsreligion* die bisher in Erscheinung getretenen Religionen nun in die Form von Konkurrenten. In der Tiefe des 19. Jahrhunderts entsteht so etwas Neues: ein Religionsmarkt.

DIE RELIGIÖSE TRIAS IN ENGLAND. Wie in anderen Dimensionen von Marktwirtschaft kommt der Entwicklung in England eine Schlüsselrolle zu. Dies nicht allein, weil hier die Industrialisierung früh beginnt, sondern weil dies in einer besonderen religiösen Konstellation geschieht. Denn hier hatte die Kirchentrennung Heinrichs VIII. zur Reformation und nicht wie in Deutschland die Reformation zur Entstehung von Konfessionsstaaten geführt.[7] Irdisches Oberhaupt der Kirche von England ist der König. Die katholischen Glaubensinhalte bleiben davon zunächst unberührt. Unter Eduard VI. findet dann die Reformation calvinistischer Prägung Eingang in die Staatskirche. Zwischen dieser Adelskirche und den Gemeinden, die den Glauben der Reformation konsequent und rein verwirklicht wissen wollen, den Puritanern, entwickelte sich ein Dauerkonflikt, der im Kampf zwischen Krone und Parlament kulminierte. Die religionspolitischen Streitpunkte betrafen Forderungen nach innerprotestantischer Religionsfreiheit in Bezug auf die Gestaltung des Gottesdienstes, insbesondere der Gewichtung der sich direkt an das Gewissen des Einzelnen richtenden Predigt im Verhältnis zum Gebet oder zur Spendung von

---

tik und Religion im vereinigten Deutschland. Was bleibt von der Rückkehr des Religiösen?, Wiesbaden 2013, S. 64-101.

6 Unterkomplexer wird der Markt von Religionen, wenn man die wahre Wissenschaft vorab aus dem Religionsmarkt herausnimmt und definiert: „The core product that is supplied by organized religion is information, but it is information of a peculiar sort. It is typical of any religion that the information supplied cannot be verified by experimental, empirical or scientific means." Robert B. Ekelund / Robert F. Hébert und Robert T. Tollison (Hg.), *The Marketplace of Christianity*. Cambridge: MIT-Press, 2006, S. 48. Die Autoren unterscheiden in historischer Perspektive nicht zwischen Glaubenskriegen, Revolutionen und der Entfesselung der Marktwirtschaft. Für sie galten die Marktgesetze eigentlich schon immer, besonders seit der Reformation.

7 Vgl. zum folgenden: Peter Wende, *Geschichte Englands*, Stuttgart/Berlin/Köln ^{2}1995, S. 65ff., 102ff. u.a.

Sakramenten. Gestritten wurde damit zugleich über das hierarchische Episkopalsystem und die Selbstverwaltung der presbyterianischen Organisationsform. Im Unterschied zur kontinentalen Entwicklung, bei der im Glaubenskrieg organisatorisch und dogmatisch sich abgrenzende *bekenntnisreligiöse* Kirchen entstanden, blieb der Puritanismus eine Reformbewegung innerhalb des Anglikanismus. Die Forderung nach Toleranz war nach innen gerichtet und betraf die Selbstbestimmung der protestantischen Gemeinden in Predigt und Kult.

Die puritanische Religionsfreiheit bedeutete nicht Befreiung der öffentlichen Sphäre von der Religion, sondern umgekehrt die Freiheit, seinem religiösen Bekenntnis öffentlich Ausdruck zu verleihen und das Maß des Religionszwangs selbst zu bestimmen. Das Versagen dieser Freiheit war eine der entscheidenden Emigrationsursachen in den Konjunkturen der Auswanderung von Frommen in die USA. Wir haben darüber im *Ersten Band* der Religionssoziologie berichtet.[8] In England selbst war es der Prediger John Wesley (1703-1791), der vor großen Versammlungen auf freiem Felde unter Mißachtung der Gemeindegrenzen in zahllosen Predigten zu einer strenger geordneten religiösen Praxis aufrief.[9] Der Spottname „Methodisten" wurde später zur Selbstbezeichnung der Gruppe, die nach Wesleys Tod als selbständige Religionsgemeinschaft zu den älteren Puritanern, den Baptisten, Quäkern, Presbyterianern hinzukam. Die Methodisten erhielten im 19. Jahrhundert Zulauf aus den neuen Unterschichten der Industrialisierung. Aus den Reihen der 1811 gegründeten „Primitive Methodists" gingen später zahlreiche Führer der Arbeiter- und Gewerkschaftsbewegung hervor.[10]

Es ist dieses Spannungsfeld von nationaler *High Church* und einer Pluralität protestantischer Reformgruppen, in das der moralwissenschaftliche Utilitarismus Benthams und Mills als *wissenschaftsreligiöse* Formation, d.h. als eine dritter Religionstyp eintritt und den innerprotestantischen Liberalismus nötigt, seine Toleranzbreite zu vergrößern. *Wissenschaftsreligion* ist in England das Ferment der Transformation des protestantischen Reformationspluralismus in einen Religionsmarkt gewesen, der dann auch den wissenschaftlich begründeten Agnostizismus oder Atheismus im Angebot hat. Die Pluralität war freilich auch hier begrenzt. Es ist daran zu erinnern, daß der puritanischen Religionsfreiheit nach innen eine um so schärfere Unterdrückung von Katholiken korrespondierte. Erst 1829 erfolgte

---

8 Im *Ersten Band*, S. 218.

9 Wende 1995, S. 220. Zu John Wesley vgl. Martin Schmidt, *John Wesley*, 2 Bde., Zürich 1953-1966. Bernard Plongeron weist darauf hin, wie nach der Überquerung des Atlantiks die Verkirchlichung des Methodismus einsetzt. Bernard Plongeron, „Was ist katholische Aufklärung?", in: *Katholische Aufklärung und Josephinismus*, hg. v. Elisabeth Kovács, München 1979, S. 11-61, hier S. 43.

10 Wende 1995, S. 221. Vgl. Edward P. Thompson, *The Making of the English Working Class.* Harmondsworth 1968, S. 41f. u.a.; zur Diskussion: Michael Vester, *Die Entstehung des Proletariats als Lernprozeß. Die Entstehung antikapitalistischer Theorie und Praxis in England 1792-1848*, Frankfurt a.M. ^{2}1972, S. 93f.; Hugh McLeod: *Religion and the Working Class in Nineteenth-Century Britain.* London/Basingstoke 1984.

durch Parlamentsbeschluß die Emanzipation der Katholiken, nachdem Bischöfe und Laien vor dem Parlament versichert hatten, sie widersprächen der katholischen Auffassung, daß der Papst gebannte Fürsten absetzen könne.[11] Der Transformationsprozeß wurde auch dadurch beschleunigt, daß die neue *Wissenschaftsreligion* als Konkurrenz sowohl gegen den traditionellen Anglikanismus als auch gegen die neue Welle des „Evangelikalismus" der sogenannten *Clapham-Sect* antritt, in der sich gebildete und wohlhabende Bürger für die Erneuerung des protestantischen Glaubens und für soziale Reformen einsetzten.[12]

Im England des 19. Jahrhunderts bildeten somit nicht wie in ausgeprägter Weise auf dem Kontinent kirchliche und säkulare Gruppen ein binäres Muster, vielmehr handelte es sich um eine triadische Struktur von *Wissenschaftsreligion*, nationaler Hochkirche und verschiedenen protestantischen und evangelikalen Gruppen.[13] Hochkirche und Protestanten verteidigten den christlichen Glauben gegen den Angriff der *Wissenschaftsreligion*. Aber Benthamianer und Evangelikale vertraten beide einen Individualismus und engagierten sich für soziale Reformen. Wenn die Evangelikalen für die Sklavenbefreiung und das Verbot von Kinderarbeit, gegen adelige Duelle und den Alkoholkonsum eintraten, so konvergierte diese religiös motivierte Philanthropie, die den Charakter viktorianischer Sittlichkeit tief geprägt hat, mit den rationalen Glücksberechnungen der Utilitaristen.

Die Katholikenemanzipation von 1829 erweiterte das religiöse Spektrum noch einmal. Und dies tangierte besonders die anglikanische Hochkirche. Über den im Anglikanismus stets unproblematisch mitgebeteten Satz des vorreformatorischen Credos „Ich glaube an die eine katholische und apostolische Kirche" kommt es anläßlich des Gesetzesvorschlags zur Streichung von 21 Bischofssitzen der irischen Kirche, die nach der elisabethanischen Kirchenordnung als Teil der Staatsordnung galten, zu einer Debatte über das katholische Prinzip.[14] Das sog. *Oxford-Movement* mit dem Theologen John Henry Newman als einem seiner Wortführer richtete sich gegen die Trennung der anglikanischen Kirche vom Staat, betrieb aber zugleich eine Kirchenpolitik, die eine strenge Rekatholisierung des Anglikanismus zum Ziel hatte.[15] Nicht das Prinzip der nationalen Staatskirche stand dabei im Mittelpunkt, sondern die katholische Kirchenidee der Kirche als gottgegebener Institution und als universalem mystischen Leib Christi. Peter Nockles hat die Un-

11 Wende 1995, S. 224.

12 Jean Césaire, „Der Liberalismus und die Liberalismen. Versuch einer Synthese", in: *Liberalismus* (=Neue wissenschaftliche Bibliothek, Bd. 85), hg. v. Lothar Gall, Königstein/Ts. ²1980, S. 134-146, hier S. 139.

13 Vgl. dazu David. C. Somervell, *Geistige Strömungen in England im 19. Jahrhundert*, Bern 1946, S. 153ff.

14 Vgl. ebd. S. 159ff.

15 Einschlägig dazu: Günter Biemer, *Die Wahrheit wird stärker sein. Das Leben und Werk Kardinal Newmans*, Frankfurt a.M./Berlin/Bern ³2009; *John Henry Newman*, hg. v. Claus Arnold / Bernd Trocholepczy u. Knut Wenzel, Freiburg i.Br. 2009.

terschiede dieser Art einer religiösen Erneuerung zu der populären evangelikalen Frömmigkeit herausgearbeitet.[16]

Schon 1845 war Newman zur römisch-katholischen Kirche übergetreten. So sehr er später in England vereinsamt, seine Ideen bleiben nicht folgenlos: „Der schwarze Rock verschwand von den Kanzeln, die Chöre fingen an, das Chorhemd zu tragen und sich beim Credo ostwärts zu wenden; Kerzen und Kruzifixe erschienen auf den Altären. Wichtiger noch, die Kommunion wurde öfter zelebriert und gewann die Stellung als zentrale Handlung christlicher Andacht. Anhänger der Hochkirche aus der Oxforder Schule wurden zu Bischöfen und gaben neue Normen für den bischöflichen Wirkungskreis."[17] Gegen die Erneuerung der katholischen Liturgie, die der Oxforder Edward Bouverie Pusey zum Programm machte, bezogen sowohl Evangelikale als auch Anhänger der *Wissenschaftsreligion* Stellung. Disraëli sprach 1875 von einer „Messe in Maskerade"[18].

Der Streit um den Einfluß der religiösen Akteure auf das Erziehungssystem, der auf dem Kontinent zu erbitterten Kulturkämpfen führte, war in England durch Thomas Arnolds Reform der *public schools* abgefedert. Die Erziehung sollte pankonfessionell erfolgen und vor allem auf dem sportlichen Wettbewerb als einer Basiserfahrung beruhen.[19] Die Teilnahme an Sport und Spiel war, dem Kirchenzwang abgelesen, obligatorisch. Sie forderte Hingabe an körperliche Übung und machte die Erfahrung von Erfolg und Mißerfolg sichtbar. Das Nonverbale sportlicher Leistung sicherte die Pankonfessionalität. Dabei waren Leistungen in verschiedenen Sportarten möglich, so wie Marktwirtschaft verschiedene Arenen des Wettbewerbs hervorbringt.

Mit der Transformation des innerprotestantischen Pluralismus religiöser Freiheit in einen Religionsmarkt traten mehr und mehr religiöse Optionen an die Öffentlichkeit. Auf dem Religionsmarkt waren dann auch nach und nach Segmente für viele Anbieter, für den christlichen Sozialismus ebenso wie für den Okkultismus oder neopagane Gläubige erreichbar. Der Religionsmarkt treibt so eine Spezialisierung von Religionsarten hervor. Mag es insgesamt gesehen gegenüber einer möglichen Mehrheit religiös indifferenter Individuen weniger Gläubige geben, unter den Bedingungen des Religionsmarkts ist ihr Glaube intensiver. Die für die Religionssoziologie tragende Unterscheidung von Kirche und Sekte, die Ernst Troeltsch ausgearbeitet hat, ist der englischen Situation abgelesen, worauf wir im den

16 Peter Nockles, „Das Oxford Movement und das Vermächtnis des anglikanischen Evangelikalismus. Religiöse Reform in der Church of England des frühen 19. Jahrhunderts", in: Arnold / Trocholepczy u. Wenzel 2009, S. 25-53.

17 David C. Somervell, *Geistige Strömungen in England im 19. Jahrhundert*, Bern 1946, S. 166.

18 Zit. n. ebd., S. 167.

19 Herbert Schöffler, *England, das Land des Sports* (=Hefte zur Englandkunde, Bd. 9), Leipzig 1935b. Siehe auch Helmuth Plessner, „Die Funktion des Sports in der industriellen Gesellschaft", in: Ders., *Gesammelte Schriften*, Bd. 10, hg. v. Günter Dux u.a., Frankfurt a.M. 1985b, S. 147-166; Eric Dunning u. Norbert Elias, „Sport und Spannung im Prozeß der Zivilisation", in: Norbert Elias: *Gesammelte Schriften*, Bd 7, hg. v. Reinhard Blomert u. Heike Hammer, Frankfurt a.M. 2003.

Dritten Teil abschließenden Kapitel über die Religionswissenschaften zurückkommen werden.[20] Das Angebot auf dem Religionsmarkt drückt sich statistisch in der Produktion und im Absatz religiösen Schrifttums aus. Die englische Gesellschaft des 19. Jahrhundert konsumiert enorme Mengen von Predigtliteratur und weltanschaulichen Traktaten verschiedenster Provenienz, und die Marktanteile signalisieren die relative Stärke der Religionsanbieter.

Die USA, Religionsmarkt von Geburt an. Stärker noch wird diese Struktur in der Religionsentwicklung der USA deutlich. Die Vereinigten Staaten wurden nicht zuletzt von puritanischen Sekten gegründet, um in einem Land der Religionsfreiheit leben zu können. Die Verfassung garantiert, daß die Bedingungen für religiösen Pluralismus erhalten bleiben. Während in Europa die *Wissenschaftsreligion* andere Religionen als ihre Konkurrenten und als Konkurrenten untereinander auf einen Markt des Wettbewerbs um die wahre Weltanschauung verweist, ist diese Voraussetzung in den USA schon vorab gegeben. Hermann Lübbe bemerkt im Nachwort zur dritten Auflage seiner Begriffsgeschichte der Säkularisierung: „In den USA gab es niemals den ‚Secularism' als Kampfprogramm einer gesellschaftlichen Gruppe, die es nötig gehabt hätte, ihre geistige Freiheit sich über die religiöse Emanzipation des Staates, genauer: über die Trennung von Staat und Kirche, zu erstreiten. Diese Trennung bestand in den USA von Anfang an, und ihr Staat war, insoweit, seit je ‚säkularisiert'. Das bedeutete aber gerade nicht Irreligiosität, Schwäche des Glaubens, vielmehr im Gegenteil seine Stärke und Mächtigkeit in der Gesellschaft, deren Bürger ihren Staat kirchenfrei gegründet hatten, um ihrer jeweiligen Kirche Freiheit in der Gesellschaft zu sichern."[21] Freilich kennt auch die Religionsgeschichte der Vereinigten Staaten Konjunkturen von religiösem Desinteresse und erneutem Aufstieg der Religiosität. Gerade mit der Ausbreitung von Marktbeziehungen kommt es zur Umwandlung der Nation von einem weitgehend entchristlichten Land 1789 in eine Festung des Protestantismus spätestens um die Mitte des 19. Jahrhunderts.[22]

Legt man das amerikanische Modell zugrunde, so gewinnt der Säkularisierung genannte Vorgang eine andere Bedeutung. Es geht dann nicht um Fernhaltung der Religion aus dem Staat, sondern um die Sicherung von Erhaltungs- und Entfaltungsbedingungen des religiösen Lebens. Wer das Modell des Religionsmarktes,

20 In diesem Band, S. 731ff.

21 Hermann Lübbe, *Säkularisierung. Geschichte eines ideenpolitischen Begriffs*, München ³2003, S. 131f. Vgl. Ders., *Politik nach der Aufklärung. Philosophische Aufsätze*, München 2001, S. 43f. Zur Diskussion um die Rolle des Religionsmarkts in den USA siehe: *Religion and the Marketplace in the United States*, hg. v. Jan Stievermann / Philip Goff u. Detlef Junker, Oxford University Press 2015.

22 „The most revolutionary change in nineteenth-century America was the conversion of the nation from a largely dechristianized land in 1789 into a stronghold of Protestantism by midcentury." Richard J. Jensen, *The Winning of the Midwest. Social and Political Conflict 1888-1896*, Chicago 1971, S. 62; vgl. auch Scott Gaustad, *The Great Awakening in New England*, New York: Harper and Brothers, 1957; Rainer Prätorius, *In God we trust. Religion und Politik in den USA*, München 2003.

der Marktfreiheit für Religionen pointiert, kann mit Lübbe zu der Einsicht kommen: „Die Kraft der uneingeschränkten politischen Geltung der Freiheit der Religion als eines Elementarrechts vollsäkularisierter politischer Ordnung erwächst keineswegs aus einem Aufklärungsprozeß fortschreitender Bedeutsamkeitsverluste religiöser Orientierungen, vielmehr im Gegenteil aus fortdauernder, ja sich über Erweckungsbewegungen sogar intensivierender kultureller und politischer Lebendigkeit emanzipationsresistenter religiöser Zugehörigkeitsverhältnisse."[23] Von dieser Ausgangslage her gesehen ist es nicht verwunderlich, daß die amerikanischen Religionssoziologen William Sims Bainbridge, Roger Finke und Rodney Stark im Horizont des Neoliberalismus der Reagan-Ära in den 1980er Jahren des 20. Jahrhunderts begonnen haben, die Dynamik religiöser Märkte zu erforschen.[24]

WIEVIEL KOSTET RELIGION? Die Blickrichtung auf religiöse Märkte umgeht oftmals die naheliegende Frage: Wie wird Religion finanziert? Für Tempelbauten, Kultstätten und eine hauptberufliche Priesterschaft sind Geldmittel erforderlich gewesen, seit es Geld gibt. Burkhard Gladigow, der den Anstoß zur Gründung einer Arbeitsgruppe „Religionsökonomie" gegeben hat, bemerkt: „Über einen Geld- und Warenverkehr ist Religion und Gesellschaft auf das engste verknüpft – auch wenn diese Prozesse (seit der Reformation, wenn ich recht sehe) eher kaschiert werden."[25] Zum Fragekomplex hinzu mag die Spätwirkung der Priesterbetrugsthese aufklärerischer Religionskritik gekommen sein, die den Priestern unterstellte, die

23 Lübbe 2003, Nachwort, S. 154.

24 Rodney Stark, „How New Religions Succeed: A Theoretical Model", in: *The Future of New Religious Movements*, hg. v. David G. Bromley u. Philip E. Hammond, Mason/Georgia 1987, S. 11-29; William Sims Bainbridge, *The Sociology of Religious Movements*, New York/London 1997; Roger Finke, „Demographics of Religious Participation: An Ecological Approach, 1850/1980", in: *Journal for the Scientific Study of Religion* 28/1989, S. 45-58; Roger Finke u. Rodney Stark, *The Churching of America 1776-1990. Winners and Losers in Our Religious Economy*, New Brunswick/New Jersey 1992; Robert Laurence Moore, *Selling God. American Religion in the Marketplace of Culture*, New York/Oxford 1994. Eine Übersicht über die Religionsmarkt-Forschung der achtziger Jahre des 20. Jahrhunderts gibt R. Stephen Warner, „Work in Progress toward a New Paradigm for the Sociological Study of Religion in the United States", in: *American Journal of Sociology* 98(5)/1993, S. 1044-1093. Das Schaubild auf S. 1052 faßt das Schema der paradigmatischen Veränderungen übersichtlich zusammen. Siehe auch: *Salvation Goods and Religious Markets. Theory and Applications*, hg. v. Jörg Stolz, Bern 2008. Aus Sicht der Rational-Coice-Theorie: ders., „Entwurf einer Theorie religiös-säkularer Konkurrenz", in: *Kölner Zeitschrift für Soziologie und Sozialpsychologie* 65(1)/ 2013, S. 25-49.

25 Burkhard Gladigow, „Religionsökonomie – Zur Einführung in eine Subdisziplin der Religionswissenschaft", in: *Lokale Religionsgeschichte*, hg. v. Hans G. Kippenberg u. Brigitte Luchesi, Marburg 1995, S. 253-258, hier S. 254; Forschungen über Religionsfinanzierung im Mittelalter sind freimütiger, vgl. Jacques Le Goff, *Wucherzins und Höllenqualen. Ökonomie und Religion im Mittelalter*, Stuttgart 1988. Zu Griechenland und Rom vgl. die Beiträge von Christoph Auffarth u. Jörg Rüpke im Band *Lokale Religionsgeschichte*: Christoph Auffarth, „Gaben für die Götter – für die Katz? Wirtschaftliche Aspekte des griechischen Götterkults am Beispiel Argos", in: Kippenberg u. Luchesi 1995, S. 259-272; Jörg Rüpke, „Was

Religion für die eigenen Macht- und Geldinteressen zu funktionalisieren. Auch in der entfalteten Marktgesellschaft von heute ist es suspekt, sein Geld mit Religion zu verdienen. Der Ökonom Lawrence R. Iannaccone hat diese Besonderheit der Ökonomie der Religion so charakterisiert: „Citizens fully expect the managers of successful secular corporations to earn large salaries, bonuses and stock options; and they do not boycott a firm simply because its chief officers have grown rich from the sale of its products. But the same citizens view the officers of religious firms in a completely different light. They are disgusted and outraged when they hear of successful religious leaders amassing personal fortunes.“[26] Mit Hilfe der dem Marktgeschehen angepaßten *rational choice theory* erklärt der Ökonom dies mit dem Risiko, das religiösen Waren wie Erlösung, ewiges Leben, Gottes Gnade usw. eigen ist. Je höher das Risiko, um so wichtiger werden die kongregationalen Sozialformen, die durch krasse Gehaltsdifferenzen zwischen den Priestern und dem Durchschnittseinkommen der Gläubigen unglaubwürdig werden könnten.[27]

Die amerikanische Religionsmarkt-Forschung schließt an einen Versuch des Religionssoziologen Peter Berger an, der ein Marktmodell zur Analyse ökumenischer Prozesse vorgestellt hat.[28] Neigungen protestantischer Denominationen zum Zusammenschluß, die Abschaffung historischer dogmatischer Differenzen erklärt Peter Berger damit, daß sich im „*main-line*“-Protestantismus die Erwartungen der Gläubigen an ihre Kirchen homogenisieren und die Bürokratie der einzelnen Denominationen zunehmend gleichförmiger in ihren rationalisierten Aktivitäten würden und somit eine Selbständigkeit gegenüber der Basis gläubigen Eigensinns gewönnen. In dieser Situation werde eine religiöse Konkurrenz, die der *laissez-faire*-Ökonomie folgt, tendenziell „unpraktisch und kostspielig für jene Denominationen, die großenteils vom vorstädtischen Mittelstandsmarkt abhängig sind. Ihre Bürokratien sind gezwungen, ihre Tätigkeiten zu rationalisieren. Wenn man die hier zugrunde liegenden wirtschaftlichen Spannungen betrachtet, so sollte es nicht überraschen, daß diese Rationalisierungsmethoden sehr denen ähneln, die in der weltlichen Wirtschaft angewandt werden, um freies Unternehmertum zu einer zivilisierten Angelegenheit zu machen. Im wesentlichen haben wir es hier mit dem wohlbekannten Prozeß der Kartellierung zu tun, der im Fall der Kirchen durch das

kostet Religion? Quantifizierungsversuche für die Stadt Rom“, in: Kippenberg u. Luchesi 1995, S. 273-288.

26 Laurence R. Iannaccone, „Religious Markets and the Economics of Religion“, in: *Social Compass*, 39(1)/1992, S. 123-131, hier S. 126.

27 Zur Kritik der Anwendung des Rational Choice-Ansatzes auf Religion vgl. Roland Robertson, „The Economization of Religion? Reflections on the Promise and Limitations of the Economic Approach“, in: *Social Compass*, 39(1)/1992, S. 147-157.

28 Peter L. Berger, „Ein Marktmodell zur Analyse ökumenischer Prozesse“, in: *Internationales Jahrbuch für Religionssoziologie*, Bd. 1, Köln 1965, S. 235-249; zu Pluralisierung und Konkurrenz: Ders., *Zur Dialektik von Religion und Gesellschaft*, Frankfurt a.M. 1973, S. 129-146; ders. u. Thomas Luckmann, „Sociology of Religion and Sociology of Knowledge“, in: *Sociology and Social Research*, 47(4)/1963, S. 417-427.

Fehlen eines Anti-Trust-Gesetzes begünstigt wird."[29] Nach der amerikanischen Verfassung könne der Staat mit Gesetzen in die Wirtschaft eingreifen, nicht aber in Kirchenbelange. „Daher vollzieht sich der Rationalisierungsprozeß der religiösen Ökonomie frei von politischer Einmischung. Pointiert ausgedrückt: Die Trennung von Staat und Kirche garantiert bei der Regelung innerkirchlicher Angelegenheiten die Dominanz wirtschaftlicher über politische Faktoren." So rationalisiert die Kartellierung „den Konkurrenzkampf, in dem die Zahl der konkurrierenden Einheiten durch Zusammenschluß verringert wird und durch die Aufteilung des Marktes unter die größeren Einheiten, die übrigbleiben."[30]

Weniger dieses Modell als seine Einbettung in Bergers historische Generalthese, daß mit dem Übergang vom religiösen Monopol zur religiösen Pluralität die Bedeutung der Religion abnimmt, hat Kritik bei den Religionsmarktforschern hervorgerufen. So bestreiten Rodney Stark und James C. McCan die Bergersche These „that pluralism shatters the ‚sacred canopy' of a society – a canopy that cannot exist except as sustained by a monopoly faith. Why? Because pluralism calls into question the plausibility of all religions and deprives them ‚of their status as taken-for-granted' (Berger). In a later work, Berger explained that, in the pluralist situation (...) the authority of all religious traditions tends to be undermined.' Thus Berger traces secularisation – the decline of religious institutions – to the rise of religious pluralism." Es handle sich bei Berger um eine europäische, an der mittelalterlichen Einheitskultur orientierte Sichtweise, die auf die USA nicht passe. „Here, the development of the most pluralistic and competitive religious economy in world history did not produce religious ruin as faith, unshielded by a sacred canopy, withered away. To the contrary, the rise of pluralism and competition produced an uninterrupted upward trend in the level of individual religious mobilization."[31] Die historische Statistik belegt diese Einsicht. In der Zeit von 1850 bis 1930 gibt es die größten Wachstumsraten von Kirchenmitgliedschaft in den USA mit einer Spitze Ende des 19. Jahrhunderts bis 1920.[32]

Der Religionsmarkt hält alle möglichen Spaltungen und Abspaltungen von Kirchlichkeit, die Ladenhüter wie die neuen Kreationen, im Angebot. William

29 Berger 1965, S. 242.

30 Berger 1965, S. 242f.

31 Rodney Stark u. James McCan, „Market Forces and Catholic Commitment: Exploring the New Paradigm", in: *Journal for the Scientific Study of Religion* 32(2)/1993, S. 111-124, hier S.112.

32 Judith R. Blau / Kenneth C. Land / Kent Redding, „The Expansion of Religious Affiliation: An Explanation of the Growth of Church Participation in the United States 1850-1930", in: *Social Science Research* 21/1992, S. 329-352, hier S. 330. Auch die immer wieder modernisierungstheoretisch angenommenen Unterschiede im Zusammenhang von Kirchlichkeit und sozialer Kontrolle in ländlichen bzw. städtischen Lebensformen haben die Autoren nicht nachweisen können. „In sum, secularization/social control theory, for the most part, simply does not account for trends and distributions of church adherence rates in the United States during the last half of 19th century and the first three decades of 20th century." Ebd., S. 349.

Bainbridge hat die Wirkung von Marktmechanismen bei den verschiedenen religiösen Gruppen vom *Holiness Movement* des neunzehnten Jahrhunderts bis zur *Scientology* Ende des zwanzigsten Jahrhunderts untersucht. Die USA erscheinen hier als das Laboratorium für die Marktfähigkeit von Religionen, das künftig auch für globale Entwicklungen maßgebend sein wird. Der Religionsmarkt begünstigt widersprüchliche Bewegungen: Lockerung der Kirchlichkeit und die Suche nach „Äquivalenten" für Kirchlichkeit auf der einen Seite, strenge Milieubildung und Abkapselung auf der anderen Seite. Die Marktchancen von „low tension" oder „high tension religious movements" – eine Unterscheidung, die die klassische Unterscheidung von Kirche und Sekte in der Religionsmarktforschung ablöst – sind je nach Gewicht der Umweltvariablen verschieden.[33] Religiöse Milieus regenerieren sich als Käufergruppen, für die das je passende religiös erbauliche Schrifttum auf dem Markt erhältlich ist. Profilverschärfung und Sichtbarkeit werden zu wichtigen Mitteln religiöser Praxis. Der Religionsmarkt begünstigt aber gerade auch die Methode der Mystik als eine experimentelle Methode, zwischen Glaubensgehorsam und gnostischer Spekulation die innere Erfahrung des Göttlichen zugleich als Tradition und als Innovation erscheinen zu lassen.[34]

Im Prozeß der Vermarktlichung von Religion werden die Wahrnehmungen von Dominanz zugunsten der von Konkurrenz zurückgedrängt. Während in Kampfbeziehungen eine Dominanz des Gegners vorausgesetzt ist, der Gegner in seiner Mächtigkeit bisweilen – wie wir es in der Feuerbachschen Religionskritik gesehen haben – karikaturhaft überzeichnet wird, eine Praxis, die strengere Katholiken und Protestanten in der Überzeichnung atheistischer *Wissenschaftsreligion* wiederholen, wird unter Marktbedingungen die Dominanzstellung unsicher. Der herrschende Geist ist allenfalls als Konjunktur greifbar. Religionswerbung wird somit relativ wichtiger als Religionspolemik, die als unlauterer Wettbewerb erscheint. Auch die Missionstätigkeit kommt nicht mehr ohne Reklame für die Religion aus. Nur in theoretischen Konzepten, die Religion gewohnheitsmäßig mit einer alles umfassenden, monopolförmigen Instanz verbinden, erscheinen Monopolverluste als Säkularisierung. Zu Recht bemerkt R. Lawrence Moore „that much of what we usually mean by speaking of secularisation has to do not with the disappearance of religion, but its commodification, the ways in which churches have grown by participation in the market, or more specifically how religious influences established themselves in the forms of commercial culture that emerged in the nineteenth century, turning the United States into a flowering Eden of leisure industries by the middle of the

33 Ebd., S. 58f. Zum Verhältnis von Organisation, Rechtsform und Konkurrenzfähigkeit im Feld von Kirchen und Sekten siehe Hubert Knoblauch, *Religionssoziologie*. Berlin/New York 1999, S. 145f. und die dort angegebene Literatur. Zu den Konsequenzen der Konkurrenz religiöser Gruppen in den USA für Demokratie, Interreligiosität und „American Values" siehe Robert Wuthnow, *America and the Challenges of Religious Diversity*. Princeton 2005.

34 Zu dieser Eigenart der Mystik vgl. Peter Koslowski, *Die Prüfungen der Neuzeit. Über Postmodernität, Philosophie der Geschichte, Metaphysik, Gnosis*, Wien 1989, S. 144.

twenties."[35] Diese Variante von Säkularisierung als Integration von religiösen Organisationen in einen Religionsmarkt, die besonders in den USA wahrzunehmen ist, steht hier im Einklang mit dem Modell des *homo oeconomicus.*

Für den europäischen Religionsmarkt könnten sich Modelle der sogenannten Neuen Institutionenökonomik als Ergänzung anbieten, die den Umstand berücksichtigen, daß institutionalisierte formale und informelle Regeln die Spielräume bei Transaktionen beschränken. Religiöse Überzeugungen können dann als solche Regeln begriffen werden.[36] Ron Brinitzer zufolge sind neoklassische Modelle bei der Untersuchung von Angebot und Nachfrage von Religion zu kritisieren, „weil sie nur erklären können, welchen Anteil seiner Ressourcen ein gläubiger Mensch für die Nachfrage nach Religion aufwenden soll, sie aber keine Antwort darauf wissen, ob und warum er primär an unbeweisbare religiöse Dogmen glauben soll."[37] Vom *homo oeconomicus* neoklassischer Modelle wird angenommen, daß er seine Wahlhandlungen auf der Basis vollständiger Rationalität trifft. Daher seien die „Akteure in der Neoklassik nicht in der Lage, sich mit einer Materie auseinanderzusetzen, die wie die Glaubensfrage von ultimativer Unsicherheit geprägt ist."[38] Mit der Neuen Institutionenökonomik könne Religion als ein mentales Modell gefaßt werden, dem eine beschränkte Rationalität eignet. Mit ihr sind allerdings „die kleinen und kontinuierlichen Modifikationen, von denen die Evolution geprägt ist", nicht zu sehen.[39] Die beschränkte Rationalität von religiösen Überzeugungen gilt nach diesem Modell für alle Religionen. „Da eine von Unsicherheit geprägte Welt die intellektuellen Ressourcen der Menschen überfordert, greifen sie zur Entscheidungsfindung auf mentale Modelle und Ideologien zurück."[40] Allerdings unterscheiden sich Religionen im Grad der Wirklichkeitskongruenz. Und hier hat gerade die *Wissenschaftsreligion* ob ihrer Elastizität, auch die kleinen Schwankungen der Dynamik der Wirklichkeit zu sehen, ihre besonderen Stärken, die sie als Anbieter von Religion auch vorführen kann.

Wenn seit 1989 mit der ansteigenden Strömung des Neoliberalismus das Marktmodell der Religionen auch in der deutschen Religionssoziologie verstärkt diskutiert wird, so muß daran erinnert werden, daß die Erfahrung des Übergangs vom Weltanschauungskampf zur Weltanschauungskonkurrenz zunächst in der krisen-

35 Moore 1994, S. 5.

36 Arthur Denzau u. Douglass C. North, „Shared Mental Models: Ideologies and Institutions", in: *Kyklos*, 47(1)/1994, S. 3-31. Allgemein zur Neuen Institutionenökonomik: Douglass C. North: *Institutionen, institutioneller Wandel und Wirtschaftsleistung,* Tübingen 1992; Birger P. Priddat, „Ökonomie und Geschichte. Zur Theorie der Institutionen bei D. C. North", in: *Neuorientierung in der ökonomischen Theorie: Zur moralischen, institutionellen und evolutorischen Dimension des Wirtschaftens*, hg. v. Eberhard K. Seifert u. Birger P. Priddat, Marburg 1995, S. 205-239.

37 Ron Brinitzer: *Religion – eine institutionen-ökonomische Analyse*, Würzburg 2003, S. 415.

38 Ebd.

39 Ebd., S. 416.

40 Ebd., S. 415.

haften Entwicklung des 19. Jahrhunderts gemacht wird.[41] Wo Religionen zu Markte getragen werden müssen, weil der rechtliche und soziale Religionszwang schwindet, entsteht für die Anbieter ein Zwiespalt zwischen dem Proprium der Religion und ihrem Warenkleid. Während der Utilitarismus in seiner *wissenschaftsreligiösen* Form – wie Ulrich Gähde gezeigt hat – seine Spannung zwischen den bleibenden theoretischen Basiselementen als einem harten Kern und einer weichen Hülle aus immer wieder anzupassenden speziellen Theorieelementen in der Spur von Markterfahrungen elastisch halten konnte, standen insbesondere die *Bekenntnisreligionen* bei ihrer Transformation zu Akteuren auf dem kontinentalen Religionsmarkt vor gravierenden Herausforderungen.

Die Kirchen der Protestanten und der Katholiken reagierten auf den entstehenden Religionsmarkt in unterschiedlicher Weise. Wir konzentrieren uns in diesem Kapitel auf die Wege, die die katholische Kirche gefunden hat, der Konkurrenzsituation zu begegnen. Mit seiner Verwurzelung in einer heilsgeschichtlichen Deutung von Kirche und mit seinen starken Bindungen an die ständische Gesellschaft hatte der Katholizismus einen weiteren Weg zum Religionsmarkt zurückzulegen als Protestanten, die, wie die Konjunkturen der Unkirchlichkeit zeigen, sich auf das Privatpriestertum eines jeden Christen beziehen konnten. Für Protestanten war es leichter als für Katholiken möglich, ausfransende Übergänge zu *rationalreligiösen*, *national*- und *kunstreligiösen* sowie auch zu *wissenschaftsreligiösen* Glaubensweisen herzustellen, die in die Spielräume des Religionsmarkts paßten.

DIE NEUEN KONKURRENTEN DER KATHOLISCHEN KIRCHE. Von den ersten Apostelgemeinden der antiken Welt zum christlich genannten Mittelalter, vom tridentinischen Konzil bis zur prächtigen Inszenierung der Resultate heutiger Papstwahlen sieht sich die katholische Kirche nicht nur in einer zweitausendjährigen Tradition, sondern vorrangig in einer Identität der Anwesenheit des Heiligen Geistes. Sie ist auch für die nichtkatholische Intelligenz zum Modell von Institutionalisierung geworden, in der der Geist im Wandel der Zeit seine Präsenz bewahrt. Die Schritte der katholischen Kirche auf dem Weg zu ihrem Auftritt auf dem Religionsmarkt fallen in das 19. Jahrhundert. Dabei ist als moderne Ausgangslage der Konfessionalismus zu nehmen, den wir im *Ersten Band* der Religionssoziologie untersucht ha-

41 Zu den Theologen, die die diagnostische Kraft des Marktmodells der Religionsökonomie besonders herausgestellt haben, gehört Friedrich Wilhelm Graf. Vgl. dazu: Ders., „Beeinflussen ökonomische Weltbilder den ökonomischen Habitus?“, in: *Wirtschaftsgeschichte als Kulturgeschichte. Die Dimensionen eines Perspektivenwechsels*, hg. v. Hartmut Berghoff u. Jakob Vogel, Frankfurt a.M./New York 2004, S. 241-264; ders., *Die Wiederkehr der Götter. Religion in der modernen Kultur*, München 2004; ders., „Der Christengott im Plural. Zum Gestaltwandel des Christentums in der Gegenwart“, in: *Gott oder Götter? God or Gods?* (= Eranos, NF, Bd. 15), hg. v. Tilo Schabert u. Matthias Riedl, Würzburg 2009, S. 33-49, hier S. 38ff.; ders., *Götter global. Wie die Welt zum Supermarkt der Religionen wird*, München 2014. Zur Diskussion des Marktmodells der Religionen in der neueren Religionssoziologie vgl. auch Knoblauch 1999, S. 206ff.

ben. In den europäischen Glaubenskriegen grenzen sich christliche Konfessionen gewaltförmig in Staatsbildungsprozessen voneinander ab.

Die katholische Kirche ist bis Ende des 18. Jahrhunderts mit zwei Gegnern im religiösen Feld konfrontiert: einer Gegnerschaft, die aus Flüchtigen, und einer Gegnerschaft, die aus Eindringlingen besteht. Einmal sind es die abtrünnigen Protestanten, die sich zu eigenen evangelischen Gemeinden unter dem Schutz einzelner Herrscher formiert hatten; das andere Mal sind es *rationalreligiöse* Auffassungen der Aufklärung, die in die Kirche eingedrungen waren. Dabei kannten die europäischen Verhältnisse erhebliche Unterschiede. Waren in Frankreich die Stimmen stärker, die „Aufklärung gegen Theologie und Kirche" setzten, so überwog in Deutschland die Idee von „Aufklärung mit und durch Theologie und Kirche".[42] Für den Prozeß der Transformation des Katholizismus in eine Religion auf dem Religionsmarkt sind diese beiden Gegnerschaften eher zweitrangig gewesen. Die protestantischen Staaten galten als Verlust, aber demgegenüber gab es hinreichend stabile katholische Staaten in Europa, und um mit aufklärerischer Freigeisterei umzugehen, stand der katholischen Kirche ein weites Spektrum von Diskriminierungspraktiken und Formen selektiver Aneignung neuer Ideen zur Verfügung.

Entscheidend für den Weg der Kirche zu ihrer Marktform war die Auseinandersetzung mit den neuen Religionen der *Nationalreligion*, der *Kunstreligion* und der *Wissenschaftsreligion*. In diesen Konfliktlagen, die wir im Folgenden skizzieren, schuf sich die katholische Kirche ein dem modernen Religionsmarkt angepaßtes Profil. Auch wenn die katholischen Akteure es bevorzugten, den mittelalterlichen Kampf zwischen Kaiser und Papst zur Vorlage der Deutung des Geschehens zu machen, ihre Praxis folgte den Anpassungszwängen des Religionsmarktes. Es gehört zu den großen Ironien der Religionsgeschichte, daß es in Europa gerade der Katholizismus war, der sich auf verschiedensten Gebieten Modernisierungsvorsprünge vor seinen religiösen Konkurrenten erarbeiten konnte. Der Konfessionsvergleich, so urteilt Thomas Nipperdey über die Zeit bis 1918, ergibt, „daß es der katholischen Kirche weit besser als der protestantischen gelungen war, sich einstweilen im Zeitalter der modernen Massen- und Industriegesellschaft zu behaupten."[43] Es ist zuerst die neuere angelsächsische Forschung zum Katholizismus im 19. Jahrhundert gewesen, die

42 Guido Bee, „Aufklärung und Katholizismus in Deutschland. Zur Chronik einer problematischen Beziehung", in: *Katholizismus in Geschichte und Gegenwart*, hg. v. Richard Faber, Würzburg 2005, S. 109-119, hier S. 109; Bernard Plongeron, „Was ist katholische Aufklärung?", in: Kovács 1979, S. 11-61. Hervorzuheben sind die Arbeiten von Ulrich L. Lehner: *A Companion to the Catholic Enlightenment in Europe*, hg. v. Ulrich L. Lehner u. Michael Printy, Leiden 2010; Ulrich L. Lehner, *Enlightened Monks. The German Benedictines, 1740-1803*, Oxford 2011; *Enlightenment and Catholicism in Europe. A Transnational History*, hg. v. Ulrich L. Lehner u. Jeffrey Burson, Notre Dame (Ind.) 2014; Ulrich L. Lehner, *The Catholic Enlightenment: The Forgotten History of a Global Movement*, Oxford: UP, 2016.

43 Thomas Nipperdey, *Deutsche Geschichte 1866-1918*, Bd. 1: *Arbeitswelt und Bürgergeist*, München 1990, S. 468.

den katholischen Aufschwung mit der Entfaltung der modernen Gesellschaft in ein Wechselverhältnis gebracht hat.[44]

Dabei konnte sie an frühe Beobachtungen von Alexis de Tocqueville anschließen, die die europäische Religionssoziologie kaum gewürdigt hat. Tocqueville hat nicht nur für seinen Gedanken, daß der Mensch „ist er nicht gläubig, hörig werden, und ist er frei, gläubig sein muß", bei den protestantischen Gemeinden Amerikas eine Bestätigung gefunden, sondern bemerkt: „Amerika ist das demokratischste Gebiet der Erde, und gleichzeitig ist es das Land, wo laut glaubwürdigen Berichten die katholische Religion den größten Fortschritt aufweist. Das ist auf den ersten Blick überraschend."[45] Die Wirkung der Gleichheit begünstige jedoch gerade den Katholizismus, und Tocqueville prognostiziert: „Gelänge es dem Katholizismus endlich, den politischen Haß von sich abzuwälzen, den er erregt hat, so zweifle ich nicht, daß derselbe Geist des Jahrhunderts, der ihm so entgegengerichtet scheint, ihm nicht ungünstig sein wird, und daß er plötzlich große Eroberungen machen wird."[46] In amerikanisch-protestantischer Perspektive wurde der katholische Aufschwung in den USA lange Zeit als ein Effekt der Immigration aus katholischen Ländern gedeutet. Entscheidend war jedoch, daß die Bedingungen des Religionsmarkts den Katholizismus förderten. Finke und Stark konstatieren: „In the United States, the Roman Catholic Church became an extremely effective and competitive religious firm when forced to confront a free market religious economy."[47]

44 David Blackbourn, *Class Religion and Local Politics in Wilhelmine Germany*, Wiesbaden 1980; ders., „Die Zentrumspartei und die deutschen Katholiken während des Kulturkampfs und danach", in: *Innenpolitische Probleme des Bismarck-Reiches*, hg. v. Otto Pflanze u. Elisabeth Müller-Luckner, München/Wien 1983, S. 73-94; ders., „Catholics and Politics in Imperial Germany: The Centre Party and its Constituency", in: Ders., *Populists and Patricians. Essays in Modern German History*, London: Routledge, 1987; ders., *Volksfrömmigkeit und Fortschrittsglaube im Kulturkampf*, Stuttgart 1988; ders., *Wenn ihr sie wieder seht, fragt wer sie sei. Marienerscheinungen in Marpingen. Aufstieg und Niedergang des deutschen Lourdes*, Reinbek 1997. Bahnbrechend war auch Jonathan Sperber, *Popular Catholicism in Nineteenth-Century Germany*, Princeton 1984; Margaret Lavinia Anderson, *Windthorst. Zentrumspolitiker und Gegenspieler Bismarcks*, Düsseldorf 1988. Das Interesse der angelsächsische Forschung hält an: Ein quadrikonfessionelles Modell, in dem Katholiken, Protestanten, Juden sowie die religionstheoretisch als Religion kenntlich gemachten säkularistischen Vereine gleichermaßen in den Blick genommen werden, hat ausgearbeitet: Weir 2014. Die Codierung von Protestantismus und Liberalismus als maskulin und von Katholizismus als feminin deckt auf: Michael B. Gross, *The War against Catholicism. Liberalism and the Anti-Catholic Imagination in Nineteenth-Century Germany*, Ann Abor 2004. Schon früh erschien: George Windell, *The Catholics and the German Unity 1866-1871*, Minneapolis 1954.

45 Alexis de Tocqueville, *Über die Demokratie in Amerika* [1835/1840], Stuttgart 1997, S. 228 u. 236.

46 Ebd., S. 236f.

47 Finke u. Stark 1992, S. 109f.

Daß diese Blickrichtung auch für die deutsche Entwicklung in dem Maße gilt, in dem sich marktgesellschaftliche Strukturen etabliert haben, zeigen die grundlegenden Studien von Margaret Lavinia Anderson, die auch Gründe für die Defizite der deutschen Forschung angeben kann: „1.) Die Reformation, ein prägendes Ereignis für die deutsche Identität, hat von jeher die Aufmerksamkeit von Historikern mit einem Hang zu religiösen Fragestellungen vom 19. Jahrhundert abgelenkt – und besonders das Interesse evangelischer Historiker, die lange den *Mainstream* des deutschen akademischen Establishments bildeten. 2.) Die deutsche akademische Kultur, selbst weitgehend ‚kulturprotestantisch', vermochte in der katholischen Frömmigkeit des letzten Jahrhunderts jene *Innerlichkeit* nicht zu erkennen, die nach ihrer Auffassung das Wesen der Religion ausmacht. 3.) Katholische Historiker, andererseits, hatten sich seit langem überwiegend mit dem katholischen Kampf für politische Autonomie und soziale Gleichberechtigung beschäftigt. (...) 4.) Die konfessionelle Kluft innerhalb der deutschen Kultur hat eine fruchtbare gegenseitige Beeinflussung der katholischen und protestantischen Geschichtswissenschaft weitgehend verhindert."[48] Die über lange Jahre bestehende deutsche Forschungssituation hat Wilfried Loth treffend charakterisiert: „Die zunächst überwiegend nationalliberal geprägte deutsche Geschichtswissenschaft hielt es lange Zeit nicht für nötig, sich mit einem Gegenstand zu befassen, der in einer zunehmend säkularisierten Welt als historisch überholt galt; und auch die eher sozialliberal orientierte moderne Geschichtswissenschaft stand weitgehend im Banne der Säkularisierungsthese. Folglich blieb die Thematik Autoren überlassen, die selbst dem katholischen Milieu verbunden waren; diese aber scheuten bei aller verdienstvollen Aufarbeitung der Fakten häufig davor zurück, auf ihren Gegenstand die Sonde analytischer Kritik zu richten."[49] Umso verdienstvoller ist es, daß Manuel Borutta 2010 eine fundierte und originelle Studie über den „Antikatholizismus" im 19. Jahrhundert vorgelegt hat.[50] Borutta untersucht die in den Kulturkämpfen

48 Margaret Lavinia Anderson, „Die Grenzen der Säkularisierung. Zur Frage des katholischen Aufschwungs des 19. Jahrhunderts", in: *Säkularisierung, Dechristianisierung, Rechristianisierung im neuzeitlichen Europa. Bilanz und Perspektiven der Forschung*, hg. v. Hartmut Lehmann, Göttingen 1997, S. 194-222, hier S. 196f.; dies. u. Kenneth Barkin, „Der Mythos der Puttkamer-Säuberung und die Realität des Kulturkampfes. Überlegungen zur Geschichtsschreibung des kaiserlichen Deutschlands" [1982], in: *Historisches Jahrbuch der Görres-Gesellschaft* 109(2)/1989, S. 452-498.

49 Wilfried Loth, „Einleitung", in: Ders. (Hg.): *Deutscher Katholizismus im Umbruch zur Moderne*, Stuttgart/Berlin/Köln 1991, S. 14. Zu den besonderen Forschungshindernissen katholischer Kirchenforschung vgl. Christoph Weber, „Ultramontanismus als katholischer Fundamentalismus", in: Loth 1991a, S. 20-45, hier S. 24. Forschungsbelastend war nicht zuletzt die Klerikalismusdiskussion in der Bundesrepublik der fünfziger und sechziger Jahre, ausgelöst durch bischöfliche Wahlempfehlungen für Katholiken in der Bundesrepublik. Vgl. u.a. Thomas Ellwein, *Klerikalismus in der deutschen Politik*, München 1955; Matthias Becker, *Die Macht der katholischen Kirche. Kritik der hierarchischen Praxis*, München 1967; weitere antiklerikale Literatur der sechziger Jahre bei Weber 1991, S. 24, FN 30.

50 Manuel Borutta, *Antikatholizismus: Deutschland und Italien im Zeitalter der europäischen Kulturkämpfe*, Göttingen 2010.

in Deutschland und Italien kursierenden Negativbilder über den Katholizismus als ein europäisches Phänomen. Dieser „Antikatholizismus" wird dreifach perspektiviert: zum einen als ein Diskurs, in dem Strategien des *Othering*, eine Art der Orientalisierung des Katholizismus zum Tragen kamen, zum zweiten als ein mediales Phänomen und schließlich als der Kontext, in dem sich die Säkularisierungstheorie ausgebildet hat.[51] Gerade dort, wo Borutta Medienprodukte antikatholischer Tendenz untersucht, wird der Übergang vom Weltanschauungskampf zur Propaganda im Wettbewerb deutlich.[52] Die Bestrebungen katholischer Akteure treten dabei zurück. In unserer Perspektive lassen sie sich angemessen als Anpassungsanstrengungen an die Bedingungen des entstehenden Religionsmarkts mit seinen neuen Religionen interpretieren.

KATHOLIKEN UND DIE EINE UND UNTEILBARE REPUBLIK. Wenden wir uns zunächst der Auseinandersetzung der katholischen Kirche mit den *Nationalreligionen* zu, die aus dem revolutionären Enthusiasmus geboren wurden. Die Auswirkungen der Französischen Revolution auf den Katholizismus sind weitaus komplexer als die auf die Aristokratie. Denn „die" Kirche besteht aus einem „hohen Klerus" von Adeligen und einem „niederen Klerus" bäuerlicher Herkunft. Die 296 Abgeordneten des Klerus in der französischen Versammlung der Generalstände von 1789 setzten sich aus 47 Bischöfen, 23 Äbten, 6 Großvikaren, 12 Domherren und 208 Pfarrern zusammen.[53] Der niedere Klerus mischt sich in der Versammlung mit den Abgeordneten des Dritten Standes, er übernimmt häufig dessen Forderungen und trägt so wesentlich zur Auflösung der ständischen Ordnung bei.

In der Frage der Reform der Kirche ist es für den gesamten Klerus selbstverständlich, sich an den König und nicht an den Papst zu wenden. 1790 wird die Zivilverfassung des Klerus verabschiedet, die nach dem Verkauf der Kirchengüter die Versorgung der Geistlichen durch den Staat vorsieht. Hinzu kommt die Neugliederung der Diözesen: eine Diözese pro Departement. Wie alle anderen Beamten werden Bischöfe und Pfarrer vom Wahlvolk gewählt. In den ersten beiden Revolutionsjahren geht es um die Integration der Kirche in die neue Staatsordnung: „Die Pfarrer sind Beamte des Kults, die an ihrem Platz an der Neugestaltung der

---

51 Ebd. S. 38ff.

52 Ebd. S. 155ff.

53 Zum folgenden vgl. Karl Dierich Erdmann, *Volkssouveränität und Kirche. Studien über das Verhältnis von Staat und Religion in Frankreich vom Zusammentritt der Generalstände bis zum Schisma, 5. Mai 1789 – 13. April 1791*, Köln 1949; Bernard Plongeron, *Conscience religieuse en révolution. Regards sur l'historiographie religieuse de la révolution française*, Paris: Picard, 1969; Hans Maier, *Revolution und Kirche. Zur Frühgeschichte der Christlichen Demokratie*, Freiburg/Basel/Wien [5]1988; Roger Aubert u.a., *Die Kirche in der Gegenwart*, Bd. 1: *Die Kirche zwischen Revolution und Restauration*, Freiburg/Basel/Wien 1971; François Houtart u. André Rousseau, *Ist die Kirche eine antirevolutionäre Kraft?*, München/Mainz 1973, S. 24; Ralph Gibson, *A Social History of French Catholicism 1789-1914*, London/New York 1989. Immer noch lesenswert: Waldemar Gurian, *Die politischen und sozialen Ideen des französischen Katholizismus 1789-1914*, Mönchengladbach 1929.

Gesellschaft teilnehmen. Zu ihrem Amt gehört es beispielsweise, die Dekrete der souveränen Nationalversammlung von der Kanzel zu verlesen. Als natürliche, angesehene Führer werden sie zur Stütze des neuen Systems."[54]

Die Zivilverfassung des Klerus lief auf die Gründung einer katholischen Nationalkirche hinaus, die die gallikanischen Freiheiten der französischen Kirche, die erstmals in der „Pragmatischen Sanktion von Bourges" (1438) staatsgesetzlich festgelegt waren, verstärkte und die darüber hinaus deutliche presbyterianische Tendenzen aufwies. Papst Pius VI. verwirft 1791 die Zivilverfassung des Klerus, und dies führt zur Spaltung des französischen Katholizismus in papsttreue und verfassungstreue Katholiken. Es ist dies eine Kirchenspaltung, die die radikale jakobinische Entchristianisierung, die wir im *Zweiten Teil* der Religionssoziologie untersucht haben, antreibt und den neureligiösen Revolutionskulten Zulauf verschafft. Mit dem napoleonischen Konkordat von 1802 erfolgt die religiöse Restauration. Das nationalkirchliche Experiment in Frankreich ist gescheitert. Im Abstand von den revolutionären Ereignissen ist festzustellen: „Zehn Jahre Revolution haben praktisch weder die Art und Weise geändert, in der die Kirche als Institution ihre Beziehungen zur Gesellschaft zum Ausdruck bringt, noch die Auffassung, die sie von ihrer eigenen Struktur hegt. (...) Derselbe Prälat, der die Generalstände eröffnet hatte, Boisgelin, zelebrierte am 18. April 1802 den Dankgottesdienst für das Konkordat."[55] Allerdings wurde de facto ein Staatskirchentum im Sinne der Zivilkonstitution eingeführt, das vorbildlich für die landesherrlichen Verordnungen im Deutschen Bund wurde. Dennoch bleibt für die Länder Europas mit katholischer Bevölkerung die Alternative einer *Nationalreligion* katholischer Prägung präsent.

Gegen diese Option steht freilich in der Hauptsache die sogenannte „Römische Frage". Nach der Niederlage Napoleons wurde der Kirchenstaat des Papstes auf einem Landstreifen in Mittelitalien, der sich von Rom nordwärts bis Bologna und Ferrara erstreckte und im Süden an das Königreich Neapel grenzte, restauriert. Die Gründe dafür, daß es einen katholischen Kirchenstaat geben müsse, sind oft expliziert. Nach der traditionellen kirchlichen Lehre, auf die sich Pius VI. in seinem Breve *Quod aliquantum* von 1791 stützt, schulden die Gläubigen den legitimen Monarchen den Gehorsam.[56] Monarchische Rechtsetzung ist kein Willkürakt, sondern der Monarch enthüllt nur das Recht als Ausfluß göttlichen Willens.[57] Auftrag der katholischen Kirche ist es, den Glauben an Gott auch bei den Herrschern sicherzustellen. Dies tut sie über eine hierarchische Organisation von Lehr- und Hirtenämtern. Den Weisungen des Papstes unterliegen somit auch die Mon-

54 Ebd., S. 26.

55 Houtart u. Rousseau 1973, S. 39.

56 Dies bezieht sich auf Röm 13, 1 „Denn es gibt keine Gewalt, die nicht von Gott kommt"; vgl. dazu die Studie von Rudolf Uertz, *Vom Gottesrecht zum Menschenrecht. Das katholische Staatsdenken in Deutschland von der französischen Revolution bis zum II. Vatikanischen Konzil (1789-1965)*, Paderborn u.a. 2005, hier S. 38ff.

57 Ebd., S. 78.

archen. Da der Papst sein Amt als Oberhaupt der Kirche nur dann ungehindert ausüben kann, wenn er nicht selbst Untertan eines Herrschers ist, braucht er seinen eigenen Staat. Wäre der Papst Untertan eines Königs oder Bürger eines Staates, so müßte er nach Röm 13, 1 dieser weltlichen Obrigkeit Gehorsam entgegenbringen. So stark auch der Unterstrom der spanischen spätscholastischen Lehre des 16. und 17. Jahrhunderts vom Volk als dem ursprünglichen Träger der Gewalt in der Kirche präsent gewesen sein mag, für den Kirchenstaat selbst war jeder Weg zur Demokratie versperrt.[58]

Zu den ersten Maßnahmen des 1814 aus dem Exil zurückgekehrten Papst Pius VII. gehörte nicht nur die Beseitigung der napoleonischen Reformen. Gegen den Rat des weitsichtigen päpstlichen Staatssekretärs, des Kardinals Consalvi, der den Papst auf dem Wiener Kongreß vertreten hatte, nimmt Pius VII. alle vorsichtigen Anpassungen an die aufklärerischen Ideen des 18. Jahrhunderts zurück. Er treibt die Juden des Kirchenstaats wieder zurück in das Ghetto, zwingt sie, ein gelbes Abzeichen zu tragen und Bekehrungspredigten anzuhören.[59] Pockenimpfung und Straßenbeleuchtung werden als Irrtum französischer Aufklärung beseitigt.[60] Der Kirchenstaat wird als ein konsequent retraditionalisierter Ständestaat wiedererrichtet, in dem der Papst eine nicht mehr steigerbare doppelte Souveränität besitzt.

Je mehr im 19. Jahrhundert die weltliche Herrschaft der Kirche Zug um Zug zurückgedrängt wird, umso absoluter tritt der Papst als weltlicher Herrscher über den Kirchenstaat auf. Von daher ist die vatikanische Außenpolitik auf die Verteidigung der Monarchie und der Legitimität festgelegt und kennt in der inneren Organisation kein anderes Prinzip als das der Hierarchie. Die päpstliche Autorität erfährt infolge der Entmachtung der bischöflichen Adelskirchen in den bürgerlichen Nationalstaaten des 19. Jahrhunderts einen bislang ungekannten Machtzuwachs. Sie wird damit zu einem faszinierenden intellektuellen Bezugspunkt für Debatten über die politische Form moderner Gesellschaft, zumal wenn diese in die Krise gerät.[61]

---

58 Zur scholastischen Volkssouveränität vgl.: Ulrich Matz, „Zum Einfluß des Christentums auf das politische Denken der Neuzeit", in: *Geschichte der Christlich-Demokratischen und Christlich-Sozialen Bewegungen in Deutschland*, hg. v. Günther Rüther, Bonn 1984, S. 27-56.

59 Aram Mattioli, „Intoleranz als Prinzip oder der Umgang mit Heterodoxie im Kirchenstaat", in: Ders. / Markus Ries u. Enno Rudolph (Hg.), *Intoleranz im Zeitalter der Revolutionen. Europa 1770-1848*, Zürich 2004, S. 211-231, hier S. 213ff. Grundlegend zum Verhältnis von Papst und Juden im 19. Jahrhundert ist David I. Kertzer, *Die Päpste gegen die Juden. Der Vatikan und die Entstehung des modernen Antisemitismus*, Berlin/München 2001, hier S. 43ff.

60 Louis Bergeron / François Furet / Reinhart Koselleck, *Das Zeitalter der europäischen Revolution 1780-1848*. Frankfurt a.M. 1969, S. 210.

61 Paradigmatisch stehen dafür Schriften wie: Carl Schmitt, *Römischer Katholizismus und politische Form* [1923], Neudruck der 2. Aufl. v. 1925, Stuttgart 1984; Eugen Rosenstock-Huessy, *Die europäischen Revolutionen und der Charakter der Nationen* [1931], Stuttgart/Köln

Der Kirchenstaat war der einzige der zahlreichen Priesterstaaten, die die ältere Verfassungsgeschichte hervorgebracht hatte, der nach der Französischen Revolution und den napoleonischen Kriegen in Europa wiedererrichtet wurde. In den anderen Ländern standen die Katholiken vor der Alternative, sich entweder auf die Seite der Legitimisten zu schlagen, die die Monarchie und die ständische Ordnung restituieren bzw. erhalten wollten, oder auf die Seite der mehr oder weniger radikalen Liberalen, die für eine neue Verfassung, Wahlen und Grundrechte kämpften. Die politische Rechts-Links-Spaltung bedeutete in ihrer religiösen Dimension die Konfrontation von *Bekenntnisreligion* und *Nationalreligion*.

Dies wird im überwiegend katholischen Frankreich mit seiner gallikanischen Tradition der Unabhängigkeit der Kirchen auf spirituellem Gebiet gut sichtbar. Die Entwicklung ist hier durch ein Wechselspiel zwischen Antiklerikalen und katholischem Bürgertum gekennzeichnet, in dem es um eine mögliche katholische Prägung der *Nationalreligion* geht. Mit der Restauration wird die Ehescheidung wieder abgeschafft und das Dogma der Transsubstantiation juristisch fixiert. Die Julirevolution 1830 stärkt wiederum den Antiklerikalismus.[62] Zugleich verabschiedet der Abbé Hugues Félicité Robert Lamennais (1782-1854) den Royalismus, den er zuvor vertreten hatte, und fordert eine Kirche, die auf die Unterstützung des Staates verzichtet. Lamennais ruft aus: „Baut mir eine Strohhütte als Gemeindehaus, nehmt einen Stein von euren Feldern als Altar. Die Scheune, die euren Schafen als Schutz dient, soll das Gotteshaus sein. Glaubt ihr nicht, daß Gott lieber unter einem Strohdach mit uns frei ist, als Sklave mit seinen Kindern in einem Palast? Glaubt ihr, daß der Priester in seiner Strohhütte nicht Mutter und Schwester hat und daß seine Wollkutte weniger unabhängig ist als eine seidene?“[63] Das große Vorbild für die liberalen und revolutionären Bewegungen, die von einer *Nationalreligion* katholischer Prägung getragen wurden, war der Freiheitskampf der Iren mit ihrem legendären Führer Daniel O'Connell, dessen Ausstrahlung in ganz Europa spürbar geworden ist. Er ist das Muster eines Volkshelden, der einen *nationalreligiösen* Enthusiasmus hervorzurufen versteht. Die französische Bewegung mündet in die Revolution von 1848. Auf den Straßen von Paris rufen die Revolutionäre: „Es lebe die Republik Christi! Es lebe die Freiheit! Es lebe Pius IX.!“[64]

1951, siehe hier insbes. die Interpretation des *Dictatus papae* von 1075, S. 143 ff.; Georg Weippert, *Das Prinzip der Hierarchie*, Hamburg 1932; Hans Dombois, *Hierarchie. Grund und Grenze einer umstrittenen Struktur*, Freiburg/Basel/Wien 1971. Zur Aufarbeitung dieser Problematik siehe Richard Faber, „Libertäre Katholizität statt traditioneller Katholizismus“, in: Ders. 2005a, S. 9-28. Die Ambitionen Hitlers und Stalins, päpstlicher als der Papst sein zu wollen, sind bekannt.

62 Houtart u. Rousseau 1973, S. 52.

63 Lamennais, *L'avenir*, vom 2.2.1830, zit. n. Houtart u. Rousseau 1973, S. 59. Zu Lamennais vgl. Andreas Verhülsdonk, *Religion und Gesellschaft: Félicité Lamennais*, Frankfurt a.M. 1991; Uertz 2005, S. 91ff.

64 Zit. n. Houtart u. Rousseau 1973, S. 53.

NATIONALRELIGION UND KATHOLISCHER UNIVERSALISMUS. In Deutschland stellten die *nationalreligiösen* Turner- und Burschenschafter der antinapoleonischen Kriege, die sich auf germanische Ursprungsmythen beriefen, für den Katholizismus keine dramatische Herausforderung dar. Ernst Karl Jarcke bemerkte: „Was sie auch vom Wuodan singen und sagen mochten, sie fanden in dem heiligen Haine, den die Phantasie ihrer Meister schuf, nicht mehr die alten Götter; sie waren und blieben, was sie von jeher gewesen, sehr moderne Protestanten.“[65] Einer katholischen Nationalkirche stand allerdings die konfessionelle Zerklüftung der deutschen Länder entgegen. Im nachnapoleonischen Deutschland dominierten die gemischt konfessionellen Staaten, für die, der Bundesakte von 1815 folgend, die konfessionelle Parität angestrebt wurde. Damit war der Grundsatz aufgestellt, daß auf der Grundlage der Gleichberechtigung von Katholiken und Protestanten insbesondere bei der Besetzung von Beamtenstellen keine Konfession benachteiligt werden sollte. Der Kampf um Parität führte besonders in protestantischen Ländern mit größeren zusammenhängenden katholischen Landesteilen ebenso zu langandauernden Konflikten wie die Regelung der „gemischten Angelegenheiten“, der Ehe, schulischen Erziehung und der Armenpflege, für die die Kirche und der Staat sich zuständig erklärten.

Mit der Parität war freilich auch eine Modellvorstellung verbunden, die für den Katholizismus die Chancen, zu einer Religion auf dem Religionsmarkt zu werden, vergrößerte. Während der Konfessionalismus der Glaubenskriege mit den Staatsbildungskriegen zusammenfiel, denen die *Rationalreligion* ihr apolitisches beziehungsweise kryptopolitisches Pazifizierungskonzept entgegenstellte, handelte es sich beim Konfessionalismus des 19. Jahrhunderts um eine innerstaatliche Koexistenz, für deren friedvolles Nebeneinander der Staat zu sorgen hatte. Die Vertreibung der vierhundert Zillertaler Protestanten aus dem österreichischen Tirol nach Preußen im Jahre 1730 folgte noch der Spur glaubenskriegerischen Gewaltgeschehens der frühen Neuzeit. In den paritätischen Staaten sind Streitigkeiten der Konfessionen keineswegs beseitigt, ja die Verachtung der Andersgläubigen hat sogar gute Chancen gehabt, sich zu vertiefen, aber es sind zumeist sehr konkrete Materien wie Ehemoral, kirchliche Feiertage, Erziehungsfragen und insbesondere der Einfluß auf das Regierungshandeln und die Besetzung von Beamtenposten, die den Konfessionshader bestimmten.

Zu einer *nationalreligiösen* Bewegung katholischer Prägung, die sich mit den Forderungen nach Einigkeit, Recht und Freiheit für die deutschen Länder identifiziert, kommt es insbesondere im deutschen Vormärz mit der Bewegung der Deutschkatholiken, die wir im *Zweiten Teil* der Religionssoziologie untersucht haben. 1848 fordert der Priester Sebastian Brunner in seiner *Wiener Kirchenzeitung für Glauben, Wissen, Freiheit und Gesetz in der katholischen Kirche* mit revolutionärem Elan „ein freies Wort für die Freiheit der Kirche in dem Augenblick, wo alles

65 Jarcke an Metternich 1833, zit. n. Franz Schnabel, *Deutsche Geschichte im Neunzehnten Jahrhundert*, Bd. 4: *Die religiösen Kräfte*, Freiburg 1937, S.178.

im sonnigen Lichte der Freiheit wandeln will." In seinem Spottgedicht über das „papierne Kirchenregiment" heißt es:

„Die sind wahrlich nicht geschaffen,
Einzuwirken auf die Massen,
Denn sie sind vom Geiste Gottes
Und vom Volk zugleich verlassen".[66]

Die Auseinandersetzung des Katholizismus mit *nationalreligiösen* Bewegungen ist mit der Niederlage der 48er-Revolution und dem Scheitern der radikalen deutschkatholischen Forderungen nach Abschaffung von Papst und Bischöfen, Auflösung der Klöster, Ablehnung des Zölibats und Verwerfung der Beichte nicht zu Ende. Bestimmend wird dabei wiederum die „Römische Frage", die sich im Ausgang der 1848er-Revolution in einer merkwürdigen Konstellation wiederfindet.

Papst Pius IX., der 1846 das Pontifikat angetreten hatte, entstammte einer liberalen Familie, und er stand der italienischen Nationalbewegung durchaus wohlwollend gegenüber.[67] Giuseppe Mazzinis *Junges Italien* verstand sich als „keine Sekte und keine Partei, sondern ein Glaube und eine Verkündigung" und enthusiasmierte sich in einer *Nationalreligion*, für die Michail Bakunin die folgenreiche Formel von der „politischen Theologie" prägte.[68] Die Bewegung richtete sich sowohl gegen die österreichische Herrschaft als auch gegen die Vielfalt italienischer Fürstentümer. Die Revolutionäre hofften auf einen Papst, der als Schirmherr dem vereinigten Italien seine Zukunft weisen würde.[69] 1848 wird von Sizilien beginnend Italien von der Revolution ergriffen. Giuseppe Garibaldi erobert Rom, der Papst flüchtet ins neapolitanische Asyl. Er stellt sich nicht an die Spitze der Nationalbewegung, sondern ruft die legitimen Monarchien Spaniens und Österreichs, aber auch Frankreich zu Hilfe. Die italienische Nationalbewegung wird niedergeschlagen.

Ironischerweise wird Rom durch den nach der Februarrevolution 1848 gewählten Staatspräsidenten, den Prinzen Louis Napoléon und späteren französischen Kaiser Napoleon III. befreit, der selbst Jahre zuvor an den Kämpfen der Carbonari

---

66 Sebastian Brunner 1848, zit. n. Otto Weiß, „Katholiken in der Auseinandersetzung mit der kirchlichen Autorität. Zur Situation des katholischen Wien und des Wiener Katholikenvereins in den Jahren 1848-1850", in: *Rottenburger Jahrbuch für Kirchengeschichte* 10/1991, S. 23-54, hier S. 36.

67 Georg Franz, *Kulturkampf. Staat und katholische Kirche in Mitteleuropa von der Säkularisation bis zum Abschluß des preußischen Kulturkampfes*, München 1954, S. 42f.; zu Pius IX. vgl. das Standardwerk von Roger Aubert, *Le pontificat de Pie IX (1846-1878)*, Paris: Bloud & Gay, 1952; Ders., *Die Kirche in der Gegenwart*, 2 Bde., Freiburg 1985.

68 Satzung des Jungen Italiens zitiert nach: Bergeron / Furet / Koselleck 1969, S. 285. Michail Bakunin, *La théologie politique de Mazzini et l'Internationale*, Neuchâtel 1871, S. 19-77 u. 107-278. Dies wurde aufgegriffen von Carl Schmitt, *Politische Theologie. Vier Kapitel zur Lehre von der Souveränität*, München 1922; und ders., *Politische Theologie II – Die Legende von der Erledigung jeder politischen Theologie*, Berlin 1970.

69 Zu Mazzinis Werben um Pius IX. vgl. Gustav Seibt, *Rom oder Tod. Der Kampf um die italienische Hauptstadt*, Berlin 2001, S. 122 ff.

für die italienische Einigung teilgenommen hatte. Mit seiner Hilfe wird der Kirchenstaat wiederhergestellt. Der Plan, den Papst nach Toulon zu bringen, wird nicht realisiert.[70] Pius IX. kehrt 1850 nach Rom zurück. Die für kurze Zeit von Garibaldi und Mazzini befreiten Juden wurden wieder ins Ghetto gezwungen. Auch die Versuche des Bankiers James Rothschild, die Kreditvergabe an den Papst, dessen Kassen leer waren, an Erleichterungen für die Juden in Rom zu knüpfen, brachten keinen großen Erfolg.[71]

Die Entscheidung Pius IX. gegen die italienische Nationalbewegung bedeutete in religionssoziologischer Sicht, die Unvereinbarkeit zwischen *Nationalreligion* und katholischem Universalismus auch gegen eine katholisch-italienische *Nationalreligion* konsequent durchzuhalten. Mit dieser Entscheidung gewann der Katholizismus langfristig eine Grundlage, die ihm für seine Chancen in der Marktgesellschaft nur zugute kommen konnte. Denn die der Marktgesellschaft immanente Tendenz geht auf die Herstellung eines Weltmarkts, dessen nationale Bornierungen überwunden werden. Das wußten auch schon die Zeitgenossen Marx und Engels, wenn sie 1848 im Kommunistischen Manifest schreiben: „Die nationalen Absonderungen und Gegensätze der Völker verschwinden mehr und mehr schon mit der Entwicklung der Bourgeoisie, mit der Handelsfreiheit, dem Weltmarkt, der Gleichförmigkeit der industriellen Produktion und der ihr entsprechenden Lebensverhältnisse."[72] Freilich hat diese Passung des die *Nationalreligion* abweisenden Katholizismus einen Widerhaken.

Denn die weltmarktkonforme Universalität des Katholizismus hat ihr Zentrum paradoxerweise in einem Kirchenstaat, der die ständischen und hierarchischen Formen in den *res temporalibus* unbeirrt aufrechterhält. Bis 1870 beruht die absolute weltliche Herrschaft des Papstes auf französischer Waffenhilfe und den Krediten Rothschilds. Mit der Entscheidung Pius IX. erhält der Katholizismus somit zwei Gesichter: eines, das universalistisch gegen Nationalismus und *Nationalreligion* gerichtet ist und zum entstehenden Weltmarkt der Religionen gut paßt, und eines, zu dem fortschrittlichen Zeitgenossen nur das Prädikat „mittelalterlich" eingefallen ist.

Mit der Niederlage Frankreichs gegen Preußen im Kriege von 1870/71 verliert der Papst seine Schutzmacht und der Rest des Kirchenstaates geht verloren. Bereits in der Septemberkonvention von 1864 hatte sich der Sieger im italienischen Einigungskrieg, König Viktor Emmanuel, mit Napoleon III. darauf geeinigt, die Existenz des Kirchenstaates zu befristen.[73] Seiner Grundherrschaft beraubt, sieht sich der Papst als Gefangener im Vatikanspalast und wird diesen für lange Zeit nicht verlassen. Die Gefangenschaft endet formell 1929 mit den Lateranverträgen zwischen Benito Mussolini und Papst Pius XI. Den Vatikan seit 150 Jahren wirklich verlassen hat Papst Paul VI. für eine Reise ins Heilige Land im Jahre 1964. Erst

70 Franz 1954, S. 46.

71 Kertzer 2001, S. 152f.

72 Karl Marx u. Friedrich Engels, „Manifest der kommunistischen Partei", in: *Marx-Engels-Werke* (= MEW), Bd. 4, Berlin 1971, S. 459-493, hier S.479.

73 Franz 1954, S. 73.

Papst Johannes Paul II. hat sich die Freiheit genommen die Isolation konsequent aufzugeben und er hat, den Boden vieler Länder dieser Erde küssend, eine unermüdliche weltweite Reisetätigkeit zum Charakteristikum seines Pontifikats erhoben.[74]

Die Katholikenverfolgung in Deutschland. Wenige Monate nach der Krönung des deutschen Kaisers im Schloßsaal von Versailles beginnt der Reichskanzler Bismarck mit der Verfolgung der katholischen Kirche in Preußen.[75] Über die Motive Bismarcks ist viel gerätselt worden, zumal man sie nicht primär in einer Feindschaft gegen die katholische Kirche selbst vermutete, sondern in dahinterliegenden realpolitischen Gründen, so als ob die religiöse Frage nur der ideologische Überbau eines machtpolitischen Geschehens sei.[76] In unserem Zusammenhang interessiert nicht zuerst, wie politisches Kalkül und die Motivlage des Kanzlers beschaffen war,

74 Die Anerkennung des Nationalismus durch die Kirche war zuvor durch Papst Johannes XXIII. mit seinem Eintreten für das Recht auf nationale Selbstbestimmung der europäischen Kolonien in Afrika und Asien erfolgt. Vgl. Werner Pfeifenberger, „Modernismus und vatikanische Außenpolitik", in: *Der Modernismus. Beiträge zu seiner Erforschung*, hg. v. Erika Weinzierl, Graz 1974a, S. 199-209; Edward E. Hales, *Die große Wende. Johannes XXIII. und seine Revolution*, Graz 1966. Neben dem Boden gehört die Sprache zu den Medien, über die in *Nationalreligionen* Göttliches auf die Erde kommt. Auch hier gibt es Anpassungen der Kirche an den Nationalismus: Bernhard Lang, „Eine Weltsprache verschwindet. Latein in der katholischen Kirche im 20. Jahrhundert", in: Ders., Buch der Kriege – Buch des Himmels. Kleine Schriften zur Exegese und Theologie, Leuven 2011, S. 353–365.

75 Über die oben genannten Studien von Sperber 1984, Anderson 1988a und Blackbourn 1988 hinausgehend, seien zum preußischen Kulturkampf genannt: Helmut Walser Smith, *German Nationalism and Religious Conflict. Culture, Ideology, Politics 1870-1914*, Princeton 1995. Aus der deutschen Forschung ist unerläßlich Franz 1954; darüber hinaus Johannes B. Kissling, *Geschichte des Kulturkampfes im Deutschen Reiche*, 3 Bde., Freiburg i.Br. 1911-1916. Hervorzuheben sind die Arbeiten von Rudolf Morsey und Rudolf Lill: Rudolf Morsey, „Bismarck und der Kulturkampf", in: *Archiv für Kulturgeschichte* 39/1957, S. 232-270; ders., „Probleme der Kulturkampf-Forschung", in: *Historisches Jahrbuch* 83/1964, S. 217-245; ders., „Die deutschen Katholiken und der Nationalstaat zwischen Kulturkampf und erstem Weltkrieg", in: *Deutsche Parteien vor 1918*, hg. v. Gerhard A. Ritter, Köln 1973, S. 270-298; ders., „Der Kulturkampf – Bismarcks Präventivkrieg gegen das Zentrum und die katholische Kirche", in: *Kirche im 19. Jahrhundert*, hg. v. Manfred Weitlauf, Regensburg 1998, S. 163-185; ders., „Bismarck und das Zentrum", in: *Otto von Bismarck und die Parteien*, hg. v. Lothar Gall, Paderborn u.a. 2001, S. 43-72. Rudolf Lill, „Die deutschen Katholiken und Bismarcks Reichsgründung", in: *Reichsgründung 1870/71. Tatsachen, Kontroversen, Interpretationen*, hg. v. Theodor Schieder u. Ernst Däuerlein, Stuttgart 1970, S. 345-365; ders., *Die Wende im Kulturkampf*, Tübingen 1973. Darüberhinaus: Winfried Becker, „Liberale Kulturkampf-Positionen und politischer Katholizismus", in: Pflanze u. Müller-Luckner 1983, S.47-71; Christoph Weber, *Kirchliche Politik zwischen Rom, Berlin und Trier 1876-1888. Die Beilegung des preußischen Kulturkampfes*, Mainz 1970; Manfred Scholle, *Die Preußische Strafjustiz im Kulturkampf 1873-1880*, Marburg 1974.

76 Zur Rolle Bismarcks vgl. Thomas Nipperdey, *Deutsche Geschichte 1866-1918*. Bd. 2: *Machtstaat vor der Demokratie*, München [2]1993, S. 371f.; zum Verhältnis moderner Staatsidee bei Bismarck und dem „römischen Komplex" vgl. Helmuth Plessner, „Die verspätete

sondern die religionssoziologische Dimension der Auseinandersetzung zwischen *katholischer Bekenntnisreligion* und *Nationalreligion.* Antikatholische Kulturkämpfe gab es im 19. Jahrhundert in einer ganzen Reihe europäischer Staaten.[77] Der Konflikte zwischen *nationalreligiösen* und katholischen Bestrebungen waren dort besonders heftig, wo sie, wie in Deutschland und Italien, mit der Frage der nationalen Einheit verknüpft waren. Der Sieg über Frankreich und die Reichsgründung hatten den nationalen Enthusiasmus rauschhaft entfacht, der bei der gemischt konfessionellen Ausgangslage in Deutschland zugleich zu einer Frontstellung zwischen Protestanten und Katholiken führte.

Die antikatholische Stimmung war schon Ende der 60er Jahre durch *Sex-and-Crime*-Geschichten vom Leben in Klöstern in der Presse angeheizt worden.[78] Dies führte 1869 zum Sturm von Berlinern auf eine kleine Dominikanerniederlassung in Moabit, bei dem die Räume zerstört und die beiden Patres vertrieben wurden.[79] Die Fortschrittspartei sammelte Unterschriften für Petitionen, die die Abschaffung aller Mönchsorden als „Pflanzstätten des Aberglaubens, der Faulheit und der Unzucht" forderten, weil sie „den religiösen Frieden und Eintracht" störten.[80] Bischof Ketteler wurde von Passanten verhöhnt, wenn er sich in der Soutane in Berlin auf die Straße wagte. Der liberale Kreise das ganze Jahrhundert durchziehende wahnhafte Glaube an eine Verschwörung der Jesuiten gegen den Nationalstaat hatte Hochkonjunktur. Der Jesuitenorden galt den deutschen Kulturprotestanten als „Todfeind des modernen Staats und der modernen Cultur".[81]

Nation. Über die Verführbarkeit bürgerlichen Geistes" [1935/1959], in: Ders., *Gesammelte Schriften*, hg. v. Günter Dux u.a., Bd. 6, Frankfurt a.M. 1982, S. 7-223, hier S. 58ff.

77 Zum europäischen Vergleich: Winfried Becker, „Der Kulturkampf als europäisches und als deutsches Phänomen", in: *Historisches Jahrbuch* 101/1981, S. 422-446; Christopher Clark u. Wolfram Kaiser, *Culture Wars. Secular-Catholic Conflict in Ninteenth-Century Europe*, Cambridge 2003; *European Anti-Catholicism in a Comparative and Transnational Perspective*, hg. v. Yvonne Maria Werner u. Jonas Harvard, Amsterdam/New York 2013; Lisa Dittrich, *Antiklerikalismus in Europa.* Öffentlichkeit und Säkularisierung in Frankreich, Spanien und Deutschland (1848-1914), Göttingen 2014; zu Deutschland und Italien: Borutta 2010.

78 Dazu ausführlich Borutta 2010, S. 196-208. Daß manche dieser *Sex-and-Crime*-Geschichten durchaus der Realität entsprechen konnte, hat Hubert Wolf für die beabsichtigten Fusionen von religiöser und sexueller Ekstase im Kloster von Sant'Ambrogio herausgebracht: Hubert Wolf, *Die Nonnen von Sant'Ambrogio. Eine wahre Geschichte*, München 2013.

79 Kurt Wernicke, „Der ‚Moabiter Klostersturm'", in: *Berlinische Monatsschrift* 3/1994, S. 6-14; vgl. Borutta 2010, S. 239ff. Wenige Jahre später kommt es in Frankreich zum sogenannten Taxil-Skandal, den wir im *Ersten Band* S. 355ff. untersucht haben.

80 Zit. n. Anderson 1988a, S. 23; zur Position der Liberalen: Armin Heinen, „Umstrittene Moderne. Die Liberalen und der preußisch-deutsche Kulturkampf", in: *Geschichte und Gesellschaft* 29/2003, S. 138-156.

81 Zit. n. Claudia Lepp, *Protestantisch-liberaler Aufbruch in die Moderne,* Gütersloh 1996, S. 329. Zu den Verschwörungstheorien vgl. Irmtraud Götz von Olenhusen, *Klerus und abweichendes Verhalten. Zur Sozialgeschichte katholischer Priester im 19.Jahrhundert: Die Erzdiözese Freiburg,* Göttingen 1994, S. 385; zur Gesetzgebung: Michael B. Gross, „Kulturkampf

Der Protestantenverein forderte, die deutsche Einheit in einer Nationalkirche zu vollenden.[82] Liberale, die 1844 für die Religionsfreiheit gekämpft hatten, waren mit jedem militärischen Erfolg Bismarcks in den preußischen Einigungskriegen weiter von ihrer liberalen Position abgerückt und unterstützten voll nationaler Begeisterung Bismarcks Kampf gegen die katholische Kirche. Der Liberale Rudolf Virchow, der in einer Rede 1873 den Terminus „Kulturkampf" für die Bismarcksche Kirchenverfolgung, benutzte, begründete dies nicht nur damit, daß das „wissenschaftliche Laientum mit der Kirche in Konflikt" geraten sei, sondern auch damit, daß die katholische Kirche „sich mehr und mehr als eine eigentlich italienische Kirchengewalt" darstelle.[83]

Ludwig Bamberger begrüßte den Kampf gegen die katholische Kirche als „die Signatur des Reichs".[84] Die konservative Kreuzzeitung sprach 1871 von der Frontstellung „Deutschtum gegen Römertum".[85] Bismarck erklärte 1872 im Reichstag, die Regierung könne „sich der merkwürdigen Beobachtung nicht verschließen (...), daß die Geistlichkeit, auch die römisch-katholische, in allen Ländern eine nationale ist, – nur Deutschland macht eine Ausnahme. Die polnische Geistlichkeit hält zu den polnischen Nationalbestrebungen, die italienische zu den italienischen; (...) nur in Deutschland ganz allein, da ist die eigentümliche Erscheinung, daß die Geistlichkeit einen (...) mehr internationalen Charakter hat. Ihr liegt die katholische Kirche, auch wenn sie der Entwicklung Deutschlands sich auf der Basis fremder Nationalität entgegenstellt, näher am Herzen, als die Entwicklung des Deutschen Reiches, womit ich nicht sagen will, daß ihr diese Entwicklung fern läge, aber das Andere steht ihr näher."[86]

Bismarcks Katholikenverfolgung, die 1871 einsetzte, umfaßte ein Bündel von Maßnahmen. Das Kanzelgesetz stellte politische Aussagen in der Kirche unter Strafe.[87] Dann wurde den Kirchen die Schulaufsicht entzogen, katholische Ordensangehörige durften den Lehrberuf an Schulen nicht mehr ausüben.[88] Dem Papst wurde die kirchliche Disziplinargewalt entzogen, kirchliche Sanktionen gegen den Verkehr mit exkommunizierten Personen verboten, der Kirchenaustritt erleichtert und die Zivilehe eingeführt. Ein geistliches Amt konnte nur mit Zustimmung des Staates übertragen werden. Im Kern zielten die Maßnahmen auf ein nationales Staatskirchentum. Pfarreien, die von „illegalen" Priestern besetzt waren, wurden ebenso wie

---

and Unification: German Liberalism ant the War Against the Jesuits", in: *Central European History* 30/1997, S. 545-566.

82 Lepp 1996; Anderson 1988a, S. 135.

83 Zit. n. Franz 1954, S. 9. Von einem „Kulturkampf" um die Rechte der Bischöfe und des Staates in kirchlichen Angelegenheiten war schon 1840 in der Schweiz die Rede. Borutta 2010, S. 1.

84 Anderson 1988a, S. 147.

85 Ebd., S. 154.

86 Rede Otto von Bismarcks, in: Stenographischer Bericht des Hauses der Abgeordneten, 29. Sitzung, 10. Februar 1872, S. 721-723, hier S. 722f.

87 Zum Kanzelparagraphen Borutta 2010, S. 304ff.

88 Zum Schulaufsichtsgesetz ebd., S. 315ff.

Bischofssitze für vakant erklärt, wenn der Bischof sich nicht den neuen Gesetzen fügte. Jeder Priester, der trotz seiner staatlichen Absetzung seine Arbeit fortsetzte, konnte vertrieben werden und verlor seine Staatsangehörigkeit und Reichsangehörigkeit. Alle Orden, außer den Barmherzigen Schwestern, wurden aufgelöst. Thomas Nipperdey bilanziert: In „den ersten vier Monaten des Jahres 1875 wurden 241 Kleriker, 136 Redakteure, 210 andere Katholiken zu Geld- oder Haftstrafe verurteilt, 74 Wohnungen durchsucht, 55 Veranstaltungen aufgelöst, 20 Zeitungen konfisziert, 103 Personen interniert oder ausgewiesen. 1877 waren von zwölf Diözesen acht vakant, sechs wegen Absetzung, zwei wegen Tod, tausend Pfarreien, etwa ein Viertel der Gemeinden, waren 1880 ohne Pfarrer."[89] Zeichenhaft ist das Schicksal der *boat people* dieser Zeit: Auf der Flucht ertranken fünf Ordensangehörige im Wrack *Deutschland* vor der englischen Küste.[90]

Der Föderalist Constantin Frantz hat 1872 den Nationalliberalismus als eine antichristliche Religion charakterisiert: „Denn die Nationalität gilt ihm wirklich als etwas *Heiliges*. Nach christlicher Ansicht hingegen ist die Nationalität etwas bloß *Natürliches*, dem an und für sich keine Heiligkeit zukommt. Und eben darin zeigt sich, wohin der Nationalliberalismus hinausläuft. Nämlich auf *Verleugnung des Christentums durch ein neues Heidentum*."[91] Gott habe nicht Nationen geschaffen, sondern Menschen. Die biblische Erzählung vom Turmbau zu Babel bedeute nicht, daß die verschiedenen Nationalitäten „als göttliche Stiftungen anzusehen" seien, „so daß sie dadurch mit einer besonderen Weihe bekleidet wären. Vielmehr wird ausdrücklich gesagt, daß die Völkerscheidung eine Tat des göttlichen *Zornes* war, wonach in dem Dasein der verschiedenen Völker nicht sowohl der göttliche *Wille* erkannt werden muß, als vielmehr der göttliche *Unwille*. Die Völkerscheidung war eine über die Menschheit verhängte Strafe."[92] Schärfer läßt sich wohl kaum die Distinktion von *Bekenntnisreligion* und *Nationalreligion* herausstellen.

NATIONALRELIGION, KATHOLIKEN UND JUDEN. Die Katholikenverfolgung war nicht nur ein Übungsfeld für die spätere Sozialistenverfolgung. Sie koinzidierte mit einer Woge des Antisemitismus. Die antisemitische Propaganda zielte auf den jüdischen Geschäftsmann als Zerstörer der Wirtschaft, die antikatholische Propaganda auf den Katholiken als Reichsfeind. Es wäre zu eindimensional, in der Perspektive von Hans Rosenberg allein im Börsenkrach von 1873 den Auslöser dieser Woge des

89 Nipperdey 1993, S. 375.

90 Siehe Anderson 1988a, S. 178ff. Ein bekanntes Gedicht erinnert an die ertrunkenen Nonnen: Gerard Manley Hopkins, „The Wreck of the Deutschland", in: ders., *Poems*, London: Humphrey Milford, 1918, online: http://www.bartleby.com/122/4.html (letzter Zugriff: 28.11.2017).

91 Constantin Frantz, *Die Religion des Nationalliberalismus*, Leipzig 1872, S. 22.

92 Ebd., S. 25. Die Kritik der *Nationalreligion* verbindet sich bei Frantz mit antisemitischen Haltungen. Die Komplexität dieser Mischung ist sorgfältig untersucht von Michael Dreyer, „Constantin Frantz: Der Außenseiter des Antisemitismus", in: *Antisemitische Geschichtsbilder*, hg. v. Werner Bergmann u. Ulrich Sieg, Essen 2009, S. 39-59.

Antisemitismus ausfindig machen zu wollen.[93] Der Prozeß der Emanzipation der Juden, der Ende des 18. Jahrhunderts einsetzte und mit der bürgerlichen Gleichstellung der Juden in der Reichsverfassung von 1871 einen ersten Abschluß gefunden hatte, gestaltete sich nicht nur in den einzelnen deutschen Ländern recht unterschiedlich, sondern hatte es von Anfang an mit mächtigen Gegenströmungen zu tun.[94]

Dabei fällt auf, daß die antisemitische Propaganda und Hetze mit den Phasen *nationalreligiöser*, demotheologischer Hochstimmungen und ihrer Depressionen zusammenfiel. Dies gilt für die Jahre der antinapoleonischen Freiheitskriege, die 1830er Julirevolution und den Ausbruch der 1848er Revolution.[95] Der Zusammenhang von Antisemitismus und *Nationalreligion* ist einsichtig zu machen, wenn man daran erinnert, daß sich in vielen europäischen Ländern – wie wir im *Zweiten Teil* der Religionssoziologie gezeigt haben – *Nationalreligionen* in einer nachahmenden Konkurrenz den jüdischen Glauben, das auserwählte „Volk Gottes" zu sein, angeeignet haben.[96] Sich auf eine jüdische Identität zu versteifen, mußte in Konflikt, wenn nicht mit einem Patriotismus, so doch mit einem *nationalreligiösen* Glauben geraten. Der Religionsphilosoph Klaus Heinrich hat zwischen dem zivilisatorischen Bündnisdenken, d.h. dem universalen Bündnisangebot jüdischer Herkunft und dem Ursprungsdenken der Nation unterschieden, „die sich aus der menschlichen Gesellschaft herauskatapultiert, eine Veranstaltung mit eigenem Ursprung."[97] Es gehört zum Charakter von *Nationalreligionen*, daß sie sich frei von älteren Verpflichtungen machen.

Allerdings kann im Verhältnis von Christen zu Juden eine vergleichbare Problematik der Ablösung von älteren Verpflichtungen und der Behauptung eines eigenen Ursprungs virulent gemacht werden, wenn das Band zwischen Altem und Neuem Testament zerschnitten wird. Hier liegt eine der wesentlichen Quellen des

93 Hans Rosenberg, *Große Depression und Bismarckzeit*, Berlin 1967, S. 88-117; Gerhard Hanloser, *Krise und Antisemitismus. Eine Geschichte in drei Stationen von der Gründerzeit über die Weltwirtschaftskrise bis heute*, Münster 2003, S. 39ff.

94 Vgl. Reinhard Rürup, *Emanzipation und Antisemitismus. Studie zur „Judenfrage" der bürgerlichen Gesellschaft*, Göttingen 1975; Hermann Greive, *Geschichte des modernen Antisemitismus in Deutschland*, Darmstadt 1983; Helmut Berding, *Moderner Antisemitismus in Deutschland*, Frankfurt a.M. 1988; *Protestants, Catholics and Jews in Germany, 1800-1914*, hg. v. Helmut Walser Smith, Oxford 2001; Shulamit Volkov, *Das jüdische Projekt der Moderne. Zehn Essays*, München 2001.

95 Helmut Berding bemerkt: „Tatsächlich kamen größere flächendeckende Krawalle wie die von 1819, 1823/24 und 1848 im Kaiserreich nicht mehr vor." Helmut Berding, „Judenemanzipation in Deutschland: Ambivalenz – Widerspruch – Widerstand", in: *Intoleranz im Zeitalter der Revolutionen. Europa 1770-1848*, hg. v. Aram Mattioli / Markus Ries u. Enno Rudolph, Zürich 2004, S. 233-257, hier S. 255. Auch die Antisemitenpetition von 1880 scheiterte.

96 Im *Ersten Band* S. 545ff.

97 Klaus Heinrich, „Wir und der Tod. Ursprungskult oder Bündnisdenken. Über die Mitbestimmung der Toten. Gespräch mit Jochen Rack", in: *Lettres internationales* 72/2006, S. 100-103, hier S. 101.

christlichen Antijudaismus, in dessen Zentrum das Motiv des Gottesmordes steht. Auch im Kulturkampf wird auf katholischer Seite dieser Antijudaismus offenbar, wenn z.B. der Paderborner Bischof Konrad Martin die Ritualmordlegende gegen die Juden wiederbelebt. Olaf Blaschke bemerkt dazu: „Basales Argument dieser Vorstellung ist, daß ein Volk, das fähig ist, sogar den Sohn Gottes zu ermorden, eine prinzipiell verderbte Religion und einen abgründig bösartigen Charakter haben muß, der es dazu anhält, auch weiterhin alles Christliche zu zerstören und ihm sogar erlaubt, in seinem Haß gegen Christen, diesen ständig Arges zuzufügen, sei es durch persönliche Angriffe, sei es durch latente Sabotage an Kirche und christlicher Gesellschaft."[98]

Die Überlagerungen und die Koinzidenz von *Nationalreligion*, Antikatholizismus und Antisemitismus im Kulturkampf lassen sich am Beispiel der Massenvertreibung von 30.000 katholischen Polen und Juden aus preußischem Hoheitsgebiet 1885 verdeutlichen.[99] Dieses Gewaltgeschehen folgte schon ein Stück weit einer anderen Struktur als der der Vertreibungen in den europäischen Glaubenskriegen, die wir im *Ersten Teil* der Religionssoziologie untersucht haben.[100] Es handelt sich nicht mehr um einen Krieg sich bildender Konfessionsstaaten gegeneinander. Die verfolgte katholische Kirche, die über keine staatliche Schutzmacht mehr verfügt, kann sich nicht gewaltsam wehren. Sie leistet passiven Widerstand, ebenso wie die Juden, die seit Jahrhunderten genötigt waren, im Unpolitischen ihre Lebensform zu bewahren.

Gegen die Vertreibung der katholischen Polen und der polnischen Juden nahm Ludwig Windthorst, katholischer Zentrumspolitiker und Gegenspieler Bismarcks, entschieden Stellung. Windthorst hatte seine politische Karriere als Katholik in der Diaspora im in politischer Hinsicht britisch geprägten Königreich Hannover begonnen. Er orientierte seine Religionspolitik im Kulturkampf am liberalen norda-

98 Olaf Blaschke, „Wider die ‚Herrschaft des modern-jüdischen Geistes'. Der Katholizismus zwischen traditionellem Antijudaismus und modernem Antisemitismus", in: Loth 1991a, S. 236-265, hier S. 244. Grundlegend dazu ders., *Katholizismus und Antisemitismus im Deutschen Kaiserreich*, Göttingen 1999; sowie ders. (Hg.), *Katholischer Antisemitismus im 19. Jahrhundert. Ursachen und Traditionen im internationalen Vergleich*, Zürich 2000; ders., „Antijudaismus und Antisemitismus im deutschen Katholizismus. Warum die Kirche keine rechtzeitige Verurteilung aussprechen konnte", in: Faber 2005a, S. 143-157; zur Lage der Juden im Kaiserreich vgl. auch Uriel Tal, *Christians and Jews in Germany. Religion, Politics, and Ideology in the Second Reich 1870-1914*, Ithaca/N.Y. 1975; Christoph Jahr, *Antisemitismus vor Gericht: Debatten über die juristische Ahndung judenfeindlicher Agitation in Deutschland (1879-1960)*, Frankfurt a.M. 2011, hier S.116-244. Konzeptionell weiterführend: Till van Rahden, „Weder Milieu noch Konfession. Die situative Ethnizität der Juden im Kaiserreich in vergleichender Perspektive", in: *Religion im Kaiserreich. Milieu – Mentalitäten – Krisen*, hg. v. Olaf Blaschke u. Frank-Michael Kuhlemann, Gütersloh 1996, S. 409-434.

99 Vgl. die Arbeit von Helmut Neubach, *Die Ausweisungen von Polen und Juden aus Preußen 1885/86. Ein Beitrag zu Bismarcks Polenpolitik und zur Geschichte des deutsch-polnischen Verhältnisses*, Wiesbaden 1967; Klaus J. Bade, „„Kulturkampf" auf dem Arbeitsmarkt: Bismarcks „Polenpolitik" 1885-1890", in: Pflanze u. Müller-Luckner 1983, S. 121-142.

100 Im *Ersten Band* S. 92ff.

merikanischen Modell der staatlich garantierten freien Konkurrenz der Kirchen.[101] Windthorst erreichte zwar, daß der Reichstag die Regierung wegen der Vertreibung rügte, aber ihm gelang es nicht, den Papst davon zu überzeugen, sich schützend vor die Katholiken zu stellen. Der *Osservatore Romano* klassifizierte die Vertriebenen als „Pest der russisch-polnischen und galizischen Juden."[102]

Die Koinzidenz von Katholikenverfolgung und Antisemitismus steht für die *nationalreligiöse* Seite der Bismarckschen Reichsgründung, bei der das „Blut und Eisen" der Gründungskriege mit innerstaatlichen Feinderklärungen gegen solche Gruppen eng verbunden war, die universalistischen Orientierungen die Treue hielten. Freilich erlagen auch Christen der Versuchung, ein Bündnis mit *nationalreligiösen* Strömungen einzugehen.

Der Protestantismus, nach dessen Glauben der Mensch allein vor Gott steht und sich von älteren Verpflichtungen an eine Tradition von Kirche befreit wußte, erlag dieser Versuchung um so mehr, als er sich ein Erstgeburtsrecht im „protestantischen Reich" Bismarcks attestieren konnte. Das Bündnis mit *nationalreligiösen* Strömungen war allerdings auch eine Versuchung für Reformkatholiken. Der Herausgeber der Zeitschrift *Hochland*, Carl Muth, hat den antisemitisch geprägten Nationalismus sehr weitgehend in Kauf genommen, und nicht nur der politische Werdegang des Reformkatholiken Martin Spahn vom Zentrumsabgeordneten 1910 bis zu seinem Übertritt zur NSDAP 1933 zeigt, daß die internationalistische Kraft des Ultramontanismus nicht reichte, alle Katholiken gegen die *Nationalreligion* zu immunisieren.[103] Mehr noch, Claus Arnold spricht davon, daß sich der gesamte deutsche Katholizismus seit den 1890er Jahren nationalisiert habe.[104]

Bismarcks Kampf gegen die katholische Kirche scheiterte. Der passive Widerstand der Gläubigen war nachhaltig und ist bislang kaum erforscht.[105] Er widerlegt den Topos vom durchgehenden gehorsamen Untertanengeist im Wilhelminischen Deutschland. Bismarck suchte ab 1878 mit dem neuen Papst Leo XIII. zu einem Ausgleich zu kommen. Die „Maigesetze" wurden Schritt für Schritt zurückgenommen. Verlierer im Kulturkampf waren die Liberalen. Mit seinem Scheitern im Kulturkampf vollzieht Bismarck die „große Wende", er bricht mit den Liberalen und stützt seine weitere Politik auf die reaktionären Kräfte im Reich. Thomas Nipperdey bemerkt, daß die Liberalen durch ihre Beteiligung an der Katholikenverfolgung ihre Prioritäten verschoben hatten: „An die Stelle der Veränderung der Machtstruktur rückte die Veränderung der Kultur. Sie haben sich in der Dialektik

---

101 Anderson 1988a, S. 145.

102 Ebd., S. 335; Neubach 1967, S. 144ff.

103 Ernst Hanisch, „Der katholische Literaturstreit", in: Weinzierl 1974a, S. 125-160, hier S. 149ff.; Christoph Weber, *Der ‚Fall Spahn' (1901). Ein Beitrag zur Wissenschafts- und Kulturdiskussion im ausgehenden neunzehnten Jahrhundert*, Rom 1980; Gabriele Clemens, *Martin Spahn und der Rechtskatholizismus in der Weimarer Republik*, Mainz 1983.

104 Claus Arnold, „German Catholicism and National Integration (1870-1945)", in: *Cattolicesimo, Nazione e Nazionalismo / Catholicism, Nation and Nationalism*, hg. v. Daniele Menozzi, Pisa 2015, S. 59-68.

105 Zum passiven Widerstand vgl. die Schilderung bei Blackbourn 1988, S. 28ff.

ihrer Ziele und Mittel verfangen, als sie Prinzipien der Toleranz und die Grundrechtsfreiheiten zugunsten polizeistaatlicher Maßnahmen, sei es auch im Namen der Geistesfreiheit und der Emanzipation vom klerikalen Joch, hintan stellten, nationale Identität und kulturelle Gleichartigkeit vor die Pluralität und das Recht auf Andersheit, Verschiedenheit setzten, ihr elitäres Aufklärungs- und Bildungsbewußtsein gegen die Dumpfheit und Verführtheit abergläubischer Massen. Im Namen der Freiheit wurden sie, wie so viele vor und nach ihnen, zu Anwälten des starken Staates und seiner konkreten Freiheitseinschränkungen."[106]

Der Kulturkampf führte zu einer langanhaltenden Verbitterung und emotionalen Verfeindung der Konfessionen: Katholiken und Protestanten boykottierten gegenseitig ihre Geschäfte, konfessionelle Mischehen stellten für die Familien schwere Belastungen dar, Schulkinder führten konfessionelle Bandenkriege gegeneinander. Erinnerungen an den Fanatismus der Glaubenskriege wurden wach, und gerade diese Optik hat das Bild verzerrt.[107] Denn im Kulturkampf ging es eben nur zu einem sehr geringen Teil um Problemlagen der Staatsbildungskriege der frühen Neuzeit. Es ging in der Hauptsache um eine Religionsfreiheit, die marktgesellschaftlichen Bedingungen entsprach. Hier war der Katholizismus besser aufgestellt als seine Gegner. Bismarcks Niederlage war kein „Gang nach Canossa". Vielmehr war eine Kirche nicht zu bezwingen gewesen, die sich als Hüterin der vorstaatlichen Rechte gegen einen „doktrinären Omnipotenzanspruch des Staates" verstand.[108] Und dies paßte durchaus gut zu den staatskritischen Seiten marktliberaler Tendenzen. Alle konfessionelle Verfeindung, ihre Abkapselung gegeneinander kann nicht darüber hinwegtäuschen, daß die Katholikenverfolgung letztlich – wie nachfolgend aufgezeigt wird – am Modernisierungspotential gescheitert ist, das sich der Katholizismus im 19. Jahrhundert erschlossen hatte.

2. Katholizismus und Moderne

EINE RÜCKSTÄNDIGE RELIGION. Wer das Modernisierungspotential des Katholizismus im 19. Jahrhundert aufzuzeigen sich vornimmt, hat es nicht nur mit der verbreiteten Annahme einer Polarität von Religion und Moderne zu tun, sondern zuerst mit dem Topos katholischer Rückständigkeit. Nicht nur Max Weber hat ihn mit seiner Protestantismus-Kapitalismus-These in vielleicht unbeabsichtigter Folge

106 Nipperdey 1993, S. 379f. Einen Vergleich der nachhaltigen Prägung der Religionssoziologie in Frankreich und Deutschland durch die Kulturkämpfe hat vorgelegt: Hartmann Tyrell, „Kulturkämpfe in Frankreich und Deutschland und die Anfänge der Religionssoziologie", in: *Religionskontroversen in Frankreich und Deutschland*, hg. v. Matthias Koenig u. Jean-Paul Willaime, Hamburg 2008, S. 97-181.

107 August-Hermann Leugers, „Latente Kulturkampfstimmung im Wilhelminischen Kaiserreich. Konfessionelle Polemik als konfessions- und innenpolitisches Kampfmittel", in: *Die Verschränkung von Innen-, Konfessions- und Kolonialpolitik im Deutschen Reich vor 1914*, hg. v. Johannes Horstmann, Schwerte 1987, S. 13-37, bes. S. 15.

108 Becker 1981, S. 437.

seiner Schrift befestigt. Denn der Katholizismus, den er profiliert, ist der vorreformatorische, dem er idealtypisch Luthertum, Täufertum und Calvinismus als mit der Entwicklung der Moderne verbundene Konfessionen entgegensetzt. Um den Kontrast vorreformatorisch/protestantisch zu akzentuieren, bezieht er sich zugleich auf reformkatholische Autoren seiner Zeit, den Präsidenten der Görres-Gesellschaft Georg von Hertling und den Würzburger Dogmatiker Herman Schell.[109] Die katholische Inferioritätsdebatte der 1890er Jahre konnte sich dabei auf die ablehnende Haltung der Kirche zu den Folgen der sich beschleunigenden Modernisierungsprozesse der Industrialisierung, Rationalisierung, Urbanisierung und Demokratisierung beziehen.[110] Zum Topos der Rückständigkeit gehört die Absonderung der Katholiken als eine „selbstgewählte Ghettoisierung" (Greschat) und das Gefühl, in die Defensive geraten zu sein. 1861 schreibt ein Katholik: „Die Kirche gleicht augenblicklich einer Festung, die nicht von einem Punkt aus, sondern von allen Seiten zugleich berannt wird, alle Mächte des bösen Geistes sind gegen sie losgelassen (...) Wir stehen im Entscheidungskampf zwischen Antichristentum und Kirche, Revolution und sozialer Ordnung."[111] Als 1910, zur Beendigung des „Modernismusstreits", Pius X. von allen Priestern die Ablegung eines „Antimodernisteneids" verlangte, war auch terminologisch die Rückständigkeit des Katholizismus besiegelt.[112] Dabei ist nicht zu übersehen, daß in der Inferioritätsdebatte konfessionspolitische Stereotypen, die dem 17. und 18. Jahrhundert entstammten, revitalisiert wurden.[113] Um 1900 ist die Rede von der Rückständigkeit des Katholizismus ein fester Topos

109 Max Weber, *Die protestantische Ethik*, hg. v. Klaus Lichtblau u. Johannes Weiß, Weinheim [3]2000, S. 1 und FN 1-3; Georg von Hertling, „Über die Ursachen des Zurückbleibens der deutschen Katholiken auf dem Gebiete der Wissenschaft" [1896], in: Ders., *Kleine Schriften zur Zeitgeschichte und Politik*, Freiburg 1897, S. 561-573; Herman Schell, *Der Katholizismus als Prinzip des Fortschritts*, Würzburg, [7]1899. Herman Schell sah den Fortschritt des Katholischen durch die „Verhimmelung alles Kirchlichen" behindert und erklärte programmatisch „die Religion ist nicht um der Kirche willen da, sondern die Kirche ist zur Verwirklichung der Religion bestimmt", ebd., S. 4. Zu von Hertling und zur Inferioritätsdebatte vgl. Weber 1980, S. 41ff. Zu Max Webers Katholizismus-Bild vgl. Hartmann Tyrell, „Katholizismus und katholische Kirche", in: *Max Weber in interkultureller Perspektive*, hg. v. Hartmut Lehmann u. Jean Marin Ouédrago, Göttingen 2003, S. 193-228; ders., „Max Weber, Bismarck und der Kulturkampf", in: Ders. u. Volkard Krech (Hg.), *Religionssoziologie um 1900*, Würzburg 1995, S. 365-377.

110 Martin Baumeister, *Parität und katholische Inferiorität. Untersuchungen zur Stellung des Katholizismus im deutschen Kaiserreich*, Paderborn u.a. 1987; vgl. ferner Hans Rost, *Die wirtschaftliche und kulturelle Lage der deutschen Katholiken*, Köln 1911.

111 Zit. n. Martin Greschat, *Das Zeitalter der Industriellen Revolution. Das Christentum vor der Moderne*, Stuttgart u.a. 1980, S. 133.

112 Zur Frage, ob der ‚Antimodernismus' ein abgeschlossenes Phänomen oder heute noch lebendig ist: Peter Neuner, „Antimodernismus des 19. und 20. Jahrhunderts. Eine historische Perspektive", in: *‚Nicht außerhalb der Welt'. Theologie und Soziologie*, hg. v. Magnus Striet, Freiburg/Basel/Wien 2014, S. 33-59.

113 Vgl. Graf 2004a, S. 250ff. Zur Langlebigkeit des Topos' von der katholischen Inferiorität siehe: Rolf Becker, „Das katholische Arbeitermädchen vom Lande' – Ist die Bildungspolitik ein Opfer einer bildungs-soziologischen Legende geworden?", in: *Pädagogik und Politik.*

in sozialwissenschaftlichen Deutungen der Moderne geworden, und diese Tradition wirkt bis in avancierte Großtheorien weiter. Zu besonderen Schwierigkeiten, das Modernisierungspotential des Katholizismus in der sich entfesselnden Marktgesellschaft zu erfassen, kommt es, wenn ein geschichtstheoretisches Modell zugrundegelegt wird, demzufolge Modernisierung darin besteht, daß vom Standpunkt einer mittelalterlich-katholischen Einheitskultur ein Prozeß der Ausdifferenzierung von Funktionen beschrieben wird. Katholizismus ist hier mit der stratifizierten Gesellschaft verbunden; Magie und Polytheismus mit der segmentären Gesellschaft. Das Narrativ von der Einheit zur Ausdifferenzierung von Funktionen liest sich z. B. bei Luhmann so: „Historisch gesehen, beginnt der Umbau der stratifizierten in eine funktionale Gesellschaftsordnung im Mittelalter auf der Basis einer bereits erreichten Nichtidentität von Rollensystemen und Rollenbeziehungen für Religion, Politik und Wirtschaft. Seit der zweiten Hälfte des 17. Jahrhunderts treten Ausdifferenzierungen für Wissenschaft und Erziehung hinzu. Entsprechend spezialisiert sich das Familienleben. Spätestens im 19. Jahrhundert, formulierbar besonders seit der Französischen Revolution, liegt die neue Ordnung irreversibel fest. Mit dem Begriff der Säkularisierung werden die Rückwirkungen dieser Transformation auf das Religionssystem und auf seine gesellschaftliche Umwelt bezeichnet.“[114] In dieser Erzählung wird zwar allgemein von Religion gesprochen, aber genau besehen zielt sie ungenannt auf den Katholizismus, vielleicht auch auf die lutherische Orthodoxie als Religionen, die unter den Verdacht gestellt werden, sich, der Tradition verhaftet, gegen eine moderne Funktionsdifferenzierung zu stemmen und somit rückständig sind.

Mit Bezug auf die Selbstbeschreibung des religiösen Systems – so hat Niklas Luhmann pointiert bemerkt – „löst Säkularisierung Sünde ab als Leitbegriff für erfahrene Nichtübereinstimmung.“[115] Soziale Differenzierung entbindet in diesem Modell Schritt für Schritt Leistungen, die von religiösen Institutionen erbracht wurden, aus deren Zuständigkeitsbereich, um sie durch profane Spezialisten erbringen zu lassen. Diese Beschreibung des Verhältnisses von Katholizismus und Moderne spiegelt das, was auch in kirchlichen Kreisen gedacht wurde. Von der Ekklesiologie Pius IX. und seiner Nachfolger her gesehen, mußte sozialer Wandel generell als Säkularisierung im Sinne eines Abfalls von der Kirche gedeutet werden. Das heißt aber auch: Der Anteil der katholischen Amtskirche an der Befestigung des Säkularisierungstheorems ist nicht gering zu veranschlagen.

Einer von Christoph Weber mitgeteilten mündlichen Überlieferung zufolge ist in Teilen der Amtskirche die Geschichte der Neuzeit nach drei Schlüsseljahren ge-

---

Historische und aktuelle Perspektiven. Festschrift für Fritz Osterwalder, hg v. Claudia Crotti / Walter Herzog u. Philipp Gonon, Bern 2007, S. 177-204.

114 Niklas Luhmann, *Funktion der Religion*, Frankfurt a.M. 1999, S. 229.

115 Luhmann 1999, S. 228. Grundlegend zum Verhältnis von Katholizismus und Moderne sind die Arbeiten von Franz Xaver Kaufmann: Franz-Xaver Kaufmann, *Religion und Modernität. Sozialwissenschaftliche Perspektiven*, Tübingen 1989; ders., *Wie überlebt das Christentum?*, Freiburg/Basel/Wien 2000.

gliedert: 1517 (Abfall vom Papst, Reformation) – 1717 (Abfall von Christus, d.h. Freimaurerei) – 1917 (Abfall von Gott, Oktoberrevolution).[116] Für den Aufstieg der Moderne und den Abstieg des Glaubens nehmen Modernisten und Antimodernisten auf dieselben geschichtlichen Prozesse Bezug.

Dieser Spiegelung entgeht Luhmann, wenn er vorschlägt, statt von Säkularisierung zu reden, von Ergänzungsfunktionen der Religion zu sprechen. Mit der Modernisierung als Ausdifferenzierung von Funktionen und ihren symbolischen Codes der generalisierten Kommunikationsmedien für Macht/Recht, Eigentum/Geld, Wahrheit/Wissenschaft sowie für Liebe und Kunst blieben zugleich „Kontingenzüberschüsse" zurück. Die Leitdifferenzen der ausdifferenzierten Systeme Recht, Wirtschaft, Erziehung, die kommunikative Anschlüsse sicherstellen, gingen bei Kontingenzüberschüssen, „die aus der unkontrollierbaren Umwelt resultierten und die Gesellschaft mitbestimmten", ins Leere. „Vor allem der Kommunikationsunterbrecher Tod, aber auch alle Irregularitäten der äußeren Natur und der menschlichen Motive und im weitesten Sinne die konkret anschauliche Welt mit ihrem Werden und Vergehen, wären unverstanden geblieben, hätte nicht die Religion eine Ergänzungsfunktion übernommen und alle jene Kontingenzen internalisiert, die sich aus der überhohen Komplexität der physisch-chemisch-organisch-psychischen Umwelt für das Gesellschaftssystem ergaben."[117] Die Rückständigkeit von Religion gegenüber modernen Entwicklungen ist in dieser Wendung zu einem Platzhalter für noch nicht mit modernen Mitteln beherrschbare Irregularitäten geworden. Somit gilt der mit der modernen Ausdifferenzierung verbundene Funktionsverlust religiöser Institutionen nur dann, wenn sie antimodern darauf beharren, die Totalität gesellschaftlichen Lebens regulieren zu wollen. Die Ergänzungsfunktion sichert ihr dagegen eine dauerhafte Funktion in der Moderne.

Ob nun von Säkularisierung als Schrumpfungsprozeß des Einflusses der Kirche oder von der neuen Ergänzungsfunktion der Religion zur Verarbeitung von Restrisiken die Rede ist, beide Perspektiven haben die Debatte um die im 19. Jahrhundert entstandene Form des Katholizismus tief geprägt. Dabei erschienen in wechselnder Terminologie „liberale Katholiken", „Reformkatholiken" oder „fortschrittliche Katholiken" als der Moderne zugewandt, die „ultramontanen Katholiken" dagegen als entschiedene Antimodernisten.[118] Vom aufgeklärten Katholizismus Ignaz von Wessenbergs und seiner Gottesdienstreform und Georg Hermes (1775-1831) Bemü-

116 Weber 1991, S. 41; vgl. dazu auch die Argumentation bei dem Jesuiten Theodor Meyer (1821-1913) in seiner Schrift *Die Grundsätze der Sittlichkeit und des Rechts* von 1888, diskutiert bei Uertz 2005, S. 196ff.

117 Luhmann 1999, S. 230.

118 In den 90er Jahren hat sich eine Debatte entwickelt, ob Ultramontanismus in den Rahmen des umfassenderen Phänomens des Fundamentalismus zu stellen ist. Vgl. dazu Weber 1991. Gegen die Gleichsetzung von Fundamentalismus und Ultramontanismus führt Irmtraud Götz von Olenhusen die Differenz zwischen der hierokratischen Struktur des Ultramontanismus und der charismatischen Struktur des Fundamentalismus an. Götz von Olenhusen 1994, S. 390; dies., „Fundamentalistische Bewegungen im Umkreis der Revolution von 1848", in: Dies. (Hg.): *Wunderbare Erscheinungen. Frauen und katholische Frömmigkeit im*

hungen, den Katholizismus mit Kant, Fichte und der wissenschaftlichen Forschung zu vereinbaren, bis zu Herman Schells und Franz Xaver Kraus' Modernismus reicht die gescheiterte Linie der Versuche, zwischen Katholizismus und Moderne Kompromisse zu finden, die den Leistungen protestantischer Vermittlungstheologen und des Kulturprotestantismus vergleichbar gewesen wären. Erst im Zweiten Vatikanischen Konzil 1962-1965 werden die Ideen reformkatholischer Theologen ein Stück weit rehabilitiert und aufgegriffen.[119]

WELCHE MODERNE? Die dem Revolutionsparadigma abgelesene Alternative – *restauratio* oder *renovatio* des Katholizismus – hat lange Zeit den Blick auf das Modernisierungspotential des Ultramontanismus verstellt.[120] Karl Gabriel hat die systemtheoretische Modernisierungstheorie um Perspektiven einer phänomenologisch orientierten Wissenssoziologie erweitert und auf die Entwicklung des Katholizismus angewandt. Dabei hat er in einer Skizze die Modernisierungsproblematik des Katholizismus im 19. Jahrhundert herausgearbeitet. Ausgegangen wird von drei Transformationsprozessen: „Es sind dies einmal die Umstellung vom Primat einer ständisch-schichtmäßigen Gliederung der Gesellschaft auf das Prinzip einer in erster Linie nach gesellschaftlichen Funktionsbereichen und entsprechenden Handlungszusammenhängen differenzierten Gesellschaft. Zum anderen die Umstellung vom Primat kultureller Symbol-

19. und 20. Jahrhundert, Paderborn u.a. 1995, S. 131-170, hier S. 131; *Die verdrängte Freiheit. Fundamentalismus in den Kirchen*, hg. v. Hermann Kochanek, Freiburg u.a. 1991.

119 Otto Weiß, *Der Modernismus in Deutschland. Ein Beitrag zur Theologiegeschichte*, Regensburg 1995, S. 594ff.; ders., „Der katholische Modernismus. Begriff – Selbstverständnis – Ausprägungen – Weiterwirken", in: Ders., *Kulturen, Mentalitäten, Mythen. Zur Theologie- und Kulturgeschichte des 19. und 20. Jahrhunderts*, Paderborn 2004, S. 339-383, hier S. 377ff. Zum Scheitern des Reformkatholizismus vgl. die Übersicht bei Olenhusen 1994, S. 277ff.; vgl. ferner Christoph Weber, *Kirchengeschichte. Zensur und Selbstzensur*, Köln/Wien 1984; ders., *Liberaler Katholizismus. Biographische und kirchenpolitische Essays von Franz Xaver Kraus*, Tübingen 1983.

120 Zum Problem des Sprachgebrauchs von „ultramontan" siehe die Hinweise von Norbert Schloßmacher, „Der Antiultramontanismus im Wilhelminischen Deutschland. Ein Versuch", in: Loth 1991a, S. 164-198, hier S. 178. Zu Begriff und Geschichte von ‚Ultramontan' vgl. Heribert Raab, „Zur Geschichte und Bedeutung des Schlagwortes ‚Ultramontan' im 18. und frühen 19. Jahrhundert", in: *Historisches Jahrbuch* 81/1962, S. 159-173. Grundlegend sind die Arbeiten von Otto Weiß, „Der Ultramontanismus. Grundlagen – Vorgeschichte – Struktur", in: *Zeitschrift für bayrische Landesgeschichte* 41(2/3)/1978, S. 821-877. Sowie die große Studie: Ders., *Die Redemptoristen in Bayern (1790-1909). Ein Beitrag zur Geschichte des Ultramontanismus*, St. Ottilien 1983; dazu rückblickend: Ders., „Ultramontanismus als ‚Lebensforschungsprojekt'. Eine autobiographische Erzählung", in: Ders. 2004, S. 509-536. Zur Politik der römischen Kurie vgl. Vincent Viane, „The Roman Question. Catholic Mobilisation and Papal Diplomacy during the Pontificate of Pius IX (1846-1878)", in: *The Black International. L'Internationale noir 1870-1878. The Holy See and militant catholicism in Europe. Le Saint-Siège et le Catholicisme militant en Europe*, hg v. Emiel Lamberts, Leuven 2002, S. 135-177. Der Band enthält darüber hinaus Beiträge zu den Aktivitäten der ultramontanen Organisation des „Genfer Komitees" in zahlreichen europäischen Ländern.

strukturen als primärer Integrationsform der Gesellschaft auf den Vorrang formaler, rechtlich-organisatorischer Integrationsmittel. Und zum dritten die Umstellung von einer einheitlichen, gesellschaftsweit institutionalisierten Symbolsinnwelt als objektiv gültiger Matrix aller Wirklichkeitsbestimmungen auf eine Mehrzahl gesellschaftlich entobjektivierter, der subjektiven Wahl prinzipiell zugänglicher Sinnwelten letzter Relevanz."[121] Gesellschaftliche Differenzierung impliziert demzufolge „die Verkirchlichung des Christentums, wie sie gleichzeitig eine Verstaatlichung der Herrschaft, eine Kapitalisierung der Wirtschaft und eine Intimisierung der Familie bedeutet." Der zweite Transformationsprozeß impliziert das Entstehen einer „Verfügbarkeit über formal-rechtlich frei eingegangene Mitgliedschaften", d.h. trotz Säuglingstaufe kann der Einzelne die Kirchenmitgliedschaft kündigen und gegebenenfalls anderen religiösen Vereinen beitreten.[122] Dem entspricht der dritte Transformationsprozeß der Pluralisierung religiöser Deutungssysteme, die qua Pluralisierung gleichsam entobjektiviert werden und nur noch in subjektiven Überzeugungen wurzeln.

Im 19. Jahrhundert habe der Ultramontanismus auf diese Bedingungen mit drei Strategien reagiert: „Der Bürokratisierung des Ämtersegments, der Sakralisierung der Organisationsstruktur und der sondergesellschaftlichen Formierung der katholischen Bevölkerungsteile."[123] Dabei stellt Gabriel die besondere Bedeutung der „historischen Identität" des Katholizismus heraus, die im Prozess der Kirchenreformation des 11. Jahrhunderts, d.h. der Herauslösung einer kirchenrechtlich verfaßten *ecclesia* mit dem Papst an der Spitze aus der alten Kirche der *universitas christiana* konstituiert wurde. Bei der Verfolgung des Ziels, die „mittelalterliche Identität" durchzuhalten, bediene sich Gabriel zufolge der ultramontane Katholizismus der modernen Bürokratie. Dieser Widerspruch konnte durchgestanden werden, da „an die Stelle der verlorengegangenen gesellschaftlichen Hierarchie als Plausibilitätsstruktur der Symbolsinnwelt die kirchliche" als sakralisierte Organisation gesetzt wurde, die dann die spontan sich bildenden katholischen Bewegungen an sich binden und zu einem sondergesellschaftlichen Milieu mit festen Kommunikationsgrenzen formieren konnte.[124]

Problematisch an diesem Entwurf ist die Polarität von „mittelalterlicher Identität" und Modernität. Sie verstellt ein Stück weit die Problemlage sich modernisierender Marktgesellschaften. Zu Recht hat Franz-Xaver Kaufmann in der Modernitätsdebatte der 1980er Jahre als Schlüsselerfahrung von Modernität herausgestellt:

121 Karl Gabriel, „Die neuzeitliche Gesellschaftsentwicklung und der Katholizismus als Sozialform der Christentumsgeschichte", in: Ders. u. Franz-Xaver Kaufmann (Hg.): *Zur Soziologie des Katholizismus,* Mainz 1980, S. 201-225, hier S. 203f.

122 Ebd., S. 205.

123 So die Gliederung des Beitrags von Karl Gabriel, der in der Substanz an die bahnbrechenden Forschungen von Michael N. Ebertz anschließt, die wir weiter unten behandeln.

124 „Kontrafaktisch gegenüber ihrer tatsächlichen Demonopolisierung hält die katholische Teiltradition an ihrer mittelalterlichen Identität als monopolistische Symbolsinnwelt fest und sucht sie mit den ihr jeweils zur Verfügung stehenden Mitteln durchzusetzen, bzw. aufrechtzuerhalten." Gabriel 1980, S. 221; vgl. Walter Ullmann, *Die Machtstellung des Papsttums im Mittelalter*, Graz u.a. 1960.

„Modern sind soziale Verhältnisse insoweit, als ihre Änderbarkeit und damit Vergänglichkeit in ihrer Definition mitgedacht wird.“ Hier entstehe „ein neuer Typus kultureller Bedeutung und individuellen Bewußtseins, der die Wandelbarkeit selbst zur Konstante erhebt.“[125] Somit könnte man sagen: In der Moderne korrespondiert der Wandel der Identität mit der Identität im Wandel. Beide Positionen, die man für das 19. Jahrhundert als die liberale und die katholische charakterisieren könnte, gründen in der Erfahrung der Marktwirtschaft, die ebenso zum Wandel der Identität wie zur Identität im Wandel zwingt.[126]

Für Wilfried Loth stellte der ultramontane Katholizismus „eine moderne Bewegung dar, deren Existenz an die Voraussetzung der Errungenschaften der Revolution und der Säkularisierung gebunden war – eine moderne Bewegung gegen die Moderne sozusagen, die aber allein schon aus Eigeninteresse keinen Totalangriff gegen die Moderne führen konnte, vielmehr selbst Elemente der Moderne in sich trug und, indem sie die verlorengegangenen feudalen Stützen durch gesellschaftliche und politische Mobilisierung der Katholiken ersetzte, die Kirche partiell modernisierte.“[127] Die innere Integration, vermöge der die Kontinuität katholischer Identität behauptet wird, erfolgte in der Tat durch eine möglichst umfangreiche Sammlung und Konservierung von Tradition. Dazu gehörte das Aufrechterhalten von Rechtsansprüchen und Partien des Lehrguts, die offensichtlich obsolet geworden waren.[128] Die Mittel der Integration sind jedoch modernsten Entwicklungen entnommen.[129]Die Paradoxie einer „modernen Bewegung gegen die Moderne“, die bis heute als Schlüsselfigur für die Interpretation von Phänomenen der Wiederkehr von Religion herhalten muß, läßt sich lösen, wenn man den kompakten Begriff der Moderne differenziert.[130] Der antimoderne Kampf der Kirche von der Enzyklika *Quanta Cura* mit dem *Syllabus* bis zur Enzyklika *Pacendi* richtet sich gegen die modernen Ideen, für die alle Varianten von Liberalismus stehen.[131] Die Unterscheidung Peter Wagners aufgreifend, richtet sich der Ultramontanismus ge-

125 Franz-Xaver Kaufmann, „Religion und Modernität“, in: *Die Moderne – Kontinuitäten und Zäsuren* (= Soziale Welt, Sonderband 4), hg. v. Johannes Berger, Göttingen 1986, S. 283-307, hier S. 292.

126 Vgl. dazu die historistische Position von Ernst Troeltsch, der mehrere Katholizismen unterscheidet, und die Position von Gundlachs katholischer Religionssoziologie, diskutiert bei Norbert Mette, „Religionssoziologie – katholisch. Erinnerungen an religionssoziologische Traditionen innerhalb des Katholizismus“, in: Gabriel u. Kaufmann 1980, S. 39-56, hier S. 43f.

127 Loth 1991b, S. 10f. Wie sehr das Thema Katholizismus und Moderne dem Horizont des 20. Jahrhunderts entstammt, zeigt deutlich: Thomas Ruster, *Die verlorene Nützlichkeit der Religion. Katholizismus und Moderne in der Weimarer Republik*, Paderborn 1994.

128 Vgl. dazu die Hinweise bei Weber 1991, S. 22 u. 38.

129 Zu dieser Spannung vgl. Oskar Köhler, „Artikel Katholizismus“, in: *Evangelisches Staatslexikon*, Stuttgart ^{2}1975, S. 1104-1117.

130 Siehe dazu Wolfgang Eßbach, „Gegenwart, Epoche, Felder und Legitimität. Modi moderner und postmoderner Anschauungen“, in: Striet 2014, S. 33-59.

131 Vgl. Hubert Wolf, „Der ‚Syllabus errorum‘ (1864). Oder: Sind katholische Kirche und Moderne unvereinbar?“, in: *Kirche im 19. Jahrhundert*, hg. v. Manfred Weitlauf, Regensburg

gen die Ideen der „liberalen Moderne". Dagegen kann der Ultramontanismus als Kraft angesprochen werden, die Strukturen der „organisierten Moderne" hervortreibt.[132] Mehr noch: Die Organisiertheit des Katholizismus wird zum Vorbild für Großorganisationen in marktwirtschaftlichen Massengesellschaften werden. Die Rückständigkeit des Katholizismus zu geißeln, wurde seit der Reise Friedrich Nicolais – die wir im *Ersten Band* im Zusammenhang der *Nationalreligionen* behandelt haben – vorrangig auf die Ideen bezogen.[133] So sind die Modernisierungspotentiale der Jesuiten in der Organisation internationaler Kommunikation und Berichterstattung denn auch angesichts des Feindbildes ‚die Jesuiten' erst spät in den Blick geraten.[134] Wenn die gescheiterten Reformkatholiken die Forderung nach ‚Anpassung' des katholischen Glaubens an die Bedingungen der Moderne im Sinne der modernen Ideen von Freiheit und Gleichheit stellten, so ist der Subkontext des darwinistischen Horizonts von ‚Anpassung' durchaus mitzudenken. Wie im Folgenden zu zeigen sein wird, hat es der Ultramontanismus gut verstanden, den Katholizismus an die Lebensbedingungen der Moderne anzupassen. Er hat den Katholizismus durch alle Kämpfe und Konflikte hindurch marktfähig gemacht.[135] Die These von der Wirklichkeitsferne der Ultramontanen wäre nur dann akzeptabel, wenn man der Moderne eine kohärente Wirklichkeit zuschreiben könnte.[136] Die Wirklichkeit der Marktgesellschaft kennt jedoch eine Pluralität von Produkten, bei denen nicht vorab festzustellen ist, ob mit ihnen Gewinne zu machen sind oder nicht.

Wie sah die Marktformung des Katholizismus im Einzelnen aus? Zunächst wird zu zeigen sein, wie die im vorigen Abschnitt diskutierte Auseinandersetzung mit der *Nationalreligion* innerkirchlich mit dem Prozeß der organisatorischen Modernisierung verbunden war. Anschließend wird dargestellt, wie die innerkirchliche Rationalisierung von Verwaltungsabläufen und Kompetenzverteilungen in der Priesterkirche einen Laienkatholizismus entbunden hat, der die entstehende Öffentlichkeit der bürgerlichen Marktgesellschaft des 19. Jahrhunderts maßgeblich mitgeprägt hat.

1998, S. 115-139. Zur antikatholischen Polemik gegen den Syllabus: Borutta 2010, S.103ff.

132 Vgl. Peter Wagner, *Soziologie der Moderne. Freiheit und Disziplin*, Frankfurt a.M. 1995. Siehe dazu in diesem Band, S. 24ff.

133 Im *Ersten Band*, S. 59.

134 Bahnbrechend ist die Arbeit von Wolfgang Reinhard, „Gegenreformation als Modernisierung? Prolegomena zu einer Theorie des konfessionellen Zeitalters" [1977], in: Ders. (Hg.), *Ausgewählte Abhandlungen*, Berlin 1997, S. 77-102.

135 Michael N. Ebertz hat vorsichtiger formuliert und die Art des Kompromisses mit der modernen Welt als „Einbau" moderner Elemente bezeichnet. Michael N. Ebertz, „‚Ein Haus voll Glorie schauet...'. Modernisierungsprozesse der römisch-katholischen Kirche im 19. Jahrhundert", in: *Religion und Gesellschaft im 19. Jahrhundert*, hg. v. Wolfgang Schieder, Stuttgart 1993, S. 62-85, hier S. 64.

136 „Wirklichkeitsferne" ist eine Formulierung von Gabriel 1980, S. 222.

Die ultramontane Modernisierung der Amtskirche. Unter der Überschrift „Zentralismus und religiöse Kultur“ hat Franz Schnabel für den Katholizismus im 19. Jahrhundert bemerkt: „Es ist kein Zweifel, daß der Kampf um die Existenz zu einer Verengerung führen mußte, daß Verluste mit ihm verbunden waren und daß von der weiten, sich erneuernden katholischen Welt nur die rein religiöse Restauration sich vollendet und aus sich dann noch die Sozialpolitik geboren hat.“[137] Darin ist viel von der Enttäuschung enthalten, daß der Katholizismus nicht in *nationalreligiöse* bzw. zivilreligiöse Bestrebungen eingegangen ist. Geht man jedoch von der epochalen Erfahrung der Entfesselung der Marktgesellschaft aus, so erhält die Rede vom Existenzkampf eine andere Bedeutung. Es geht dann ums Überleben auf einem Religionsmarkt.

Hier gelten die Mechanismen, die seit Marx' Kapitalismuskritik bekannt sind. Der Freiheit auf dem Markt steht die Unfreiheit im Betrieb gegenüber. Der Kapitalist kauft auf einem Arbeitsmarkt die Ware Arbeitskraft und unterwirft sie gegen Lohn seinem Kommando. Nach Feierabend verläßt der Arbeiter die Fabrik, in der er in Befehls- und Gehorsamshierarchien eingebunden war, wieder als freier Marktteilnehmer. Das Privateigentum an Produktionsmitteln und damit die betriebliche Organisation formell freier Arbeit gehörten zu den Fundamenten des Kapitalismus im 19. Jahrhundert. Der Katholizismus hat von der Religionsfreiheit, die sich in der Marktgesellschaft durchgesetzt hat, profitiert. Aber dieser Gewinn ließ sich nur durch eine rationale betriebliche Organisation der Herstellung und Bereitstellung von Heilsgütern sichern, wozu auch das Eigentumsrecht an der göttlichen Offenbarung gehört. Zurecht bemerkt Irmtraud Götz von Olenhusen: „die Forderung nach *Freiheit der Kirche* und die nach *Freiheit in der Kirche* sind also strikt zu unterscheiden.“[138] Es ist forschungsgeschichtlich daran zu erinnern, daß Michael N. Ebertz zu den Ergebnissen seiner bahnbrechenden religionssoziologischen Studien zum Katholizismus im 19. Jahrhundert, auf die wir uns in diesem Abschnitt stützen, über einen Umweg gelangt ist. Nicht die Religionssoziologie, sondern die Herrschaftssoziologie Max Webers eröffnete einen Horizont, die Blokkierungen der Religionssoziologie in Deutschland zu überwinden.[139] Dieser Umweg entlastete einerseits von der katholischen Kirchengeschichtsschreibung, der es

137 Schnabel 1937, S. 249. Wenig anders ist der Tenor der Beiträge in: *Kirche im 19. Jahrhundert*, hg. v. Manfred Weitlauf, Regensburg 1998.

138 Olenhusen 1994, S. 286.

139 Michael N. Ebertz, „Die Organisierung von Massenreligiosität im 19. Jahrhundert. Soziologische Aspekte der Frömmigkeitsforschung“, in: *Jahrbuch für Volkskunde*, N.F. 2/1979, S. 38-72; ders., „Herrschaft in der Kirche: Hierarchie, Tradition und Charisma im 19. Jahrhundert“, in: Gabriel u. Kaufmann 1980, S. 89-111; ders., „Die Bürokratisierung der katholischen ‚Priesterkirche‘“, in: *Priesterkirche*, hg. v. Paul Hoffmann, Düsseldorf 1987, S. 132-163; Ders. 1993; ders., „Treue zur einzigen Wahrheit. Religionsinterner Fundamentalismus im Katholizismus“, in: Kochanek 1991, S. 30-52. Zur Methodik: ders., „Deutungsherrschaft“, in: *Wege und Welten der Religionen. Forschungen und Vermittlungen. Festschrift für Udo Tworuschka*, hg. v. Jürgen Court u. Michael Klöcker, Frankfurt a.M. 2009, S. 93-100.

Hubert Jedin zufolge darum geht, das „Wachstum der von Christus gestifteten Kirche in Raum und Zeit" aufzuzeigen, um darin „die lebendige Fülle des Mysteriums Ecclesia sichtbar zu machen" [140]. Andererseits schien die Herrschaftssoziologie Webers vom kulturprotestantischen Profil ein Stück weit entfernter zu sein als etwa die Studien zur protestantischen Ethik. Die Organisation der Kirche, mit Weber als „geistliche Herrschaft" gefaßt, die, wie andere Herrschaft auch, in „Massengebilden" sich durchsetzt, ist bei Ebertz Dreh- und Angelpunkt für die weiteren Prozesse der Organisierung von „Massenreligiosität" im Spannungsfeld von Tradition und Charisma, Begriffe, die ebenfalls in der Weberschen Herrschaftssoziologie eine wichtige Rolle spielen.

Die herrschaftssoziologische Herangehensweise ermöglicht einerseits, den Prozeß der Entstehung einer Kirchenbürokratie als Modernisierung zu begreifen, andererseits besteht die Gefahr, die Steuerungsleistung des Klerus überzubetonen.[141] Der hierarchische Charakter der Organisation darf nicht vergessen machen, daß es in weiten Bereichen gerade der niedere Klerus war, der zusammen mit dem Papst die ultramontane Modernisierung gegen zögerliche Bischöfe vorantrieb.[142] Diese Bündnisse als Instrumentalisierung aufzufassen, übergeht die Innigkeit des Glaubens der religiösen Praktikanten. Hier liegen systematisch die Grenzen herrschaftssoziologischer Perspektiven. Wenn Karl Gabriel schreibt: „In der Wahrnehmung der katholischen Bevölkerungsteile konnte (...) der wachsende bürokratische Apparat hinter der sakral-charismatischen Fassade verborgen bleiben", so erinnert diese Perspektive eines Verdachts der Manipulation der Gläubigen durchaus an ältere *rationalreligiöse* Wahrnehmungen von Priesterbetrug.[143] Mehr noch zeigt sich in der Überbetonung der Steuerungsleistung des Klerus die viel spätere gesellschaftliche Erfahrung artifizieller Lebenswelt, einer auf technischer Basis verwalteten Welt, wie sie sich im 20. Jahrhundert verbreitet hat. In der entfesselten Marktgesellschaft des 19. Jahrhunderts brennt weniger Technik und Herrschaft auf den Nägeln als das Schicksal der Seele und ihrer Hirten auf dem Markt.

Wie verspätet gerade in Deutschland mit seiner charakteristischen Marktschwäche im Geistigen und seiner Staatsdominanz westliche Ideen marktgesellschaftlichen religiösen Wettbewerbs in theologischen Kreisen angekommen sind, zeigen Formulierungen des Theologen Joseph Klein aus dem Jahre 1958: „Nur wenn alle Kirchen und Konfessionen in gleicher Weise auf die Freiheit gestellt werden, ist für das Christentum noch Heil zu erwarten. Auch die katholische Kirche muß sich als Konfession unter Konfessionen verstehen und ihren Rechtsanspruch gegenüber

140 Hubert Jedin, „Einleitung in die Kirchengeschichte", in: Ders. (Hg.): *Handbuch der Kirchengeschichte*, Bd. 1, Freiburg u.a. 1965, S. 2-68, hier S. 2.

141 So zum Beispiel bei Ebertz 1980, S. 107.

142 August Bernhard Hasler, *Pius der IX. (1846-1878). Päpstliche Unfehlbarkeit und 1. Vatikanisches Konzil. Dogmatisierung und Durchsetzung einer Ideologie*, Stuttgart 1977, S. 12. Auch in den folgenden Abschnitten stütze ich mich auf Haslers Arbeit, ohne sie abgeglichen zu haben mit: Klaus Schatz, *Vaticanum I. 1869-1870*, Paderborn 1992-94.

143 Gabriel 1980, S. 218.

denen aufgeben, die sich nicht zu ihr bekennen. Ihre grundsätzlichen Rechtsansprüche mögen dann als stillgelegte Theorie absterben oder in Büchern weiterleben, jedenfalls werden sie nur noch wirksam als lebendiges Zeugnis. Vielleicht besteht dann die Möglichkeit, daß die Konfessionen sich begegnen, wie es für Fußballmannschaften (!) selbstverständlich ist! Wenn das erreicht ist, mag man die Entwicklung Gott und der Zukunft überlassen."[144] Es gilt bei der Untersuchung der ultramontanen Modernisierung der Amtskirche im Blick zu halten, daß die dominante Nutzung der Herrschaftssoziologie eine implizite Staatsbezogenheit mit sich führt, die die Notwendigkeit des Existenzkampfs auf dem Religionsmarkt abblendet. Es gilt zu sehen, daß sich die Bürokratisierung des Katholizismus im 19. Jahrhundert weniger auf Problemlagen eines Territorialstaats richtete als auf die eines Marktes, auf dem die Kirche – einem Konzern nicht unähnlich – sich effektiv aufzustellen genötigt war.

Ebertz unterscheidet drei Phasen der Modernisierung der Kirchenorganisation.[145] In der ersten Phase bis zur Jahrhundertmitte nutzt die römische Kurie ihre einzigartige Stellung im Kirchenstaat zur Zentralisierung der administrativen Dispositionskompetenz durch die Büros der römischen Kurie. Die Diözesen wurden nach den Grenzen der deutschen Staaten neu gegliedert. Diese Gebietsreform ermöglichte die Auflösung traditionell reformkatholischer Diözesen. Mit der Entpfründung verlor die Geistlichkeit ihre grundherrschaftliche Eigenmacht. „Der bischöfliche Amtsträger wurde zum hauptberuflichen, d.h. existenziell und sozial mit dem römisch-katholischen Kirchenverband eng verknüpften, und von ihm abhängigen, an seinem Auf-, Ausbau und Fortbestand unmittelbar mitinteressierten Glied."[146] Damit erfolgte auch der Übergang von der ständischen Privilegierung für hohe Kirchenämter zur freien Auslese des Personals nach Leistung und Qualifikation, den organisationsinternen Kriterien entsprechend. Mit der Wiedereröffnung des *Collegium Germanicum* in Rom 1818 konnte der Priesternachwuchs effektiv geschult werden.

In einer zweiten Phase nach 1848 verstärken sich die Ansätze einer Modernisierung im Diözesanbereich. Dem Bischof obliegt der Aufbau einer immer staatsfreier werdenden Verwaltungsorganisation. Die Einrichtung der päpstlichen Nuntiatur garantiert die regelmäßige Evaluation der Bistümer und Berichterstattung nach Rom. Erzbischöfe erhielten einen Beraterstab (erzbischöfliches Ordinariat) und einen Generalvikar mit Verwaltungsstab. Laien, die auf der Basis eines privatrechtlichen Vertrages bei der Kirche angestellt waren, wurden wie Beamte einem Regelwerk unterworfen, das in engem Austausch mit der Gesetzgebung für Staatsbeamte entwickelt und modernisiert wurde. Die Dechanten erhielten Instruktionen zur Überwachung der Lebensführung des niederen Klerus. Regelmäßige bischöfliche Visitationen und Evaluationen werden aktenmäßig festgehalten. Das kirchliche

144 Joseph Klein, *Skandalon. Um das Wesen des Katholizismus*, Tübingen 1958, S. X.
145 Zum Folgenden vgl. Ebertz 1980 u. Ebertz 1993.
146 Ebertz 1993, S. 69.

Prüfungswesen dokumentierte regelmäßige Exerzitien und Beichten sowie die Diözesen-, Dekanats- und Pastoralkonferenzen.

Die dritte Phase kulminierte im Ersten Vatikanischen Konzil. Mit dem dort verkündeten Dogma von der Unfehlbarkeit des Papstes werden wir uns im Zusammenhang der Auseinandersetzung der katholischen Kirche mit der *Wissenschaftsreligion* beschäftigen.[147] Hier ist daran zu erinnern, was schon Max Weber in seiner Herrschaftssoziologie bemerkt hat: „Auf der Dienstdisziplin beruht die Schlagkraft des Heeres. Nur wenig modifiziert vollzieht sich der Vormarsch des Bürokratismus in der Gemeindeverwaltung. Je größer die Gemeinde ist oder je mehr sie durch technisch und ökonomisch bedingte Zweckverbandsbildungen aller Art unvermeidlich ihrer organischen lokalen Bodenständigkeit entkleidet wird, desto mehr. Und in der Kirche war nicht etwa das viel beredete Unfehlbarkeitsdogma, sondern der Universalepiskopat der prinzipiell wichtige Abschluß [des Vatikanischen Konzils im Jahre] 1870. Er schuf die ‚Kaplanokratie' und machte im Gegensatz zum Mittelalter den Bischof und Pfarrer zu einem einfachen Beamten der kurialen Zentralgewalt. Nicht anders auch in den großen Privatbetrieben der Gegenwart, und zwar je größer sie sind, desto mehr."[148] Im nachkonziliaren, bis zu Pius X. reformierten Kirchenrecht wurde die formale, universale Kompetenz des Papstes als eines Amtsträgers systematisch ausgebaut und von der Privatperson geschieden.

NEUSCHOLASTIK UND NEUES PRIESTERBILD. Daß diese Modernisierung als konservativ oder reaktionär erfahren wurde, mag darin begründet sein, daß mit ihr die theologische Diskussion im Katholizismus ausgeschaltet wurde.[149] Dies zeigt sich besonders in der Enzyklika *Pascendi dominici gregis* von 1907, die am Ende der Ultramontanisierung steht. Darin richtete sich Pius X. nicht nur gegen die äußeren Feinde der Kirche, sondern mehr noch gegen „viele aus der katholischen Laienwelt, ja, was noch viel schlimmer ist, sogar aus den Reihen des Klerus, die unter dem Deckmantel der Liebe zur Kirche, ohne die Grundlage einer soliden Philosophie und Theologie, ja angesteckt von dem Gifte der Lehren, wie sie die Feinde der Kirche vortragen, alle Bescheidenheit beiseite setzend, sich zu Reformatoren der Kirche aufwerfen". Weiter heißt es: „Ja, es ist nur zu wahr, sie sind schlimmer als alle anderen Feinde der Kirche. Denn nicht außerhalb, sondern, wie gesagt, in der Kirche selbst schmieden sie ihre Pläne zum Verderben der Kirche; im Blute der Kirche, in ihrem tiefsten Inneren, steckt die Gefahr, und der Schaden ist um so

147 In diesem Band, S. 489ff.

148 Max Weber, *Wirtschaft und Gesellschaft. Grundriß der verstehenden Soziologie*, hg. v. Johannes Winckelmann, 2 Bde., Köln/Berlin 1964, S. 1047; vgl. auch ebd., S. 163.

149 Vgl. Helmut Geller, „Sozialstrukturelle Voraussetzungen für die Durchsetzung der Sozialform ‚Katholizismus' in Deutschland in der ersten Hälfte des 19. Jahrhunderts", in: Gabriel u. Kaufmann 1980. S. 66-88; Johann Friedrich, *Der Kampf gegen die deutschen Theologen und theologischen Fakultäten in den letzten zwanzig Jahren*, Bern 1875; vgl. auch weitere Angaben bei Weber 1991, S. 38 sowie bei Schloßmacher 1991. Zur Durchsetzung ultramontaner Literatur siehe Hasler 1977, S. 19f.

sicherer, je besser sie die Kirche kennen."[150] Dem folgten 1910 die Ausführungsbestimmungen des *Motu proprio Sacrorum antistitum* mit der Formel des sogenannten „Antimodernisteneids".[151]

Die päpstlichen Maßnahmen richteten sich gegen Autoren wie den französischen katholischen Theologe Alfred Loisy (1857-1940). Er hatte den gelehrten theologischen Versuch unternommen, die Schrift *Wesen des Christentums* des evangelischen Theologen Adolf von Harnack zu widerlegen. Es handelte sich um den Eintritt eines katholischen Intellektuellen in das neuzeitlich durch die evangelischen theologischen Fakultäten dominierte Feld des universitären theologischen Disputs.[152] Die Schrift Loisys wurde indiziert. Für betriebsförmige Organisation der Kirche, die ihr Glaubensprodukt auf dem Religionsmarkt eindeutig plazieren mußte, waren theologische Diskussionen dazu angetan, die Kunden zu verwirren.

Die Enzyklika *Pascendi* verwarf wissenschaftliche Methodik und historische Perspektive nicht grundsätzlich, sie behauptete jedoch die Unterordnung der Wissenschaft unter die Theologie, die gemäß der einzig legitimen neuscholastischen Theologie das Unvergängliche und Unzerstörbare des katholischen Glaubens gegen geschichtlichen Wandel zu bewahren hat. Dabei fällt die Unterscheidung zwischen Wahrheit und Darstellung der Wahrheit, die für alle theologische Arbeit grundlegend ist, der Kritik am „Symbolismus" zum Opfer. Franz Padinger zufolge steht im Hintergrund der Ablehnung des theologischen Symbolismus „die Befürchtung, eine Trennung zwischen den sprachlichen Formeln und der in diesen Formeln vermittelten Wahrheit führe zu einem Relativismus und damit zu einem Verlust der Wahrheit. Man sah die Gefahr, durch eine Trennung der Hülse vom Inhalt könnte sich der Inhalt verflüchtigen, und es würden dann die leeren Hülsen zurückbleiben. Dieser Gefahr suchte man dadurch zu entgehen, daß man das Dogma und die mit dem Dogma bezeichnete Wahrheit identifizierte. Die bleibende Differenz zwischen dogmatischer Formel und Glaubensinhalt, der immer auch das Glaubensgeheimnis mit einschließt, wurde übersehen, und so wurde die Theologie – genauer: eine konkrete theologische Richtung – mit dem katholischen Glauben identifiziert. Diese Identifikation von Theologie und Glaubensinhalt führt zu einer Sta-

150 Papst Pius X., „Rundschreiben über die Lehren der Modernisten" [1907], in: *Rundschreiben unseres heiligsten Vaters Pius X. durch göttliche Vorsehung Papst,* Freiburg 1916, S. 186-221.

151 Zu den Auslegungen der Kurie vgl. Judith Schepers, „‚Soviel und so rasch wie in der Modernistenverfolgung hat die Kurie lange nicht gearbeitet ...'. Zur kurialen Interpretation des Antimodernisteneides", in: Dies. u. Hubert Wolf (Hg.), *‚In wilder zügelloser Jagd nach Neuem'. 100 Jahre Modernismus und Antimodernismus in der katholischen Kirche*, Paderborn 2009, S. 337-367. Zur Orientierung: Claus Arnold, *Kleine Geschichte des Modernismus*, Freiburg i. Br. 2007.

152 Zu den Auseinandersetzungen innerhalb der Kurie siehe Claus Arnold, „Alfred Loisy als taktisches ‚Opfer' gemäßigter Kräfte an der Römischen Kurie?", in: Wolf u. Schepers 2009, S. 261-270; zur Rezeption Loisys in Deutschland: Otto Weiß, „Das wechselvolle Geschick des Alfred Loisy in Deutschland", in: Ders. 2004, S. 385-437.

gnation der theologischen Reflexion."[153] Die Dogmenentwicklung wurde für abgeschlossen erklärt. Der Widerspruch von organisatorischer Modernisierung und Ausschaltung theologischer Diskussion löst sich, wenn man einsieht, daß freie Diskussion innerbetrieblich für jedes Unternehmen, das auf dem Markt reüssieren will, kontraproduktiv werden muß, wenn das Unternehmen mit sich widersprechenden Aussagen Werbung machen will und so die *corporate identity* geschädigt wird. So wie Parteien in der Konkurrenz um Stimmen umso effektiver und rational kohärenter scheinen, je mehr sie mit einer Stimme reden.

Die sogenannte Neuscholastik erwies sich dafür als außerordentlich organisationstauglich. Das Spektrum mittelalterlicher Theologie wurde entschieden auf die Lehre von Thomas von Aquin hin eingeengt und diese enthistorisiert. Der scholastischen Naturrechtslehre zufolge gründeten gesellschaftliche und staatliche Ordnungen nach der Vertreibung der Menschen aus dem Paradies nur noch in einem relativen Naturgesetz. Aber diese *lex naturalis* ist zugleich *lex dei* und *lex aeterna.* Die thomasische Grundformel: „Die Gnade setzt die Natur voraus und vollendet sie" bedeutete, daß die natürlichen, d.h. vorfindlichen Sozialordnungen der Familie, politischen Gemeinde und Herrschaft als schöpfungsgewollte Gegebenheiten, als Voraussetzung für Gnadenprämien anerkannt werden müssen, weil sie als Ausfluß der universalen Ordnungsvernunft zu gelten haben. Die Anerkennung dieser Voraussetzung ist die Basis dafür, daß sie heilsgeschichtlich von ihren lapsusbedingten negativen Eigenschaften erlöst werden können, so daß mit der Wiederkunft Christi das paradiesische absolute Naturgesetz restituiert werden wird.[154]

Die Neuscholastik verschärft die thomasische Grundformel. Aus den natürlichen Sozialordnungen werden Ordnungen überzeitlich gleichbleibender Eigenschaften der gottgeschaffenen menschlichen Natur, die mit der Offenbarung kurzgeschlossen werden. Gnade setzt nicht mehr Natur voraus, sondern naturrechtlichen Verbindlichkeiten der Menschennatur werden aus dem überlieferten Lehrgut der Kirche in die Natur deduziert. Diese Wechselbeziehung hat Joseph Ratzinger so charakterisiert: „Eine seltsame Art von Positivismus war das Ergebnis. Da solche Deduktionen keineswegs für jedermann zwingend sind, sie jedoch mit der Absicht aufgestellt wurden, Glaubenslehren als auch von der bloßen Vernunft her verbindlich zu erweisen, wurde nun für den vernünftigen Charakter dieser Schlußfolgerungen die Autorität der Kirche in Anspruch genommen, so daß einerseits der

153 Franz Padinger, „Zum Verständnis des Konfliktes zwischen Glaube und Wissenschaft im Modernismusstreit", in: Weinzierl 1974a, S. 43-56, hier S. 49.

154 Zur Neuscholastik vgl. Uertz 2005, S. 193ff., besonders zur Enzyklika *Aeterni patris* 1879, S. 238ff., zur thomasischen Grundformel S. 274. Zu Positionen der Kurie vgl. Philippe Chenaux, „Papauté et théologie à Rome dans les années 1870-1878", in: Lamberts 2002, S. 257-270. Zum christlichen Naturrecht als Grundlage katholischer Gesellschaftstheorie vgl. *Naturrecht in der Kritik*, hg. v. Franz Böckle u. Ernst-Wolfgang Böckenförde, Mainz 1973, insbesondere den Beitrag von Franz Xaver Kaufmann, „Wissenssoziologische Überlegungen zu Renaissance und Niedergang des katholischen Naturrechtsdenkens im 19. und 20. Jahrhundert", S. 126-164. Grundlegend: August M. Knoll, *Katholische Kirche und scholastisches Naturrecht: zur Frage der Freiheit*, Neuwied u.a. 1968.

Erweis der Vernünftigkeit den schwankenden Glauben stützen, andererseits die Autorität des Glaubens die ungewisse Vernunftsicherheit ergänzen sollte."[155] So wenig Akzeptanz diese Lehre, die kaum einer homogenen katholischen Gesellschaft angemessen ist, gesamtgesellschaftlich gewinnen konnte, so sehr erwies sie sich im Binnenraum des Klerus als erfolgreich: Unnütze Diskussionen, Reibungsverluste durch Ambivalenz konnten auf diese Weise reduziert werden. Priesterausbildung auf neuscholastischer Basis bedeutete die geistige Abschließung nicht nur von bürgerlicher Bildung, sondern auch von theologischer Reflexion.

Zur ultramontanen Modernisierung gehörte ebenso die Schaffung eines neuen Priesterbildes. Mit der Entpfründung veränderte sich die soziale Zusammensetzung des Klerus.[156] Entgegen dem Urbanisierungstrend rekrutierte sich der Priesternachwuchs nach 1840 immer mehr aus dörflichen Gemeinden und kleinen Landstädten, was zum Verlust von Priestern aus gebildeten städtischen Schichten, aber auch aus der Arbeiterschaft führte. Die partielle Ausweitung der Bildungschancen von Sprößlingen bäuerlicher Herkunft ging mit ihrer konsequenten Schulung im Geiste der Neuscholastik einher.

Dem entsprach die verschärfte Kontrolle der tridentinischen Bestimmungen für das Verhalten der Priester. Die Organisation wachte nicht nur über die Einhaltung des Keuschheitsgelübdes der zölibatären Lebensform, sondern auch der priesterlichen Standespflichten. „Unklerikalisches Verhalten" bedeutete unter anderem Teilnahme an weltlichen Vergnügungen, Glücksspielen, regelmäßiger Besuch des Wirtshauses, übermäßiger Alkoholgenuß. Um 1900 war die Überwachung konsequent durchrationalisiert. In Baden hatte jeder Dekan jährlich über jeden Priester einen vorgedruckten „Jahresbericht über die Dienstführung" auszufüllen. Der Evaluationsbogen hatte die Gliederung: „A. Dessen Person betreffend. 1. Befähigung – Gesundheit – Naturell. 2. Priesterlicher Wandel gemäß erzbischöfl. V. O. v. 8. Dez.1854 u. 8. Mai 1884 Nr. 4324 insbesondere bezüglich Wirtshausbesuch. Vorsicht im Umgang. Residenzpflicht. Exerzitien. 3. Etwaige außerordentliche Begabung (...) B. Dessen Haushalt betreffend. 1. Wer führt den Haushalt? Obrigkeitlich genehmigt? (...) C. Dessen Wirken betreffend. Wie erfüllt derselbe seine Pflichten 1. In korrekter Abhaltung des Gottesdienstes? in der Schule und Christenlehre? Bezüglich der Kranken? 2. Wie in der Pflege der außerordentlichen Seelsorge – evtl. des Vereinslebens?"[157] Das vorgeschriebene Tragen der Soutane in der Öffentlichkeit hob den Priester aus dem alltäglichen Straßenbild heraus, wie überhaupt die priesterlichen Sondernormen darauf zielten, den Abstand zwischen Priester und Gläubigen, zwischen Hirt

155 Joseph Ratzinger, „Naturrecht, Evangelium und Ideologie in der katholischen Soziallehre. Katholische Erwägungen zum Thema", in: *Christlicher Glaube und Ideologie*, hg. v. Klaus von Bismarck, Stuttgart/Berlin/Mainz 1964, S. 24-30, hier S. 26.

156 Grundlegend hierzu Olenhusen 1994, S. 142 u.a. Zur Diskussion des Priesterbildes siehe: *Unnütze Knechte? Priesterbild und Priesterbildung*, hg. v. Erich Garhammer, Regensburg 1989.

157 Zit. n. Olenhusen 1994, S. 192.

und Herde deutlich werden zu lassen.[158] Mit der ‚Sakralisierung des Priesterbildes' wurde die konfessionelle Differenz zum Protestantismus verschärft. Die katholische Kirche wurde mehr als je zuvor eine Priesterkirche. Das Leben der Priester sollte durch die *participatio sacerdotii christi* geprägt sein. Mönchische Praktiken wie die obligatorische Teilnahme an speziellen Priesterexerzitien, die tägliche Messe und das tägliche Breviergebet verstärkten das Bild vom katholischen Priester, der einen Zugang zu Gott gefunden hatte, der den Laien verschlossen war.[159]

Soweit die Wurzeln der sakramental-hierarchischen Struktur der katholischen Kirche auch zurückreichen mögen, der Ausbau einer „hierarchologischen Kirchentheorie" ist eine Leistung des 19. Jahrhunderts.[160] Im 19. Jahrhundert wird das exklusive Heilswegerecht, das die katholische Kirche seit der Spätantike beansprucht hatte, mit einer Ekklesiologie gesichert, in der die Priesterkirche als eine objektiv natürliche göttliche Stiftung den Gläubigen gegenübergestellt wurde.[161] Es handelte sich um einen „rationalistisch-positivistischen Supranaturalismus", der mit dem positivistischen Naturalismus der *Wissenschaftsreligion* vielleicht auch gerade aufgrund des Antagonismus der beiden Religionen strukturell affin ist. Ausgebildet wurde ein Dualismus von „lehrender" und „hörender" Kirche. Lehrend sind die Priester, hörend und gehorchend die Laien, eine Spaltung, die der von Experten und Laien in der *Wissenschaftsreligion* entsprach.[162]

DIE KATHOLISCHE LAIENBEWEGUNG. Im Prozeß der Ultramontanisierung entwindet sich die vom Papst geführte Priesterkirche schrittweise der staatskirchlichen Kontrolle. Dies hat Folgen für die katholischen Laien, die nun mit der Sakralisierung des Priesterbildes und der Konstitution der hörenden Kirche im Gegenzug eine Bewegungsfreiheit gewinnen, wie sie der landeskirchlich verfaßte Protestantismus mit seiner Lehre von der Priesterschaft der Laien nicht aufweisen konnte. Die katholische Spaltung von Hirt und Herde mochte der lutherischen *Freiheit eines Christenmenschen* zutiefst widersprechen, aber sie eröffnete praktisch gesehen Chancen für die Entstehung einer katholischen Laienbewegung, die sich in einer eigenständigen Rolle als ein Gegenüber zur Amtskirche definierte. Man kann die Rolle strukturell durchaus mit der Rolle der Gewerkschaften gegenüber den Unternehmern vergleichen.

Die stereotypen Klagen des Klerus über die moralische Verwahrlosung der Gläubigen nehmen zur Mitte des 19. Jahrhunderts ab. Einen Wendepunkt bildete die

158 Vgl. die Angaben bei Weber 1991, S. 34 u. 45 FN 88.

159 Zur Sakralisierung des Priesterbildes vgl. Olenhusen 1994, S. 188f.

160 Hermann Josef Pottmeyer, *Unfehlbarkeit und Souveränität. Die päpstliche Unfehlbarkeit im System der ultramontanen Ekklesiologie des 19. Jahrhunderts*, Mainz 1975, S. 349ff.

161 Zum folgenden vgl. Rudolf G. Ardelt, „Anmerkungen zur antimodernistischen Ekklesiologie", in: Weinzierl 1974a, S. 257-282.

162 Vgl. die Angaben ebd., S. 258 u. 265 f. Zur Situation nach dem Vaticanum II vgl. Franz Xaver Kaufmann, „Unbeabsichtigte Nebenfolgen kirchlicher Leistungsstrukturen. Vom Triumphalismus zur Tradierungskrise„, in: *Kirche im Kontext der modernen Gesellschaft*, hg. v. Hermann Josef Pottmeyer, Paderborn u.a. 1989, S. 8-34.

Gefangennahme des Kölner Erzbischofs Clemens von Droste-Vischering durch die preußische Regierung, weil er am Kirchenverbot von konfessionell gemischten Ehen festhielt. In den sogenannten Kölner Wirren von 1837 stellen sich katholische Laien offen auf die Seite des Bischofs und organisieren einen Protest in den vormärzlichen Formen der bürgerlichen Demokratiebewegung. 1838 bieten über 300 Flugschriften Nahrung für das Aufblühen von Öffentlichkeit.[163] Neben den *nationalreligiös* gefärbten Deutschkatholiken entstanden papsttreue Katholikenvereine nach dem Vorbild des Mainzer Pius-Vereins vom März 1848 in ganz Deutschland, die sich bald zusammenschlossen und Generalversammlungen abhielten.[164] Im Programm des Wiener Vereins heißt es zur Glaubens- und Assoziationsfreiheit: „Beide diese Güter zu benützen ist daher auch der Katholik (...) eben so sehr berechtigt als verpflichtet. Er ist dazu berechtigt, weil niemand ihm wehren darf, die frische Luft des konstitutionellen Lebens zu atmen, so sehr er die Rechte und die Freiheit der Andersgläubigen zu achten weiß. Er ist aber auch dazu um so mehr verpflichtet, als seine Kirche, von den Banden des Polizeistaates nimmer entwürdigt, nun erst in aller Wahrheit und sittlicher Freiheit aufzuleben vermag."[165] Die Kraft des liberalen österreichischen Laienkatholizismus scheidet freilich 1866 aus dem Bismarckschen Reich aus. Aus den Generalversammlungen der katholischen Vereine entwickeln sich später die jährlichen Katholikentage, auf denen die Laienvereine jedes Jahr in einer anderen Stadt ihr Gewicht neben der Priesterkirche zur Geltung bringen.[166]

163 Immer noch unverzichtbar: Heinrich Schörs, *Die Kölner Wirren (1837). Studien zu ihrer Geschichte*, Berlin 1927; Schnabel 1937, Bd. 4, S.106ff., besonders S. 138; Nipperdey 1990, S. 418f.; Borutta 2010, S. 269ff. Zur religiösen Verwahrlosung des Konfessionalismus um 1800 vgl. Blackbourn 1988, S. 9f.

164 Vgl. die einschlägigen Abschnitte im von Hubert Jedin herausgegebenen *Handbuch der Kirchengeschichte* in Bd. 4/1 und Bd. 4/2, Freiburg 1971 und 1973. Darüberhinaus: Ernst Heinen, „Der Kölner Piusverein 1848/49 – ein Beitrag zu den Anfängen des politischen Katholizismus in Köln", in: *Jahrbuch des Kölnischen Geschichtsvereins* 57/1986, S. 147-242; Rudolf Lill, „Reichskirche – Säkularisation – Katholische Bewegung. Zur historischen Ausgangssituation des deutschen Katholizismus im 19. Jahrhundert", in: *Der soziale und politische Katholizismus. Entwicklungslinien in Deutschland 1803-1963*, 2 Bde., hg. v. Anton Rauscher, hier Bd. 1, München/Wien 1981, S. 15-45; Heinz Hürten, „Katholische Verbände", in: Rauscher 1982, Bd. 2, S. 215-277, besonders S. 230-241; *Geschichte der christlich-demokratischen und christlich-sozialen Bewegungen in Deutschland*, Bd. 1, hg. v. Günther Rüther, Bonn 1984; Walter Sauer, *Katholisches Vereinswesen in Wien. Zur Geschichte des christlich-konservativen Lagers vor 1914*, Salzburg 1980; grundlegend ist weiterhin Hans Maier, *Revolution und Kirche. Studien zur Frühgeschichte der christlichen Demokratie* [1959], München ^{2}1965; ders., *Katholizismus und Demokratie*, Freiburg 1983.

165 Zit. n. Weiß 1991, S. 39.

166 Vgl. Ephrem Filthaut, *Deutsche Katholikentage 1848-1958 und soziale Frage*, Essen 1960; Holger Arning u. Hubert Wolf, *Hundert Katholikentage. Von Mainz 1848 bis Leipzig 2016*, Darmstadt 2016. Für die jüngste Vergangenheit: Claudio Kullmann, „Politikfähigkeit des Laienkatholizismus im gesellschaftlichen Wandel: Die Deutschen Katholikentage seit 1978", in: *Politik und Religion im vereinigten Deutschland. Was bleibt von der Rückkehr des Religiösen?*, hg. v. Gert Pickel u. Oliver Hidalgo, Wiesbaden 2013, S. 337-355.

Während die ultramontane Amtskirche im Unterschied zu den selbstverwalteten Glaubensgemeinschaften in der Tradition der calvinistischen Kirche der Heiligen keine demokratischen oder republikanischen Formelemente kannte, stand die katholische Laienbewegung überwiegend auf der Seite der repräsentativen Demokratie. Rudolf Morsey hat dies „eine Freiheitsbewegung eigener Art" genannt.[167] Seit 1852 entsteht im preußischen Abgeordnetenhaus eine katholische Fraktion, aus der sich der politische Katholizismus, die Zentrumspartei, entwickelt. In ihr trafen selbstständige Laienbewegung und politisch interessierte Priester aufeinander. Aus der Perspektive der Liberalen und Sozialisten war das Zentrum eine Kleri-kerpartei; aus der Perspektive der Amtskirche der Versuch, „die unwiderstehlich aufsteigende Macht der Demokratie zu neutralisieren, indem man sich an ihre Spitze stellte und sie in die Bahn des Glaubens und der Ordnung zu lenken suchte".[168] Der Streit, ob sich in der Zentrumspartei der Antimodernismus der Kirche ein Organ geschaffen hat, oder ob das Zentrum Wegbereiter der parlamentarischen Demokratie in Deutschland war, löst sich auf, wenn man wie bei der ultramontanen Modernisierung der Amtskirche zwischen modernen Ideen und modernen Formen unterscheidet.

Margaret Anderson hat das spannungsreiche Zusammenspiel von Priestern und Laien im Zentrum treffend beschrieben: „Der Klerus stellte eine bedeutende Anzahl der Abgeordneten und ca. 20-25% der Parteifunktionäre. Er gab die Parteizeitungen heraus. Er verteilte auch die Wahlzettel des Zentrums und stand den Wahlveranstaltungen vor. Ohne den Klerus war die Partei undenkbar. Gleichzeitig wurde die Parteistrategie jedoch von Laien gemacht und, was noch wichtiger war, die Partei war von den freien, demokratischen Stimmen des Laienstandes abhängig. Schon bald erwarben diese Laienführer eine Legitimation in katholischen, sogar in religiösen Angelegenheiten, die derjenigen der Hierarchie in nichts nachstand."[169] Der Name ‚Zentrum' leitete sich zunächst von der Sitzordnung des Abgeordnetenhauses her. Zugleich signalisierte er eine Mittellage, in der Aushandlungsgeschick, Kompromißfähigkeit und Pragmatismus gefordert war und gefördert wurde.[170]

Man darf diese Mittellage nicht idyllisch auffassen. Die Priesterkirche verweigerte den Gläubigen die Inanspruchnahme individueller Freiheitsrechte. Sie verlangte Demut, Gehorsam, Unterwerfung und innere Zustimmung. Die Priesterkirche hegte einen ständigen Häresieverdacht gegen die Laienorganisationen. Auf der anderen Seite waren die im praktischen Leben stehenden politisch engagierten Laien

167 Rudolf Morsey, „Einleitung", in: Ders. (Hg.), *Katholizismus, Verfassungsstaat und Demokratie. Vom Vormärz bis 1933*, Paderborn 1988, S. 11-26, hier S. 13.

168 Schnabel 1937, Bd. 4, S. 215. Zur Zentrumspartei vgl. Anderson 1988a; dies., „Inter-denominationalism, Clericalism, Pluralism. The Zentrumsstreit and the Dilemma of Catholicism in Wilhelmine Germany", in: *Central European History* 21/1988, S. 350-378; Windell 1954; Morsey 2001; *Die Minderheit als Mitte. Die deutsche Zentrumspartei in der Innenpolitik des Reiches 1871-1933*, hg. v. Winfried Becker, Paderborn u.a. 1986. Zu den kontroversen historiographischen Positionen Ebd., S. 11ff.

169 Anderson 1997, S. 219.

170 Morsey 1988, S. 16.

daran interessiert, ihr Katholischsein in der wachsenden Komplexität moderner Marktgesellschaft auch durchhalten zu können. Die Katholizität der bürgerlichen Laienbewegung schwankte zwischen „kirchenfrommen“ Haltungen, die sich immer dann verstärkten, wenn die Kirche angegriffen wurde, und „weltfrommen“ Haltungen, wie sie Werner Blessing für das „katholische Bayern“ im 19. Jahrhundert treffend charakterisiert hat: „Die Rolle des ‚praktizierenden Katholiken‘ hatte sich auf besondere Anlässe reduziert: Er suchte vor allem erbauliche Übergangsriten im Jahreskreis, im eigenen Lebenslauf sowie im öffentlichen Leben. Hinzu kam für diese Menschen, die ja nicht nur katholisch registriert, sondern meist auch unter katholischem Einfluß in Familie, Schule oder Umwelt aufgewachsen waren, eine gewisse Deutungsleistung christlicher Religion – nicht mehr bewußt konfessionell gerichtet, aber unwillkürlich doch noch so geprägt. Aus dem Sinn und den Werten, wie sie die Kirche lehrte, leitete sich sowohl eine allgemeinste Legitimation gesellschaftlicher und staatlicher Ordnung als auch eine allgemeinste Begründung privater und öffentlicher Moral her. Aber das bedeutete weder eine politische Lehre als Handlungsanleitung (policy) noch eine verhaltensverbindliche Ethik. Katholiken dieser Kreise waren katholisch, insoweit es – individuell wie in der Gemeinschaft – neben anderen Bedürfnissen auch religiöse gab und damit vernünftigerweise Kirchen. Sie waren es nicht mehr im Sinn einer existenziellen Orientierung. Rechte Ordnung und Tugend im kirchlichen Sinn blieben lediglich als abendländische Konsenstradition gegenwärtig.“[171] Solch „weltfromme“ Haltungen erwiesen sich als außerordentlich stabil und konnten mit „kirchenfrommer“ Intensität auch langfristig koexistieren.

Das katholische Molekül von Priesterkirche und Laienkatholizismus ist nach dem Vatikanum II (1962-1965) erhalten geblieben. Auch haben die Konflikte zwischen beiden Seiten nicht aufgehört. Das Konzil hatte den Laien neben Bischöfen, Priestern und Ordensleuten einen eigenen Status zugesprochen, den irdischen Sachbereichen eine gewisse Autonomie zugestanden und zwischen dem, „was Christgläubige – sei es einzeln oder verbündet – in ihrem eigenen Namen als Bürger, vom christlichen Gewissen geführt, und dem, was sie im Namen der Kirche zusammen mit ihren Hirten tun, klar unterschieden“.[172] 1983 wurde dann festgelegt, daß Kleriker in politischen Parteien und an der Leitung von Gewerkschaften grundsätzlich nicht teilnehmen dürfen. Diese Arbeitsteilung zwischen Priestern und Laien geriet in Bedrängnis, als Papst Johannes Paul II. das von den deutschen Bischöfen, Priestern und Laien in Konkordanz mit der staatlichen Gesetzgebung zur Abtreibung entwickelte Beratungssystem verbot, da die Kirche sich nicht an der Ausstellung von Beratungsscheinen beteiligen dürfe, die zur Tötung ungeborenen Lebens führten. Die Beratungsstellen der katholischen Kirche in Deutschland

171 Werner K. Blessing, „Kirchenfromm – Volksfromm – Weltfromm. Religiösität im katholischen Bayern des späten 19. Jahrhunderts“, in: Loth 1991a, S. 95-123, hier S. 107.

172 „Gaudium et spes“, in: *Die Dokumente des Zweiten Vatikanischen Konzils. Konstitutionen, Dekrete, Erklärungen*, hg. v. Peter Hünermann, Freiburg 2004, S. 592-749, hier S. 720, Abs. 76; und zu den Laien: „Lumen gentium“, in: ebd., S. 73-185, hier Abs. 33.

stellten daraufhin keine Bescheinigungen mehr aus. Aber unter Führung von prominenten ehemaligen Repräsentanten des *Zentralkomitees der Deutschen Katholiken (ZdK)* wurde der Verein *Donum Vitae* gegründet, der die Arbeit der Scheinausstellung katholischer Beratungsstellen übernahm.

Über die Frage, ob und inwiefern *Donum Vitae* ein katholischer Verein sei, kam es 2006 zu einer interessanten Debatte in der *Frankfurter Allgemeinen Zeitung*. Patrick Bahners, der vor dem Besuch Papst Benedikt XVI. in Bayern das bunte Bild katholischen Vereinslebens ausmalte, konstatierte, *Donum Vitae* sei kein katholischer Verein: „Die Multifunktionäre des ZdK zupfen sich aus den Konzilstexten heraus, was ihnen paßt. Hinter die Trennung von Kirche und Staat gehen sie zurück, wenn sie auch innerhalb der Kirche, in einer Frage der Sittenlehre, wie Parteileute agieren wollen, die keine Befehle aus Rom entgegennehmen.“[173] In seiner Erwiderung wehrte sich Hans Maier, 1976-1988 Präsident des ZdK, gegen eine derart integralistische Zumutung: „Glaubt denn heute jemand noch ernsthaft, alles öffentliche Tun, Reden, Schreiben von Katholiken (in so vielen Ländern, so unterschiedlichen Völkern, unter so rasch wechselnden politischen Bedingungen) ließe sich durch zentrale Weisungen des Amtes umfassen und steuern? Verlöre nicht die Kirche all ihr Gewicht, wenn sie ständig zu allem und jedem Stellung nähme? Würde sich nicht ihre Botschaft in kleiner Tagesmünze verflüchtigen?“[174] In diesem Zusammenhang erinnert Hans Maier an die Verdienste des Laienkatholizismus im Kulturkampf. Karl Graf Ballestrem machte dagegen in einem Leserbrief geltend: „Schließlich ist die massenhafte Tötung ungeborener Kinder nicht irgendein soziales Phänomen, über das man mit guten Gründen verschiedener Meinung sein könne, sondern eine der größten moralischen Katastrophen unserer Zeit.“ [175] Katholiken dürften kein Alibi liefern, das den Unrechtscharakter der Abtreibung verschleiere. Die Vertreterin des Landesverbandes *Frauen beraten / donum vitae* Nordrhein- Westfalen Ingrid Schürholz-Schmidt erklärte: „Donum Vitae ist kein kirchlicher Verein, aber außerhalb der Kirche befinden wir uns gerade nicht. Als katholische Christen nutzen wir das im kirchlichen Gesetzbuch verankerte Recht, in der Welt das kirchlich gewünschte Ziel des Lebensschutzes in einem freien Zusammenschluß als bürgerlicher Verein zu verfolgen.“[176]

Wenige Tage später fragt der Leserbriefschreiber Hans Thomas aus Köln: „Wie alle Bürger sprechen und handeln also Katholiken in der pluralistischen Gesellschaft ‚im eigenen Namen‘. Warum soll das noch eigens ‚katholisch organisiert‘ werden? (...) Die von Maier gewürdigten historischen Verdienste des deutschen organisierten

173 Partrick Bahners, „Hört, hört! Unter Zwischenrufern: Auf welche Kirche trifft der Papst in Deutschland“, in: *Frankfurter Allgemeine Zeitung*, 9. September 2006, S. 33.

174 Hans Maier, „Was dürfen Laien? Eine Erwiderung auf Patrick Bahners“, in: *Frankfurter Allgemeine Zeitung* vom 5. Oktober 2006, S. 41.

175 Karl Graf Ballestrem, „Katholiken liefern das Alibi (Leserbrief)“, in: *Frankfurter Allgemeine Zeitung* vom 18. Oktober 2006, S. 11.

176 Ingrid Schürholz-Schmidt, „Ohne päpstliche Zustimmung (Leserbrief)“, in: *Frankfurter Allgemeine Zeitung* vom 18. Oktober 2006, S. 11.

Laienkatholizismus mit seiner Wurzel ‚im Kulturkampf gegen Bismarck' seien unbestritten. Nur hatte das nichts mit Pluralismus zu tun. Im Gegenteil: Die Einheit im Glauben wurde genutzt für Gemeinsamkeit in ‚irdischen Sachbereichen'. Die damaligen katholischen Bünde, Vereine, Verbände, Genossenschaften, Zeitungen, bis hin zu einer politischen Partei, setzten Glaubens- und Kirchentreue unter Katholiken als gegeben voraus und nutzten diese kirchliche Einheit für bürgerliche, soziale, kulturelle, politische Zwecke, bis sie vom Staat als Bürgerschaft ernst genommen wurden. Damit halfen sie der geschwächten Kirche. Der vom II. Vatikanischen Konzil erklärte Pluralismus in ‚irdischen Sachbereichen' hat, so gesehen, den gesellschaftlich organisierten Laienkatholizismus überholt und in gewisser Weise zu einem Traditionalismus gemacht."[177] Die Kontroverse hilft in exemplarischer Weise, die Frage des Modernisierungspotentials des Katholizismus im Bereich der Laienorganisation zu erhellen. Auf der Ebene der modernen Ideen wird man scharf zwischen einem modernen Pluralismus, der auf individuellem Gewissen beruht, und dem päpstlichen Absolutismus unterscheiden. Aus der Sicht einer organisierten Moderne, in der der Katholizismus seine Entwicklungsvorsprünge verbuchen kann, stellt sich die Spaltung zwischen Priesterkirche und katholischen Laienorganisation als eine Sozialform stabilisierter Spannung dar, die mehr Thematisierungen, Aushandlungen und Kompromißformen ermöglicht als atomisierte Gewissensentscheidungen.

Von den modernen Ideen hat der Katholizismus im 19. Jahrhundert die Gleichheit entschieden abgelehnt, die Freiheit nur im Glauben an die Kirche und im Gehorsam ihren Sittlichkeitsgeboten gegenüber ermöglicht. Was jedoch Brüderlichkeit und Solidarität betraf, so hat sich der Katholizismus auf die moderne Spannung von Differenzierung und Inklusion besser einstellen können als die konkurrierenden Religionen. H. McLeod bemerkt treffend: „Indem der Katholizismus den Individualismus des Protestantismus verwarf, begünstigte er die Entwicklung einer hoch differenzierten inneren Arbeitsteilung. Lebende und Tote waren aufeinander angewiesen, Laien hingen von Priestern ab, die wiederum verpflichtet waren, auf Heim, Ehe und Familie zu verzichten – Dinge, an denen sie nur stellvertretend durch die Gemeindemitglieder und Verwandte Anteil hatten (...) Bezeichnend für diese wechselseitigen korporativen Abhängigkeiten war die katholische Einstellung zum Gebet. Ebenso wie die Seelen im Fegefeuer durch die Gebete lebender Verwandter Beistand erhielten, wurden Männer, die durch ihre Tätigkeiten in der Welt vielfältigen Versuchungen und Glaubensanfechtungen ausgesetzt waren, durch die Gebete von Müttern, Ehefrauen und Schwestern gestärkt und vor den schlimmsten Gefahren bewahrt."[178] Es ist diese Schicht so geweiteter Bänder der Solidarität, die

177 Hans Thomas, „Der überholte Laienkatholizismus (Leserbrief)", in: *Frankfurter Allgemeine Zeitung* vom 23. Oktober 2006, S. 9. Es folgten noch weitere Leserbriefe in dieser Debatte.

178 Hugh McLeod, „Weibliche Frömmigkeit – männlicher Unglaube? Religion und Kirchen im bürgerlichen 19. Jahrhundert", in: *Bürgerinnen und Bürger. Geschlechterverhältnisse im 19. Jahrhundert*, hg. v. Ute Frevert, Göttingen 1988, S. 134-156, hier S. 152.

den Katholizismus in der Markgesellschaft an die Seite sozialer Bewegungen bis hin zur Theologie der Befreiung geführt hat.

SOZIALKATHOLIZISMUS. Im 19. Jahrhundert entstand das breite Übergangsfeld eines Sozialkatholizismus, der zwischen Katholizismus und Sozialismus Mischungen versuchte. Dies konnte dadurch gestützt werden, daß beide Gegner der *Nationalreligion* waren. Der Katholizismus bezog sich zudem bei allen Gratwanderungen zwischen Orthodoxie und Häresie auf eben die heilsgeschichtlichen Fundamente, die – wie wir im *Ersten Band* gezeigt haben – auch sozialistische Revolutionäre in der fioritischen Tradition in Anspruch nahmen.[179] Heilsgeschichtliche Zukunftsgerichtetheit und Modernisierung liegen im 19. Jahrhundert noch oft nah beieinander, bis sich die kollektive Erwartung einer besseren Zukunft von der individuellen Erwartung eines Markterfolges fürs eigene Geschäft trennen.

In Frankreich verfaßt Etienne Cabet (1788-1856) in der revolutionären Linie die Schrift *Das wahre Christentum gemäß Jesus Christus*, das in vielem mit den liebeskommunistischen Auffassungen der vormärzlichen Deutschkatholiken übereinstimmt.[180] Gegen Saint-Simons *wissenschaftsreligiöse* Begründung des Sozialismus propagiert Philippe Buchez (1796-1885) eine Reform der Gesellschaft durch Wiederherstellung des Christentums. Die genossenschaftliche Solidarität der Christen sei der Motor des gesellschaftlichen Fortschritts.[181] Emile Zola hat in seiner großen Städtetrilogie, die für die Religionssoziologie des Katholizismus im 19. Jahrhundert eine wichtige Quelle darstellt, Genese und Schicksal des Sozialkatholizismus mit großer erzählerischer Kraft dargestellt. Die Romane erschienen in der Krise, die die Dritte Republik, erschüttert durch die Panama-Affäre 1889 samt ihren wirtschaftlichen Folgen und die Affäre Dreyfus, 1894 durchmachte.[182]

Zola erzählt die Geschichte des Abbé Pierre Froment, der nach einer Lourdes-Wallfahrt die Schrift ‚Das neue Rom' verfaßt, in der Ideen von Lammenais nach seiner Abwendung vom Royalismus zusammen mit Ideen der weitverzweigten sozialkatholischen Bewegung gebündelt sind.[183] Erinnert wird in der Schrift an die urchristliche Genossenschaft: „In den drei ersten Jahrhunderten war jede Kirche ein kommunistischer Versuch, eine ausgesprochene Genossenschaft, deren Mitglie-

179 Im *Ersten Band* S. 600ff.

180 Zum Deutschkatholizismus im *Ersten Band* S. 673f.

181 François-André Isambert, *De la Charbonnerie au Saint Simonisme. Étude sur la Jeunesse de Buchez*, Paris: Éditions de Minuit, 1966; Ders., *Buchez ou l'Âge Theologique de la sociologie*, Paris: Éditions Cujas, 1968.

182 Émile Zola, *Lourdes* [1894], Leipzig 1987; Ders., *Rom* [1896], Leipzig 1925; Ders., *Paris* [1898], Stuttgart 1907. Vgl. Karl Korn, *Zola in seiner Zeit*, Frankfurt a.M. 1980, S. 320-354; René Teronis, *Zola et son temps. Lourdes-Rom-Paris*, Dijon/Paris 1961.

183 Die zweite Romreise Lammenais' von 1832 bildet die historische Vorlage für den Roman. Zu den Konflikten zwischen Papst Gregor XVI. und Lammenais siehe Michael Kneib, *Entwicklungen im Verständnis der Gewissensfreiheit. Zur Rezeption der Gewissensfreiheit durch die katholische Moraltheologie und das kirchliche Lehramt zwischen 1832 und 1965*, Frankfurt a.M. 1996, S.46-78.

der alles gemeinsam besaßen, mit Ausnahme der Frauen", wie in Abgrenzung zur antiken Lehre der Gütergemeinschaft hinzugefügt wird.[184] Die Geschichte des Katholizismus zeige, „daß sich hinter jeder religiösen Evolution eine ökonomische Frage verbirgt, kurz, daß das ewige Übel nichts anderes ist als der ewige Kampf zwischen den Armen und den Reichen."[185] Das Christentum habe geholfen, die Sklaverei zu zerstören; nun ginge es darum, das Elend der modernen Arbeiter zu beseitigen: „Alle sind darin einig, daß der kapitalistische Staat die Rückkehr zur heidnischen Welt, zum Sklavenhandel ist; alle sprechen davon, daß man das abscheuliche eiserne Gesetz brechen müsse, das die Arbeit zu einer den Gesetzen von Angebot und Nachfrage unterworfenen Ware macht, das den Lohn genau nach dem berechnet, was der Arbeiter unumgänglich nötig hat, um nicht Hungers zu sterben."[186]

Alle Hoffnung des Abbé Froment richtet sich auf die Sozialenzykliken Leos XIII. (1878-1903).[187] ‚Das neue Rom' gipfelt in der Erwartung der Zeit, „da das Christentum endlich wieder die Religion der Gerechtigkeit und Wahrheit wäre, wie einst, ehe es sich von den Reichen und Mächtigen erobern ließ! Die Zeit, da die Armen und Kleinen regieren, sich in die irdischen Güter teilen und niemand mehr gehorchen würden als dem gleichmachenden Gesetz der Arbeit! Die Zeit, da der Papst allein an der Spitze der verbündeten Völker stände – ein Friedensfürst, dessen einzige Mission es wäre, die moralische Regel, das Band der Barmherzigkeit und Liebe zu sein, das alle Wesen verknüpft! War das nicht die Verwirklichung der Verheißung Christi? Die Zeit erfüllte sich; die bürgerliche Gesellschaft und die religiöse Gesellschaft würden sich so vollständig decken, daß sie nur noch ein Ganzes bildeten; und das wäre denn das von allen Propheten geweissagte glückliche und triumphierende Zeitalter."[188] Die Schrift des Abbé Froment wird in Zolas Romantrilogie ebenso auf den Index verbotener Bücher gesetzt wie die Städtetrilogie von Zola in der historischen Realität. Daß der Zusammenhang von katholischem Aufschwung und sozialistischen Ideen auch in Deutschland wahrgenommen wurde, zeigt ein liberaler Spruch, der in Baden verbreitet war: „Ultramontanes = Ultra-Montagne"[189]. David Blackbourn weist darauf hin, daß mehr noch als in den meisten Teilen Frankreichs der katholische Gemeindepfarrer in Deutschland von Bauern und Handwerkern als ein Vertreter ihrer Interessen betrachtet wurde und somit als Organisator der sozialkatholischen Laienbewegung in Erscheinung trat. Adolph Kolpings Gesel-

184 Zola 1925, S. 34.
185 Ebd., S. 33 f.
186 Ebd., S. 43.
187 Ebd., S. 50ff.; vgl. René Fülöp-Miller, *Leo XIII. und unsere Zeit. Macht der Kirche, Gewalten der Welt*, Zürich/Leipzig 1935.
188 Zola 1925, S. 55f.
189 Josef Becker, *Liberaler Staat und Kirche in der Ära von Reichsgründung und Kulturkampf. Geschichte und Strukturen ihres Verhältnisses in Baden 1860-1876*, Mainz 1973, S. 100. „Ultra-Montagne" spielt auf die radikalen Jacobiner der Französischen Revolution an.

lenvereine und der vom Priester Georg Dasbach gegründete Triererer Bauernverein fanden zahlreiche Nachfolger.[190]

Bestimmend für den Sozialkatholizismus in Deutschland wurde vor allem die Frontstellung zur atheistischen Sozialdemokratie, die in ihrer Anfangsphase den Kirchenaustritt zur Vorbedingung für die Parteimitgliedschaft gemacht hatte.[191] Obwohl die Lasalleschen Produktivassoziationen auf das Interesse Kettelers stießen und dieser auch Lasalles ‚ehernes Lohngesetz' als ökonomische Lehre übernahm, wurden die christlichen Arbeitervereine in Deutschland gegen die Sozialdemokratie aufgebaut. Der Streik als Mittel des Arbeitskampfes wurde zwar von Ketteler gebilligt, aber die Lösung der sozialen Frage erwartete er von einem Erliegen des Egoismus vor der christlichen Liebesbotschaft. Gegen die liberale Maxime ‚freie Bahn für den Tüchtigen' wurde katholischerseits die Maxime ‚Freigiebigkeit für die Dürftigen' gesetzt.[192]

Im Sozialkatholizismus trafen sich verschiedene Strömungen. Die Forderungen nach einer Rückkehr zum Urchristentum entstammten dem Fundus der Ewigen Linken, die konstantinische Wende galt hier als der Sündenfall des Christentums. Die Fokussierung auf die Liebesbotschaft Jesu Christi und die Tendenz der Enthellenisierung des Christentums, wie man sie bei Sören Kierkegaard findet, waren in intellektuellen Kreisen weit verbreitet. Ein weiteres Bildungselement des Sozialkatholizismus entstammte dem Fundus bäuerlicher Religiosität, die mit der Landflucht auch in die Städte gelangte. Dort konnten zwar die regionalen Prägungen abgeflacht werden, aber die fromme Grundhaltung, daß Mühsal und Qual der Arbeit und die Unterdrückung durch die mächtigen Herren in dieser Welt nach einem gottgefälligen Leben dereinst im glücklichen Jenseits ein Ende finden würde, blieb bei vielen erhalten. Sie bildete den Humus für die bemerkenswerte Spontaneität der Frömmigkeit von unten.[193]

Die Erlösung vom Übel und dem Bösen gehört zu den religiösen Sehnsüchten, die in der entfesselten Marktgesellschaft bei denen Konjunktur haben, die auf der Verliererseite stehen. Daß Max Weber die Erfahrung von Weltunvollkommenheit

---

190 Blackbourn 1988, S. 30. Vgl. Anderson 1997, S. 204. Josef Mooser, „Arbeiter, Bürger und Priester in den konfessionellen Arbeitervereinen im deutschen Kaiserreich", in: *Arbeiter und Bürger im 19. Jahrhundert*, hg. v. Jürgen Kocka, München 1986, S. 79-105; ders., „Volk, Arbeiter und Bürger in der katholischen Öffentlichkeit des Kaiserreichs. Zur Sozial- und Funktionsgeschichte der deutschen Katholikentage 1871-1913", in: *Bürger in der Gesellschaft der Neuzeit*, hg. v. Hans Jürgen Puhle, Göttingen 1991, S. 259-273; Michael Schneider, *Die christlichen Gewerkschaften 1894-1933*, Bonn 1982.

191 Gerhard A. Ritter, *Staat, Arbeiterschaft und Arbeiterbewegung in Deutschland*, Berlin/Bonn 1980, S. 30. Zum folgenden vgl. Regina Görner, „Die deutschen Katholiken und die soziale Frage im 19. Jahrhundert", in: Rüther 1984, Bd. 1, S. 145-190.

192 Blackbourn 1988, S. 24.

193 Das Zusammenspiel der Frömmigkeit ‚von unten' und der Disziplinierungsbemühungen der Kirche ‚von oben' ist exemplarisch untersucht bei Gerd Krumeich, „Jeanne d'Arc-Kult und politische Religiösität in Frankreich nach 1870", in: Schieder 1993, S. 318-331, hier S. 319. Das strittige Thema der „Volksfrömmigkeit" wird im nächsten Abschnitt diskutiert.

und Erlösungsbedürfnis ins Zentrum seiner Religionssoziologie gesetzt und von der Theodizee-Thematik ausgehend universalgeschichtlich Erlösungswege religionsvergleichend untersucht hat, stand in engstem Zusammenhang mit Beobachtungen der religiösen Orientierung der Arbeiter im Wilhelminischen Deutschland. So bemerkt er mit Blick auf die Popularisierungsbemühungen *wissenschaftsreligiöser* Autoren in der Exposition des Problems der Theodizee: „Nicht durch naturwissenschaftliche Argumente, sondern mit der Unvereinbarkeit einer göttlichen Vorsehung mit der Ungerechtigkeit und Unvollkommenheit der sozialen Ordnung, motivierten noch in den letzten Jahren (vor dem Ersten Weltkrieg, W.E.) bei einer Umfrage Tausende von deutschen Arbeitern die Unannehmbarkeit der Gottesidee."[194]

Der Sozialkatholizismus richtete seine Bestrebungen darauf, die katholische Arbeiterschaft gesellschaftlich zu integrieren, um somit die soziale Lage mit der Gottesidee zu versöhnen. Als „eine religiös motivierte und begründete, antisozialdemokratisch politisierte *Standeserziehung* der Arbeiter" hat Josef Mooser den deutschen Sozialkatholizismus bezeichnet. Die katholische Arbeiterbildung, wie sie von August Pieper und Franz Hitze aufgebaut wurde, propagierte „ein Berufsethos und eine sozial- und staatspolitische Bildung, mit der die katholische Arbeiterschaft in Gesellschaft und Staat ihre Rechte und Pflichten selbständig und *gleichberechtigt* gegenüber anderen Gruppen wahrnehmen sollte. Im Hintergrund dieses Programms standen ein Bild von Jesus als Arbeiter und die kulturgeschichtliche Vorstellung von der Kirche als Schutzinstitution der Armen, ja sogar als Wegbereiter der Emanzipation. Die antike Sklavenbefreiung unter dem Einfluß des Christentums galt als geschichtliches Vorbild und Parallele zur Arbeiteremanzipation. Die Religion wurde in dieser Bildung wesentlich zu einer Tugendreligion; sie streifte die Attribute einer wundergläubigen Religion zur Bewältigung der Lebensrisiken ab. Das sollten nun Bildung, Organisation und Politik leisten."[195]

KATHOLISCHE PARALLELGESELLSCHAFT, ZWEITE KONFESSIONALISIERUNG. Die politische Organisation katholischer Arbeiter scheiterte an der Haltung des Zentrums, das eine zweite katholische Partei im Konkurrenzkampf der Parteien um Wählerstimmen fürchtete.[196] Diese Entscheidung des Zentrums bedeutete, die Klassenspaltung der kapitalistischen Marktgesellschaft der katholischen Einheit mit ihrer Bipolarität von Priestern und Laien unterzuordnen. So entstand im 19. Jahrhundert der Katholizismus in Deutschland nicht nur ultramontan gegen *nationalreligiöse* Bestrebungen, sondern er nahm die katholische Laienbevölkerung auch aus der Entwicklungsdynamik heraus, die mit dem Widerspruch von Lohnarbeit und Kapital verbunden war. Für Liberale und Sozialdemokraten sollten allein die Nation und der Nationalstaat der Rahmen für diesen Widerspruch sein, als eine notwendige Form, in der sich die gesellschaftlichen Konflikte entwickeln konnten. Der

---

194 Weber 1964, S. 405.

195 Josef Mooser, „Katholische Volksreligion, Klerus und Bürgertum in der zweiten Hälfte des 19. Jahrhunderts. Thesen", in: Schieder 1993, S. 144-156, hier S. 152.

196 Görner 1984, S. 166.

Katholizismus unterlief diese Struktur und bot sich selbst als ein Rahmen für die Konflikte zwischen Arbeitern und Unternehmern an. Für die Vorstellung, daß Nationalstaat und Klassenlage als die beiden primären Bezugspunkte für die Entwicklung der modernen Gesellschaft zu gelten haben, stellte ein klassenübergreifender Katholizismus, der von Priestern und Laien getragen wurde, eine Anomalie dar.

Vor diesem Hintergrund ist die Karriere der These vom katholischen Milieu zu sehen. Carl Amery hat in einer antiklerikalen Streitschrift von 1963 den Begriff eines spezifisch katholischen sozial-moralischen Milieus geprägt.[197] Der Soziologe M. R. Lepsius hat diesen Terminus für seine Thesen zur schwierigen Demokratisierung der deutschen Gesellschaft benutzt.[198] Ein Fortschritt in der Demokratisierung Deutschlands sei blockiert gewesen, weil das Kaiserreich von drei geschlossenen, sich gegenseitig blockierenden Milieus geprägt worden sei. Zwischen Konservativen und Liberalen sei das katholische Milieu ein fester Block gewesen, dem sich dann die Sozialdemokratie als vierter Block zugesellt habe.[199] In ähnlicher Weise sprach Ralf Dahrendorf 1965 von den „heiligen Säulen der Beharrung", zu denen er den deutschen Katholizismus rechnete.[200] Von da aus fand die Milieuthese Eingang in die Religionssoziologie. Karl Gabriel spricht von einer „sondergesellschaftlichen Formierung der katholischen Bevölkerungsteile".[201] Dies entspricht der Sache nach dem, was heute *mutatis mutandis* mit Blick auf die Milieus islamischer Einwanderer als Parallelgesellschaft bezeichnet wird.

Es ist zu fragen, ob nicht die Milieuthese der frühen sechziger Jahre in der BRD, die in der Folge zahlreichen Wahlforschungen als theoretische Vorlage gedient hat, ihre Plausibilität mehr den Erfahrungen der Stabilität und Keine-Experimente-Haltung der politischen Mehrheiten in der Adenauer-Republik verdankte als historisch informierter Religionssoziologie.[202] Martin Riesebrodt hat den Milieubegriff als Alternative für die zur Analyse religiöser Bewegungen unzureichenden klassen-

---

197 Carl Amery, *Die Kapitulation oder Deutscher Katholizismus heute*, Reinbek 1963.

198 Mario Rainer Lepsius, „Parteiensystem und Sozialstruktur: zum Problem der Demokratisierung der deutschen Gesellschaft", in: *Wirtschaft, Geschichte und Wirtschaftsgeschichte. Festschrift zum 65. Geburtstag von Friedrich Lütge*, hg. v. Wilhelm Abel u.a., Stuttgart 1966, S. 371-393.

199 Zur Milieuthese vgl. Anderson 1988a, S. 196.

200 Ralf Dahrendorf, *Gesellschaft und Demokratie in Deutschland*, München 1965, S. 130ff.

201 Gabriel 1980, S. 218ff. Siehe auch Franz Xaver Kaufmann, *Theologie in soziologischer Sicht*, Freiburg 1973, S. 88.

202 Anderson und Barkin weisen auf die Bündnisoffenheit des politischen Katholizismus hin: „Im Gegensatz zu gängigen soziologischen Meinungen betrat das katholische Milieu das Reich nicht als eine voll durchorganisierte, selbstbewußte Subkultur." Erst die dem Katholizismus feindlich gesinnte deutsche Nationalkultur habe eine katholische Subkultur in „Form eines Nebenprodukts" provoziert. Anderson u. Barkin 1989, S. 492. Marc Breuer sieht im „milieuförmigen Katholizismus" um 1900 sowohl „vormoderne Inklusionsformen" als auch „parallel spezifisch *moderne* Strukturelemente". Marc Breuer, *Religiöser Wandel als Säkularisierungsfolge. Differenzierungs- und Individualisierungsdiskurse im Katholizismus*, Wiesbaden 2012, S.113.

analytischen Konzepte eingeführt.[203] Aufgegriffen wurde der Milieubegriff wiederum in der kulturgeschichtlichen Wende der Historiker von der Sozialgeschichte zur Mentalitätsgeschichte, wo er als lebensweltliches Korrelat für Mentalitäten benutzt wird.[204] Der Begriff Milieu hat zweifellos den forschungspraktischen Vorteil, einen kompakten Untersuchungsgegenstand konstruieren zu können. Darin ist er dem Begriff Mentalität verwandt, der ebenfalls handliche Untersuchungseinheiten suggeriert – freilich um den Preis, die konstitutive Dynamik zu verkennen, die Religionsdingen inhärent ist. Ein differenzierteres Bild haben die Studien des *Arbeitskreises für kirchliche Zeitgeschichte* (AKKZG) gezeichnet.[205] Unterschieden werden „nicht-kirchliche Regionen", die „katholische Lebenswelt" und das „katholisches Milieu". Mit Hilfe der *Cleavage Theory* von Seymour Martin Lipset und Stein Rokkan, die für die Analyse der Parteibildungen in Europa modellhaft von vier Hauptkonfliktlinien: Zentrum-Peripherie, Staat-Kirche, Stadt-Land und Arbeit-Kapital ausgehen, konnte gezeigt werden, weshalb sich die katholische Lebenswelt nicht überall milieuartig verdichtete.[206]

Diesen Einsichten folgend, gilt es nicht nur die verschiedenen Bündnisse und übergreifenden Zielsetzungen, die der politische Katholizismus einzugehen in der Lage war, in den Blick zu nehmen, sondern auch die innere Heterogenität der sozialen Gruppen, die Bismarcks Kampf gegen die katholische Kirche nur zeitweise aneinander binden konnte. Wilfried Loth hat herausgearbeitet, wie die katholische Aristokratie, der alte Mittelstand, die Arbeiter und der neue Mittelstand als vier „nach sozialen Grundlagen und politischen Zielsetzungen deutlich unterscheidbare politische Bewegungen und Tendenzen (…) sich innerhalb des durch den Kulturkampf geformten organisatorischen Rahmen des politischen Katholizismus entwikkelt haben."[207] Die Fraktionierung des Zentrums nötigte jede der Bewegungen zu

---

203 Martin Riesebrodt, „Kulturmilieus und Klassenkulturen. Überlegungen zur Konzeptionalisierung religiöser Bewegungen", in: Lokale Religionsgeschichte, hg. v. Hans G. Kippenberg u. Brigitte Luchesi, Marburg 1995, S. 43-58.

204 Milieu und Mentalität sind die Leitkonzepte des Sammelbandes: *Religion im Kaiserreich. Milieu – Mentalitäten – Krisen*, hg. v. Olaf Blaschke u. Frank-Michael Kuhlemann, Gütersloh 1996.

205 Arbeitskreis für Kirchliche Zeitgeschichte, „Katholiken zwischen Tradition und Moderne. Das katholische Milieu als Forschungsaufgabe", in: *Westfälische Forschungen* 43/1993, S. 588-654; ders., „Konfession und Cleavages im 19. Jahrhundert. Ein Erklärungsmodell zur regionalen Entstehung des katholischen Milieus in Deutschland", in: *Historisches Jahrbuch* 120/2000, S. 358-395. Zu den Autoren gehörten: Wilhelm Damberg, Annette Drees, Thomas Großbölting, Claudia Hiepel, Markus Köster, Antonius Liedhegener, Sabine Mecking, Christian Schmidtmann, Joachim Schmiedl, Martin Strauß und Maria-Anna Zumholz.

206 Seymour Martin Lipset u. Stein Rokkan, „Cleavage Structures, Party Systems and Voter Alignments. An Introduction", in: dies. (Hg.), *Party Systems and Voter Alignments. Cross-National Perspectives*, New York: Free Press, 1967, S. 1-64.

207 Wilfried Loth, *Katholiken im Kaiserreich. Der politische Katholizismus in der Krise des wilhelminischen Deutschlands*, Düsseldorf 1984, S. 382. Zu Wandlungen innerhalb des Milieus vgl. Andreas Holzem, „Das katholische Milieu und das Problem der Integration: Kaiser-

Bündnissen und Kompromissen mit anderen katholischen Gruppen, wenn sie der Realisierung ihrer Ziele nahekommen wollten. Die religiöse Frage und die soziale Frage waren dabei unentwirrbar miteinander verknotet. Die inneren Spannungen konnten gemildert werden durch die taktische Geschicklichkeit der politischen Führung, die aus der Warte protestantischer Gesinnungstreue notorisch als gesinnungsloser Opportunismus erscheinen mußte. Einigend war auch die Konstruktion des liberalen Feindbildes. Blackbourn bemerkt zur Zusammensetzung des Zentrums: „Was diese Elemente zusammenhielt, war des Zentrums geschickte Konstruktion eines liberalen Buhmanns, die sich mit den ursprünglichen Empfindungen ihrer Wähler traf. Liberalismus konnte dadurch auf eine plausible Art mit einer fernen, aber drohenden Elite von Spekulanten, Staatsbeamten, Professoren und Journalisten, kurz, mit Parasiten der einen oder anderen Sorte, assoziiert werden."[208]

Mit dem modernen Verbandswesen, den katholischen Standesorganisationen, dem Volksverein für das katholische Deutschland, dem Caritasverband, den Windthorstbünden und dem Katholischen Deutschen Frauenbund erreichte der Katholizismus eine innere Differenziertheit, die die Differenzierung der modernen Marktgesellschaft mit der Vervielfältigung ihrer Interessen nicht nur abbildete, sondern ebenso organisatorisch vorantrieb. Die wichtigste Formel, mit der die klassenbedingten Konflikte überbrückt und die divergierenden Richtungen zusammengehalten werden konnte, war die Formel vom „sozialen Ausgleich."[209] Mit ihr konnte der marktwirtschaftliche Modus des Äquivalententauschs überhöht werden. Im Markttausch ist das Element des Ausgleichs bereits enthalten, aber sozialethisch verkümmert, wenn Verhältnisse entstehen, in denen die Einen auf Kosten der Anderen leben. Die Formel vom sozialen Ausgleich dagegen erweitert das Tauschprinzip um die Dimension einer Arbeitsteilungsgerechtigkeit, die auf die konkrete personale Verschiedenheit der Menschen Rücksicht nimmt.

Das Thema Katholizismus und Moderne hat durch die Forschungen von Olaf Blaschke eine weiterführende Wendung erfahren. Ausgehend von Arbeiten, in denen der Antisemitismus als „indigenes Phänomen der katholischen Mentalität" mit

---

reich, Kultur und Konfession um 1900", in: *Rottenburger Jahrbuch für Kirchengeschichte* 21/2002, S. 13-39.

208 Blackbourn 1988, S. 51. Das katholische Milieu befand sich „keineswegs in einer totalen Isolation. Gerade die heranwachsenden Wilhelminer wurden ständig von der herrschenden liberal-konservativen Öffentlichkeit erfaßt und beeinflußt. Schule, Ausbildung und Militärzeit brachten sie sehr viel häufiger in Berührung mit den Werten und Normen des ‚neuen Reiches', als dies bei den älteren Generationen der Fall war." Martin Doerry, *Übergangsmenschen. Die Mentalität der Wilhelminer und die Krise des Kaiserreichs.* Weinheim/München 1986, S. 112; Beispiele für auf Offenheit zielende Haltungen unter katholischen Akademikern gibt Chistopher Dowe, *Auch Bildungsbürger. Katholische Studierende und Akademiker im Kaiserreich*, Göttingen 2006.

209 Ausgleich wird zur zentralen Figur der Schelerschen Philosophie werden. Siehe Max Scheler, „Der Mensch im Weltalter des Ausgleichs. Philosophische Weltanschauung", in: Ders., *Späte Schriften*, hg. v. Manfred S. Frings, Bern/München 1976, S. 145-170.

Blick auf seine die Kohärenz des Milieus stabilisierenden Funktionen herausgearbeitet wurde, hat Blaschke mit seiner These vom 19. Jahrhundert als einem „Zweiten Konfessionellen Zeitalter“ eine fruchtbare Debatte eröffnet.[210] Die These ist pointiert gegen die geläufig gewordene Rede vom „Jahrhundert der Säkularisierung“ gesetzt. Der üblichen Trias von Konfessionellem Zeitalter, gefolgt von Absolutismus und Aufklärung, schließlich zur Epoche von Bürgertum, Industrialisierung und Säkularisierung stellt Blaschke eine alternative Dreiteilung entgegen: „Einem rund 150 Jahre umfassenden Konfessionellen Zeitalter folgten nach dem Westfälischen Frieden ruhigere 150 Jahre, an die sich schließlich nochmals ein etwa 150 Jahre dauerndes Zweites Konfessionelles Zeitalter anschloß, das im letzten Drittel des 20.Jahrhunderts von einer postkonfessionellen Epoche abgelöst wurde“.[211] Was das Auslaufen des zweiten Zeitalters der Konfessionalisierung angeht, so stellen die 60er Jahre des 20. Jahrhunderts den entscheidenden Wendepunkt dar. Seit dieser Zeit greifen statistisch nachweisbar Prozesse der Entkirchlichung, der Vergleichgültigung der Konfessionsgrenzen, des Abstandnehmens von der kirchlichen Familien- und Sexualmoral, des Priestermangels, wie man sie 150 Jahre lang nicht hat erleben können.[212]

Der Vergleich der beiden Zeitalter der Konfessionalisierung läßt bemerkenswert viele gemeinsame Züge hervortreten. Sie betreffen vor allem die „binnenkirchliche Identitätskonstruktion“.[213] Es geht um eine verstärkte Dogmatisierung der Glaubenslehre, um Normierung der kultischen Praxis, um eindeutige Glaubensgrenzen, um die Reorganisation der kirchlichen Ämter, um Anstrengungen zur Disziplinierung der Gläubigen und nach außen um die Förderung von Konfessionspolemik und Schmähung der Andersgläubigen. Es sind dies Charakteristika, die wir im *Ersten Teil* der Religionssoziologie dem modernen Typus einer *Bekenntnisreligion*

---

210 Olaf Blaschke, „Das 19. Jahrhundert: Ein Zweites Konfessionelles Zeitalter?“, in: *Geschichte und Gesellschaft* 26/2000, S. 38-75; ders., „Der ‚Dämon des Konfessionalismus‘. Einführende Überlegungen“, in: Ders. (Hg.), *Konfessionen im Konflikt. Deutschland zwischen 1800 und 1970: ein zweites konfessionelles Zeitalter*, Göttingen 2002, S. 13-69. In seiner zuvor erschienen vieldiskutierten Arbeit: *Katholizismus und Antisemitismus im Deutschen Kaiserreich*, Göttingen 1997 geht Blaschke freilich noch von einem homogenen geschlossenen katholischen Milieu aus. Kritisch dazu: Claus Arnold, „Antisemitismus – Ultramontanismus – Kulturkatholizismus. Aus Anlaß einer Studie von Olaf Blaschke“, in: *Rottenburger Jahrbuch für Kirchengeschichte* 18/1999, S. 243-251.

211 Blaschke 2002b, S. 26.

212 Ebd. Olaf Blaschke, „Abschied von der Säkularisierungslegende. Daten zur Karrierekurve der Religion (1800-1970) im zweiten konfessionellen Zeitalter: eine Parabel“, in: *zeitenblicke* 5(1)/2006, online: http://www.zeitenblicke.de/ 2006/1/Blaschke (Letzter Zugriff: 07.07.2015); Callum G. Brown, „The Secularisation Decade: What the 1960s Have Done to the Study of Religious History“, in: *The Decline of Christendom in Western Europe. 1750-2000,* hg. v. Hugh McLeod u. Werner Ustorf, Cambridge: UP, 2003, S. 29-46. 1800-1963 war England „a highly religious nation“. Brown 2009, S. 9. Zur Entkonfessionalierung vgl. Michael N. Ebertz, *Erosion der Gnadenanstalt? Zum Wandel der Sozialgestalt der Kirche*, Frankfurt a.M. 1998.

213 Ebd. S. 29ff; zum Folgenden ausführlicher Blaschke 2000b, S. 61ff.

zugeschrieben haben, der in den postreformatorischen Glaubenskriegen, der Urszene der Moderne, entstanden ist und der das Patchwork der vormodernen Christentümer entkräftet hat.[214] Konstitutiv für diesen Konfessionalismus ist seine untrennbare Verflechtung mit der Gewaltgenese des modernen Flächenstaats. Von daher durchdringt dieser Konfessionalismus alle Bereiche der werdenden Staaten. Nicht so eindeutig ist der Vergleich der beiden Zeitalter der Konfessionalisierung, wenn man den Blick auf die „*Vergesellschaftung* des Konfessionellen" richtet.[215] Denn im 19. Jahrhundert sind „monokonfessionelle Staaten" untypisch. Zumal in Deutschland mußte „die soziale Bindung Gleichgesinnter quer zu geographischen und politischen Grenzziehungen verlaufen. Wo es Katholiken gelang, eine in vieler Hinsicht autonome Subgesellschaft zu bilden, blieben sie unter sich und folglich ebenso die verfemten Nichtkatholiken."[216] Mit Wilhelm Damberg könnte davon gesprochen werden, daß die Milieubildung einen „Ersatz für den 1803 untergegangenen Konfessionsstaat" darstellt.[217]

Das 19. Jahrhundert als ein Zweites Konfessionelles Zeitalter aufzufassen, ist ein glücklicher Griff, der freilich einer Präzisierung bedarf. Denn Konfessionalisierung ist nicht immer eine Antwort auf dieselbe Frage. Die Konfessionalisierung der frühen Moderne bezog ihre Sogkraft aus der Ratlosigkeit, wie christlicher Glaube und christliche Herrschaft zusammengehen können, wenn der Dissens im Glauben sich mit einer neuen Struktur von Herrschaft verbindet. Die Konfessionalisierung der frühen Moderne versprach einen Ausweg aus dieser Ratlosigkeit. Die Zweite Konfessionalisierung bezog ihre Sogkraft aus einer anderen Ratlosigkeit. Es wurde offenbar, daß der Konfessionsstaat in sich mehrere Religionen barg, die sich vom vertrauten Typus der *Bekenntnisreligion* unterschieden: Varianten von *Rationalreligion*, die geeignet waren das klare Profil der Konfessionen aufzuweichen, enthusiastische Religionen der Sakralisierung der Kunst oder der Nation und vor allem die neue *Wissenschaftsreligion*. Wären Staatenkriege und die Vertreibung Andersgläubiger eine mögliche Antwort gewesen? Der Pfad einer territorialen Umsortierung dieser Arten von Gläubigen lag jenseits des Möglichen. Aber möglich war, im Horizont der im 19. Jahrhundert anwachsenden Erfahrung der Entfesselung der Marktwirtschaft nicht auf Krieg, sondern auf Wettbewerb zu setzen. Und dazu gehört die Verschärfung des konfessionellen Profils.

Es sind die sehr unterschiedlichen gesellschaftlichen Zeiterfahrungen: einerseits Krieg und Staatsgenese, andererseits religiöse Diversität und die Erfahrung von Heraufkunft und Entfesselung der Marktgesellschaft, die das jeweilige Profil der Konfessionalisierung geprägt haben. Hinzuzunehmen ist ein Weiteres. In der Per-

---

214 Im *Ersten Band* S. 82ff.

215 Blaschke 2002b, S. 31f; sowie ders. 2000b, S. 67ff.

216 Blaschke 2002b, S. 32.

217 Wilhelm Damberg, „Milieu und Konzil. Zum Paradigmenwechsel konfessionellen Bewußtseins im Katholizismus der frühen Bundesrepublik Deutschland", in: Blaschke 2002a, S. 335-350, hier S. 336; siehe auch die grundlegende Studie: Ders., *Abschied vom Milieu? Katholizismus im Bistum Münster und in den Niederlanden 1945–1980*, Paderborn 1997.

spektive dieser Religionssoziologie sind die Prozesse der Konfessionalisierung zugleich Prozesse der Modernisierung. Die postreformatorische Herausbildung des Typus der *Bekenntnisreligion* war Teil des Modernisierungsprozesses, in dem Herrschaft von Menschen über Menschen die Form einer monopolisierten Staatsgewalt erhalten hat. Die Konfessionalisierung des 19. Jahrhunderts war auch Teil eines Modernisierungsprozesses, hier aber eines solchen Prozesses, in dem die Prinzipien der Marktwirtschaft in alle Bereiche menschlichen Zusammenlebens eindrangen.

Manfred Friedrich hat aus evangelisch-theologischer Sicht zu Bedenken gegeben, daß die These eines Zweiten Konfessionellen Zeitalters auf die Geschichte des Protestantismus nicht umstandslos anzuwenden sei.[218] Dieser ist in der Tat im 19. Jahrhundert eine gespaltene Konfession.[219] Auf der einen Seite gab es Protestanten, die *rationalreligiösen* Ideen einer vernünftigen Religion nahestanden oder die Übergänge zwischen Protestantismus, *Kunst-* und *Nationalreligion* suchten, sowie Protestanten, die sich um Vermittlungen zwischen moderner Naturwissenschaft und biblischer Offenbarung bemühten. Auf der anderen Seite kommt es durchaus vergleichbar mit der katholischen Konfessionalisierung zu Auseinandersetzungen um die Union von Lutheranern und Reformierten und zur Ausbildung einer Repristinationstheologie im so genannten Neuluthertum, in deren Zentrum die Kirchlichkeit steht.[220] Protestanten hatten es im 19. Jahrhundert weitaus schwerer als der Katholizismus gehabt, ihre Formen der *Bekenntnisreligion* als eindeutige Religionsangebote auf den Markt zu bringen. Dafür konnten sie – wie in einem späteren Kapitel am Beispiel von Sören Kierkegaard und Eugen Diederichs zu zeigen sein wird – mit originellen und höchst verschiedenen Marktangeboten Erfolg haben.[221]

3. Kunstreligion und katholische Massenkunst

PRIMAT DES INHALTS ODER DER FORM. Der Katholizismus auf dem Weg zur Marktform steht nicht nur in Konkurrenz zur *Nationalreligion*, sondern auch zu ihrer Zwillingsschwester, der *Kunstreligion*, die beide zur Stabilisierung des revolutionären Enthusiasmus gestiftet wurden. Der Glaube an die Nation bezog sich dabei eher auf die Gemeinschaft des Kollektivs, der Glaube an die Kunst war eher dem kunstgebildeten Individuum vorbehalten. Anhänger der *Kunstreligion* stammten überwiegend aus bürgerlichen Eliten. Das Absolute, das ihnen die Kunst offenbarte, mußte dann in Konkurrenz zur *Bekenntnisreligion* geraten, wenn Kunst ihre

218 Manfred Friedrich, „Das 19. Jahrhundert als ‚Zweites Konfessionelles Zeitalter'? Anmerkungen aus evangelisch-theologischer Sicht", in: Blaschke 2002a, S. 95-112, hier S. 101ff.

219 Vgl. Friedrich Wilhelm Graf, „Die Spaltung der Protestantismus. Zum Verhältnis von evangelischer Kirche, Staat und Gesellschaft im frühen 19. Jahrhundert", in: Schieder 1993, S. 157-190.

220 Friedrich 2002, 106 ff

221 In diesem Band, S. 555ff.

Autonomie behauptete und aus der dienenden Funktion für die Bedürfnisse von Adel und Klerus heraustrat.

Der Katholizismus hat der *Kunstreligion* in mehrfacher Hinsicht Konkurrenz gemacht. Zum einen hat er mit seiner klassenübergreifenden Laienorganisation gegen den *kunstreligiösen* Elitismus des Bürgertums eine populäre katholische Massenkunst befördert. Dabei hat er sich auf ästhetische Innovationen bezogen, die in Zusammenhang mit dem revolutionären Enthusiasmus entstanden waren. Die Entwicklung der Künstlergruppe der Nazarener und das Schicksal ihrer Bildmotive in der ultramontanen Gebrauchsgraphik können als Beispiel für diesen Zusammenhang gelten. Diese Ästhetisierung des Sakralen war zugleich mit einer Aneignung von Traditionen popularer Religion und ihrer Transformation zu einer Kultur der organisierten Massenreligiosität verbunden, in deren Zentrum die Visualität des Spirituellen steht.

Für Friedrich Oetinger stand im Ausgang des 18. Jahrhunderts fest, daß der Mensch noch nicht in der Zeit des Schauens lebt, sondern in der Zeit des Hörens, das zwar nicht die höchste Erfahrung des Göttlichen darstellt, aber die derzeit geschichtlich mögliche.[222] Wer jetzt schon das Göttliche erschaut, dessen Vision steht im Verdacht, sektiererisch zu sein. Der akustische Modus, der Modus, vermittels dessen vor dem inneren Gerichtshof Rede und Antwort zu stehen ist, war zutiefst verbunden mit der *Rationalreligion*, auf deren Grundlage der Glaubenskrieg widerstreitender Offenbarungsauslegung beendet werden konnte.

Der Katholizismus auf dem Weg zu seiner Marktform setzt ganz auf Visualität. Dafür konnte er an den Enthusiasmus der Revolutionszeit anschließen, von dem auch Schelling nicht unberührt geblieben war. In seiner Perspektive fusionieren Kirche, Sichtbarkeit Gottes, Kunstwerk und das Volk zu einer Einheit. „Inwiefern nun die Kirche sich als den sichtbaren Leib Gottes betrachtete, wovon alle einzelnen die Glieder wären, konstituierte sie sich selbst durch Handlung. Das öffentliche Leben der Kirche konnte also allein symbolisch, ihr Kultus ein lebendiges Kunstwerk, gleichsam ein geistliches Drama sein, woran jedes Glied teilhatte. Die populäre Richtung des Christentums, das Prinzip der Kirche, alles wie ein Ozean in sich aufzunehmen, auch die Elenden und Verachteten nicht von sich auszuschließen, das Streben mit Einem Wort, katholisch, universell zu sein, mußte sie bald bestimmen, eine äußerliche Totalität, gleichsam einen Leib sich zu geben; und so war die Kirche selbst in der Ganzheit ihrer Erscheinung symbolisch und das Symbol der Verfassung des Himmelreichs selbst."[223] Nichtkatholische Kunstgläubige, die auf die Autonomie der Kunst setzten und gerade darin eine Möglichkeit erblickten, einem entkonfessionalisierten Göttlichen teilhaftig zu werden, entschieden sich dafür, ihre religiösen Bedürfnisse am Sonntagmorgen nicht in der

222 Rainer Piepmeyer, „Friedrich Christoph Oetinger", in: *Gnosis und Mystik in der Geschichte der Philosophie*, hg. v. Peter Koslowski, Zürich 1988, S. 207-225, hier S. 217f.; ders., *Aporien des Lebensbegriffs seit Oetinger*, Freiburg/München 1978

223 Friedrich Wilhelm Joseph von Schelling, „Philosophie der Kunst", in: ders., *Sämtliche Werke*, Abt. 1, Bd. 5, Stuttgart 1859, S. 434.

Kirche, sondern im Museum zu verrichten – Matinee statt Gottesdienst – oder sie partizipierten an Angeboten für eine „kunstreligiöse Geselligkeit", wie sie der Goethekult der Goethe-Gesellschaft bot.[224]

Für die christliche Kunst galt seit langem der Primat des Inhalts. Darstellungen der Geschehnisse der Bibel oder des Leben Jesu waren, zumal im bilderfreundlichen Katholizismus, *bekenntnisreligiös* erwünscht. Dagegen war Götzenbildnerei Sünde. Mit der Autonomie der Kunst, ihrer Freiheit von gesellschaftlichen und eben auch konfessionellen Zwecksetzungen, entsteht zugleich eine Entbindung von der Verpflichtung auf bestimme Inhalte. Damit verschob sich die ästhetische Relevanz auf die Formgestalt des Werks.[225] Sie war es, die das Werk aus funktionalen Zusammenhängen heraushob. Somit gilt für autonome Kunst der Primat der Form. Die Formgebung, die aller Kunst eignet, wird zum zentralen Moment des Kunstgenusses. Daran schließt der *kunstreligiöse* Enthusiasmus an. Es ist hier auch die Form, die das Kunstwerk allererst zum Gefäß des Absoluten macht. Und um das Kunstwerk herum entstehen dann auch eine eigene Architektur und eigene Rezeptionsformen der Andacht.

Mit der Entstehung von Bildern, die nach und nach auf eine illusionistische Wiedergabe von Bildinhalten verzichten, wie vor allem in der modernen abstrakten Malerei, die sich im frühen 20. Jahrhundert zeigt, wird die formale Komposition der Linien, Flächen und Farben beherrschend. Joachim Fischer hat darin das charakteristische Medium eines transnationalen „‚Geistes' der bürgerlichen Lebensform" gesehen und ihn als „Kunstreligion der modernen bildenden Kunst" bezeichnet.[226] Fischer stellt fest: „Kunstgeschichtlich wurde die abstrakte Kunst als Gipfelpunkt einer Fortschrittsgeschichte innerhalb des westlichen-europäischen Kunstraumes erzählt. Parallel wurden die Curricula des Kunstunterrichts in allen weiterführenden Schule umgestellt und angereichert durch Einübung in Denk- und Darstellungstechniken der Collage, der Arbeit mit Bruchstücken, Montage,

224 Janet Boatin, „Die Gemeinde des Olympiers. Goethekult und Goethe-Gesellschaft im Wilhelminischen Kaiserreich", in: *Die Gegenwart Gottes in der modernen Gesellschaft: Transzendenz und religiöse Vergemeinschaftung in Deutschland*, hg. v. Michael Geyer u. Lucian Hölscher, Göttingen 2006, S. 229-252.

225 Theodor W. Adorno, „Ästhetische Theorie", in: ders., *Gesammelte Schriften*, Bd. 7, Darmstadt 1997, S. 334ff. Siehe als Gegenpol die originelle systemtheoretische Arbeit von Sebastian W. D. Krauss, der konsequenterweise die auch noch bei Luhmann mitgeführte Werkästhetik verabschiedet. Sebastian W. D. Krauss, *Die Genese der autonomen Kunst. Eine historische Soziologie der Ausdifferenzierung des Kunstsystems* Bielefeld 2012, zum Verhältnis von Kunst und Religion Ebd. S. 259ff.; siehe auch: Rainer Schützeichel, „Autonomie als Programm. Über eine schwierige Kategorie der Kunstsoziologie", in: *Autonomie revisited. Beiträge zu einem umstrittenen Grundbegriff in Wissenschaft, Kunst und Politik* (= Zeitschrift für Theoretische Soziologie, Sonderband 2), hg. v. Martina Franzen / Arlena Jung / David Kaldewey u. Jasper Korte (Hg.), Weinheim 2014, S. 166-187; *Autonomie der Kunst? Zur Aktualität eines gesellschaftlichen Leitbildes*, hg. v. Uta Karstein u. Nina Tessa Zahner, Wiesbaden 2017.

226 Joachim Fischer, *Wie sich das Bürgertum in Form hält*, Springe 2012, S. 45.

Travestien, Karikaturen, Ironisierungen."[227] Diese generelle Zurechnung der modernen bildenden Kunst zur *Kunstreligion* ist, gemessen an unserer Typologie, überzogen, denn man wird keine Schwierigkeiten haben, Werke wie Rezipienten zu finden, denen eine irgendwie geartete religiöse Dimension nicht zugesprochen werden kann. Wichtiger im Zusammenhang dieses Kapitels ist die klassentheoretische Interpretation der Unterscheidung von Bildfläche und Bildgegenstand, die Fischer der Studie von Arnold Gehlen über moderne Malerei entnimmt.[228]

Die Zweischichtigkeit des Bildes sei in der modernen Malerei von zwei avantgardistischen Konzeptionen in unterschiedlicher Richtung entfaltet worden. „Abstrakte Kunst richtet sich nach dem ‚Leben der Form' des Bildes, während das andere avantgardistische Projekt im Bild die ‚Form des Lebens' sichtbar werden läßt. Diese andere Avantgarde verknüpft sich zutiefst mit den Massen der Moderne, mit dem Darstellungs- und Repräsentationsbegehren der bäuerlichen, proletarischen, soldatischen Massen des 20. Jahrhunderts."[229] Die Unterschiede eines Primats der Form oder des Inhalts, der abstrakten oder der gegenständlichen Malerei werden bei Fischer zu einer Differenz von eher totalitärer „Inklusionskunst" und bürgerlich liberaler Kunst, bei der der „Rätselcharakter" und „systemische Nonkonformismus" des Bildes einer Kommentierung bedarf, d.h. auch „einer bildungsbürgerlichen Initiation – wer es nicht möchte oder schafft, bleibt tendenziell draußen."[230]

Die Bedeutung der Erkennbarkeit eines spezifischen Glaubens, der Inklusion ohne die Bildungsvoraussetzungen der bürgerlichen Schichten garantiert, ist beispielhaft am Kölner Domfensterstreit 2007 ablesbar. Die Bemerkung des Kölner Kardinals Meisner zu den von Gerhard Richter neu gestalteten Fenstern im Kölner Dom, ein abstraktes Fenster passe „eher in eine Moschee oder ein Gebetshaus" als in einen Dom, hat im Sommer 2007 zu einer heftigen Debatte geführt. Dabei hatte Meisner die Bedeutung der Kunst zur Erweckung des Sinns für das Übernatürliche klar hervorgehoben und bemerkt: Der „Widerschein des Göttlichen im Irdischen", den ein Kunstwerk erzeuge, schütze „den Menschen vor der Diktatur der Zwecke und des Nutzens und bewahrt ihn vor den Götzen, die wir Erfolg, Image, öffentliche Meinung nennen". Allerdings seien abstrakte Bilder für den Kirchenraum nicht geeignet: „Wenn wir schon ein neues Fenster bekommen, dann soll es auch deutlich unseren Glauben widerspiegeln und nicht irgendeinen." Den Kölner Domfensterstreit hat Wolfgang Ullrich treffend als einen Konflikt zwischen zwei Glaubensbekenntnissen, dem christlichen und dem *kunstreligiösen*, untersucht.[231]

227 Ebd. S. 50.

228 Arnold Gehlen, *Zeit-Bilder. Zur Soziologie und Ästhetik der modernen Malerei*, Frankfurt a.M. 1960, S. 65-72. Dazu ausführlich in diesem Band, S. 863ff.

229 Fischer 2012, S. 52.

230 Ebd. S. 56 u. 64f.

231 Wolfgang Ullrich, „Religion gegen Kunstreligion. Zum Kölner Domfensterstreit", in: *Merkur* 62(2)/2008, S. 93-102. Zitate des Kölner Kardinals Meisner sind diesem Artikel entnommen.

Bezogen auf das Thema der Konkurrenz des Katholizismus mit der *Kunstreligion*, kann im folgenden gezeigt werden, wie die Kunstproduktion des Katholizismus im 19. Jahrhundert bereits viele Dimensionen von „Inklusionskunst" ausgebildet hat. Ihm ging es um die ‚Form des Lebens' im Sinne einer katholisch formierten Lebensweise, um die Sichtbarkeit der Offenbarungsinhalte und die kollektive Organisation der Gläubigen in religiösen Festen. Die im Katholizismus entwickelten Modi der Ästhetisierung des Sakralen waren erfolgreich und fanden viele Nachahmungen in den Massenornamenten der totalitären Regime des 20. Jahrhunderts und in der heutigen „Event-Kultur".[232]

Die Nazarener und die katholische Bildproduktion. 1796 erschienen Wilhelm Heinrich Wackenroders und Ludwig Tiecks *Herzensergießungen eines kunstliebenden Klosterbruders*, in denen gleich zu Beginn aus einem alten Pergament über Raffaels Wunsch, ein vollkommenes Bild der Heiligen Jungfrau Maria zu malen, berichtet wird. Durch ein Wunder sei in der Nacht ein angefangenes Gemälde vollendet worden. „Die Göttlichkeit in diesem Bilde habe ihn so überwältigt, daß er in helle Tränen ausgebrochen sei. Es habe ihn mit den Augen auf eine unbeschreiblich rührende Weise angesehen, und habe in jedem Augenblick geschienen, als wolle es sich bewegen; und es habe ihn gedünkt, als bewege es sich auch wirklich."[233] Wackenroder hatte sich 1793 auf einer Reise nach Süddeutschland im Kloster Banz von einem Raffael zugeschriebenen Madonnenbild ergreifen lassen.[234] 1803 entdeckt dann Friedrich Schlegel die frühe italienische Malerei, die Napoleon säkularisiert und im Pariser Louvre, dem ersten Kunsttempel des Bürgertums, ausgestellt hatte.[235] Die Romantiker speisen ihre Begeisterung für die religiöse Malerei Italiens in die Wunschwelten der *Kunstreligion* ein.

1810 folgte eine Künstlergruppe aus dem Wiener Akademismus dieser Tendenz, brach nach Italien auf und richtete sich im ehemaligen Kloster *San Isodoro* in Rom ein, um freundschaftlich verbunden gemeinsam zu malen und die religiöse Kunst zu erneuern. Sie distanzierten sich von Winkelmanns Orientierung an den Griechen und an der Plastik. Fixsterne ihrer Malerei waren Albrecht Dürer, Michelan-

232 Vgl. dazu Michael N. Ebertz, „Transzendenz im Augenblick. Über die ‚Eventisierung' des Religiösen – dargestellt am Beispiel der katholischen Weltjugendtage", in: *Events. Soziologie des Außergewöhnlichen*, hg. v. Winfried Gebhardt / Ronald Hitzler u. Michaela Fadenhauer, Opladen 2000, S. 345-362. Grundlegend: Wilhelm Gräb, *Sinn fürs Unendliche. Religion in der Mediengesellschaft*, Gütersloh 2002.

233 Ludwig Tieck u. Wilhelm Heinrich Wackenroder, *Herzensergießungen eines kunstliebenden Klosterbruders*, mit einem Nachwort v. Richard Benz, Stuttgart 1975, S. 9.

234 Ebd., S. 132.

235 Friedrich Schlegel, „Nachricht von den Gemählden in Paris", in: ders. (Hg.), *Europa. Eine Zeitschrift*, Bd. 1 [1803], Nachdruck der Originalausgabe, mit einem Nachwort v. Ernst Behler, Stuttgart 1963, S. 108-157. Über die Wirkung der Aufsätze vgl. Heinrich Finke, *Über Friedrich und Dorothea Schlegel*, Köln 1918, hier S. 43-48.

gelo Buonarotti und Raffael.[236] Diesen Malern war nach Auffassung der *Lukasbrüder*, wie sich die Künstlerfreunde um J. Friedrich Overbeck nannten, die Einheit von Kunst und Religion in besonderer Weise gelungen.[237]

Die religiöse Bildproduktion der *Nazarener*, wie sie bald wegen ihrer langen Haare genannt wurden, war ausschließlich biblischen Stoffen gewidmet. Im *kunstreligiösen* Horizont spielten *bekenntnisreligiöse* Differenzen zunächst keine Rolle. Neben Katholiken gehörten Protestanten wie der Schöpfer der Bilder-Bibel Julius Schnorr von Carolsfeld zur Gruppe, die auch gläubige Juden wie den Maler Moritz Daniel Oppenheim in ihren Kreis miteinbezog.[238] Die überkonfessionelle Orientierung zeigte sich im Verzicht auf Heiligenbilder. Zu den ersten Fresken gehörte die Geschichte von Josef und seinen Brüdern; die „Heilige Familie" und Mariendarstellungen bilden in der Folgezeit den Schwerpunkt der Bildproduktion. Der Name *Lukasbund* wurde gewählt, weil der Legendenüberlieferung nach der Evangelist Lukas Maria portraitiert hat.[239] In den Bildern der Gottesgebärerin Maria sollte die Einheit von irdischer Schönheit und himmlischer Wahrheit, d. h. die *kunstreligiöse* Fusion des Endlichen mit dem Unendlichen zum Ausdruck kommen. Mit Overbecks Konversion zum Katholizismus im Jahre 1813 nahmen die konfessionellen Spannungen in der Gruppe und die Diskriminierung jüdischer Maler zu; aber dies hatte kaum Einfluss auf Stil und Bildprogramm.

Wichtig ist nun, daß die Bilder und der Stil der Nazarener, die beide im Horizont des revolutionären Enthusiasmus mit seinen Ambivalenzen zwischen Erwachen und Erweckung entstanden waren, in der zweiten Hälfte des 19. Jahrhunderts für einen religiösen Bildermarkt technisch reproduziert und verbreitet wurden. Die Bilder

---

236 Die Wiederentdeckung dieser Künstlergruppe beginnt in den 60er Jahren des 20. Jahrhunderts. Mit Keith Andrews, *The Nazarenes – A Brotherhood of German Painters in Rome*, Oxford 1964. 1977 war im Städel zu Frankfurt eine große Nazarener-Ausstellung zu sehen: *Die Nazarener*, hg. v. Klaus Gallwitz, Frankfurt a.M. 1977. U. a. mit den Beiträgen von Günter Metken, „Rom, der Kirchenstaat, Italien. Nazarener und Puristen im Klima der Restauration", in: Gallwitz 1977, S. 327-335 und Sigrid Metken, „Nazarener und ‚nazarenisch'. Popularisierung und Trivialisierung eines Kunstideals", in: Gallwitz 1977, S. 365-388. Siehe auch Herbert Schindler, *Nazarener. Romantischer Geist und christliche Kunst im 19. Jahrhundert*, Regensburg 1982; Manfred Jauslin, *Die gescheiterte Kulturrevolution. Perspektiven religiös-romantischer Kunstbewegung vor der Folie der Avantgarde*, München 1989; Brigitte Heise u. Johann Friedrich Overbeck, *Das künstlerische Werk und seine literarischen Vorlagen*, Köln 1999; Michaela Haibl, „‚Sulamis und Maria' – antijüdische Facetten in der Kunst der Nazarener", in: *Maria – Tochter Zion? Mariologie, Marienfrömmigkeit und Judenfeindschaft*, hg. v. Johannes Heil u. Rainer Kampling, Paderborn u.a. 2000, S. 187-210.

237 Programmatisch sind Overbecks kunsttheoretische Ausführungen in: Friedrich Overbeck, „Die drei Wege der Kunst", abgedruckt in: Fritz Herbert Lehr, *Die Blütezeit romantischer Bildkunst. Franz Pforr der Meister des Lukasbundes*, Marburg 1924, S. 303-307. Zur europäischen Vernetzung vgl. Schindler 1982, S. 68ff.

238 *Julius Schnorr von Carolsfeld und die Kunst der Romantik*, hg. v. Gerd Helge Vogel, Greifswald 1966; Sigrid Nagy, *Julius Schnorr von Carolsfeld: Julius Schnorr von Carolsfelds ‚Bibel in Bildern' und ihre Popularisierung*, Würzburg 1999.

239 Klaus Schreiner, *Jungfrau, Mutter, Herrscherin*, München 1994, S. 257ff.

und Bildmotive der Nazarener wurden zu Vorlagen für die populäre Druckgraphik. Billiges Maschinenpapier und neue Druckverfahren ermöglichten einen nie zuvor gekannten Umfang der Bildproduktion. Der Anteil religiöser Bilder in Deutschland wird auf ca. 80 % geschätzt. Allein das Druckhaus Poellath hatte im Jahre 1887 20 Millionen Stück frommer Kleingraphik auf Lager.[240] Die religiöse Bildproduktion ist teils nazarenisch überkonfessionell; der Bildhunger befördert aber auch die Produktion katholischer Heiligenbilder und dann auch die Verbreitung von Papstbildern. Das kleinformatige Andachtsbild diente als Andenken an die Taufe, die Erste Kommunion, an Hochzeit, Primiz und Dienstjubiläen oder als Totenzettel und Sterbebildchen. Es konnte in das Gebetbuch eingelegt werden; Kinder erhielten Andachtsbilder als Fleißbildchen, sie konnten wie heutige Sammelbildchen von Fußballstars getauscht werden.[241] Großformatig gehörte das religiöse Schlafzimmerbild über dem Ehebett um 1900 zur Aussteuer.[242] Genutzt wurden auch moderne Medien, wie zum Beispiel das Panorama. 1902/03 wurde in einem Rundbau in Altötting auf zehn Meter hoher Leinwand von insgesamt 1200 Quadratmetern die Passion Christi dargestellt.[243] Darüber hinaus zog der Nazarener-Stil in die Oberammergauer Passionsspiele ebenso ein wie in die Massenproduktion von Weihnachtskrippen, sei es als Ausschneidebögen oder als teureres Schnitzwerk.[244]

Die Dominanz katholischer Bildproduktionen wird deutlich in den Klagen evangelischer Pfarrer, die sich überlegen, was gegen die Maria-und Josef-Bildchen zu unternehmen sei, die „von bekenntnis- und kunstblinden Evangelischen an der Stubenwand angebracht werden".[245] Christoph Weber zufolge spiegelt die Ästhetik dieser Bilder „in ihrer Formgebung, ihren Themen, ihrer Koloristik deutlicher als irgend etwas anderes das innerste Empfinden des ultramontanen Menschen, nämlich seine schmerzerfüllte Flucht vor der Realität des Zeitalters der Industrialisierung, der Demokratie, der modernen Wissenschaft, des Zerfalls der Autoritäten, der beginnenden Landschaftszerstörung, der Kriege und des Existenzkampfes je-

240 Henning Pahl, „‚Der Holzschnitt redet die Sprache des Volkes' – Das Bild als Popularisierungsmedium im Dienst der Religion", in: *Wissenspopularisierung*, hg. v. Carsten Kretschmann, Berlin 2003, S. 257-279, hier S. 265; siehe auch Wolfgang Brückner, *Populäre Druckgraphik Europas, 15.-20. Jahrhundert*, München 1968; ders., *Kunst und Konsum. Massenbilderforschung*, Würzburg 2000a. Zur Massenproduktion: Ders., *Die Bilderfabrik. Dokumentation zur Kunst- und Sozialgeschichte der industriellen Wandschmuckherstellung zwischen 1845 und 1973 am Beispiel eines Großunternehmens*, Frankfurt a.M. 1973.

241 Peter Höpgen, *Kommunionerinnerungsbilder. Grundlegung eines jungen Forschungsthemas in der Volkskunde und Religionstheorie*, Köln/Wien 1988; Christine Burckhardt-Seebass, „Erinnerungsgraphik zur Firmung", in: *Jahrbuch der Volkskunde* N.F. 4/1981, S. 31-59. Grundlegend ist Martin Scharfe, *Evangelische Andachtsbilder. Studien zur Intention und Funktion des Bildes in der Frömmigkeitsgeschichte, vornehmlich des schwäbischen Raumes*, Stuttgart 1968.

242 Pahl 2003, S. 266; Wolfgang Brückner, *Elfenreigen und Hochzeitstraum. Die Öldruckfabrikation 1880-1940*, mit einem Beitrag v. Willi Stubenvoll, Köln 1974.

243 Schindler 1982, S. 190ff.

244 Vgl. Metken 1977, S. 380 u. 382 und Schindler, 1982, S. 185 u. 188.

245 Christliches Kunstblatt 1888, zit. n. Scharfe 1968, S. 313.

den Einzelnen in der Konkurrenzgesellschaft. Stattdessen wird eine ‚heilige Familie' im agrarisch-handwerklichen Milieu idealisiert."[246] Als weitere Charakteristika nennt Weber: „Aber auch die Infantilisierung der Psyche, ein Trend zum Asexuellen, zum Niedlichen gilt es sehen und zu deuten. Neben der ‚heiligen Familie', den Herz-Jesu- und Herz-Mariae-Darstellungen gibt es vor allem ein dominantes Motiv der populären ultramontanen Druckgraphik: den guten Hirten, der als ekklesiologisches Symbol dieser ganzen Epoche (‚Pastor aeternus') von größter Bedeutung war und unbedingt auch als symbolische Darstellung der Beziehung der Gläubigen zur Hierarchie zu interpretieren ist."[247] Wer den *kunstreligiösen* Ambitionen des liberalen Bürgertums folgte, sah diese Produkte in rosa und himmelblauen Farben als Kitsch an.[248] Der Primat des Inhalts und die Mißachtung der formgebundenen Autonomie des Kunstwerks ließ diese Bilder ebenso trivial und minderwertig erscheinen wie die Propagandakunst des sozialistischen Realismus und die Bilderwelt der nationalsozialistischen Malerei im zwanzigsten Jahrhundert.

Gegen die ultramontane Bildproduktion erhob sich Widerspruch von protestantischen, liberal und national orientierten Künstlern, sodaß von einem „Bilderkampf" gesprochen werden kann.[249] Teils wurden Bilder im hohen Stil gemalt, wie z.B. Wilhelm von Kaulbachs „Tempelaustreibung" von 1869, das die Wechsler im Tempel als Bischöfe und Priester, den Papst eingeschlossen, auf der Flucht vor einem wütenden Jesus zeigt, teils konnte man im *Kladderadatsch* oder bei Wilhelm Busch sich an antikatholischen Karikaturen sattsehen.[250]

Auch im Bereich der Literatur und der Musik bemühten sich katholische Intellektuelle zu konkurrieren. In der Literatur konzentrierte sich der 1844 gegründete *Borromäusverein* darauf, der Verbreitung der neuen, auf Sensation zielenden antiklerikalen Massenliteratur katholisches Lesegut entgegenzusetzen. Auch hier dominierte der Primat des Inhalts. Populär wurden die Erzählungen der badischen Priester Alban Stolz und Heinrich Hansjakob.[251] Instruktiv für die Spannung zwischen *kunstreligiösen* und ultramontanen Auffassungen sind in diesem Zusammenhang

---

246 Weber 1991, S. 32.

247 Ebd.. Zu Bildmotiven und Bildästhetik vgl. Metken 1977, S. 372f.; Nils-Arvid Bringéus, „Der ‚Heilige Wandel' im Prozess der Popularisierung. Zur Ikonographie der ‚Heiligen Familie'", in: *Medien populärer Kultur. Erzählung, Bild und Objekt in der volkskundlichen Forschung. Rolf Wilhelm Brednich zum 60. Geburtstag,* hg. v. Carola Lipp, Frankfurt a.M./New York 1995, S. 332-379, hier S. 377; Hildegard Erlemann, *Die heilige Familie. Ein Tugendvorbild der Gegenreformation im Wandel der Zeit. Kult und Ideologie,* Münster 1993; Hedvig Brander Jonsson, „Religious Imagery and Popular Communication", in: ders. u.a. (Hg.), *Visual Paraphrases. Studies in Mass Media Imagery,* Uppsala 1984, S. 93-144.

248 Vgl. Scharfe 1968, S. 310.

249 Friedrich Gross, *Jesus, Luther und der Papst im Bilderkampf 1871 bis 1919. Zur Malereigeschichte der Kaiserzeit,* Marburg 1989

250 Ebd. S. 52, Abb. 54, S.40ff., 78ff. passim.

251 Götz von Olenhusen 1994, S. 189; Elisabeth Mackscheidt, *Erziehung für das Heil der Seele. Kritische Lektüre des katholischen Pädagogen Alban Stolz,* Mainz 1982; Anton Petrus Henricus van Rijswijck, *Heinrich Hansjakob,* Heerlen 1948.

die Auseinandersetzungen um die katholische Literatur zwischen Carl Muths Zeitschrift *Hochland* und Richard von Kraliks Zeitschrift *Gral* um 1900. Carl Muth vertrat die Auffassung, „niemals könne Kunst dem religiösen Bewußtsein widersprechen; sittliche Mängel seien gleichzeitig künstlerische Mängel". Dagegen vertrat Kralik die Auffassung, daß nur aus dem katholischen Glauben heraus große Literatur möglich sei.[252]

War die Verbreitung des Ultramontanismus in Bildmedien durchschlagend, so waren die Versuche, an die Kirchenmusik Palestrinas oder Orlando di Lassos anzuschließen, nicht sehr erfolgreich. Sie reichten in ihrer Wirkung nicht an die Bach-Renaissance im Protestantismus heran, der den Hörraum der Kirche für Oratorien auch freier nutzen konnte als Katholiken den der Eucharistie geweihten Altarraum.[253] Die seit 1868 gegründeten Cäcilienvereine lehnten ohnehin neue Kompositionen ab.

Die ultramontane massenkulturelle Ästhetisierung des Sakralen zielte vor allem auf eine spektakuläre Sichtbarmachung des Katholizismus. Baukunst und Wallfahrt waren prominente Medien der Prägung des öffentlichen Raumes als eines religiösen Raums. In der Kirchenbaukunst setzte August Reichensperger im Erzbistum Köln die Neugotik als verbindlichen Kirchenbaustil durch. Die Vollendung des Kölner Doms bediente nationale Bedürfnisse ebenso, wie sie die Neuzeit zu einer Episode herabsetzen sollte.[254] Allerdings bahnte sich dann auch mit der Verbreitung der „Bauratsgotik" als Stil für Verwaltungsgebäude und Privathäuser eine gewisse architektonische Gleichschaltung der entstehenden Massengesellschaft an.

DIE ÄSTHETISIERUNG DES SAKRALEN UND POPULARE RELIGION. Die Mittel, mit denen der Ultramontanismus gegen die Sakralisierung der Kunst und für die Ästhetisierung des Sakralen arbeitete, waren nicht nur nazarenischen Ursprungs, sondern zu einem großen Teil dem Motiv- und Formenschatz der Frömmigkeit des sechzehnten und siebzehnten Jahrhunderts entnommen.[255] Dazu gehörten das Beten des Rosenkranzes, die Votivmessen, die Verbreitung von Devotionalien, die Erneuerung des Reliquienkultes, aber auch Neuerungen wie zum Beispiel die Mai-

252 Zit. n. Hanisch 1974, S. 125-160, hier S. 127.

253 Schnabel 1937, S. 220-25.

254 Vgl. Hinrich Seeba, „Der Kölner Dom: Bastion des Mittelalters und Nationaldenkmal. Zur Kategorie der Geschichtlichkeit in den Kontroversen des Vormärz", in: *Das Weiterleben des Mittelalters in der deutschen Literatur*, hg. v. James F. Poag u. Gerhild Scholz-Williams, Kronberg/Taunus 1983, S. 87-105; Thomas Nipperdey, „Der Kölner Dom als Nationaldenkmal", in: *Historische Zeitschrift* 233/1981, S. 595-613; zur Würde des Kirchenraums vgl. Scharfe 1968, S. 308 sowie ders., „Schönheit und Religion. Ein Versuch auf der Grundlage einer kleinen Umfrage", in: *Zeitschrift für Volkskunde* 63/1967, S. 222-235; zur Kirchenbaukunst Schnabel 1937, S. 240. Die Nazarener-Richtung beeinflußte auch das von August Welby Pugin ab 1840 gebaute neue Londoner Parlamentsgebäude an der Themse. Vgl. Schindler 1982, S. 71.

255 Vgl. dazu die Angaben und Literaturhinweise bei Ebertz 1979, S. 38-72, hier S. 59f. u. 62ff. und ders. 1980, S. 89-111, hier S. 104ff.

andacht. Hinzu kamen die Verehrung von funktionsdifferenzierten Heiligen wie Sankt Antonius für das Wiederfinden verlegter Dinge, Sankt Florian für die Feuerwehr, Sankt Josef für die Zimmerleute usw. Unter dem Pontifikat Pius IX. wurden die Verfahren zur Heiligsprechung beschleunigt und vermehrt. Allein in den beiden Kanonisationsfeiern von 1862 und 1867 gelangten insgesamt 52 neue Heilige zur Ehre der Altäre.[256]

Die Streitfrage, inwieweit dieses Aufblühen der Frömmigkeit aus einer traditionalen Frömmigkeit hervorging oder Effekt einer organisierten klerikalen *reinvention of tradition* war, ist müßig. Zweifellos finden wir im 19. Jahrhundert ein spontanes Aufwallen von Frömmigkeit, wie dies in vielen historischen Situationen anzutreffen ist. Aber der Terminus „*Volksfrömmigkeit*" eignet sich nicht zur Bezeichnung der Sachverhalte, da er sie einerseits nach dem Muster der Aufklärungstheologie mit dem Vorherrschen von Aberglauben in den Unterschichten identifiziert und andererseits mit Konzepten der Volkstumsromantik in Verbindung steht, die die Frömmigkeit der Unterschichten als ursprünglich heidnische und magische Volksbräuche auffaßt. Der Terminus „Volksfrömmigkeit" verdeckt einerseits die *rationalreligiöse* Diskriminierung und andererseits die *nationalreligiöse* Zuordnung der popularen Frömmigkeit.[257] Das Interesse an einer Bewahrung traditionellen Brauchtums findet sich in den Prozessen marktwirtschaftlicher Modernisierung konfessionsübergreifend in vielen Gruppen und mischte sich mit *nationalreligiösen* Ambitionen. Ohnehin ist zu bemerken, daß die sogenannte Volksfrömmigkeit auch in den Oberschichten vorhanden war. Marktgesellschaftlichen Prozessen verdankt sich auch der Bedeutungszuwachs der individualisierenden religiösen Lebensabschnittsfeste Geburt, Pubertät und Adoleszenz, Heirat und Tod, die die kosmologischen Feste im 19. Jahrhundert an Popularität überflügeln.[258]

François-André Isambert hat die Geschichte des Streits um „populare Religion" in Frankreich, die innerkirchlich beginnt und dann in die Sozialwissenschaften

---

256 Stefan Samerski, ‚*Wie im Himmel, so auf Erden?*', *Selig- und Heiligsprechungen in der katholischen Kirche, 1740-1870*, Stuttgart 2002.

257 Wolfgang Brückner weist darauf hin, daß der kirchenamtliche Begriff der popularis religiositas Mitte der 70er Jahre des 20. Jahrhunderts benutzt wurde, um Probleme der Massenmissionierung im heutigen Südamerika zu bearbeiten. Wolfgang Brückner, „‚Magische Volkskultur'. Ein Wiedergänger", in: ders., *Kulturtechniken. Nonverbale Kommunikation, Rechtssymbolik, Religio carnalis*, Würzburg 2000b, S. 53-65, hier S. 54; vgl. auch die Diskussion des Terminus „Volksfrömmigkeit" in: Michael N. Ebertz u. Franz Schultheis: „Einleitung: populare Religiosität", in: Dies. (Hg.), *Volksfrömmigkeit in Europa. Beiträge zur Soziologie popularer Frömmigkeit aus 14 Ländern*, München 1986, S. 11-52; *Volksreligiosität in der modernen Sozialgeschichte*, hg. v. Wolfgang Schieder, Göttingen 1986; Wolfgang Brückner / Gottfried Korff / Martin Scharfe, *Volksfrömmigkeitsforschung*, Würzburg 1986; Andreas Holzem, „‚Volksfrömmigkeit'. Zur Verabschiedung eines Begriffs", in: *Theologische Quartalschrift* 182/2002, S. 258-270.

258 Philippe Ariès, „Zur Geschichte popularer Religiosität", in: Ebertz u. Schultheiß 1986, S. 204-211, hier S. 207.

wandert, kritisch aufgearbeitet.[259] Dabei kreuzen sich die Forschungsstrategien derer, die an einer Rechtfertigung des politisch-religiösen Engagements für die unterprivilegierten Schichten interessiert sind, mit dem konservativen Impuls, den ungebildetsten Schichten der Bevölkerung eine reine, traditionale, unpolitische Religiosität zuzuerkennen. Solche Funktionalisierungen sind möglich, da es sich Isambert zufolge bei der popularen Religiosität um ein Konglomerat aus fünf verschiedenen Komponenten handelt: 1. der traditionellen Kult- und Glaubensformen aus dem bäuerlichen und handwerklichen Bereich, 2. der marginalen Glaubensformen und religiösen Praktiken moderner Magie wie z.B. der Astrologie und Heilpraktik, 3. der religiösen Massenphänomene, z.B. der großen Wallfahrten, 4. der Festreligionen, die das Privatleben rhythmisieren und 5. der Verbundenheit mit den in der Kindheit erlernten religiösen Liturgieformen.[260]

Michael Ebertz hat im Anschluß an die Terminologie Max Webers das Konzept „priesterherrschaftlicher Massenreligiosität" in die Diskussion eingeführt, um die Seite aktiver Einwirkung des Klerus und die Seite passiver Traditionalität der Bauern und Handwerker zusammenzubinden.[261] Dabei konnte er sich auf den katholischen Theologen und Soziologen Gustav Gundlach beziehen, der die Kirche „stiftungsgemäß, aus transzendentem Bezirk her" als Massenorganisation bezeichnet hat.[262] Für Gundlach unterscheidet sich das katholische vom protestantischen Religionsverständnis gerade darin, daß im Katholizismus nicht spiritualistische Innerlichkeit, sondern die Objektivität der christlichen Ideenwelt zur Grundlage gemacht wird. Religiöses Leben ist hier immer geformt, institutionalisiert und organisiert.[263] Die Anteile klerikal induzierter Frömmigkeitsformen und solcher, an die man sich in den Dörfern erinnerte, auseinanderzudividieren, dürfte ohnehin nur im Einzelfall Sinn machen.

259 François-André Isambert, „Empirische Vielfalt und ideologische Geschlossenheit: Populare Religion in Frankreich", in: Ebertz u. Schultheiß 1986, S. 192-203.

260 Ebd., S. 198ff. Ingo Mörth hat vorgeschlagen, statt von Volksfrömmigkeit von Alltagsreligiosität zu sprechen. Vgl. Ingo Mörth, „Zwischen ‚Aberglauben' und ‚Ideologie'. Aspekte von Alltagsreligiosität am Beispiel Österreich", in: Ebertz u. Schultheiß 1986, S. 88-98, hier S. 89.

261 Ebertz 1993, S. 62-85, hier S. 64.

262 Gustav Gundlach, „Zur Soziologie der katholischen Ideenwelt und des Jesuitenordens" [1927], in: ders., *Die Ordnung der menschlichen Gesellschaft*, Bd. 1, hg. v. Katholische Sozialwissenschaftliche Zentralstelle, Köln 1964, S. 202-287, hier S. 225, FN 38.

263 Zu Gundlach vgl. Johannes Schwarte, *Gustav Gundlach S.J. (1892-1963). Maßgeblicher Repräsentant der katholischen Soziallehre während der Pontifikate Pius' XI. und Pius' XII.*, München/Paderborn/Wien 1975; zu Gundlachs Religionssoziologie vgl. Mette 1980, S. 39-56, hier S. 43ff; Mette bemerkt: die „objektive Ausprägung der christlichen Religion, wie sie sich in der katholischen Kirche manifestiert, läßt sie unweigerlich zu einem Bestandteil des kulturellen Lebens werden; von den sich hieraus ergebenden Anforderungen kann sie sich nicht dispensieren." Mette 1980, S. 50.

Norbert Busch hat dies am Beispiel des Herz-Jesu-Kultes in Deutschland exemplarisch untersucht.[264] Der Kult entstand in Frankreich im 17. Jahrhundert, in dem das menschliche Herz sowohl von aufgeklärter *Rationalreligion* als auch naturforscherlich ins Zentrum der moralischen Reflexion gesetzt wurde. Gegen das Geheimnis des Herzens, in das sich die – wie wir im *Ersten Band* ausgeführt haben – glaubenskriegsgeschädigte Religion verkapselt hatte, förderten die französischen Jesuiten den Kult des Herzens Jesu auch als pastorales Kampfmittel in ihren Auseinandersetzungen mit dem Rigorismus der Jansenisten.[265] Es handelte sich um einen jesuitischen Versuch, die katholische *Bekenntnisreligion* dem Thema des Herzens anzunähern, den die Päpste skeptisch einschätzten. Er wurde nur in der Zeit der Dominanz katholischer Aufklärung im 18. Jahrhundert am Rande geduldet, zumal der Jesuitenorden1773 aufgehoben wurde.

Die Revitalisierung des Herz-Jesu-Kultes erfolgte über die im postrevolutionären Frankreich aufkeimende marianische Frömmigkeit, die Verehrung „des heiligsten und unbefleckten Herzens Mariae", die Pius IX. tatkräftig förderte und die im Immaculata-Dogma von 1854 ihren Höhepunkt fand. Die Welle der Maskulinisierung des Herz-Kultes in der Form des Herz-Jesu-Kultes erhielt die entscheidenden Impulse durch päpstliche, lehramtliche Entscheidungen und die Zuerkennung von Ablässen. Dieser Kult wurde „von oben" induziert. Die Diözesanbischöfe sorgten für die Ausgestaltung, und Priester griffen den Kult auf. Norbert Busch resümiert: „Die Verbreitung der Herz-Jesu-Frömmigkeit war mithin das Ergebnis einer konzertierten Aktion der kirchlichen Hierarchie. Päpste und Bischöfe, Jesuiten und Pfarrgeistliche beteiligten sich daran im Rahmen ihrer jeweiligen Möglichkeiten".[266] Zugleich war eine Erfolgsbedingung, daß der Kult „von unten" akzeptiert wurde. „Die populäre Praxis und Akzeptanz des Kultes weist die katholische Bevölkerung dabei keinesfalls als beliebig manipulierbare Masse aus, die den klerikalen Vorgaben widerspruchslos Folge leistete. Weite Bevölkerungskreise beteiligten sich nur deshalb so bereitwillig an der Verehrung des Herzens Jesu, weil ein breites Spektrum attraktiver Kultangebote existierte, die speziell auf die religiösen Interessen und mentalen Dispositionen *der Vielen* zugeschnitten waren."[267]

Von besonderer Bedeutung war das sogenannte Gebetsapostolat, durch das eine religiöse Gemeinschaft gestiftet wurde, die ihre öffentliche Existenz im monatlich erscheinenden Organ *Sendbote des göttlichen Herzens Jesu* hatte. In diesem Organ wurden Berichte über Gebetserhörungen abgedruckt. Das Gebetsapostolat war eine durch ein Presseerzeugnis vermittelte Gemeindebildung. Damit trug „die populäre Praxis der Gebetserhörungen einen individualisierenden Zug und verstärkte die Tendenz zur religiösen Privatisierung. Das Heil war nicht mehr exklusiv an den

264 Zum folgenden vgl. Norbert Busch, *Katholische Frömmigkeit und Moderne. Sozial- und Mentalitätsgeschichte des Herz-Jesu-Kultes in Deutschland zwischen Kulturkampf und Erstem Weltkrieg*, Gütersloh 1997.

265 Zum Geheimnis des Herzens im *Ersten Band* S. 236ff.

266 Ebd., S. 312.

267 Ebd., S. 313.

Ort der Kirche und an die Person des Priesters gebunden, auch katholische Laien besaßen nunmehr unmittelbare Zugangsmöglichkeiten. Dazu reichte ihnen die Mitgliedschaft im Gebetsapostolat und die ‚Andacht im stillen Kämmerlein.'"[268] Mit dieser Praxis trat das Gebetsapostolat in Konkurrenz zu individualisierenden *kunstreligiösen* Praktiken. Die stille Andacht beim Betrachten der Werke hoher Kunst und das individuelle Gebet mit der Präsenz häuslicher Devotionalien lassen sich durchaus vergleichen. Wie in der *Kunstreligion*, so ermöglichte das Gebetsapostolat einen quasi autonomen Heilszugang. Im Unterschied zum Herz-Jesu-Kult waren die Frömmigkeitskulte, die sich um Marienerscheinungen bilden – auf die wir weiter unten eingehen werden –, spontan und stießen bei kirchlichen Autoritäten in der Regel zunächst auf Skepsis und Widerstand.

Werner Blessing weist darauf hin, daß die „Verkirchlichung brauchhafter Frömmigkeit an Grenzen" stieß: „Wenn sie ein Maß, das für uns freilich kaum greifbar ist, überschritt, verweigerten sich die einfachen Leute. Sie entzogen sich einer Kontrolle, die ihrem sinnenhaften, oft spontan thaumatischen Glauben zu nahe kam, und sie sperrten sich gegen entsprechende Reglementierungen. Dann wurden eigene populäre Formen neben den pastoral gebotenen geübt – meist kleinräumig bis zu einem Radius von einigen Pfarreien, teilweise aber auch viel weiterreichend."[269] Es konnte auch passieren, daß klerikale Initiativen eine Frömmigkeit entfachten, die sich mit Blick auf ihre Rechtgläubigkeit und Kirchentreue nur mühsam kontrollieren ließ. Josef Mooser bemerkt: „Die Geschichte der *Entfachung der Massenreligiosität* begleitete stets der Versuch ihrer Kontrolle, die freilich nicht immer erfolgreich war."[270] Bei diesem für den sich im 19. Jahrhundert konstituierenden Zusammenhang von Führung und Massen gilt das Diktum des jungen Marx: „Die Theorie wird in einem Volke immer nur so weit verwirklicht, als sie die Verwirklichung seiner Bedürfnisse ist. (...) Es genügt nicht, daß der Gedanke zur Verwirklichung drängt, die Wirklichkeit muß sich selbst zum Gedanken drängen."[271] Die Spannungen zwischen der Frömmigkeit der Klerikalen und der Laien lassen sich nicht allein herrschaftssoziologisch als Fragen von Glaubensgehorsam und abweichendem Verhalten begreifen. Die zentrale Vermittlungsebene bildete vielmehr der Markt, auf dem religiöse Massenmedien als Bilder, Texte und Kultobjekte erstanden werden konnten. Die Ästhetisierung des Sakralen ging so mit einer Pluralisierung von Katholizität einher.

Diese Pluralisierung mündete freilich nicht zwangsläufig in eine ‚Individualisierung'. Vielmehr konnte die Versammlung der Gläubigen zugleich plebiszitäre Züge gewinnen.[272] Spektakulär waren die mehrere Tage dauernden Volksmissionen der

268 Norbert Busch, „Die Feminisierung der Frömmigkeit", in: Götz von Olenhusen 1995a, S. 203-219, hier S. 211f.

269 Blessing 1991, S. 105.

270 Mooser 1993, S. 149.

271 Karl Marx, „Zur Kritik der Hegelschen Rechtsphilosophie. Einleitung", in: MEW, Bd. 1, Berlin 1974, S. 378-391, hier S. 386.

272 Ebertz 1993, S. 82.

Redemptoristen.[273] Vom frühen Morgen bis zum späten Abend wurden Beichten gehört; drei- bis viermal am Tag fanden Predigten statt. Sofern sie der „westlichen Missionsmethode" folgten, bediente die drastische Schilderung der Sünden gegen die Keuschheit das Sensationsinteresse der Gläubigen, und die Kanzel wurde Bühne effektvoller, theatralischer Inszenierung. „Der Missionar schrie zum Beispiel auf der Kanzel mit einem dicken Strick um den Hals: ‚Barmherzigkeit, o Jesu! Barmherzigkeit!', welchen Ruf die anwesenden Gläubigen wiederholten. Etwa eine viertel Stunde schrieen und heulten die Leute so laut, daß man den schreienden Priester kaum mehr hören konnte."[274] Nach der Missionsreform von 1853 wurden die Spektakel gemäßigt. Allerdings zeigen die mahnenden Rundschreiben der Provinzleitung, daß man nicht so schnell bereit war, auf *sex and crime* zu verzichten. So wurde angemahnt, alle „näheren Schilderungen, drastische Beschreibungen, alles Aufzählen der einzelnen Arten des Lasters und den zeitlichen Folgen derselben, das Ausmalen und Beschreiben der einzelnen Gelegenheiten sind zu unterlassen".[275]

DIE GROSSE WALLFAHRT. Die ultramontane massenkulturelle Ästhetisierung des Sakralen fand in der großen Wallfahrt ihren Höhepunkt. Ihr eigneten alle Charakteristika eines Gesamtkunstwerks, und sie kann durchaus als katholischer Gegenentwurf zu *kunstreligiösen* Bestrebungen gesehen werden, wie sie in den Bayreuther Bühnenweihfestspielen Richard Wagners ihren Ausdruck fanden.[276]

Dabei hatte die Wallfahrt von Ort zu Ort, die schließlich mit großem logistischem Aufwand und unter Nutzung der Eisenbahn organisiert wurde, eine hohe Resonanz mit den Mobilitätserfahrungen der Binnenmigration der europäischen Gesellschaften im 19. Jahrhundert. In der Pastoraltheologie von Joseph Amberger heißt es: „So sind Wallfahrten ein mächtiges Mittel, geistiges Leben zu fördern, nicht selten das einzige Mittel, es anzuregen. Dem gemeinen Volke sind Wallfahrten eine Erneuerung des Geistes. Der Mensch reißt sich los von der Erdscholle, an der er klebt, verläßt seine Verhältnisse, die ihn stets in den Staub ziehen, versetzt sich in eine geistige Umgebung; kräftige Mittel erschüttern sein Inneres, er kehrt

273 Gründer der Redemptoristen war der italienische Ultramontanist Alfons Ligouri (1696-1787). Zu den Redemptoristen vgl. die große Studie von Weiß 1983. Ein Beispiel, wie Volksmissionen wahrgenommen wurden, untersucht Tobias Dietrich, „‚Dorfreligion' zwischen Glaube und Heimat", in: *Die Gegenwart Gottes in der modernen Gesellschaft: Transzendenz und religiöse Vergemeinschaftung in Deutschland*, hg. v. Michael Geyer u. Lucian Hölscher, Göttingen 2006, S. 177-196, hier S. 186.

274 Weiß 1983, S. 978.

275 Zit. nach Weiß 1983, S. 993.

276 Zur Konjunktur der Wallfahrt vgl. Wolfgang Brückner, *Die Verehrung des Heiligen Blutes in Walldürn*, Aschaffenburg 1958; Aubert 1971, S. 662-672; Wolfgang Schieder, „Kirche und Revolution. Sozialgeschichtliche Aspekte der Trierer Wallfahrt von 1844", in: *Archiv für Sozialgeschichte* 14/1974, S. 419-454; *Der Heilige Rock zu Trier. Studien zur Geschichte und Verehrung der Tunika Christi*, hg. v. Erich Aretz u.a., Trier 1996; Rebekka Habermas, *Wallfahrt und Aufruhr. Zur Geschichte des Wunderglaubens in der frühen Neuzeit*, Frankfurt a.M. 1991.

inwendig gestärkt und erneuert zu seinen Geschäften zurück".[277] Die prominenten Wallfahrtsorte wurden von klerikalen Fachleuten, die Anregungen der großen Weltausstellungen aufgriffen, aufgerüstet, um für den Ansturm erwartungsvoller Pilger vorbereitet zu sein.[278] Dazu gehörten Sequenzen von kultischen Veranstaltungen: Morgenandachten, Gottesdienste, Abendgebete und nächtliche Lichterprozessionen, die auf den Höhepunkt der immer nur sehr kurzen Verweildauer im Zentrum des Kultes hin berechnet waren.

In der zweiten Hälfte des 19. Jahrhunderts hatte sich Lourdes zu einem Wallfahrtsort entwickelt, der in wachsendem Maße Pilger aus ganz Europa anzog. 1981 wurde von jährlich 4,5 Millionen Lourdes-Besuchern berichtet, derzeit können es bis zu 6 Millionen sein.[279] Trotz dieser Zahlen hat sich die Forschung in Deutschland erst spät mit dem Thema befaßt. 1984 hat Wolfgang Brückner beklagt, es habe „kaum ein gestandener Wissenschaftler bislang seine Reputation damit aufs Spiel gesetzt, daß er sich etwa monographisch, in der Vergabe von Schülerarbeiten oder gar nur durch Inaugenscheinnahme auf einer Exkursion (und sei es auf dem Bildungswege nach Santiago) mit Lourdes auseinandergesetzt hätte," obwohl deutsche Wallfahrten nach Lourdes seit 1875 belegt sind.[280] Inzwischen hat sich die Forschungslage dank der Arbeiten von Bernhard Schneider und Andreas Kotulla erheblich verbessert.[281]

Herausragend und stilbildend wurde Émile Zolas Roman *Lourdes*, der erste Roman seiner Städte-Trilogie über den Katholizismus.[282] In seiner Deutung des Geschehens ist die spektakuläre Inszenierung der Wallfahrt darauf gerichtet, Skepsis und Zweifel zu schwächen und die Erlösungshoffnung zu steigern. Dabei geht es nicht nur um die Heilung von Krankheiten und Gebrechen, sondern ebensosehr um die Versagungen, die dem Streben nach Glück entgegenstehen. Die Wahrnehmungen des Abbé Pierre Froment nachzeichnend heißt es:

277 Joseph Amberger, *Pastoraltheologie* [1850/57], zit. n. Ebertz 1980, S. 107.

278 David Blackbourn, „,Die von der Gottheit überaus bevorzugten Mägdlein' – Marienerscheinungen im Bismarckreich", in: Götz von Olenhusen 1995a, S. 171-201, hier S. 186.

279 Nach Wolfgang Brückner, „Lourdes und die Literatur. Oder: Die Faszination des Massenkultes" [1984], in: ders. 2000b, S. 299-325, hier S. 303.

280 Ebd. S. 299.

281 Bernhard Schneider, *Wallfahrt und Kommunikation – Kommunikation über Wallfahrt*, Mainz 2004; ders., *Maria und Lourdes. Wunder und Marienerscheinungen in theologischer und kulturwissenschaftlicher Perspektive*, Münster 2008; ders., „Marienerscheinungen im 19. Jahrhundert. Ein Phänomen und seine Charakteristika", in: *,Wahre' und ,falsche' Heiligkeit. Mystik, Macht und Geschlechterrollen im Katholizismus des 19. Jahrhunderts*, hg. v. Hubert Wolf, München 2013, S. 87-110; Andreas Kotulla, *,Nach Lourdes!'. Der französische Marienwallfahrtsort und die Katholiken im Deutschen Kaiserreich (1871-1914)*, München 2006. Aus der medizinischen Literatur ist hervorzuheben die Schrift des aus dem Nachlaß publizierten Nobelpreisträgers für Medizin von 1912: Alexis Carrel, *Das Wunder von Lourdes*, Stuttgart 1951.

282 Korn 1980, hier S. 328-331; Teronis 1961; Kotulla 2006, S. 122-134. Weitere wichtige literarische Verarbeitungen sind diskutiert bei Brückner 2000c; zu Huysmans S. 312, zu Tucholskys Pyrenäen-Buch S. 317, zu Werfels *Das Lied der Bernadette* S. 322.

„Wenn dieser Zug des Jammers dahinrollte und immer weiterfuhr, wenn dieser Wagen von Kranken überfüllt und auch die anderen Wagen voll waren, wenn Frankreich und die ganze Welt von ähnlichen Zügen durchbraust wurde, wenn sich Massen von dreihunderttausend Gläubigen und mit ihnen eine unzählbare Menge von Kranken pausenlos von Jahresanfang bis Jahresende in Bewegung setzten: Dann geschah dies, weil dort unten die Grotte in ihrer Glorie strahlte wie ein Leuchtturm der Hoffnung und Illusion, als Wahrzeichen der Empörung und als Triumph des Möglichen über die unerbittliche Materie. Noch nie war ein leidenschaftlicherer Roman geschrieben worden, eine Geschichte, welche die Seelen heißer hätte entflammen und erheben können über die grausamen Bedingungen des Daseins. Diesen Traum zu träumen, das war das große, das unsägliche Glück. Wenn die Patres von Mariae Himmelfahrt den Erfolg ihrer Pilgerfahrten von Jahr zu Jahr wachsen sahen, so war dies nur möglich, weil sie den herbeigeeilten Volksmassen Trost und Lüge, dieses köstliche Brot der Hoffnung verkauften, nach der die leidende Menschheit ständig unersättlich hungert. Und es waren ja nicht nur die physischen Wunden, die nach Heilung schrieen, die ganze sittliche und geistige Existenz rief dem Himmel ihr Elend zu, im unstillbaren Durst nach Glück. Glücklich sein, alle Gewißheit seines Lebens auf den Glauben setzen, sich bis zum Tode auf diesen festen Wanderstab stützen zu können, dies war das Sehnen, das aus allen Herzen aufstieg, das alle seelische Qual in die Knie zwang im Flehen um ewige Gnade, um Bekehrung der Nächsten, um das geistige Heil für sich selbst und für die, die man liebt. Der ungeheure Schrei pflanzte sich fort, stieg empor und erfüllte den Raum: glücklich sein für immer, im Leben und im Tode!“[283]

Daß Massenwallfahrten nach Lourdes in Konkurrenz zu *kunstreligiösen* Bestrebungen stehen, zeigt das Lourdes-Buch von Joris-Karl Huysmans. Seine Wandlung vom nihilistischen Verehrer Schopenhauers, dessen Dekadenz-Roman *Gegen den Strich* 1884 den Ästhetizismus in absoluter Reinheit inbrünstig feierte, zum katholischen Laienbruder zeigt in großer Deutlichkeit die Problematik, *Kunstreligion* in einen der Marktgesellschaft angepaßten Katholizismus zu überführen. *Les Foules de Lourdes* bietet auf der einen Seite eine angeekelte Beschreibung des Massenbetriebs. Er schreibt: „Lourdes ist ein ungeheures Elendsspital in eine riesenhafte Kirmes ausgeschüttet: eine Essenz des Grausens, tropfenweise in eine Tonne grober Lustigkeit versenkt; ein Gemisch von Schmerzensheiligtum, Hanswurstiade und Viecherei. Nirgends sonst auf der Welt wuchert solche fromme Gemeinheit, ein Fetischismus, der bis zu postlagernden Briefen an die Heilige Jungfrau geht; nirgends hat sich der Satanismus der Häßlichkeit gewalttätiger und zynischer aufgedrängt. (...) Offenbar erreichen wir in Lourdes die allertiefsten Unterwelten der Frömmigkeit.“ Es ist der Teufel, der zu Maria sagt: „Du kannst so viele Gebete haben, wie es Dir gefällt (...), aber die Kunst, die auf Erden das einzig Reine nach der Heiligkeit ist,

283 Zola 1987, S. 86. Es verdient vermerkt zu werden, daß Max Weber von der Lektüre des Lourdes-Romans von Zola beeindruckt war. Vgl. Joachim Radkau, *Max Weber. Die Leidenschaft des Denkens*, München 2005, S. 318.

wirst Du nicht haben, ich werde es so anstellen, daß Du durch dauernde Gotteslästerung der Häßlichkeit ohne Unterlaß beleidigt wirst".[284]

Auf der anderen Seite bekennt der katholische Laienbruder Huysmans: „Hier waltet die Wohltat der Selbstausschaltung, der so seltenen echten Liebe zum Nächsten. Man hat das Gepäck der Selbstsucht wenigstens auf eine Weile zur Seite gelegt. Wer weiß, ob es nicht vielleicht doch etwas an Gewicht verloren hat, wenn man es wieder aufnimmt? In einem Wort, in Lourdes wohnt man der Erneuerung des Evangeliums bei; man ist in einem Seelenspital, und man desinfiziert sich mit den Gegengiften der Liebe; und, verglichen mit diesen heilsamen Nutzwirkungen, was wiegt schließlich das Durcheinander von Dummheit und Häßlichkeit, der bloß menschliche Beitrag an Bruch und Abfall?"[285] Es verdient daran erinnert zu werden, dass Zolas *Lourdes* bereits 1913/14 in Schweden verfilmt wurde. Die Verfilmung von Franz Werfels *Das Lied der Bernadette* 1943 in Hollywood mit Jennifer Jones in der Hauptrolle wurde ein Welterfolg, der ein eigenes Genre von Lourdes-Filmen begründete.[286]

Die Konkurrenz von *Bekenntnisreligion* und *Kunstreligion* verläuft schließlich auch im protestantischen Bereich in vergleichbaren Bahnen der Eventisierung des Religiösen. Hans-Georg Soeffner hat in seiner kleinen Studie *Der Geist des Überlebens. Darwin und das Programm des 24. deutschen evangelischen Kirchentages* gezeigt, wie 1991 Strukturen und Präsentationsformen der freien Marktwirtschaft im religiösen Leben der evangelischen Kirchentage sich verbreitet haben. Er resümiert: „Fraglos hatte und hat jede Kirche zu allen Zeiten ihre jeweils spezifische, historische Gestalt. Aber immer stellt sich für sie die Frage, ob sie diese Gestalt bewußt mitformen will, oder sich bewußtlos formen läßt. Letzteres scheint beim Kirchentag 1991 eher der Fall gewesen zu sein. Es war eine religiöse, wenn auch nicht im engeren Sinne christliche, Ruhrgebietsmesse, die sich mit Stadtteilfesten und einem bunten Unterhaltungsprogramm umgab: Die Kirche stellte Ausstellungsräume für eine relativ frei flottierende Religiosität und für die Darstellung eines Potpourris von Lebensstilen und Meinungen zur Verfügung." Damit werde „die Kirche zu einem von vielen Großveranstaltern auf den Märkten der Unterhaltungsindustrie."[287]

DIE SICHTBARKEIT DES SPIRITUELLEN. Die Sehnsucht nach Wundern, die aus den Miseren des Daseins herausführen, gehörte für Zola und Huysmans zu den tragenden Erklärungsmodi für den Glauben an die Heilungen durch Gnadenakte der

284 Juris-Karl Huysmans, *Les Foules de Lourdes*, Paris 1906, zit. n. Brückner 2000c, S. 314-316.

285 Ebd.

286 Brückner 2000c, S. 342. Erwähnt seien die Verfilmungen von George Rouquier, *Lourdes et ses miracles*, Frankreich 1955; Jean Delannoy, *Bernadette*, Frankreich 1988; Ludovico Gasparini, *Lourdes*, Italien 1999.

287 Hans-Georg Soeffner, „Der Geist des Überlebens. Darwin und das Programm des 24. deutschen evangelischen Kirchentages", in: *Religion und Kultur*, hg. v. Jörg Bergmann / Alois Hahn u. Thomas Luckmann, Opladen 1993, (Sonderheft 33 der KZfSS), S. 191-205, hier S. 196.

Mutter Gottes. Und auch die allgemeinere sozialgeschichtliche Interpretation, derzufolge wirtschaftliche Not, Verelendung und Krankheit die Sehnsucht nach wunderbaren Auswegen motiviert hat, ist spontan nachvollziehbar. Zur Lage der ländlichen Bevölkerung in Baden schreibt Irmtraud Götz von Olenhusen: „Auswanderung, Rebellion oder Hoffen auf Wunder waren die drei Möglichkeiten, die sich für Bauern stellten, deren Besitz überschuldet war, für Frauen, die unversorgt waren, und für junge Leute, die kein Erbe zu erwarten hatten."[288]

Allerdings waren die Wallfahrtsorte Lourdes ebenso wie La Salette und Pontmain auch geeignet, den Gläubigen einen positiven Beweis zu liefern. Materialismus und Positivismus hatten eine neue Ordnung der Sichtbarkeit der Wahrheit etabliert. Vorherrschend war ja auch bei den naturwissenschaftlichen Materialisten die Überzeugung, daß uns Natur unmittelbar zugänglich ist, daß sie sich selbst unmittelbar ins Bild setzt.[289] Die Unmittelbarkeit der Marienerscheinungen folgte derselben Idee einer sichtbaren Evidenz und zog dann – wie in der Naturforschung auch – die Frage der Glaubwürdigkeit der Zeugen der Erscheinung nach sich.

Mit Fragen der Sichtbarkeit und Unsichtbarkeit der Wirkungen des Spirituellen hat sich die Kirche seit jeher beschäftigt. In der Ostkirche hat die Ikone nach dem Bilderstreit des 8. und 9. Jahrhunderts eine besondere Qualität gewonnen. Der Malprozeß des Bildes selbst ist eine heilige Handlung, die geistlichen Regeln folgt, damit das Essentielle tradiert werden kann. Von daher können Ikonen Wunder stimulieren.[290] Im Spätmittelalter der westlichen Kirche findet sich ein komplexes Geflecht von Heiligenbildern und Gnadenbildern, die Legenden und Wundererzählungen illustrieren oder selbst auf wunderbare Weise entstanden sind und die im Zusammenhang mit dem Reliquienkult und Ablaßwesen für eine verbreitete Sichtbarkeit des Spirituellen sorgen. Mit den reformatorischen Konflikten um die Abendmahlsfeier gerät die Tradition der Eucharistie-Mirakel in die glaubenskriegerische Frontlinie, geht es doch in den theologischen Diskursen um die Transsubstantiationslehre und Realpräsenz von Christi Fleisch und Blut in Brot und Wein.

Am Beispiel der berühmten „Messe von Bolsena" hat Wolfgang Brückner nicht nur den Zusammenhang von Legendenbildung um das Corporale-Wunder blutender Hostien und der liturgischen Praxis der Aufbewahrung von unglücklicherweise verschüttetem konsekriertem Wein oder Resten von Hostienunfällen erhellt, sondern auch einen Beitrag zur Praxis des Verbergens oder Zeigens der deponierten „Wunderhostien" geleistet.[291] Das „Blutwunder von Bolsena" hatte Papst Urban IV.

288 Götz von Olenhusen 1994, S. 300.

289 Olaf Breidbach, „Alle für Eines. Der Monismus als wissenschaftsgeschichtliches Problem", in: *Monismus um 1900. Wissenschaftskultur und Weltanschauung*, hg. v. Paul Ziche, Berlin 2000a, S. 9-22, hier S. 12 u. 17; Dieter Mersch, „Visuelle Argumente. Zur Rolle der Bilder in den Naturwissenschaften", in: *Bilder als Diskurse – Bilddiskurse*, hg. v. Sabine Maasen / Thorsten Mayerhauser u. Cornelia Rengli, Weilerswist 2006, S. 95-116.

290 Tania Velmans, *Ikonen-Ursprung und Bedeutung*, Stuttgart 2002; Wolfgang Brückner, „Heiligenbild" [1994], in: ders. 2000b, S. 128-132.

291 Wolfgang Brückner, „Liturgie und Legende. Zur theologischen Theorienbildung und zum historischen Verständnis von Eucharistie-Mirakeln" [1996], in: ders. 2000b, S. 459-489.

zum Anlaß genommen, Thomas von Aquin zu beauftragen, den Text für das 1264 für die ganze Christenheit eingeführte Fronleichnamsfest zu verfassen, das in der Schaustellung des *Corpus Domini* gipfelt. Die Bedeutung der Sichtbarkeit der Hostie wird zu Lasten des in einem Kelch befindlichen, schwerer zeigbaren konsekrierten Weines gesteigert, insbesondere nachdem die Kommunion in beiderlei Gestalt, d. h. in Brot und Wein, im Katholizismus ein Ende findet. Der spektakuläre Hostienkult ging mit einer Welle von Judenverfolgungen einher, denen geheime Hostienschändungen nachgesagt wurden.[292] Das Wundergeschehen in Bolsena gehörte dann auch zum Bildprogramm der Maler der italienischen Renaissance. Raffael hat das Geschehen in der *Stanza di Eliodoro* der Sixtinischen Kapelle dargestellt. Das Fresko korrespondiert mit der ebenfalls für Papst Julius II. gemalten Thematik der Sichtbarkeit des *Corpus Domini* in dem Fresko „Die Disputa des Sakraments“ in der *Stanza della Segnatura* gegenüber der „Schule von Athen“.[293]

Der Schrein für das Wunderkorporale, der 1338 zum erstenmal in einer großen Prozession vorgeführt wurde, blieb bis 1623 verschlossen. Bei der ersten Öffnung sahen die Betrachter zwanzig Mal den *Ecce homo*.[294] Die zwölf Reliquienknochen des Schreins sollten dann durch kleine Glasscheiben ersetzt werden, damit jedermann das Corporale, d.h. das Leinentuch zur Aufbewahrung von Hostien sehen konnte. Die Suche nach der verborgenen Wunderhostie wurde jedoch aus Sorge um die Intaktheit des kostbaren Schreins abgebrochen.[295] Angesichts des wuchernden Wunderglaubens hatten schon die Konzilien von Konstanz und Basel im 15. Jahrhundert versucht, die Nachrichten über Privatoffenbarungen und Visionen von blutenden Hostien einzuschränken und in Basel 1431/37 entschieden, die eucharistischen Wunderreliquien nur zusammen mit einer frisch konsekrierten Hostie öffentlich zu zeigen. Entsprechend wurde der Schrein von Orvieto zu einer Monstranz umgebaut und die Zeiten öffentlicher Schaustellung verknappt.

Das Beispiel zeigt, wie das Interesse an der Sichtbarkeit des Spirituellen Konjunkturen unterliegt und die Sichtbarmachung selbst mit Regulierungen des Zugangs verbunden ist. Die Realpräsenz des Göttlichen in der Welt, die im Sakrament der Eucharistie nach katholischer Lehre ihren zentralen Ausdruck findet, bezieht sich paradoxerweise auf den Bereich des Normalen und Anormalen zugleich. Gott ist normalerweise anwesend, aber das Sondergeschehen der Eucharistie konstituiert einen Bereich des Außergewöhnlichen, und dieser Modus wiederholt sich, wenn zur normalisierten Eucharistie die außergewöhnlichen Anormalitäten blutender Hostien hinzutreten.

292 Le Goff 1965, S. 245; Léon Poliakov, *Geschichte des Antisemitismus*, Bd. 2: *Das Zeitalter der Verteufelung und des Ghettos, mit einem Anhang zur Anthropologie der Juden*, Worms 1978.

293 Siehe Pier Luigi De Vecchi, *Raffael. Das malerische Werk*, Freiburg 1983, S. 32-57, hier S. 42f. Zur Anordnung der „Messe von Bolsena“ in Aby Warburgs Bilderatlas siehe Charlotte Schoell-Glass, *Aby Warburg und der Antisemitismus. Kulturwissenschaft als Geistespolitik*, Frankfurt a.M. 1998 S. 237. Zur Interpretation der Schule von Athen vgl. Wolfgang Eßbach, *Die Junghegelianer*, München 1980, S. 15f.

294 Brückner 2000e, S. 466.

295 Ebd., S. 476.

Der Katholizismus auf dem Weg zu seiner Marktform konnte in Konkurrenz zur *Kunstreligion* eine reiche Tradition der Sichtbarkeit des Spirituellen aktualisieren. Dabei hielt er Distanz zu den Kunstauffassungen, die der Formgestalt eines Werkes die Kraft zusprachen, die göttliche Erhabenheit zu empfinden. Denn das höchste Kunstwerk war die Kirche selbst, „ihr Kultus ein lebendiges Kunstwerk" (Schelling). Dort wo das ultramontane Programm einer katholischen Inklusionskunst sich nicht allein auf Malerei und Druckgraphik beschränkte, sondern die Gegenwart des Gottessohnes in Fronleichnamsprozessionen oder das Wunder der Präsenz Marias an Wallfahrtsorten kollektiv zu feiern, geriet der Katholizismus schließlich auch in Konkurrenz mit der *Wissenschaftsreligion.*

4. Katholische Evidenz und Wissenschaftsreligion

MARIA, DER POSITIVISMUS UND DIE UNFEHLBARKEIT DES PAPSTES. Der Aufstieg der *Wissenschaftsreligion* als der Religion, die mit der Erfahrung entfesselter Marktwirtschaft engstens verbunden ist, hat die bisherigen Religionen Europas, die *Bekenntnisreligionen,* die *Rationalreligion* und das Zwillingspaar von *National-* und *Kunstreligion* in die Situation einer Konkurrenz auf dem Gebiete des Geistigen gezwungen. Wir sind darauf eingegangen, wie die neue *Wissenschaftsreligion* sich von der aufgeklärten *Rationalreligion* abhebt. Zur *National-* und *Kunstreligion* haben die Positivisten müheloser deutliche Grenzen ziehen können. Die schärfste Konkurrenz jedoch finden wir im 19. Jahrhundert zwischen der *Bekenntnisreligion* und der *Wissenschaftsreligion.* Hier ist gerade der Katholizismus im besonderen Maße herausgefordert, sich konkurrenzfähig zu machen.

Wir haben gezeigt, wie sich die universale Papstkirche gegen die *nationalreligiösen* Bestrebungen behauptet, indem sie ihre innere Organisation modernisiert und durch die Konstitution einer katholischen Laienbewegung in der Öffentlichkeit von Presse und Parlament mit einem modernen Vereinswesen präsent ist. Auch in der Konkurrenz zur *Kunstreligion* gewinnt der Katholizismus seine Marktform. Er setzt gegen den formbestimmten Autonomieanspruch der *Kunstreligion* auf Inhalte und gegen die elitäre Begrenzung des sublimen Erlebens großer Kunstwerke auf Formen popularer Massenkultur.

Das Kapitel über den Katholizismus auf dem Weg zur Marktform abschließend, soll nun die Konkurrenz des Katholizismus zur *Wissenschaftsreligion* erörtert werden. Dafür bieten sich zwei Themen im besonderen Maße an, die den Antikatholizismus der positivistischen Gläubigen unablässig angestachelt haben, Beweise zu verlangen: die Marienerscheinungen mit Wunderheilungen an Gnadenorten und das Dogma von der Unfehlbarkeit des Papstes. Beide Themen mögen auf den ersten Blick weit auseinander liegen, es gilt jedoch im folgenden zu zeigen, daß die Spannung zwischen der Glaubensgewißheit der einfachen, armen Mädchen aus ländlichen Gegenden, denen die Gottesmutter erschienen ist, und der Absolutstellung der Lehrautorität der Amtskirche durch das Infallibilitätsdogma genaue Gegenfiguren zu den beiden *wissenschaftsreligiösen* Eckpunkten der empirischkritischen Evidenz im Augenblick und dem zeitrelativistischen Fallibilismus positivistischer Wissenschaftslehre darstellen.

Was die Selbstbeschreibung der Kirche betraf, so gehörten Marienerscheinungen und das Infallibilitätsdogma für den Bischof von Mantua und Patriarchen von Venedig Giuseppe Sarto, der 1903 als Pius X. zum Papst gewählt wurde, unmittelbar zusammen. 1899 rühmte er als Großtaten des 19. Jahrhunderts: „die Lehrentscheidung über die unbefleckte Empfängnis Marias, das Vatikanische Konzil, die Lehrentscheidung über die päpstliche Unfehlbarkeit, die Wunder von Lourdes und Pompei".[296]

Der aus Rom vor der Revolution geflohene Papst Pius IX. hatte die Gottesmutter als Schutzherrin der Kirche angerufen. Die Verkündigung des Dogmas der unbefleckten Empfängnis Mariens erfolgte 1854 allein durch den Papst ohne Bestätigung der in Rom versammelten Bischöfe. Dies Verfahren gab die Richtung für das Unfehlbarkeitsdogma vor.[297] Das „marianische Zeitalter" des Katholizismus, das man vom Immakulatadogma 1854 bis zur Dogmatisierung der leiblichen Auffahrt Mariens in den Himmel 1950 durch Pius XII. datieren kann, war zugleich die Epoche der Herausbildung der Definitionsmacht des Papstes über die Glaubensinhalte. Das Immakulatadogma war direkt bezogen auf die neue Biologie des naturwissenschaftlichen Materialismus, und mit dem Assumptionsdogma, das den Naturalismus der leiblichen Himmelfahrt Christi noch steigerte, löste sich die Dogmenentwicklung ganz von ihren biblischen Vorgaben. Weder in den Evangelien, noch in den Predigten der Apostel wird von einer Himmelfahrt Mariens berichtet. Kritiker wie Joseph Klein urteilten: „Die Sanktionierung des rationalen und juristischen Positivismus der Willkür gegenüber dem geoffenbarten Wort ist unüberbietbar."[298] Der Katholizismus auf dem Weg zu seiner Marktform hat sich mit der Infallibilität des Papstes, dem Ausbau der Mariologie und der Approbation der Marienerscheinungen ein Profil gegeben, das mit einem eigenen Naturalismus und Positivismus als Hauptkonkurrent zur *Wissenschaftsreligion* auftreten konnte. Erst das Zweite Vatikanische Konzil hat die Aussagen über Maria dem ekklesiologischen Grundthema des Konzils untergeordnet und die Bischofsmacht gegenüber dem Papst gestärkt.[299]

296 Zit. n. Erika Weinzierl, „Der Antimodernismus Pius' X.", in: Dies. (Hg.) 1974a, S. 235-255, hier S.238.

297 Vgl. Siegfried Gruber, *Mariologie und katholisches Selbstbewusstsein. Ein Beitrag zur Vorgeschichte des Dogmas von 1854 in Deutschland*, Essen 1970; Ulrich Horst, „Das Dogma von der Unbefleckten Empfängnis Marias (1854)", in: *Kirche im 19. Jahrhundert*, hg. v. Manfred Weitlauf, Regensburg 1998, S. 95-114. Pottmeyer 1975, S. 54f.; Hasler 1977, S. 21f.; Delius 1963, S. 258ff.

298 Klein 1958, S. VI.

299 Otto Semmelroth, „Kommentar zum VII. und VIII. Kapitel der Dogmatischen Konstitution über die Kirche", in: *Das Zweite Vatikanische Konzil* (= Lexikon für Theologie und Kirche), Bd. 1, hg. v. Heinrich Suso Brechter u.a., Freiburg 1966, S. 314-347; *Vatikanum II und Modernisierung. Historische, theologische und soziologische Perspektiven*, hg. v. Franz-Xaver Kaufmann u. u. Arnold Zingerle, Paderborn 1996.

Im Folgenden schließen wir zunächst an das Thema der Sichtbarkeit des Spirituellen an. Es hat nicht nur für die Konkurrenz des Katholizismus mit der *Kunstreligion* zentrale Bedeutung, sondern auch für die Auseinandersetzung mit der Medizin, wenn es um die leiblichen Erscheinungen eines Ergriffenseins von übernatürlichen Mächten geht. Dann wenden wird uns den Marienerscheinungen zu. Wie sehr sich katholischer Marianismus in einer konkurrierenden Gegenlage zur *Wissenschaftsreligion* bewegte, wird deutlich, wenn man die Verehrung der Frau im Positivismus und die Maria des ultramontanen Katholizismus als eine den Feminismus des 19. Jahrhunderts bestimmende Konstellation betrachtet. Die Infallibilität des Papstes und der Fallibilismus der *Wissenschaftreligion* können dann auch als zwei Weisen der Verarbeitung der Erfahrung entfesselter Marktwirtschaft begriffen werden.

DIE KONVULSIONEN UND DAS LEIBLICH ÜBERNATÜRLICHE. Die Sichtbarkeit einer Präsenz des Übernatürlichen in der menschlichen Leiblichkeit wirft andere Probleme auf als die in Objekten wie Brot und Wein. Wenn es um den menschlichen Körper geht, so ist die Bandbreite der Sichtbarmachung eingeschränkt. Neben den seltenen Stigmatisierungen haben insbesondere die Konvulsionen Aufmerksamkeit auf sich gezogen, zumal die Unterscheidungen zwischen mystischer Ekstase und der Besessenheit von Dämonen nicht immer gleich zu machen waren.[300] Michel Foucault hat in seiner Vorlesung *Die Anormalen* untersucht, wie im Übergang von der Hexerei des 15. und 16. Jahrhunderts zur Besessenheit des 16. und 17. Jahrhunderts die Konvulsionen ins Zentrum theologischer Diskussion rücken.[301] Während die Hexe bewußt einen Pakt mit dem Teufel schließt, ist die Besessene teils Opfer des Eindringens des Teufels, teils kann sie zeitweise einen Widerstand leisten, der durch den Beistand des Seelenführers gestärkt wird. In dieser Dramatik zerteilt sich der Körper: „Der Körper der Hexe stand ganz einfach im Dienste des Teufels oder war von gewissen Mächten umgeben. Der Körper der Besessenen jedoch ist ein vielfacher Körper, einer, der sich in gewisser Weise verflüchtigt und pulverisiert in einer Mannigfaltigkeit von Mächten, die gegeneinander Front machen, von Kräften und Sinneswahrnehmungen, die über die Betroffene herfallen und sie durchqueren. Mehr als das große Duell zwischen Gut und Böse wird diese unbestimmte Mannigfaltigkeit die Erscheinung der Besessenheit in allgemeiner Weise charakterisieren."[302] Die Konvulsionen sind der sichtbare Ausdruck dieses in sich differenzierten spirituellen Geschehens.

300 Ende des 19. Jahrhunderts zählte man 321 Stigmatisierte seit Franziskus; zum Ende des 20. Jahrhunderts variiert die Gesamtzahl der seit dem 13. Jahrhundert angeblich Stigmatisierten je nach Autor zwischen 10 und 50 (Weiß 1995b, S. 52). Prominent wurde im 20. Jahrhundert der Fall des Padre Pio. Vgl. Urte Krass, „Stigmata und ‚yellow press'. Die Wunder des Padre Pio", in: *Wunder. Poetik und Politik des Staunens im 20. Jahrhundert*, hg. v. Alexander Geppert u. Till Kössler, Frankfurt a.M. 2011, S. 363-394.

301 Zum folgenden siehe Michel Foucault, *Die Anormalen. Vorlesungen am Collège de France 1974-75*, Frankfurt a.M. 2003, S. 260ff.

302 Foucault 2003, S. 268f.

In den freien Gemeinden der protestantischen Shaker konnten die Konvulsionen in den Gottesdienst integriert werden. Der tränenreiche „Durchbruch" pietistischer Bußübung gehörte ebenfalls zu den positiven körperlichen Zeichen der Einwirkung des Göttlichen. Im Deutungshorizont der katholischen Kirche lag es nahe, in den Besessenheitsskandalen im Kloster von Loudon den Priester und Seelenführer der Nonnen Grandier zu verdächtigen, ein Hexer zu sein, der für die Besessenheit der Nonnen verantwortlich war. Im Zentrum katholischer Menschenführung liegt Foucault zufolge seit Loudon ein bestimmtes Problem: „Das Fleisch regieren, ohne sich in der Falle der Konvulsionen zu verfangen (...). Es ging darum, in das Fleisch einzudringen, es den Filter der erschöpfenden Rede und der beständigen Prüfung passieren zu lassen, es daher im Detail einer exklusiven Macht zu unterstellen; also immer die genaue Lenkung des Fleisches aufrechterhalten, es auf der Ebene der Lenkung besitzen, doch um jeden Preis dieses Abziehen vermeiden, dieses Sich-Entziehen, diese Flucht, diese Gegenmacht, welche die Besessenheit darstellt. Es geht darum, die Lenkung des Fleisches in Besitz zu halten, ohne daß der Körper dieser Lenkung jenes Widerstandsphänomen entgegensetzt, das die Besessenheit ausmacht."[303]

Im Katholizismus sind Foucault zu Folge drei antikonvulsive Strategien anzutreffen. Eine antikonvulsive Strategie bestand in der Reform der Beichtpraxis, in der Regeln für eine vorschriftsmäßige knappe Nennung der Sünden, ohne die Körperlichkeit erregende dramatische Ausschmückung aufgestellt wurden (*expedita confessio*, Schnellbeichte). Darüberhinaus suchte die Kirche die in Kasernen, Schulen und Spitälern entwickelten Disziplinierungsapparate und Praktiken für antikonvulsive Zwecke einzusetzen. Schließlich wurde das Konvulsionäre aus der Kirche ausgestoßen und der Medizin zur Lösung übergeben. Dabei ging es einerseits um die Medizinierung des Dämonischen, die wir im *Ersten Band* untersucht haben, aber auch um die Rolle der Konvulsionäre in den religiösen Bewegungen, z. B. der Protestanten in den Cevennen. Foucault unterscheidet hier zwei Phänomenreihen: „diejenige der Konvulsion als Instrument und Einsatz eines Wettstreits der Religion mit sich selber und der Religion mit der Medizin."[304] In der medizinischen Linie erscheint die Konvulsion schließlich als Geschehen „automatischer und heftiger Freisetzung der fundamentalen und triebhaften Mechanismen des menschlichen Organismus: die Konvulsion wird der Prototyp des Wahnsinns selbst."[305] Ein breiter Diskurs über die „hysterische Epilepsie" entfaltet sich im 19. Jahrhundert bis Charcot und Freud und gibt auch der Kirche die wissenschaftlichen Mittel an die Hand, echte und unechte Visionen zu unterscheiden.[306]

303 Foucault 2003, S. 282.
304 Ebd., S. 291.
305 Ebd., S. 294.
306 Vgl. Georges Gilles de la Tourette, *Traité clinique et thérapeutique de l'hysterie d'après l'einseignement de la Salpêtrière*, Preface de Jean-Martin Charcot, Paris: Plon, 1891-1895; eine psychopathologische Interpretation der Stigmatisation des hl. Franziskus hat vorgelegt: Joseph Merkt, *Die Wundmale des hl. Franziskus von Assisi* (= Beiträge zur Kulturgeschichte

Vor diesem Hintergrund kann Foucault zeigen, wie in der innerreligiösen Linie die Sichtbarkeit des Göttlichen im menschlichen Körper auf andere Weise erfahrbar werden soll. Die Kirche trachtete danach, die Konvulsionen loszuwerden. „Das ging so weit, daß im Zuge der neuen großen Christianisierungswelle, die im 19. Jahrhundert aufbrandet, die Konvulsion in der christlichen Frömmigkeit selber zusehends mehr in Verruf kommt, in der katholischen und übrigens auch in der protestantischen. Man betrachtet die Konvulsionen mehr und mehr als etwas in Mißkredit Geratenes, und ihnen folgt dann etwas anderes, nämlich die Erscheinung. Die Kirche disqualifiziert die Konvulsion oder läßt sie von der Medizin disqualifizieren. Sie will von allem nichts mehr hören, was sie an dieses verfängliche Eindringen des Körpers des geistlichen Führers in das Fleisch der Nonne erinnern könnte. Dafür macht sie nun die Erscheinung geltend, und zwar nicht mehr die Erscheinung des Teufels, oder auch jene arglistige Sinnenerregung, welche die Klosterfrauen des 17. Jahrhunderts verspürten. Die Erscheinung, die sie meint, ist die Erscheinung der Heiligen Jungfrau: eine Erscheinung auf Distanz, nahe und fern zugleich, gewissermaßen zum Greifen nah und dennoch unerreichbar."[307]

Die Autopsie, die dem Positivismus so wichtig war – in der Marienerscheinung ist sie zur reinen Visualität gesteigert; die Wundheilungen erfolgen ohne Berührung: „Die Regel des Nicht-Kontakts, der Nicht-Fühlungsnahme, der Nicht-Vermengung des spirituellen Leibes der Jungfrau mit dem materiellen Leib des durch ein Wunder Geheilten ist eine der Grundregeln des Systems der Erscheinung, das im 19. Jahrhundert auf den Plan tritt: eine Erscheinung auf Abstand, ohne Fühlungnahme der Jungfrau selbst; eine Erscheinung, deren Adressat nicht mehr die Nonnen in ihrer Klausur und ihrer Glut sind, welche für die geistliche Gewissensleitung zu einer solchen Falle geworden waren. Ihr Adressat ist von nun an das Kind, das unschuldige Kind, das an die gefahrvolle Praxis der Gewissenslenkung kaum herangeführte Kind. In diesem Engelsblick des Kindes, vor seinen Augen, in seinem Angesicht wird nun das Antlitz der Weinenden von La Salette erscheinen oder das Geflüster derjenigen, die in Lourdes heilt. Lourdes ist die Antwort auf Loudon oder begründet auf jeden Fall eine weitere Episode in dieser langen Geschichte des Fleisches."[308]

Geht man von der Konkurrenzsituation zwischen *Wissenschaftsreligion* und Katholizismus aus, so wird deutlich, wie sich die Kirche auf die neue Lage einstellt. Sie überläßt die zweifelhaften Konvulsionen der Medizin und konzentriert sich auf das

---

des Mittelalters und der Renaissance, Heft 5), hg. v. Walter Goetz, Leipzig 1910; vgl. auch die Angaben bei Richard von Krafft-Ebing, *Lehrbuch der gerichtlichen Psychopathologie*, Stuttgart 1875, S. 200-202; ders., *Lehrbuch der Psychiatrie auf klinischer Grundlage*, 3 Bde., Stuttgart 1879-80, hier Bd. 2, S. 90-93 u. 116-117, Bd. 3, S. 87-90; Michael P. Carroll, *The Cult of the Virgin Mary. Psychological Origins*, Princeton 1986; Marc Oraison, „Le point de vue du médecin psychiatre clinicien sur les apparitions", in: *Vraies et fausses apparitions dans l'Église*, hg. v. Bernard Billet u.a., 2., überarbeitete u. erweiterte Auflage, Paris: Lethielleux, 1976, S. 123-151.

307 Foucault 2003, S. 295f.

308 Ebd., S. 296.

Kerngeschäft, die absolute Reinheit des Spirituellen, freilich nicht ohne sich die rationale Inquisition vorzubehalten.[309] Als bei Louise Lateau (1850-1883), der 18-jährigen Tochter eines belgischen Arbeiters aus Bois d'Haine, im Jahre 1868 die Stigmatisation einsetzte und Ekstasen, Visionen, Gespräche mit himmlischen Besuchern folgten, und sie 1871 die Nahrungsaufnahme einstellte, waren es kirchlich gebundene und säkularistische Mediziner, die über die Meßergebnisse des Mirakels und die Arrangements experimenteller Untersuchungen stritten.[310] Louise Lateau wurde zum Versuchsobjekt der Medizin. Katholische Mediziner machten Befunde geltend, die zeigen sollten, „daß es sich um einen experimentell überprüften, wunderbaren Eingriff Gottes in die Naturordnung handle."[311] Säkularistische Mediziner pochten auf die absolute Geltung der Naturgesetze.

Der Medizinerstreit politisierte sich rasch. Der Zentrumsabgeordnete Majunke sah in den Wundmalen der Louise Lateau einen göttlichen Fingerzeig im Kulturkampf. Rudolf Virchow, aufgefordert, selbst eine Untersuchung vorzunehmen, erklärt vor 3000 Ärzten auf dem Breslauer Medizinerkongress 1874: „Ich bin sehr gern bereit, unter den *von mir gestellten* Bedingungen eine Observation zu veranstalten, halte mich aber nicht verpflichtet, mich in Verhältnisse zu begeben, deren Besonderheiten ich nicht zu übersehen zu vermag."[312] Die Wissenschaft habe ihren eigenen Begriff vom Wunder. Virchow erklärte: „Aber auch in der Wissenschaft gibt es Wunder, welche nicht minder auffällig sind, wie wenn der Bischof von Tournay durch ein einzelnes Wort die ekstasische Louise aus ihren ungewöhnlichen Stellungen herausbringt; das sind jene plötzlichen Inspirationen, wo irgendein hervorragender Geist plötzlich eine neue Wahrheit findet."

Und dann hebt Virchow mit der großen Erzählung neuzeitlicher Naturforschung an, die ihre eigene Sichtbarkeit des Spirituellen habe: „Wenn man erzählt, daß Galilei durch das Schwanken einer Ampel in einer Kirche zu Pisa auf das Gesetz der Pendelbewegung kam, wenn behauptet wird, daß Newton bei der Betrachtung eines fallenden Apfels das Gesetz der Gravitation vorgeahnt habe, wenn Goethe selber schreibt, wie er durch einen Hammelschädel, den er im Sande des Lido in Venedig vor seinen Füßen sah, plötzlich die kaum geahnte Tatsache der vectebralen Natur der Kopfknochen entschieden sah, so sind das solche eingegebene, wie die Kirche sicherlich gesagt hätte, vom Himmel geschenkte Anschauungen, welche durch die Bedeutung, die sie für die Nachwelt haben, gewiß den Wert höherer Eingebung beanspruchen können. Das sind in der Tat Wunder. Wenn gegenüber den herrschenden Lehrsätzen ein vielleicht durch lange Studien präparierter Geist

309 Siehe Schneider 2013.

310 Weiß 1995b, S. 72-76.

311 Ebd., S. 74.

312 Rudolf Virchow, *Über Wunder. Rede gehalten in der ersten allgemeinen Sitzung der 17. Versammlung deutscher Naturforscher und Ärzte zu Breslau am 18. September 1874, mit einer Nachschrift*, Breslau 1874, S. 16. Zur Interpretation dieser Rede vgl. Eva Johach, „Entzauberte Natur? Die Ökonomien des Wunder(n)s im naturwissenschaftlichen Zeitalter", in: Geppert u. Kössler 2011, S. 179-210, hier S. 191ff.

durch eine einzelne Beobachtung in die Lage gesetzt wird, das neue Gesetz beim Schopf zu fassen, dann können wir das sicher preisen als eine höchste und in der Tat wunderbare Errungenschaft. Aber wir verstehen uns wohl, dieses Wunder ist ein ganz anderes, als das was hier präsentiert wird. Es ist nämlich die *plötzliche Offenbarung des Gesetzes* selbst, welches sich hier darstellt. Dieses Wunder offenbart das Gesetz, es negiert nur das falsche Gesetz, es vernichtet eine unrichtige Formel, aber es erklärt das wahre Gesetz.“[313]

MARIENERSCHEINUNGEN. Im 19. Jahrhundert ist in Europa von zahlreichen Marienerscheinungen berichtet worden, die teils in Wellen um dramatische Ereignisse wie Revolutionen und Kriege herum gruppiert auftraten. Bemerkenswert ist die zunehmende Gleichförmigkeit der Berichte. Die Mutter Gottes erscheint Kindern und halbwüchsigen Mädchen aus den unteren Klassen und übermittelt in der Regel Botschaften der Warnung vor kommenden Bedrängnissen der Kirche und Versicherungen der Rettung der Christenheit durch die Hilfe Marias.[314] In der Zwischenkriegszeit des 20. Jahrhunderts setzt mit Berichten über die Marienerscheinung von Fatima 1917 eine Welle von Erscheinungen in ganz Europa ein. „Die Zahlen sprechen für sich: Allein in Westeuropa hat die katholische Kirche in den Jahren zwischen 1930 und 1950 nicht weniger als 30 Serien von Marienerscheinungen in Bäumen und insgesamt über 300 Einzelerscheinungen vor kindlichen Seherinnen und Sehern offiziell geprüft; in Osteuropa lagen die Zahlen noch erheblich höher, hier wurden zwischen 1945 und 1952 etwa 2000 angebliche Wunder untersucht, an die nicht nur Katholiken glaubten.“[315] In den achtziger Jahren des 20. Jahrhunderts kommt es zu einer weiteren Serie von Erscheinungen in Jugoslawien, der Ukraine, Deutschland und Irland, aber auch globalisiert in Ägypten und Uganda,

313 Ebd., S. 20f.

314 Aus der zahlreichen Literatur sei hervorgehoben: Victor Turner u. Edith Turner, *Image and Pilgrimage in Christian Culture*, Oxford 1978; Edith Turner, „Postindustrial Marian Pilgrimage“, in: *Mother Worship. Theme and Variations*, hg. v. James J. Preston, Chapel Hill/N.C. 1982, S. 145-173; Thomas A. Kselman, *Miracles and Prophecies in Nineteenth-Century France*, Brunswick/N.J. 1983; Carroll 1986; Judith Devlin, *The Superstitious Mind. French Peasants and the Supernatural in the Nineteenth Century*, New Haven 1987; Mary Lee Nolan u. Sidney Nolan, *Christian Pilgrimage in Modern Western Europe*, Chapel Hill/London 1989; Blackbourn 1995, S. 171-201; Ders. 1997. Zum 20. Jahrhundert vgl. Robert Ernst, *Maria redet zu uns. Marienerscheinungen seit 1830*, Walhorn 1983; ders., *Lexikon der Marienerscheinungen*, Altötting [5]1989; Maria Anna Zumholz, *Volksfrömmigkeit und katholisches Milieu. Marienerscheinungen in Heede 1937-1940 im Spannungsfeld von Volksfrömmigkeit, nationalsozialistischem Regime und kirchlicher Hierarchie*, Cloppenburg 2004; Helmut Zander, „Maria erscheint in Sievernich. Plausibilitätsbedingungen eines katholischen Wunders“, in: Geppert u. Kössler 2011, S. 146-176; Remigius Bäumer u. Leo Scheffczyk (Hg.), *Marien-Lexikon*, Bd. 1-6, St. Ottilien 1988-1994.

315 Zumholz 2004, S. 11f. sowie dies., „Die Resistenz des katholischen Milieus. Seherinnen und Stigmatisierte in der ersten Hälfte des 20. Jahrhunderts“, in: Götz von Olenhusen 1995a, S. 221-251, hier S. 221. Hier bezieht sich die Zahl auf die DDR zwischen 1945 und 1952 mit 2000 wunderbaren Ereignissen.

den USA und Nicaragua.[316] Um 2000 treten zu den Berichten über Marienerscheinungen vor allem im Internet Berichte über die Begegnung mit Engeln auf. [317]

In den Serien wird deutlich, wie Standardisierungen von Erscheinungen mit Extravaganzen, die dem Wunder ein Alleinstellungsmerkmal verleihen sollen, balanciert werden. Es sind dies die Zwänge der Marktwirtschaft. Ein Produkt muß als zu einer Warensorte gehörig erkannt werden, aber soll doch etwas ganz besonderes sein.[318] Erscheinungen von Heiligen, die der Amtskirche bislang unbekannt waren, wie sie z.B. als Begleiter der Mutter Gottes in den mehr als 3000 Erscheinungen der kindlichen Seherinnen des fränkischen Orts Heroldsbach 1949-1952 auftraten, waren riskant. Die Seherinnen wurden aufgrund fortgesetzter Gehorsamsverweigerung von der Amtskirche exkommuniziert.[319]

In der Tradition katholischer Aufklärung sind Marienerscheinungen unter der Kategorie „abergläubische Volksfrömmigkeit" verbucht worden. Dies greift ebenso zu kurz wie die kirchenkritischen Interpretationen, die Amtskirche anerkenne Marienerscheinungen aus taktischen Gründen oder aus Opportunismus, um die schlichten Gemüter der Gläubigen bei der Stange zu halten. Die Approbation der Erscheinungen der Gottesmutter in La Salette (1846), Lourdes (1858) und Pontmain (1871) in Frankreich und Fatima (1917) in Portugal erfolgte von gebildeten Klerikern, deren Glaubenssicherheit derjenigen der Hirtenmädchen in nichts nachstand. Es fällt auch schwer, es als Ausdruck von „Volksfrömmigkeit" zu klassifizieren, wenn der gebildete Generalvikar von Nîmes Emmanuel d'Alzon, der Begründer der Assumptionisten und Kontrahent des rational-religiös aufgeklärten Bischofs Dupanloup, Wäschestücke Pius IX. zu Heilungszwecken verschickte.[320]

Pius IX., der 1870 das Dogma der Unfehlbarkeit des Papstes verkündete, hat dies offenbar als eine spezielle Mission verstanden, die ihm die Mutter Gottes von La Salette aufgetragen habe. 1851 verlangte Pius IX. die Botschaften Marias an die beiden Kinder übermittelt zu bekommen. Der Text wurde nicht publiziert, aber eines der Kinder soll bei der Niederschrift nach der Bedeutung des Wortes „infailliblement" gefragt haben.[321] August Hasler schreibt in seinem Standardwerk über

---

316 Vgl. Blackbourn 1995, S. 172.

317 Zur Gewöhnung an ungewöhnliche Begegnungen vgl. die Publikationen des holländischen Fernsehpfarrers: Hans Stolp, *Behütet und geborgen – mein Engel und ich*, Grafing 2009; zur Konjunktur der Engel siehe: *Engel unter uns: Soziologische und theologische Miniaturen*, hg. v. Michael N. Ebertz u. Richard Faber, Würzburg 2008.

318 Zur Frage der Extravaganz vgl. Blackbourn 1995, S. 188f.

319 Zumholz 2004, S. 19 u. 27. Zu Visionen und Prophezeiungen aus katholischer Sicht vgl. Hermann Lais, *Eusebius Amort und seine Lehre über die Privatoffenbarungen. Ein historisch-kritischer Beitrag zur Geschichte der Mystik*, Freiburg 1941; Karl Rahner, *Visionen und Prophezeiungen. Zur Mystik und Transzendenzerfahrung*, hg. v. Josef Sudbrack, Freiburg 1989; Kenneth L. Woodward, *Die Helfer Gottes. Wie die katholische Kirche ihre Heiligen macht*, München 1991. Grundlegend ist das Werk Prosper Lambertinis (1675-1758), *Opus de servorum Dei Beatificatione, et beatorum canonizatione*, 4 Bde., Bologna 1734-1738.

320 Hasler 1977, S. 39.

321 Hasler 1977, S. 132.

das Vatikanum I zu Pius' IX. Motivationen für das Unfehlbarkeitsdogma: „Wahrscheinlicher ist jedoch, daß Pius IX. selbst eine Vision hatte, in der er von der Jungfrau Maria zur Unfehlbarkeitsdefinition ermuntert wurde. Seine schwärmerische Liebe zur Jungfrau Maria allein würde es nicht erklären, daß er sie derart als seine Verbündete betrachten konnte. Auf die Vorstellungen seines Staatssekretärs Antonelli und weiterer Kardinäle, die Unfehlbarkeit wegen der Schwierigkeiten mit den Regierungen nicht zu definieren, erwiderte er: ‚Ich habe die Mutter Gottes auf meiner Seite, ich werde vorangehen'."[322]

Marienverehrung und die Sonderstellung des Bischofs von Rom als Papst der Gesamtkirche weisen in der katholischen Kirche lange Traditionslinien auf. Im Ultramontanismus des 19. Jahrhundert werden sie freilich in zuvor nicht vorhandener Weise aneinander gekoppelt. Dabei stand in der altkirchlichen Zeit die Stellung Mariens im Prozeß der Dogmatisierung der Lehre von den zwei Naturen Christi im Zentrum.[323] Seit 381 enthält das *Credo* den Satz: „Et incarnatus est de Spiritu Sancto ex Maria Virgine: et homo factus est." Im Jahre 431 erfolgte die Approbation des Titels ‚Gottesgebärerin'.[324]

Die biologische Lebensweitergabe, die über Jahrhunderte in besonderer Weise mit dem Körper der Frau verbunden war, und das Mysterium der leiblichen Geburt des Gottessohnes birgt eine Spannung, die zu den unterschiedlichsten Wirkungen geführt hat. Die Verehrung der Gottesgebärerin hat nicht verhindert, daß Frauen in der katholischen Männerkirche prinzipiell marginalisiert wurden. Sie galten ob ihrer besonderen Nähe zur Natur, die sich in der Einheit von Sexualität und Mutterschaft manifestierte, als potentielle Agentinnen des Satans.[325] Auf der anderen Seite hat die Mystik der Lebensweitergabe bisweilen zu Spekulationen einer von der *mater gloriosa* auf beide Geschlechter ausstrahlenden geistigen Potenz geführt, wie zum Beispiel bei dem Außenseiter Otfried Eberz.[326] Daß die katholische Kirche heute der medizintechnisch mögliche Lebensentstehung außerhalb des weiblichen Körpers, der In-vitro-Fertilisation, kritisch gegenübersteht, wurzelt im marianischen Komplex.

Mit Verweis auf die Johannesapokalypse, in der vom Drachen die Rede ist, der vor der Frau steht und ihr Kind verschlingen wollte, sobald es geboren war (Offb 12,4), heißt es in der Enzyklika *Evangelium vitae* über den Wert und die Unantastbarkeit des menschlichen Lebens, die Papst Johannes Paul II. 1995 verkündete:

---

322 Hasler 1977, S. 132.

323 Vgl. Walter Delius, *Geschichte der Marienverehrung*, München 1963; Hilda Graef, *Maria. Eine Geschichte der Lehre und Verehrung*, Freiburg 1964; *Handbuch der Marienkunde*, hg. v. Wolfgang Beinert u. Heinrich Petri, Regensburg 1984.

324 Rainer Kampling, „‚...die Jüdin, aus deren Fleische der geboren wurde...'. Zu einem antijudaistischen und antimarianischen Modell der patristischen Auslegung", in: *Maria – Tochter Sion? Mariologie, Marienfrömmigkeit und Judenfeindschaft*, hg. v. Johannes Heil und Rainer Kampling, Paderborn 2001, S. 13-36, hier S. 16.

325 Vgl. dazu Jean Delumeau, *Angst im Abendland. Die Geschichte kollektiver Ängste im Europa des 14.-18. Jahrhunderts*, Reinbek 1985, S. 457ff.

326 Otfried Eberz, *Sophia und Logos oder die Philosophie der Wiederherstellung*, München [3]1983.

„Auch darin erleuchtet Maria die Gemeinschaft der Glaubenden: die Feindseligkeit der Kräfte des Bösen ist tatsächlich ein heimlicher Widerstand, der sich, ehe er die Jünger Jesu trifft, gegen seine Mutter richtet. (...) Maria hilft so der Kirche, sich bewußt zu werden, daß das Leben immer im Mittelpunkt eines großen Kampfes zwischen Gut und Böse, zwischen Licht und Finsternis steht." Das Kind „ist die Gestalt Christi, den Maria (...) zur Welt bringt und den die Kirche beständig den Menschen der verschiedenen Epochen der Geschichte anbieten muß. Aber es ist in gewisser Weise auch die Gestalt jedes Menschen, jedes Kindes, besonders jedes schwachen und bedrohten Geschöpfes (...). Gerade im ‚Fleisch' jedes Menschen offenbart sich Christus weiter und tritt in Gemeinschaft mit uns, so daß die Ablehnung des Lebens des Menschen in ihren verschiedenen Formen tatsächlich eine Ablehnung Christi ist."[327] Daß in der Frage der mit der In-vitro-Fertilisation verbundenen Techniken wie z.B. der Präimplantationsdiagnostik Autoren, die an die universelle Gültigkeit utilitaristischer Ethiken und die Wissenschaft als letzter Instanz glauben, der Auffassung des Papstes nicht folgen können, zeigt die unbeendete Fortdauer der Konkurrenz zwischen Katholizismus und *Wissenschaftsreligion.*[328]

Die Tochter Zions und die Feminisierung des Katholizismus. Zu der christologischen Dimension des Jesuskindes im Leib der Gottesgebärerin trat bald die soteriologische Frage, welche Stellung der Jüdin Maria im christlichen Erlösungswerk zukommt. Im Lukasevangelium wird von Maria als einer gläubigen Hörerin des Wortes Gottes berichtet. Zugleich steht sie für die vitale und personale Kontinuität zwischen Israel und dem christlichen Glauben. Anläßlich der jüdischem Ritus folgenden Beschneidung und der Darstellung des Jesuskinds im Tempel verkündet der vom Heiligen Geist an diesen Ort geleitete fromme Jude Simeon die Existenz des Erlösers, nicht nur zur Erleuchtung der Heiden, sondern auch zur Ehre des Gottesvolkes Israel (Lk. 2, 32).

Das Mysterium der Inkarnation konnte aber auch verfehlt werden, indem die vitale und personale Kontinuität, die mit der Geburt des Gottessohnes gegeben war, in antijüdischer Weise zerstört wurde. Dazu konnte man sich auf die Schilde-

327 Papst Johannes Paul II., *Enzyklika Evangelium vitae. An die Bischöfe, Priester und Diakone, die Ordensleute und Laien sowie an alle Menschen guten Willens – über den Wert und die Unantastbarkeit des menschlichen Lebens,* Bonn 1995, S. 125. Zum Zusammenhang von Feminismus und Mariologie im Horizont von Gentechnologie siehe die Hinweise bei Helmut Kohlenberger, „Assoziationen zur Genealogie", in: *Anschlüsse. Versuche nach Michel Foucault,* hg. v. Gesa Dane u.a., Tübingen 1985, S. 95-102, hier S. 99.

328 Grundlegende Überlegungen zu den kulturellen Folgen der Lebensweitergabe außerhalb des weiblichen Körpers finden sich bei: Gerburg Treusch-Dieter, „Jenseits der Geschlechterdifferenz. Das Knacken des genetischen Codes", in: *Geschlechterverhältnisse. Sexualität. Mitteilungen aus der kulturwissenschaftlichen Forschung* 15(31)/1992, S. 83-109; dies., „Das Erbe der Geschlechter. Zur Verkoppelung von Mensch und Mikrobe durch Entkoppelung von Fortpflanzung und Sexualität", in: *Anthropologie nach dem Tode des Menschen. Vervollkommnung und Unverbesserlichkeit,* hg. v. Dietmar Kamper u. Christoph Wulf, Frankfurt a.M. 1994, S. 119-131.

rung im Markusevangelium berufen, wo berichtet wird, daß Jesus Maria und seine Brüder, die ihn zu sich riefen, zurückweist und an seine Jünger gerichtet sagt: „Wer sind meine Mutter und meine Brüder? Und er sah ringsrum auf die, die um ihn im Kreise saßen, und sagte: Seht, das sind meine Mutter und meine Brüder! Denn wer Gottes Willen tut, der ist mein Bruder und meine Schwester und meine Mutter." (Mk. 3,34-35; siehe auch Mk. 3,21) Mit Bezug auf diese Überlieferung konnte die neue christliche *familia dei* gegen die vorgängige jüdische Gemeinde der Synagoge schroff abgesetzt werden. Christlicher Antijudaismus konnte in der Folgezeit sich auf diese antimarianischen Aussagen in den Evangelien beziehen. Dies gilt nicht zuletzt für das 19. Jahrhundert, in dem Maria für die Judenbekehrung in Anspruch genommen wurde.

Der liberale und skeptische Jude Theodor Ratisbonne, der sich 1827 taufen ließ und Priester wurde, hatte bei der Feier der Heiligen Messe eine Vision. Eine Stimme wies ihn an, seine im Pariser Vergnügungsviertel gelegene Pfarrei dem Heiligsten Herzen Mariens zu weihen. Der von ihm gegründeten *Bruderschaft vom Heiligsten Herzen Mariä zur Bekehrung der Sünder*, 1836 vom Papst bestätigt und zur Erzbruderschaft erhoben, hatten sich bis zum Jahre 1896 18.883 Bruderschaften in aller Welt angeschlossen. Damit nicht genug: Der Bruder Alfons Ratisbonne, der über die Konversion von Theodor Ratisbonne empört war und darüber Abscheu empfand, hatte selbst 1842 eine Marienerscheinung, konvertierte und wurde 1848 zum Priester geweiht. 1855 ging Alfons-Maria Ratisbonne nach Jerusalem und gründetet dort drei Häuser für die *Schwestern Unserer Lieben Frau von Sion*.[329]

Die ambivalente Stellung der Gottesmutter im Dualismus von Synagoge und Kirche warf die Frage auf, wie die Leiblichkeit Mariens selbst gewesen war. Früh benutze man dafür das Bild einer zweiten Eva und sprach ihr über die Jungfräulichkeit hinausgehend eine kreatürliche Heiligkeit zu. Wer den Bruch der Kirche mit der Synagoge ins Zentrum setzte, mußte die Frage der Erbsünde, d.h. der lapsusbedingten anthropologischen Schuldigkeit des Menschengeschlechts, für die Person Maria klären und ihr selbst eine *immaculata conceptio* zusprechen. Dies führte zu der Lehre, Maria sei gleichsam zeitversetzt durch Vorauswirkung der Erlösungstat Christi am Kreuz vor jeder Erbsünde bewahrt geblieben. Dieses Dogma wurde 1854 verkündet. Es stärkte die Verbindung von Mariologie und Ekklesiologie. Maria als Beschützerin und Retterin der Kirche verdrängte in weiten Teilen des Klerus das Vertrauen in den Heiligen Geist. Das Bild der Frau wurde zum Symbol für die Institutionalisierbarkeit des Glaubens in der Kirchenorganisation. Der Schoß der

329 Ferdinand Holböck, *Wunder der Bekehrung. Das unbefleckte Herz Mariens und die wundertätige Medaille im Leben der jüdischen Brüder Theodor und Alfons-Maria Ratisbonne*, Meersburg 1984. Die Konversion der Brüder Ratisbonne ist nicht zuletzt behandelt von William James, *Die Vielfalt religiöser Erfahrung. Eine Studie über die menschliche Natur* [1902], Frankfurt a.M./Leipzig 1997, S. 240-243. Zur Schließung des Ratisbonne-Instituts in Jerusalem, einem nachkonziliarem ‚Zentrum für jüdische Studien' in katholischer Trägerschaft im Jahre 2002 und zur Weiterführung der Aktivitäten am neuerrichteten *Kardinal Bea Zentrum für jüdische Studien* an der Gregoriana in Rom, siehe Bernd u. Marie-Theres Wacker, „Abschied von Ratisbonne. Ein Exkurs", in: Faber 2005, S. 29-32.

Jungfrau verlieh der Kirche einen mütterlichen Schoßcharakter. Damit verlangte aber auch die weibliche Symbolik des Hauses nach einem Hausherrn. Der Ausbau der Mariologie und die Suprematiestellung des Papstes bis hin zum Unfehlbarkeitsdogma sind so im 19. Jahrhundert zwei Seiten des einen ultramontanen Projekts geworden.[330]

Diese Geschlechterkodierung entsprach einer verbreiteten Erfahrung der Feminisierung von Religion im 19. Jahrhundert.[331] Gespiegelt wurde das katholische Modell der Frau als Kirche, geführt von männlichen Stellvertretern Gottes auf Erden, bei den Liberalen, die „das Verhältnis von Staat und Kirche analog zum bürgerlichen Geschlechterideal organisieren wollten, um die ‚weibliche' Kirche dem ‚männlichen' Staat zu unterwerfen und die Religion – wie die Frau in der bürgerlichen Ehe – vom Öffentlichen ins Private zu drängen."[332] Dieses Modell war durchaus geeignet, dem Kulturkampf Grenzen zu setzen, wurde damit doch den Frauen ein legitimer Wirkungskreis von „Kinder, Küche, Kirche" zugewiesen.[333] Allerdings störte in diesem Gender-Arrangement der katholische Beichtvater. Er galt als „Krebsgeschwür des Christentums" wie die italienische Zeitung *La Capitale* schrieb: „Und eine Frau, die von ihrem Beichtvater beherrscht wird, ist eine echte Katastrophe, das bedeutet: ständige Zwietracht, Zerfall im Keim, ein Fremder im Haus, der daran interessiert ist es zu zerstören."[334] Nimmt man Stellungnahmen wie diese, so könnte man Michael B. Gross zustimmen, der den Kulturkampf entschieden als einen Geschlechterkampf interpretiert hat: „Deeply inscribed in anti-Catholicism was, therefore, the sexism typical of the liberal middle class. To phrase it another way, for liberal Kulturkämpfer the issue with Roman Catholicism was never simply religious. It was biological, a matter of sex type, and the most ardent and dedicated among them revealed the strain of gynephobia and misogyny embedded in the anti-Catholic campaign."[335] Wenn man bedenkt, daß alle Religionen die Regulierung der biologischen Sexualität in zahlreichen Varianten in ihre Glaubenslehren, Mythen oder Kulte integriert haben, macht die Trennung von

330 Trotz ihrer Peripherisierung sind marianische Glaubensformen und Praktiken Michael Ebertz zufolge bis heute ein spezifisch konfessionelles Unterscheidungszeichen. Michael N. Ebertz, „Maria in der Massenreligiosität. Zum Wandel des popularen Katholizismus in Deutschland", in: Ebertz u. Schultheis 1986, S. 65-83, hier S. 67.

331 Zur Feminisierung des Katholizismus im 19. Jahrhundert siehe Barbara Corrado Pope, „Immaculate and Powerful: the Marian Revival in the Nineteenth Century", in: *Immaculate and Powerful. The Female in Sacred Image and Social Reality*, hg. v. Clarissa W. Atkinson / Constance H. Buchanan u. Margaret R. Miles, Boston/Mass. 1985, S. 173-200, hier S. 193 f.; McLeod 1988, S. 134-156; Busch 1995, S. 203-219; Götz von Olenhusen 1995a. Hingewiesen werden soll auf den Erfolg von Charles Forbes de Montalembert, *Leben der heiligen Elisabeth von Ungarn, Landgräfin von Thüringen und Hessen (1207-1231), Einsiedeln u.a. 31898.* Bis 1920 waren in Frankreich 27 Auflagen erschienen.

332 Borutta 2010, S, 367

333 Vgl. Sylvia Paletschek, „Kinder, Küche, Kirche", in: *Deutsche Erinnerungsorte*, hg. v. Étienne François u. Hagen Schulze, Bd. 2, München 2001, S. 419–433.

334 *La Capitale* vom 04.12.1872, zit. n. Borutta 2010, S. 377.

335 Gross 2004, S. 186.

Sexualität und Religion wenig Sinn, schon gar nicht wenn man sich mit Zeiten auseinandersetzt, in denen das Dogma der *immaculata conceptio* der Gottesgebärerin und die Darwinsche Evolutionstheorie aufeinanderstoßen.

Die Feminisierung des Katholizismus übertrug sich auch auf das Bild des Gottessohnes. So mokiert sich ein Jesuit über eine Herz-Jesu-Darstellung, sie zeige „den Heiland mit weichlich sentimentaler Haltung gleich einem Brautwerber". Man sehe das „kokett geneigte Haupt, schmachtende Augen, einen zum Küssen gespitzten Mund".[336] Der offenen Sexualisierung war freilich nur in dem Maße zu entgehen, als der Feminisierung die Infantilisierung zur Seite gestellt wurde, wie dies in der beliebten Darstellung von Jesus als Kinderfreund oder auch des zwölfjährigen Jesus im Tempel der Fall war. Im Manifest der den Nazarenern verwandten Künstlergruppe der italienischen Puristen hatte es mit Verweis auf den Florentiner Renaissancemaler Cimabue geheißen: „Wollen, daß die erwachsene Malerei sich mit Cimabue wieder kindisch aufführt, daß sie bei ihm oder ähnlichen zeichnen und malen lernt".[337]

Auch auf das Bild des ultramontanen Klerus griff die Feminisierung über. Nicht nur am Altar wurde der Liturgie entsprechend das Meßgewand, das sich von bürgerlicher männlicher Oberbekleidung kraß unterschied, getragen, sondern generell die Soutane. Im Unterschied zu Mönchen verzichteten Priester auch auf das Tragen eines Bartes. Norbert Busch spricht von der „Inszenierung einer androgynen Aura", die es nahelege, „von einer latenten *Feminisierung des Klerus* seit der Mitte des 19. Jahrhunderts zu sprechen. Nach der Jahrhundertwende wurde diese Entwicklung in Klerikerkreisen zunehmend selbstkritisch kommentiert. Insbesondere den Geistlichen, die in Frauenvereinen tätig waren, wurde nunmehr nahegelegt, alles zu vermeiden, was in der Öffentlichkeit den ‚Schein eines gewissen Feminismus' oder einer ‚Weichlichkeit' erwecken könnte."[338]

Eine Erfahrungsgrundlage für die Feminisierung war die starke Partizipation von Frauen am Wachstum der Ordensgemeinschaften, dem so genannten „Ordensfrühling", den Reilinde Meiwes in ihrer Pionierstudie einen „Frauenkongregationsfrühling" genannt hat.[339] Im Unterschied zu den älteren Orden, deren Mön-

---

336 Franz Hattler S. J. 1894, zit. n. Busch 1995, S. 209.

337 *Manifesto del purismo*, zit. n. Metken 1977, S. 330. Cimabue war florentinischer Maler (1240-1302). Zum Motiv Christus als Kinderfreund vgl. Metken 1977, S. 383; ebenso Schindler 1982, S. 181. Zum Schema der Kindfrau Bemerkungen bei Otto Weiß, „Seherinnen und Stigmatisierte", in: Götz von Olenhusen 1995a, S. 51-82, hier S. 80; vgl. auch Michael Wetzel, *Mignon: Die Kindsbraut als Phantasma der Goethezeit*, München 1999.

338 Busch 1995, S. 214. Für die Diskussion der Zwanziger Jahre siehe Doris Kaufmann, *Katholisches Milieu in Münster 1928-1933. Politische Aktionsformen und geschlechterspezifische Verhaltensräume*, Düsseldorf 1984, S. 82f.

339 Relinde Meiwes, *‚Arbeiterinnen des Herrn'. Katholische Frauenkongregationen im 19. Jahrhundert*, Frankfurt a.M. 2000. Der Anteil der Frauen am „Ordensfrühling" ist für Frankreich untersucht von Claude Langlois, *Le catholicisme au féminin. Les congrégations françaises supérieure générale au XIXe siècle*, Paris: Éditions du Cerf, 1984; für die USA: Eileen Mary Brewer, *Nuns and the Education of American Catholic Women, 1860-1920,* Chicago 1987;

che und Nonnen ihre bürgerlichen Rechte freiwillig aufgaben, um weltabgewandt in Gebet und Arbeit Gott zu dienen, blieben die Frauen in den Kongregationen *personae seculares*, und verstanden sich als Akteurinnen einer christlich-weltlichen Vermittlung.[340] Ihre praktische Präsenz in der Krankenpflege und im Fürsorgewesen fast jeder größeren von Verelendungsprozessen der Industrialisierung betroffenen Stadt verlieh ihnen eine gesellschaftliche Anerkennung und Macht, die in der Regel die ihre Geschlechtsgenossinnen außerhalb der Kongregationen übertraf.

Eine andere Form von Frauenmacht konnte sich gelegentlich bei Seherinnen, aber auch bei stigmatisierten Visionärinnen und Wunderheilerinnen im Katholizismus des 19. Jahrhunderts entwickeln. Dank der älteren Lehre von Privatoffenbarungen und besonderen Gnadengaben mystischer Befähigung erhielten Frauen eine Chance, in der Institution gehört zu werden.[341] Die männliche Priesterkirche mußte auf diese Frauen hören. Otto Weiß hat dies in den Zusammenhang der Frauenemanzipation des 19. Jahrhunderts gestellt. Die begnadeten Frauen „‚emanzipierten' sich in einer der wenigen Möglichkeiten, welche die Frau, wenn sie nicht lieber den gefährlichen, aktiveren Beruf der Hexe wählte, seit eh und je in der Kirche hatte: sie wurden Seherinnen oder Mystikerinnen, wobei hinzugefügt werden muß, daß es sich gewöhnlich weder bei der Hexe noch bei der Seherin um bewußt angestrebte Rollen handelte. Was nötig war, war eine gewisse Veranlagung. Das übrige tat das Milieu."[342] In einigen Fällen wie dem der Altöttinger Seherin Louise Beck (1822-1879), die schon als Kind ihre Schutzengel und diverse Heilige gesehen hatte, gelang es Frauen, in den innerkirchlichen Konflikten erheblichen Machteinfluß zu gewinnen. Das „Weiberregiment" von Altötting, wie innerkirchliche Gegner den Zirkel um Louise Beck nannten, die von einem „Mutter" genannten Schutzgeist zum „Kind" infantilisiert wurde und von der „Mutter" Weissagungen der heiligen Jungfrau Maria erhielt, hatte zeitweise Bischöfe und Generalvikare unter seiner „höheren Leitung".[343]

Barbara Welter, „‚Frauenwille ist Gottes Wille'. Die Feminisierung der Religion in Amerika, 1800-1860", in: *Listen der Ohnmacht. Zur Sozialgeschichte weiblicher Widerstandsformen*, hg. v. Claudia Honegger u. Bettina Heintz, Frankfurt a.M. 1981. S. 326-355.

340 Meiwes 2000, S. 56.

341 Rahner 1989; Woodward 1991; Herbert Thurston, *Die körperlichen Begleiterscheinungen der Mystik*, hg. v. Joseph H. Crehan, mit einem Vorwort v. Gebhard Frei, Luzern 1956; René Biot, *Das Rätsel der Stigmatisierten*, Aschaffenburg 1957; Christian Weis, *Begnadet, besessen oder was sonst? Okkultismus und christlicher Glaube*, Salzburg 1986. Viel gelesen wurde Joseph Zahn, *Einführung in die christliche Mystik*, 3.-5. Auflage, Paderborn 1922. Zu den außerordentlichen Phänomenen des mystischen Lebens: Ebd., S. 412-653.

342 Weiß 1995b, S. 79.

343 Vgl. dazu ebd., S. 66ff. Ausführlicher zur „höheren Leitung" jetzt auch: Ders., *Weisungen aus dem Jenseits? Der Einfluss mystizistischer Phänomene auf Ordens- und Kirchenleitungen im 19. Jahrhundert*, Regensburg 2011. Als jüngeres Beispiel in dieser Linie kann das *Opus angelorum* gelten. Heiner Boberski, *Das Engelwerk. Ein Geheimbund in der katholischen Kirche?*, Salzburg 1990.

WISSENSCHAFTSRELIGIÖSER UND KATHOLISCHER FEMINISMUS. Mehr als die Jahrhunderte zuvor ist das 19. Jahrhundert eines gewesen, in dem der Feminismus in vielen Diskursen aufblüht. Die heutige Genderforschung hat das Frauenbild im 19. Jahrhundert in verschiedenen Richtungen erforscht. Ging es zunächst um sozialgeschichtliche Perspektiven, in denen die Zuordnung der Frauen zu sozialen Klassen im Zentrum stand, so konnten im Zusammenhang der Forschung von Urbanisierung die kulturellen Prozesse der Feminisierung und Sexualisierung der Massen aufgedeckt werden. Die städtische Masse erscheint in vielen Diskursen des 19. Jahrhunderts als ein weibliches Untier.[344] Die Wellen von Marienerscheinungen bilden dazu ein exaktes imaginäres Gegenbild: privilegiert sind Kinder und vor allem halbwüchsige Mädchen, die das Vieh in abgelegenen ländlichen Gebieten weiden. Dagegen konkurriert die großstädtische Presse und Literatur um die freizügige Schilderung erotischer Szenen. Es ist die jungdeutsche, saint-simonistisch inspirierte Schriftstellerei, gegen die ultramontane Autoren anschreiben, indem sie das Marktsegment einer asexuellen Weiblichkeit besetzen. Den lüsternen Enthüllungsberichten über Klosterskandale entspricht als Gegenpol die absolute Reinheit der Jungfrau Maria, die im Immaculatadogma feierlich verkündet wird.[345]

Weniger in den Blick genommen ist, daß im 19. Jahrhundert ein *wissenschaftsreligiöser* Feminismus entstanden ist. Seine Quelle ist die Saint-Simonistische Schule, in der die Idee einer neuen Religion „als Ausdruck, als Ausbruch des kollektiven Denkens der Menschheit, als Synthese aller ihrer Anschauungen, aller ihrer Daseinsarten" geboren wurde.[346] Bei den Saint-Simonisten, die den Grundriß der *Wissenschaftsreligion* gezeichnet hatten, galt die Befreiung der Frau und die Emanzipation des Fleisches als eine „cause sainte", über die sich die Schule zerspaltete. Nach Ausrufung der „Hierachie der Leistungen" sollte Saint-Amand Bazard die ‚Vernunft' und Barthélemy-Prosper Enfantin das ‚Gefühl' für das Gesamt der ‚Familie' repräsentieren.[347] Die bisexuelle Gottesvorstellung von „Mapah" (Gott als Vater und Mutter) und die androgyne Anthropologie von „Evadam" ließen sich in der Gruppe nicht konfliktfrei in moralische Maximen umsetzen. Enfantin verteidigte die freie Liebe, worauf ihm Bazard Libertinage vorwarf. Salomon-Delatour resümiert: „Wenn Enfantin das katholische Christentum mit seiner unlösbaren Ehe angreift und die Disziplin der Keuschheit und Schamhaftigkeit aus der Verachtung des Fleisches erklärt, so tritt dagegen Bazard für die christliche Ehe ein, die die Sklaverei in der Form der Polygamie beseitigt und die Stellung der Frau in der

344 Susanne Frank, *Stadtplanung im Geschlechterkampf. Stadt und Geschlecht in der Großstadtentwicklung des 19. / 20. Jahrhunderts*, Opladen 2003, bes. S. 47ff.

345 Siehe z.B. Luzifer Illuminator (d.i. Daniel von Kaszony), *Pfaffenunwesen, Mönchsskandale und Nonnenspuk. Beitrag zur Naturgeschichte des Katholizismus und der Klöster*, Leipzig 1871. Zur Tradition antikatholischer *Sex and Crime*-Geschichten vgl. Borutta 2010, S. 155ff.

346 Gottfried Salomon-Delatour (Hg.), *Die Lehre Saint-Simons*, Neuwied 1962, S. 221. Comte war Sekretär Saint-Simons und Mill hat die Saint-Simonistische Schule in Frankreich aufgesucht (ebd., S. 29).

347 Zum folgenden vgl. Salomon-Delatour 1962, S. 19 ff.

feudalkriegerischen Zeit allein zu heben vermocht habe."[348] In der Schule streitet man sich, ob zwischen ‚unveränderlichen' Charakteren, für die die Ehe gut ist, und den ‚veränderlichen', für die eine promiskue Lebensweise angemessen ist, unterschieden werden soll, und einigt sich schließlich, es vorläufig bei der Ehe und der Möglichkeit der Scheidung zu belassen. Die endgültige Entscheidung wird der erwarteten „Femme-messie" zugewiesen.

Der schulälteste Olinde Rodriguez erklärt: „Ich erwarte zuversichtlich die Offenbarung der ersten Frau, die an der Spitze der Lehre stehen wird; der befreiten, der freien Frau, der Priesterin für die Zukunft steht es zu, das Gesetz des Anstands, den Kodex der Züchtigkeit zu offenbaren."[349] Die Saint-Simonisten unternehmen auf der Suche nach der „Femme-messie" eine Orientreise nach Ägypten zu den Wirkstätten der sagenhaften Königin von Saba. Diese Pilgerfahrt war zugleich eine wissenschaftliche Expedition, auf der die Bekämpfung von Seuchen erforscht wurde und Enfantin den Plan des Suez-Kanals entwarf, den der spätere Konsul Ferdinand de Lesseps realisierte.[350] Die Erfahrungen, die die Krankenschwester Suzanne Voilquin bei ihrem Versuch, muslimische Frauen zur *Wissenschaftsreligion* zu bekehren, gemacht hat, könnten heute wieder auf Interesse stoßen.[351]

In systematischer Hinsicht gehört in der Saint-Simonistischen Schule das Gefühl an die Spitze der Hierarchie der Leistungen. Es verbindet die Menschen in generativer Folge. „Und das Gefühl ist es schließlich, das den Menschen dazu antreibt, seine Bestimmung zu erforschen; durch das Gefühl wird sie ihm zunächst offenbart. Die Wissenschaft hat also gewiß keine unbedeutende Aufgabe zu erfüllen. Sie hat die Inspirationen, die Offenbarungen, die Weissagungen des Gefühls zu *verifizieren*, dem Menschen die wahren Erkenntnisse zu vermitteln, damit er schnell und mit Sicherheit dem ihm entdeckten Ziel entgegenstreben kann. Aber es ist auch noch das Gefühl, durch das der Mensch dieses Ziel *wünscht* und *liebt*, und allein durch das Gefühl können ihm der *Wille* und die *Kräfte* verliehen werden, es auch zu erreichen."[352] Das Gefühl entsteht in der Anschauung, der die wissenschaftliche Verifikation folgt. Die Anschauung ist, wie das Genie, nicht analytisch erfaßbar, sondern undefinierbar: „Es ist eine in ihrer Eigentümlichkeit *einzigartige* Erscheinung, über die hinaus wir nicht gehen können; es ist das *Prinzip* jeder menschlichen Erkenntnis, und im geistigen Bereich ist es das, was in der Ordnung der *Materie* die Bewegung darstellt, was das *Leben* für jedes *liebende* Wesen bedeutet."[353] Das Gefühl, das hier universalisiert wird, ist femininer und materneller Herkunft.

348 Salomon-Delatour 1962, S. 21.

349 Zit. n.: Frits Kool u. Werner Krause (Hg.), *Die frühen Sozialisten*, eingeleitet v. Peter Stadler, Freiburg 1967, S. 161.

350 Salomon-Delatour 1962, S. 23. „Lesseps" war das Codewort Ghamal Abdel Nassers, mit dem er versteckt in einer großen Rede den Befehl zur Enteignung des Suezkanals 1956 gab.

351 Suzanne Voilquin, *Souvenir d'une fille du peuple ou la Saint-Simonienne en Égypte* [1836], eingeleitet v. Lydia Elhadad, Paris: Maspero, 1978.

352 Salomon-Delatour 1962, S. 171.

353 Ebd., S. 69.

Wie die Saint-Simonisten, so brauchte auch die männliche Priesterkirche einen weiblichen Schutzmantel, und auch die Apostel der positivistischen Kirche kamen ebenso wie das männliche Proletariat nicht ohne Modi einer weiblichen Ergänzung aus. Als Elemente der moralischen Konstitution des Menschen hat Auguste Comte neben der wissenschaftlichen Vernunft, die die Ordnung der Dinge aufzeigt, und der Aktivität, die handelnd Fortschritt erzeugt, als drittes Element der Saint-Simonistischen Schule folgend dem Gefühl eine besondere Funktion zugeschrieben. Das Bündnis der wissenschaftlichen Vernunft mit dem Proletariat als männlicher Kraft des Fortschritts ist nicht ausreichend. Beide bedürfen der Regulation durch das feminine Gefühl. Die Begründungen dafür sind verwickelt.

Für die Wissenschaft gilt: „ihre eigene Rationalität würde zu sehr ihre Energie dämpfen, wenn sie ein weniger überlegter Impuls nicht für gewöhnlich belebte. Obgleich ihr edles öffentliches Amt ihren Gefühlen bald eine den abstrakten Denkern unbekannte Aktivität auferlegt, kann dieser kollektive Reiz von keinen privaten Emotionen freisprechen. Selbst was ihre Sitten durch den Verkehr mit den Proletariern gewinnen, dürfte nicht ausreichen, um die gewöhnlichen Lücken der spekulativen Organisation zu kompensieren.“[354] Was auf der anderen Seite die männliche Kraft des Proletariats angeht, so sei die Affektivität der Kollektive, die den Fortschritt herbeiführen, zwar spontaner als die der Philosophen, aber sie habe „im allgemeinen weniger Durchhaltekraft und Reinheit. Ihre Bestimmung als Aktive erlaubt ihnen nicht hinreichend desinteressiert und hinreichend stabil zu sein. Alle moralischen Vorteile, die der Systematisierung des populären Elements innerlich sind, wären unfähig, die egoistischen Anreize einer herausfordernden Situation ohne den natürlichen Beistand von sanfteren und ständigeren Emotionen zu kompensieren.“[355]

Comte hat den Beitrag der Frauen zur *Wissenschaftsreligion* sehr hoch bewertet. In Anbetracht der Schwächen der Formel von der wissenschaftlichen Grundlage und dem aktiven Fortschritt fehlt diesem Bündnis „eine hinreichende Vertretung des höchsten menschlichen Regulators. Er kann nur gemäß einem Element, das ihm direkt eigen ist, wie das philosophische Element der Vernunft eigen ist und das populäre der Aktivität, würdig seine Stelle einnehmen. Dies ist das grundlegende Motiv des unumgänglichen Hinzufügens der Frauen zur erneuernden Koalition, sobald als ihre Tendenzen und Bedürfnisse ziemlich klar werden.“[356] So steht im positivistischen Gebet „Liebe als Prinzip, Ordnung als Grundlage und Fortschritt als Ziel“ die Frau an erster Stelle.[357]

John Stuart Mill hat das Motiv, das Comte dazu bewegt hat, die Wissenschaft zur Religion zu erheben, in der Liebesbeziehung Comtes zu Clotilde de Vaux gesehen. „Diese Zuneigung, die immer eine reine blieb, sollte ihn jedoch nur ein Jahr

354 Auguste Comte, *System der positiven Politik,* 1. Halbbd. von vier Bänden, enthaltend die Widmung u. den vorläufigen Diskurs, hg. v. Jürgen Brankel, Wien 2004, S. 247.
355 Ebd.
356 Ebd., S. 248.
357 Ebd., S. 333.

lang beglücken, da der Tod nach diesem kurzen Zeitraum die Dame seines Herzens hinwegraffte." Die „Anbetung ihres Andenkens" habe Comtes Religion tief geprägt. Sie wurde „der Typus dessen, was ihm als für alle menschlichen Wesen geeignete Pflege der sympathischen Gefühle galt."[358] In dieser feminin akzentuierten Religion des „Grand Être" sah Mill den berechtigten Versuch einer Religion ohne Gott. Mill nahm an, „daß alle übrigen Religionen in dem Maß vervollkommnet werden, als sie in ihren praktischen Ergebnissen sich jener nähern, die er zu gründen beabsichtigte."[359] Was Mill allerdings kritisierte, ist die „Regulierungswut", die sich in den kultischen Vorschriften zur Verehrung der „Göttin Gesamtmenschheit" ausspricht: „Die Verehrung der Gesamtmenschheit bleibt den öffentlichen Kultushandlungen vorbehalten. In der Privatandacht wird dieselbe durch würdige Individuen vertreten, die noch leben, oder auch tot sein mögen, jedenfalls aber Frauen sein müssen."[360] Die Rationalität dieser Kultvorschriften Comtes begründet Mill, indem er schreibt: „die Frauen als das *sexe aimant* stellen das beste Attribut der Menschheit dar, jenes, welches das gesamte menschliche Leben regeln soll; auch kann die Menschheit nur in der Gestalt eines Weibes symbolisch dargestellt werden. Die Gegenstände der häuslichen Anbetung sind die Mutter, die Gattin und die Tochter als die Sinnbilder der Vergangenheit, der Gegenwart und Zukunft und als die Erweckerinnen der drei sozialen Gefühle: Verehrung, Liebe und Güte. Diese sollen wir, sie mögen nun leben oder gestorben sein, als unsere Schutzengel betrachten, als ‚les vrais anges gardien'."[361]

Im Unterschied zu Comte hat Mill seine Verehrung von Harriet Taylor nicht so weit getrieben. Dennoch ist bekannt, wie sehr sich unter ihrem Einfluß die weiteren Auflagen seiner *Principles of Political Economy* sozialistischen Auffassungen annäherten.[362] Mill schrieb seiner Harriet geniale Qualitäten zu, Tugenden des Geistes und des Herzens „unparalleled in any human being he had known or read of."[363] Die Grundgedanken des Essays über die Freiheit habe Harriet entwickelt – so die devote Widmung der Schrift.[364] Hinzuzunehmen ist Mills berühmte Streit-

---

358 John Stuart Mill, „Auguste Comte und der Positivismus", in: Ders., *Gesammelte Schriften*, hg. v. Theodor Gomperz, Bd. 9, Leipzig 1874, (Neudruck Aalen 1968), S. 1-141, hier S. 93.

359 Ebd., S. 98.

360 Ebd., S. 106.

361 Ebd.

362 Ernst Nolte, „John Stuart Mill. Vom Benthamschen Erbe zur Ambivalenz des Fortschritts", in: *Geschichte und politisches Handeln. Studien zu europäischen Denkern der Neuzeit. Theodor Schieder zum Gedächtnis*, hg. v. Peter Alter / Wolfgang J. Mommsen u. Thomas Nipperdey, Stuttgart 1985, S. 186-205, hier S. 192.

363 Nach Heinrich Waentig, „Mill", in: John Stuart Mill, *Grundsätze der politischen Ökonomie. Mit einigen Anwendungen auf die Sozialphilosophie*, übersetzt v. Wilhelm Gehrig u. eingeleitet v. Heinrich Waentig, 1. Bd., Jena [2]1924, S. VII-XVI, hier S. XI.

364 „Dem Andenken der Geliebten und Beklagten. Ihr, deren anregender Mitarbeit ich das Beste in meinen Schriften verdanke, der Freundin und Gattin, deren wacher Sinn für Wahrheit und Recht mir stärkster Aufruf war und deren Billigung mein schönster Lohn – ihr widme ich dieses Buch. Wie alles, was ich seit vielen Jahren geschrieben habe, ist es

schrift zur Emanzipation der Frau. In ihr geht es nicht allein um die Rechtsstellung der Frau und um Chancengleichheit, sondern wie Mary Lyndon Shanly feststellt: „Vor allem auch grundsätzlich um die Verfälschung der Beziehungen zwischen den Geschlechtern und um die Hoffnung, Freundschaft in der Ehe zu fördern. Diese Freundschaft sei nicht nur wegen emotionaler Befriedigung wünschenswert, sondern sei vielmehr entscheidend, um die Ehe, wie Mill es anstrebte, zu ‚einer Schule wahrer ethischer Gesinnung' zu machen".[365] Trotz aller Differenzen in den Konzepten des Positivismus liegen Mills „Seelenfreundin" Harriet Taylor und die „angelique influence" Clotildes auf Comte nah beieinander.

Welch eigenwillige Übergänge zwischen *Wissenschaftsreligion* und Marienverehrung in der Tiefe des 19. Jahrhunderts möglich waren, zeigen die Schriften von Georg Friedrich Daumer, auf die wir abschließend eingehen. Daumer war mit Ludwig Feuerbach befreundet und sah sich als Mitstreiter junghegelianischer Religionskritik, der die Mysterien der Religion auf ihre faktische, empirische Grundlage zurückführen wollte.[366] Er schrieb 1843 an Feuerbach: „Während Du den feineren philosophischen Weg gehst, bin ich getrieben, einen ganz äußerlichen derb empirischen einzuhalten, und denke, was das Gift nicht tötet, das wird die Keule zerschmettern".[367] Daumer hat eine positivistische Religionskritik vorgelegt, derzufolge die jüdische und vor allem christliche Religion aus einer Religion der Menschenopfer hervorgegangen sei. Das frühe Christentum habe tatsächlich als Abendsmahlfeier Kannibalismus praktiziert.[368] Religiöse Symbole werden bei Daumer umstandslos als empirische Fakten behandelt. Marx und Engels sympathisierten zunächst mit Daumers Thesen und stellten sie in Versammlungen der Londoner Arbeitervereine vor.[369]

---

ebenso ihr geistiges Eigentum wie das meine (...). Wäre ich fähig, der Welt auch nur die Hälfte der hohen Ideen und erhabenen Gefühle, die mit ihr begraben sind, zu vermitteln, dann würde ich dieser eine größere Wohltat erweisen, als wahrscheinlich je aus dem entspringen wird, was ich ohne Hilfe und Anregung ihrer unvergleichlichen Weisheit schreiben kann." John Stuart Mill, *Über die Freiheit*, mit Anhang u. Nachwort hg. v. Manfred Schlenke, Stuttgart 1980, S. 3.

365 Mary Lyndon Shanly, „Sklaverei und Freundschaft in der Ehe: John Stuart Mills ‚Unterdrückung der Frauen'", in: *Der soziale Liberalismus John Stuart Mills*, hg. v. Gregory Claeys, Baden-Baden 1987, S. 157-179, hier S. 157f.; zum Verhältnis von Mill und Harriet Taylor vgl. auch: John M. Robson, *The Improvement of Mankind. The Social and Political Thought of John Stuart Mill*, Toronto/London 1968, S. 50-68.

366 Vgl. zum folgenden Olaf Briese, *Konkurrenzen. Philosophische Kultur in Deutschland 1830-1850. Portraits und Profile*, Würzburg 1998, S. 118-130.

367 Georg Friedrich Daumer, „An Ludwig Feuerbach, Januar 1843", in: Ludwig Feuerbach, *Gesammelte Werke*, hg. v. Werner Schuffenhauer, Bd. 18, Berlin 1988, S. 243-247, hier S. 245.

368 Georg Friedrich Daumer, *Der Feuer- und Molochdienst der alten Hebräer als urväterlicher, legaler, orthodoxer Cultus der Nation*, Braunschweig 1842; Ders., *Die Geheimnisse des christlichen Altertums*, 2 Bde., Hamburg 1847.

369 Max Nettlau, „Marx – Analekten", in: *Archiv für die Geschichte des Sozialismus und Arbeiterbewegung*, Bd. 8, Leipzig 1919, S. 392-401, hier S. 398.

Neben Daumers Religionskritik finden sich Schriften, in denen sich eine überschwengliche Frauenverehrung ausspricht. 1837 feiert er Bettina von Arnim als Priesterin einer neuen „Geist-Naturreligion" und situiert sie in die „Heilige Trias Bettina, Rahel und Goethe".[370] 1841 publiziert Daumer unter dem frommen Pseudonym Eusebius Emmeran *Die Glorie der heiligen Jungfrau Maria.*[371] In zweideutiger Weise wird Maria zu einer sinnlich erotischen christlichen Venus, ein Doppelspiel, das Feuerbach in seiner Rezension der Daumerschen Schrift zum Teil mitspielt, indem er die sinnliche Dimension religiöser Empfindungen in den Rahmen seiner Umkehrung der Theologie in Anthropologie stellt. Zugleich treibt er die satirische Energie so weit, daß es zum Bruch zwischen ihm und Daumer kommt.[372]

1850 erscheint Daumers *Die Religion des neuen Weltalters*, in dem er eine neue antichristliche Mythologie entwirft, die in einem emanzipatorischen Marienkult gipfeln sollte.[373] Darin heißt es: „*Natur* und *Weib* sind das wahrhaft Göttliche im Unterschiede von *Mensch* und *Mann.* (...) Hingebung des Menschlichen an das Natürliche, des Männlichen an das Weibliche ist die echte, die allein wahre Demut und Selbstentäußerung, die höchste, ja einzige Tugend und Frömmigkeit, die es gibt."[374] Marx und Engels haben die Daumersche Wendung von der Christentumskritik zur neuen Religion in ihrer Rezension entschieden zurückgewiesen. Sie wünschen sich, „daß die träge Bauernwirtschaft Bayerns, der Boden, worauf die Pfaffen und die Daumers gleichmäßig wachsen, endlich einmal durch modernen Ackerbau und moderne Maschinen umgewühlt würde. Mit dem Kultus des Weibes verhält es sich gerade wie mit dem Naturkultus. Es versteht sich von selbst, daß Herr Daumer nicht ein Wort von der gegenwärtigen Stellung der Frauen sagt, daß es sich im Gegenteil bloß um das Weib als solches handelt. Er sucht die Frauen über ihre bürgerliche Misere dadurch zu trösten, daß er ihnen einen ebenso leeren wie geheimnisvoll tuenden Phrasenkultus widmet."[375] Am Tag der Himmelfahrt Mariens 1859 konvertierte Daumer zum Katholizismus, bei dem er den Kultus des Weibes in guten Händen sah.

UNFEHLBAR, UNZERSTÖRBAR UND SOUVERÄN. Das in der Marktwirtschaft gesteigerte Verlangen nach Sicherheit in dem, was als Wahrheit gelten soll, findet in der *Wissenschaftsreligion* und in der ultramontanen katholischen Konkurrenz seinen

370 Georg Friedrich Daumer, *Bettina. Gedichte aus Goethes Briefwechsel mit einem Kinde*, Nürnberg 1837.

371 Georg Friedrich Daumer, *Die Glorie der heiligen Jungfrau Maria*, Nürnberg 1841.

372 Siehe dazu die Ausführungen im *Ersten Band* S.687.

373 Georg Friedrich Daumer, *Die Religion des neuen Weltalters. Versuch einer combinatorisch-aphoristischen Grundlegung*, 3 Bde., Hamburg 1850.

374 Ebd., hier Bd. 2, S. 257.

375 Karl Marx u. Friedrich Engels, „Rezensionen aus der ‚Neuen Rheinischen Zeitung. Politisch-ökonomische Revue', Zweites Heft, Februar 1850", in: MEW, Bd. 7, Berlin 1973, S. 198-212, hier S. 201. Zu weiteren Übergängen zwischen dem Saint-Simonismus und der Frauenverehrung des „Jungen Deutschlands" vgl. Briese 1998, S. 122ff.

konsequenten Ausdruck im Streit um Fallibilität und Infallibilität. Bei Virchow gibt es das wahre Gesetz, das ausnahmslos gilt, bis es das Wunder einer offenbarenden Forschung als falsches Gesetz enttarnt. Das Unfehlbarkeitsdogma von 1871 ruht zunächst einem älteren Glauben auf: der Lehre von der Unzerstörbarkeit der Kirche, ihrer Indefektibilität.[376] Demnach ist die Kirche die letztgültige Heilseinrichtung, auf die bis zum Jüngsten Gericht keine zweite mehr folgen wird. Die immer wieder hervorgehobene Identität des Katholizismus rührt nicht allein aus einem Traditionalismus, sondern ist zukunftsgerichtet. Die Kirche ist die letzte Heilsgelegenheit vor dem Ende der Welt. Aus diesem Glauben an die Unzerstörbarkeit erwächst dann der Glaube an die Irrtumslosigkeit, die Unmöglichkeit, sich zu täuschen (lat. *fallere* = täuschen).

Die Abwehr von Täuschung folgt dabei den Argumentationsfiguren der Kirchenväter gegen die Gnostiker, die die guten Taten des biblischen Gottes als Täuschungen eines bösen Demiurgen entlarvten. Es ist – wie oben ausgeführt – die erkenntniskritische Energie gnostischer Spekulation gewesen, die zur *Wissenschaftsreligion* das Motiv einer Erlösung durch Wissen beigesteuert hat.[377] Die Abwehr von Täuschung konnte aber auch der Legende vom Leben des heiligen Antonius folgen, der in den ägyptischen Wüstengräbern als Eremit nächtens von monströsen Schattengestalten heimgesucht wird, die die Festigkeit seines Glaubens experimentell auf die Probe stellten.[378]

Schließlich ist an einen dritten Kontext zu erinnern. Eugen Biser hat gezeigt, wie die cartesianische Form der Gewinnung von Gewißheit angesichts bohrender Zweifel und andrängenden Irrtumsängsten in den Texten des Vatikanums I seine Spuren hinterlassen hat.[379] Die cartesianische Operation des Zweifelns besteht, wie Michel Foucault ausgearbeitet hat, darin, zwischen Traumgebilden, Irrtümern, Illusionen und Täuschungen auf der einen Seite und dem Wahnsinn auf der anderen Seite einen klaren Trennungsstrich zu ziehen. Der Zweifel kann sich nur auf bestimmte Phänomene beziehen. Er scheidet zwischen Traum und Wirklichkeit, er deckt den Irrtum sowie die arglistige Täuschung auf, und er enttäuscht die Illusionen. Dies ist aber nur auf der Basis der unbezweifelbaren Gewißheit des Ausschlusses des Wahnsinns möglich. Die Kraft der Ratio entfaltet sich erst, wenn das Ego davon ausgeht, daß es selbst nicht wahnsinnig ist. Ich kann irren, mich täuschen,

376 Zum folgenden vgl. Yves Congar, „Infallibilität und Indefektibilität. Zum Begriff der Unfehlbarkeit", in: *Zum Problem Unfehlbarkeit. Antworten auf die Anfrage von Hans Küng*, hg. v. Karl Rahner, Freiburg u.a. 1971a, S. 174-195.

377 In diesem Band, S. 213ff.

378 Die Versuchung des Hl. Antonius ist nicht nur prominentes Thema der europäischen Malerei. Siehe Frédérick Tristan, *Les tentations*, Paris: Balland/Massin, 1981. Flauberts Erzählung *Die Versuchung des Hl. Antonius* ist ebenso wie seine Positivismus-Parodie *Bouvard und Pécuchet* auf die Fallibilismusproblematik bezogen.

379 Eugen Biser, „Das Wahrheitsproblem in der Glaubensbegründung", in: *Hochland* 61/1969, S. 1-12, hier S. 4ff.

Phantasmen aufsitzen, aber ich kann dies alles nur deshalb aufklären, weil ich unzerstörbar gewiß bin, nicht wahnsinnig zu sein.[380]

Zieht man diese Struktur der neuzeitlichen Ratio in Betracht, so ist es nicht verwunderlich, wenn in den Wahrnehmungen der Kardinäle des Vatikanum I und derer, die persönlich Kontakt zu Pius IX. hatten, der Verdacht kursierte, der Papst könne zur Zeit des Konzils nicht voll zurechnungsfähig gewesen sein. Ein Zeitgenosse notiert in seinem Tagebuch: „Vor kurzem kam es auch vor, daß der Papst bei einer Audienz, die er einem Bischofe gab, c. 10 Minuten lang irre redete. Der Bischof, in großer Verlegenheit, wollte bereits Hilfe herbeirufen, als Pius wieder zu sich kam. Alle Welt spricht jetzt davon, und viele wollen es für Geistesstörung erklären."[381] Konnten solche Absencen noch mit der Epilepsie in Verbindung gebracht werden, unter der Pius IX. litt, so waren andere Beobachtungen gravierender. Der preußische Gesandte Arnim berichtete an Bismarck: „Allgemein wird hier erzählt, daß im Laufe des vorigen Jahres der Papst im Vorübergehen einem vor der Kirche Trinità dei Monti liegenden Krüppel geboten habe: Stehe auf und gehe! Das Experiment ist damals aber mißglückt".[382] Der französische Schriftsteller Maxime Du Camp und der Reformkatholik Franz Xaver Kraus, beide mit vatikanischen Verhältnissen gut vertraut, sind sich einig: „In Bezug auf Pius IX. stimmt Du Camp meiner Ansicht bei, daß derselbe seit 1848 geisteskrank war und boshaft."[383] August Bernhard Hasler hat die historischen Befunde dem Psychopathologen Paul Matussek und dem Psychologen Ludwig J. Pongratz Mitte der siebziger Jahre des 20. Jahrhunderts vorgelegt, die beide Pius IX. als abnorme Persönlichkeit diagnostizieren.[384]

Die Idee der Unfehlbarkeit des Papstes, die über den Glauben an die Irrtumslosigkeit und Täuschungsresistenz der Kirche hinausgeht, taucht zuerst nicht im Kontext von Wahrheitsfragen, sondern von Machtfragen auf. Die „ultra montes", d.h. italienische Theologen des 18. Jahrhunderts, entwickelten die Auffassung von der Unfehlbarkeit des Papstes für ihre Kritik an den staatskirchlichen und episkopalen Tendenzen des Gallikanismus und Jansenismus, des Febronianismus und Josephinismus und für die Stärkung der päpstlichen Autorität.[385] Aufgegriffen wurde dies von Joseph de Maistre in seiner berühmten zweibändigen Schrift *Du Pape* von 1819, die über das 19. Jahrhundert hinaus zum Grundbuch der Restauration monarchischer

380 Michel Foucault, *Wahnsinn und Gesellschaft*, Frankfurt a.M. 1969, S. 68ff. Vgl. Jacques Derrida, „Cogito und Geschichte des Wahnsinns", in: Ders., *Die Schrift und die Differenz*, Frankfurt a.M. 1972, S. 53-101; Marcelo Marques (Hg.), *Der Tod des Menschen im Denken des Lebens. Georges Canguilhem über Michel Foucault. Michel Foucault über Georges Canguilhem*, Tübingen 1988.

381 Johann Friedrich, *Tagebuch. Während des Vaticanischen Konzils*, Nördlingen ^{2}1873, S. 211f., zit. n. Hasler 1977, S. 147.

382 Arnim, zit. n. Hasler 1977, S. 148.

383 Franz Xaver Kraus, zit. n. Hasler 1977, S. 149.

384 Ebd., S. 150f. Zum Zusammenhang von Souveränität und Monstrosität siehe Foucault 2003, S. 125ff.

385 Pottmeyer 1975, S. 43ff.

Herrschaft wurde.[386] De Maistre funktionalisierte die Papstidee für die Zwecke der Gegenrevolution. Er sah die Wurzeln des revolutionären Geistes in der Reformation. Daher war für ihn das Ende der Revolution nur zu erreichen, wenn die vorreformatorische Glaubenseinheit wiederhergestellt und die Unfehlbarkeit der Kirche als die des Papstes festgestellt werde. De Maistres Papstschrift hatte Leser in allen politischen Lagern. Fasziniert hat die Zeitgenossen die konsequent durchgeführte Idee einer spirituellen Zentralisation, die in einer Person verkörpert ist. Die Autorität der Wissenschaft bei St. Simon und Auguste Comte besitzt eine hohe Affinität zu den Ideen de Maistres.[387] Alle drei haben die philosophischen Kritiker des 18. Jahrhunderts verachtet, weil sie nur Auflösungen zustandegebracht haben. Auf der anderen Seite waren es die antiautoritären Anarchisten, die jede Zentralisation des Geistes, sei es in einem Papst oder in einem positivistischen Apostolat, ablehnten.

Diente de Maistre die Vorstellung von der Unfehlbarkeit des Papstes zur Fundamentalisierung der Monarchie (wobei die logischen Probleme, die protestantische Monarchen aufwarfen, übergangen wurden), so nutzten ultramontane Theologen de Maistres Schrift, um der innerkirchlichen Stellung des Papstes eine monarchische Struktur zu unterlegen. Dabei orientierten sie sich nicht nur an der altkirchlichen Entwicklung des Primats der römischen Kirche und nicht nur an den mittelalterlichen Auseinandersetzungen zwischen Kaiser und Papst, aus denen mit Gregor VII. die autonome Papstkirche als Institution mit eigenem Recht hervorgehen sollte.[388] Vielmehr bot der neuzeitliche Souveränitätsbegriff, wie er bei Bodin und Hobbes aus der Erfahrung der Glaubenskriege heraus entwickelt wurde, die historische Vorlage für das Unfehlbarkeitsdogma. Hermann Josef Pottmeyer bemerkt: „Auffallend ist, daß die ultramontane Ekklesiologie wie Hobbes stets vom Extremfall des ‚Kriegszustandes' her argumentiert, in dem der Fortbestand der Kirche einzig und allein nur noch von der wirksamen Entscheidungskompetenz des Papstes abhängen kann. Der situationsbedingte Extremfall und das aus ihm abgeleitete Notstandsrecht wird aber als Normalsituation und als Wesensstruktur der Kirche hingestellt. Um der gewünschten inneren Integration und Geschlossenheit des kirchlichen Verbandes willen wird jede Meinungsvielfalt und jedes Infragestellen durch eine kritische Theologie als negativ beurteilt."[389]

So aktualisiert sich für die Akteure in der Tiefe des 19. Jahrhunderts, das zu den kriegsärmsten der europäischen Geschichte gehört, die Problematik der Glaubenskriege, die wir im *Ersten Band* als Urszene der Moderne untersucht haben. Pottmeyer überzieht allerdings die Parallelen, wenn er schreibt: „Die geistig-politische Situation, in der der Souveränitätsbegriff für den Staat ausgearbeitet wurde, ent-

386 Joseph de Maistre, *Du Pape*, Lyon 1819; zu De Maistre vgl. in diesem Kontext: Uertz 2005, S. 69ff.; Heinrich Meier, *Die Lehre Carl Schmitts: vier Kapitel zur Unterscheidung Politischer Theologie und Politischer Philosophie*, Stuttgart u.a. 1994, S. 200; Gurian 1929, S. 57-75.

387 Vgl. François Isambert, „Fondateurs, Papes et Messies", in: *Archives de Sociologie des Religions* 3(5)/1958, S. 96-98.

388 Pottmeyer 1975, S. 354ff.

389 Ebd., S. 399.

spricht in vielem der Situation, in die sich die nachreformatorische und verstärkt die nachrevolutionäre Kirche gestellt sah. Bodin und Hobbes entwickelten den Souveränitätsbegriff zur Abwehr metaphysischer und religiöser Legitimierungen, die keine Einheitskraft mehr hatten und zur Quelle des Unfriedens geworden waren, und zur dadurch notwendig gewordenen Selbstbegründung des Staates."[390] Die Notwendigkeit der päpstlichen Unfehlbarkeit wird in analoger Weise begründet. „Denn neben die Konfessionen, die unter Berufung auf das Evangelium das bisherige Interpretationsmonopol der Hierarchie bestritten, trat nun der säkulare Staat, der unter Berufung auf das Naturrecht und seine Zwecke für seinen Bereich das Entscheidungs- und Interpretationsmonopol beanspruchte. Diese Situation zwang auch die Kirche immer schärfer vor die Frage des ‚Quis iudicabit? Quis interpretabitur?', wollte sie ihre soziale Einheit bewahren."[391]

Die Hobbessche Formel *auctoritas non veritas facit legem* trifft freilich nicht die neue Problemlage entfesselter Marktgesellschaft. Der große Leviathan ist mit der Ausbreitung von Ware-Geld-Beziehungen kleiner geworden. Der liberalen Doktrin zufolge hat er ohnehin nur noch dort etwas zu sagen, wo der Markt versagt. Dieser Tendenz folgend verstärkt der Katholizismus in dem Maße das innere sozialintegrative Normgeflecht der Kirche, in dem der gewandelte Staat Freiheiten zuläßt. Es geht jetzt nicht mehr nur um die alten innerkirchlichen Organisationsfragen, die die Hierarchie betreffen, sondern um eine weit umfassendere Juridifizierung des Religiösen überhaupt. Sollte die konfessionelle Juridifizierung der Bekenntnisse in der Zeit der Glaubenskriege den evangelischen Pluralismus eingrenzen, so geht es jetzt um eine juristisch abgesicherte Verwaltung aller Glaubenswahrheiten.[392] So gewinnt der Katholizismus im 19. Jahrhundert einen totalitären Charakter, der von scharfsinnigen Beobachtern als Vorschein des Totalitarismus des 20. Jahrhunderts gedeutet wurde. 1933 schreibt der Gründer des katholischen Volksbildungswerks Tirol Ignaz Zangerle: „Die dogmatische Festlegung der Unfehlbarkeit der päpstlichen Lehrautorität, die Zentralisierung und Vereinheitlichung der Kirche selber ist die im voraus schon gegebene Antwort der Kirche auf die zwangsweise Verklammerung der entordneten Menschenmassen im totalen Staat, auf einen Vorgang, der heute in sein entscheidendes Stadium zu treten beginnt. Nur in dieser Gestalt kann sie sich innerhalb des Machtkomplexes des modernen Staates behaupten."[393] Theodor W. Adorno notiert 1944: „Nicht umsonst ist Katholizismus nur ein griechisches Wort für das lateinische Totalität, das die Nationalsozialisten realisiert haben."[394]

---

390 Ebd., S. 399f.

391 Ebd., S. 400. Siehe auch die Ausführungen ebd., S. 367f; die Wiederholung der These S. 388f. mit Bezug auf Helmut Quaritsch, *Staat und Souveränität*, Bd. 1, Frankfurt a.M. 1970, S. 392, S. 408 und zur politischen Funktion S. 410.

392 Zur *bekenntnisreligiösen* Juridifizierung im *Ersten Band* S. 127ff.

393 Ignaz Zangerle, „Zur Situation der Kirche", in: *Der Brenner* 14/1933-34, S. 42-81.

394 Theodor W. Adorno, *Minima Moralia. Reflexionen aus dem beschädigten Leben*, Frankfurt a.M. 1964, S. 172. Dazu auch Klein 1958, S. IV.

Zeitgenossen wie Constantin Frantz bemühten für dieses Kirchenkonzept die Analogie zum Militärischen. Er sah in der Politik Pius IX. nur Nachteile für das religiöse Leben: „Ein dumpfer Glaube wird daraus entstehen, der entweder die Geister überhaupt erstickt, oder, was in solche Dumpfheit nicht aufgeht, hier dem Indifferentismus, dort der Heuchelei zutreibt." Gefördert würde allein die Überzeugung, „daß der einheitliche Gehorsam für die Kirche die Hauptsache sei, der Glaubensinhalt die Nebensache, die persönliche Überzeugung aber dabei gar nicht in Frage komme. Und läuft dies nicht je mehr und mehr darauf hinaus, daß die ganze Kirche in Zukunft nichts anderes mehr wäre, als nur ein geistliches Heer?"[395]

LEHRE, WEIHEGEWALT UND DISZIPLIN. Die Frage, wer legitim den christlichen Glauben bezeugen und die frohe Botschaft des Christentums verkünden darf, hat die christliche Kirche seit den Anfängen beschäftigt. In der alten Kirche war die Vorstellung dominierend, daß das Amt des Apostels und das Charisma eine Einheit darstellen, wobei Rudolph Sohm zufolge die Leitungsgewalt ein Ausfluß der Lehrgewalt der vom Heiligen Geist erfüllten Glaubenszeugen war.[396] Ob ein Charisma vorlag, das als authentisch anerkannt werden könnte, weil es in der Tradition rechten Gebrauchs stand, darüber entschied die Gemeinde. Der amtscharismatischen Einheit von Lehr- und Verkündungsfunktion mit der Leitungsgewalt lag ein binäres Modell von der Kirche als sakramentaler Weihegewalt (*ordo*) und rechtlich-organisatorischer Machtkompetenz (*iurisdictio*) zugrunde. Das Charisma der Zeugenschaft für den Glauben entsprang dem inneren Bereich, äußerlich begrenzte die organisatorische Form das Charisma in rechtlicher Weise.

Diese Binarität von *ordo* und *iurisdictio* unterschied sich von den drei Mittlerfunktionen zwischen Gott und den Gläubigen, die im Judentum bemüht werden konnten. Mittler waren hier der König, der Prophet und der Priester, und entsprechend wird Christus in den Evangelien mal als König, mal als Prophet (z.B. bei Johannes) und mal als Priester (z.B. bei Paulus im Hebräerbrief) gekennzeichnet.[397] Es mag der Druck der Zwei-Naturen-Lehre des Gottmenschen gewesen sein, die dieser Trias wenige Chancen ließ. Von der Patristik bis zur Neuzeit wurde nur selten das prophetische Lehramt von der Priester- und der Leitungsfunktion unterschieden.

Die Lehre von den drei Ämtern wird jedoch in der Reformation von Calvin wiederbelebt und hilft mit, den evangelischen theologischen Fakultäten eine eigenständige kirchliche Funktion zuzuweisen. Dies konnte so weit gehen, daß die Ver-

395 Frantz 1872, S. 73 u. 74. Vgl. dazu: Sigmund Freud, *Massenpsychologie und Ich-Analyse*, Frankfurt a.M. 1967, S. 82, bes. S. 32 über „künstliche Massen".

396 Rudolph Sohm, *Kirchenrecht*, 1. Bd.: *Die geschichtlichen Grundlagen* (*Systematisches Handbuch der Deutschen Rechtswissenschaft*, 8. Abt., 1. Bd.), hg. v. Karl Binding, Leipzig 1892, S. 218ff. u. S. 227ff.

397 Zum folgenden vgl. Josef Fuchs, *Magisterium, Ministerium, Regimen. Vom Ursprung einer ekklesiologischen Trilogie*, Bonn 1940, hier S. 17.

waltung des Wortes Gottes die Verwaltung der Sakramente einschloß.[398] Zusammen mit der protestantischen Theologie vom Reich Gottes als einer unsichtbaren Kirche, die die juridische Dimension katholischer Ekklesiologie entgrenzte, geriet die Lehrfunktion im Protestantismus in eine zentrale Stellung. Rationalistisch gewendet konnte Kirche dann als göttliche Erziehungsanstalt des Menschengeschlechts erscheinen. Die katholische Theologie des 19. Jahrhunderts hat diese protestantischen Sichtweisen zu einem gewissen Teil adaptiert. Im Kirchenrecht bei Ferdinand Walter und Georg Philipps ist die Zweiteilung von *ordo* und *iurisdictio* zugunsten einer dreifachen Kirchengewalt aufgegeben. Wort, Liturgie und Disziplin (*magisterium, ministerium, regimen*) sind die drei Mittel kirchlicher Wirksamkeit.[399]

Für die Frage der Unfehlbarkeit des Papstes war im 19. Jahrhundert innerkirchlich zu klären, in welchem Verhältnis die sakramentale Weihegewalt und die Jurisdiktion zur Lehrfunktion stehen.[400] Einzelne Bemühungen, die Lehrfunktion selbst noch einmal in eine aktive des Glaubenszeugnisses und eine passive der direktiven Sicherung der Glaubenswahrheit aufzuspalten und so den unteren Stufen der Hierarchie oder den theologischen Fakultäten, aber auch begnadeten Gläubigen Zugang zur Lehrfunktion zu ermöglichen, scheiterten im Ultramontanisierungsprozeß. Im Resultat wurde die priesterliche Vollmacht der päpstlichen Hirtengewalt gänzlich untergeordnet. Die Glaubenslehre erfolgte nach dem Modell gesetzlicher Anordnungen.[401]

Mit der Steigerung der Indefektibilität der Kirche zur Unfehlbarkeit des Papstes und der daraus folgenden totalen Juridifizierung und Bürokratisierung des Religiösen reagiert der Katholizismus auch auf das Aufbrechen einer Pluralität von Charismen, wie sie in den Nachrichten über Marienerscheinungen, Engelsbotschaften, Wunderheilungen usw. zutage traten. Dabei spielt die Multiplikationsfunktion der aufblühenden Massenpresse eine kaum zu überschätzende Rolle. So wie der Buchdruck in der Reformation den evangelischen Glauben der Protestanten verbreiten half, so gelangen im 19. Jahrhundert alle möglichen Charismen in die Presse. Die ultramontane Publizistik und die säkulare Presse wirken so – ohne dies zu beabsichtigen – an der Herstellung der öffentlichen Atmosphäre einer Pluralität von zu glaubenden oder unglaubwürdigen Wahrheiten mit. Das Infallibilitätsdogma kann als eine Antwort auf das Entstehen eines Religionsmarktes verstanden werden, auf dem innerkirchlich und außerkirchlich, christliche und atheistische Glaubenswahrheiten miteinander gewaltfrei konkurrieren.

Nach den Marienerscheinungen von La Salette und Lourdes listete Pius IX. 1864 im „Syllabus", der der Enzyklika *Quanta cura* angefügt war, 80 Sätze aus dem

398 Ebd., S. 12.
399 Ebd., S. 35 u.a.
400 Vgl. dazu Pottmeyer 1975, S. 365 u. 372ff.
401 Pottmeyer 1975, S. 352, S. 364, S. 368, S. 371. Zum Verhältnis von Zeugnis und Jurisdiktion S. 421f.

Angebot der Glaubensrichtungen auf, die als Irrlehren zu gelten haben.[402] Dabei handelte es sich nicht nur um Formulierungen von Glaubenswahrheiten, die dem Pantheismus Goethes oder Hegels, dem Pessimismus Schopenhauers oder dem naturwissenschaftlichen Materialismus abgelesen waren, sondern auch um *rationalreligiöse* Vorstellungen und um die diversen protestantischen Variationen christlichen Glaubens. Die Monopolisierung des Charismas der Unfehlbarkeit durch die Spitze der Hierarchie bedeutete innerkirchlich die Erneuerung des fundamentalen Abweises der protestantischen Idee einer egalitären Lehrautorität der charismatischen Gemeinde und war ein Mittel, dem Anwachsen kontingenter Inspirationen zu begegnen.

Innerhalb der Hierarchie stand nun die Idee der Charismabegrenzung des Papstes selbst zur Debatte. Das Schema der Konzilsvorlage bestimmte den Gegenstand der Unfehlbarkeit als „in Sachen des Glaubens und der Sitten". Der französische Bischof Dupanloup, den wir ausführlicher zu Wort kommen lassen wollen, bemerkt dazu: „Aber dieses ‚in Sachen des Glaubens und der Sitten' kann mit verschiedener Ausdehnung verstanden werden: eng oder weniger eng, weit, weiter, sehr weit. Zunächst gibt es die Dogmen und die geoffenbarten Prinzipien der Moral; dann kommen die aus den geoffenbarten Weisheiten abgeleiteten Schlußfolgerungen; unter diesen Schlußfolgerungen sind die einen unmittelbar, andere entfernter und wieder andere sehr entfernt gegeben. Damit geschieht allmählich ein Übergang vom Gebiet des Glaubens in das der Philosophie, ohne daß die Grenzen genügend erkennbar bestimmt werden. Wie weit erstreckt sich darin nun – so frage ich – die Unfehlbarkeit des Papstes? Das Schema antwortet prompt und schlagfertig: ‚Sie erstreckt sich auf das gleiche Objekt wie die Unfehlbarkeit der Kirche.'"

Dupanloup, begabt mit einer guten Portion soziologischer Phantasie, fragt insistent weiter: „Worauf aber erstreckt sich die Unfehlbarkeit der Kirche? Ich lese nochmals im Schema über die Kirche das Kapitel über die Unfehlbarkeit der Kirche. Ich finde darin die Schwierigkeit nicht gelöst, nämlich die Schwierigkeit der Unterscheidung zwischen den geoffenbarten Wahrheiten und den unmittelbar gegebenen, entfernteren oder sehr entfernten Schlußfolgerungen aus diesen Wahrheiten. Wie viele andere Schwierigkeiten gibt es aber weiterhin noch? Die Unfehlbarkeit der Kirche erstreckt sich nämlich nach dem Schema auf alles, was notwendig ist, um den Glaubensschatz zu bewahren, auszulegen und zu verteidigen. Darauf erstreckt sich also auch die Unfehlbarkeit des römischen Pontifex. Aber wie vage, wie weit, wie unbestimmt, und deshalb wie gefährlich, wie Auswüchse fördernd und Diskussionen ausgesetzt wird diese Ausdehnung der päpstlichen Unfehlbarkeit sein? Wieviel und wieviel Entscheidungen können getroffen werden, von denen mit Wahrscheinlichkeit gesagt werden kann, sie seien notwendig zur Bewahrung und Verteidigung des Glaubensschatzes? Die weltliche Herrschaft des Papstes zum Beispiel; die Größe des Territoriums dieser Herrschaft; die Macht des Papstes in den weltlichen Angelegenheiten der Könige und das Recht, diese Könige abzu-

402 Vgl. Ernst Huber, *Deutsche Verfassungsgeschichte seit 1789*, Bd. 4: *Struktur und Krisen des Kaiserreichs*, Stuttgart u.a. 1969, S. 652-654.

setzen; die Autorität der Kirche, die in materiis mixtis immer das Übergewicht hat; gewisse Zivil- oder Kriminalrechte der Jurisdiktion, aus dem Motiv der direkten oder indirekten Beziehung der Personen oder Angelegenheiten zur Kirche; der auf Häretiker ausgeübte Zwang durch zeitliche Strafen, auch durch schwerste Strafen, usw., usw. Das einem einzigen Menschen so gewährte große Vorrecht der Unfehlbarkeit wäre sicher auch zu fürchten, wenn seine Ausdehnung genau bestimmt wäre; um wie viel mehr aber ist es zu fürchten, wenn es so unbestimmt bleibt."[403]

Die organisatorische Umsetzung des Charismas der Unfehlbarkeit warf noch weitere Fragen auf. War es ein alltäglich gegebenes Charisma oder zeigte es sich nur selten? War der Papst verpflichtet, sich vor der Verkündigung eines Dogmas beraten zu lassen? Bedurfte es der Zustimmung der Bischöfe? Immerhin war für die katholische Kirche das apostolische Prinzip, d.h. die charismatische Sonderstellung der Bischöfe, ein konstitutives Merkmal im Unterschied zur Idee der egalitären charismatischen Gemeinde der Reformation geworden, die protestantischen Geistlichen nur eine weltlich-berufliche, aber keine sakramentale Sonderstellung vor den Gläubigen einräumte.[404] In der allgemeinen strukturellen Alternative, die Kompetenz zur Definition der Glaubenswahrheit allen zuzubilligen oder nur einer Person, bildet das Apostolat eine Kompromißform.

Es sei daran erinnert, daß der Positivismus diese Form bevorzugt hat. Denn die *Wissenschaftsreligion* steht im 19. Jahrhundert nicht nur in der Gegnerschaft zum Katholizismus, sondern sie muß sich auch gegenüber einem Anwachsen des Meinungswissens behaupten, das voll von Vorurteilen, unbewiesenen Aussagen, längst widerlegten Einsichten und skurrilen Außenseiterlehren ist. In Absetzung zu dieser Welt unseriösen Wissens, das der Journalismus miterzeugt, sind es eigens durch Graduierung und Reputation herausgehobene Apostolate besonders charismatisierter Wissenschaftler, die die wahre Wahrheit hüten.[405] Katholizismus und *Wissenschaftsreligion* konkurrieren in der zweiten Hälfte des 19. Jahrhunderts miteinander, aber sie haben auch ein gemeinsames Problem: Wie kann der marktgesellschaftliche Pluralismus von Meinungen, die ein jeder vermöge eines privaten Charismas als zu glaubende Wahrheit verkündet, so reguliert werden, daß die charismatischen Quellen nicht versiegen und dennoch Wahrheit in ihrer Eindeutigkeit gesichert ist? Meinungsfreiheit und das freie Kommen und Gehen der Gottesmutter war für die Apostolate beider Religionen etwas, das gebändigt werden mußte.

403 Bischof Dupanloup, zit. n. Hasler 1977, S. 370f.

404 Anläßlich von Hans Küng, *Unfehlbar? Eine Anfrage*, Einsiedeln ^{2}1970, ist dieser ganze Fragenkomplex noch einmal wiederaufgerollt worden in: Rahner 1971a. Im Beitrag von Yves Congar: zu den Begrenzungen der Unfehlbarkeit S. 176, zur Inspiration S. 181-183, zum Laiencharisma S. 197, zur organisatorischen Umsetzung S. 179. Im Beitrag von Ratzinger: zur egalitären Vollmacht der charismatischen Gemeinde S. 109. Vgl. auch die Vorschläge von Pottmeyer zur Differenzierung von Zeugnis und Jurisdiktion in: Pottmeyer 1975, S. 421.

405 Vgl. die Klage über den zügellos gewordenen Journalismus als Argument für die Unfehlbarkeit des Papstes, Hasler 1977, S. 3.

Die Lösung des Problems bestand in der Errichtung von Festungen des Objektivismus. Der Positivismus baute auf harte Fakten, der naturwissenschaftliche Materialismus auf Naturgesetze, der Katholizismus auf Dogmen, die durch das Dogma der Unfehlbarkeit unübersteigbar wurden. Der Glaube, so sehr er die innere Erfahrung des privaten Charismas als Quell kannte und vielleicht auch brauchte, er wurde erst wahr durch die Entscheidung zum Glauben an das Dogma. Mit der Sichtbarmachung dieser Entscheidung trat der Glaube ins Objektive.[406] Mit dem Dogma der Unfehlbarkeit wurde das reich bevölkerte Zwischengebiet von Teilwahrheiten, Annäherungen an die Wahrheit und Wahrscheinlichkeiten gereinigt. Was nicht objektiv war, mußte subjektiv und damit der Häresie verdächtig sein.[407]

Umso wichtiger wurden Sprachregelungen, mit denen das Dogma seine Festigkeit zeigen konnte. Als es im Anschluß an das Zweite Vatikanum über die Streitschrift des Theologen Hans Küng *Unfehlbar? Eine Anfrage* von 1970 zur erneuerten Diskussion über das hundert Jahre alte Dogma unter Theologen kam, tauchte nicht zuletzt im Horizont der Konjunktur analytischer Sprachphilosophie Ende der sechziger Jahre des 20. Jahrhunderts die Frage der sprachlichen Regulierung von Dogmen erneut auf.[408] Inwieweit tangiert die Sprachabhängigkeit dogmatischer Formeln den Glaubensgehalt der Aussage? Auf die Definition Hans Küngs, Glauben bedeute „durch alle vielleicht zweideutigen und vielleicht im einzelnen auch falschen Sätze hindurch sich in seiner ganzen Existenz auf die Botschaft, auf die verkündete Person einlassen: *an* Jesus Christus glauben", antwortete Joseph Ratzinger: „Falls damit gesagt werden soll, daß alle Sätze letztlich nur Medien des Glaubens an die Person sind, stimme ich völlig zu. Falls damit gesagt werden soll, daß *alle* Sätze nur unzulängliche Spiegelungen sind und daß *viele* Sätze in den wechselnden Zeiten falsch waren und immer wieder falsch sein werden, stimme ich gleichfalls zu. Aber wenn das heißen soll, daß es überhaupt keine zuverlässigen Aussagen gibt in der Kirche, dann muß entschieden widersprochen werden, weil dann ja auch die Intentionalität auf die Person hin trügerisch wird."[409]

Und in Erinnerung an die sehr alten, in der *Wissenschaftsreligion* wiederkehrenden Abgründe von Relativität, Fallibilismus und Täuschung schreibt Ratzinger: „Die Eindeutigkeit des Glaubens in der Eindeutigkeit des sprachlichen Bekenntnisses bildet gerade die entscheidende Grenze zwischen neutestamentlicher Ver-

406 Zur Abwehr der inneren Erfahrung und dem Willen zum Glauben siehe Franz Padinger 1974, S. 52f.

407 Antoon Vergote bemerkt dazu: „Der theologische Mißbrauch der Unfehlbarkeit beruht auf der Pathologie der Wahrheit, genauso wie der Legalismus eine Pathologie der Moral ist." Antoon Vergote, „L'infaillibilité entre le désir et le refus de savoir", in: *L'infaillibilité. Son aspect philosophique et théologique. Actes du colloque, 5-12 janvier 1970, Organisé par le Centre international d'études humanistes et par l'Institut d'études philosophiques de Rome*, hg. v. Enrico Castelli u.a., Rom 1970, S. 375-398, hier S. 375. Zur Diskussion siehe auch Walter Kasper, *Dogma unter dem Wort Gottes*, Mainz 1965.

408 Küng 1970; zur Frage der Sprachregelungen siehe auch Ardelt 1974, S. 259.

409 Joseph Ratzinger, „Widersprüche im Buch von Hans Küng", in: Rahner 1971a, S. 97-116, hier S. 112; Küng 1970, S. 156.

kündigung und gnostischer Interpretation, welch letztere wesentlich auf der unbegrenzten Deutbarkeit von Sprache und Gedanke und auf der Unmöglichkeit sprachlicher Festlegung des Gedankens beruht. Der Kampf gegen die Gnosis war ein Kampf um das Bekenntnis gegen die Beliebigkeit der Interpretation, ein Kampf um die Möglichkeit des wahren und als wahr verbindlichen Wortes; wenn man so will: ein Kampf um den in Sätzen auszusagenden Glauben. Insofern tauchen hier sehr alte und sehr prinzipielle Fragen wieder auf."[410]

SCHLUSS. In der entfesselten Marktwirtschaft sind die Akteure auf belastbare Informationen angewiesen. Der Erfolg ihrer Investitionen liegt im Dunkel der Zukunft. Fehlentscheidungen und Irrtümer bestraft der Markt als ein anonymer Mechanismus. Kinder und Heranwachsende sind noch keine Marktteilnehmer, aber sie repräsentieren in allen Gesellschaftsformen die Zukunft. Daß die Gottesmutter Kindern und heranwachsenden Mädchen erscheint, daß sie Prophezeiungen über in Zukunft zu erwartende Bedrängnisse der Kirche macht, haben Katholiken nicht zuletzt in einer eschatologischen Perspektive gesehen. Ebenso war das Infallibilitätsdogma, in dem die vertrackten Fragen des Traditionsbeweises, die kritische Theologen aufwarfen, notdürftig beantwortet wurden, auf eine kommende Wahrheit bezogen. Yves Congar bemerkte dazu: „Gemäß der Bibel besteht die Wahrheit nicht nur in einer adäquaten Wiedergabe dessen, was gesicherte Tatsache ist: sie zielt darauf ab, daß Dinge und Menschen zu dem werden, was sie vom lebendigen Gott zu sein gerufen sind. Die biblische Wahrheit beinhaltet einen eschatologischen Bezug."[411] Das Dogma der Unfehlbarkeit gleicht einer Wette auf die Zukunft. In *wissenschaftsreligiöser* Sicht ist es eine Hypothese, auf deren Beweisbarkeit allzu lange gewartet werden muß.

Die eschatologische Perspektive hat die schwierige Frage aufgeworfen, ob es in Zukunft neue Dogmen geben könnte, die ein Papst zu verkünden ermächtigt sei. Karl Rahner hat dazu bemerkt: „Nicht nur in der verzerrenden Polemik der Antiinfallibilisten zur Zeit des Ersten Vatikanums, die meinten, die ‚Times' werde jeden Tag eine neue päpstliche Definition zu servieren haben, sondern auch in den Köpfen der katholischen Theologen war doch die Vorstellung gegeben, die infallible Lehrautorität des Papstes sei a) eine Art habituellen Vermögens *derart*, daß dieses Vermögen sinnlos würde, wenn es nicht von Zeit zu Zeit in Vollzug gesetzt und so auch seine Notwendigkeit demonstrieren würde, und b) diese Lehrautorität führe in ihren Entscheidungen zu einem kontinuierlichen Prozeß der Bildung immer *neuer*, einzelner, voneinander unterschiedener Sätze, in die hinein die ursprüngliche Offenbarung in einem ständigen ‚Fortschritt' sich entfalte und auslege in einem quantitativen Wachstum der Zahl definierter und in irgendeinem Sinn doch neuer Sätze."[412] Diese Vorstellung korrespondiert durchaus der *wissenschaftsreligi-*

---

410 Ratzinger 1971, S. 112f. Zum Dogma siehe auch ebd., S. 115.

411 Congar 1971, S. 183f.

412 Karl Rahner, „Zum Begriff der Unfehlbarkeit in der katholischen Theologie. Einige Bemerkungen anläßlich des Einhundert-Jahr-Jubiläums des Unfehlbarkeitsdogmas vom 18. Juli 1870", in: Ders. 1971a, S. 9-26, hier S. 14f.

ösen Erwartung der fortschreitenden Entdeckung von immer mehr Gesetzmäßigkeiten. Die Zielrichtung einer Meßbarkeit der Glaubenssicherheit, die mit der Vermehrung dogmatischer Sätze garantiert werden sollte, ist hundert Jahre nach dem Ersten Vatikanum geschwunden. Statt quantitativen Fortschritts hat Karl Rahner einen qualitativen Fortschritt erwartet, der im Rahmen eines theologischen Pluralismus Vertiefungen dogmatischer Lehren möglich machen soll, aber zunächst einmal keine neuen Dogmen.[413] Das Zweite Vatikanum, von dem sich Reformkatholiken eine Relativierung des Unfehlbarkeitsdogmas erhofft hatten, hat in dieser Frage keine Änderung beschlossen. Die wesentliche Revision betraf auch nicht das Verhältnis zur *Wissenschaftsreligion*, sondern das Bekenntnis zum Proprium der *Rationalreligion*: zur Gewissensfreiheit und damit zum noachidischen Horizont von Aufklärung und Menschenrechten.[414]

Bleibt das apokalyptische Erbe, das auch im Katholizismus nicht vollständig zu bändigen ist. Das Vertrauen auf den Beistand des Heiligen Geistes, der die Kirche durch die Vielfältigkeit der Charismen hindurchführt, kann auch nachlassen.[415] Die Ultramontanen sahen sich – wie bereits geschildert – in einem Ausnahmezustand. Daß die Kirche in Not ist, gehört zu den wiederkehrenden apokalyptischen Motiven, die in der Geschichte des Katholizismus immer wieder zu Notordnungen geführt haben, durch die die päpstliche Macht vermehrt wurde.[416] Die Marktwirtschaft hat freilich ihr eigenes Verhältnis zum Untergang: Unternehmen können insolvent werden. Der Bankrott ist eine Apokalypse *en miniature*, wie groß auch immer das Unternehmen ist.

---

413 Vgl. dazu Karl Rahner, *Der Pluralismus in der Theologie und die Einheit des Bekenntnisses in der Kirche* (= Schriften zur Theologie, Bd. 9), Einsiedeln 1970, S. 11-33.

414 Wie sehr damit eine implizite Rehabilitation der „Modernisten" um 1900 einherging, zeigt Weiß 1995b. Der junge Angelo Roncalli und spätere Papst Johannes XXIII. stand modernistischen Auffassungen durchaus nahe. „Die Kritik ist für mich Licht und Wahrheit, und die Wahrheit ist heilig und ist nur eine allein", äußerte er 1903, zit. n. Franz M. Willam, *Vom jungen Angelo Roncalli zum Papst Johannes XXIII.*, Innsbruck 1967, S. 49f. Zum Vatikanum II: Kaufmann u. Zingerle 1996; Ansgar Kreutzer, *Kritische Zeitgenossenschaft. Die Pastoralkonstitution ‚Gaudium et spes' modernisierungstheoretisch gedeutet und systematisch-theologisch entfaltet*, Innsbruck/Wien 2006.

415 Zum Beistand siehe Congar 1971, S. 185.

416 Vgl. dazu Pottmeyer 1975, S. 127, den Abschnitt „Notstandsordnung und wesensgemäße Entfaltung der kirchlichen Struktur". Hans Dombois deutet das apokalyptische Moment militärisch: Die ultramontane Ekklesiologie sei „eine Art Militärmonarchie", so daß sie „einer Nation im Zustande der Mobilmachung" gleicht (Dombois 1971, S. 92). Zu den apokalyptischen Motiven siehe die Haltung von Ernst von Lasaulx, *Verschüttetes deutsches Schrifttum. Ausgewählte Werke 1841-1860*, hg. v. Hans Erhard Lauer, Stuttgart 1925. Zur Virulenz des apokalyptischen Gefühls, in einer zerfallenden Welt zu existieren vgl. auch Hermann Häring, „Haus Gottes – Hüterin des Abendlandes? Joseph Ratzingers Katholizismus als europäisches Kulturprojekt", in: Faber 2005, S. 159-188, hier S. 181-183. Zum apokalyptischen Tonfall der Enzyklika *Veritas splendor* von 1993 siehe auch Weiß 1995a, S. 600; sowie die Thesen von Karl Gabriel zum unwahrscheinlichen Fortbestand der bisher bekannten Sozialform des Katholizismus in: Gabriel 1980, S. 221ff.

Die katholische Kirche hat sich im 19. Jahrhundert erfolgreich auf den Weg zur Marktform ihrer Konfession gemacht. Als Vorreiterin einer organisierten Moderne hat sie sich in der Konkurrenz mit den Religionen der Revolutionszeit, der *Nationalreligion* und der *Kunstreligion* und mit der neuen *Wissenschaftsreligion* auf dem Markt behaupten können. In Deutschland hat die Niederlage des protestantischen Preußen im Ersten Weltkrieg ihre Stellung in den zwanziger Jahren noch einmal verbessert. Aber die Erfahrung entfesselter Marktwirtschaft, die alle denkenden Individuen in der zweiten Hälfte des 19. Jahrhunderts verarbeiten mußten, ist nicht das Ende der Geschichte, die wir übersehen. Die Erfahrung der umfassenden Artifizierung der menschlichen Lebenswelt, der wir im *Vierten Teil* nachgehen werden, hat den Katholizismus in neue Probleme gestürzt und mit Blick auf das marianische Zeitalter wird man der medizinisch-pharmakologisch möglich gewordenen Entkoppelung von Sexualität und Fortpflanzung einen besonderen Stellenwert einräumen müssen.

V. Religionsmarkt: Werte und Weltanschauungen

Übersicht

In der Marktgesellschaft mischen sich Diskurse zu Werten und Weltanschauungen so sehr in den traditionellen religiösen Bereich, daß nicht nur *Bekenntnisreligionen* als Weltanschauung wahrgenommen werden und als Wertelieferanten erscheinen können, sondern ebenso Weltanschauungen als Religionen gesehen werden. In dieser Diskurslage kommt es zu neuen Positionierungen von Philosophie. Einerseits werden objektive Werte in der Spur *rationalreligiöser* Auffassungen sakralisiert. Andererseits wird Weltanschauung als wesentliche Qualität des Philosophischen herausgestellt. Darüber hinaus orientiert eine distanzierte Weltanschauungstypologie über die Angebote auf dem Religionsmarkt (1). Anschließend werden exemplarisch zwei unterschiedliche Profile von Religionsunternehmern und Weltanschauungsbetrieben vorgestellt: Sören Kierkegaards religiöse Schriftstellerei und das Programm des Eugen Diederich Verlages (2). Wir untersuchen die weltanschauliche Strömung des Pessimismus, deren Anhänger nicht nur gegen den *wissenschaftsreligiösen* Fortschrittsglauben Stellung beziehen, sondern jede religiöse Option einem unaufhaltsamen Zerfall entgegengehen sehen. Dies eröffnet manchen Autoren die Möglichkeit einer radikalen Distanzierung vom Glauben an den Segen der modernen Marktgesellschaft (3). Mit der Entstehung eines Weltmarkts der Religionen kommt es um 1900 zu Religionsimporten aus Asien. Behandelt werden der ost-westliche Synkretismus bei Vertretern theosophischer Gruppierungen, die Verbindungen von Buddhismus und Pessimismus und die Stellungnahmen, die sich auf die Erfahrung der Marktgesellschaft und die Zukunft des Christentums in Europa beziehen (4).

1. Neue Produktbezeichnungen auf dem Religionsmarkt.

BEGRIFFSKARRIEREN. Die mit der Entfesselung der Marktwirtschaft entstandene *Wissenschaftsreligion* als eine Religion, die die Grenzen zwischen Relativem und Absolutem setzt und behütet, zwingt nicht nur die *Bekenntnisreligionen* in eine Marktform. Sie verhilft auch dem Terminus Weltanschauung zu einer bemerkenswerten Karriere und provoziert eine philosophische Rede von Werten.[1]

1 Religion als Erleben und Religion als Werte sind für Kippenberg zwei Reaktionen auf den Historismus, vgl. Hans G. Kippenberg, „Die Krise der Religion und die Genese der Religionswissenschaften", in: *Vom Weltbildwandel zur Weltanschauungsanalyse. Krisenwahrneh-*

Geprägt im deutschen Idealismus, wird das Wort Weltanschauung ab 1850 bei Intellektuellen populär. Um 1900 macht man sich Gedanken über die Entstehung und Bedeutung des Begriffs und diagnostiziert einen „Willen zur Weltanschauung".[2] Nach dem Ersten Weltkrieg kommt es aus philosophischer Sicht zu einer raschen Trivialisierung der Rede von Weltanschauung. Horst Thomé bemerkt, „der Begriff sinkt, wie seine exzessive Verwendung im Schrifttum des Nationalsozialismus zeigt, in den Sprachgebrauch der Pseudointellektuellen und Halbgebildeten herab."[3] Daß auch philosophische Begriffe dem Gesetz von Angebot und Nachfrage unterliegen, zeigt sich gerade auch am Begriff Weltanschauung selbst, der seine Popularität und Unentbehrlichkeit dem entstehenden Religionsmarkt verdankt. 1924 bemerkt Alfred Götze, mit den Effekten des Marktes hadernd, in seinem begriffsgeschichtlichen Beitrag: „Die kleine Schar derer, die eine philosophische Weltanschauung bewußt zu eigen haben, können wohl die Entwicklung der Sprache auf ihrer Höhe bestimmen, nicht aber die Ausdrucksweise des breiten Alltags. Diese wird fortgebildet durch Entwicklungsreize, die von führenden Geistern ausgehen, aber durch trübe und verflachende Medien nicht rein und tief zu wirken vermögen. Wie die meisten unserer religiösen und wissenschaftlichen Fachausdrücke, so hat auch das Wort Weltanschauung bei seinem Übergang in die Alltagssprache derart eingebüßt".[4] Für die einen ist es philosophischer Wertverlust, für die anderen ein Wertgewinn zur schnelleren Orientierung auf dem Markt geistiger Gebilde. Nach der dröhnenden Propaganda marxistisch-leninistischer und nationalsozialistischer Weltanschauung ist das Wort vergiftet.

Aber es hat begriffliche Umgehungsversuche gegeben. So nennt Thomas Luckmann „Weltansicht" die jeweils geschichtlich vorgefundenen „Sinnsysteme" und sieht in Weltansichten die *„grundlegende Sozialform der Religion*, eine Sozialform, die in allen menschlichen Gesellschaften zu finden ist."[5] Eine Rehabilitation und einen Nachweis für die analytische Kraft des Begriffs Weltanschauung findet man

mung und Krisenbewältigung um 1900, hg. v. Volker Drehsen u. Walter Sparn, Berlin 1996, S. 89-102.

2 William Stern, *Vorgedanken zur Weltanschauung (niedergeschrieben im Jahre 1901)*, Leipzig 1915, S. 62f.

3 Horst Thomé, Art. „Weltanschauung", in: *Historisches Wörterbuch der Philosophie*, Bd. 12, hg. v. Joachim Ritter u.a., Basel 2004, Sp. 553-560, hier Sp. 557; ders., „Der Blick auf das Ganze. Zum Ursprung des Konzepts ‚Weltanschauung' und der Weltanschauungsliteratur", in: *Aufklärungen: Zur Literaturgeschichte der Moderne*, hg. v. Werner Frick u. a., Tübingen 2003, S. 387-401; Gunter Scholtz, „Weltanschauung", in: *Schlüsselbegriffe der Philosophie des 19. Jahrhunderts*, hg. von Christian Bermes / Ulrich Dierse u. Annika Hand, Hamburg 2015, S. 435-463. Grundlegend zur Begriffs-geschichte ist immer noch Helmut G. Meier, *‚Weltanschauung'. Studien zu einer Geschichte und Theorie des Begriffs*, Münster 1970 (zugleich Diss. Münster 1968). Zur Wortgeschichte ebd., S. 306ff.; zum Aufschwung als Schlagwort S. 179; zum Trivialisierungsprozeß S. 36, S. 39 u. S. 46.

4 Alfred Götze, „Weltanschauung", in: *Euphorion* 25/1924, S. 42-51, hier S. 47.

5 Thomas Luckmann, *Die unsichtbare Religion*, Frankfurt a.M. 1991, S. 89f.

heute bei Linus Hauser.[6] Für seine beeindruckende Untersuchung von „religionsförmigen Neomythen" erwies sich „Weltanschauung" als ein unentbehrlicher Terminus, für den „es keine terminologische Alternative gibt".[7] Im Unterschied zu den „religionsförmigen Neomythen" wird Religion als „eine spezifische Art von Weltanschauung" begriffen.[8]

Um 1850 führte Hermann Lotze den Terminus Wert, der seinen angestammten Platz in der politischen Ökonomie der Engländer und Franzosen hatte, in die posthegelianische Philosophie ein.[9] Es entwickelten sich Angebote einer Wertphilosophie, die sowohl den *Bekenntnisreligionen* als auch der *Wissenschaftsreligion* Konkurrenz machten. Deren naturalistischer Kern diente zunächst einem sich ausdifferenzierenden System positivistischer Wissenschaften als Grundlage. Aber trotz des beeindruckenden Triumphzugs der Naturwissenschaften bemerkte 1908 der Psychologe Hugo Münsterberg rückblickend, daß sich ein Wandel abgezeichnet hatte: „Man wurde der Anhäufung bloßer Tatsachen müde; man fühlte langsam, daß bloßes Wissen und Können weder Weltanschauung noch Lebensauffassung gewährt, daß all unser Hasten doch schließlich ziellos geworden, daß dem Zersplitterten die Einheit fehlt. Man begann wieder nach Sinn und Bedeutung zu fragen; durch die Welt der Dinge schimmerte erst schwach, dann klarer die Welt der Werte."[10]

Das Schimmern wurde dann so stark, daß Martin Heidegger in der Gesamtbibliographie des Wertbegriffs von Joachim Ernst Heyde aus dem Jahre 1928 insgesamt 661 Schriften über den Wertbegriff aufgezählt finden konnte, was er in einer Vorlesung 1935 mit der spöttischen Bemerkung kommentierte: „Vermutlich sind es inzwischen tausend geworden. Dies alles nennt sich Philosophie."[11] Fünfzig Jahre später ist es um das Thema Werte in der Philosophie nicht besser bestellt. Herbert Schnädelbach leitet das Kapitel „Wertphilosophie" seiner Darstellung der

---

6 Linus Hauser, *Kritik der neomythischen Vernunft*, Bd. 1: *Menschen als Götter der Erde. 1800-1945*, 2. überarb. Auflage Paderborn 2005. S. 31-44.

7 Ebd., S. 38.

8 Ebd. S. 44f. „Weltanschauung" und „Ideologie" benutzen wir als Quellenbegriffe im Unterschied zur allzu umständlichen Wortbildung *Weltanschauungsreligion* und *Wissenschaftsreligion* als Typenbegriffe.

9 Zur Begriffsgeschichte von „Wert": Jürgen Gebhardt, „Die Werte. Zum Ursprung eines Schlüsselbegriffs der politisch-sozialen Sprache in der deutschen Philosophie des späten 19. Jahrhunderts", in: *ΑΝΟΔΟΣ. Festschrift für H. Kuhn*, hg. v. Rupert Hofmann / Jörg Jantzen u. Henning Ottmann, Weinheim 1989, S. 35-54. „Von der volkswirtschaftlichen Wertlehre, dieser besonderen Fachwissenschaft, ist die philosophische Wertlehre streng zu unterscheiden." Joachim Ernst Heyde, *Wert. Eine philosophische Grundlegung*, Erfurt 1926, S. 11.

10 Hugo Münsterberg, *Philosophie der Werte. Grundzüge einer Weltanschauung*, Leipzig 1908, S. V.

11 Martin Heidegger, *Einführung in die Metaphysik* [1953], Tübingen [4]1976, S. 207f. Joachim Ernst Heyde, *Gesamtbibliographie des Wertbegriffs*, aus: *Literarische Berichte aus dem Gebiete der Philosophie*, hg. v. Arthur Hoffmann-Erfurt, Sonderdruck aus den Heften 15-19, Erfurt 1928. Vgl. dazu mit einer vorlaufenden Begriffsgeschichte: Arnulf Müller, *Weltanschauung – eine Herausforderung für Martin Heideggers Philosophiebegriff*, Stuttgart 2010.

Philosophie in Deutschland 1931-1933 mit der Bemerkung ein: „Wer heute in einem philosophischen Institut etwas über Werttheorien ankündigte, machte sich entweder als Vertreter der Großväter-Ideologie der ‚ewigen Werte' verdächtig oder erschiene vielen als Marx-Exeget, der die Geheimnisse des Verhältnisses von Gebrauchswert und Tauschwert zu lüften verspricht."[12]

In der Zeit, in der Philosophen Abstand von der philosophischen Sinnsuche genommen und den Sinn des Lebens einer blühenden Ratgeberliteratur überlassen hatten, kamen die Werte in einem anderen Fach über einen langen Umweg in die deutsche Diskussion zurück. Der amerikanische Student Josiah Royce hatte sich während seines Studiums in Göttingen von Hermann Lotzes Wertphilosophie beeindrucken lassen.[13] Als Philosoph in Harvard wurde er mit seinen Schriften: *The Religious Aspect of Philosophy* 1885, *The Spirit of Modern Philosophy* 1892 und *The Conception of God, a philosophical discussion concerning the Nature of the Divine Idea as a Demonstrable Reality* 1897 zum wichtigsten amerikanischen Philosophen seiner Zeit. William James, Charles Sanders Pierce und John Dewey haben sich intensiv mit Royce auseinandergesetzt.[14] An das, was junge Studenten von Royce erwarteten, hat George Herbert Mead auf einer Gedächtnisfeier 1916 erinnert: „We wanted full intellectual freedom and yet the conservation of the values for which had stood Church, State, Science, and Art."[15] Es ist aber nicht nur der amerikanische Pragmatismus, durch den die Rede von Werten in die amerikanischen Sozialwissenschaften Eingang gefunden hat. Ein anderer amerikanischer Student, Talcott Parsons, stieß Mitte der zwanziger Jahre des letzten Jahrhunderts in Heidelberg auf die Schriften Max Webers, der die Werttheorien rezipiert hatte, die sein Frei-

12 Herbert Schnädelbach, *Philosophie in Deutschland 1931-1933*, Frankfurt a.M. 1983, S. 197.

13 Royce studierte bei u.a. bei Lotze, Windelband und Wundt. Vgl. John Clendenning, *The Life and Thought of Josiah Royce*, Madison: UP Wisconsin, 1985, S.72f. Robert V. Hine, *Josiah Royce. From Grass Valley to Harvard*, Norman: UP Oklahoma, 1992, S. 89-92. In den USA erschienen die sechs Bände: *Outlines of Philosophy, dictated portions of the lectures of Hermann Lotze*, übersetzt u. hrsg. v. George T. Ladd, Boston 1884-1887.

14 Jacquelyn Ann K. Kegley, „John Dewey and Josiah Royce in Dialogue on the Individual and Community", in: *The Continuing Relevance of John Dewey. Reflections on Aesthetics, Morality, Science, and Society*, hg. v. Larry Hickman / Matthew C. Flamm / Krzystof P. Skowronski u. Jennifer A. Rea, Amsterdam/New York 2011, S. 253-272. Hervorzuheben sind die Bemühungen Ludwig Nagls, Royce in die deutsche Diskussion zu bringen: Ludwig Nagl, *Das verhüllte Absolute. Essays zur zeitgenössischen Religionsphilosophie*, Frankfurt a.M. 2012, S. 167-329; ders., „Hegel, ein ‚Proto-Pragmatist'? Rortys halbierter Hegel und die Aktualität von Royce's ‚absolute pragmatism'", in: *Von der Logik zur Sprache. Stuttgarter Hegel-Kongress 2005*, hg. v. Rüdiger Bubner u. Gunnar Hindrichs, Stuttgart 2007, S. 390-411.

15 George Herbert Mead, „Josiah Royce – A Personal Impression", in: *International Journal of Ethics* 27/1917, S. 168-170, online: https://www.brocku.ca/MeadProject/Mead/pubs/Mead_1917f.html (Letzter Zugriff: 20.04.2016). Mead schließt mit den Worten: „I received an impression from him of freedom of mind, and of dominance of thought in the universe, of a clear unclouded landscape of spiritual reality where we sat like gods together but not careless of mankind and it was a vision that followed me for many years."

burger Kollege, der Neukantianer Heinrich Rickert, entwickelt hatte.[16] Zurück in den USA, lehrte Parsons fast ein halbes Jahrhundert an eben der Harvard University in Cambridge, Massachusetts, in deren intellektueller Atmosphäre die Philosophien von Royce, Peirce und James präsent waren.

Geprägt durch einen pragmatischen Optimismus, der jenseits des Atlantiks aufblühte, fernab von den düsteren Gedanken pessimistischer Intellektueller und auch fernab von Nietzsches Umwertung der Werte, die sich gegen den aufziehenden Nihilismus richtete, wurden Werte zu einem Schlüsselbegriff der amerikanischen Soziologie, die nach 1945 in vielen Ländern des gebeutelten Europa Fuß faßte.[17] Vor dem Hintergrund dieser Wege und Umwege der Reden von Werten nimmt es nicht Wunder, wenn der Soziologe Hans Joas in seiner ersten religionssoziologischen Schrift *Die Entstehung der Werte* die Auseinandersetzung mit Nietzsches Kritik am Judentum und Christentum an den Anfang stellt.[18] Aber nicht nur dies. Es wird zu zeigen sein, wie sich ausgehend von Wilhelm Windelband um 1900 eine Sakralisierung der Werte abzeichnet, die die Spur der *Rationalreligion* wieder aufnimmt.

DECKNAMEN UND DISKURSWERVERFUNGEN IM RELIGIÖSEN FELD. Die Reden von Weltanschauung und von Werten sind heute schwer entzifferbare Decknamen für die religiöse Differenzierung geworden. Geht man auf die Erfahrungsräume, in

16 Zu „Wertbeziehung", „Wertideen" und „Wertinteressen" siehe Peter-Ulrich Merz, *Max Weber und Heinrich Rickert. Die erkenntniskritischen Grundlagen der verstehenden Soziologie*, Würzburg 1990, S. 281ff. Eine Weiterentwicklung hin zu einer Soziologie der Rechtfertigung, für die Werte in Anspruch genommen werden, findet sich bei: Luc Boltanski u. Laurent Thévenot, *Über die Rechtfertigung. Eine Soziologie der kritischen Urteilskraft*, Hamburg 2007. Zu Praktiken der Wertzuschreibung, der Wertabwägung und der Soziologie der Emotionen siehe: Anne K. Krüger u. Martin Reinhart, „Wert, Werte und (Be)Wertungen. Eine erste begriffs- und prozesstheoretische Sondierung der aktuellen Soziologie der Bewertung", in: *Berlin Journal für Soziologie* 26/2016, S. 485-500.

17 Daß es bis heute zum periodischen Überdruß an Werte-Debatten kommen kann, zeigen die Schriften: Carl Schmitt, *Die Tyrannei der Werte* [1960], 3., korrigierte Aufl., Berlin 2011. Eine Reprise stammt von: Eberhard Straub, *Zur Tyrannei der Werte*, Stuttgart 2010. Zum „inflationärem Wertgerede" siehe: Andreas Urs Sommer, *Werte. Warum man sie braucht, obwohl es sie nicht gibt*, Stuttgart/Weimar 2016.

18 Hans Joas, *Die Entstehung der Werte*, Frankfurt a.M. 1997, S. 37-58. Auch in der praktischen Philosophie ist die wertphilosophische Linie von Lotze zu Royce, zu Mead und Dewey und weiter zu John Rawls' grundsätzlicher Kritik am Utilitarismus in eine breite Debatte gemündet. Zur Bedeutung von Royce Konzept der Person für Rawls siehe Eric Thomas Weber, *Rawls, Dewey, and Constructivism: On the Epistemology of Justice*, London: Bloomsbury Publishing, 2010, S. 80 u. 118. Weiterführend ist: Michael G. Festl, *Gerechtigkeit als historischer Experimentalismus. Gerechtigkeitstheorie nach der pragmatischen Wende der Erkenntnistheorie*, Konstanz 2015. Werner Stegmeier hat die wertphilosophische Thematik in eine weit aufgefächerte Philosophie der Orientierung, die an anthropologische Sachverhalte anknüpft, transformiert und darein auch zentrale religionsphilosophische Einsichten eingefügt. Vgl. Werner Stegmaier, *Philosophie der Orientierung*, Berlin 2008, siehe zur Wertphilosophie S. 569ff., zur Religion S.63ff. u. S. 528ff., zur Metaphysik S. 645ff.

denen die Debatte um Werte eine große Intensität aufweist, so wird man auf sozialwissenschaftliche Untersuchungen stoßen, die in den 1970er Jahren einen Wertewandel diagnostiziert haben. Ronald Inglehart eröffnete eine Dauerdebatte, ob sich der Wandel von ‚materialistischen' Werten wie polizeilicher Sicherheit, ökonomischer Stabilität und gesellschaftlicher Ordnung hin zu ‚postmaterialistischen' Werten wie Selbstverwirklichung, Kreativität, Gemeinschaftserleben, Mitsprache und Freiheit als nachhaltig erweisen würde.[19] Den Untersuchungen lag die bekannte Bedürfnispyramide des Psychologen Abraham Maslow zugrunde, bei der aufsteigend von Grund- oder Existenzbedürfnissen über Bedürfnisse nach Sicherheit, sozialem Austausch, Anerkennung und Wertschätzung schließlich Selbstverwirklichung an die Spitze der Pyramide gesetzt worden war.[20] Zur gleichen Zeit entwickelte sich eine durch die Kirchen angestoßene Wertedebatte, in der nicht der Wert der Selbstverwirklichung, sondern „gesellschaftliche Grundwerte" ins Zentrum gesetzt wurden.[21] Es waren Besorgnisse über die Wirkungen der sexuellen Revolution und die hedonistischen Orientierungen der Jahre der Revolte, die mit dem Wert der Selbstverwirklichung verbunden waren. In der ökumenischen Erklärung „Grundwerte und Gottes Gebot" notierten die Vertreter der evangelischen und katholischen Kirche dann eine Reihe „ethischer Selbstverständlichkeiten" wie die Personwürde, Bedeutung des Gewissens, Gerechtigkeit, Gleichrangigkeit von Mann und Frau.[22]

---

19 Ronald Inglehart, *The Silent Revolution. Changing Values and Political Styles among Western Publics*, Princeton 1977; ders. u. Michael Minkenberg, „Die Transformation religiöser Werte in entwickelten Industriegesellschaften", in: *Jahrbuch für Europa- und Nordamerika-Studien* 2/2000, S. 125-138; Helmut Klages, „Werte und Wertewandel", in: *Handwörterbuch zur Gesellschaft Deutschlands*, hg. v. Bernhard Schäfers u. Wolfgang Zapf, Opladen ^{2}2001, S. 726–738; Heiner Meulemann, *Werte und Wertewandel*, Weinheim 1996; Michael Opielka, *Kultur versus Religion? Soziologische Analysen zu modernen Wertkonflikten*, Bielefeld 2007; *Gab es den Wertewandel? Neue Forschungen zum gesellschaftlich-kulturellen Wandel seit den 1960er Jahren*, hg. v. Bernhard Dietz / Andreas Rödder u. Christopher Neumaier, München 2014.

20 Abraham Maslow war regelmäßiger Teilnehmer an den Seminaren und Kongressen, die im 1962 gegründeten Esalen-Institut stattfanden. Einsam an der pazifischen Küste Californiens am Fuß des Santa-Lucia-Gebirges gelegen, wurde das Esalen-Institut in Big Sur zur Brutstätte von neuen Ideen einer spirituellen Erneuerung, die über die Protestbewegungen der *Sixties* hinausreichten. Vgl. *On The Edge Of The Future. Esalen And The Evolution Of American Culture*, hg. v. Jeffrey Kripal u. Glenn W. Shuck, Indiana: UP, 2005.

21 Die Deutsche Bischofskonferenz, *Gesellschaftliche Grundwerte und menschliches Glück. 7. Mai 1976*, hg. v. Sekretariat der Deutschen Bischofskonferenz, Bonn 1976.

22 *Grundwerte und Gottes Gebot. Gemeinsame Erklärung des Rates der Evangelischen Kirche in Deutschland und der Deutschen Bischofskonferenz der evangelischen und katholischen Kirche*, hg. v. der Kirchenkanzlei der Evangelischen Kirche in Deutschland und der Deutschen Bischofskonferenz, Gütersloh 1979. Instruktiv zum religionswissenschaftlichen Vergleich sind die Beiträge in: *Grundwerte menschlichen Verhaltens in den Religionen*, hg. v. Horst Bürkle, Frankfurt a.M. u. a. 1993.

Die Grundwertedebatte lief schließlich auf eine Wertesammlung zu, die sich an den Grundrechten des Grundgesetzes orientierte. Dazu zählten die allgemeinen Rechtsgüter und Institutionen wie Leben, Ehe und Familie und ethisch unabdingbare Prinzipien gesellschaftlicher und politischer Ordnungsgestaltung wie das Demokratie-, Rechtsstaats-, Sozialstaats-, Gemeinwohl-, und Subsidiaritätsprinzip. Was stattfand, war eine Verwandlung von Rechtsgütern in Grundwerte. Die Differenz von Recht und Moral wurde dabei bisweilen übergangen, wenn sittliche Haltungen wie Dialogfähigkeit oder irgendwelche Tugenden in den Kreis der Grundwerte einbezogen wurden.

Bezieht man die hier nur grob skizzierte Grundwertedebatte auf die Heuristik des Modells der *theologia tripertita*, so fällt sie in den Bereich zivilreligiöser Auffassungen, die in der Varronischen Linie der *theologia civilis* Formen und Kulte betreffen, die auf einer Sakralisierung der Rechtsordnungen und Bürgertugenden beruhen.[23] Dies gilt auch für die Debatte um ‚Westliche Werte', deren Diskurs Rüdiger Bubner treffend charakterisiert hat: „Fragt man genauer, was das *westliche Wertesystem* beinhaltet, so folgen gute Worte über Liberalität, aber keineswegs den ökonomischen Manchester-Liberalismus; über individuelle Freiheit, aber keineswegs ohne soziale Bindung; über Toleranz, aber ohne existentielle Ernsthaftigkeit der europäischen Glaubenskriege, aus der sie hervorging. Im Zentrum stehen immer die Menschen- und Bürgerrechte, die den Status der Heiligkeit wie ein kirchliches Dogma von ehedem erreicht haben."[24] Diese Rechtsgüter seien in einem langfristigen Prozeß aus der Säkularisierung des Christentums, genauer des Glaubens an den gütigen und allmächtigen Schöpfergott, hervorgegangen: „Denn der Schöpfergott liebt alle seine Geschöpfe gleichermaßen", und dies begründet menschliche Freiheit. Bubner verweist hier auf den Kernbereich von *Rationalreligion*, den wir im *Ersten Band* der Religionssoziologie untersucht haben.[25]

Mit der Ausbreitung des *wissenschaftsreligiösen* Atheismus und der Ausbildung eines Religionsmarktes hat sich jedoch die Lage für *rationalreligiöse* Fundierungen der „westlichen Werte" verändert. Bubner argumentiert: „Wenn wir die Schöpfungsprämisse im Zuge der Säkularisierung durchstreichen, bleiben vorderhand ohne metaphysische Transzendenzbegründung die untereinander gleichen Subjekte zurück, die in Rechtssystemen auf der Basis des fiktiven Gesellschaftsvertrags wechselseitige Anerkennung leisten. Reziproke Anerkennung substituiert Gottesliebe in einer Welt ohne Gott. Dagegen ist nichts einzuwenden. Man muß nur wissen, wo man steht, um zu begreifen, was man tut, nachdem Generationen von Vorgängern den Weg bereitet haben. Es gibt für dieses spezifisch westliche Wertesystem vermutlich keine Analogien aus irgendeiner ethnologischen Fernbeobachtung. Und wenn, dann darf man optische Täuschung vermuten. D.h. man neigt

23 Siehe im *Ersten Band* S. 402ff. und 529ff.

24 Rüdiger Bubner, „Das religiöse Fundament des Politischen", in: *Vernunft oder Macht? Zum Verhältnis von Philosophie und Politik*, hg. v. Otfried Höffe, Tübingen 2006, S. 183-192, hier S.187f.

25 Im *Ersten Band* S. 156ff.

dazu, in eigenen Mustern Fremde wahrzunehmen."[26] Die Debatte über Werte erweist sich so ihrer Struktur nach als eine Erbschaft nicht unbedingt des Christentums in allen seinen Dimensionen. Denn die Lehren von der Beleidigung der Gottheit durch Sünden, von Gottes Zorneseifer und strafende Gerechtigkeit bis in die Ewigkeit sowie von der ursprünglichen Verderbtheit menschlicher Natur sind nicht in die Wertedebatte eingegangen.[27] Wohl aber haben Werte die Erbschaft der *Rationalreligion* angetreten.

Anders stellt sich die Diskurslage für die Rede von Weltanschauung dar. Dieser Deckname für religiöse Differenzierung kommt auf zweierlei Weise zum Einsatz. Zum einen findet sich eine Verwendungsweise, bei der Weltanschauung zusammen mit Religion *gegen* Philosophie und Wissenschaft abgesetzt wird.[28] Entsprechend sind im Artikel 137 der Weimarer Verfassung von 1919 Religionsgemeinschaften „Vereinigungen gleichgestellt, die sich die gemeinschaftliche Pflege einer Weltanschauung zur Aufgabe machen."[29] Das deutsche Rechtssystem unterscheidet zwischen „religiösen" und „weltanschaulichen" Bekenntnissen, zwischen Kirchen, Religionsgemeinschaften und „Weltanschauungsgemeinschaften", stellt sie aber rechtlich

---

26 Ebd. Zum Abschluß seiner Analyse der Positionen zu „westlichen Werten" filtert Wolfgang M. Schröder zwei wiederkehrende Leitfragen heraus: „Bedingt das *ensemble* ‚westlicher Werte' nur *eine kontingente Zivilisationsform* unter mehreren solchen (...). Oder definiert es letztlich *Zivilisation* im Singular (...), so daß es, nach Vernunftbegriffen geurteilt, den *normativen Kern aller Zivilisationsformen* angeben kann?" Diese Frage rührt an den *rationalreligiösen* Sockel Europas. Die zweite Frage bezieht sich auf den „Beitrag ‚westlicher Werte' zur Sicherung der Vitalitäts- und Wettbewerbsfähigkeit westlicher Kulturen", d.h. auf die Weltmarktkonkurrenz der Werte. Wolfgang M. Schröder, „Was sind westliche Werte heute? Ansichten eines Diskurses", in: *Philosophische Rundschau* 54(2)/2007, S. 97-122, hier S.121.

27 Vgl. die Streichungsliste, die der *rationalreligiöse* Aufklärer Karl Spazier, zeitweise Lehrer am Dessauer Philanthropin, 1788 vorlegt hat. Karl Spazier, *Freimütige Gedanken über die Gottesverehrungen der Protestanten*, zit. n. Werner Krauss, „Einleitung", in: Karl Spazier, *Antiphädon. Oder Prüfung einiger Hauptbeweise für die Einfachheit und Unsterblichkeit der menschlichen Seele, in Briefen* [1785], hg. u. eingeleitet v. Werner Krauss, Berlin (Ost) 1961, S. 13.

28 Cassirers Lösung lautet: „Weltanschauung ist das Ethos der Philosophie". Zit. n. John Michael Krois, „Ernst Cassirer und der Wiener Kreis", in: *Elemente moderner Wissenschaftstheorie. Zur Interaktion von Philosophie, Geschichte und Theorie der Wissenschaften*, hg. v. Friedrich Stadler, Wien/New York 2000, S. 105-121, hier S. 105.

29 Verfassung des Deutschen Reiches vom 01.08.1919, Artikel 137, siehe auch die Artikel 146 und 147. Im Kommentar von Gerhard Anschütz wird unter Weltanschauung „jede Lehre, welche das Weltganze universell zu begreifen und die Stellung des Menschen in der Welt zu erkennen und zu bewerten sucht", verstanden. Gerhard Anschütz, *Die Verfassung des Deutschen Reichs vom 11.8.1919* [1921], Nachdruck der 14. Aufl. von 1933, Darmstadt 1960, S. 649. Vgl. Hartmut Kreß, „Die Weimarer Reichsverfassung von 1919 und das Prinzip der Gleichbehandlung von Religions- und Weltanschauungsgemein-schaften heute. Statement am 12.09.2009 in Berlin auf der Veranstaltung der Humanistischen Akademie Deutschland zum Thema ‚Konfessionsfreie und deutsches Verfassungsrecht. 90 Jahre Weimarer Reichsverfassung'", 2009, online: https://www.sozialethik.uni-bonn.de/kress/vortraege/kress_weltan schauungsfreiheit_art.137-7_wrv_12.09.09.pdf (Letzter Zugriff: 20.04.2016).

gleich[30]. Diese Begrifflichkeit schließt an die zweite Konfessionalisierung und die Kulturkämpfe des 19. Jahrhunderts an.[31] Philosophie und Wissenschaft werden hier von dem, was sich auf dem Weltanschauungs- und Religionsmarkt tut, abgesetzt. Die Freiheit von Wissenschaft und Kunst wird als ein eigenes Grundrecht im Rechtsgüterkatalog aufgeführt. In der Philosophie war es insbesondere Edmund Husserl, der gegen „Weltanschauungsphilosophie" für die Möglichkeit einer Verwissenschaftlichung der Philosophie jenseits naturalistischer Wissenschaft eintrat.[32]

Neben dieser Diskursordnung findet man eine anders zugeschnittene. Hier wird positivistische Wissenschaft *gegen* Weltanschauung als einem Ensemble von Philosophie und Religion abgegrenzt: „Das Ersetzen der Philosophie und Religion durch Weltanschauung erfolgt im Zustand der Absolutsetzung der positiven Wissenschaften."[33] Akzentuiert diese Redeweise die Konkurrenz, die Positivismus und naturwissenschaftlicher Materialismus gegen „Spekulation" und Glauben eröffnet haben, so anerkennt die erste Redeweise Weltanschauung als ein Phänomen, das mit Religion nicht aber mit Philosophie und Wissenschaft auf gleichem Niveau liegt. In diesen Diskursverwerfungen zeigt sich ein Prozeß, den Friedrich Tenbruck als „Doppelung von Versachlichung und Bedeutungsüberformung" charakterisiert hat, „die einerseits auf die Zurückdrängung der überlieferten Religion und gleichzeitig auf das Luxurieren von Quasireligionen hinausläuft."[34] Mit letzteren sind die Religionen gemeint, die die wir dem Typus *Wissenschaftsreligion* zuordnen.[35]

---

30 Vgl das Grundgesetz der Bundesrepublik Deutschland Artikel 4 (1) und Artikel 33 (3). Die mit Bezug auf das Grundgesetz erforderliche juristische Abgrenzung von Religion, Glaube und Weltanschauung liegt im Argen. Vgl. dazu grundlegend Martin Borowski, *Die Glaubens- und Gewissensfreiheit des Grundgesetzes*, Tübingen 2006, S. 388ff. Weltanschauung als Rechtsbegriff ist für Frieder Otto Wolf, Mitglied im *Humanistischen Verband Deutschland* (HVD) und anderen säkularen Organisationen, „nicht unbedingt ein Unglück"; aber er möchte dies „nicht im Sinne eines ‚möglichst vollständigen' Weltbildes verstanden" wissen. In Absetzung von *wissenschaftsreligiösen* Weltanschauungen ist „Humanismus" für ihn eine „Rahmenauffassung" für einen „vielseitigen Gesprächsprozeß". Frieder Otto Wolf, *Humanismus für das 21. Jahrhundert*, 2., durchges. Aufl., Berlin 2014, S. 75f u. 78. Von protestantischer Seite ist 1960 eine „Evangelische Zentralstelle für Weltanschauungsfragen" eingerichtet worden. Vgl. Matthias Pöhlmann / Hans-Jürgen Ruppert / Reinhard Hempelmann, *Die EZW im Zug der Zeit. Beiträge zu Geschichte und Auftrag evangelischer Weltanschauungsarbeit* (= EZW-Texte, Nr. 154), Berlin 2000.

31 In diesem Band S. 467ff.

32 Edmund Husserl, *Philosophie als strenge Wissenschaft* [1911], Frankfurt a.M. 1981.

33 Meier 1970, S. 228.

34 Friedrich H. Tenbruck, „Wissenschaft und Religion", in: *Religion im Umbruch Soziologische Beiträge zur Situation von Religion und Kirche in der gegenwärtigen Gesellschaft*, hg. v. Jakobus Wössner, Stuttgart 1972, S. 217-244, hier S. 237.

35 Tenbruck hat später den „Kampf um die Weltanschauung" im 19. Jahrhundert mit dem „Kampf der Religionen" in der Antike verglichen: „Denn so wie diese einst durch die Kraft ihrer universalen Erlösungsbotschaften Menschen aus den bisherigen Ordnungen der Sippen- und Stammesreligionen herausgezogen und, sie zu eigenen Gemeinden zusammenfassend, damit neue soziale Gemeinschaften und Bewegungen, ja meist auch neue Staaten und Reiche ins Leben gerufen hatten, so zog nun die Botschaft universaler säkularer Weltbilder

Mit der Heraufkunft der *Wissenschaftsreligion* und der Konjunktur der Rede von Weltanschauungen, die wie die älteren Religionen wahrgenommen werden, ist die religionssoziologische Zentralfrage verbunden, welche Erscheinungen unter Religion begriffen werden sollen und welche nicht. Ausgangspunkt der Kontroverse um einen „substantiellen" oder einen „funktionalen" Religionsbegriff, die in den 1960er Jahren zwischen Peter Berger und Thomas Luckmann aufbrach, war gerade die Frage, inwieweit die sich an der Naturforschung orientierende Wissenschaft als Weltanschauung mit Religionen gleichgestellt werden sollte. Thomas Luckmann vertrat die Gleichstellung im Rahmen eines funktionalistischen Religionsbegriffs. Peter Berger beharrte auf einem substantialistischen Religionsbegriff, bei dem die Eigenheit des Religiösen, d.h. ihr Inhalt als Glaube an Gott, übernatürliche Wesen oder jenseitige Welten, als Kriterium den Ausschlag geben sollte.[36]

Niklas Luhmann hat die Diskursverwerfungen, die mit derartigen Religionsdefinitionen verbunden sind, treffend beobachtet: „Sobald jemand meint sagen zu können, was Religion ist und wie man Religiöses von Nichtreligiösem unterscheiden kann, kann im nächsten Augenblick jemand kommen und dieses Kriterium (etwa den Bezug auf den existierenden Gott) negieren *und genau dafür religiöse Qualität in Anspruch nehmen.* Denn was sonst soll es sein wenn nicht Religion, wenn jemand das negiert, was jemand für Religion hält?" [37] In unsrer Religionssoziologie gehen wir mit dem Kampf um das Wort Religion gelassener um als diejenigen, die es für einen bestimmten Glauben reservieren wollten. Religion gilt uns als ein provisorischer analytischer Begriff für starke Überzeugungen und letzte Instanzen. Der Glaube an die Geltung höchster Werte und an umfassende Weltanschauungen, der immer wieder unter Religionsverdacht gerät, sich aber nicht als Religion bezeichnen lassen will, fällt für uns in das Gebiet der Religion. Es handelt

die Menschen aus ihren bisherigen Ordnungen heraus und faßte sie neu in Gruppen, Vereinen, Parteien und Verbänden zusammen, denen stets die Tendenz innewohnen mußte, als missionarische Bewegung die eigene Weltanschauung zur allgemeinen Annahme und somit zur weltlichen Autorität werden zu lassen, so daß nun auch sonstige gesellschaftliche Gruppen eine weltanschauliche Stellung beziehen mußten." Friedrich H. Tenbruck, *Die unbewältigten Sozialwissenschaften oder Die Abschaffung des Menschen,* Graz u.a. 1984, S. 67.

36 Vgl. Luckmann 1991, S. 136-145; Peter L. Berger, *Zur Dialektik von Religion und Gesellschaft. Elemente einer soziologischen Theorie,* Frankfurt a.M. 1973; ders., „Some Second Thoughts on Substantive versus Functional Definitions of Religion", in: *Journal of the Scientific Study of Religion* 13/1974, S. 125-133. Die Kontroverse ist dargestellt bei Günter Kehrer, *Einführung in die Religionssoziologie,* Darmstadt 1988, S. 19f.; Hubert Knoblauch, *Religionssoziologie,* Berlin 1999, S. 114f.

37 Niklas Luhmann, *Die Religion der Gesellschaft,* Frankfurt a.M. 2000, S. 14. Erinnert sei in diesem Zusammenhang an den Würzburger Prälaten Engelbert Lorenz Fischer, der statt von Weltanschauung die neuen Religionen seiner Zeit auch Religionen nennt. Er behandelt kapitelweise: die „Religion des Positivismus" (August Comte), die „Religion des Materialismus" (David Friedrich Strauss), die „Religion des Panmonotheismus" (Eduard von Hartmann), die „Religion des Eticismus" (Moritz von Egidy). Vgl. Engelbert Lorenz Fischer, *Die modernen Ersatzversuche für das aufgegebene Christentum. Ein Beitrag zur Religionsphilosophie und Apologetik,* Regensburg 1903.

sich um *Weltanschauungsreligionen,* ein Wortungetüm, daß wir ungern benutzen, obwohl es sachlich angemessen wäre. Man könnte vielleicht mit Karl Jaspers von Arten des „philosophischen Glaubens“ sprechen.[38] Insofern folgen wir nicht dem traditionellen substantiellen Religionsbegriff, der allzusehr am Format von Christentum und approbierten Weltreligionen orientiert ist. Da wir das, was sich in diesem Gebiet ereignet, auf sehr verschiedene dominierende Zeiterfahrungen beziehen, können wir allerdings auch mit einem funktionalistischen Religionsbegriff, der eine Homogenität und Konstanz religiöser Bedürfnisse voraussetzt, wenig anfangen.

Es war die Entfesselung der Marktwirtschaft in der zweiten Hälfte des 19. Jahrhunderts, in der diese terminologischen Problemlagen mit dem Auftreten der *Wissenschaftsreligion* erstmalig zu Tage traten. Auf dem Religionsmarkt tummelten sich dann viele Selbstanbieter religiöser Qualitäten und warben damit, das bessere Produkt anbieten zu können. Zu den Religionstypen, die wir in dieser Religionssoziologie entwickelt haben, kommt nun ein breites Sortiment hinzu. Dazu gehört: Philosophie als Weltanschauung, zusammen mit einer korrespondierenden kritischen Weltanschauungsanalyse, Bestimmungen der Höchstwerte mit korrespondierenden Psychologien der Wertempfindungen und der Einstellungen zur Welt, Bemühungen um eine Ordnung der Werte und eine korrespondierende Soziologie geistiger Tatsachen, die den Anspruch erhebt, die Marktlage genau beobachten zu können.

WELTANSCHAUUNG ALS WESENTLICHE QUALITÄT DES PHILOSOPHISCHEN. Wenn man verstehen will, wie Weltanschauung und Werte zu Decknamen für die religiöse Vielfalt geworden sind, so gilt es insbesondere die veränderte Stellung von Philosophie in den Blick zu nehmen. Ihre Lage wird mit der Modernisierungserfahrung der Marktgesellschaft als einer Erfahrung gesellschaftlicher Nichtgesellschaft, die die Individuen nicht nur von den Märkten für Güter, Geld und Arbeit abhängig macht, sondern gerade auch von einem Markt der Angebote für Glaubensrichtungen, problematisch. Die Philosophen dieser Zeit haben noch keinen Weg gefunden, sich wie Martin Heidegger vom Wertediskurs zu distanzieren und einen Begriff von Philosophie zu entwerfen, der sowohl gegen Wissenschaft als auch gegen Weltanschauung abgegrenzt ist.[39]

Daß Philosophen dazu kamen, Wertphilosophie und Weltanschauung auf dem Religionsmarkt anzubieten, war für sie eine neue Situation. Über Jahrhunderte hinweg hatten diejenigen, die Platon, Aristoteles und andere antike Autoren lasen, zugleich auch Augustinus und die anderen Kirchenväter gelesen. Lange Zeit gab es ein mal konfliktreiches, mal symbiotisches Seite-an-Seite von Theologie und Philosophie. Die *Rationalreligion* hatte eine wohltuende Zähmung der *Bekenntnisreligion* bewirkt und Übergänge zwischen Philosophie und Protestantismus ermöglicht.

38 Karl Jaspers, *Der philosophische Glaube,* München 1974.

39 Vgl. die Anlage von Martin Heidegger, „Einleitung in die Philosophie. Freiburger Vorlesung Wintersemester 1928/29“, in: Ders., *Gesamtausgabe*, Bd. 27, Frankfurt a.M. 1996.

Die enthusiastischen Religionen der Revolutionszeit bezogen ihre Spannkraft auch aus der Fusion von Theologischem und Philosophischem. Im Folgenden gehen wir zunächst der Frage nach, wie die Rede von Weltanschauung als der wesentlichen Qualität des Philosophischen diese Vermittlungen verlassen hat.

Ein Jahr nach Ausbruch der Französischen Revolution prägt Immanuel Kant das neue Wort Weltanschauung in seiner *Kritik der Urteilskraft*. Bei der Erörterung des Mathematisch-Erhabenen fragt Kant nach einer Fähigkeit, für die fortschreitend wachsende Zahlenreihe ins Unendliche eine Anschauung zu gewinnen, die das Ganze eines Zahlenstrahls erfaßt. Um solch Unendliches denken zu können, „dazu wird ein Vermögen, das selbst übersinnlich ist, im menschlichen Gemüte erfordert. Denn nur durch dieses und dessen Idee eines Noumenons, welches selbst keine Anschauung verstattet, aber doch der Weltanschauung, als bloße Erscheinung, zum Substrat unterlegt wird, wird das unendliche der Sinnenwelt, in der reinen intellektuellen Größenschätzung, *unter* einem Begriffe *ganz* zusammengefaßt, obzwar es in der mathematischen *durch Zahlenbegriffe* nie ganz gedacht werden kann."[40] Das Wort Weltanschauung kommt bei Kant nur dies eine Mal vor, aber die Frage, wie das Unendliche der Sinnenwelt mit einem übersinnlichen Vermögen des Gemüts zusammenhängt, traf exakt die Erfahrungslage des revolutionären Enthusiasmus, der Fusionen des Göttlichen und Irdischen. Der Terminus wird in den folgenden Jahren mehr und mehr aufgegriffen und mit zusätzlichen Bedeutungen versehen.

Johann Gottlieb Fichte denkt zuerst daran, nur Gott das Vermögen zuzubilligen, die Einheit von Naturkausalität und Moralgesetz in der Welt anschauen zu können, um es dann dem Ich als Bremse beizugeben, wobei ein umkehrbares Wechselverhältnis entsteht: „Die freie Tätigkeit soll durch die Tätigkeit in der Weltanschauung begrenzt sein, d.h. die Tätigkeit in der Weltanschauung ist selbst jene freie Tätigkeit im Zustande der Gebundenheit; und umgekehrt, die freie Tätigkeit ist die in der Weltanschauung beschäftigte, wenn die Gebundenheit wegfällt"[41]. Eine enthusiastische Fusion des Unendlichen und Endlichen findet sich auch in einem Fragment von Novalis: „Die Welt ist, wie Objekt überhaupt Resultat eines unendlichen Einverständnisses, und unsere eigne innere Pluralität ist der Grund der Weltanschauung."[42] In Schleiermachers Reden *Über die Religion* erfolgt die Neubestimmung von Religion gerade mit Hilfe des Weltanschauungsbegriffs als „Sinn und Geschmack fürs Unendliche". Das „Anschauen des Universums (...) ist die allgemeinste und höchste Formel der Religion, woraus Ihr jeden Ort in derselben finden könnt, woraus sich ihr Wesen und ihre Grenzen aufs ge-

40 Immanuel Kant, „Kritik der Urteilskraft", in: Ders., *Werke* (Theorie-Werkausgabe), Bd. 10, hg. v. Wilhelm Weischedel, Wiesbaden/Frankfurt a.M. 1957, S. 341.

41 Johann Gottlieb Fichte, „Grundlage des Naturrechts nach Prinzipien der Wissenschaftslehre", in: *Johann Gottlieb Fichtes sämtliche Werke*, Bd. 3, Abt. 2, A: *Zur Rechts- und Sittenlehre*, 1. Bd., hg. v. Immanuel Hermann von Fichte, Leipzig 1924, S. 1-385, hier S. 19.

42 Novalis, „Aufzeichnungen aus dem Sommer und Herbst 1800", in Ders, *Schriften*, Bd. 3: *Das philosophische Werk II*, hg. v. Paul Kluckhorn u. Richard Samuel, Darmstadt 1968, S. 654-691, hier S. 662.

naueste bestimmen lassen".[43] Im enthusiastischen Begriff der Weltanschauung sind Irdisches und Göttliches, Endliches und Unendliches ineins gesetzt.

Bevor wir den Stabilisierungen dieser Fusion in *Kunstreligion* und *Nationalreligion* als Weltanschauungen nachgehen, ist daran zu erinnern, daß Weltanschauung in der Revolutionserfahrung an die älteren Begriffe von Weltbild als *orbis pictus* und der sichtbaren Welt als *mundus visibilis* anschließt. Dabei changieren die Bedeutungen. Wo Weltanschauung als Ansicht der Welt, die zu einem Weltbild führt, Verwendung findet, tritt der sichtbare Objektcharakter in den Vordergrund. In dieser Linie von Weltbeschreibung und Weltansicht liegt Alexander von Humboldts Kosmos-Theorie, die er eine „durch wissenschaftliche Erfahrung begründete Weltanschauung" nennt.[44] Dabei ergeben die Fortschritte der Naturforschung eine „Geschichte der Weltanschauung".[45] Auf der anderen Seite kann Weltanschauung als subjektives Vermögen profiliert werden, das in der Persönlichkeit des Einzelnen gründet. So schätzt Johann Wolfgang von Goethe zwar nicht die Systematiken Basedows, aber er anerkennt, „was in seinem Vorhaben zur Beförderung der Tätigkeit und einer frischeren Weltanschauung lag".[46] Die Ambivalenz zwischen einer Weltanschauung, die in die Weite und aufs Ganze geht und die zugleich das hoch individualisierte auf den Einzelnen beschränkte innere Erfassen seiner Welt bezeichnen soll, wird die Karriere des Terminus begleiten.[47]

Bei Hegel ist diese Ambivalenz nach zwei Seiten hin ausgearbeitet. Die Rede von Weltanschauung führt zum einen in den Bereich der den Einzelnen ergreifenden Kunst, zum anderen in den Bereich der Vorstellungsweisen von Kollektiven. Eine Begründung der Wahrheit der ästhetischen Erfahrung findet sich Hans-Georg Gadamer zufolge insbesondere in Hegels Vorlesungen zur Ästhetik: „Hier ist auf eine großartige Weise der Wahrheitsgehalt, der in aller Erfahrung von Kunst liegt, zur Anerkennung gebracht und zugleich mit dem geschichtlichen Bewußtsein vermit-

43 Friedrich Schleiermacher, *Über die Religion. Reden an die Gebildeten unter ihren Verächtern* [1799], hg. v. Rudolf Otto, Göttingen [8]2002, S. 51f. Im *Ersten Band* S. 432f.

44 Alexander von Humboldt, *Kosmos. Entwurf einer physischen Weltbeschreibung*, Bd. 1, Stuttgart/Tübingen 1845, S. 38.

45 Ebd., S. 49. In diesem Sinne kann dann auch vom neuzeitlichen Weltbild des Kopernikus gesprochen werden. Heute sind Weltbilder als Weltansichten durch Satellitenaufnahmen aus dem Weltraum verfügbar. Vgl. dazu Stefan Kaufmann, *Soziologie der Landschaft* (= Stadt, Raum und Gesellschaft, Bd. 22), Wiesbaden 2005, S. 326. Anschaulichkeit gehört zu den wiederkehrenden Forderungen in den Bestrebungen zur Popularisierung von Wissenschaft; Angela Schwarz, *Der Schlüssel zur modernen Welt. Wissenschaftspopularisierung in Großbritannien und Deutschland im Übergang zur Moderne (ca. 1870-1914)*, Stuttgart 1999, S. 205; *Popularisierung der Naturwissenschaften*, hg. v. Gudrun Wolfschmidt, Berlin 2002.

46 Johann Wolfgang von Goethe, „Dichtung und Wahrheit", in: Ders., *Werke. Hamburger Ausgabe in 14 Bänden*, Bd. 10: *Autobiographische Schriften 2*, hg. v. Erich Trunz, Hamburg [3]1963, S. 25.

47 So die Beobachtungen von Albert Gombert, „Bücherschau. Über Richard M. Meyers Vierhundert Schlagworte (Fortsetzung)", in: *Zeitschrift für deutsche Wortforschung* 2/1902, S. 256-276, hier S. 259.

telt. Die Ästhetik wird damit zu einer Geschichte der Weltanschauungen, d.h. zu einer Geschichte der Wahrheit, wie sie im Spiegel der Kunst sichtbar wird."[48] Der vormärzliche Literaturstreit zwischen Friedrich Hebbel und Julian Schmidt, ob das Drama eine Weltanschauung geben solle oder nicht, steht ebenso im Horizont der Hegelschen Ästhetik, wie Karl F. E. Trahndorffs Versuch einer *Ästhetik oder Lehre von der Weltanschauung und Kunst.*[49]

Neben der *kunstreligiösen* Auffassung einer im Kunstwerk geoffenbarten individuell zu rezipierenden wahren Weltanschauung steht bei Hegel die Verwendung des Begriffs Weltanschauung für Kollektive. Hegel spricht hier oft von Weltanschauungen im Plural. Von symbolischen Gestaltungen heißt es, daß sie ursprünglich „aus der religiösen Weltanschauung ganzer Völker hervorgehen".[50] Hegel zufolge muß man sich an die ursprünglichen Epopöen halten, „wenn man die ursprüngliche Weltanschauung der Völker, diese große geistige Naturgeschichte, genießen und studieren will."[51] In diesem Sinne kann Hegel von der „jüdischen Weltanschauung" oder der „orientalischen Weltanschauung" sprechen. Jedes Kollektiv hat eine Weltanschauung, die mit den treibenden Kräften des Volksgeistes in Beziehung steht. Daß diese kollektive Seite des Weltanschauungsbegriffs bei Gadamer abgeblendet ist und nur formal als Zusammenhang von Sprache und Weltanschauung auftaucht, erklärt sich aus den deutschen Erfahrungen mit der Vereinnahmung *nationalreligiöser* Traditionen durch die Nationalsozialisten, deren Propaganda so sehr auf die „nationalsozialistische Weltanschauung" gerichtet war, daß nach 1945 auch der Terminus Weltanschauung vorerst verbrannt war.[52]

Die *kunstreligiösen* und *nationalreligiösen* Enthusiasmen, die den Begriff der Weltanschauung zu größtmöglichen Dehnungen getrieben haben, werden im Ausgang der Revolutionsperiode einer entschiedenen Kritik der Illusionen unterzogen.[53] In der Perspektive der Marxschen Religionskritik sind Weltanschauungen

48 Hans-Georg Gadamer, *Wahrheit und Methode. Grundzüge einer philosophischen Hermeneutik*, 2. Aufl. durch einen Nachtrag erweitert, Tübingen 1965, S. 93.

49 Zum Hebbel-Schmidt-Streit vgl. Meier 1970, S. 153; Karl Friedrich Eusebius Trahndorff, *Ästhetik oder Lehre von der Weltanschauung und Kunst*, 2 Teile, Berlin 1827.

50 Georg Friedrich Wilhelm Hegel, „Vorlesungen über die Ästhetik I", in: Ders., *Werke in 20 Bänden* (Theorie-Werkausgabe), Bd. 13, hg. v. Eva Moldenhauer u. Karl Markus Michel, Frankfurt a.M. 1970a, S. 414.

51 Georg Friedrich Wilhelm Hegel, „Vorlesungen über die Ästhetik III", in: Ders., *Werke in 20 Bänden* (Theorie-Werkausgabe), Bd. 15, hg. v. Eva Moldenhauer u. Karl Markus Michel, Frankfurt a.M. 1970b, S. 372f.

52 Zum Zusammenhang von Sprache und Weltanschauung siehe Gadamer 1965, S. 419. „Weltanschauung war die braune Uniform für die Seele des Parteigenossen", heißt es bei Franz Dornseiff, „Weltanschauung. Kurzgefaßte Wortgeschichte", in: *Die Wandlung. Eine Monatsschrift*, 1(12)/1945-46, S. 1086-1088, hier S. 1087; siehe auch Viktor Klemperer, „Sonnige Weltanschauung", in: Ders., *LTI. Notizbuch eines Philologen*, Berlin [2]1949, S. 152-158. Weltanschauung gehört zu den Begriffen, die nach 1945 dekontaminiert werden mußten. Siehe den Artikel: Herbert Burgmüller, „Weltanschauung", in: Ders. (Hg.), *Zur Klärung der Begriffe. Beiträge zur Neuordnung der Werte*, München 1947, S. 11-19.

53 Im *Ersten Band* S.661 ff.

Ideologien, in denen sich die realen Verhältnisse der Individuen spiegeln: „Die Vorstellungen, die sich diese Individuen machen, sind Vorstellungen entweder über ihr Verhältnis zur Natur oder über ihr Verhältnis untereinander, oder über ihre eigene Beschaffenheit. Es ist einleuchtend, daß in allen diesen Fällen diese Vorstellungen der – wirkliche oder illusorische – bewußte Ausdruck ihrer wirklichen Verhältnisse und Betätigung, ihrer Produktion, ihres Verkehrs, ihrer gesellschaftlichen und politischen Organisation sind. Die entgegengesetzte Annahme ist nur dann möglich, wenn man außer dem Geist der wirklichen, materiell bedingten Individuen noch einen aparten Geist voraussetzt."[54] Die Fusionen des Irdischen und Göttlichen, die den enthusiastischen Weltanschauungsbegriff kennzeichnen, sind hier ebenso aufgelöst wie in Stirners Kritik des Heiligen, bei der jede Anschauung, die nicht mit der leibhaftigen Existenz des Einzelnen verknüpft ist, als Spuk und Sparren entlarvt wird.

Mit dem Auftritt des Positivismus als einer Religion des Relativen geraten die traditionellen Vorstellungen über das, was die Philosophie zu leisten vermag, in eine schwierige Lage. In dem Maße, in dem Intellektuelle den Wegweisern junghegelianischer Kritik folgen und über die Philosophie mit Marx urteilen: „man muß aus ihr herausspringen und sich als ein gewöhnlicher Mensch an das Studium der Wirklichkeit geben", – oder mit Stirner vom Denken urteilen: „ein Aufspringen schleudert den Alp der religiösen Welt von der Brust", stehen die Philosophen vor einer neuen Alternative.[55] Wenn sie nicht von der Philosophie zur Wissenschaft übergehen wollen, sind sie genötigt, sich für das Wozu der Philosophie etwas einfallen zu lassen. Denn Philosophie umgreift nach 1850 nicht mehr, wie noch bei Hegel, alles wissenschaftliche Wissen.

Die persönliche Weltanschauung. In dieser Situation, die sich nach 1850 immer prägnanter abzeichnete, profilierte sich variantenreich die sogenannte „Weltanschauungs-Philosophie."[56] Zwei Richtungen waren dabei vorherrschend. In der einen Linie ist es die Besonderheit des individuellen Fühlens und Ahnens, ein irrationaler Ungrund, der zur Ausbildung einer persönlichen Weltanschauung führt. In einer zweiten Linie sind es vom Einzelnen bewußt eingenommene Haltungen und Wertentscheidungen, die eine Weltanschauung konstituieren.

Ludwig Knapp definiert Weltanschauung 1857 als „die Ahnung der Einheit des in dem bewußten Denken Unvereinbaren, also die unbewußte Aufhebung aller bewußten Widersprüche."[57] Die rationalen Widersprüche zwischen Wissenschaft, Spekulation und Religion werden hier aus dem Unbewußten heraus gleichsam überwältigt und in eine weltanschauliche Einheit eingeschmolzen. Die Weltanschauungsgewinnung erscheint dann bei vielen Autoren als ein Prozeß der Bildung

54 Karl Marx u. Friedrich Engels, „Die deutsche Ideologie", in: MEW, Bd. 3, Berlin 1969, S. 25f.

55 Ebd., S. 218; und Max Stirner, *Der Einzige und sein Eigentum*, Stuttgart 1972, S. 164.

56 Vgl. die zusammenfassenden Überlegungen bei Meier 1970, S. 255ff.

57 Ludwig Knapp, *System der Rechtsphilosophie*, Erlangen 1857, S. 24.

einer subjektiven Eigentheorie der Welt, der Einnahme eines eigenen Standorts und der Deutung des eigenen In-der-Welt-Seins. Die enthusiastischen Ausgriffe sind nun gekappt, die Marktgesellschaft erfordert eine aufmerksame und kalkulierte Balanciertheit, wie sie Friedrich Rückert in einem nachgelassenen Spruch formuliert hat:

> „*Rechte Weltanschauung.*
> Nicht zu pessimistisch
> Mephistisch,
> Noch zu optimistisch
> Sophistisch,
> Mit göttlichem Selbstvertrauen
> Sollst du die Welt dir beschauen,
> Deine Welt dir erbauen.“[58]

Weltanschauung ist jetzt persönlicher Besitz, der erworben werden muß. „Es gilt ein Ringen, das keinem erspart bleibt“, mahnt die *Kirchliche Wochenzeitschrift für evangelische Christen* in einem positivismuskritischen Beitrag. „Man kann auch nicht auf eine Weltanschauung verzichten. Wir kommen nicht aus ohne eine solche.“[59] Die Biographisierung der Weltanschauung zeigt sich auf dem Büchermarkt in Titeln wie Bernd Friedrich Blomes *Meine Weltanschauung, gipfelnd in der Frage ‚Was ist der Daseinszweck der Menschen‘ und hinüberführend von dem glaubenden Heidentum zu dem wissenden Christentum* (Lennep 1911) oder Herman Bohles *Weltanschauung, Begriffe und Ideen. Philosophisches Gedicht eines Ingenieurs* (Dresden 1913).[60]

Wiederkehrendes Merkmal der persönlichen Weltanschauung ist das Streben nach einer Synthese, die sich bisweilen als kuriose Montage verschiedener auf dem Religionsmarkt vorhandener Produkte darstellt, wie z.B. in der Schrift von Theodor Walther: *Heilige Gluten auf dem Altar des deutschen Hauses, entzündet an den alten Volksreligionen, dem germanischen Seelenglauben und dem Urchristentum, neu angefacht an der Entwicklungstheorie zu einer wahren Volksreligion und einer vernünftigen Weltanschauung* (Leipzig 1915).[61] In Unternehmungen wie diesen wird deutlich, daß die Tendenz, dem unbewußten Streben nach Vereinheitlichung der Haltungen

---

58 Friedrich Rückert, *Werke in sechs Bänden*, 4. Bd., 1. Abt.: *Lyrik*, hg. v. Conrad Beyer, Leipzig 1897, S. 453.

59 Z. n.: Bernhard Plé, *Die „Welt“ aus den Wissenschaften. Der Positivismus in Frankreich, England und Italien von 1848 bis ins zweite Jahrzehnt des 20. Jahrhunderts*, Stuttgart 1996, S. 162.

60 Vgl. auch die Zusammenstellung von Buchtiteln dieser Art bei Meier 1970, S. 232, FN 610 u. S. 142, FN 338.

61 Hinweis bei Meier 1970, S. 232, FN 610. Das Buch wurde im „Theologischen Literaturblatt“ von Edmund Hoppe rezensiert. Der Rezensent kommt zu dem Schluß: „Die Sprache des Buchs ist edel und zeugt von religiöser Überzeugung; schade, daß sie sich in die spiritistischen Abgründe verirrt hat.“ *Theologisches Literaturblatt / Zeitschriftenband* 1916, S. 179-180, hier S. 180.

zur Welt durch Synthesen nachzukommen, in einer notorischen Spannung zu dem Eigensinn der einzelnen Weltanschauungsmotive steht, die vereinheitlicht werden sollen. Denn was da zusammengebracht werden soll, sind vorliegende Ausarbeitungen von bewußt eingenommenen Stellungnahmen zur Welt, die bestimmten Grundsätzen oder distinkten Traditionen folgen.

Daß Synthese leichter gesagt als getan ist, zeigen nicht nur die kuriosen Bemühungen des Autors der *Heiligen Gluten.* Die seriöse akademische Welt steht vor nicht minder vertrackten Syntheseproblemen, wenn es darum geht, die Ergebnisse der nach dem Modell der in der Marktgesellschaft arbeitsteilig organisierten Einzelwissenschaften zusammenzuführen. So konstatiert Max Frischeisen-Köhler in der Einleitung zu einem repräsentativen Sammelband zur Weltanschauungsfrage: „Für immer sind Spekulationen der Art, wie sie am Beginn des 19. Jahrhunderts entstanden und die Welt berauschten, gerichtet. Aber das Bedürfnis über die Einzelerkenntnisse, welche die wissenschaftliche Forschung erarbeitet hat, zu einer Gesamterkenntnis des Zusammenhangs der Dinge, in welchem wir uns befinden, fortzuschreiten, das Verlangen, die Fragmente und Bruchstücke, die der Mensch in seiner Hand hält, zu einem sinnvollen Ganzen zu ordnen, in welchem das Verhältnis unserer Lebenserfahrung zu unserem Weltbilde sich klärt, ist unausrottbar."[62]

Das Syntheseverlangen findet seine Erfüllung in einer persönlichen Weltanschauung vollständig dann, wenn sie zugleich an Prinzipien orientiert ist. Es geht um das, was in letzter Instanz Gewicht hat, was zählt. Es sind dies dann auch die prinzipiellen Orientierungen, die Vergemeinschaftungen ermöglichen. So entsteht eine Pluralisierung von Weltanschauungen, in der originelle Synthesen ebenso möglich sind wie die Ausdifferenzierung von weltanschaulichen Richtungen, Strömungen oder Moden. Es scheint von daher zu einseitig zu sein, eine lineare Entwicklung anzunehmen, wie sie Frank Simon-Ritz vertritt, wenn er über die 1890er Jahre schreibt: „Im Verständnis der Zeitgenossen meinte ‚Weltanschauung' nicht mehr die persönliche Weltsicht, die sich – wie noch bei Goethe – wie ein Mosaik aus den individuellen Erfahrungen und Einsichten eines erlebnisreichen Lebens zusammensetzte, sondern ein umfassendes gedankliches Welterklärungssystem, das nicht länger an persönliche Erfahrungen und Ansichten gebunden war, sondern zum Gegenstand der Lehre werden konnte."[63] Dagegen sind unter den Bedingungen des Religionsmarktes immer sowohl eher persönlich-synthetische, wie eher allgemein-prinzipiell ausgerichtete Weltanschauungen möglich. Wo freilich das

62 Max Frischeisen-Köhler, „Einleitung", in: Ders. (Hg.), *Weltanschauung. Philosophie und Religion in Darstellungen von: Wilhelm Dilthey, Bernhard Groethuysen, Georg Misch, Karl Joël, Eduard Spranger, Julius Wiesner, Hans Drisch, Erich Adickes, Hermann Schwarz, Herman Graf Keyserling, Paul Natorp, Georg Simmel, Georg Wobbermin, Paul Deussen, Carl Güttler, Arthur Bonus, Bruno Wille, Ernst Troeltsch, Julius Kaftan*, Berlin 1911, S. IX-XVIII, hier S. IX. Zum Synthesestreben siehe die Studie von Walter Gebhard, *‚Der Zusammenhang der Dinge'. Weltgleichnis und Naturverklärung im Totalitätsbewußtsein des 19. Jahrhunderts*, Tübingen 1984.

63 Frank Simon-Ritz, *Die Organisation einer Weltanschauung. Die freigeistige Bewegung im Wilhelminischen Deutschland*, Gütersloh 1997, S. 19f.

persönliche Weltanschauungsbedürfnis durch einen einseitigen Prinzipiendruck frustriert wird, sinken möglicherweise die Marktchancen.[64]

Die Pluralisierung von Weltanschauungen erfolgt nicht nur in der Differenzierung von persönlich / prinzipiell; vermöge der Adjektivierung kann Weltanschauung gleichsam katalogartig das historische Universum geistiger Manifestationen eingemeinden. „So kann Weltanschauung als Ersatzbildung für Philosophie transzendental, positivistisch oder agnostizistisch sein je nach der Stellung zum Erkenntnisproblem. Sie kann individualistisch oder kollektivistisch, subjektivistisch oder objektivistisch, absolut geltend oder relativistisch und skeptisch begründet aufgebaut werden. Sie ist monistisch, dualistisch, pluralistisch, materialistisch oder idealistisch nach Wesen und Zahl ihrer Grundprinzipien. Sie ist in ihrem Inhalt theistisch, deistisch, pantheistisch oder atheistisch nach der unterschiedlichen Einstellung zum Gottesproblem. Sie ist hinsichtlich der Zielsetzung des Lebens naturalistisch oder supranaturalistisch. Aufgrund der psychischen Motivation kann sie intellektualistisch oder volontaristisch sein. Nach der in ihr wirksamen metaphysischen Grundstimmung trägt sie optimistischen, pessimistischen, idealistischen oder realistischen Charakter."[65] Die Pluralisierung von Weltanschauung ist kompetitiv, d.h. das Streben nach Vergrößerung oder nach einer marktbeherrschenden Stellung steht nicht im Widerspruch zum Pluralismus. Es ist die Paradoxie des Marktes, daß er die Ambitionen auf Monopolstellungen ebenso anstachelt wie vereitelt.

WERTE ALS RATIONALRELIGIÖSE QUALITÄT DES PHILOSOPHISCHEN. Im Unterschied zu den Weltanschauungsphilosophien, die Weltanschauung ins Subjekt zu verlagern, und sie schließlich persönlich werden lassen, zielen die interessanteren Wertphilosophien auf Begründungsweisen für die Objektivität von Werten. Dies gilt zunächst für Herman Lotze, dessen Ruhm bis in die 20er Jahre des vergangenen Jahrhunderts weit über die Grenzen Deutschlands hinausreichte, der freilich in der heutigen Diskussion um Werte und Grundwerte oftmals nur nebenbei genannt wird.[66] Um heute Lotzes Eröffnung der Wertphilosophie nachvollziehbar zu ma-

64 So kann es durchaus zutreffen, daß die Organisationen der freigeistigen Weltanschauung letztlich am Versuch der Objektivierung ihrer Lehren gescheitert sind. So urteilt Frank Simon-Ritz: „Indem man glaubte, mit der neuen, an den Denkweisen der Naturwissenschaften orientierten Weltanschauung eine gleichsam objektive Sicht der Welt zu begründen, hoffte man, den Prozeß der Subjektivierung des religiösen Bekenntnisses rückgängig machen zu können." Simon-Ritz 1997, S. 227f.

65 Meier1970, S. 231. Die Not des Weltanschauungspluralismus ist literarisch auf hohem Niveau von Robert Musil gestaltet. Vgl. Gerhard Schurz, „Weltanschauungsanalyse und Robert Musils ‚Der Mann ohne Eigenschaften'", in: *Kriterion – Journal of Philosophy* 21/2007, S. 16-45.

66 Reinhardt Pester, *Hermann Lotze. Wege seines Denkens und Forschens. Ein Kapitel deutscher Philosophie und Wissenschaftsgeschichte im 19. Jahrhundert*, Würzburg 1997; Fritz Bamberger, *Untersuchungen zur Entstehung des Wertproblems in der Philosophie des 19. Jahrhunderts. Teil 1: Hermann Lotze*. Halle (Saale) 1924; zum Kontext: Thomas Borgard, *Immanentismus*

chen, ist es nötig, in Diskurslagen vor dem *liguistic turn* zurückgehen, der den naiven Glauben beseitigt hat, die Mittel der Sprache erlaubten eine sichere Repräsentation der Faktizität des Seins.[67] Mit der Sperrklausel, daß jede menschliche Erkenntnis durch Sprache strukturiert sei, konnte Ontologie entkräftet und der Philosophie die Restaufgabe zugewiesen werden, sich um die Analyse sprachlicher Formen und Aussageweisen zu kümmern. Daß damit der Artefaktcharakter und die Verfaßtheit von Aussagen ins Zentrum rücken, korrespondiert mit der Erfahrung der umfassenden Artifizierung der Lebenswelt im 20. Jahrhundert, die zusammen mit weiteren Profilierungen von Religion im *Vierten Teil* der Religionssoziologie untersucht wird.

Helmut Kuhn hat auf die Koinzidenz zweier Reduktionen hingewiesen, mit denen die Erfahrung des Guten von der Erfahrung des Seins abgesondert wurde: „Die physikalistische Reduktion des Begriffs der Erfahrungswelt im kantischen Denken trifft im 19. Jahrhundert zusammen mit einer verwandten Reduktion, die der Positivismus vornimmt. Die Welt, in der man sich orientieren, in die man sich einfügen und die man, in engen Grenzen, umgestalten kann, wird reduziert auf wissenschaftlich erforschbare Tatsachen".[68] Die Varianten metaphysischer Denkungsart, mit denen das scholastische *ens et bonum convertuntur*, das einmal der Abwehr der gnostischen Lehre von der Welt als einer bösen Falle seine Dienste geleistet hatte, scheinen nach der Anstrengung der Hegelschen Philosophie, die Versöhnung von Sein und Sollen durchzuhalten, zerfallen zu sein. Seitdem erscheint das, was ist, nicht mehr deshalb gut ist, weil es ist, sondern nur deshalb, weil man es für nützlich oder angenehm hält, weil es mit der persönlichen Weltanschauung harmoniert. Wertphilosophie und der Entwurf einer Axiologie als Grundlage für Ethik können als philosophische Reaktionen darauf verstanden werden, daß „unter der Herrschaft des kantisch-positivistisch reduzierten Weltbegriffs, keine Orientierungspunkte für das Handeln in der Ontologie zu finden sind".[69] Vor diesem Hintergrund sind Heinrich Lotzes Bemühungen zu sehen, drei Dimensionen zusammenzuhalten: die einzelwissenschaftliche Forschung, die er als Mediziner und Psychologe selbst betrieb, die Suche nach einem objektiven Sein des Guten und die Reflexion der sich aus beidem ergebenden praktischen Konsequenzen für die Kultur der Gesellschaft.

In seiner *Metaphysik* von 1841 verweist Lotze auf eine Erfahrung, die wissenschaftlicher Forschung wie philosophischer Reflexion gemeinsam ist. Im Prozeß der Entwicklung ihrer je eigenen Aufgaben und Inhalte entsteht im „Leben des Geistes" eine Veranlassung, „über den gewohnten Ablauf seiner Gedanken hinaus-

---

und konjunktives Denken. Die Entstehung eines modernen Weltverständnisses aus dem strategischen Einsatz einer ‚psychologia prima'(1830-1880), Tübingen 1999.

67 *The Linguistic Turn. Essays in Philosophical Method*, hg. u. eingeleitet v. Richard M. Rorty, Chicago 1967. Zur derzeitigen Revolte gegen den *linguistic turn* siehe Maurizio Ferraris, „Was ist der neue Realismus?", in: *Der Neue Realismus*, hg. v. Markus Gabriel, Berlin 2014, S. 52-75.

68 Helmuth Kuhn, *Das Sein und das Gute*, München 1962, S. 150.

69 Ebd. S. 151.

zugehn und in der Anerkennung eines Kreises noch unbekannter, aber bestimmbarer, Verhältnisse die Unvollständigkeit seines unmittelbaren Denkens" zu erfahren. „Die einzelnen Gelegenheiten, bei welchen wir, ausgehend von der Beobachtung irgend einer Erscheinung, zu dieser Anerkennung gezwungen werden, sind der unberechenbaren Mangelhaftigkeit äußerer Verhältnisse unterworfen, und begründen die Verschiedenheit einzelner wissenschaftlicher Untersuchungen. Aber die Erfahrung, daß wir überhaupt diesen Gedanken eines über unsere gegebene Anschauung hinausliegenden Inhalts fassen können, ist selbst die reinste und stärkste Veranlassung, *dieses Verhältnis eines Nichtgegebenen zu Gegebenen, wodurch es die notwendige Ergänzung des letzteren wird,* als ein anerkanntes, aber doch Unerklärtes Verhältnis der Bestimmung des Nachdenkens zu unterwerfen."[70] Was Forscher antreibt, weiterzuforschen und Philosophen veranlaßt, die Reflexion fortzusetzen, ist ein noch nicht erklärter Inhalt, der im Sinne einer Aufgabe anerkannt und gegeben ist. Damit werden Gegebenes als Tatsache und Gegebenes als Aufgabe in ein Ergänzungsverhältnis gebracht. Die Wirklichkeit, die mit diesem Ergänzungsverhältnis konstituiert ist, kann keine indifferente Wirklichkeit sein, sondern eine, für die die Differenz von Werthaftigkeit und Gleichgültigkeit fundamental ist.

Dafür, daß Hermann Lotze, wie oftmals unterstellt, den Begriff des Wertes direkt aus der politischen Ökonomie übernommen hat, gibt es keinen direkten Beleg.[71] Allerdings sind ihm wirtschaftliche Kalkulationen nicht fremd, wenn er zum Beispiel im Zusammenhang der Diskussion der wirtschaftlich bedeutsamen Frage, inwieweit die Wahrscheinlichkeitsrechnung das Maß des Vertrauens zum Eintritt künftiger Ereignisse zu bestimmen vermag, mit Blick auf den möglichen Nutzen und das mögliche Risiko zwischen mathematischer und moralischer Hoffnung unterscheidet.[72] Es mag sein, daß die Doppelsinnigkeit und Gespaltenheit der Rede von Werten, den idealen und den finanziellen, die Verbreitung wertphilosophischer Arbeiten mit getragen hat.[73] Wichtiger ist, die Bemühung Lotzes zu sehen, gerade gegen die Verankerung von Werten in subjektiven Präferenzen einen neuen Weg zu finden, das, was ist, deshalb als gut auszuweisen, weil es ist.

Dieser Weg beginnt mit der Abkehr vom absoluten Idealismus Hegels. Was Lotze aus der Hegelschen Erbschaft übernimmt, ist das Motiv der Bewegung. Sie löst

70 Hermann Lotze, *Metaphysik*, Leipzig 1841, S. 4. Metaphysik steht bei Lotze für „Theorie der Wirklichkeit". Vgl. Bamberger 1924, S. 29.

71 Vgl. Daniel Gruschke, *Der Schlüssel zu der Welt der Formen. Der Wertbegriff des Rudolf Hermann Lotze*, Marburg 2011, S. 9f.

72 Hermann Lotze, *Logik. Drei Bücher vom Denken, vom Untersuchen und vom Erkennen*, eingeleitet u. hg. v. Georg Misch, Leipzig 1912, S. 439 f.

73 Verstärkt hat dies auch Theodor W. Adorno: „Der ökonomische Wertbegriff, der dem philosophischen Lotzes, der Südwestdeutschen und dann dem Objektivitätsstreit als Modell diente, ist das Urphänomen von Verdinglichung, der Tauschwert der Ware. An ihn schloß Marx die Fetischismusanalyse, die den Wertbegriff dechiffrierte als Zurückspiegelung eines Verhältnisses zwischen Menschen, wie wenn es eine Eigenschaft von Sachen wäre." Theodor W. Adorno, „Einleitung", in: Ders., Hans Albert, Ralf Dahrendorf u.a. (Hg.), *Der Positivismusstreit in der deutschen Soziologie*, Neuwied 1969, S. 7-79, hier S. 74.

alle Absolutsetzung auf, auch die Fixierung auf das Subjekt, dessen „sich selbst überlassene Phantasie" kein der Wirklichkeit angemessenes Verhältnis entwickeln kann. Subjektive Weltanschauung „verdichtet sich die Erscheinung und ihre einzelnen Phasen, zu denen Nichts als eine Position gefordert wird, zu jenen imaginären Elementen einer unergründlichen Objektivität, die ihr so bequem über alle Schwierigkeiten hinweghelfen, und doch so unfaßbar werden für die nähere Betrachtung. Sie spricht ängstlich von Materien, Dingen an sich, letzten Wesen, und glaubt, daß die Welt zerfalle in zwei Substanzen". Dagegen setzt Lotze: Die Erscheinungen der Wirklichkeit „kommen und treten auf, gehalten und verbunden, nicht durch einen Objektstoff, sondern durch den Zusammenhang, den ihnen eine höhere Macht, materieller Kräfte zu ihren Taten unbedürftig, vorgeschrieben hat."[74] Es ist dies jene Macht, die Naturforscher und Philosophen veranlaßt, sich auf einen Inhalt auszurichten, der über die gegebene Anschauung hinaus liegt. Dies nennt Lotze „teleologischen Idealismus".[75] Wert wird damit zum Grund der fundamentalen Bewegung des Seins. „Die *Wahrheit* ist nicht das Prius, sondern sie hängt daran, daß das Reich des *Guten* sie als ihre notwendige Voraussetzung, sowohl ihrem Dasein als ihrer Bestimmtheit nach hervorbringt."[76] Der Kausalnexus, der sich auf die Faktizität der Dinge bezieht und der Finalnexus, der auf die Form und den Wert der Dinge ausgerichtet ist, sind komplementär.[77]

Lotze geht für den Finalnexus nicht von einzelnen konkreten Subjekten aus, die, wie Marktteilnehmer, nach ihren Präferenzen bestimmte Dinge dieser Welt wertvoll finden. Vielmehr gehen Lotze und auch die Wertphilosophen Wilhelm Windelband und Heinrich Rickert, die ihm in diesem Punkt folgen, von einem allgemeinen Subjekt aus, „sie verstehen das reine Subjekt (die reine Vernunft) weder als Organum der Willkür noch als auf Naturales Reduzierbares, sondern als logisch-funktionale Größe, als Inbegriff von Regeln, die die Objektivität (Geltung) unserer Objektivationen verbürgen."[78] Bei Windelband wird aus dem allgemeinen Subjekt das „Normalbewußtsein", eine glückliche Prägung, die der Philosophie eine starke Position auf dem Religionsmarkt verspricht.[79]

Eine genauere Untersuchung der Leistungen, die Windelband dem Normalbewußtsein zumißt, kann zeigen, daß seine Wertphilosophie als eine originelle Umformung *rationalreligöser* Auffassungen verstanden werden kann, die nun nicht mehr auf Glaubenskriege bezogen sind, sondern auf den Wertepluralismus der Marktge-

74 Lotze 1841, S. 329.

75 Ebd.

76 Ebd., S. 328

77 Schnädelbach 1983, S. 214.

78 Christian Krijnen, *Nachmetaphysischer Sinn. Eine problemgeschichtliche und systematische Studie zu den Prinzipien der Wertphilosophie Heinrich Rickerts*, Würzburg 2001, S. 91; zum Kontext siehe S. 73-119; zu Windelband vgl. Klaus Christian Köhnke, *Entstehung und Aufstieg des Neukantianismus. Die deutsche Universitätsphilosophie zwischen Idealismus und Positivismus*, Frankfurt a.M. 1993, S. 358-366 u. S. 416-422.

79 Wilhelm Windelband, *Präludien. Aufsätze und Reden zur Einleitung in die Philosophie*, Bd.1, Freiburg i.B. 1884, S. 44.

sellschaft. Auf der Ebene des Normalbewußtseins glauben wir alle, daß „es ein Recht des im höheren Sinne Notwendigen gibt, welches für alle gelten sollte. Wir glauben an ein höheres Gesetz als das der naturnotwendigen Entstehung aller unserer Beurteilungen, – an ein Recht, das ihren Wert bestimmt."[80] Im Normalbewußtsein gehen wir selbstverständlich davon aus, daß es eine irgendwie geartete Notwendigkeit des Sollens gibt. Diese Notwendigkeit ist nicht aus einer Naturgesetzlichkeit zu begründen: „Kein Naturgesetz zwingt den Menschen, immer so zu denken, so zu wollen, so zu fühlen, wie er nach der logischen, der ethischen und der ästhetischen Notwendigkeit immer denken, wollen, fühlen sollte!"[81] Es macht für Windelband auch keinen Sinn, diese höhere Notwendigkeit aus psychologischen oder kulturgeschichtlichen Tatsachen zu erklären.

Normalbewußtsein hat auch nichts mit dem durchschnittlichen Bewußtsein einer Population zu tun. „Die Masse oder gar die Majorität sind nicht das Tribunal, vor dem der absolute Wert entschieden wird, und der Nachweis der Ursachen ihres Verhaltens ist keine Begründung ihrer Berechtigung." Die höhere Notwendigkeit hat ihren Grund auch nicht in der außergewöhnlichen „Energie, mit welcher der Einzelne gegen den Widerspruch einer Welt an Demjenigen festhält, was er für wahr, gut, schön erkannt hat". Gestalten wie der „Entdecker einer neuen Wahrheit, der Reformator des sittlichen Lebens, der Schöpfer einer neuen Kunst", für sie ist nach Windelband nicht individuelle Willkür maßgebend, auch wenn die Verteidigung ihrer „Überzeugung dem persönlichen Wahne verzweifelt ähnlich" sieht, „sondern ein Drang der Überzeugung, daß in ihm etwas zum Durchbruch gekommen ist, was für alle gelten sollte und wovon er nicht lassen darf."[82]

Durchaus vergleichbar mit der *rationalreligiösen* Auffassung einer natürlichen Religiosität aller Menschen, wie sie im *Ersten Band* der Religionssoziologie untersucht wurde, nimmt Windelband einen allgemeinen Glauben an die Notwendigkeit des Sollens bei allen Menschen an. Damit wird jedoch die kulturrelativistische Problematik auf den Plan gerufen. „Ich sage: wir alle glauben daran. Vergesse ich jene Theoretiker des Relativismus, welche in allen diesen Bestimmungen und Überzeugungen nichts weiter, als naturnotwendige Produkte der menschlichen Gesellschaft sehen?"[83] Was im Zeitalter der Glaubenskriege als konfessionelle Differenz die Glaubensformen gegeneinander relativiert werden konnte, stellt sich unter Marktbedingungen der Wertedebatte als Kulturrelativismus dar. Den Relativisten, die sich anschicken, ihren Ansatz begründen und beweisen wollen, schreibt Windelband ins Stammbuch: „Wer den Relativismus beweist, vernichtet ihn. Der Relativismus ist eine Theorie, an welche noch nie Jemand ernstlich geglaubt hat, an welche eben Niemand ernsthaft glauben kann, er ist eine *fable convenue*." Jedes empirische Bewußtsein entdeckt in sich wiederkehrend die „ideale Notwendigkeit dessen, was allgemein gelten soll," d.h. es stößt „auf ein normales Bewußtsein, dessen Wesen für

80 Ebd., S.43
81 Ebd., S.42. Die folgenden Zitate finden sich ebenfalls auf der S. 42.
82 Ebd.
83 Ebd., S. 43. Die folgenden Zitate finden sich ebenfalls auf der S. 43.

uns darin besteht, daß wir überzeugt sind, es solle wirklich sein, ohne jede Rücksicht darauf, ob es in der naturnotwendigen Entfaltung des empirischen Bewußtseins wirklich ist."

Daraus folgt eine Definition von Philosophie, die davon Abschied genommen hat, alles wissenschaftliche Wissen zu umgreifen, die den positivistischen Wissenschaften gegenüber ein Eigenrecht behauptet und die für einem Markt der Angebote von Glaubensrichtungen Sinn macht: Die „Aufgabe der Philosophie ist es, aus diesem Chaos individueller oder tatsächlich allgemeiner Werte diejenigen herauszufinden, denen die Notwendigkeit des normalen Bewußtseins anhaftet."[84] Philosophie zaubert demzufolge keine eigenen Wertvorschläge hervor, sie missioniert nicht, sie hat jedoch ein durchaus *rationalreligiös* zu nennendes Vertrauen, daß das „Normalbewußtsein aus den Bewegungen des empirischen Bewußtseins hervorspringen" kann, insbesondere dann, wenn krisenhafte Erfahrungen gemacht werden. Aus dieser Stellung heraus kann sich Philosophie auch den Titel Wissenschaft zurechnen: „Philosophie also ist die Wissenschaft vom Normalbewußtsein. (...) Dies Normalbewußtsein ist also ein System von Normen, welche gelten sollen, aber in der empirischen Wirklichkeit des menschlichen Geisteslebens nur teilweise gelten. Nach diesen Normen erst bestimmt sich der Wert des Wirklichen."[85]

Von hier aus führt der Weg zur Analyse der verschiedenen Kulturgebiete, die, wie die Wirtschaft, die Kunst, das Recht u.a.m., durch ihre Normen den Wert der Wirklichkeit bestimmen, „denn die Besinnung auf absolute Normen ist schließlich das Produkt jeder Kulturtätigkeit".[86] Die Objektivität von Werten wird heute, nach Heinrich Rickert und Max Weber, in der Hauptsache als bedingte Geltung aufgefaßt. Die den Wert des Wirklichen bestimmenden Normen gelten als Eigengesetzlichkeiten von Gebieten, als historisch kulturelle Paradigmen oder als Leitdifferenzen sozialer Systeme.[87] Nur wenige folgten Max Schelers Anstrengung, ausgehend vom Wertgefühl, im Modus der Phänomenologie materiale Werte und ihre Stufenfolge über ein transzendentes Reich der Werte abzusichern.[88]

84 Ebd., S. 44.

85 Ebd., S. 45. Ulrich Sieg hat auf Resonanzen zwischen Terrorismusfurcht und der Durchsetzungsphase der Wertphilosophie seit 1878 aufmerksam gemacht. Ulrich Sieg, *Geist und Gewalt. Deutsche Philosophen zwischen Kaiserreich und Nationalsozialismus*, München 2013, S. 19ff. Der Wertbegriff wurde „gleichzeitig weltanschaulich aufgeladen und gegen Kritik immunisiert. Viele Philosophen plädierten im Kaiserreich für eine Metaphysik, welche eine Antwort auf die grundlegenden Sinnfragen des neuen Gemeinwesens bieten." Ebd., S. 48. Windelbands „Normalbewußtein" konnte eine Antwort sein. Eine Neubegründung des Werterealismus hat Thomas Nagel vorgelegt: Thomas Nagel, *Geist und Kosmos. Warum die materialistische neodarwinistische Konzeption der Natur so gut wie sicher falsch ist*, Berlin 2013, S. 140ff.

86 Windelband 1884, S. 47

87 Vgl. Christian Krijnen, Art. „Wert", in: *Handbuch Ethik*, hg. v. Marcus Düwell / Christoph Hübenthal u. Micha H. Werner, Stuttgart, Weimar 2002, S. 527-533; Merz 1990, zu Rickert bes. S. 115ff, zu Weber S. 281ff.

88 Max Scheler, „Der Formalismus in der Ethik und die materiale Wertethik. Neuer Versuch der Grundlegung eines ethischen Personalismus" [1916], in: Ders., *Gesammelte Werke*, Bd.

Daß der Begriff Normalbewußtsein bei Windelband ein *rationalreligiöses* Unterfutter hat, macht er in einer bescheidenen Nebenbemerkung deutlich: „Man würde vielleicht kaum auf Widerspruch stoßen, wenn man behauptete, dies Normalbewußtsein sei dasjenige, was die populäre Sprache unter dem Worte „Vernunft" recht eigentlich verstehe und bezeichnet haben wollte, das überindividuell Geltensollende, und man dürfe deshalb auch die Philosophie die Wissenschaft von der Vernunft nennen. Allein ich verzichte auf diese Bezeichnung, weil das Wort „Vernunft" in der deutschen Philosophie in so verschiedenen Bedeutungen gebraucht worden ist, daß die Verwendung desselben in einer Definition vieldeutig und mannichfachen Mißverständnissen ausgesetzt sein würde.“[89]

Erinnern wir uns: Die Lehre von der natürlichen Vernunft als verläßlichster Quelle der Offenbarung göttlicher Gesetze ist die Basis der aufgeklärten *Rationalreligion* gewesen.[90] Im Vergleich zu den hochkomplexen Dogmatiken, die sich in den Religionskriegen gegenüberstanden, war die Lehre von der Offenbarung Gottes durch natürliche Vernunft einfach. Und diese Simplizität der Lehre war ein wesentliches Moment, das ihren Erfolg begründete. Ein Schöpfergott hat uns die Vernunft als „Leuchte des Herrn“ geschenkt, also seien wir vernünftig.[91] Es handelt sich um einen religiösen Minimalismus, der die religionsgeschichtlich angefallenen Ausstattungen abräumt. Dies Zähmung der religiösen Kräfte durch ihre Verwandlung in eine *Rationalreligion*, die Normen für eine gesunde, sittliche Lebensführung begründet, ist in der Tat so populär geworden, daß man vertrauensvoll auf sie als ein Normalbewußtsein setzten kann. Auf diese Weise hat sich Philosophie als Wertphilosophie für den Religionsmarkt fit machen wollen.

Freilich bedarf es dazu unter den Bedingungen eines Wertepluralismus, wie er auf dem Religionsmarkt herrscht, der philosophischen Kritik, die das überindividu-

---

2, hg. v. Maria Scheler, Bern ^{4}1954. Differenziert zu Schelers Werteethik: Guido Cusinato, *Person und Selbsttranszendenz. Ekstase und Epoché des Ego als Individuationsprozesse bei Schelling und Scheler,* Würzburg 2012, S. 137ff. Die Spur der Religion in der Werte-Debatte verfolgt Daniel Weidner, „Güter und Götter um 1900“, in: Ders. u. Martin Treml (Hg.), *Nachleben der Religionen. Kulturwissenschaftliche Untersuchungen zur Dialektik der Säkularisierung,* München 2007, S. 55-72.

89 Windelband 1884, S. 46. Die Gleichsetzung von Normen mit dem Heiligen erfolgt später: „So ist also das Heilige inhaltlich nicht anders zu bestimmen, als durch den Inbegriff der Normen, die das logische, ethische und ästhetische Leben beherrschen. Diese Normen sind ja das Höchste und Letzte, was wir im gesamten Inhalt unseres Bewußtseins besitzen: über sie hinaus wissen wir nichts. Heilig aber sind sie uns deshalb, weil sie nicht Produkte des einzelnen Seelenlebens auch nicht Erzeugnisse des empirischen Gesellschaftsbewußtseins sind, sondern Wertinhalte einer höheren Vernunftwirklichkeit, an der uns teilzuhaben, die zu erleben uns vergönnt ist. Das Heilige ist also das Normalbewußtsein des Wahren, Guten und Schönen, erlebt als transzendente Wirklichkeit.“ Wilhelm Windelband, „Das Heilige – Skizze zur Religionsphilosophie“, in: Ders.: *Präludien. Aufsätze und Reden zur Philosophie und ihrer Geschichte,* Bd. 2, Tübingen 1915, S. 295-332, hier S. 305.

90 Im *Ersten Band* S. 156ff. und 309ff.

91 „Eine Leuchte des Herrn ist des Menschen Geist; er durchforscht alle Kammern des Innern.“ (Sprüche 20, 27)

ell Geltensollende in den empirischen Gestalten aufzeigt. Dies ist leichter gesagt als getan. So neigt Wertphilosophie dazu, dem Apriorischen mehr Aufmerksamkeit zu schenken als den konkreten Tatsachen der Kulturgeschichte. Das „endlose Botanisieren in den Gärten des Apriori" gerät notorisch in Gefahr, die Frage nach der Objektivität der Werte zu vergessen.[92] Dann ist die Vernunft, wie Kuhn schreibt, „nicht mehr das Licht, das den Weg erleuchtet. Statt dessen funkeln uns Irrwische entgegen: Wertgefühle, erschaute Wertwesenheiten, freie Wertsetzungen. Wiederum bewährt sich der Satz, daß die Abtrennung des Erkennens vom Sein zum Irrationalismus führt."[93]

Die Erfahrung des Weltanschauungspluralismus entfesselter Marktgesellschaft hat die nachdenklichen Zeitgenossen nicht minder ratlos gemacht als die Erfahrungen der Glaubenskriege und die Erfahrungen der Revolution in den davorliegenden Epochen. Die intellektuellen Antworten auf die Sakralisierung der Nation oder der Kunst, d.h. auf die enthusiastischen Religionen der Revolutionszeit, die die Junghegelianer gegeben hatten, sie halfen angesichts der neuen qualitativ anderen Erfahrungslage der Marktgesellschaft mit ihrer Verweltanschaulichungstendenz aller geistigen Phänomene nicht sehr viel weiter. Feuerbach wurde nach seiner Umstellung von Theologie auf Anthropologie zum Kirchenvater des naturwissenschaftlichen Materialismus, Marxens Ideologiekritik wurde von seinen Anhängern zum Bestandteil mal zu einer *Wissenschaftsreligion*, mal einer sozialistischen oder kommunistischen Weltanschauung. Sie wurden selbst zum Angebot auf dem Religionsmarkt. Bruno Bauer blieb der einsame „Partisan des Weltgeistes" (Carl Schmitt), und Stirner war rasch vergessen, bis man meinte, ihn als Einflüsterer Nietzsches zum Ende des Jahrhunderts wieder zu vernehmen.[94]

Der Weg, der zu den Antworten der klassischen Religionssoziologie auf die neue gesellschaftliche Erfahrung geführt hat, beginnt dort, wo das Angebot der verschiedenen Weltanschauungen und Wertphilosophien als ein Pluralismusphänomen ernst genommen wird und aus der Distanz heraus eine Typologie der Weltanschauungen erprobt wird, die dann Möglichkeiten der Weltanschauungsanalyse und Religionssoziologie einleitet.

WELTANSCHAUUNGSTYPOLOGIEN. Zu den bedeutenden Versuchen, diese Situation intellektuell zu bewältigen, gehört die Typologie der Weltanschauungen, die Wil-

---

92 Helmuth Plessner, „Die verspätete Nation. Über die Verführbarkeit bürgerlichen Geistes" [1935/1959], in: Ders., *Gesammelte Schriften*, Bd. 6, Frankfurt a.M. 1982, S. 7-223, hier S. 208.

93 Kuhn 1962, S. 151. So wird man Friedrich Fürstenberg zustimmen müssen, daß in pluralistischen Gesellschaften mit offenem Wertehorizont als reale Grundlage der Werte-Debatte „im Wesentlichen ein auf Verfassungsnormen beschränkter Wertekonsens" ausreicht. Friedrich Fürstenberg, „Der Wertediskurs in der Bürgergesellschaft. Auf dem Wege zu einer Zivilreligion?", in: *Woran glauben? Religion zwischen Kulturkampf und Sinnsuche*, hg. v. Gerd Nollmann u. Hermann Strasser, Essen 2007, S. 203-221, hier S. 220.

94 Vgl. die Linienführungen im *Ersten Band* der Religionssoziologie.

helm Dilthey aufgestellt hat.[95] Später wird Karl Mannheim die Bedeutung Diltheys für die Kultursoziologie in Deutschland in seiner wissenschaftssoziologischen Weltanschauungsanalyse zum konservativen Denken prägnant herausstellen, wenn er schreibt: „Prinzipielle und historische Untersuchungen in verwandtem Sinne bieten in Fülle die nunmehr gesammelt vorliegenden Werke *Diltheys*, der trotz seiner prinzipiellen Ablehnung der Soziologie, die sich letzten Endes nur auf die ‚westliche Gestalt' dieser Disziplin bezieht, als der wichtigste Begründer (neben den ganz anders ausgerichteten Versuchen Marxens und Lorenz v. Steins) der deutschen Kultursoziologie zu betrachten ist. Aus den Spannungen dieser Pole entstand beinahe alles, was an *historisch*-soziologischer Forschung in Deutschland vorhanden ist, u.a. Max Weber, Alfred Weber, Troeltsch, Sombart, Scheler, Lukács usw."[96] Auch unsere Religionssoziologie steht in der Spannung von Marx und Dilthey. Während Marx, wie wir im *Ersten Band* der Religionssoziologie entwickelt haben, aus einer Kritik des Enthusiasmus heraus für geistige Hervorbringungen den Begriff der Ideologie als eines Überbaus zu Basisprozessen profilierte, rückte Dilthey den Begriff der Weltanschauung ins Zentrum seiner Arbeit.[97]

---

95 Zur Bedeutung Wilhelm Diltheys für die Analyse kultureller Manifestationen siehe Helmut Johach, *Handelnder Mensch und objektiver Geist. Zur Theorie der Geistes- und Sozialwissenschaften bei Wilhelm Dilthey*, Meisenheim am Glan 1974; Hans-Joachim Lieber, „Geschichte und Gesellschaft im Denken Diltheys", in: Ders., *Kulturkritik und Lebensphilosophie. Studien zur deutschen Philosophie der Jahrhundertwende*, Darmstadt 1974, S. 20-66; Karl Acham, „Diltheys Beitrag zur Theorie der Kultur- und Sozialwissenschaften", in: *Dilthey-Jahrbuch für Philosophie und Geschichte der Geisteswissenschaften* 3/1985, hg. v. Frithjof Rodi, S. 9-51; Klaus Lichtblau, „Umstrittener Sinn – Zur logischen Begründung der historischen Kulturwissenschaften um 1900", in: *Wissenschaftszentrum Nordrhein-Westfalen. Kulturwissenschaftliches Institut, Jahrbuch* 1998/99, S. 349-368; Tobias Bube, *Zwischen Kultur- und Sozialphilosophie. Wirkungsgeschichtliche Studien zu Wilhelm Dilthey*, Würzburg 2007. Zu Diltheys Konzeption der Geisteswissenschaften siehe diesem Band S.193ff.

96 Karl Mannheim, „Das konservative Denken. Soziologische Beiträge zum Werden des politisch-historischen Denkens in Deutschland" [1927], in: Ders., *Wissenssoziologie. Auswahl aus dem Werk*, hg. u. eingeleitet v. Kurt H. Wolff, Neuwied 1964, S. 408-522, hier S. 410; siehe auch Bernhard Plé, „Anknüpfungen der Wissenssoziologie Mannheims an die Verstehensproblematik bei Dilthey: zur Rolle der ‚Weltanschauungen' als kulturelles und wissenschaftliches Problem", in: *Annali di sociologia* 8/1992, S. 173-192. Die Veränderung von soziologisch bedeutsamen Konzepten von Weltanschauung von Dilthey über Arnold Gehlen bis zu Karl Mannheim untersucht Karl-Siegbert Rehberg, „‚Weltanschauung' und Menschenbilder – zur Verfallsgeschichte eines Begriffes", in: *Philosophie und Weltanschauung*, hg. v. Johannes Rohbeck, Dresden 2000, S. 66-85. Zu denen, die Diltheys Weltanschauungstypologie weitergeführt haben, gehört insbesondere auch Max Scheler. In seiner Wissenssoziologie, die von Marx, Freud und Nietzsche inspiriert ist, unterscheidet er typologisch Heils- oder Erlösungswissen, Bildungswissen und Leistungswissen. Max Scheler, *Die Wissensformen und die Gesellschaft* [1926], Bern/München 1960.

97 Im *Ersten Band* S. 697ff. Zum Verhältnis von Ideologie und Weltanschauung siehe Jürgen Frese, *‚Ideologie'. Präzisierungsversuch an einem wissenssoziologischen Begriff*, Diss., Dortmund 1965; Werner Hofmann, „Wissenschaft und Ideologie", in: Ders., *Universität, Ideologie, Gesellschaft. Beiträge zur Wissenschaftssoziologie*, Frankfurt a.M. 1968, S. 49-66; Niklas

Dilthey hat seine Antwort auf die alte Frage, wie mit der prinzipiellen Verschiedenheit philosophischer Auffassungen umzugehen sei, gegen die Hegelsche Lösung abgesetzt. Hegel hatte allen philosophischen Aussagen ein Moment der Wahrheit zusprechen können, indem er ihnen eine bestimmte Stelle im Prozeß der Darstellung des Weltgeistes in der Geschichte der Wahrheit zuwies. Der Widerstreit der Weltanschauungen war bei Hegel mit geschichtsphilosophischem Optimismus in die Ordnung der Zeit eingelassen. Odo Marquard hat in Diltheys Weltanschauungstypologie eine „Resignation der Geschichtsphilosophie" gesehen. Der Verlust der Geschichtsphilosophie werde durch die Weltanschauungstypologie kompensiert. Dabei würden Antinomien „emeritiert" und eine „Koexistenz im Zettelkasten" hergestellt.[98]

Der Wechsel von einer Typologie des Nacheinander, wie sie theologisch als Verhältnis von Verheißung und Erfüllung begriffen wird, zur Typologie des Nebeneinander, die der biologischen Morphologie entstammt, korrespondiert mit unserer Differenzierung der Horizonte der Zeiterfahrung. Hegels Durchmarsch des Weltgeistes reflektiert die Erfahrung des revolutionären Enthusiasmus; Diltheys Typologie richtet sich auf die Konkurrenz der Weltsichten, wie sie sich in der Erfahrung der Marktgesellschaft darstellt – eine Konkurrenz, die dem liberalen Modell zufolge mit friedlichen Mitteln der Werbung ausgetragen wird.

Diese Verschiebung vom Sukzessionsmodell zu einer Ordnung des Nebeneinanders nimmt Dilthey an Auffassungen seines Lehrers Adolf Trendelenburg vor. Dieser hatte in seiner Schrift *Über den letzten Unterschied der philosophischen Systeme* von 1847 nach den Grundbegriffen der philosophischen Systeme gefragt: „Es ist wahrscheinlich, daß der letzte Kampf zwischen *zwei* entgegengesetzten Grundbegriffen stehe. Denn wenn wir mehrere solche Gegensätze annähmen: so würden unter ihnen bei der universellen Aufgabe der Philosophie diejenigen Begriffe, welche in keinem direkten Gegensatz zueinander ständen, alsbald ein Bestreben zeigen, sich einander anzuziehen und unterzuordnen; und der Erfolg würde kein anderer sein, als daß sich die verschiedenen Gegensätze in zwei letzte Begriffe zusammendrängten und diesen ihre ganze Macht übertrügen."[99]

Luhmann, „Wahrheit und Ideologie", in: Ders., *Soziologische Aufklärung*, Bd. 1, Köln/Opladen 1972, S. 54-65; ferner die Beiträge aus: *Aufklärungsperspektiven. Weltanschauungsanalyse und Ideologiekritik*, hg. v. Kurt Salamun, Tübingen 1989; insbesondere Ernst Wolfgang Orth, „Ideologie und Weltanschauung. Zur Pathologie zweier Begriffe", in: Salamun 1989, S. 133-148.

98 Odo Marquard, „Weltanschauungstypologie. Bemerkungen zu einer anthropologischen Denkform des 19. und 20. Jahrhunderts", in: Ders., *Schwierigkeiten mit der Geschichtsphilosophie. Aufsätze*, Frankfurt a.M. 1973, S. 107-121, hier S. 107 u. S. 120f.

99 Adolf Trendelenburg, „Über den letzten Unterschied der philosophischen Systeme", in: *Abhandlungen der Königlichen Akademie der Wissenschaften zu Berlin. Aus dem Jahre 1847*, Berlin 1849, S. 241-262, hier S. 243. Vgl. dazu auch Joachim Wach, *Die Typenlehre Trendelenburgs und ihr Einfluß auf Dilthey. Eine philosophie- und geistesgeschichtliche Studie*, Tübingen 1926. Später wird Wach mit einer Religionssoziologie hervortreten: Joachim Wach, *Religionssoziologie*, Tübingen 1951.

Als größten Gegensatz bestimmte Trendelenburg den vom Subjektiven und Objektiven, von Denken und Sein, bzw. von Erkennen und Welt als einen Gegensatz, den er „bewußter Gedanke und blinde Kraft" nennt.[100] Wenn dies als Hauptgegensatz angenommen wird, „so ergibt sich eine dreifache Möglichkeit ihres gegenseitigen Verhältnisses. *Entweder* steht die Kraft vor dem Gedanken, so daß der Gedanke nicht das Ursprüngliche ist, sondern Ergebnis, Produkt und Akzidenz der blinden Kräfte; – *oder* der Gedanke steht vor der Kraft, so daß die blinde Kraft für sich nicht das Ursprüngliche ist, sondern der Ausfluß des Gedankens; – *oder* endlich Gedanke und Kraft sind im Grunde dieselben und unterscheiden sich nur in unserer Ansicht."[101] Nach dieser Typologie rechnet Trendelenburg zu den Philosophien, in denen die Kraft vor dem Gedanken steht, die „materialistischen Systeme" von Demokrit bis zur modernen Naturforschung, zu denen, die den Gedanken als ursprünglich ansetzen, die „idealen Systeme" in der Tradition Platons. Für den dritten Typus der Identität bzw. Indifferenz von Kraft und Gedanken nennt er Spinoza. Diese Typologie, die alle Systeme zu inkludieren beansprucht, bedeutet für Trendelenburg jedoch keine Stillstellung des Konflikts: „Nur diese drei Stellungen von Gedanken und Kraft kann es geben; aber von den drei möglichen kann nur Eine die wirkliche und wahre sein. Daher liegen sie miteinander in Streit."[102]

Dilthey hat Trendelenburgs Trias übernommen, aber den Streit gemildert, indem er den Wahrheitsanspruch eines Typus zugunsten einer Gleichwertigkeit der drei Typen herabgesetzt hat. Während Trendelenburg die philosophischen Systeme in eine Extremspannung gebracht hat, entwirft Dilthey eine tolerantere Ordnung von Weltanschauungen. Dafür muß er freilich die Haltung eines distanzierten, selbst nicht unmittelbar engagierten Beobachters einnehmen. Er gewinnt sie durch seine Auseinandersetzung mit dem Positivismus von Comte, Spencer und Mill. Deren Bestreben, der – vor allem am Katholizismus gemessenen – Einheit christlicher Theologie ein ebenso einheitliches wissenschaftliches Weltbild entgegenzusetzen, erteilt Dilthey eine Absage. Aber er übernimmt zugleich die relationalen Denkfiguren des Positivismus, um sie für die Begründung der Geisteswissenschaften zu verwenden.[103] Die distanzierte Perspektive gewinnt er in der historischen Selbstvergewisserung.

„Naturalismus", „Idealismus der Freiheit" und „objektiver Idealismus" sind Dilthey zufolge metaphysische Grundpositionen, die sich in den Naturwissenschaften, im politischen Handeln und in der Kunst manifestieren. Im Naturalismus zeige sich „der Wille zum Genuß und die Aussöhnung mit dem übermächtigen und fremden Weltlauf durch die Unterwerfung unter denselben in der Betrachtung."[104]

100 Trendelenburg 1849, S. 245.

101 Ebd., S. 247f.

102 Ebd., S. 248.

103 Vgl. dazu die Studie von Hans-Helmuth Gander, *Positivismus als Metaphysik*, Freiburg i.B. 1988.

104 Wilhelm Dilthey, „Weltanschauungslehre. Abhandlungen zur Philosophie der Philosophie", in: Ders., *Gesammelte Schriften*, Bd. 8: *Weltanschauungslehre. Abhandlungen zur Philosophie der Philosophie*, Stuttgart/Göttingen ^{3}1962, S. 101.

Den „Idealismus der Freiheit" charakterisiert er als „das Verhalten, welches sich jeder Gegebenheit mit souveräner Selbstherrlichkeit gegenübersetzt", es „enthält in sich die Unabhängigkeit des Geistigen von all diesen Gegebenheiten; der Geist weiß sein Wesen als von jeder physischen Kausalität verschieden."[105] Personalität und eine „Lebensverfassung, welche vom handelnden Menschen ausgeht und für die Zwecksetzung eine feste Regel fordert", sind Charakteristika dieses Typus.[106] Die weltanschauliche Einstellung des „objektiven Idealismus" beschreibt Dilthey als „ein Verhalten kontemplativ, beschaulich, ästhetisch oder künstlerisch, wenn das Subjekt in ihm gleichsam ausruht von der Arbeit des naturwissenschaftlichen Erkennens und des Handelns, das im Zusammenhang unserer Bedürfnisse, der so entstehenden Zwecke und deren äußeren Verwirklichung verläuft. In diesem kontemplativen Verhalten erweitert sich unser Gefühlsleben, in welchem Lebensreichtum, Wert und Glück des Daseins zunächst persönlich erfahren werden, zu einer Art von universeller Sympathie."[107]

Diese Trias von Typen der Weltanschauung, die in den Kernzonen: Naturforschung, Politik und Kunst verankert sind, erinnert nachhaltig an die *theologia tripertita* des Terentius Varro, die uns in dieser Religionssoziologie als ein heuristisches Modell dient. Dabei ist freilich zu bemerken, daß Diltheys objektiver Idealismus die mytho-poetische Funktion der *theologia fabulosa* weniger nach ihrer enthusiastisch expressiven Seite, als nach ihrer ruhigen Innerlichkeit, passend für die Zeit nach dem Ausklang der revolutionären Epoche, profiliert: „Das ist die Seelenverfassung, in welcher das Individuum sich eins fühlt mit dem göttlichen Zusammenhang der Dinge und so jedem anderen Glied dieses Zusammenhangs verwandt."[108]

Es ist nun interessant, wie Dilthey in das Nebeneinander der Weltanschauungstypen die historische Perspektive diesseits einer idealistischen Geschichtsphilosophie wieder integriert. Ausgangspunkt ist dabei die Rätselhaftigkeit des Lebens, mit dem die Erfahrung der vergehenden Zeit verbunden ist: „In dem Leben ist als erste kategoriale Bestimmung desselben, grundlegend für alle anderen, die Zeitlichkeit enthalten".[109] Leben wird erlebt und bildet so eine Reihe von Erlebnissen, denen wir uns rückblickend zuwenden können. In einem weiteren Schritt wird Zeitlichkeit als Geschichtlichkeit aufgefaßt und als ein anthropologisches Merkmal ausgezeichnet: „Was der Mensch sei, das erfährt er ja doch nicht durch Grübelei über sich, auch nicht durch psychologische Experimente, sondern durch die

105 Ebd., S. 109.

106 Ebd., S. 111.

107 Ebd., S. 114.

108 Ebd., S. 115. Eine wichtige Weiterentwicklung der Diltheyschen Typologie hat Erich Rothacker vorgelegt: Erich Rothacker, *Logik und Systematik der Geisteswissenschaften*, München/Berlin 1926.

109 Wilhelm Dilthey, „Plan der Fortsetzung zum Aufbau der geschichtlichen Welt in den Geisteswissenschaften", in: Ders., *Gesammelte Schriften*, Bd. 7: *Der Aufbau der geschichtlichen Welt in den Geisteswissenschaften*, Stuttgart/Göttingen ^{2}1958, S. 191-291, hier S. 192.

Geschichte".[110] Dies ist zuerst die individuelle Lebensgeschichte und dann im weiteren Schritt die kollektive Geschichte: „Wir sind zuerst geschichtliche Wesen, ehe wir Betrachter der Geschichte sind, und nur, weil wir jene sind, werden wir zu diesen."[111] Die historische Betrachtung kann sich dann auf die „Kette der Individuen" richten und „allgemeine Lebenserfahrung" eruieren: „Aus der regelmäßigen Wiederholung der einzelnen Erfahrungen bildet sich im Nebeneinander und der Abfolge der Menschen eine Überlieferung von Ausdrücken für sie, und diese erhalten im Lauf der Zeit immer größere Genauigkeit und Sicherheit. Ihre Sicherheit beruht auf der immer zunehmenden Zahl der Fälle, aus denen wir schließen, auf der Unterordnung derselben unter vorhandene Verallgemeinerungen und auf beständiger Nachprüfung."[112] Die Beobachtung des Ineinander-Greifens von biographischer und historischer Zeitlichkeit ist auch für eine Historische Soziologie unverzichtbar, die darauf zielt, Erfahrung und Struktur in eine Balance zu bringen.

Dies hat nun forschungspraktische Konsequenzen. Der Soziologe Karl Acham hat die unterschiedlichen Neigungen entweder zum methodologischen Individualismus oder zum methodologischen Holismus auf die Differenz in der Problemwahrnehmung bezogen und die Hypothese aufgestellt: „Wenn kollektive Verhaltensweisen, sozialkulturelle Ganzheiten und Interaktionsmuster unklar, unbestimmt oder gar irrational erscheinen, wendet man sich zurück zu den psychischen Strukturen jener Elemente, aus denen diese aggregierten Sachverhalte aufgebaut sind (...). Umgekehrt wendet man sich dann, wenn einen Unklarheit über die individualpsychologischen Befunde befällt und man eine Veränderung der bislang für selbstverständlich angesehenen Merkmale der Individuen konstatiert, den Ganzheiten, Kollektiven und aggregierten gesellschaftlichen Tatbeständen als den vermeintlichen Erklärungsinstanzen zu; diese Art der Fragehaltung ist charakteristisch für das, was man ‚methodologischen Holismus' nennt."[113] Anders gesagt: Angesichts der Fraglichkeit des gesellschaftlichen Zusammenhangs soll die Erhellung

110 Wilhelm Dilthey, „Ideen über eine beschreibende und zergliedernde Psychologie", in: Ders., *Gesammelte Schriften*, Bd. 5: *Die geistige Welt. Einleitung in die Philosophie des Lebens*, Stuttgart/Göttingen ²1957, S. 139-240, hier S. 180; vgl. Dilthey 1958, S. 279 u.a.

111 Dilthey 1958, S. 278. Der psychologische Ausgangspunkt von Diltheys Weltanschauungstypologie ist weitergeführt in Karl Jaspers, *Psychologie der Weltanschauungen*, Berlin 1922; hinzuzunehmen sind hier noch Eduard Spranger, *Lebensformen*, Halle 1921; Ludwig Klages, *Die Grundlagen der Charakterkunde, 4. Aufl. der Prinzipien der Charakterologie*, Leipzig 1926; sowie Ernst Kretschmer, *Körperbau und Charakter* [1921], Berlin ⁴1925. Zur Diskussion der zwanziger Jahre siehe auch Constanze Glaser, „Realisten und Idealisten, die menschlichen Grundtypen. Versuch einer Darstellung und Aufweisung ihrer kategorialen Gültigkeit", in: *Kant-Studien* 38/1933, S. 118-152. Zur Stellung Diltheys innerhalb der Psychologie vgl. Ludwig J. Pongratz, *Problemgeschichte der Psychologie*, München ²1984, S. 245ff.

112 Dilthey 1962, S. 79. Siehe auch Hans-Ulrich Lessing, „Der Typus zwischen Ordnungs- und Aufschließungsfunktion. Anmerkungen zum heuristischen Status des Typus-Begriffs bei Wilhelm Dilthey und Max Weber", in: *Urteilskraft und Heuristik in den Wissenschaften. Beiträge zur Entstehung des Neuen*, hg. v. Frithjof Rodi, Weilerswist 2003, S. 139-158.

113 Acham 1985, S. 15.

der individuellen Sphäre intellektuelle Sicherheit bringen, so wie angesichts der Fraglichkeit des Individuums die Beschäftigung mit kollektiver Identität Lösungen verspricht. Wenn, wie in dem gerade behandelten Zeitraum, die gesellschaftliche Erfahrung der Marktwirtschaft dominiert, könnte die erste Variante wahrscheinlicher sein.

WELTANSCHAUUNGSQUALITÄTEN DES CHRISTENTUMS. Die besondere Leistung der sich nach 1850 ausbreitenden Rede von Weltanschauung besteht nicht zuletzt darin, die Unterschiede von Wissenschaft, Philosophie und Religion im Begriff der Weltanschauung seltsam zu entkräften. William Stern zufolge „kann es für den, der eine Weltanschauung hat, dennoch andere Weltanschauungen neben ihr geben, – während es für den, der Religion oder Metaphysik besitzt, im strengen Sinne keine Religion*en* oder Metaphysik*en* geben kann." So ist die Weltanschauung „bescheidener als die alte Metaphysik, aber anspruchsvoller als Skepsis und Positivismus; sie verzichtet auf das metaphysische Wissen im Sinne der absoluten Wahrheit, aber sie bejaht den metaphysischen Trieb im Sinne einer Tendenz zur höchsten Vereinheitlichung aller Überzeugungen und Wertungen, und sie erstrebt die Erfüllung dieses Triebes soweit eine solche dem Menschen vergönnt ist."[114] Dies vorausgesetzt, ergeben sich implizite Folgen für die Wahrnehmung der *Bekenntnisreligionen*, die nun gleichermaßen als existierende Weltanschauungen angesprochen werden können. Für die Binnenperspektive der rekonfessionalisierten *Bekenntnisreligionen* ist – wie gezeigt – die Kirchlichkeit erneut in eine prominente Stellung gerückt.[115] In der Außenperspektive interessiert dies weniger, hier sind die Weltanschauungsqualitäten des Christentums gefragt.

Bei Dilthey finden sich verschiedene Denkstrategien, mit dem Verhältnis von Weltanschauung und Religion umzugehen. In den geistesgeschichtlichen Studien erscheint das „religiöse Motiv" neben dem „ästhetisch-wissenschaftlichen" und dem juridischen als eines der drei großen Motive in der „Metaphysik der Menschheit", die ursprungsmäßig dem Orient, den Griechen und den Römern zugerechnet werden.[116] Im Mittelalter seien sie dann zu einer „Metaphysik-Theologie" verwoben worden. Anschließend sei seit Renaissance und Reformation das „natürliche System der Geisteswissenschaften" entstanden, das zwar auch mit der christlichen Religiosität verwoben gewesen sei, aber zugleich die Grundlage der Ausbildung der drei Weltanschauungstypen: Naturalismus, Idealismus der Freiheit, objektiver Idealismus geboten habe.[117]

---

114 Stern 1915, S. 4f.

115 Zur Diskussion um das „Zweite Konfessionelle Zeitalter" in diesem Band S. 467ff.

116 Wilhelm Dilthey, *Gesammelte Schriften*, Bd. 2.: *Weltanschauung und Analyse des Menschen seit Renaissance und Reformation*, Leipzig/Berlin 1914, S. 1-16.

117 Vgl. dazu die Beiträge in: *Dilthey und Cassirer. Die Deutung der Neuzeit als Muster von Geistes- und Kulturgeschichte*, hg. v. Thomas Leinkauf, Hamburg 2003, insbesondere den Beitrag von Martin Mulsow, „Diltheys Deutung der ‚Geisteswissenschaften' des 17. Jahrhunderts. Revisionen, Aktualisierungen, Transformationen", in: Leinkauf 2003, S. 53-68.

In einem systematischen Ansatz, der sich an Hegels Trias des absoluten Geistes: Kunst, Religion, Philosophie orientiert, will Dilthey beweisen, „daß auch die philosophischen Systeme so gut als die Religionen oder die Kunstwerke, eine Lebens- und Weltansicht enthalten, welche nicht im begrifflichen Denken, sondern in der Lebendigkeit der Personen, welche sie hervorbrachten, gegründet ist.“[118] In der Typenschrift von 1911 erscheinen die „drei Haupttypen der metaphysischen Weltanschauung“ neben der „religiösen Weltanschauung“ und den Ausführungen über die „Stellung der Weltanschauung in der Dichtung“.[119] Das religiöse Motiv findet sich somit mal neben dem Weltanschaulichen, mal als Teil des Weltanschaulichen.

In einem handschriftlichen Zusatz spricht Dilthey davon, daß „privilegierte Geister“ schon zu wissenschaftlichen und philosophischen Verarbeitungen des Lebens kommen könnten, „wäre nicht die ungeheure, den ganzen Zusammenhang der Geschichte des menschlichen Geistes bedingende Tatsache: Religion. Sie ist es, welche die ersten großen Weltanschauungen hervorgebracht hat; sie allein gibt Weltanschauungen ihr Recht über die Breite der Gesellschaft, und in noch so abgeblaßter scheinbar rein metaphysischer Volksmetaphysik bemerkt der geschichtliche Forscher leicht die Macht einer ihrer Dogmen, ihrer Historie und des Einflusses ihrer Kultushandlungen entkleideten Religiosität. Und so ungeheuer ist dieser Einfluß der Religion auf die Entwicklung des menschlichen Denkens, daß es dem wahrhaft geschichtlich denkenden Forscher leicht begegnen kann, die Beweggründe von Rationalisierung der Religiosität oder von Kampf gegen sie in den meisten philosophischen Systemen wie in den Lebensstimmungen der modernen Kultur als den Hauptfaktor anzusehen.“[120] Schließlich hat bei Dilthey die „proteische Erscheinung“ religiöser Prozesse auch das angesteckt, was er mit seiner Typologie sichern wollte: „Keine Grenzpfähle trennen die Modifikationen derart, in welcher menschliche Weltanschauungen sich entwickeln; selbst der Begriff der Weltanschauung kann nicht eindeutig bestimmt werden, weder in Bezug auf die Art der Überzeugung, die er einschließt, noch auf deren Grund, von dem er ausgeht.“[121]

Redliche Einsichten wie diese, die Unsicherheit, das religiöse Motiv mal neben dem Weltanschaulichen, mal als Teil des Weltanschaulichen zu begreifen, das Zögern, Religion eindeutig als Hauptfaktor der geistigen Entwicklung auszuzeichnen, solch offene Haltung findet man in den intellektuellen Positionskämpfen seiner Zeit nicht allzu häufig. Die kaum zu überschätzende Bedeutung Diltheys für die Religionssoziologie liegt darin, daß seine Typologie der Weltanschauungen eine Forschungsrichtung eröffnet hat, in der die distanzierte Beobachtung der histori-

118 Dilthey 1962, S. 30.

119 Ebd., S. 87ff.

120 Ebd., S. 163f.

121 Ebd., S. 165. Vgl. dazu auch die Anmerkungen von Friedrich Niewöhner zur Einrichtung einer „Guardini-Professur für Religionsphilosophie und katholische Theologie“ zum Wintersemester 2004/2005 in Berlin, im Vergleich zu Guardinis Professur von 1923-1939, die die Nomination „Religionsphilosophie und katholische Weltanschauung“ besaß. Friedrich Niewöhner, „Die Erben von Romano Guardini. ‚Weltanschauung‘: Geschichte eines problematischen Begriffs“, in: *Frankfurter Allgemeine Zeitung* vom 24. März 2004, S. N3.

schen Felder intellektueller Manifestationen mit einer Sensibilität für das „erlebte Leben" verschränkt wird.

Weitaus griffiger dagegen waren die Formeln, die David Friedrich Strauß für das Verhältnis von Weltanschauung und Religion geprägt hat. In seiner Schrift von 1872 *Der alte und der neue Glaube. Ein Bekenntnis* spielt die traditionelle Differenz von Glauben und Wissen nicht mehr die Hauptrolle: „Wohlbedacht übrigens habe ich im Titel meiner Schrift dem alten Glauben nicht ein neues Wissen, sondern einen neuen Glauben gegenübergestellt."[122] Der alte Glaube ist für Strauß ein „Kirchenglaube". Er bietet vielen Zeitgenossen kaum noch Möglichkeiten, einen Zugang zum Absoluten zu finden. Der neue Glaube, zu dem Strauß sich bekennt, hat die Paßform einer Weltanschauung. In ihren Zentrum steht das Universum: „ein unendlicher Inbegriff von Welten in allen Stadien des Werdens und Vergehens, und eben in diesem ewigen Kreislauf und Wechsel es selbst in ewig gleicher absoluter Lebensfülle sich erhaltend."[123] Dazu reicht es nicht, sich „mit demjenigen zu begnügen, was streng induktiv zu erweisen ist, sondern (wir) müssen noch mancherlei hinzufügen, was von dieser Grundlage aus sich für unser Denken, teils als Voraussetzung, teils als Folgerung ergibt. In demselben Sinne habe ich meine Schrift ein Bekenntnis genannt".[124]

Strauß nimmt den alten Titel der *confessio* auf, aber der neue Glaube unterscheidet sich vom Typus der *Bekenntnisreligion* darin, wie er mit der Frage der Vergemeinschaftung der Gläubigen des neuen Glaubens umgeht. Einleitend fragt Strauß, welches die „wir" sind, für die er sein Bekenntnis formuliert. Es sind nicht diejenigen, die es zur Anpassung des Christentums an die Moderne für genügend halten, „die notorisch dürre gewordenen Zweige des alten Baumes zu entfernen, in der Hoffnung, ihn dadurch von Neuem lebenskräftig und fruchtbar zu machen. Dort will man sich wohl einen Papst gefallen lassen, nur keinen unfehlbaren; hier will man an Christus festhalten, nur soll er nicht mehr für den Sohn Gottes ausgegeben werden. Übrigens aber soll es in beiden Kirchen bleiben wie es war".[125] Strauß redet hingegen im Namen derer, die „den engen Zusammenhang des kirchlichen Systems" ernst nehmen und der Meinung sind, „wenn man einmal Jesus nicht mehr für den Sohn Gottes, sondern für einen Menschen, wenn auch noch so vortrefflichen, ansehe, so habe man kein Recht mehr, zu ihm zu beten, ihn als Mittelpunkt eines Kultus festzuhalten, Jahr aus Jahr ein, über ihn, seine Taten, Schicksale und Aussprüche zu predigen".[126]

122 David Friedrich Strauß, „Der alte und der neue Glaube. Ein Bekenntnis", in: Ders., *Gesammelte Schriften*, eingeleitet und mit erklärenden Nachweisungen versehen von Eduard Zeller, Bd. 6, Bonn 1877, S. 271. Zu David Friedrich Strauß vgl. die grundlegende Studie von Friedrich Wilhelm Graf, *Kritik und Pseudo-Spekulation. David Friedrich Strauß als Dogmatiker im Kontext der positionellen Theologie seiner Zeit*, München 1982a.

123 Strauß 1877, S. 101.

124 Ebd., S. 271.

125 Ebd., S. 2f.

126 Ebd., S. 3.

Für diese „wir" erwägt er die Frage, welche Prinzipien der Organisation dem neuen Glauben zukommen: „Wir sollten mithin, so scheint es, den alt- und neukirchlichen Vereinen gegenüber einen unkirchlichen, einen rein humanitären und rationellen, gründen. Aber es geschieht nicht, und wo es einige versuchen, machen sie sich lächerlich. Das dürfte uns nicht abschrecken, wir müßten es nur besser machen. So scheint es Manchen, aber uns scheint es nicht so. Wir erkennen vielmehr einen Widerspruch darin, einen Verein zu gründen zur Abschaffung eines Vereins. Und wenn wir tatsächlich erweisen wollen, daß wir keine Kirche mehr brauchen, dürfen wir nicht ein Ding stiften, das selbst wieder eine Art von Kirche wäre. Verständigen aber sollen und wollen wir uns doch. Das kann indes in unserer Zeit geschehen auch ohne Verein. Wir haben den öffentlichen Vortrag, wir haben vor allem die Presse."[127] Die Zustimmung zum neuen Glauben entnimmt Strauß dann auch der Auflagenhöhe seiner Schriften: „Gegen die Tausende meiner Leser sind die paar Dutzende meiner öffentlichen Tadler eine verschwindende Minderheit, und sie werden schwerlich beweisen können, daß sie durchaus die treuen Dolmetscher der ersteren sind."[128] In der Tat wurde Strauß mit seinen enormen Auflagen der erfolgreichste theologische Autor seiner Epoche.[129]

Gegen David Friedrich Strauß' „moderne Weltanschauung" setzte der protestantische Theologe Alfred Ritschl im dritten Band seines systematischen Werks *Die christliche Lehre von der Rechtfertigung und Versöhnung* (1874) eine „religiöse Weltanschauung".[130] Es kommt in der zweiten Hälfte des 19. Jahrhunderts nicht nur zum Prozeß der Verweltanschaulichung der Philosophie, die sich nicht in Wissenschaft auflösen lassen will, sondern auch zu einem Prozeß der Verweltanschaulichung der Religionen. Er findet Vertreter bei Protestanten, Katholiken und Juden, wie außerhalb der Kirche.[131] Die positivistische *Wissenschaftsreligion* und der naturwissenschaftliche Materialismus, die die Entwicklung des Religionsmarktes angestoßen haben, finden sich auf ihm schließlich auch als Weltanschauungen wieder. Der Markt eröffnet im Branchenzweig der Weltanschauungen aber – wie wir später zeigen werden – auch Chancen für Theosophen, Okkultisten, Spiritisten, Astrologen oder Gläubige, die versunkene Glaubenswelten wiederbeleben wollen.[132]

---

127 Ebd., S. 4.

128 Ebd., S. 258.

129 Zur Popularität vgl. die Angaben bei Friedrich Wilhelm Graf 1982a. 16ff.

130 Albrecht Ritschl, *Die christliche Lehre von der Rechtfertigung und Versöhnung*, 3. Bd.: *Die positive Entwicklung der Lehre*, Bonn 1895, S. 190 u. S. 581; Otto Woysch, *Der Materialismus und die Christliche Weltanschauung* [1857], Montana 2010.

131 1923 wird in Berlin für Romano Guardini ein Lehrstuhl für „Religionsphilosophie und katholische Weltanschauung" eingerichtet. Zu den Diskussionen um die Einrichtung des Lehrstuhls siehe Hanna-Barbara Gerl-Falkovitz, *Lauterkeit des Blicks: Unbekannte Materialien zu Romano Guardini*, Heiligenkreuz im Wienerwald 2013, S. 11-29. Zu Religion als Weltanschauung siehe: Ulrich Berner, „Gegenstand und Aufgabe der Religionswissenschaft", in: *Zeitschrift für Religions- und Geistesgeschichte* 35/1983, S. 97-116.

132 In diesem Band S. 617.

2. Religionsunternehmer und Weltanschauungsfirmen

Der Anteil von Protestanten am religiösen Unternehmertum. Die Zahl der Anbieter auf dem Markt der Glaubensrichtungen um 1900 ist kaum zu überblicken. Überhaupt ist festzustellen, daß in dieser Zeit das Spektrum der Weltanschauungen in inhaltlicher Hinsicht bereits weitgehend ausdifferenziert ist. Im 20. Jahrhundert sind kaum wichtige Neuzugänge zu verzeichnen. Hier überlappen sich die Wahrnehmungen der Erfahrung entfesselter Marktwirtschaft, in der Religionen, Werte und Weltanschauungen zu Markte getragen werden, mit der unmerklich anwachsenden Erfahrung des Rhythmus der Maschinen, der Entfremdung von der Natur in einer künstlicher werdenden Welt, des Technisch-Machbaren im weitesten Sinne. Die religiösen Innovationen, die um 1900 den Bewegungen der ‚Lebensreform' und dann im Zeitalter der Weltkriege der sich aufdrängenden Erfahrung technisierter und ästhetisierter Lebenswelt entspringen, liegen nicht so sehr auf der Ebene weltanschaulicher Inhalte, sondern beziehen sich – wie wir im *Vierten Teil* der Religionssoziologie zeigen werden – auf das *Doing religion.* In unserer Darstellung werden wir daher diese Anbieter auf dem Religionsmarkt, die sich um 1900 bemerkbar machen, im letzten Teil mitbehandeln.[133]

Wir haben dargestellt, wie der Religionsmarkt der USA in der Konkurrenz der protestantischen Gemeinden um die Überzeugungen der Bürger die öffentliche Präsenz von Religion auf der Basis der Trennung von Staat und Kirche zu steigern vermochte. Zur Konkurrenz der protestantischen Denominationen, wie sie in den USA verbreitet war, treten zumal in Deutschland in Absetzung von den Kirchen auch einzelne Gläubige hinzu, die sich gleichsam als Religionsunternehmer auf den Religionsmarkt begeben. Die dafür erforderliche Subjektivierung religiöser Weltanschauung war für die katholische Kirche indiskutabel, für protestantische Gläubige dagegen eröffnete sie die Chance, ein persönliches Christentum in oder neben der Gemeinde zu artikulieren. Luthers Lehre von der Kirche als einem Notbau, der in Dauerspannung zur Freiheit des Christenmenschen steht, und der protestantische Fiduzialglaube mit seinem Zentrum von Innerlichkeit und Gottvertrauen, boten hierfür die theologische Grundlage. Hinzu kam die breite Tradition protestantischer Gelehrsamkeit, die dann mit dem Ausbau der Theologie im Wissenschaftssystem des 19. Jahrhunderts Chancen für Richtungskämpfe „positioneller" Universitätstheologien eröffnete.[134] Damit in Verbindung standen die Polemiken zwischen „Altprotestantismus" und „Neuprotestantismus" und die Tendenz, die unterschiedlichen Positionen in das politische Richtungsschema Rechts-mitte-links einzuord-

---

133 In diesem Band S. 1267ff.

134 Friedrich Wilhelm Graf, „Rettung der Persönlichkeit. Protestantische Theologie als Kulturwissenschaft des Christentums", in: Ders. / Rüdiger vom Bruch u. Gangolf Hübinger (Hg.): *Kultur und Kulturwissenschaften um 1900. Krise der Moderne und Glaube an die Wissenschaft*, Wiesbaden 1989, S. 103-131, hier S. 113ff.

nen.[135] Es war dies eine Spannweite von einerseits *rationalreligiösem* Glauben, der an das vernünftige Christentum der Neologen des 18. Jahrhundert anschloß, und andererseits einem stets neu erweckten Glauben, wie er sich, angestoßen durch die Erschütterungen gesellschaftlicher Erfahrung, zeigen konnte.

Während der katholische Ultramontanismus sich auf dem Religionsmarkt zu behaupten versuchte, indem er zu *Nationalreligion*, *Kunstreligion* und *Wissenschaftsreligion* teils über Akkomodation, teils durch klare Trennungen seine Identität erneuern konnte, ist im Protestantismus eine vergleichsweise geringere Kohärenz auszumachen. Jochen-Christoph Kaiser bemerkt, daß die Forschung in der Frage religiöser Milieus „valide Ergebnisse bisher vor allen für den Katholizismus erbrachten, während der Protestantismus als Gesinnungsgemeinschaft, als Milieu oder Lager noch in vergleichsweise diffusem Licht erscheint."[136] Ein Grund dafür mag darin zu sehen sein, daß im Protestantismus tendenziell eine offenere Bereitschaft für konfessionelle Übergänge anzutreffen ist, wie sie von Christel Köhle-Hezinger in ihren grundlegenden volkskundlichen Studien untersucht wurde.[137]

Die innere Pluralität des Protestantismus bot gute Voraussetzungen dafür, daß es überwiegend Protestanten waren, die an den ausfransenden Rändern protestantischer Kirchlichkeit Stiftungen für eine freie Vereinsreligiosität oder eine eigensinnige „Reformation" ins Werk setzten und um Anhänger für ihr Christentum warben. Moritz von Egidy[138], Johannes Müller[139], Albert Kalthoff[140] und Arthur Bonus[141] –

---

135 Zur Spannung von liberalen und nationalen Orientierungen im Protestantismus vgl. Gangolf Hübinger, „Liberalismus und Protestantismus im Deutschen Kaiserreich", in: *Liberalismus in Geschichte und Gegenwart*, hg. v. Richard Faber, Würzburg 2000, S. 115-129; Claudia Lepp, *Protestantisch-liberaler Ausfbruch in die Moderne*, Gütersloh 1996; *Nationalprotestantische Mentalitäten in Deutschland (1870-1970). Konturen, Entwicklungslinien und Umbrüche eines Weltbildes*, hg. v. Manfred N. Gailus u. Hartmut Lehmann, Göttingen 2005.

136 Jochen-Christoph Kaiser, „Die Formierung des protestantischen Milieus", in: ders., *Politischer Protestantismus im 19. und 20. Jahrhundert. Ausgewählte Arbeiten zur Kirchlichen Zeitgeschichte*, hg. von Rolf-Ulrich Kunze u. Roland Löffler, Konstanz, 2008, S. 39-68, hier S. 39.

137 Christel Köhle-Hezinger, *Evangelisch – Katholisch*, Tübingen 1976; dies., „Nachchristlicher Protestantismus – Protestantischer Katholizismus. Zur Kultur konfessioneller Übergänge", in: *Der Protestantismus – Ideologie, Konfession oder Kultur?*, hg. v. Richard Faber u. Gesine Palmer, Würzburg 2003, S. 17-26.

138 Moritz von Egidy, *Ernste Gedanken*, Leipzig 1890; vgl. Masaki Saito, „Nationalreligiöse Konzepte im völkischen Kreis um 1900 im Wilhelminischen Kaiserreich", in: *Veröffentlichungen des Japanisch-Deutschen Zentrums Berlin*, Bd. 57, Berlin 2008, S. 65-69.

139 Zu Müller siehe Harald Haury, *Von Riesa nach Schloß Elmau. Johannes Müller (1864-1949) als Prophet, Unternehmer und Seelenführer eines völkisch naturfrommen Protestantismus*, Gütersloh 2005.

140 Zu Kalthoff siehe James Bentley, „Three German Marxists Look at Christianity: 1900-1930", in: *Journal of Church and State* 22/1980, S. 505-517, hier S. 508-511.

141 Artur Bonus, *Die Kirche*, Frankfurt a.M. 1909; zum Kontext: Rainer Lächele, „Germanisierung des Christentums – Heroisierung Christi. Arthur Bonus – Max Bewer – Julius Bode", in: *Völkische Religion und Krisen der Moderne. Entwürfe ‚arteigener' Glaubenssysteme seit der*

um nur die prominenteren zu nennen – repräsentieren diesen Typus.[142] Daß es innerprotestantische Grenzen des Pluralismus gab, mußte der evangelische Pfarrer Carl Jatho erfahren. Um gegen ihn ein Lehrbeanstandungsverfahren einleiten zu können, mußten zunächst noch kirchenrechtliche Grundlagen geschaffen werden. Es war die freie Publizistik Jathos, in der er auch mit finanzieller Unterstützung eines rheinischen Industriellen einen eigensinnigen Religionsmix aus Spinoza, Goethe und monistischen Auffassungen verbreitete, der Anstoß erregte.[143] Besondere Abgrenzungsprobleme bestanden einerseits zur sogenannten „Bildungsreligion", in der neoidealistische, *kunstreligiöse* und neuhumanistische Motive der Revolutionsperiode sich erhalten hatten, und andererseits zur Verweltanschaulichung, wie sie bei David Friedrich Strauß' Schrift *Der alte und der neue Glaube* zum Ausdruck kamen. Der Theologe Richard Rothe, Mitbegründer des *Deutschen Protestantenvereins*, forderte, die „Unkirchlichen", d.h. das „Christentum außerhalb der Kirche" wieder in eine offene Volkskirche zu integrieren.[144] Friedrich Wilhelm Graf spricht von der „zwischen 1870 und 1918 intensiv geführten Debatte um eine postchristliche deutsche Zivilreligion des neuen Reiches."[145]

Im Folgenden wird es darum gehen, exemplarisch zwei Profile von Religionsunternehmern und Weltanschauungsbetrieben vorzustellen: Sören Kierkegaard, den Joachim Wach als Antipoden Diltheys bezeichnet hat, und den Verleger Eugen Diederichs.[146] Dilthey verdanken wir, wie gezeigt, die Idee ordnungsschaffender Typen von Weltanschauung, die als Sortierhilfe auf dem Religionsmarkt verwandt werden können. Kierkegaard behauptet dagegen den fundamentalen Unterschied seines Christentums zu jedem Markt. Anders verfährt Eugen Diederichs. Er mobilisiert und synthetisiert ein weites Spektrum der außerkirchlichen Religiosität in seinem Verlagsprogramm, und er verstand es, eine breite Palette weltanschaulicher Bedürfnisse des Bürgertums und seiner Intellektuellen zu befriedigen.

Jahrhundertwende, hg. v. Stefanie von Schnurbein u. Justus H. Ulbricht, Würzburg 2001, S.165-183.

142 Zur Nietzsche-Rezeption bei diesen Autoren siehe Thomas Mittmann, „‚Gott ist tot – es lebe die Religion'. Friedrich Nietzsches Philosophie im Kontext religiöser Vergemeinschaftungen in Deutschland vom Kaiserreich bis zum Nationalsozialismus", in: *Die Gegenwart Gottes in der modernen Gesellschaft: Transzendenz und religiöse Vergemeinschaftung in Deutschland*, hg. v. Michael Geyer u. Lucian Hölscher, Göttingen 2006, S. 253-276.

143 Thomas Martin Schneider, „Der Fall Jatho. Irrlehrer oder Opfer?", in: *Evangelisch am Rhein. Werden und Wesen einer Landeskirche*, hg. v. Joachim Conrad u. a., Düsseldorf 2007, S. 182–184. Im Verlag Eugen Diederichs erschien: Carl Jatho, *Zur Freiheit seid ihr berufen. Die sechzehn Saalpredigten*, Jena 1913.

144 Hans-Joachim Birkner, *Spekulation und Heilsgeschichte. Die Geschichtsauffassung Richard Rothes*, München 1959; Friedrich Wilhelm Graf, „Kulturprotestantismus. Zur Begriffsgeschichte einer theologiepolitischen Chiffre", in: *Archiv für Begriffsgeschichte* 28/1984, S. 214-268, hier S. 261; vgl. Trutz Rendtorff, *Christentum außerhalb der Kirche. Konkretionen der Aufklärung*, Hamburg 1969.

145 Graf 1984, S. 261.

146 Joachim Wach, *Die Typenlehre Trendelenburgs und ihr Einfluß auf Dilthey. Eine philosophie- und geistesgeschichtliche Studie*, Tübingen 1926, S. 11.

KIERKEGAARD ALS RELIGIONSUNTERNEHMER. Handelte es sich bei David Friedrich Strauß um einen Theologen, dessen neuer Glaube laut Nipperdey „bestimmte Durchschnittstendenzen bündelt“[147], so kann Sören Kierkegaard als prominentestes Beispiel dafür gelten, welche Probleme entstehen, wenn ein radikales persönliches Christentum in der Marktgesellschaft vertreten wird. Seine zwischen Dichtung, philosophischer Reflexion und Predigt oszillierenden Texte und ihre Marktform sollen zuerst behandelt werden, da sie stilbildend für viele Autoren sind, die ihre Religion auf dem Buchmarkt zum Verkauf anbieten. Es liegt uns fern, Kierkegaards religiöse Schriftstellerei in ihrer Ernsthaftigkeit zu schmälern, wenn wir ihren Autor als Religionsunternehmer in den Blick nehmen. Die Ernsthaftigkeit der einzelnen, die ihre Religion über den Markt unter die Leute zu bringen versuchten, mag vielleicht oftmals sogar stärker ausgeprägt sein als die, die sich in einer Kirche wußten.

Die Sicht auf Sören Kierkegaard als einem Religionsunternehmer ist durch die Inanspruchnahme dieses Autors für die Existenzphilosophie des 20. Jahrhunderts verstellt. Es fällt auf, daß hier von den drei Sphären: dem Ästhetischen, dem Ethischen und dem Religiösen, die für Kierkegaard entscheidende Sphäre des Glaubens von Forschern außerhalb der Theologie oftmals nur nebenbei mitgeführt wird. In Adornos Schrift über Kierkegaard von 1933 ist der Däne geradezu auf den Kopf gestellt.[148] Adorno stellt das Ästhetische, bei Kierkegaard eine mindere Sphäre, als zentrales Moment heraus. In der Philosophiegeschichte zählt Kierkegaard zuerst als Ethiker, aus theologischer Sicht hat seine radikale Kirchenkritik stets Probleme bereitet.[149]

Wir nähern uns dem Phänomen Kierkegaard, indem wir uns die Frage vorlegen: Wie kann der Glaube an Christus auf den Markt gebracht werden? Kierkegaard hat sich geweigert, dafür die vertrauten Wege einzuschlagen. Abgelehnt wird der Weg der Verbreitung der Glaubenslehre vermittels der Institutionen der Kirche und der theologischen Fakultät. Denn für Kierkegaard ist das Christentum überhaupt keine Lehre: „Wenn das Christentum nämlich eine Lehre wäre, so wäre das Verhältnis

147 Zu D. F. Strauß: Thomas Nipperdey, *Deutsche Geschichte 1866 – 1908*, Bd. 1: *Arbeitswelt und Bürgergeist*, München 1990, S. 508.

148 Theodor W. Adorno, *Kierkegaard. Konstruktion des Ästhetischen*, Frankfurt a.M. 1974. Zur Entstehungsgeschichte der Kierkegaard-Schrift siehe Stefan Müller-Doohm, *Adorno. Eine Biographie*, Frankfurt a.M. 2003, S. 185ff. Zur Religiosität Adornos siehe auch in diesem Band S. 1097.

149 Helmut Fahrenbach erwähnt nicht einmal, daß Kierkegaards Denken auf eine religiöse Problematik zuläuft. Vgl. ders., „Sören Kierkegaard: Ethische Existenzanalyse und existenzdialektische Ethik“, in: *Geschichte der neueren Ethik*, Bd. 1: *Neuzeit*, hg. v. Annemarie Pieper, Tübingen/Basel 1992, S. 256-283. Sie ist auch nicht zentral gemacht bei Tilo Wesche, *Kierkegaard. Eine philosophische Einführung*, Stuttgart 2003; siehe dagegen Hermann Deuser, *Kierkegaard. Die Philosophie des religiösen Schriftstellers*, Darmstadt 1985. Annemarie Pieper, *Sören Kierkegaard*, München 2000, S. 82ff. und 135ff., und vor allem Michael Theunissen, *Der Begriff Ernst bei Søren Kierkegaard*, Freiburg i.Br./München 1958; ders., *Der Begriff Verzweiflung. Korrekturen an Kierkegaard*, Frankfurt a.M. 1993.

zu ihm nicht das des Glaubens, denn zu einer Lehre gibt es nur ein intellektuelles Verhältnis. Das Christentum ist daher keine Lehre, sondern das Faktum, daß der Gott dagewesen ist." Jedes Mißverständnis des Christentums erkenne man daran, „daß es dieselbe in eine Lehre verwandelt und in den Kreis der Intellektualität zieht."[150]

Kierkegaards Fundamentalkritik an der die Kirche als derjenigen Institution, der die Aufgabe der Vermittlung christlichen Glaubens zugewiesen worden sei, steigert sich noch in der letzten Phase seines religiösen Experimentierens. Mit den Flugschriften *Der Augenblick* startet Kierkegaard eine öffentliche Kampagne gegen das offizielle Christentum und die dänische Landeskirche mit ihren beamteten Pfarrern. Der Staat habe wohl gedacht: „Zu den sehr verschiedenen Dingen, die der Mensch im Kulturzustand braucht und die der Staat seinen Bürgern so billig und bequem als möglich verschaffen muß, wie öffentliche Sicherheit, Wasser, Licht, Straßen, Brücken usw. usw. / zu diesen sehr verschiedenen Dingen gehört auch: eine ewige Seligkeit im Jenseits, ein Bedürfnis, das der Staat gleichermaßen zufriedenstellen muß (wie großmütig!), und zwar so billig und bequem als möglich. Natürlich kostet das Geld; denn ohne Geld bekommt man in dieser Welt nichts, nicht einmal eine Anweisung auf ein ewiges Leben in der anderen Welt; nein, ohne Geld bekommt man in dieser Welt nichts."[151] Bei dieser bequemen flächendeckenden staatlichen Versorgung mit dem Heilsgut ewiger Seligkeit im Jenseits handele es sich jedoch um eine „Falschmünzerei". Denn das Christentum sei unbequem, es mißfalle und empöre. „Wird es verkündigt, wie es ist, so werden weder Millionen von Christen gewonnen, noch erwirbt man sich dadurch Lohn und Profit." Die „geistliche Handelsgesellschaft" habe „auf die Massen spekuliert, die Menschen gewonnen, ihnen eingebildet, daß sie Christen seien, indem sie ihnen etwas als Christentum aufschwatzte, was sie ansprach. Und Millionen sind darüber höchst vergnügt gewesen: auf so wohlfeile und ansprechende Art und Weise zugleich Christen zu sein, in einer halben Stunde und im Handumdrehen ein Arrangement mit der Ewigkeit zu treffen, und dann das Leben erst genießen zu können."[152] Das protestantische Staatskirchentum wird nicht mehr wie in Zeiten der Glaubenskriege wegen seines

---

150 Sören Kierkegaard, „Abschließende unwissenschaftliche Nachschrift, Zweiter Teil", in: Ders., *Gesammelte Werke*, Bd. 7, Jena 1910a, S. 25. Wir benutzen hier und im Folgenden wegen ihrer prägenden Kraft die wirkmächtige Ausgabe der Übersetzung von Theodor Haecker. Siehe auch unsere Ausführungen im *Ersten Band (S. 727-742)* zum vieldiskutierten Komplex der individuellen Existenz bei Stirner und Kierkegaard, der ohne die Haeckersche Übersetzung nicht recht nachvollziehbar ist. Vgl. dazu auch Gerhard Thonhauser, der das Übersetzungsproblem am Beispiel von Heideggers Kierkegaard-Rezeption untersucht: Gerhard Thonhauser, „Von der Kulturkritik der ‚Menge' zur existenzialen Analytik des ‚Man'", in: *Kierkegaard Studies Yearbook* 19/2014, S. 329–356.

151 Sören Kierkegaard, „Die Bequemlichkeit und die Sorge für ein ewiges Leben (Der Augenblick Nr. 2, 4. Juni 1855)", in: Ders., *Gesammelte Werke*, Bd. 12: *Der Augenblick*, Jena 1909a, S. 12-28, hier S. 15.

152 Sören Kierkegaard, „Diagnose (Der Augenblick Nr. 4, 7. Juli 1855)", in: Ders 1909a, S. 38-52, hier S. 49 u. S. 50.

disziplinären Glaubenszwangs angegriffen, jetzt richtet sich die Kritik gegen die Kommodifizierung des Christentums.

Nicht nur die *bekenntnisreligiöse* Form des Christentums wird abgewiesen, sondern auch alle Versuche der philosophischen Einvernahme des Christentums, wie sie an theologischen Fakultäten erprobt worden waren.[153] „Man hat dozierend den Gott-Menschen zu jener spekulativen Einheit von Gott und Mensch *sub specie aeterni* gemacht oder in dem nirgends gegenwärtigen Medium des reinen Seins apparent werden lassen, statt daß der Gott-Mensch die Einheit ist von Gottsein und dem einzelnen Menschen in historischer Situation." Man habe Christus „wie man einen Anonymus betrachtet: die Lehre ist die Hauptsache, ist alles. Daher kommt es, daß man sich einbildet, das ganze Christentum sei lauter *direkte* Mitteilung, in seiner Einfalt noch direkter als die tiefsinnigen Diktata eines Professors. Ganz sinnlos ist vergessen worden, daß der Lehrer hier wichtiger ist als die Lehre."[154] Die enthusiastische Fusion des Göttlichen und Irdischen wird ebenso zurückgewiesen, wie die idealistische Anstrengung, dies in einem prozessierenden System darzustellen. Hauptgegner Kierkegaards ist hier Hegel. Dieser spreche zwar vom Werden, aber er kenne den Prozeß nur als einen abgeschlossenen. „Darum fehlt dem System eine Ethik, darum weiß das System nichts, wenn die lebende Generation und das lebende Individuum im Ernst nach dem Werden fragt, nämlich um zu handeln."[155] Gegen diese Historisierung des Absoluten in der Ge-

153 Zur Entwicklung des Themas beim jungen Kierkegaard vgl. Hermann Deuser. „‚Philosophie und Christentum lassen sich doch niemals vereinen'. Kierkegaards theologische Ambivalenzen im Journal AA / BB (1835-1837)", in: *Kierkegaard Studies Yearbook* 8/2003, S. 1-19, siehe auch Heiko Schulz, „Die spekulative Verflüchtigung des Christentums. Philipp Marheinekes System der christlichen Dogmatik und seine Rezeption bei Søren Kierkegaard", in: *Kierkegaard Studies Yearbook* 8/2003, S. 20-47.

154 Sören Kierkegaard, „Einübung im Christentum", in: ders., *Einübung im Christentum u.a.*, hg. v. Walter Rest, München 2005a, S. 49-276, hier S. 146; vgl. auch Sören Kierkegaard, *Die Tagebücher in 2 Bänden*, ausgewählt u. übersetzt v. Theodor Haecker, 1. Bd.: *1834-1848*, Innsbruck 1923a, S. 40. Mit wehmütigem Rückblick auf seine Schriften weiß der Kierkegaard des Tagebuchs, daß sein geistiges Erbe „dem Professor" nicht entkommen wird: „ach, und ich weiß zugleich, wer mich beerben wird, er, die Gestalt, die mir so ungeheuer zuwider ist, er, der doch bislang alles Bessere geerbt hat und fernerhin erben wird: der Dozent, der Professor. Und selbst wenn der ‚Professor' dieses zu lesen bekäme, es würde ihn doch nicht aufhalten, nicht bewirken, daß das Gewissen ihm schlüge, nein, auch dieses würde doziert werden. Und wiederum diese Bemerkung, wenn der Professor sie zu lesen bekäme, sie würde ihn nicht aufhalten, nein, auch sie würde doziert werden. Denn noch länger als der Bandwurm (von dem kürzlich nach einer Zeitungsnotiz eine Frau befreit wurde, weshalb ihr Mann in der Zeitung unter Angabe seiner Länge dankt: 100 Ellen), noch länger ist der Professor; und kein Mensch kann einen Menschen, in welchem der ‚Professor' ist, von diesem Bandwurm losmachen, das kann nur Gott, wenn der Mensch selber will." Sören Kierkegaard, *Die Tagebücher in 2 Bänden*, ausgewählt u. übersetzt v. Theodor Haecker, 2. Bd.: *1849-1888*, Innsbruck 1923b, S. 293.

155 Kierkegaard fährt fort: „Die Weltgeschichte versteht daher Hegel, trotz allem Reden von Prozeß, nicht im Werden, sondern mit Hilfe des Sinnesbetrugs der Vergangenheit, versteht sie in der Abgeschlossenheit, wo alles Werden ausgeschlossen ist. Daher kann sich ein Hege-

schichte insistiert Kierkegaard darauf, „daß das Christentum die Ewigkeit als das Zukünftige verkündet hat".[156] Wenn nicht durch die Predigt in der Kirche und auch nicht durch theologische Seminare an der Universität, auf welchem Wege könnte ein authentischer Glaube an Christus verbreitet werden?

Der junge Kierkegaard hatte sich 1830 an der Universität eingeschrieben. Daß er Theologie studieren würde, lag in Anbetracht der Religiosität des Elternhauses nahe. 1840 vollendete er die theologische Staatsprüfung und hielt 1841 auch seine erste Predigt in *Holmens Kirke*. Aber Kierkegaard hat die vorgezeichnete Karriere als evangelischer Pfarrer, der sich mit Frau und Kindern um eine Gemeinde zu kümmern und so den Glauben an Christus zu verbreiten hat, abgebrochen. Die skandalöse Auflösung der Verlobung mit Regine Olsen und der Erfolg als reflexionshingegebener Schriftsteller, den er durch Heirat und Familiengründung gefährdet sah, sind oft diskutiert. Für Kierkegaards Biograph Joakim Garff handelt es sich „bei dieser Geschichte, die durchaus im banalen Glück hätte enden können, nicht nur um zwei Menschen, die aus intellektuellen, psychologischen Gründen einander verfehlen müssen, sondern sie wird zu einem Drama großen Stils zwischen den extremen Begriffspaaren der abendländischen Geistesgeschichte: Unmittelbarkeit und Reflexion, Verlangen und Beherrschung, Nähe und Abwesenheit."[157]

Die Absage an das Amt des Pfarrers bleibt jedoch problematisch. In einer Tagebuchnotiz von 1853 heißt es rückblickend: „Als ich ‚sie' verließ, begehrte ich von Gott eines, daß es mir glücken möchte, zu schreiben und fertig zu werden mit Entweder-Oder (...) und so hinaus in ein Pfarramt, das, meinte ich nämlich, sei der Ausdruck dafür, der Welt zu entsagen. Das mit ‚Entweder-Oder' glückte mir. Doch es geschah nicht, wie ich es erwartet und worauf ich gezielt hatte: daß ich gehaßt werden würde, verabscheut usw., nein, ich hatte glänzendes Glück. Nun hätte ich also weg sollen, aufs Land als Pfarrer." Der schriftstellerische Erfolg verführt Kierkegaard zum Umdenken. Es war in ihm „eine so starke Produktivität erwacht, daß ich ihr nicht widerstehen konnte. Hier geschah also etwas anderes; ich wurde Schriftsteller, aber schwenkte ab in der Richtung: religiöser Schriftsteller zu werden. Bald tauchte auch jener andere Gedanke (Landpfarrer) wieder auf. Ich meinte zu trachten, in der kürzestmöglichen Zeit fertig zu werden mit dem Schriftsteller – und dann Landpfarrer. Bei jeder neuen Schrift dachte ich beständig: nun mußt du abbrechen ..."[158]

Kierkegaard hat eine beträchtliche Energie dareingesetzt, einen marktgerechten Modus christlicher Rede zu entwickeln, der sich von der Predigt beamteter Pfarrer und theologischen Traktaten unterscheidet.[159] Ausgangspunkt dabei ist das Ver-

---

lianer mit Hilfe seiner Philosophie unmöglich selbst verstehen, denn er kann nur verstehen, was vorbei und fertig ist, aber ein noch Lebender ist doch kein Verstorbener." Kierkegaard 1910a, S. 7.

156 Ebd.

157 Joakim Garff, *Sören Kierkegaard. Eine Biographie*, München 2004, S. 227.

158 Kierkegaard 1923b, S. 327.

159 Kierkegaards Reflexionen zu der Möglichkeit gelingender Kommunikation untersucht Dorothea Glöckner, „Das Versprechen: Überlegungen zu Kierkegaards theologischer Grundle-

hältnis zum Zweifel: „Die christliche Rede läßt sich bis zu einem gewissen Grad mit dem Zweifel einen – die Predigt operiert absolut, einzig und allein durch die Autorität der Schrift, der Apostel Christi. Es ist deshalb absolut Ketzerei, in einer Predigt mit den Zweifeln sich einzulassen, selbst wenn man noch so gut mit ihnen umzugehen verstände. Darum steht da im Vorwort zu meinen christlichen Reden: Wenn ein Leidender, der zugleich *in vielen Gedanken irre gelaufen* ist ... Eine Predigt setzt einen Priester (die Ordination) voraus; die christliche Rede kann ein gewöhnlicher Mensch sein.“[160]

In seiner ethisch-religiösen Abhandlung *Über den Unterschied zwischen einem Genie und einem Apostel* geißelt Kierkegaard die Verwirrungen, die sich in den religiösen Vortrag eingeschlichen haben. Die Pfarrer „reden in den höchsten Tönen von des Apostel Paulus Geistreichheit, Tiefsinn, von seinen schönen Gleichnissen usw. – lauter Ästhetik. Soll Paulus als Genie betrachtet werden, so sieht es übel für ihn aus (...). Als Genie kann Paulus weder den Vergleich mit Platon noch mit Shakespeare aushalten; als Verfasser schöner Gleichnisse steht er ziemlich tief unten“.[161] Dieser Unterschied ist in den Bemühungen der protestantischen Vermittlungstheologen in der Schleiermacherschen Linie verwischt, die die monotone Wiederholung längst bekannter Bibelsprüche durch Einflechtung literarischer oder geistreicher Werke in den Gottesdienst auflockern wollten.

Die entscheidende Differenz zwischen Genie und Apostel liegt Kierkegaard zufolge im Verhältnis zum Paradox: „Ein Genie kann in seinen ersten Äußerungen paradox sein, aber je mehr es zu sich selber kommt, um so mehr verschwindet das Paradoxe. Ein Genie kann vielleicht um ein Jahrhundert seiner Zeit voraus sein und darum wie ein Paradox dastehn, aber zuletzt wird das Geschlecht doch das einmal Paradoxe sich so assimilieren, daß es sich nicht mehr paradox ist.“ Die Botschaft eines Apostels hingegen kann in der Zeit niemals entparadoxiert werden: „Das Neue, das er zu verkünden haben kann, ist das wesentlich Paradoxe. Wie lange es auch in der Welt verkündigt wird, es bleibt wesentlich gleich neu, gleich paradox, keine Immanenz kann es sich assimilieren.“[162] Für Kierkegaard entsteht das Problem, eine Art zu kommunizieren zu finden, die weder der Figur des Genies noch der des Apostels nachgebildet ist.

---

gung der Sprache ausgehend von dessen Wiederholungsschrift“, in: *Kierkegaard Studies Yearbook*, 7/2002, S. 36-51.

160 Kierkegaard 1923a, S. 312f. Zum „Zweifel als Anstoß zum Existieren“ siehe Pieper 2000, S. 38ff. Zur Predigt vgl. auch Sören Kierkegaard, „Der Begriff der Angst“, in: ders., *Die Krankheit zum Tode u.a.*, hg. v. Walter Rest, München 2005c, S. 555; grundlegend dazu: Albrecht Haizmann, *Indirekte Homiletik – Kierkegaards Predigtlehre in seinen Reden*, Leipzig 2006.

161 Sören Kierkegaard, „Zwei kurze ethisch-religiöse Abhandlungen. Zweite Abhandlung über den Unterschied zwischen einem Genie und einem Apostel“, in: ders., *Einübung im Christentum*, hg. v. Walter Rest, München 2005b, S. 301-315, hier S. 301f.

162 Ebd., S. 303f. Zum christlichen Paradox vgl. Christine Axt-Piscalar, „Schuldbewußtsein – Inkarnationsgedanke – Glaubenssprung. Überlegungen zur ‚Unwissenschaftlichen Nachschrift‘ als Denkprojekt“, in: *Kierkegaard Studies Yearbook* 10/2005, S. 224-241.

Kierkegaard bringt den Glauben an Christus im Modus einer religiösen Rede auf den Religionsmarkt, die ohne intermediäre Vermittlung auskommen will. Er tut dies als Einzelner – eine Selbstbeschreibung, die tragend für das ganze Werk ist. Gegen Hegel wendet er ein: „Abstrakt nach Wirklichkeit fragen (...) und abstrakt darauf antworten ist lange nicht so schwer wie danach fragen und darauf antworten, was es heißt, daß dieses bestimmte Etwas eine Wirklichkeit ist."[163] Und direkt auf eine Kernfrage des christlichen Glaubens zusteuernd heißt es weiter: „Die Mißlichkeit der Abstraktion zeigt sich gerade bei allen Existenzfragen, wo die Abstraktion die Schwierigkeit entfernt, indem sie sie ausläßt und sich dann rühmt alles zu erklären. Sie erklärt die Unsterblichkeit überhaupt, und siehe da, es geht ausgezeichnet, indem Unsterblichkeit mit Ewigkeit identisch wird, mit der Ewigkeit, welche wesentlich Medium des Gedankens ist. Ob aber ein Einzelner, existierender Mensch unsterblich ist, worin gerade die Schwierigkeit liegt, darum kümmert sich die Abstraktion nicht. Sie ist interesselos, aber die Schwierigkeit der Existenz besteht in dem Interesse des Existierenden und daß den Existierenden das Existieren unendlich interessiert."[164] Die Faktizität des Einzelnen, der Existenzinteressen hat und um das Schicksal seiner unsterblichen Seele bangt, findet Kierkegaard zufolge auf dem Markt der Druckerzeugnisse keine aufrichtige Präsenz: „In Griechenland war man doch aufmerksam, was existieren bedeute. Die skeptische Ataraxie war daher ein Existenzversuch vom Existieren zu abstrahieren." Und mit Blick auf das Mengenwachstum der Druckerzeugnisse fährt er fort: „In unseren Tagen abstrahiert man im Druck, wie man im Druck an allem ein für allemal zweifelt. *Das* hat unter anderem im modernen Philosophieren so große Konfusion veranlaßt, daß die Philosophen so viele kurze Aussprüche über unendliche Aufgaben besitzen und dies Papiergeld gegenseitig respektieren, während es fast nie jemand einfällt, sich selbst darin zu versuchen, die Forderung der Aufgabe existierend zu realisieren."[165] Kierkegaards Existenzversuche bestehen im Schreiben und Publizieren eines Einzelnen, der „Existenzmitteilungen" verbreitet. Das Christentum „drückt einen Existenzwiderspruch aus und ist eine Existenzmitteilung".[166]

HADERN MIT DEM BUCHMARKT. Ungeschützt durch das Amt des Professors oder das des Pfarrers sind Kierkegaards Existenzmitteilungen abhängig von denen, die seine Schriften verlegen. „Daß es Verleger gibt, daß es Menschen gibt, deren ganze wesentliche Existenz ausdrückt, daß Bücher Ware sind und ein Verfasser Kaufmann: ist ein ganz unsittliches Verhältnis." Kierkegaard reflektiert die Erfahrung, daß Ware-Geld-Beziehungen die Grundlagen geistiger Arbeit verändern. „Insoweit in einem Geistesverhältnis (wie Verfasser zu sein) das Pekuniäre dazutritt, daß er

163 Kierkegaard 1910a, S. 1.
164 Ebd., S. 2.
165 Ebd., S. 16f.
166 Ebd., S. 74. Es geht dabei nicht um Weltanschauung, sondern um „Lebens-Anschauung", vgl. dazu Gerhard Schreiber, „Lebensanschauung und Glaube beim jungen Kierkegaard", in: *Kierkegaard Studies Yearbook* 17/2012, S. 171-200.

gelohnt wird, Honorar bekommt usw., muß der, welcher das Geistesverhältnis konstituiert, wesentlich auch selber das Geldverhältnis konstituieren, selbst das Pekuniäre übernehmen, keineswegs um eines möglicherweise größeren pekuniären Vorteils wegen, oh weit entfernt, nein, aber damit doch etwas Scham dabei sein kann."[167] Über die reale finanzielle Basis des Religionsunternehmers Kierkegaard wird noch zu sprechen sein, auch hat sein Unternehmen zeitweise Gewinne gemacht, aber dies hat die ethische Empfindung der Scham nur leicht berührt.

Empörend ist besonders die Lohnschreiberei: „Konstituiert sich das Geldverhältnis so, daß es die Erwerbsquelle eines ganz anderen Menschen ist, so wird es leicht zur Frechheit. Von Verlegerfrechheit hat man Beispiele genug; das Freche liegt darin, ganz unvorbehalten bis zum Äußersten die geistige Produktion als Ware zu betrachten." Es geht aber nicht nur um das ökonomische Verhältnis zwischen Autor und Verleger, die geistige Produktion als Ware muß auch von Lesern gekauft werden. „Das Publikum bekommt so wieder durch das Geld die Macht über den Verleger, der Verleger durch das Geldverhältnis die Macht über den Verfasser, und so sitzt zuweilen ein Verfasser (der im Verhältnis zum Geld keusch und schamhaft sein muß wie ein Mädchen zum Verkauf ihrer Tugend) und errötet, gekränkt, aber ohne Macht, durchzudringen."[168]

Bei Kierkegaard findet man ein fortgesetztes Hadern mit dem Buchmarkt, der Presse und dem Publikum. In seinem Tagebuch notiert er: „In Wahrheit, wenn die Tagespresse wie andere Gewerbeführende ein Schild außen haben müßte, es müßte darauf stehen: hier werden Menschen demoralisiert in der kürzestmöglichen Zeit, nach dem größtmöglichen Maßstab zu dem billigstmöglichen Preis."[169] Von den Journalisten heißt es: „Der tiefste Abfall des Geschlechts von Gott ist bezeichnet durch den ‚Journalisten'. Das ist der gottlose Versuch, ein Abstraktum zu der absoluten Macht zu machen; und die Anonymität, sie war die Vollendung im Triumph der Lüge."[170] Es ist eine paradoxe Haltung, gegen den Markt für den Markt zu schreiben, in der sich Kierkegaard bewegt.[171]

Die religiöse Schriftstellerei steht darüberhinaus im Wettbewerb mit anderen Autoren, die rasch Gedanken aufgreifen und weiter kommunizieren, sodaß die Bewahrung von Originalität ebenso wie die Verkündung einer neuen Idee, die über schon verbreitete Vorstellungen hinausgeht, kaum zu bewältigende Herausforderungen darstellen. „Vergebens suchen einzelne große Männer, neue Begriffe zu münzen und sie in Zirkulation zu setzen – das nützt nichts. Einen Augenblick nur und sie sind verbraucht, und das nicht einmal von vielen, und tragen so bloß dazu bei, die Verwirrung noch schlimmer zu machen; denn *eine* Idee scheint die fixe Idee des Zeitalters geworden zu sein, es ist diese: über seinen Vorgänger hinausgekom-

---

167 Kierkegaard 1923a, S. 248.

168 Ebd.

169 Kierkegaard 1923b, S. 325.

170 Ebd., S. 126. Vgl. auch die Einträge in Kierkegaard 1923a, S. 331f.

171 Vgl. Peter Tudvad, „On Kierkegaard's Journalism", in: *Kierkegaard Studies Yearbook* 8/2003, S. 214-233.

men zu sein."[172] Dagegen wünscht sich Kierkegaard, „daß stark ausgerüstete Männer hervortreten möchten, die die verlorene Kraft und Bedeutung der Worte zurückgewännen, so wie Luther für seine Zeit den Begriff Glaube zurückgewann. Denn in allem spürt man die für unser Zeitalter so charakteristische Erfindung: die Schnellarbeit der Presse".[173]

Dagegen anzutreten bedarf es besonderer Vorkehrungen. „Wollte man sich einen so eminenten polemischen Schriftsteller denken, wie er vorher noch nie existiert hat, und ihn einer Zeitung gegenüberstellen: er muß verlieren, es sei denn, daß er selber wieder ein Blatt herausgeben wird, und in diesem Fall hat er auch verloren, insofern er von einem Schriftsteller herabgesunken ist zu einem Journalisten (was ebenso ist, wie aus einem Philosophen ein Sophist werden)."[174] Bevor Kierkegaard schließlich selbst die Flugschrift *Der Augenblick* herausgibt, versorgt er seine Leser mit einer beeindruckenden literarischen Produktion. Dafür entwirft er ein arbeitsteiliges Personal von Pseudonymen, die aufeinander Bezug nehmen, sich interpretieren und korrigieren und er verlangt, daß seine Schriften nach diesen Pseudonymen zitiert werden. Dem sind wir in dieser Religionssoziologie, anders als manche zünftige Kierkegaardforscher, nicht gefolgt. 1846 enthüllt er die Pseudonyme.

Nicht Angst vor der Zensur war für die Polynonymität bestimmend, sondern die Problematik, wie der Glaube an Christus auf den Markt gebracht werden kann. Denn den Weg, dies als direkte Mitteilung etwa im Sinne einer persönlichen Bekenntnisschrift zu tun, hat Kierkegaard abgewiesen. Für ihn sind die zweifelnden Mitteilungen einer Existenz, die auf dem Weg zu Christus ist, unter den Bedingungen der Marktgesellschaft nur indirekt durch eine selbsterzeugte Vermehrung fiktiver Stimmen möglich. Diesen Modus hat Kierkegaard ausgiebig gepflegt. Die indirekte Mitteilung „kann eine Kunst der Mitteilung sein, durch die Mitteilung verdoppelt wird. Die Kunst besteht dann gerade darin, daß der Mitteilende sich selbst aufhebt oder sich also rein objektiv stellt und auf diese Weise ununterbrochen qualitative Gegensätze in Einheit setzt. Dies pflegen einige Pseudonyme die Doppelreflexion der Mitteilung zu nennen."[175] Mit der Polynonymität geht Kierkegaard einerseits auf die Pluralisierung der religiösen Überzeugungen in der Marktgesellschaft einen Schritt zu, gleichzeitig wird mit der Polynonymität daneben ein neuer Raum des Wettbewerbs hergestellt, in dem die inneren Zweifel des religiösen Schriftstellers auf Personen verteilt auf dem Markt miteinander konkurrierend platziert werden.

Die daraus erwachsenden Probleme mit der Identität hat Kierkegaard in *Eine letzte Erklärung,* der Offenbarung der Pseudonyme, erläutert: „Das Geschriebene ist also wohl von mir, aber nur insofern, als ich der *produzierenden* dichterisch-wirklichen Individualität ihre Lebensanschauung, die man aus den Repliken her-

172 Kierkegaard 1923a, S. 59.
173 Ebd., S. 65.
174 Ebd., S. 275.
175 Kierkegaard 2005a, S. 155.

aushört, in den Mund gelegt habe. Denn mein Verhältnis ist ein noch weitergehendes als das eines Dichters, der Personen *dichtet*, und doch *selbst* im Vorwort der *Verfasser* ist. Ich bin nämlich unpersönlich oder persönlich, ein Souffleur in dritter Person, der dichterisch *Verfasser* hervorgebracht hat, deren *Vorworte*, ja deren *Namen* wieder ihre Produkte sind. So ist in den pseudonymen Büchern nicht ein einziges Wort von mir selbst; ich habe kein Urteil über sie als das eines Dritten, kein Wissen von ihrer Bedeutung als nur als Leser, nicht das entfernteste Privatverhältnis zu ihnen, wie es ja unmöglich ist, ein solches zu einer doppeltreflektierten Mitteilung zu haben."[176] Hinter diesem Versteckspiel verbirgt sich die Überzeugung, daß die christliche Botschaft in der Marktgesellschaft des Inkognitos bedarf.

Es ist dies ein ganz anderer Weg der *Bekenntnisreligion* auf den Markt, als ihn der Katholizismus gegangen ist. Wie gezeigt, setzt der Katholizismus auf die Visibilität des Spirituellen und kann darin einen Marktvorteil verbuchen. Anders der Protestant Kierkegaard, der *sola fide* allein vor Gott steht. Er bezieht sich untergründig auf die Knechtsgestalt, in den Liedern des Propheten Jesaja vom Gottesknecht, dessen Identität theologische Forschung noch nicht restlos geklärt hat.[177] Für Juden ist der Gottesknecht kollektiv das Volk Israel, für Christen verweist er auf den gekreuzigten Jesus. Denn dem Bericht des Matthäusevangeliums zufolge habe man nach der Taufe Jesu im Jordan eine Stimme aus dem Himmel vernommen, die eben jene Worte wiederholte, die bei Jesaja zu finden sind, sodaß der Evangelist darin eine Erfüllung der Verheißung des Jesaja feststellen konnte. Der Apostel Paulus hat dies dann auch an die Gläubigen weitergegeben, die nun Knechte Gottes sind.[178]

Kierkegaard hat dies existentiell ernst genommen und ist auf die Urszene zurückgegangen, in der Christus, noch unerkannt, allererst noch als Gottes Sohn erkannt werden mußte. Damit provoziert er eine Gleichzeitigkeit der historischen Existenz des Gottesknechtes auf Erden mit der Jetztzeit seiner Leser. „Die meisten Menschen, die jetzt in der Christenheit leben, leben allerdings in der Einbildung dahin, daß sie Christus trotz seiner Unkenntlichkeit sofort erkannt haben würden, wenn sie gleichzeitig mit ihm gelebt hätten."[179] Den als Skandalon auf die Welt gekommenen Christus kann der Einzelne als Schreibender ebenfalls nur inkognito auf den Markt bringen.

176 Sören Kierkegaard, „Eine erste und letzte Erklärung", in: Ders., *Gesammelte Werke*, Bd. 7, Jena 1910b, S. 301-304, hier S. 301.

177 Diethelm Michel, Hubert Frankemölle, Art. „Gottesknecht", in: *Neues Bibel-Lexikon*, Bd. 1, hrsg. v. Manfred Görg u. Bernhard Lang, Zürich/Düsseldorf 1995, S. 932-936.

178 Vgl. Jesaja 42,1, Mt. 3.17 u. Mt. 12, 15-21, sowie Paulus: „Denn da ihr der Sünde Knechte wart, da wart ihr frei von der Gerechtigkeit. Welche Furcht hattet ihr damals? Lauter Dinge, deren ihr euch jetzt schämt; denn sie führen zum Tod. Nun aber, da ihr von der Sünde frei und Gottes Knechte geworden seid, bringt ihr die Frucht für Eure Heiligung, und das führt zum ewigen Leben." (Römer 6,20-22).

179 Kierkegaard 2005a, S. 151.

RELIGIÖS, ETHISCH, ÄSTHETISCH. Dazu dient Kierkegaard die doppelte Verhüllung: die Verhüllung des religiösen Kerns durch das Ethische, und die Verhüllung des ethischen Kerns durch das Ästhetische als eines Stils, der bis in die Interpunktion hinein besonderer Pflege bedarf. So notiert Kierkegaard im Tagebuch: „Rhetorisch auf die Vordersätze hin konstruieren und den Nachsatz ein Nichts sein lassen, einen Abgrund, vor dem der Leser gleichsam noch einmal zurückschaudert in den Vordersätzen; vorwärts stürmen in einem Anlauf, als würde dieser Reichtum niemals erschöpft werden, und gerade in derselben Sekunde abbrechen, welches dem Kunststück gleich ist, in gestreckter Karriere zu parieren (die meisten Reiter fallen herunter, – im allgemeinen schlägt man zuerst in Galopp über und dann in Trab); an der Spitze einer Kavallerie von Prädikaten, das eine kesser und lebhafter als das andere, einzuhauen und dann abzuschwenken; der Sprung in der Modulation; das Umschlagen des Begriffs in einem einzigen Wort; die Unterbrechung des Unerwarteten usw."[180]

In *Entweder – Oder*, mit dem Kierkegaard über Nacht erfolgreicher Schriftsteller wurde, werden in den Papieren des Ästhetikers A und des Ethikers B, die unter dem sprechenden Pseudonym Victor Eremita herausgegeben wurden, zwei Wahlen für ein Selbst vorgestellt: „Wenn etwa ein Mensch ästhetisch verliebt ist, so spielt das Zufällige eine ungeheuere Rolle, und es ist ihm von Wichtigkeit, daß noch niemand so geliebt hat, mit den Nuancen wie er". Anders stellt sich die Situation, vom Ästhetischen enthüllt, in ihrem ethischen Gewand dar: „wenn derjenige, der ethisch lebt, heiratet, so realisiert er das Allgemeine. Darum wird er nicht ein Hasser des Konkreten, sondern er hat einen Ausdruck mehr, tiefer als jeder ästhetische Ausdruck, indem er in der Liebe eine Offenbarung des Allgemein-Menschlichen sieht."[181] Aber die Sphäre des Ethischen bleibt mit dem Allgemein-Menschlichen unterbestimmt, da dieses bloß intellektuell aufgegriffen werden kann. Entscheidend wird für Kierkegaard der Sprung in den Glauben, der in der Konzentration auf die Innerlichkeit erfolgt: „Alles wesentliche Erkennen betrifft die Existenz, oder nur das Erkennen, das sich wesentlich zur Existenz verhält, ist wesentliches Erkennen. Das Erkennen, das nicht nach innen in der Reflexion der Innerlichkeit die Existenz betrifft, ist wesentlich angesehen zufälliges Erkennen, sein Grad und Umfang wesentlich betrachtet gleichgültig."[182] Innerlichkeit ist dabei ein Prozeß zur Wahrheit, das meint: *„die objektive Ungewißheit, in der Aneignung der leidenschaftlichen Innerlichkeit festgehalten, das ist die Wahrheit,* die höchste Wahrheit, die es für einen *Existierenden* gibt. (...) Aber die eben gegebene Bestimmung der Wahrheit ist eine Umschreibung des Glaubens. Ohne Risiko kein Glaube. Glaube ist gerade der

180 Kierkegaard 1923a, S. 286, zur Interpunktion vgl. ebd., S. 319.

181 Sören Kierkegaard, *Entweder – Oder*, hg. v. Walter Rest, München 2005d, S. 822.

182 Sören Kierkegaard, „Abschließende unwissenschaftliche Nachschrift zu den philosophischen Brocken, Erster Teil", in: Ders., *Gesammelte Werke*, Bd. 6, Jena 1910c, S.101-370,hier S. 273.

Widerspruch zwischen unendlicher Leidenschaft der Innerlichkeit und objektiver Ungewißheit.“[183]

Kierkegaard hat seine gläubige Innerlichkeit Jahr für Jahr in umfänglichen Schriften ausgestellt, die erbaulich im religiösen wie im konsumistischen Sinne genannt werden können. Mit Bezug auf die aristotelische Poetik schreibt er: „Wie ich das Prinzip des Ästhetischen im Religiösen beibehielt, indem ich nur die Äußerlichkeit des Ästhetischen beseitigte, so kann ich auch die These des Aristoteles aufrecht erhalten, wenn ich sie nur schärfer fasse. Was Aristoteles meint, ist einfach genug. Er setzt voraus, daß der Zuschauer affizierbar sei.“[184] Im Unterschied zum antiken Theater sind jedoch Furcht und Mitleid im Religiösen anders geworden. Der Religiöse „lehrt den Zuhörer nicht, daß er das Schicksal fürchte, nicht daß er sich selbst durch Mitleid mit dem aufhalte, der durch das Schicksal fällt. All das hat für ihn an Bedeutung verloren, weshalb er auch, im Gegensatz zu dem Ästhetiker, alle Menschen, große und kleine, in gleicher Weise dem Schlage des Schicksals ausgesetzt sieht.“[185] Der religiöse Schriftsteller sagt vielmehr: „‚Was du fürchten sollst, ist die Schuld; und Mitleid sollst du mit dem haben, der in Schuld fällt: denn das erst ist die Gefahr, die Schuld. Doch darfst du dich durch dein Mitleid nicht verleiten lassen, dich selbst über einem anderen Menschen zu vergessen.‘“[186] Vom Ästhetischen zum Ethischen und vom Ethischen zum Religiösen gibt es jeweils einen „Ruck der Entscheidung“, der das, was in der einen Wertsphäre das Höchste war, in der anderen niedrig bewertet.

Im Versteckspiel und in den Ironien zwischen Existenzmitteilung und geistreicher Unterhaltung, das Kierkegaard als „religiöses Experimentieren“[187] auf den Markt gebracht hat, sind alle Paradoxien der drei Sphären versammelt und ausbuchstabiert. So heißt es: „Nimmt man das Religiöse, so muß dieses das Ethische durchgemacht haben. Darum ist es mit einem religiösen Dichter ein eigenes Ding. Ein solcher wird sich nämlich zum Religiösen mit Hilfe der Phantasie verhalten, aber eben dadurch kommt er dazu, daß er sich ästhetisch zu etwas Ästhetischem verhält.“[188] Aber dabei will Kierkegaard nicht stehenbleiben, kann man doch Glaubenshelden ebenso besingen wie Kriegshelden. Entscheidend ist, daß die Wahrheit des Religiösen als Kern des Ethischen darin liegt, „selbst zu existieren“ und nicht in der Produktion schöner Werke.[189] Damit wird „die Dichterproduktion, wenn sie nicht ganz unterbleibt, oder wenn sie ebenso reichlich wie früher kommt, von ihm selbst als etwas Zufälliges betrachtet (...), was ein Zeichen ist,

183 Ebd., S. 278.
184 Sören Kierkegaard, „Stadien auf dem Lebensweg“, in: Ders., *Gesammelte Werke*, Bd. 4, Jena 1922, S. 426.
185 Ebd., S. 427f.
186 Ebd. S. 428.
187 „So habe ich das religiöse Experimentieren verstanden“, ebd., S. 426.
188 Kierkegaard 1910a, S. 82.
189 Ebd.

daß er sich selbst religiös versteht, denn ästhetisch ist die Dichterproduktion das Wichtige und der Dichter das Zufällige."[190]

Nach der profanen Seite ist diese Existenz des religiösen Dichters in der Marktgesellschaft auf den Besitz von Geld gegründet, nach der christlichen Seite geht es um die Aneignung des Gnadengeschenks der ewigen Seligkeit, „ein Gut, das nicht in größeren Partien ausgeteilt wird, sondern jedesmal nur einem. Wenn es auch meint, die Subjektivität sei als Aneigungsmöglichkeit die Möglichkeit, dieses Gut anzunehmen, so meint es doch nicht, die Subjektivität sei ohne weiteres fix und fertig, ja nicht einmal, sie habe eine wirkliche Vorstellung von der Bedeutung dieses Gutes."[191] Daher bedarf es einer „Umschaffung der Subjektivität", einer „unendliche(n) Konzentration in sich selbst auf das höchste Gut der Unendlichkeit".[192] Das protestantische *sola fide* stellt das Christentum als eine Religion vor, von der es bei Kierkegaard heißt: „So protestiert das Christentum gegen alle Objektivität und will, daß das Subjekt sich unendlich um sich selbst bekümmere."[193]

Wer sich die Frage vorlegt, wie der Glaube an Christus auf den Markt gebracht werden kann, wird durchaus Kierkegaards Selbsteinschätzung zustimmen: „Es ist klar, daß ich in meinen Schriften eine weitere Bestimmung des Begriffs ‚Glaube' gegeben habe, die bislang nicht dagewesen war."[194] Kierkegaard hält es weder mit den kirchlichen Konfessionalismen der *Bekenntnisreligion*, noch mit der gesunden Vernunft der *Rationalreligion*. Den Höhenflügen der enthusiastischen Religionen der Revolutionszeit hat er eine Absage erteilt. Man bewundert einen Tänzer, aber wenn er „sich das Aussehen geben würde, fliegen zu können: dann mag das Gelächter ihn einholen."[195] *Kunstreligion* kam für den Gottesknecht nicht in Frage, und den Einzelnen kann man sich als Anhänger einer *Nationalreligion* nicht vorstellen. Im Gegenteil. Die Massen der Kirchgänger bedeuten für Kierkegaard einen Verfall der Religion. Der Religionsmarkt bietet in dieser Situation die neuartige Chance, den Einzelnen als einen Leser religiöser Reflexionsliteratur zu erreichen. Auf die vereinzelte Leserexistenz ist die gesamte Produktion Kierkegaards abgestellt. Der Einzelne ist die marktgerechte christologische Grundfigur: „Mitten in diesen ungeheueren Völkern von ‚Christen', in diesem Gewimmel von ‚Christen' leben hie und da einige einzelne, ein einzelner. Für ihn ist der Weg schmal / vgl. das Neue Testament; er wird von allen gehaßt / vgl. das Neue Testament; ihn totzuschlagen gilt für einen Dienst gegen Gott / vgl. das Neue Testament. Es ist doch ein kurioses Buch, dieses Neue Testament; es bekommt doch Recht; denn dieser einzelne, diese einzelnen / ja die waren die Christen."[196]

190 Ebd.

191 Kierkegaard 1910c, S. 210.

192 Ebd.

193 Ebd.

194 Kierkegaard 1923b, S. 194.

195 Kierkegaard 1910c, S. 208.

196 Sören Kierkegaard, „Eine Schwierigkeit an dem Neuen Testament (Der Augenblick Nr. 2, 4. Juni 1855) „ ,in: Ders, 1909a, S. 12-28, hier S. 24.

DAS CHRISTENTUM FÜR EIGENE RECHNUNG VERKÜNDEN. Immer wieder fordert Kierkegaard seine Leser dazu auf, sich die Gleichzeitigkeit der eigenen Existenz mit der Gegenwart des Erlösers oder mit einem Apostel vorzustellen. Der Augenblick der Begegnung mit Christus und seinen Aposteln ist dabei der urchristlichen Situation entsprechend vorgeführt. Damit radikalisiert Kierkegaard die Frage nach dem Märtyrertum und dem, der ein Wahrheitszeuge genannt werden darf. „Darf ein Mensch sich für die Wahrheit totschlagen zu lassen?", lautet der Titel einer ethisch-religiösen Abhandlung. In seinem Tagebuch notiert er: „Luther hat doch eigentlich unberechenbaren Schaden angerichtet dadurch, daß er nicht Märtyrer geworden ist." Das Bild des alten Luther – „ein Gottesmann, der in Gemütlichkeit dasitzt, umgeben von bewundernden Anbetern" – habe letztlich „den Münzfuß des Reformators um die Hälfte gedrückt". Das Ausbleiben des Martyriums mache es in Zukunft schwieriger, „einen Reformator unter den vollen Bedingungen zu bekommen, nein, das ist ja nahezu unmöglich gemacht. Die Weltlichkeit hat sich nämlich das Lutherische zunutzen gemacht, um das Verhältnis rein umzukehren, so daß das Reformatorsein auf die Weise, daß man gut davon kommt, für das Höhere angesehen wird. O siehe, da brach das Ganze entzwei, der Nerv im Christentum."[197]

Auch Kierkegaard ist – so sehr er sich bemüht hat Wahrheitszeuge zu sein, – im protestantischen Dänemark nicht als Märtyrer gestorben. Am Schluß seiner labyrinthischen Argumentationsführung, ob man sich für die Wahrheit totschlagen lassen darf, kommt Kierkegaard zu dem Schluß, daß sich ein Christ zwar von einem Heiden für die Wahrheit totschlagen lassen darf, aber nicht von einem anderen Christen. Denn das hieße, diesem eine Veranlassung zu geben, einen Mord zu begehen und damit schuldig zu werden. Mit diesem Resultat ist freilich jeder konsequenten *imitatio Christi* der Weg verbaut, und Kierkegaard bekennt: „dieses Resultat hat für mich etwas Trostloses. Stumpfer und stumpfer wird ja die Menschheit, weil sie immer verstandesmäßiger wird; geschäftiger und geschäftiger wird sie, weil sie immer weltlicher wird; das Absolute kommt mehr und mehr außer Brauch; die Erweckung wird immer mehr not tun. Aber woher soll die Erweckung kommen, wenn man das einzige wahre Erweckungsmittel nicht anwenden darf: sich für die Wahrheit totschlagen zu lassen, nicht im blinden Vorwärtsstürmen, sondern diesen Schritt mit ruhiger Besonnenheit berechnend, als je ein Geldmann den Status der Marktkonjunkturen berechnet."[198]

Die Existenz als Religionsunternehmer seiner selbst gründet sich nicht auf das Märtyrertum, sondern auf die Chancengleichheit auf dem Markt. Hier treten die Individuen nicht als Verkünder absoluter, sondern bloß relativer Wahrheit auf. In diesem Punkte ist Kierkegaard Realist. „Falls es nun einem Menschen möglich wäre, im absoluten Besitze der Wahrheit zu sein, so würde dieses absolut unverantwortlich, eine unendliche Schuld sein; denn der, welcher die Wahrheit ist, kann nicht das Mindeste nachgeben. Aber in dieser Lage ist doch wohl kein Mensch, am allerwenigsten im Verhältnis zu anderen Menschen. Jeder Mensch ist selbst ein

197 Kierkegaard 1923b, S. 336 u. S. 337.
198 Kierkegaard 2005b, S. 297.

Sünder. Er verhält sich also nicht als Reiner zu Sündern, sondern als Sünder zu Sündern; denn dies ist aller Menschen gemeinsames Grundverhältnis zu Christus. Hier sind sie also quitt."[199] Es ist wohl dieses gleiche Grundverhältnis der Sündhaftigkeit, der Fallibilität der Marktteilnehmer gewesen, das das Werk des Religionsunternehmers Kierkegaard zu einem endlosen Schreiben über die Sünde hat werden lassen.[200]

Dies war möglich, weil er, weit ab von allem Märtyrertum, die Chance hatte, das Christentum für eigene Rechnung zu verkünden. In der Autobiographisierung der Existenzmitteilungen spielt das Erbe des Vaters eine herausragende Rolle. Es handelt sich um ein doppeltes Erbe. Nach dem Tod des Kaufmanns Michael Pedersen Kierkegaard erbt der Sohn ein Vermögen, das seine wirtschaftliche Unabhängigkeit existentiell begründet. Als eine andere Erbschaft deutet Kierkegaard den fatalen Hang zur Melancholie, den er vom Vater geerbt haben will. Eine geheimnisvolle Familienschuld – vielleicht verursacht durch ein voreheliches Verhältnis des Vaters, gestärkt durch dessen morbide Straftheorie, keiner seiner Söhne sollte mehr als 33 Jahre alt (das Alter des gekreuzigten Christus) werden – habe sich in Sörens leiblich-seelischer Konstitution fortgesetzt. Hatte doch der Vater die Todesfälle der Familie, die er miterleben mußte, als Strafe Gottes gedeutet.[201] Diese doppelte Erbschaft von Familienschuld und Vermögen bildet die geistige und die finanzielle Grundlage der Existenz des Religionsunternehmers Kierkegaard.

Als Reaktion auf heftige Angriffe in der dänischen Presse notiert er 1847 in seinem Tagebuch: „Gott sei gepriesen, daß alle Angriffe des Pöbels über mich kamen. Ich habe nun recht Zeit bekommen, nach innen zu lernen, und mich zu vergewissern, daß das doch eine schwermütige Idee war mit diesem Lebenwollen draußen auf einem Pfarrhof, um abseits und vergessen Pönitenz zu tun. Nun stehe ich ganz anders entschlossen auf dem Plan, als ich jemals gewesen bin. Und wäre die Niederreißung und Verhöhnung nicht über mich gekommen: so hätte jene schwermütige Idee beständig mich verfolgt, denn eine gewisse Art von Glück begünstigt gerade schwermütige Ideen; hätte ich z.B. kein Vermögen gehabt, hätte ich, mit all meiner Disposition zur Schwermut, doch niemals einen solchen Grad erreicht, wie ich es zuweilen getan habe."[202] 1848 heißt es lapidar: „Daß ich Schriftsteller wurde,

199 Ebd., S. 296.

200 Zu den Selbst-Verfehlungen: Resignation, Verzweiflung und Sünde vgl. Pieper 2000, S. 99ff.

201 Vgl. Garff 2004, S. 169ff. u. S. 402ff.

202 Kierkegaard 1923a, S. 312. Einige Monate später notiert er: „Hätte ich kein Vermögen gehabt, wäre es mir niemals möglich gewesen, das entsetzliche Geheimnis meiner Schwermut zu retten. (Barmherziger Gott, wie doch auch mein Vater in seiner Schwermut entsetzliches Unrecht an mir getan hat – ein Greis, der seine ganze Schwermut auf ein armes Kind ladet, um nicht von dem noch Furchtbareren zu reden, und bei alledem doch der beste Vater.) Aber so wäre ich auch nicht der geworden, der ich geworden bin. Ich wäre *gezwungen* gewesen, entweder verrückt zu werden oder durchzudringen. Nun glückte es mir, einen Saltomortale in die reine Geistesexistenz hinauf zu machen. Also werde ich wieder völlig heterogen mit Menschen im Allgemeinen. Was mir eigentlich mangelt, ist Leib und leibliche Vor-

daran ist wesentlich sie schuld, meine Schwermut und mein Geld."[203] Beides hat es Kierkegaard ermöglicht, „das Christentum für eigene Rechnung zu verkünden", und er fügt hinzu: „aber ich habe Vermögen gehabt. Unter Geistlichen ist es bekanntlich nicht Brauch, etwas gratis zu tun."[204]

Diese Selbstdeutung seiner Existenz hat Kierkegaard bis zu seinem Tode bewahrt. 1853 notiert er über sich: „Da sind zwei Gedanken, die so deutlich in meiner Seele sind, daß ich eigentlich ihr Aufkommen nicht nachweisen kann. Der erste ist: daß es Menschen gibt, deren Bestimmung ist, geopfert zu werden, auf die eine oder andere Weise geopfert zu werden, um die Idee vorwärts zu bringen – und daß ich mit einem besonderen Kreuz ein solcher bin. Der andere Gedanke ist, daß ich niemals versucht werden würde darin, für mein Auskommen arbeiten zu sollen, teils weil ich glaubte, sehr jung sterben zu müssen, teils weil ich meinte, daß Gott in Anbetracht meines besonderen Kreuzes dieses Leiden und diese Aufgabe von mir fern halten würde."[205]

Joakim Garff hat errechnet, daß Kierkegaard mit seinen Schriften insgesamt ca. 4.835 Reichstaler verdient hat: „Es handelt sich nicht um die ganz großen Summen, zum Vergleich aber kann man anführen, daß ein Oberregierungsrat beim Zoll in Kopenhagen ein Jahresgehalt von 600 Reichstalern hatte und daß man, wenn man vernünftig lebte, seine Familie von 400 Reichstalern jährlich ernähren konnte. Als Handwerksgeselle verfügte man über einen Jahreslohn von 200 Reichstalern, freilich bei freier Kost und Logis beim Meister; ein Dienstmädchen erhielt außer Kost und Logis 30 Reichstaler im Jahr."[206] Für Kierkegaards beträchtlichen privaten Verbrauch und seine anwachsende Verschwendungssucht haben die Einnahmen als Schriftsteller kaum ausgereicht.[207] Das Vermögen des Vaters ist trotz einer relativ erfolgreichen Anlagestrategie 1854 aufgezehrt.[208]

Die Verlagsreligion des Eugen Diederichs. Will man die Spannweite der Versuche, Religion auf den Markt zu bringen, markieren, so wäre der „Kulturverleger" Eugen Diederichs am Gegenpol des Religionsunternehmers Sören Kierkegaard anzusiedeln.[209] Beruhte Kierkegaards Publikationsstrategie darauf, Mitteilungen seiner Einzelexistenz als die eines Christen zum Verkauf anzubieten, so steht die Ver-

aussetzungen. Was mein Leben so ungeheuer angestrengt gemacht hat, aber auch so voller Entdeckungen, ist, daß ich niemals im Endlichen zu etwas gezwungen worden bin, sondern unendlich die Entscheidung wählen mußte." Ebd., S. 336.

203 Ebd., S. 373.

204 Kierkegaard 1923b, S. 173.

205 Ebd., S. 326.

206 Garff 2004, S. 592.

207 Ebd., S. 595.

208 Vgl. Hermann Ulrich, *Sören Kierkegaard. Die Tagebücher*, Berlin 1930, S. 23f.

209 Ein „Weltanschauungsverlag" ist der Eugen Diederichs Verlag für Helen Müller, *Wissenschaft und Markt um 1900*, Tübingen 2005, S.114.

legerstrategie des Protestanten Eugen Diederichs ganz im Zeichen der Synthese.[210] An Hermann Löns schreibt er: „meine Bücher müssen in einer gewissen Distanz zum Leben stehen. Sie müssen etwas von dem Universalen haben, das in der synthetischen Tendenz meines Verlages eingeschlossen liegt."[211] Es ist der Synthesebegriff von Weltanschauung, der hier zugrunde liegt. Dem Theologen Martin Rade schreibt er 1911: „Sie werden, wenn Sie meine Verlagstätigkeit verfolgt haben, wissen, daß ich versuche, die geschäftliche Tätigkeit des Verlegers zu einer *organisatorischen* in der Weise zu gestalten, daß ich mich bemühe, geistigen Strömungen dadurch den Weg zu bereiten, daß ich die nach gleicher Richtung strebenden vereinzelten Kräfte in meinem Verlag zusammenführe, anderenteils den Boden im Publikum mittels buchhändlerischer Organisation zu lockern suche."[212]

Dabei ist Diederichs ein Virtuose in der Herstellung neuer Synthesen sowie der Verlagerungen und Erweiterungen von Synthesen. Friedrich Wilhelm Graf hat in seinem grundlegenden Beitrag zur „Verlagsreligion" des Eugen Diederichs Verlags überzeugend herausgearbeitet, wie die weltanschaulichen Perspektivierungen der wechselnden Verlagsproduktionen und Strategien vom religiösen Interesse des Verlegers bestimmt waren. Graf schreibt: „Religion war für Diederichs kein Teilgebiet der Kultur neben anderen ‚Kultursphären', sondern ihr Gravitationszentrum, die stärkste Macht des Lebens. Nur ein starker Glaube verbürge den Bestand wahrer Kultur und mobilisiere Gegenkräfte zur fortschreitenden Dehumanisierung des Menschen."[213] Er lehnte es ab, Geschäftsmann im kommerziellen Sinne zu sein, er verstand sich vielmehr „als Organisator der außerkirchlichen religiösen Bewegung".[214] Der Buchhändler hatte für ihn die Aufgabe eines „Seelsorgers" zu über-

210 Die Literatur zum Eugen Diederichs Verlag ist umfangreich. Hervorzuheben ist: Irmgard Heidler, *Der Verleger Eugen Diederichs und seine Welt (1896-1930)*, Wiesbaden 1998. Wichtig sind die Sammelbände: *Versammlungsort moderner Geister. Der Eugen Diederichs Verlag – Aufbruch ins Jahrhundert der Extreme*, hg. v. Gangolf Hübinger, München 1996; sowie *Romantik, Revolution und Reform. Der Eugen Diederichs Verlag im Epochenkontext 1900-1945*, hg. v. Justus H. Ulbricht u. Meike G. Werner, Göttingen 1999. Siehe auch Justus H. Ulbricht, „Durch ‚deutsche Religion' zu ‚neuer Renaissance'. Die Rückkehr der Mystiker im Verlagsprogramm von Eugen Diederichs", in: *Mystique, mysticisme et modernité en Allemagne autour de 1900*, hg. v. Moritz Baßler u. Hildegard Châtellier, Strasbourg 1998, S. 165-186; ders., „Massenfern und klassenlos oder: ‚Wir brauchen eine Brüderschaft im Geiste, die schweigend wirkt.' Zur Organisation der Gebildeten im Geiste des Jenaer Eugen Diederichs Verlags", in: *Kreise – Gruppen – Bünde. Zur Soziologie moderner Intellektuellenassoziationen*, hg. v. Richard Faber u. Christine Holste, Würzburg 2000, S. 385-371.

211 Eugen Diederichs, Brief an Hermann Löns, 24.11.1910, in: *Eugen Diederichs Leben und Werk*, hg. v. Lulu von Strauß u. Torney-Diederichs, Jena 1936, S. 186f.

212 Eugen Diederichs, Brief an Martin Rade, 07.09.1911, zit. n. Gangolf Hübinger, „Verlagsgeschichte als Kulturgeschichte", in: Ders. 1996, S. 9-23, hier S. 13.

213 Friedrich Wilhelm Graf, „Das Laboratorium der religiösen Moderne. Zur ‚Verlagsreligion' des Eugen Diederichs Verlags", in: Hübinger 1996, S. 243-298, hier S. 243.

214 Eugen Diederichs, *Selbstzeugnisse und Briefe von Zeitgenossen*, zusammengestellt u. erläutert v. Ulf Diederichs, Düsseldorf/Köln 1967, S. 201.

nehmen.[215] Zu den Ironien des Religionsmarkts gehört, daß der Religionssynthetisierer Diederichs die erste große Gesamtausgabe der Werke des seine differenten Existenzmitteilungen publizierenden Sören Kierkegaard in deutscher Sprache verlegt hat.[216]

Organisiert werden sollten die außerkirchlichen religiösen Bedürfnisse, wobei Diederichs synthetisierende Tendenz einem dynamischen Gottesbild folgte. Gegenüber Max Maurenbrecher erklärte Diederichs: „das Wesentliche des Gottesbegriffs scheint mir in dem Erleben der Entwicklung des eigenen Geistes zu liegen. In dem Glauben an das Empor.“[217] Wiederkehrend findet sich in seinen Verlagsalmanachen und Werbetexten die Hoffnung auf eine religiöse Wiedergeburt, eine Wandlung zu neuer Religiosität, oftmals gleichgesetzt mit dem „Geistigen“ überhaupt. Diederichs fördert gezielt weltanschauliche Außenseiter und kirchenkritische Autoren. Sein Spürsinn für das Ketzerische verbindet sich mit einem ausgebildeten Geschäftssinn für die Werbewirkung von Skandalen. Die Wirkung seiner heterodoxen Verlagsstrategie und seiner Kirchenkritik tritt freilich im katholischen und im protestantischen Bereich unterschiedlich zutage.

Der ‚Modernismusstreit‘ in der katholischen Kirche veranlaßt ihn, die Enzyklika *Pascendi dominici gregis* zu übersetzen und zusammen mit Kritikern französischer und italienischer Modernisten auf den Markt zu bringen.[218] 1908 kündigt er in einer großen Anzeige im Börsenblatt eine „Serie reformkatholischer Schriften“ unter der Überschrift „Gegen Rom“ an. Darin heißt es: „*Religion ist nicht nur Erlebnis, sondern Wille zur schöpferischen Tat.* Sie ist die unentbehrliche Vorstufe zur Kultur, ja sie ist ihr eigentlicher innerer Mittelpunkt. Es ist nur ein Vorwärtsschreiten im Sinne von Jenaers klassischer Tradition, wenn ich jetzt das Wagnis unternehme, die neueste kirchlich-kulturelle Bewegung, *den deutschen Reformkatholizismus*, verlegerisch mit allen Kräften zu fördern und damit unserem gesamten religiösen Leben, auch dem Protestantismus, neue Anregung zu geben.“[219] Die Serie wird freilich nach wenigen Titeln aufgegeben. Die Leserschaft bleibt aus. „*Catholica non leguntur*“ (Harnack). Auch Diederichs Versuche, deutsche Kulturprotestanten mit französischen katholischen Modernisten auf der Basis liberaler Auffassungen zu motivieren, für eine ökumenische „Zukunftsreligion“ zu schreiben, finden keine Resonanz.[220] Dennoch bleibt Diederichs konfessionspolitisches Interesse am Katholizismus hellwach. 1913/14 gewinnt er mit Herman Hefele und Ernst Michel junge katholische Intellektuelle als Autoren für die gerade erworbene Zeitschrift *Die Tat*. Hefele und Michel prägten später in den 20er Jahren, vermehrt um Roma-

215 Eugen Diederichs, „Buchhändler und Idealismus“, in: *Festbuch zur Pfingsttagung deutscher Buchhandlungsgehilfen auf der Bugra 1914 in Leipzig*, Leipzig 1914, S. 109.

216 Zum Einfluß dieser Edition vgl. Graf 1996, S. 277f.

217 Eugen Diederichs, Brief an Max Maurenbrecher, 22.08.1914, in: von Strauß u. Torney-Diederichs 1936, S. 243f.

218 Vgl. zum folgenden Heidler 1998, S. 288ff.

219 Zit. n. Heidler 1998, S. 289.

220 Vgl. Graf 1996, S. 283f.

no Guardini, Joseph Wittig u.a., die katholische Diskussion der Weimarer Republik.[221]

Im protestantischen Bereich wird man Diederichs als Krisengewinnler bezeichnen können. Der Anteil von Verlagsautoren aus dem bildungsbürgerlichen Protestantismus ist beträchtlich. Friedrich Wilhelm Graf hat darauf hingewiesen, daß es sich dabei vornehmlich um Autoren handelte, „die einen explorativen, experimentellen Zugriff auf das Religiöse wagten." Sie standen in Konkurrenz zur protestantischen Universitätstheologie. „Ihr unorthodoxer Umgang mit der Religion war die avantgardistische Reaktion auf die ‚modernen Theologien' der akademischen Religionsexperten, der Universitätstheologen und der neuzeitlichen Religionskritik wissenschaftsgläubiger Rationalisten."[222] Gegen die *rationalreligiöse* Auflösung der „mythischen irrationalen Sinnwelten der Religion" setzten Diederichs' Autoren Graf zufolge auf „neue ‚ganzheitliche', ‚lebensphilosophische' oder ‚existentialistische' Denkformen". Damit „wollten sie den authentischen Gehalt religiöser Überlieferungen präziser erfassen können, als die Theologen mit ihren relativistischen Perspektiven und der Tendenz zur Zerstörung aller Unmittelbarkeit."[223] Daß Diederichs vergleichsweise bei protestantischen Autoren erfolgreicher sein konnte als bei Katholiken, mag nicht zuletzt daran gelegen haben, daß der Katholizismus, wie gezeigt, in organisatorischer Hinsicht und in der Profilbildung auf dem Religionsmarkt über einen Modernisierungsvorsprung verfügte, den der traditionelle landeskirchlich organisierte Protestantismus entbehrte. Katholischer Aufschwung und protestantische Spaltungen und Diffusionen laufen zum Ende des 19. Jahrhunderts parallel.

In seinem Bestreben, die außerkirchlichen religiösen Interessen zu organisieren, verfährt Diederichs rückhaltlos undogmatisch. Sobald sich Tendenzen zur Absonderung und Sektenbildung zeigen, die der synthetischen Tendenz entgegenstehen, reagiert er mit kritischen Bemerkungen. Man versteht das Phänomen Diederichs und seine enorme Wirkung besser, wenn man sieht, wie er alle Schichtungen europäischer Religion mobilisiert, die das *bekenntnisreligiöse* Kirchenchristentum überschreiten. Diederichs versammelt in vielfältigen Kombinationen und Mischungen Motive der *Rationalreligion*, der *Nationalreligion* und der *Kunstreligion* sowie der *Wissenschaftsreligion*. Dies soll im Folgenden aufgezeigt werden.

FREIMAURER, NATIONAL- UND KUNSTRELIGION IM PROGRAMM. Die undogmatische Grundhaltung Eugen Diederichs wurzelt möglicherweise in einer Schicht, die in der Forschung allzu wenig berücksichtigt wurde. Andreas Meyer hat auf einen Werbebrief von 1913 aufmerksam gemacht, der an den „Erwürdigen Meister vom Stuhl" gerichtet ist und der zweifellos von Diederichs verfaßt wurde. Darin offen-

221 Siehe Ulrich Bröckling, *Katholische Intellektuelle in der Weimarer Republik. Zeitkritik und Gesellschaftstheorie bei Walter Dirks, Romano Guardini, Carl Schmitt, Ernst Michel und Heinrich Mertens*, München 1993.

222 Graf 1996, S. 247.

223 Ebd., S. 247f.

bart er sich als Freimaurer und hebt die, die Sache des Freimaurertums betreffenden, Schriften seines Verlages hervor.[224] In dem Brief heißt es: „Außerdem möchte ich Ihnen die neueste Nummer meiner Zeitschrift *Die Tat* überreichen, die versucht als Sondernummer im echt freimaurerischen Sinne, den nationalen Gedanken auf das innere Leben des Menschen neu einzustellen, ohne das etwas viel bevorzugte Wort ‚Humanität' im Munde zu führen und trotzdem dieses Wort unausgesprochen zu vertiefen."[225] Die Vermeidung der Rede von ‚Humanität' ist ein bemerkenswertes Symptom. Sie zeigt, daß dieser Bezug seine Eindeutigkeit in der Spannweite zwischen einer sich an der Renaissance orientierenden humanistischen Bildung und einem naturalistischen Humanismus wissenschaftsreligiöser Art verloren hat.

Diederichs fügt den Wunsch an, „daß auch meine freimaurerischen Brüder sich der Idee zuwenden, das geistige Leben der Nation organisatorisch in die Höhe zu führen und bitte Sie hiermit, wenn Sie aus der Nummer den Eindruck eines idealen Wollens gewonnen haben, sich zu entschließen, ob Sie dieses Wollen durch ein Abonnement zu unterstützen bereit sind; resp. bitte ich Sie die Brüder darauf aufmerksam zu machen. Ich bemerke noch, daß sich eine Spezialnummer mit den Aufgaben der Freimaurerei befassen wird, in der Nicht-Brüder ihre Ansichten aussprechen."[226] Ernst Horneffer, von dem Diederichs die Zeitschrift *Die Tat* übernommen hatte, war ebenso wie sein Bruder August Horneffer Logenbruder.[227] Es ist bemerkenswert, daß Diederichs das maurerische Schlüsselwort ‚Humanität' als zu abgegriffen vermeidet, aber praktisch verlegerisch maurerischen Prinzipien folgt.

Er tut dies gerade auch in der Frage des Antisemitismus. Diederichs verlegt Schriften zur Rassenhygiene, aber auch Martin Bubers *Ekstatische Konfessionen* (1908), das er mit den Worten bewirbt: „Ein Buch von eigentümlicher Schönheit und seltenem Reiz. Das Urerlebnis des Menschlichen, auf das alle Religion ahnungsvoll und sehnsüchtig hinzielt."[228] Vorausgesetzt wird ein maurerischer Pluralismus von Religionen, ein noachidischer Regenbogen. Den grassierenden „Haßantisemitismus" hat Diederichs als „undeutsch" abgelehnt und die Überzeugung vertreten, „daß Judentum und deutsches nationales Gefühl sich zusammen vertragen."[229]

---

224 Der Brief ist vollständig abgedruckt bei Andreas Meyer, „1896-1930: Der Verlagsgründer und seine Rolle als ‚Kulturverleger'", in: Hübinger 1996, S. 26-89, hier S. 54. Diederichs verlegte u.a. von Ludwig Keller, *Die geistigen Grundlagen der Freimaurerei und das öffentliche Leben*, Jena 1911; sowie Schriften von August und Ernst Horneffer. Die Schriften der Brüder Horneffer kreisen um das Verhältnis von Freimaurerei und Monismus.

225 Ebd. S. 54f.

226 Ebd.

227 Vgl. August Horneffer, *Aus meinem Freimaurerleben*, Hamburg 1957, S. 49.

228 *Zum Aufbau neuen religiösen Lebens. Bücher zur neuen idealistischen Bewegung aus dem Verlage Eugen Diederichs (Bücher-Verzeichnis des Verlages Eugen Diederichs zur modern-religiösen und philosophischen Bewegung)*, hrsg. v. Verlag Eugen Diederichs, Jena 1910, S. 6. Zum Verhältnis Eugen Diederichs zum Judentum vgl. Heidler 1998, S. 103-108.

229 Eugen Diederichs zit. n. Edith Hanke u. Gangolf Hübinger, „Von der ‚Tat'-Gemeinde zum ‚Tat'-Kreis. Entwicklung einer Kulturzeitschrift", in: Hübinger 1996, S. 299-334, hier S. 318; siehe auch Meyer 1996, S. 46.

Zur *rationalreligiösen* maurerischen Schicht der „Verlagsreligion“ von Eugen Diederichs treten weitere Traditionslinien hinzu. Bereits mit den ersten Erfolgsbüchern, die der 30jährige verlegt, wird deutlich, daß zur Synthese die *nationalreligiösen* und die *wissenschaftsreligiösen* Aufbrüche hinzukommen. Mit dem Verlagssignet des Donatello-Löwen aus der Florentiner Frührenaissance erscheint einerseits ein illustriertes Werk über die 1848er Revolution, herausgegeben von Hans Blum, dem Sohn des am 9. November 1849 erschossenen Paulskirchenabgeordneten und Deutschkatholiken Robert Blum. Die polizeiliche Beanstandung der Titelillustration des Buches über die 1848er Revolution, auf der sich ein Zug von Bürgern auf eine Stadt am Horizont zubewegt, gefolgt von einem die Bildhälfte einnehmendem schwarzgekleideten Sensenmann mit Lorbeerkranz, erregte ein verkaufsförderndes Aufsehen.[230] Diesem Band zur Seite steht Wilhelm Bölsches den Darwinismus und Haeckelschen Monismus propagierender Bestseller *Das Liebesleben der Natur*.

Wenden wir uns zunächst der *nationalreligiösen* Schicht der Verlagsreligion zu. Hier ragt Diederichs Engagement für Paul de Lagarde hervor.[231] Ein Largarde-Zitat zierte ab 1913 alle Briefbögen des Verlages. Auf der internationalen Buch- und Grafikausstellung (BuGra), auf der Diederichs von Karl Lamprecht auserkoren war, als Repräsentant der Kultur der Gegenwart einen eigenen Raum zu gestalten, errichtete er einen „Lagarde-Tempel“ in Form einer Kapelle.[232] Diederichs verlegte nicht nur Lagardes Schriften, sondern er wurde dessen wichtigster Popularisierer, nicht zuletzt durch die von Friedrich Daab herausgegebenen Sammlungen von ausgewählten Passagen aus Lagardes Schriften („das Wesentliche aus seinen Schriften“) unter dem Titel *Deutscher Glaube, deutsches Vaterland, deutsche Bildung*. Die außerordentliche Wirkung von Lagardes Schriften beruht auf seiner konsequenten und innovativen Reformulierung des *nationalreligiösen* Glaubens der Revolutionszeit um 1800, die wir im *Ersten Band* der Religionssoziologie dargestellt haben.[233]

In diesem Kontext bezieht sich Eugen Diederichs auf die Herdersche Volksgeist-Lehre, wenn er seine Buchreihe *Religiöse Stimmen der Völker* im Börsenblatt ankündigt: „Nicht ohne Absicht klingt der Titel dieses Unternehmens an Herder an. Vor über hundert Jahren hat Herder durch Ausdehnung des poetischen Gesichtsfeldes auf die Literatur anderer Völker eine Vertiefung der dichterischen Produktion, eine erhöhte Verständnisfähigkeit des Publikums hervorgerufen. – *Die Quellen sollen fließen*. Mit den religiösen Stimmen sollen die Originalurkunden der Religionen weiten Kreisen ebenso leicht zugänglich werden, wie dies bei der Bibel der Fall ist.“[234] Als Herausgeber gewinnt Diederichs den Wiener Religionswissenschaftler Walter Otto. Diederichs folgt auch hier seinem verlegerischen Erfolgskonzept, der Buchreihe. Da ein einzelnes Buch nie genügend Stoßkraft zur dauernden Wirkung

230 Der Zeichner war Cissarz.

231 Ulrich Sieg, *Deutschlands Prophet. Paul de Lagarde und die Ursprünge des modernen Antisemitismus*, München 2007. Siehe auch die dort angegebene Literatur.

232 Meyer 1996, S. 49; Heidler 1998, S. 375ff.

233 Im *Ersten Band* S. 509-513.

234 Eugen Diederichs, zit. n. Heidler 1998, S. 316.

habe, bedürfe es der „Gruppe verwandter und durch die Serie gleichgerichteter Bücher".[235] Der Sinologe Richard Wilhelm gibt die Reihe *Religion und Philosophie Chinas* heraus.[236] Friedrich von der Leyen und Paul Zauner besorgen im Geiste Herders die Reihe *Die Märchen der Weltliteratur.*[237] Für die Sammlung *Thule* gewinnt er Andreas Heusler und Felix Niedner sowie fast alle wichtigen Vertreter der Altnordistik in Deutschland.[238] Auch Diederichs Engagement für die Verbreitung der literarischen, religiösen und kulturkritischen Werke Tolstois gehört in den Horizont der auf Herder verweisenden Vielfalt der „Stimmen der Völker". Und Diederichs gelingt es zugleich, die Stimme des Russen Tolstoi in eine Synthese mit der monistischen Wissenschaftsreligion zu bringen, wenn er 1901 verkündet: „Tolstois Ideale sind ersichtlich und mein Verlag tritt bereits seit längerer Zeit für die Idee einer einheitlichen, von Verlogenheit befreiten Kultur ein (...). Alles was in meinem Verlag für monistische Weltanschauungen kämpft, kämpft mit Tolstoi (...). Gott grüß den Kampf für Ideale."[239] Bevor wir auf Diederichs Verhältnis zur Wissenschaftsreligion zu sprechen kommen, gilt es die *kunstreligiöse* Dimension der Diederichsschen Synthesen genauer in den Blick zu nehmen.

1899 verleiht Diederichs seinem Verlag das Etikett „führender Verlag der Neuromantik".[240] Damit werden Resonanzen zu den „Altromantikern" um 1800 hergestellt, und der Umzug des Verlages nach Jena im Jahr 1904 wird entsprechend stilisiert. Zum anderen werden die historischen Bezugnahmen der „Altromantiker" z.B. zu Paracelsus und Dürer gleich miteinbezogen: „Zu neuer Renaissance!" ist 1900 die Parole des Verlages. Das Schlagwort von der Neuromantik ist seit Beginn der 90er Jahre in Umlauf. Hermann Bahr reflektiert über eine „Synthese von Naturalismus und Romantik" und Heinrich Mann sieht in den detaillierten Milieuschilderungen der Naturalisten schon mehr „romantische Zwecklosigkeit" als Realismus. Klaus Lichtblau hat zurecht darauf hingewiesen, daß die Inflation von Stilbegriffen für die ästhetisch-literarische Moderne (Impressionismus, Symbolismus, Dekadence etc.), die „zu Aggregatbegriffen für die Kennzeichnung der gesamten Epoche schlechthin stilisiert wurden, sehr bald deutlich (machten), daß der Epochenbegriff der Neuromantik ebenso wie der mit ihm meist synonym gebrauchte Ausdruck Moderne spätestens um 1900 zu Passepartout-Begriffen geworden waren, vermittels denen ein an seinen vielfältigen Neuerungen beinahe selbst irre gewordenes Zeitalter seine eigene epochale Identität ohne Aussicht auf bleiben-

235 Zit. n. Meyer 1996, S. 56.

236 Vgl. dazu Wolfgang Bauer, „Zeugen aus der Ferne. Der Eugen Diederichs Verlag und das deutsche China-Bild", in: Hübinger 1996, S. 450-485.

237 Vgl. dazu Hans-Jörg Uther, „Märchen und Sagen im Eugen Diederichs Verlag", in: Hübinger 1996, S. 376-410.

238 Kurt Schier, „Die Literaturen des Nordens", in: Hübinger 1996, S. 411-449.

239 Eugen Diederichs, Brief an Herrn Albert Langen, 16.06.1901, zit. n. Heidler 1998, S. 534. Zum Gesamtkomplex siehe Edith Hanke, „‚Wo ist der Ausweg?' – Die Tolstoi-Gesamtausgabe im Eugen Diederichs Verlag", in: Ulbricht u. Werner 1999, S. 135-155.

240 Heidler 1998, S. 444ff.

den Erfolg zu bestimmen versuchte."[241] Die Überblendungen der kulturgeschichtlichen Epochenbegriffe Renaissance, Altromantik, Neuromantik und Moderne folgen der Aktualisierungsnot, die Marktgesellschaften für die erzeugen, die ihre geistigen Produkte verkaufen wollen. Die Vorverlegung von Moderne bis in die Zeit der Renaissance folgt im Übrigen auch den schon genannten *wissenschaftsreligiösen* Versuchen einer Traditionsbegründung in einer Tradition verwerfenden Zeit.

Bei Diederichs *kunstreligiösen* Ambitionen spielt die Feier der Autonomie der Kunst und die innerlich isolationistische Seite von *Kunstreligion* eine geringere Rolle als die gemeinschaftsbildenden Potentiale der Kunstverehrung.[242] Hervorzuheben ist hier der von Diederichs in Jena gegründete „Sera-Kreis", dessen Name sich vom Refrain eines mittelalterlichen Reittanzes „Sera, Sera, Sancti, nostri, Domine" herleitet.[243] Inspiriert durch die *Kultur der Renaissance* von Jacob Burckhardt, den er als Cicerone bei seiner Italienreise 1895/96 ausgewählt hatte, und durch Nietzsches Vorstellung von dionysischen Feiern nach dem Vorbild der Sankt-Johann- und Sankt-Veittänzer des Mittelalters, wie sie in der *Geburt der Tragödie* entwickelt ist, experimentierte Diederichs mit kultisch angelegten Tanzfesten und „künstlerischen Sonnenwendfeiern". Bei den Festen und Feierlichkeiten des Sera-Kreises wurden in der Form von Sing- und Tanzabenden, Vagantenfahrten und vor allem Sonnenwendfeiern alte Volksbräuche neu inszeniert und auf eine Steigerung des synthetisch religiösen Erlebens hin angelegt. Während der Dauer des Festes redete man sich mit Du an und trug historische Kostüme und Trachten.

Das Werkbundfest 1913 sollte der Höhepunkt der Aktivitäten des Sera-Kreises werden. Ziel war es, „eine zusammengewürfelte Masse durch die Jugend zu beherrschen und sie zu einem gesteigerten Lebensgefühl hinzuführen." Rückblickend muß Diederichs freilich den Mißerfolg feststellen: „An diesem Tag verpulverte ich 3000 Mark". Am Ende hatte Diederichs das Gefühl vom innersten Gegensatz zur Masse: „Am liebsten hätte ich mit einer Knute die Hälfte der Anwesenden verwichst, in erster Linie all jene Künstler, die sich nur als Zuschauer empfanden und nicht begriffen, daß es bei einem wirklichen Fest keine Zuschauer gibt."[244] Was sich in Bayreuth, zentriert um den *kunstreligiösen* Wagnerkult, sich relativ dauerhaft etabliert und was dem ultramontanen Katholizismus mit seinen Wallfahrten gelingt, das mißrät dem Büchermacher Eugen Diederichs. Das Verlagsprogramm der weltanschaulichen Synthesen ist *kunstreligiös* nur in beschränktem Umfange

241 Klaus Lichtblau, „Der Eugen Diederichs Verlag und die neuromantische Bewegung der Jahrhundertwende", in: Ulbricht u. Werner 1999, S. 60-77, hier S. 66. Zum Kontext vgl. Martin Lindner, *Leben in der Krise. Zeitromane der neuen Sachlichkeit und die intellektuelle Mentalität der klassischen Moderne*, Stuttgart u.a. 1994, S. 131f.

242 Hinzuweisen ist auf die Reihe *Die Kunst in Bildern*, mit der seit 1910 Kunstbücher zu erschwinglichen Preisen auf den Markt gebracht wurden. Vgl. Heidler 1998, S. 264ff.

243 Zum Folgenden siehe besonders Meike G. Werner, „Die Erneuerung des Lebens durch die ästhetische Praxis. Lebensreform, Jugend und Festkultur im Eugen Diederichs Verlag", in: Hübinger 1996, S. 222-242; dies., *Moderne in der Provinz. Kulturelle Experimente im Fin de Siècle Jena*, Göttingen 2003.

244 Eugen Diederichs zit. n. Werner 1996, S. 233 u. S. 234.

umzusetzen. Musik und Bildende Kunst eignen sich da mehr als die Literatur. Dennoch sind aus dem Jenaer Sera-Kreis bedeutende Intellektuelle hervorgegangen. Die Spannweite reicht vom Pädagogen Wilhelm Flitner bis zum analytischen Philosophen Rudolf Carnap, vom späteren Reichsführer der Soziologie Hans Freyer bis zum linksradikalen undogmatischen Marxisten Karl Korsch.[245]

Was Diederichs im eigenen Festkult weniger gelingt, das erreicht er durch hohe Investitionen in die künstlerische Buchgestaltung.[246] Es ging ihm nicht nur um die Qualität des Buchdrucks, sondern auch um „Vornehmheit und Würde der Ausstattung".[247] In London lernt er 1895 die Kunst der Präraffaeliten kennen. Er greift die Ideen von Morris und Ruskin begeistert auf und nimmt sie als Leitfaden für seine „Buchkunst". Mit dem Berliner Melchior Lechter, der Stefan Georges *Jahr der Seele* ausgestattet hatte, gewann Diederichs einen Künstler, der z. B. für Maurice Maeterlincks *Schatz der Armen* eine archaisierende, sakrale Buchgestaltung realisierte.[248] Diese Edition gilt später als Beginn der deutschen Buchdruckkunst des 20. Jahrhundert und wird 1965 als Faksimile neu herausgegeben.[249]

Angebote für das Bedürfnis nach Wissenschaftsreligion. Die *wissenschaftsreligiöse* Schicht der Diederichsschen Förderung von Weltanschauungssynthesen setzt mit seinem Verlagsbestseller von 1898, mit Wilhelm Bölsches dreibändigen *Das Liebesleben der Natur* ein und kontinuiert sich über seine Beziehungen zur weitverzweigten, monistisch geprägten Lebensreformbewegung. Hinzu kommt die Verbreitung von wissenschaftlichen Studien und kritischen Arbeiten zum historischen Ursprung des Christentums.

Wilhelm Bölsche gehörte der Friedrichshagener Intellektuellengruppe von sozialdemokratischen Dissidenten um die Brüder Heinrich und Julius Hart und Bruno Wille an, die den naturalistischen Stil, Monismus und Mystik diskutierten.[250] Wilhelm Bölsche, in dessen Elternhaus u.a. Jacob Moleschott und Carl Vogt verkehrten, hatte seine literarische Produktion mit historischen Romanen begonnen, um dann die „allzu einseitig ästhetische" durch eine mehr „moderne Weltanschauung"

245 Weitere Angaben bei Werner 1996, S. 234.

246 Vgl. dazu Imgard Heidler, „Künstlerische Buchgestaltung im Eugen Diederichs Verlag", in: Hübinger 1996, S. 167-220.

247 Zit. n. Heidler 1996, S. 167.

248 Ebd., S. 175.

249 Vgl. dazu das Urteil von Jürgen Eyssen, *Buchkunst in Deutschland. Vom Jugendstil zum Malerbuch; Buchgestalter, Hauspressen, Verleger, Illustratoren,* Hannover 1980, S. 11; dort auch Hinweise zu Lechters mystischen Interessen: S. 15. Zu Maeterlinck siehe Monika Fick, *Sinnenwelt und Weltseele. Der psychophysische Monismus in der Literatur der Jahrhundertwende*, Tübingen 1993, S. 93 ff. Als Stifter einer „modernen Religion" wird Maeterlinck exponiert bei Heinrich Meyer-Benfey, *Moderne Religion*, Leipzig 1902, S. 112ff.

250 Von Heinrich und Julius Hart (Hg.) stammt, *Reich der Erfüllung*, 2 Bde, Leipzig 1901. Von Bruno Wille der Band: *Einsiedler und Genosse. Soziale Gedichte nebst einem Vorspiel*, Berlin 1894. Das politische Spektrum des Friedrichshagener Kreises reicht von Arthur Moeller-Bruck bis Gustav Landauer; vgl. auch Fick 1993, S.130ff.

zu ersetzen.[251] Mit *Das Liebesleben der Natur* gelingt ihm eine viel gelesene Popularisierung der Darwinschen und Haeckelschen Evolutionstheorien. Sie unterscheidet sich von der Wissenschaftspopularisierung eines Ludwig Büchner, die wir bereits vorgestellt haben, durch eine solch sprachmächtige Poetisierung wissenschaftlicher Erkenntnisse, daß die Diskussion um die Dominanz des Ästhetischen oder des Wissenschaftlichen bis heute anhält.[252]

Zu den ersten Kontakten, die der junge Verleger Diederichs knüpft, gehört der zum Herausgeber der Zeitschrift *Der Kunstwart,* Friedrich Avenarius, dem Bruder des Empiriokritizisten Richard Avenarius. Vor dem Hintergrund der positivistischen Auffassungen seines Bruders entwickelt Ferdinand Avenarius die Vorstellung vom menschlichen Organismus als eines Reaktionsapparats, der lernt, indem er auf Umweltreize reagiert. Um dies zu fördern, bedarf es eines gesunden Körpers und einer humanistisch gebildeten Umwelt, die hochwertige Reize bietet. Je allseitiger die Reize sind, um so allseitiger bilden sich die kulturellen Reaktionsweisen heraus, die, einmal erworben, im Sinne eines Bildungslamarckismus vererbt werden.[253]

1902 gründete Avenarius den *Dürerbund.* Nach dem Leitbild Dürers als des „Allerdeutschesten" sollte die Volksbildung breit gefördert werden.[254] Dies begann bei der Frage körperlicher Gesundheit: „Man erörterte Gesundheitsfragen, auch

251 Wilhelm Bölsche, „Friedrichshagen in der Literatur", in: Ders., *Auf dem Menschenstern,* Leipzig 1930, S. 314-337, hier S. 326f. Zu Bölsche vgl. Wolfram Hamacher, *Wissenschaft, Literatur und Sinnfindung im 19. Jahrhundert. Studien zu Wilhelm Bölsche,* Würzburg 1993, S. 42; Rolf Schmidt, *Die Auffassung der Sinnlichkeit und die Einstellung zur Sexualität bei Wilhelm Bölsche,* München 1964. Bölsches „Liebesleben" erreichte 127 Auflagen.

252 Die Dominanz des Wissenschaftlichen bei Bölsche heben hervor: Alfred Kelly, *Between Poetry and Science. Wilhelm Bölsche as a Scientific Popularizer,* Wisconsin 1975; Antoon Berentsen, *Vom Urnebel zum Zukunftsstaat. Zum Problem der Popularisierung der Naturwissenschaften in der deutschen Literatur 1880-1910,* Berlin 1986. Die Dominanz des Ästhetischen ist herausgearbeitet bei Walter Gebhard, *‚Der Zusammenhang der Dinge'. Weltgleichnis und Naturverklärung im Totalitätsbewußtsein des 19. Jahrhunderts,* Tübingen 1984; Jutta Kolkenbrock-Netz, *Fabrikation – Experiment – Schöpfung. Strategien ästhetischer Legitimation im Naturalismus,* Heidelberg 1981; dies., „Poesie des Darwinismus – Verfahren der Mythisierung und Mythentransformation in populärwissenschaftlichen Texten von Wilhelm Bölsche", in: *lendemain* 30/1983, S. 28-35. Zum Kontext siehe auch Adalbert Schlinkmann, *‚Einheit' und ‚Entwicklung'. Die Bildwelt des literarischen Jugendstils und die Kunsttheorien der Jahrhundertwende,* Freiburg i.B. 1974.

253 Zu Ferdinand Avenarius vgl. Gerhard Kratzsch, „Ferdinand Avenarius und die Bewegung für eine ethische Kultur", in: *Die Lebensreform. Entwürfe zur Neugestaltung von Leben und Kunst um 1900,* Bd. 1, hg. v. Kai Buchholz u.a., Darmstadt 2001, S. 97-102; ders., *Kunstwart und Dürerbund,* Göttingen 1969; siehe auch Birgit Kulhoff, *Bürgerliche Selbstbehauptung im Spiegel der Kunst. Untersuchungen zur Kulturpublizistik der Rundschauzeitschriften im Kaiserreich (1871-1914),* Bochum 1990, S. 99-120.

254 Ferdinand Avenarius, *Zum Dürerbund, ein Aufruf* [1901], zit. n. Gerhard Kratzsch, „Ferdinand Avenarius und die Bewegung für eine ethische Kultur", in: *Die Lebensreform. Entwürfe zur Neugestaltung von Leben und Kunst um 1900,* Bd. 1, hg. v. Kai Buchholz u.a., Darmstadt 2001, S. 97-102 hier S. 98. Zum gesamten Spektrum: *Handbuch der deutschen Reformbewegungen 1880-1933,* hg. v. Diethart Kerbs u. Jürgen Reulecke, Wuppertal 1998.

die sexuelle Erziehung, verwarf den Alkoholismus, den Nikotingenuß, das Korsett, den Auto-Benzindunst in Erholungsgebieten und das ‚Verlärmen' der Ortschaften, empfahl das Tragen des Reformkleides und den Gebrauch körpergerechten Mobiliars. Nach dem Vorbild der USA wurde der Breitensport, auch für Mädchen, propagiert."[255] Man muß lange suchen, bis man eine Zielrichtung dieser orthopraktischen Weltanschauungen findet, die im 20. Jahrhundert noch neu dazugekommen ist. Denn hier ist auch schon bedacht: „Da man das Ausruhen als lebensnotwendig für den menschlichen Organismus erachtete, sprach man über Erholungsgebiete, über das Wandern und rechtes Erholungsverhalten. Im Bereich von Natur und Landschaft wurden mit Aggressivität die Verursacher ökologischer Schäden bekämpft. Man belehrte über Pflanzen- und Tierwelt, setzte sich mit Nachdruck für die Einrichtung von Naturschutzgebieten ein und kritisierte scharf den Geschäftstourismus."[256] Dazu kam für die geistigen Bedürfnisse eine breite Bildungsarbeit von Homer bis Goethe und die Werbung für den Theaterbesuch in der Provinz.

Was die weltanschaulichen Vorstellungen betrifft, so kamen im *Kunstwart* liberale Protestanten und Reformkatholiken ebenso zu Wort wie Sympathisanten der Anthroposophie und die der diversen monistischen Richtungen. Man bekannte, „daß sich erst angesichts der Erkenntnis der umfassenden Naturzusammenhänge und der Höherentwicklung des Lebendigen der Glaube an die ‚Heiligkeit' des Leben und die Brüderlichkeit alles Lebendigen einstelle."[257] Viele der Kunstwartbeiträger fanden über die Verbindung Avenarius-Diederichs Zugang zum Jenaer Weltanschauungsverlag, wie umgekehrt Diederichs in den Vereinen des Dürerbundes seine Leser fand.

Eugen Diederichs bezieht jedoch nicht nur die lebensreformerischen Konsequenzen aus dem Glauben an die Wissenschaft in seine Synthesebemühungen mit ein, sondern auch die entstehende kirchen- und christentumskritische Religionswissenschaft.[258] In die Abteilung *Die Entstehung des Christentums* nimmt er Arbeiten auf, in denen zum einen die christliche Traditionsbildung der Kirchen als Abkehr von und Verkehrung des Urchristentums aufgearbeitet wird, und zum anderen publiziert er Darstellungen der Vorgeschichte des Christentums, in denen der aus verschiedenen antiken Religionen zusammengesetzte Charakter des Christentums aufgezeigt wird. Zu nennen sind hier die Arbeiten des Bremer monistischen Pfarrers Albert Kalthoff *Das Christusproblem. Grundlinien zu einer Sozialtheologie*, des Neognostikers Eugen Heinrich Schmitt *Die Kulturbedingungen der christlichen Dogmen und unsere Zeit* (1901) und des jüdischen Intellektuellen Samuel Lublinski *Die Entstehung des Christentums aus der antiken Kultur* (1910). Hinzu kommen mit Arthur Drews und Leopold Ziegler Schüler des Philosophen Eduard von Hartmann, die

---

255 Kratzsch 2001, S. 98.
256 Ebd.
257 Ebd., S. 99.
258 Zum Folgenden siehe Graf 1996, S. 288ff.

eine verfallstheoretische Deutung der Christentumsgeschichte vorlegen.[259] Dabei funktioniert auch hier der typische *wissenschaftsreligiöse* Umschlag von Kritik und Glaube, wenn z.B. Kalthoff bemerkt: Die „Erforschung der Religionsgeschichte besitzt nur wissenschaftlichen Wert, der erst durch eigenes religiöses Leben in religiöse Werte umgesetzt werden muß."[260] Zurecht urteilt Friedrich Wilhelm Graf: „Indem die kritischen Historiker die alten kirchlichen Christusmythen oder theologische Urgeschichtskonstruktionen destruieren, schaffen sie sich Projektionsflächen für neue ‚kulturhistorische' Sinnkonstruktionen. Je nach der jeweils favorisierten kulturwissenschaftlichen Leitdisziplin können sie dann auch biologistische oder ‚rassentheoretische' Konzepte des frühchristlichen Synkretismus entwerfen."[261] Dabei ist nur anzumerken, daß es in dieser Linie auch sozialwissenschaftliche, psychologische, neurologische etc. Sinnkonstruktionen sein können.

Überblickt man das breite Spektrum von Weltanschauungen, die mit den verschiedenen Schichten der europäischen Religionsdynamik kommunizieren, das Eugen Diederichs in seinem Verlagsprogramm versammelt hat, bekommt man einen Eindruck von der enormen Freisetzung religiöser Kreativität, die der Religionsmarkt ermöglicht hat. Auf ihm kann auch jede religiöse Tradition zum synthesefähigen, weltanschaulichen Teilstück werden. Die Frage bleibt, was zu den religiösen Tendenzen und Strömungen, die vor dem Ersten Weltkrieg bei Diederichs verlegt wurden, im 20. Jahrhundert überhaupt substantiell noch dazu gekommen ist. In gewisser Weise tendiert der Religionsmarkt wie auch die Märkte für andere Güter zum Gleichgewicht und damit zu einer relativen Stabilität, bei der die Anteile der Angebote im Warenkorb sich verschieben, aber die Struktur des Sortiments erhalten bleibt. Für jede Nachfrage ist schon etwas auf dem Markt, und es kann bei steigender Nachfrage mehr produziert werden und vor allem neu verpackt werden. So erleben die Individuen seit der Entfesselung der Marktgesellschaft das Neo-Retro-Spiel auch auf dem Markt der Religionen und Weltanschauungen.

3. Pessimismus – der Wert des Nichts

Spezielle Krisenerfahrung, epochale Zeiterfahrung. Die weltanschauliche Strömung, die Eugen Diederichs nach ersten Sondierungen nicht in sein Verlagsprogramm integrieren konnte und auch nicht wollte, war der Pessimismus. Er verlegte zwar 1903 Leopold Zieglers *Das Wesen der Kultur*, weil er darin die „Entwicklungslinie der Steigerung ästhetischer zu religiöser Kultur" zu sehen glaubte, sah sich aber dann enttäuscht von Zieglers pessimistischem Grundzug.[262] Ebenso

259 Graf 1996, S. 280. Von Arthur Drews stammt die Arbeit *Die Christusmythe*, Jena 1909.

260 Zit. n. Graf 1996, S. 271.

261 Ebd.

262 Eugen Diederichs z. n. Heidler 1998, S. 268; Leopold Ziegler, *Das Wesen der Kultur*, Leipzig 1903. Zum Verhältnis von Ziegler und Diederichs vgl. auch Stefan Breuer, „Kulturpessi-

enttäuschend für Diederichs verläuft die Begegnung mit Zieglers Lehrer Eduard von Hartmann.[263] Der Pessimismus, obwohl ein wichtiges Segment auf dem Religionsmarkt der Zeit, eignete sich nicht zur Synthese.

Er eignet sich auch nicht für eine eindeutige Platzierung in der Denkgeschichte der Moderne, mag man sie nun kleinräumig oder großräumig anlegen. Die Pessimismuskonjunktur der 1870er und 1880er Jahre hat Hans Rosenberg in kleinräumiger Perspektive mit der wirtschaftlichen Depression 1873-1896 in einen direkten Zusammenhang gebracht.[264] Thomas Nipperdey hat sich dem z.T. angeschlossen und bemerkt, daß mit den Krisen zwischen 1873 und 1879 „das Grundgefühl der Hoffnung durch Angst: Angst vor Umverteilung und vor Sozialisten, Angst um den Status quo, um das Erreichte, Angst vor der Zukunft" ersetzt worden sei.[265] Stilbildend dafür ist Fritz Sterns einflußreiche Studie über den Kulturpessimismus gewesen.[266] Stern hat die Wilhelminische Ära als krisenhafte Zeit beschrieben, in der pessimistische Kulturkritik gegen die liberale Marktwirtschaft und die Entwicklung zur Massendemokratie in Stellung gegangen sei.

Nun sind inzwischen von sozial- und wirtschaftsgeschichtlicher Seite erhebliche Zweifel an der These einer „großen Depression" in dieser Zeit angemeldet worden.[267] Danach dauerte die ökonomische Aufschwungphase von der Reichsgründung bis zum Ausbruch des Ersten Weltkriegs: Das Sozialprodukt wächst, die Löhne steigen, die Schulbildung wird ausgeweitet, der Buch- und Zeitschriftenmarkt expandiert. Michael Pauen hat in seiner Studie zum Pessimismus die Krisenhypothese nicht nur für das Bismarckreich als irrig bezeichnet, sondern auch für die weit ausgreifende Generalthese, daß pessimistische Strömungen als Ausdruck von gesellschaftlichen Krisen begriffen werden können.[268] Im Gegenteil habe der antike

mist, Antimodernist, konservativer Revolutionär? Zur Position von Eugen Diederichs im Ideologienspektrum der Wilhelminischen Ära", in: Ulbricht u. Werner 1999, S. 36-59, hier S. 37f.

263 Vgl. Heidler, 1998, S. 268, 321.

264 Hans Rosenberg, *Große Depression und Bismarckzeit. Wirtschaftsablauf, Gesellschaft und Politik in Mitteleuropa*, Berlin 1967.

265 Thomas Nipperdey, *Deutsche Geschichte*, Bd. 2: *1866-1918, Machtstaat vor der Demokratie*, München 1993, S. 387.

266 Fritz Stern, *Kulturpessimismus als politische Gefahr. Eine Analyse nationaler Ideologie in Deutschland*, München 1986. Wie so vieles führt auch der Pessimismus, der kulturelle Dekadenz beobachtet, zum Faschismus bei Roger Griffin, *The Nature of Fascism*, London: Pinter, 1991.

267 Geoff Eley, *From Unification to Nazism. Reinterpreting the German Past*, Boston 1986; Volker Hentschel, *Wirtschaft und Wirtschaftspolitik im Wilhelminischen Deutschland. Organisierter Kapitalismus und Interventionsstaat*, Stuttgart 1978.

268 Michael Pauen, *Pessimismus. Geschichtsphilosophie, Metaphysik und Moderne von Nietzsche bis Spengler*, Berlin 1997, S. 18 u. 112f.; zum Pessimismus im Kontext des Gnostizismus vgl. ders., *Dithyrambiker des Untergangs. Gnostizismus in Ästhetik und Philosophie der Moderne*, Berlin 1994, S. 65ff.. Einen feinen Sinn für Pessimismus hat Ludger Lütkehaus, *Nichts. Abschied vom Sein. Ende der Angst*, Frankfurt a.M. 2003; zum kritischen Potential des Pessimismus: Ulrich Horstmann, *Das Untier. Konturen einer Philosophie der Menschen*, Wien/

gnostische Pessimismus seinen Höhepunkt in einer Phase weitgehender Sekurität erlebt. Umgekehrt seien im Anschluß an die Krise des 17. Jahrhunderts gerade die leibnizsche ‚beste aller möglichen Welten' und andere optimistische Systementwürfe entstanden. Schopenhauers Pessimismus wurzelte in der Zeit des deutschen Idealismus der späten Goethezeit. Diese und weitere andere Konstellationen zeigten, „daß sich der Pessimismus nicht als Reaktion auf eine *Verschärfung* der historischen Bedingungen verstehen läßt. Genau dies muß allerdings behaupten, wer an der allzu einfachen Gleichung von Krise und Pessimismus festhalten will, wer also den Umschlag der optimistischen Fortschrittshoffnungen in eine grundsätzliche Weltablehnung aus sozialen und historischen Entwicklungen erklären will. Bleibt die Situation jedoch im wesentlichen unverändert, dann müssen offenbar andere Gründe für die Entstehung des Pessimismus verantwortlich sein."[269]

Pauens Kritik einer schematischen Widerspiegelungstheorie berührt das tieferliegende Problem des Zusammenhangs von gesellschaftlicher Zeiterfahrung und Theorieproduktion. Zu Recht fordert Pauen, „der trügerischen Identifikation von historischer Erfahrung und theoretischer Reflexion zu entgehen".[270] Zwischen beiden Seiten seien vermittelnde Ebenen zu berücksichtigen; zum Beispiel „die Eigendynamik theoretischer Tradition", die situationsunabhängige Bezugssysteme transportiere, mit deren Hilfe historische Erfahrung gedeutet werde.[271] Pauen schließt implizit an die Deutungsmusteranalyse in der Linie Mannheimscher Wissenssoziologie an.

In dieser Religionssoziologie unterscheiden wir zwischen episodischen Erfahrungen, ihrer Einbettung in relativ stabile Deutungsmuster und dominanten gesellschaftlichen Zeiterfahrungen, die sich auf durchschlagende und generationenübergreifende Geschehensreihen beziehen. Die Erfahrung von Glaubenskrieg und Revolution, die wir behandelt haben, bildet jeweils Horizonte, in denen sich verschiedenartige, durchaus kontroverse Reflexionen ereignen können. Weil es sich um irritierende Erfahrungen handelt, konstituieren sie einen intellektuellen Raum als ein Laboratorium zur Suche nach Lösungen, in dem gerade auch theoretische Traditionen aktualisiert werden können.

Was die epochale Erfahrung der Entfesselung der Marktgesellschaft von der der Glaubenskriege und der Revolution unterscheidet ist, daß hier, nicht zuletzt in Folge des geschwundenen Religionszwangs, eine weitaus größere Pluralität von intellektuellen Verarbeitungsmodi zu Tage treten kann. Der Pessimismus ist – darin ist Pauen Recht zu geben – keineswegs eine Strömung, die bloß Krisen widerspiegelt. Die Präsenz der Pessimisten nach 1850 neben Katholiken und Protestanten oder *rationalreligiösen* Liberalen und Wertephilosophen, neben denen, die aus Werken der Kunst oder dem Aufblühen der Nation ihre ewigen Werte beziehen, wur-

Berlin 1983; „Schopenhauers wilde Söhne" stellt vor: Richard Reschika, *Philosophische Abenteurer. Elf Profile von der Renaissance bis zur Gegenwart*, Tübingen 2001, S. 103-154.

269 Pauen 1997, S. 9.

270 Pauen 1997, S. 10.

271 Ebd., S. 10.

zelt jedoch ebenso wie die Präsenz der Apostel der *Wissenschaftsreligion* in der marktwirtschaftlichen Modernisierungserfahrung. Der Pessimismus auf dem Religionsmarkt gehört darüber hinaus – wie zu zeigen sein wird – zu den Erscheinungen, in denen sich eine radikale Distanz zur Struktur der Gegenwart als einer Struktur des Marktes abzeichnet. Während die übrigen Anbieter für ihre Weltanschauung werben, haben es die Pessimisten darauf abgesehen, das Illusionäre aller Weltanschauungen und Religionen zu entlarven, indem sie auf jenen Fluchtpunkt des Besser-nicht-geboren-Seins hinstreben.

Der Pessimismus des 19. Jahrhunderts hat in Arthur Schopenhauer seinen Stammvater. Noch 1851 hat er Probleme, für die *Parerga und Paralipomena* einen Verleger zu finden. Dann wächst das Interesse an seinen Schriften. 1873/4 erscheint die erste Gesamtausgabe, gefolgt von zahlreichen Einzel- und Auswahlausgaben. Auf Schopenhauer beziehen sich neben vielen anderen besonders Eduard von Hartmann, Philipp Mainländer und Julius Bahnsen. Über diesen philosophischen Pessimismus hinaus finden sich gleichzeitig kulturpessimistische Schriften, in denen ein schnellerer oder langsamerer Verfall europäischer Kultur diagnostiziert wird.[272] 1876 schreibt Wilhelm Windelband: „Der Pessimismus ist zweifellos eine der am weitesten, wenigstens in den Grenzen des deutschen Kulturlebens verbreiteten Moden. Es gibt ganze gesellige und gesellschaftliche Kreise, in denen es als unfein betrachtet wird, mit dem Zustande der Welt zufrieden zu sein, und in denen es zum guten Ton geworden ist, das Elend des Daseins im gemeinsamen Gefühl überlegener Verurteilung und in freundlicher Mitteilung resignierender Gefühle zu ertragen." Dabei bemerkt Windelband, daß diese Stimmungen des Unmuts und der Unbehaglichkeit eigenartigerweise „in dieser Zeit der frischen Aufrichtung, der arbeits- und gedankenvollen Erhebung des nationalen Lebens im deutschen Volke" auftreten.[273] Windelband sieht jedenfalls keine Gründe für einen aus Krisenerfahrungen gespeisten Pessimismus.

Neben den modischen Pessimismus hat Hieronymus Lorm 1894 den „wissenschaftlichen Pessimismus" gestellt und letzteren auf Kant zurückgeführt.[274] Dieser habe den naiven Realismus als eine trügerische Illusion erkannt und die Individuen darauf verwiesen, daß sie sich nur des Besitzes ihrer Verstandesbegriffe erfreuen können. Lorm bezieht sich auf Kants Bild vom Land des reinen Verstandes als einer Insel, „umgeben von einem weiten und stürmischen Ozeane, dem eigentlichen Sitze des Scheins, wo manche Nebelbank, und manches bald wegschmelzende Eis neue Länder lügt, und indem es den auf Entdeckungen herumschwärmenden Seefahrer unaufhörlich mit leeren Hoffnungen täuscht, ihn in Abenteuer verflechtet, von denen er niemals ablassen, und sie doch auch niemals zu Ende bringen

272 Vgl. Georg Bollenbeck, *Eine Geschichte der Kulturkritik von J. J. Rousseau bis G. Anders*, München 2007.

273 Wilhelm Windelband, „Pessimismus und Wissenschaft", in: Ders., *Präludien*, Bd. 2, Tübingen [9]1924, S. 218-243, hier S. 218f.

274 Hieronymus Lorm, *Der grundlose Optimismus. Ein Buch der Betrachtung*, Wien 1894, S. 36ff. u. 163ff.

kann."[275] Man sieht, in dieser Zeit muß Kant für vieles herhalten, für die neukantianische Wertphilosophie ebenso wie für den wissenschaftlichen Pessimismus, dem Lorm dann aber doch am Ende mit einem „grundlosen Optimismus" begegnen möchte.[276]

DER BLINDE WILLEN ZUM LEBEN. Diese pessimistische Einschätzung eines möglichen Erfolgs der Wahrheitssuche im Meer der Erscheinungen, die Kapitulation vor der Möglichkeit, die Dinge an sich betrachten zu können, hat Schopenhauer bekanntlich zum Ausgangspunkt seiner Philosophie genommen.[277] Die erkenntniskritische Skepsis würde aufgelöst, „wenn der Forscher selbst nichts weiter als das rein erkennende Subjekt (geflügelter Engelskopf ohne Leib) wäre. Nun aber wurzelt er selbst in jener Welt, findet sich nämlich in ihr als INDIVIDUUM, d.h. sein Erkennen, welches der bedingende Träger der ganzen Welt der Vorstellung ist, ist dennoch durchaus vermittelt durch einen Leib".[278] Diese Bedeutsamkeit des Leibes führt ihn auf die Spur des Willens. Der kantsche Widerspruch von Erscheinungswelt und Ding an sich findet bei Schopenhauer seine Auflösung darin, „daß die objektive Welt, die Welt als Vorstellung, nicht die einzige, sondern nur die eine, gleichsam die äußere Seite der Welt ist, welche noch eine ganz und gar andere Seite hat, die ihr innerstes Wesen, ihr Kern, das Ding an sich ist: und dieses werden wir im folgenden Buche betrachten, es benennend, nach der unmittelbarsten seiner Objektivationen, Wille."[279]

Kai Haucke hat herausgearbeitet, wie Schopenhauer den leibphänomenologischen Ansatz nicht weiter verfolgt und stattdessen den Willen gleichsam wieder

275 Immanuel Kant, *Kritik der reinen Vernunft*, in: Ders., *Werke in zwölf Bänden* (Theorie-Werkausgabe), 3. Bd., hg. v. Wilhelm Weischedel, Frankfurt a.M. 1968, S. 267f.

276 „Die Grenze des Erkennens ist auch die Grenze des Pessimismus und die Empfindung dieser Grenze schließt einen grundlosen Optimismus mit ein." Lorm 1894, S. 259. Lorm war Erfinder des nach ihm benannten Fingeralphabets der Taubblinden.

277 Arbeiten zu Schopenhauer sind Legion. Religionstheoretisch ergiebig ist: Rudolf Malter, *Arthur Schopenhauer. Transzendentalphilosophie und Metaphysik des Willens*, Stuttgart 1991. Die Transformation des Motivs der Christusnachfolge bei Schopenhauer hat untersucht: Jens Lemanski, *Christentum im Atheismus. Spuren der mystischen Imitatio-Lehre in der Ethik Schopenhauers*, 2. Bde, London: Turnshare, 2009/2011. Zum Thema Religion vgl. auch die Beiträge im Jahrbuch der Schopenhauer-Gesellschaft 2010 in der Abteilung: „Christliche Moral ohne Gott? Schopenhauers Verhältnis zur christlichen Religion", S.67ff. und im Jahrbuch der Schopenhauer-Gesellschaft 2012 in der Abteilung: „Religion/Mystik", S. 441ff. Darüberhinaus: *Zeit der Ernte. Studien zum Stand der Schopenhauer-Forschung. Festschrift für Arthur Hübscher zum 85. Geburtstag*, hg. v. Wolfgang Schirmacher, Stuttgart 1982; *Schopenhauer und die Schopenhauer-Schule*, hg. v. Fabio Ciraci / Domenico M. Fazio u. Matthias Koßler, Würzburg 2009; wichtige Hinweise zur Rezeption finden sich bei Andreas Hansert, *Schopenhauer im 20. Jahrhundert. Geschichte der Schopenhauer-Gesellschaft*, Wien/Köln/Weimar 2010.

278 Arthur Schopenhauer, „Die Welt als Wille und Vorstellung I", in: Ders., *Arthur Schopenhauers Werke in fünf Bänden*, Bd. 1, hg. v. Ludger Lütkehaus, Zürich 1988a, S. 150.

279 Ebd., S. 65.

entleibt und entindividualisiert als Weltwille begriffen hat. Obwohl Schopenhauer mit seiner Kehre ins Introspektive auf das Selbsterleben des eigenen Leibes abhebt, bezieht er sich in seinen Beschreibungen ebenso auf die öffentlich zugänglichen Leiber der anderen.[280] So spricht er davon, daß „Zähne, Schlund, Darmkanal" der „objektivierte Hunger" und „die Genitalien der objektivierte Geschlechtstrieb" sind.[281] Weiter heißt es: „Sagt nicht das Gebiß des Haifisches, die Kralle des Adlers, der Rachen des Krokodils schon aus, was sie wollen und wozu sie hergekommen?"[282] Aber indem auf dem Weg nach Innen das eigene Wesen als Ding an sich erfaßt wird, indem eine „unmittelbare Erkenntnis der Identität des Willens in allen seinen Erscheinungen" erreicht ist, kippt die triumphale Willensidentität des Individuums mit dem Weltwillen ins Pessimistische.[283] Was das Individuum in sich entdeckt hat, ist ein transindividuelles Absolutum, demgegenüber der Eigenwille nur als Täuschung erfahren werden kann.

Im Zusammenhang dieser Religionssoziologie interessieren nicht die komplexen Weiterungen der Schopenhauerschen Philosophie. Wichtig ist, daß die Willensmetaphysik ein ideales Organon darstellt, die Erfahrung der Mechanismen des Marktes zu interpretieren. Ist doch der Wille, etwas zu erwerben, eine Not zu lindern oder sich einen Wunsch zu erfüllen, Grundlage rationaler Wahlhandlungen auf dem Markt. Zugleich kann nach vollzogenen Willensakten aus dem Zusammenspiel der Einzelwillen ein Gesamtwille bzw. eine Tendenz ermittelt werden, die anzeigt, ob Dinge im Wert steigen oder fallen. Diesen Marktwillen als einen blinden Willen zu erkennen, an dem jeder Marktteilnehmer partizipiert, war das Angebot Schopenhauers für die Verarbeitung entfesselter Marktgesellschaft.[284]

Das Marktsystem als Erscheinung eines blinden Willens betrachtet, als eine Entzweiung des Willens mit sich selbst und als eine auf Lebenssteigerung bezogene Vervielfältigung von Willen eröffnet eine Perspektive der Distanzierung und führt zur pessimistischen Einsicht, daß „wesentlich ALLES LEBEN LEIDEN" sei.[285] In seinen Manuskriptbüchern schreibt Schopenhauer: „*Das Leben* ist offenbar kein Geschenk zum Genießen, sondern eine Aufgabe, ein Pensum zum Abarbeiten. Jedes Lebende bewacht und beschützt sein Leben, gleichwie ein ihm bei schwerer Verantwortlichkeit anvertrautes Pfand, unter tausend Sorgen und Nöten, darunter

280 Kai Haucke, *Leben & Leiden. Zur Aktualität und Einheit der Schopenhauerschen Philosophie*, Berlin 2007, S. 79 u. 161f.

281 Arthur Schopenhauer, *Metaphysik der Natur. Vorlesung über die gesamte Philosophie, Zweiter Teil*, hg. von Volker Spierling, München/Zürich 1984, S. 91.

282 Ebd., S. 92. Das Motiv findet sich schon bei Lukrez, *Von der Natur*, mit einer Einf. u. Erl. v. Ernst Günther Schmidt, hrsg. u. übers. v. Hermann Diels, Düsseldorf/Zürich 1991, V, 1035.

283 Schopenhauer 1988a, S. 487f.

284 Wie die Spannung von Willen und Willenlosigkeit in der Literatur gestaltet wurde, zeigt Ingo Stöckmann, *Der Wille zum Willen. Der Naturalismus und die Gründung der literarischen Moderne 1880-1900*, Berlin 2009.

285 Arthur Schopenhauer, „Die Welt als Wille und Vorstellung II", in: Ders., *Arthur Schopenhauers Werke in fünf Bänden*, Bd. 2, hg. v. Ludger Lütkehaus, Zürich 1988b, S. 405.

eben das Leben hingeht; aber den Lohn dafür, oder das Warum und Wofür sieht man nicht. Er hat den Wert jenes Pfandes auf Treu und Glauben gelten lassen, ohne selbst zu wissen, worin er besteht. Darum ist bei mir das Ding an sich blinder Wille zum Leben."[286]

Dieser Wille äußert sich kosmisch in der Natur ebenso wie in der Sozialwelt als „Streit, Kampf und Wechsel des Sieges".[287] Dies Geschehen setzt im anorganischen Bereich ein: „Beständig muß die beharrende Materie die Form wechseln, indem, am Leitfaden der Kausalität, mechanische, physische, chemische, organische Erscheinungen, sich gierig zum Hervortreten drängend, einander die Materie entreißen, da jede ihre Idee offenbaren will." Natur gäbe es überhaupt erst als Streit, „ist doch dieser Streit selbst nur die Offenbarung der dem Willen wesentlichen Entzweiung mit sich selbst. Die deutlichste Sichtbarkeit erreicht dieser allgemeine Kampf in der Tierwelt (...), indem jedes Tier sein Dasein nur durch die beständige Aufhebung eines fremden erhalten kann; so daß der Wille zum Leben durchgängig an sich selber zehrt und in verschiedenen Gestalten seine eigene Nahrung ist, bis zuletzt das Menschengeschlecht, weil es alle anderen überwältigt (...) in sich selbst jenen Kampf, jene Selbstentzweiung des Willens zur furchtbarsten Deutlichkeit offenbart, und *homo homini lupus* wird."[288] Man fühlt sich an Romane von Balzac erinnert, an seine ‚Zoologie' der bürgerlichen Marktgesellschaft.

Mit dem Schopenhauerschen blinden Willen zum Leben teilt die Marktgesellschaft die Eigenart, daß Begrenzungen dieses Willens sich nicht lange aufrechterhalten lassen. Haben die Individuen etwas erworben, so wird es rasch im Wert gemindert. Sie brauchen mehr und immer mehr. Sie leiden, wenn der blinde Wille zum Leben begrenzt wird. Alle Versuche, Bedürfnisse einzufrieren, scheitern in Marktgesellschaften über kurz oder lang. Das letzte Wort moderner Marktgesellschaft lautet: besser leben, Lebenssteigerung, Steigerung der Lebensqualität.

Die vom blinden Willen zum Leben beherrschte Sozialwelt stellt sich für Schopenhauer als ein einziges Trümmerfeld dar. Schlimmer noch als Dantes Inferno sind die Grausamkeiten auf den Schlachtfeldern, das Elend der dahinsiechenden Kranken und die Straforgien der Gerichte. In allen Sektoren wirkt der blinde Wille wie eine unheimliche *vis a tergo*, der wir schicksalhaft ausgeliefert sind. Die eindrücklichen Szenen des Leides, auf die Schopenhauer verweist, haben dazu verführt, seine Philosophie als empirisch fundiert aufzufassen. Dagegen hat schon Friedrich Nietzsche bemerkt, daß Schopenhauers „ursprünglicher Tatsachen-Sinn nicht wenig durch das bunte Leoparden-Fell seiner Metaphysik beeinträchtigt worden ist".[289] Auf die Verwandtschaft von Schopenhauers Metaphysik des blinden Willens mit älteren vorkritischen Metaphysiken hat Michael Pauen hingewiesen.

---

286 Arthur Schopenhauer, *Der handschriftliche Nachlaß*, hg. v. Arthur Hübscher, Bd. 3, Frankfurt a.M. 1970, S. 585.

287 Schopenhauer 1988a, S. 208.

288 Ebd.

289 Friedrich Nietzsche, „Menschliches, Allzumenschliches. Ein Buch für freie Geister", in: Ders., Sämtliche Werke. Kritische Studienausgabe (KSA), Bd. 2, hg. v. Giorgio Colli u.

Entscheidend sei, „daß Schopenhauer an die Stelle des guten Gottes den finsteren Willen setzt". Damit ist in beiden Fällen das Urteil über die Qualität der Welt dogmatisch festgelegt: „Die Allmacht des Willens verhindert eine Wende zum besseren ebenso zuverlässig, wie der weise Schöpfergott zuvor den Sieg des Guten garantiert hatte."[290] Bei den Autoren, die den philosophischen Pessimismus weitertreiben – bei Eduard von Hartmann, Philipp Mainländer und Julius Bahnsen – kann man eine Konkurrenz um die schlechtestmögliche Version des blinden Willens und eine sich steigernde Desillusionierung der kleinen Rettungen finden, die Schopenhauer noch für denkbar gehalten hatte.

Bergab von Anfang an. Eduard von Hartmann liest Mitte der 1860er Jahre Schopenhauer.[291] Statt des blinden Willens nimmt er das absolut Unbewußte als prinzipiell unvernünftigen Urgrund an und entwirft, gleichsam Hegels Weltgeist als Unheilsprinzip umkehrend, eine Stufenfolge des Fortschritts im Bewußtsein der Unfreiheit und des Leidens. Es geht – durchaus auch analog zum Comteschen Dreistadiengesetz – von Stufe zu Stufe ins Nichts hinein. Auch der wissenschaftliche Fortschritt beschleunigt nur die Selbstaufhebung. Die unbeabsichtigten negativen Folgen des Fortschritts überwiegen grundsätzlich immer die möglichen positiven Effekte.

Dem ist widersprochen worden. Eduard von Hartmann hatte die spekulative Rechnung aufgestellt, daß „gegenwärtig die Summe der Unlust in der Welt die Summe der Lust überwiege".[292] Daraufhin mußte er sich von dem Feuerbachianer Julius Duboc die Frage stellen lassen, die den meisten Marktteilnehmern vertraut sein dürfte, wenn es um Zukunftsfragen geht: Wer könnte – abgesehen von den Problemen der Durchführbarkeit einer solchen Kalkulation – „sich getrauen, zu sagen, ob die fortschreitende Kultur nicht allmählich so viel Unheil in der Welt bezwingen, so viel Quellen des Elends verstopfen wird, daß die Bilanz in Bezug auf Lust und Unlust dieses ‚weltlichen Daseins' sich in zukünftigen Jahrhunderten oder Jahrtausenden ganz anders und viel günstiger als in der Gegenwart, die wir schließ-

---

Mazzino Montinari, München 1980e (im Folgenden: *Menschliches, Allzumenschliches*), S. 367-703, hier S. 395.

290 Pauen 1997, S. 105f.

291 Zu Eduard von Hartmann siehe Leopold Ziegler, *Das Weltbild Eduard von Hartmanns*, Leipzig 1910; Fritz-Joachim von Rintelen, *Pessimistische Religionsphilosophie der Gegenwart*, München 1924. Für eine neue Lektüre des vergessenen Eduard von Hartmann plädiert Jean-Claude Wolf im Jubiläumsband zum 100. Todestag: *Eduard von Hartmann. Zeitgenosse und Gegenspieler Nietzsches*, hg. v. Jean-Claude Wolf, Würzburg 2006; ders., *Eduard von Hartmann. Ein Philosoph der Gründerzeit*, Würzburg 2006. Zur Frage, inwieweit von Hartmann als Schüler Schopenhauers bezeichnet werden kann, vgl. ders., „Eduard von Hartmann als Schopenhauerianer", in: Ciraci / Fazio u. Koßler 2009, S. 189-214. Mit Blick auf Freuds Psychoanalyse: Günter Gödde, *Traditionslinien des Unbewußten. Schopenhauer – Nietzsche – Freud*, Tübingen 1999.

292 Eduard von Hartmann, *Philosophie des Unbewussten* [1869], Bd. 2, 10. Aufl., Leipzig 1900, S. 388.

lich doch allein einigermaßen zu überblicken vermögen, stellen wird."[293] Unterstützung erhielt von Hartmann von seiner Ehefrau.[294] Duboc reagierte dann mit der Schrift *Der Optimismus als Weltanschauung.* [295]

Das Christentum hat im Unheilsgang eine eigenartige Stellung. In der Schrift *Die Selbstzerstörung des Christentums und die Religion der Zukunft* macht Hartmann es sich zur Aufgabe, „unser Capitalconto an christlich-religiösem Besitz genauer zu betrachten und uns klar zu machen, wie sich unser gegenwärtiger Besitzstand einerseits zu dem Reichtum, dessen traurige Reste er bildet, und andererseits als Deckung zu unseren religiösen Lebensbedürfnissen verhält."[296] Das Christentum habe sich schon in frühchristlicher Zeit und weitergehend in Spätantike und Mittelalter erschöpft, da im der „zentrale Inhalt des christlichen Glaubens", „die absolute Entgegensetzung des Diesseits und Jenseits" abhanden gekommen war. „Von da an, wo das Christentum Staatskirche und damit weltliche Macht geworden war, hatte die Verfälschung des Christentums begonnen; ganz ebenso wie beim Buddhismus entstand von diesem Zeitpunkt an neben dem esoterischen Christentum ein exoterisches ‚Weltchristentum' von einem anerkanntermaßen untergeordneten Grade der Heiligkeit."[297]

Die Versuche, in Orden und Klöstern das esoterische Urchristentum zu restituieren, „scheiterten an der zunehmenden Entfremdung der Zeit von der christlichen Idee". Die Reformation sei da nur „der *Totengräber* des Christentums" gewesen. „Das Christentum war schon dem Tode verfallen, ehe die Reformation es in Stücke riß; das Wiederaufraffen des Katholizismus gegenüber seinem neu erwachten Gegner war nur die künstliche Galvanisation eines innerlich bereits erstorbenen Leichnams."[298] Und die Kulturkampfstimmung sowie die Diagnosen einer katholischen Inferiorität aufgreifend, fährt von Hartmann fort: „In der Tat ist das Leben des Katholizismus seit der Reformation nur ein *Scheinleben*; die katholischen Völker sind geistig *tot*, soweit nicht *antikatholische* und *antichristliche* Strömungen in ihnen aufgetaucht sind. Der Kulturfortschritt seit der Reformation ruht in geistiger Hinsicht *ausschließlich* auf den Schultern des *Protestantismus* und auf jenen Strömungen in katholischen Völkern, die sich mit mehr oder weniger Bewußtsein auf die Errungenschaften des Protestantismus stützen."[299]

Nicht willentlich, sondern gegen den eigenen Willen habe der Protestantismus die Zerstörung des Christentums weiter vorangetrieben. Indem er das Gewissen,

293 Julius Duboc, *Das Leben ohne Gott. Untersuchungen über den ethischen Gehalt des Atheismus*, Hannover 1875, S. 182f.

294 Sie schrieb unter ihrem Geburtsnamen: Agnes Taubert, *Der Pessimismus und seine Gegner*, Berlin 1873.

295 Julius Duboc, *Der Optimismus als Weltanschauung und seine religiös-ethische Bedeutung für die Gegenwart*, Bonn 1881.

296 Eduard von Hartmann, *Die Selbstzersetzung des Christentums und die Religion der Zukunft*, Berlin [2]1874, S. 6. Siehe dazu Wolf 2006, S. 165-178.

297 Hartmann 1874, S. 10.

298 Ebd., S. 11.

299 Ebd.

„die sittliche Autonomie an Stelle der Heteronomie gesetzt" habe, sei der Boden des Christentums verlassen.[300] Der „moderne liberale Protestantismus" sei „einerseits der konsequente Ausfluß des protestantischen Prinzips und andererseits nachgerade bei einem Punkte der Aushöhlung des Christentums angelangt ist, wo dasselbe seine innere Leerheit und religiöse Dürftigkeit nicht mehr vertuschen kann".[301] Der moderne Protestantismus sei „nichts als das Übergangsstadium vom abgestorbenen echten Christentum zu den modernen Kulturideen, die den christlichen in den wichtigsten Punkten diametral entgegengesetzt sind."[302] Damit radikalisiert von Hartmann eben jene religionskritischen Argumentationsfiguren der Junghegelianer, die wir im *Ersten Band* der Religionssoziologie beobachtet haben.[303]

Zwischen dem religiösen Gehalt des Christentums und aller Kultur besteht für Eduard von Hartmann die Grundspannung zwischen Weltablehnung und Verweltlichung, eine Grundspannung, die wir später in Max Webers Religionssoziologie wiederfinden werden.[304] „Hat die Religion im Allgemeinen eine Abneigung und Scheu vor der Wissenschaft, so befindet sich speziell das Christentum im feindlichsten Gegensatz gegen alle Kultur, welche auf Ausnutzung der Hilfsquellen des *Erdenlebens* und auf das *Heimischmachen* des Geistes in dessen gegebenen Bedingungen gilt."[305] Dies zeige sich, wenn man nicht nur die kirchlichen Kompromisse mit der Welt, sondern auch die Paulinische und Johanneische Christusinterpretation abschäle und den Kern der Botschaft Christi betrachte. Dieser habe die jüdische Prophetie vom Untergang der bestehenden Welt und dem Jüngsten Gericht erneuert, und „alle Ratschläge und Empfehlungen über das zweckmäßigste praktische Verhalten, welche er mit *Abweichung* von den damals üblichen Ansichten der Juden erteilt, sind *ausschließlich Konsequenzen dieses Evangeliums*, d.h. des Glaubens, daß eine häusliche Einrichtung auf Erden in der noch bevorstehenden Spanne Zeit nicht lohne."[306] Dieser Glaube entspringe „offenbar aus der tiefinnersten Überzeugung, daß eine so schlechte Welt zugrunde zu gehen Wert sei".[307] Charakteristisch für die Lehre Jesu sei *„die pessimistische Überzeugung von der Existenzunwürdigkeit dieser Welt"*.[308] Jesus habe erst nach und nach sein Selbstgefühl „zu der Höhe empor geschraubt, an sich als den erwarteten Messias zu glauben", aber doch sein Reich als eines bezeichnet, das nicht von dieser Welt sei.[309] „Er würde nicht wenig erstaunt und ungläubig gewesen sein, wenn jemand ihm geweissagt hätte, daß an seine religiöse Wirksamkeit sich die Entstehung einer neuen

300 Ebd., S. 13.
301 Ebd., S. 14.
302 Ebd., S. 15.
303 Insbesondere bei Bruno Bauer im *Ersten Band* S.691ff.
304 In diesem Band S. 784ff.
305 Hartmann 1874, S. 21.
306 Ebd., S. 46.
307 Ebd., S. 46.
308 Ebd., S. 51.
309 Ebd., S. 48.

Religion knüpfen werde, welche ihre Mutter, das Judentum, mit bitterstem Haß und Abscheu verfolgen werde."[310]

Der Pessimismus ist für Eduard von Hartmann der „Mutterboden" jeder echten Religion. Dies zeige sich auch in den Angriffen liberaler Protestanten gegen die pessimistische Weltanschauung: „Will man einen noch sichereren Beweis, wie groß die Weltbehaglichkeit, d.h. die irreligiöse Verweltlichung des Protestantismus ist, so braucht man nur acht zu geben, wie diese liberalen Protestanten mit Zetergeschrei über denjenigen herfallen, der sie in der ungetrübten Ruhe ihres heidnischen Vergnügtseins in dieser wunderherrlichen Welt zu stören wagt, durch den Versuch, der modernen Menschheit einmal wieder die Augen zu öffnen über die Wertlosigkeit alles Weltlichen, über die Tiefe und Allgemeinheit des Weltelends und über die illusorische Beschaffenheit der meisten und am heftigsten begehrten Weltfreuden."[311] Eine Grundlage möglicher neuer Weltreligionen könne demzufolge, nur der Pessimismus bieten.

Er sei „die unentbehrliche Voraussetzung *aller* Religiosität".[312] Aus der Wissenschaft heraus könne keine Religion gestiftet werden, sie könne sich jedoch darum bemühen, „der Zukunft ein möglichst reiches und wertvolles Ideenmaterial darzubieten, aus dem sie für eine eventuelle neue Religion schöpfen kann."[313] Es sei überhaupt fraglich, ob es eine Zukunftsreligion geben werde. „Dagegen wird der Mutterboden des religiösen Bedürfnisses, die pessimistische Weltansicht, beständig wachsen, da die Menschheit, in je höheren Grade sie die Mittel irdischer Behaglichkeit sich dienstbar macht, desto mehr einsehen muß, wie unmöglich es ist, auf diese Weise die Qual des Lebens zu überwinden und zur Glückseligkeit oder auch nur zur Zufriedenheit zu gelangen."[314] Die Fortschritte der industriellen Marktgesellschaft sind somit die Garanten für das Wachstum der pessimistischen Weltanschauung.

In Perioden wirtschaftlichen Aufschwungs reiche der Optimismus nur solange „als die Hoffnung, am Ziele das erreichte Glück zu genießen, vorhält; so wie aber solches Ziel erreicht ist, merkt das betreffende Volk, daß es nicht glücklicher ist als zuvor, und daß nur seine nagenden und quälenden Bedürfnisse gestiegen sind. Deshalb ist der Optimismus immer nur *Intermezzo* bei den gerade im weltlichen Aufschwung befindlichen Nationen, aber der Pessimismus ist die *dauernde Grundstimmung* der zur Selbstbesinnung gekommenen Menschheit".[315] Die Desillusionierung, die Erkenntnis, daß ein unbewußtes, irrational sinnloses Prinzip dem Weltgeschehen zugrunde liegt, werde sich, Hartmann zufolge, erst „nach Ablauf der Perioden der Verweltlichung und Absorption in weltlichen Interessen geltend machen, und *darum wird die religiöse Frage erst dann zur aller brennendsten werden,*

310 Ebd., S. 48.
311 Ebd., S. 89.
312 Hartmann 1874, S. 93.
313 Ebd., S. 94.
314 Ebd., S. 96.
315 Ebd., S. 96.

wenn die Menschheit *alles erreicht* hat, was sie an Kultur auf Erden überhaupt erreichen kann, und die ganze jämmerliche Armseligkeit dieser höchsterreichbaren weltlichen Situation überschaut."[316] Es könnte dann nicht, die Not sein, die das Beten lernt, sondern der trügerische Reichtum voll entfalteter Kultur.

Alle in Europa Schicht für Schicht entstandenen Religionen, die seit der Mitte des 19. Jahrhunderts als Angebote auf dem Religionsmarkt miteinander um Anhänger konkurrieren, haben ihr Proprium, das ihnen die Richtung ihrer Stellung zur Marktgesellschaft vorzeichnet. *Bekenntnisreligiöse* Autoren neigen zum mitmachen, *Rationalreligiöse* bewahren ihr Herzensgeheimnis, den Glauben an Werte, für *Nationalreligiöse* zählt Ökonomie vor allem dort, wo sie die Macht der Nation stärkt, *Kunstreligiöse* verweigern sich der Desillusionierung des Ewigen in der Kunst und *Wissenschaftsreligiöse* sehen in den Segnungen der industriellen Marktgesellschaft den Beweis ihrer Religion. Der pessimistische Glaube geht dagegen prinzipiell auf Distanz zur Marktgesellschaft.

BESCHLEUNIGTER ZERFALL IN DIE VIELHEIT. Bei Philipp Mainländer ist der Pessimismus kosmologisch überboten.[317] Hauptthema der zweibändigen, umfänglichen *Philosophie der Erlösung* ist die Frage nach der Entstehung der Welt.[318] Der neunzehnjährige Mainländer hatte sich bereits durch Schopenhauerlektüren die Augen für das Elend der Welt öffnen lassen. Der Besuch in einer Kinderblindenanstalt bewegt ihn dann zur hastigen Abfassung des Manuskripts. In seiner Kosmologie löst Mainländer das Theodizeeproblem, indem er die Schöpfung der Welt als Tod Gottes denkt. Er nimmt eine vorweltliche Einheit an, über die nichts weiter gesagt werden kann, als daß sie existierte. „Die einfache Einheit existierte: mehr können wir von ihr in keiner Weise prädizieren. Welcher Art diese Existenz, dieses Sein war, ist uns ganz verhüllt. Wollen wir es dennoch näher bestimmen, so müssen wir wieder zur Negation unsere Zuflucht nehmen und aussagen, daß es keine Ähnlichkeit mit irgend einem uns bekannten Sein hat, denn alles Sein, das wir kennen, ist *be-*

316 Ebd., S. 96f. Eine Weiterführung dieser Gedanken findet sich in Hartmanns Schrift: *Die Religion des Geistes*, Leipzig 1882.

317 Daß Mainländer nicht ganz vergessen wird, verdanken wir Winfried H. Müller-Seyfarth, *Apologie der Selbstauslöschung. Ethik und Metaphysik in Philipp Mainländers Theorie des Zerfalls*, als Mikrofiche, Egelsbach 1996 (zugleich Diss. Witten/Herdecke 1996); ders. (Hg.), *‚Die modernen Pessimisten als décadents'. Von Nietzsche zu Horstmann. Texte zur Rezeptionsgeschichte von Philipp Mainländers Philosophie der Erlösung*, Würzburg 1993; ders., *Metaphysik der Entropie. Philipp Mainländers transzendentale Analyse und ihre ethisch-metaphysische Relevanz*, Berlin 2000; ders., (Hg.), *Was Philipp Mainländer ausmacht. Offenbacher Mainländer-Symposium 2001*, Würzburg 2002. Siehe auch Ulrich Horstmann, „Mainländers Mahlstrom. Über eine philosophische Flaschenpost und ihren Absender", in: Ders., *Ansichten vom Großen Umsonst*, Gütersloh 1991, S. 105-114; Friedhelm Decher, „Der eine Wille und die vielen Willen. Schopenhauer-Mainländer-Nietzsche", in: *Nietzsche-Studien* 25/1996, S. 221-238; Bernd Gräfrath, „Pessimismus, Egoismus, Sozialdemokratie: Philipp Mainländers ‚Philosophie der Erlösung'", in: *Schopenhauer-Jahrbuch* 77/1996, S. 211-240.

318 Philipp Mainländer, *Philosophie der Erlösung*, 1. Bd., Frankfurt a.M. ^{3}1894a; ders., *Philosophie der Erlösung*, 2. Bd., Frankfurt a.M. ^{2}1894b.

wegtes Sein, ist ein *Werden*, während die einfache Einheit bewegungslos, in absoluter Ruhe, war. Ihr Sein war Übersein."[319]

Einem Urknall nicht unähnlich, habe sich dann diese Einheit in die Immanenz zahlloser Einzelkräfte aufgelöst: „Die Bewegung des *Weltalls* ist die Bewegung aus dem Übersein in das *Nicht*sein. *Die Welt* aber ist der *Zerfall* in die Vielheit, d.h. in egoistische, gegeneinander gerichtete *Individualitäten*. Nur in diesem Kampf von Wesen, die vorher eine einfache Einheit waren, kann das ursprüngliche Wesen selbst zerstört werden. Der Zerfall war die erste Tat, der Anfang der gedachten Bewegung (…) Die Weltbewegung ist also, in Beziehung auf den ersten Zerfall in die Vielheit, Bewegung aus dem für uns unbegreiflichen Ursein, d.h. relativen Sein, durch das *wirkliche* Sein in das *absolute* Nichtsein."[320]

Man kann Mainländers Spekulationen als eine Genesis des marktwirtschaftlichen Prinzips lesen, in der freilich die negativen Effekte von Konkurrenz dominieren. Die Selbstzerstörung konkurrierender Vielfalt ist das sich hinziehende Verwesen Gottes, eine „Säkularisierung", die nach dem Entropiegesetz funktioniert. Jede Ordnung, die ein einzelner betriebswirtschaftlich kalkulierender Marktakteur herstellt, geht auf Kosten einer größeren Unordnung in seiner Umgebung. Während optimistischer Liberalismus für die Zukunft in den Prozessen der Vervielfältigung und Differenzierung Kraftzuwächse und Steigerungen erwartet, sieht Mainländer die Wirkungen des universalen Gesetzes der Schwächung der Kraft: „Unter der Herrschaft dieses großen Gesetzes steht Alles in der Welt, mithin auch der Mensch. Er ist im tiefsten Grunde Wille zum Tode, weil die seinen Typus konstituierenden und ihn, durch Ein- und Austritt, erhaltenden chemischen Ideen den Tod wollen."[321]

Mainländer gehörte zu denen, die aus der Diskussion um den Entropiesatz, den Rudolf Clausius und William Thomson auf die Zukunft des Kosmos angewandt hatten, philosophische Konsequenzen zogen. Zunächst konnte, wie Elizabeth Neswald in ihrer grundlegenden Studie zur *Faszinationsgeschichte der Entropie* bemerkt, der Entropiesatz „dem theologischen Weltenende eine naturwissenschaftliche Bestätigung" geben.[322] Im szientifischen Horizont verdüsterte sich jedoch die Perspektive. Hermann Helmholtz erklärt: „wenn das Weltall ungestört dem Ablaufe seiner physikalischen Prozesse überlassen wird, wird endlich aller Kraftvorrat in Wärme übergehen und alle Wärme in das Gleichgewicht der Temperatur kommen. Dann (…) muß vollständiger Stillstand aller Naturprozesse von jeder nur möglichen Art eintreten." [323] Es ist nun kein ‚lieber Gott' mehr da, der den Ablauf der

319 Mainländer 1894a, S. 320.

320 Mainländer 1894b, S. 510.

321 Mainländer 1894a, S. 346.

322 Elizabeth R. Neswald, *Thermodynamik als kultureller Kampfplatz: Zur Faszinationsgeschichte der Entropie, 1850-1915*, Freiburg 2006, S. 180.

323 Hermann Helmholtz, *Über die Wechselwirkung der Naturkräfte und die darauf bezüglichen neuesten Ermittelungen der Physik. Ein populär-wissenschaftlicher Vortrag, gehalten zu Königsberg in Preußen am 7. Februar 1854*, Königsberg 1854, S. 24.

physikalischen Prozesse stören könnte, es sind wie Mainländer schreibt, die „chemischen Ideen“ selbst, die „den Tod wollen“.

Um dies zu realisieren, braucht die Verfallstendenz der „chemischen Ideen“ eine Hilfe: Da sie den Tod „nur durch Schwächung erlangen können und es kein wirksames Mittel hierzu gibt, als das Wollen des Lebens, so tritt das Mittel dämonisch vor den Zweck, das Leben vor den Tod, und es zeigt sich der Mensch als reiner Wille zum Leben. Indem er sich nun einzig und allein dem Leben hingibt, immer hungrig und begierdevoll nach Leben, handelt er im Interesse der Natur und *zugleich* in seinem eigenen; denn er schwächt die Kraftsumme des Weltalls und zugleich seinen *Typus*, seine Individualität, die, eine besondere Idee, halbe Selbstherrlichkeit hat. Er befindet sich auf der Bahn der Erlösung: darüber kann gar kein Zweifel sein; aber es ist eine *lange* Bahn, deren Ende nicht sichtbar ist.“[324]

Philipp Mainländers Vater war Fabrikant.[325] Der Sohn sollte Chemiker werden, entschied sich aber dann, in ein neapolitanisches Handelshaus einzutreten. Er habe „als Kaufmann die Welt gesehen, einen umfassenden weltmännischen Blick gewonnen und blieb verschont vom giftigen Hauch der Philosophieprofessoren und einem trockenen, wurmartigen, kurzsichtigen Gelehrtentum“.[326] Es drängt Mainländer dann zu den Soldaten, in eine Existenzform totaler Selbstaufgabe: „Ich habe ein außerordentliches Verlangen, einmal unbedingt einem anderen in allem unterworfen zu sein, die niedrigste Arbeit zu tun, blind gehorchen zu müssen.“[327] Statt zur Armee zu kommen, zwingen ihn widrige Umstände, eine Stelle beim *Bankhaus F. Mart Magnus* und dann der *Deutschen Bank*, in der Welt des entfesselten Individualinteresses, anzutreten. Mainländer schwankt zwischen Selbstmordabsichten und einem Eintritt in die Sozialdemokratische Partei. Die Philosophie der Erlösung enthält ein utopisches sozialreformerisches Programm, und in seinen Aufzeichnungen notiert er: „Die Rede, die mich sofort auf die höchste Woge der Partei heben wird, liegt in den Grundzügen vor mir und ihre Ausarbeitung verlangt nur zwei Tage. Ich brauche dann nur mit den Führern der heutigen Sozialdemokratie zwei Worte zu sprechen, dann eine Versammlung in Frankfurt zu berufen und am dritten Tag werden alle Zeitungen von mir reden und alle Arbeiter mit verzehrender Glut an meinem Munde hängen.“[328] Mit seinen sozialistischen Ideen erweist sich Mainländer als früher Philosoph der Beschleunigung.

---

324 Mainländer 1894a, S. 346.

325 Informationen zur Biographie finden sich bei Guido Rademacher, *Der Zerfall der Welt. Philipp Mainländer. Kurzgelebt und lange vergessen. Vita und Werk eines Optimisten*, London: Turnshare, 2008.

326 Zit. n. Fritz Sommerlad, „Aus dem Leben Philipp Mainländers: Mitteilungen aus der handschriftlichen Selbstbiographie des Philosophen“, in: *Zeitschrift für Philosophie und philosophische Kritik* 112/1898, S. 74-101, hier S. 78.

327 Zit. n. Sommerlad 1898, S. 88.

328 Zit. n. Walther Rauschenberger, „Aus der letzten Lebenszeit Philipp Mainländers. Nach ungedruckten Briefen und Aufzeichnungen des Philosophen“, in: *Süddeutsche Monatshefte* 9/1911-12, S. 117-131, hier S. 124.

Denn im Kapitalismus geht die Verwesung der Welt zu langsam voran.[329] Erst wenn im Sozialismus alle Begehrlichkeiten erfüllt sind, wird die Unaufhebbarkeit des Todes, das Ende aller Illusionen und die Nichtswürdigkeit der Welt erkannt. Bei Mainländer finden wir Ansätze eines sozialreformerischen Pessimismus, wie ihn der Landarzt bei Balzac verkörpert, den wir im Anfang dieses Teils zur Erfahrung entfesselter Marktwirtschaft untersucht haben.[330] Nachdem Mainländer am 31. März 1876 den gedruckten ersten Band seiner *Philosophie der Erlösung* empfängt, erhängt er sich in der darauffolgenden Nacht.

Ludger Lütkehaus hat den Fall Mainländer als „geradezu ideal" für eine „Psychopathologie der Weltanschauungen" bezeichnet, zumal Mainländer seine Sehnsüchte nach einer inzestuösen Mutterbindung über ihren Tod hinaus offen bekannt hat.[331] So könnte man diesen Fall aufschlüsseln. Aber bevor dies als eine bloß individuelle absonderliche Pathologie rubriziert wird, ist an die Überhöhungen des Weiblichen zu erinnern, die den *wissenschaftsreligiösen* Feminismus ebenso wie den katholischen Feminismus kennzeichneten.[332] Die Jungfrau, die Frau und die Mutter bieten in der marktwirtschaftlichen Erfahrung verschiedene Fluchtpunkte. Weiblichkeit steht für die Sinnlichkeiten des Konsums in der großen Stadt ebenso wie für die Distanz zum Marktgeschehen in der Mutter-Kind-Symbiose und für Jungfräulichkeit. Für Philipp Mainländer bot allein die Virginität eine Chance, den Verwesungsprozess der Welt zu beschleunigen. Die Fortpflanzung dagegen würde das Geschehen nur verlängern, denn: „*du lebst in deinen Kindern fort*, in deinen Kindern feierst du deine Wiedergeburt, und was *sie* treffen wird, das trifft *dich* in ihnen."[333] Keuschheit verkürzt hier den Prozeß: „Der den Willen zum Leben wirksam Verneinende erntet im Tode die volle und ganze Vernichtung des *Typus*. Er zerbricht seine Form, und *keine* Macht im Weltall kann sie neu bilden: sie ist für immer, in ihrer Eigentümlichkeit und der damit verbundenen Qual und Daseinspein, aus dem Buche des Lebens gestrichen. (...) Durch Enthaltung vom geschlechtlichen Genusse hat er sich von der Wiedergeburt befreit, vor der sein Wille zurückschaudert, wie der Rohe vor dem Tode. *Sein Typus ist erlöst*: das ist sein süßer Lohn."[334]

Das Knäuel der Welt und die Kraft des Humors. Für Julius Bahnsen ist auch diese Hoffnung auf einen süßen Lohn der Erlösung eine Illusion: „Der Glaube an Erlösungsmöglichkeit ist ja selber ein Stück titanischen Jugenddranges. (...) So schwärmten nacheinander in ihren Jünglingstagen Arthur Schopenhauer, Eduard von Hartmann und Philipp Mainländer, bis auch diesem Trunkensein von der Idee

329 So auch die Diagnose der Akzellerationisten. Vgl. *Akzelleration*, hg. v. Armen Avanessian, Berlin 2013

330 In diesem Band S. 55ff.

331 Lütkehaus 2003, S. 243.

332 In diesem Band S. 503ff.

333 Mainländer 1894a, S. 213.

334 Ebd., S. 338f.

der Vernichtung die Ernüchterung folgt."[335] Der Zielpunkt pessimistischer Erwartung, das Nichts, erweist sich nun als ein Negativum.

Bahnsen entgeht hier der Widersprüchlichkeit doppelter Negation, indem er als Gegenentwurf zur Hegelschen „Gedankendialektik" eine „Realdialektik" in der Welt geschehen sieht. Wirklichkeit ist prinzipiell alogisch. Logisch sind nur Denkprozesse oder die „Verbaldialektik" der Philosophen. Die Welt in ihrer Wirklichkeit ist ein Ensemble von Widersprüchen, von ewigen Entzweiungen, von koexistierender Vielheit ohne Synthesis oder Versöhnung. Wirklichkeit ist nicht symmetrisch, schon gar nicht im Gleichgewicht. Es ist dies eine Seinsnotwendigkeit.[336]

Schopenhauers blinder Wille ist bei Bahnsen pulverisiert in zahllose Einzelwillen von relativer Selbständigkeit, so wie wir Akteure auf den Märkten finden. Diese Relativität findet sich intersubjektiv wie auch intrasubjektiv. Die Vorstellung eines kohärenten Ich ist bei Bahnsen verabschiedet: „es ist ein Meer von Widersprüchen und damit zugleich ein unausschöpflicher Abgrund von Schmerzen, selig nur, wo es sich selber verloren hat an die Unbewußtheit des Bewußtseins, zurückgesunken in die bloße Potentialität seines Daseins, wo es mit seiner Aktualisation sein Wesen scheint eingebüßt zu haben – sei es in der Form des Schlafes, der tiefen Ohnmacht, des sich selber verkennenden und an ein anderes Sein austauschenden Wahnsinns, oder der selbstvergessenen, liebestrunkenen absoluten Hingebung an ein anderes Ich".[337] Die geläufige Einordnung Bahnsens als „Schopenhauer-Schüler" trifft hier nicht den ganzen Sachverhalt. Nicht minder wichtig ist der Einfluß von Max Stirner, dessen Rücknahme aller Sakralisierung in ein schöpferisches Selbst wir zum Abschluß des *Ersten Bandes* der Religionssoziologie vorgestellt haben.[338] Stirner hat den jungen Bahnsen bis zu den „radikalsten der radikalen Velleitäten" getrieben.[339] Das inkohärente, unstete Selbst Stirners, das sich gegen jede Verbalbestimmung seines Selbst zu behaupten weiß, entspricht Bahnsens „Realnegativität eines Willens, der ebensosehr will als nicht will, *Voluntas nolens* und *Noluntas volens* in Einem ist."[340] Auf eine knappe Formel gebracht folgt daraus die ethische Maxime: „Vergiß

335 Julius Bahnsen, *Das Tragische als Weltgesetz und der Humor als ästhetische Gestalt des Metaphysischen. Monographien aus den Grenzgebieten der Realdialektik*, hg. u. eingeleitet v. Anselm Ruest, Leipzig 1931, S. 123f.

336 Auf postmoderne Denkformen von „Pluralismus" hat hingewiesen: Winfried H. Müller-Seyfarth, „Julius Bahnsen. Realdialektik und Willenshenadologie im Blick auf die ‚postmoderne' Moderne", in: Ciraci / Fazio u. Koßler 2009, S. 231-245.

337 Julius Bahnsen, *Der Widerspruch im Wissen und Wesen der Welt. Princip und Einzelbewährung der Realdialektik*, 2 Bde., Berlin 1880/1882, hier Bd. 1, S. 8.

338 Im *Ersten Band* S. 706 ff.

339 Julius Bahnsen, *Wie ich wurde, was ich ward*, hg. v. Rudolf Louis, München 1905, S. 19; vgl. Heinz-Joachim Heydorn, „Julius Bahnsen. Eine Untersuchung zur Vorgeschichte der modernen Existenz" [1952], in: Ders., *Werke*, Bd. 5: *Philosophische Schriften. Julius Bahnsen, eine Untersuchung zur Vorgeschichte der modernen Existenz*, hg. v. Irmgard Heydorn u.a., Vaduz/Liechtenstein 1996, S. 38 u. S. 63.

340 Bahnsen 1931, S. 6.

dein Ich! Dein Selbst verliere nie."[341] Nach seinem Durchgang durch die junghegelianischen Diskussionen hält er an dem Satz fest, den er siebzehnjährig im Jahre 1847 geprägt hat: „Der Mensch ist nur ein sich bewußtes Nichts."[342]

Der Realdialektiker weiß: „wo nicht alles verkehrt fällt, geht es nicht richtig zu nach dem Lauf der Welt, und wenn endlich einmal das lang Erharrte kommt, siehe, so ist es damit auch nichts – denn mit all unserm Warten erwerben wir ja doch nichts als immer nur neue – Anwartschaften."[343] Die Welt, samt der in ihr lebenden Individuen, ist tragischer Widerspruch, eine immer weiterreichende „Paradoxienkette".[344] Daher erzeugen die geradlinigen Entscheidungen der Marktakteure, die den Erfolgsversprechen nachgeben, Serien von unbeabsichtigten Folgeproblemen weiterer Verkehrungen. „So wäre denn doch die Welt als Ganzes betrachtet ein logisch unentwirrbarer Knäuel, obgleich *stückweise* die Fäden sich glatt daraus abwikkeln lassen – der Komplex als solcher bleibt ein logisch unauflösbarer, und zwar vermöge des intraindividuellen Widerstreits, von welchem der interindividuelle nur als Folge erscheint. Alle interindividuellen Kollisionen und Konflikte vollziehen sich nur auf dem Grunde des intraindividualen Zwiespalts, der sich bis hinauf (oder hinab) in die Atome erstreckt".[345] In Wirklichkeit ist die Welt der Marktgesellschaft eine nicht zu reduzierende Komplexität.

In seiner Religionsphilosophie folgt Bahnsen zunächst junghegelianischen Argumentationsfiguren. Religiöse Vorstellungen sind Projektionen; was in ihnen wiederkehrt, „ist das Hinwegstreben aus der Qual der Entzweitheit" hin zu einer „absoluten Einheit".[346] Diesen revolutionären Enthusiasmus hatten die Junghegelianer entzaubert. Neuartig ist Bahnsens Einführung des Humors in die Religionsphilosophie: „Der Humor hat ja das mit dem Evangelium gemein: den Toren eine Torheit zu sein – muß sich's also wohl gefallen lassen, von den ‚Gesunden' immer wieder auf seine Verwandtschaft mit dem Wahnsinn angesehen zu werden."[347] Es ist die äußerste Distanz zur Welt des gesunden Menschenverstandes, die die christliche Botschaft mit dem Humor gemein hat, wenn man sie so radikalisiert, wie dies am Beispiel Kierkegaards gezeigt wurde. Das Motiv des heiligen Narren, das ausgehend vom Paulus-Wort von den „Narren um Christi Willen"[348] auch eine eigene dagegen gerichtete Traditionslinie der lachenden Christen bildet, ist hier aufgegriffen.[349]

341 Bahnsen 1882, S. 181.

342 Zit. n. Heydorn 1996, S. 63.

343 Bahnsen 1931, S. 120f.

344 Ebd., S. 17.

345 Bahnsen 1880, S. 204.

346 Zit. n. Heydorn 1996, S. 113.

347 Bahnsen 1931, S. 119f.

348 „Denn mir scheint, Gott hat uns Apostel auf den letzten Platz gestellt, wie zum Tode verurteilte. Denn wir sind ein Schauspiel geworden für Welt, für Engel und Menschen. Wir sind Narren um Christi willen, ihr aber seid klug in Christus." (Kor. I, 4, 10. 4,9-10)

349 Vgl. Peter L. Berger, *Erlösendes Lachen*, Berlin 1998; Peter Bloch, *Der fröhliche Jesus*, Gütersloh 2002.

Humor ist ein Modus des Umgangs mit dem Wahnsinn der verkehrten Welt. „Der Wahnsinn selber ist ja die Verkehrtheit im Wahren – der Humor gibt das Wahre an der Verkehrtheit und die Wahrheit des Verkehrten – somit die unmittelbarste Selbstverwirklichung der Realdialektik, als welche ja gerade das Widersprechende als das eigentlichste Kriterium der Realität zu Ehren bringt, indem sie das Verkehrte als das wirklich Wahre und alles Wahre als ein in sich Verkehrtes erkennen läßt und soweit zu einer idealen Geltung (Anerkennung) bringt."[350] Die *vis comica* kann freilich erst zum Zuge kommen, wenn zuvor eine Berührung mit dem Göttlichen stattgehabt hat: „Dem schlechthin Ungläubigen, der niemals an Götter geglaubt hat, bleiben die schärfsten Stacheln der Blasphemie unfühlbar – eine *absolute* Frivolität ist ein Unding – sie muß mit ihren Wurzeln den Boden des Idealglaubens wenigstens berühren – nur aus diesem Widerspiel kann sie überhaupt Nahrung saugen".[351] Daß pessimistische Auffassungen nur einsichtig werden, wenn man das Anspruchsniveau an die Wirklichkeit stark anhebt, ist von Michael Pauen bemerkt worden.[352] Kai Hauke hat auf die Verbindung zwischen dem „modernen Projekt einer extremen Vorstellung guten Lebens (…), die sich am Ideal einer möglichst umfassenden Kontrolle über das eigene Leben orientiert", und der gleichzeitig modernen Erfahrung wachsender Abhängigkeit und Determiniertheit hingewiesen, die für den Pessimismus im Allgemeinen charakteristisch ist.[353] Die Bindung an die vernichtete Illusion bleibt im humoristischen Modus erhalten. „Der spezifische Inhalt des Humors ist nämlich das Taxieren des Lebenswertes – und diese Abschätzung an dem Maßstab von Werten, die selber als nichtig sich darstellen, macht die Eigentümlichkeit des humoristischen Preiscourants aus".[354] Der Pessimismus hält so das Wissen um den Verlust absoluter Orientierung, im Sinne einer negativen Theologie, wach, und erzeugt damit seine humoristischen Effekte von „Wonnegram und Grameswonne", die Bahnsens Schriften durchziehen.[355] Und auf die Wertephilosophen seiner Zeit könnte die Pointe gemünzt sein: „Ein jeder gräbt und wühlt im Schoß der Mutter Erde nach dem, womit er seinem Dasein einen absoluten Wert zu verleihen hofft, und merkt darüber nicht, daß es ihm dabei ergeht, wie einem, der sein Notizbuch suchen muß und darüber den guten Einfall wieder vergißt, welchen er darin eintragen wollte."[356]

PESSIMISMUS UND WISSENSCHAFTSRELIGION. Im Unterschied zu pessimistischen Strömungen älterer Epochen beziehen sich Hartmann, Mainländer und Bahnsen nicht auf apokalyptische Motive, sondern sie berufen sich auf eben die naturwis-

350 Bahnsen 1931, S. 120.
351 Bahnsen 1931, S. 118.
352 Pauen 1997, S. 12 u.a.
353 Haucke 2007, S. 13.
354 Bahnsen 1931, S. 117.
355 Julius Bahnsen, *Pessimisten-Brevier. Von einem Geweihten. Extractum vitae*, Berlin 1881, S. 377.
356 Bahnsen 1931, S. 133.

senschaftlichen Erkenntnisse und die moralwissenschaftlichen Lehren der Nutzenberechnung, die für *wissenschaftsreligiöse* Autoren die neue optimistische Weltanschauung garantieren. Wenn bei Schopenhauer noch die Erlösung durch Kunst, insbesondere durch die Musik, als mögliche Rettung gesehen wurde, so entfernen die Pessimisten nach 1850 diese idealistischen Momente. Entsprechend nennt Eduard von Hartmann seine *Philosophie des Unbewußten* im Untertitel „Spekulative Resultate nach induktiv-naturwissenschaftlicher Methode".[357] Der Pessimismus folgt für Mainländer geradezu aus den Resultaten naturwissenschaftlicher Forschung. Er schreibt: „Der Atheismus, wie ihn meine Lehre begründet, – zum ersten Male *wissenschaftlich* begründet hat, – gibt dem großen Problem der Entstehung und Bedeutung der Welt, mit der Lösung zugleich auch die Versöhnung."[358] Mainländers Atheismus „kennt *vor* dieser Welt keine Welt und keine nach ihr. Sie ist ihm ein einziger großartiger Prozeß, der weder eine Wiederholung ist, noch eine Wiederholung haben wird; denn *vor* ihm liegt das transzendente Übersein und nach ihm das *nihil negativum*: Und dies ist keine eitle Behauptung. Die Deduktion ist durch und durch logisch, und alles in der Natur unterschreibt das Resultat, vor dem wohl ein schwacher Geist zitternd zusammenbrechen mag, der Weise aber freudig bis ins Innerste seiner Seele erbebt. Nichts mehr wird sein, *Nichts, Nichts, Nichts*! – Oh dieser Blick in die absolute Leere!"[359]

Die Pessimisten enthüllen die bei Intellektuellen im 20. Jahrhundert angewachsene Einsicht, daß wissenschaftlicher Fortschritt nicht exklusiv mit einer Entwicklung zum Besseren verbunden ist. Es kann auch anders kommen. Dies ist im Rahmen *wissenschaftsreligiöser* Auffassungen schwer vorstellbar. Zu Recht bemerkt Walter Gebhard: „Sofern Totalitätsbewußtsein im 19. Jahrhundert sich als Naturglaube und Weltbezug artikulierte, diente deren Optimierung der Abwehr und Bewältigung des Pessimismus" .[360] Dies kann zu übersteigerten Erwartungen führen, denn „ ‚Welt', die ‚Gott' ersetzt, hat – in der Verwandlung kaum mehr sichtbare – ‚Gnadenakte', Legitimationsaufgaben für das Endlichkeitsbewußtsein des Menschen zu leisten."[361] Es entstehen dann Lagen, in denen die Erwartungen, die Versprechen auch einzulösen, notorisch zu Überforderungen führen. Hinzu kommt: Wenn Naturforscher ihre Wahrheiten von gestern heute revidieren oder fallen lassen müssen, weil sie etwas Neues herausgefunden haben, das im Sinne des unaufhaltsamen Fortschritts dann wiederum wahrscheinlich mit einem Verfallsdatum versehen ist, es sei denn man beende eine weitere Forschung, könnten sich Pessimisten bestätigt sehen. So hat denn auch das Veralten der Inhalte des Monismus im Bereich naturwissenschaftlicher Erkenntnisse mit zum Scheitern des Monismus als einer

357 Eduard von Hartmann, *Philosophie des Unbewußten*, 3 Bde., Leipzig [12]1923.
358 Mainländer 1894b, S. 510.
359 Ebd., S. 510f.
360 Gebhard 1984, S. 536.
361 Gebhard 1984, S. 536.

Weltanschauung beigetragen.[362] Für Pessimisten paßte dagegen jede Art von Verfall, auch der Verfall wissenschaftlicher Erkenntnisse, gut ins Bild. Die *wissenschaftsreligiöse* Vorstellung einer Erlösung durch Entwicklung konnte pessimistisch bei Mainländer als Erlösung von Entwicklung umgekehrt werden.

Die Auseinandersetzungen um die Teleologie, die durch Darwins Entdeckungen in Gang gekommen waren, sind ein Beispiel für die optimistisch/pessimistische Ambivalenz in der Deutung der natürlichen Prozesse. Physiko-theologisch bot die *providentia dei*, die Lehre von Gottes Herrschaft in der Natur, zum Optimismus führende *rationalreligiöse* Grundlagen, die auch noch im 19. Jahrhundert hoch im Kurs stehen. Es sind die funktionalen Interdependenzen, die die Beobachtung der Biosphäre hervortreten läßt, die wohl dem unausrottbaren Bedürfnis nach teleologischer Deutung entgegenkommen. Die neue Erklärung für die biologische Zweckmäßigkeit, die Darwin gefunden hatte, entzog der teleologischen Naturauffassung die Grundlage, da nun einsichtig gemacht war, wie Zweckmäßiges ohne einen zwecksetzenden Willen entstehen konnte.[363] Dabei war die gedankliche Kernfigur, daß Zweckmäßiges aus Zufälligem entstehen kann, bereits seit der Antike bekannt.[364] Während teleologische Denkweisen eine prästabilisierte Harmonie annehmen, geht es bei Darwin um eine poststabilisierte Harmonie. Gerichtetheit ist etwas, das sich nachträglich zeigt.[365] Optimistisch kann dabei die jeweilige Stabilität der Gestalt der Natur in sich stimmig sein, so wie die Verteidiger der Marktwirtschaft bis heute Stabilität als eine feiern, die sich durch reinigende Krisen hindurch immer wieder einstellen wird. Dennoch hat Darwin insofern beunruhigt, als kontingent blieb, für wen sich welcher Zufall als ein glücklicher oder als ein unglücklicher erweisen werde.[366]

Die Einschätzung, wer denn Profiteur der Evolution sei, hat Nietzsche dazu gebracht, die optimistische Deutung der Darwinschen Evolutionstheorie zurückzuweisen: „Die gesamte Tier- und Pflanzenwelt entwickelt sich nicht vom Niederen zum Höheren ... Sondern Alles zugleich, und übereinander und durcheinander und gegeneinander. Die reichsten und komplexesten Formen – denn mehr besagt das Wort ‚höherer Typus' nicht – gehen leichter zugrunde: nur die niedrigsten halten eine scheinbare Unvergänglichkeit fest. Erstere werden selten erreicht

362 Volker Drehsen u. Helmut Zander, „Rationale Weltveränderung durch ‚naturwissenschaftliche' Weltinterpretation? Der Monistenbund – eine Religion der Fortschrittsgläubigkeit", in: Sparn u. Drehsen 1996, S. 217-238, hier S. 235.

363 Hermann von Helmholtz, *Über das Ziel und die Fortschritte der Naturwissenschaft. Eröffnungsrede für die Naturforscherversammlung zu Innsbruck 1869*, Nachdruck, Braunschweig 1964, S. 18; Eve-Marie Engels, „Biologische Ideen von Evolution im 19. Jahrhundert und ihre Leitfunktionen. Eine Einleitung", in: Dies. (Hg.), *Die Rezeption von Evolutionstheorien im 19. Jahrhundert*, Frankfurt a.M. 1995, S. 13-66, S. 35f.

364 Rothacker 1926, S. 47.

365 Vgl. Eve-Marie Engels, *Teleologie des Lebendigen*, Berlin 1982, S. 14f.

366 Vgl. zur Diskussion des Verhältnisses von Notwendigkeit und Zufall: Karl Acham, „Die kulturelle Krise der Gesellschaft um 1900 und die Genese der Sozialwissenschaften", in: Drehsen u. Sparn 1986, S. 39-67, hier S. 53.

und halten sich mit Not oben: letztere haben eine kompromittierende Fruchtbarkeit für sich. – Auch in der Menschheit gehen unter wechselnder Gunst und Ungunst die höheren Typen, die Glücksfälle der Entwicklung, am leichtesten zu Grunde. (...) Das ‚Genie' ist die sublimste Maschine, die es gibt, – folglich die zerbrechlichste."[367]

Julius Bahnsen hat in der Diskussion um die wissenschaftliche Erklärung der Zweckmäßigkeit das teleologische Moment im Lebendigen in bestimmter Weise individualisiert. Es sind die in sich zerrissenen Einzelwillen, die nach Verwirklichung und Selbstbereicherung drängen, aber der Gesamtaspekt kennt keine Teleologie: „Dieses weltewige Nebeneinander in sich weltewig selbstentzweiter Willenswesen ist der Tummelplatz in sich teleologisch, aber gegeneinander antiteleologisch wirkender Kräfte. Für diese *juxta eademque contraposita* ist das Weltwerden eine unentrinnbare und unerbittliche Notwendigkeit. Diese Notwendigkeit ist der Stoff der Geschichte."[368]

Ebenso wie der Pessimismus nach 1850 die empirischen Stützpunkte des naturwissenschaftlichen Materialismus, die den naturalistischen Stoff für *wissenschaftsreligiöse* Ambitionen abgeben, entwendet, um sie pessimistisch einzuschwärzen, so verfährt er mit der utilitaristischen Moralwissenschaft. Jean-Marie Guyau hat in seiner großen Darstellung der englischen Philosophie von 1873 bemerkt: „Wie leicht läßt sich der Optimismus der Utilisten in Pessimismus wandeln."[369] Nach der pessimistischen Gegenrechnung, die den Utilitaristen entgegengehalten wird, übersteigt die Summe der Unlustgefühle stets die der Lustgefühle im Universum. Diese Gegenrechnung nimmt die utilitaristische Prämisse des universellen Glücksstrebens beim Wort. Freilich sind in ihr die Ambitionen und Glückserwartungen soweit erhöht, daß Enttäuschung und Schmerz immer überwiegen müssen. Für denjenigen, der von Bahnsens Axiom „es geht mit dem ersten Ich-Sagen ein tiefer Riß durch die Welt" ausgeht, kann die Lustbilanz nur negativ ausfallen.[370] Benthams Utilitarismus setzt mit aller seiner Schmerzflucht und Askesefeindschaft ein in sich vorab gemäßigtes Glücksstreben voraus.

In die Debatte um die moralwissenschaftliche Begründung von Optimismus und Pessimismus hat auch der Soziologe Georg Simmel eingegriffen. Er bezweifelt die utilitaristische Geschäftsgrundlage des Pessimismus: „Von einer unmittelbaren gegenseitigen Messung von Lust und Leid ließe sich etwa dann sprechen, wenn sie

367 Friedrich Nietzsche, „Nachgelassene Fragmente 1887-1889", in: Ders., *KSA*, Bd. 13, München 1980f (im Folgenden: *Fragmente 1887-1889*) , hier Frühjahr 1888, S. 316f. Dazu auch: John Richardson, „Nietzsche Contra Darwin", in: *Philosophy and Phenomenological Research* 65(3)/2002, S. 537-575.

368 Julius Bahnsen zit. n. Heydorn 1996, S. 135. Die Subjektivität der Teleologie ist schon von Kant gesehen worden. Siehe Immanuel Kant, „Kritik der Urteilskraft", in: Ders., *Werke* (Theorie-Werkausgabe), Bd. 10, hg. v. Wilhelm Weischedel, Frankfurt a.M. 1968, S. 513f. (§ 75).

369 Jean-Marie Guyau, *Die englische Ethik der Gegenwart* [1873], Leipzig 1914, S. 564.

370 Julius Bahnsen, *Beiträge zur Charakterologie: mit besonderer Berücksichtigung pädagogischer Fragen*, 2 Bde., Leipzig 1932, hier Bd. 1, S. 283.

sich so aufhöben, daß ein gleichgültiger Zustand resultierte; allein das Sichaufheben zweier entgegengesetzter Empfindungen ist immer nur ein bildlicher Ausdruck, und nie paralysieren sie sich wie entgegengesetzt gerichtete Kräfte, die auf einen Punkt wirken".[371] Wer Lust und Leid messen wolle, benötige einen dritten formalen Maßstab, wie ihn z.B. der Durchschnitt abgeben könnte: „Es ist also nie eine Sache schlechthin billig oder teuer, sondern nur durch den Vergleich mit dem Preise, für den sie durchschnittlich zu bekommen ist; weder ist ein Diamant für 5000 Mark teuer, wenn er eben nirgends billiger zu haben ist, noch ein Komißbrot für 10 Pfennige billig, wenn es überall so geliefert wird".[372] Sich Phantasiepreise auszudenken mache keinen Sinn. „Demgemäß ist die Klage, daß man die Freuden des Lebens mit zu vielen Schmerzen, also teuer, bezahlen müsse, nur dann gerechtfertigt, wenn dieselben Freuden allgemein und im Durchschnitt billiger zu haben sind; dieser Durchschnitt selbst ist aber weder teuer noch billig, weil er vielmehr das ist, woran die Teuerkeit oder Billigkeit des einzelnen Falles erst gemessen wird."[373]

Für Simmel ist der Umstand, „daß das Menschengeschlecht im Großen und Ganzen optimistisch gestimmt ist", eine Lebenstendenz der „natürlichen Zweckmäßigkeit". Sie „muß als eine Waffe im Kampf ums Dasein, als ein Vorzug der so Ausgestatteten vor den pessimistisch Gestimmten herangezüchtet werden".[374] Allerdings wirkt hier die moderne Naturforschung auch in eine andere Richtung, wenn sie den Menschen ganz in das Naturgeschehen hineinstellt. Dann gilt: „Gleichheit vor dem Naturgesetz für alle Erscheinungen, also auch für den Menschen, Verneinung jeder besonderen Rücksicht der Welteinrichtung auf sein Wohl, ohne die es keine optimistische Theorie gibt, Einsicht in den völligen Mangel eines prinzipiellen Zusammenhanges zwischen den menschlichen Wünschen und Mächten, die sie gewähren oder verweigern."[375] Und Simmel diagnostiziert: „Diese notwendige Konsequenz der naturwissenschaftlichen Weltanschauung, die dem Optimismus seine wurzelnährenden Quellen abgräbt, ist indes im Innenleben der Gegenwart keineswegs schon vollständig assimiliert."[376] Daher kann sich Pessimismus mit der modernen Wissenschaft in auffälliger Weise verbinden. Trotzdem gilt: „Optimismus und Pessimismus stehen als subjektivistische Deutungen der naturalistischen gleichmäßig, wenn auch mit umgekehrten Vorzeichen, gegenüber."[377]

---

371 Georg Simmel, „Über die Grundfrage des Pessimismus in methodischer Hinsicht", in: Ders., *Gesamtausgabe*, Bd. 2, hg. v. Otthein Rammstedt, Frankfurt a.M. 1989b, S. 9-19, hier S. 10.

372 Ebd., S. 13f.

373 Ebd., S. 14.

374 Georg Simmel, „Zu einer Theorie des Pessimismus", in: Ders., *Gesamtausgabe*, Bd. 5, hg. v. Heinz-Jürgen Dahme u. David P. Frisby, Frankfurt a.M. 1992b, S. 543-551, hier S. 543. Vgl. dazu auch den Aufsatz *Sozialismus und Pessimismus* von Simmel im gleichen Band S. 552-559.

375 Simmel 1992b, S. 545.

376 Ebd., S. 545.

377 Ebd., S. 546.

So erscheint bei Simmel Pessimismus als ein Übergangsstadium. Dies macht er deutlich, indem er die „Grausamkeitswollust" als psychologische Wurzel des Pessimismus in den Blick nimmt. In der pessimistischen Strömung zeige sich eine theoretische Grausamkeit, die Freude am Untergang, der Zerstörung und dem Zerfall empfindet. Auf die möglich gewordene naturalistische Entwertung des Ich antworte das Ich nun mit einem gesteigerten „Extensitätsstreben", einer Ausdehnung des Leidempfindens, für die der Terminus „Weltschmerz" mit seiner ironischen Färbung durchaus passe: „Das Schwelgen in den eigenen Schmerzen, das wollüstige Sichverbohren in jeden Kummer, die Sucht von seinen Mißgeschicken vor sich selbst und anderen möglichst viel ‚herzumachen', äußert sich durchgehends zugleich in den Formen und im Zusammenhange einer pessimistischen Allgemeinanschauung."[378] Simmel weist daraufhin, daß das „Extensitätsstreben" aus einer passiven Grundhaltung heraus erwächst. Die Betrachtung des Ganzen und das Streben nach einer finalen Gesamtrechnung von Lust und Leid sind nur auf dem Wege einer sich von der konkreten handlungsrelevanten Wirklichkeit distanzierenden kontemplativen Einstellung möglich. Dies kann sich dann subjektiv mit der Schmerzlust des Erleidens verbinden. „Der Mangel an Aktivität, der jedem prinzipiellen Pessimismus eigen ist – denn alle energische Betätigung ruht, um nicht sinnlos zu sein, auf einer mehr oder weniger optimistischen Basis – entspricht ganz dieser pessimistischen Freude am subjektiven Leide."[379] Man kann sich fragen, ob diese psychologische Perspektive, die Simmel einnimmt, nicht in einem schwer auflösbaren Gegensatz zur pessimistischen Grundbewegung des blinden Willens zum Leben steht.

Heroismus und Mitleid. Die vom Pessimismus vorausgesetzte Wertirrationalität der Lebenswirklichkeit kann zu Weltschmerz veranlassen. In diesem können die Individuen verharren, aber eine passive Handlungsaskese ist auf die Dauer schwer lebbar.[380] Welche aktiven Einstellungen zur Welt kommen für Pessimisten in Frage? Zwei Optionen haben nach 1850 als Konsequenz des Pessimismus eine gewisse Verbreitung gefunden: der Heroismus der Redlichkeit und die Elargierung des Mitleids.

Wenn die Sinnlosigkeitserklärungen eines zuerst entwerteten, dann wertfreien und schließlich wertlosen Kosmos durchgespielt sind, dann bleibt als Aktivität der Aufbau einer heroischen Haltung gegenüber der Einsicht in die Nichtswürdigkeit der Welt. Es ist dies ein Heroenideal, das sich von der kriegerischen Tradition aktiver Feindbekämpfung gelöst hat und nun als ein Heroismus gefaßt wird, dessen Aktivität darin besteht, dem zunehmenden Zerfall der Welt standzuhalten.

Die Konjunktur der Rede vom Heroischen, die sich um 1900 bei Intellektuellen zeigt, wird oftmals dem vieldeutigen Schlagwort „Kulturpessimismus" zugeordnet. Heinz Dieter Kittsteiner hat in der Tradition von Fritz Sterns einflußreichem Werk

---

378 Ebd., S. 550.

379 Ebd.

380 Zu dieser Problematik siehe Ludger Lütkehaus, „Pessimismus und Praxis. Umrisse einer kritischen Philosophie des Elends", in: Müller-Seyfarth 1993, S. 127-136.

über den *Kulturpessimismus als politische Gefahr* bei der Profilierung seiner „Stufen der Moderne" eine „heroische Moderne" typisiert, die die von1750 bis 1880 angenommene „evolutiven Moderne" als einer „Fortschrittsmoderne" überlagert.[381] Nietzsche gilt als Philosoph dieser „heroischen Moderne", deren „zentrales Symbol" der Erste Weltkrieg wird und die in den Totalitarismus mündet. Dies bringt Kittsteiner auf die griffige Formel: „Was Nietzsche und andere nur denken, wird der nachfolgenden Generation zum blutigen Ernst."[382] Diese Formel verdeckt freilich die genaueren Umschlagsmomente, die die Aktivität eines defensiven von der Aktivität eines offensiven Heroismus unterscheiden.

Bahnsen spottet über „jene ‚Gesunden', denen überall ein herzhaft Zugreifen erstes Erfordernis eines Helden ist." Diese „kennen höchstens ‚Kontroversen', aber nirgends ein echtes Dilemma – und wo sich ihnen stiernackig ein solches in den Weg stellt, rufen sie sonder Skrupel: packts frisch an *beiden* Hörnern!"[383] Es handelt sich hierbei um einen Aktivismus der Betriebsamkeit, der habituell vorgibt, stets eine Lösung zur Hand zu haben. „Sie wissen angeblich *immer*, was sie zu tun haben – denn was die nähere und gewichtigere Obliegenheit sei, darüber könne, recht zugesehen gar kein Zweifel bestehen, – glückliche Hätschelpüppchen Fortunens, denen es nie beschieden ward, die Fahrt in die Unterwelt mitmachen zu dürfen". Es sind „Nachtwandler des optimistischen Traumlebens auf schmaler First am jähen Rande des Zwiespalts dahinschreitend, geschlossenen Auges und blinden Blicks ohne Blinzeln und Wanken".[384] Von diesem blinden Aktivismus ist eine andere Aktivität zu unterscheiden.

Sie nimmt ihren Ausgang von der offenbaren Einsicht in die Zerfallsprozesse von Kultur und Gesellschaft. Der wahren Wirklichkeit der Welt unerschrocken ins Auge zu sehen, ist der Startpunkt für die „Fahrt in die Unterwelt", die die heroische Haltung des Pessimisten kennzeichnet: „Wie der Kampf, so verharrt auch der Sieg ganz im Innern, wohinein nichts dringt, als der unbestechliche Blick des kongenialen Wahrheitsforschers, der weiß, daß es mit der Wirklichkeit des Lebens nicht auf effektvolle Posen und theatralisch wirksame Gruppierungen abgesehen ist, sondern auf die naturnotwendige Verwirklichung eines Weltverhängnisses, wie sie nur solchen erlassen bleibt, die wie Ackergaul, Zugochse und Karrenhund unter der Peitsche fremden Wollens, blinden Glaubens, stumpfen Handwerks, unwürdigen Zwanges, ethikbarer Freiheitslosigkeit ihren Tretmühlenpfad abtrotten ohne Schuld, aber auch ohne Größe, ohne Irrung, aber auch ohne Wissen, ohne Angst, aber auch ohne Ahnung um's Weltgeheimnis."[385] Es geht darum, die verhängnisvolle Wirklichkeit des Lebens zu ertragen und sich darin tapfer zu verhalten.

381 Heinz Dieter Kittsteiner, *Out of Control. Über die Unverfügbarkeit des historischen Prozesses*, Berlin/Wien 2004, S. 13; ders., *Die Stabilisierungsmoderne. Deutschland und Europa 1618-1715*, München 2010, S. 26f; Stern 1986.

382 Kittsteiner 2010, S. 27.

383 Bahnsen 1931, S. 52.

384 Bahnsen 1931, S. 52f.

385 Ebd., S. 61.

Dabei kann es sich um eine forscherliche Aktivität handeln, wie sie bei Eduard von Hartmann im Mittelpunkt steht. Ihm zufolge ist es nicht Aufgabe der Philosophie, Trost zu spenden und Hoffnung zu geben. „Zu solchen Zwecken gibt es Religions- und Erbauungsbücher. Die Philosophie aber forscht rücksichtslos nach Wahrheit, unbekümmert darum, ob das, was sie findet, dem in der *Illusion des Triebes befangenen Gefühlsurteil* behagt oder nicht."[386] Und in der Diktion des vormärzlichen Bruno Bauer fährt er fort: „Die Philosophie ist hart, kalt und fühllos wie ein Stein; im Äther des reinen Gedankens schwebend strebt sie nach der frostigen Erkenntnis dessen, was ist, seiner Ursachen und seines Wesens."[387] Die furchtbaren Nöte, in die gerät, wer diese Haltung eisiger Abstraktion einnimmt, gelten Hartmann gleichsam als Beweis für die Wahrheit des Pessimismus: „Wenn die Kraft des *Menschen* der Aufgabe nicht gewachsen ist, die Resultate des Denkens zu ertragen, und das vom Jammer zusammengekrampfte Herz vor Grauen erstarrt, vor Verzweiflung bricht, oder weichlich im Weltschmerz zerfließt, (...) dann registriert die Philosophie diese Tatsachen als schätzbares psychologisches Material für ihre Untersuchungen."[388] Rücksichtslose Wahrheitssuche führt so zum einem Heroismus der Redlichkeit, der sich von psychischen Krisen nicht zum Wunschdenken verleiten läßt.

Die Umschlagsmomente dieses heroischen Pessimismus des Standhaltens in einen faschistischen Pragmatismus der Feier gewaltreicher Aktivität sind vielfältig. Dazu gehört der Mythos des letzten Gefechtes, den Georges Sorel als unerläßlich für soziale Bewegungen erachtete ebenso wie Marinettis Verherrlichung maschineller Beschleunigung.[389] Es sind dies Dimensionen, die den hier diskutierten Pessimisten und auch Nietzsche fremd gewesen sein dürften. Der faschistische, aus der für sinnlos deklarierten Lebenswirklichkeit hervorgehende Übersprung-Aktivismus verweist vielmehr auf die Produktion von Akzelerations-Mythen und auf technische Machbarkeit, die die Heraufkunft der Erfahrung artifizieller Lebenswelt signalisieren. In diesem Zusammenhang ist bemerkenswert, daß Martin Heidegger 1938/1939 – zu einem Zeitpunkt, da das deutsche Volk auf heroische Notwendigkeiten übelster Art eingestimmt wurde – in seiner Reflexion über die „Machenschaft (Gewalt, Macht, Herrschaft)" schrieb: „Aus der nur vordergründlichen Erfahrung und Deutung der Machenschaft (...) erwächst eine Haltung, die glaubt, durch einfache Zustimmung zu der in die Gewaltsteigerung losgelassenen Übermächtigung der Macht jenes zu treffen und anzuerkennen, was ‚ist'. Man deutet diese Hinnahme des ‚Wirklichen' als ‚Heroismus'. Aber das so Benannte trägt alle

386 Hartmann 1923, Bd.2, S. 390.

387 Ebd.; vgl. Hartmann 1923, Bruno Bauer im *Ersten Band* S. 702.

388 Ebd.

389 Vgl. Georges Sorel, *Über die Gewalt* [1908], übers. v. Ludwig Oppenheimer, m. e. Nachwort v. George Lichtheim, Frankfurt a.M. 1981, S. 113. Zu Marinetti in diesem Band S. 913 und S. 941f.

Zeichen der ‚Kapitulation' vor dem Vorhandenen als solchen, dem machenschaftlich bestimmten, d.h. seinsverlassenden Seienden bei sich."[390]

Der Nationalsozialist und Antisemit Heidegger greift hier Denkmotive des älteren Pessimismus auf und wendet sie gegen die faschistische Umdeutung, wenn er schreibt: „Der ‚heroische Realismus', scheinbar die höchste Form des Wissens vom und der Haltung zum Seienden, bringt es nur zur versrecktesten Art des Ausweichens vor dem Sein; er ist eine ausdrückliche Besiegelung der Seinsvergessenheit; dies jedoch unter einem Vorgeben des schärfsten Blicks für das, was ‚ist'; und damit beweist er öffentlich sein Zeitgemäßes im Zeitalter des Beginns der Vollendung der Neuzeit."[391] Die Notizen „Besinnung" stehen bekanntlich im Kontext von Heideggers Abschied von der Fundamentalontologie und der Umkehrung seiner Fragerichtung hin zur Frage nach der geschichtlichen Selbstreferentialität von ‚Dasein' und ‚Seyn'.[392] Dichtung und Technik werden dann für Heidegger prominente Themen seiner Philosophie, nachdem zuvor das Verhältnis von Philosophie und Wissenschaft im Mittelpunkt seines Interesses stand. Wir sehen in dieser Kehre eine Korrespondenz zu der Verschiebung des Erfahrungshorizonts europäischer Intellektueller von der Marktgesellschaft zur Ästhetisierung und Technisierung der menschlichen Lebenswelt.

Neben dem Heroismus der Redlichkeit wird die Elargierung des Mitleids zu einer Option, die Pessimisten entgegenkommt. Gefühlskalte Redlichkeit und das Mitleiden liegen auf den ersten Blick weit auseinander. In ihrer wegweisenden Untersuchung einer ganzen Reihe kontroverser Theorien des Mitleids kommt Käte Hamburger jedoch zu dem Ergebnis, daß Mitleid durch eine „Distanzstruktur" gekennzeichnet sei.[393] Diese findet Hamburger etwa bei Rousseau, der Mitleid als Trieb des *homme naturel* dem Selbsterhaltungstrieb nachordnet.[394] Zudem werde dem zu bemitleidenden Gegenüber ein Objektstatus zugewiesen, der im mitleidigen Lächeln ebenso zum Ausdruck kommen kann wie in dem Phänomen, daß die Distanz um so leichter überwunden werden kann, je ferner das zu bemitleidende Gegenüber sich befindet. Den ethischen Ort des Mitleids bestimmt Hamburger schließlich als „ethische Neutralität".[395]

390 Martin Heidegger, „Besinnung", in: Ders., *Gesamtausgabe*, Bd. 66, hg. v. Friedrich Wilhelm von Herrmann, Frankfurt a.M. 1997, S. 19.

391 Ebd. S. 19f.

392 Willem van Reijen, *Martin Heidegger*, Paderborn 2009, S. 29ff.

393 Käte Hamburger, *Das Mitleid*, Stuttgart 1985, S. 106. Zu Phänomenen des Mitleids vgl. Max Scheler, „Wesen und Formen der Sympathie. Die deutsche Philosophie der Gegenwart", in: Ders, *Gesammelte Werke*, Bd. 7, hg. v. Manfred S. Frings, München 1973; Werner Marx, *Ethos und Lebenswelt. Mitleidenkönnen als Maß*, Hamburg 1986; Norbert Gramer, *Mitleid in der Ethik. Zu Geschichte und Problem eines vernachlässigten Prinzips*, Bonn 2000; *Ethik und Ästhetik des Mitleids*, hg. v. Nina Gülcher u. Irmela von der Lühe, Freiburg i.Br. 2007.

394 Hamburger 1985, S. 106.

395 Ebd., S. 126.

Diese zeige sich nach Hamburger darin, daß es sich um spontane Gefühlsregungen handelt, die in ethischer Hinsicht instabil sind: Am Vormittag erregt der Bettler Mitleid, nachmittags dann wieder nicht. Bemitleiden kann man ethische Vorbilder ebenso wie bösartige Menschen. Orientierungen an Gerechtigkeit oder auch erotische Regungen verlieren an Eigenwert, wenn sich Empfindungen des Mitleids einmischen. „Ein Hauch von Mitleid nur, und das heißt das geringste Eindringen eines unpersönlichen Gefühlsmoments genügt, um sie zu zerstören. Das ‚nur Mitleid' ist vielleicht der äußerste wie schlichteste Ausdruck für die Unpersönlichkeit, die als Natur des Mitleids bezeichnet werden kann." [396]

Die Transformation des Gebotes christlicher Nächstenliebe, das sich in *rational-religiösen* Vorstellungen im Austausch von Leistungen als ein Tun für andere erfüllen läßt, in eine Ethik des Mitleids ist bekanntlich integraler Bestandteil der Schopenhauerschen Lehre vom blinden Weltwillen. Das angemessene Verhalten dieser Blindheit gegenüber ist ein unmittelbares, unpersönliches, mitleidendes Hinsehen. Daß Marktgesellschaften auf den Egoismus des Einzelnen und auf seine Zähmung durch den Egoismus der anderen setzen – das Thema der schottischen Moralphilosophie – hat Schopenhauer in ethischer Hinsicht ebensowenig befriedigt wie Kants Moral aus Vernunftgründen. Schopenhauer sucht nach den vitalen Motiven von Handlungen. Der Egoismus ist die „Haupt- und Grundtriebfeder im Menschen wie im Tiere".[397] Der moralische Appell vermag nichts gegen diese Macht: „Der *Ego*ismus ist, seiner Natur nach, grenzenlos: der Mensch will unbedingt sein Dasein erhalten, will es von Schmerzen, zu denen auch aller Mangel und Entbehrung gehört, unbedingt frei, will die größtmögliche Summe von Wohlsein, und will jeden Genuß, zu dem er fähig ist, ja, sucht wo möglich noch neue Fähigkeiten zum Genusse in sich zu entwickeln. Alles was sich dem Streben seines Egoismus entgegenstellt, erregt seinen Unwillen, Zorn, Haß: er wird es als seinen Feind zu vernichten suchen."[398]

Dieser antimoralischen Triebfeder kann nur durch ein ebenso tief in der Natur des Menschen verwurzeltes Verhalten begegnet werden: dem unmittelbaren, auf keine Argumentation gestützten Mitleid: „Diese ganz unmittelbare, ja, instinktartige Teilnahme am fremden Leiden, also das Mitleid, ist die alleinige Quelle solcher Handlungen, wenn sie *moralischen Wert* haben, d.h. von allen egoistischen Motiven rein sein, und eben deshalb in uns selbst diejenige innere Zufriedenheit erwecken sollen, welche man das gute, befriedigte, lobende Gewissen nennt".[399] Die sentimentale Gefühlsregung leitet einen Akt der Identifikation mit dem anderen ein und kann so Gerechtigkeit und Menschenliebe als Tugenden charakterlich festigen. Die mitleidige Gefühlsregung zeigt, „daß ich mich mit dem Andern gewisserma-

396 Ebd., S. 105.

397 Arthur Schopenhauer, „Preisschrift über die Grundlage der Moral", in: *Arthur Schopenhauers Werke in fünf Bänden*, Bd. 3, hg. v. Ludger Lütkehaus, Zürich 1988c, S. 459-631, hier S. 552.

398 Ebd., S. 552f.

399 Ebd., S. 584.

ßen identifiziert habe, und folglich die Schranke zwischen Ich und Nicht-Ich, für den Augenblick aufgehoben sei: nur dann wird die Angelegenheit des Andern, sein Bedürfnis, seine Not, sein Leiden, unmittelbar zum meinigen: dann erblicke ich ihn nicht mehr, wie ihn doch die empirische Anschauung gibt, als ein mir Fremdes, mir Gleichgültiges, von mir gänzlich Verschiedenes; sondern *in ihm* leide ich mit, trotz dem, daß seine Haut meine Nerven nicht einschließt".[400]

Henning Ritter hat darauf aufmerksam gemacht, daß die Beispiele amoralischen Verhaltens, auf die Schopenhauer sich stützt, der Presse der Zeit entnommen sind.[401] Das Mitleid anrührende Nachrichten sind insbesondere solche über Grausamkeiten in fernen Ländern. Dem korrespondiert in der zweiten Hälfte des 19. Jahrhunderts eine reiche Bildproduktion mit Szenen des Elends und der Gewalt außerhalb der europäischen Zivilisation. Henry Laurens hat in dem europäischen Erschrecken über das „Massaker von Chios", bei dem osmanische Krieger die griechische Bevölkerung der Insel töteten oder versklavten, den Startpunkt einer historischen Reihe von militärischen Interventionen der Europäer und der USA gesehen, die, getragen von Mitleid erregenden Berichten und Bildern über Gewaltexzesse in fernen Ländern, bis in die Gegenwart zu den massenmedial verbreiteten Greueltaten islamistischer Terroristen reicht.[402] Nicht zuletzt die Versklavung der Chioten, deren Frauen ob ihrer Schönheit gerühmt wurden, inspirierte Maler, das Motiv des orientalischen Sklavenmarkts populär zu machen.[403] Berühmt wurde Eugène Delacroix' Gemälde *Das Massaker von Chios,* das der französische König Charles X. nach der Ausstellung kaufte und im Louvre aufstellen ließ.[404] Adelbert von Chamisso dichtete in seinem Gedichtzyklus *Chios*:

> „Da, wo Chios einst gewesen,
> Herrschet Stille sondergleichen;
> Auf der Trümmerstatt verwesen
> Zwanzigtausend Christen-Leichen".[405]

---

400 Ebd., S. 586.

401 Henning Ritter, „Der Augenblick der humanen Empfindung. Grausame Taten betrachten: das 19. Jahrhundert erfindet eine Religion des Mitleids mit dem Leiden in der Ferne", in: *Frankfurter Allgemeine Zeitung* vom 27. Sept. 2003, S. 39; ders., *Die Schreie der Verwundeten. Versuch über die Grausamkeit,* München 2013, S. 107; siehe auch ders., *Nahes und fernes Unglück. Versuch über das Mitleid,* München 2004.

402 Henry Laurens, „Die orientalische Frage. Westliche Sackgassen, islamistischer Staat, humanitäre Katastrophen", in: *Lettre international* 108(1)/2015, S. 28-32.

403 Vgl. dazu Dolf Sternberger, *Panorama oder Ansichten vom 19. Jahrhundert,* Frankfurt a.M. 1981, S. 82ff.

404 Zur zeitgenössischen Kunstdiskussion des Bildes siehe Hubertus Kohle, „Kunstkritik als Revolutionsverarbeitung. Das Beispiel Auguste Jal", in: *Frankreich 1815-1830. Trauma oder Utopie? Die Gesellschaft der Restauration und das Erbe der Revolution,* hg. v. Gudrun Gersmann u. Hubertus Kohle, Stuttgart 1993, S. 171-186, hier S. 173 ff.

405 Adelbert von Chamisso, „Chios", in: Ders., *Sämtliche Werke,* Bd 1: *Prosa. Dramatisches. Gedichte. Nachlese der Gedichte,* München 1975, S. 363-372, hier S. 369; siehe dazu Andrea

Und Victor Hugo legte in seinem Gedicht *„L'enfant"* dem griechischen Kind die Worte in den Mund:

> „Ami, dit l'enfant grec, dit l'enfant aux yeux bleus,
> Je veux de la poudre et des balles."[406]

Es waren britische Presseberichte und entsetzliche Bilder über das Elend der Kranken und Verwundeten im Krimkrieg 1853-1856, die Florence Nightingale dazu bewegten, ins Lazarett von Scutari zu gehen, um dort als „Engel der Barmherzigkeit" tätige Abhilfe zu schaffen.[407] Man kann in diesem Zusammenhang auch auf Bestseller dieser Zeit wie *Onkel Toms Hütte* verweisen.[408]

Mitleiderregend war jedoch nicht nur das medial vermittelte Leiden in der Ferne. Mitleid konnte insbesondere auch das Leiden der Lebewesen hervorrufen, zu denen wie zu Tieren eine anthropologische Differenz markiert werden kann. Die sich im 19. Jahrhundert organisierenden Tierschutzvereine gehören wesentlich zu den sich auf eine Ethik des Mitleids berufenden Bewegungen.[409] In England ist es Francis Power Cobbe, die gegen Tierversuche 1875 die *British Union for the Abolition of Vivisection* gründet und zur entschiedenen Kritikerin *wissenschaftsreligiösen* Fortschrittspathos wird.[410] Es ist das von Schopenhauer im Mitleiden beobachtete Fallen der „Schranke zwischen Ich und Nicht-Ich", das eine Elargierung des Mitleids weit über die Grenze, sei es der zwischen Mensch und Tier, ermöglicht. In der heute üblichen Berichterstattung über Naturkatastrophen mischen sich Fernsehbil-

---

Polaschegg, *Der andere Orientalismus. Regeln deutsch-morgenländischer Imagination im 19. Jahrhundert*, Berlin 2005, S. 247ff.

406 Victor Hugo, „L'enfant", in: Ders., *Les Orientales*, Paris: Charles Gosselin, 1829.

407 Melanie Phillips, *The Ascent of Woman. A History of the Suffragette Movement and the Ideas behind it*, London: Littel, Brown, 2003; Ute Daniel, „Der Krimkrieg 1853-1856 und die Entstehungskontexte medialer Kriegsberichterstattung", in: Dies. (Hg.): *Augenzeugen. Kriegsberichterstattung vom 18. zum 21. Jahrhundert*, Göttingen 2006, S. 40-67.

408 Harriet Beecher Stowe, *Uncle Tom's Cabin or, Life among the Lowly. A tale of slave life in America*, London: Cooke, 1853.

409 Heinz Meyer, *Der Mensch und das Tier. Anthropologische und kultursoziologische Aspekte*, München 1975, insbes. S. 140. Ferner Rainer E. Wiedenmann, *Die Tiere der Gesellschaft: Studien zur Soziologie und Semantik von Mensch-Tier-Beziehungen*, Konstanz 2002; ders., *Tiere, Moral und Gesellschaft*, Wiesbaden 2008.

410 Vgl. zur Vivisektionsdebatte: Mieke Roscher, „Engagement und Emanzipation. Frauen in der englischen Tierschutzbewegung", in: *Tierische Geschichte. Die Beziehung von Mensch und Tier in der Kultur der Moderne*, hg. v. Dorothee Brantz u. Christof Mauch, Paderborn 2010, S. 285-303; Monca Libell, „Der Begriff der Zivilisation in der deutschen antivivisektionistischen Diskussion", in: *Tiere beschreiben*, hg. v. Andreas Brenner, Erlangen 2003, S. 43-66; Jutta Buchner-Fuhs, „Das Tier als Freund", in: *Tiere und Menschen. Geschichte und Aktualität eines prekären Verhältnisses*, hg. v. Paul Münch u. Rainer Walz, Paderborn 1998, S. 275-294; *Vivisection in Historical Perspective*, hg. v. Nicolaas A. Rupke, London/New York/Sydney 1987. Das „Evangelium der Tierschonung" zu verbreiten, hat sich der Bauerndichter Christian Wagner als Lebensaufgabe gesetzt. Christian Wagner, *Neuer Glaube* [1894], mit einem Nachwort von Jürgen Schweier, Kirchheim/Teck 1980, S. 113.

der von Rindern, die in den Fluten überschwemmter Gebiete verenden, mit Bildern verzweifelter Menschen, die sich auf die Dächer ihrer Häuser gerettet haben, – beides erregt Mitleid.

Boris Holzer ist am Beispiel der Tsumami-Katastrophe vom 26. Dezember 2004 im Indischen Ozean der Frage nachgegangen, „inwiefern die Intensivierung weltweiter sozialer Beziehungen zu spontanen, auf konkrete Ereignisse reagierenden Formen solidarischen Handelns führen kann, ohne daß damit Ansprüche an eine ethisch anspruchsvolle, widerspruchsfreie und vor allem dauerhafte Solidarität verbunden sein müßten.“[411] In der außerordentlichen Spendenbereitschaft in vielen Ländern und der Organisation internationaler Hilfe nach den Berichten über diese Katastrophe manifestierte sich nach Holzer eine „episodische Solidarität“. Sie „realisierte sich nicht nur als ein globales *Medienereignis*, sondern auch als ein *Interaktionsgeschehen* in einem Katastrophengebiet, in dem sich als Resultat des globalen Tourismus bereits eine Weltgesellschaft *en miniature* versammelt hatte.“[412] Die Stärke episodischer Solidarität differiert freilich je nach der Erregungsqualität der Nachrichten und Bilder. Mit den Bildern von durch Naturkatastrophen hervorgerufenem Leiden können Bilder vom Leid in Bürgerkriegen nur selten mithalten.[413]

Als Quelle einer „romantischen Ethik“ hat Collin Campbell jene Tradition protestantischer Gemeinden beschrieben, die ihren Glauben weniger in innerweltlicher Askese, als vielmehr in einer hohen Sensibilität für Empfindungen des Mitleids zum Ausdruck brachten.[414] Unter marktgesellschaftlichen Bedingungen einer Pluralität von Bildern und Nachrichten kann die Menge des bekanntgemachten und gezeigten Elends zur Resignation führen, wenn man aktiv werden wollte. „Romantische Ethik“ nimmt hier gleichsam eine hedonistische Wende, indem die eigenen psychischen Zustände des Erschauerns und vor allem des Mitleids genossen werden. Für Campbell bildet die „romantische Ethik“ die historische Grundlage für den Geist des modernen „consumerism“.[415]

411 Boris Holzer, „Das Leiden der Anderen. Episodische Solidarität in der Weltgesellschaft“, in: *Soziale Welt* 59(2)/2008, S. 141-156, hier S. 141; siehe auch Thomas Knieper, „Die Flut im Wohnzimmer. Die Tsunami-Berichterstattung als traumatischer Stressor für die bundesdeutsche Bevölkerung“, in: *Publizistik. Vierteljahreshefte für Kommunikationsforschung* 51(1)/2006, S. 52-66. Historisch ausgreifender ist Tobias Scholz, *Distanziertes Mitleid. Mediale Bilder, Emotionen und Solidarität angesichts von Katastrophen*, Frankfurt a.M. 2012.

412 Ebd. S. 153.

413 Vgl. Vera Kern, „Die Spendenbereitschaft der Deutschen“, in: *Deutsche Welle* vom 16.11.2013, online: http://www.dw.de/die-spendenbereitschaft-der-deutschen/a-17223467 (Letzter Zugriff: 24.04.2016); zum Spendenverhalten siehe *Spenden in Deutschland. Analysen – Konzepte – Perspektiven*, hg. v. Eckhard Priller u. Jana Sommerfeld, Berlin/Münster 2010; *Prosoziales Verhalten. Spenden in interdisziplinärer Perspektive*, hg. v. Frank Adloff / Eckhard Priller u. Rupert Graf Strachwitz, Stuttgart 2010.

414 Collin Campbell, *The Romantic Ethic and the Spirit of Modern Consumerism*, Oxford 1987.

415 Diskutiert bei Dominik Schrage, *Die Verfügbarkeit der Dinge. Eine historische Soziologie des Konsums*, Frankfurt a.M. 2009, S. 118ff.

Der Zusammenhang zwischen Pessimismus und Mitleid entbehrt nicht der Paradoxien. So preist Bahnsen die pessimistische Philosophie, weil sie „am sichersten vor Aufstellungen unerfüllbarer Forderungen bewahrt“, fügt jedoch hinzu: „Dafür darf denn aber auch dieses Zeitalter, dem die liebeszeugenden Mächte eine nach der anderen scheinen abhanden kommen wollen, hoffen, grade an der pessimistischen Weltanschauung – die nur bei *Nicht*kennern als ein Brunnen der Menschen*feindlichkeit* verrufen ist – einen Verjüngungsquell für die in ihrer dogmenbedingten Gestalt so altersschwach gewordene *Caritas* zu finden.“[416]

Auf dem Religionsmarkt nimmt der Pessimismus eine Sonderstellung ein. Seine Präsenz neben *bekenntnisreligiösen* Katholiken und Protestanten, den Anhängern von *National-* und *Kunstreligion*, der szientistischen *Wissenschaftsreligion*, den *rationalreligiösen* Wertephilosophen und der Vielfalt von Protagonisten einzelner Weltanschauungsmixe verdankt sich in spezifischer Weise der marktwirtschaftlichen Modernisierungserfahrung. Zum einem kann der Pessimismus eine radikale Distanz zur Struktur der Gegenwart als einer Struktur des Marktes wahren. Zum anderen behauptet er gegenüber seinen Konkurrenten eine rückhaltlose Illusionslosigkeit, gegen die kein Kraut gewachsen ist. Auch dem Spott über den Weltschmerz kann der Pessimist noch mit der Kraft des Humors begegnen.

4. Asiatische Religionsimporte

DIE USA UND DER WELTMARKT DER RELIGIONEN. 1851 hatte die erste Weltausstellung in London den wissenschaftlichen Fortschritt erlebbar gemacht, der mit der Entfesselung der Marktwirtschaft einherging. Ein halbes Jahrhundert später, nach der Ausbreitung *wissenschaftsreligiöser* Vereine, dem Aufschwung des Katholizismus und der Entstehung eines Religionsmarkts, wird mit der Weltausstellung in Chicago deutlich, daß die Modernisierungserfahrung entfesselter Marktwirtschaft mehr als zuvor die Grenzen der europäischen Welt überschritten hat. In Chicago wird aber nicht nur ausgestellt, was der Weltmarkt an Neuem aus Wissenschaft und Technik zu bieten hat, sondern amerikanische Gläubige und Geistliche laden zu einem „Weltparlament der Religionen“ ein.[417] Die Initiatoren kamen teils aus der *Church of the New Jerusalem*, in der die heilsgeschichtlichen Deutungen Emanuel Swedenborgs in progressistische Fortschrittserwartungen übersetzt waren, teils aus presbyterianischen Gemeinden. Maßgeblichen Einfluß auf das Programm

416 Anonym (= Julius Bahnsen), *Landläufige Philosophie und landflüchtige Wahrheit. Unprivilegierte Forderungen eines Nicht-Subventionierten*, Leipzig 1876, S. 19.

417 Vgl. Dorothea Lüddeckens, *Das Weltparlament der Religionen von 1893*, Berlin/New York 2002; Reinhart Hummel, *Religiöser Pluralismus oder Christliches Abendland? Herausforderung an Kirche und Gesellschaft*, Darmstadt 1994, S. 8-22; Christel Hasselmann, *Die Weltreligionen entdecken ihr gemeinsames Ethos*, Mainz 2002; Michael Biehl, „Das Weltparlament der Religionen in Chicago 1893“, in: *Gott und Politik in den USA*, hg. v. Klaus-Michael Kodalle, Frankfurt a.M. 1988, S. 278-299.

des Religionsparlaments hatten die amerikanischen Unitarier, die aus den reformatorischen Strömungen des Arminianismus und Sozianismus hervorgegangen waren und die um 1800 in Joseph Priestley einen einflußreichen *rationalreligiösen* Theologen und Naturforscher zu ihrer Gemeinde zählen konnten. Die Unitarier binden sich an eine dogmenfreie Religion der Einheit Gottes, der Natur und des Menschen, der vermöge seiner Vernunftbegabung Glauben und Wissen zum Ausgleich bringen kann.

An der parlamentarischen Versammlung nahmen Vertreter protestantischer Gruppen, Reformkatholiken, orthodoxe und liberale Juden teil. Shintoismus, Konfuzianismus, Jainismus und Zoroastrismus waren vertreten. Ein amerikanischer Muslim sprach für den Islam. Weitaus stärker repräsentiert waren Vertreter des Reform-Hinduismus und Reform-Buddhismus, sodaß man geneigt sein konnte, das Weltparlament in seinem Schwerpunkt als Begegnung amerikanischer liberaler Protestanten und Unitaristen mit Vertretern indischer Religionen zu verstehen. Für Ernst Benz datiert von der Weltausstellung in Chicago „der Einbruch der asiatischen Religionen in das religiöse Bewußtsein Amerikas".[418] Swami Vivekananda beginnt nach 1893 in den USA mit der Gründung von Vedanta-Gesellschaften.[419]

Verbindungen zwischen Unitariern und den bengalischen Ansätzen eines Reform-Hinduismus reichen jedoch weiter zurück. Um 1820 gelang es dem bengalischen Schriftsteller Ram Mohan Roy, den baptistischen Missionar William N. Adam davon zu überzeugen, daß es sich bei der Veda und den Upanischaden eigentlich um einen bilderfreien, reinen Monotheismus gehandelt habe.[420] Adam verließ die baptistische Mission und gründete 1821 in Kalkutta eine unitarische Kirche. 1838 übersiedelte er nach Boston.[421]

Ralph Waldo Emerson, Sohn eines unitarischen Geistlichen, hat nicht nur zusammen mit seinem Freund Henry David Thoreau indische Schriften studiert und ihre Verbreitung gefördert, sondern auch in den so genannten ‚Neu-England-Transzendentalismus' hinduistische Motive eingeführt.[422] Sein Glaube an eine sich in

418 Ernst Benz, „Buddhismus in der westlichen Welt", in: *Buddhismus der Gegenwart*, hg. v. Heinrich Dumoulen, Freiburg 1970, S. 191-204, hier S. 192.

419 In seinem „Verlag der Weltreligionen", in dem die interreligiöse Bedeutung der heiligen Bücher der Weltreligionen mit dem Ziel herausgestellt werden soll, einen Dialog zwischen den Religionen anzuregen, hat der Suhrkamp Verlag auch Texte Svami Vivekanandas neu publiziert: Svami Vivekananda, *Wege des Yoga. Reden und Schriften*, hg. v. Martin Kämpchen, Frankfurt a.M./Leipzig 2009.

420 Reinhart Hummel, *Indische Mission und neue Frömmigkeit im Westen. Religiöse Bewegungen Indiens in westlichen Kulturen*, Stuttgart u.a. 1980, S. 180.

421 Er war zeitweise Professor für orientalische Literatur in Harvard und dann Prediger in Toronto und Chicago. Er publizierte 1861 anonym eine Comte-Kritik. Vgl. Andrew Hill, „William Adam", 17.07.2000, Homepage der Unitarian Universalists Historical Society, UUHS, http://www.uua.org/uuhs/duub/articles/williamadam.html (letzter Zugriff 24.04.2016).

422 Dieter Schulz, *Amerikanischer Transzendentalismus. Ralph Waldo Emerson, Henry David Thoreau, Margaret Fuller*, Darmstadt 1997.

der Einzelseele verkörpernde Weltseele hat mit dazu beigetragen, den stark deistisch geprägten Unitarismus in Richtung auf pantheistische und somit auch für reformhinduistische Ideen empfängliche Vorstellungen zu leiten.[423] Im Leben in den amerikanischen Wäldern, über das Thoreau sein berühmtes Buch schrieb, ist nicht nur der Geist der europäischen Romantik präsent, es erwacht dort auch Brahma: „Morgens bade ich meinen Geist in der grandiosen kosmogonischen Philosophie der Bhagawadgita, mit der verglichen unsere moderne Welt und Philosophie schwächlich und trivial erscheint. Ich habe meine Zweifel darüber, ob diese Philosophie nicht auf einen früheren Daseinszustand, der durch seine Erhabenheit so fern von unserer Auffassung ist, zurückzuführen ist. Ich lege das Buch nieder und gehe zu meinem Brunnen, um Wasser zu holen – und siehe da! Ich treffe den Diener des Brahmanen, des Priesters von Brahma, Vischnu und Indra, der noch immer in dem Tempel am Ganges sitzt und die Vedas liest oder neben der Wurzel eines Baumes wohnt mit seiner Brotkruste und dem Wasserkrug. Ich treffe den Diener, der kommt, für seinen Herrn Wasser zu holen, und unsere Eimer streifen einander im gleichen Brunnen. Das reine Waldenwasser vermischt sich mit dem heiligen Wasser des Ganges.“[424]

Neben der Verbindung der Unitarier mit dem Reformhinduismus und den literarischen Indien-Bezügen der Transzendentalisten spielt das Königreich Hawaii eine besondere Rolle für den intellektuellen Austausch zwischen Asien und Amerika. Obwohl unter amerikanischer Kontrolle, galten in Hawaii nicht die strengen Immigrationsbeschränkungen für Asiaten. Mit der japanischen Einwanderung nach Hawaii kommt der Zen-Buddhismus auf die Insel. 1899 versammelt Sokei Sonada die erste buddhistische Gemeinde in San Francisco.[425] Mary Elisabeth Mikahala Foster, die der hawaiischen Königsfamilie entstammte, konvertierte zum Buddhismus. Sie finanzierte die Restauration der heiligen Stätten des Buddhismus in Indien und förderte den Buddhismus in den Vereinigten Staaten.

Die von Unitariern und Transzendentalisten geschaffenen Voraussetzungen und das Interesse der Reformbewegung indischer Provenienz an einer Missionierung der USA haben das Weltparlament der Religionen von 1893 geprägt, das später als Beginn einer Reihe interreligiöser Initiativen gewertet wurde.[426] 1900 wurde in Boston das *International Council of Unitarian and other liberal religious thinkers and workers* gegründet, aus dem später der *Weltbund für religiöse Freiheit* hervorging. Auf dem Berliner Kongreß 1910 sprachen Adolf von Harnack und Ernst Troeltsch. Als Alternative zu dieser unitaristischen Organisation gründete der Religionswissenschaftler Rudolf Otto 1921 den *Religiösen Menschheitsbund* mit dem Ziel, das Gefühl sittlicher Verantwortung innerhalb der Religionsgemeinschaften zu för-

423 Wendell Thomas, *Hinduism Invades America*, New York: The Beacon Press, 1930, S. 231-235.

424 Henry David Thoreau, *Walden oder Leben in den Wäldern* [1854], Zürich 1971, S. 290.

425 Benz 1970, S. 193.

426 Hummel 1994, S. 12.

dern.[427] Es sind sehr verschiedene Richtungen, in die die interreligiösen Bemühungen in der Folge der Chicagoer Ereignisse von 1893 weisen. Zum einen kann es zu einer starken Betonung des mystischen Elements in den Religionen kommen, zum anderen kann sich ein religiöser Minimalismus nach Art der noachidischen Religion in den Abschlußerklärungen aussprechen. Schließlich kann die interreligiöse Aktivität auch, wie im Fall der Bahai, zur Stiftung einer neuen interreligiösen Religion führen.[428]

Zum Abschluß des Kapitels über Weltanschauungen und Werte auf dem Religionsmarkt behandeln wir hier einige Aspekte des Umgangs europäisch geprägter Intellektueller mit den asiatischen Religionsimporten. Die Frage, wie sich diese Rezeption auf die asiatischen Länder selbst ausgewirkt hat, werden wir nicht beantworten können, nicht nur, weil uns die nötigen Sprachkenntnisse fehlen, um die entsprechenden Diskussionen zu verfolgen, sondern auch, weil wir uns eingestehen müssen, vielleicht allzusehr *nolens volens* europäische Sichtweisen über ihre europäische lokale Bedeutung hinaus auf Gebiete mit anderen Sichtweisen auszudehnen. Für die Korrektur beschränkter Sichtweisen reicht nicht guter Wille; nötig ist die Präsenz der Vielfalt der Stimmen derer, die durch die Kolonisation geprägt sind. Sie haben ja gerade erst angefangen, ihre Stimme zu erheben.[429] Wir konzentrieren uns im Folgenden auf zwei Bereiche: auf das Wirken der *Theosophischen Gesellschaft* und auf die Verbindung von Buddhismus und pessimistischer Weltanschauung.

Die in den USA gegründete *Theosophische Gesellschaft* hat den Versuch einer euro-indischen Religionssynthese unternommen. So sehr uns Motive dieser Glaubenswelt im 20. Jahrhundert bei Intellektuellen wiederbegegnen werden, in organisatorischer Hinsicht scheiterte die Religionssynthese. Der Graben zwischen den Glaubensinhalten der Religionsprofile europäischer und indischer Herkunft ließ sich auch mit viel esoterischer Kreativität nicht überbrücken. Wir zeigen dann, wie sich nicht nur Europas philosophische Vorbegriffe von ‚Indien', sondern gerade auch die europäischen Traditionen der Esoterik in England, Frankreich und Deutschland als widerständig gegen indo-europäischen Synthesen erwiesen und zum Beispiel in der Anthroposophie Rudolf Steiners eine eigenwillige Form gewannen.

Die Verknüpfung von Buddhismus und Pessimismus verdankte sich insbesondere der Schopenhauer-Rezeption. Wir arbeiten Motive heraus, die Intellektuelle nach Lektüren von Schopenhauer zum Buddhismus wandern lassen. Dazu gehört nicht nur die Enttäuschung enthusiastischer Revolutionäre, die sie zum Buddhis-

427 Hummel 1994, S. 14ff.; zu Rudolf Otto in diesem Band, S. 684ff. Siehe auch: Marcus Braybrooke, *Pilgrimage of Hope. One Hundred Years of Global Interfaith Dialogue,* London: SCM Pr., 1992. Es folgten weitere derartige Versuche. Heute setzt die Stiftung Weltethos von Hans Küng diese Linie fort.

428 Vgl. dazu Hummel 1994, S. 18 u. 59.

429 Siehe dazu: Andreas Nehring, „Welttheologie oder Religionswissenschaft? Zur Bedeutung von Wilfred Cantwell Smith in der postkolonialen Kulturdebatte", in: *Zeitschrift für Religionswissenschaft* 13/2005, S. 45-59.

mus führt. Von besonderem Interesse sind für uns drei Komplexe, die mit zentralen Erfahrungen entfesselter Marktgesellschaft kommunizieren: die Stärkung der Einzelpersönlichkeit, die Kompatibilität mit der modernen Wissenschaft und die Distanz zum Optimismus von Marktlehren, die zumal in Deutschland mit der Wendung zum Buddhismus einhergehen.

Das Kapitel abschließend befassen wir uns mit Diskursen, in denen es auf einer beträchtlichen Flughöhe um griffige Charakterisierungen für Europa-Asien-Vergleiche in Hinsicht auf eine kontrastive Deutung von europäischer und asiatischer Identität geht. Sie werden ergänzt durch fragmentarische Einwürfe von Friedrich Nietzsche, in denen er sich als der „Buddha Europas" phantasierte. Die vielstimmigen Intellektuellendiskurse über die asiatischen Religionsimporte, deren Sprachstil und deren Ton wir dokumentieren, haben wesentlich zur Kontrastierung von „Weltreligionen" beigetragen, einer Denkform, die für die Entstehung der Religionswissenschaften prägend wurde, die heute jedoch, ob der inneren Vielstimmigkeit von „Weltreligionen" und dem ungelösten Problem, wen man denn als repräsentativ für eine „Weltreligion" auswählen oder als nicht-repräsentativ ausschließen soll, fraglich geworden ist.

West-östlicher Synkretismus – Die Theosophische Gesellschaft. Im globalen Netzwerk, in dem mit asiatischen Alternativen zu europäischen Religionen experimentiert wurde, spielt die 1875 in New York gegründete *Theosophische Gesellschaft* eine besondere Rolle.[430] Aus dem Fundus dieser Glaubenswelt haben sich viele Religionsunternehmer und Religionsgemeinschaften im 20. Jahrhundert bedient. Aber nicht nur darum verdient ihre verwickelte Geschichte Aufmerksamkeit. Die *Theosophische Gesellschaft* stellt den ersten Versuch einer Religionssynthese dar, die europäisch-amerikanische Welt zu überschreiten und Weltreligionen zu fusionieren.

Das Interesse am Okkultismus hatte den Agrarexperten Henry Steel Olcott und den Rechtsanwalt William Quan Judge mit der russischen Emigrantin Helena Petrovna Blavatsky zusammengeführt. Die *Theosophische Gesellschaft* verfolgte drei Ziele. Sie orientierte sich an der freimaurerischen Idee einer universalen Bruderschaft mit elitärem Anspruch, in der die Unterschiede von Rasse und Bekenntnis keine Rolle mehr spielen sollten. Erforscht werden sollten weiter die okkulten Kräf-

430 Siehe: Joscelyn Godwin, *The Theosophical Enlightenment*, Albany 1994; aus theologischer Sicht: Hans-Jürgen Ruppert, *Theosophie – unterwegs zum okkulten Übermenschen*, Konstanz 1993; ein sensibler Zeitgenosse war: Leonhard J. Frohnmeyer, *Die theosophische Bewegung, ihre Geschichte, Darstellung und Beurteilung*, Stuttgart ²1923. Hilfreich sind die einschlägigen Lemmata in: *Dictionary of Gnosis & Western Esotericism*, hg. v. Wouter J. Hanegraaff, Leiden/Boston 2006. Zentrale Texte der Theosophie sind Helena Petrovna Blavatsky, *Entschleierte Isis*, 2 Bde., Leipzig 1907/1909; Henry Steel Olcott, *Der buddhistische Katechismus* [1887], Leipzig 1997; Alfred Percy Sinnett, *Die esoterische Lehre oder Geheim-Buddhismus*, Leipzig 1884. Mehr als die Fußnoten ausweisen verdanke ich viele Kennnisse und Einsichten der großen Arbeit von: Helmut Zander, *Anthroposophie in Deutschland. Theosophische Weltanschauung und gesellschaftliche Praxis 1884–1945*, 2 Bde., Göttingen 2007.

te der Natur im Menschen, und schließlich sollten die alten asiatischen Religionen besonders gefördert werden. Die Bestrebungen sind grundiert vom Spiritismus klopfender Geister, aus dem und gegen den sich die Theosophie entwickelt hat.[431] 1879 reisten Blavatsky und Olcott nach Indien. Sie nahmen Kontakt zu dem hinduistischen Asketen Dayananda Saraswati auf, der im Unterschied zu Ram Mohan Roys unitaristischem Impuls auf der Absolutheit der reinen reformierten vedischen Religion beharrte. Die Verbindung der *Theosophischen Gesellschaft* mit Dayanandas Reformbewegung der *Arya Samaj* (Ariergemeinschaft) dauerte nur wenige Jahre. 1880 traten Blavatsky und Olcott in Ceylon zum Buddhismus über und verlegten den Hauptsitz der Gesellschaft nach Madras. Der Reformbuddhist Anagarika Dharmapala hatte Olcott und Blavatsky bei der Übersetzung von Pali-Texten unterstützt.[432] 1893 sprach er in Chicago als Vertreter des Theravada-Buddhismus. Auf der Rückreise nach Indien machte er bei Mary Foster auf Hawaii Station.[433]

Die Verknüpfung von Okkultismus, Freimaurerei und indischer Religiosität war ein eigentümlicher Versuch einer globalen Religionssynthese für den Weltmarkt der Religionen. Mit der kosmopolitischen Bruderbund-Idee erfolgte ein Rückgriff auf den *rationalreligiösen* Formenschatz. Die antikolonialen Reformbewegungen des Buddhismus erhielten durch Olcott eine ebenso gewichtige Unterstützung wie der Reformhinduismus durch seine Nachfolgerin in der Präsidentenschaft der *Theosophischen Gesellschaft* Anni Besant.[434] Sie verließ die *Fabian Society*, um nach Indien zu gehen, und wurde 1918 zur Präsidentin des indischen Nationalkongresses gewählt, verlor dann aber zugunsten Mahatma Gandhis an politischem Einfluß.[435] Die Verknüpfung des freimaurerischen Kosmopolitismus mit der indischen

---

431 Es sind nicht nur die asiatischen Religionsimporte, die über die USA nach Europa gelangen. Auch der Spiritismus klopfender Geister kommt auf diesem Wege als eine Breitenbewegung Mitte des 19. Jahrhunderts nach Europa. Zum Spiritismus siehe diesem Band S. 367, 1066f. und 1154f. Ausführlich dazu Hauser 2005, S. 245ff.

432 Von einem wechselseitigen Austausch kann in der Begegnung der ersten Generation von Theosophen kaum die Rede sein, zumal die Erforschung indischer Theosophen noch aussteht. Blavatsky war bei ihrer Suche nach indischen Zeugnissen, von denen sie hoffte, ihre Theosophie vom populären Spiritismus zu distanzieren nicht sehr erfolgreich. Vgl. Karl Baier, *Meditation und Moderne. Zur Genese eines Kernbereichs moderner Spiritualität in der Wechselwirkung zwischen Westeuropa, Nordamerika und Asien*, Bd. 1, Würzburg 2009, S. 291ff. Andauernder waren die Bemühungen von Olcott um ein Verständnis der indischen Texte. Siehe dazu: Sven Bretfeld u. Helmut Zander, „Henry Steel Olcott: The Buddhist Catechism (India, 1881/1908)“, in: *Religious Dynamics under the Impact of Imperialism and Colonialism. A Sourcebook*, hg. v. Björn Bentlage / Marion Eggert / Hans Martin Krämer u. Stefan Reichmuth, Leiden/Boston 2017, S. 472-485.

433 Benz 1970, S. 193.

434 Vgl. Muriel Pécastaing-Boissière, *Annie Besant. Weisheit und Wissenschaft. Die Biographie*, Grafing 2017.

435 Dittakavi Subrahmanya Sarma, *Hinduism Through the Ages*, Bombay 1956. Zum Verhältnis von Kolonialismus und Revitalisierung einheimischer Religion siehe Klaus-Josef Notz, *Der Buddhismus in Deutschland in seinen Selbstdarstellungen. Eine religionswissenschaftliche Untersuchung zur religiösen Akkulturationsproblematik*, Frankfurt a.M. u.a. 1984, S. 323f.

Religiosität erfolgte in der *Theosophischen Gesellschaft* über Alfred Percy Sinnetts Konstruktion eines „Geheim-Buddhismus", der den Visionen von Helena Blavatsky folgte.[436] Sie sei auf ihren Reisen zwischen 1848-1858 in Tibet und in Kairo, im Libanon, in Kanada und New Orleans mit „Meistern der Weisheit" zusammengetroffen, die als „Mahatmas" eine Art geheime, wohlwollende Weltlenkung bildeten und deren Briefe sie empfangen habe. Es war dies ein Glaube an global agierende *invisible hands* von spirituellen Helfern der Menschheit im Zeitalter beginnender Erfahrung eines entfesselten kapitalistischen Weltmarkts.

Verknüpft sind diese Vorstellungen mit dem Glauben an die Möglichkeit, übernatürliche Kräfte zu erlangen. Er gehört zum Grundbestand nicht nur der magischen und okkulten Traditionen Europas, sondern auch der asiatischen Religionen. In der Steigerung kontemplativer Religion findet man oftmals ein Potential zum Übersprung ins magisch-okkulte Erleben von Levitationen und ähnlich zauberischer Naturbeherrschung. Dazu konnte aber auch Analoges in europäischen Traditionen mobilisiert werden. Amerikanischen Swedenborgianern zufolge kann der Mensch die Fähigkeit erlangen, die physische Sphäre zu verlassen und in einer Art Himmelsreise die darüberliegenden geistigen Sphären erschauen.[437] Auch im charismatischen Christentum kann man bei den besonderen Gaben des Heiligen Geistes Zungenreden, Wundertaten und Krankenheilungen finden. In der amerikanischen Neugeist-Bewegung „New Thought" der *Christian Science* von Mary Baker-Eddy stehen das „positive Denken" und die durch Geisteskraft erfolgte Heilung von Krankheiten im Zusammenhang mit hinduistischen Einflüssen.[438]

Die magisch-okkulte Dimension der Theosophie wurde zu einer Schwachstelle des Syntheseversuchs. Blavatsky war in Betrugsaffären verwickelt. Sie habe die Mahatma-Briefe selbst geschrieben und in ihrem Zimmer Geheimtüren und Vorrichtungen installiert, um okkulte Phänomene vorzutäuschen.[439] Entscheidend für das organisatorische Scheitern der Religionssynthese wurde schließlich der Graben zwischen den Glaubensinhalten der Religionsprofile europäischer und indischer Herkunft. Er ließ sich auch mit esoterischer Kreativität nicht überbrücken.

EUROPÄISCHE ADAPTIONEN, SYNTHESEN UND VERWERFUNGEN. So ausgeprägt und kontinuierlich auch das Interesse europäischer Intellektueller an Religionsvergleichen gewesen ist, sie waren abhängig von jeweils verfügbaren Kenntnissen über andere Religionen. Die frühen antiken Kenntnisnahmen der indischen Religionen

436 Der Journalist Alfred Percy Sinnett publizierte Briefe, die von „Meistern der Weisheit" stammen sollten und basierte darauf den „Geheimbuddhismus". Siehe: *Die Mahatma-Briefe an A. P. Sinnett und A. O. Hume*, 3 Bde., hg. u. komm. v. Norbert Lauppert, Adyar ²1994; Alfred Percy Sinnett, *Die esoterische Lehre oder Geheimbuddhismus*, Leipzig 1884.

437 Stillson Judah, *The History and Philosophy of the Metaphysical Movements in America*, Philadelphia 1967, S. 52.

438 Vgl. Hummel 1980, S. 81ff.; Mary Baker-Eddy, *Science and Health* [1875], Boston, Mass. 1994. *Christian Science* kann als das amerikanische Pendant zu Lourdes begriffen werden.

439 Über die Enthüllungen von Hodgson informiert Alexander T. Baird, *Richard Hodgson. The Story of a Psychical Researcher and his Times*, London: Psychic Pr., 1949.

in der Folge der hellenistischen Expansion nach Osten haben nur winzige Spuren hinterlassen.[440] Mit der Ausbreitung des Islam, mit dem Abaelard und andere im Mittelalter fiktive Religionsgespräche führten, ist das Abendland von Indien und China wie durch eine Mauer getrennt.[441] Man ist auf die Fragmente angewiesen, die sich in Reiseberichten finden. Die Berichte der Jesuiten über ihre Mission in Indien haben europäische Philosophen wie Leibniz und Voltaire weit weniger interessiert als das, was Jesuiten aus China zu berichten hatten.[442] Nachdem im 18. Jahrhundert der britische Richter am obersten Gericht in Kalkutta, Sir William Jones, die Sprachverwandtschaft zwischen dem Sanskrit und europäischen Sprachen entdeckte und auch in den alten Religionen ähnliche Gottesvorstellungen fand, haben sich europäische Intellektuelle variantenreich auf die Suche nach euro-indischen Spiegelungen und Gemeinsamkeiten gemacht.[443] Um 1800 setzt in Deutschland das romantische Interesse am indischen Altertum ein. Friedrich Schlegel übersetzt Teile des Bhagavadgita und des Epos Mahabharata.[444]

Jürgen Mohn hat gezeigt, wie es in einer ersten Phase der Rezeption asiatischer Religion darum ging, aus den wenigen Nachrichten Kohärenzen und Differenzierungen im religiösen Feld überhaupt zu identifizieren.[445] Dabei war noch nicht entschieden, ob es sich um Religionen oder Philosophien handelt. In einer zweiten Phase um 1800 findet man etwa bei Hegel eine philosophiegeschichtliche Platzierung als „orientalische Philosophie" in China und Indien. Hegel deutete Indien im Gegensatz zum „prosaischen" chinesischen Staate als „das Land der Phantasie und Empfindung".[446] Indien habe keine Eroberungen aufzuweisen: „Das Hinausgehen Indiens überhaupt ist nur eine stumme, tatlose Verbreitung, d.h. ohne politische Handlung." Indien sei „überhaupt als *gesuchtes Land* ein wesentliches Moment der

440 Vgl. die Angaben bei Notz 1984, S. 27ff.; Edward Thomas, *The Life of Buddha as Legend and History*, New York 1952. Spekulationen über Jesus als Schüler Buddhas finden sich bei Nikolas Notovich, *Die Lücke im Leben Jesu*, Stuttgart 1894.

441 *Religionsgespräche im Mittelalter*, hg. v. Bernard Lewis u. Friedrich Niewöhner, Wiesbaden 1992.

442 Julia Lederle, „Transfer zwischen Asien und Europa. Die Rolle von Indien-Missionaren in der frühen Neuzeit", in: *Die Welt erfahren*, hg. v. Arnd Bauernkämper / Hans Erich Bödeker u. Bernhard Struck, Frankfurt a.M. 2004, S. 171-190.

443 Raphael Arnold, *William Jones. Ein Orientalist zwischen Kolonialismus und Aufklärung*, Würzburg 2001.

444 Ernst Behler, „Das Indienbild der deutschen Romantik", in: *Germanisch-Romanische Monatsschrift* 18(1)/1968, S. 21-37; Helmuth von Glasenapp, *Das Indienbild deutscher Denker*, Stuttgart 1960. Zur Begrenztheit der deutsch-indischen Verbindungen siehe Douglas T. McGetchin, *Indology, Indomania, and Orientalism. Ancient India's Rebirth in Modern Germany*, Cranbury NJ: UP 2009, bes. S. 141ff.

445 Jürgen Mohn, „Der Buddhismus im Mahlstrom europäischen Religionsvergleichs. Religionswissenschaftliche Anmerkungen zur semantischen und normativen Konstruktion einer Fremdreligion im Kontext philosophischer und religiöser Religionstheorien", in: *Einheit der Wirklichkeiten. Festschrift anlässlich des 60. Geburtstags von Michael von Brück*, hg. v. Eva-Maria Glasbrenner u. Christian Hackbarth-Johnson, München 2009, S. 376-404.

446 Hegel 1970a, S. 174.

ganzen Geschichte."[447] Der „träumende Inder" fasse seine Träume nicht als Spiel der Einbildungskraft, sondern als „Pantheismus der Einbildungskraft".[448] Den Buddhismus charakterisiert Hegel als „die Religion des Insichseins", in der eine „Erhebung der Geistlosigkeit zum Innern" erfolge.[449] „Je mehr der Mensch zur Bestimmungslosigkeit kommt, desto mehr vervollkommnet er sich, und in der Vernichtung der Tätigkeit, in der reinen Passivität ist er eben dem Fo (d.i. Buddha, W.E.) gleich."[450] Kontrastierend zur Dominanz der Phantasie setzt erst mit den Griechen das wahre Denken ein. „In der orientalischen Anschauung taumelt das Besondere, ist bestimmt, vorüberzugehen; im Boden des Denkens dagegen hat es auch seine Stelle. Es kann sich in sich wurzeln, kann fest werden; und es ist dies der harte, europäische Verstand."[451]. Hegel benutzte die Arbeiten des Sanskritisten Henry Thomas Colebrooke und von Francis Wilford, dem Erforscher der Geographie der Hindus.[452] Der koloniale Blick ist unübersehbar. Man sieht auch hier: Die europäischen Vorstellungen von außereuropäischen Religionen, so sehr sie auch einzelne richtige Wahrnehmungen enthalten, sind durchtränkt vom Glauben an die geistige Suprematie der Entdecker und Eroberer, denen es gelungen war, ihre Herrschaft dort zu etablieren, wo immer es ihnen gelang.

Von den USA und Indien ausgehend fand die *Theosophische Gesellschaft* um 1900 somit in einem Europa zahlreiche Anhänger, dessen Intellektuelle nicht nur ein philologisches Interesse an altindischer Literatur und einen philosophischen Vorbegriff von Indien hatten, sondern in dem auch eine aus der Gelehrsamkeit der Renaissance hervorgegangene historisch gewachsene breite Tradition okkulter Philosophie, der Hermetik, des Neuplatonismus und der Kabbala präsent war, aus deren Quellen auch Freimaurer schöpften, wenn sie für ihre *Rationalreligion* historische Traditionslinien ausfindig machen wollten.[453] Die modernen Druckverfahren erlaubten eine leichte Verfügbarkeit der Quellentexte, die nun nach vielen Seiten hin kreativ ausgedeutet werden konnten.

Richten wir unseren Blick zunächst auf England. Eine zentrale Rolle bei den Übergängen zwischen Freimaurerei und der *Theosophischen Gesellschaft* spielte John Yarker, der sich als Mitglied der englischen Loge *Quatuor Coronati* für die Ge-

447 Ebd., S. 178.

448 Ebd., S. 176.

449 Ebd., S. 210.

450 Ebd., S. 211.

451 Georg Wilhelm Friedrich Hegel, „Vorlesungen über die Geschichte der Philosophie I", in: ders., *Werke in 20 Bänden* (Theorie-Werkausgabe), Bd. 18, hg. v. Eva Moldenhauer u. Karl Markus Michel, Frankfurt a.M. 1986, S. 169.

452 Zu Colebrooke und Wilford vgl. Nigel Leask, „Francis Wilford and the colonial construction of Hindu geography 1799-1821", in: *Romantic Geographies: Discourses of Travel, 1775-1844*, hg. v. Amanda Gilroy, Manchester 2000, S. 204-222; Jürgen Osterhammel, *Die Entzauberung Asiens: Europa und die asiatischen Reiche im 18. Jahrhundert*, München 1998, S. 172 ff.

453 Zu konzeptionellen Fragen zur Esoterikforschung in diesem Band, S.1150ff.

schichte der Freimaurerischen Riten interessierte.[454] Er erfand eine Reihe neuer Freimaurer-Systeme, für die er Gründungsdiplome herstellte, die keine formelle Anerkennung erhalten haben.[455] Helena Blavatsky hatte Yarkers Studien für *Isis Unveiled* benutzt, Yarker nahm sie daraufhin in seine *Memphis-Misraïm-Freimaurerei* auf und verlieh ihr den Ehrentitel *Gekrönte Prinzessin*, worauf diese Yarker als Gegengabe die Ehrenmitgliedschaft in der *Theosophischen Gesellschaft* verlieh. Die religiösen Vorstellungen von Yarker und Blavatsky konvergierten im Interesse an der Auffindung einer Urreligion, die entweder als ein Mythen-Synkretismus bei Blavatsky oder bei Yarker aus Stücken diverser ritueller Praktiken aus der Geschichte geheimer Organisationen rekonstruiert werden sollte.

In London waren zwei theosophische Gesellschaften gegründet worden: Die *London Lodge of the Theosophical Society*, die sich mit der hinduistischen Reformbewegung *Arya Samaj* zusammengeschlossen hatte, und die *Blavatsky Lodge of the Theosophical Society*, an deren wöchentlichen Treffen die Theosophin persönlich anwesend war, diskutierte und Fragen beantwortete. Ab 1890 war Annie Besant Präsidentin der Blavatsky Lodge. Zur der von Abspaltungen und Fusionen geprägten Gruppengeschichte im weiten Feld von neuer Freimaurerei, Theosophie und Okkultismus gehörte auch die Wiederbelebung der Rosenkreuzerbewegung, die Yarker anregte. Für die Entwicklung in Deutschland ist Yarker insofern von Bedeutung, als er Theodor Reuß zum Vertreter seiner Organisation in Deutschland benannte.[456]

Frankreich besaß mit dem Martinismus eine lang wirkende Tradition theosophischer Spekulation. Er war im 18. Jahrhundert mit dem von Martinez de Pasqually begründeten Ritus der *Ordre de Chevaliers Maçons Élus Coëns de l'Univers,* der ‚Erwählten Priester', entstanden. Dabei ging es um ein nach dem Vorbild des Aaronitischen Priestertums eingerichtetes freimaurerischen Hochgradsystem. Im Unterschied zur Position des Hohenpriesters Melchisedeks, den Paulus im Brief an die Hebräer als Vorbild für Christi Priesteramt bestimmt, kennt das Aaronitische Priestertum keine derartige Konzentration auf eine Person, allerdings spielt theurgische Praxis eine hervorgehobene Rolle.[457] Bekannter als Martinez de Pasqually wurde Louis Claude de Saint-Martin, auf den wir im *Ersten Band* der Religionssoziologie im Zusammenhang der Erweckungsbewegung zu Beginn des 19. Jahrhunderts

454 Siehe die Beiträge von Yarker in: *Transactions of the Quatuor Coronati Lodge 1886-1912*, https://www.freemasonry.bcy.ca/aqc/contents.html (Letzter Zugriff: 01.02.2016)

455 Zu ‚irregulären' Freimaurern Henrik Bogdan, „The Sociology Of the Construct of Tradition and Import of Legitimacy in Freemasonry", in: *Constructing Tradition: Means and Myths of Transmission in Western Esotericism*, hg. v. Andreas Kilcher, Leiden/Boston 2010, S. 217-238.

456 Zu Theodor Reuß siehe die wegweisende Studie von Helmut Möller u. Ellic Howe, *Merlin Peregrinus. Vom Untergrund des Abendlandes*, Würzburg 1986; zur Verbindung mit John Yarker ebd. S. 124ff.

457 Vgl. Hebräer 7, 1-28; Grundlegend dazu: Volker Gäckle, *Allgemeines Priestertum: Zur Metaphorisierung des Priestertitels im Frühjudentum und Neuen Testament*, Tübingen 2014.

hingewiesen haben.[458] Er wurde in den Orden der Élus Coëns aufgenommen, löste sich dann aber nach der Entdeckung der Schriften des in Deutschland vergessenen Theosophen Jacob Böhme von der Maurerei.[459] Saint-Martin verweigerte sich explizit einer eigenen Schulbildung, was nicht verhinderte, daß sich später jüngere Martinisten darin versuchten, Sukzessionen zu konstruieren.

Die französischen Neo-Martinisten, die im letzten Viertel des 19. Jahrhunderts Kontakte zur *Theosophischen Gesellschaft* aufnahmen, ließen sich insbesondere durch die Schriften des 1875 verstorbenen Éliphas Lévi inspirieren, der zunächst als Revolutionär Alphonse-Louis Constant Furore machte und dann zum Treffpunkt der geistigen Strömungen wurde, die sich auf die europäische Tradition der okkulten Philosophie, der Hermetik, der Magie und der Kabbala bezogen. Wir haben auf Lévi im Kapitel zur „Religion der Wissenschaft" im Zusammenhang des gnostischen Motivs der Erkenntnis als Erlösung hingewiesen. Lévi kann als Drehscheibe sozialistischer, *wissenschaftsreligiöser* und magisch-okkulter Glaubensweisen angesprochen werden.[460]

Bei dem französischer Bildhauer Simon Ganneau, der glaubte, der wiedergeborene Dauphin von Frankreich Louis Charles de Bourbon zu sein, und seiner Frau, die sich als Reinkarnation der Marie-Antoinette identifizierte, erlernte Constant okkulte Praktiken. Er befreundete sich mit dem Sozialisten und Schriftsteller Alphonse Esquiros und mit der Saint-Simonististin Flora Tristan. Diese hatte mit dem Saint-Simonisten Barthelmy Prosper Enfantin die „Mapa"-Religion gestiftet, in der Enfantin sich – gleichsam invers – als Gott „Ma" und Tristan als die Göttin „Pa" identifizierten. Esquiros, Tristan und Constant arbeiteten an einer Revue *Les Belles Femmes de Paris. Par des hommes de lettres et des hommes du monde*[461]. 1841 veröffentlichte Constant, der seine Karriere vor der Priesterweihe abgebrochen hatte, als Abbé Constant die Schrift *La bible de la liberté*.[462] Diese Publikation und die sozialkritische Schrift *La voie de la famine* von 1846 brachten ihn einige Monate ins Gefängnis. Constant legte sich dann den hebräisch anmutenden Namen Magus Éliphas Lévi Zahed zu. Er war fasziniert von den Versuchen des polnischen Mathematikers Josef Hoëné-Wronski, das Absolute auf mathematischem Wege mit Hilfe

458 Im *Ersten Band*, S. 579. Zu Martinez de Pasqually siehe: Christopher McIntosh, *Eliphas Levi and the French Occult Revival*, London: Rider, 1972, S. 20-26.

459 Auguste Viatte, *Les sources occultes du romantisme. Illuminisme-Theosophie*, 2 Bde., Paris: Champion, 1928; Gerhard Wehr, *Louis Claude de Saint-Martin. Der ‚unbekannte' Philosoph*, Berlin 1995.

460 Siehe in diesem Band, S. 215. Grundlegend zu Lévi: Julian Strube, *Sozialismus, Katholizismus und Okkultismus im Frankreich des 19. Jahrhunderts. Die Genealogie der Schriften von Eliphas Lévi*, Berlin/Boston 2016.

461 Alphonse Louis Constant, *Les Belles Femmes de Paris. Par des hommes de lettres et des hommes du monde*, Paris: Au bureau 10 Rue Christine, 1839; Daniel S. Larange, „De L'imaginaire aux sciences imagimaires", in: *Science, Fables and Chimeras: Cultural Encounters*, hg. v. Laurence Roussillon-Constanty u. Philippe Murillo, Newcastle upon Tyne 2013, S. 154-172.

462 Abbé Constant *La bible de la liberté*, Paris: Le Gallois 1841.

einer „Prognomètre" genannten Maschine zu errechnen.[463] Auch dies war eine *wissenschaftsreligiöse* Bemühung.

Zu den Mitbegründern der französischen *Theosophischen Gesellschaft* 1887 gehörte der Mediziner Gérard Encausse, der seine Schriften unter dem Pseudonym Papus veröffentlichte. Er war von den Schriften Éliphas Lévis beeindruckt, interessierte sich für die Kabbala, den Tarot, die Magie und Alchemie. Yarker verlieh ihm den Titel eines „Großmarschalls", was auf Gegenseitigkeit beruhte, denn Papus nahm Yarker in den *Ordre Martiniste* auf, den jener nach seinem Austritt aus der Theosophischen Gesellschaft 1891 gegründet hatte.[464] Zu einer Spaltung innerhalb des Netzwerks okkultisischer Gruppen kam es, nachdem der Mitbegründer des *Ordre Martiniste* und Mitbegründer des *Ordre Kabbalistique de la Rose-Croix* Stanislas de Guaita die Tradition des französischen Satanismus aufgriff und im Rahmen seiner *Essais de sciences maudites* Schriften wie *Le Temple de Satan* und *La Clef de la Magie Noire* publizierte.[465] Dieses und der wachsende Einfluß asiatischer Religionsimporte veranlaßte Joséphin Péladan, einer der führenden Mitbegründer sowohl des *Ordre Martiniste* als auch des *Ordre Kabbalistique de la Rose-Croix*, sich zusammen mit anderen von seinen ehemaligen Mitstreitern zu trennen und den *Ordre de la Rose Croix Catholique, du Temple et du Graal* zu gründen. Diese Spaltungen zeigen, wie sehr die indo-europäischen Synthesen im Feld des Okkultismus auf einen europäischen Widerstand stießen.[466]

Der theosophische Anspruch, Hüter und Vermittler einer universalen Wahrheit zu sein, die höherwertig sei als das, was die Weltreligionen zu offenbaren haben, war nach dem Tod von Blavatsky 1891 auch in den USA nicht durchzuhalten. Auf dem Weltparlament der Religionen in Chicago hatten Annie Besant, William Quan Judge und der Inder Gyanendra N. Chakravarti die *Theosophische Gesellschaft* noch zusammen vertreten. Danach zweifelte Judge daran, daß Besant in Wahrheit die Stimmen der „Mahatmas" gehört habe, und diese warf Judge vor, unter Pseudonym eine Nachricht dieser „Meister" verbreitet zu haben. Die Gesellschaft spaltete sich in die *Theosophical Society in America*, die dem Mitbegründer William Quan

463 Arthur McCalla, Art. „Wronski", in: *Dictionary of Gnosis and Western Esotericism*, hrsg. v. Wouter J. Hanegraaff, Leiden 2005, S. 1177-1179, hier S. 1178; James Webb, *Die Flucht vor der Vernunft*, Wiesbaden 2009, S. 400.

464 Karl R. H. Frick, *Die Erleuchteten*, 2. Bd.: *Licht und Finsternis. Gnostisch-theosophische und freimaurerisch-okkulte Geheimgesellschaften bis an die Wende zum 20. Jahrhundert. Wege in die Gegenwart*, Teil 2: *Geschichte ihrer Lehren, Rituale und Organisationen*, Graz 1978, S. 207.

465 Stanislas de Guaita, *Le Temple de Satan*, Paris: Carré 1891; ders., *La Clef de la Magie Noire*, Paris: Carré 1897; *Wissende, Eingeweihte und Verschwiegene. Esoterik im Abendland*, (Ausstellungskatalog der Zentralbibliothek Zürich, Ausstellung Predigerchor 23.10.1985-22.1.1986) Zürich 1986, S. 42; Frick 1978, S. 391.

466 Zur europäischen Theosophie und zur West-Ost-Spaltung vgl. Godwin 1994, S. 333-379; zur Diskussion, inwieweit esoterische Traditionen als „westlich" oder „orientalisch" verbucht werden können, siehe Kennet Granholm, „Locating the West. Problematizing the ‚Western' in Western esoterism and occultism", in: *Occultism in a Global Perspective*, hg. v. Henrik Bogdan u. Gordan Djurdjevic, Durham 2013, S. 17-26, bes. S. 23f.

Judge glaubte, und die von Henry Steel Olcott und Annie Besant geleitete *Theosophical Society – Adyar*, genannt nach dem Hauptquartier in Adyar (Madras).

EIN DEUTSCHER SONDERWEG. Der Ableger der *Theosophischen Gesellschaft* in Deutschland, der 1894 gegründet wurde, um sich dann mit weiteren Logen zusammenzuschließen, entschied sich, den in Indien sitzenden Theosophen zu folgen. Ihr Generalsekretär wurde Rudolf Steiner, der die Theosophie in Deutschland maßgeblich geprägt und die asiatischen Religionsimporte bemerkenswert erfolgreich übersetzt hat.[467].Von der Breite und Flexibilität seiner Interessen her gesehen, hätte er ein Eugen Diederichs werden können, aber dazu fehlte ihm das Geld.

Dem Einundzwanzigjährigen wird von Josef Kürschner die Herausgabe von Goethes naturwissenschaftlichen Werken übertragen. Goethes Naturphilosophie dient Steiner in dieser Zeit dazu, einen ausgreifenden Monismus zu stützen.[468] Hinzu tritt die Lektüre von Eduard von Hartmann. Dessen Schrift *Das religiöse Bewußtsein der Menschheit*, in dem Religiosität unter einer evolutionstheoretischen Perspektive betrachtet wird, kommt Steiners Spekulationen entgegen, die er freilich, Hartmann weiterführend, zu einem naturwissenschaftlich objektiven Idealismus ausbilden möchte.[469] Nietzsche und Stirner werden für Steiner wichtige Autoren. In einer antiidealistischen Wende orientiert er sich an Ernst Haeckels Monismus.[470] 1897 zieht Steiner von Weimar nach Berlin und gerät dort in die Bohème-Zirkel der Jahrhundertwende. Er verdient sein Geld nicht mehr mit der Goethe-Edition, sondern als Redakteur des *Magazins für Literatur*, der führenden Zeitung des literarischen Naturalismus, in dem er rezensiert, was auf dem weltanschaulich-literarischen Markt erscheint. Er bewegt sich im nonkonformistischen Literaturzirkel „Die Kommenden", den Ludwig Jacobowski ins Leben gerufen hatte, und engagiert sich in Arbeiterbildungsvereinen der Sozialisten.[471] Versuche, nach der Promotion an der Universität Karriere zu machen, brechen ab.

Für sein erstes öffentliches Bekenntnis zur Theosophie hat Steiner das Publikum des *Giordano-Bruno-Bundes* ausgewählt, in dem sich *wissenschaftsreligiöse* Monisten und Autoren des Friedrichshagener Dichterkreises zusammengefunden hatten. Steiner sprach über „Monismus und Theosophie". Die Zuhörer nahmen seine Wandlung vom Atheisten zum Theosophen irritiert zur Kenntnis. Ein Teilnehmer erinnert sich an die „eisige Benommenheit", mit der die Zuhörer Steiners Vortrag

467 Helmut Zander, *Rudolf Steiner. Die Biografie*, München 2011.

468 Rudolf Steiner, *Goethes Weltanschauung* (Weimar 1897) wird man dagegen als entschiedene Absage an Goethe lesen müssen. Nicht von Anfang an, wie in anthroposophischer Literatur oft zu lesen, sondern erst nach dem Ersten Weltkrieg wird Goethe zur Leitfigur für eine „ästhetische Epistemologie der Natur" (Zander). Eine Relativierung von Goethes Stellenwert für Steiner und eine Herausarbeitung von Johann Gottlieb Fichte als zentrale Orientierungsmarke stellt heraus: Hartmut Traub, *Philosophie und Anthroposophie. Die philosophische Weltanschauung Rudolf Steiners. Grundlegung und Kritik*, Stuttgart 2011.

469 Zander 2011, S. 54 u. 89

470 Ausführlich Zander 2007, Bd.1, S. 502-544.

471 Zander 2011, S. 101-120.

folgten: „Die eisige Benommenheit hielt nach dem Schluß noch an. Keine Hand rührte sich.“[472] So sehr die Zeitgenossen, die Steiner kannten, rätselten: „Mimikry? Finanznot? Depressionen? Überzeugung?“, sicher ist, daß – wie Helmut Zander herausgearbeitet hat – die Wendung zur Theosophie einen sozialen Aufstieg bedeutete, der aus der randständigen Bohème in die Welt der Reichen, vor allem der reichen Theosophinnen führte.[473]

Seit 1902 ist Steiner formell Mitglied der *Theosophischen Gesellschaft* und strebt die Führung der deutschen Logen an. Das wiederkehrende „Strickmuster“ seiner beachtlichen organisatorischen und literarischen Produktivität bleibt sich gleich: „Steiner liest theosophische Literatur, überarbeitet sie und legitimiert sie als höhere Erkenntnis.“[474] Hinzu kommt, daß Steiner seine Texte – insbesondere die Schrift *Theosophie* – ständig umarbeitete, jedoch Veränderungen kontrafaktisch leugnete. „Wer in die philologischen Katakomben von Steiners *Theosophie* hinab steigt, entdeckt unter der polierten Oberfläche leicht die Narben und Textfugen von Montagen.“[475] Es sind nicht zuletzt die indischen Termini, die zunehmend reduziert werden. Später wird Steiner den Namen ‚Theosophie‘ durch ‚Geisteswissenschaft‘ ersetzen, nachdem er schon zuvor Blavatskys ‚Geheimlehre‘ als ‚Geheimwissenschaft‘ reformuliert hatte. Erhalten bleibt die Lehre von der Reinkarnation als zentrales Dogma.[476] Steiner entwarf dazu ein anthropologisches Modell von zwei Körperhüllen, den Ätherleib und den Astralleib, die das Ich, den Seelenkern einkleideten. Damit war der Übergang vom biologischen Organismus zum göttlichen Ich stufenweise konzipiert: Als verwandelter Astralleib trat ein Geistselbst in Erscheinung und als Ätherleib ein verwandelter Lebensgeist, dem dann der Geistesmensch als ein verwandelter physischer Leib folgte.[477]

Die Reihen der Wiederverkörperungen waren für hermeneutisch geschulte Europäer, die vom Typus auf einen Archetypus zurückschließen konnten, leichter nachvollziehbar, wenn es sich um historische Gestalten handelte. So hatte Édouard Schuré in seinem vielgelesenen Buch *Les Grands Initiés* eine religiöse Höhenkamm-Geschichte großer Eingeweihter, ausgehend von Rama und Krishna über Hermes, Moses, Orpheus, Pythagoras, Platon zu Jesus entworfen, die als Vorlage für Wiederverkörperungen ebenso dienen konnte wie Rudolf Seydels These von der Paral-

---

472 Ebd., S. 167.

473 Ebd., S. 143f.

474 Ebd., S. 191.

475 Ebd., S. 177.

476 Ebd., S. 177 u. 180. Zum Reinkarnationsglauben: Helmut Zander, *Reinkarnation und Christentum. Rudolf Steiners Theorie der Wiederverkörperung im Dialog mit der Theologie*, Paderborn 1995; ders., *Geschichte der Seelenwanderung in Europa. Alternative religiöse Traditionen von der Antike bis heute*, Darmstadt 1999; Marianne Wünsch, „Das Modell der Wiedergeburt zu ‚neuem Leben‘ in erzählender Literatur 1890-1930“, in: *Klassik und Moderne. Die Weimarer Klassik als historisches Ereignis und Herausforderung im kulturgeschichtlichen Prozeß. Walter Müller-Seidel zum 65. Geburtstag*, hg. v. Karl Richter u. Jörg Schönert, Stuttgart 1983, S. 379-408.

477 Siehe die Darstellung in Zander 2011, S. 178.

lelität von Buddhismus und Christentum.[478] Problematisch wurde es in Europa, wenn es um die Identifikation von Wiederverkörperungen in der Jetztzeit ging. Dies war nun der Fall, als der Theosoph Charles Webster Leadbeater am Strand von Adyar den Knaben Jiddu Krishnamurti erblickte und so, wie Stefan George im Münchener Jungen Maximilian Kronberger das göttliche Kind Maximin erkannte, so erspürte Leadbeater in Krishnamurti den kommenden „Weltlehrer", einen „Maitreya".[479]

Zuvor hatte Leadbeater sich dazu verstanden, Jungen vor der Pubertät als esoterische Schulung Anweisungen zur Masturbation zu geben, die angeblich der Prophylaxe dienen sollten. Dann hatten Annie Besant und Leadbeater den amerikanischen Jungen Hubert van Hook als künftigen Weisheitslehrer entdeckt. Dieser war schon nach Adyar abgereist, als Leadbeater den Knaben Jiddu Krishnamurti präsentierte. Die Schulung Hubert van Hooks wurde schließlich abgebrochen. 1913 sah Leadbeater in noch einem weiteren dreizehnjährigen Jungen, Desikachar Rajagopal, einen künftigen Weisheitslehrer und prophezeite ihm, als der nächste Buddha auf dem Planet Merkur wiedergeboren zu werden.[480] Für Krishnamurti gründeten Besant und Leadbeater den theosophischen *Order of the Star in the East.*

Die Praxis, Kinder als Wiederverkörperungen von Weisheitslehrern zu identifizieren, die dann freilich dazu geschult werden müssen, war für europäische Gläubige schwer erträglich. Rudolf Steiner nutzte diese Affären für seinen Machtkampf mit Besant um die Führung der *Theosophischen Gesellschaft*, der nach dem Tod von Olcott in Indien einsetzte.[481] Gegen die indischen ‚Messiasse' entwickelte Steiner eine eigensinnige theosophische Christologie.[482] 1912 kommt es zum Bruch zwischen Steiner und Besant. Diese schließt ihn aus der *Theosophischen Gesellschaft* aus, Steiner habe aus der universellen Theosophie eine „christliche Sekte" gemacht. Steiner gründet daraufhin die *Anthroposophische Gesellschaft*. Helmut Zander bemerkt dazu: „Steiner ist nun Anthroposoph, er bleibt aber in seinem Herzen Theosoph."[483]

Im Vergleich mit der theosophischen Verknüpfung von Okkultismus, Freimaurerei und indischer Religiosität als dem Versuch einer globalen Religionssynthese für den Weltmarkt erwiesen sich letztlich die eigensinnigen esoterischen Traditionen in den Ländern Europas als kraftvoller. In Deutschland wurden die Steinerschen Schriften zu einem etwa vierhundert Bände umfassenden Fundus für eine vielseitige esoterische Orthopraxis von Meditationstechniken, der Bewegungskunst „Eurythmie", der anthroposophischen Medizin, der Waldorfpädagogik und der

478 Édouard Schuré, *Die Großen Eingeweihten* [1889], autorisierte Übersetzung v. Marie von Sivers, mit einem Vorw. v. Rudolf Steiner, Leipzig 1909; Rudolf Seydel, *Das Evangelium von Jesu in seinem Verhältnis zur Buddhasage und Buddhalehre*, Leipzig 1882. Zu Maximilian Kronberger im *Ersten Band* S. 484f.

479 Pupul Jayakar, *J. Krishnamurti. A Biography*, Penguin Books India 1986. Zu Maximilian Kronberger siehe im *Ersten Band* S. 484f.

480 Zander 2007, Bd. 1, S. 147ff.

481 Zander 2011, S. 198ff.

482 Ebd. S. 212

483 Ebd. S. 208

biologisch-dynamischen Landwirtschaft, deren weltanschauliche Verbindlichkeit bisweilen schwach ausgeprägt ist.

BUDDHISMUS UND PESSIMISMUS. Die asiatischen Religionsimporte führten in Europa aber nicht nur in esoterische Gefilde. Nicht minder bedeutungsvoll war die Rezeption des Buddhismus von Intellektuellen, die durch ihre Schopenhauer-Lektüre angeregt waren, sich mit den Lehren des Siddhartha Gautama zu befassen. Jürgen Mohn spricht von einer daraus erwachsenen „triumphale(n) Rezeptionsgeschichte, die in einer gewissen Weise einzigartig in der europäischen Religionsgeschichte dasteht. Sie ist einzigartig einerseits im Vergleich zu anderssprachigen Adaptionen der Buddhismus-Rezeptionen in den europäischen Kulturkreisen. Und sie ist andererseits einzigartig für die ‚intellektuelle' Religionsgeschichte der ‚Gebildeten'".[484] Denn die Hinwendung zu dieser Religion war nicht durch Missionare oder durch Reisen angestoßen, sondern allein durch die Lektüre von Sekundärliteratur und Übersetzungen. Mohn spricht treffend von einer „gelesenen Religion". Es gehört zu den nicht zu unterschätzenden Auswirkungen des Religionsmarktes, daß die Hinwendung zu Religionen ohne Beistand eines geistlichen Führers allein durch Leseerlebnisse erfolgen kann.

In Deutschland kam es somit vermittelt durch Schopenhauer von Beginn an zu einer Verschränkung von Buddhismus und Pessimismus.[485] Die Schopenhauer-Rezeption setzt – wie gezeigt – ausgreifend nach 1850 ein.[486] In seinen Schriften hatte Schopenhauer immer wieder auf die indische Religiosität hingewiesen, wobei er zwischen Hinduismus und Buddhismus nach seinem Kenntnisstand noch nicht klar unterscheiden konnte. Im Unterschied zu Hegel, der, christozentrisch orientiert, das Bild eines an seiner Zehe saugend Yogi als träumenden Buddha fehlinterpretierte[487], hat Schopenhauer gesprächsweise bemerkt: „Sie werden keinen christlichen Heiligen, kein Kruzifix bei mir finden, und doch habe ich auch meine Penaten. Ich habe mich lange bemüht, einen alten Buddha zu erhalten. Endlich hat

484 Jürgen Mohn, „‚Von der gelesenen zur gelebten Religion'. Die Rezeption des Buddhismus in der deutschsprachigen Philosophie – Beispiele religiöser Optionen von Intellektuellen in der europäischen Religionsgeschichte des 19. und 20. Jahrhunderts", in: Watchtower Religionswissenschaft, hg. v. Anne Koch, Marburg 2007, S. 15-32, hier S. 16.

485 Literatur zu Schopenhauer und Buddhismus: Ludger Lütkehaus, „Die Ausfahrt des Buddha? Die Reisetagebücher Schopenhauers", Nachwort zu: Arthur Schopenhauer, *Reisetagebücher*, hg. v. Ludger Lütkehaus, Zürich 1988, S. 263-280; Yasuo Kamata, „Schopenhauer und der Buddhismus", in: *Schopenhauer-Jahrbuch* 65/1984, S. 233-237; Matthias Rühl, *Schopenhauers existentielle Metaphern im Kontext seiner Philosophie*, Münster 1998, S. 33-49; vgl. auch Gabriele Heesen-Cremer, „Zum Problem des Kulturpessimismus. Schopenhauer-Rezeption bei Künstlern und Intellektuellen von 1871 bis 1918", in: *Ideengeschichte und Kunstwissenschaft. Philosophie und bildende Kunst im Kaiserreich*, hg. v. Ekkehardt Mai / Stephan Wetzoldt u. Gerd Wohlandt, Berlin 1983, S. 45-70. Zum weiteren Kontext: Martin Baumann, *Deutsche Buddhisten. Geschichte und Gemeinschaften*, Marburg ^{2}1995.

486 In diesem Band, S. 586ff.

487 Siehe dazu: Byung-Chul Han, „Hegels Buddhismus", in: *Hegel-Jahrbuch* Heft 1, 2004, S. 298-302, hier S. 299.

der Geheime Rat Krüger einen solchen, aus Tibet stammend, für mich gefunden. Er war ursprünglich schwarz lackiert, ich habe ihn aber bei Junge vergolden lassen und demselben strenge befohlen, nur echtes Gold zu nehmen, und daran nicht zu sparen".[488]

In der Ausgabe letzter Hand des zweiten Bandes von *Die Welt als Wille und Vorstellung* (1859) weist Schopenhauer darauf hin, daß er für sein 1818 erschienenes Werk nicht unter dem Einfluß des Buddhismus gestanden habe. Erst später habe er buddhistische Schriften zur Kenntnis nehmen können. Den Wert der alten Religionen taxierend schreibt er: „Wollte ich die Resultate meiner Philosophie zum Maßstabe der Wahrheit nehmen, so müßte ich dem Buddhaismus den Vorzug vor den anderen zugestehen. Jedenfalls muß es mich freuen, meine Lehre in so großer Übereinstimmung mit einer Religion zu sehen, welche die Majorität auf Erden für sich hat; da sie viel mehr Bekenner zählt, als irgend eine andere."[489] Dabei führt Schopenhauer in die europäische Religionsdebatte eine folgenreiche Unterscheidung ein: „Den *Fundamentalunterschied* aller Religionen kann ich nicht, wie durchgängig geschieht, darin setzen, ob sie monotheistisch, polytheistisch, pantheistisch, oder atheistisch sind; sondern nur darin, ob sie optimistisch oder pessimistisch sind, d.h. ob sie das Dasein dieser Welt als durch sich selbst gerechtfertigt darstellen, mithin es loben und preisen, oder aber es betrachten als etwas, das nur als Folge unserer Schuld begriffen werden kann und daher eigentlich nicht sein sollte, indem sie erkennen, daß Schmerz und Tod nicht liegen können in der ewigen, ursprünglichen, unabänderlichen Ordnung der Dinge, in dem, was in jedem Betracht sein sollte."[490]

Zentrales Kriterium für die Kraft einer Religion wird somit die Weltverneinung. Sie habe es auch dem Christentum ermöglicht, die heidnische Antike zu überwinden, die ebenso wie das Judentum optimistisch gewesen sei. Aus der Zentralstellung pessimistischer Weltverneinung folgt: „Jene von Jedem tief und schmerzlich gefühlte Wahrheit schlug durch und hatte das Bedürfnis der Erlösung in ihrem Gefolge."[491] Von daher kann Schopenhauer erklären: „Der innerste Kern und Geist des Christentums ist mit dem des Brahmanismus und Buddhaismus der selbe: sämtlich lehren sie eine schwere Verschuldung des Menschengeschlechts durch sein Dasein selbst; nur daß das Christentum hierbei nicht, wie jene älteren Glaubenslehren, direkt und unumwunden verfährt, also nicht die Schuld geradezu durch das Dasein selbst gesetzt sein, sondern sie durch eine Tat des ersten Menschenpaares entstehen läßt."[492] Die Verwandtschaft von Christentum und Buddhismus ist für Schopenhauer von da aus weit bedeutender als die zwischen Judentum und Christentum.

In dieser Perspektive, die insbesondere die weltverneinenden Praktiken der Askese und des Zölibats hervorhebt, wird der Protestantismus als Verflachung des Reli-

488 Zit. n. Alfred Bertholet, *Buddhismus im Abendland der Gegenwart*, Tübingen 1928, S. 6.

489 Schopenhauer 1988b, S. 195.

490 Ebd., S. 197.

491 Ebd.

492 Ebd., S. 702.

giösen charakterisiert: „Der Protestantismus hat, indem er die Askese und deren Zentralpunkt, die Verdienstlichkeit des Zölibats, eliminierte, eigentlich schon den innersten Kern des Christentums aufgegeben und ist insofern als ein Abfall von demselben anzusehen.“ Mit Blick auf die *rationalreligiöse* Mäßigung des profilscharfen Altprotestantismus bemerkt Schopenhauer, der Protestantismus laufe am Ende hinaus „auf eine Lehre von einem liebenden Vater, der die Welt gemacht hat, damit es hübsch vergnügt darauf zugehe (was ihm dann freilich mißraten sein müßte), und der, wenn man nur in gewissen Stücken sich seinem Willen anbequemt, auch nachher für eine noch viel hübschere Welt sorgen wird (bei der nur zu beklagen ist, daß sie eine so fatale Entree hat). Das mag eine gute Religion für komfortable, verheiratete und aufgeklärte protestantische Pastoren sein: aber das ist kein Christentum.“[493] Dagegen kehrt Schopenhauer den Pessimismus hervor, der in der Lehre von der Erbsünde seinen Grund findet, wodurch zugleich die Bedeutung der Erlösung ihren hohen Rang erhält. „Das Christentum ist die Lehre von der tiefen Verschuldung des Menschengeschlechts durch sein Dasein selbst und dem Drange des Herzens nach Erlösung daraus, welche jedoch nur durch die schwersten Opfer und durch die Verleugnung des eigenen Selbst, also durch eine gänzliche Umkehrung der menschlichen Natur erlangt werden kann.“[494] Wo das asketische Prinzip verlorengeht, trete „notwendig bald das optimistische an seine Stelle.“[495] Eine Rückkehr des weltverneinenden Prinzips sieht Schopenhauer in den nordamerikanischen zölibatären Sekten der Shaker und Rappisten. Hier zeigte sich in Schopenhauers Optik das wieder, „was ganz Asien schon lange und sogar besser wußte“.[496]

Schopenhauer hat für seine Ethik der Selbsterkenntnis des Willens und der Möglichkeit seiner Erlösung ein sicheres Fundament gesucht und es auch gefunden, und zwar „in Übereinstimmung mit den erhabenen und tief gedachten Religionen, also dem Brahamanismus, Buddhaismus und Christentum, nicht bloß mit dem Judentum und Islam. Auch die Metaphysik des Schönen wird erst in Folge meiner Grundwahrheiten vollständig aufgeklärt, und braucht nicht mehr sich hinter leere Worte zu flüchten. Bei mir allein werden die Übel der Welt in ihrer ganzen Größe redlich eingestanden: sie können dies, weil die Antwort auf die Frage nach ihrem Ursprung zusammenfällt mit der auf die nach dem Ursprung der Welt. Hingegen ist in allen andern Systemen, weil sie sämtlich optimistisch sind, die Frage nach dem Ursprung des Übels die stets wieder hervorbrechende unheilbare Krankheit, mit welcher behaftet sie sich, unter Palliativen und Quacksalbereien, dahinschleppen.“[497] Es han-

493 Ebd., S. 726f.

494 Ebd. S. 727.

495 Ebd.

496 Ebd., S. 729.

497 Ebd., S. 748. Zum Islam heißt es bei Schopenhauer: „Bloß das Griechische Heidentum und der Islam sind ganz optimistisch; daher im Ersteren die entgegengesetzte Tendenz sich wenigstens im Trauerspiel Luft machen mußte: im Islam aber, der, wie die neueste, so auch die schlechteste aller Religionen ist, trat sie als *Sufismus* auf, diese sehr schöne Erscheinung, welche durchaus Indischen Geistes und Ursprungs ist und jetzt schon über tausend Jahre fortbesteht.“ Ebd., S. 703.

delt sich hier um mehr als eine religionsphilosophische Einordnung des Buddhismus, vielmehr wird dieser als eine Weltanschauungsphilosophie vorgeführt.

In Frage steht damit Mohn zufolge nicht nur, inwieweit „philosophische Weltdeutungsentwürfe ein integraler Bestandteil der Religionsgeschichte" sind, – eine Frage, die mit dem In-Erscheinung-Treten der *Wissenschaftsreligion* weite Teile der Diskurse von Werten und Weltanschauungen beherrscht.[498] Ebenso ist zu fragen, inwieweit der philosophische Blick auf die erreichbare Literatur „eine Konstruktion oder gar Erfindung des Buddhismus" darstellt. Schließlich fragt Mohn danach, wie aus der Popularisierung Schopenhauers „in den Schichten des Bildungsbürgertums ein partielles Interesse am Buddhismus als möglicher religiöser Option der Lebensführung erwachsen und sich steigern konnte".[499] Viel spricht dafür, daß die Verschränkung von Buddhismus und Pessimismus dafür den Ausschlag gegeben hat. Denn die Pessimisten Mainländer und Hartmann knüpften das Band von Pessimismus und Buddhismus enger. Mainländer, dessen *Philosophie der Erlösung* durchtränkt ist von buddhistischer Weltverneinung, hat auch ein Buddha-Fragment verfaßt.[500]

In die Suche nach einer „Religion der Zukunft", in der der Buddhismus und weitere Religionen des Osten eine tragende Rolle spielen könnten, hat sich auch Eduard von Hartmann eingebracht.[501] Da der Weltgeschichte ein unbewußtes, irrational sinnloses Prinzip zugrunde liegt, hat er für das Ende der Selbstzersetzung der Religion des Westens, „den gegenwärtigen internationalen Verkehrsverhältnissen entsprechend", über die Möglichkeit einer „Synthese der orientalischen und okzidentalischen, der pantheistischen und monotheistischen Religionsentwicklung" spekuliert.[502] Dabei bezeichnet er die orientalischen Religionen als pantheistisch. „Die *Spitze* des Systems ist vom Anthropomorphismus gereinigt, aber dafür wuchert derselbe um so üppiger und ungestörter in den *Verbindungsgliedern* zwischen der metaphysischen Spitze und der breiten physischen Basis. Den umgekehrten Weg habe das Judentum eingeschlagen, indem es sich unter den vielen Göttern einen einzelnen zum speziellen Stammesgott auserkor, und mit diesem einen Gegenseitigkeitsvertrag abschloß".[503] Globaler Verkehr und die allgemeine Orientierung an der Wissenschaft könnten dann Hartmann zufolge dazu führen, „in kosmopolitischer Unbefangenheit den scheinbar zusammenhangslos auseinanderliegenden Kulturphasen, der indischen und der mittelmeerländischen, ihr Recht zu gewähren

498 Mohn 2007, S. 18.

499 Ebd., S. 18f.

500 Michael Gerhard, „Der flammende Osten der Zukunft. Philipp Mainländer, der Buddhaismus und das späte 19. Jahrhundert" in: Müller-Seyfarth 2002, S. 39-47.

501 Zu dieser Suche siehe: Jürgen Mohn: „Das ‚Licht des Ostens' und die Suche nach der ‚Religion der Zukunft': Wahrnehmung und Adaption des Buddhismus in Deutschland vor und nach dem Ersten Weltkrieg". In: *Zur Debatte. Themen der Katholischen Akademie in Bayern* 1/2012, S. 22-24.

502 Eduard von Hartmann, *Die Selbstzersetzung des Christentums und die Religion der Zukunft*, Berlin ^{2}1874, S. 97.

503 Ebd., S. 102.

und die Perspektive der künftigen Einmündung dieser großen religiösen Strömungen in ein gemeinsames Flußbett zu eröffnen."[504]

Durch das Zusammengehen der westlichen und östlichen religiösen Strömungen werde „eigentlich erst Sinn in die Weltgeschichte gebracht, da selbige gewöhnlich bloß als Geschichte der okzidentalen Hälfte der alten Welt, mit Beiseitelassung der zentralasiatischen Kultur verstanden wird, die nur gleichsam als fünftes Rad am Wagen mitläuft."[505] Hartmann greift hier der Wirklichkeit eines Weltmarkts folgend in einem universalgeschichtlichen Sinne auf andere Weltreligionen über. Ob man dies eine Relativierung der eurozentrische Perspektive nennen kann, ist fraglich. Die griffigen Formeln, mit denen Weltreligionen typisiert werden, findet man auch noch später, zum Beispiel bei dem Indologen und Religionswissenschaftler Helmuth von Glasenapp, wenn er den Hindukusch als Religionsscheide zwischen den Religionen des „ewigen Weltgesetzes" östlich des Hindukusch und den Religionen „geschichtlicher Gottesoffenbarung" westlich des Hindukusch ausweist.[506] Die von Hartmann ausphantasierte Religionssynthese der pessimistisch gedeuteten Lehre Jesu und der buddhistischen Weltverneinung führt dann unweigerlich zum Abschluß des Weltprozesses in einer großen Tragödie.

Vom Enthusiasmus zum Buddhismus. Für die enthusiastischen Religionen der Revolutionszeit sind solche Weltanschauungen abwegig. Für Revolutionäre liegt der Grund für die Übel der Welt im Dasein monströser Herrschaft, die es eben umzustürzen gelte. Jedoch in dem Maße, in dem die Radikalen des Vormärz mit Schopenhauer vertraut werden, wächst auch ihr Interesse am Buddhismus. Carl Friedrich Köppen und Richard Wagner seien hier als Beispiele angeführt. Beide sind enthusiastische Revolutionäre, bei denen sich nach der Niederlage der Revolution pessimistische Stimmungen und ein Interesse am Buddhismus verstärken.

Zu Recht hat Helmut Hirsch von Karl Friedrich Köppen als dem intimsten Berliner Freund von Karl Marx gesprochen.[507] Beeindruckt von den Vorlesungen Peter Feddersen Stuhrs, in denen es hauptsächlich um die Geschichte Preußens und mythologische Forschungen ging, verfaßte Köppen eine *Literarische Einleitung in die nordische Mythologie*.[508] In der Linie eines *nationalreligiösen* Enthusiasmus ging es Köppen darum, „die innere Geschichte des Bewußtseins und Gemüts eines Volks in der vorhistorischen Zeit" zu schreiben. Die „Herrlichkeit des germanischen Geistes" sei gegen Christianisierung und die „Armut und Nacktheit eines bloß ra-

504 Ebd., S. 97f.

505 Ebd., S. 98

506 Helmuth von Glasenapp, *Die fünf großen Religionen*, 2 Bde, Düsseldorf 1951-52.

507 Die Dissertation von Helmut Hirsch über Karl Friedrich Köppen, fertiggestellt kurz vor 1933, ist nicht publiziert. Helmut Hirsch hat sie nach dem Zweiten Weltkrieg überarbeitet und veröffentlicht: Helmut Hirsch, „Karl Friedrich Köppen, der intimste Berliner Freund Marxens", in: Ders., *Denker und Kämpfer. Gesammelte Beiträge zur Geschichte der Arbeiterbewegung*, Frankfurt a.M. 1955, S. 19-81.

508 Karl Friedrich Köppen, *Literarische Einleitung in die nordische Mythologie*, Berlin 1937.

tional-menschlichen Bewußtseins“ zu verteidigen.[509] In den *Halleschen Jahrbüchern* schreibt Köppen dann über die Sagenforschung von Ludwig Uhland und bemerkt, daß „in der Mythologie ohne poetischen Sinn eigentlich gar nichts anzufangen ist.“[510] In Erwartung des Jahres 1840, dem überkodierten Hoffnungsjahr der Thronbesteigung Friedrich Wilhelms IV., publiziert Köppen die dem Freunde Marx gewidmete, viel gelesene Broschüre *Friedrich der Große und seine Widersacher. Eine Jubelschrift*, in der mit Bezug auf einen radikal hegelianisierten Friedrich II. (Thronbesteigung 1740) die konservativen Kreise in Preußen bekämpft werden.[511] Von Köppen wissen wir, daß Schopenhauers Hegelkritik Gegenstand von Diskussionen zwischen ihm und Marx gewesen ist.[512]

Nach dem Scheitern der Revolution von 1848, an der Köppen aktiv teilgenommen hat, erschließt er sich ein anderes religionsgeschichtliches Feld. Nicht mehr die Germanen und die europäischen Hexen, die er gegen den christlichen Hexenwahn 1844 verteidigt hatte, werden jetzt von Interesse, sondern der Buddhismus. 1857 erscheint in Berlin der erste Band seines Werkes *Die Religion des Buddha*; 1859 folgt der zweite Band, *Die Lamaische Hierarchie und Kirche*.[513] Das Werk hat eine eigenartige Rezeption erfahren. Geht man seiner Tendenz nach, so ist es eine antiklerikale Schrift in junghegelianischem Geiste. Die Kritik am Lamaismus ist an vielen Stellen mit einer Kritik am Katholizismus vermischt. Die ursprüngliche Reinheit der Religionen sei durch eine dogmatische Entwicklung verloren gegangen.[514] Diese Perspektive hat Leser aber nicht davon abgehalten, das Werk dankbar als Quelle für ein anders gelagertes Interesse an Buddha zu nutzen. Schopenhauer hat sich auf Köppen ebenso bezogen wie Max Weber.[515]

Ähnlich verlief die Wendung zum Buddhismus bei Richard Wagner.[516] In Paris rezipierte er 1840/41 den französischen Sozialismus, wurde Radikaler, beschäftigte sich mit der Feuerbachschen Religionskritik und Proudhons *Was ist Eigentum?*. In

---

509 Ebd., S. 16 u. 38, zit. n. Hirsch 1955, S. 23.

510 Karl Friedrich Köppen, „Sagenforschungen von L. Uhland“, in: *Hallesche Jahrbücher* 1938, Sp. 400, zit. n. Hirsch 1955, S. 28.

511 Karl Friedrich Köppen, *Friedrich der Große und seine Widersacher. Eine Jubelschrift*, Leipzig 1840. Zur Bedeutung dieser Schrift vgl. Wolfgang Eßbach, *Die Junghegelianer. Soziologie einer Intellektuellengruppe*, München 1988, S. 118f.

512 Vgl. den Brief Köppen an Marx vom 3. Juni 1841, den Hirsch in seine Schrift aufgenommen hat. Hirsch 1955, S. 42-45.

513 Karl Friedrich Köppen, *Die Religion des Buddha und die Entstehung*, 2 Bde., Berlin ^{2}1906.

514 Ebd., Bd.2, S. 19; zu Köppen im Kontext der deutschen Buddhismus-Rezeption siehe auch Volker Zotz, *Auf glückseligen Inseln. Buddhismus in der deutschen Kultur*, Berlin 2000, S. 102-111.

515 Zur weiteren Rezeption: Hirsch 1955, S. 76; zu Webers Köppen-Lektüre siehe Max Weber, „Die Wirtschaftsethik der Weltreligionen. Hinduismus und Buddhismus“, in: MWS I/20, hg. v. Helwig Schmidt-Glintzer u. Karl-Heinz Golzio, Tübingen 1998a (im Folgenden: *Hinduismus und Buddhismus*), S. 216.

516 Vgl. Karl Friedrich Glasenapp, *Das Leben Richard Wagners*, 6 Bde., Leipzig 1876-1911, Bd. 6, S. 364f., 506-508 u. 698-700; Dieter David Scholz, *Ein deutsches Mißverständnis. Richard Wagner zwischen Barrikade und Walhalla*, Berlin 1997.

Dresden befreundete er sich mit Michail Bakunin, mit dem er am Dresdner Maiaufstand 1849 teilnahm. Es war der radikale Georg Herwegh, der Wagner 1854 auf Schopenhauer aufmerksam machte. Dazu schreibt Wagner an Franz Liszt: „Was sind vor diesem (Arthur Schopenhauer, W. E.) alle Hegels u. für Scharlatan's! Sein Hauptgedanke, die endliche Verneinung des Willens zum Leben, ist von furchtbarem Ernste, aber einzig erlösend. Mir kam er natürlich nicht neu, und niemand kann ihn überhaupt denken, indem er nicht bereits lebte. Aber zu Klarheit erweckt, hat mir ihn erst dieser Philosoph."[517] Die Wendung wird auch in seinen Projekten deutlich.[518] Um 1848 hatte Wagner das Musikdrama *Jesus von Nazareth* entworfen. 1856 konzipiert er nach einer buddhistischen Legende ein weiteres Musikdrama, *Sieger* betitelt, in dem der Held Ananda mit Buddhas Hilfe dem leidenschaftlichen Liebeswerben der schönen Prakriti widersteht und das Keuschheitsgelübde ablegt. Prakriti dagegen muß dann als Wiedergeborene die Qualen unerfüllter Liebe erleiden, die sie im Leben davor Ananda zugefügt hat, bis beide als Bruder und Schwester sich zum Buddhismus bekehren.[519] Beide Entwürfe sind 1857 im Musikdrama *Parsifal* verschmolzen. Der Schlußgesang „Erlösung dem Erlöser" bringt eine – freilich etwas asymmetrische – Synthese von Christentum und Buddhismus zum Ausdruck.[520] Die Lektüre Schopenhauers hat Wagner bekanntlich auch dazu gebracht, den optimistischen Schluß der *Götterdämmerung* zu verändern und Brunhilde in der Textfassung sagen zu lassen:

„Führ' ich nun nicht mehr
nach Walhalls Feste,
wißt ihr, wohin ich fahre?
aus Wunschheim zieh' ich fort,
Wahnheim flieh' ich auf immer;
des ew'gen Werdens
off'ne Tore
schließ' ich hinter mir zu:
nach dem wunsch- und wahnlos
heiligstem Wahlland,
der Welt-Wanderung Ziel,
von Wiedergeburt erlöst,
zieht nun die Wissende hin.

517 *Briefwechsel zwischen Wagner und Liszt*, Bd. 2: *Vom Jahre 1854-1861*, Leipzig 1887, S. 45. Zum folgenden siehe auch Otto Schmiedel, *Richard Wagners religiöse Weltanschauung* (= Religionsgeschichtliche Volksbücher für die deutsche christliche Gegenwart, Bd. 5), Tübingen 1907, S. 31ff.; Gabriele Hofmann, „Unwillkürlich zum Buddhisten geworden. Anmerkungen zur Buddhismus-Reflexion bei Richard Wagner", in: *Magazin für Theologie und Ästhetik* 10/2001, online: http://www.theomag.de/10/gh1.htm (letzter Zugriff: 24.04.2016).

518 Zu Richard Wagners *Kunstreligion* im *Ersten Band* S. 478ff.

519 Zusammenfassung nach Bertholet 1928, S. 11.

520 Richard Wagner, „Parsifal. Ein Bühnenweihfestspiel (1877)", in: Ders., *Dichtungen und Schriften*, Bd. 4, hg. v. Dieter Borchmeyer, Frankfurt a.M. 1983, S. 281-331, hier S. 331.

Alles Ew'gen
sel'ges Ende
wißt ihr, wie ichs, gewann?
Trauernder Liebe
tiefstes Leiden
schloß die Augen mir auf:
enden sah ich die Welt."[521]

Der Buddhismus im Deutschen Kaiserreich ist ein bildungsbürgerlicher und gelehrter Buddhismus, er wird auch als eine „Aristokraten-Religion" apostrophiert.[522] Das unterscheidet ihn von der späteren Phase nach dem Ersten Weltkrieg, in der mehr und mehr einerseits körperbezogene, orthopraktische Dimensionen des Yoga und der Meditation und andererseits Modetrends wie das Aufstellen von Buddha-Statuen in der Wohnung sich verbreiteten, „um auf diese Weise die heute zum guten Ton gehörige östlich orientierte religiöse Gesinnung zu dokumentieren".[523] Bemerkenswert am deutschen Buddhismus um 1900 ist, daß Gelehrte, die sich um die Erschließung der Quellen buddhistischer Lehren verdient gemacht haben, sich „mit dem Gegenstand ihrer Studien in einer Weise innerlich identifiziert haben, daß sie selber über ihren wissenschaftlichen Arbeiten zu Buddhisten geworden sind, buddhistische Meditationszentren geschaffen und buddhistische Gemeinden gegründet haben."[524] Hinzuzunehmen sind noch die deutschen Buddhisten, die nach Indien gehen, Mönche werden und unter ihrem Mönchsnamen publizieren.[525]

---

521 Richard Wagner, *Sämtliche Schriften und Dichtungen*, Bd. 6, Leipzig [6]1912, S. 255f.

522 Hermann Römer, *Die Propaganda für asiatische Religionen im Abendland*, Basel 1910, S. 33f., zit. n. Frank Usarski, „Das Bekenntnis zum Buddhismus als Bildungsprivileg. Strukturmomente ‚lebensweltlicher' Theravada-Rezeption in Deutschland während des Zeitraums zwischen 1888 und 1924", in: *Die Religion von Oberschichten*, hg. v. Peter Antes, Marburg 1989, S. 75-86, hier S. 83.

523 *Die deutsche Warte*, Berlin, vom 16. 3. 1921, zit. n. Notz 1984, S. 73. Vgl. dazu Ulrich Linse, „Asien als Alternative? Die Alternativkulturen der Weimarer Zeit: Reform des Lebens durch Rückwendung zu asiatischer Religiosität", in: *Religionswissenschaft und Kulturkritik*, hg. v. Hans G. Kippenberg u. Brigitte Luchesi, Marburg 1991, S. 325-364. Zu den orthopraktischen Dimensionen in diesen Band S. 1267ff.

524 Benz 1970, S. 198f. Dies gilt für Karl Eugen Neumann, der die Lehrreden Buddhas in vielen Bänden herausbrachte und ein Buddhist wurde, für Karl Seidenstücker, der einen buddhistischen Verein in Deutschland gründete, für Paul Dahlke, der ein buddhistisches Meditationszentrum schuf und für Georg Grimm, dem Gründer einer altbuddhistischen Gemeinde in Utting am Ammersee. Eine Darstellung dieser Personen und Gründungen gibt Notz 1984, S. 27-69; Mohn 2007.

525 Z.B. Vāsettho (= Wolfgang Bohn), *Buddhismus als Reformgedanke für unsere Zeit*, Breslau 1910. Zu Wolfgang Bohn (=Vāsettho) siehe Hellmuth Hecker, *Lebensbilder deutscher Buddhisten. Ein bio-bibliographisches Handbuch*, Bd. 2: *Die Nachfolger*, Konstanz 1992, S. 17-20. Siehe auch: Sumano, Mönch in Ceylon (= Fritz Stange), Pabbajjā, der Gang in die Heimatlosigkeit, Breslau 1910;

BUDDHISMUS UND DIE ERFAHRUNG DER MARKTGESELLSCHAFT. Sucht man nach Motiven, die deutsche Intellektuelle nach Lektüren von Schopenhauer und der Schopenhauerianer zum Buddhismus wandern lassen, so wird man notorisch auf drei Komplexe stoßen, die mit zentralen Erfahrungen entfesselter Marktgesellschaft kommunizieren: Zum einen soll der Buddhismus der Einzelpersönlichkeit Stabilität geben, zum zweiten fügt er sich in die naturwissenschaftlich bestimmte Weltsicht. Schließlich hilft er, zu optimistischen Marktlehren auf Distanz zu gehen.

Beginnen wir mit dem ersten Komplex. Wiederkehrend findet sich bei den Anhängern Buddhas der Verweis auf die kräftigende Wirkung, die die buddhistische Versenkung für die Ausbildung einer starken Persönlichkeit hat. Ein Beispiel dafür ist Theodor Schultze. In der Schrift *Ein Deutscher Buddhist* stellt der Biograph Pfungst seinen Helden mit den Worten vor: „Am 6. April 1898 starb in Potsdam ein hoher preußischer Beamter, welcher unzweifelhaft eine der merkwürdigsten Persönlichkeiten unserer Epoche gewesen ist – der *Oberpräsidialrat a.D. Theodor Schultze in Potsdam.* Nur wenige Zeitgenossen wußten von dem im Verborgenen lebenden Denker, der immer seine eigenen Pfade gegangen war, und dessen innere Welt so wenig zu der geräuschvollen Außenwelt paßte, deren verhallender Lärm nur von fern zu seinem Ohre drang. Aber es wird eine Zeit kommen – und vielleicht nähert sie sich schon –, in welcher Schultze von weiten Kreisen unserer Nation als das erkannt werden wird, was er war: einer der klarsten und weitschauendsten Köpfe der Gegenwart und einer ihrer größten und edelsten Charaktere.“[526]

Gerühmt wird in dieser Schrift zunächst Schultzes hochentwickeltes Pflichtgefühl. Als Rat der holsteinischen Regierung hatte er nach dem deutsch-dänischen Krieg Skrupel, unter der preußischen Regierung umstandslos weiterzuarbeiten, bevor er nicht vom dänischen König, dem er den Treueeid geleistet hatte, persönlich seines Eides entbunden war. Diese Gewissenhaftigkeit, sich erst von einem Treueeid entbinden zu lassen, bevor er einem anderen Landesherrn Treue gelobte, führte zur Entlassung aus dem preußischen Staatsdienst. 1866 kehrte er in die preußische Verwaltung zurück. Bismarck bemühte sich, ihn ins Ministerium zu bekommen. Schultze lehnte dies ab, weil „Bismarck keine *Männer* um sich dulde“.[527] Mit 58 Jahren beginnt er mit dem Studium indischer Religionen. Programmatisch ist der Titel seines Hauptwerks: *Vedanta und Buddhismus als Fermente für eine künftige Regeneration des religiösen Bewußtseins innerhalb des europäischen Kulturkreises.*[528]

526 Arthur Pfungst, *Ein deutscher Buddhist (Oberpräsidialrat Theodor Schultze). Biographische Skizze*, 2., vermehrte Aufl. m. Bildnis, Stuttgart 1901, S. 5. Pfungst verstarb 1912. Er war Repräsentant der Mahabodhi-Society in Deutschland. Vgl. Notz 1984, S. 35.

527 Pfungst 1901, S. 10.

528 Das Buch war zunächst in zwei Bänden unter den Titeln *Das Christentum Christi und die Religion der Liebe. Ein Votum in Sachen der Zukunftsreligion* und *Das rollende Rad des Lebens und der feste Ruhestand*, Leipzig 1891 erschienen. Die dritte, stark vermehrte Auflage erschien unter dem Titel *Die Religion der Zukunft*, Frankfurt a.M. 1901. Es verdient, bemerkt zu werden, daß Schultze zuletzt John Lockes Abhandlung über den menschlichen Verstand übersetzte, die 1898 in zwei Bänden im Reclam-Verlag erschien.

Ich-Stärke, Charakterfestigkeit, Individualismus sind Attribute, die dem deutschen Buddhisten zugeschrieben werden.

Ein anderer deutscher Buddhist, Paul Dahlke, diagnostiziert, „daß der natürliche Zentral- und Ausgangspunkt alles wirklichen Denkens – das eigene Ich – in unserer heutigen Welt in Gefahr ist, ganz und gar seine Bedeutung zu verlieren." Verantwortlich sei dafür auch das Christentum. „Mit seiner wohlgemeinten, aber heftigen und einseitigen Forderung, alles in den Glauben zu legen, das ganze Herz bedingungslos Gott zu geben, in Gott zu ruhen, entfremdete es das menschliche Denken in sich selber."[529] Der Buddhismus weise den umgekehrten Weg. Dahlke bemerkt, „daß im letzten Grunde der ganze Buddhismus nichts ist als die milde aber ernsthafte und in tausend Wendungen sich wiederholende Mahnung an den Menschen, sich in seinen geistigen Nöten an sich selber zu halten und hier unmittelbar das zu erleben, was jeder, der ernsthaft sucht, erleben kann."[530] Und in den Schlußüberlegungen der Schrift heißt es: „Der Einzelne ist es, der den ganzen Buddhismus in seiner weltfremden Erhabenheit erlebt und verwirklicht."[531] Die individualisierende Tendenz buddhistischer Lehren, die in Deutschland stark akzentuiert ist, wurde von evangelischen Theologen wie Robert Falke als „Selbstvergottung" angeprangert.[532] Man muß hinzunehmen, daß der „charakteristische Individualismus der Buddhisten in Deutschland" auch dort, wo Gruppenbildungen erfolgten, zu stark personenzentrierten Verbindungen geführt hat.[533]

Dabei war man sich in den deutschen buddhistischen Kreisen nicht einmal sicher, was unter „Selbst" und „Ich" zu verstehen sei. In der Lehre von *Anatta* wurde die Abwesenheit einer Ich-Identität im Sinne eines festen Wesenskerns oder einer individuierten Seele behauptet.[534] Das feste und dauerhafte Selbst sei die Hauptursache für das Leiden der Individuen. Diese Lesart eines flexiblen Selbst stand gegen Lesarten, die vielleicht ebenso geeignet waren, die Erfahrungen in modernen Gesellschaften zu verarbeiten. Hier trat der Buddhismus-Forscher und bekennende Buddhist Georg Grimm, der kurz vor der Weihe zum katholischen Priester zurückgetreten war, um Jura zu studieren, mit der Lehre von der transzendentalen Natur des Ichs hervor, die seit 2000 Jahren im Buddhismus verdeckt gewesen sei. Buddha habe nicht die Existenz des Ich leugnen, sondern gerade die Authentizität und Unsterblichkeit der menschlichen Seele freilegen wollen.[535] Es waren die Paradoxien der Wiedergeburtslehre, die deutsche Buddhisten immer wieder dazu brach-

529 Paul Dahlke, *Buddhismus als Religion und Moral*, Leipzig 1914, S. 4. Es handelt sich um eine Nachfolgeschrift von Paul Dahlke, *Buddhismus als Weltanschauung*, Breslau 1912.

530 Dahlke 1914, S. 8.

531 Ebd., S. 443.

532 Robert Falke, *Der Buddhismus in unserem modernen deutschen Geistesleben*, Halle 1903, S. 42.

533 Notz 1984, S. 108.

534 Siehe Theodor Scheel, *Das Nichtselbst. Die buddhistische Lehre von der Selbstüberwindung*, Stammbach 2004. Zur sogenannten Anatta-Kontroverse siehe Notz 1984, S. 58ff.

535 Georg Grimm, *Buddhistische Weisheit. Das Geheimnis des ICH. Bausteine der Erkenntnis*, Utting 1979.

ten, Personalität, Ich und Selbst ins Zentrum der Besinnung zu setzen. Die Frage war ja, ob es einen Personenkern gibt, der von einer Existenz zur anderen weiterwandert, oder ob die Erlösung vom Ich im Nirwana als letzte Wahrheit der buddhistischen Lehren herausgestellt werden sollte. Die Grimmsche Ich-Lehre eignete sich dabei mehr zur Verbreitung des Buddhismus, während Paul Dahlkes „nihilistischer" Buddhismus als eine „Religion der Auswahl" und „Religion des Individualismus" seine elitären Züge hervorkehrte.[536] Die Konzentration auf Fragen der Persönlichkeit, der Ich-Stärke, Ich-Schwäche oder der Beschädigung der Kohärenz des Ich konnte mit dazu beitragen, denen zu helfen, die, des Schutzes und der Geborgenheit gemeinschaftlicher Bindungen beraubt, als vereinzelte Einzelne auf dem Markt unsicher sein müssen, ob sie als Gewinner oder Verlierer dastehen werden. Jürgen Mohn hat eine Dimension der „Faszinationskraft" des Buddhismus für Intellektuelle darin gesehen, daß dieser als „eine Antwort auf die Erfahrungen des Individualismus" aufgefaßt werden konnte, „weil er die Atomisierungserfahrung als eine Illusion des falsch verstandenen Ichs destruierte und über eine ‚Ethik des Mitlebens' wieder in eine neue Gemeinschaft integrierte, ohne dabei die Individualitätserfahrung zu leugnen."[537] Theodor Schultze, Paul Dahlke, Georg Grimm und der Theologe Robert Falke sind in ihrer Zeit und in der späteren Rezeption zweifellos von sehr unterschiedlichem Gewicht. Dies trifft freilich nicht die Affinität der diskursiven Muster.

Die Kompatibilität von Buddhismus und Wissenschaft. Wiederkehrend ist ein zweiter Komplex, der auf den Erfahrungskern der Verknüpfung von Marktgesellschaft und moderner Wissenschaft trifft. Attraktiv waren die Glaubensangebote, die der Buddhismus denjenigen machte, die Lösungen für die Konflikte zwischen *Bekenntnisreligion* und der modernen Wissenschaft suchten. Als eine weitere Dimension der Faszination des Buddhismus für Intellektuelle stellt Jürgen Mohn heraus, daß in ihn „die Hoffnung gelegt wurde, in der als Bedrohung erfahrenen Moderne sowohl die Religion neu zu formieren" und der Buddhismus „sich im Selbstverständnis seiner Vertreter dabei auf der Höhe der Vernunft und der Wissenschaften bewegen konnte."[538] Mohn erinnert an Georg Grimm, der die Lehre des Buddha als *Religion der Vernunft* auszeichnete und in der Vorrede zur 2. Auflage seines Hauptwerkes schrieb, „daß die letzten Resultate unserer exakten Naturwissenschaft sich lückenlos in das Lehrsystem des Buddha einfügen".[539]

Als möglichen Grund für den „buddhistischen Siegeszug" in Deutschland weist der Theologe Robert Falke auf den rationalistischen Kern der Karma-Lehre hin: „Auf unser naturwissenschaftlich erzogenes Geschlecht, welches auch seiner Weltanschauung das Gesetz der Kausalität zugrundegelegt hat, macht auch besonders

536 Dahlke 1914, S. 443f.

537 Mohn 2012, S. 24.

538 Ebd.

539 Georg Grimm, *Die Lehre des Buddha. Die Religion der Vernunft*, München [5]1919, S. XIIIf., zit. n. Mohn 2007, S. 27.

das buddhistische Grunddogma vom Karma gewaltigen Eindruck. Dort ist es ja ausgesprochen, was bei uns jeder fühlen zu können meint, daß unser inneres und äußeres Leben an unverbrüchliche Kausalitäten gebunden ist, und daß dessen Entwicklung hiernach bestimmt wird. Dieses Gesetz scheint vielen die Rätsel des Lebens restloser zu erklären, als der Glaube an einen gütigen Gott, dessen Weltregierung mit dem vorhandenen Jammer des Lebens unvereinbar zu sein scheint."[540] Der naturwissenschaftliche Materialismus habe für die Aufnahme buddhistischer Lehren empfänglich gemacht und dies habe auch Konsequenzen für die Ethik: „Wie die buddhistische Ethik religionslos ist, so auch die Moderne". Beide kennen keine „Ewigkeitsziele". Die moderne Ethik „gibt uns praktische Klugheitslehren, nach denen wir am besten durch die Welt kommen, ohne anzustoßen, und wobei unsere egoistischen Interessen gewahrt bleiben. Sie ist *Nützlichkeitsmoral*, und steht auf keiner höheren Stufe als die buddhistische Moral, welche dem nach Nirwana ringenden Mönche auch nur Mittel zum Zwecke ist".[541] Falke resümiert: „Eine Ethik ohne Gottesglauben ist ein Baum auf dürrem Boden, der verdorren muß. Eine solche Moral muß schließlich im Buddhismus endigen, der auch in der Liebe, im Mitleid, überhaupt in der Tugend keinen absoluten Wert anerkennt, sondern dies alles für Fesseln hält, von denen der Heilige sich zu lösen habe." Und Falke schließt hieran den buddhistischen Vers:

> „Wer guter Tat und böser Tat,
> Wer beider Fesseln sich entwand,
> Den gramlos, gierlos Lauteren,
> Den heiß' ich einen Heiligen."[542]

Der Buddhismus bot seinen europäischen Anhängern Möglichkeiten, dem Riß zwischen Glauben und Wissen zu entkommen, der von vielen als Erzübel des gespaltenen antik-christlichen Erbe Europas angesehen wurde. So stellt der Oberpräsidialrat Schultze die Frage, „ob es für jeden Menschen nur *eine* überall gleichberechtigte Erkenntnisquelle gibt: Beobachtung und Nachdenken mit Hilfe seiner eigenen Sinne und seines eigenen Verstandes, sowie begründetes Zutrauen zu dem von anderen ebenso gewonnenen, ihm mitgeteilten Wissen; – oder ob für das religiöse Gebiet ausnahmsweise noch eine zweite, höhere Erkenntnisquelle besteht: eine zu gewisser Zeit gewissen Personen auf übernatürliche Weise zuteilgewordene göttliche Offenbarung, die von ihnen den Zeitgenossen mitgeteilt, und der Nachwelt überliefert worden ist." Falle die Entscheidung der Frage Offenbarungsreligion oder Wissenschaftsglaube „zugunsten der Einheit der Erkenntnisquelle für alles menschliche Wissen und den Glauben aus, dann wird das Christentum zu einer historischen Antiquität, die man ruhig beiseitelegen kann, ohne besorgen zu müs-

540 Falke 1903, S. 58. Für Bertholet hat der Buddhismus den Charakter einer „Erkenntnisreligion", die auch in „krassen Materialismus" umschlagen kann. Bertholet 1928, S. 23 u. 29.

541 Falke 1903., S. 62.

542 Ebd., S. 64. Das buddhistische Zitat ist nicht weiter nachgewiesen, sondern nur angemerkt mit „Neumanns Übersetzung".

sen, daß deshalb die Fundamente für den Bestand der europäischen Gesellschaft aus den Fugen gehen würden."[543]

Die Rationalitätskrise um 1900, in der der einheitliche Wissenschaftsbegriff fraglich wurde, hat zu verschiedenen Versuchen geführt, die religiösen Wurzeln moderner Rationalität freizulegen. Gefragt wurde nach dem Rationalitätspotential von Weltreligionen. Dies war nicht nur das Projekt von Max Weber, dessen weltberühmte Schrift *Die protestantische Ethik und der ‚Geist' des Kapitalismus* wir im nächsten Kapitel im Zusammenhang der Genese der modernen Religionswissenschaften untersuchen werden.[544] Es gab auch alternative Kandidaten. Von Hermann Cohen erschien *Die Religion der Vernunft aus den Quellen des Judentums*.[545] In dieser Debatte durfte der Buddhismus nicht fehlen. Georg Grimm publizierte *Die Lehre des Buddha. Die Religion der Vernunft*.[546] Paul Dahlke erklärte den Buddhismus überhaupt zur „Religion der Denkenden".[547]

Eine Verwandtschaft seiner *wissenschaftsreligiösen* Mystik mit dem Buddhismus glaubte Ernst Mach zu sehen. Auf eine Anfrage von Fritz Mauthner schrieb er, die europäische Herkunft seiner Thesen verteidigend: „Für den Buddhismus habe ich, seit ich etwas davon weiß, immer die größte Sympathie gehabt, wenngleich meine ‚Analyse der Empfindungen' nicht auf buddhistische Anregung, sondern durch naivste Überlegungen entstanden ist. Gewiß kann ich dem Buddhismus gegenüber gar keine Originalitätsansprüche erheben. Denn die Analyse des Ich, die Zerstörung der Illusion des bleibenden Selbst hat schon lange vor mir David Hume in ‚Treatise on Human Nature' durchgeführt. Auch diese *beglückendste* Einsicht verdanke ich weder dem Buddhismus noch Hume, während ich da eine Anregung von Lichtenbergs ‚Es denkt' erkenne, der wahrscheinlich von Hume Kenntnis hatte."[548] Und um seine Positionierung im globalen Markt der Ideen zu vervollständigen, schließt er die Bemerkung an: „Ich erinnere mich eines Gesprächs mit dem berühmten Psychologen William James, der die Einsicht der Illusion des Selbst durchaus nicht gelten lassen wollte. Mir schien es, daß die Gelehrsamkeit zuweilen die naivsten und fruchtbarsten Gedanken vertreibt".[549]

Um den Buddhismus in *wissenschaftsreligiöse* Weltanschauungen zu integrieren, bedurfte es freilich gedankenakrobatischer Anstrengungen. Dies zeigt die Schrift des

543 Theodor Schultze, zit. n. Pfungst 1901, S. 31. Für Paul Dahlke ist der Buddhismus überhaupt die „Religion der Denkenden". Dahlke 1914, S. 444.

544 In diesem Band, S. 746ff.

545 Hermann Cohen, *Die Religion der Vernunft aus den Quellen des Judentums*, Leipzig 1919; dazu erhellend: Dieter Adelmann, *‚Reinige dein Denken'. Über den jüdischen Hintergrund der Philosophie von Hermann Cohen*, aus dem Nachlass hg. v. Görge K. Hasselhoff, Würzburg 2010

546 Georg Grimm, *Die Lehre des Buddha. Die Religion der Vernunft*, München ^{5}1919.

547 Dahlke 1914, S. 444.

548 Ernst Mach, Brief an Fritz Mauthner, 22. Oktober 1912, in: *Ernst Mach als Außenseiter. Machs Briefwechsel über Philosophie und Relativitätstheorie mit Persönlichkeiten seiner Zeit*, hg. v. John Blackmore, Wien 1985, S. 105f.

549 Ebd.

Haeckel-Schülers und Monisten Wilhelm Kleinsorgen *Cellular-Ethik als moderne Nachfolge Christi. Grundlinien eines neuen Lebensinhaltes.*[550] Für sein an Comte orientiertes Modell religionsgeschichtlicher Entwicklung stellt der Buddhismus einige Hindernisse dar. Zwar gilt in der progressiven Linie: „Es ist ja klar, je einleuchtender und gründlicher ein Glaube die religiöse Verheißung zu begründen und beweisen vermag, desto mehr muß natürlich eine Religion überzeugen und wirken können. Und umgekehrt, je unvollkommener ein Glaube, desto unwirksamer eine Religion! Es kommt nicht nur darauf an, daß eine Religion eine Verheißung hat, sondern auch darauf, daß sie dieselbe realiter zu begründen weiß."[551] In der Religionsgeschichte sei aller „Transzendentalismus" bereits in der griechisch-römischen Antike und im alten Indien von „hochentwickelten, genialen Naturen" überwunden. Dazu zählt Kleinsorgen Buddha und Lukrez sowie das reine Christentum, das die Liebe über den Glauben stellt.

Aber es habe sich bei diesen Genies vorerst nur um eine „gefühlte Religion" gehandelt.[552] „Wenn sich also jene großen Geister mit ihrem Gefühl, mit ihrer praktischen Religion begnügten, so geschah es nur, weil das damalige Wissen zu einer verstandesmäßigen, intellektuellen Begründung ihrer religiösen Überzeugung noch nicht genügte. Hätten sie einen befriedigenden neuen Glauben finden können, würden sie ihn gewiß mit Freuden begrüßt haben! Aber so weit reichte das damalige Wissen, die damalige Erkenntnis noch nicht. Anders heute, wo wir in unserer modernen Entwicklungslehre endlich eine einwandsfreie, überzeugende Bestätigung unserer religiösen Ahnung gefunden haben. Heute sind wir nicht mehr allein auf unseren religiösen Instinkt angewiesen, sondern heute besitzen wir auch eine reale, konkrete Verheißung, einen festgefügten, wahrheitsgemäßen Glauben."[553] Damit ist Buddha in die Reihe der Vorläufer moderner *Wissenschaftsreligion* eingereiht.

Ein weitaus schwierigeres Problem stellt die von Schopenhauer herrührende Interpretation des Buddhismus als pessimistischer Lehre dar. Für Kleinsorgen handelt es sich hierbei um eine irrtümliche Auffassung, um „landläufige Ammenmärchen". Er schreibt: „Nur ein ganz oberflächliches Studium des Buddhismus kann zu der Annahme verleiten, daß der *Buddhismus eine pessimistische Religion* sei".[554] Kleinsorgen unterscheidet grundsätzlich zwischen der Philosophie Gautama Buddhas und der Religion des Buddhismus. Letztere sei in den verschiedenen Ländern ein Gemisch aus älteren „Volksreligionen" und einzelnen Motiven der Lehren Buddhas: „Die religiöse Rolle in der völkerbeherrschenden Religion Buddhismus spielt also nicht die Lehre Gautama Buddhas, sondern die erhalten gebliebene Volksreli-

550 Wilhelm Kleinsorgen, *Cellular-Ethik als moderne Nachfolge Christi. Grundlinien eines neuen Lebensinhaltes*, Leipzig 1912. Zu Haeckel und Kleinsorgen vgl. Bernhard Kleeberg, *Theophysis. Ernst Haeckels Philosophie des Naturganzen*, Köln/Weimar/Wien 2005, S. 206

551 Kleinsorgen 1912, S. 121f.

552 Ebd., S. 122 u. 123.

553 Ebd., S. 123f.

554 Ebd., S. 124f.

gion. Diese unterscheidet sich aber in keiner Weise von den übrigen Religionen (hat Götter, Himmel usw.) und ist durchaus lebensbejahend.“[555]

Gautamas Philosophie stelle nun in Wahrheit eine Verbindung von theoretischem Pessimismus und dem praktischen Optimismus seiner „lebensbejahenden Ethik“ dar.[556] „Was nun aber von Gautamas Lehren gewirkt hat, was seinen Namen unsterblich gemacht hat, das ist (…) allein und einzig seine lebensbejahende Ethik gewesen, und nicht sein pessimistisches Nirwana-Ideal – wie es ja auch von vornherein aus rein psychologischen Gründen gar nicht anders zu erwarten war. (…) Eine pessimistische Religion ist eine *contradictio in adiecto*, die bei einem denkenden und gebildeten Menschen gar nicht mehr vorkommen dürfte!“[557] Kleinsorgen zitiert in diesem Zusammenhang zustimmend Thomas W. Rhys Davids Bemerkung: „Hätte Buddha lediglich Philosophie gelehrt, dann würde er nur eine so kleine Gefolgschaft gefunden haben, wie etwa Comte. In Wirklichkeit entstammte Gautamas Gewalt über die Volksmassen zum größten Teil seiner praktischen Menschenliebe, die im Kampfe mit den schlimmsten Mißbräuchen seiner Zeit kein Zurückbeben kannte.“[558] Buddhas Lehre als optimistische Ethik harmoniert somit Kleinsorgen zufolge mit der monistischen Religion, die ebenfalls auf der metaphysischen Skepsis einer Verneinung jedes Transzendentalismus zur Tröstung über eine erbarmungslose Natur beruht und die daher alles Positive in die ethisch optimistische, aktive Gestaltung der Welt legt.

Mit Blick auf die Verflechtung zwischen den Anhängern des Monismus und des Buddhismus schreibt Klaus-Josef Notz: „Monistische Weltanschauung konnte sich in einem seinerseits westlich induzierten modernistischen Buddhismus mit seinen Verweisen auf Dogmenlosigkeit und Wissenschaftlichkeit zweifellos bestätigt finden.“[559] Die Kombinationen mit den europäischen Traditionen der diversen Pantheismen haben in dieser Zeit freilich auch zur Ausblendung anderer Dimensionen des Buddhismus geführt. Notz bemerkt: „Die bodhi (Erleuchtung, Erwachen, W.E.) ist diesen buddhistischen Rationalisten ausschließlich ein Erkenntnisakt und erschöpft sich in der intellektuellen Dimension, wobei nicht wahrgenommen ist, daß der Buddha seine Erleuchtung auf dem Wege der Meditation, also der Übung und gerade nicht im diskursiven Nachdenken gewann. Nirwana wird zur bloßen ‚Ausfallgröße‘ und gerät so in ein eigentümliches nihilistisches Schimmern. Die ‚via negationis‘, die dem Buddha eigentümliche Lehrweise, wird als Negation schlechterdings mißverstanden usw.“[560] Die Konzentration auf Glaubensinhalte, die sich dem Auftreten der *Wissenschaftsreligion* verdankt, wird sich mit der sich bemerkbar machenden Erfahrung artifizieller Lebenswelt abschwächen und stattdessen werden

555 Ebd., S. 125.
556 Ebd., S. 126.
557 Ebd., S. 126f.
558 Thomas W. Rhys Davids, *Der Buddhismus*, zit. n. Kleinsorgen 1912, S. 126.
559 Notz 1984, S. 21.
560 Notz 1984, S. 22.

die technischen Seiten religiöser Orthopraxis hervortreten, wie wir im *Vierten Teil* zeigen werden.

WELTVERNEINUNG UND MARKTKRITIK. Zu den Motiven, die Intellektuelle in Deutschland nach Lektüren von Schopenhauer und der Schopenhauerianer zum Buddhismus wandern lassen, kommt zur Problematik der Stabilität des Individuums und zur Kompatibilität von Buddhismus und Wissenschaft noch ein drittes Motiv hinzu. Geht man der Frage nach, was eine Religion, die die Erlösung aus der Kette der Wiedergeburten verheißt, in der sich das Leiden perpetuiert, so attraktiv für die Verarbeitung der Erfahrung entfesselter Marktgesellschaft macht, so wird man in den Texten der Zeit immer wieder auf den Zusammenhang von Weltverneinung und Marktkritik stoßen. Es ist genau besehen nicht die Welt schlechthin, sondern die marktwirtschaftlich erschlossene und konstituierte Welt, die verneint wird.

Der Theologe Robert Falke muß gestehen, daß die christliche Lehre im Vergleich mit dem Buddhismus der Marktgesellschaft wenig entgegenzusetzen hat: „Wir betonen das Recht der Subjektivität und des Egoismus und staunen *den* mit einem Gefühl der Inferiorität an, der sich mit seiner Individualität rücksichtslos über uns hinweg Bahn bricht. Aber das Verständnis dafür, daß es dem Menschen nichts hülfe, wenn er die ganze Welt gewönne und dabei Schaden an seiner Seele nähme, hat die Mehrzahl von uns verloren. Unsere ganze Erziehung läuft mehr darauf hinaus, den Menschen mit Wissen und Fertigkeiten für den Kampf des Lebens auszurüsten, als ihm das Bewußtsein seiner gottgewollten Bestimmung zu erschließen und die Seele mit dem Geiste Jesu zu erfüllen. ‚Macht *hier* das Leben gut und schön, kein Jenseits gibt's, kein Wiedersehn.' *Wir sind von selbst durch den Materialismus für die Aufnahme buddhistischer Ansichten empfänglich geworden.*"[561] Es sei nicht nur die wissenschaftliche Entzauberung der Welt, die den buddhistischen Pessimismus hervorgebracht habe, „sondern noch mehr *der moderne Lebensdrang*, das Lustgefühl, welches sich ausleben wollte und dafür vom *Leid des Lebens* erdrosselt wurde. Wir hoffen alle, einen berechtigten Anspruch an das Glück des Lebens zu haben und einen Platz an der Sonne uns erobern zu können. Wer es aber erfuhr, daß er vom Glück betrogen und tief in den Jammer gestürzt wurde, der fängt an, die Welt zu verachten, diese vom Zufall geleitete, planlose Welt!"[562]

Für Theodor Schultze stellt sich die Frage, „ob die Lebensansicht, welche die frühesten Buddhisten zur Weltflüchtigkeit bestimmte," nicht wahrer sei als das heutige Sicheinlassen auf „die verwickelten Konkurrenzen, die unwürdigen gesellschaftlichen Kämpfe, die eifrige, gierige Rastlosigkeit dieses unseres Babels".[563] Die Mode des Weltschmerz habe mit dem wahren Buddhismus nichts gemein: „Denn der europäische Weltschmerz ist eine *Leidenschaft* im buddhistischen Sinne des Wortes; eine trübe Gemütsstimmung, entsprungen aus widrigen Lebenserfah-

561 Falke 1903, S. 61f.
562 Ebd., S. 66.
563 Schultze zit. n. Pfungst 1901, S. 15.

rungen, getäuschten Hoffnungen usw., deren Schmerz der davon betroffene nicht verwinden kann, und die dann wie ein gefärbtes Brillenglas wirkt, dessen Farbe sich auf alle Dinge im Gesichtskreise des Trägers der Brille ausdehnt. (...) *Diese Unfreiheit zu überwinden, gerade das aber ist das Ziel der buddhistischen Askese.*"[564]

Der Individualismus, den man in buddhistischen Lehren findet, unterscheide sich dem 1871 in Breslau geborenen Arzt Wolfgang Bohn zufolge, der zum Buddhismus konvertierte und unter seinem Mönchsnamen Vāsettho publizierte, grundlegend vom Individualismus der Produzenten und Verbraucher, die die Märkte bevölkern: „Bisher kannte der moderne Mensch nur den Individualismus, der sich auf Kosten der andern aus der Masse erhebt: Hier (im Buddhismus, W.E.) lernt er den Individualismus kennen, der sich von andern losmacht, von jeglicher Selbstsucht freimacht. (...) Er schaltet sich aus, will nichts mehr von eurem Kribbelkram, der euch nur Leid, Begehren und Enttäuschung bringt. Wer will sein Recht bestreiten? Und dieser Mensch, auf sich selbst gestellt, ohne Hilfe aus dieser oder einer andern Welt, dem Weg nachspürend, den der Buddha gewiesen: Das ist das Ideal des modernen selbstherrlichen Denkers. Das macht den Buddhismus modern."[565] Es sei gerade das Christentum gewesen, das die Abhängigkeit der Menschen vom unerforschlichen Ratschluß Gottes gelehrt habe: „Während das Christentum, wie schließlich jede monotheistische Religion, als der Glaube an göttliche Willkür, am krassesten im Calvinismus, dem einzelnen alle Macht über sein Geschick, in diesem und dem nachirdischen Dasein durch die Lehre von der Vorherbestimmung abspricht, hält der Mensch nach buddhistischer Auffassung sein Schicksal für diese und spätere Existenzen *vollständig in seiner* Hand." [566] Und er erläutert dies: „Das Arbeitsziel des Asketen, welcher aus der Welt und aus dem irdischen Heim in die Heimatlosigkeit (Pabbajjā) gezogen, der Bruderschaft (Sangho) beigetreten ist, ist die Durcharbeitung der Persönlichkeit bis zur Erkenntnis des alt-arischen: *Tattwan-asi* (erkenn dich selbst in allem Sein), bis zur Aufhebung des Sonderseins, welchem eben, als der Täuschung (Māyā) das Erwachen (Samboddhi) folgt."[567]

Für Paul Dahlke ist es das Leiden an der Beschleunigung und Oberflächlichkeit marktwirtschaftlich determinierter Lebensprozesse, das Chancen einer Verwurzelung des Buddhismus in Europa eröffnet: „Wann und inwieweit es dem Buddhismus gelingen wird, im Geistesleben des Westens Fuß zu fassen, das wird zum guten Teil davon abhängen, wann und wie weit der moderne Mensch, angeekelt von der Hast und Seichtigkeit des heutigen Lebens, sich wieder mehr der Verinnerlichung zuwendet." [568] Und auf den Kern der Erfahrung entfesselter Marktwirtschaft kommend heißt es: „Unsere Zeit gleicht einem geschäftlichen Unternehmen, das sich in immer neue Spekulationen verliert und dabei versäumt, den Bestand aufzunehmen. Zu dieser Bestandsaufnahme ist es höchste Zeit, wenn wir nicht in der Hochflut

564 Schultze zit. n. Pfungst 1901, S. 39f.
565 Vāsettho 1910, S. 10f.
566 Ebd., S. 8f.
567 Ebd., S. 9.
568 Dahlke 1914, S. 452.

unserer Ideale ertrinken und in der Dürrheit unseres Materialismus vertrocknen sollen. Weniger Ideale, weniger Materialismus, statt beider mehr Wirklichkeitssinn, und es wäre viel geholfen. Die Wut der Lebenstriebe, erhabene wie gemeine, muß sich abschwächen in der Einsicht in den wahren Wert und die wahre Bedeutung des ganzen Lebensspieles."[569]

Es sind immer wieder die drei Themen, mit denen für den Buddhismus geworben wurde: er stärkt die Stabilität des Einzelnen, er fügt sich in die naturwissenschaftlich bestimmte Weltsicht, und er hilft, zur Feier des Marktes auf Distanz zu gehen.

EUROPA-ASIEN-VERGLEICHE. Um 1900 führen die Wahrnehmungen des religiösen Weltmarkts nicht nur zu Ideen einer Synthese von Weltreligionen, sondern auch zu Versuchen einer kontrastiven Deutung von europäischer und asiatischer Identität.[570] Der Theologe Robert Falke stellt fest, daß man in Deutschland zwar immer schon für Ausländisches empfänglich gewesen sei, aber dann „kam das eiserne Jahrhundert der Dampfschiffe und Eisenbahnen; über die nationalen Grenzen hinüber tauschen jetzt die Völker ihre Kulturen aus. Alle Tore sind nunmehr geöffnet; auch die Religionen treten unmittelbar einander gegenüber und können sich, wenn ihre geistigen Grenzen nicht fest abgesteckt sind, miteinander vermischen wie die Wellen zusammenfließender Ströme. Da ist auch schon aus dem entlegenen Hindostan ein Mönch zu uns gekommen im gelben Gewand, den Almosentopf des Bettlers in der Hand, auf dem ernsten Angesicht die Spuren der Weltverachtung, aber auch die des Mitleids tragend, und bewirbt sich um unsere deutsche Seele."[571] Falke will mit seiner Schrift zeigen, „daß dem Christentum vom Buddhismus her eine bedeutende Gefahr droht und daß in apologetischer Weise mehr als bisher geschehen muß, um die weitere Durchsetzung unserer christlichen Kultur von den nihilistischen Lehren des indischen Asketen zu verhindern".[572] Es sind nun nicht mehr allein die Lektüren der Übersetzungen altindischer und buddhistischer Literatur, die auf dem Markt erhältlich sind, sondern die Religionen rücken in leibhaftiger Konkurrenz näher zusammen. Mit Svami Vivekananda beginnt um 1900 die organisierte Hindu-Mission im Westen, zunächst in den USA, dann aber auch in Europa.[573]

Die Erfahrung der Begegnung mit Predigern nichtchristlicher Weltreligionen ist in der gegenwärtigen, mit „Globalisierung" bezeichneten Epoche selbstverständlich geworden sind. Und trotz der sich aufdrängenden Auseinandersetzungen mit der Welt des Islam ist der Weltmarktblick, den christliche orientierte Intellektuelle um 1900 hatten, auch heute immer noch nach Asien gerichtet. Peter Berger hat diese Entwicklung, die das 20. Jahrhundert durchzieht, auf die von Buddhisten

569 Dahlke 1914, S. 452f.

570 Zu Phasen des Religionsvergleichs siehe: Mohn 2009.

571 Falke 1903, S. 5.

572 Ebd., S. 3.

573 Hummel 1980.

gebrauchte Formel gebracht, daß „der Dharma westwärts geht!"[574] Für Berger repräsentieren Benares und Jerusalem zwei Ausdrucksformen des Religiösen: „Die Innerlichkeit des Göttlichen" im Osten und die „Konfrontation mit dem Göttlichen" im Westen.[575] Die Stimmen, die mit aller Schärfe die kontrastive Deutung von großräumigen religiösen und kulturellen Identitäten bestimmen wollen, sind bis heute hörbar.

So erinnern Falkes Besorgnisse an Samuel Huntingtons *Kampf der Kulturen*, mit der dieser die globale Lage nach dem Ende des Kalten Krieges charakterisierte.[576] Auch Falke sah sich in einer Szenerie des weltumspannenden Kampfes der Kulturen: „Der buddhistische Einschlag in das amerikanische, vor allem in das englische, französische und deutsche moderne Geistesleben ist so gewaltig, daß sich die einzelnen Fäden gar nicht mehr aufdecken und entwirren lassen."[577] Falke resümiert seine Sichtung der buddhistischen Schriften in Deutschland mit der Mahnung: „Wenn ich dann die ungeheure Verbreitung dieser Gedanken in der modernen Welt erblicke, dann meine ich, daß dem Christentum in dieser neobuddhistischen Weltanschauung ein nicht zu unterschätzender Gegner entstanden sei, auf dessen energischen Angriff wir uns mehr und mehr rüsten müssen. Zu diesem Angriff wird bereits auf der Seite der Gegner mit lauten Trompeten geblasen. Die antichristliche, vom buddhistischen Geiste erfüllte Literatur ist in das ungeheure gewachsen und schwillt jährlich mehr an."[578]

Aber es ist nicht nur das buddhistische Segment des Buchmarkts, das neu auf dem Religionsmarkt auftaucht. Mit der von Martin Buber herausgegebenen Auswahl von Reden und Gleichnissen des Tschuang-Tse und Richard Wilhelms Übersetzung des Laotse wird das Interesse an indischen Religionen um das an chinesischen Weisheitslehren erweitert.[579] Zeitgleich kommt es zu einer Konjunktur des Exotismus, in der das Wilde und ‚Primitive' als Sehnsuchtsort für die Kulturmüdigkeit Europas imaginiert wird. Der Exotismus, der in den Urwäldern Afrikas, des Amazonas oder in der Südsee seine urmenschlichen Stützpunkte sucht, thematisiert allerdings weniger die Konkurrenz der Kulturen als vielmehr die technisch-artifiziellen Niveauunterschiede. Auf die Überblendung artifizieller Lebenswelt mit dem ‚Primitiven' gehen wir ausführlich im *Vierten Teil* der Religionssoziologie ein.[580]

Ein wichtiger Streitpunkt in der Debatte um den Einzug des Buddhismus in den Westen ist, „wie sich der Kulturwert des Christentums zu dem des Buddhismus"

---

574 Peter L. Berger, *Der Zwang zur Häresie. Religion in der pluralistischen Gesellschaft*, Frankfurt a.M. 1980, S. 179.

575 Ebd., S. 182.

576 Samuel P. Huntington, *Kampf der Kulturen. Die Neugestaltung der Weltpolitik im 21. Jahrhundert*, München/Wien 1996.

577 Falke 1903, S. 6.

578 Ebd., S. 24.

579 Martin Buber, *Die Reden und Gleichnisse des Tschuan-Tse*, Leipzig 1910; Bauer 1996, S. 450-485, hier S. 455ff.; Linse 1991, S. 330f; Benz 1970, S. 200; Weigni Fang, *Das Chinabild in der deutschen Literatur 1871-1933*, Frankfurt a.M. 1992.

580 In diesem Band, S. 989ff.

verhalte. Theodor Schultze wird dabei von seinem Biographen große Voraussicht bestätigt: „Wenn man (...) seine Schriften liest, in denen er mit furchtbarem Ernst die Fragen behandelt, die heute an jedem Wirtshaustische besprochen werden, dann gelangt man zu der Überzeugung, daß er vorausgesehen haben muß, wie die Weltanschauung des abendländischen Kulturkreises mit der des ostasiatischen in nicht ferner Zeit verhängnisvoll zusammenprallen würde."[581] In Abwägung des Kulturwerts des Christentums kommt Schultze durchweg zu negativen Resultaten. Die Christianisierung des Heidentums könne man ebensogut als „christliche Übertünchung des Polytheismus" bezeichnen. Die Behauptung, das Christentum habe „die Sklaverei beseitigt und den Frauen zu der ihnen gebührenden Stellung den Männern gegenüber verholfen", sei falsch, da „Leibeigenschaft und Negersklaverei auch in neuerer und neuster Zeit nicht durch den Einfluß des Christentums beseitigt worden sind, sondern durch die steigende Macht einer von dessen Glaubenslehren unabhängigen Humanität." Auch mit Bezug auf die Stellung der Frau sei im Neuen Testament kein Fortschritt gegenüber der vorchristlichen Zeit zu erkennen.[582]

Um seinen höheren Kulturwert zu offenbaren, müssen Schultze zufolge freilich einige traditionale Schichten des Buddhismus abgetragen werden: Das Betteln der Mönche, die Himmels- und Höllenlehren, die Lehre vom periodischen Wiedererscheinen charismatischer Gestalten mit übermenschlichen Fähigkeiten u.a.m. Den „Kern der buddhistischen Welt- und Lebensanschauung" finde man in „der Predigt von Benares, den vier großen Wahrheiten und dem achtfachen edlen Pfad kurz und bündig ausgesprochen".[583]

Im Unterschied zu Schultze sieht Paul Dahlke den Buddhismus nicht als eine Religion, die mit dem Christentum auf gleicher Ebene konkurrieren könnte: „Nichts liegt dem echten Buddhismus ferner als Anspruch auf eine Weltreligion im christlich-modernen Sinne zu erheben. Der, welcher begriffen hat, kann über solche Utopien nur lächeln, und wenn gewisse Sprudelköpfe unter den heutigen Buddhisten sich mit solchen Utopien tragen, so fehlt es ihnen an nüchternem Denken. Schon für den Buddha galten als Buddhisten nicht das Volk rings um ihn, sondern seine Mönche."[584] Auf den möglichen christlichen Einwand: „Ein Volk, dem ein positives Lebensziel fehlt, dem seine Religion kein solches Ziel gibt, das muß vor anderen weichen und schließlich zugrunde gehen", antwortet Dahlke: „Dieser Einwurf ist völlig gerechtfertigt. Ein buddhistisches *Volk* kann im Kampf ums Dasein nie bestehen, vorausgesetzt, daß sein Buddhismus überhaupt noch Buddhismus ist und nicht, wie in Japan, sich den Lebensbedürfnissen angepaßt hat. Ein Volk, trotzdem es nichts ist als die Summe seiner Individuen, ist doch mehr als diese Summe. Damit diese Summe ein Volk ausmacht, muß ein positives Moment, ein Ideal hinzukommen, das diese Individuen zu einer Einheit zusammenschweißt. Mag dieses Ideal religiöser oder nationaler Art sein, das ist nicht das Wesentliche.

581 Pfungst 1901, S.3.
582 Ebd., S. 30f.
583 Ebd., S. 45.
584 Dahlke 1914, S. 443.

Dem echten Buddhismus fehlt jede Möglichkeit für eine derartige Entindividualisierung."[585] Während Schultze glaubt, den kulturellen Wert eines gereinigten Buddhismus höher einzuschätzen zu können als den des Christentums, verweist Dahlke auf den defensiven Charakter des Buddhismus, der sich generell kollektiven Identitäten, seien es nun solche christlicher oder *nationalreligiöser* Art, verweigert.

Aber nicht alle deutschen Buddhisten folgen der Argumentation Dahlkes. Im euro-asiatischen Vergleich geht es nicht nur um die Frage kultureller Höherwertigkeit, sondern es werden auch rassentheoretische Fundierungen einer Kontrastierung des „europäisch-indischen Ariertums" und des „christlich-jüdischen Geistes des Semitentums" vorgenommen. Das moralische Elend entfesselter Marktwirtschaft wird bei Bohn/Vāsettho kulturrassistisch gedeutet: „Der Weltanschauung der Liebe und gegenseitigen Hilfe steht die Weltanschauung des Hasses, des erbarmungslosen Kampfes ums Dasein entgegen, die Weltanschauung, daß dieses Leben, seine Reichtümer und Genüsse, der ganze Inhalt unseres Strebens sein könne und müsse, daß der weiseste Mann der sei, der es verstände, sich dieses Leben mit seinen Freuden ganz zueigen zu machen. Diesen ‚Geist der Finsternis' wollen wir, aufgrund der Ergebnisse kulturgeschichtlicher Forschung (Schopenhauer, Schultze, Gobineau, Hentschel) als den semitischen Geist bezeichnen. Er beherrscht heute fast unsere gesamte Kultur; es ist der Geist der Opferpriester, der alles zerstört und preisgibt, Mensch und Tier, Staat und Gemeinde, fortschreitend bis zur sinnlosen Massenzerstörung, nur um des Zerstörens willen (Fabrikbetriebe, Revolution, Vivisektion). Der Geist, der nur das Streben nach Macht und Reichtum kennt und rücksichtslos alles niederreißt, was diesem krassen Egoismus, dieser restlosen Lebensbejahung im Wege steht." [586] Der Eindruck drängt sich auf, es hier mit eben jenem Syndrom zu tun zu haben, wie man es in Martin Heideggers *Schwarzen Heften* lesen kann.[587] Es ist das „europäisch-indische Ariertum", das als Alternative zur zerstörerischen Macht entfesselter Marktwirtschaft auftritt. So heißt es weiter: „Dem semitischen Geist der Finsternis tritt der lichte Geist arischer Weisheit entgegen. Es ist der Geist der Hingebenden, der Geist sanfter Liebe und Güte, der Blick nach weiten Fernen jenseits des Lebens, nach rückwärts oder vorwärts gerichtet, der Friedlichen, die nicht töten wollen, nicht an Geld- und Macht hängen, die im inneren Frieden ihr Glück suchen, der Geist der stillen Zielsicheren."[588]

Der Kulturrassismus schlägt rasch in einen biologischen Rassismus um, wenn die Perspektiven der europäischen Kultur genauer erläutert werden. Bohn/Vāsettho schreibt: „Unsere Kultur nennt sich nicht eine semitische, sondern eine christliche. Als Mischling aus der Ehe des semitischen Jehowakultus und judaischer Grausamkeit mit dem arischen Pantheismus und germanischer Ritterlichkeit hervorgegangen, trägt sie deutlich den zwiespältigen Mulattentypus. Aber am Ende, wie bei

585 Ebd., S. 442f.

586 Vāsettho 1910, S. 3f.

587 Peter Trawny, *Heidegger und der Mythos der jüdischen Weltverschwörung*, 3. überarb. u. erw. Aufl., Frankfurt a.M. 2015.

588 Vāsettho 1910, S. 3f.

allen Rassenkreuzungen dieser Art, verdrängt der Negertypus das weiße Blut. Was an der Weltanschauung arisch war, verliert an Bedeutung. In der Kulturhetze, in dem Industriezeitalter der Geldgier und Unterdrückung siegt der semitische Faktor.“[589] Gegen diese Entwicklung kann der Nationalismus wenig ausrichten. Vielmehr setzt Bohn/Vāsettho auf die pazifizierende geistige Kraft des Buddhismus, wenn er schreibt: „Gegen diesen Endverlust der Ideale richten sich die einen, die Nationalen, auf den *Kampf* ein; es wird ein vergebliches Mühen sein. Die Kampfperiode liegt ja 2500 Jahre hinter uns. *Die Predigt der Liebe* und Erlösung, die einst die wildesten Horden Asiens gezähmt, wird aber über die Rasse und über den alten Geist der semitischen Finsternis siegen.“[590]

Bohn/Vāsetthos Rassenbezüge sind wie bei vielen Autoren dieser Zeit zwiespältig. Auf der einen Seite finden sich religiöse Fundierungen für die Rassendifferenzen, wenn es heißt: „So kämpft denn heute noch der finstere semitische Geist den Kampf um die *Verheißung*, ‚daß du lange lebest und es dir wohl ergehe *auf Erden*‘; während der erleuchtete arische Geist um die *Erlösung* vom Sondersein, vom Bösestun und *von der Vergänglichkeit* ringt.“[591] Auf der anderen Seite wird konzediert: „Alle positive Arbeit für die Volks- und Rassenangehörigen aber ist durchaus buddhistisch. Auch die Pflege der Rassereinheit in Volk und Familie, durch die Mittel der Belehrung, nicht der Gewalt, entspricht durchaus den Ansichten des Stifters, wenn sie auch keine übermäßige Bedeutung haben wird.“[592]

Die Verbindungen zwischen der Buddhismusrezeption in Deutschland und völkischen Gruppierungen entspringen dem theosophischen Netzwerk. Obwohl von den USA ausgehend internationalistisch geprägt, bot die Wurzelrassentheorie der Helena Blavatsky hinreichend Ansatzpunkte für eine germanisch-völkische Ausdeutung. Guido von List und Jörg Lanz von Liebenfels entwickelten „ariosophische“ Lehren, denen zufolge die „Ariogermanen“ in der rassisch-hierarchischen Kette der Wiedergeburten sich im Deutschen am reinsten erhalten hätten.[593] In der Ursprachen- und Symboltheorie von List wird die Swastika als Sonnenzeichen der Arier gedeutet. Bei List ist es der Geheimbund der „Armanen“, der das Ariertum in verschlüsselter Form in Werken der mittelalterlichen Bauhütte, der Ritterorden und Hexengemeinschaften weitergegeben habe. Bei Lanz von Liebenfels hütet der „Orden des neuen Tempels“ mit Bezügen auf den Templerorden und die Gralsmystik die Rassengeheimnisse der blonden „Arioheroen“ in ihrem Kampf mit den

589 Ebd., S. 6f.

590 Ebd., S. 7.

591 Ebd., S. 6.

592 Ebd., S. 18. Die Ambivalenz von biologischen und religiösen Rassedeutungen ist anhand der Schriften von Houston Stuart Chamberlain präzise herausgearbeitet bei Hildegard Châtelier, „Rasse und Religion bei Houston Stuart Chamberlain“, in: Schnurbein u. Ulbricht 2001, S. 184-207.

593 Vgl. dazu Ulrich Nanko, „Das Spektrum völkisch-religiöser Organisationen von der Jahrhundertwende bis ins ‚Dritte Reich‘“, in: Schnurbein u. Ulbricht 2001, S. 208-226, hier S. 213f.

dunkelhäutigen „Tschandalen". Zu den Lesern der 1905 gegründeten Monatsschrift *Ostara* gehörte auch der junge Adolf Hitler.[594]

Die Kontrastierung von ‚Weltreligionen' bildet in diesen Debatten die Grundlage für Versuche, den Wert der Kulturen zu bestimmen. Der geschärfte Blick auf die Differenz läßt dabei allzu oft Ähnlichkeiten, die eine *rationalreligiös* inspirierte philosophische Anthropologie begründen könnte, als etwas Unwesentliches verblassen.[595] Wo aber Bestimmungen von wertvolleren und minderwertigen, von segensreichen und Unheil stiftenden Religionen gesetzt werden, ist der Weg zum Kulturrassismus ebenso kurz wie der zum biologischen Rassismus.

DER BUDDHA EUROPAS. In dieser Religionssoziologie spielt Friedrich Nietzsche die Rolle eines Wiedergängers. Denn seine Problematisierungen wird man kaum in die Kohärenz einer philosophischen Lehre bringen können. Wir haben ihn an verschiedenen Stellen in die Diskussion einbezogen. Im *Ersten Band* haben wir Nietzsche in die Diskussion von Profilen der *Kunstreligion* einbezogen, und zwar als Verteidiger einer tragischen Weltsicht, der in Sokrates denjenigen sah, der das instinkthaft vitale Griechentum, das im alten Mythos anzutreffen gewesen sei, durch die Kraft der Vernunft zerstört habe, und als Verteidiger der Polarität zwischen griechischem Kunstideal und den Religionen von Juden und Christen.[596] Wir haben dann gezeigt, wie Intellektuelle um 1900 bei Nietzsche den Ton des vergessenen Hegelsohns Max Stirner wieder zu hören glaubten und sich an die Kompositi-on des Trios Stirner-Kierkegaard-Nietzsche als den Individualisten machten, die in der Selbstermächtigung des Einzelnen eine ihrer Gegenwart angemessene Haltung sahen.[597] Nietzsche wurde in diesem Band als Kritiker des Utilitarismus und der Darwinschen Evolutionstheorie in die Darstellung der Varianten von *Wissenschaftsreligion* eingeführt. Dem „Gott-ist-tot"-Nietzsche haben wir im Kontext dessen, was Atheismus genannt werden könnte, weniger Aufmerksamkeit geschenkt, dafür um so mehr seinen Modellvorstellungen zur Heraufkunft des Nihilismus, der sich anschickt, den Glauben an die Wissenschaft zu subvertieren.[598] Den Abschnitt über die asiatischen Religionsimporte abschließend, bringen wir den Umwerter der Werte erneut ins Spiel.

Im November 1882 notiert Friedrich Nietzsche: „ich könnte der Buddha Europas werden: was freilich ein Gegenstück zum indischen wäre."[599] Drei Argumentationsstränge sind in unserem Zusammenhang von Interesse. Zum einen diskutiert Nietzsche Gemeinsamkeiten und Unterschiede zwischen Christentum und Bud-

594 Brigitte Hamann, *Hitlers Wien. Lehrjahre eines Diktators*, München 1996, S. 317.

595 Vgl. Ähnlichkeit. Ein kulturtheoretisches Paradigma, hg. v. Anil Bhatti u. Dorothee Kimmich, Konstanz 2015.

596 Im *Ersten Band* S. 477 u. 482.

597 Im *Ersten Band* S. 727-729.

598 In diesem Band, S. 311ff.

599 Friedrich Nietzsche, „Nachgelassene Fragmente 1882-1884", in: ders., *Sämtliche Werke* (KSA), hg. v. Giorgio Colli u. Mazzino Montinari, Bd. 10, München 1980g (im Folgenden: *Fragmente 1882-1884*), S. 109.

dhismus, zum zweiten parallelisiert er die indische Religionsentwicklung mit der europäischen, und schließlich denkt er die Umkehrung des Buddhismus als Möglichkeit für seine Philosophie des Übermenschen.

Für Nietzsche ist der Nihilismus „die europäische Form des Buddhismus, das *Nein-tun*, nachdem alles Dasein seinen ‚Sinn' verloren hat."[600] In *Die fröhliche Wissenschaft* schreibt Nietzsche: Der Mensch ist „ein verehrendes Tier! Aber er ist auch ein mißtrauisches: und daß die Welt *nicht* das wert ist, was wir geglaubt haben, das ist ungefähr das Sicherste, dessen unser Mißtrauen endlich habhaft geworden ist. So viel Mißtrauen, so viel Philosophie."[601] Diese argwöhnische Skepsis hat in gesteigerter Weise „ihren letzten Ausdruck im modernen Pessimismus gehabt, einen älteren, stärkeren in der Lehre des Buddha; aber auch das Christentum enthält sie, zweifelhafter freilich und zweideutiger, aber darum nicht weniger verführerisch."[602]

In einem nachgelassenen Fragment listet Nietzsche unter der Überschrift „Christianismi et buddhismi Essentia (Vergleichung des ersten *Buddhismus* und der ersten *Christlichkeit*)" stichwortartig Kernpunkte beider Religionen auf:

> „Buddhismus Christlichkeit sind *Schluß-Religionen*: jenseits der Kultur, der Philosophie, der Kunst, des Staates
> A. Gemeinsam: der Kampf gegen die feindseligen Gefühle, – diese als Quell des Übels erkannt. Das ‚Glück': nur als innerlich, – Indifferenz gegen den Anschein und Prunk des Glückes.
> *Buddhism*: loskommen-wollen vom Leben, philosophische Klarheit; einem hohen Grad von Geistigkeit entsprungen, mitten aus den höheren Ständen ...
> *Christlichkeit*: will im Grunde dasselbe (– schon ‚die jüdische Kirche' ist ein décadence-Phänomen des Lebens), aber, gemäß einer tiefen Unkultur, ohne Wissen um das, was man will ... hängen bleibend bei der ‚Seligkeit' als Ziel ...
> B. die kräftigsten Instinkte des Lebens nicht mehr als lustvoll empfunden vielmehr als Leidens-Ursachen
> Für den *Buddhisten*: insofern diese Instinkte zum Handeln antreiben (das Handeln aber als *Unlust* gilt ...)
> für den *Christen*: insofern sie Anlaß zur Feindschaft und Widerspruch geben (das Feindsein, das Wehe-tun aber als Unlust, als Störung des ‚Seelen-Friedens' gilt)
> (Ein tüchtiger Soldat hat umgekehrt keine Freude außer in einem rechtschaffenen Kriegführen und Feindseinwollen.)"[603]

Die Liste der Gemeinsamkeiten läuft auf ein Modell zu, in dem eine befriedete Innerlichkeit starke vitale Intensitäten als schmerzhafte Belastung empfindet. Dies Modell wird jedoch an anderen Stellen korrigiert. In *Der Antichrist. Fluch auf das Christentum* gibt Nietzsche dem Buddhismus eindeutig den Vorzug vor dem Christentum: „Mit meiner Verurteilung des Christentums möchte ich kein Unrecht

600 Friedrich Nietzsche, „Nachgelassene Fragmente 1885-1887", in: *KSA*, Bd. 12, München 1980h (im Folgenden: *Fragmente 1885-1887*), S. 216.

601 Friedrich Nietzsche, „Die fröhliche Wissenschaft", in: *KSA*, Bd. 3, München 1980i (im Folgenden: *Fröhliche Wissenschaft*), S. 343-651, hier S. 580.

602 Ebd.

603 Nietzsche, *Fragmente 1887-1889*, S. 163.

gegen eine verwandte Religion begangen haben, die der Zahl der Bekenner nach sogar überwiegt, gegen den *Buddhismus*. Beide gehören als nihilistische Religionen zusammen – sie sind décadence-Religionen –, beide sind von einander in der merkwürdigsten Weise getrennt."[604] Der entscheidende Vorzug des Buddhismus liegt in seiner Wirklichkeitskongruenz, und Nietzsche bringt ihn explizit in die Nähe zum Positivismus, wenn er schreibt: „Der Buddhismus ist hundertmal realistischer als das Christentum, – er hat die Erbschaft des objektiven und kühlen Probleme-Stellens im Leibe, er kommt *nach* einer Hunderte von Jahren dauernden philosophischen Bewegung, der Begriff ‚Gott' ist bereits abgetan, als er kommt. Der Buddhismus ist die einzige eigentlich *positivistische* Religion, die uns die Geschichte zeigt, auch noch in seiner Erkenntnistheorie (einem strengen Phänomenalismus –), er sagt nicht mehr ‚Kampf gegen die *Sünde*', sondern, ganz der Wirklichkeit das Recht gebend, ‚Kampf gegen das *Leiden*'."[605]

In einem weiteren Argumentationsstrang parallelisiert Nietzsche die indische Religionsentwicklung mit der europäischen. Dabei stellt die Entwicklung vom Hinduismus zum Buddhismus ein Vorbild und ein Modell für das dar, was Europa zu erwarten hat. Unter der Überschrift „In hoc signo vinces" heißt es in der *Morgenröte*: „So vorgeschritten Europa auch sonst sein mag: in religiösen Dingen hat es noch nicht die freisinnige Naivität der alten Brahmanen erreicht". [606] Diese habe in ihrem Glauben bestanden, „daß die Priester mächtiger seien, als die Götter, und zweitens, daß die Bräuche es seien, worin die Macht der Priester begriffen liege".[607] Es ist für Nietzsche zweifelhaft, ob die Europäer dieses erste Niveau schon intellektuell erreicht hätten. In Indien sei man dann schon weiter gegangen: „Einen Schritt weiter: und man warf die Götter bei Seite, – was Europa auch einmal tun muß! Noch einen Schritt weiter: und man hatte auch die Priester und Vermittler nicht mehr nötig, und der Lehrer der *Religion der Selbsterlösung*, Buddha, trat auf: – wie ferne ist Europa noch von dieser Stufe der Kultur!" [608] Nietzsches viel zitierter „Tod Gottes" in der Moderne ist im Buddhismus als einer atheistischen Religion vorweggenommen.

Was danach kommt, läßt Nietzsche offen, „sehen wir zunächst zu, daß Europa nachholt, was in Indien, unter dem Volke der Denker, schon vor einigen Jahrtausenden als Gebot des Denkens getan wurde!" [609] Und dann entwirft Nietzsche eine mögliche Perspektive: „Es gibt jetzt vielleicht zehn bis zwanzig Millionen Menschen unter den verschiedenen Völkern Europa's, welche nicht mehr ‚an Gott glauben', – ist es zu viel gefordert, daß sie einander *ein Zeichen geben*? Sobald sie

604 Friedrich Nietzsche, „Der Antichrist. Fluch auf das Christentum", in: *KSA*, Bd. 6, München 1980j (im Folgenden: *Antichrist*), S. 165-254, hier S. 186.

605 Ebd.

606 Friedrich Nietzsche, „Morgenröte. Gedanken über die moralischen Vorurteile", in: *KSA*, Bd. 3, München 1980k (im Folgenden: *Morgenröte*), S. 9-331, hier S. 87.

607 Ebd.

608 Ebd.

609 Ebd.

sich derartig *erkennen*, werden sie sich auch zu erkennen geben, – sie werden sofort eine *Macht* in Europa sein und, glücklicherweise, eine Macht *zwischen* den Völkern! Zwischen den Ständen! Zwischen Arm und Reich! Zwischen Befehlenden und Unterworfenen! Zwischen den unruhigsten und den ruhigsten, beruhigendsten Menschen!"[610] Dieses postchristliche Denken könnte eine Macht werden, die die Widersprüche moderner Gesellschaft, den Nationalismus ebenso wie die Sklaverei der Fabrikarbeit und den alle möglichen Bedürfnisse aufreizenden Markt überwindet. Wie die Pessimisten dieser Zeit, geht auch Nietzsche in eine fundamentale Distanz zur Marktgesellschaft.

Dagegen verschließt sich die zeitgenössische soziologische Denkweise für Nietzsche der Einsicht in den anwachsenden Nihilismus. In der *Götzen-Dämmerung* bemerkt Nietzsche: „Mein Einwand gegen die ganze Soziologie in England und Frankreich bleibt, daß sie nur die *Verfalls-Gebilde* der Sozietät aus Erfahrung kennt und vollkommen unschuldig die eigenen Verfallsinstinkte als *Norm* des soziologischen Werturteils nimmt. Das *niedergehende* Leben, die Abnahme aller organisierenden, das heißt trennenden, Klüfte aufreißenden, unter- und überordnenden Kraft formuliert sich in der Soziologie von heute zum *Ideal* ..."[611] Es ist die Marktgesellschaft, die unablässig zur Verkleinerung des Menschen führt. Denn der Selektionsprozeß des *survival of the fittest* siebt gerade die Singularitäten aus.

Aber in der Durcharbeitung des Pessimismus und Buddhismus blitzt bei Nietzsche die Möglichkeit einer „überasiatischen" Umwertung der Werte auf. Denn der „Tod Gottes" bedeutet zugleich die Auflösung des gegebenen Identitätsprinzips bzw. der gegebenen Subjektform, ohne die Marktteilnehmer nicht funktionieren. Zu den Anzeichen für diesen Umschwung rechnet Nietzsche 1880 neben dem Eintreten der Russen in die Kultur und dem Aufschwung des Sozialismus als drittes: „die religiösen Kräfte könnten immer noch stark genug sein zu einer atheistischen *Religion* à la Buddha, welche über die Unterschiede der Konfession hinweg striche, und die Wissenschaft hätte nichts gegen ein neues Ideal. Aber allgemeine Menschenliebe wird es nicht sein! Ein neuer Mensch muß sich zeigen. – Ich selber bin ferne davon und wünsche es *gar nicht*! es ist aber wahrscheinlich."[612]

---

610 Ebd., S. 87f. Für die Heraufkunft des europäischen Nihilismus sieht er auch in *Zur Genealogie der Moral* Parallelen in Indien: „Derselbe Entwicklungsgang in Indien, in vollkommener Unabhängigkeit, und deshalb Etwas beweisend; dasselbe Ideal zum gleichen Schlusse zwingend; der entscheidende Punkt fünf Jahrhunderte vor der europäischen Zeitrechnung erreicht, mit Buddha, genauer: schon mit der Sankhyam-Philosophie, diese dann durch Buddha popularisiert und zur Religion gemacht." Friedrich Nietzsche, „Zur Genealogie der Moral", in: *KSA*, Bd. 5, München 1980h (im Folgenden: *Genealogie der Moral*), S. 245-412, hier S. 409.

611 Friedrich Nietzsche, „Götzen-Dämmerung oder wie man mit dem Hammer philosophiert", in: *KSA*, Bd. 6, München 1980l (im Folgenden: *Götzen-Dämmerung*), S. 55-161, hier S. 138f.

612 Friedrich Nietzsche, „Nachgelassene Fragmente 1880-1882", in: *KSA*, Bd. 9, München 1980n (im Folgenden: *Fragmente 1880-1882*), S. 341.

Wenn die indische Religionsentwicklung als ein Vorbild und ein Modell für das, was Europa zu erwarten hat, genommen wird, so zeichnet sich damit möglicherweise eine Chance ab, Pessimismus und Nihilismus zu überwinden. Dies wäre die Umkehrung des Buddhismus als Möglichkeit für eine Philosophie des Übermenschen. Hier kommen Gesten einer plötzlichen Kehre und wilden Lebensbejahung ins Spiel, die Nietzsche als „circulus vitiosus deus" bezeichnet. Für sich nimmt Nietzsche in Anspruch, jemand zu sein, der „mit einem asiatischen und überasiatischen Auge in die weltverneinendste aller möglichen Denkweisen hinein und hinunter geblickt hat – jenseits von Gut und Böse, und nicht mehr, wie Buddha und Schopenhauer, im Bann und Wahne der Moral".[613] Wie ist diese plötzliche Kehre zu verstehen? Der französische Schriftsteller, Maler und Filmemacher Pierre Klossowski, einer der großen europäischen Intellektuellen des 20. Jahrhunderts, hat darauf eine hilfreiche Antwort gegeben. Nietzsche habe mit dieser Kehre vielleicht, „ohne daß er es eigentlich wollte, sich die Augen für das umgekehrte Ideal aufgemacht: für das Ideal des übermütigsten lebendigsten und weltbejahendsten Menschen, der sich nicht nur mit dem, was war und ist, abgefunden und vertragen gelernt hat, sondern es, *so, wie es war und ist,* wieder haben will, in alle Ewigkeit hinaus, unersättlich da capo rufend, nicht nur zu sich, sondern zum ganzen Stücke und Schauspiele, und nicht nur zu einem Schauspiele, sondern im Grunde zu Dem, der gerade dies Schauspiel nötig hat – und nötig macht: weil er immer wieder sich nötig hat – und nötig macht – – Wie? Und dies wäre nicht – circulus vitiosus deus?"[614]

Nietzsches Antwort auf den Nihilismus ist bekanntlich die Formel von der Ewigen Wiederkunft. Mit dem Glauben an Gott als Schöpfer der Welt ist die lineare Zeitstruktur eines einmaligen, unwiederholbaren Ereignisses vorausgesetzt. Ist dieser Gott ermordet, so bleiben als Alternativen kreisförmige Lehren von einer Wiederkehr, wie sie in asiatischen Religionen verbreitet sind. Die „überasiatische" Wende, die Nietzsche dem kontemplativen Gedanken an eine kreisförmige Wiederkehr gibt, besteht darin, daß er, Klossowski zufolge, diesen Gedanken zum „Instrument eines Komplottes" macht. Der fatale und terroristische Gedanke Ewiger Wiederkunft ist „eine Parodie des realen Terrorismus unserer modernen Industriegesellschaft. Der circulus vitiosus deus, die reine Simulation der universellen Ökonomie, ist aber auch nur ein Schein".[615] Es sei hier daran erinnert, daß Klossowskis subtile und funkelnde Nietzscheinterpretation die Werke von Michel Foucault und Gilles Deleuze nachhaltig inspiriert hat.

613 Friedrich Nietzsche, „Jenseits von Gut und Böse. Vorspiel zu einer Philosophie der Zukunft", in: *KSA*, Bd. 5, München 1980a (im Folgenden: *Jenseits von Gut und Böse*), S. 9-243, hier S. 74f.

614 Ebd.

615 Pierre Klossowski, *Nietzsche und der Circulus Vitiosus Deus,* München 1986, S. 413.

SCHLUSS. Die asiatischen Religionsimporte fließen in einen entfalteten Religionsmarkt, auf dem nunmehr alle Religionen, die den unterschiedlichen Schichten der europäischen Religionsdynamik entstammen, im Modus einer Verweltanschaulichung koexistieren und um Anhänger werben. Die wissenschaftliche Weltauffassung spielt hier ebenso mit, wie die Auffassungen derjenigen, die sicher sind, daß der Zerfall allen Glaubens, die größtmögliche „Säkularisierung" unaufhaltsam weitergeht. Mit dieser Situation umzugehen ist für Intellektuelle nicht einfach gewesen. Eine *rationalreligiöse* Sakralisierung von Werten kann hier nur ein Stück weit befriedigen. Denn der Religionsmarkt ist kein Glaubenskrieg. Zwar kann man auch mit Marx das Sortiment von Weltanschauung und Werteglauben als Ideologie entlarven oder mit Stirner die Geste der Desakralisierung alles dessen, was meine Sache sein soll, wiederholen. Aber die *Wissenschaftreligion* und der Pessimismus haben da auch schon ganze Arbeit geleistet. Die Konfessionskritik der Aufklärung und die Kritik der Junghegelianer Feuerbach, Bauer, Marx und Stirner an den enthusiastischen Religionen der Revolutionszeit – sie bilden, so mächtig und stets aktualisierbar ihre kritische Potenz ist, nur die beiden ersten Schichten von Kritik und Deutung dessen, was ins Diskursfeld des schwierigen Wortes ‚Religion' gestellt wurde. Neue unverbrauchte Perspektiven, die Unsicherheit der religiösen Situation in der Marktgesellschaft zu verstehen, haben die Religionswissenschaften um 1900 entworfen. Um sie wird es zum Abschluß des *Dritten Teils* unserer Religionssoziologie gehen.

VI. Die Wissenschaften von der Religion

Übersicht

Wir gehen verschiedenen Strategien nach, die um 1900 entwickelt werden, um Religion und das Religiöse als wissenschaftlichen Gegenstand zu definieren: die Orientierung an religiösen Virtuosen, die von besonderen Erfahrungen berichten, die Annahme eines metaphysischen Bewußtseins, die Suche nach dem Ursprung der Religion in der Frühgeschichte oder bei den „Wilden", die Analyse des Unbewußten im menschlichen Seelenleben oder überhaupt Religion als das Irrationale (1). Die Reihe der Hauptvertreter der klassischen Religionssoziologie beginnen wir mit Émile Durkheim und seiner funktionalen Theorie der Religion, die als Antwort auf die Krise sozialer Kohäsion in der Marktgesellschaft gelesen wird. Die Durkheim-Schule arbeitet insbesondere die Bedeutung von Opfer und Tod heraus. Die Soziologie des Sakralen spiegelt dabei die Göttlichkeit der Gesellschaft (2). Für den Protestantismus in der Religionssoziologie steht Ernst Troeltsch. Wir behandeln seine Typologie von Kirche, Sekte und Mystik sowie die gegen Karl Kautsky gerichtete Deutung des Urchristentums (3). Die Antwort Max Webers auf den Durchbruch des Kapitalismus im Okzident zielt auf den Zusammenhang von Glaubenslehre, Lebensführung und unbeabsichtigten wirtschaftlichen Folgen. Wir behandeln die zentrale Rolle des Abstreifens der Magie und seine Interpretation des antiken Judentums, die sich gegen antisemitische Stereotype richtet (4). Die Vorstellung einer Selbstauflösung der Religion, die Weber mit Nietzsche teilt, hat Folgen für die Begründung legitimer Herrschaft. Erinnert wird an die bildende Kraft der Askese, Webers Modellvorstellung einer speziellen „Intellektuellenreligiosität" und seine Forderung nach „intellektueller Redlichkeit" (5). Mit Georg Simmels Religion vor der Religion und dem individuellen Gesetz schließt das Kapitel ab (6).

1. Religion wissenschaftlich definieren

RELIGION ALS GEGENSTAND. Die Entfesselung der Marktwirtschaft und die Entstehung einer Gesellschaft, deren Bewegungsformen von Arbeitsmärkten, Bodenmärkten und Geldmärkten abhängen, stellt die dritte dominierende Zeiterfahrung dar, in der die Wiederkehr des Themas Religion die Intellektuellen zu neuen Antworten herausgefordert hat. Diese Antworten treten zu den älteren hinzu. Weder die Konfessionskritik der Aufklärer und ihre Stiftung einer *Rationalreligion*, noch die Kritik der Junghegelianer an der enthusiastischen Religiosität derer, die Kunst oder Nation zu einer sakralen Angelegenheit machen, sind vergessen. Aber um 1900 hat man es zusätzlich mit neuen, anders gelagerten Erfahrungen zu tun.

Im Milieu eines siegessicheren Glaubens an die Wissenschaft entstehen die Religionswissenschaften um 1900 teils als Spezialgebiete älterer Fächer, teils als Projekte zwischen Disziplinen, aber auch als Unternehmungen mit dem Anspruch einer eigenständigen fachwissenschaftlichen Disziplin oder, wie im Falle der Soziologie, im engen Zusammenhang mit der Entstehung eines neuen Faches. Im letzten Viertel des 19. Jahrhunderts wurden an westeuropäischen Universitäten die ersten religionswissenschaftlichen Lehrstühle eingerichtet: 1873 Genf, 1877 Amsterdam und Leiden, 1879 Collège de France, 1884 Brüssel, 1886 École Pratique des Hautes Études. In England spielten die Hibbert- und Gifford-Lectures eine wichtige Rolle für die Profilierung einer von der Theologie unabhängigen, vergleichenden Religionswissenschaft.[1]

Diese neuen Wissenschaften sind immer auch von theologischen Diskursen begleitet und haben es mit einer mehrfachen Problemstellung zu tun. Zunächst ist die Grundbedingung herauszustellen: Als Wissenschaften müssen die Religionswissenschaften ihren Gegenstand definieren. Ohne Definition von Forschungsobjekten gibt es keine Wissenschaft. Hinzu kommt, daß sie genötigt sind, diese Umgrenzung in einem Milieu vorzunehmen, in dem Wissenschaft überhaupt einen Höchstwert hat. Die Religionswissenschaften sehen sich zudem einer starken *wissenschaftsreligiösen* Strömung gegenüber, für die das Zeitalter der Religion zur Neige geht. Damit steht in ganz grundsätzlicher Weise das Verhältnis von Religion, Moderne und moderner Marktgesellschaft zur Debatte. Schließlich haben es die Religionswissenschaften mit der Frage nach der Stellung des europäischen Christentums auf dem Weltmarkt der Religionen zu tun.

Gemeinsames Merkmal der Religionswissenschaften um 1900 ist ihr Bestreben, Religion für sich und nicht als einen abgeleiteten Gegenstand in den Blick zu nehmen.[2] Religion ist ein eigenes Teilgebiet der Wissenschaften. Man bedarf einer

1 Vgl. die Angaben bei Karl-Heinz Kohl, „Geschichte der Religionswissenschaft", in: *Handbuch religionswissenschaftlicher Grundbegriffe*, Bd. 1, hg. v. Hubert Cancik / Burkhard Gladigow u. Matthias Laubscher, Stuttgart 1988, S. 217-262, hier S. 241. Zur heutigen Profildiskussion des Faches stellvertretend: Michael Stausberg, „Religionswissenschaft. Profil eines Universitätsfachs im deutschsprachigen Raum", in: ders. (Hg.), *Religionswissenschaft*, Berlin/Boston 2012, S. 1-30, hier S. 1-3; *Einheit und Differenz in der Religionswissenschaft. Standortbestimmungen mit Hilfe eines Mehr-Ebenen-Modells von Religion*, hg. v. Ansgar Jödicke u. Karsten Lehmann, Fribourg 2016.

2 Gustav Mensching, *Geschichte der Religionswissenschaft*, Bonn 1948; Hans G. Kippenberg, *Die Entdeckung der Religionsgeschichte. Religionswissenschaft und Moderne*, München 1997; Burkhardt Gladigow, „Religionsgeschichte des Gegenstandes – Gegenstände der Religionsgeschichte", in: *Religionswissen-schaft. Eine Einführung*, hg. v. Hartmut Zinser, Berlin 1988, S. 6-37; ders., „Religionswissenschaft. Historisches, Systematisches und Aktuelles zum Stand der Disziplin", in: *Berliner Theologische Zeitschrift* 13/1996, S. 200-213;-*Religion in the Making. The Emergence of the Sciences of Religion*, hg. v. Arie L. Molendijk u. Peter Pels, Leiden 1998; Volkhard Krech, *Wissenschaft und Religion. Studien zur Geschichte der Religionsforschung in Deutschland 1871-1933*, Tübingen 2002; Kocku von Stuckrad, *The Scienti-*

Religionsdefinition, in der zentrale Eigenschaften des zu erforschenden Gegenstands so bestimmt werden, daß zwischen Religion und anderen Phänomenen unterschieden werden kann. Es reicht nun nicht mehr, wie am Ende der Revolutionsperiode, Religion als Verhimmelung menschlicher Wünsche, als ideologischen Überbau sozioökonomischer Strukturen oder als Sakralisierung von Dingen, die dem Einzelnen heilig sein sollen, zu entlarven, wie dies Feuerbach, Bauer, Marx und Stirner getan haben. Die Bedürfnisse und Sehnsüchte der Individuen und ihre Ökonomisierung sind in entfesselten Marktgesellschaften zu sehr Horizont der Selbst- und Welterfahrung geworden, als daß hier noch weitere Enthüllungen denkbar wären, die mehr als den Verweis auf das System der Bedürfnisse und die Ware-Geld-Beziehungen zu bieten hätten. Die klassische Religionssoziologie setzt sich denn auch entschieden von Marx ab. Für Émile Durkheim ist Religion weit mehr als bloßer Überbau, Reflex materieller Verhältnisse. Max Webers *Protestantische Ethik* strebt eine Alternativerklärung zur Genese des Kapitalismus an. Georg Simmel versteht seine Philosophie des Geldes als eine Ergänzung zu Marx, bei der die geistigen Wirkungen des Geldes eine herausragende Rolle spielen.

Für die Konstitution von Religion als eines Gegenstandes für sich konnte auf eine Unterscheidung zurückgegriffen werden, die bei der Profilierung der *Rationalreligion* als einer natürlichen Religion im 17. und 18. Jahrhundert eine wichtige Funktion erfüllt hatte: die Unterscheidung von Religiosität und Religion.[3] Religiosität galt als elementare natürliche Begabung des Menschen, als Fähigkeit zu einer Religion des Herzens und gesunden Menschenverstandes, die sich – wie im *Ersten Teil* der Religionssoziologie dargestellt – aus dem glaubenskriegerischen Konfessionalismus der Kirchenreligionen gerettet hatte. Die Unterscheidung von statuarischer, offizieller, äußerlicher Religion und einer Religiosität, die zuerst dem einzelnen Individuum zugerechnet wurde, konnte dann mit der Erfahrung des revolutionären Enthusiasmus weiter ausgedehnt werden. Religiosität galt für die, die sich als religiös verstanden, nun nicht mehr nur als Geheimnis des Herzens, sondern sollte das ganze bürgerliche Leben geistig durchfluten.[4] Volkhard Krech bemerkt: „Um 1900 ist die Unterscheidung zwischen Religion und Religiosität, bzw. zwischen objektiver und subjektiver Religion, zum religionsphilosophischen Allgemeingut geworden."[5] Man konnte sich dann auch daran erinnern, daß das Aufbrechen dieser Differenz ein Europäern vertrauter Modus war, mit dem sich schon immer nicht nur Mystiker und evangelische Gemeinden kritisch gegen die statuarischen Seiten kirchlicher Traditionen gewandt haben, sondern mit dem auch

---

fication of Religion. An Historical Study of Discursive Change, 1800-2000, Boston/Berlin 2014.

3 Vgl. dazu die Beiträge in *Religionskritik und Religiosität in der deutschen Aufklärung* (= Wolfenbütteler Studien zur Aufklärung, Bd. 11), hg. v. Karl Heinrich Rengstorf u. Karlfried Gründer, Heidelberg 1989; Krech 2002, S. 9-38.

4 Siehe dazu auch Lucian Hölscher, „Bürgerliche Religiosität im protestantischen Deutschland des 19. Jahrhunderts", in: *Religion und Gesellschaft im 19. Jahrhundert*, hg. v. Wolfgang Schieder, Stuttgart 1993, S. 191-215.

5 Krech 2002, S. 18.

wirkungsvolle Festigungen des kirchlichen Lebens bei denen erfolgt waren, die nicht nur religiös, sondern kirchentreu sein wollten.

Für die entstehenden Religionswissenschaften war die Unterscheidung von Religiosität und Religion ein effektives methodisches Instrument, den Umfang ihres Gegenstandes hinreichend streng und hinreichend elastisch zu bestimmen. Der funktionalen Differenzierung von gesellschaftlichen Teilbereichen – bekanntlich eines der zentralen Resultate der Entfesselung von Marktwirtschaft – angemessen, war Religion als Differenzierungsbegriff gegenüber Nicht-Religiösem zu verwenden. Der ebenfalls marktwirtschaftlich bedingten Ausweitung weltanschaulicher Angebote auf dem Glaubensmarkt entsprechend, war Religiosität ein Differenzbegriff zu oberflächlichen und schwachen Bindungen von Individuen oder ihrer Freiheit und Indifferenz gegenüber dem Thema Religion.[6]

Für die Gegenstandsbestimmung der Religionswissenschaften war die Unterscheidung von Religion und Religiosität allerdings zunächst nur eine erste formale Ebene. Angesichts der Unsicherheit, welche Bedeutung der Religion in der Moderne zukommt, galt es, Strategien zu entwickeln, den Kernbereich des Gegenstands Religion auch inhaltlich genauer zu bestimmen. Dies erfolgte je nach den disziplinären Heimaten der Wissenschaftler auf verschiedenen Wegen. Aber es lassen sich fünf thematische teilweise miteinander verflochtene Suchbewegungen aufzeigen, denen wir im Folgenden kursorisch nachgehen werden.

Zum einen richtete sich das Interesse auf Extremformen religiösen Lebens. Hier ist an erster Stelle die klassische Studie des Psychologen William James *Die Vielfalt religiöser Erfahrung* zu nennen, in der die intensive den Einzelnen überwältigende Begegnung mit etwas Göttlichem im Zentrum steht. Die zweite Forschungsstrategie richtete sich auf Fragen nach dem Ursprung der Religion. Hier gerieten die frühesten Artikulationen religiösen Bewußtseins ins Blickfeld, wie man sie in den Berichten der Ethnographen zu finden glaubte. In einer dritten Forschungsstrategie konzentrierte man sich auf religionsgeschichtliche Zeugnisse früher Hochkulturen. Aus der Verbindung von Religionsethnologie, Mythenforschung und Psychopathologie erwuchsen als vierte Forschungsstrategie die psychoanalytischen Religionslehren von Sigmund Freud und Carl Gustav Jung. Mit einer fünften Forschungsstrategie wurde der Versuch unternommen, Religionswissenschaft als eine eigene Disziplin der Religionsphänomenologie zu begründen, für die der Name Rudolf Otto steht.

Sowohl die Orientierung an extremen religiösen Phänomenen wie auch die Suche nach dem Ursprung in menschlicher Frühzeit oder in alten Hochkulturen dienten nicht nur der Klärung der Konstitutionsfrage, was Gegenstand der Religionswissenschaften sein sollte. Als von der Normalität der Gegenwart räumlich und zeitlich entfernte Gebiete halfen sie auch mit, eine wissenschaftliche Distanz zur Religion zu sichern. Eine solche Distanzierung konnte auch erreicht werden, wenn man wie James die persönliche Religion besonders begnadeter Virtuosen zum Ausgangspunkt wählte oder wie Rudolf Otto das der Rationalität der modernen

6 Zu Differenzierung und Diversifizierung im Feld der Religionen vgl. Krech 2002, S. 161ff.

Marktgesellschaft widerstreitende Irrationale fokussierte, das er im Gefühl des Heiligen und seinem innersten Moment des Numinosen zu erkennen glaubte. Die Transzendenz und das Heilige sind als zwei religionswissenschaftliche Konzepte bis heute in regem Gebrauch.

AM MASSSTAB EXTREMER RELIGIOSITÄT. An amerikanischen Universitäten um 1900 konkurrierten zwei Ansätze in der Religionspsychologie. Entweder man machte sich auf den Weg, die Zahl der Bekenner verschiedener Religionen statistisch zu erfassen, oder man bemühte sich, mit naturalistischen Modellen psychophysische Erklärungen für Religiosität zu entwickeln.[7] Gegen diese szientifischen und naturalistischen Grundannahmen der Religionspsychologie hat der Psychologe und Philosoph William James seine Religionspsychologie an Extremtypen religiösen Verhaltens entwickelt.[8] Dabei ging es ihm aber nicht um die pathologische Kennzeichnung des Anormalen, sondern, Gedanken des französischen Theologen Auguste Sabatiers aufgreifend, um die Erforschung von Phänomenen religiöser Erfahrung.[9]

Entschieden wandte er sich gegen den medizinischen Materialismus. Diese Denkweise „schließt mit dem heiligen Paulus ab, indem sie seine Vision auf der Straße nach Damaskus eine Entladung aufgrund einer Läsion des Sehzentrums nennt: Paulus sei ein Epileptiker gewesen. Er erledigt die heilige Theresa als Hysterikerin, den heiligen Franz von Assisi als erbgeschädigt. (...) Er behauptet, jede Art geistiger Überspanntheit ist letztlich nur eine Sache der Diathese, der Veranlagung (wahrscheinlich eine Form der Autointoxikation), verursacht durch die Dysfunktion, die die physiologische Medizin noch entdecken wird."[10]

7 Quantifizierend verfuhren die Psychologen der Clark University Stanley Hall und Edwin Starbuck. James Henry Leuba versuchte, für Konversionserlebnisse psycho-physische Erklärungen zu suchen. Vgl. David M. Wulff, *Psychology of Religion. Classic and Contemporary Views*, New York: John Wiley and Sons, 1991, S. 9f. u. 43ff.; Edwin Starbuck, *The Psychology of Religion: An Empirical Study of the Growth of Religious Conciousness* [1901], deutsche Übersetzung: *Religionspsychologie*, Leipzig 1909; zum Theorie-Spektrum heute vgl. *The Psychology of Religion*, hg. v. Bernhard Spilka u. Daniel N. McIntosh, Boulder 1997.

8 William James, *Die Vielfalt religiöser Erfahrung. Eine Studie über die menschliche Natur* [1901/2], übersetzt von Eilert Herms u. Christian Stahlhut mit einem Vorw. v. Peter Sloterdijk, Frankfurt a.M. 1997. Zur Religionsphilosophie siehe Allan Kappy-Suckiel, *Heaven's Champion. William James' Philosophy of Religion*, Notre Dame 1996; Christoph Seibert, *Religion im Denken von William James. Eine Interpretation seiner Philosophie*, Tübingen 2009; Hans Joas, *Die Entstehung der Werte*, Frankfurt a.M. 1999, S. 58ff.; Peter Sloterdijk, „Chancen im Ungeheuren. Notiz zum Gestaltwandel des Religiösen in der modernen Welt im Anschluß an einige Motive bei William James", Vorwort zu James 1997, S. 11-34. Zu James im Kontext des amerikanischen Hegelianismus: Andreas Hetzel, „‚On some Hegelisms'. William James als Erbe und Kritiker Hegels", in: *Hegel-Jahrbuch* 2015, S. 267-273. Zu James' Leben vgl. George Cotkin, *William James. Public Philosopher*, Urbana 1994.

9 Auguste Sabatier, *Esquisse d'une philosophie de la religion d'après la psychologie et l'histoire*, Paris: Librairie Fischbacher, 1897.

10 James 1997, S. 46f.

Dagegen nimmt James die Selbstzeugnisse von Religionsstiftern, Heiligen, Sektengründern und Bekehrten aus verschiedenen Epochen und Weltteilen als Quellenmaterial. Denn religiöse Erfahrung „können wir nur bei Individuen finden, für die Religion weniger eine dumpfe Gewohnheit ist als vielmehr einem heftigen Fieber gleicht." Diese religiösen ‚Genies' führten oft „ein Leben voll innerer Zerrissenheit und litten in bestimmten Lebensphasen unter Melancholie. Sie kannten kein Maß, neigten zu Obsessionen und fixen Ideen; häufig fielen sie in Trance, hörten Stimmen, hatten Visionen und zeigten alle möglichen Eigenheiten, die man normalerweise als pathologisch klassifiziert. Im Verlauf ihres Lebens haben ihnen nicht selten gerade diese pathologischen Züge zu ihrer besonderen religiösen Autorität und ihrem Einfluß verholfen."[11]

James' Abwehr des Szientismus und die Entfaltung seiner religionspsychologischen Methode war – wie Hans Joas gezeigt hat – Folge der Auseinandersetzung mit dem naturwissenschaftlichen Determinismus. Diese hatte James in eine persönliche Krise geführt, die dann allein den Glauben an die Möglichkeit von Willensentscheidungen als Ausweg ließ.[12] In *The Will to Believe* reflektiert James die Möglichkeit einer Glaubensbereitschaft, die sich als eine Art Neigung dort erhält, wo es keine zwingenden Gründe, etwas zu glauben, gibt.[13] Das wissenschaftliche Gebot der Irrtumsvermeidung wird von James dabei entschieden verteidigt; „Will to Believe" meint kein *credo quia absurdum*. Aber die Neigung, etwas zu glauben, soll daneben dort ein Recht erhalten, wo wir kognitiv im Ungewissen, aber emotional sicher sind, wie Hans Joas erläutert: „An die Wahrheit zu glauben und den Irrtum zu meiden – das sind für James nicht zwei verschiedene Formulierungen ein und desselben Gebots, sondern zwei verschiedene Gebote, über deren Priorität zu richten sei. Es ist nicht selbstverständlich, daß wir der Irrtumsmeidung den Vorzug zu geben haben, wenn uns dies in unserem Zugang zur Wahrheit beschränkt oder uns gar von der Beantwortung von Fragen abhält. Dann würde uns eine Präferenz für die zweite Maxime verarmen. Eine Präferenz für die erste Maxime dagegen macht uns dann bereit, Antworten dort zu versuchen, wo uns (noch) keine sichere Bestätigung möglich scheint."[14]

Die vorreflexive Glaubensneigung ist eine Quelle für den Vertrauensvorschuß, der, wie im Geschehen des Verliebens, der noch unbekannten Realität erfüllter Liebe vorausgeht. Oder in der Sprache der Marktwirtschaft gesagt: Ohne Investitionsbereitschaft laufen Marktteilnehmer Gefahr, Gewinnchancen zu verpassen. Wo Ungewißheit besteht, ob das Glas halb leer oder halb voll ist, führt der „Will to Believe" zu einer Praxis, bei der der optimistischen Variante der Vorzug gegeben wird. James schreibt: „Es gibt demnach Fälle, wo eine Tatsache überhaupt nicht eintreten kann,

11 Ebd., S. 42.

12 Joas 1999, S. 61ff.

13 William James, „Der Wille zum Glauben" [1898], in: Ders., *Essays über Glaube und Ethik*, ausgewählt v. Ralph Barton Perry u. ins Deutsche übertragen v. Wilhelm Flöttmann, Gütersloh 1948, S. 40-67.

14 Joas 1999, S. 70.

wenn nicht vorher ein Glaube an ihr Eintreten da ist. *Und wo Glauben an eine Tatsache helfen kann, sie zu schaffen*, würde es eine wahnwitzige Logik sein, die sagte, daß ein Glaube, der dem wissenschaftlichen Beweis vorauseilt, ‚die niedrigste Art der Unmoral' sei, der ein denkendes Wesen verfallen könnte. Und doch ist dies die Logik, nach der die Absolutisten unserer exakten Wissenschaft unser Leben zu regeln sich anmaßen!" Und: „In Wahrheiten, bei denen es auf unser persönliches Handeln ankommt, ist demnach der auf einen Wunsch gegründete Glaube bestimmt etwas Berechtigtes und womöglich etwas Unentbehrliches."[15]

James' Religionspsychologie setzt sich nicht nur vom *wissenschaftsreligiösen* Absolutismus ab, sondern auch vom Pessimismus. Dieser ist für James eine „religiöse Krankheit".[16] Sie resultiert aus dem „Bankrott der natürlichen Religion", denn dieser Optimismus fände keinen kosmologischen Rückhalt mehr.[17] „Die sichtbare Natur ist völlig plastisch und indifferent, eine moralische Vielfalt, ein moralisches Multiversum, wie man es nennen könnte, und nicht ein moralisches Universum. Einer solchen Dirne sind wir keine Treue schuldig; mit dieser sichtbaren Natur als Ganzem können wir keine moralische Gemeinschaft aufrichten".[18] Diese Einsicht empfiehlt James dem Pessimisten als ersten Schritt zur Heilung, denn „in diesem Stadium des bloßen Sichfreimachens von monistischem Aberglauben kann der Selbstmordkandidat bereits ermutigende Antworten auf seine Frage nach dem Wert des Lebens finden."[19] Hinzu treten können dann auch Instinkte der Lebensneugier, der Kampfeslust und ein natürliches Ehrgefühl, arationale Impulse, von denen James sagt, „niemand sollte wegwerfend von diesen Instinkten zu sprechen wagen, die unserer Natur beste Mitgift sind, und an die die Religion selbst letztlich ihren eigenen besonderen Ruf ergehen lassen muß."[20]

Die gläubige Annahme der Möglichkeit eines solchen Rufes wirkt dann verstärkend nach dem Mechanismus der *self fulfilling prophecy*.[21] „Wenn Sie sich der pessimistischen Betrachtungsweise des Lebens überlassen und das Werk des Bösen mit Ihrem eigenen Selbstmorde krönen, haben Sie wirklich ein völlig schwarzes Bild geschaffen. Der durch Ihre Tat vollendete Pessimismus ist außer Zweifel wahr, soweit Ihre Welt reicht."[22] Wenn dagegen „trotz noch so dichter Häufung der Übel auf Ihr Haupt" die Betrachtungsweise geändert werde, dann „zeige sich Ihre unbesiegbare subjektive Kraft als diesen Übeln gewachsen, ja, Sie fänden eine wunderbarere Freude im stetigen Vertrauen auf das größere Ganze, als Sie je ein passives Vergnügen gewähren könnte."[23] Der Verdacht liegt nahe, daß es hier um autosuggestive Selbsttäuschung geht, wie dies im „positiven Denken" von Mary Baker

15 Beide James 1948b, S. 61.
16 William James, „Ist das Leben lebenswert" [1895], in: Ders. 1948, S. 13-39, hier S. 18.
17 Ebd., S. 21.
18 Ebd., S. 22.
19 Ebd., S. 24.
20 Ebd., S. 28.
21 Vgl. das oft zitierte Beispiel des in Not geratenen Bergsteigers, ebd., S. 36.
22 Ebd., S. 36.
23 Ebd., S. 37.

Eddy, der Gründerin der Kirche *Christian Science*, angelegt ist. Gegen die voluntaristischen Interpretationen von James, wie sie später in der faschistischen James-Rezeption verbreitet waren, hat Hans Joas herausgearbeitet, daß es bei James zuerst um die Frage der „reflexiven Bejahung vorreflexiver Glaubensbereitschaft“ geht.[24]

Von diesen Voraussetzungen ausgehend, zentriert James seine Religionspsychologie um den Begriff der religiösen Erfahrung.[25] Bei oberflächlicher Betrachtung könnte man hier eine Wiederaufnahme *rationalreligiöser* Individualisierung sehen, eine Form der Subjektivierung von Religion, wie sie sich als Geheimnis des Herzens aus den Bekenntniszwängen der Glaubenskriege gerettet hat. Und in seinen ersten Unterscheidungen trennt James auch zwischen „institutioneller“ und „persönlicher Religion“. Für diese gilt: „Die Beziehung zwischen dem Menschen und seinem Schöpfer verläuft direkt von Herz zu Herz, von Seele zu Seele.“[26] Im Unterschied zur *Rationalreligion* hat religiöse Erfahrung bei James jedoch nicht den Charakter einer natürlichen Religion, die allen Menschen eigen ist und im noachidischen Geiste ihre Brüderlichkeit konstituiert.[27] Religiöse Erfahrung bei James ist vielmehr eine intensive Extremform, die zwar in vielfältigen Variationen anzutreffen ist, aber eben nicht grundsätzlich bei jedermann.

Religion bedeutet für James: „die *Gefühle, Handlungen und Erwartungen von einzelnen Menschen in ihrer Abgeschiedenheit, die von sich selbst glauben, daß sie in Beziehung zum Göttlichen stehen.*“[28] Der Verweis auf das Gefühl hat zu Diskussionen geführt, inwieweit James' Religionsauffassung mit der Schleiermachers harmoniere.[29] Die inhaltlichen Differenzen sind freilich bei genauerer Betrachtung größer als die Verbindungen. Schleiermachers Neubestimmung der Religion in der Revolutionsperiode, die wir im *Ersten Band* der Religionssoziologie vorgestellt haben, atmete den Geist des Enthusiasmus, der die Vielen ergreifen sollte.[30] Bei Schleiermacher heißt es: „Wer es weiß, wie Religion wirkt, der findet es natürlich, daß sie alle reden; sie würden fürchten, daß die Steine es ihnen zuvor täten.“[31] James konzentriert dagegen seine Analyse auf die einzelnen „religiösen Genies“, denn „alle *Gründer* einer Kirche (...) verdanken ihre Kraft ursprünglich der direkten und persönlichen Gemeinschaft mit dem Göttlichen. Nicht nur die übermenschlichen Gründer wie Christus, Buddha oder Mohammed, sondern alle Ur-

24 Joas 1999, S. 69. Mussolini hatte sich Mitte der 1920er Jahre in einem Interview nicht nur auf Nietzsche und Sorel, sondern auch auf James bezogen. Vgl. John Patrick Diggins, *Mussolini and Fascism. The View from America*, Princeton 1972, S. 56 u. S. 221f.

25 Zur Reichweite und Diskussion dieses Begriffs vgl. *Religiöse Erfahrung. Ein interdisziplinärer Klärungsversuch*, hg. v. Frido Ricken, Stuttgart 2004.

26 James 1948b, S. 62.

27 Im *Ersten Band* S. 156ff. und 168ff.

28 James 1948b, S. 63f.

29 Vgl. dazu den Hinweis von Dilthey in: Wilhelm Dilthey, „Das Problem der Religion“ [1911], in: Ders., *Gesammelte Schriften*, Bd. 6, Leipzig/Berlin 1924, S. 288-305, bes. S. 293 u. 300.

30 Im *Ersten Band* S. 432ff.

31 Schleiermacher 2002, S. 144.

heber christlicher Sekten sind in dieser Situation gewesen – daher sollte die persönliche Religion immer noch als das Ursprüngliche angesehen werden, selbst von denen, die dabei bleiben, sie für unvollständig zu halten."[32]

Mit der Konzentration auf die Extremformen als maßgebend für die Gegenstandskonstitution der Religionswissenschaft hat der Forscher die Chance auf eine objektivierende Distanz zum Gegenstand. Er kann zwischen dem „Wissen über eine Sache und der Sache selbst" unterscheiden: „Eine Wissenschaft könnte alles über die Ursachen und Elemente von Religion in Erfahrung bringen und dürfte sogar eine Entscheidung darüber treffen, welche Elemente dank ihrer grundsätzlichen Übereinstimmung mit anderen Wissenszweigen qualifiziert wären, als wahr betrachtet zu werden; und doch könnte der beste Mann dieser Wissenschaft gerade der sein, der mit dem persönlichen Frommsein die meisten Schwierigkeiten hat."[33] Von daher könne „die Religionswissenschaft kein gleichwertiger Ersatz für die lebendige Religion sein."[34]

Religion, wie James sie definiert, bewegt sich ganz in den Begriffen von tätiger Personalität.[35] Anders verfahre die Wissenschaft, die „die persönliche Betrachtungsweise vollkommen verworfen" habe.[36] Mit Verweis auf Darwin bemerkt James: „In der Natur läßt sich keine letzte Zielsetzung ausmachen, mit der man Sympathie empfinden könnte."[37] Die physikotheologischen Schriften *rationalreligiöser* Autoren erschienen heute „ziemlich grotesk, weil sie sich einen Gott vorstellten, der die größten Dinge in der Natur auf unsere kümmerlichsten Privatbedürfnisse abstimmte. Der einzige Gott, den die Wissenschaft anerkennt, ist ein Gott universaler Gesetze, ein Gott, der einen Welthandel, keinen Krämerladen betreibt."[38] Darin klingt an, daß auch Wissenschaft als Religion betrieben werden kann. Die Religionspsychologie kann sich als Psychologie auf eine *Wissenschaftsre-*

32 James 1997, S. 63.

33 Ebd., S. 476.

34 Ebd.

35 James' Gegenstandsdefinition von Religion beinhaltet folgende Überzeugungen: „1. daß die sichtbare Welt Teil eines mehr geistigen Universums ist, aus dem sie ihre eigentliche Bedeutung gewinnt; 2. daß die Vereinigung mit diesem höheren Universum, bzw. eine harmonische Beziehung zu diesem, unsere wahre Bestimmung ist; 3. daß das Gebet, bzw. die innere Gemeinschaft mit dem Geist dieses Universums – mag dieser Geist „Gott" oder „Gesetz" sein – ein Prozeß ist, in dem etwas Wirkliches geschieht, durch den spirituelle Energie in die Erscheinungswelt einfließt und dort psychologische oder materielle Wirkungen hervorbringt." Als weitere „psychologische Kennzeichen" nennt James: „4. ein neuer Geschmack am Leben, der diesem wie ein Geschenk beigegeben wird und entweder in Form lyrischer Verzauberung auftritt oder in Gestalt eines Aufrufs zu Ernsthaftigkeit und Heroismus; 5. ein Gefühl von Geborgenheit und eine friedliche Grundstimmung sowie überwiegend liebevolle Empfindungen gegenüber den Mitmenschen." Ebd., S. 473f.

36 Ebd., S. 478.

37 Ebd., S. 479.

38 Ebd., S. 479.

ligion beziehen, aber als Religionswissenschaft hat sie Religion als persönliche Religion zum Gegenstand.[39]

Religiöse Erfahrung, metaphysisches Bewusstsein, Transzendenz. James' Religionspsychologie wurde in Deutschland insbesondere von dem Psychologen und evangelischen Theologen Georg Wobbermin propagiert.[40] Ihn interessierte besonders, daß James die Inhalte und Eigenarten religiöser Erfahrung nicht als bloße Projektionen charakterisierte, sondern ernst zu nehmen wußte.[41] Darüber hinaus arbeitete er daran, psychologische Erkenntnisse für die theologische Arbeit nutzbar zu machen. Zusammen mit Gustav Vorbrot gab er die *Zeitschrift für Religionspsychologie. Grenzfragen der Theologie und Medizin* heraus, in der 1907 Sigmund Freuds Studie *Zwangshandlungen und Religionsausübung* erschienen ist. Die Auseinandersetzungen innerhalb der evangelischen Theologie um 1900 betrafen die ungeklärten Fragen nach dem Verhältnis von Religion, Theologie und Metaphysik.

Der 1898 gestorbene Theologe Albrecht Ritschl hatte darauf beharrt, Religion und Metaphysik strikt zu trennen, da er in metaphysischen Spekulationen eine Gefahr für die Religion sah.[42] Auch ist es ihm wichtig gewesen, die „religiöse Weltanschauung" von anderen Weltanschauungen, die auf dem Glaubensmarkt um Anhänger warben, deutlich abzusetzen. Wobbermin trat in seiner Schrift *Theologie und Metaphysik* für eine Korrektur der Position Ritschls ein.[43] Theologie als wissenschaftliche Bearbeitung und zugleich die Religion zu vertreten, dies brauche Metaphysik, dagegen sei Religion auch ohne Metaphysik möglich. Dabei ging Wobbermin davon aus, daß es zwei Möglichkeiten gäbe, Metaphysik genauer zu bestimmen: „Entweder man hat unter Metaphysik jede Gesamtweltanschauung zu verstehen, die bewußt oder unbewußt über die empirische Wirklichkeit hinausstrebt, die in ihrem tiefsten Innern durch eine solche Tendenz über die empirische Wirklichkeit hinaus bestimmt wird. Oder man muß unter jenem Begriff jede irgendwie philosophische, d.h. also mit den Mitteln menschlicher Verstandesbildung erfolgende Vertretung, jede theoretisch-intellektuelle Durchführung und Ausgestaltung einer solchen Weltanschauung verstehen."[44] In beiden Varianten von Metaphysik – die

39 Zum publizistischen Erfolg von James siehe: Matthew S. Hedstrom, „The Commodification of William James. The Book Business and the Rise of Liberal Spirituality in the Twentieth-Century United States", in: *Religion and the Marketplace in the United States*, hg. v. Jan Stievermann / Philip Goff u. Detlef Junker, Oxford 2015, S. 125-144.

40 Zu Wobbermin vgl. Matthias Wolfes, *Protestantische Theologie und moderne Welt. Studien zur Geschichte der liberalen Theologie nach 1918*, Berlin/New York 1999, S. 251ff.

41 Eine durchgehende Auseinandersetzung mit James findet sich bei Georg Wobbermin, *Systematische Theologie nach religionspsychologischer Methode*, 3 Bde., Leipzig 1913-1925.

42 Albrecht Ritschl, *Die Christliche Lehre von der Rechtfertigung und Versöhnung*, 3 Bde., Bonn 1870-1895; ders., *Theologie und Metaphysik. Zur Verständigung und Abwehr*, Bonn 1881; zur Diskussion um Ritschls Erkenntnistheorie siehe Krech 2002, S. 91ff.

43 Georg Wobbermin, *Theologie und Metaphysik*, Berlin 1901.

44 Georg Wobbermin, „Psychologie und Erkenntniskritik der religiösen Erfahrung", in: *Weltanschauung. Philosophie und Religion in Darstellungen von Wilhelm Dilthey, Bernhard Groe-*

zweite ist verständlicherweise der Theologie näher – sah Wobbermin die *„innere Tendenz des metaphysischen Denkens,* oder noch besser des *metaphysischen Bewußtseins,* der Menschheit. Das metaphysische Bewußtsein selbst ist der eigentliche Urquell aller Verwandtschaftsbeziehungen zwischen Metaphysik und Religion. Das metaphysische Bewußtsein aber ist, wenn wir wieder von allen Einzelfragen und Näherbestimmungen absehen, dasjenige, das über die empirische Welt hinausstrebt, weil es in ihr nicht die letzte absolute Wirklichkeit und Wahrheit sieht, sondern solche absolute Wirklichkeit und Wahrheit *jenseits* der empirischen Welt, sei es vorausgesetzt, sei es ahnend zu erraten, sei es denkend zu erfassen, meint."[45]

Religion darf aber nicht mit Metaphysik identifiziert werden. Auf der Suche nach einem Begriff, der sich zur Religion so verhält wie das metaphysische Bewußtsein zur Metaphysik, nimmt Wobbermin den Jamesschen Zentralbegriff der religiösen Erfahrung auf. „Wie hinter aller Metaphysik das metaphysische Bewußtsein, so steht hinter aller Religion die religiöse Erfahrung."[46] Wobbermin konzediert: „Nicht als ob überall, und jedesmal, wo wir irgendeine Betätigung institutioneller oder statuarischer Religion sehen, in dem bestimmten Einzelfall eine bestimmte religiöse Eigenerfahrung zugrunde liegen müßte, aber letzten Endes baut sich allerdings auch die am meisten institutionelle sowie die ganz und gar statuarische Religion auf religiöser Erfahrung auf. Denn alle Religion verweist schließlich auf religiöse Erfahrung als auf die entscheidende und Ausschlag gebende Instanz des religiösen Lebens; auf religiöse Erfahrung – wenn auch meist in objektivierter Form, nämlich in der Form der Offenbarung, die doch nur der religiösen Erfahrung zugänglich ist."[47]

Die Trennung von metaphysischem Bewußtsein und religiöser Erfahrung ermöglicht Wobbermin, die Arbeitsgebiete von Theologie und Philosophie so zu sortieren, daß Hoheitsgebiete gesichert sind und Austauschprozesse in geordneten Bahnen verlaufen. „Die metaphysische Weltanschauung *sucht* die Wahrheit; und wo sie sich der Grenzen menschlichen Denkens bewußt wird, sucht sie nur teilweise Wahrheit und Annäherung an die Wahrheit. Die Religion aber lebt – ihrer Überzeugung nach – in der Wahrheit und aus der Wahrheit heraus. Religiöse Erfahrung will, soweit ihr eigentlich religiöser Charakter reicht, Erfahrung *der* Wahrheit sein."[48]

James hatte als Gemeinsamkeit in allen Typen religiöser Erfahrung das Gefühl oder Bewußtsein einer „Gegenwart des Göttlichen" gesehen. Wobbermin korrigiert diese Formulierung. Zwar treffe das Gefühl der Gegenwart durchaus das Hauptmo-

---

thuysen, Georg Misch, Karl Joël, Eduard Spranger, Julius von Wiesner, Hans Driesch, Erich Adickes, Hermann Schwarz, Herman Graf Keyserling, Paul Natorp, Georg Simmel, Georg Wobbermin, Paul Deussen, Carl Güttler, Arthur Bonus, Bruno Wille, Ernst Troeltsch, Julius Kaftan, hg. v. Max Frischeisen-Köhler, Berlin 1911, S. 341-363, hier S. 345.

45 Ebd.

46 Ebd.

47 Ebd., S. 345f.

48 Ebd., S. 352.

ment in der religiösen Erfahrung, jedoch präferiert Wobbermin den „Begriff einer transzendenten Wirklichkeit“ oder einer „Sphäre transzendenter Realität“.[49] Diese intellektuelle Wendung wird Schule machen: Mit der Konstitution der Religionswissenschaften wird der, aus neuplatonischen Texten stammende, Begriff der Transzendenz zu einem der Leitbegriffe für das Religiöse schlechthin. Damit ist freilich kein gradueller Überstieg von niederen zu höheren ontologischen Schichten gemeint, sondern – wie es Kierkegaard verstand – eine Art Sprung in eine von der Immanenzphilosophie Hegels total verschiedene transzendente Sphäre. Dieser Transzendenzbegriff garantiert eine Gegenstandsdefinition der Religionswissenschaften, die der empirischen Psychologie einen breiten Raum für Untersuchungen läßt. Denn die Frage nach der Wahrheit des Inhalts religiöser Erfahrung verbleibt im Bereich der Bemühungen von Theologie und Metaphysik samt ihren Austauschprozessen, für die Wobbermin ein eigenes „transzendentalpsychologisches Verfahren“ entwickelt hat.[50]

‚Transzendenz‘ wird in der Folge zu einem der Termini, mit dem die geglaubte Wirklichkeit der Religionen und des Religiösen religionswissenschaftlich bezeichnet wird. Der Streit wird sich dann notorisch auf jene Schwelle fixieren, an der das alltägliche menschliche Vermögen, etwas zu transzendieren, wie es in Traum und Phantasie, in Tanz und sexueller Praxis erfolgt, den Übersprung in die große Transzendenz vollbringt. Diese Problematik begleitet die Religionssoziologie bis heute. So finden wir im Anschluß an die Sozialphänomenologie von Alfred Schütz bei Thomas Luckmann das Modell einer Skala von kleinen, mittleren und großen Transzendenzen.[51] Auf der anderen Seite operiert in der Systemtheorie von Niklas Luhmann das religiöse System mit der Leitdifferenz ‚immanent/transzendent‘. Dabei entsteht das paradoxe Kommunikationsproblem der „weltimmanenten Kommunikation über Transzendenz“.[52] Unter funktionalistischem Gesichtspunkt handelt es sich bei der Differenz ‚immanent/transzendent‘ um den Unterschied von Bestimmbarkeit und Unbestimmbarkeit, daher erfüllt in funktional differenzierten Gesellschaften die Religion „die Funktion, die unbestimmbare, weil nach außen (Umwelt) und nach innen (System) hin unabschließbare Welt in eine bestimmbare zu transformieren, in der System und Umwelt in Beziehungen stehen können, die auf beiden Seiten Beliebigkeit der Veränderung ausschließen.“[53]

---

49 Ebd., S. 347.

50 Ebd., S. 355.

51 Alfred Schütz, „Symbol, Wirklichkeit und Gesellschaft“, in: Ders., *Gesammelte Aufsätze*, Bd. 1: *Das Problem der sozialen Wirklichkeit*, Den Haag 1971, S. 237-411, S. 380ff.; Alfred Schütz u. Thomas Luckmann, *Die Strukturen der Lebenswelt*, 2 Bde., hier Bd. 2, Frankfurt a.M. 1984, S. 139-177; Thomas Luckmann, *Die unsichtbare Religion*, Frankfurt a.M. 1991, S. 80-86.

52 Niklas Luhmann, „Die Ausdifferenzierung der Religion“, in: Ders., *Gesellschaft, Struktur und Semantik. Studien zur Wissenssoziologie III*, Frankfurt a.M. 1989, S. 259-358, hier S. 337.

53 Niklas Luhmann, *Die Funktion der Religion*, Frankfurt a.M. 1977, S. 26.

DIE SUCHE NACH DEM URSPRUNG DER RELIGION. Auguste Comte hatte als frühestes Stadium der Entwicklung des menschlichen Geistes den Fetischismus angenommen und sich dabei auf Charles de Brosses' „Cults des Dieux Fétiches" (1760) bezogen.[54] In der ersten Stufe der Geistesentwicklung der Menschheit bedeutete Fetischismus, „daß allen äußeren Körpern ein den unserem wesentlich analoges Leben zugeschrieben wird, das jedoch, entsprechend ihrer gewöhnlich mächtigeren Wirkung, fast stets von größerer Kraft ist."[55] Dem folgt, mit der Betrachtung des Sternenhimmels, die Stufe des Polytheismus; das „theologische oder fiktive Stadium" findet dann seinen Abschluß im Monotheismus. Andere Evolutionisten, wie Herbert Spencer, glaubten im Ahnenkult den Ursprung der Religion gefunden zu haben.

Nachdem der schottische Jurist John Ferguson McLennan den Totemismus in die Diskussion eingeführt hatte, d.h. die dauerhafte Beziehung einer Menschengruppe zu einem Totemtier, von dem sie abzustammen glaubten, sahen viele hierin den Ursprung der Religion.[56] Robert H. Codrington ließ sich von den Melanesiern belehren, daß *mana*, die Kraft, die die normalen Fähigkeiten des Menschen oder die gewohnten Abläufe der Natur überschreitet, am Anfang der Religion steht.[57] Der Schriftsteller Andrew Lang glaubte, bei den Wilden einen Urglauben an ein höchstes Wesen finden zu können.[58] James George Frazer hingegen nahm an, daß Zauberei und magische Handlungen am Ursprung der Religion liegen.[59]

Für alle diese Thesen fand man bei einzelnen ‚Naturvölkern' – wie sie genannt wurden – durchaus Belege. Versuche, über den Ursprung zu einem kohärenten Religionsbegriff zu kommen, scheiterten letztlich. Die Befunde, die sich durch die wachsende Zahl von Reiseberichten ethnographischer Art nach 1850 rasch vermehrten, waren zu heterogen – eine Tendenz, die das positivistische Ideal exakter Tatsachenbeschreibung noch verstärkte. Die entstehende wissenschaftliche Disziplin der Ethnologie hat diese Kontroversen um den Ursprung der Religion ebenso intensiv geführt wie die über den Ursprung des Staates, der Familie, der Kunst und der Technik.[60]

---

54 Francis Sidney Marvin, *Comte. The Founder of Sociology*, New York: Russel and Russel, 1965, S. 68.

55 Auguste Comte, *Rede über den Geist des Positivismus*, übersetzt, eingeleitet u. hg. v. Iring Fetscher, Hamburg 1994, S. 6.

56 John Ferguson McLennan, *Primitive Marriage. An Inquiry into the Origin of the Form of Capture in Marriage Ceremonies*, Edinburgh 1865.

57 Robert H. Codrington, *The Melaniesians*, Oxford 1891.

58 Andrew Lang, *The Making of Religion*, London/New York/Bombay 1898.

59 James George Frazers *The Golden Bough. A Study in Comparative Religion* erschien zunächst zweibändig 1890 und in der dritten Auflage 1911 bis 1915 zwölfbändig; vgl. auch Robert Fraser, *The Making of the Golden Bough. The Origins and Growth of an Argument*, New York: St. Martin's Pr., 1990. Für die soziologische Diskussion in Deutschland vgl. Alfred Vierkandt, „Das Heilige in den primitiven Religionen", in: *Dioskuren. Jahrbuch für Geisteswissenschaften* 1/1922, S. 285-324. Zu Frazer in der Diskussion um Magie in diesem Band, S. 1020ff.

60 Vgl. Eward E. Evans-Pritchard, *Theorien über primitive Religionen*, Frankfurt a.M. 1968; Karl-Heinz Kohl, *Abwehr und Verlangen. Zur Geschichte der Ethnologie*, Frankfurt a.M./New

Für die Religionswissenschaft prägend wurde die Lösung, die Edward B. Tylor vorschlug.[61] Er übernahm von Adolphe Quetelet das statistische Verfahren der Berechnung von Mittelwerten für die Konstruktion von Typen durchschnittlichen Verhaltens des „homme moyen". Dabei stellte er fest, daß der Glaube an Geister im Durchschnitt aller ‚primitiven' Völker gegeben sei, und er faßte dies unter den Begriff des Animismus. Dieser galt ihm als Frühform kognitiver Weltaneignung. „Believe in Spiritual Beings" lautete seine Minimaldefinition von Religion.[62]

Tylor hatte gegen die These, bei den einfachen Stammesgesellschaften, auf die Kolonialisten gestoßen waren und die nun unter die Herrschaft des Empire geraten waren, handle es sich um degenerierte Reste früherer Hochkulturen, geltend gemacht, daß es sich bei den Stammesgesellschaften um die Ursprungsform menschlicher Gesellschaft und damit auch die Ursprungsform von Religion handle. Denn für Tylor war der Animismus der Stammesgesellschaften weit mehr als nur der Ursprung der Religion. Die Beseelung der Welt, die im Animismus geschähe, bildet bei ihm ein universales Grundprinzip menschlichen Vermögens. Diese Beseelung stützt die Kräfte, die sich utilitaristischer Borniertheit der Marktgesellschaft entgegenstellen. In *Primitive Culture* schreibt er: „The divisions which have separated the great religions of the world into intolerant and hostile sects are for the most part superficial, in comparison with the deepest of all religious schisms, that which divides Animism from Materialism."[63] Robert Ranulph Marett erweiterte dann das Animismuskonzept um eine noch ursprünglichere religiöse Phase, den „Präanimismus". Die Deutung der Natur als eine beseelte sei zu intellektualistisch. Hinzugenommen werden müsse eine primordiale Erfahrung von Unsicherheit und Abhängigkeit des frühen Menschen in der Welt, verbunden mit Erfahrungen Ehrfurcht gebietender Macht.[64]

Die Animismustheorie konnte verschieden benutzt werden. Zum einen bot sie die Chance, die vielfältigen, eigensinnigen und für Europäer bisweilen bizarren Glaubensvorstellungen und kultischen Praktiken begrifflich zu homogenisieren. Dieser Animismus konnte dann zum Ursprung von Religion erklärt werden. Im Präanimismus konnte der moderne Mensch dazu auch noch seine Empfindungen

---

York 1987; Hans G. Kippenberg, „Rivalry among Scholars of Religions. The Crisis of Historicism and the Foundation of Paradigms in the History of Religion", in: *Historical Reflections/Réfléctions Historiques* 20(3)/1994, S. 377-402.

61 Vgl. Edward B. Tylor, *Primitive Culture: Researches into the Development of Mythology, Philosophy, Religion, Art and Custom*, 2 Bde., London: Murray, 1871; Hans G. Kippenberg, „Survivals: Conceiving of Religious History in an Age of Development", in: Molendijk u. Pels 1998, S. 297-312; Wilhelm E. Mühlmann, *Geschichte der Anthropologie*, Wiesbaden ^{3}1984, S. 106f. u. S. 205.

62 Tylor, 1871, Bd. 1, S. 383. Die verschiedenen Aspekte des Seelenbegriffs diskutiert im Kontext Tylors: Hermann Schmalenbach, „Die Entstehung des Seelenbegriffes", in: *Logos* 16/1927, S. 311-355.

63 Tylor, 1871, Bd. 1, S. 453.

64 Zu Robert Ranulph Marett vgl. Martin Riesebrodt, „Robert Ranulph Marett (1866-1943)", in: *Klassiker der Religionswissenschaft. Von Friedrich Schleiermacher bis Mircea Eliade*, hg. v. Axel Michaels, München 1997, S. 171-184.

wiederfinden. Zum anderen war der Weg offen, diesen Animismus als bloßes Vorgeschehen aus dem Kreis der eigentlichen Religionen auszuschließen, zu denen vorrangig die sog. Weltreligionen gehörten. Der Streit, ob das, was in pristinen Gesellschaften als Geisterglaube, Zauberei, Ahnenkult u.a.m. zu finden ist, mit zur Religion zu zählen ist oder nicht, wird insbesondere im 20. Jahrhundert als Problem des Verhältnisses von Magie und Religion weitergeführt werden.[65] Der Streit korrespondiert, wie später zu zeigen sein wird, mit der eigenartigen Rolle, die die Magie bei der Verarbeitung der neuen Zeiterfahrung artifizieller Lebenswelten im 20. Jahrhundert spielt. Der Animismus, den die Religionswissenschaften um 1900 marginalisiert hatten, um zu einem wissenschaftlichen Religionsbegriff zu kommen, der dem Religionsmarkt angemessen war, kehrt schon in den 1920er Jahren unter den Überschriften „Magie und Technik" wieder.[66]

RELIGIONSVERGLEICHE FRÜHER HOCHKULTUREN. Die wissenschaftliche Beschäftigung mit Religion in einer eigenständigen Religionswissenschaft, die zusammen mit der Erfahrung eines Religionsmarktes einsetzte, stand in einem akademischen Konkurrenzfeld mit einer ganzen Reihe von Disziplinen, die sich schon länger mit der Sache befaßten. Dazu gehören nicht nur die Theologie und die Philosophie oder die Psychologie und Ethnologie, sondern vor allem die Altertumswissenschaften, die sich mit den überlieferten Texten und Artefakten der frühen Hochkulturen des Mittelmeerraums, des vorderen Orients und Indiens befaßten.[67] Die antiquarische Leidenschaft von Forschern der klassischen Philologie, Assyriologie, Iranistik, Ägyptologie, Indologie und Islamwissenschaft und die Notwendigkeit, aus zufällig überlieferten Fragmenten die antiken Welten sinnvoll neu erstehen zu lassen, haben mit dazu beigetragen, vergleichende Perspektiven zu entwickeln.

Bewegte sich die Beschäftigung mit der griechischen und römischen Antike in Europa seit jeher im Spannungsfeld von Heidentum und Christentum, so werden Ende des 19. Jahrhunderts neue Perspektiven möglich. Bei Hermann Usener führt die vergleichende Perspektive, mit der er – durchaus in apologetischer Absicht – antike und mittelalterliche Mythen gleichsam protostrukturalistisch in Beziehung setzt, zu einer Anthropologisierung der vergleichenden Religionsgeschichte.[68] Useners Transformation des europäischen Humanismus in eine vergleichende Anthropologie, die die Symbolforschung von Ernst Cassirer und Aby Warburg maßgeblich geprägt hat, war nicht der einzige Beitrag der Altertumswissenschaften zur vergleichenden Religionswissenschaft.[69]

---

65 Vgl. dazu den Integrationsversuch von Martin Riesebrodt, *Cultus und Heilsversprechen. Eine Theorie der Religion*, München 2007, S. 117 u. 240.

66 In diesem Band S. 1014ff. und 1024ff.

67 Vgl. die Übersicht bei Krech 2002, S. 84ff.

68 Hermann Usener, *Götternamen. Versuch einer Lehre von der religiösen Begriffsbildung* [1896], Frankfurt a.M. ^{3}1948.

69 Zur Wirkung Useners vgl. Renate Schlesier, *Kulte, Mythen und Gelehrte. Anthropologie der Antike seit 1800*, Frankfurt a.M. 1994, S. 193-241. Auch Walter Burkerts berühmte For-

1881 erregte der Assyriologe Friedrich Delitzsch (1850-1922) mit seiner Schrift *Wo lag das Paradies?* öffentliches Aufsehen.[70] Darin vertrat er die Auffassung, daß das Paradies der hebräischen Bibel im historischen Babylonien zu lokalisieren sei. Als er in Anwesenheit Kaiser Wilhelms II. 1902 zum Thema *Babel und Bibel* sprach und erklärte: „Ist es da Wunder zu nehmen, wenn eine ganze Reihe biblischer Erzählungen jetzt auf einmal in reinerer und ursprünglicher Form aus der Nacht der babylonischen Schatzhügel ans Licht treten?" kam es zu einer so heftig geführten öffentlichen Kontroverse, daß schließlich der Kaiser selbst Stellung bezog, um den relativierenden Vergleich zu beenden.[71]

Der Sprachwissenschaftler und Indologe F. Max Müller sah in dem Bestreben, die Unendlichkeit der Naturerscheinungen sprachlich in Mythen zu fassen, den Ursprung der Religion.[72] Sein umfangreiches Werk *Chips from a German Workshop* (1867) gilt als „das erste große Manifest der vergleichenden Religionswissenschaft".[73] Im Unterschied zum Ethnologen Tylor war Müller Philologe. Er hatte in Berlin bei Franz Bopp studiert, der 1833-52 eine erste vergleichende Grammatik indoeuropäischer Sprachen publiziert hatte, und war über Paris nach Oxford gelangt. Mit Unterstützung der *East India Company* konnte er sich daran machen, den *Rigveda* und den Kommentar des *Sayana* zu übersetzen.

Die Entstehungsbedingungen der vergleichenden Religionswissenschaft in Oxford werden deutlicher, wenn man daran erinnert, daß dort auch der Dichter und Sozialkritiker Matthew Arnold lebte, der zeitweise mit Müller befreundet war.[74] Was Matthew Arnold, F. Max Müller und Tylor miteinander verband, war ihre kritische Haltung gegenüber dem schieren Erwerbsbürgertum Englands. Die ver-

---

schungen zur griechischen Religion folgen den Spuren Useners; Walter Burkert, *Homo Necans. Interpretationen altgriechischer Opferriten und Mythen*, Berlin 1972.

70 Friedrich Delitzsch, *Wo lag das Paradies? Eine biblisch-assyriologische Studie. Mit zahlreichen assyriologischen Beiträgen zur biblischen Länder- und Völkerkunde*, Leipzig 1881.

71 Friedrich Delitzsch, *Babel und Bibel. Ein Vortrag*, Leipzig 1902. Dieser erste Vortrag hatte bis 1905 fünf Auflagen, dem folgte ein zweiter Vortrag über *Babel und Bibel* 1903 mit vier Auflagen bis zum Jahre 1904 und schließlich *Babel und Bibel*, dritter Schlußvortrag, Stuttgart 1905. Vgl. dazu Klaus Johanning, *Der Bibel-Babel-Streit. Eine forschungsgeschichtliche Studie*, Frankfurt a.M. u.a. 1988; Reinhard G. Lehmann, *Friedrich Delitzsch und der Babel-Bibel-Streit*, Freiburg/Göttingen 1994.

72 Friedrich Max Müller, *Introduction to the Science of Religion*, London/Oxford 1873; dt. Übersetzung: *Einleitung in die vergleichende Religionswissenschaft*, Straßburg, ^{2}1876 (Nebst zwei Essays „Über falsche Analogien" und „Über Philosophie der Mythologie").

73 Nirad C. Chaudhuri, *Friedrich Max Müller. Ein außergewöhnliches Gelehrtenleben im 19. Jahrhundert*, Heidelberg 2008; Hans-Joachim Klimkeit, „Friedrich Max Müller (1823-1900)", in: Michaels 1997, S. 29-40 u. 362-364; Friedemann Schlender, *Traumflieger ohne Landeplatz*, Berlin 2000; Paul Berkenkopf, *Die Voraussetzung der Religionsphilosophie Friedrich Max Müllers*, Langensalza 1914; Elisabeth Knoll, „The Science of Language and the Evolution of Mind: Max Müller's Quarrel with Darwinism", in: *Journal of the History of the Behavioral Sciences*, 12(1)/1986, S. 3-22; Kohl 1988, S. 241.

74 Chaudhuri 2008, S. 194; Lionel Trilling, *Matthew Arnold* [1939], London: George Allen & Unwin, ^{4}1963.

gleichende Religionswissenschaft in England erhielt durch Oxford eine starke antikapitalistische Prägung. Dem Puritanismus der englischen Mittelklasse wurde der geistige Reichtum und Adel der Religionen der Welt entgegengehalten. Müllers Vorlesungen zur vergleichenden Religionsgeschichte in überfüllten Hörsälen erreichten eine große Popularität.

Für Müller wurde der Sprachvergleich zum Schlüssel seiner religionsvergleichenden Methode. Dabei führte er Grundgedanken von Herder und Humboldt von der welterschließenden Kraft der Sprache, die für jede Sprache eigentümlich ist, weiter. Gegenüber der Vorstellung der Darwinisten, die eine Kontinuität der Evolution des Lebens bis zum Menschen behaupteten, insistierte Müller auf dem menschlichen Sonderreich der Sprache. „Language is our Rubicon, and no brute will dare to cross it".[75] Die Geschichte des Menschen zu verstehen sei ebenso wichtig wie im Buch der Natur zu lesen. „Sprache ist die Autobiographie des menschlichen Geistes".[76] Müller nahm eine Entwicklung von der Sprache zum Mythos und weiter zum Staat an. Die Götternamen des Mythos hätten sich zunächst auf Naturerscheinungen wie Morgendämmerung, Sonne, Nacht etc. bezogen. Davon abgelöst seien die Worte personalisiert und weiter politisiert worden. Franz Bopp folgend, teilte Müller die Religionen nach den Sprachfamilien in arische und semitische ein.[77] Gegen rassistische Ausdeutungen der sprachwissenschaftlichen Termini, wie sie sich etwa bei Gobineau zeitgleich finden, war Müller immun, da er auf der Sprache als Generalschlüssel der Untersuchung insistierte. Als gemeinsamen Ursprung arischer Religion glaubte er die Identität einer obersten Gottheit im Sanskrit DYAUS-PITAR, im Griechischen ZEUS-PATHA, im Lateinischen JUPITER und im Alt-Norwegischen TYR zu finden. Die gemeinsame ältere Form DYAU PITAR heiße soviel wie „Himmel-Vater". „In diesen Worten liegt das älteste menschliche Gebet, die älteste religiöse Poesie".[78]

Die linguistischen Nachweise haben nicht gehalten. Georges Dumézil hat drei Mängel der vergleichenden Mythologie in der Tradition Müllers aufgezeigt. Es fehlte der Bezug zur politischen oder sozialen Organisation; die Inanspruchnahme apriorischer Systeme wie der Komplex der Sonne oder des Gewitters verführte zu überzogenen Generalisierungen, und der linguistische Ausgangspunkt war insgesamt problematisch. „Der Gleichklang zwischen einem indischen und einem griechischen oder skandinavischen Namen erschien ihnen sowohl als Gewähr dafür, daß sie vergleichbare Dinge verglichen, wie auch als Anzeichen, daß der Zugang zu einer bereits indoeuropäischen Vorstellung möglich war. (...) Von den Linguisten,

75 Zit. n. Laurens P. van den Bosch, „Friedrich Max Müller: Een Victoriaans geleerde", in: *Nederlands Theologisch Tijdschrift* 47/1993, S. 107-118, hier S. 110.

76 Müller, zit. n. Chaudhuri 2008, S. 187.

77 Zur Herkunft und Korrumpierung dieser Termini vgl. Maurice Olender, *Die Sprachen des Paradieses. Religion, Philologie und Rassentheorie im 19. Jahrhundert*, Frankfurt a.M. 1995.

78 Müller 1876, S. 156f.; vgl. dazu Kippenberg 1997, S. 70f. Wolfram Euler, „Gab es eine indogermanische Götterfamilie?", in: *Studien zum indogermanischen Wortschatz*, hg. v. Wolfgang Meid, Innsbruck 1987, S. 35-56.

die sich der Regeln und Grenzen ihres Fachs immer bewußter wurden, aufgegeben, wurde die vergleichende Mythologie aus der Liste der seriösen Forschungsrichtungen gestrichen."[79] Dies ist aus der Sicht einer neutralisierenden soziologischen und strukturalistischen Vorgehensweise, wie sie Dumézil im 20. Jahrhundert entwickelte, geschrieben.

Im England der zweiten Hälfte des 19. Jahrhunderts sind die linguistischen Kategorien politisch geladen. Müllers These, daß die semitischen Religionen, in denen eine „Verehrung Gottes in der Geschichte" vorherrsche, eine personalisierende Korruption der ursprünglicheren weiteren arischen Religionen mit ihrer „Verehrung Gottes in der Natur" darstelle, war für die englische Mittelklasse nicht so ohne weiteres akzeptabel.[80] Daß die kolonisierten Hindus, die heidnischen Griechen und die puritanischen Engländer religionsgeschichtlich in eine Linie gestellt wurden, hat Widerspruch hervorgerufen. Der Ethnologe John Crawfurd schrieb: „das würde darauf hinauslaufen, daß es keinen Unterschied gäbe in den Fähigkeiten von Leuten, die Homer und Shakespeare hervorgebracht haben und denen, die nichts besseres hervorgebracht haben als die Autoren des Mahabarata und Ramayana; und keinen Unterschied zwischen den häuslichen Hindus, die nie irgendwelche ausländischen Eroberungen gemacht haben, und den Nationen, die entdeckten, eroberten und eine neue Welt besiedelten".[81] Es standen eben nicht alle Ethnologen an der Seite Tylors, wenn es um die Wertschätzung nicht-europäischer Kulturen ging. Darüber hinaus machte es auch einen Unterschied, ob man in evolutionistischer Perspektive den ganz frühen Menschen ins Auge faßte oder eine Schriftkultur wie die indische. So kann man mit Hans G. Kippenberg sagen: „Was für F. M. Müller die alte indische Hochkultur war, das waren für ihn (Tylor) die Stammesgesellschaften."[82]

Politisch brisanter war Müllers Vorgehen aber auch noch aus einem weiteren Grund. Denn die Bezugnahme auf Indien bedeutete für England etwas anderes als für Deutschland, wo seit der Romantik das Interesse am indischen Altertum lebendig war. Für Hegel war es ja das „Land der Phantasie und Empfindung".[83] Max Müller hat diesen deutschen Indien-Enthusiasmus nach Oxford exportiert in eine Gesellschaft, für die Indien ein wenig attraktives Kolonialgebiet war und die sich dazu noch einer scharfzüngigen Kulturkritik ausgesetzt sah. Die Wertschätzung der indisch-griechischen Charakteristika vor den semitischen konnte nämlich kulturpolitisch weitergehend genutzt werden.

79 Georges Dumézil, *Mythos und Epos. Die Ideologie der drei Funktionen in den Epen der indoeuropäischen Völker* [1968], Frankfurt a.M. 1989, S. 13. Einen Vergleich von Müller, Freud und Durkheim findet sich bei Tomoko Masuzawa, *In Search of Dreamtime. The Quest for the Origin of Religion,* Chicago 1994.

80 Vgl. Müller 1876, S. 140-142.

81 Zit. n. Kippenberg 1997, S. 74.

82 Kippenberg 1997, S. 83.

83 Georg Wilhelm Friedrich Hegel, „Vorlesungen über die Philosophie der Geschichte", in: Ders., *Werke in 20 Bänden* (Theorie-Werkausgabe), Bd. 12, hg. v. Eva Moldenhauer u. Karl Markus Michel, Frankfurt a.M. 1970c, S. 174.

In seinem sozialkritischen Essay *Culture and Anarchy* (1869) geißelte Matthew Arnold die Beschränktheit der englischen Mittelklasse, die nicht mehr als den stets wachsenden Wohlstand und Freiheit zum Geschäftemachen im Sinn habe.[84] Als nationale „Anarchie" bezeichnete er die Instrumentalisierung aller Phänomene von den Bodenschätzen über das demokratische Wahlrecht bis zur Bevölkerungszahl und der physischen Gesundheit. Gegen die ausgreifende Funktionalisierung, wie sie die Marktgesellschaft hervorgebracht hat, helfe nur „Culture", verstanden als „ein selbstloses Streben, das Beste zu lernen und zu verbreiten, was gewußt und in der Welt gedacht wurde".[85] Dafür hielt Arnold seinen Landsleuten insbesondere kontinentale Autoren als Beispiele vor: Goethe, Heine, aber auch Sainte-Beuve und Tolstoi u. a. Zur Charakterisierung der englischen „Philister" verwandte er, an Heinrich Heine anschließend, den religionsgeschichtlichen Begriff „Hebräismus" und setzte dagegen den „Hellenismus".[86] Hebräismus bedeutete, gewissenhaft nach rationalen Gesichtspunkten zu handeln, Hellenismus, ohne Rücksicht auf Interessen frei zu denken. Das Gleichgewicht beider Dimensionen sei in England verloren gegangen. Der Interessenverfolgung fehle das Korrektiv der freien griechischen Geistigkeit. Matthew Arnold war mit seinem Hellenisierungsprogramm in England als Reformer des Bildungswesens langfristig erfolgreicher als Max Müller mit seiner indo-arischen Frühreligion.

PSYCHOANALYSE DER RELIGION. Eine Religionsdeutung, bei der naturgeschichtliche Annahmen über die frühe Menschheit, ethnologische Berichte, mythische Erzählungen und pathologische Diagnosen zusammengeführt sind, findet sich in der Psychoanalyse, die um 1900 als eigenständige Disziplin entsteht. Schon zuvor hatte der Arzt und Ethnologe Adolf Bastian gerade anhand der extremen und abnormen Erscheinungen von Extase, Besessenheit, Wunderheilung und mystischer Vereinigung mit Gott, Wesensmerkmale von Religion identifiziert.[87] An Herders Anthropologie anschließend, sah er in diesen Erscheinungen Konzentrate der Eigentümlichkeiten einer jeden Kultur. Nicht am Durchschnitt, sondern an Extremvarianten religiösen Verhaltens zeige sich die schöpferische Potenz einer Ethnie.

---

84 Trilling 1963, S. 252; David C. Somervell, *Geistige Strömungen in England im 19. Jahrhundert*, Bern 1946, S. 236ff.

85 Zit. n. Somervell 1946, S. 240.

86 Matthew Arnold, „Hebraism and Hellenism", in: *The Complete Prose Works of Matthew Arnold*, Bd. 5: *Culture and Anarchy*, hg. v. Robert H. Super, Ann Arbor: The University of Michigan Press, 1965, S. 163-175. Vgl. auch Lionel Trilling 1963, S. 252 sowie Heinrich Heine: „Alle Menschen sind entweder Juden oder Hellenen, Menschen mit asketischen, bildfeindlichen, vergeistungssüchtigen Trieben oder Menschen von lebensheiterem, entfaltungsstolzem und realistischem Wesen". Heinrich Heine, „Ludwig Börne. Eine Denkschrift" [1839], in: Ders., *Werke und Briefe in zehn Bänden*, Bd. 6, hg. v. Hans Kaufmann, Berlin 1962, S. 83-229, hier S. 94f.

87 Adolf Bastian, *Der Mensch in der Geschichte. Zur Begründung einer psychologischen Weltanschauung*, 3 Bde., Leipzig 1860.

Dabei setzte Bastian die außergewöhnlichen religiösen Vorstellungen und Praktiken mit Phänomenen der Psychopathologie in Beziehung.[88]

Das vielfältig bevölkerte Gebiet des Anormalen ist in der zweiten Hälfte des 19. Jahrhunderts insbesondere von der Psychiatrie vermessen worden. Extreme Religiosität galt als krankhafte Erscheinung, vergleichbar mit der, die bei Wahnsinnigen anzutreffen war. Michel Foucault hat als ein zentrales Muster für die psychiatrische Deutung von Anormalität in dieser Zeit die Existenz „unwiderstehlicher Triebe" herausgestellt.[89] Sie beherrschen nicht nur die ganze Persönlichkeit, sondern stören vor allem die „Ordnung und Organisation des Willkürlichen und Unwillkürlichen."[90] Anormal ist, wer keinen zuverlässigen Willen mehr hat, wie er für die Teilnahme am Marktgeschehen erforderlich ist. Triebtäter und sich göttlich inspiriert Deutende können so als Fremdbestimmte, nicht autonome, pathologische Gestalten einander angenähert werden. Ihnen fehlt ein eigenes Interesse.[91] Die Erfahrung des Unwillkürlichen konnte in religionspsychologischer Sicht entweder, wie bei dem Positivisten Théodule Ribot, kritisch pathologisiert werden oder, wie bei dem protestantischen Theologen Auguste Sabatier, unter Aufgriff von Denkmotiven Schleiermachers, als symbolvermittelte, individuelle Gotteserfahrung interpretiert werden.[92]

Die beobachtbaren, unwillkürlichen Regungen und Verhaltensweisen werden bei Sigmund Freud zum Schlüssel für die Erkundung des Unbewußten. Wie bei James spielen dabei Annahmen über das Verhältnis von freiem Willen und naturgesetzlichem Determinismus eine zentrale Rolle. Während James einen quasi-voluntaristischen, pragmatischen Ausweg aus dem Pessimismus gefunden hat, bleiben bei Freud deterministische Denkfiguren erhalten. In der Tradition von Johann Friedrich Herbart, der, entschieden gegen die Ich-Philosophie seines Lehrers Fichte, unbewußte psychische Kräfte für menschliche Handlungen in Anschlag gebracht hatte, hegt Freud gegenüber Theorien des freien Willens den Verdacht, daß die Wahl von Handlungsalternativen unbewußten Bestrebungen folgt.[93] Dabei wird die Aufdeckung der Zusammenhänge von unbewußtem Motiv und vollzoge-

88 Vgl. den Schlußabschnitt des 2. Bandes „Abnormes Leben" bei Bastian 1860, S. 529 ff. Zum Kontext: Stephanie Gripentrog, *Anormalität und Religion. Zur Entstehung der Psychologie im Kontext der europäischen Religionsgeschichte des 19. und frühen 20. Jahrhunderts*, Würzburg 2016.

89 Michel Foucault, *Die Anormalen. Vorlesungen am Collège de France (1974-1975)*, Frankfurt a.M. 2003, S. 205ff.

90 Ebd., S. 207.

91 Ebd., S. 149ff.

92 Théodule Ribot, *Les Maladies de la Volonté* [1882], Paris: Alcan, ^{6}1889; ders., *Psychologie der Gefühle*, Altenburg (Bonde) 1903; Auguste Sabatier, *Religionsphilosophie auf psychologischer und geschichtlicher Grundlage*, Freiburg/Leipzig/Tübingen 1898.

93 Vgl. Sigmund Freud, „Zur Psychopathologie des Alltagslebens" [1904], in: ders., *Gesammelte Werke*, Bd. 4, hg. v. Anna Freud, Frankfurt a.M. 1947a (im Folgenden: *Psychopathologie des Alltaglebens*), S. 282; Ernest Jones, *Sigmund Freud. Leben und Werk*, Bd. 1, München 1984, S. 423 u. 429f.

nen Handlungen zu einem komplizierten Analyseprozeß, da der Determinismus den Stolz der Akteure kränkt und ihren Hochmut demütigt. Wie immer die determinierenden Zusammenhänge metapsychologisch gefaßt werden, ob mit Hilfe der Fechnerschen Psychophysik oder anderer Modelle, die Annahme eines gleichsam anarchischen Unbewußten voller Lebens- und Liebestrieben führt bei Freud nicht zu einem desperaten Pessimismus. Als „heiteren Pessimisten" hat er sich gegenüber Pfister selbst charakterisiert.[94]

Wo es gelingt, das labyrinthische Geflecht von Verschiebungen, Verdeckungen, Metamorphosen, Verdrängungen, Ersatzbildungen und Sublimierungen aufzuklären, kommt dem Patienten und dem Analytiker jene *vis comica* zu Hilfe, auf die Pessimisten wie Julius Bahnsen vertraut haben.[95] Die Resonanzen zur Erfahrung von Marktgesellschaft sind evident. So wie auf dem Markt eine Vielzahl von Wünschen und Bedürfnissen sich versammeln, für deren vollständige Befriedigung, dem Prinzip der Knappheit folgend, in der Regel die Mittel fehlen, so daß überzogene Preiserwartungen enttäuscht werden müssen – ein Scheitern, das am besten mit Humor zu ertragen ist – so stellt sich das individuelle Triebleben in einer eigenen ‚Libidoökonomie' dar, deren Wege und Umwege, wie die Träume oder Fehlleistungen des Alltags zeigen, ungemein komisch sein können. Dabei war dem Seelenarzt Freud die heilende Kraft des Humors, der Insolvenzen in neue Unternehmungen zu verwandeln und Tragödien in Komödien zu transformieren vermag, voll bewußt.[96]

In seiner Religionsdeutung folgt Freud der Feuerbachschen Projektionsthese und den positivistischen Lehren von der Entwicklung des menschlichen Geistes. Religion ist eine zu überwindende frühe Phase der menschlichen Gattungsgeschichte. „Parallel zur fortschreitenden Weltbeherrschung des Menschen geht eine Entwicklung seiner Weltanschauung, welche sich immer mehr von dem ursprünglichen Allmachtsglauben abwendet, und von der animistischen Phase durch die religiöse zur wissenschaftlichen ansteigt."[97] Freud teilt auch die Auffassungen der Parallelität von Phylogenese und Ontogenese. Der Animismus der frühen Menschheit ähnelt dem Animismus des Kindes. Das Festhalten an den Bestrebungen der Kindheit, die Fesselungen an diese familialen Atmosphären der Vergangenheit sind pathogen.

Diese Zusammenhänge zu erforschen, ist Aufgabe der Psychoanalyse. Sie kann keine Weltanschauung sein, sondern verbleibt im begrenzten Rahmen wissen-

94 Zit. n. Jones 1984, S. 391.

95 In diesem Band, S. 600.

96 Vgl. Sigmund Freud, „Der Witz und seine Beziehung zum Unbewußten" [1905], in: Ders., *Gesammelte Werke*, Bd. 6, hg. v. Anna Freud, Frankfurt a.M. 1948a (im Folgenden: *Der Witz*); sowie ders., „Der Humor" [1927], in: Ders., *Gesammelte Werke*, Bd. 14, hg. v. Anna Freud, Frankfurt a.M. 1948b (im Folgenden: *Der Humor*), S. 383-389; Heinz Kohut, *Die Zukunft der Psychoanalyse*, Frankfurt a.M. 1975, S. 163f.

97 Sigmund Freud, „Das Interesse an der Psychoanalyse" [1913], in: Ders., *Gesammelte Werke*, Bd. 8, hg. v. Anna Freud, Frankfurt a.M. 1948c (im Folgenden: *Das Interesse an der Psychoanalyse*), S. 389-420, hier S. 416; zum Verhältnis von Freud und Feuerbach vgl. Harry Burrows Acton, *The Illusion of the Epoch. Marxism-Leninism as Philosophical Creed*, London: Cohen & West, 1955, S. 120-122.

schaftlicher Disziplinarität. „Das zusammenfassende Urteil der Wissenschaft über die religiöse Weltanschauung lautet also: Während die einzelnen Religionen miteinander hadern, welche von ihnen im Besitz der Wahrheit sei, meinen wir, daß der Wahrheitsgehalt der Religion überhaupt vernachlässigt werden darf. Religion ist ein Versuch, die Sinneswelt, in die wir gestellt sind, mittels der Wunschwelt zu bewältigen, die wir infolge biologischer und psychologischer Notwendigkeiten in uns entwickelt haben. Aber sie kann es nicht leisten. Ihre Lehren tragen das Gepräge der Zeiten, in denen sie entstanden sind, der unwissenden Kinderzeiten der Menschheit. Ihre Tröstungen verdienen kein Vertrauen. Die Erfahrung lehrt uns: Die Welt ist keine Kinderstube. Die ethischen Forderungen, denen die Religion Nachdruck verleiht, verlangen vielmehr eine andere Begründung, denn sie sind der menschlichen Gesellschaft unentbehrlich, und es ist gefährlich, ihre Befolgung an die religiöse Gläubigkeit zu knüpfen. Versucht man, die Religion in den Entwicklungsgang der Menschheit einzureihen, so erscheint sie nicht als ein Dauererwerb, sondern als ein Gegenstück der Neurose, die der einzelne Kulturmensch auf seinem Wege von der Kindheit zur Reife durchzumachen hat."[98]

Vermutlich angeregt durch die Begegnung mit dem Schweizer Psychiater Carl Gustav Jung, der neben seinen Erinnerungsexperimenten umfängliche Studien zu Mythen aus Antike und Ethnologie trieb, veröffentlicht Freud 1907 in der ersten Nummer der *Zeitschrift für Religionspsychologie* seinen Aufsatz über „Zwangshandlungen und Religionsübungen".[99] Daß bei seinem Vergleich von immer wiederholten Zeremonien und den eigenartigen Zwangshandlungen psychisch Kranker Beobachtungen und Erfahrungen mit dem dichten Netz der rituellen Praktiken jüdischen Lebens eine Rolle gespielt haben mögen, liegt auf der Hand. Die Neurotikerin, die sich die Nummer jeder Geldnote notierte, bevor sie sie aus der Hand gab, hat den vergangenen biographischen Kontext, in dem diese Handlung einmal bedeutungsvoll war, verdrängt. In der Zwangshandlung findet „eine Verschiebung vom Eigentlichen, Bedeutsamen, auf ein ersetzendes Kleines" statt. „Diese Neigung zur Verschiebung ist es, die das Bild der Krankheitserscheinungen immer weiter abändert und es endlich dahin bringt, das scheinbar Geringfügigste zum Wichtigsten und Dringendsten zu machen." Und mit Blick auf kultische Riten fährt Freud fort: „ Es ist nicht zu verkennen, daß auf dem religiösen Gebiete eine ähnliche Neigung zur Verschiebung des psychischen Werts, und zwar in gleichem Sinne, besteht, so daß allmählich das kleinliche Zeremoniell der Religionsübung zum Wesentlichen wird, welches deren Gedankeninhalt beiseite gedrängt hat. Darum unterliegen die Religionen auch ruckweise einsetzenden Reformen, welche das

98 Sigmund Freud, „Neue Folge der Vorlesung zur Einführung in die Psychoanalyse" [1933], in: Ders., *Gesammelte Werke*, Bd. 15, hg. v. Anna Freud, Frankfurt a.M. 1949 (im Folgenden: *Vorlesung, Neue Folge*), S. 181.

99 Sigmund Freud, „Zwangshandlungen und Religionsübungen" [1907], in: Ders., *Gesammelte Werke*, Bd. 7, hg. v. Anna Freud, Frankfurt a.M. 1947b (im Folgenden: *Zwangshandlungen und Religionsübungen*), S. 129-139.

ursprüngliche Wertverhältnis herzustellen bemüht sind."[100] Es ist dies eine Beobachtung, die sich im 20. Jahrhunderts im Horizont der Erfahrung artifizieller Lebenswelt verbreiten wird: der technische Vollzug ritueller Verfahren wird wichtiger als die Glaubenswahrheit.

Für die psychoanalytische Religionstheorie ist der Gedanke der Latenz von besonderer Bedeutung. Die frühen Urszenen menschlichen Lebens determinieren nicht in strikter Weise das nachfolgende Verhalten, sondern ihre Figurationen verbleiben in einer Dimension der Latenz. Einmal erlittenes Leid kann erfolgreich verarbeitet werden, aber die Trauerarbeit kann auch vermieden und das Leid verdrängt werden. Es verschwindet dann nicht, sondern bleibt latent. Die Szene kann wiederkehren. Es gibt Wiederholungszwänge, eine anders perspektivisierte nietzscheanische „Wiederkehr des Gleichen".[101]

Für diese Latenz hat C. G. Jung in seiner Analytischen Psychologie das Modell universaler Archetypen vorgeschlagen. Wenn Jungs Züricher Patient, ein kleiner kaufmännischer Angestellter mit nicht mehr als einer Sekundarschulbildung, in seinen Phantasien „die Idee des Sonnenphallus, die Hin-und-Herwendung des Gesichts und die Entstehung des Windes", diese ihm nicht zugängliche, literarisch überlieferte, abgelegene Mythologie reproduziert, so könnte dies erklärt werden, wenn man diese Bilder, gleichsam nach kantianischem Verfahren, in den Vermögensdimensionen des menschlichen Geistes verankert. So bemerkt C. G. Jung in seiner überarbeiteten Fassung des 1911 zuerst erschienenen Werks *Symbole der Wandlung. Analyse des Vorspiels zu einer Schizophrenie*: „Es handelt sich selbstverständlich nicht um vererbte Vorstellungen, sondern um eine angeborene Disposition zu parallelen Vorstellungsbildungen, beziehungsweise um universale, identische Strukturen der Psyche, welche ich später als das kollektive Unbewußte bezeichnet habe. Diese Strukturen nannte ich Archetypen. Sie entsprechen dem biologischen Begriff des ‚patterns of behaviour'."[102]

Jung hatte seine Erforschung des Unbewußten ausgehend von der Analyse von psychotischen und schizophrenen Patienten angelegt und war dabei auf wiederholte Phantasien der Selbsterschaffung gestoßen, die es nahelegten, vom Triebleben als von einer Libido zu sprechen, die „im weitesten Sinne als psychische Energie, dem Ich zum Teil zur Disposition steht, zum Teil aber sich ihm gegenüber autonom verhält und letzteres gegebenenfalls dermaßen bestimmt, daß es entweder in eine unfreiwillige Notlage versetzt wird, oder daß sie demselben eine unerwartete zusätzliche Kraftquelle erschließt."[103] Jung verband nun libidinöse Bestrebungen mit gleichursprünglichen Bestrebungen der Entfaltung der schöpferischen Kräfte der Selbstkonstitution, die sich, dem stoischen Motiv des „Gott in uns" verwandt, als

100 Freud, *Zwangshandlungen und Religionsübungen*, S. 138.

101 Vgl. dazu Jones 1984, Bd. 3, S. 321.

102 Carl Gustav Jung, „Symbole der Wandlung. Analyse des Vorspiels zu einer Schizophrenie", in: Ders., *Gesammelte Werke*, Bd. 5, hg. v. Marianne Niehus-Jung, Olten/Freiburg 1973, S. 200f.

103 Ebd., S. 91.

Ausbildung einer Gottesidee zeigten. „Ich bin daher der Ansicht, daß im allgemeinen die psychische Energie, die Libido, das Gottesbild unter Benützung archetypischer Vorlage schaffe, und daß der Mensch mithin der in ihm tätigen Seelenkraft göttliche Ehre erweise."[104]

Über die Frage, inwieweit die Bestrebungen des Unbewußten sexueller Natur sind oder das ganze Spektrum des Intendierens umfassen, kommt es zum Streit zwischen Jung und Freud und zur Spaltung der psychoanalytischen Schule. Für Jung ist Libido „ein appetitus in seinem natürlichen Zustande. Entwicklungsgeschichtlich sind es die körperlichen Bedürfnisse wie Hunger, Durst, Schlaf, Sexualität und die emotionalen Zustände, die Affekte, welche das Wesen der Libido ausmachen. Alle diese Faktoren besitzen ihre Differenzierungen und feinsten Verästelungen in der hochkomplizierten menschlichen Psyche."[105] Freud hat auf die Bemühungen Jungs, anstelle der sexuellen Natur der Libido nur noch von ihrem psychoiden Charakter zu sprechen, geantwortet: „Ihr Bemühen, den Anderen den Geschmack der Säure beim Biß in den Apfel zu ersparen, würdige ich nach seinen Motiven, glaube aber nicht, daß es Erfolg haben wird. Wenn wir auch das Ubw. ‚psychoid' heißen, es bleibt doch das Ubw, und wenn wir das Drängende bei der erweiterten Sexualität nicht ‚Libido' heißen, so bleibt es doch die Libido, und in jener Folgerung kommen wir auf das zurück, wovon wir mit der Namengebung ablenken wollen. Wir können uns die Widerstände nicht ersparen, warum sie nicht gleich herausfordern? Aggression ist die beste Defensive, meine ich. Sie unterschätzen vielleicht die Intensität der Widerstände, wenn Sie hoffen, ihnen mit kleinen Konzessionen zu begegnen. Was man von uns verlangt, ist doch nichts anderes, als daß wir den Sexualtrieb verleugnen. Bekennen wir ihn also."[106] Das Bekenntnis zum Sexualtrieb gehört zu den Bekenntnissen, mit denen sich für viele Intellektuelle im 20. Jahrhundert die Hoffnung verband, auf eine Wahrheit gestoßen zu sein, die im Verdacht steht, absolut zu sein.[107]

Die Folgen dieser Grundentscheidungen für die Religionstheorie sind beachtlich. Die Aufdeckung der projektiven Verdeckungen und Verschiebungen, die in religiösen Vorstellungen erkennbar sind, zielt bei Jung darauf, sie als Symbole für eine heile Seele zu erkennen, als Ausdruck des Strebens nach personaler Integrität.[108] Die Erfahrungen des Berührtseins von Gott, sowie die Erschütterung der dramatischen Peripetien im Lebensweg, leiten die Individuen zur Erkenntnis der zentralen Ziele ihres Selbst. „Die Bemühung des Arztes sowohl wie das Suchen des Patienten zielt auf jenen verborgenen, noch nicht manifestierten ‚ganzen' Men-

104 Ebd., S. 114.

105 Ebd., S. 174; weiter unten vergleicht Carl Gustav Jung den *appetitus* mit dem Begriff des Willens bei Schopenhauer, ebd., S. 174f.

106 Sigmund Freud, Brief an Carl Gustav Jung, 7. April 1907, zit. n. Jones 1984, Bd. 2, S. 510.

107 Siehe dazu in diesem Band, S. 969ff, 1087ff, 1277ff, 1285ff, 1311ff.

108 Vgl. Tilman Evers, *Mythos und Emanzipation: Eine kritische Annäherung an C. G. Jung*, Hamburg 1987; Christoph Morgenthaler, *Der religiöse Traum: Erfahrung und Deutung*, Stuttgart/Berlin/Köln 1992; ders., „Carl Gustav Jung (1875-1961)", in: *Klassiker der Religionswissenschaft*, hg. v. Axel Michaels, München 1997, S. 234-245.

schen, welcher zugleich der größere und zukünftige ist. Der richtige Weg zur Ganzheit aber besteht – leider – aus schicksalsmäßigen Um- und Irrwegen. Es ist eine ‚longissima via', nicht eine gerade, sondern eine gegensatzverbindende Schlangenlinie, an den wegweisenden caduceus erinnernd, ein Pfad, dessen labyrinthische Verschlungenheit des Schreckens nicht entbehrt. Auf diesem Wege kommen jene Erfahrungen zustande, die man als ‚schwer zugänglich' zu bezeichnen beliebt. Ihre Unzugänglichkeit beruht darauf, daß sie kostspielig sind: Sie fordern das, was man am meisten fürchtet, nämlich die *Ganzheit*, die man zwar beständig im Munde führt, und mit der sich endlos theoretisieren läßt, die man aber in der Wirklichkeit des Lebens im größten Bogen umgeht."[109] Das Streben nach Ganzheit ist im 20. Jahrhundert eine nicht minder verbreitete Sehnsucht als das Bekenntnis zum Sexualtrieb als einer letzten Instanz geworden.[110]

Diese Ganzheit, die in den sich wandelnden Symbolen der Libido erscheint, begreift Jung mit Tertullian als *anima naturalita christiana*, als eine Bewegung, die sich der natürlichen Religiosität der menschlichen Psyche verdankt. „Man hat mir ‚Vergottung der Seele' vorgeworfen. *Nicht ich – Gott selbst hat sie vergottet!* Nicht ich habe der Seele eine religiöse Funktion angedichtet, sondern ich habe die Tatsachen vorgelegt, welche beweisen, daß die Seele ‚naturalita religiosa' ist, das heißt eine religiöse Funktion besitzt: eine Funktion, die ich nicht hineingelegt oder -gedeutet habe, sondern die sie selber von sich aus produziert, ohne durch irgendwelche Meinungen oder Suggestionen dazu veranlaßt zu sein. In einer geradezu tragischen Verblendung sehen diese Theologen nicht ein, daß es sich nicht darum handelt, die Existenz des Lichts zu beweisen, sondern darum, daß es Blinde gibt, die nicht wissen, daß ihre Augen etwas sehen könnten."[111]

Dagegen hat Freud in seiner Religionstheorie, wie sie zuerst in *Totem und Tabu* entwickelt wurde, die Theorien von Tylor über den Animismus, von Marett über den Präanimismus, von William Robertson Smith über den Totemismus und von Frazer über die Magie aufgegriffen und mit pathologischen Phänomenen seiner Patienten in Beziehung gesetzt.[112] Diese litten nicht, wie C. G. Jungs Patienten, an Psychosen, sondern an Neurosen, deren Ursache in Störungen der Sexualfunktion lagen. Im Zentrum von *Totem und Tabu* steht dabei die Inzestscheu und das Exogamiegebot. In einfachen Gesellschaften, wie sie die Ethnologen beobachtet hatten, beziehen sich Heiratsbeschränkungen auf Mitglieder der Gruppe, die ihre Herkunft oder ihre spirituelle Identität auf ein Totem, z. B. ein Tier oder eine Naturkraft beziehen. Freud verbindet diese Heiratsbeschränkungen mit Phänomenen

109 Carl Gustav Jung, „Psychologie und Alchemie", in: Ders., *Gesammelte Werke*, Bd. 12, hg. v. Marianne Niehus-Jung, Olten/Freiburg 1972, S. 20f.

110 Zum Ganzheitsglauben in diesem Band, S. 1123ff.

111 Jung 1972, S. 27.

112 Ideengeschichtliche Zusammenhänge diskutiert: Cyril Levitt, „Freud, Smith und Feuerbach über das religiöse Opfer", in: *Psyche. Zeitschrift für Psychoanalyse und ihre Anwendungen* 64/2010, S. 722-746. Siehe auch: Lidia Procesi, „Gott und das Unbewusste: Das Verhältnis von Psychoanalyse und Religion in C. G. Jungs letzten Briefen", in: *Watchtower Religionswissenschaft*, hg. v. Anne Koch, Marburg 2007, S. 145-160.

des Tabus. Diese „Verbote betreffen meist Genußfähigkeit, Bewegungs- und Verkehrsfreiheit; sie scheinen in manchen Fällen sinnreich, sollen offenbar Enthaltungen und Entsagungen bedeuten, in anderen Fällen sind sie ihrem Inhalt nach ganz unverständlich, betreffen wertlose Kleinigkeiten, scheinen ganz von der Art eines Zeremoniells zu sein."[113] Die Tabuvorschriften, wie sie in Wilhelm Wundts Völkerpsychologie beschrieben sind, stimmen Freud zufolge mit den Zwangshandlungen seiner neurotischen Patienten darin überein, daß sie oft unmotiviert erscheinen beziehungsweise ihre Herkunft im Dunkeln liegt. Die psychischen Prozesse der Neurosenbildung: das kindliche Streben nach Triebbefriedigung, die Verbote der geliebten Eltern, die Verdrängung des Triebes ins Unbewußte und der unerledigte Konflikt von Verbot und Trieb, der zu andauernden starken, biographisch wiederkehrenden Gefühlsambivalenzen führt, übersetzt Freud aus der Ontogenese in die Phylogenese.

Als weiteres Element führt Freud Theorien über die Opfermahlzeit als einer Totemmahlzeit in der Frühzeit der Menschheit ein, die der Altertumsforscher William Robertson Smith aufgestellt hat.[114] Es ist diese Szene der Opfermahlzeit, die Freud zum Schlüssel für seine Religionstheorie gemacht hat: „Der Clan, der sein Totemtier bei feierlichem Anlasse auf grausame Art tötet und es roh verzehrt, Blut, Fleisch und Knochen; dabei sind die Stammesgenossen in die Ähnlichkeit des Totem verkleidet, imitieren es in Lauten und Bewegungen, als ob sie seine und ihre Identität betonen wollten. Es ist das Bewußtsein dabei, daß man eine jedem Einzelnen verbotene Handlung ausführt, die nur durch die Teilnahme aller gerechtfertigt werden kann; es darf sich auch keiner von der Tötung und der Mahlzeit ausschließen. Nach der Tat wird das hingemordete Tier beweint und beklagt. Die Totenklage ist eine zwangsmäßig, durch die Furcht vor einer drohenden Vergeltung erzwungene, ihre Hauptabsicht geht dahin, wie William Robertson Smith bei einer analogen Gelegenheit bemerkt, die Verantwortlichkeit für die Tötung von sich abzuwälzen. Aber nach dieser Trauer folgt die lauteste Festfreude, die Entfesselung aller Triebe und Gestattung aller Befriedigungen. Die Einsicht in das Wesen des *Festes* fällt uns hier ohne jede Mühe zu. Ein Fest ist ein gestatteter, vielmehr gebotener Exzeß, ein feierlicher Durchbruch eines Verbots. Nicht weil die Menschen infolge irgendeiner Vorschrift froh gestimmt sind, begehen sie die Ausschreitungen, sondern der Exzeß liegt im Wesen des Festes; die festliche Stimmung wird durch die Freigebung des sonst Verbotenen erzeugt."[115] Für Freud stellt sich nun die Frage: „Was soll aber die Einleitung zu dieser Festesfreude, die Trauer über den

113 Sigmund Freud, „Totem und Tabu. Einige Übereinstimmungen im Seelenleben der Wilden und der Neurotiker" [1913], in: Ders., *Gesammelte Werke*, Bd. 9, hg. v. Anna Freud, Frankfurt a.M. 1948d (im Folgenden: *Totem und Tabu*), S. 30.

114 Iris Därmann, „Wie man wird, was man ißt. Opfermahlzeit, Kannibalismus und Identifizierung bei Robertson Smith und Sigmund Freud", in: *Der Alteritätsdiskurs des Edlen Wilden: Exotismus, Anthropologie und Zivilisationskritik am Beispiel eines europäischen Topos*, hg. v. Monika Fludernik / Peter Haslinger u. Stefan Kaufmann, Würzburg 2002, S. 121-153.

115 Freud, *Totem und Tabu*, S.169f.

Tod des Totemtiers? Wenn man sich über die Tötung des Totem, die sonst versagt ist, freut, warum trauert man auch über sie?"[116]

Für die Antwort greift Freud, angeregt durch James Jasper Atkinson und Andrew Lang[117], auf Darwins Hypothese über frühmenschliche Hordenbildung zurück, wonach – wie bei Gorillas beobachtet – der Kampf zwischen den männlichen Tieren um die Herrschaft über die Horde zur Vertreibung und Exogamie der unterlegenen Männer führt. Die kühne Kombination der Darwinschen Hypothese und der ethnologischen Befunde über die Totemmahlzeit mündet bei Freud in die Hypothese des berühmten Urverbrechens des Vatermords durch die Brüdergemeinschaft. „Eines Tages taten sich die ausgetriebenen Brüder zusammen, erschlugen und verzehrten den Vater und machten so der Vaterhorde ein Ende."[118] Aus diesem Geschehen rührt die Gefühlsambivalenz von Liebe und Haß, die mit dem Vaterkomplex verbunden ist. Sie ist nicht nur konstitutiv für das familiale Drama, das sich in jeder Sozialisation wiederholt, sondern auch konstitutiv für religiöse Vorstellungen und Institutionen. Aus der Latenz der Urszene resultieren Merkmale, die in der Religionsgeschichte wiederkehren: das Bestreben, den beleidigten Vater durch nachträglichen Gehorsam zu versöhnen, der Triumph über den Vater und der Sohnestrotz, die sozialen Brudergefühle und das Verbot des Brudermordes. Diese wiederkehrenden Züge in der Religionsgeschichte verweisen darauf: „Die Gesellschaft ruht jetzt auf der Mitschuld an dem gemeinsam verübten Verbrechen, die Religion auf dem Schuldbewußtsein und der Reue darüber, die Sittlichkeit teils auf den Notwendigkeiten dieser Gesellschaft, zum anderen Teil auf den vom Schuldbewußtsein geforderten Bußen."[119]

Während Freud in *Totem und Tabu* und auch in *Die Zukunft einer Illusion* religiöse Vorstellungen als zu überwindende, aus den verbotenen Wünschen früher Kindheit und der Frühgeschichte resultierenden, psychischen Wiederholungszwängen und -verknotungen bewertet, enthält sein Spätwerk *Der Mann Moses und die monotheistische Religion* gewisse Modifikationen. Freud schließt sich den Altertumsforschern an, die in Moses einen Ägypter sehen, der den Monotheismus des Pharao Echnaton in seinen Glauben übernommen hatte. Wie andere auch war Freud fasziniert von den Forschungen Ernst Sellins, der 1922 in biblischen Texten Hinweise für eine kollektive Ermordung Moses durch die Juden zu finden glaubte, eine Überlieferung, die neben der Geschichte des Moses existiert, der als der nach Midian geflohene Moses auf dem Berg Nebo mit 120 Jahren starb.[120]

116 Ebd., S. 170.

117 Vgl. Andrew Lang u. James Jasper Atkinson, *Social Origins. Primal Law*, London/New York/Bombay 1903.

118 Freud, *Totem und Tabu*, S. 171.

119 Ebd., S. 176.

120 Ernst Sellin, *Mose und seine Bedeutung für die israelitisch-jüdische Religionsgeschichte*, Leipzig 1922; vgl. dazu Franz Maciejewski, *Der Moses des Sigmund Freud. Ein unheimlicher Bruder*, Göttingen 2006 sowie Jan Assmann, *Moses der Ägypter. Entzifferung einer Gedächtnisspur*, Frankfurt a.M. [5]2004; ders., *Die Mosaische Unterscheidung oder der Preis des Monotheismus*, München/Wien 2003. Zum Streit um Assmanns Thesen siehe Magnus Striet, „Kosmothe-

Daraus entwickelte Freud eine Doppelgeschichte vom ‚Ägypter-Moses', der ermordet wurde, weil die Juden den Monotheismus nicht ertragen wollten, und vom ‚Midian-Moses', der nach der Rückkehr der Ägypter zum Polytheismus den Monotheismus für ein jüdisches Volk erfolgreich erneuert habe. Die zweite Geschichte erscheint dabei als eine Überdeckung der früheren Vatermordgeschichte. Freud zufolge überlagern sich „*zwei* Religionsstiftungen, die erste durch die andere verdrängt und später doch siegreich hinter ihr zum Vorschein gekommen, *zwei* Religionsstifter, die beide mit dem gleichen Namen Moses benannt werden und deren Persönlichkeiten wir voneinander zu sondern haben. Und alle diese Zweiheiten sind notwendige Folge der ersten, der Tatsache, daß der eine Bestandteil des Volkes ein traumatisch zu wertendes Erlebnis gehabt hatte, das dem andern ferngeblieben war."[121] Die Spannung zweier Religionen in einer Glaubensgemeinschaft, die auch in der Herausbildung des Christentums wiederzufinden ist, gibt dem Religiösen den Doppelcharakter einerseits des hohen ethischen Anspruchs und der prophetischen Mahnung, andererseits der kleinlichen Verbote und der zeremoniellen Dekadenz.

Für ihre Religionstheorien suchen Jung wie Freud nach einem Geschehen hinter dem Geschehen. Bei Jung sind es Zerfallserscheinungen im Seelenleben, die, der Spur der religiösen Symbole folgend, als Indizien eines Strebens nach Ganzheit bewusst gemacht werden sollen. Bei Freud steht jede Ganzheit unter dem Verdacht der Imagination. Die Kohärenz des Religiösen ist von Grund auf problematisch. Zwischen hellem, überhöhtem Anspruch des Über-Ich und blindem, zwanghaften Ritualismus bleibt ein Riß. Die Suche nach einem Geschehen hinter dem Geschehen, dem Wirken einer rätselhaften *vis a tergo*, die als Sexualtrieb oder Ganzheitssuche blind drückt und treibt, schiebt und zieht, – man könnte diese Suche an die Seite der Suche von Ökonomen stellen, die nicht minder rätselhaften hintergründigen Bewegungen von Marktkräften aufzuklären.

Religion als das Irrationale. Die Suche nach einem fundierenden Begriff von Religion angesichts der Vielfalt konkurrierender Wahrheitsansprüche auf dem Religionsmarkt wirft besondere Probleme auf, wenn auf eine positivistische Evolutionstheorie des menschlichen Geistes von der Urreligion zur modernen Wissenschaft verzichtet werden soll. Denn Glaubenslehren und Weltanschauungen folgen, wenn sie artikuliert werden, einer Drift zur Begrifflichkeit und zu sinnhaften Verknüpfungen von Aussagen, kurz gesagt, sie fügen sich in entfesselten Marktgesell-

---

ismus als ethische Alternative? Überlegungen im Anschluss an Jan Assmanns Monotheismuskritik und René Girards ‚Ich sah den Satan vom Himmel fallen wie einen Blitz'", in: *Theologie und Glaube* 94/2004, S. 83-93; Johannes Thonhauser, *Das Unbehagen am Monotheismus. Der Glaube an den einen Gott als Ursprung religiöser Gewalt? Eine aktuelle Debatte um Jan Assmanns Thesen zur ‚Mosaischen Unterscheidung'*, Marburg 2008.

121 Sigmund Freud, „Der Mann Moses und die monotheistische Religion" [1939], in: Ders., *Gesammelte Werke,* Bd. 16, hg. v. Anna Freud, Frankfurt a.M. 1950 (im Folgenden: *Moses*), S. 101-246, hier S. 154.

schaften den Prozessen der Rationalisierung. Daß dann darin der Platz der Religion aber immer prekär sein wird, mag eine Ahnung des systematischen Theologen Rudolf Otto gewesen sein. Dieser Situation kann man sich aber entwinden, wenn man das Religiöse konsequent antipodisch als das Irrationale schlechthin auffaßt. Dies tut Rudolf Otto in seiner viel gelesenen Schrift *Das Heilige. Über das Irrationale in der Idee des Göttlichen und sein Verhältnis zum Rationalen* von 1917.[122]

Otto schließt zum einen an Schleiermachers Neubestimmung der Religion an, dabei akzentuiert er jedoch weniger die revolutionär-enthusiastische Qualität als vielmehr die generelle Bindung des Religiösen an das Gefühl, so wie es im 18. Jahrhundert, eingestimmt durch die Literatur der Empfindsamkeit und der „Heiligen Poesie" Klopstocks, verbreitet war.[123] Zum anderen wird für ihn die Weichenstellung wichtig, mit der Jacob Friedrich Fries die Kantsche Erkenntniskritik in die Religionsphilosophie überführt hatte. Wenn unsere Wahrnehmungen in der Immanenz unserer Erkenntnisbedingungen verbleiben, so müßte dies auch für die transzendenten Ideen gelten.[124] Die Anwendung der Erkenntnistheorie auf die Religion

---

122 Rudolf Otto, *Das Heilige. Über das Irrationale in der Idee des Göttlichen und sein Verhältnis zum Rationalen* [1917], 23.-25. Aufl., München 1936. Zu Otto siehe: Hans-Walter Schütte, *Religion und Christentum in der Theologie Rudolf Ottos*, Berlin 1969; Todd Gooch, *The Numinous and Modernity: An Interpretation of Rudolf Otto's Philosophy of Religion*, Berlin 2000; ders., „Rudolf Otto and ‚The Irrational in the Idea of the Divine'", in: *Religion und Irrationalität. Historisch-systematische Perspektiven*, hg. v. Jochen Schmidt u. Heiko Schulz, Tübingen 2013, S. 81-100. Immer noch lesenswert ist die Otto-Kritik des Steyler Missionars Pater Wilhelm Schmidt, *Menschheitswege zum Gotterkennen: rationale, irrationale, superrationale. Eine religionsgeschichtliche und religionspsychologische Untersuchung*, München 1923, in der es um die „Verzweiflung der Moderne am Rationalen, ihr Hang zum Irrationalen, ihre Scheu vor dem Superrationalen" geht (ebd., S. 1). Zur Aktualität: Hans Joas, „Theologie unter freiem Himmel. Wie aktuell ist Rudolf Otto?", in: *Sinn und Form* 65(4)/2013, S. 551-559. Zur Konkurrenz von Darwinismus und Religionswissenschaft vgl. Hans-Martin Barth, „Naturalismus, Darwinismus und das Heilige nach Rudolf Otto", in: *Neue Zeitschrift für Systematische Theologie* 51/2009, S. 445-460. Eine Theorie numinoser Gefühle als „göttliche Atmosphären" hat Hermann Schmitz im Anschluß an Otto entwickelt, siehe Hermann Schmitz, *System der Philosophie*, Bd. 3: *Der Raum*, Teil 4: *Das Göttliche und der Raum*, Bonn 1977, S. 74-92. Daß sie beim Verständnis heutiger Religionsphilosophien eines radikal anderen, uns verpflichtenden Gottes hilft, zeigt: Henning Nörenberg, *Der Absolutismus des Anderen. Politische Theologien der Moderne*, Freiburg/München 2014, S.76-85.

123 Vgl. Carsten Colpe, „Die wissenschaftliche Beschäftigung mit ‚dem Heiligen' und ‚das Heilige' heute", in: *Das Heilige. Seine Spur in der Moderne*, hg. v. Dietmar Kamper u. Christoph Wulf, Frankfurt a. M. 1987, S. 33-61, hier S. 45.

124 Rudolf Otto, *Die Kantisch-Fries'sche Religionsphilosophie und ihre Anwendung auf die Theologie*, Tübingen 1909. Martin Riesebrodt verdeckt den kantianischen Ausgangspunkt bei Otto und stellt ihn allzu großzügig in eine Kontinuitätslinie von Schleiermacher, der Romantik bis zur Phänomenologie. Dabei verschwinden die gravierenden erfahrungssatten Unterschiede zwischen den enthusiastischen Religionen der Revolutionszeit und den akademischen Anstrengungen Ottos unter Bedingungen des Religionsmarkts, einer neuen Wissenschaft Reputation zu verschaffen. Daß sich sowohl Schleiermacher als auch Otto auf

führt bei Otto gleichsam zu einer Art negativen Erkenntnisvermögen der Anregbarkeit und Erweckbarkeit der menschlichen Seele durch das Numinose, „das sich dem Rationalen (…) entzieht und das ein *arrēton*, ein *ineffabile* ist, sofern es *begrifflicher* Erfassung völlig unzugänglich ist."[125] Das Heilige, dessen Momente in Ottos Schrift phänomenologisch entfaltet werden, ist eine Kategorie „rein a priori".[126] Das Gefühl des Numinosen „bricht auf aus dem ‚Seelengrunde', aus dem tiefsten Erkenntnis-grunde der Seele selber, zweifellos nicht vor und nicht ohne Anregung und Reizung durch weltliche und sinnliche Gegebenheiten und Erfahrnisse, sondern in diesen und zwischen diesen. Aber es entspringt nicht *aus* ihnen, sondern *durch* sie. Sie sind Reiz und ‚Veranlassung', daß es selber sich rege – sich rege und sich anfänglich sogleich naiv und unmittelbar einflechte und einwebe in das Weltlich-Sinnliche selber, bis es dieses in allmählicher Läuterung von sich stößt und es sich selbst schlechthin entgegensetzt. Der Beweis, daß es sich im Gefühl des Numinosen um Erkenntnis-momente rein a priori handelt, ist durch kritische Selbstbesinnung zu führen."[127] Mit dieser Grundlegung verliert Ottos Religionswissenschaft ein Stück weit ihren Wissenschaftscharakter. Religion ist – wie Rainer Flasche bemerkt – Erkenntnisgegenstand und Erkenntnismittel zugleich: „Der ‚sensus numinis' ergreift sich selbst und emaniert das, was Religion zu sein habe."[128]

Otto bewegt sich in der Paradoxie, die in der „Sprachkrise" um 1900 von vielen ausbuchstabiert wurde: der Schwierigkeit über etwas zu reden, über das man nicht reden kann. Otto fehlt der strengere methodische Sinn der Husserlschen Phänomenologie, aber erkennbar ist das Problembewußtsein, das mit der Kontrolle der Sprachmittel verbunden ist. „Zugleich stellt uns aber das Irrationale in diesem Sinne eine bestimmte Aufgabe: nämlich die, uns nicht mit seiner bloßen Feststellung zu beruhigen und nun dem Belieben und schwärmenden Gerede Tür und Tor zu öffnen, sondern in möglichst nahekommender ideogrammatischer Bezeichnung seine Momente so festzulegen wie möglich und auf diese Weise das, was in schwankender Erscheinung bloßen Gefühls schwebte zu festigen, mit dauernden ‚Zeichen', um so zu Eindeutigkeit und Allgemeingültigkeit der Erörterung zu kommen und ‚gesunde' Lehre zu bilden, die feste Fügung hat und objektive Gültigkeit erstrebt, auch wenn sie statt mit adäquaten Begriffen nur mit Begriffs-symbolen arbeitet. Es gilt, das Irrationale nicht zu rationalisieren, was unmöglich ist, wohl aber einzufangen und nach seinen Momenten festzulegen und dadurch dem ‚Irrationalismus' schwärmender Willkürrede durch gefestigte ‚gesunde' Lehren entgegenzutreten."[129] Religion wissenschaftlich definieren, ohne selber Prediger zu werden, – diese Gratwande-

das Gefühl beziehen, steht außer Frage, aber es gibt eben verschiedene Gefühle. Siehe Riesebrodt 2007, S. 78f.

125 Otto 1936, S. 5.

126 Ebd., S. 137.

127 Ebd., S. 138.

128 Rainer Flasche, „Religiöse Wirkungen von Religionswissenschaftlern", in: *Die Religion von Oberschichten. Religion – Profession – Intellektualismus*, hg. v. Peter Antes u. Donate Pahnke, Marburg 1989, S. 203-217, hier 205.

129 Otto 1936, S. 77.

rung ist durchaus der leicht verwischbaren Grenze vergleichbar, die wissenschaftlichen Ernst von wissenschaftsreligiösem Überstieg trennt.

Die Momente des Numinosen sind bei Otto auf dem Weg zu einer Religionsphänomenologie durchaus nachvollziehbar formuliert. Es geht um die Gefühle des Schauervollen, Übermächtigen, Energischen, des ganz Anderen, des Faszinierenden, Ungeheuerlichen, des Erlauchten usw. Jedoch bleibt ihm mit der Fixierung des irrationalen Fundaments seines Religionsbegriffs kein anderer Weg als die Begründung einer besonderen Kommunikationsgemeinschaft der religiös Begabten, wenn es heißt: „Wir fordern auf, sich auf einen Moment starker und möglichst einseitiger religiöser Erregtheit zu besinnen. Wer das nicht kann oder wer solche Momente überhaupt nicht hat, ist gebeten nicht weiter zu lesen. Denn wer sich zwar auf seine Pubertäts-gefühle, Verdauungs-stockungen oder auch Sozial-gefühle besinnen kann, auf eigentümlich religiöse Gefühle aber nicht, mit dem ist es schwierig Religionskunde zu treiben."[130] 1921 gründet Rudolf Otto den *Religiösen Menschheitsbund.*[131]

Einer solchen Religionsstiftung bedurfte der Religionswissenschaftler Nathan Söderblom nicht. Er wurde 1914 gegen den Widerstand orthodoxer Kreise, die in ihm einen Heiden zu erkennen glaubten, zum Erzbischof von Uppsala und damit zum Primas der Schwedischen Staatskirche gewählt.[132] 1930 erhielt er wegen seiner Bemühungen um die Einheit der Christen und den Weltfrieden den Friedensnobelpreis.

Das Christentum ist für Söderblom zwar der Höhepunkt der religionsgeschichtlichen Entwicklung, aber dafür ist der Gottesbegriff nicht das entscheidende Kriterium. „Heiligkeit ist das bestimmende Wort in der Religion; es ist sogar noch wesentlicher als der Begriff Gott. Die wahre Religion kann ohne bestimmte Auffassung von der Gottheit bestehen, aber es gibt keine echte Religion ohne Unterscheidung zwischen ‚heilig' und ‚profan'."[133] Söderblom, der 1901 an der Sorbonne mit einer Arbeit über die altpersische Religion des Mazdaismus promoviert worden war, sind die Arbeiten von Marcel Mauss und Émile Durkheim wahrscheinlich bekannt gewesen, in denen die Grundunterscheidung heilig/profan – wie wir im nächsten Abschnitt zeigen werden – eine zentrale Rolle spielt.

Mit der Rede vom Heiligen, die schon in den enthusiastischen Religionen der Revolutionszeit eine Hochkonjunktur hatte, erfolgt bei Söderblom eine wichtige

130 Ebd., S. 8. Abweichende Schreibweise im Original.

131 Rudolf Otto, „Ein Bund der guten Willen in der Welt", in: *Religion und Leben. Aufsätze zur Gegenwartskrise des Christentums*, hg. v. Gustav Mensching, Riga/Leipzig 1931, S. 108-115; Frank Obergethmann, „Rudolf Ottos Religiöser Menschheitsbund", in: *Zeitschrift für Religionswissenschaft* 6(1)/1998, S. 79-106; Hummel 1994, S. 15; Rainer Flasche weist darauf hin, daß es eine Otto-Renaissance in den USA gleichzeitig mit der New Age-Bewegung gegeben hat. Vgl. Flasche 1989, S. 208.

132 Zu Söderblom siehe Hanna Wolff, *Der lebendige Gott. Nathan Söderbloms Beitrag zur Offenbarungsfrage*, Emsdetten 1938.

133 Nathan Söderblom, „Das Heilige (Allgemeines und Ursprüngliches)" [1913], in: *Die Diskussion um das ‚Heilige'*, hg. v. Carsten Colpe, Darmstadt 1977, S. 76-116, hier S. 76.

Erweiterung des Religionsbegriffs: „Daß man dem Begriff der Gottheit ungebührliche Bedeutung beilegte, hat oft dazu geführt, aus dem Reich der Religion auszuschließen: 1. Erscheinungen im ursprünglichen Entwicklungsstadium, da sie magische Merkmale trugen, obwohl sie in ihrem Kern religiöse Prägung aufwiesen; 2. den Buddhismus und andere höhere Formen der Erlösung und Frömmigkeit, die den Glauben an Gott nicht einschließen. Der einzig sichere Nachweis ist hier die Heiligkeit."[134] In diese Richtung zielt auch Söderbloms Studie über den Ursprung des Gottesglaubens, in der er – ebenso wie Rudolf Otto – die Thesen über das *mana* als eine die normalen Fähigkeiten des Menschen übersteigende Kraft aufgreift, die Codrington und Marett vertreten haben. „Nicht die bloße Existenz der Gottheit, sondern ihr *mana*, ihre Macht, ihre Heiligkeit ist das was die Religion ausmacht."[135] In der Vielfalt des Religiösen, das historisch-geographisch gegliedert anzutreffen ist, sieht Söderblom die Offenbarung des gebieterischen und bedingungslosen Heiligen, an die sich Individuen binden.

Dies gilt in komplexerer Weise auch für das Christentum. Kirche und Gemeinde sind dabei zweitrangig, ebenso die ethischen Maximen und moralischen Vorschriften, die nicht genuin religiös sind und auch im Prinzip ohne Heiligkeit existieren können. Im Zentrum aller Religion, zu der auch magische Praktik gehört, steht das religiöse Erleben des Einzelnen, weshalb Söderblom auch die Eschatologie als eine Kraft des Aufbruchs gegen ihre neo-calvinistischen Verächter verteidigt hat.

Während Söderblom aus protestantischer Richtung den religionswissenschaftlichen Grundbegriff des Heiligen fixiert, entwirft Friedrich Heiler einen parallelen Zugang aus katholischer Richtung, ein Unternehmen, das kirchenpolitisch freilich mit größeren Schwierigkeiten verbunden ist.[136] 1919 hält er auf Einladung Nathan Söderbloms Vorträge über „Das Wesen des Katholizismus" in Schweden.[137] Seine Teilnahme am Abendmahl unter beiderlei Gestalt, die zu seiner Mitgliedschaft in der Schwedischen Staatskirche führte, hätte *bekenntnisreligiösem* Kirchenrecht zufolge eigentlich eine Exkommunikation nach sich ziehen müssen. Heiler blieb dagegen im Zwischenreich der *Bekenntnisreligionen*. Er war Mitbegründer der *Hochkirchlichen Vereinigung augsburgischen Bekenntnisses* und der *Hochkirchlichen St. Johannes-Bruderschaft*, für die er auf einem Umweg auch die apostolische Sukzession erreichte. 1930 wurde er in einer Seitenlinie der syrisch-orthodoxen Kirche von Antiochien zum katholischen Bischof geweiht. Wie Söderblom mit dem Weltkirchenrat die Einigung der Christenheit anstrebte, so wollte Heiler mit der *Una*

134 Ebd.

135 Ebd. Siehe auch Nathan Söderblom, *Das Werden des Gottesglaubens. Untersuchungen über die Anfänge der Religion*, Leipzig 1916.

136 Hans Hartog, *Evangelische Katholizität. Weg und Vision Friedrich Heilers*, Grünewald/Mainz 1995; Annette Klement, *Versöhnung des Verschiedenen. Friedrich Heilers Ringen um die ‚eine' Kirche im Spiegel seiner Korrespondenz mit katholischen Theologen*, Frankfurt a.M. 1997.

137 Friedrich Heiler, *Das Wesen des Katholizismus. Sechs Vorträge, gehalten im Herbst 1919 in Schweden*, München 1920.

Sancta-Bewegung auf einen überkonfessionellen Katholizismus, eine „evangelische Katholizität" hinwirken.

In seiner berühmten Studie *Das Gebet. Eine religionsgeschichtliche und religionspsychologische Untersuchung* von 1917 ist die Perspektive Rudolf Ottos in charakteristischer Weise verschoben.[138] Nicht das Heilige als Gefühl des Kreatürlichen, sondern die *invocatio* als Anrufung und Gebet bilden den Ausgangspunkt. Das Gebet ist gleichsam die Konsequenz und der Ausdruck einer religiösen Erfahrung des Glaubens „an die Präsenz einer transzendenten Wirklichkeit und an eine tatsächliche Berührung und Verbindung des Menschen mit dieser höheren Wirklichkeit."[139] Im Unterschied zu Söderblom, der den Gottesbegriff als nachrangig gegenüber dem Begriff des Heiligen einstuft, findet man bei Heiler eine starke Tendenz der Theologisierung gerade auch der asiatischen Religionen.[140] Verbunden damit erhält die Religionsvorstellung bei Heiler eine starke mystische und spirituelle Prägung. Dabei ist für Heiler wie für Otto selbstverständlich, daß Religionswissenschaft nur treiben kann, wer sich auf seine religiöse Erfahrung beziehen kann. „Wer niemals selbst einen religiösen Impuls gespürt hat, wird nie in die an Wundern und Rätseln so reiche Welt der Religion eindringen."[141]

SCHLUSS. Wir haben fünf thematische, teilweise miteinander verflochtene, aber insgesamt doch recht verschiedene Suchbewegungen dargestellt, Religion oder das Religiöse als wissenschaftlichen Gegenstand zu konstituieren: die Orientierung an Extremformen religiösen Lebens, die Suche nach dem menschheitsgeschichtlichen Ursprung der Religion anhand ethnologischer Berichte über die Religion der illiteraten ‚Wilden', die religionsvergleichende Einbeziehung außerchristlicher historischer Hochkulturen, die Verbindung von Religionsethnologie, Mythenforschung und Psychopathologie in der Tiefenpsychologie, schließlich die Bemühungen, die sich um das Heilige als Kern aller Religion gruppierten, wie die prominente Religionsphänomenologie Rudolf Ottos, der, in Absetzung von einseitig rationalisierender Theologie und Religionsforschung seiner Zeit, sich zum Ziel setzte, das Irrationale in den Anmutungen des Heiligen einzufangen und das Heilige als Kategorie *a priori* zu bestimmen.

Was verbindet die dargestellten, so verschiedenen Bemühungen, Religion und das Religiöse als wissenschaftlichen Gegenstand zu konstituieren? Es ist die gemeinsame Erfahrungslage, sich in einem Horizont zu sehen, in dem Wissenschaft für einen Teil der Intellektuellen zur Religion geworden ist und in dem sich Zweifel verbreiten, ob die christliche Botschaft überhaupt eine Zukunft hat. Wir haben gezeigt, wie diese Erfahrungslage der Entfesselung der Markgesellschaft, dem Auf-

138 Friedrich Heiler, *Das Gebet. Eine religionsgeschichtliche und religionspsychologische Untersuchung* (Diss. München 1917), München 1918a.

139 Ebd., S. 16.

140 Friedrich Heiler, *Die buddhistische Versenkung. Eine religionsgeschichtliche Untersuchung*, München 1918b.

141 Heiler 1918a, S. 14.

treten von *Wissenschaftsreligion* und dem Entstehen eines Religionsmarktes geschuldet ist. Was hätte man als Religionswissenschaftler mit einer Orientierung an der akuten, vorherrschenden Situation in den europäischen Ländern fachlich erreichen können, in der die jeweils dominierende *Bekenntnisreligion* mit *Wissenschaftsreligion* sowie mit den vielen Religions- und Weltanschauungsanbietern konkurrierten?

Um eine die Fachidentität stiftende Definition des Religiösen zu erreichen, boten sich Fluchtbewegungen an: einmal hin zu den religiösen Virtuosen am Rande der Gesellschaft oder das andere Mal aus der Gegenwart zurück zu den ganz frühen Religionen. In den Zonen des Entfernten und Abnormen wurde man auch fündig, sei es ein anarchisches Triebleben oder ein Streben nach Ganzheit, sei es eine individuelle Transzendenzerfahrung oder die Erschütterung durch das Numinose. Das Religiöse, das man fand, war zum einen das irrationale Andere des Zusammenspiels rational kalkulierter Wahlhandlungen auf dem Markt, zum anderen fand man etwas, das dem insgesamt unvorhersehbaren irrationalen Gesamtprozeß von Marktgesellschaft dann doch sehr ähnlich war.

Wie sollte aber der Religionswissenschaftler seinen Gegenstand verstehen, wenn er das Religiöse so fern seiner eigenen Lebenswelt, die in Europa nicht gerade von Abnormen bzw. Wilden bevölkert war, zu finden glaubte? Es blieb kein anderer Weg als es in sich selber zu finden. Dies bedeutete in der Konsequenz, daß diese Wissenschaft nicht von jedermann betrieben werden konnte. Zu den akademischen Standards der Kompetenzgewinnung in den Rahmungen disziplinärer Diffenzierung mußte die „religiöse Begabung" oder „religiöse Musikalität" oder die Entdeckung des Religiösen im Unbewußten oder seine Entlarvung in der *vita sexualis* oder der Impuls, selbst eine Gemeinde der Frommen zu bilden, hinzukommen. Diese Problemlage begleitet die Religionswissenschaft bis weit in das 20. Jahrhundert. [142]

2. Émile Durkheim und die Religionssoziologie in Frankreich

DIE KRISE SOZIALER KOHÄSION. Anders als die religionswissenschaftlichen Bemühungen, die wir zuletzt behandelt haben, war es für die entstehende Soziologie kaum möglich, das Thema Religion fernab von der akuten Erfahrung der sozialen Folgen entfesselter Marktwirtschaft zu erörtern. Soziologie, d.h. die Wissenschaft von der Gesellschaft, entstand in der zweiten Hälfte des 19. Jahrhunderts als Antwort auf die „soziale Frage", d.h. auf die marktgetriebenen Prozesse von Industrialisierung, Urbanisierung, Rationalisierung und Individualisierung, die wir als epochalen Erfahrungsraum für die Entstehung von *Wissenschaftsreligion* und eines Religionsmarkts beschrieben haben. Von daher steht alle Soziologie an ihrem Startpunkt im Horizont der Auseinandersetzung mit Fragen des Verhältnisses von Reli-

142 Zur Dauerdebatte, wie über das Irrationale in der Religion wissenschaftliche Aussagen zu machen sind, vgl. die Beiträge in Schmidt u. Schulz 2013.

gion und der neuartigen gesellschaftlichen Erfahrung. Dies gilt – wie aufgezeigt – für den *wissenschaftsreligiösen* Auguste Comte und den Agnostiker Herbert Spencer und wiederum in anderer Weise für Émile Durkheim, Max Weber und Georg Simmel, mit deren Religionsauffassungen der *Dritte Teil* der Religionssoziologie abschließt.

Von weittragender Bedeutung sowohl für das wissenschaftliche Verständnis von Religion als auch für die Soziologie im allgemeinen ist die Entwicklung der Religionssoziologie in Frankreich. Während in England die mit dem marktgesellschaftlichen Imperialismus verbundenen Fragen der Einbeziehung der kolonisierten außereuropäischen Völker und ihrer Glaubensvorstellungen im Vordergrund standen, ist die französische Diskussion zunächst von binnenkapitalistischen Problemen bestimmt. Es geht um die Frage, wie die Resultate der Revolution von 1789 bewahrt werden können. Zwar spielen auch evolutionistische Interpretamente der Religionsentwicklung in der Tradition Auguste Comtes eine Rolle, aber mehr als anderswo wird in Frankreich das Interesse an Religion mit der Frage nach der politischen Stabilität moderner Gesellschaft und der Einheit der Nation verbunden. Die Religionswissenschaft in Frankreich nimmt somit eine starke soziologische Wendung. Die französische Religionssoziologie ist beherrscht von der Erfahrung der Krise sozialer Kohäsion in der entfesselten Marktgesellschaft. Für diese Konstellation steht Émile Durkheim, zugleich wirkmächtiger Klassiker der Soziologie und Religionssoziologie.[143]

Die aufbrechende Modernisierungserfahrung faßt Durkheim in seinem ersten großen Werk *Über soziale Arbeitsteilung. Studie über die Organisation höherer Gesellschaften* wie auch andere Sozialwissenschaftler der Zeit mit Hilfe einer Kontrastierung von einfachen Gesellschaften mit geringer Arbeitsteilung und komplexen Gesellschaften mit einer ausgebildeten und weiter fortschreitenden Arbeitsteilung.[144] Die Sozialintegration der ersteren erfolge durch die Gleichförmigkeit der Tradition und durch strenge strafrechtliche Sanktionen. Sie funktioniere als eine „mechanische Solidarität". Die modernere Sozialintegration basiere dagegen auf der Basis der Verschiedenheit der Tätigkeiten, die durch private Verträge miteinander verbunden

143 Die Literatur zu Durkheim übersteigt die Lesezeit eines einzelnen Daseins. Genannt seien hier die beiden wichtigen biographischen Gesamtdarstellungen: Steven Lukes, Émile Durkheim. *His Life and Work. A Historical and Critical Study*, Harmonsworth 1973; Marcel Fournier, Émile Durkheim. *1858-1917*, Paris: Fayard, 2007. Einen Eindruck von der Breite der Rezeption geben die Beiträge in: *Emile Durkheim: Critical Assessments of Leading Sociologists*, 4 Bde., hg. v. William S. F. Pickering, London: Routledge, 2001; siehe darüberhinaus: Susan Stedman Jones, *Durkheim reconsidered*, Cambridge 2001; *The Cambridge Companion to Durkheim*, hg. v. Jeffrey C. Alexander u. Philip Smith, Cambridge 2005. Zur Rezeption in Deutschland: Matthias Koenig, *Wie weiter mit Émile Durkheim?*, Hamburg 2008; Heike Delitz, *Émile Durkheim zur Einführung*, Hamburg 2013; *Émile Durkheim. Soziologie – Ethnologie – Philosophie*, hg. v. Tanja Bogusz u. Heike Delitz, Frankfurt a.M. 2013.

144 Émile Durkheim, *Über soziale Arbeitsteilung. Studie über die Organisation höherer Gesellschaften* [1893], Frankfurt a.M. 1988.

sind, bei einer gleichzeitigen Zurückdrängung strafrechtlicher Sanktionen. Durkheim nennt diesen Integrationsmodus „organische Solidarität".[145] Dieses Modell entsprach den verbreiteten Binarismen, mit denen die Erfahrung entfesselter Marktgesellschaft verarbeitet wurde: die Binarität von kriegerischer Adelsgesellschaft und bürgerlich industrieller Gesellschaft oder der Entwicklung von Status zu Vertrag, wie Henry Maine dies in *Acient Law* (1861) untersucht hatte, oder des Gegensatzes vom „Joch der Gewohnheit" und dem „Zeitalter der Diskussion" bei Walter Bagehot oder der Dichotomie von „Gemeinschaft" und „Gesellschaft" bei Friedrich Tönnies.[146]

Durkheim konzentriert sich nun auf die Paradoxie marktgesellschaftlicher „organischer Solidarität" und fragt: „Wie geht es zu, daß das Individuum, obgleich es immer autonomer wird, immer mehr von der Gesellschaft abhängt? Wie kann es zu gleicher Zeit persönlicher und solidarischer sein? Denn es ist unwiderlegbar, daß diese beiden Bewegungen, wie gegensätzlich sie auch erscheinen, parallel verlaufen".[147] Diese Paradoxie kennzeichnet das Krisenbewußtsein des ausgehenden 19. Jahrhunderts und läßt verschiedene Auflösungen zu, die sich zwischen den Spannungspolen soziale Ganzheit/Individuum als Gegenstandsbestimmung, Allgemeinheit/Partikularität als methodisches Prinzip, Notwendigkeit/Zufall mit Blick auf Kausalität sowie anonymer Zwang und Selbstbestimmung in Sachen Freiheit bewegen.[148] Durkheim gehört zu denen, die ihre Theorie der Gesellschaft auf die Pole der Ganzheit, des Allgemeinen, der Notwendigkeit und des anonymen Zwanges ausrichten. Er sucht nach Begründungen dafür, wie Gesellschaften, in denen sich Individuen vertraglich aneinander binden, zugleich soziale Kohärenz und individuelle Autonomie ausbilden können.

Die Lösung findet er in einer Umkehrung der utilitaristischen Perspektive. Es sind nicht die Einzelwillen, die sich aus Nutzenerwägungen zu einem Kollektiv zusammenschließen, sondern der Typus arbeitsteiliger Abhängigkeiten prägt das individuelle Leben und eröffnet so erst Chancen der Individualisierung. „Das kollektive Leben wird nicht aus dem individuellen Leben geboren, sondern es verhält sich vielmehr umgekehrt. Nur unter dieser Bedingung kann man sich erklären, wie sich die persönliche Individualität sozialer Einheiten bilden und erweitern konnte, ohne die Gesellschaft zu zersetzen".[149] In einer nicht enden wollenden Auseinandersetzung mit Spencers radikal-liberalem Individualismus etabliert Durkheim den

145 Siehe dazu: Hartmann Tyrell, „Emile Durkheim – Das Dilemma der organischen Solidarität", in: *Soziale Differenzierung. Zur Geschichte einer Idee*, hg. v. Niklas Luhmann, Opladen 1985, S. 181-250.

146 Vgl. John Wyon Burrow, *Die Krise der Vernunft. Europäisches Denken 1848-1914*, München 2003, S. 121.

147 Durkheim 1988, S. 82.

148 Karl Acham, „Die kulturelle Krise der Gesellschaft um 1900 und die Genese der Sozialwissenschaften", in: Vom Weltbildwandel zur Weltanschauungsanalyse. Krisenwahrnehmung und Krisenbewältigung um 1900, hg. v. Walter Sparn u. Volker Drehsen, Berlin 1996, S. 39-67, hier S. 47.

149 Durkheim 1988, S. 339f.

Vorrang des Sozialen in seiner seltsamen Doppelung als funktionale Differenzierung und als moralische Integration.[150]

Wie sehr bei Durkheim sozial-moralische Fragen und die religiöse Thematik enggeführt werden, zeigt dann seine Studie über den Selbstmord.[151] Die extreme Weise, den Primat der Gesellschaft in Frage zu stellen, sich der Gesellschaft zu entziehen, ist der Selbstmord. Das Thema Selbstmord ist, wie wir gesehen haben, bei pessimistischen Autoren im Anschluß an Schopenhauer präsent, der diese Lösung abgelehnt hat, weil damit der universelle blinde Wille zum Leben nicht bewältigt werden könne.[152] Aber nicht alle sind Schopenhauer darin gefolgt. In Frankreich steigt die Zahl der Selbstmorde von 1826-1888 um 385%, in Preußen von 1826-1890 um 410%.[153] Der Selbstmord ist in der Diskussion nach 1848 das öffentliche und skandalöse Symbol für die Ungesellschaftlichkeit der modernen Gesellschaft.[154] Die Entdeckung der modernen Gesellschaft, die Erfahrung ihrer Paradoxie und die Thematisierung des Selbstmords gehören eng zusammen.

Beginnt man, Durkheims Studie zu lesen, so wird man gleich durch seine Definition des Selbstmords überrascht. Der Selbstmord als ein Akt, durch den der Mensch sich selbst mit Absicht das Leben nimmt, diese Definition weist Durkheim zurück. Einmal sei es schwierig, die Intention eines Menschen richtig zu verstehen, des weiteren sei die Suche nach Beweggründen irreführend – ein und derselbe Beweggrund kann zu verschiedenen Akten führen – und schließlich schließe man gleich eine ganze Reihe von Fällen aus, wenn man sich auf die Selbstmordabsicht konzentriert: Der Soldat, der sich in lebensgefährliche Situationen begibt, die indische Witwe, die sich auf dem Grab ihres Mannes das Leben nimmt, der Märtyrer, der für seinen Glauben stirbt, die Mutter, die sich für ihr Kind opfert etc. Will man das Feld des Selbstmords richtig einschränken, läßt man die Absicht am besten heraus. Besser wäre es Durkheim zu Folge zu definieren: Ein Selbstmord liegt vor, wenn der Tod direkt oder indirekt durch eine selbst verursachte Aktion oder Un-

150 Zum Verhältnis Spencer – Durkheim siehe: Robert G. Perrin, „Émile Durkheim's ‚Division of Labor' and the Shadow of Herbert Spencer", in: *The Sociological Quarterly* 36(4)/1995, S. 791-808; Dietrich Rüschemeyer, „Spencer und Durkheim über Arbeitsteilung und Differenzierung: Kontinuität oder Bruch", in: Luhmann 1985, S. 163-180. Zu Spencer in diesem Band S. 390ff.

151 Émile Durkheim, *Der Selbstmord* [1897], Frankfurt a.M. 1983.

152 Durkheims Interesse an Schopenhauer und seine Lektüre von Eduard von Hartmanns *Philosophie des Unbewussten* brachte ihm in der Zeit als Professeur de Lycée den Spitznamen „Schopen" ein. Vgl. Fournier 2007, S. 63ff. Zum Pessimismus in diesem Band S. 583ff.

153 Anthony Giddens, „The Suicide Problem in French Sociology", in: *The British Journal of Sociology* 16(1)/1965, S. 3-18; Whitney Pope, *Durkheim's Suicide: A Classic Analyzed*, Chicago: University Press, 1976; Rodney Stark / Daniel P. Doyle u. Jesse Lynn Rushing, „Beyond Durkheim. Religion and Suicide", in: *Journal of the Scientific Study of Religion* 22(2)/1983, S. 120-131.

154 Das Thema interessierte auch Karl Marx, vgl. Karl Marx, „Vom Selbstmord", in: Ders., *Vom Selbstmord*, hg. v. Eric Plaut u. Kevin Anderson, Köln 2001, S. 56ff.

terlassung zustande kommt, von der das Opfer weiß, daß sie zu diesem Resultat führt.

Warum führt Durkheim diesen Kampf gegen Interpretationsweisen, die sich um die Erhellung der Intention bemühen? Durkheim wehrt eine psychologische Deutung ab. Kann man dies gerade beim Selbstmord überhaupt sinnvollerweise tun? Ist der Selbstmord überhaupt etwas Soziales, das in den Bereich der Soziologie fällt, ist er nicht vielmehr etwas ganz individuell Einzigartiges? Ist er nicht eben gerade etwas Ungesellschaftliches? Durkheims Antwort lautet: Im Gegenteil, der Selbstmord ist eine soziale Erscheinung. Er ist zunächst ein Massenphänomen, das statistisch erfaßt werden kann. Untersucht man dies Massenphänomen, so findet man charakteristische Verschiebungen bei unterschiedlichen Gruppen und Nationen. Jede Gruppe und Nation zeigt eine bestimmte, in Zahlen erfaßbare Tendenz zum Selbstmord. Man muß also auf einzelne soziale Kreise oder Gruppen gehen, um die Ursachen des Selbstmords zu erhellen.

So untersucht Durkheim Zusammenhänge zwischen der Tendenz zum Selbstmord und dem Familienleben. Die Recherche ergibt: Die meisten Selbstmorde begehen Ledige, bei Verheirateten ist die Neigung gering, geringer noch bei Verheirateten mit Kindern und noch geringer bei Verheirateten mit vielen Kindern. Also, so schließt Durkheim, ist der Selbstmord nicht, wie die Vulgärmaterialisten glauben, ein Verzweiflungsakt aus ökonomischer Not, sonst müßten ihn ja gerade die armen und kinderreichen, hungernden Familien am häufigsten begehen. Die Gruppenintegration in der Familie schützt vor Selbstmord dort, wo sie am stärksten ist. In politischen Krisen und Revolutionen sinkt die Selbstmordzahl. Warum? Durkheim schließt: Weil die Gruppenintegration sich verstärkt. In Revolutionen werden die Einzelwillen zu einem Kollektiv gebunden. Dem entspricht das Resultat der Prüfung der Selbstmordstatistik in Bezug auf Religionszugehörigkeiten, die Durkheim an den Anfang stellt. Es sind meistens Protestanten, die sich das Leben nehmen. Mit großem Abstand folgen die Katholiken und die Juden. Warum? Liegt es im Wesen der katholischen oder jüdischen Religion, daß sie vor Selbstmord schützt? Durkheim verneint diese Frage: Der religiöse Kernbestand ist allen drei Religionen gemeinsam. Die Eigenheit der Religion übt an und für sich keinen negativen oder positiven Einfluß auf das Selbstmordverhalten aus. Alle drei Religionen verurteilen auch gleichermaßen den Selbstmord. Woher kommen also die Unterschiede? Wenn Katholiken weniger Selbstmord begehen, so liegt das Durkheim zufolge nicht an der besonderen Eigenart der Religion, sondern daran, daß die Gläubigen eine Gruppe bilden, ein auf einem kollektiv tradierten, sozial verpflichtenden Glauben aufgebautes soziales Gebilde. Je stärker die kollektive Gesinnung ist, desto integrierter ist die religiöse Gemeinschaft, um so stärker kann sie schützend wirken. Im protestantischen Gruppen herrscht ein weniger integrierter Gruppengeist, es herrscht mehr religiöse Freiheit, mehr religiöser Individualismus, das heißt die kollektive Gesinnung ist schwächer, die Gemeinde ist weniger integriert und weniger schützend.

Durkheims Selbstmordempirie startet zwar auf dem religiösen Feld, aber der Religion wird hier keine systematische Vorrangstellung eingeräumt, auch nicht am

Ende der Studie, wenn Durkheim den Begriff der Anomie einführt, um die pathologischen Auswirkungen des Zerfalls sozialer Normen in der entfesselten Marktgesellschaft zu kennzeichnen. Eine Lösung für den Zerfall sozialer Kohäsion sieht er auf dem Felde der Ökonomie selbst, in der Förderung von Berufsgruppen, in denen moralische Bindekräfte wirken können, da Individuen das Ziel ihres Handelns an sozialen Gruppen orientieren.[155] Die religionssoziologische Perspektive bildet sich bei Durkheim langsam heraus, sie ist eng mit den Arbeiten seiner Schüler und Freunde verknüpft, und sie unterliegt bemerkenswerten Verschiebungen, bis sie in seiner berühmten Studie *Die elementaren Formen des religiösen Lebens* von 1912, die wir zum Abschluß dieses Abschnitts vorstellen, ihre klassische gewordene Form gewinnt.[156]

Was sich in der Selbstmordstudie schon abzeichnet, ist freilich eine Gleichgültigkeit gegenüber den Unterschieden in den Glaubenslehren, was zählt ist allein der Aspekt der sozialen Kohäsion. Damit schiebt Durkheim das Problem der inhaltlichen Konkurrenzen auf dem Religionsmarkt beiseite, das insbesondere *wissenschaftsreligiöse* Anhänger Comtes in ihrem Kampf gegen den Katholizismus forciert hatten.[157] Durkheim setzt den Streit um die Wahrheit der Aussagen von Konfessionen und Weltanschauungen beiseite und hebt primär auf ihre soziale Funktion ab. Im Unterschied zu Comtes Anspruch auf geistige Führung und öffentliche Priesterschaft dämpft Durkheim die Erwartungen auf eine zahlreiche Anhängerschaft seiner Lehre. „Wir glauben im Gegenteil, daß für die Soziologie der Moment gekommen ist, auf weltliche Erfolge zu verzichten und den esoterischen Charakter anzunehmen, der aller Wissenschaft zukommt."[158] Dieser „esoterische Charakter" der Konstitution eines Raumes der Gelehrsamkeit, in dem gleichsam wertfrei über

155 Kurt Meier, *Emile Durkheims Konzeption der Berufsgruppen. Eine Rekonstruktion und Diskussion ihrer Bedeutung für die Neokorporatismus-Debatte*, Berlin 1987; Christian Gülich, *Die Durkheim-Schule und der französische Solidarismus*, Wiesbaden 1991; Felix Dirsch, *Solidarismus und Sozialethik: Ansätze zur Neuinterpretation einer modernen Strömung der katholischen Sozialphilosophie*, Münster 2006.

156 Émile Durkheim, *Die elementaren Formen des religiösen Lebens* [1912], Frankfurt a.M. 1981.

157 Durkheims eigensinniges Verhältnis zur Laizität untersucht: Jean Bauberot, „Durkheim und die Debatte um die Laizität", in: *Religionskontroversen in Frankreich und Deutschland*, hg. v. Matthias Koenig u. Jean-Paul Willaime, Hamburg 2008, S. 182-203; siehe auch Hartmann Tyrell, „Kulturkämpfe in Frankreich und Deutschland und die Anfänge der Religionssoziologie", in: Koenig u. Willaime 2008, S. 97-181; Horst Firsching, „Die Sakralisierung der Gesellschaft: Emile Durkheims Soziologie der ‚Moral' und der ‚Religion' in der ideenpolitischen Auseinandersetzung der Dritten Republik", in: Krech u. Tyrell 1995, S. 159-193.

158 Émile Durkheim, *Regeln der soziologischen Methode*, hg. u. eingeleitet v. René König, Neuwied 1961, S. 222. Zum Verhältnis Durkheims zu Auguste Comte s. Werner Fuchs-Heinritz, „Durkheims Rezeption von Comte: Neuansatz oder Weiterführung?", in: *Grenzenlose Gesellschaft. 29. Kongress der DGS, 16. Österreichischer Kongress für Soziologie, 11. Kongress der Schweizerischen Gesellschaft für Soziologie, in Freiburg i. Br. 1998*, Bd. 2/2, hg. v. Hermann Schwengel, Pfaffenweiler 1999, S. 32-35.

Religion geforscht werden kann, folgt der Linie der *teologia naturalis*. Für Friedrich Tenbruck handelt es sich dabei um „den Übergang vom Konzept der kognitiven Systemkonkurrenz zur funktionalen Theorie der Religion."[159]

Die Bedeutung dieser Wende erkennt man erst, wenn man sich erinnert: In den Glaubenskriegen der frühen Neuzeit war bei denen, die einer aufgeklärten *Rationalreligion* folgten, der Ausgangspunkt der Religionsdefinitionen in der Regel der Glaubensinhalt gewesen. Auch in den enthusiastischen Religionen der Vergöttlichung der Nation bzw. der Vergöttlichung der Kunst, war das Religiöse zuerst mit bestimmten Inhalten verbunden. *Kunstreligion* und *Nationalreligion* waren in der Linie der *theologia fabulosa* mythenorientiert gewesen. In der vergleichenden Religionsforschung von Max Müller, Tylor u.a. interessierte man sich ebenfalls zuerst für das, was von Geistern und Göttern gesagt werden konnte. Diese Forschung folgte damit jener Bahn, in der seit langem heidnische Vorstellungen nach Maßgabe der christlichen Glaubenslehre als Aberglaube oder Irrlehre, bestenfalls als in gewissen Teilen ans Christentum akkommodierbar betrachtet wurden. Durkheim dagegen fragt nicht zuerst nach Glaubensinhalten, sondern nach der Funktion von Religion.

EINE FUNKTIONALE THEORIE DER RELIGION. Durkheims folgenreiche Konzeption einer funktionalen Theorie der Religion, die sich langsam, nicht zuletzt in Diskussionen mit seinen Schülern, bis zu seinem Spätwerk herausbildet, resultiert aus mehrschichtigen Rezeptionsvorgängen. Eine besondere Rolle für Durkheim spielen dabei der deutsche Psychologe Wilhelm Wundt, der französische Historiker Fustel de Coulanges und der schottische Theologe William Robertson Smith.

Nach seinem Studium hatte Durkheim eine Reise unternommen, um das deutsche Wissenschaftssystem kennenzulernen, auf dessen fortschrittliche Verfassung und Überlegenheit man in Frankreich die Niederlage vor den deutschen Truppen 1870/71 zurückführte.[160] An der Universität Leipzig, an der sich religionswissenschaftliche Interessen in verschiedenen Fächern bemerkbar gemacht hatten, hörte Durkheim Vorlesungen bei Wilhelm Wundt, dessen positivistische Psychologie ihn

159 Friedrich H. Tenbruck, „Wissenschaft und Religion", in: *Religion im Umbruch. Soziologische Beiträge zur Situation von Religion und Kirche in der gegenwärtigen Gesellschaft*, hg. v. Jakobus Wössner, Stuttgart 1972, S. 217-244, hier S. 224. Funktionale Theorien der Religion sind in verschiedene soziologische Theorien eingegangen, so etwa auch in die Religionssoziologie von: Thomas Luckmann, *Die unsichtbare Religion*, Frankfurt a.M., 1991; Rosemary L. Aird, „Émile Durkheim and Thomas Luckmann: Religion, Post-Christian Spirituality and Mental Health", in: *The Palgrave Handbook of Social Theory in Health, Illness and Medicine*, hg. v. Fran Collyer, London: Palgrave Macmillan, 2015, S. 91-106. Eine grundlegende Studie zur Kritik funktionalistischer Religionstheorien hat vorgelegt: Heinz-Theo Homann, *Das funktionale Argument: Konzepte und Kritik funktionslogischer Religionsbegründung*, Paderborn 1997.

160 Robert Alun Jones, „Durkheim and the positive Science of Ethics in Germany. Introduction to a Translation of Émile Durkheim's ‚La Science Positive de la Morale en Allemagne' 1887", in: *History of Sociology* 6(7)/1986-87, S. 177-189.

faszinierte. Wundt hatte in seiner Schrift *Ethik. Eine Untersuchung der Tatsachen und Gesetze des Sittlichen Lebens* (1886) davon Abstand genommen, diese moralphilosophisch zu begründen, und sie vielmehr zum Gegenstand empirischer und historischer Untersuchung gemacht.[161] In seiner Rezension der Wundtschen Schrift setzt sich Durkheim von utilitaristischen Erklärungen für wirtschaftliches Handeln ab und übernimmt den Wundtschen Gedanken, daß individuelle Handlungen moralischen Regeln folgen, die der Wirkung eines kollektiven Zwangs und nicht persönlichen Absichten entspringen. Er bemerkt: „Es gibt genauso viele Moralsysteme wie es Gesellschaftstypen gibt, und die Moral der niederen Gesellschaften ist genauso eine Moral wie jene der höherentwickelten Gesellschaften.“[162] Später wird Durkheim die Bedeutung Wundts für seine geistige Entwicklung herabstufen und dafür die Rolle von William Robertson Smith hervorheben. Wolf Lepenies hat auf die politischen Hintergründe im deutsch-französischen Spannungsfeld hingewiesen, die zu dieser Abwertung Wundts geführt haben.[163] Dennoch bleibt der Blick auf das beobachtbare äußere Verhalten der Individuen für Durkheim unverzichtbar.

Den Gedanken, daß die gemeinschaftlichen äußerlichen Handlungen für die soziale Kohäsion wichtiger sind als die Glaubensinhalte, hat Durkheim auch bei seinem Lehrer, dem Historiker N. D. Fustel de Coulanges gefunden, dessen Hauptwerk von 1864 *La cité antique* er hoch geschätzt hat.[164] In einer Zeit raschen, gesellschaftlichen Wandels interessierte sich Fustel de Coulanges für Kontinuitäten, die unter der dramatischen politischen Ereignisgeschichte liegen und die sich in Institutionen zeigen, deren Dauerhaftigkeit auf regelmäßigen, gleichförmigen

161 Zum Leipziger Kontext vgl. Kurt Rudolph, *Die Religionsgeschichte an der Leipziger Universität und die Entwicklung der Religionswissenschaft. Ein Beitrag zur Wissenschaftsgeschichte und zum Problem der Religion*, Berlin 1962.

162 Émile Durkheim, „Die positive Moralwissenschaft in Deutschland [1887]“, in: Ders., *Über Deutschland. Texte aus den Jahren 1887 bis 1915*, hg. v. Franz Schultheis u. Andreas Gipper, Konstanz 1995, S. 85-175, hier S. 161. Zum historischen Kontext siehe auch Hubert Treiber, „Zur Genealogie einer ‚Science positive de la morale en Allemagne‘“, in: *Nietzsche Studien* 22/1993, S. 165-221.

163 Wolf Lepenies, „Gefährliche Wahlverwandtschaften“, in: Ders., *Gefährliche Wahlverwandtschaften. Essays zur Wissenschaftsgeschichte*, Stuttgart 1989, S. 80-110; Horst Firsching, „Durkheims Religionssoziologie – made in Germany?“, in: Krech u. Tyrell 1995, S. 351-364.

164 Numa Denis Fustel de Coulanges, *Der antike Staat. Kult, Recht und Institutionen Griechenlands und Roms*, Stuttgart 1981; Eduard Fueter, *Geschichte der neueren Historiographie* [1911], München/Berlin ³1936, S. 560-565; Ernst Cassirer, *Das Erkenntnisproblem in der Philosophie und Wissenschaft der neueren Zeit*, Bd. 4: *Von Hegels Tod bis zur Gegenwart. 1832-1932*, Darmstadt 1973, S. 312ff. Zum Verhältnis von Durkheim zu Fustel de Coulanges vgl. Arnaldo Momigliano, *Studies on modern scholarship*, hg. v. Glen W. Bowersock u. Tim J. Cornell, Berkeley/Los Angeles 1994, S. 174-176; sowie Christopher Prendergast, „The Impact of Fustel de Coulanges' work ‚La Cite Antique‘ on Émile Durkheim's Theories of Social Morphology and Social Solidarity“, in: *Humboldt Journal of Social Relations* 11(1)/1983-84, S. 53-73.

Handlungen beruht. Er ging davon aus, daß die Stabilität von Institutionen sozial bedingt ist und ihr Fundament im religiösen Leben der Bevölkerung hat.

Soziale und religiöse Entwicklungen gehen Hand in Hand, und gerade in der Frühzeit bereitet die Stabilisierung sozialer Ordnung Fustel de Coulanges zufolge erhebliche Schwierigkeiten. „Um ihnen gemeinsame Bräuche zu geben, um Gehorsam und Disziplin einzuführen, um die Leidenschaft zu bannen und der Vernunft die Oberhand zu lassen, um die individuelle Meinung der öffentlichen zu opfern, bedarf es stärkerer Mittel als des Zwangs, höherer als der Selbstsucht, verläßlicherer als einer philosophischen Theorie, beständigerer als einer Übereinkunft, kurz eines Etwas, das die Herzen aller gleichermaßen beherrscht. Dieses Etwas ist der Glaube."[165] Aber worauf beruht die Macht des Glaubens?

In seiner Untersuchung der antiken Religion kommt Fustel de Coulanges zu dem Ergebnis: Die antike Religion „war ein schlecht verbundenes Gemisch von kleinen Glaubenslehren, von kleinen Bräuchen und sehr genau zu befolgenden Riten. Man brauchte deren Sinn nicht zu erforschen; da gab es nichts zu denken, über nichts sich Rechenschaft abzulegen. Das Wort Religion bedeutete nicht das, was es uns bedeutet; unter diesem Wort verstehen wir ein System von Dogmen, eine Lehre von Gott, ein Symbol des Glaubens für die Rätsel, die in und um uns sind; dasselbe Wort steht bei den Alten für Riten, Zeremonien, Handlungen des äußeren Kults. Die Lehre galt nur wenig; das Wichtigste waren die Bräuche; sie waren obligatorisch und banden den Menschen."[166] Es sind die Riten, die die Stabilität sozialer Ordnung garantieren, ohne daß den Praktikanten der Sinn dieser Handlungen stets präsent war. „Es gab keine Stadt, die nicht auch eine Sammlung alter Hymnen zu Ehren ihrer Götter besessen hätte; zwar änderte sich die Sprache mit den Sitten und den Glaubenslehren, doch der Wortlaut und der Rhythmus blieben unverändert, und an Feiertagen sang man die Hymnen weiterhin, ohne sie zu verstehen".[167]

Und auch Fustel de Coulanges hat, was die Inhalte betrifft, nicht alles verstanden, dafür hat er umso mehr ihre soziale Funktion begriffen. Dieser Einsicht entspricht auch seine darstellerische Strategie, die sich gegen neuhumanistische Identifikationsabsichten mit Griechen und Römern richtet, die im 19. Jahrhundert weit verbreitet waren. Die antike Welt ist als eine weit entfernte zu schildern, die mit der Gegenwart des Historikers und seinen Lesern nichts gemein hat. Einleitend heißt es: „Wir wollen vor allem die grundlegenden und wesentlichen Unterschiede hervorheben, die jene alten Völker für immer von der modernen Gesellschaft trennen."[168] Insbesondere insistiert er darauf, daß die Antike keine persönliche Freiheit des Privatlebens, der Erziehung und der Religion kannte. „Es ist also unter allen menschlichen Irrtümern einer der erstaunlichsten, daß man glauben konnte, der Mensch in den alten Städten sei frei gewesen. Er wußte nicht einmal, was Freiheit

165 Fustel de Coulanges 1981, S. 176.
166 Ebd., S. 226.
167 Ebd., S. 229.
168 Ebd., S. 21.

ist."[169] Die Fremdheit der antiken Welt, die Fustel de Coulanges herausstellte, steht damit in deutlichem Kontrast zur identifikatorischen Aktualisierung, die etwa ein Theodor Mommsen praktiziert hat, indem er antike Demokratie, Republik und Monarchie für die Leser des 19. Jahrhunderts aufbereitete.

Neben Wilhelm Wundt und Fustel de Coulanges kommt William Robertson Smith eine zentrale Rolle für die Ausbildung von Durkheims funktionaler Theorie der Religion zu. William Robertson Smith, der in seinem Studium die Religionswissenschaft in Deutschland kennengelernt hatte, gehörte zu denen, die die soziale Verankerung von Religionen nicht zuerst in mythischen Erzählungen, sondern in Riten ausgemacht hatten. Smith hat damit viele Forscher inspiriert.[170] Jane Harrison und die *Cambridge Ritualists* machten das Verhältnis von Mythen und Riten, von Glaubensinhalten und Glaubensformen zu ihrem zentralen Thema.[171] Bei der Religionsforschung mit den Riten zu beginnen, hatte auch in England den Vorteil, die weltanschaulichen Fragen der Dignität der religiösen Lehren als nachrangig zu behandeln. Diesem *ritual turn* des beginnenden 20. Jahrhunderts schloß sich auch in Cambridge James Georges Frazer an. Er übernahm den ritualistischen Ausgangspunkt, allerdings um die technische Wirkungslosigkeit der Rituale in den Vordergrund zu stellen.[172]

Für Smith waren Riten nicht den Mythen folgende religiöse Praktiken, sondern er war der Überzeugung, daß in der Regel Riten den Mythen vorausgingen. Zwar seien Judentum, Christentum und Islam von Propheten gestiftet worden, aber dies sei auf der Basis eines älteren religiösen Rituals erfolgt, in dessen Zentrum der gemeinsame Verzehr eines getöteten Opfertiers stand. Die rituelle Tötung des Opfertiers, das Smith als Totemtier begriff, sei an geheiligten, den profanen Zwecken entzogenen Stätten vollzogen worden und im gemeinschaftlichen Mahl habe sich die Gruppe mit ihrem Gott zu einer Gemeinschaft zusammengeschlossen. Hier sei die Quelle späterer Rechtsordnungen zu finden.[173]

---

169 Ebd., S. 308.

170 Zu Leben und Werk von Smith siehe Bernhard Maier, *William Robertson Smith. His Life, his Work and his Times*, Tübingen 2009. Zum gesteigerten Interesse von Intellektuellen an Riten im Erfahrunghorizont artifizieller Lebenswelt siehe in diesem Band S. 1355ff.

171 Robert Ackermann, *The Myth and Ritual School. J. G. Frazer and the Cambridge Ritualists*, New York/London 1991; *The Cambridge Ritualists Reconsidered*, hg. v. William M. Calder III, Atlanta 1991; Schlesier 1994, S. 123-192; Krech 2002, S. 145-147.

172 James George Frazer, *Der goldene Zweig. Eine Studie über Magie und Religion*, Köln u.a. 1968.

173 William Robertson Smith, *Grundzüge* der *alttestamentlichen Kritik* in *populär-wissenschaftlichen Vorlesungen* dargestellt, Freiburg/Leipzig 1894; ders., *Die Religion der Semiten*, Leipzig 1899; zu Leben und Werk von Smith siehe John Sutherland Black u. George William Chrystal, *The Life of William Robertson Smith*, London: Adam & Charles Black, 1912; Thomas O. Beidelman, *W. Robertson Smith and the Sociological Study of Religion*, Chicago/London 1974; Maier 2009; Robert Alun Jones, „Robertson Smith, Durkheim and Sacrifice: A Historical Context for the Elementary Forms of the Religious Life", in: *Journal of the History of the Behavioral Sciences* 17/1981, S. 184-205; Kohl 1987.

Diese Urszene eines Tötungsrituals und Opfermahls als eines Konstituens menschlicher Gemeinschaftsbildung hat eine enorme Faszinationskraft entfaltet. Friedrich Daumer hatte im junghegelianischen Kontext schon in den 1840er Jahren in religionskritischer Absicht die provozierende These aufgestellt, die frühen Christen hätten, an ältere Kulte anschließend, beim Opfermahl der Anthropophagie gehuldigt.[174] Nun gewannen die für seine Zeit quellenkritisch seriös fundierten Thesen von Smith nicht nur, wie wir oben gesehen haben, bei Sigmund Freud eine produktive Aufnahme. Der *ritual turn*, den William Robertson Smith, Bibelforscher mit ethnologischen Interessen, eingeleitet hatte, bezog sich *prima facie* auf Religionen alter und ferner Völker. Aber er hatte eben auch einen Gegenwartsbezug. Die christlichen *Bekenntnisreligionen* hüteten immerhin noch das Sakrament der Eucharistie, das für Katholiken jederzeit die Realpräsenz ihres Gottes garantierte. Die liturgische Ästhetik der heiligen Messe konnte zudem mit *kunstreligiös* gebildeten Sinnen erlebt werden. Renate Schlesier hat auf die Resonanzen von Eucharistie und Opfermahlzeit bei William Robertson Smith hingewiesen.[175]

Die Geschichten von der Tötung des Opfertiers fielen darüber hinaus noch in einen weiteren Resonanzraum. Michel Foucault hat im Zusammenhang einer Vorlesung zur Genese des „Sittenmonsters" im 19. Jahrhundert darauf aufmerksam gemacht, wie ausgehend von der Diskursivierung des revolutionären Königsmordes, der durchaus als eine Opferung des Königs verstanden werden könnte, und der Stabilisierung sozialer Ordnung Austauschprozesse stattfanden, die die Figur des Souveräns über dem Gesetz und der Figur des Kriminellen *unter* dem Gesetz betrafen.[176] Dabei wurde der souveränen Sphäre die Überschreitung des Inzestverbots und der kriminellen Sphäre die Anthropophagie zugeschrieben, zwei Pole, die auch in der gerichtsmedizinischen Beschreibung des Abnormen wiederkehren.

Diese diskursive Ordnung findet sich Foucault zufolge in den Suchbewegungen der frühen Ethnologie wieder. „Diese beiden Figuren des Menschenfressers – das Monster aus dem Volk – und des Inzestuösen – das Fürstenmonster – haben in der Folge als Erkenntnisraster, als Zugangsweg zu einer Reihe von Disziplinen gedient."[177] Dies gelte besonders für die Ethnologie. Es falle auf, „daß sich am Grunde ihrer Fragestellung ausgerechnet Anthropophagie und Inzest finden. Totemismus als Einsatzpunkt für die Untersuchung primitiver Gesellschaften; was aber liegt im Totemismus vor? Nun, das Problem der Blutgemeinschaft, des Tieres als Träger der Gruppenwerte, Träger ihrer Energie und Vitalität und sogar ihres Lebens. Es geht um das Problem des rituellen Verzehrs dieses Tieres. Also die Absorp-

174 Georg Friedrich Daumer, *Die Geheimnisse des christlichen Altertums*, Bd.1, Hamburg 1847, S. 33ff. Karl Marx rühmte in den Diskussionen des Londoner Arbeiterbildungsvereins das Werk: endlich sei der praktische Kultus des Christentums untersucht. Vgl. Max Nettlau, „ Marxanalekten II. Zu Marx' und Engels' Aufenthalt in London, Ende 1847", in: *Archiv für die Geschichte des Sozialismus und der Arbeiterbewegung* 8/1919, S. 392-401, hier S. 398.

175 Schlesier 1994, S. 148.

176 Foucault 2003, S. 125ff.

177 Ebd., S. 139.

tion des Gesellschaftskörpers durch jeden einzelnen oder die Absorption jeden einzelnen durch den gesamten Gesellschaftskörper."[178] Bezogen auf Durkheim fährt Foucault fort: „Selbst in den Augen von Durkheim steht hinter dem Totemismus eine rituelle Anthropophagie als Moment der Selbstverherrlichung der Gemeinschaft; diese Momente sind für Durkheim einfach Momente maximaler Intensität, die nur einen in gewisser Weise stabilen und regelmäßigen Zustand des Gesellschaftskörpers skandieren."[179] Es sind für Foucault zwei Problemstellungen, die die Entwicklung der Ethnologie vor der Feldforschung geprägt haben: „Was ißt du, und wen heiratest du nicht? Mit wem trittst du in Blutsbande ein und was bist du befugt zu kochen? Heiratsallianz und Küche.".[180]

Durkheim hat wesentliche Teile der Modellvorstellung von William Robertson Smith aufgenommen, insbesondere auch die aus dem Alltag herausgehobene heilige Sphäre, die gerade den gemeinschaftlichen rituellen Praktiken vorbehalten ist. Durkheim verschärft darüber hinaus den Aktualitätsbezug. Die von Comte und Spencer herrührende evolutionistische Perspektive, die der Wissenschaft als Fortschrittsspitze der menschlichen Kognitionsentwicklung einen absoluten Stellenwert zumaß, wird von Durkheim abgeschwächt. Auch er entfaltet, gerade für seine Soziologie, ein enormes szientifisches Pathos, aber für die Religion verläßt er die Ebene von Weltbild und Kognition. Entscheidend wird das kongregationistische Geschehen: die Gläubigen versammeln sich zu bestimmten Zeiten an bestimmten Orten zu rituellen Feierlichkeiten. Und dies gilt universal.

In Durkheims Soziologie ist die „Tatsache der Assoziation selbst" die entscheidende Bedingung sozialer Phänomene.[181] Dabei spielen zwei Eigenschaften die Hauptrolle: das quantitative Volumen und die dynamische Dichte. Mit dem Wachstum von Bevölkerungen differenzieren Gesellschaften ihre Teilbereiche aus, die Arbeitsteilung verkompliziert sich und zieht die Individuen in Spezialisierung, Konkurrenz und Vereinzelung. Gegenläufig zu dieser Differenzierungsbewegung gibt es eine Tendenz zur dynamischen Dichte, zur Verschmelzung einzelner Segmente, zur Konzentration. Dafür war in Durkheims Augen staatliche Herrschaft nur bedingt geeignet. So interessiert sich Durkheim durchaus auch in Nähe zu Otto von Gierkes Genossenschaftsideen für Berufsverbände, Gilden, Zünfte und Kooperationen, in denen ein Gruppengeist sich konzentrieren konnte.[182] Für die dynamische Dichte eines sozialen Phänomens bildet dann auch die Versammlung der Gläubigen das Modell.

178 Ebd.

179 Ebd., S. 139f.

180 Ebd., S. 140. Aus wissenschaftsgeschichtlicher Perspektive: Karl-Heinz Kohl, „Fetisch, Tabu, Totem. Zur Archäologik religionswissenschaftlicher Begriffsbildung", in: *Neue Ansätze in der Religionswissenschaft*, hg. v. Burkhard Gladigow u. Hans G. Kippenberg, München 1983, S. 59-74.

181 Durkheim 1961, S. 194ff.

182 Otto von Gierke, *Das deutsche Genossenschaftsrecht (1868-1881)*, 4 Bde., Berlin 1868-1913. Zum politischen, kulturgeschichtlichen Kontext s. Burrow 2003, S. 182ff.

Das Opfer, der Tod und die Soziologie des Sakralen. Für Durkheim war das Studium der Religion, das er 1895 aufnahm, eine Offenbarung.[183] Eine zentrale Rolle bei der Genese seines religionssoziologischen Hauptwerks von 1912 spielten die Diskussionen mit seinen Schülern. Dazu gehörte insbesondere sein Neffe Marcel Mauss, der 1890, noch nicht ganz achtzehn Jahre alt, zum Studium nach Bordeaux, der Wirkungsstätte Durkheims, kommt.[184] Dieser ermutigte Mauss, sich der Analyse religiöser Phänomene zuzuwenden und Durkheim unterstützte ihn mit seiner Vorlesung *Origines de la Religion* (1894-1895).[185] Mauss wird Durkheims wichtiger Mitarbeiter und nach dessen Tod in den 1920er und 1930er Jahren zum Zentrum der Durkheimschule. Im Anschluß an eine Reise nach Holland und England, wo Mauss u.a. Tylor und Frazer traf, erscheint in Durkheims *Année Sociologique* der *Essay über die Natur und die soziale Funktion des Opfers.*[186] Verfasser sind Henri Hubert und Marcel Mauss, die Endredaktion hat Durkheim sorgfältig betreut. Henri Hubert, der sich für die Antike und Frühgeschichte interessiert, und Marcel Mauss, der ethnologische Interessen verfolgt, waren befreundet. Sie ergänzten sich arbeitsteilig, indem, entsprechend der regionalen Schwerpunkte, Mauss eher auf Riten achtete und Hubert eher auf Mythen. Später hat Hubert ihre Kooperation so charakterisiert: „Wir haben den Begriff des Sakralen herausgearbeitet, wir haben ihn herausgestellt wie eine Kategorie mentaler Operationen, die in den religiösen Tatsachen enthalten sind. Diese Erforschung der Kategorien des kollektiven Denkens ist unsere Originalität. Von da ging ich zur Vorstellung der Zeit, während Mauss die des Raumes behandelte.“[187]

Kerngedanke der Studie über das Opfer ist, daß seine durch den Ritus bewirkte Sakralität die Opfergemeinschaft mit ihren Göttern verbindet und daß dieser Bund im Opfer periodisch erneuert wird. Dabei setzen sich Hubert und Mauss von den religionswissenschaftlichen Opfer-Deutungen ab, die wie z.B. Tylor und Frazer psychologisch argumentieren oder das Opfer als Modus der Naturbeherrschung auffassen. Das Opfer ist vielmehr eine soziale Kategorie. Ihre Kritik, insbesondere an Frazer, setzen sie in der 1902/1903 publizierten Arbeit zur Theorie der Magie fort.[188] Ihre These: Magie ist nicht, wie Frazer und andere angenommen hatten, eine „Art Wissenschaft vor der Wissenschaft“, die Magier gleichsam als irregeleitete Ingenieure vorstellt.[189] Magie und Religion haben beide als Basis die Vorstellung

183 Lukes 1973, S. 237. Zum Schlüsseljahr 1895 für Durkheim siehe: Fournier 2007, S. 241ff.

184 Grundlegend zu Mauss: Marcel Fournier, *Marcel Mauss*, Paris: Fayard, 1994.

185 Stephan Moebius, *Marcel Mauss*, Konstanz 2006a, S. 22.

186 Henri Hubert u. Marcel Mauss, „Essai sur la nature et la fonction du sacrifice“ [1899], in: Marcel Mauss, *Oeuvres*, Bd. 1: *Les fonctions sociales du sacré*, Paris: Ed. de Minuit, 1968, S. 193-307.

187 Henri Hubert, „Texte autobiographique“, in: *Revue française de sociologie* 20(1)/1979, S. 205-207, hier S. 206. (Übersetzung bei Moebius 2006a, S. 50)

188 Henri Hubert u. Marcel Mauss, „Entwurf einer allgemeinen Theorie der Magie“, in: Marcel Mauss, *Soziologie und Anthropologie I. Mit einer Einleitung von Claude Lévi-Strauss*, München 1974, S. 43-179.

189 Hubert u. Mauss 1974, S. 46.

einer übernatürlichen Kraft, dem polynesischen *mana* vergleichbar, die die unpersönlichen Kräfte einer Gruppe repräsentiert. Daher sei Magie auch kein kognitives Vorstadium der Religion, sondern bei beiden handele es sich um soziale Tatsachen, um verschiedene Ausprägungen des Gesellschaftlichen. Während „die Religion durch ihre intellektuellen Elemente zur Metaphysik neigt, wendet sich die Magie, die wir als mehr vom Konkreten gefesselt geschildert haben, der Naturerkenntnis zu."[190] Die Trennlinien zwischen Magie und Religion, die Frage, ob Riten mehr der einen oder der anderen Seite zuzuordnen sind und ob es einen Zusammenhang der Themen Magie und Technisierung gibt, werden in dem Maße diskussionswürdiger, je mehr die epochale Erfahrung artifizieller Lebenswelt im beginnenden 20. Jahrhundert artikuliert wird. Im *Vierten Teil* der Religionssoziologie werden wir diesen Faden wieder aufnehmen.[191]

Zu den begnadetsten Durkheimschülern gehört vielleicht Robert Hertz, der 1915 33jährig im Ersten Weltkrieg fiel.[192] Hertz führte zunächst jene Problematik, die Durkheim mit seiner Studie über den Selbstmord eröffnet hatte, weiter. Der Selbstmord ist ein sozialer Sachverhalt, der Auskunft über die Kohärenz der modernen Gesellschaft gibt. Hertz erweitert diese Fragestellung um das generelle Problem der kollektiven Repräsentation des Todes.[193] Jeder Tod berührt die gesellschaftliche Integration, weshalb an diesem Extrempunkt die Stärke einer Religionssoziologie erwiesen werden kann, die die die soziale Kohäsion ins Zentrum setzt.

Hertz' These lautet: „Der Tod beschränkt sich nicht darauf, der sichtbaren körperlichen Existenz eines Lebenden ein Ende zu setzen; er zerstört zugleich das soziale Dasein, das die physische Individualität überlagert und dem das kollektive Bewußtsein eine mehr oder weniger große Bedeutung und Würde verleiht."[194] Wenn die soziale Funktion der Religion darin liegt, das Sein des Einzelnen in der Sozialisation zu einem gesellschaftlichen Individuum „durch regelrechte Konsekrationsriten" zu erheben, so bedeutet dies umgekehrt: „Seine Zerstörung entspricht einem Sakrileg, das die Intervention von Kräften derselben Ordnung erfordert, die dann

190 Ebd., S. 174.

191 In diesem Band S. 1014ff.

192 Zum Folgenden Stephan Moebius u. Christian Papilloud, „Einleitung in das Werk von Robert Hertz", in: Robert Hertz, *Das Sakrale, die Sünde und der Tod. Religions-, kultur-, und wissenssoziologische Untersuchungen*, hg. v. Stephan Moebius u. Christian Papilloud, Konstanz 2007, S. 15-64. Religionssoziologisch zentral ist auch die zu Lebzeiten veröffentlichte größere Abhandlung *Die Vorherrschaft der rechten Hand. Eine Studie über religiöse Polarität* (1909). Die besondere Stellung von Robert Hertz innerhalb der Durkheimianer hat herausgearbeitet: Alexander Riley, „The Intellectual and Political Project of Robert Hertz: The Making of a Peculiar Durkheimian Intellectual, as seen through Selected Correspondence with Pierre Roussel", in: *Durkheimian Studies* 5/1999, S. 29-59; ders., „Whence Durkheim's Nietzschean Grandchildren? A Closer Look at Robert Hertz's Place in the Durkheimian Genealogy", in: *Archives européenes de sociologie/European Journal of Sociology* 40(2)/1999, S. 110-137.

193 Robert Hertz, „Beitrag zur Untersuchung der kollektiven Repräsentation des Todes", in: Ders. 2007a, S. 65-179.

194 Ebd., S. 152.

aber einen gewissermaßen negativen Charakter haben. Das Werk Gottes kann nur von ihm selbst oder von Satan zerstört werden."[195] Der Tote, „der gleichzeitig Opfer und Gefangener der bösen Kräfte ist, wird mit Gewalt aus der Gesellschaft geworfen, seine nächsten Verwandten mit sich reißend."[196]

Hertz interpretiert nun die Trauer- und Begräbnisriten, die variantenreich in allen menschlichen Gesellschaften anzutreffen sind, als kollektive Anstrengungen, die Lücke, die der Tod gerissen hat, zu schließen. In den ersten Reaktionen kommt es zu Tendenzen der Abstandnahme oder Exklusion der nächsten Angehörigen, sei es durch die Markierung einer Trauerkleidung, sei es durch die Meidung des Hauses, in dem der Mensch starb u.a.m. „Aber diese Exklusion ist nicht endgültig. Wie beim Tod lehnt es die Gemeinschaft ab, diese für unwideruflich zu betrachten. Weil sie an sich selbst glaubt, kann eine gesunde Gesellschaft nicht zulassen, daß ein Individuum, das zu ihrer eigenen Substanz gehört und das sie mit ihren Kennzeichen geprägt hat, für immer verloren sein soll."[197]

Dies wird auch ablesbar an den variantenreichen religiösen Vorstellungen über ein Leben nach dem Tode. Tod und Auferstehung, Exklusion und eine neue Integration bilden ein wiederkehrendes Muster. So ist auch der Tod eine Initiation, die Wiedergeburt mit einem neuen Körper bzw. einer verwandelten Seele an einem glücklichen Ort. Der Tote „tritt in diese mythische Gesellschaft der Seelen ein, von der sich jede Gesellschaft ihr eigenes Bild macht. Aber die himmlische oder unterirdische Stadt ist nicht eine bloße Nachbildung der irdischen Stadt. Indem sie sich jenseits des Todes neu formiert, befreit sich die Gesellschaft von den äußerlichen Zwängen und physischen Notwendigkeiten, die sich hier unten auf Erden ständig dem Aufblühen kollektiver Wünsche widersetzen."[198] Daher gilt: „Der Körper des Neugeborenen ist nicht weniger sakral als die Leiche."[199]

Die soziale Funktion der Religion hat Robert Hertz in vergleichbarer Weise am Thema der Sünde verdeutlicht. In seiner unabgeschlossenen, posthum 1922 veröffentlichten Dissertation *Sünde und Sühne in primitiven Gesellschaften* schält er einerseits gegen die nietzscheanische Pathologisierung des Sündenbewußtseins und andererseits gegen das Verschieben des Sündenthemas auf eine bloß moralische Ebene durch eine verwässerte, liberale Theologie den soziologischen Gehalt von Sünde und Sühne heraus. Er ist in der Paradoxie zu sehen, daß – in christlichen Termini gesprochen – der Mensch ein Sünder ist, aber ein erlöster Sünder.[200] Diese Doppelung von Exklusion / Inklusion findet sich variantenreich in den Institutionalisierungen und Reglementierungen der Vergebung der Sünde.

195 Ebd.
196 Ebd., S. 154 u. S. 155.
197 Ebd., S. 154 u. S. 155.
198 Ebd., S. 155.
199 Ebd., S. 157.
200 Robert Hertz, „Sünder und Sühne in primitiven Gesellschaften", in: Ders. 2007a, S. 219-278, hier S. 219.

Es sind die Durkheimschüler, die, insbesondere durch den Einfluß von Mauss, die Frage nach der sozialen Bedeutung der Religion von einer Diskussion der Gegenwartsproblematik sozialer Kohäsion abrücken und Religionssoziologie mehr und mehr an die ethnologische Forschung binden. Mauss erklärt 1902 auf einer Tagung über die Religion indigener Völker: „Il n'existe pas des peuples non civilisés. Il n'existe que des peuples de civilisation différente."[201] Wie sollte dieses Konzept mit Durkheims modernitätstheoretischer Unterscheidung von „mechanischer Solidarität" in einfachen Gesellschaften mit geringer Arbeitsteilung und „organischer Solidarität" in komplexen Gesellschaften mit einer ausgebildeten Arbeitsteilung zu verbinden sein?

DIE GÖTTLICHKEIT DER GESELLSCHAFT. Einen *penseur maudit* haben Tanja Bogusz und Heike Delitz in der Einleitung zu einem repräsentativen Sammelband anläßlich der 100-Jahr-Feier des Erscheinens von *Die elementaren Formen des religiösen Lebens* Émile Durkheim genannt.[202] Seine Schriften und seine Art, das Fach Soziologie zu begründen, sind in der Tat wiederkehrend Gegenstand heftiger Debatten geworden, so wie sie kaum ein anderer Klassiker der Soziologie hervorgerufen hat. Davon war die späte Religionssoziologie nicht ausgenommen, zumal hier eine Seite des Autors hervortrat, die nur schwer mit dem zu vereinbaren war, was man als soziologische Methode und als Theorie moderner Gesellschaft von ihm gelesen hatte. Daß für ihn die vom Verfall in anomische Zustände bedrohte soziale Kohärenz komplexer arbeitsteiliger Gesellschaften nicht allein solidarisch durch moralischen Normen der *fraternité* stabilisiert werden kann, sondern daß dies nunmehr vor allem Religion zu leisten habe, hat Erstaunen hervorgerufen.[203] Irritierend ist dann noch, daß er den Entwurf einer allgemeinen Theorie der Religion am Beispiel einer Untersuchung der Religion der australischen Aborigines festmacht.

Im Resümee des religionssoziologischen Hauptwerks heißt es: „Man kann also zusammenfassend sagen, daß fast alle großen sozialen Institutionen aus der Religion geboren wurden. Damit aber die wichtigsten Aspekte des kollektiven Lebens nur verschiedene Aspekte des religiösen Lebens seien, muß natürlich das religiöse Leben die herausragende Form und gewissermaßen der konzentrierte Ausdruck des gesamten kollektiven Lebens sein. Wenn die Religion alles, was in der Gesellschaft wesentlich ist, hervorgebracht hat, dann deshalb, weil die Idee der Gesellschaft die Seele der Religion ist".[204] Wie aber kann die Idee der Gesellschaft die Seele der Religion sein? Durkheim entwickelt dies anhand einer kongregationistischen Urs-

---

201 Marcel Mauss, *L'enseignement de l'histoire des peuples non civilisés à l'École des hautes études* (1902) zit. n. Fournier 2007, S. 491.

202 Tanja Bogusz u. Heike Delitz, „Renaissance eines *penseur maudit*. Émile Durkheim zwischen Soziologie, Ethnologie und Philosophie", in: dies. (Hg.) 2013, S. 11-43.

203 Zum Motiv der *fraternité* siehe Fournier 2007, S. 184. Zur Entwicklung der Religionssoziologie Durkheims siehe: William S. F. Pickering, *Durkheim's sociology of religion*, Boston 1984.

204 Durkheim 1981, S. 561.

zene: „Damit die Gesellschaft sich ihrer bewußt werden kann und dem Gefühl, das sie von sich hat, den nötigen Intensitätsgrad vermitteln kann, muß sie versammelt und konzentriert sein. Dann bewirkt diese Konzentration eine Überschwenglichkeit des moralischen Lebens, die sich in einer Summe von idealen Vorstellungen äußert, in denen sich das neue Leben abzeichnet, das damit erwacht ist. Sie entsprechen diesem Zustrom von psychischen Kräften, die zu jenen hinzutreten, deren wir uns für die täglichen Aufgaben der Existenz bedienen."[205] Halten wir zunächst fest: Zu der grundlegenden Unterscheidung des Normalen und des Pathologischen, die Durkheim in den *Regeln der soziologischen Methode* expliziert hat, tritt in der Religionssoziologie die Unterscheidung des Heiligen und des Profanen hinzu. Worin besteht die Differenz dieser beiden Unterscheidungen?

Die Unterscheidung des Normalen und des Pathologischen bezieht sich auf das Problem, wie in wissenschaftlichen Arbeiten mit moralischen Sollensforderungen umgegangen werden soll. Leitend ist dabei der Ausgangspunkt: „Tatsächlich ist für Gesellschaften wie für den Einzelnen die Gesundheit das Gute und Wünschenswerte, die Krankheit dagegen das Schlechte und zu Meidende."[206] Es gibt somit eine Wechselseitigkeit von Normativität und Normalität. Eigenschaften, die bei der Mehrzahl einer Population auftreten, sind normal, Erscheinungen, die nur ausnahmsweise vorkommen, sind pathologisch. Die statistische Konstruktion eines Durchschnittstypus und die Messung von Abweichungen werden Grundlage für die Empirie moralischen Verhaltens. So ist für Durkheim „das Verbrechen deshalb normal, weil eine Gesellschaft, die frei davon wäre, ganz und gar unmöglich ist."[207] Pathologisch ist ein dramatischer Anstieg der Kriminalität. Die Abweichung vom Durchschnittstypus ist dagegen normal und funktional. Auch wo stark uniformierte Verhaltensweisen vorherrschen, wird man noch in kleinsten Kleinigkeiten Abweichler identifizieren. Durkheim resümiert: „Das Verbrechen ist also eine notwendige Erscheinung; es ist mit den Grundbedingungen eines jeden sozialen Lebens verbunden und damit zugleich nützlich. Denn die Bedingungen, an die es geknüpft ist, sind ihrerseits für eine normale Entwicklung des Rechtes und der Moral unentbehrlich."[208] Die sozialmoralische und juristische Frage von Verbrechen und Strafe ist ein Hauptthema der Soziologie Durkheims, in dem freilich Religion nur am Rande eine Rolle spielt.

Die Unterscheidung von profan und heilig trifft nun nicht primär die sozialmoralischen Dimensionen normkonformen Verhaltens, sondern hier wird gleichsam im Gegenzug Raum für das Außerordentliche über dem Gesetz geschaffen. Die Welt wird in zwei Bereiche aufgeteilt. „Wir haben folglich den Eindruck, daß wir mit zwei Arten von ebenfalls unterschiedlichen Wirklichkeiten in Beziehung

205 Ebd., S. 565.

206 Durkheim 1961, S. 142.

207 Durkheim 1961, S. 157.

208 Ebd., S. 159. Zum Diskurs über Normalität siehe Jürgen Link, *Versuch über den Normalismus. Wie Normalität produziert wird*, 3., ergänzte, überarbeitete u. neu gestaltete Aufl., Göttingen 2006.

stehen, und daß eine deutliche Trennungslinie sie von einander scheidet: auf der einen Seite die Welt der profanen Dinge, und auf der anderen die Welt der heiligen Dinge."[209] Der Kreis der heiligen Objekte ist je nach Religion verschieden. Sie sind aber nicht einfach relativ zur Profanität höherwertig, sondern absolut andersartig. „In der Geschichte des menschlichen Denkens gibt es kein Beispiel zweier Kategorien von Dingen, die so tief verschieden und einander so radikal entgegengesetzt sind. Der traditionelle Gegensatz zwischen Gut und Böse ist nichts dagegen; denn das Gute und das Böse sind zwei entgegengesetzte Gattungen in einer und derselben Art, nämlich der Moral, so wie die Gesundheit nur zwei verschiedene Seiten einer gleichen Ordnung sind, nämlich des Lebens, während das Heilige und das Profane von den Menschen immer getrennt gedacht wurde, wie zwei Welten, zwischen denen es nichts Gemeinsames gibt."[210]

Der tendenziell unendlichen Bewegung der Ausdifferenzierung der Arbeitsteilung im Profanen und in der moralischen Normalisierung des Durchschnittsverhaltens samt seiner Abweichungen steht der Bereich des Heiligen als ein von Profanität und Normalität total freigehaltener Bereich gegenüber. Er ist für die Religionsdefinition von Durkheim tragend: „Eine Religion ist ein solidarisches System von Überzeugungen und Praktiken, die sich auf heilige, d.h. abgesonderte und verbotene Dinge, Überzeugungen und Praktiken beziehen, die in einer und derselben moralischen Gemeinschaft, die man Kirche nennt, alle vereinen, die ihr angehören."[211] Im Unterschied zur Definition des Heiligen in der religionsphänomenologischen Tradition Rudolf Ottos, bei der die innere Erfahrung maßgeblich ist, zielt Durkheim auf die kollektive Seite des Heiligen.[212] Das Heilige Durkheims ist so auch mit dem Modell Kirche eng verbunden: „denn wenn man zeigt, daß die Idee der Religion von der Idee der Kirche nicht zu trennen ist, dann kann man ahnen, daß die Religion eine im Wesentlichen kollektive Angelegenheit ist."[213]

Allerdings irritiert die Gleichsetzung von „moralischer Gemeinschaft" mit dem Begriff „Kirche", der religionsgeschichtlich auf Institutionen zielt. Hartmann Tyrell ist der eigenartig diffusen Rede von Kirche bei Durkheim nachgegangen. Das kirchliche Kollektiv „kann ein ethnisch-politisch begrenztes sein, es kann aber auch über die nationalen Grenzen hinausgreifen und ebenso auch ein Teilkollektiv innerhalb dieser Grenzen bezeichnen; ausschlaggebend ist das Gegebensein einer ihrer selbst bewußten ‚moralischen Gemeinschaft' als solches."[214] Es ist nun daran zu erinnern: Kirche als eine institutionalisierte Religion ist in Europa untrennbar mit der langen Konflikt- und Kompromißgeschichte von Politik und Religion verbun-

209 Durkheim 1981, S. 293.

210 Durkheim 1981, S. 64.

211 Ebd., S. 75.

212 Zur religionsphänomenologischen Kritik an dieser Position vgl. Gerardus van der Leeuw, *Phänomenologie der Religion*, Tübingen 1956, S. 302f.

213 Durkheim 1981, S. 75.

214 Hartmann Tyrell, „Religion und Politik. Émil Durkheim und Max Weber", in: *Rückkehr der Religion oder säkulare Kultur? Kultur- und Religionssoziologie heute*, hg. v. Richard Faber u. Frithjof Hager, Würzburg 2008, S. 192-208, hier S. 200.

den, die sich in den Kulturkämpfen des 19. Jahrhunderts fortsetzt und in Deutschland und Frankreich verschiedene Resultate zeitigt. In Deutschland kommt es schließlich zu einem geregelten Verhältnis von Staat und Kirche, in Frankreich wird mit den laizistischen Gesetzen von 1905/1906 die katholische Kirche staatsrechtlich zu einem privaten Verein degradiert. Zurecht vermutet Tyrell, daß für Durkheim damit der Begriff der Kirche gleichsam frei verfügbar geworden ist.[215] Eine wenig beachtete Folge dieser religionspolitischen Differenz zwischen Deutschland und Frankreich ist, daß die kulturkämpferische Atmosphäre im konfessionell gespaltenen Deutschland einem rekonfessionalisierten engen Religionsbegriff förderlich war, während mit dem laizistischen Finale in Frankreich ein über die *Bekenntnisreligionen* hinausgehender Religionsbegriff möglicher wurde. Durkheims Religionssoziologie hat diese Entwicklung, die wir in unserer Religionssoziologie weiterführen, in Soziologie und Religionswissenschaft gefördert.

In der Studie von 1893 *Über soziale Arbeitsteilung* hatte Durkheim noch argumentiert, daß die Liste der für alle verbindlichen religiösen Traditionen immer kürzer werde, auf deren Verletzung die Gemeinschaft mit Sanktionen reagiert.[216] Mit diesem Rückzug der Religion aus dem Recht war der Katholizismus gemeint. Wenn nun als letzte verbliebene gemeinsame moralische Grundlage das Recht des Individuums auf Selbstbestimmung erhalten bleibt, so bezieht sich dies religionsgeschichtlich auf die Resultate der *rationalreligiösen* Konfessionskritik. „In dem Maß, in dem alle anderen Überzeugungen und Praktiken einen immer weniger religiösen Charakter annehmen, wird das Individuum der Gegenstand einer Art von Religion."[217] Durkheim zögert hier noch, ob es sich beim Individualismus um eine die gesellschaftliche Kohäsion garantierende neue Religion handeln könnte[218].

Durkheims religionspolitische Position wird in der Dreyfus-Affäre 1898 deutlicher. Gegen die zu Unrecht erfolgte Verurteilung des jüdischen Offiziers Dreyfus hatten unter Federführung durch Emile Zola zahlreiche Intellektuelle mit einem aufsehenerregenden *Manifest der Intellektuellen* protestiert, und ihnen war von Revisionsgegnern vorgeworfen worden, es sei der Individualismus der Intellektuellen, die mit ihrer Kritik an Militär und Staat Frankreich in Anarchie stürzen würden. Durkheim verteidigte daraufhin den Individualismus nicht nur als ein Recht des Einzelnen, öffentlich Stellung zu beziehen, sondern er sprach nun explizit vom Individualismus als einer Religion.[219] „Der Individualismus bedeutet nicht nur

215 Ebd. S. 201f.

216 Durkheim 1988, S. 218.

217 Ebd., S. 227.

218 Vgl. ebd. S. 478 u. 227f.

219 Émile Durkheim, „Der Individualismus und die Intellektuellen", in: *Gesellschaftlicher Zwang und moralische Autonomie*, hg. v. Hans Bertram, Frankfurt a.M. 1986, S. 54-70. Die Verflechtung von Struktur, Sozialisation und Religion in der Argumentation Durkheims zeigt: Hans-Peter Müller, „Gesellschaft, Moral und Individualismus. Émile Durkheims Moraltheorie", in: Bertram 1986, S. 71-105; siehe auch: Hans G. Kippenberg, „Warum Émile Durkheim den Individualismus der arbeitsteiligen Gesellschaft religionsgeschichtlich einordnete", in: *ZfR* 4/1996, S. 113-134; Steven Lukes u. Devjani Prabhat, „Durkheim

keine Anarchie, sondern stellt fortan das einzige Glaubenssystem dar, das die moralische Einheit des Landes sicherstellen kann".[220] Und: „Wer auch immer einem Menschen nach dem Leben trachtet, die Freiheit des Menschen oder seine Ehre angreift, erfüllt uns mit einem Gefühl der Abscheu, in jedem Punkt analog zu demjenigen Gefühl, das der Gläubige zeigt, der sein Idol profaniert sieht. Eine solche Moral ist also nicht einfach eine hygienische Disziplin oder eine weise Ökonomie der Existenz; sie ist eine Religion, in der der Mensch zugleich Gläubiger und Gott ist." [221] In dieser Profilierung von Religion finden sich deutliche Anklänge an die *rationalreligiöse* Umformung christlicher *Bekenntnisreligion.* Die Religion des Individualismus als das normative und heilige Band, das die Einzelindividuen zusammenhält, korrespondiert mit der Grundauffassung einer natürlichen Religion, die allen Menschen eigen ist und die allgemeine Form der *theologia civilis* garantiert. So werden denn auch Kant und Rousseau als Zeugen aufgerufen und der Bezug zur Erklärung der Menschen- und Bürgerrechte hergestellt.[222] Genau betrachtet, umgreift die Heiligkeit der menschlichen Person seinen Status als ein Rechtssubjekt, nicht jedoch seinen praktischen Egoismus. Es geht, um mit Marx zu sprechen, um den Citoyen und nicht um den Bourgeois.

In der späten Religionssoziologie geht Durkheims Theoriestrategie dahin, die Unterscheidung zwischen dem Heiligen und dem Profanen als insgesamt soziales Phänomen zu begreifen. Es geht ihm darum, das Ineinander von Immanenz und Transzendenz, von realer und idealer Gesellschaft zum Ausgangspunkt zu nehmen „Wenn man die ideale Gesellschaft der wirklichen Gesellschaft gegenüberstellt wie zwei Feinde, die uns in die entgegengesetzten Richtungen drängen wollten, dann erzeugt man Abstraktionen und setzt diese einander gegenüber. Die ideale Gesellschaft steht nicht außerhalb der wirklichen Gesellschaft; sie ist ein Teil von ihr; statt zwischen ihnen geteilt zu sein, wie zwischen zwei Polen, die sich abstoßen, kann man nicht der einen angehören, ohne auch der anderen anzugehören. Denn eine Gesellschaft besteht nicht einfach aus der Masse von Individuen, aus denen sie sich zusammensetzt, aus dem Boden, den sie besetzen, aus den Dingen, derer sie sich bedienen, aus den Bewegungen, die sie ausführen, sondern vor allem aus der Idee, die sie sich von sich selbst macht."[223] Die Frage, die in dieser Perspektive offenbleibt, ist: wie entsteht die Idee, die sich eine Gesellschaft von sich selbst macht?

Das Werden der Religion. Es gehört zu den nicht allzu seltenen Fällen in der Geschichte der Beziehungen von Intellektuellen, daß gegenseitige Aversion und Attraktion in einer verwickelten Weise die Ausbildung von Theorien berühren.

über Recht und Moral: Die Desintegrationsthese", in: Bogusz u. Delitz 2013, S. 149-177, hier S. 159-163. Matthias Koenig, *Menschenrechte bei Durkheim und Weber: normative Dimensionen des soziologischen Diskurses der Moderne*, Frankfurt a.M. 2002.

220 Durkheim 1986, S. 62.

221 Ebd., S. 56f.

222 Zur Zivilreligion bei Durkheim siehe: Tyrell 2008, S. 202ff.; Koenig 2002.

223 Ebd., S. 565f.

Dies gilt für Marx und Stirner ebenso wie für Georg Lukács und Carl Schmitt.[224] Einem anderen Paar ist Heike Delitz in ihrer Studie „Bergson-Effekte" nachgegangen.[225] Der Pädagoge und Soziologe Durkheim und der Philosoph Henri Bergson traten 1878/1879 in die berühmte Elite-Hochschule École normale supérieure in der Rue d'Ulm in Paris ein. Beide entstammten jüdischen Familien. Durkheims Vater war ein Rabbiner, streng und asketisch, ohne messianische oder mystische Bestrebungen; Bergsons Vater war Pianist und Komponist, Direktor des *Conservatoire de musique* in Genf, bevor die Familie nach Frankreich zog.[226] Die intellektuelle Karriere der beiden Söhne ging freilich in verschiedene Richtungen: Bergson wurde Philosoph mit einem Interesse für die psychologischen Grundlagen des menschlichen Geistes; Durkheim dagegen richtete seine Soziologie entschieden antiphilosophisch und antipsychologisch aus. Hinzu kommt eine Konfliktgeschichte in der Konkurrenz der Pariser akademischen Institutionen, dem *Collège de France,* auf dessen Lehrstuhl für Griechische Philosophie Bergson berufen wurde, und der *Nouvelle Sorbonne*, an der Durkheim lehrte. Für viele Zeitgenossen war Durkheim und Bergson ein Entweder-Oder, das auch von Schülern und Anhängern weiter gepflegt wurde, jedenfalls nach außen. Verdeckt blieben dabei die meist stillen Berührungen. In unserem Zusammenhang sind sie von Bedeutung, weil sie mit der Frage verbunden sind, wie auf den bisher dargestellten Grundlagen der Religionssoziologie Durkheims die Idee entstehen kann, die sie sich eine Gesellschaft von sich selbst macht.

Daß Durkheims soziologische Vorgehensweise den Blick auf Zustände einer Gesellschaft privilegiert und für Analysen des gesellschaftlichen Wandels neben der groben Alternative: einfache Gesellschaften vs. komplexe Gesellschaften ein nur schwach differenziertes Instrumentarium zur Verfügung stellt, ist oft bemerkt worden.[227] Dies findet man auch in *Die elementaren Formen des religiösen Lebens,* und

224 Vgl. zu Max Stirner und Karl Marx: Wolfgang Eßbach, *Gegenzüge. Der Materialismus des Selbst und seine Ausgrenzung aus dem Marxismus – eine Studie über die Kontroverse zwischen Max Stirner und Karl Marx*, Frankfurt a.M. 1982; zu Georg Lukács und Carl Schmitt: ders., „Das Formproblem der Moderne bei Georg Lukács und Carl Schmitt", in: *Metamorphosen des Politischen. Grundfragen politischer Einheitsbildung seit den 20er Jahren*, hg. v. Andreas Göbel u.a., Berlin 1995, S. 137-155.

225 Heike Delitz, *Bergson-Effekte. Aversionen und Attraktionen im französischen soziologischen Denken*, Velbrück 2015.

226 Vgl. Louis M. Greenberg, „Bergson and Durkheim as Sons and Assimilators. The Early Years", in: *French Historical Studies* 9(4)/1976, S. 619-634. Zu Bergson siehe: Philippe Soulez, *Bergson. Biographie (Complétée par Frédéric Worms)*, Paris: Flammarion, 1997; Gilles Deleuze, *Henri Bergson zur Einführung*, Hamburg 1989; Mirjana Vrhunc, *Bild und Wirklichkeit. Zur Philosophie Henri Bergsons*, München 2002.

227 Zum Grundproblem, den aus dem schematischen Kontrast von einfachen (undifferenzierten) und komplexen (differenzierten) Gesellschaften herrührenden Begriff ‚gesellschaftlicher Differenzierung' zugleich für Struktur und Entwicklung zu gebrauchen, siehe: Hartmann Tyrell, Soziale und gesellschaftliche Differenzierung. Aufsätze zur soziologischen Theorie, Hg. v. Bettina Heintz, André Kieserling, Stefan Nacke, René Unkelbach, Wiesbaden 2008, S.75-140.

zwar in einer versteckten Abgrenzung von Bergsons Philosophie der Zeit.[228] Dieser hatte Zeit (*temps*) als Abfolge von Meßeinheiten (Sekunden, Stunden, Tage), die so wie ein Raum ausmeßbar ist, als eine Art bastardisierter, verräumlichter Zeit von der wirklichen Zeit als einem kontinuierlichen Fließen (*durée*) unterschieden, in dessen reiner Dauer, wie sie in der Musik erlebt werden kann, exakt ausgemessene Zeitraumabschnitte die Qualität von Zeit verderben.

Durkheim lehnte diese Zeitauffassung entschieden ab. Einleitend im Zusammenhang kategorialer Überlegungen zu einem sicheren „Gerüst der Intelligenz" schreibt er: „Man stelle sich zum Beispiel vor, was der Begriff der Zeit wäre, wenn wir das abziehen, womit wir sie einteilen, messen und mit Hilfe von objektiven Zeichen ausdrücken, eine Zeit, die keine Folge von Jahren, Monaten, Wochen Tagen, Stunden wäre! Das wäre etwas Unvorstellbares."[229] Heike Delitz hat herausgearbeitet, wie bis zum Schluß des Werks Durkheim diese Auffassung verteidigt, die zu Bergson einen direkten Gegenpol bildet. Dessen lange mißverstandene Philosophie hatte sich zur Aufgabe gemacht, Prozessbegriffe zu erfinden.[230] Mobilität ist „die einzige gegebene Realität"; unsere Wahrnehmung und Begrifflichkeit sind dagegen stillstehende Momentaufnahmen, die Einzelnes fixieren, während sich die unteilbar prozessierende Realität wie ein Strom fortsetzt.[231] Um dem näherzukommen, bedarf es der Intuition. Oft als ‚irrational' mißverstanden, ist Intuition bei Bergson eine Methode, den Strom der Gedanken mit der Erfindung von Prozessbegriffen zu verbinden. Fixierte Differenzen können sich dabei als graduelle, und graduelle als wesentliche zeigen, Pseudoprobleme verblassen, die oft entstehen, wenn man konstativ darüber spricht, daß etwas nicht ist, und daraus eine positive Existenz zaubert. Methodische Intuition hilft so, dynamische Konzepte zu kreieren. Kurz: Bergson beginnt nicht mit dem Sein, sondern mit dem Werden.

Durkheims Position in *Die elementaren Formen des religiösen Lebens* ist dem strikt entgegengesetzt, wie auch die Schlußüberlegungen zum Anteil der Gesellschaft an der Genese logischen Denkens zeigen. Dieses sei „erst in dem Augenblick möglich, in dem der Mensch jenseits der flüchtigen Vorstellungen, die er der sinnhaften Erfahrung verdankt, dahin gelangt, eine ganze Welt von Idealen begrifflich zu fassen, die somit zum Bezugspunkt der Intelligenzen werden. Logisch denken heißt in der Tat immer, in gewissem Maß, auf unpersönliche Weise denken; es heißt auch *sub specie aeternitatis* denken. Unpersönlichkeit, Beständigkeit, das sind

228 Zum Folgenden: Delitz 2015, S. 5 ff. Zu Bergsons Zeitbegriff siehe auch: Ulrich Raulff, *Der unsichtbare Augenblick. Zeitkonzepte in der Geschichte*, Göttingen 1999, S. 65ff.

229 Durkheim 1981, S. 28. Dieser Widerspruch zu Bergson erfolgt, ohne diesen namentlich zu nennen, über die Bande durch den Verweis auf eine Schrift seiner Schüler Hubert und Mauss, die sich mit der Vorstellung der Zeit in der Religion befaßt, in der auch Bergson diskutiert wird. Ebd., S. 29.

230 Dem folgt Gilles Deleuze: Philosophie ist die Tätigkeit, die Begriffe erfindet, die Wissenschaft dagegen ersinnt Funktionen. Gilles Deleuze u. Félix Guattari, *Was ist Philosophie?*, Frankfurt a.M. 1996, S. 6 u. 135.

231 Bergson an Floris Delattre (1923) zit. n. Delitz 2015, S. 173.

die beiden Hauptzüge der Wahrheiten." [232] Abgewehrt werden erkenntnistheoretische Einstellungen, die im Verdacht stehen, „subjektivistisch" oder „psychologisch" zu sein, und dies wird zugleich mit Stabilitätserwartungen an eine konstante Realität verbunden. Daß eine biegsame und schmiegsame Art der Zuwendung wirklichkeitsadäquater sein könnte, wird ausgeschlossen. Begrifflich denken heißt für Durkheim, „das Veränderliche dem Beständigen unterzuordnen, das Individuelle dem Sozialen".[233] Wo dies konsequent verfolgt wird, bestehen nun aber kaum Chancen, das Werden von Religion zu beschreiben.

Aber gerade in dieser Frage: das Werden von Religion, nähert sich Durkheim seinem Gegenpol Bergson an und übernimmt dessen Vokabular zur Beschreibung der Emergenz von Religion. Durkheim sieht, daß *rationalreligiöse* Auffassungen mit ihren Konstanzannahmen nicht ausreichen, das Werden der Religion zu begreifen. Man könne nicht sagen, „der Mensch hat die Religion erschaffen, weil er eine religiöse Natur hat."[234] An Bergson erinnert die Betonung der psychischen Energie, die religiöser Glaube freisetzt. Daß Gläubige sich in der Abhängigkeit von einer göttlichen Autorität wissen, könnte Durkheim für seine normsoziologischen Perspektive eigentlich reichen, aber er führt eine dynamische Dimension hinzu: „Gott ist nicht nur Autorität sondern auch Kraft, auf die sich unsere Kraft stützt."[235] Diese Kraft wirkt insbesondere in Ansammlungen stärkend und belebend. „Innerhalb einer Ansammlung, die eine gemeinsame Leidenschaft erregt, haben wir Gefühle und sind zu Akten fähig, deren wir unfähig sind, wenn wir auf unsere Kräfte allein angewiesen sind. Löst sich die Ansammlung auf und stehen wir allein da, dann sinken wir auf unsere gewöhnliche Ebene zurück und können dann die Höhe ermessen, über die wir uns hinaus erhoben haben."[236] Diese Psychodynamik kennzeichnet insbesondere „historische Perioden kollektiver Erschütterung". Durkheim kehrt hier seine Regel: „das Veränderliche dem Beständigen unterzuordnen", in ihr Gegenteil: „Die Individuen streben zueinander und sammeln sich mehr als jemals. Daraus entsteht eine allgemeine Gärung, die für revolutionäre oder schöpferische Epochen kennzeichnend ist. Aus dieser Über-Aktivität folgt eine allgemeine Stimulation individueller Kräfte. Man lebt mehr und anders als in normalen Zeiten. Die Veränderungen sind nicht nur Gradunterscheide; der Mensch wird anders."[237] Das vitalistische Vokabular des Werdens, von énergie vitale, *flux*, *force vive*, der Erfindung, und schöpferischen Entwicklung ist unüberhörbar.

Deutlicher wird dies, wenn man die kongreationistische Urszene der Religionsgenese, die Durkheim nach den berühmten Berichten von Francis James Gillen und Walter Baldwin Spencer beschreibt, in ihrer Prozesshaftigkeit entfaltet. Alltäglich gehen die Aborigines zerstreut ihren Tätigkeiten nach. Aber wenn sie sich für

232 Durkheim 1981, S. 583.
233 Ebd., S. 587.
234 Ebd., S. 564.
235 Ebd., S. 288.
236 Ebd., S. 289.
237 Ebd., S. 290.

einen *corrobbori* sammeln, setzt ein Werden ein: „Nun wirkt aber die Ansammlung allein schon wie ein mächtiges Reizmittel. Sind die Individuen einmal versammelt, so entlädt sich auf Grund dieses Tatbestandes eine Art Elektrizität, die sie rasch in einen Zustand außerordentlicher Erregung versetzt. Jedes ausgedrückte Gefühl halt ohne Widerstand in dem Bewußtsein eines jeden wider, das den äußeren Eindrükken weit geöffnet ist. Jedes Bewußtsein findet sein Echo in dem anderen. Der erste Anstoß vergrößert sich auf diese Weise immer mehr, wie eine Lawine anwächst, je weiter sie läuft. Und da diese starken und entfesselten Leidenschaften nach außen drängen, ergeben sich allenthalben nur heftige Gesten, Schreie, wahrhaftes Heulen, ohrenbetäubendes Lärmen jeder Art, was wiederum dazu beiträgt, den Zustand zu verstärken, den sie ausdrücken."[238] Diese Versammlungen nähert sich dem Zeiterleben der *durée* an, und: „In diesem gärenden sozialen Milieu und aus dieser Gärung selbst scheint also die religiöse Idee geboren."[239] Diese religiöse Idee ist nun nicht mehr das Gottesgeschenk der Leuchte der Vernunft, das in den *rationalreligiösen* Glaubenswelten verbreitet ist und das Durkheim für seine Religion des Individualismus und der Zivilreligion als Vorlage gedient hat, es ist vielmehr die *effervescenc*e, die zur Bildung transzendenter Vorstellungen führt.

Dazu finden sich deutliche Bezüge zu den enthusiastischen Religionen der Revolutionszeit, weniger der *Kunstreligion,* mehr der *Nationalreligion*, zumal, wie gezeigt, nach den laizistischen Gesetzen der Begriff der Kirche für die Nation freigegeben ist. Einen auf den Nationalstaat begrenzten Begriff der Gesellschaft vorausgesetzt, schreibt Durkheim: „Die Fähigkeit der Gesellschaft, sich zu vergotten oder Götter zu erschaffen, ist nirgends deutlicher zu sehen als in den ersten Jahren der Französischen Revolution. Unter dem Einfluß der allgemeinen Begeisterung, wurden seinerzeit rein profane Dinge durch die öffentliche Meinung vergöttlicht: das Vaterland, die Freiheit, die Vernunft."[240] Der Vorgang der Sakralisierung, der alles Mögliche in der Spur der alten *theologia fabulosa* zu einer heiligen Sache macht, tritt hier klar hervor.

Nach 1848 werden Phänomene des Enthusiasmus zunehmend um energetische Metaphern erweitert. So auch bei Durkheim, wenn er von einer „Art Elektrizität" spricht, die sich auf den Höhepunkten festlicher Kongregationen entlädt.[241] Solch energetische Deutungen hat auch die Ethnologie beigesteuert, seit Robert Henry Codrington das *mana* der Melanesier entdeckt hatte.[242] Robert Ranulph Marett sah im *mana* den gemeinsamen Ursprung von Magie und Religion, eine Art „Theoplasma oder Gott-Material", verbunden mit einem Erlebnis von außergewöhnlicher Macht.[243] Diese Kraft-Theorie des Heiligen wurde dann auch Grundlage der

238 Ebd., 297.
239 Ebd., 301. Siehe auch die Beschreibungen des religiösen Deliriums ebd., S. 310.
240 Ebd., S. 294f.
241 Ebd., S. 297.
242 Codrington 1891.
243 Zit. n. Kippenberg 1997, S. 181.

Religionsphänomenologie Geradus van der Leeuws: „Die von der Macht erfüllten Gegenstände und Personen haben ein Wesen für sich, das wir *heilig* nennen.“[244]

So stark die Anklänge an Motive der enthusiastischen Religiosität der Revolutionszeit sind, im Unterschied zu der junghegelianischen Kritik der „Verhimmelung“ treibt Durkheim keine Religionskritik. Er ist weit entfernt von der Marxschen Ideologiekritik und der Kritik des Heiligen bei Stirner. Religion ist nun nicht mehr sekundärer Effekt einer materiellen Basis des Selbst oder der Verhältnisse, sondern sie ist leitender Horizont.[245] So distanziert sich Durkheim entschieden vom historischen Materialismus und seiner Ideologienlehre.[246] Und die Sakralisierungen, die Max Stirner als Gespenst entlarvte, werden bei Durkheim zum Mittel, den Zusammenhalt der arbeitsteiligen Marktgesellschaft periodisch zu erneuern. Durkheim situiert sich entschieden im Feld der Wissenschaft. Aber er folgt auch nicht der *wissenschaftsreligiösen* Linie der positivistischen Kirche Comtes.[247] Dieser Übergang von der Religionskritik und *Wissenschaftsreligion* zur Religionssoziologie, der auch bei Georg Simmel und Max Weber vollzogen wird, beinhaltet den Verzicht, eigene weltanschauliche Ansprüche in der Soziologie zur Geltung zu bringen. Seitdem steht die Disziplin Soziologie vor der Alternative, sich entweder, wenn nicht in einem Glauben, so doch mit Hilfe irgendeiner philosophischen Wertelehre sich der Güte des eigenen Tuns zu versichern oder in einer freischwebenden Beobachterposition zu verharren.

Fassen wir zusammen: Der Erfahrung der modernen Marktgesellschaft, daß die Individuen freigesetzt sind, ihre egoistischen Zwecke zu verfolgen, und daß sie sich

---

244 Van der Leeuw 1956, S. 9. Weitergeführt ist dies bei Mircea Eliade, *Das Heilige und das Profane. Vom Wesen des Religiösen*, Hamburg 1957.

245 Zur Ideologiekritik und der Kritik des Heiligen im *Ersten Band* S. 697ff.

246 In deutlicher Abgrenzung gegen den Ökonomismus der Sozialdemokratie und materialistischer Auffassungen schreibt Durkheim: „Man muß sich also davor hüten, in dieser Theorie der Religion eine einfache Wiederaufnahme des historischen Materialismus zu sehen: Das hieße, unsere Gedanken völlig mißzuverstehen. Wenn wir in der Religion eine im wesentlichen soziale Sache sehen, so wollen wir keineswegs sagen, daß sie sich begnügt, die materiellen Formen der Gesellschaft und ihre unmittelbaren Vitalinteressen in eine andere Sprache zu übersetzten.“ Und Durkheim konzediert: „Wir sind ohne Zweifel davon überzeugt, daß das soziale Leben von seinem Substrat abhängt und von ihm geprägt wird, genauso wie das geistige Leben des Individuums vom Gehirn und sogar vom ganzen Organismus abhängt. Aber das kollektive Bewußtsein ist etwas anderes als eine einfache abgeleitete Erscheinung seiner morphologischen Basis, so wie das individuelle Bewußtsein etwas anderes ist als eine einfache Effloreszenz des Nervensystems. Damit das kollektive Bewußtsein auftaucht, muß eine Synthese *sui generis* der einzelnen Bewußtseine entstehen. Diese Synthese hat aber die Wirkung, eine ganze Welt von Gefühlen, Ideen und Bildern hervorzubringen, die, wenn sie einmal vorhanden sind, Gesetzen gehorchen, die ihnen eigen sind. Sie ziehen sich an, sie stoßen sich ab, sie vereinigen sich, sie teilen sich, sie vermehren sich, ohne daß alle diese Verbindungen durch den Zustand der darunterliegenden Wirklichkeit direkt befohlen oder genötigt würden.“ Durkheim 1981, S. 567.

247 Vgl. dazu Hartmann Tyrell, „Von der ‚Soziologie statt Religion‘ zur Religionssoziologie“, in: Ders. u. Krech 1995, S. 79-127.

zugleich auch frei assoziieren und zusammenschließen – der Erfahrung, daß die Einfügung des Einzelnen in soziale Bindungen problematisch geworden ist, dieser Erfahrung von moderner Gesellschaft als gesellschaftlicher Nichtgesellschaft begegnet Durkheim mit einem Begriff des Sozialen, in dem er die Seele der Religion identifiziert. Etwas wie Religion, nämlich kollektive Ideale, der Gruppengeist wird immer wieder erneuert werden müssen, wenn Gesellschaft ihren Zusammenhalt fortsetzen soll. Daher ist auch die Religion ewig wie der Mensch ewig ein soziales Wesen ist. In einer erhellenden Fußnote heißt es: „Im Grund sind die Begriffe der Totalität, der Gesellschaft, der Gottheit wahrscheinlich nur verschiedene Seiten ein und desselben Begriffs.“[248]

Aber das ist nicht alles. Mit Durkheims Wende zur Ethnologie tritt auch hervor, daß das Heilige einen ambivalenten Charakter besitzt. Durkheim greift die von William Robertson Smith herausgestellte Zweideutigkeit des Heiligen, rein und unrein sein zu können, auf. Es gibt ein Heiliges, das wohltätig wirkt, und ein Heiliges, das Ursache von Unordnung, Krankheit, Tod und Aufruhr ist. „Zwischen diesen beiden Kategorien von Kräften und Wesen, ist der Gegensatz so vollkommen wie möglich; er geht sogar bis zum radikalsten Antagonismus.“[249] Allerdings sind beide Pole trotz der unterschiedlichen Gefühle, die sie hervorrufen, den Respekt und den Abscheu, gleichzeitig miteinander in ihrer Stellung zum profanen Leben verwandt: „Beide sind verboten; sie sind gleicherweise aus dem Verkehr gezogen. Das heißt, daß auch sie heilig sind.“[250] Diese polare Struktur des Heiligen kann nun aber auf zwei Bereiche bezogen werden: zum einen auf die Dynamik enthusiastischer Religiosität, zum anderen auf das Verhältnis von Religion und Magie.

Was den Enthusiasmus betrifft, so bemerkt Durkheim, daß die polare Struktur des Heiligen nicht nur für die religiöse Sphäre bestimmend ist, denn „die beiden Pole des religiösen Lebens entsprechen zwei entgegengesetzten Zuständen, durch die jedes soziales Leben hindurchgeht. Zwischen dem heilvollen Heiligen und dem unheilvollen Heiligen besteht der gleiche Gegensatz wie zwischen den Zuständen kollektiver Euphorie und den Zuständen kollektiver Niedergeschlagenheit.“[251]

Die polare Struktur des Heiligen verweist aber auch auf die Unterscheidung von Religion als öffentlichem Ritual im Gegensatz zu Magie als privatem egoistischen Mißbrauch übernatürlicher Macht, die Robertson Smith getroffen hatte.[252] Dem schließt sich Durkheim an und bestreitet die These, daß Magie und Religion nicht zu unterscheiden seien „Der deutliche Widerwille der Religion gegen die Magie und, umgekehrt, die Feindschaft der Magie gegenüber der Religion, machen diese These schwer haltbar. Die Magie sieht eine Art Berufsvergnügen darin, die heiligen

248 Durkheim 1981, S. 590.

249 Ebd. S. 548.

250 Ebd.,S. 549.

251 Ebd. S. 554.

252 Hans G. Kippenberg hat darauf aufmerksam gemacht, daß Durkheim die Unterscheidung zwischen Religion und Magie fehlte, als er in der Dreyfus-Affäire von einer notwendigen Religion des Individualismus sprach. Kippenberg 1996, S. 121.

Dinge zu entweihen". [253] Mit der Wende zur Ethnologie und dem anwachsenden Interesse an den ‚Wilden', das in Religionsdeutungen im 20. Jahrhundert nicht mehr erlahmen wird, wird die Ambivalenz des Heiligen zwischen Magie und Religion zu einem Dauerproblem. Im *Vierten Teil* der Religionssoziologie werden wir zeigen, wie sehr dies Dauerproblem mit der Suche nach einer Religion verbunden ist, die mit den neuen epochalen Erfahrungen artifizieller Lebenswelt verbunden ist.[254]

Die religionssoziologischen Schriften der Durkheimschule werden in den 30er Jahren des 20. Jahrhunderts von einer Intellektuellengruppe aufgegriffen, in der sich der Mauss-Schüler Roger Callois, der Schriftsteller Michel Leiris, der seine Erfahrungen während der von der Rockefeller Foundation finanzierten ethnologischen Mission Dakar-Djibouti in *L'Afrique Fantôme* (1934) verschriftlicht hatte, und der eigensinnige Surrealist Georges Bataille u.a. zusammengefunden hatten.[255] Ihr Ziel war, eine „Soziologie des Sakralen" zu entwickeln, die in einer rationalisierten, technisierten und normierten Moderne den Verlust an Spontaneität und Vitalität durch Riten, Feste, Spiele, Erotik, Lachen und Kunst wettmachen sollte. Es ging um eine Insertion „irrationaler", „primitiver" Elemente in die Gegenwart, durchaus mit dem politischen Ziel, den Faschismus, der diese Dimensionen zu seinem Machterhalt zu funktionalisieren wußte, auf diesem Felde zu schlagen. Verbunden war dies mit einer deutlichen Absage an die sowjetische Moderne und den amerikanischen Kapitalismus. Ziel des *Collège de Sociologie* war eine „sozialistisch-orgiastische Gesellschaft", in der jene Lebensimpulse eine festliche, subversive Chance haben, die die rationalisierten Arbeitsvollzüge, die Sorge um die Zukunft und das Prinzip alternativloser sachtechnischer Notwendigkeit überschreiten.[256]

3. Ernst Troeltsch und der Protestantismus in der Religionssoziologie

DIE DOMINANZ DES PROTESTANTISMUS. Wenn die vergleichende Religionswissenschaft ihre stärksten Impulse aus der imperialen Situation Großbritanniens erhalten hat und wenn in Frankreich die Erfahrung eines die Einheit der Nation zerreißenden Konkurrenzkapitalismus für die Entstehung der Religionssoziologie motivierend war, so ist für Deutschland die Situation eines konfessionell gespaltenen Landes prägend gewesen. Dies bestimmt die religionswissenschaftlichen Ant-

253 Durkheim 1981, S. 70.

254 In diesem Band S. 1014ff.

255 Stephan Moebius, *Die Zauberlehrlinge. Soziologiegeschichte des Collège Sociologie (1937-1939)*, Konstanz 2006b; sowie Bernd Mattheus, *Georges Bataille. Eine Thanatographie*, 3 Bde., München 1984-95.

256 Die Bedeutung der Durkheimianer für den postrukturalistischen Umgang mit dem Thema Religion ist vorzüglich herausgearbeitet bei Alexander Tristan Riley, *Godless Intellectuals? The Intellectual Pursuit of the Sacred Reinvented*, New York/Oxford 2010.

worten auf die religiöse Lage in der entfesselten Marktgesellschaft, die hier gefunden werden, in besonderem Maße. Dabei stehen Zusammenhänge von Religion, Konfession und modernem Wirtschaftsleben im Zentrum der klassischen Religionssoziologie in Deutschland. Führend um 1900 sind dabei zweifellos so sehr protestantische Autoren, daß man mit Volkard Krech zurecht die Frage stellen kann: „Wie protestantisch war die ältere Religionswissenschaft?“[257] Dies gilt besonders für den Theologen Ernst Troeltsch, dessen Leistungen für die Religionssoziologe erst im Nachgang zur Weber-Renaissance der letzten Jahrzehnte des 20. Jahrhunderts breiter gewürdigt wurden.

Die protestantische Gelehrsamkeit hat mit Matthias Schneckenburger (1819-1849) und Karl Bernhard Hundeshagen (1810-1872) eine starke Tradition begründet, die um 1900 u.a. von Rudolph Sohm (1841-1917) und Adolph von Harnack (1851-1930) fortgesetzt wurde. Dagegen waren im katholischen Bereich die intellektuellen Kräfte vor allem dann auch nach dem Sieg der kleindeutschen Einheit in der Minderheit. Die Leistungen der historischen Theologie eines Johann Adam Möhler (1796-1838), die Gemeinsamkeit des christlichen Glaubens gegen das Freidenkertum herauszuarbeiten, die Versuche Ignaz von Döllingers (1799-1890), gegen Rankes Bild der Reformation den katholischen Standpunkt zur Geltung zu bringen, und der kühne Versuch Ernst von Lasaulx (1805-1861), eine geschichtsphilosophische Deutung der *décadence* abendländischer Kultur zu begründen, blieben weitgehend auf die katholische Leserschaft beschränkt.[258]

Die beherrschende Stellung des Konfessionalismus, aufgeheizt durch den „Kulturkampf“, hat auch der konfessionsfreien Religionssoziologie zunächst wenig Raum gegeben. Paul von Lilienfeld (1829-1903) orientierte sich am Spencerschen Evolutionismus.[259] Rudolf Eisler (1873-1926) bewegte sich in den Bahnen der monistisch gefärbten Soziologie und Kulturphilosophie des heute vergessenen Franz Carl Müller-Lyer (1857-1916).[260] Beide bezogen, wie auch der Bremer Religions-

257 Volkhard Krech, „Wie protestantisch war die ältere Religionswissenschaft?“, in: *Der Protestantismus – Ideologie, Konfession oder Kultur?*, hg. v. Richard Faber u. Gesine Palmer, Würzburg 2003, S. 207-229.

258 Zur protestantischen Kirchengeschichtsschreibung vgl. Manfred Wichelhaus, *Kirchengeschichtsschreibung und Soziologie im 19. Jahrhundert und bei Ernst Troeltsch*, Würzburg 1995; zur Bedeutung der protestantischen Reformtheologie für die Universitätsreform vgl. Thomas Albert Howard, *Protestant Theology and the Making of the Modern German University*, Oxford: UP, 2006. Zu Möhler vgl. Schnabel 1937, S. 71. Zu Döllinger vgl. ebd., S. 73, zu Lasaulx vgl. ebd., S. 168f. Ernst von Lasaulx' *Neuer Versuch einer Geschichte der Philosophie* (1856) könnte für die „Achsenzeit-Debatte“, die Karl Jaspers nach 1945 eröffnet hat, auch heute noch eine wichtige Rolle spielen.

259 Paul von Lilienfeld, *Gedanken über die Sozialwissenschaft der Zukunft*, Bd. 5: *Religion betrachtet vom Standpunkt der real-genetischen Socialwissenschaft oder Versuch einer natürlichen Theologie*, Hamburg 1881.

260 Rudolf Eisler, *Soziologie. Die Lehre von Entstehung und Entwicklung der menschlichen Gesellschaft*, Leipzig 1903. Zur Religion siehe S. 106-119; vgl. auch Rudolf Eisler, *F. Müller-Lyer als Soziologe und Kulturphilosoph*, München 1923.

wissenschaftler Thomas Achelis (1850-1905) in seiner Einleitung in die Soziologie, ethnologische Reiseberichte mit ein und folgten der westlichen, vergleichenden Religionsforschung. Sie sahen in Mythos, Ritus und in Religion Spiegelungen sozialer Beziehungen.[261]

Zu den Strukturmerkmalen des Protestantismus in seinem deutschen Heimatland gehören drei Momente, die für Religionswissenschaft und speziell für Religionssoziologie charakteristisch waren: einmal die landeskirchliche Verfaßtheit, dann der Freiheitsvorbehalt evangelischer Gläubiger gegenüber jeder Kirche und schließlich eine intensive Reflexion der Geschichtlichkeit des Christentums.[262] Der protestantische Fiduzialglaube, in dessen Zentrum Innerlichkeit und Gottvertrauen stehen, forderte vom Einzelnen, seine Frömmigkeit ohne Kirchenzwang frei zu begründen. Dazu half ihm Bildung, in erster Linie das Lesen der Bibel und dann auch anderer Bücher. Für seine Tradierung ist der Protestantismus im besonderen Maße auf Bildung angewiesen gewesen.[263] Das deutsche Bildungssystem ist bis in die Zeit um 1900 protestantisch geprägt. Die für Deutschland charakteristische Erscheinung eines Bildungsbürgertums ist ebenfalls maßgeblich durch den Protestantismus geprägt. Zwischen evangelischem Glauben und dem Sinn für Kultur bestanden weiche Übergänge. Protestanten galt die Religion als Fundament einer einheitlich moralisch-sittlichen Lebensführung.[264]

Frei von katholischer Hierarchie, waren die theologischen Fakultäten der Ort, an dem über die wahre Auslegung der Heiligen Schrift gestritten werden mußte. Wo die Kirche nur Notbau ist und alles auf die freie Innerlichkeit des Glaubens ankommt, waren protestantische Intellektuelle darauf verwiesen, ihren Glaubensstandpunkt auszuweisen. Dies führte mit dem Ausbau der Theologie im Wissenschaftssystem des 19. Jahrhunderts zu Richtungskämpfen der Universitätstheologien.

---

261 Thomas Achelis, *Sociologie*, Leipzig 1899. Vgl. auch die Angaben bei Krech 2002, S. 153ff.

262 Zum Freiheitsvorbehalt gegenüber jeder Kirche siehe Peter Cornehl, „Teilnahme am Gottesdienst – Zur Logik des Kirchgangs: Befund und Konsequenzen", in: *Kirchenmitgliedschaft im Wandel*, hg. v. Joachim Matthes, Gütersloh 1991, S. 15-53, hier S. 19f.; zum Historismus in der Theologie vgl. Michael Murrmann-Kahl, *Die Entzauberte Heilsgeschichte. Der Historismus erobert die Theologie, 1880-1920*, Gütersloh 1992. Prägnant bei Paul Tillich: „Das protestantische Prinzip besagt, daß in der Beziehung zu Gott Gott allein handelt und daß kein menschlicher Anspruch, besonders kein religiöser Anspruch, aber auch kein intellektuelles, moralisches oder religiöses ‚Werk' uns wieder mit ihm vereinigen kann". Paul Tillich, *Systematische Theologie*, Bd. 3: *Das Leben und der Geist. Die Geschichte und das Reich Gottes*, Stuttgart ^{2}1978, S. 257.

263 Reiner Preul, „Aspekte eines kulturprotestantischen Bildungsbegriffs", in: *Kulturprotestantismus. Beiträge zur Gestalt des modernen Christentums*, hg. v. Hans-Martin Müller, Gütersloh 1992, S. 150-164; ders., „Christentum und Bildung oder Bildungschristentum? Ein Programm", in: *Liberale Theologie. Eine Ortsbestimmung*, hg. v. Friedrich Wilhelm Graf, Gütersloh 1993, S. 149-167; ders., *Religion – Bildung – Sozialisation. Studien zur Grundlegung einer religionspädagogischen Bildungstheorie*, Gütersloh 1980.

264 Vgl. Thomas Nipperdey, *Deutsche Geschichte 1866-1918*, Bd. 1: *Arbeitswelt und Bürgergeist*, München ^{2}1991. Zum Bildungsbürgertum siehe S. 382-389, zum Protestantismus siehe S. 468-507.

Es entstanden „positionelle Theologien", die sich ihrer selbst durch Negativabgrenzungen zu anderen theologischen und religiösen Strömungen vergewisserten.[265]

Wie solche Abgrenzungsversuche aussahen, zeigt beispielhaft Wilhelm Ernsts Beitrag *Zum Problem der modernen Bildungsreligion.* Sie entstehe in Epochen, in denen hoch entwickeltes Bildungsbewußtsein und die Erkenntnis der Zusammengehörigkeit von Bildung und Religion gegeben sind. „Versöhnung von Glauben und Wissen, Herstellung einer mit der Bildung ausgeglichenen religiösen Gedankenwelt, ist das Programm der Bildungsreligion. Durch dieses Programm unterscheidet sich die Bildungsreligion bewußtermaßen von dem vulgären, massiven, naiven Religionsglauben der Volksreligion. Sie will sein Religion der Gebildeten."[266] Ernst unterscheidet zwei Typen von Bildungsreligion. In der einen geht es um die „Begründung der zentralen religiösen Gedanken des Christentums aus den allgemeinen Bildungsgrundlagen der neuen Zeit" als einer „Sublimierung der alten massiven Vorstellungen des kirchlichen Christentums". Daraus sei allerdings keine kohärente Lehre entstanden. „Auf diesen teils mehr philosophischen, teils mehr ästhetisch orientierten Grundlagen steht die moderne christliche Bildungsreligion als ein christlich orientierter Idealismus, vielfach auch als eine mit neuen Ausdrucksmitteln unternommene Neuauflage des in der alten Kirche vorhandenen Gnostizismus."[267]

Der zweite Typ von Bildungsreligion orientiere sich an der modernen Naturwissenschaft, insbesondere der Entwicklungslehre. „Die neue Religion der Zukunft, welche der neuen Bildung und dem neuen Seelenzustand der heutigen Entwicklungsstufe der Menschheit entspricht, heißt Lebensglaube, Verehrung des im unendlichen Universum sich kundgebenden alleinen Seins, mystische Versenkung in dieses alles durchflutende, alles aus sich erzeugende Leben."[268] Für den evangelischen Pfarrer Ernst ist die Grenzziehung klar: „Man kann also den inneren methodischen Gegensatz zwischen christlicher und naturalistischer Bildungsreligion so definieren: In der ersteren bestimmt die Gotteserkenntnis die Welterkenntnis, in der letzteren umgekehrt die Welterkenntnis die Gotteserkenntnis."[269] Aber für eine Erneuerung des Christentums reicht auch die christliche Bildungsreligion nicht aus. Hier fehlt die „Ursprünglichkeit des religiösen Lebens, die Naivität des religiösen Denkens. Hier ist alles in erster Linie Religion und in zweiter und dritter erst Weltanschauung u. dgl. Ohne Rücksicht auf irgendwelche theoretische Wenn und Aber wird die Seele Gott gegenübergestellt und unbekümmert um theoreti-

265 Zum Begriff positionelle Theologie vgl. Falk Wagner, „Systematisch-theologische und sozialethische Erwägungen zu Frieden und Gewalt", in: *Friedenserziehung als Problem von Theologie- und Religionspädagogik*, hg. v. Christof Bäumler u.a., München 1981, S. 53-121, hier S. 63ff.

266 Wilhelm Ernst, „Zum Problem der modernen Bildungsreligion", in: *Religion und Geisteskultur, Zeitschrift für religiöse Vertiefung modernen Geisteslebens* 8/1914, S. 20-31, hier S. 21.

267 Ebd., S. 23.

268 Ebd., S. 24.

269 Ebd., S. 25.

sche Schwierigkeiten werden die Konsequenzen daraus gezogen."[270] Wie diese Erwartungen, die einzulösen sich prophetische Religionsreformer mit ihren Unternehmen auf dem Religionsmarkt abmühen, wie sie sich auf der Basis des protestantischen Fiduzialglaubens mit seinen offenen Grenzen ereignen sollen, liest man bei Ernst nicht.

Das dritte Strukturmerkmal des deutschen Protestantismus ist die Intensivierung der Reflexion der Geschichtlichkeit des Glaubens. So lautet einer der wiederkehrenden Einwände gegen Durkheims Religionssoziologie, ihr fehle die historische Dimension.[271] Der besondere Stellenwert der Reflexion von Geschichtlichkeit im Protestantismus rührt wahrscheinlich daher, daß der Bezugspunkt, die Reformation Martin Luthers, als ein historischer Wendepunkt konfessionell fixiert ist, an dem sich dann Narrative von der Dekadenz katholisierender Strömungen und der Erneuerung evangelischen Glaubens immer wieder ausrichten können. Eine solche historische Zäsur kennt die heilsgeschichtliche Selbstbeschreibung der katholischen Kirche nicht. Ihr Datum bleibt das Wort an Simon Petrus als dem Felsen, auf den Jesus Christus seine Kirche gebaut hat (Apg. 15,4 u. 2. Petr. 1,1). Erinnert sei auch an den großen Anteil von Protestanten am deutschen Historismus und die seit Hegel immer wieder erneuerten Koppelungen von Protestantismus und Entwicklung der modernen Gesellschaft, für die Ernst Troeltsch und Max Weber stehen. Hinzu kommt um 1900 die Tendenz zur Selbsthistorisierung des Protestantismus in der Scheidung von Traditionalisten und Modernisierern.

POSITIONENSTREIT IM PROTESTANTISMUS. Eine solche Scheidung hat sich an den Begriffen „Altprotestantismus" und „Neuprotestantismus" festgemacht. Diese Begriffe dienen Friedrich Wilhelm Graf zufolge „im frühen zwanzigsten Jahrhundert in erster Linie zur Profilierung des Gegensatzes zweier konkurrierender bzw. – zumindest für einige an diesen Debatten beteiligten – einander ausschließender Typen protestantischer Frömmigkeit. Die Begriffe sind Kategorien theologischer Legitimität bzw. Illegitimität."[272] Neuprotestanten sehen sich in der Tradition derer, die die *rationalreligiöse* Umformung des christlichen Glaubens und die an Schleiermacher anschließende Dialektik von entgrenzendem Enthusiasmus und kirchli-

270 Ebd., S. 29.

271 So auch als Kritik des Begriffs des Heiligen bei: Franz-Xaver Kaufmann, *Religion und Modernität. Sozialwissenschaftliche Perspektiven*, Tübingen 1989, S. 53ff. Natan Söderblom unterscheidet drei Hauptwege für die Historisierung der Religion. Einmal die mit der gesellschaftlichen Entwicklung verbundene Entwicklung der sakralen Institutionen, dann „die Sonderstellung eines gewissen Religionstypus gegenüber der menschlichen Gesellschaft und ihren Angelegenheiten", schließlich das Wirken prophetischer Persönlichkeiten. Nathan Söderblom, „Allgemeine und besondere Religionsgeschichte", in: *Religion. Ein Jahrhundert theologischer, philosophischer, soziologischer und psychologischer Interpretationsansätze*, hg. v. Christoph Elsas, München 1975, S. 189-202, hier S. 192.

272 Friedrich Wilhelm Graf, „Kulturprotestantismus. Zur Begriffsgeschichte einer theologiepolitischen Chiffre „, in: *Archiv für Begriffsgeschichte* 28/1984, S. 214-268, hier S. 239.

cher Einbettung als Modi der Anpassung des Christentums an die moderne Welt fortführen wollen.

Altprotestanten erscheinen dagegen in den Augen der Neuprotestanten als Gläubige, die sich „der aufklärerisch-idealistischen Modernisierung des Christentums verweigern". Dies führe dazu, daß sie „die gesellschaftliche Marginalität des kirchlichen Protestantismus festschreiben, folglich nichts Geringeres als die Zukunft des Protestantismus verspielen und gerade so einer kulturpolitisch ruinösen progressiven Entchristlichung der modernen Gesellschaft ungewollt Vorschub leisten."[273] Umgekehrt werden aus „altprotestantischer" Sicht neu und alt „nicht mehr als konkurrierende Gestalten protestantischer Frömmigkeit unterschieden, sondern sie gelten nur als neue Begriffe für den alten Gegensatz von reformatorischem Rechtfertigungsglauben und humanistischer Kulturfrömmigkeit."[274]

Die Bindung des Protestantismus an geschichtliche Reflexion führte um 1900 bei neuprotestantischen Theologieprofessoren zu einem gesteigerten Selbstbewußtsein, die Rolle als Wertevermittler in den Krisen entfesselter Marktwirtschaft einnehmen zu wollen. Trotz rückläufiger Studierendenzahlen erfreute sich die evangelische Theologie auch international einer hohen akademischen Reputation und Ausstrahlung auf die Kultur- und Sozialwissenschaften dieser Zeit.[275] In der innerprotestantischen Debatte um die „Absolutheit des Christentums" streitet man sich, ob diese Absolutheit offenbarungsbasiert oder historisch aufzufassen sei oder, ob sie durch praktische Missionsarbeit global hergestellt werden sollte.[276] Davon, daß der Protestantismus für die gegenwärtige Kultur zumindest eine historische „Höchstgeltung" habe, sind protestantische Theologen überzeugt. Man streitet sich nur darum, ob es sich um eine in der weiteren Geschichte der Menschheit prinzipiell nicht mehr überbietbare Religion handle oder ob man mit neuen höherwertigen Offenbarungen rechnen könne.[277] An der geschichtlich beglaubigten Superiorität des protestantischen Geistes zweifelt man nicht. In weiten Kreisen kommt es überhaupt zu einer Gleichsetzung von Protestantismus und Kultur.[278]

---

273 Ebd.

274 Ebd., S. 240.

275 Vgl. dazu Friedrich Wilhelm Graf, „Rettung der Persönlichkeit. Protestantische Theologie als Kulturwissenschaft des Christentums", in: ders. / Rüdiger vom Bruch u. Gangolf Hübinger (Hg.), *Kultur und Kulturwissenschaften um 1900. Krise der Moderne und Glaube an die Wissenschaft*, Wiesbaden 1989, S. 103-131, hier S. 104ff.

276 Ernst Troeltsch, „Die Absolutheit des Christentums und die Religionsgeschichte (1902-1912) mit den Thesen von 1901 und den handschriftlichen Zusätzen", in: ders., *Kritische Gesamtausgabe*, Bd. 5, hg. v. Trutz Rendtorff u. Stefan Pautler, Berlin/New York 1998, S. 54-244. Die Perspektive der Missionierung vertritt Friedrich Niebergall, „Über die Absolutheit des Christentums", in: *Theologische Arbeiten aus dem Rheinischen wissenschaftlichen Prediger-Verein* 4/1900, S. 46-86.

277 Graf 1989, S. 107 u. 118.

278 Vgl. dazu auch Graf 1984, S. 263 sowie Winfried Becker, „Der Kulturkampf als europäisches und deutsches Phänomen", in: *Historisches Jahrbuch* 101/1981, S. 422-446, hier S. 428. Dort auch weiterführende Literaturangaben.

Der Richtungsstreit protestantischer Theologen wird von drei Gruppen ausgefochten, für deren Bezeichnung sich das politische Richtungsschema Rechts-mitte-links eingebürgert hat.[279] Eine konservative „positive" Theologie sieht in der historischen Evangelienforschung eine Preisgabe der in der Bibel bezeugten Heilstatsachen. Theologie habe sich an den Bekenntnisschriften des 16. Jahrhunderts zu orientieren und die Kirchlichkeit des Protestantismus zu verteidigen. Ihre Gegner sind die „liberalen" Theologen auf der linken Seite, die auf dem Wege einer radikalen Kritik der christlichen Tradition dem evangelischen Glauben in der Moderne zu neuer Wirksamkeit verhelfen wollen. Sie setzen dabei nicht auf die herkömmliche Kirche, „sondern primär auf die freien Assoziationen des religiös-liberalen protestantischen Bildungsbürgertums und die Integration außerkirchlicher Frömmigkeit in eine offene, in sich pluralistische Volkskirche."[280] Eine dritte Gruppe vertrat eine Art „Kulturtheologie" des Ausgleichs zwischen Luthertum und bürgerlichen Versittlichungsideen. Sie folgten Albrecht Ritschls Kritik an der Auflösung der Theologie in Metaphysik, deuteten aber zugleich die Geschichte der menschlichen Kultur als „einen Prozeß der allmählichen Realisierung des Ideals einer herrschaftsfreien Kommunikation freier, nur in Gott gebundener Persönlichkeiten, d.h. als allmähliche Annäherung an das Ideal des Reiches Gottes."[281]

In diesen Richtungskämpfen kursiert „Kulturprotestantismus" als ein polemischer Begriff.[282] Zunächst ist es eine Bezeichnung, mit der Konservative den deutschen Protestantenverein Richard Rothes angreifen, der für eine Versöhnung von

279 Graf 1989, S. 113ff.

280 Ebd., S. 114f.

281 Ebd., S. 116. Zur dritten Gruppe gehörten u.a. Adolf von Harnack, Wilhelm Hermann, Martin Rade. Zu Ritschl vgl. u.a. Burrow 2003, S. 300. Zum Richtungsstreit: Robert Kübel, *Über den Unterschied zwischen der positiven und der liberalen Richtung der modernen Theologie*, Nördlingen 1881; Gregory unterscheidet nach 1850 vier protestantische Richtungen: 1. den linken Flügel ausgehend von Hegel zu Feuerbach, 2. die Orthodoxie, 3. die Vermittlungstheologie und 4. Ritschl und die kantianische Theologie. Vgl. Frederick Gregory, *Nature Lost? Natural Science and the German Theological Traditions of the Nineteenth Century*, Cambridge 1992, S. 42-54. Nipperdey sieht den Ausgangspunkt der Richtungskämpfe in einer linken bzw. rechten Schule Schleiermachers. Erstere versuche eine Versöhnung mit Wissenschaft und Philosophie, letztere eine Versöhnung mit der Kultur. Thomas Nipperdey, *Deutsche Geschichte 1800-1866. Bürgerwelt und starker Staat*, München 1985, S. 429.

282 Zum Kulturprotestantismus siehe Graf 1984, S. 214-268; zur polemischen Dimension ebd., S. 261-264; siehe auch die Beiträge in Müller 1992; Harald Homann, „‚Kulturprotestantismus' – Zum Problem moderner Religion", in: *Religion und Kultur* (= Kölner Zeitschrift für Soziologie und Sozialpsychologie, Sonderheft 33), hg. v. Jörg Bergmann / Alois Hahn u. Thomas Luckmann, Opladen 1993, S. 169-190; Volker Drehsen, *Neuzeitliche Konstitutionsbedingungen der Praktischen Theologie: Aspekte der theologischen Wende zur sozialkulturellen Lebenswelt christlicher Religion*, Gütersloh 1988; Gangolf Hübinger, „Kulturprotestantismus, Bürgerkirche und liberaler Revisionismus im wilhelminischen Deutschland", in: Schieder, Stuttgart 1993, S. 272-292; ders., *Kulturprotestantismus und Politik. Zum Verhältnis von Liberalismus und Protestantismus im wilhelminischen Deutschland*, Tübingen 1994.

Religion und Kultur als eine „protestantische Kultur“ eintritt.[283] Die Sicherheit, Religion und Kultur versöhnen zu können, schwindet jedoch gegen Ende des 19. Jahrhunderts, und eine junge Generation von Theologen folgt der Diagnose Otto Baumgartens von einem „Gegensatz von Religion und Kultur“.[284] In dieser Gruppe, der auch Ernst Troeltsch zuzurechnen ist, hat der Terminus „Kulturprotestantismus“ eine Bedeutungsverschiebung erfahren. Nun geht es um Ideen einer religiösen Renaissance unter den Voraussetzungen moderner Kultur. Um die Chancen dafür zu entdecken, bedarf es insbesondere historischer und soziologischer Forschung.

So schreibt Troeltsch: „Die Größe der Religion besteht gerade in ihrem Kulturgegensatz, in ihrem Unterschiede von Wissenschaft und sozial-utilitaristischer Moral, in ihrer Aufbietung überweltlicher und übermenschlicher Kräfte, in ihrer Entfaltung der Phantasie und in ihrer Richtung auf das, was jenseits der Sinne ist.“[285] Die Modernisierung des Protestantismus soll Troeltsch zufolge nicht auf eine „mit der Kultur versöhnte Religion“ hinauslaufen. Dagegen sei „eine neue religiöse Produktion in Bewegung zu setzen, die unter Voraussetzung des modernen Weltbildes aus eigener innerer Kraft die religiöse Ideenwelt spezifisch religiös neugestaltet und ihr einen neuen Mythos schafft.“[286] Dies ist jedoch vorraussetzungsvoll. Denn eine neue religiöse Produktion „könnte nur aus den eigenen religiösen Kräften hervorgehen, an denen es überall fehlt, und könnte nicht durch eine ‚Versöhnung‘ bewirkt werden, denn bei einer solchen Versöhnung ist meistens die Religion der opfernde Teil; sie ist eine societas leonina.“[287]

Der Protestantismus vermag jedoch Troeltsch zufolge dann als „religiöses Salz“ zu wirken, wenn er das neuzeitliche Prinzip der Subjektivität religiös fundamentiert und die „Behauptung der Nicht-Objektivität der Heilsgüter“, die zum „Wertlegen auf den persönlichen Glauben, auf die Echtheit, die Innerlichkeit, die Wärme der religiösen Empfindung“, d.h. zum „religiösen Individualismus und Subjektivismus“ führt, fortsetzt.[288] Um die Chancen dafür zu entdecken, bedarf es insbesondere historischer und soziologischer Forschung.

Die Göttinger religionsgeschichtliche Schule. Troeltsch’ Perspektive fußt auf den Arbeiten der Göttinger religionsgeschichtlichen Schule, die für die Erforschung des Christentums und die Religionssoziologie wegweisende Weichenstel-

283 Graf 1984, S. 222.

284 Ebd., S. 230. Zur Versöhnbarkeit von Protestantismus und moderner Kultur vgl. die Überlegungen von Hans Albert, „Wissenschaftliche Erkenntnis und religiöse Weltauffassung“, in: *Die andere Hälfte der Wahrheit. Naturwissenschaft, Philosophie, Religion*, hg. v. Jürgen Audretsch, München 1992, S. 113-133, hier S. 115ff.

285 Ernst Troeltsch, „Die Kirche im Leben der Gegenwarts“, in: Frischeisen-Köhler 1911, S. 441-454, hier S. 450.

286 Ebd.

287 Ebd.

288 Ernst Troeltsch, „Zur religiösen Lage, Religionsphilosophie und Ethik“, in: ders., *Gesammelte Schriften*, Bd. 2, Tübingen 1913, S. 1-21, hier S. 4.

lungen vorgenommen hat.[289] Zwischen 1886 und 1893 bildete sich in Göttingen eine Lebens- und Arbeitsgemeinschaft junger protestantischer Theologen, zu der Wilhelm Bousset, Albert Eichhorn, Hermann Gunkel, Alfred Rahlfs, Ernst Troeltsch, Johannes Weiß, William Wrede u.a. gehörten.[290] Sie rieben sich an der Theologie ihres Göttinger Lehrers Ritschl, der um einen Ausgleich zwischen Dogmatik und moderner Welt bemüht war, den Glauben als persönliche Offenbarung jenseits der Bezeugung durch Christi Wundertaten verteidigte und das Reich Gottes als ethische Zielvorstellung, an der Christen mitzuarbeiten hatten, hinstellte. Dagegen forderten die ‚Jungen' den Vorrang historischer Studien vor den dogmatischen. Sie konnten dabei auf Veränderungen im historischen Zugriff bauen, die mit der Krise des Evolutionismus einhergingen. Mit dem Wachstum von Einzelstudien wurde es immer schwerer, die Befunde in das lineare Evolutionsmodell in der Tradition von Comte und Spencer einzuordnen. Prägend für die Veränderungen im historischen Zugriff wurde dann Franz Boas theoretische Alternative zum Evolutionismus in der Ethnologie, das Modell der Diffusion von Mythen und Riten zwischen benachbarten Kulturen, die Erforschung von Einflüssen, die Wirkungen, die zeitgleich existierende Gruppen gegeneinander ausüben.[291]

Die Autoren der religionsgeschichtlichen Schule vollzogen eine vergleichbare Wende. War es für die Ritschlsche Theologie wichtig, den Kanon von Altem und Neuem Testament isoliert von seiner Umwelt zu betrachten, so konzentrieren sich die Autoren der religionsgeschichtlichen Schule auf den historischen Kontext. So bemerkt Albert Eichhorn in einem Bewerbungsschreiben von 1886 zu seinem kirchenhistorischen Interesse, „daß die unbedeutenderen Parteien der Geschichte mich besonders anziehen. Es scheint mir wichtig zu sein, nicht nur die Ideen der vorzüglichsten Männer jener Periode kennen zu lernen, sondern auch die von ihnen ausgegangenen Wirkungen. Die Höhen der Geschichte glänzen im Licht, aber ohne die tausendfachen Abschattungen an den Abhängen und in den Tälern würde der Anblick ohne Reiz sein." Die Aufgaben der Gegenwart seien nur zu erkennen „wenn der Historiker die Mannigfaltigkeit der bewegenden Kräfte ebenso wie den Widerstand der zu bewegenden Massen zur Anschauung zu bringen versteht."[292]

---

289 Carsten Colpe, *Die religionsgeschichtliche Schule. Darstellung und Kritik ihres Bildes vom gnostischen Erlösermythos*, Göttingen 1961; Friedrich Wilhelm Graf, „Der ‚Systematiker' der ‚kleinen Göttinger Fakultät'. Ernst Troeltschs Promotionsthesen und ihr Göttinger Kontext", in: Ders. u. Horst Renz (Hg.), *Untersuchungen zur Biographie und Werkgeschichte* (= Troeltsch-Studien, Bd. 1), Gütersloh 1982, S. 235-290; Gerd Lüdemann u. Martin Schröder, *Die Religionsgeschichtliche Schule in Göttingen. Eine Dokumentation*, Göttingen 1987; Murrmann-Kahl 1992, S. 295ff; *Die ‚Religionsgeschichtliche Schule'. Facetten eines theologischen Umbruchs*, hg. v. Gerd Lüdemann, Frankfurt a.M. 1996.

290 Ralf Özen, „Die Göttinger Wurzeln der ‚Religionsgeschichtlichen Schule'", in: Lüdemann 1996, S. 23-64. Dort auch weitere Literatur zu den einzelnen Mitgliedern der Schule.

291 Zu Boas vgl. *Franz Boas – Kultur, Sprache, Rasse. Wege einer antirassistischen Anthropologie*, hg. v. Friedrich Pohl, Berlin/Münster/Wien 2009; *Franz Boas. 1858-1942. Ein amerikanischer Anthropologe aus Minden*, hg. v. Volker Rodekampf, Bielefeld 1994.

292 Albert Eichhorn zit. n. Özen 1996, S. 39.

Mit der Erforschung des von Ritschl gelassenen leeren Raums zwischen Altem und Neuem Testament, d.h. der Erforschung der Umwelt des Neuen Testaments entdeckt die religionsgeschichtliche Schule einen religiösen Pluralismus des frühen Christentums und des sogenannten „Spätjudentums" – das vielleicht besser „intertestamentarisches Judentum" genannt werden sollte – der dem religiösen Pluralismus des Religionsmarkts ähnlich war.[293] Die Texte der deutschen Übersetzung der *Apokryphen und Pseudepigraphen*, die E. Kautzsch 1898/99 publizierte, vervielfältigten das Spektrum von Offenbarungsschriften des 1. Jahrhunderts nach Christus.[294] Flankiert wurden diese Bemühungen von dem protestantischen Ketzer Franz Overbeck, der eine auf Christus sich berufende christliche Theologie für unmöglich hielt, da das Christentum in historischer Sicht eine Schöpfung der Kirchenväter gewesen sei. Gegenstand wissenschaftlicher Theologie könne somit allein die Kirchengeschichte sein.[295] So wie Fustel de Coulanges die antike Welt gegen neuhumanistische Aktualisierungen in eine schwer nachvollziehbare Ferne rückte, so wurde der Jesus der religionsgeschichtlichen Schule immer fremder, je mehr man seinen historischen Kontext erforschte. Das Reich Gottes, das Ritschl als sittliche Zielvorstellung einer christlichen Menschengemeinschaft umgedeutet hatte, wird von Johannes Weiß ganz in den Horizont der Apokalyptik gestellt.[296] Kippenberg bemerkt dazu: „Weiß hat mit seiner Entdeckung die Leben-Jesu-Forschung vor eine neue Wahl gestellt: Jesus entweder eschatologisch zu verstehen oder gar nicht."[297]

Die politisch-theologischen Effekte dieser Kontextualisierung reichen weit ins 20. Jahrhundert. Mit der Wiederentdeckung von Eschatologie und Apokalyptik wird die joachimitische Linie der „Ewigen Linken" fortgeschrieben, die wir im *Ersten Band* der Religionssoziologie behandelt haben.[298] Dies wirkt auch noch nach 1945 weiter und bestimmt, ausgehend von Karl Löwiths *Weltgeschichte und Heilsgeschehen* (1949/1953) und Jacob Taubes *Abendländische Eschatologie* (1947), die Marxismusdeutungen und Marxkritiken bis Jacques Derridas *Marx Gespenster* (1995).[299] Für die politische Rechte wird Apokalyptik zum Generalverdikt gegen scharfe Krisendiagnostik und Alarmismus, theologisch gegen den Anachronismus der Naherwartung unzeitgemäßer Wiederkunft des Messias und seines Reiches des Friedens und der Gerechtigkeit und politisch gegen revolutionäre Ideen.

293 Zum Begriff „intertestamentarisches Judentum" siehe Özen 1996, S. 32. „Spätjudentum" bedeutet implizit, daß das Judentum nach Christi Geburt keine Zukunft hat.

294 Kippenberg 1997, S. 166.

295 Franz Overbeck, „Über die Christlichkeit unserer heutigen Theologie", in: ders., *Werke und Nachlaß*, Bd 1: *Schriften bis 1873*, hg. v. Ekkehard W. Stegemann u. Niklaus Peter, Stuttgart/Weimar 1994, S. 155-256.

296 Johannes Weiß, *Die Predigt Jesu vom Reiche Gottes* [1892], Göttingen 1964.

297 Kippenberg 1997, S. 165.

298 Im *Ersten Band* S. 600ff.

299 Karl Löwith, „Weltgeschichte und Heilsgeschehen", in: ders., *Sämtliche Schriften*, Bd. 2, hg. v. Klaus Stichweh u. Marc B. Launay, Stuttgart 1983, S. 7-239; Jacob Taubes *Abendländische Eschatologie*, Bern 1947; Jacques Derrida, *Marx Gespenster*, Frankfurt a.M. 1995.

Ebenso folgenreich wurde Wilhelm Boussets Situierung des frühen Christentums im Kontext der Gnosis, deren Bedeutung für *wissenschaftsreligiöse* Auffassungen wir im *Zweiten Kapitel* dargestellt haben.[300] Diese war für Bousset eine eigenständige Volksreligion neben Judentum und Christentum und hatte ebenso wie die antiken Mysterienreligionen, die Richard Reitzenstein untersucht hatte, starken Einfluß auf die christlichen Gemeinden.[301] Von hier aus konnte weit wirksamer als von Ferdinand Baurs *Christliche Gnosis* (1834) das gnostische Motiv der Welt als einer finsteren labyrinthischen Falle, in der unser göttlicher Geistfunken umherirrt, in der Art verallgemeinert werden, die Hans Jonas später so charakterisierte: „Etwas in der Gnosis klopft an die Tür unseres Daseins und besonders unseres Daseins im 20. Jahrhunderts. Hier ist der Mensch in einer Krise und steht vor einigen radikalen Wahlmöglichkeiten, die der Mensch im Blick auf seine Stellung in der Welt, auf seine Beziehung zu sich selber, zu dem absoluten und zu seinem sterblichen Sein hat. Sicher ist etwas in der Gnosis, das einem hilft, Menschsein besser zu verstehen, als wenn man niemals etwas von Gnosis gehört hätte".[302]

Wenn die Autoren der religionsgeschichtlichen Schule die Erfahrung des religiösen Pluralismus ihrer Zeit gleichsam im „intertestamentarischen Judentum" und seiner Umgebung widerspiegelten, so schützte sie die radikale historische Distanzierung einer den modernen Christen nur schwer zugänglichen, fremdgewordenen Glaubenswelt vor Kurzschlüssen. Das Wissen darum, daß das Christentum als eine ursprüngliche Mischreligion im Gewebe der Synkretismen dann doch siegreich geworden ist, konnte in einer Zeit, da der Protestantismus mit Richtungsstreit und Ausfransungen aller Art zu tun hatte, Zuversicht bereiten.

Aber woher rührte die Überlegenheit des Christentums? Worauf sollte man das historische Resultat zurückführen, daß das Christentum im *Imperium Romanum* gegen seine Konkurrenten hegemonial werden konnte, daß eine Art *Survival of the Fittest* anerkannt werden mußte? Die Antwort Kattenbuschs lautete: „Ritschl und wir ‚alten' Ritschlianer sehen im Christentum oder in der Möglichkeit, *christlichen* Gottesglauben zu hegen, einen Faktor wirksam, der ‚von außen' in die Geschichte hineingetreten ist".[303] Der jüngere Ernst Troeltsch hat für die Durchsetzungskraft des Christentums im religiösen Pluralismus der antiken Welt eine andere Erklärung gefunden, die für seine Religionssoziologie bestimmend wurde: das geschichtliche Hervortreten eines bestimmten Religionstypus, nämlich der Erlösungsreligion. Seit Max Weber sich diesen Begriff angeeignet und zum Kernstück seiner Religionsso-

---

300 Wilhelm Bousset, *Hauptprobleme der Gnosis*, Göttingen 1907. Vgl. dazu Kippenberg 1997, S. 170ff. Siehe in diesem Band, S. 208ff.

301 Richard Reitzenstein, *Die hellenischen Mysterienreligionen*, Leipzig 1910.

302 Hans Jonas, „A Retrospective View", in: *Proceedings of the International Colloquium on Gnosticism*, hg. v. Geo Widengren, Stockholm 1977, S. 1-15, hier S. 13, zit. n. Kippenberg 1997, S. 170f.

303 Ferdinand Kattenbusch, *In Sachen der Ritschlschen Theologie* [1898], zit. n. Özen 1996, S. 27.F

ziologie gemacht hat, gehört er zum Arsenal der Schlüsselbegriffe der Religionssoziologie.

Erlösungsreligion und Soziallehren. Für Troeltsch sind es die Erlösungsreligionen, die erst den Bruch zwischen Sinnenwelt und übersinnlicher Welt vollenden. Erst sie „reißen den Menschen innerlich los von der gesamten vorgefunden Wirklichkeit, auch von seiner eigenen Seelennatur, um ihn mit göttlichen Kräften erfüllt ihr wieder gegenüber zu stellen und ihm dadurch das Tun des die Welt überwindenden und ihren alleinigen Wert darstellenden Guten zu gewähren, samt der sicheren Hoffnung des Sieges und des Lebens für eine höhere Welt."[304] Dieses Losreißen bezieht sich insbesondere auf lokale, ethnische und soziale Verwurzelungen in einer bestimmten Kultur, wie sie sich in der antiken Welt zuhauf finden. Dadurch werden Erlösungsreligionen zu universalen, bzw. Menschheitsreligionen. Diese Auffassung wird bestimmend für die Auseinandersetzung mit *nationalreligiösen* Strömungen, die im Zeitalter imperialistischer Weltmarktkonkurrenz erneut aufblühen und im 20. Jahrhundert mit den faschistischen Bewegungen fusionieren.[305]

Die religionswissenschaftliche Konzentration auf das Motiv der Erlösung speist sich aus mehreren Quellen. In den Religionen der europäischen Revolutionsperiode spielt es keine prominente Rolle. Im *Ersten Band* haben wir dargestellt, wie der Enthusiasmus auf eine Fusion des Göttlichen und Irdischen zustrebt. Bei Hegel ist Versöhnung der Fluchtpunkt der Religion. Im Unterschied zu seiner späteren *Glaubenslehre*, in dessen zweitem Teil die Erlösung behandelt wird, finden sich in den Reden des jungen Schleiermachers, die eine Neubestimmung der Religion begründen, keine Anhaltspunkte für eine weltverneinende Perspektive.[306] Im Horizont der Revolution ist vielmehr von einem die objektiven Gestaltungen produktiv dynamisierenden göttlichen Leben die Rede: „Nichts soll tote Masse sein, die nur durch den toten Stoß bewegt wird, und nur durch bewußtlose Friktion widersteht: alles soll eigenes, zusammengesetztes, vielfach verschlungenes und erhöhtes Leben sein. Blinder Instinkt, gedankenlose Gewöhnung, toter Gehorsam, alles Träge und Passive, alle diese traurigen Symptome der Asphyxie der Freiheit und Menschheit sollen vernich-

---

304 Troeltsch 1998, S. 193. Judentum und Islam rechnet Troeltsch bemerkenswerterweise nicht zu den Erlösungs- sondern Gesetzesreligionen. Siehe auch: Ernst Troeltsch, Art. „Erlösung II: Dogmatik", in: *Religion in Geschichte und Gegenwart. Handwörterbuch in gemeinverständlicher Darstellung*, Bd. 2, hg. v. Friedrich Michael Schiele u. Leopold Zscharnack, Tübingen 1910, Sp. 481-488.

305 Es wäre interessant, den Austauschprozessen zwischen dem Göttinger Paul de Lagarde, dessen wirkmächtige Auffassung von *Nationalreligion* wir im *Ersten Band* (S.510ff) dargestellt haben, und der religionsgeschichtlichen Schule nachzugehen. Siehe dazu Graf 1982b, S. 283ff.

306 Vgl. dazu Horst Stephan, *Die Lehre Schleiermachers von der Erlösung*, Tübingen/Leipzig 1901; Claus-Dieter Osthövener, „Das Christentum als Erlösungsreligion", in: ders. u. Ulrich Barth (Hg.), *200 Jahre ‚Reden über die Religion', Akten des 1. Internationalen Kongresses der Schleiermacher-Gesellschaft Halle, 14.-17. März 1999*, Berlin/New York 2000, S. 685-697.

tet werden. Dahin deutet das Geschäft des Augenblicks und der Jahrhunderte, das ist das große, immer fortgehende Erlösungswerk der ewigen Liebe."[307] Wie Claus-Dieter Osthövener herausgearbeitet hat, wird Erlösung als Resultat von „wirklich vermittelnden Kräften" verstanden. „Die religiöse Idee der Erlösung findet demnach ihren formalen Ausdruck genuin in dem Begriff der Vermittlung."[308]

Eine Quelle für das Motiv der Erlösung findet man in den pessimistischen Weltanschauungen. Daß „wahres Heil, Erlösung vom Leben und Leiden" ist, gehört zu den Axiomen Schopenhauers, dessen Philosophie im Gleichschritt mit der Erfahrung entfesselter Marktgesellschaft an Popularität gewonnen hat und den Markt der Weltanschauungen und Religionen um eine Variante bereicherte, in der Marktverneinung als umfassende Weltverneinung erscheint.[309] Der Schopenhauerianer Eduard von Hartmann nutzt den Terminus Erlösungsreligion für seine Religionstypologie.[310] In *Religion des Geistes* (1882) weist er Stufen der Erlösungsbedürftigkeit auf. Erlösungsreligionen finden sich dort, wo der Einzelne sich bewußt ist, daß er schuldhaft gegen die religiös-sittliche Weltordnung verstößt.[311]

Schließlich wurde der Typus der Erlösungsreligion insbesondere von Herrmann Siebeck profiliert.[312] In seiner Religionsphilosophie systematisierte er Religion anhand des Kriteriums Weltbejahung vs. Weltverneinung und kam zu einer dreistufigen Typologie von Natur-, Moralität- und Erlösungsreligionen.[313] Die ersteren bauten auf die Hilfe der Götter bei äußeren Übeln, in Moralitätsreligionen haben Götter die Funktion der Garantie von sozialen Normen; und im Unterschied zu diesen beiden weltbejahenden Religionen geht es in Erlösungsreligionen um den Gegensatz der göttlichen Sphäre gegen die Wirklichkeit des Bösen in der Welt. Diese Profilierung von Erlösungsreligion wird man dann auch bei Max Weber wiederfinden und wird zu einem Schlüsselbegriff der Religionssoziologie.

Als Erlösungsreligion steht das Christentum in einer Dauerspannung zur Verfaßtheit seiner jeweiligen ökonomischen, sozialen, politischen und kulturellen Gegenwart. Dies aufzuzeigen ist das Ziel von Troeltschs wichtigstem Beitrag zur Religionssoziologie: *Die Soziallehren der christlichen Kirchen und Gruppen*, ein umfängliches Werk, das in einer ersten Fassung 1907-1911 im Archiv für Sozialwis-

---

307 Schleiermacher 2002, S. 82.

308 Osthövener 2000, S. 692, siehe auch S. 696.

309 Arthur Schopenhauer, „Die Welt als Wille und Vorstellung I", in: ders., *Werke in fünf Bänden*, nach den Ausgaben letzter Hand, Bd. 1, hg. v. Ludger Lütkehaus, Zürich 1988a, S. 511.

310 Vgl. dazu auch die Kontextualisierung von Joachim Wach, *Der Erlösungsgedanke und seine Bedeutung*, Leipzig 1922, S. 42.

311 Eduard von Hartmann, *Die Religion des Geistes*, Berlin 1882a; vgl. auch ders., *Das religiöse Bewußtsein der Menschheit im Stufengang seiner Entwickelung*, Berlin 1882b; zur Bedeutung Hartmanns für den Begriff der Erlösungsreligiosität vgl. Hans G. Kippenberg, „Max Weber im Kreise von Religionswissenschaftlern", in: *Zeitschrift für Religions- und Geistesgeschichte* 45(4)/1993, S. 348-366, hier S. 260.

312 Zum Folgenden siehe Kippenberg 1997, S. 172ff.

313 Hermann Siebeck, *Lehrbuch der Religionsphilosophie*, Freiburg/Leipzig 1893, z.B. S. 233.

senschaft und Sozialpolitik erschien.[314] Ausgangspunkt sind für Troeltsch die „sozial-ethischen Fragen der Gegenwart", die jedoch weit mehr als bei dem Franzosen Durkheim durch die Präsenz des sozialdemokratischen Marxismus in Deutschland geprägt waren.[315]

Von daher ist der Terminus ‚Soziallehre' erläuterungsbedürftig. Es geht Troeltsch nicht um eine „eigentümlich christliche Staats-, Gesellschafts- und Wirtschaftslehre", sondern um die „*dogmengeschichtliche Frage*, wie die Kirchen prinzipiell ihre Lehre begründen, von ihrem ganzen Grundwesen aus prinzipiell sich zu dem modernen sozialen Problem stellen und nach ihren Ideen stellen müssen".[316] Der Leser der *Soziallehren* wird freilich am Ende feststellen, daß die Darstellung nur bis zum 18. Jahrhundert reicht, sodaß das Versprechen des Gegenwartsbezugs in einer eigentümlichen Schwebe bleibt. Am Ende der Schrift heißt es: „Wo aber bleibt die Frage, von der wir ursprünglich ausgegangen sind, die Frage nach der Bedeutung des Christentums für die Lösung des heutigen sozialen Problems, das das Problem der kapitalistischen Wirtschaftsperiode und des von ihm geschaffenen industriellen Proletariats, der militärisch-bürokratischen Riesenstaaten, der in Welt- und Kolonialpolitik auslaufenden ungeheueren Bevölkerungssteigerung, der unermeßliche Lebensstoffe erzeugenden, im Weltverkehr alles mobilisierenden und verknüpfenden, aber auch Menschen und Arbeit mechanisierenden Technik ist? Man braucht die Frage nur so zu formulieren um nach allem Bisherigen als wichtigste Antwort zu erkennen, daß das überhaupt ein neues, für die christliche Sozialarbeit bisher überhaupt nicht vorhandenes Problem ist."[317] Die Vergangenheit biete da keine Lösungen. Die Pointe der *Soziallehren* liegt darin, daß hier der Versuch gemacht wurde, den historisch relativen Charakter aller Antworten, die die christliche Sozialethik für die jeweiligen Fragen ihrer Gegenwart gefunden hat, herauszuarbeiten.

Was die geschichtliche Untersuchung dem Leser bietet, ist die Einsicht, daß Soziallehren der christlichen Kirchen und Gruppen zu jeder Zeit als eine unwiederholbare Synthese von allgemeinen Kulturverhältnissen und der christlichen Grundrichtung aufgefaßt werden müssen. Auf diese Weise werde „die Unart, ganze Zeiten und Gruppen nur als Vorbereitungsstufen für ein in der Historie doch nie auffindbares Absolutes zu betrachten, endgültig unmöglich."[318] Treibende Kraft, die zu immer neuen „Bemeisterungen" herausfordert, ist der der Erlösungsreligion eigene „christliche Weltgegensatz". Diese Richtung „bricht aus den religiösen Grundge-

---

314 Die Buchfassung erschien 1912. Im Folgenden zit. n. Ernst Troeltsch, „Die Soziallehren der christlichen Kirchen und Gruppen", in: ders., *Gesammelte Schriften*, Bd. 1., Tübingen 1922 (Neudruck Aalen 1961). Siehe auch *Ernst Troeltschs Soziallehren. Studien zu ihrer Interpretation* (= Troeltsch-Studien, Bd. 6), hg. v. Friedrich Wilhelm Graf u. Trutz Rendtorff, Gütersloh 1993; Arie L. Molendijk, *Zwischen Theologie und Soziologie. Ernst Troeltsch, Typen der christlichen Gemeinschaftsbildung: Kirche, Sekte, Mystik* (= Troeltsch-Studien, Bd. 9), Gütersloh 1996.

315 Vgl. den Einstieg: „In den sozialen Kämpfen der Gegenwart…", Troeltsch 1922, S. 1.

316 Ebd., S. 1 u. 2.

317 Ebd., S. 983.

318 Ebd., S. 977.

danken und aus der Selbstauflösung jedes rein innerweltlichen Optimismus immer neu hervor."[319] Aber dieses christliche Ethos bedeutet „keine einfache Welt- und Selbstverneinung". Es bedarf stets auch einer „Ergänzung" durch eine „Kulturethik", um die „religiöse Einseitigkeit" zu mildern. „Die alten Ergänzungen aber sind heute bei einer völlig neuen Kulturlage unmöglich geworden. Eine neue Ergänzung ist also nötig. Das christliche Ethos kann für sich allein nicht leben und genügen in einer dauernden Welt. Die Frage ist nur, wie diese Ergänzung heute gestaltet werden kann."[320]

Was Troeltsch erwartet, ist – durchaus vergleichbar mit parallelen Hoffnungen Émile Durkheims auf eine Renaissance der Solidarität in der arbeitsteiligen Marktgesellschaft – eine „neue Kultur Gebundenheit". Dazu heißt es: „Der radikale Individualismus wird vermutlich bald ein Zwischenakt sein zwischen einer alten und einer neuen Kultur der Gebundenheit. Er ist die Zerlegung eines abgerissenen Hauses in seine einzelnen Steine, aus denen dann wieder ein neues aufgebaut wird. Wie das neue Haus aussehen wird und welche Möglichkeiten es der Entfaltung der christlichen Ethik und der christlichen Sozialphilosophie bringen wird, weiß heute noch niemand."[321] Sicher ist nur, daß sie sich nicht zur Verteidigung der entfesselten Marktgesellschaft eignen. Troeltsch erwartet, daß der den christlichen Soziallehren eigene „Gemeinsinn" und ihr „metaphysischer Individualismus" beim Neubau der Kultur dabei sein werden. Aber sie werden sich die Arbeit „mit anderen Bauherren zu teilen haben und gleich diesen an die Besonderheiten des Boden und Materials gebunden sein."[322]

Der Aufbau der *Soziallehren* folgt in konventioneller Weise der Kirchengeschichtsschreibung des 19. Jahrhunderts: „I. Die Grundlagen in der Alten Kirche", „II. Der mittelalterliche Katholizismus", „III. Der Protestantismus". Leitend ist jedoch dabei der Gesichtspunkt, der einleitend herausgestellt wird, nämlich welche Bedeutung die Religion für die Einheit der Kultur gehabt hat. „Erkennt man an, daß Staat und Gesellschaft neben unzähligen anderen doch die formenden Hauptkräfte der Kultur sind, so ist das letzte Problem das, wie die Kirche mit diesen Hauptkräften zu einer Einheit der Kultur zusammengehen kann".[323] Es geht um die Frage, „wie weit schließlich dabei eine innere Berührung und Durchdringung möglich gewesen ist und wieweit daraus eine *innere Einheitlichkeit des Gesamtlebens* hervorgegangen ist"[324]. Troeltschs anschließende These lautet: „Im Altertum ist das nie erreicht worden; im Mittelalter und in seinen reformatorischen Tochterkirchen ist es verwirklicht worden, wenigstens in Ideal und Theorie; in der modernen Welt ist der Zwiespalt wieder aufgeklafft".[325] Daraus ergibt sich eine Epochengliederung,

319 Ebd., S. 974.
320 Ebd., S. 975.
321 Ebd., S. 966.
322 Ebd., S. 965f.
323 Ebd., S. 12.
324 Ebd., S. 14f.
325 Ebd., S. 15.

derzufolge Mittelalter, Reformation und das Zeitalter des Konfessionalismus typologisch zusammengehören. Die Moderne beginnt für Troeltsch erst im 18. Jahrhundert, in der dann von Koselleck später so genannten Sattelzeit.[326]

Troeltsch setzt sich damit von Positionen ab, die – wie z.B. Adolf von Harnack oder auch Heinrich von Treitschke – den Protestantismus schlechthin mit der modernen Zeit in eins setzen.[327] Aus dieser Kontroverse rührt vermutlich die in den Sozial- und Kulturwissenschaften anhaltende Unsicherheit, den Modernebegriff, der um 1900 als Gegenwartsbezeichnung Hochkonjunktur hat, mal für die Zeit seit 1500 und mal für die Zeit seit der Französischen Revolution zu gebrauchen.[328]

Ausgehend davon lassen sich bei Troeltsch drei Problemfelder identifizieren. Zunächst geht es um die geschichtliche Spannung zwischen zwei Typen religiöser Gemeinschaft, der Kirche und der Sekte. Davor liegt das Problem, im Lichte der Arbeiten der religionsgeschichtlichen Schule Evangelium und Urchristentum als einen Anfang zu bestimmen. Schließlich geht es drittens um die Frage nach der Sozialform der Religion in der Moderne und den im Laufe der Arbeit an den *Soziallehren* zu Kirche und Sekte hinzutretenden dritten Typus der Mystik.

KIRCHE UND SEKTE. Die Frage, ob die Kirchen-Sekten-Distinktion von Weber zu Troeltsch oder von Troeltsch zu Weber gewandert ist, interessiert hier nicht. Der Dualismus findet sich in Webers *Protestantischer Ethik* von 1904 und zeitgleich in Troeltschs Vortrag über *Politische Ethik und Christentum* im selben Jahr.[329] Mit dem

---

326 Zur differenzierten Analyse der Beteiligung des Protestantismus an der Hervorbringung der Moderne siehe: Ernst Troeltsch, *Kritische Gesamtausgabe*, Bd. 8: Schriften zur Bedeutung des Protestantismus für die moderne Welt (1906-1913), hg. v. Rendtorff Trutz, Berlin 2001. Vgl. dazu auch Ulrich Köpf, „A European View of the Problems of dividing Church History into periods", in: Towards a History of the Church in the Third World, hg. v. Lukas Vischer, Bern 1985, S. 87-109, hier S.89.

327 „Die Hammerschläge an der Tür der Schloßkirche zu Wittenberg haben die Neuzeit eingeläutet", der 31. Oktober 1517 sei der Anfang der Neuzeit. Adolf von Harnack, *Martin Luther und die Grundlegung der Reformation. Festschrift der Stadt Berlin zum 31. Oktober 1917*, Berlin 1917, S. 63f. Siehe auch Heinrich Treitschke, „Luther und die deutsche Nation", in: ders., *Historische und politische Aufsätze*, Bd. 4, Leipzig 1897, S. 377-396. Zu Adolf von Harnack siehe: Christian Nottmeier, *Adolf von Harnack und die deutsche Politik 1890-1930. Eine biographische Studie zum Verhältnis von Protestantismus, Wissenschaft und Politik*, Tübingen 2005; *Adolf von Harnack. Theologe, Historiker, Wissenschaftspolitiker*, hg. v. Kurt Nowak u. Otto Gerhard Oexle, Göttingen 2001.

328 Vgl. Trutz Rendtorff, *Theologie in der Moderne. Über Religion im Prozeß der Aufklärung* (= Troeltsch-Studien, Bd. 5), Gütersloh 1991; Hermann Fischer, „Ambivalenz der Moderne. Zu Troeltschs Verhältnisbestimmung von Reformation und Neuzeit", in: *Protestantismus und Neuzeit* (= Troeltsch-Studien, Bd. 3), hg v. Horst Renz u. Friedrich Wilhelm Graf, Güthersloh 1984, S. 54-77.

329 Ernst Troeltsch, *Politische Ethik und Christentum*, Göttingen 1904. Einsichten Georg Simmels, die sich in Troeltschs Typologie finden, arbeitet heraus: Friedemann Voigt, ‚*Die Tragödie des Reiches Gottes?*'. *Ernst Troeltsch als Leser Georg Simmels* (= Troeltsch-Studien, B. 10), Gütersloh 1998, S. 210ff.

Dualismus werden die religiösen Gruppen, die man bislang im Anschluß an Paulus (1. Korinther 11,90) Häretiker und später Ketzer nannte und die ihre Verteidiger in Sebastian Franck und Gottfried Arnold gefunden hatten, wertneutral als ein soziologischer Typus eigener Art begriffen. Entscheidendes Merkmal ist die Freiwilligkeit der Zugehörigkeit, vergleichbar dem antiken Sektenbegriff, mit dem die freiwillige Gefolgschaft eines Philosophen bezeichnet wurde.

Troeltsch unterscheidet zwischen Kirchen als „Anstaltskirchen" und Sekten als „Freiwilligkeitskirchen".[330] Zu den Hauptmerkmalen der Unterscheidung gehören: „Der Typus der Kirche ist die überwiegend konservative, relativ weltbejahende, massenbeherrschende und darum ihrem Prinzip nach universale, d.h. alles umfassen wollende Organisation. Die Sekten sind demgegenüber verhältnismäßig kleine Gruppen, erstreben eine persönlich-innerliche Durchbildung und eine persönlich-unmittelbare Verknüpfung der Glieder ihres Kreises, sind eben damit von Hause aus auf kleinere Gruppenbildung und auf den Verzicht der Weltgewinnung angewiesen". Ihr Verhalten gegenüber Welt, Staat, Gesellschaft sei „indifferent, duldend oder feindlich, da sie ja nicht diese bewältigen und sich eingliedern, sondern vermeiden und neben sich stehen lassen oder etwa durch ihre eigene Gesellschaft ersetzen wollen."[331] Die vollentwickelte Kirche mache sich Staat und herrschende Schichten dienstbar und werde zum Bestandteil der allgemeinen Ordnung. Die Sekten dagegen haben Beziehungen zu Unterschichten; sie „arbeiten von unten herauf und nicht von oben herunter."[332]

Beide Typen sind im Evangelium angelegt. Sie treten jedoch mit der Ausbreitung des Christentums in Spannungsverhältnissen auseinander. Dabei gilt, der „Hauptzug der christlichen Entwicklung" folge dem Typus „der *Kirche*", und er richte sich, um der „Geltendmachung eines universalen, alles beherrschenden Ideals" willen, auf das „Bedürfnis, große Massen zu beherrschen und darum die Welt und die Kultur zu bewältigen".[333] Kirche zielt auf die „Herausarbeitung eines objektiven soziologischen Beziehungspunktes, seine Sicherstellung und das Streben, von ihm aus eine universale Weltgewinnung zu organisieren, führte zu dieser Entwicklung."[334] Andere Züge des Evangeliums, wie der „auf persönlichste Leistung dringende Individualismus", die „Liebesgemeinschaft", die „heroische Unbekümmertheit um Welt, Staat und Kultur" sowie das „Mißtrauen gegen die zerstreuende und ablenkende Seelengefährlichkeit eines starken Besitzes und Besitzstrebens"

330 Troeltsch 1922, S. 375. Prägend für die konfessionskundlichen Differenzierungen wurde: Ferdinand Kattenbusch, Art. „Protestantismus", in: *Realencyklopädie für protestantische Theologie und Kirche*, Bd. 16, hg. v. Albert Hauck, Leipzig [3]1905, S. 135-182. Zu den nachhaltigen Konfliktimplikationen der Typologie siehe: Hartmann Tyrell, „Katholizismus und katholische Kirche", in: *Max Webers Religionssoziologie in interkultureller Perspektive*, hg. v. Hartmut Lehmann u. Jean Martin Ouédraogo, Göttingen 2003, S. 193-228.

331 Ebd., S. 362.

332 Ebd.

333 Ebd., S. 368.

334 Ebd., S. 369.

sind nur „Momente in der Kirche, aber keine dominierenden Prinzipien."[335] Es sind die Sekten, die gerade diese Seiten des Evangeliums ins Zentrum setzen.

Aus der Binarität von Kirche und Sekte folgt eine eigentümliche Dialektik: „Die Sekten gewinnen so an Intensität des christlichen Lebens; aber sie verlieren an Universalismus, indem sie die Kirche als abgefallen bezeichnen müssen". Sekten glauben nicht an die Möglichkeit einer Christianisierung als organisierte universale Weltgewinnung, „weshalb sie auch immer zu eschatologischen Erwartungen getrieben werden." Sekten „gewinnen an spezifischer Christlichkeit, aber sie verlieren an geistiger Weite und Aneignungsfähigkeit und revidieren so den ganzen ungeheueren Aneignungsprozeß, den die Kirche vollzogen hat".[336] Hegelianisch gesprochen könnte man sagen: In der Kirche hat der objektiven Geist des Christentum seine Form gefunden, Sekten verwerfen dies und vertrauen auf die schöpferische Kraft des subjektiven Geistes des Christentums. So schreibt Troeltsch: „Die Kirche betont und objektiviert den Gedanken der Gnade, die Sekte betont und verwirklicht den der subjektiven Heiligkeit. Die Kirche hält sich in der Bibel an die erlösende Stiftung, die Sekte an das Gesetz Gottes und Christi."[337]

Diese Typologisierung ist unverkennbar der historischen Dualität von hochmittelalterlicher Kirche und den evangelischen Reformbewegungen abgelesen, die schließlich zu den Reformationen Luthers, Calvins und Müntzers führten. Von besonderer Bedeutung sind dabei die freiwilligen religiösen Gemeinschaften, sowohl innerhalb der alten Kirche, aber auch innerhalb des mittelalterlichen Katholizismus, nämlich das Mönchtum und seine freiwillig geübte Askese, die über die religiösen Verpflichtungen der Normalgläubigen hinausgingen.

Protestantische Kritik am katholischen Mönchtum gehörte traditioneller Weise zum Arsenal konfessioneller Abgrenzungsfiguren. Karl Heussi hat es 1912 auf die Formel gebracht: der „Protestantismus wurde Todfeind der Mönche, obwohl er im Kloster seinen Ursprung hat".[338] Für Adolf von Harnack beruhen die Konfessionsdifferenzen geradezu auf den unterschiedlichen Antworten, die Katholiken und Protestanten auf die Frage der christlichen Vollkommenheit geben. Katholisch werde diese erreicht: „In dem Dienst Gottes unter Verzicht auf alle Güter des Lebens, auf Eigentum, Ehe, persönlichen Willen und persönliche Ehre, kurz in der religiösen Weltflucht, *in dem Mönchtum.*" Dagegen stehe für den evangelischen Christen fest, „daß die christliche Vollkommenheit nicht in den Formen des Mönchtums zu suchen" sei.[339] Vielmehr gelte, „daß *der* Mensch die Nachfolge Christi bewährt, der in seinem Beruf und Stand durch Glaube und Liebe mitarbei-

335 Ebd.

336 Ebd., S. 371.

337 Ebd.

338 Karl Heussi, Art. „Mönchtum", in: *Die Religion in Geschichte und Gegenwart*, Bd. 4, hg. v. Friedrich Michael Schiele, Tübingen 1913, Sp. 427-446, hier Sp. 442.

339 Adolf von Harnack, *Das Mönchthum, seine Ideale und seine Geschichte*, Gießen 1881, S. 6f.

tet am Reiche Gottes."[340] Albrechts Ritschls Kritik der pietistischen Strömungen im Protestantismus, die in der Kirche eine von ihr abgesonderte Gemeinschaft mit strengeren religiösen Pflichten bildeten, ist im Kern als eine Kritik an katholisierenden Tendenzen im Protestantismus gelesen worden.[341]

Der Unterschied zwischen der kirchlichen Askese und der „Weltenthaltung oder Weltfeindschaft der Sekten" besteht für Troeltsch darin, daß es im Mönchtum auf der Grundlage einer ansonsten weltfreundlichen Moral primär um die Unterdrükkung der Sinnlichkeit oder um außergewöhnliche, das durchschnittlich fromme Verhalten überbietende Sonderleistungen des Verzichts gehe, während die Askese der Sekten nur „das einfache Prinzip der Weltenthaltung, der Zurückhaltung von Recht, Eid, Besitz, Krieg, Macht" verfolge.[342] Dabei beriefen sich Sekten auf den „radikalen Gegensatz des Gottesreiches gegen die Interessen und Ordnungen der Welt," und der Verzicht diene nur „dem Ideal des Liebeskommunismus". [343]

Für Troeltsch wie für Weber wird dann die sich in Laiensekten formierende evangelische Askese, die nicht „weltflüchtig" im Kloster, sondern „innerweltlich" im bürgerlichen Beruf sich zu religiösen Gemeinschaften vom Typus Sekte formiert, zum Schlüssel für die Analyse der modernen bürgerlichen Lebensformen in der Marktgesellschaft. Wir gehen darauf im Zusammenhang mit der Skizzierung der Weberschen Religionssoziologie weiter unten ein.[344]

DAS EVANGELIUM: PROLETARISCH ODER BÜRGERLICH. Liest man ausgehend vom zentralen Mittelteil der *Soziallehren* den ersten Teil der Schrift über die „Alte Kirche", so wird ein anderer Resonanzraum hörbar. Nicht so sehr Kirche und Sekte stehen hier im Vordergrund, sondern das Urchristentum, das Karl Kautsky 1908 in einer einflußreichen und umfangreichen Studie mit der proletarischen Bewegung der Gegenwart in Beziehung gesetzt hatte.[345] Für den Sozialdemokraten ist evident,

340 Ebd. S. 48; vgl. zu diesem Kontext Hubert Treiber, „Askese", in: *Max Webers ‚Religionssystematik'*, hg. v. Hans G. Kippenberg u. Martin Riesebrodt, Tübingen 2001, S. 263-278, hier S. 264ff.

341 Albrecht Ritschl, *Geschichte des Pietismus*, 3 Bde., Bonn 1880-1886; vgl. auch Reinhold Seeberg, „Askese", in: *Realenzyklopädie für die protestantische Theologie und Kirche*, Bd. 2., hg. v. Albert Hauck, Leipzig ^{3}1897, S. 134-142, hier S. 140f. In den Konsequenzen für Max Webers Religionssoziologie erhellend ist: Otto Gerhard Oexle, „Max Weber und das Mönchtum", in: *Max Webers Religionssoziologie in interkultureller Perspektive*, hg. v. Hartmut Lehmann u. Jean Martin Ouédraogo, Göttingen 2003, S. 311-334.

342 Troeltsch 1922, S. 362f. Zur neueren Forschung zum Sektenbegriff siehe Wolfgang Hartwig, *Genossenschaft, Sekte, Verein in Deutschland*, Bd. 1: *Vom Spätmittelalter bis zur Französischen Revolution*, München 1997, S. 97ff. Kritische Überlegungen zur Verengung des Sektenbegriffs gerade auch in Blick auf die täuferische Bewegung S. 118.

343 Ebd.

344 Vgl. dazu auch die ausführliche Diskussion bei Treiber 2001.

345 Karl Kautsky, *Der Ursprung des Christentums. Eine historische Untersuchung* [1908], Stuttgart ^{10}1920; vgl. zum Folgenden auch Wolfgang Stegemann, „Zur Deutung des Urchristentums in den Soziallehren", in: Graf u. Rendtorff 1993, S. 51-79. Aus soziologischer Sicht siehe Karlheinz Messelken, „Zur Durchsetzung des Christentums in der Spätantike. Struk-

daß Jesus' besondere Leistung im Vergleich zu anderen Messiassen seiner Zeit darin bestand, eine Organisation gestiftet zu haben. Andere Messiasse hinterließen nichts, „worin ihre Persönlichkeit fortlebte, indes Jesus eine Organisation hinterließ mit Einrichtungen, die vortrefflich geeignet waren, seine Anhänger zusammenzuhalten und stets neue anzuziehen."[346]

Die urchristliche Gemeinde habe einen proletarischen Charakter besessen.[347] Man fände dort einen „wilden Klassenhaß gegen die Reichen."[348] Kautsky zufolge strebten die frühen Christen nach einer kommunistischen Ordnung des Gemeinbesitzes. Mit dem Wachstum der Gemeinden seien dann hauptamtliche Funktionäre, Bischöfe entstanden, die radikale Apostel und Propheten zurückdrängten. Letztere „mochten nicht selten in Konkurrenz mit dem Bischof kommen, der dann wohl nicht zögerte, sie seine finanzielle und moralische Macht fühlen zu lassen."[349] Troeltsch' Unterscheidung von Kirche und Sekte erscheint bei Kautsky als Klassenunterscheidung zwischen Radikalen und Bischöfen. Zu letzteren „wählte man naturgemäß mit Vorliebe nicht weltfremde Enthusiasten, sondern nüchterne, geschäftskundige Praktiker. Diese wußten den Wert des Geldes, also auch den Wert zahlreicher wohlhabender Gemeindemitglieder sehr wohl zu schätzen."[350]

Der Sieg des Christentums ist bei Kautsky zum einen bedingt durch die Widersprüche der Sklavenhaltergesellschaft des Römischen Reiches, besonders aber durch die innere Transformation des Christentums. „Wir haben gesehen, daß das Christentum erst zum Siege gelangte, als es sich in das gerade Gegenteil seines ursprünglichen Wesens verwandelt hatte". Der ausbeuterische Klerus habe sich gegen die Bestrebungen des Proletariats durchgesetzt, und so habe das Christentum nicht „als umstürzlerische, sondern als konservative Macht, als neue Stütze der Unterdrükkung und Ausbeutung" gesiegt.[351] „Die *Organisation* des Christentums, die Kirche, siegte dadurch, daß sie ihre ursprünglichen Ziele *preisgab* und deren Gegenteil verfocht."[352] Und mit Blick auf seine Gegenwart fährt Kautsky fort: „Wahrlich, wenn der Sieg der Sozialdemokratie sich in gleicher Weise vollziehen sollte, wie der des Christentums, dann wäre das ein Grund, nicht der Revolution, sondern der Sozialdemokratie abzuschwören, dann gäbe es vom proletarischen Standpunkt keine schärfere Anklage gegen die Sozialdemokratie, dann wären die Attacken der Anarchisten gegen sie nur zu sehr berechtigt."[353]

Was Troeltsch mit Kautsky verbindet, ist das Interesse, die Bedeutung des Christentums für die sozialethischen Fragen der Gegenwart einer entfesselten Marktge-

turell-funktionale Analyse eines historischen Gegenstandes", in: *Kölner Zeitschrift für Soziologie und Sozialpsycholoige* 2/1977, S. 261-294.

346 Kautsky 1920, S. 398.

347 Ebd., S. 388.

348 Ebd., S. 343.

349 Ebd., S. 470.

350 Ebd., S. 471.

351 Ebd., S. 496.

352 Ebd.

353 Ebd.

sellschaft zu definieren. Als Protestant teilt Troeltsch auch die antihierarchischen Affekte. Er behauptet jedoch gegenüber Kautsky, daß das Urchristentum eine wesentlich religiöse Bewegung gewesen sei. Entscheidend sei die Erkenntnis, „daß die Predigt Jesu und die Bildung der neuen Religionsgemeinde *keine Schöpfung einer sozialen Bewegung ist*, d.h. nicht aus irgendeinem Klassenkampf hervorgegangen oder auf ihn zugeschnitten ist", überhaupt knüpfe sie „nirgends direkt an die sozialen Umwälzungen der antiken Gesellschaft" an.[354] Dabei greift Troeltsch zum Teil die sozialgeschichtlichen Bezüge, die die Forschung herausgebracht hat, auf. In den ersten zwei Jahrhunderten habe die Kirche ihre Anhänger in der Tat aus den Unterschichten gefunden. Es stehe auch fest, „daß Jesus wesentlich an die Gedrückten und Kleinen sich gewendet hat".[355] Aber die frühe christliche Literatur wisse von „von einer prinzipiellen sozialen Fragestellung nichts."[356] Im Mittelpunkt stünden „überall rein die Fragen des Seelenheils, des Monotheismus, des Lebens nach dem Tod, des reinen Kultus, der richtigen Gemeindeorganisation, der praktischen Bewährung, der strengen Heiligkeitsgrundsätze".[357]

Mit Bezug auf Max Webers Arbeiten zur antiken Agrargeschichte kommt Troeltsch zu dem Resultat: „Allein mit den wichtigsten sozialgeschichtlichen Vorgängen der Kaiserzeit, dem Schwinden des Bauernstandes, der Verringerung des Sklavenbestandes, der Verwandlung der Sklaven in Hörige, der Verlegung des Kapitals auf den Großgrundbesitz, der Zurückziehung des Schwergewichts von den Küstenstädten in das Binnenland, der völligen Veränderung des Heerwesens und des Beamtenwesens, dem schließlichen Rückfall in die Naturalwirtschaft haben gerade die christlichen Gemeinden des Anfangs sehr wenig zu tun". Troeltsch profiliert das frühe Christentum in sozialer Hinsicht eher als eine Art Juste-Milieu mit religiösen Interessen, wenn er bemerkt, daß die unteren Schichten der Städte eher einem „allmählich wieder beruhigten Erwerbsleben" angehörten, und daß sie „mehr mittelständische als eigentlich proletarische Züge tragen und bei aller Hoffnung auf das Kommen der neuen Welt doch eifrigst für Ruhe und bürgerliche Brauchbarkeit sorgen."[358] Während Kautsky das rebellische Moment in den Predigten Jesu hervorhebt, konstatiert Troeltsch: „Vom Kampf gegen die Bedrücker ist nichts zu spüren, nur von dem gegen die falschen Seelenführer".[359] Insgesamt ist Troeltsch bemüht, das Urchristentum nicht als Sozialbewegung, sondern als religiöse Neubildung zu charakterisieren.

Der Zusammenhang von Religion und sozialer Schichtung stellt sich für Troeltsch so dar, daß gerade die Schlichtheit und Naivität der unteren Schichten einer religiös-schöpferischen Kraftentfaltung fähig sei.[360] „Die Armut und die Einfachheit ist der Boden der Wahrheit, die eine erkünstelte und verfeinerte Bildung nicht

354 Troeltsch 1922, S. 15f.

355 Ebd., S. 16.

356 Ebd.

357 Ebd.

358 Ebd., S. 22ff.

359 Ebd., S. 47; vgl. auch S. 17f. Zum „Rebellentum Jesu" vgl. Kautsky 1920, S. 384ff.

360 Troeltsch 1922, S. 27.

sieht".[361] Was Troeltsch konzediert, ist eine „indirekte" Wirkung makrosozialer, epochaler Ereignisse. Troeltsch wehrt sich hier gegen Kautskys mechanistische Theorie der Widerspiegelung gesellschaftlicher Strukturen im Bewußtsein. Zu Recht bemerkt Wolfgang Stegemann: „Man kann auch grob sagen, Troeltsch ist geradezu negativ fixiert auf die Anwendung der These von Klassenkampf und der Widerspiegelung gesellschaftlicher Verhältnisse in religiösen Aussagen auf das Urchristentum."[362] Troeltsch zufolge habe das Christentum das in der römischen Kaiserzeit gewachsene „Interesse ethischer und religiöser Erneuerung" aufgegriffen und fortgesetzt. „Die Konzentrierung und Aufsammlung dieser Strebungen ist unzweifelhaft das eigentliche Werk des Christentums in der Spätantike, und darin setzt es nur den bereits begonnenen gewaltigen religiösen Prozeß fort, indem es ihm ein neues Zentrum in einer wahrhaft starken populären Religionsbildung mit neuem Kult und neuem Offenbarungsglauben gibt".[363] Es ginge dabei aber nicht um eine Projektion eines Sozialideals ins Religiöse, sondern um den „Verzicht auf das innerirdische Sozialideal, auf die politischen und ökonomischen Werte überhaupt und die Zuwendung zu den Gütern des religiösen Seelenfriedens, der Menschenliebe, der Gottesgemeinschaft, die für alle sein können, weil sie keinen Schwierigkeiten der Leitung und Organisation überhaupt unterliegen. Es ist eine Veränderung in den Werten überhaupt, nicht eine Zuweisung der für Menschen nicht erreichbaren Organisation innerweltlicher Werte an die Kraft der Gottheit."[364]

Von daher erscheint die Predigt Jesu trotz aller Verflechtungen im Kontext des „Spätjudentums", die die religionsgeschichtliche Schule aufgedeckt hat, als ein gleichsam absoluter Anfang. Wolfgang Stegemann bemerkt: „Die Überschrift ‚Das Evangelium' bzw. die Verwendung dieses Begriffs und die Tatsache, daß Troeltsch die frühjüdische und biblisch-alttestamentliche Tradition für die Verkündigung Jesu fast gar nicht berücksichtigt, können ihrerseits nur bestätigen, daß Troeltsch implizit mit einem absoluten Anfang des Christentums rechnet."[365]

MYSTIK ALS DRITTER TYPUS. Überblickt man den Gesamtaufbau der Soziallehren, so zeigt sich eine bemerkenswerte Unsicherheit, was die Einfügung der Mystik angeht. Der erste Teil über die alte Kirche konzentriert sich auf den Abweis der orthodox-marxistischen Interpretation des Urchristentums, der Mittelalterteil entfaltet in der Hauptsache den Dualismus von Kirche und Sekte und erst im letzten Teil über den Protestantismus entwirft Troeltsch dann einen weiteren soziologischen Typus, den er Spiritualismus bzw. Mystik nennt.[366] Obwohl diese religiöse Strömung im

361 Ebd., S. 29.

362 Stegemann 1993, S. 70.

363 Troeltsch 1922, S. 31.

364 Ebd., S. 32.

365 Stegemann 1993, S. 63.

366 Troeltsch 1922, S. 794ff. u. 848ff. Vgl. zum folgenden Trutz Rendtorff, „‚Meine eigene Theologie ist spiritualistisch'. Zur Funktion der ‚Mystik' als Sozialform des modernen Christentums", in: Graf u. Rendtorff 1993, S. 178-192.

Mittelalter ihre Höhepunkte zu verzeichnen hat, findet sich in den ersten Bänden der zuerst im *Archiv für Sozialwissenschaft* veröffentlichten Teile noch keine Hervorhebung der Mystik oder des Spiritualismus. Troeltsch hat sein Zweierschema Kirche-Sekte erst im Zusammenhang der Arbeit am Protestantismusteil zu einem Dreierschema Kirche-Sekte-Mystik erweitert. Obwohl er im Schlußteil der *Soziallehren* rückblickend resümiert, „dabei zeigten sich von Anfang an die drei Haupttypen der soziologischen Selbstgestaltung der christlichen Idee: die Kirche, die Sekte und die Mystik", führt er den dritten Typus tatsächlich erst zum Ende des Mittelalterteils ein.[367] Der „neue Typus" wird charakterisiert als der „radikale religiöse Individualismus der Mystik". Von ihm heißt es: „Er sucht überhaupt keine organisierte Gemeinschaft mehr, sondern nur den freien geistigen Gedankenaustausch und die *rein gedankliche Gemeinschaft*, wozu nun auch die Druckerpresse erst die Möglichkeit gibt. (...) Dieser Typus gewinnt aber seine selbstständige universalhistorische Bedeutung erst in den späteren protestantischen Dissentern und ihren Verwachsungen mit dem Humanismus."[368] Dieser Typus wird überhaupt erst im vierten Abschnitt „Sektentypus und Mystik auf protestantischem Boden", also nach Luther und Calvin, ausführlich behandelt.[369] Die spätere Einführung von Mystik bedeutet auch eine Deutungsabgrenzung gegenüber Webers Zweierschema.

Was leistet die Einführung dieses dritten soziologischen Typus? Daß der Protestantismus dem Prinzip der Subjektivität gegen die hierarchische Gnadenzuteilung eine Bahn gebrochen hat, diese Kernbestimmung des Protestantismus übernimmt Troeltsch von Hegel u. a., und er definiert nun die Mystik als konsequenteste Entfaltung des Prinzips der Subjektivität des religiösen Individualismus. Hinzukommt ein weiterer Gesichtspunkt. Für das Verhältnis des Protestantismus zur modernen Marktgesellschaft bietet der Typus Mystik erhebliche Vorteile. Trutz Rendtorff bemerkt: „Indem Troeltsch unter dem historischen Begriff Mystik bzw. Spiritualismus einen eigenen Typ bildet, schafft er in den Soziallehren Raum für ein religiöses ‚Grundschema', dessen Bedeutung inhaltlich mit Begriffen wie Wissenschaft, Wissensfreiheit, Toleranz, individuelle Frömmigkeit, aber auch: Überweltlichkeit, unsichtbare Kirche; kurz: mit der Gesamtheit der für das nachkantische Christentum charakteristischen Deuteformeln ausgefüllt werden kann."[370] Heute ist Spirituali-

367 Troeltsch 1922, S. 420 u. 967 sowie die Formulierungen S. 797 u. die dortigen Verweise auf S. 358-383 u. S. 419f.

368 Ebd., S. 420.

369 Ebd., S. 794ff. Zur Auseinandersetzung um Troeltschs Aktualisierung der mystisch-spiritualistischen Tradition siehe Karl Ernst Apfelbacher, *Frömmigkeit und Wissenschaft. Ernst Troeltsch und sein theologisches Programm*, München/Paderborn/Wien 1978; vgl. dazu die kritische Rezension von Hartmut Ruddies in: *Mitteilungen der Ernst Troeltsch Gesellschaft* 2/1983, S. 95-108; sowie die Replik von Apfelbacher in: ebd. 3/1984, S. 116-132.

370 Rendtorff 1993, S. 188. Wie ungenau auch in älteren Epochen der Begriff der Mystik angewandt wird, zeigt Kurt Flasch, „Meister Eckhart. Versuch, ihn aus dem mystischen Strom zu retten", in: *Gnosis und Mystik in der Geschichte der Philosophie*, hg. v. Peter Koslowski, Zürich/München 1988, S. 94-110.

tät zu einer sich in Techniken und Riten performativ aufführenden Vorzeigereligiosität geworden.[371]

Schließlich dient die Komposition dieses dritten soziologischen Typus auch der Selbstverortung des Theologen Troeltsch. So bekennt er in einer Anmerkung: „Die sog. *religionsgeschichtliche Schule* lenkt völlig zum Spiritualismus zurück und ist daher kirchlich ‚impotent'. Meine eigene Theologie ist sicherlich spiritualistisch, sucht aber eben deswegen dem historischen und dem damit verbundenen kultisch-soziologischen Moment Raum zu schaffen. Die Schwierigkeiten eines solchen Unternehmens sind mir natürlich wohl bekannt."[372] Die Verknüpfung ist eigenartig, da doch gerade der Typus der Mystik überhaupt keine organisierte Gemeinschaft mehr suche.

In den abschließenden Charakterisierungen der Trias: Kirche, Sekte, Mystik heißt es: „Zu einer großen Massenwirkung sind nur die Kirchen befähigt. Die Sekten nähern im Fall der Massenausbreitung sich den Kirchen an. Die Mystik hat Wahlverwandtschaft zur Autonomie der Wissenschaft und bildet das Asyl für die Religiosität wissenschaftlich gebildeter Schichten; in wissenschaftlich unberührten Schichten wird sie zum Orgiasmus und zur gefühlsmäßigen Devotion, mit alledem eine gern gepflegte Ergänzung von Kirchen und Sekten."[373] Bemerkenswert ist, wie Troeltsch hier Mystik gleichsam schichtenspezifisch aufspaltet einerseits in eine an Durkheims *effervesence* der Wilden erinnernde gefühlsmäßige Erregung und Ekstase und andererseits in die oft verborgene Rückseite *wissenschaftsreligiöser* Strebungen, wie wir sie im Kapitel *Die Religion der Wissenschaft* am Beispiel Ernst Machs und anderer skizziert haben.

Bemerkenswert ist auch, daß man in der Trias, wie Troeltsch sie profiliert, einen fernen Nachhall der *theologia tripertita* des Terentio Varro finden kann. Die Charakteristika der Kirche, die durch Amt, Wort und Sakramente die irdische Heilsverwaltung stellverstretend besorgt, entsprechen der *theologia civilis.* Dagegen ist die Sekte eher zukunftsorientiert. „In der Sekte bleibt Jesus der Verkündiger und Bringer des kommenden Gottesreiches und sie neigt zum Chiliasmus.", d.h. sie entwirft wie die *theologia fabulosa* Szenarien für „die Wiederkunft Christi und Aufrichtung des Reiches, wofür alles andere nur Vorbereitung war.[374] Die Mystik schließlich ähnelt der *theologia naturalis* als Privatreligion der Gebildeten.

Wie bei vielen Intellektuellen dieser Zeit, die auf alle möglichen Arten mit „Mystik" sympathisieren, erfährt sie auch bei Troeltsch eine besondere Wertschätzung: „Der Spiritualismus allein faßt die christliche Religiosität als lebendig fortzeugende Gegenwartsbewegung und als Moment in der allgemeinen Bewegung des religiösen Bewußtseins überhaupt." „[375] Dieses Alleinstellungsmerkmal wird emphatisch hervorgehoben: Der Spiritualismus habe „allein eine eigentlich wissenschaft-

371 In diesem Band, S. 1126ff.
372 Troeltsch 1922, S. 936.
373 Ebd., S. 967.
374 Ebd., S. 968f.
375 Ebd., S. 970.

liche, auf das allgemeine zurückgehende, religionsphilosophische Theologie erzeugt und eine wirkliche Fortbildung eröffnet", und er sei auch „allein unter allen christlichen Gedankenbildungen von den großen Denkern des modernen Idealismus übernommen und fortgebildet worden."[376] Freilich hat der Spiritualismus auch eine Achillesferse. „Aber wie er aus der Brechung des eigentlich kirchlichen Geistes entstanden ist, so findet er nur schwer ein Verhältnis zu den Kirchen und den Bedingungen fester und dauernder Organisation. An diesem Punkte liegt das schwere Problem der heutigen Christlichkeit in der modernen Bildungsschicht."[377]

Was Troeltsch vielleicht vorschwebte, war eine Art neuer Kirche, die in sich so elastisch und vielleicht so relativistisch ist, daß sie als Sozialform den religiösen Individualismus spiritueller Mystik beheimaten kann. Damit reflektiert Troeltsch die Erfahrung entfesselter Marktgesellschaft im Horizont einer Theologie, die über ihre Herkunftstreue hinaus den personalistischen Theismus des Christentums als ethische Stütze der Individualzwecke der Marktteilnehmer und als ein diese bindendes universales Heilsversprechen auslegt. Der unendliche Wert der einzelnen Seele, den das Evangelium verheißt, korrespondiert dem Königtum der Kunden auf dem Markte. Er ist dasjenige „Jenseits im Diesseits" (Troeltsch), das der modernen Marktgesellschaft erträglich ist. Kirche und Sekte sind dafür weniger geeignet als Mystik im Sinne der Pflege einer entscheidungsoffenen Haltung zwischen Kalkulation und Bauchgefühl.

4. Max Weber und die Religionen des Wirtschaftens

Der Mythos Weber. Während die Zuordnung Ernst Troeltschs zur Religionssoziologie oft nur eingeschränkt erfolgt, da er zuerst als evangelischer Theologe wahrgenommen wird, gilt Max Weber neben Emile Durkheim unstrittig nicht nur als herausragender Klassiker der Soziologie, sondern zugleich als Klassiker der Religionssoziologie. In seiner Bestandsaufnahme der Weber-Forschung, die anläßlich des 150. Geburtstags Webers im Jahre 2014 erschien, wies Dirk Kaesler auf die Erklärungsbedürftigkeit der erstaunlichen Karriere der Schriften jenes Münchener Professors für „Gesellschaftswissenschaft, Wirtschaftsgeschichte und Nationalökonomie" hin, an dessen Begräbnis 1920 nur eine kleine Zahl von Familienmitgliedern, Freunden, Kollegen und Studenten teilnahmen. „Außer seiner Witwe, Marianne Weber, geborene Schnitger, glaubten damals nur wenige daran, daß Max Weber derjenige deutsche Sozial- und Kulturwissenschaftler werden würde, der 150 Jahre nach seiner Geburt zum national und international unbestrittenen Klassiker gleich einer ganzen Reihe wissenschaftlicher Disziplinen gemacht worden ist."[378]

---

376 Ebd.

377 Ebd.

378 Dirk Kaesler, „Max Weber 4.0. Wo stehen wir in der Max Weber-Forschung?", in: *literaturkritik.de. rezensionsforum* 17(3)/2015, online: http://www. literaturkritik.de/public/rezension.php?rez_id=20352 (letzter Zugriff: 27.08.2016).

Es war in Deutschland Webers Witwe und Nachlaßverwalterin, die Frauenrechtlerin Marianne Weber, die unterstützt vom Juristen und Privatgelehrten Johannes F. Winckelmann in der Zwischenkriegszeit die Erinnerung an Max Weber in Heidelberg wachhielt.[379] Max Weber hatte nur wenige Jahre als aktiver Hochschullehrer an der Universität Freiburg gelehrt. Nach kurzer Zeit der Lehre in Heidelberg mußte er krankheitsbedingt seine Professur aufgeben. Vorträge und Diskussionen fanden in privaten Zirkeln statt. Dazu gehörte das Netzwerk von religionsgeschichtlich interessierten Wissenschaftlern, die sich 1904 mit dem Namen *Eranos* als Gesprächskreis konstituierten, an dem auch Ernst Troeltsch teilnahm.[380] Beide waren befreundet und wohnten mit ihren Frauen seit 1910 in derselben Heidelberger Villa am Neckar. Über die Themen der Treffen des *Eranos*-Kreises gibt es nur wenige Angaben. Dies gilt auch für die weiteren Intellektuellenzirkel, in denen Max Weber ein Publikum finden konnte: dem sonntäglichen „Jour-fixe" in der Ziegelhäuser Landstraße und dem *Janus-Kreis*, den Alfred Weber und der Botaniker Georg Klebs initiiert hatten.

In der Memoiren-Literatur der Teilnehmerinnen und Teilnehmer der diversen Intellektuellenkreise, zu denen auch noch kontrapunktisch zu Weber der Kreis des Wagner-Schwiegersohns und Kunsthistorikers Henry Thode und insbesondere der George-Kreis gehörte, ist ein außerordentlicher Nachhall dieser Treffen zu hören, der zum „Mythos Weber" auch noch den „Mythos Heidelberg" begründet hat.[381] Die Stellung Max Webers in diesem Intellektuellenmilieu hat Paul Honigsheim überschwenglich mit den Worten charakterisiert: Diesen Mann „bekam zwar nur eine begrenzte Anzahl von Menschen von Angesicht zu Angesicht zu sehen; von seiner Existenz wußte aber jeder, und wenn er seine Stimme erhob, so war sie bald durch zahlreiche Mittelglieder allen vernehmbar. Denn es war die Stimme des ‚Mythos von Heidelberg', die Stimme Max Webers."[382]

---

379 Einflußreich wurde Marianne Weber, *Max Weber. Ein Lebensbild* [1926], Tübingen 1984; Bärbel Meurer, *Marianne Weber. Leben und Werk*, Tübingen 2010; zu Winkelmann siehe Dirk Kaesler, „Die Zeit der Außenseiter in der deutschen Soziologie", in: *Das Faszinosum Max Weber. Die Geschichte seiner Geltung*, hg. v. Karl-Ludwig Ay u. Knut Borchardt, Konstanz 2006, S. 169-195.

380 Vgl. dazu *Heidelberg im Schnittpunkt intellektueller Kreise. Zur Topographie der ‚geistigen Geselligkeit' eine ‚Weltdorfes': 1850-1950*, hg. v. Hubert Treiber u. Karol Sauerland, Opladen 1995; Gesa von Essen, „Max Weber und die Kunst der Geselligkeit", in: *Kreise-Gruppen-Bünde. Zur Soziologie moderner Intellektuellenassoziation*, hg. v. Richard Faber u. Christine Holste, Würzburg 2000, S. 239- 264; Horst Renz, „Auf der alten Brücke. Beobachtungen zu Ernst Troeltschs Heidelberger Jahren, 1894-1915", in: *Ernst Troeltsch zwischen Heidelberg und Berlin* (= Troeltsch-Studien, Bd. 2), hg. v. Horst Renz, Gütersloh 2001, S. 9-87.

381 Stefan George galt geradezu als Gegenbild Max Webers in Heidelberg. Zu Webers Kunst- und Literaturauffassung, insbesondere mit Blick auf Stefan George, siehe Christoph Braun, *Max Webers ‚Musiksoziologie'*, Laaber 1992, S. 60-94, insb. S. 82ff.; Edith Weiller, *Weber und die literarische Moderne*, Tübingen 1997.

382 Paul Honigsheim, „Erinnerungen an Max Weber", in: *Max Weber zum Gedächtnis. Materialien und Dokumente zur Bewertung von Werk und Persönlichkeit* (= Kölner Zeitschrift für Soziologie und Sozialpsychologie, Sonderheft 7), hg. v. René König u. Johannes Winckel-

Wichtig für die Rezeption der Weberschen Schriften wurde, daß der amerikanische Soziologe Talcott Parsons, der in den zwanziger Jahren in Heidelberg studiert und Kontakt zum Kreis um Marianne Weber hatte, für seine eigene soziologische Theorie sowohl Durkheim als auch Weber zu prominenten Bezugsautoren wählte. Grob gesagt, stand Durkheim dabei für eine eher systemische Betrachtungsweise von Gesellschaft, Weber für eine eher handlungstheoretische Perspektive.[383] Die kulturwissenschaftlichen und universalgeschichtlichen Dimensionen der Weberschen Schriften erlitten dabei freilich im systematischen Raster von Parsons struktur-funktionaler Soziologie erhebliche Verluste. Mit der Vorherrschaft der USA nach 1945 setzte ein Siegeszug des Strukturfunktionalismus in den Soziologien zahlreicher Länder ein.

Diese Profilierung Webers änderte sich in den 70er Jahren des 20. Jahrhunderts. Weber wurde von den Soziologen ins Spiel gebracht, die gegen die starken neomarxistischen Strömungen ein „bürgerliches" Gegengewicht setzen wollten und die kulturwissenschaftlichen Dimensionen Webers wiederentdeckten.[384] Klaus Garber bemerkte Mitte der 1980er Jahre: „Der Hegel- und insbesondere der Marx-Woge der späten sechziger und der frühen siebziger Jahre folgt so die der großen spätbürgerlichen Morphologen der modernen frühbürgerlichen Welt."[385] Seit 1984 erscheint, beginnend mit den Herausgebern Horst Baier, Mario Rainer Lepsius und Wolfgang J. Mommsen, die auf 47 Bände geplante Max Weber-Gesamtausgabe, deren dunkelblauer Einband dem der berühmten 39 „blauen Bände" der

---

mann, Köln/Opladen 1963, S. 161-271, hier S. 161. Die Unsicherheit, ob Weber als „Visionär" zu bezeichnen oder „konsequent zu kontextualisieren" sei, hält auch heute noch an; vgl. Hartmut Lehmann, „Zur Einführung: Von der ‚Protestantischen Ethik' über die ‚Wirtschaftsethik der Weltreligionen' zur vergleichenden Religionssoziologie", in: Ders. u. Ouédraogo 2003, S. 7-13, hier S. 9.

383 Zu Parsons Rezeption von Weber und Durkheim vgl. Jürgen Habermas, *Theorie kommunikativen Handelns*, Bd. 2: *Zur Kritik der funktionalistischen Vernunft*, Frankfurt a.M. 1981, S. 297ff.

384 Zu meinen ersten Weber-Lektüren gehörte der mir von meinem Göttinger Lehrer Max Ernst Graf zu Solms überlassene Band: Max Weber, *Aus den Schriften zur Religionssoziologie*, hg .v. Max Ernst Graf zu Solms, Frankfurt a.M. 1948. Dem folgten: Friedrich Tenbruck, „Die Genesis der Methodologie Max Webers", in: *Kölner Zeitschrift für Soziologie und Sozialpsychologie* 11/1959, S. 573-630; ders., „Das Werk Max Webers", in: *Kölner Zeitschrift für Soziologie und Sozialpsychologie* 27/1975, S. 351-364; Johannes Weiß, *Max Webers Grundlegung der Soziologie. Eine Einführung*, München 1975; Gottfried Küenzlen, *Die Religionssoziologie Max Webers. Eine Darstellung ihrer Entwicklung*, Berlin 1980; Wilhelm Hennis, *Max Webers Fragestellung*, Tübingen 1987; ders., *Max Webers Wissenschaft vom Menschen. Neue Studien zur Biographie des Werks*, Tübingen 1996. Inzwischen sind die Ergebnisse der „Weberologie" (Oexle) unübersehbar.

385 Klaus Garber, „Zentraleuropäischer Calvinismus und deutsche ‚Barock'-Literatur. Zu den konfessionspolitischen Ursprüngen der deutschen Nationalliteratur", in: *Die reformierte Konfessionalisierung in Deutschland – Das Problem der ‚zweiten Reformation'*, hg. v. Heinz Schilling, Gütersloh 1986, S. 317-348, hier S. 318. Zu den Morphologen zählt Garbe nicht nur Max Weber, sondern auch Ernst Troeltsch, Georg Simmel, Wilhelm Dilthey.

Marx-Engels-Werke nachempfunden ist, die 1956 beginnend vom Institut für Marxismus-Leninismus beim Zentralkomitee der SED herausgegeben wurden.[386] Die Sekundärliteratur zu Weber ist unüberschaubar geworden.[387]

ENTHEROISIERUNGEN. Der „Mythos Heidelberg", mit Max Weber als „Diktator eines geistigen Reichs", und die eigentümliche Konstellation der Weberrezeption in den USA und in Deutschland haben dazu beigetragen, daß die vielfältigen Abhängigkeiten der Weberschen Religionssoziologie von den Forschungen seiner Zeitgenossen erst spät in den Blick gerieten.[388] Die weltweite Max Weber-Industrie tut ein übriges, um die Quellen des Geistesheroen aufzudecken. Die Bedeutung der Sektenreligiosität ist so zeitgleich von Ernst Troeltsch herausgestellt worden, daß nicht nur die Beeinflussungswege strittig sind, sondern schon die Zeitgenossen abgekürzt von der Troeltsch-Weber-These sprachen.[389] Webers älterer Vetter und Studienfreund, der Theologe Otto Baumgarten, eröffnete Weber Kontakte zu seinem großen Freundes- und Bekanntenkreis. Die begrifflichen Übereinstimmungen zwischen Baumgarten und Weber sind bemerkenswert.[390]

---

386 Zur Max Weber-Gesamtausgabe siehe die Verlagsangaben online: http://www.mohr.de/de/nc/soziologie/editionen-textausgaben/max-weber-gesamtausgabe-mwg/edition.html (letzter Zugriff: 27.08.2016). Als jemand, der oft mit Webers Werken arbeitet, habe ich zum Gebrauch die erschwingliche Max Weber-Studienausgabe MWS benutzt, die auf der Textgrundlage der MWG basiert und um den editorischen Apparat erleichtert ist.

387 Mehr als in den Fußnoten ausgewiesen habe ich insbesondere von den Weber-Forschungen profitiert, die Stefan Breuer, Gangolf Hübinger, Dirk Kaesler, Hartmann Tyrell und Johannnes Weiß publiziert haben. Erhellend sind die Biographien von Joachim Radkau, *Max Weber. Die Leidenschaft des Denkens*, München 2005; Dirk Kaesler, *Max Weber. Preuße, Denker, Muttersohn*, München 2014; Jürgen Kaube, *Max Weber. Ein Leben zwischen den Epochen*, Reinbek 2014.

388 „Diktator eines geistigen Reichs" hat Ludwig Curtius Weber genannt. In: Ludwig Curtius, *Deutsche und Antike Welt. Lebenserinnerungen*, Stuttgart 1958, S. 360.

389 Zu Gemeinsamkeiten und Differenzen siehe *Asketischer Protestantismus und der ‚Geist' des modernen Kapitalismus. Max Weber und Ernst Troeltsch*, hg. v. Wolfgang Schluchter u. Friedrich Wilhelm Graf, Tübingen 2005; Friedrich Wilhelm Graf, „Max Weber und die protestantische Theologie seiner Zeit", in: *Zeitschrift für Religions- und Geistesgeschichte* 39/1987, S. 122-147; ders., „Fachmenschenfreundschaft. Bemerkungen zu Max Weber und Ernst Troeltsch", in: *Max Weber und seine Zeitgenossen*, hg. v. Wolfgang J. Mommsen u. Wolfgang Schwentker, Göttingen 1988, S. 313-336; ders., „Distanz aus Nähe. Einige Anmerkungen zum ‚Weber-Paradigma' in Perspektiven der neuen Troeltsch-Forschung", in: *Das Weber-Paradigma. Studien zur Weiterentwicklung von Max Webers Forschungsprogramm*, hg. v. Gert Albert / Agathe Bienfait / Steffen Sigmund u. Claus Wendt, Tübingen 2005, S. 234-251; siehe auch Gangolf Hübinger, „Ernst Troeltschs ‚Soziallehren' in außertheologischer Sicht", in: Graf u. Rendtorff 1993, S. 230-240, hier S. 239; Hartmann Tyrell, „Potenz und Depotenzierung der Religion. Religion und Rationalisierung bei Max Weber", in: *Saeculum* 44/1993, S. 300-347, hier S. 303.

390 Volker Drehsen, „Protestantische Religion und praktische Rationalität. Zur Konvergenz eines ethischen Themas in der praktischen Theologie Otto Baumgartens und der Soziologie

Weniger aufgearbeitet ist Webers Abhängigkeit von den Schriften des Religionswissenschaftlers Cornelis Petrus Tiele.[391] 1877 wurde an der Universität Leiden ein Lehrstuhl für Religionsgeschichte neu errichtet. Bis zu seinem Tode 1902 wurde das Fach von Tiele vertreten, einem niederländischen Remonstranten, der freilich entschieden zwischen Religionswissenschaft und Dogmatik zu unterscheiden wußte.[392] „Die Dogmatik ist die systematisch geordnete Glaubens- oder Heilslehre einer Kirche oder Sekte und hat für die, welche nicht zu dieser Kirche oder Sekte gehören, lediglich historischen Wert." Dazu rechnet er auch die „freie Dogmatik" der außerkirchlichen philosophischen Glaubenslehren. Mit seiner Blickrichtung, Weltanschauungen, Ethiken und Morallehren der Philosophen in ihrer Struktur *al pari* mit den alten Religionen zu nehmen, war Tiele seiner Zeit weit voraus. Die Religionswissenschaft könne nun nicht die Dogmatik ersetzen, vielmehr stehe sie „neben ihr und umfaßt mehr. Ihr Zweck ist nicht wie der beider Formen der Dogmatik (der kirchlichen und der freien W.E.), die wahre Religion systematisch zu beschreiben, den Weg des Heils zu zeigen und diese Lehre vor dem Denken zu rechtfertigen, sondern die Religion in allen ihren Formen kennenzulernen, um so ihr Wesen zu verstehen und auf ihren Ursprung im menschlichen Gemüte zurückzugehen."[393]

Hans G. Kippenberg hebt hervor, daß es Tiele zu verdanken sei, den Müllerschen „philologischen Jahrhundertfund" des *dyau pitar* weiterführend zu interpretieren. Die indoeuropäisch-semitische Differenz eines Gottes in der Natur und eines Gottes in der Geschichte ist bei Tiele in einem Koexistenzmodell neu gefaßt. In der einen Richtung wird die Verwandtschaft des Menschen mit Gott betont, in der anderen die Herrschaft Gottes über die Welt und den Menschen. Die theokratische Richtung spricht von einem „Gott über uns", die theanthropische von einem „Gott in uns", wobei beide Richtungen nicht nur variantenreich anzutreffen sind, was die nähere Deutung der Verwandtschafts- bzw. Herrschaftsverhältnisse angeht.[394] Wichtig ist ebenso Tieles Überlegung, daß jede der beiden Richtungen immer auch

---

Max Webers", in: *Otto Baumgarten*, hg. v. Wolfgang Steck, Kiel 1986, S. 197-235; Graf 1987, S. 123ff.

391 Zuerst gesehen von Gottfried Küenzlen, „Unbekannte Quellen der Religionssoziologie Max Webers", in: *Zeitschrift für Soziologie* 7(3)/1978, S. 215-227; ders., *Die Religionssoziologie Max Webers. Eine Darstellung ihrer Entwicklung*, Berlin 1980, S. 63-76; zum Verhältnis Max Webers zu Tiele vgl. Kippenberg 1997, S. 232; ders., „Religionsentwicklung", in: Ders. u. Riesebrodt 2001, S. 77-99, hier S. 90ff; ders., „Nachwort des Herausgebers", in: Ders. (Hg), MWS I/22-2, Tübingen 2005, S. 159-193, hier S. 184-187.

392 Zu Tiele vgl. Jean J. Waardenburg, *Classical Approaches to the Study of Religion. Aims, Methods and Theories of Research*, Bd. 1: *Introduction and Anthology*, S. 96-104, Bd. 2: *Bibliography*, S. 282-286, Den Haag 1973/74.

393 Cornelis Petrus Tiele, *Grundzüge der Religionswissenschaft. Eine kurzgefaßte Einführung in das Studium der Religion und ihrer Geschichte* [1901], Tübingen/Leipzig 1904, S. 4.

394 Cornelis Petrus Tiele, *Einleitung in die Religionswissenschaft. Gifford-Vorlesung gehalten an der Universität zu Edinburgh*, 2 Bde., Gotha 1899, hier Bd. 2, S. 86; Kippenberg 1997, S. 78f.

im Subtext die andere minoritär mitführe. Auch im ausgeprägt theokratischen Glauben der Juden ist Platz für theanthropische Tendenzen. „In den Propheten, in den heiligen Sängern, in den geschickten Künstlern selbst wohnte, wenigstens zeitweilig, und wirkte der göttliche Geist, und der Prophet Jeremia erwartete eine Zukunft, in welcher dieser Geist allen zu teil werden sollte. Beweise genug, daß diese Idee des Geistes Gottes im Menschen selbst dieser am meisten theokratischen Religion des Altertums nicht fremd war.“[395]

Der Einfluß Tieles auf Max Weber ist wohl nachhaltig gewesen. Schon Webers viel zitierter Einstieg in seine *Typen religiöser Vergemeinschaftung*: „Eine Definition dessen, was Religion ‚ist', kann unmöglich an der Spitze, sondern könnte allenfalls am Schlusse einer Erörterung wie der nachfolgenden stehen“[396], nimmt sich wie ein Echo des Einstiegs in die Gegenstandsbestimmung aus, die Tiele vorgenommen hatte: „Der Gegenstand der Untersuchung ist die Religion. Es würde verkehrt sein, als Ausgangspunkt der ersteren einen idealen Religionsbegriff voranzustellen, weil man sich dann nur in einem Zirkel bewegen würde.“[397] Von Cornelis Tiele übernimmt Weber die These von der Ersetzung der „Naturreligionen“ durch „ethische Religionen“, und es finden sich bei Tiele bereits die Unterscheidungen von „Stufen“ und „Richtungen“ in der Religionsgeschichte, die in Webers berühmter *Zwischenbetrachtung* wiederkehren.[398]

Weitere Quellen der Weberschen Religionssoziologie seien hier nur kurz benannt: Die Zentrierung auf das Motiv der Weltablehnung verdankt sich Webers früher Schopenhauer-Lektüre und ist bemerkenswert affin zu Eduard von Hartmanns Charakterisierung der Offenbarungsreligionen als weltverleugnende.[399] Die Profilierung des Typus der „Erlösungsreligionen“ übernehmen Troeltsch und Weber von Otto Pfleiderer und Hermann Siebeck.[400] Andere Konzepte wie z.B. „Mystik“, „Askese“, „Akosmismus“, „Theodizee“ entstammen den Religionswissenschaften um 1900.[401] Maßgeblich wurden insbesondere zentrale Begriffe der religionsgeschichtlichen Schule wie z.B. „ethische Prophetie“, „Hierokratie“, „Theodizee“,

395 Tiele 1899, S. 87.

396 Max Weber, „Religiöse Gemeinschaften“, in: MWS I/22-2, hg. v. Hans G. Kippenberg, Tübingen 2005a (im Folgenden: *Religiöse Gemeinschaften*), S. 1.

397 Tiele 1904, S. 3.

398 Küenzlen 1980 S. 72; Kippenberg 1997, S. 232.

399 Hartmann Tyrell, „Worum geht es in der Protestantischen Ethik? Ein Versuch zum besseren Verständnis Max Webers“, in: *Saeculum* 41/1990, S. 130-177; Stefan Breuer, „Weltablehnung“, in: Kippenberg u. Riesebrodt 2001, S. 227-240, hier S. 233ff.; siehe auch Eduard von Hartmann 1882b.

400 Otto Pfleiderer, *Religionsphilosophie auf geschichtlicher Grundlage*, Berlin 1878, S. 725; Siebeck 1893, S. 48ff; vgl. Edith Hanke, „Erlösungsreligionen“, in: Kippenberg u. Riesebrodt 2001, S. 209-226.

401 Küenzlen 1978; ders. 1980; Kippenberg 1993, S. 348-366; ders., „Religiöse Gemeinschaften. Wo die Arbeit am Sinnproblem der Welt und der Bedarf sozialen Handelns an Gemeinschaftlichkeit zusammenkommen“, in: Albert u.a. 2005, S. 211-233, hier S. 217ff.; Friedrich Wilhelm Graf, „Die ‚kompetentesten' Gesprächspartner? Implizite theologische Werturteile in Max Webers ‚Protestantischer Ethik'“, in: Krech u. Tyrell 1995, S. 209-248.

„Magiefeindschaft“ usw.[402] Den Charismabegriff leiht sich Weber von Rudolph Sohm aus.[403] Webers enorme Abhängigkeit von den Forschungen seiner Zeitgenossen war lange verdeckt durch die wissenschaftliche Heroisierung Webers, dessen eigene Leistungen vielleicht erst mit dem Prozeß der Entheroisierung hervortreten.

Daß nach Jahrzehnten der Erfahrung entfesselter Marktwirtschaft für die Intellektuellen um 1900 insbesondere der Zusammenhang von Wirtschaft und Religion im Horizont einer Selbstdeutung der modernen kapitalistischen Gesellschaft im Zentrum steht, gilt in besonderem Maße auch für Max Weber. War in den religionspsychologisch orientierten Wissenschaften die Normalität und Anomalität, die Rationalität und Irrationalität religiöser Phänomene thematisch führend gewesen, prägte in England der weltmarktbezogene Imperialismus, in Frankreich die innere Stabilität der modernen Gesellschaft das Interesse an Religion, so stand im konfessionell gespaltenen Deutschland die Frage im Zentrum, welche Religion am ehesten mit dem Aufstieg der Marktgesellschaft in Verbindung gebracht werden konnte: der Katholizismus mit seinen reichen oberitalienischen Stadtrepubliken der Renaissance, oder der Puritanismus calvinistischer Sekten oder die Juden, von denen Marx behauptet hatte, ihr „weltlicher Gott“ sei das Geld.[404] Es wird zu zeigen sein, wie sich die Antworten Max Webers im Spannungsfeld von Marx, Nietzsche und seinem wichtigsten akademischen Konkurrenten Werner Sombart entfalten.

GLAUBENSLEHRE UND LEBENSFÜHRUNG. Marx' historischer Materialismus hatte – wie wir im *Ersten Band* gezeigt haben – Religionen als ideologischen Überbau identifiziert, als ein Sekundärphänomen zu den primären Wandlungen der Verhältnisse, in denen Individuen ihr Leben reproduzieren. Die treibenden Kräfte der gesellschaftlichen Entwicklung sind Marx zufolge in der Art und Weise der Organisation der Arbeitsteilung und der Eigentumsverfassung zu suchen, die Grundlage der Konflikte der sozialen Klassen sind. Es war es dieses Interpretationsmodell, das die Fusionen des Politischen und des Religiösen in den enthusiastischen Religionen der Revolutionsperiode kritisch aufgelöst hat.[405] Zum Ende des 19. Jahrhunderts war die Sozialdemokratie und ihr ideologischer Überbau, der „wissenschaftliche Sozialismus“, in der Konkurrenz der Weltanschauungen zu einem solchen Machtfaktor geworden, daß Bismarck sich dazu entschied, sie ebenso wie den Katholizismus mit staatlichen Verboten zu verfolgen.

402 Graf 1987, S. 129.

403 Martin Riesebrodt, „Charisma“, in: Kippenberg u. Riesebrodt 2001, S. 151-166.

404 „Suchen wir das Geheimnis des Juden nicht in seiner Religion, sondern suchen wir das Geheimnis der Religion im wirklichen Juden. Welches ist der weltliche Grund des Judentums? Das praktische Bedürfnis, der Eigennutz. Welches ist der weltliche Kultus des Juden? Der Schacher. Welches ist sein weltlicher Gott? Das Geld.“ Karl Marx, „Zur Judenfrage“, in: MEW, Bd. 1, Berlin 1981, S. 347-377, hier S. 272. Eine differenzierte Analyse hat vorgelegt: Thomas Haury, „‚Zur Judenfrage‘ (1843/44). Bruno Bauer und Karl Marx – Eine Textgeschichte“, in: *Kapitalismusdebatten um 1900*, hg. v. Nicolas Berg, Leipzig 2011, S. 141-179.

405 Im *Ersten Band*, S. 720f.

Max Weber übernimmt nun den wesentlichen Einsatzpunkt aller Religionswissenschaftler gegen Marx: die eigenständige Wirksamkeit von Religionen. Entscheidend wird für ihn dann nicht die Frage, ob ein Zusammenhang von Wirtschaft und Religion besteht – dies hatte E. Gothein mit Bezug auf den Calvinismus schon zuvor herausgebracht – sondern wie dieser Zusammenhang rekonstruiert werden kann.[406] Diesen Versuch unternahm Weber mit seinen berühmt gewordenen Aufsätzen *Die protestantische Ethik und der ‚Geist' des Kapitalismus.*[407] Die marxistische Erklärung der Genese des Kapitalismus wurde dabei nicht frontal angegriffen, vielmehr hat Weber den Anteil der Religion so prägnant herausgearbeitet, daß die Basis-Überbau-These der Marxisten als unterkomplex erscheinen mußte. Mit diesen Aufsätzen gelang es Weber nicht nur in seiner Zeit, Aufsehen zu erregen; diese Texte gehören bis heute zu den meist rezipierten Schriften innerhalb seines zerklüfteten Werks.[408]

Max Weber setzt in seiner Protestantismusstudie wie Durkheim in seiner Selbstmordstudie mit der Statistik ein. Statistik der Selbstmorde, Statistik der Berufe, so die Anfänge der beiden Hauptschriften. In konfessionell gemischten Ländern, so stellt Weber fest, sind die Kapitalbesitzer, oberen gelernten Schichten der Arbeiterschaft, das höhere technische und kaufmännische Personal in modernen Betrieben vorwiegend protestantisch. Der Befund läßt sich auch historisch erhärten. Die Mehrzahl der reichen europäischen Städte hat sich im Zeitalter der Glaubensspaltung dem Protestantismus zugewandt.

Der Denkweg, um die Zusammenhänge zwischen Protestantismus und Kapitalismus zu erhellen, folgt nicht der geraden Linie des Modells der Widerspiegelung ökonomischer Verhältnis im religiösen Bewußtsein, sondern er ist umweghaft angelegt. Zunächst werden die charakteristische Eigenart und die Unterschiede der

---

406 Eberhard Gothein, *Wirtschaftsgeschichte des Schwarzwaldes und der angrenzenden Landschaften* [1892], New York 1970.

407 Hilfreich ist die von Klaus Lichtblau und Johannes Weiß herausgegebene Ausgabe: Max Weber, *Die protestantische Ethik und der ‚Geist' des Kapitalismus*, Textausgabe auf der Grundlage der ersten Fassung von 1904/05 mit einem Verzeichnis der wichtigsten Zusätze und Veränderungen aus der zweiten Fassung von 1920, Weinheim ^{3}2000 (im Folgenden: *Protestantische Ethik*). Wir verwenden diese Ausgabe, da der entsprechende Band der MWG und MWS bei Abschluß dieses Kapitels noch nicht verfügbar ist.

408 Die Rezeptionsgeschichte der *Protestantischen Ethik* setzt ein mit den frühen Kritiken und Webers Antikritiken. Sie führt, um nur einige Etappen zu nennen, über Richard Henry Tawney, *Religion and the Rise of Capitalism*, London 1927 und Alfred Müller-Armack, *Religion und Wirtschaft. Geistesgeschichtliche Hintergründe unserer europäischen Lebensform*, Stuttgart 1959 zu den zahllosen Würdigungen anläßlich des 100. Jahrestages des Erscheinens der *Protestantischen Ethik*. Exemplarisch seien genannt die Beiträge von Michael Zöller, Friedrich Wilhelm Graf, Andreas Holzem, Gangolf Hübinger und Erich Weede in der Zeitschrift *Zur Debatte* 3/2005, S. 22-32. Dirk Käsler hat, zusammen mit einem 60-seitigen Vorwort, eine um zahlreiche einschlägige Texte angereicherte Neuausgabe der *Protestantischen Ethik* herausgegeben (München 2004). Grundlegend und unverzichtbar ist: Peter Ghosh, *A Historian Reads Max Weber. Essays on the Protestant Ethic* (= Kultur- und sozialwissenschaftliche Studien, Bd. 1), Wiesbaden 2008.

konfessionellen Glaubenswelten rekonstruiert. Ausgangspunkt sind dogmatische Aussagen der verschiedenen *Bekenntnisreligionen* über das Verhältnis von Gott und Mensch. Denn diese Lehren haben nicht nur eine rein theologische Bedeutung, sondern gläubige Praktikanten, die an die dogmatischen Aussagen glauben, richten ihr Handeln unter anderem auch nach den Ethiken aus, die aus den Dogmatiken abgeleitet werden. Modellhaft geht Weber davon aus, daß die Gläubigen sich an den verschiedenen Antworten auf die Frage orientieren: Was muß ich tun, um ein gottgefälliges Leben zu führen, um mein Seelenheil zu erringen, um vor Gottes Gericht bestehen zu können usw. Aus theologischen Konstruktionen fließen Anforderungen an die Lebensführung. Diesen Zusammenhängen geht Max Weber im Einzelnen nach.

Wer daran glaubt, daß Priester eine von Gott abgeleitete Autorität haben, Sünden zu vergeben, den Einzelnen moralisch zu entschulden, wird sein Leben anders führen als jemand, der glaubt, mit Mitteln dieser Welt wie Beichte, Buße und Ablaß könne man keine sichere Entschuldung im moralischen Bereich erreichen. Ersterer kann darauf vertrauen, daß aufrichtige Reue, verbunden mit kultischen Handlungen, sein Schuldkonto wieder in die schwarzen Zahlen bringt. Der zweite muß allein darüber wachen, daß er nicht daran zweifelt, von Gott gnädig angenommen zu werden. Die moralische Anspannung ist im zweiten Falle größer, Gläubige müssen ihre Frömmigkeit tiefer legen, innerlicher auffassen, weil die kultischen Mittel dogmatisch versagt sind. Der erstere Typus entspricht der traditionell katholischen Auffassung, der zweite der lutherisch-protestantischen, so wie sie Weber idealtypisch profiliert hat. Daß hierbei konfessionspolemische Stereotype aus der Zeit des „Kulturkampfes" eingeflossen sind, ist oft bemerkt worden.[409]

In Webers Auswahl aus dem Spektrum der reformatorischen Bewegungen haben die Radikalen der Reformation, die so genannte Täuferbewegung, keine nennenswerte Berücksichtigung erfahren. Dies ist vermutlich der Abgrenzung gegenüber der Marxschen Basis/Überbau-Theorie der Kapitalismusgenese geschuldet. Denn die Täuferbewegung wird in dieser Zeit zur Vorgeschichte des modernen Sozialismus gerechnet.[410] Wollte man die Radikalen der Reformation in das Webersche Modell einarbeiten, wäre der Zusammenhang von Glaubenslehre und Lebensführung noch einmal anders zu formulieren: Wenn jemand daran glaubt, das in der Bibel verkündete Reich Gottes auf Erden sei schon sehr nahe, wenn er sich zum Beispiel an den Lehren Joachims von Fiore orientiert, die wir im *Ersten Band* als

409 Zu Webers Katholizismus-Bild vgl. Hartmann Tyrell, „Katholizismus und katholische Kirche", in: Lehmann u. Ouédraogo 2003, S. 193-228; zur Weber-Rezeption bei katholischen Intellektuellen siehe Norbert Mette, „Religionssoziologie – katholisch. Erinnerungen an Religionssoziologische Traditionen innerhalb des Katholizismus", in: *Zur Soziologie des Katholizismus,* hg. v. Karl Gabriel u. Franz Xaver Kaufmann, Mainz 1980, S. 39-56; Friedrich Wilhelm Graf, „Beeinflussen religiöse Weltbilder den ökonomischen Habitus?", in: *Wirtschaftsgeschichte als Kulturgeschichte. Dimensionen eines Perspektivwechsels,* hg. v. Hartmut Berghoff u. Jakob Vogel, Frankfurt/New York 2004, S. 241-264, hier S. 251.

410 Vgl. Karl Kautsky, *Vorläufer des neueren Sozialismus. Von Plato bis zu den Wiedertäufern,* Stuttgart 1895.

Grundriß der Ewigen Linken dargestellt haben, so wird seine Lebensführung sich auf die Erwartung der Wiederkunft Christi richten und vielleicht wird er auch als guter Christ seinen Teil dazu beitragen, und dies kann durchaus revolutionäre Züge annehmen.[411] Luther ist dagegen der von Protestanten überlieferte Spruch zugeschrieben, wenn er wüßte, daß morgen die Welt untergehe, würde er heute noch ein Apfelbäumchen pflanzen.[412] In dieser Haltung steht der Gläubige zeitlos vor Gott. Luther wurde erbitterter Bekämpfer der Aufstände der Bauern, die in Thomas Müntzer ihren wortgewaltigen Führer gefunden hatten. Gegen Weber wird Ernst Bloch nach dem Ersten Weltkrieg formulieren: Als „letzter Sinn christlicher Askese" erscheine „nicht katholische Weltüberhöhung bei währendem Weltbestand, nicht Luthers dauernde Askese von der Askese, erst recht nicht ein stationäres Kulturbehagen, sondern revolutionärer Kampf im Außen". Und: „Der Aufruhr aber ist die Berufsethik des chiliastischen Christen".[413]

Während Marx in der Linie des Hegelianismus Luther zum Ausgangspunkt der modernen Welt exponiert hat, spezifiziert Weber den Beitrag Luthers.[414] Der Lutherische Protestantismus steuert, wenn man Weber folgt, für die Entstehung des kapitalistischen ‚Geistes' nur ein wichtiges Element bei: Der Mensch, der gottgefällig leben will, hat sich zu schicken, er hat den Platz, an den Gott ihn hingestellt hat, anzunehmen, er hat sich demütig zu fügen. Damit einher ging die Absage an das Mönchtum. Die mönchische Askese war der altkirchlichen Lehre nach die konsequenteste Lebensführung im Sinne der Nachfolge Christi. Weltliche Berufsarbeit war anerkannt, aber sie diente bloß der Besorgung irdischer leiblicher Nöte, der *res corporalis*. Luther hat mit seinem Berufs- und Schickungsgedanken den weltlichen Beruf geheiligt. Diese Lehre ist für Weber ein Baustein für religiöse Lebensführungskonzepte, in denen sich kapitalistischer ‚Geist' ankündigt: Einen festen Beruf muß man haben. Aber das Ganze ist bei Luther nicht dynamisch. Der Mensch vertraut auf Gott, schickt sich, gläubig ausharrend, in seine Stellung, mehr kann er und muß er nach der Lehre des *sola fide* nicht machen.

In einem denkwürdigen Brief Webers an Adolf von Harnack vom 5. Februar 1909 hat Weber seine zwiespältige Haltung zur lutherischen Tradition deutlich gemacht : „So turmhoch Luther über allen Anderen steht – das Luther*tum* ist für mich, ich leugne es nicht, in seinen *historischen* Erscheinungsformen der schreck-

---

411 Im *Ersten Band* S. 600.

412 Zur Herkunft dieses Spruches vgl. Ernst Bammel, *Judaica. Kleine Schriften*, Tübingen 1986, S. 141-147.

413 Ernst Bloch, „Thomas Münzer als Theologe der Revolution" [1921], in: Ders., *Gesamtausgabe*, Bd. 2, Frankfurt a.M. 1969, S. 175.

414 Die deutschen theoretischen Stärken gegenüber der politischen Praxis der Revolutionäre in Frankreich erwägend, heißt es bei Marx: „Deutschlands *revolutionäre* Vergangenheit ist nämlich theoretisch, es ist die *Reformation*. Wie damals der *Mönch*, so ist es jetzt der *Philosoph*, in dessen Hirn die Revolution beginnt." Karl Marx, „Zur Kritik der hegelschen Rechtsphilosophie. Einleitung", in: MEW, Bd. 1, Berlin 1988, S. 378-391, hier S. 385. Siehe auch Sabine Holtz, „Staat, Gesellschaft und Luthertum bei Max Weber", in: Lehmann u. Ouédraogo 2003, S.175-192.

lichste der Schrecken und selbst in der Idealform, in welcher es sich in ihren (d.i. Harnack) Hoffnungen für die Zukunftsentwicklung darstellt, ist es mir, *für uns Deutsche*, ein Gebilde, von dem ich nicht unbedingt sicher bin, wie viel Kraft zur Durchdringung des Lebens von ihm ausgehen könnte."[415] Mit Verweis auf die Unterscheidung von Kirche und Sekte bekennt Weber: „Es ist eine innerlich schwierige und tragische Situation: *Niemand* von uns könnte *selbst* ‚Sekten'-Mensch, Quäker, Baptist etc. sein, *Jeder* von uns muß die Überlegenheit des – im Grunde doch *Anstalts*-Kirchentums, gemessen an *nicht*-ethischen und *nicht*-religiösen Werten, auf den ersten Blick bemerken."[416] Für neue Sekten sieht Weber keine Zukunft, und ins Lager der positivistischen Kirchen will er nicht wechseln. Um so schwerer wiegen für ihn die Versäumnisse des Luthertums: „Aber daß unsere Nation die Schule des harten Asketismus niemals, in *keiner* Form, durchgemacht hat, ist auf der anderen Seite der Quell alles Desjenigen, was ich an ihr (wie an mir selbst) hassenswert finde."[417]

Die Kraft zur Durchdringung des Lebens fand Weber bei denen, die der Prädestinations-Lehre des Reformators Johannes Calvin folgten. Die Lehre, zu der schon der späte Augustinus gefunden hatte, besagte, daß das endgültige Schicksal der Seele nach ihrem Tod vorausbestimmt ist, aber wir kennen diese Prädestination nicht. Die Lehre entbehrt nicht einer strikten Konsequenz, zu der nachdenkende christliche Theologe kommen kann. Freilich hinterläßt sie bekanntlich das Folgeproblem des freien Willens. Die Lehre Calvins birgt eine enorm spannungsreiche Konstruktion. Weber spitzt seine Frage darauf zu: „wie wurde diese Lehre ertragen in einer Zeit, welcher das Jenseits nicht nur wichtiger, sondern in vieler Hinsicht auch sicherer war als alle Interessen des diesseitigen Lebens? Die eine Frage mußte ja alsbald für jeden einzelnen Gläubigen entstehen und alle anderen Interessen in den Hintergrund drängen: Bin ich denn erwählt? Und wie kann ich dieser Erwählung sicher werden?"[418] Diejenigen, die daran glauben, daß Gott, da er allwissend und allmächtig ist, schon zu Urzeiten festgelegt hat, welcher Mensch am Ende seines Lebens von Gott angenommen wird oder der ewigen Verdammnis anheim fällt, werden – so die Webersche Konstruktion – ihr Leben anders führen als Katholiken und Lutheraner.

Geht man der wahrscheinlichen Psychodynamik der Prädestinations-Gläubigen nach, so sind zwei Effekte psychologisch konsequent: Erstens, man wird sich schon aus dem Gefühl innerer Vereinsamung heraus für erwählt halten müssen und jeden Zweifel an der Erwähltheit, an der positiven Prädestination als Anfechtung des Teufels abweisen. Wie sollte man es in einer religiösen Gemeinschaft aushalten,

---

415 Max Weber, Brief an Adolf von Harnack, 5. Februar 1909, in: MWG II/5, hg. v. M. Rainer Lepsius u. Wolfgang J. Mommsen, Tübingen 1990, S. 32f. Zu Adolf von Harnacks Haltung zur Askese siehe Adolf von Harnack, *Das Wesen des Christentums*, Leipzig ²1900, S. 23, 25 u. 53.

416 Weber 1990, S. 33.

417 Ebd.

418 Weber, *Protestantische Ethik*, S. 68f.

deren Mitglieder an die Lehre von der Prädestination glauben, wenn man sich nicht für erwählt hält? Die Prädestinationslehre zwingt zum Glauben an das Erwähltsein. Zweitens: Man muß diese Erwähltheit zeigen, das heißt so selbstgewiß auftreten, daß man von anderen nicht verdächtigt werden kann, ein prädestinierter Sohn der Hölle zu sein. Aber wie kann man seine Erwähltheit zeigen? Einzelne, verbale Bekundungen können immer wieder Zweifel erwecken. Effektiver zeigt man die Gewißheit seiner Erwähltheit durch die Art der Lebensführung, denn sie ist für die Mitglieder der Gemeinde einsehbar.

Gemäß der Weberschen Rekonstruktion der Psychodynamik der Prädestinationslehre hat dies weitere Konsequenzen: Das beste Mittel, die Zweifel an der eigenen Erwähltheit zu zerstreuen oder zu bewältigen, ist die rastlose Berufsarbeit, nach calvinistischer Maxime: ‚Arbeit ist die beste Medizin gegen alles Grübeln und Gründeln im unerforschlichen Ratschluß Gottes.' Die Gläubigen können ihre Glaubenszweifel wegarbeiten. Der Erfolg der Arbeit, der sich bei dieser rastlosen Tätigkeit einstellen kann, kann dann auch ein Zeichen der Erwähltheit sein. Pech, Mißerfolg im Leben kann nach Lehren der Calvinisten andeuten, daß man zu den Verworfenen gehört.[419] Wohlgemerkt, es kann ein Zeichen sein. Calvin selbst war weit entfernt davon, dies zu einem sicheren Zeichen zu erklären. Aber die insgesamt psychologisch schwer erträgliche Lehre der Prädestination ließ die Gläubigen sich an jedes noch so zweifelhafte Zeichen klammern, um sich der *certitudo salutis* zu vergewissern.

Im Spektrum von Konfessionen bilden der Katholizismus und der Calvinismus bei Max Weber gleichsam radikal entgegengesetzte Typen sozialen Handelns aus. In der wirklichen Geschichte mag es unendliche Übergänge von Grau in Grau geben, aber idealtypische Konstruktionen müssen kontrastiv sein, um als wissenschaftliche Instrumente brauchbar zu sein. Sie haben daher stets Züge karikaturhafter Überzeichnung. Weber faßt den konfessionellen Kontrast wie folgt zusammen: „Der mittelalterliche Katholik lebt in ethischer Hinsicht gewissermaßen ‚von der Hand in den Mund'. Er erfüllt zunächst gewissenhaft die traditionellen Pflichten. Seine darüber hinausgehenden ‚guten Werke' aber sind normalerweise eine planlose Reihe *einzelner* Handlungen, die er zur Ausgleichung konkreter Sünden oder unter dem Einfluß der Seelsorge oder gegen Ende seines Lebens gewissermaßen als Versicherungsprämie vollzieht. Der Gott des Calvinismus dagegen verlangt von den Seinigen und bewirkt in ihnen nicht einzelne ‚gute Werke', sondern ein ‚heiliges Leben', d.h. eine zum *System* gesteigerte Werkheiligkeit. Die ethi-

419 In der maßgeblichen *Westminster Confession* von 1647, die Weber als zentrale Quelle aus den Bekenntnisschriften der reformierten Kirchen zitiert, ist über die, die für die Hölle prädestiniert sind, zu lesen: „Was die bösen und gottlosen Menschen betrifft, welche Gott als ein gerechter Richter um früherer Sünden willen verblendet und verhärtet, so entzieht er ihnen nicht allein seine Gnade, durch welche ihr Verstand hätte erleuchtet und ihre Herzen ergriffen werden können, sondern zuweilen entzieht er ihnen auch die Gaben, die sie hatten und bringt sie mit solchen Gegenständen in Beziehung, aus welchen ihre Verderbnis eine Gelegenheit zur Sünde macht". Zit. n. ebd., S. 59f.

sche Praxis des Alltagsmenschen wird ihrer Plan- und Systemlosigkeit entkleidet und zu einer konsequenten *Methode* der ganzen Lebensführung ausgestaltet.“[420]

Max Weber holt somit weit aus, um die Verhaltensweisen zu erklären, die in der entfesselten Marktgesellschaft dominieren. Protestantismus und Kapitalismus werden in einer komplexen Gedankenfigur zusammengeschlossen. Nicht: Protestantismus führt zum Kapitalismus, sondern rastlose Berufsarbeit und wache methodisch rationale Lebensführung um der Gewißheit und der Demonstration des Erwähltseins willen haben wirtschaftliche Folgen. Denn diese Gläubigen haben große Chancen, reich zu werden.

UNBEABSICHTIGTE FOLGEN. Für die Erklärung des Zusammenhangs von religiös orientierter Lebensführung und ökonomischen Prozessen bedient sich Weber des Konzepts der unbeabsichtigten Folgen menschlichen Handelns. Es hat eine frühe Ausprägung in der berühmten Bienenfabel Mandevilles erfahren, in der er zeigt, daß private Laster unbeabsichtigt öffentliche Vorteile zur Folge haben können. Bei Weber ist es jedoch nicht der Eigennutz, der als Absicht das Handeln der Puritaner leitet, sondern die Intention, ihr Leben zur Ehre Gottes zu führen. „Das Leben des ‚Heiligen‘ ist ausschließlich auf ein transzendentes Ziel: die Seligkeit ausgerichtet, aber *eben deshalb* in seinem diesseitigen Verlauf *rationalisiert* und beherrscht von dem ausschließlichen Gesichtspunkt, Gottes Ruhm auf Erden zu mehren“.[421] Wenn bei Hegel unbeabsichtigten Folgen menschlichen Handelns in einer Umschreibung der *invisible hand*, die nach Adam Smith die harmonische Selbstregulierung des Marktes garantiert, als eine List der Vernunft herausgestellt wird, so könnte man Webers Drehung des Konzepts vielleicht als List der Unvernunft bezeichnen. Als eine „tragische Soziologie“ hat Stefan Breuer Max Webers Soziologie treffend charakterisiert.[422] Dem ist zuzustimmen, denn die bekannte Augustinsche Maxime: „Denen, die Gott lieben, verwandelt er alles in Gutes, auch ihre Irrwege und Fehler läßt Gott ihnen zum Guten werden“, stellt sich für Webers Puritaner als eine ungewollte Vermehrung irdischen Reichtums dar, die zu einer neuen Problematik führt.

Denn nun stellt sich die Frage, was tun mit dem Besitz? Die Gläubigen dürfen den Besitz sich nicht mit ins Grab geben lassen, eine Lösung, die die heidnischen Stämme praktizierten, sie dürfen den Besitz auch nicht wie in der mittelalterlichen katholischen Lösung als eine gute Tat der Kirche schenken, sie dürfen sich auch nicht in der lutherischen Lösung in kontemplativer gemüthafter Frömmigkeit ergehen, und sie dürfen sich nicht ausruhen auf dem Besitz, weil dies den Anforderungen rastloser Berufsarbeit und methodischer Gesamtlebensführung widerspräche. Was also tun mit dem Besitz? Es ist der Abgrund der calvinistischen Ethik, daß es auf diese Frage keine Antwort gibt. Der Besitz selbst hat in der puritanischen Ethik keinen Sinn, er ist allenfalls ein Zeichen. Die puritanische Ethik ist antikon-

420 Ebd., S. 76f. In der späteren Ausgabe setzt Weber die Passage mit Zusätzen ins Imperfekt.
421 Ebd., S. 77f.
422 Stefan Breuer, *Max Webers tragische Soziologie. Aspekte und Perspektiven*, Tübingen 2006.

sumtiv. Es muß rastlos weitergearbeitet werden. Die „innerweltliche Askese", wie Weber es nennt, sie ist ausweglos.

Weber schließt an eine hellsichtige Betrachtung John Wesleys, Stifter der Methodisten, an, die den Zusätzen der Fassung von 1920 entnommen ist: „Ich fürchte: wo immer der Reichtum sich vermehrt hat, da hat der Gehalt der Religion in gleichem Maße abgenommen. Daher sehe ich nicht, wie es, nach der Natur der Dinge, möglich sein soll, daß irgendeine Wiedererweckung echter Religiosität lange Dauer haben kann. Denn Religion *muß notwendig* sowohl Arbeitsamkeit (industry) als Sparsamkeit (frugality) erzeugen, und diese können nichts anderes als Reichtum hervorbringen. Aber wenn Reichtum zunimmt, so nehmen Stolz, Leidenschaft und Weltliebe in alle Formen zu."[423] Modernes zweckrationales Handeln in der Form rationaler Lebensführung und Berufsarbeit, das Signum des modernen marktgesellschaftlichen Kapitalismus, stellt sich als unbeabsichtigte Folge einer spezifisch religiösen Orientierung dar, die wiederum zur unbeabsichtigten Folge hat, daß das Bedürfnis nach Religion sinkt. „So bleibt zwar die Form der Religion, der Geist aber schwindet allmählich."[424] Weber nimmt diese Formel von Wesley auf und verknüpft sie mit der weitreichenden These einer Dekadenz von Religiosität in der modernen Marktgesellschaft. Im Unterschied zu den Theorien, die einen Niedergang von Religion aus ihrer Unterlegenheit gegenüber den beweisbaren Resultaten moderner Wissenschaft ableiten, sieht Weber in der *Protestantischen Ethik* den wachsenden Wohlstand, den ein modernes säkulares Berufsmenschentum hervorbringen muß, als Grund für die Dekadenz von Religiosität.

Im hochberühmten Abschluß der *Protestantischen Ethik,* der in keiner Schrift über Religionssoziologie fehlen darf, heißt es: „Der Puritaner wollte Berufsmensch sein, – wir *müssen* es sein. Denn indem die Askese aus den Mönchszellen heraus in das Berufsleben übertragen wurde und die innerweltliche Sittlichkeit zu beherrschen begann, half sie jenen mächtigen Kosmos der modernen, an die technischen und ökonomischen Voraussetzungen mechanisch-maschineller Produktion gebundenen, Wirtschaftsordnung erbauen, der heute den Lebensstil aller einzelnen, die in dieses Triebwerk hineingeboren werden – *nicht* nur der direkt ökonomisch Erwerbstätigen –, mit überwältigendem Zwange bestimmt und vielleicht bestimmen wird, bis der letzte Zentner fossilen Brennstoffs verglüht ist."[425] Dem schließen sich die berühmten Formulierungen vom „stahlharten Gehäuse" und dem Prozeß der die Welt umbauenden Askese an. In ihm „gewannen die äußeren Güter dieser Welt zunehmende und schließlich unentrinnbare Macht über den Menschen, wie niemals zuvor in der Geschichte. Heute ist ihr Geist – ob endgültig, wer weiß es? – aus diesem Gehäuse entwichen. Der siegreiche Kapitalismus jedenfalls bedarf, seit er auf mechanischer Grundlage ruht, dieser Stütze nicht mehr."[426]

423 John Wesley, zit. n. Weber, *Protestantische Ethik*, S. 199f.

424 John Wesley, zit. n. ebd., S. 200.

425 Ebd., S. 153.

426 Ebd., S. 153f.

Es ist diese Engführung, den Calvinismus in einer paradoxen Weise für die Genese des Kapitalismus verantwortlich zu machen, die insbesondere bei Historikern Widerspruch hervorgerufen hat. Dabei wurde freilich oft beiseite getan, daß Weber gezielt gegen Marx' Basis/Überbau-Theorie gerade die umgekehrten Wirkungen von „Ideen" auf das Verhalten der Individuen veranschaulichen wollte, d. h. „angesichts des ungeheuren Gewirrs gegenseitiger Beeinflussungen zwischen den materiellen Unterlagen, den sozialen und politischen Organisationsformen und dem geistigen Gehalte der reformatorischen Kulturepochen" eine Beziehung herauszustellen.[427]

Während man nach 1945 im Zusammenhang der Diskussion um einen Sonderweg der Deutschen, der sie vom Modernisierungspfad abgeführt habe, der bei Weber und auch bei Troeltsch erkennbaren Stilisierung des lutherschen Gehorsams im Unterschied zur demokratischen Orientierung der Calvinisten gefolgt war, so setzte zum Ende des 20. Jahrhundert eine Neubewertung Luthers ein. Gegen Webers These, daß die Luthersche Lehre von der Verlierbarkeit der Gnade (*gratia amissibilis*), die durch bußfertige Reue jederzeit wieder gewonnen werden konnte, keinen Antrieb zur „systematisch rationalen Gestaltung des ethischen Gesamtlebens" enthalten hätte, hat Heinz Kittsteiner die Flexibilität des lutherschen Gewissensbegriff herausgestellt.[428] Wolfgang Reinhard hat zu bedenken gegeben: „Und wer am konservativen Luthertum verzweifelt das Prinzip des Fortschritts im radikaleren Calvinismus suchen möchte, muß feststellen, daß die reformierte Religion im Reich überwiegend ebenfalls unter fürstlicher Autorität ihren Einzug hält, mit den entsprechenden Konsequenzen. Daß sich der Calvinismus im Gegensatz dazu in Westeuropa autonom und in Verbindung mit politischer Opposition entfaltet, ist Ergebnis historischer Kontingenz und nicht Ausdruck seines angeblichen ‚Wesens'. Calvins politische Lehre und politische Korrespondenz lassen daran keinen Zweifel."[429]

Hinzuzunehmen ist, daß unter einem postmodernen Blick auf die Moderne nach den Modernitätskatastrophen des 20. Jahrhunderts die Troeltsch-Weber-These distanzierter betrachtet werden kann. „Damit fällt uns auch die erforderliche Distanzierung von den Modernisierungstheorien der sechziger und siebziger Jahre

427 Ebd., S. 51. An anderer Stelle heißt es: „Denn die vorstehende Skizze hat mit Bedacht nur die Beziehungen angenommen, in welchen eine Einwirkung religiöser Bewußtseinsinhalte auf das ‚materielle Kulturleben' wirklich zweifellos ist." Ebd., S. 155.

428 Ebd., S. 60; Heinz D. Kittsteiner, *Die Entstehung des modernen Gewissens*, Frankfurt a.M 1995, S. 219; siehe auch dort zu Luthers drei Arten des Gewissens ebd., S. 407f. Siehe dazu auch: Thomas Nipperdey, „Max Weber, der Protestantismus und die Deutschen. Drei Kommentare zu einem klassischen Thema", in: *Von Geschichte umgeben. Joachim Fest zum Sechzigsten*, hg. v. Karl Dietrich Bracher, Berlin 1987, S. 181-199. Zu Webers Lutherinterpretation vgl. Hartmut Lehmann, *Max Webers ‚Protestantische Ethik'. Beiträge aus der Sicht eines Historikers*, Göttingen 1996, S. 30-41.

429 Wolfgang Reinhard, „Zwang zur Konfessionalisierung? Prolegomena zu einer Theorie des konfessionellen Zeitalters" [1983], in: Ders., *Ausgewählte Abhandlungen*, Berlin 1997, S. 127-147, hier S. 130.

leichter, die eine zweite Welle des Modernisierungsdiskurses nach Troeltsch und Weber darstellen. Distanz ist in diesem Falle deshalb notwendig, weil diese Theorien ausdrücklich der Welt nach 1800 gewidmet sind. Modernisierung in ihrem Sinn kommt in der Frühneuzeit daher höchstens als Vorstufe oder als Entwicklungstrend vor, als anhaltendes marktwirtschaftliches Wachstum, als Staatsbildung, Entkoppelung von Kirche und Staat, von Religion und Gesellschaft usf."[430] In unserer Perspektive, ist „Frühneuzeit" keine Vorstufe zur Moderne, sondern Glaubenskrieg und Staatenbildung gehört gerade zur Urszene, in der sich die moderne Form des Christentums vom Typ der *Bekenntnisreligion*, gebildet hat.

WELTRELIGIONEN, RATIONALITÄT, WIRTSCHAFTSETHIK. Es war wohl die Aussicht auf das Erscheinen von Ernst Troeltschs *Soziallehren*, die Weber veranlaßte, die angekündigte Fortsetzung der beiden teilveröffentlichten Aufsätze der *Protestantischen Ethik* zurückzustellen. Parallel zu der Arbeit an den Antikritiken zur Protestantismusstudie und den Aufsätzen zur Wissenschaftslehre wuchs, stimuliert durch die Diskussionen im *Eranos*-Kreis, Webers Interesse an außereuropäischen Religionen. Wichtig wurde dann die Herausforderung, die die Gründung des „königlich Sächsischen Instituts für Kultur- und Universalgeschichte bei der Universität Leipzig" durch Karl Lamprecht darstellte, der eine universalgeschichtliche Perspektive auf den „isolierenden Verlauf der einzelnen Kulturzweige innerhalb eines gegebenen nationalen Ganzen" einforderte.[431] Den engeren Horizont des europäischen Kulturkreises hatte Weber zeitgleich mit der Studie zu den *Argrarverhältnissen im Altertum* überschritten.

Indem Maße, indem sich Webers Studien auf die Untersuchung außereuropäischer Religionen ausweiten, löst er sich ein Stück weit von der in der *Protestantischen Ethik* vorherrschenden, kritisch auf Marx bezogenen Verteidigung der Bedeutung der Ideen gegenüber der Dominanz der materiellen Interessen. 1920 spricht er in der „Vorbemerkung" von der Wechselseitigkeit der beiden Kausalbeziehungen. „Jeder solche Erklärungsversuch muß, der fundamentalen Bedeutung der Wirtschaft entsprechend, vor allem die ökonomischen Bedingungen berücksichtigen. Aber es darf auch der umgekehrte Kausalzusammenhang darüber nicht unbeachtet bleiben."[432] Denn die Rationalisierung gesellschaftlicher Teilbereiche sei „von der Fähigkeit und Disposition der Menschen zu bestimmten Arten praktisch-

430 Wolfgang Reinhard, „Was ist katholische Konfessionalisierung?", in: Reinhard u. Schilling 1995, S. 419-452, hier S. 422. Grundlegend ist Wolfgang Reinhard, „Möglichkeiten und Grenzen der Verbindung von Kirchengeschichte mit Sozial- und Wirtschaftsgeschichte" [1981], in: Ders. 1997, S. 251-288.

431 Vgl. dazu Braun 1992, S. 57. Gegen Karl Lamprecht nimmt Weber auch schon in der Abhandlung zu Roscher und Knies Stellung. Lamprecht hatte Richard Wagner in eine entwicklungsgeschichtliche Reihe des emotionalen Fortschritts bei Komponisten eingeordnet. Vgl. Ebd., S. 50.

432 Max Weber, „Vorbemerkung", in: Ders., *Gesammelte Aufsätze zur Religionssoziologie*, Bd. 1, Tübingen 1920, S. 1-16, hier S. 12.

rationaler *Lebensführung* überhaupt abhängig."[433] Diese könne durch innere Widerstände, d.h. durch die „magischen und religiösen Mächte und die am Glauben an sie verankerten ethischen Pflichtvorstellungen" obstruiert werden.[434] Dennoch bleibt es bei der Ablehnung des Ideologiebegriffs. Die These der Studien sei es in keiner Weise, „daß die Eigenart einer Religiosität eine einfache Funktion der sozialen Lage derjenigen Schicht sei, welche als ihr charakteristischer Träger erscheine, etwa nur deren ‚Ideologie' oder eine ‚Widerspiegelung' ihrer materiellen oder ideellen Interessenlage darstelle"[435]

Entscheidend für die Entdeckung, die dann der Schlüssel für den Vergleich der Wirtschaftsethik der Weltreligionen werden sollte, war möglicherweise die Arbeit des Musikliebhabers Weber an der Studie über *Die rationalen und soziologischen Grundlagen der Musik*, die posthum veröffentlicht wurde.[436] In dieser Studie geht Weber dem Zusammenhang von mittelalterlicher Mönchsaskese und der Ausbildung des europäischen „rationalen Notenschriftsystems" nach. Religiöse und musikalische Ratio haben es mit Phänomenen zu tun, die sich konsequentem Rationalismus entziehen.[437] Das gilt für die problematische Rechnung, daß zwölf Quinten = sieben Oktaven sein sollen, ebenso wie für die empirisch nicht faßbaren Werte, die Religionen bzw. Weltanschauungen zu rationalisieren sich bemühen.

Die zentrale Frage der Musikstudie ist, „warum sich gerade an einem Punkt der Erde aus der immerhin ziemlich weit verbreiteten Mehrstimmigkeit sowohl die polyphone, wie die harmonisch-homophone Musik und das moderne Tonsystem überhaupt gebildet hat, im Gegensatz zu anderen Gebieten mit einer – wie namentlich im hellenischen Altertum, aber auch z.B. in Japan – mindestens gleichen

433 Ebd.

434 Ebd. Deutlicher noch findet man eine Wiederannäherung an Marx in der Einleitung zur *Wirtschaftsethik der Weltreligionen*, wenn es heißt: „In diesen Darlegungen kann es sich daher nur um den Versuch handeln, jeweils die richtunggebenden Elemente der Lebensführung derjenigen sozialen *Schichten* herauszuschälen, welche die praktische Ethik der betreffenden Religion am stärksten bestimmend beeinflußt und ihr die charakteristischen – d.h. hier: die sie von anderen unterscheidenden *und* zugleich für die Wirtschaftsethik wichtigen – Züge aufgeprägt haben." Max Weber, „Die Wirtschaftsethik der Weltreligionen. Vergleichende Religionssoziologische Untersuchungen. Einleitung", in: MWS I/19, hg. v. Helwig Schmidt-Glintzer u. Petra Kolonko, Tübingen 1991a (im Folgenden: *Wirtschaftsethik der Weltreligionen. Einleitung*), S. 1-26, hier S. 2.

435 Weber 1920, S. 3.

436 Max Weber, „Die rationalen und soziologischen Grundlagen der Musik", in: ders., *Grundriß der Sozialökonomik,* Abt. 3: *Wirtschaft und Gesellschaft*, hg. v. Marianne Weber, Tübingen ^{2}1925, S. 818-869; ders., *Die rationalen und soziologischen Grundlagen der Musik. Mit einer Einleitung von Theodor Kroyer*, München 1921; jetzt neu: ders., „Zur Musiksoziologie", in: MWG I/14, hg. v. Christoph Braun u. Ludwig Fischer, Tübingen 2004 (im Folgenden: *Zur Musiksoziologie*).

437 In der „Einleitung" zur „Wirtschaftsethik der Weltreligionen" verbindet Weber die Sinngebung mit dem pythagoreischen „Komma" in der Musik. Weber, *Wirtschaftsethik der Weltreligionen. Einleitung*, S. 11.

Intensität der musikalischen Kultur".[438] Es ist die Frage nach dem einen Punkt der Erde, an dem für die verschiedensten Gebiete des Lebens „Rationalität" zum Durchbruch gekommen ist und so die Sonderstellung des Abendlandes begründet, die Max Weber pointiert in der *Vorbemerkung* zu den *Gesammelten Aufsätze zur Religionssoziologie* herausstellen wird. Diese Aufsätze sollten Webers „Selbstanzeige" vom Oktober 1919 zufolge nach der Protestantismusstudie der Frage nachgehen, „worauf die ökonomische und soziale *Eigenart* des Okzidents beruht, wie sie entstanden ist und insbesondere in welchem Zusammenhang sie mit der Entwicklung der religiösen Ethik steht."[439]

Es ist die durch Weltmarkt und Imperialismus erwiesene europäische Hegemonie, die Weber nach den Gründen für die von Europäern reklamierte universelle Kulturbedeutung ihrer Errungenschaften fragen läßt: „Universalgeschichtliche Probleme wird der Sohn der modernen europäischen Kulturwelt unvermeidlicher- und berechtigterweise unter der Fragestellung behandeln: welche Verkettung von Umständen hat dazu geführt, daß gerade auf dem Boden des Okzidents, und nur hier Kulturerscheinungen auftraten, welche doch – wie wenigstens wir uns gern vorstellen – in einer Entwicklungsrichtung von universeller Bedeutung und Gültigkeit lagen?"[440] Weber konstatiert, nur im Okzident entsteht rationale Wissenschaft, rational harmonische Musik, nur hier entsteht in der Malerei die rationale Linear- und Luftperspektive. Staat im Sinn einer politischen Anstalt mit rational gesatzter Verfassung in Kombination mit rational gesatztem Recht und Regeln und kapitalistische Wirtschaft, d.h. die rational betriebliche Organisation von formell freier Arbeit, dies alles entsteht nur im Okzident. In der modernen Marktgesellschaft kulminiert der okzidentale Rationalismus und beansprucht Weltgeltung. Marianne Weber hat über die Erweiterung der *Protestantischen Ethik* zur *Wirtschaftsethik der Weltreligionen* berichtet, daß für Weber die „Erkenntnis der Besonderheit des okzidentalen *Rationalismus* und der ihm zugefallenen Rolle der abendländischen Kultur eine seiner wichtigsten Entdeckungen" bedeutete.[441] Diese Besonderheit im Vergleich der Weltreligionen herauszuarbeiten, sollte zugleich zu einer Geschichte der Rationalität beitragen.

---

438 Weber, *Zur Musiksoziologie*, S. 232.

439 Webers „Selbstanzeige" im Werbeprospekt *Neuigkeiten aus dem Verlag von J. C. B. Mohr (Paul Siebeck) und der H. Laupp'schen Buchhandlung* vom Oktober 1919, zit. n. Eckart Otto, „Nachwort", in: Ders. (Hg.), MWS I/21, Tübingen 2008, S. 317-388, hier S. 382f. Angekündigt wurden Studien zu Konfuzianismus und Taoismus, Hinduismus und Buddhismus, „erweitert durch eine kurze Darstellung der ägyptischen und mesopotamischen und der zarathrustrischen religiösen Ethik, namentlich aber durch eine der Entstehung der sozialen Eigenart des Okzidents gewidmeten Skizze der Entwicklung des europäischen Bürgertums in der Antike und im Mittelalter. Die Darstellung des Judentums reicht bis zum Beginn der Makkabäerzeit. Ein dritter Band wird die Darstellung des Urchristentums, des talmudischen Judentums, des Islams und des orientalischen Christentums enthalten, ein Schlußband das Christentum des Okzidents behandeln." Ebd.

440 Max Weber, „Vorbemerkung", in: *Gesammelte Aufsätze zur Religionssoziologie*, Bd. 1, hg. v. Marianne Weber, Tübingen ^{5}1963, S. 1-16, hier S. 1.

441 Marianne Weber 1984, S. 349.

IDEENSYSTEMATIK UND DAS ABSTREIFEN DER MAGIE. Am Ende der Studie über Konfuzianismus und Taoismus kontrastiert Weber den konfuzianischen Rationalismus mit dem des Protestantismus. Als Maßstäbe gelten ihm der Grad des Abstreifens der Magie und der „Grad systematischer Einheitlichkeit, in welche das Verhältnis von Gott und Welt und demgemäß die eigene ethische Beziehung zur Welt von ihr gebracht worden ist."[442] Dem zweiten Kriterium liegt das Konzept der Weltanschauung zugrunde, das – wie gezeigt – um 1900 als Sortierbegriff religiöser Auffassungen weit verbreitet ist. Es geht um die Qualität der durchrationalisierten Systematik von Ideen.[443] Der Vergleich der beiden Formenarten des Rationalismus ergibt: „Während der Konfuzianismus die Magie in ihrer *positiven* Heilsbedeutung unangetastet ließ, war hier (im Puritanismus W.E.) alles Magische *teuflisch* geworden, religiös wertvoll dagegen nur das rational Ethische geblieben: das Handeln nach Gottes Gebot, und auch dies nur aus der gottgeheiligten Gesinnung heraus."[444] Der Konfuzianismus ist für Weber eine rationale Ethik, die „die Spannung gegen die Welt, sowohl ihre religiöse Entwertung wie ihre praktische Ablehnung, auf ein absolutes Minimum reduzierte".[445] Es handelte sich um eine Weltbejahung und Weltanpassung, die sich über dem Sockel magischer Praktiken erhob, wobei freilich die „orgiastischen Bestandteile der animistischen Religiosität" weitgehend ausgetilgt waren.[446] Rationalisierung erscheint hier somit als eine zum Dauerhabitus geronnene Mäßigung, als „grenzenlose Geduld und beherrschte Höflichkeit", der eine pessimistische Distanz zur Welt fehlte.[447]

Auch in Indien, im Hinduismus und im Buddhismus, entstanden Formen des Rationalismus, die nicht geeignet waren, eine kapitalistische Entwicklung in Gang zu setzen. Der Hinduismus als eine „Geburtsreligion" der Kastenzugehörigkeit, mit der rituellen Schließung von sozialen Einheiten, bei denen Berufsverband und Sittenform zusammenfallen, bot keine Chance für die Genese rationaler kapitalistischer Wirtschaftsgesinnung.[448] „Ein Ritualgesetz, bei welchem jeder Berufswechsel, jeder Wechsel der Arbeitstechnik rituelle Degradation zur Folge haben konnte, war sicherlich nicht geeignet, aus sich ökonomische und technische Umwälzungen

---

442 Max Weber, „Die Wirtschaftsethik der Weltreligionen. Konfuzianismus und Taoismus", in: MWS I/19, hg. v. Helwig Schmidt-Glintzer u. Petra Kolonko, Tübingen 1991b (im Folgenden: *Konfuzianismus und Taoismus*), S. 27-233, hier S. 193.

443 Mit Blick auf Marx heißt es in der *Einleitung*: „Interessen (materielle und ideelle), nicht: Ideen, beherrschen unmittelbar das Handeln der Menschen. Aber: die ‚Weltbilder', welche durch ‚Ideen' geschaffen wurden, haben sehr oft als Weichensteller die Bahnen bestimmt, in denen die Dynamik der Interessen das Handeln fortbewegte." Weber, *Wirtschaftsethik der Weltreligionen. Einleitung*, S. 11.

444 Weber, *Konfuzianismus und Taoismus*, S. 193.

445 Ebd., S. 194.

446 Ebd., S. 196.

447 Ebd.

448 Max Weber, „Die Wirtschaftsethik der Weltreligionen. Hinduismus und Buddhismus", in: MWS I/20, hg. v. Helwig Schmidt-Glintzer u. Karl-Heinz Golzio, Tübingen 1998 (im Folgenden: *Hinduismus und Buddhismus*), S. 4.

zu gebären oder ihnen auch nur das erstmalige Aufkeimen in seiner Mitte zu ermöglichen."[449] In dieser Abschließung entwickelte die Intellektuellenschicht der Brahmanen-Priester eine konsequent rationalisierte Lehre von der Seelenwanderung. Weber weist darauf hin, daß Wiedergeburtslehren, in denen die Vergeltung guter und böser Handlungen durch die Art der Wiedergeburt erfolgt, auch bei den Hellenen zu finden sind, und fährt fort: „Dem Rationalismus der Brahmanen ist aber zweierlei eigentümlich, was erst die höchst penetrante Bedeutung der so gewendeten Lehre bedingt: 1. die Durchführung des Gedankens, daß jede einzelne ethisch relevante Handlung unabwendbar ihre Wirkung auf das Schicksal des Täters übt, daß also keine solche Wirkung verloren gehen kann: die Lehre vom ‚Karman'; – 2. die Verknüpfung mit dem sozialen Schicksal des Einzelnen innerhalb der gesellschaftlichen Organisation und dadurch mit der Kastenordnung. Alle (rituellen oder ethischen) Verdienste und Verschuldungen des Einzelnen bilden eine Art von Kontokorrent, dessen Saldo unweigerlich das weitere Schicksal der Seele bei der Wiedergeburt bestimmt, und zwar ganz genau proportional dem Maß des Überschusses der einen oder anderen Seite des Kontos. ‚Ewige' Belohnungen oder Strafen kann es also unmöglich geben: sie wären ja absolut unproportional zu einem endlichen Tun."[450] Für Weber handelt es sich beim brahmanischen Rationalismus um die „konsequenteste Theodizee, welche die Geschichte je hervor gebracht hat".[451] Und wiederum gegen Marx gerichtet heißt es: „Die in ihrer Art geniale Verknüpfung der Kastenlegitimität mit der Karmanlehre und also mit der spezifisch brahmanischen Theodizee ist schlechterdings nur ein Produkt rationalethischen Denkens, nicht irgendwelcher ökonomischer ‚Bedingungen'."[452]

Die Hemmnisse, die der Buddhismus gegen ein Aufkeimen kapitalistischer Wirtschaftsgesinnung aufwies, waren etwas anders gelagert. Als Mönchsreligion pflegte der Buddhismus Formen der indischen Askese, die Weber zufolge „technisch wohl die rational entwickelste der Welt"[453] war. „Es gibt fast keine asketische Methodik, welche nicht in Indien virtuosenhaft geübt und sehr oft auch zu einer theoretischen Kunstlehre rationalisiert worden wäre, und manche Formen sind nur hier bis in ihre letzten, oft für uns schlechten grotesken Konsequenzen hineingesteigert worden."[454] Aber diese Rationalisierungen unterscheiden sich von christlich-mönchischer Askese. „Die buddhistische Mönchsethik ist eben nicht, wie die spätere christliche, ein auf besondere Gnadengaben gestütztes rational-ethisches Überbieten des in den sozialen Ordnungen verlaufenden, ‚innerweltlichen' ethischen Handelns, sondern sie verläuft nach der gerade entgegengesetzten, prinzipiell asozialen Richtung."[455] Die spezifische Ausprägung der buddhistischen Mystik

449 Ebd., S. 81.
450 Ebd., S. 86. Man beachte die marktwirtschaftliche Prägung der Metaphern.
451 Ebd., S. 88.
452 Ebd., S. 95.
453 Ebd., S. 107.
454 Ebd., S. 107.
455 Ebd., S. 166.

wirkt verstärkend als ein Hemmschuh für die rationale Durchdringung des Alltags. „Die Versicherung des Gnadenstandes, das Wissen also um die eigene endgültige Erlösung, wird *nicht* durch Bewährung in irgendwelchem – ‚innerweltlichen' oder ‚außerweltlichen' – *Handeln*, in ‚Werken' welcher Art immer, sondern im Gegenteil in einer aktivitätsfremden *Zuständlichkeit* gesucht."[456] Zwischen den buddhistischen Bettelmönchen und der „jede Erlösungsreligiosität schroff ablehnenden sozialen Oberschicht" bestand ebenso eine unüberbrückbare Kluft wie zum „aliterarischen Mittelstand" und den unteren Schichten, für den der Buddhismus keine Erlösungsverheißungen vorhielt, es sei denn einzelne wurden Mönche.[457]

Das Streben nach Reichtum erhielt in dieser Kultur ein anderes Profil als in Europa. Für Asien insgesamt gilt Weber zufolge: „Der Laie, dem Gnosis und also das höchste Heil versagt ist oder der sie für sich ablehnt, handelt ritualistisch und traditionalistisch und geht so seinen Alltagsinteressen nach. Die schrankenlose Erwerbsgier des Asiaten im Großen und im Kleinen ist in aller Welt als unerreicht und berüchtigt und im allgemeinen wohl mit Recht. Aber sie ist eben ‚Erwerbstrieb', dem mit allen Mitteln der List und unter Zuhilfenahme des Universalmittels: Magie nachgegangen wird."[458] Die materiellen Interessen entbehren einer rationalen Temperierung, die aus inneren ideellen Quellen gespeist wird. Weber zufolge fehlte „gerade das für die Ökonomik des Okzidents Entscheidende: die Brechung und rationale Versachlichung dieses *Trieb*charakters des Erwerbsstrebens und seine Eingliederung in ein System rationaler innerweltlicher Ethik des Handels, wie es die ‚innerweltliche Askese' des Protestantismus im Abendland, wenige innerlich verwandte Vorläufer fortsetzend vollbracht hat."[459] Und im Hinblick auf die religiöse Voraussetzung einer das Leben durchformenden rationalen Wirtschaftsethik fragt Weber: „Wie sollte sie auf dem Boden einer Religiosität entstehen, die auch dem Laien das Leben als Bhagat, als heiliger Asket, nicht nur als Altersziel, sondern sogar die zeitweise Existenz als Wanderbettler während arbeitsloser Zeiten seines Lebens überhaupt – und nicht ohne Erfolg – als religiös verdienstlich anempfahl?"[460] Eine solche Unternehmerexistenz ist auch heute trotz der Anwendung buddhistischer Meditationsübungen in Managerseminaren schwer vorstellbar.

Webers Studien zur Wirtschaftsethik der Weltreligionen haben eine breite internationale Resonanz erfahren.[461] Sie haben auch dazu gereizt, Webers Forschungsprogramm über die religionssoziologischen Studien hinaus systematisch so entwikkeln, daß kohärente Theorievergleiche zu anderen Gründungsfiguren der Soziologie möglich werden. So hat Wolfgang Schluchter die Verbindung von Handlungstheo-

---

456 Ebd., S. 162f.

457 Ebd., S. 254 u. 257. Am Modell Indien wird Weber dann seine Konzeption von „Intellektuellenreligiosität" entwickeln, die wir weiter unten behandeln: „Indien, ist das typische Land des intellektuellen Ringens einzig und allen nach ‚Weltanschauung' in diesem eigentlichen Sinn des Worts: nach einem ‚Sinn' des Lebens in der Welt." Ebd., S. 254f.

458 Ebd., S. 259.

459 Ebd.

460 Ebd.

461 Eine Übersicht der internationalen Weber-Rezeption findet sich bei Ay u. Borchardt 2006.

rie und Strukturtheorie herausgearbeitet und Webers Konzept der Rationalisierung zu einer Theorie der gesellschaftlichen Evolution des okzidentalen Rationalismus erweitert.[462] Dieser Perspektive haben sich eine Reihe von Schluchters Schülern in Studien zum „Weber-Paradigma“ gewidmet, das so in Konkurrenz zu anderen Paradigmen treten kann.[463]

Wenn Weber die epochale Erfahrung entfesselter Marktwirtschaft, deren Genese Marx in seiner Kritik der politischen Ökonomie historisch materialistisch auf seinen klassenkämpferischen Begriff gebracht hat, von der Thematik der „Rationalität“ her aufgreift, so ist dies vorsichtig zu nehmen. Denn er weist mehrfach darauf hin, daß unter „rational“ ganz Verschiedenes verstanden werden kann: „Es gibt z.B. ‚Rationalisierungen‘ der mystischen Kontemplation, also: von einem Verhalten, welches von anderen Lebensgebieten her gesehen, spezifisch ‚irrational‘ ist, ganz ebensogut wie Rationalisierungen der Wirtschaft, der Technik, des wissenschaftlichen Arbeitens, der Erziehung, des Krieges, der Rechtspflege und Verwaltung. Man kann ferner jedes dieser Gebiete unter höchst verschiedenen letzten Gesichtspunkten und Zielrichtungen ‚rationalisieren‘, und was von einem Blickpunkt aus ‚rational‘ ist, kann, vom anderen aus betrachtet ‚irrational‘ sein.“[464] Weber setzt denn auch die Termini „rational“ und „irrational“ konsequent in Anführungszeichen. ‚Irrational‘ ist nicht etwas stets an sich, sondern von einem bestimmten ‚rationalen‘ Gesichtspunkt aus.

MAX WEBER UND DIE JUDEN. Für meine Generation lesen sich Sätze, die über Juden vor „Auschwitz“ geschrieben wurden, anders als sie in der Regel zuvor gemeint waren, es sei denn es handelt sich um Schreiber, die immer schon die Vertreibung oder Ermordung der europäischen Juden beabsichtigten. Für den historischen Soziologen besteht die Herausforderung darin, den Zeitschichten und Zeitbrüchen der Erfahrungswelten gerecht zu werden.[465] Max Weber, in der Zeit eines sich lautstark organisierenden Antisemitismus aufwachsend, promovierte bei Levin Goldschmidt, der es als einer der ersten nichtassimilierten Juden, „Glaubensjuden“ genannt, zu einer Professur brachte. Auf der anderen Seite irritierte Weber der Typus des „jüdischen Intellektuellen“, der ohne Verbeamtung als promovierter Journalist

462 Wolfgang Schluchter 1979; ders., *Rationalismus der Weltbeherrschung*, Frankfurt a.M. 1980; ders., *Religion und Lebensführung*, 2 Bde., Frankfurt a.M. 1988; ders., *Unversöhnte Moderne*, Frankfurt a.M. 1996; ders., *Die Entzauberung der Welt. Sechs Studien zu Max Weber*, Tübingen 2009; ders., *Max Webers späte Soziologie*, Tübingen 2015.

463 Albert u.a. 2005; *Aspekte des Weber-Paradigmas. Festschrift für Wolfgang Schluchter*, hg. v. Gert Albert / Agathe Bienfait / Steffen Sigmund u. Mateusz Stachura, Wiesbaden 2006.

464 Weber, *Protestantische Ethik*, S. 20.

465 Aus einer Vielzahl von Arbeiten zum Thema ‚Juden und Wirtschaft um 1900‘ seien hervorgehoben: Derek Penslar, *Shylock's Children: Economics and Jewish Identity in Modern Europe*, Berkeley/Los Angeles 2001; Matthew Lange, *Antisemitic Elements in the Critique of Capitalism in German Culture, 1850-1933*, Bern 2007; Jerry Z. Muller, *Capitalism and the Jews*, Princeton (NJ) 2010 sowie die Beiträge in: Berg 2011.

oder als ewiger Privatdozent seinen freigeistigen oftmals sozialrevolutionären Ideen Ausdruck verleihen konnte.[466]

Es ist kaum vorstellbar, daß den am Verhältnis von Wirtschaft, Gesellschaft und Religion hoch interessierten Weber nicht zeitlebens die „Judenfrage" begleitet hätte. Dies tritt in der Forschung mit der Neuausgabe von Webers Reden und Schriften zum antiken Judentum nun auch deutlich hervor.[467] Die Beschäftigung mit dem antiken Judentum bildete überhaupt den Ausgangspunkt seiner Beschäftigung mit den Weltreligionen und läuft parallel zu diesen.[468] Allerdings ist der 1921 erschienene Band über *Das antike Judentum* ein Torso geblieben. Eingebunden in kulturprotestantische Debatten um die Kulturbedeutung des Christentums in seiner protestantischen Form – Debatten, denen Weber in der *Protestantischen Ethik* durch die Prozessfigur der Selbstauflösung der Religion eine paradoxe Wendung gibt, – sind ihm auch die im Anschluß an Adolf von Harnacks *Das Wesen des Christentums* (1900) geführten Debatten und Leo Baecks *Das Wesen des Judentums* (1905) vertraut. Auch hatten gegen die Monopolisierung des Kulturbegriffs durch protestantische Theologen jüdische Intellektuelle Stellung genommen – ein Streit, der Jahre später zwischen Troeltsch und Cohen über die Bedeutung der hebräischen Prophetie weitergeführt wurde.[469] Die fortdauernde Bedeutung des Themas hat Eckart Otto treffend herausgestellt: „Prüfstein jeder Politischen Ethik in der okzidentalen vom Christentum herkommenden Moderne ist die ‚jüdische Frage', d.h. das Verhältnis zum Judentum. Ausgangspunkt einer politischen Ethik bleibt das Werk Max Webers. So kommt seinen Studien zum antiken Judentum der Jahre 1917 – 1920 nicht nur als dem methodisch ausgereiftesten Werk innerhalb seiner Wirtschaftethik der Weltreligionen Bedeutung zu, sondern auch eine her-

466 Wie schwierig es war, Webers Stellung zum Judentum der Nachwelt zu überliefern, zeigt der Umstand, daß Marianne Weber die Denkschrift von 1920, eine der letzten politischen Stellungnahmen Webers, vernichtet hat, in der Weber es für unbesonnen erklärte, daß mehr als ein Drittel der Mitglieder des 1919 von der Nationalversammlung eingesetzten Ausschusses zur Untersuchung der Kriegsschuldfrage jüdischer Herkunft seien. Vgl. dazu Radkau 2005, S. 681.

467 Max Weber, „Die Wirtschaftsethik der Weltreligionen. Das antike Judentum", in: MWS I/21, hg. v. Eckart Otto, Tübingen 2008a (im Folgenden: *Antikes Judentum*). Zur Rezeption in der ‚Weber-Renaissance' Ende der 1970er Jahre siehe: *Max Webers Studie über das antike Judentum. Interpretation und Kritik*, hg. v. Wolfgang Schluchter, Frankfurt a.M. 1981; unverzichtbar ist: Eckart Otto, *Max Webers Studien des antiken Judentums. Historische Grundlegung einer Theorie der Moderne*, Tübingen 2002.

468 Otto, „Nachwort", in: *Antikes Judentum*, S. 336.

469 Zur Konkurrenz Judentum, Christentum, Kulturbedeutung im Anschluß an Harnack, siehe Rüdiger vom Bruch / Friedrich Wilhelm Graf u. Gangolf Hübinger, „Einleitung: Kulturbegriff, Kulturkritik und Kulturwissenschaften um 1900", in: Dies. 1989, S. 9-24, hier S. 12, FN 10. Vgl. auch die spätere Debatte zwischen Cohen und Troeltsch, bei Eckart Otto, „Die hebräische Prophetie bei Max Weber, Ernst Troeltsch und Hermann Cohen. Ein Diskurs im Weltkrieg zur christlich-jüdischen Kultursynthese", in: Schluchter u. Graf 2005, S. 201-256. Zur durchgehenden Beschäftigung mit dem Judentum siehe: Otto, „Nachwort", in: *Antikes Judentum*, S. 317, 336 u. 388.

ausragende Position für eine historisch fundierte Politische Ethik in der okzidentalen Moderne.“[470]

Webers Ausgangspunkt in dieser komplexen Diskurslage ist seine Lektüre von Wellhausens *Israelische Geschichte* im Jahre 1898.[471] Dessen These von der Priorität der Propheten vor Exodus, Sinai und den Patriarchen bleibt für Weber der zentrale Zugang zum Judentum. Und Weber folgt Wellhausen auch darin, die ganze Forschungsenergie auf das antike Judentum zu konzentrieren und das nachchristliche Judentum als weniger interessant zu betrachten, womit er den in christlicher Theologie verbreiteten antijüdischen Affekten folgte. Auch für den Theologen Wellhausen stand die Überwindung des Judentums durch Christus außer Frage.[472] Allerdings ist Webers Haltung zur historischen und systematischen Stellung des Judentums unsicher. Einerseits rechnet Weber das Judentum nicht zu den fünf Weltreligionen: Konfuzianismus, Hinduismus, Buddhismus, Christentum und Islam, er setzt es vielmehr deutlich von diesen ab, wenn er schreibt: „Ihr tritt als sechste mitzubehandelnde Religion das Judentum hinzu, sowohl weil es für jedes Verständnis der beiden zuletzt genannten Weltreligionen entscheidende geschichtliche Voraussetzungen enthält, als wegen seiner teils wirklichen, teils angeblichen historischen Eigenbedeutung für die Entfaltung der modernen Wirtschaftsethik des Okzidents, die in neuester Zeit mehrfach erörtert wurde.“[473]

Es sind zwei Momente, die als maßgeblich für die Beschäftigung mit dem Judentum genannt werden. Zunächst hat es die Grundlage für die nachfolgenden monotheistischen Religionen geschaffen. „Die weltgeschichtliche Tragweite der jüdischen religiösen Entwicklung ist begründet vor allem durch die Schöpfung des ‚Alten Testamentes‘. Denn zu den wichtigsten geistigen Leistungen der paulinischen Mission gehört es, daß sie dies heilige Buch der Juden als ein heiliges Buch des Christentums in diese Religion hinüberrettete und dabei doch alle jene Züge der darin eingeschärften Ethik als nicht mehr verbindlich, weil durch den christlichen Heiland außer Kraft gesetzt, ausschied, welche gerade die charakteristische Sonderstellung der Juden: ihre Pariavolkslage, rituell verankerten.“[474] Webers Charakterisierung der Juden als „Pariavolk“ führt zum zweiten Moment: der Rolle der europäischen Juden für die Entfaltung der modernen Wirtschaft. Letzteres hat Webers Kollege und Konkurrent, Werner Sombart, zu seinem Thema gemacht und damit auch die antisemitische Stimmung seiner Zeit befördert. So läuft bei aller Beschränkung Webers auf das vorchristliche Judentum in seiner Studie stets die

470 Ebd. S. 388

471 Julius Wellhausen, *Prolegomena. Zur Geschichte Israels*, Berlin 1883; Lothar Perlitt, *Vatke und Wellhausen. Geschichtsphilosophische Voraussetzungen und historiographische Motive für die Darstellung der Religion und Geschichte Israels durch Wilhelm Vatke und Julius Wellhausen*, Berlin 1965; Rudolph Smend, „Wellhausen in Göttingen“, in: *Theologie in Göttingen*, hg. v. Bernd Moeller, Göttingen 1987, S. 306-324.

472 Zum komplizierten Verhältnis Wellhausens zu den Juden vgl. Radkau 2005, S. 677; Otto, „Nachwort“, in: *Antikes Judentum*, S. 317.

473 Weber, *Wirtschaftsethik der Weltreligionen. Einleitung*, S. 1.

474 Weber, *Antikes Judentum*, S. 17.

aktuelle Diskurslage der „Judenfrage" um 1900 sowohl mit Blick auf den Antisemitismus als auch die kulturprotestantischen Höhenflüge mit.

EIN GEWICHTIGER KONKURRENT: WERNER SOMBART. Gemessen an seiner Produktivität und seinem Renommee lagen bei Werner Sombart alle Voraussetzungen vor, die ihm den Nachruhm eines bedeutenden Klassikers der Soziologie gesichert hätten, wenn der 1941 Gestorbene nicht 1933 für Hitler Partei ergriffen hätte.[475] Auch wenn er in seiner Altersschrift *Vom Menschen* 1938 Rassetheorien kritisierte und sich selbst nicht als Antisemit verstanden hat, mit seiner Schrift *Die Juden und das Wirtschaftsleben* hat er zweifellos antisemitische Stereotype bedient.[476] Sombart gehörte neben Ernst Troeltsch zu den engeren freundschaftlich verbundenen Kollegen Max Webers.[477] Sie kannten sich seit den 1890er Jahren. Im Sommer 1903 diskutierten sie während eines gemeinsamen Urlaubs auf Helgoland über die wirtschaftsgeschichtliche Bedeutung des Judentums.[478] Seit 1904 gaben beide das *Archiv für Sozialwissenschaften und Sozialpolitik* heraus, in dem Webers Aufsätze zur *Protestantischen Ethik* erschienen. Darin rühmt Weber „Sombarts große Arbeiten mit ihren scharfen Formulierungen". Er verdanke ihm viel „auch – und *gerade* – da, wo sie andere Wege gehen."[479] Er würdigt, daß Sombart „in höchst glücklichen und wirkungsvollen Ausführungen – als das Grundmotiv der modernen Wirtschaft überhaupt den ‚ökonomischen Rationalismus' bezeichnet" hat.[480] Diese Bemerkungen zeigen, daß sich Weber bewußt war, wie sehr er und Sombart dieselbe Fragestellung nach dem Ursprung des kapitalistischen ‚Geistes' verfolgten.

---

475 Zu Sombart siehe Friedrich Lenger, *Werner Sombart 1863-1941. Eine Biographie*, München 1994.

476 Werner Sombart, *Die Juden und das Wirtschaftsleben*, München/Leipzig 1911. Siehe dazu: Karl-Siegbert Rehberg, „Das Bild des Judentums in der frühen deutschen Soziologie. ‚Fremdheit' und ‚Rationalität' als Typusmerkmale bei Werner Sombart, Max Weber und Georg Simmel", in: *Juden in der Soziologie. Eine öffentliche Vortragsreihe an der Universität Konstanz*, hg. v. Ehrhard Wiehn, Konstanz 1989, S. 127-172; Avraham Barkai, „Judentum, Juden und Kapitalismus. Ökonomische Vorstellungen von Max Weber und Werner Sombart", in: *Menora* 5(1994) 25-38; Hartmann Tyrell, „Werner Sombart und Max Weber: Kapitalismus, Zins und Religion. Ein Rückblick", in: *Shylock? Zinsverbot und Geldverleih in jüdischer und christlicher Tradition*, hg. v. Johannes Heil u. Bernd Wacker, München 1997a, S. 193-217; Shiro Takebayashi, *Die Entstehung der Kapitalismustheorie in der Gründungsphase der deutschen Soziologie: Von historischen National-ökonomie zur historischen Soziologie Werner Sombarts und Max Webers*, Berlin 2003. Verschiedene Dimensionen der Debatte über ‚Juden und Wirtschaft' auch mit Blick auf Weber und Sombart werden thematisiert in: Berg 2011.

477 Zum Verhältnis Weber Sombart, siehe: Joachim Radkau 2005, S. 345ff u. 684ff. Lehmann bemerkt, daß die Werke Sombarts und Webers, was die Entstehung des Kapitalismus betrifft, über nahezu zwei Jahrzehnte hinweg „fast als eine Art Dialog" begriffen werden können. Hartmut Lehmann, „Die Entstehung des modernen Kapitalismus: Weber contra Sombart", in: ders. 1996, S. 94-108, hier S. 106.

478 Otto, „Nachwort", in: *Antikes Judentum*, S. 317.

479 Weber, *Protestantische Ethik*, S. 18.

480 Ebd. S. 31.

Bereits 1902 schreibt Sombart in seinem später auf drei Bände anwachsenden Werk *Der moderne Kapitalismus*, „daß sich der Erwerbstrieb im *Verkehr mit Stammesfremden* entfaltet haben wird. Erst hier konnte der Gedanke Wurzel schlagen, daß man eine wirtschaftliche Vornahme dazu benutzen könne, um sich durch ihre geschickte Bewerkstelligung zu bereichern. Wie ja der entgeltliche Verkehr überhaupt sich erst zwischen Fremden entwickelte". So liegt es für Sombart nahe, „für die rasche Entfaltung des Erwerbstriebes in Westeuropa die Einsprengung zahlreicher stammesfremder Elemente (*der Juden*) in die europäischen Völker als Erklärung anzuführen. Und sicher haben die Juden, dank auch des weiteren ihrer Rasseveranlagung sowie ihrer oft unterdrückten Stellung, einen bedeutenden Anteil an der Genesis kapitalistischen Geistes genommen".[481]

Weber folgt der Sombartschen Fahndung nach dem ‚Geist' des Kapitalismus, aber er gewichtet die Bedeutung des Calvinismus weit höher als die des Judentums. Er weist darauf hin, daß schon Zeitgenossen „die ethische Grundstimmung speziell des englischen Puritanismus als ‚English Hebraism'" bezeichnet hätten[482], führt jedoch eine Unterscheidung ein: „Man darf dabei nur nicht an das palästinensische Judentum aus der Zeit der Entstehung der alttestamentlichen Schriften, sondern an das Judentum, wie es unter dem Einfluß der vielen Jahrhunderte formalistisch-gesetzlicher und talmudischer Erziehung allmählich wurde, denken. Denn die im Ganzen der unbefangenen Schätzung des Lebens als solchen zugewendete Stimmung des alten Judentums liegt doch ziemlich weit ab von der spezifischen Eigenart des Puritanismus."[483] Was die Hervorhebung der rationalen und asketischen Seiten konsequenter Gesetzestreue im Judentum durch die Calvinisten angeht, so resümiert Weber: „Es war also letztlich doch wieder der *eigene* asketische Grundcharakter des Calvinismus selbst, welcher die ihm kongenialen alttestamentlichen Elemente auslas und sich assimilierte."[484] Man kann es als eine diskurspolitische Strategie Webers bezeichnen, wenn er gegen die verbreitete Deutung, insbesondere die Kreditwirtschaft als jüdisch dominiert oder als affin zum Judentum zu behaupten, darauf beharrt, daß sich der ‚Geist' des Kapitalismus nachreformatorisch entfaltet hat.

1911 erscheint Sombarts *Die Juden und das Wirtschaftsleben*.[485] Darin bezieht sich Sombart zentral auf Webers *Protestantische Ethik* und schreibt: „*Max Webers*

---

481 Werner Sombart, *Der moderne Kapitalismus*, Bd. 1: *Die Genesis des Kapitalismus*, München/Leipzig 1902, S. 389f. Vgl. auch Otto, „Nachwort", in: *Antikes Judentum*, S. 330f. In der Monographie *Die deutsche Volkswirtschaft im 19. Jahrhundert. Eine Einführung in die Nationalökonomie* (1903), Darmstadt 1954 wiederholt Sombart diese These (ebd. S 128) sowie „Je reiner also das kapitalistische Wesen im Wirtschaftsleben sich durchsetzt, desto mehr Spielraum erhält die jüdische Eigenart." (ebd. S. 133) Damit setzt sich Sombart von den direkten Identifikationen von Kapitalismus und jüdischer Wirtschaft, wie sie Marx und Heß vorgenommen haben, ab.

482 Weber, *Protestantische Ethik*, S. 137.

483 Ebd., S. 137.

484 Ebd., S. 83.

485 Friedrich Lenger, „Werner Sombarts ‚Die Juden und das Wirtschaftsleben' (1911) – Inhalt, Kontext und zeitgenössische Rezeption", in: Berg 2011, S. 239-253; ders. 1994, S. 187-218.

Untersuchungen über die Zusammenhänge zwischen Puritanismus und Kapitalismus mußten mich notwendig dazu führen, dem Einflusse der Religion auf das Wirtschaftsleben mehr nachzuspüren, als ich es bisher getan hatte, und dabei kam ich zuerst an das Judenproblem heran."[486] Dann fährt er, die Webersche Unterscheidung von antikem und talmudischem Judentum übergehend, fort: „Denn wie eine genaue Prüfung der Weberschen Beweisführung ergab, waren alle diejenigen Bestandteile des puritanischen Dogmas, die mir von wirklicher Bedeutung für die Herausbildung des kapitalistischen Geistes zu sein scheinen, Entlehnungen aus dem Ideenkreise der jüdischen Religion".[487] Auf eine Kurzformel gebracht lautet die Sombart-These: Puritanismus ist Judaismus ist Quelle des ‚Geistes' des Kapitalismus. Weber nimmt mit lobendem Dankesbrief das ihm „in freundschaftlicher Gesinnung" gewidmete Exemplar entgegen, seine kritisch ablehnenden Randnotizen sprechen jedoch eine andere Sprache.[488]

Sombart – ein publizistisch weitaus erfolgreicherer Autor als Weber – wartet 1912 in *Liebe, Luxus und Kapitalismus* mit einer neuen These zum Ursprung des kapitalistischen ‚Geistes' auf, indem er die Rolle des Luxusbedarfs der adligen und städtischen Oberschichten der Renaissance herausarbeitet, auch wohl mit Blick auf die zeitgenössische Feminismus-Debatte. 1913 erweitert er in *Der Bourgeois* das Spektrum der Antriebsquellen des kapitalistischen ‚Geistes' um die Rolle des Thomismus, auch wohl mit Blick auf den zeitgenössischen Reformkatholizismus. In seinem Dankesschreiben an Sombart für die Zusendung dieser weiteren Ursprungsgeschichten des ‚Geistes' des Kapitalismus kommt Weber noch einmal auf Sombarts Gleichsetzung von Puritanismus, Judentum und kapitalistischem ‚Geist' zurück und schreibt unverblümt: „Ich habe vor kurzer Zeit hier in einer Diskussion gesagt: ich hielte an Ihrem ‚Judenbuch', soweit das Religiöse in Betracht kommt, ‚beinahe jedes Wort für falsch', aber ich habe auch ziemlich genau wiederholt, was ich Ihnen über das gleiche Buch s. Z. geschrieben habe."[489] Beim Lesen des Buches *Der Bourgeois* habe er „dasselbe Vergnügen gehabt und denselben Genuß" wie bei Sombarts *Die Juden und das Wirtschaftsleben*, freilich mit der entscheidenden Einschränkung: „Was Sie über *Religion* sagen und Ihrem Zusammenfügen mit der Wirtschaft – das liegt Ihnen nun mal schlecht! – *ist* auch diesmal und mehr als

486 Sombart 1911, S. V.

487 Ebd.

488 Weber schrieb an Sombart, das Buch sei „schriftstellerisch *glänzend* (mit das beste, was Sie geschrieben haben, – *vornehmer* und doch *lebendiger* ‚Gelehrten'-, ja: *Gelehrten*-Stil): Das sind Dinge, die sich selten zusammenfinden. *Sachlich* fabelhaft interessant in dem massenhaft Neuen, was es bringt. Mancherlei Widerspruch regte sich – dann wieder *entschiedenste* Zustimmung." Zit. n. Radkau 2005, S. 686. Die kritischen Randbemerkungen im erhalten gebliebenen Handexemplar Webers, unter denen sich mehrfach „Unsinn!" oder „schief" befindet, hat Eckhart Otto als wichtiges Dokument für die Entwicklung der Weberschen Schriften über das antike Judentum bezeichnet. Otto, „Nachwort", in: *Antikes Judentum*, S. 332ff.

489 Max Weber, Brief an Werner Sombart, 2. Dezember 1913, in: MWG II/8, hg. v. M Rainer Lepsius u. Wolfgang J. Mommsen, Tübingen 2003, S. 414-417, hier S. 414f.

sonst *schlechte* Waare aus zweiter Hand, dem ‚*wissenschaftlich*'-‚*fachlichen*' Wert nach. Aber *das* ist Ihnen doch, kenne ich Sie recht, auch ziemlich einerlei? Auch ich sehe gar nicht ein, warum sich Jemand nicht in einem so geist- und anregungsreichen Buche, einmal den Spaß machen soll, probeweise als ‚These' die sog. ‚gangbaren' Lehren einmal auf den Kopf zu stellen. Fast immer kommt etwas Geistreiches heraus. Sie haben es schon oft getan, und dann – und das hat mir immer an Ihnen gefallen – das Fehl-Produkt, was dann (*sachlich* gesprochen) dabei herauskam, wieder vergessen und vergessen lassen."[490] Kurz gesagt: Die Schriften des Kollegen sind anregend und unterhaltsam, aber fachlich miserabel.

JÜDISCHES LEBEN: ABGESONDERT, NOMADISCH ? Man kann Webers Reaktionen auf Sombarts ‚Judenbuch' nicht angemessen verstehen, wenn man nicht in Betracht zieht, daß Weber nicht nur die Rezension von Sombarts ‚Judenbuch' kannte, die der Rabbiner und Religionsphilosoph Julius Guttmann im von Weber, Sombart und Edgar Jaffé herausgegebenen prominenten Archiv für Sozialwissenschaft und Sozialpolitik publiziert hat, sondern auch Guttmanns frühere Schrift *Die wirtschaftliche und soziale Bedeutung der Juden im Mittelalter*.[491] Wie sehr sich im Gegenzug Guttmann für Webers Arbeiten interessierte, zeigt nicht nur die anerkennende Schlußbemerkung über Webers Protestantismus-Studie in Guttmanns Schrift von 1907, sondern auch seine ausführliche Rezension von Webers das antike Judentum aus dem Jahre 1925.[492] Es ist das Verdienst von Hartmann Tyrell auf die herausragende Bedeutung Julius Guttmanns für die Debatte um Judentum und Kapitalismus mehrfach hingewiesen zu haben.[493] Man wird die Weber-Sombart-Kontroverse um die eigenständige Position von Julius Guttmann, der zeitweise ein Schüler von Sombart war, erweitern müssen.

490 Ebd., S. 415.

491 Julius Guttmann, *Die wirtschaftliche und soziale Bedeutung der Juden im Mittelalter*, Breslau 1907, wieder abgedruckt in: *Selected writings of Julius Guttmann*, hg. v. Steven T. Katz, New York: Arno Press, 1980, S. 1-36; ders., „Die Juden und das Wirtschaftsleben", in: *Archiv für Sozialwissenschaft und Sozialpolitik* 36/1913, S. 149-212.

492 Guttmann 1907, S. 36; sowie ders., „Max Webers Soziologie des antiken Judentums" [1925], in: Schluchter 1981, S. 289-326.

493 Hartmann Tyrell, „Von der ‚Soziologie statt Religion' zur Religionssoziologie", in: Ders. u. Krech 1995, S. 79-127, hier S. 104; ders. 1997, S. 203ff.; ders., „Stratifikation, Ritualismus, Ethnizität: Zur Systematik von Max Webers ‚Paria'begrifflichkeit", in: *Grenzüberschreitende Diskurse. Festgabe für Hubert Treiber*, hg. v. Kay Waechter, Wiesbaden 2010, S. 215-240; ders., „Max Webers ‚jüdisches Pariavolk'. Zur Ideengeschichte einer folgenreichen Begriffsbildung", in: Berg 2011, S. 181-217, hier S. 183ff. Guttmanns Hauptwerk *Die Philosophie des Judentums* erschien zuerst München 1933 (die neue Ausgabe mit einer Standortbestimmung von Ester Seidel und einer biographischen Einführung von Fritz Bamberger, Berlin 2000). Zur Kontroverse Guttmann-Leo Strauss siehe: Thomas Meyer, *Zwischen Philosophie und Gesetz: Jüdische Philosophie und Theologie zwischen 1933-1938*, Leiden 2009, S. 19ff.; zum Kontext: *Die ‚Wissenschaft des Judentums'. Eine Bestandsaufnahme*, hg. v. Andreas Kilcher u. Thomas Meyer, Paderborn 2015.

Daß das Judentum an der Herausbildung des modernen Kapitalismus beteiligt war, steht für alle drei Autoren außer Frage. Aber worin bestand der Anteil? Sombart hatte Webers Hinweis auf den ‚English Hebraism' der Puritaner kurzschlüssig aufgegriffen, wie Tyrell gesehen hat: Sombart „behandelt Judentum und Puritanismus als zwei historische Versionen derselben religiösen Sache und nimmt beide für geradezu austauschbar, nur besteht er auf dem Judentum als Erstausgabe".[494] Hier sei Mentalität und Charakter einer den Alltag umfassend regulierenden Religion erstmals in Erscheinung getreten und dies gründe in spezifischen Rasseeigenschaften. Höflich und bestimmt antwortet Guttmann seinem Lehrer: „In dem Streit um die Bedeutung der Rasse in der Geschichte sind die Juden stets ein bevorzugtes Kampfobjekt gewesen. Die jüdische Rassenbegabung ist auch das letzte Thema Sombarts, der sich entschlossen zum Glauben an die Rasse, genauer zum Glauben an die Existenz spezifischer Rassenbegabungen, bekennt. Er vertritt diesen Standpunkt mit ungleich größerer Klarheit und Schärfe der Begriffe, als die meisten seiner Gesinnungsgenossen, an deren Argumentationsweise er eine treffende Kritik übt. Doch klar und bestimmt formulieren heißt noch nicht wissenschaftlich beweisen. Auch nach Sombarts Darlegungen bleibt die Annahme seelischer Unterschiedenheit der Rassen ein Glaube, zu dem man sich je nach Geschmack und Neigung bekennen kann oder nicht. Die Kraft wissenschaftlicher Erkenntnis bleibt ihm nach wie vor versagt."[495] Ein entschiedener Glaube, wie der *wissenschaftsreligiös* grundierte Glaube an eine rassische Verwurzelung religiöser Einstellungen, ist nicht mehr als ein Glaube.

Für Weber sind im Dialog mit Sombart und mit Blick auf die öffentlichen Diskussionen zur „Judenfrage" im wilhelminischen Deutschland zwei Themenbereiche von besonderer Bedeutung: Die Deutungen der jüdischen Absonderung und Abschließung und die sozialstrukturelle These vom „wurzellosen", nomadischen Charakter der Juden. Es sind dies Themenbereiche, zu denen auch Guttmann 1925 in seiner ausführlichen Rezension von Webers *Das antike Judentum* Stellung nimmt.

Woher rührt Weber zu folge die jüdische Exklusivität? In den erhalten gebliebenen Manuskriptbögen, die vermutlich im Zusammenhang mit der Sombart-Lektüre entstanden sind, schreibt Weber die rituelle Abschließung, als spätere durch Priester forcierte Entwicklung, der exilischen und nach-exilischen Zeit zu. In der prophetischen Zeit habe es offene Speisegemeinschaften und die Aufnahme fremdstämmiger Sippen in den Verband Israels gegeben. Das Mischehen-Verbot sei ein Werk der Exulantengemeinde gewesen.[496] Zu dieser Argumentationslinie, Absonderung und Abschließung des Judentums als nicht-ursprünglich auszuweisen, tritt

494 Tyrell 1997a, S. 201.

495 Guttmann 1913, S. 199. Zu Guttmanns Sombartkritik siehe: Thomas Meyer, „Zur jüdischen Rezeption von Werner Sombart – Julius Guttmanns Antwort", in: Berg 2011, S. 293-317.

496 Max Weber, „Ethik und Mythik / rituelle Absonderung", in: MWS I/21, hg. v. Eckart Otto, Tübingen 2008b, S. 1-12, hier S. 5f u. 7f.

der Vergleich mit dem hinduistischen Kastensystem hinzu. Webers Studie zum antiken Judentum setzt in dieser Hinsicht pointiert ein: „Das eigentümliche religionsgeschichtlich-soziologische Problem des Judentums läßt sich weitaus am besten aus der Vergleichung mit der indischen Kastenordnung verstehen. Denn was waren, soziologisch angesehen, die Juden? *Ein Pariavolk*. Das heißt, wie wir aus Indien wissen: ein rituell, formell oder faktisch, von der sozialen Umwelt geschiedenes Gastvolk." Allerdings sei aus dem Judentum „ein Pariavolk in einer kastenlosen Umwelt" geworden.[497] In Indien sei die verbreitete Erscheinung, daß Gastvölker sich auf bestimmte Gewerbe, die Einheimische meiden, spezialisierten, durch rituelle Schranken verstärkt worden. Im hinduistischen System bestehe „gegenüber allen nicht in den hinduistischen Verband aufgenommenen Stämmen eine absolute rituelle Schranke. Sie alle sind magisch befleckt. Gewisse seit Jahrtausenden in jedem Dorf vertretene unentbehrliche Gastarbeiter – beispielsweise namentlich alle die, welche mit Viehhäuten, also Leder, zu tun haben – sind trotz ihrer Unentbehrlichkeit absolut unrein."[498] In dieser hinduistischen Welt herrscht für die Kasten die absolute Trennung von Binnenmoral und Außenmoral. Bei den Juden werde diese Trennung in einer kastenlosen Umwelt beibehalten.

Hinzu tritt für Weber eine weitere, die Heilsverheißungen betreffende Differenz: In Indien galt auch für die Pariakasten „als Prämie rituell korrekten, d.h. kastengerechten, Verhaltens der Aufstieg innerhalb der als ewig und unabänderlich gedachten Kastenordnung der Welt im Wege der Wiedergeburt."[499] Antipodisch dazu profiliert Weber die Heilsverheißung, an die Juden glaubten. Diese war nicht sozial konservativ, sondern, „die Sozialordnung der Welt war in das Gegenteil dessen verkehrt, was für die Zukunft verheißen war und sollte künftig wieder umgestürzt werden, so, daß dem Judentum seine Stellung als Herrenvolk der Erde wieder zufallen würde." Dem entspräche das eigentümliche Geschichtsverständnis der Juden: „Die Welt war weder ewig noch unabänderlich, sondern sie war erschaffen und ihre gegenwärtigen Ordnungen waren ein Produkt des Tuns der Menschen, vor allem: der Juden, und der Reaktion ihres Gottes darauf: ein *geschichtliches* Erzeugnis also, bestimmt, dem eigentlich gottgewollten Zustand wieder Platz zu machen. Das ganze Verhalten der antiken Juden zum Leben wurde durch diese Vorstellung einer *künftigen gottgeleiteten politischen und Sozialrevolution* bestimmt."[500] Zusammengefaßt: die jüdische Exklusivität wird überwiegend negativ bestimmt: sie resultiert aus der sozialen Lage eines Pariavolks in einer Umwelt, die keine Kasten und keine diese stabilisierende geschichtslose Wiedergeburtslehre kennt und

497 Weber, *Antikes Judentum*, S. 13. Zum vieldiskutierten Paria-Thema siehe: Freddy Raphaël, „Die Juden als Gastvolk im Werk Max Webers", in: Schluchter 1981, S. 224-262; Klaus Lichtblau, „Ressentiment, negative Privilegierung, Parias", in: Kippenberg u. Riesebrodt 2001, S. 279-296; Tyrell 2011, S. 183ff.

498 Weber, *Hinduismus und Buddhismus*, S. 9.

499 Weber, *Antikes Judentum*, S. 14-16.

500 Ebd.

die so an die Verheißung eines geschichtsoffenen Revisionismus des Pariastatus glaubt.

Guttmann anerkennt, daß Weber den Begriff des Pariavolkes soziologisch „zunächst ganz ohne jeden Wertakzent" bestimmt, allerdings würde die Rede von einem Pariavolk in einer „kastenlosen Umwelt" schon genügen, „die Verwendbarkeit des Begriffs in seinem technischen Sinne fraglich zu machen. Denn es besagt zugleich, daß die rituelle Absonderung im Gegensatz zu den indischen Pariastämmen keine erzwungene sondern eine selbstgewählte war."[501] Aus einer selbstgewählten Absonderung folge nun aber weder notwendig eine Beschränkung der Berufswahl oder Klassenzugehörigkeit noch eine psychische Bedrücktheit: „Die jüdische Absonderung wird in der Antike bekanntlich überwiegend als Ausdruck des Hochmuts der Juden gedeutet."[502] Korrigiert werden auch Webers Bemerkungen wie die über die „vom leidenschaftlichen Zorn und Haß oder von scharfem Ressentiment gegen die Gottlosen, denen es gut geht, getränkte Psalmenreligiosität".[503] Die „Apotheose des Leidens, des Elends, der Armut, der Erniedrigung und Häßlichkeit", die sich in der Gestalt des leidenden Gottesknechtes findet, ist nach Guttmann „keine Verherrlichung der Pariavolkslage".[504] Vielmehr gehe es darum, „der Tatsache des Leidens des Unschuldigen einen religiösen Sinn" abzugewinnen. „Von dieser sublimen Konzeption vollständig verschieden ist die Art der Religiosität und Sittlichkeit, die aus dem Bestreben einer sozial ohnmächtigen Schicht entspringt, sich für ihre Lage schadlos zu halten, daß sie die ihr aufgezwungenen Eigenschaften der Schmiegsamkeit und Unterwürfigkeit zu Tugenden stempelt und den Armen als solchen zum Frommen macht," schreibt Guttmann, Nietzsches Theorie des Ressentiments aufgreifend. [505]

Wie geht Weber mit dem verbreiteten Topos vom „wurzellosen", nomadischen Charakter des Judentums um? Werner Sombart hatte die Vorstellung, bei den Juden handle es sich um ein Nomadenvolk, aufgegriffen und die Stereotype der Bodenlosigkeit und der Wanderschaft ausgedeutet. Die Juden hätten bäuerliche Arbeit gemieden und sich auf beweglichen, ortsungebundenen Handel verlegt. Diese Vorstellung vom „Wüstenvolk" ist Weber zufolge irrig. Das alte Palästina sei durch starke Kontraste der Wirtschaftsbedingungen gekennzeichnet gewesen.[506] Es habe nicht nur Beduinen gegeben, sondern kontrastierend dazu Städte und dazwischen Populationen von Bauern und solchen Hirten, die als Halbnomaden in der Kleinviehzucht ihre wirtschaftliche Basis hatten. Die ursprüngliche israelische Sozialstruktur habe somit aus Sippen von wehrhaften, bäuerlichen Grundeigentümern,

501 Guttmann 1981, S. 321.

502 Ebd. S.321f.

503 Weber, *Antikes Judentum*, S. 297; vgl. auch S.39, 201, 231, 272.

504 Weber bezieht sich auf Jesaja 40-55 Weber, *Antikes Judentum*, S. 272; Guttmann 1981, S. 323.

505 Ebd.

506 Vgl. Christa Schäfer, „Stadtstaat und Eidgenossenschaft. Max Webers Analyse der vorexilischen Gesellschaft", in: Schluchter 1981, S. 78-109.

Hirtensippen und Gastsippen bestanden. In der Königszeit habe dann ein grundherrschaftliches Stadtpatriziat die Bauernschaft zunehmend verschuldet. Die vorexilischen Rechtssammlungen spiegelten diese komplexe Situation. „Beduinenrecht findet sich darin ebensowenig wie an anderen Stellen der uns erhaltenen Satzungen. Weder Brunnenrechte noch das Kamel oder die Dattelpalme kommen als Rechtsobjekte vor. Die Zisternen spielen im ‚Bundesbuch' (Ex. 21,33) nur insofern eine Rolle, als Vieh durch Hineinfallen verunglücken kann."[507] Somit spreche alles gegen die These vom jüdischen Nomadenvolk.

Die Frage der Passung bäuerlicher Lebensweisen mit der jüdischen Lebensform ist für die Zionisten im Wilhelminischen Kaiserreich von großer Wichtigkeit gewesen. Mußten die jüdischen Nationalisten beim projektierten Aufbau ihres Staates sich an die biblischen Brachejahrgesetze (Ex. 23,10-11) halten? Webers Stellung zu dieser Frage ist von der Schrift über die *Agrarverhältnisse* bis zum nachgelassenen Manuskript seiner Religionssystematik *Religiöse Gemeinschaften* gleichbleibend. Bei den Brachejahrgesetzen handele es sich um ein „Einschiebsel später theologischer Konsequenzmacherei". Es „machte, in seinem Geltungsbereich, die rationelle intensive Landwirtschaft unmöglich: noch jetzt haben die deutschen Rabbinen seine Anwendung auf die zionistische Palästinasiedlung, die daran gescheitert wäre, erzwingen wollen".[508]

Entsprechend akzentuiert Weber den Ursprung der jüdischen Prophetie nicht nach dem Modell mystischer Erleuchtung, sondern im Anschluß an Wellhausen als Ekstase von Kriegspropheten. Wellhausen hatte den frühen Jahwe als „Feldgeschrei dieser kriegerischen Eidgenossenschaft" bezeichnet.[509] Den an die bäuerliche Demokratie in den Alpen gemahnende Terminus „Eidgenossenschaft" übernimmt Weber.[510] Das Siegeslied der Debora (Richter, 5) gehörte für Weber, aber auch für andere nationalgesinnte Autoren der Zeit, zu den gern zitierten Texten der israelischen Frühzeit.[511] Dem entspricht Webers Lesart der Inhalte der Prophetien des alten Israels, die sich durch eine Fusion religiöser und politischer Dimensionen auszeichnen, wie sie für Weber und seine Zeitgenossen aus *nationalreligiösen* Ideenwelten vertraut sind.

Themen der Prophetien seien religiöse Verheißung und die Außenpolitik. Jahwe „war und blieb immer ein Gott der *Erlösung* und *Verheißung*. Aber das Wichtige war: sowohl Erlösung und Verheißung betrafen *aktuelle politische*, nicht innerliche, Dinge. Erlösung von der Knechtschaft der Ägypter, *nicht* von einer brüchigen, sinnlosen Welt, Verheißung der Herrschaft über Kanaan, das man erobern wollte, und ein glückliches Dasein dort, *nicht* Verheißung transzendenter Güter, bot der

507 Weber, *Antikes Judentum*, S. 59. Vgl. dazu die Ausführungen von Otto, Nachwort: in: *Antikes Judentum* 2008, S. 320, 324 u. 373, sowie Radkau 2005, S. 688-691.

508 Weber, *Religiöse Gemeinschaften*, S. 146.

509 Wellhausen 1883, S. 108.

510 Mit explizitem Bezug auf die Schweiz. Weber *Antikes Judentum*, S. 70.

511 Radkau zählt siebzig Mal bei Weber einen Verweis auf Debora. Radkau 2005, S. 695.

Gott."[512] Erst in der späteren Entwicklung, in der die Unheilsprophetien, die sprichwörtlich gewordenen Jeremiaden auftraten, in denen in Friedenszeiten soziale Anklagen der durch die Übermacht des Königs und der Patrizier verschuldeten Bauern und ‚demokratische' Forderungen laut wurden, komme es zu eine Literarisierung der Prophetie. Weber bemerkt mit aktualisierendem Seitenblick dazu: „Die utopische Phantasie ihrer Träger sättigte sich um so mehr mit blutigen Bildern kriegerischer Heldentaten Jahwes, je unmilitärischer sie selbst inzwischen geworden waren, – ganz so, wie wir ja auch heute in allen Ländern das Höchstmaß von Kriegsdurst bei jenen Literaten-Schichten erleben, welche vom Schützengraben am weitesten entfernt, und ihrer Natur nach am wenigsten kriegerisch geartet sind."[513] Zusammengefaßt: Die Juden als bäuerliche, städtische, nur wenig nomadische Eidgenossenschaft, als gleichsam bürgerliches Pariavolk, das zu heroischen Taten fähig ist, dies Bild war ein Antidot gegen antisemitische Thesen, die den landfremden, bodenlosen Charakter der Juden behaupteten.

BUNDESIDEE UND RATIONALE PROPHETIE. Als diskurspolitische Strategie Webers in der ‚Judenfrage' kann auch sein Bestreben gewertet werden, die Besonderheiten der israelischen Bundesidee herauszuarbeiten. Weber sieht die jüdische Religion nicht wie in antisemitischen oder nationalistischen Perspektiven als eine ethnisch fundierte Religion, sondern als Integrationsmodus verschiedener Stämme und sozioökonomischer Lagen. So schreibt er: „Die Bedeutung des ‚Bundes'-Begriffs für Israel an sich hat ihren Grund darin, daß die alte Sozialverfassung Israels zum sehr wesentlichen Teil auf einer durch Kontrakt regulierten Dauerbeziehung grundbesitzender Kriegersippen mit *Gaststämmen* als rechtlich geschützten Metöken: Wanderhirten und Gasthandwerkern, Kaufleuten und Priestern, beruhte. Ein ganzes Gewirr solcher Verbrüderungen, sahen wir, beherrschte die soziale und ökonomische Gliederung."[514] Diese Argumentation zielt auf den tendenziell universalistischen Charakter des Judentums.

Im Unterschied zu Schwurbünden, wie sie in der Geschichte zahlreich anzutreffen sind, handelt es sich nach Weber bei der sich herausbildenden israelischen Bundeskonzeption nicht um einen Schwur, der als Zeuge oder eines Rächers von Meineid unter dem Schutz Gottes geleistet wird, sondern um „Bundesschließungen *mit dem Gott selbst*, der also bei der Rache des Bundesbruchs seine eigenen verletzten Vertragsrechte, nicht nur die zu seinem Schutz empfohlenen Ansprüche der vertragstreuen Partei vertritt."[515] Woraus resultiert nun Weber zufolge die Eigenart der jüdischen Bundeskonzeption, die keine Instanz kennt, die über den vertragschließenden Parteien steht? Die Notwenigkeit eines Vertrages nicht zuerst unter Jahwe, sondern zuerst mit Jahwe, habe sich ergeben „*weil* er nicht ein inmitten des Volks residierender oder schon bekannter, sondern ein bisher fremder Gott war

512 Weber, *Antikes Judentum*, S. 106.
513 Ebd., S. 96.
514 Ebd., S. 73.
515 Ebd.

und ein ‚Gott aus der Ferne' blieb. Dies war das Entscheidende der Beziehungen. Jahwe war ein Wahlgott."[516]

Dies ist eine folgenreiche Interpretation, weil sie nicht vereinbar mit der Annahme ist, daß es keine religionslosen menschlichen Verbände gibt, und auch nicht mit der Annahme, daß religiöse Innovationen entweder endogen durch der Gruppe vertraute Virtuosen oder exogen durch Eroberung bzw. Missionierung erfolgen. Die Auffassung von einem fremden Wahlgott Jahwe, den sich das Volk als Bund erwählt hat und der umgekehrt „dieses Volk aus allen anderen nach freiem Entschluß erwählt" hat, widerspricht beiden Annahmen.[517] Die Eigenart des israelischen Bundes bestand somit für Weber darin, daß Jahwe weder „als ein bloßer Funktionsgott irgendwelcher Naturvorgänge oder sozialen Einrichtungen angesehen werden (konnte). Noch war er ein Lokalgott in dem Sinn, wie die orientalischen Städte einen solchen überall kannten. Auch nicht ein bloßer Gott des ‚Landes'. Sondern die *Personen*gemeinschaft des israelitischen Bundesheeres mußte bei jener Auffassung als sein mit ihm durch die Bundesgenossenschaft verbundenes Volk gelten."[518] Weber ist stark daran interessiert, diese Besonderheit herauszustellen.

So setzt er den Charakter einer Personengemeinschaft gegen die spätere Ausdehnung der Heiligkeit auf politischen Landbesitz (‚Heiliges Land') deutlich ab. Jahwe sei nicht, so wie zum Beispiel in Indien, „Hüter der schon an sich vorhandenen Heiligkeit der unabänderlichen Ordnung: des Rechts oder einer an festen Maßstäben zu messenden ‚Gerechtigkeit'. Nein, durch positive berith (Bund W.E.) mit ihm war dies positive Recht für Israel geschaffen; es war nicht immer dagewesen und es konnte sein, daß es durch neue Offenbarung und neue berith mit dem Gott wieder geändert wurde."[519] Diese Konzeption ließ Raum für neue Bundesschließungen, eine Spur, in die später Paulus eintreten wird.[520] Darüber hinaus war für diese Art des Bundes das kultische Opfer weniger wichtig, als vielmehr die Einhaltung der Verträge, d.h. der Gebote, die der übermächtige Vertragspartner Jahwe mit dem von ihm aus freiem Willenschluß gewählten Volk abgeschlossen hatte.

Die Frage nach der historischen Genese von gesellschaftlichen Vertragsbeziehungen mußte insbesondere in der Zeit entfesselter Marktwirtschaft interessieren. Man konnte sich auf das juristische Modell vom Naturmenschen, als dem politisch-anthropologisch auf seine elementaren Bedürfnisse reduzierten Menschen beziehen, der anfängt, Eigentum zu erwerben, und sich mit anderen vertraglich einigt, wie untereinander Rechte und Güter zu tauschen seien. Im 19. Jahrhundert tritt diesem ahistorischen Modell freilich die bekannte These der Rechtsentwick-

---

516 Ebd., S. 109.

517 Ebd.

518 Ebd., S. 109. Weber hebt hervor, daß gleichviel, ob der Name ‚Israel' mit „das Volk des kämpfenden Gottes" oder mit Gott „auf den man vertraut" übersetzt werde, es keine ethnischen Bezüge gebe. „Ein Stammesname war ‚Israel' jedenfalls nicht, sondern der Name eines Verbandes, und zwar: eines kultischen Bundes." Ebd., S. 75.

519 Ebd., S. 110.

520 Siehe dazu Erich Gräßer, *Der alte Bund im Neuen. Exegetische Studien zur Israelfrage im Neuen Testament*, Tübingen 1985.

lung vom Status zum Vertrag entgegen, die Henry Sumner Maine in *Ancient Law* evolutionistisch entwickelt hat.

Eckhart Otto hat darauf aufmerksam gemacht, daß Weber und auch Sombart die These von Maine auf den Kopf stellen. „Max Weber und Werner Sombart verlegen für Israel mit der Berith-These den Endpunkt dieser Entwicklung in der Perspektive von Henry Sumner Maine, an deren Ausgangspunkt."[521] Dies passe auch „lückenlos in Werner Sombarts Bemühen, das Judentum für die Entstehung kapitalistischen Wirtschaftsgesinnung ursprungsgenetisch in Anspruch zu nehmen."[522] In dieser Gemeinsamkeit von Sombart und Weber wird deutlich erkennbar, daß sich in der Profilierung des sozialen Zusammenhangs als auf freiwillig geschlossenen Verträgen basierend, die rechtlichen Grundlagen der Marktgesellschaft spiegeln. Mit Randstrich hat Weber in seinem Handexemplar von Sombarts „Judenbuch" die Passage markiert: „Das Vertragsverhältnis wickelt sich nun in der Weise ab, daß dem Menschen die erfüllten Pflichten einzeln belohnt, die verabsäumten Pflichten einzeln durch Übles vergolten werden (ebenso die guten Werke): Belohnung und Bestrafung erfolgen teils in dieser Welt, teils im Jenseits. Aus diesem Sachverhältnis ergibt sich zweierlei mit Notwendigkeit: Ein beständiges Abwägen des Vorteils oder Schadens, den eine Handlung oder Unterlassung bringen kann, und eine sehr verwickelte Buchführung, um das Forderungs- bzw. Schuldkonto des Einzelnen in Ordnung zu halten".[523] Im entscheidenden Punkt der religiösen Eigenart des Judentums unterscheiden sich freilich Weber und Sombart. Während dieser die „eigentümlich rechenhafte Gemütsverfassung" der gläubigen Juden herausstellt, ist für Weber entscheidend, daß die besondere Bundesidee das Tor zu einer nachhaltigen Ethisierung der Religion eröffnete.[524]

In den Scheitelpunkt des bereits von Cornelis Tiele beschriebenen Übergangs von „Naturreligionen" zu „ethischer Religion" setzt Weber eben jenen Vertrag, bei dem Gott selbst Vertragspartner ist. In dem Maße, in dem Gott sich nicht an den Vertrag hält, d.h. die Verheißungen nicht erfüllt, entsteht freilich das Problem der Theodizee. Bekanntlich hat Weber diese Thematik intellektuell und auch persönlich nicht losgelassen. Marianne Weber berichtet, im Winter 1898/99, der Zeit des Auftretens der Krankheit, war Weber „sehr unzufrieden mit dem lieben Gott und schimpft den alten Herrn ziemlich aus, daß er uns so quält".[525] Und noch zwanzig Jahre später sagt Marianne zu Eduard Baumgarten, der Max Weber allein in seinem Arbeitszimmer laut reden hörte: „Ich fürchte, er hadert wieder mit Gott und treibt es zu weit und schimpft ihn."[526] Wenn eine Gottheit nicht hält, was sie verspricht,

521 Otto, „Nachwort", in: *Antikes Judentum*, S. 341.

522 Ebd.

523 Sombart 1911, S. 245, zit. n. Otto, „Nachwort", in: *Antikes Judentum*, S. 341.

524 Sombart 1911, S. 245. Auch Weber, *Antikes Judentum*, S. 51.

525 Zit. n. Radkau 2005, S. 809.

526 Eduard Baumgarten, *Spielräume unter Hitlers Herrschaft* (Manuskript), zit. n. Radkau 2005, S. 809. Im April 1920 eröffnet sie Max Weber, sie habe „nie ohne Schaudern anhören" können, wie er „so oft" den lieben Gott „ausgezankt ja gelästert" habe. Zit. n. Eduard Baumgarten, *Max Weber. Werk und Person*, Tübingen 1964, S. 633.

wenn von ihr nur Unglück kommt, war es für antike Religionen naheliegend, sich an eine andere Gottheit zu wenden. Dieser Opportunismus der Tauschförmigkeit im Gottesverhältnis ist im Judentum durchbrochen.

Die israelische Bundesidee steht bei Weber nun aber auch weitergehend für eine Thematik, die dann in der Erfahrungswelt des 20. Jahrhunderts dominierend werdend wird. Der Rationalismus, dessen Geschichte Weber in Angriff genommen hat, hat seine Resonanz nicht allein zur rationalen Zweck-Mittel-Kalkulation utilitaristisch agierender Marktteilnehmer. Die mit der Bundesidee einhergehende Ethisierung der Religion ist in einer langen Linie verbunden mit dem Prozeß der Zurückdrängung der Magie durch die Erhebung der Wissenschaft zur letzten Instanz, d.h. der „Entzauberung der Welt".

Wenn Ernst Troeltsch in den *Soziallehren* gleichsam als Urszene das Evangelium herausgelöst aus allen Bezügen seiner Umwelt profiliert, so sieht Max Weber im antiken Judentum eine andere Urszene, nämlich den Bruch mit der Welt der Magie. Die den Bund Israel mahnende Prophetie, nicht den magische Macht versprechenden andern Göttern anheimzufallen, das Magieverbot, selbst die „Abwesenheit magischer Surrogate für die Erfüllung der Gebote" in den Prophetien, stehen für Weber am Anfang eines Rationalisierungsprozesses, der schließlich in eine rationale Weltdeutung mündet, die sich praktisch instrumentell beweist.[527] Zauberer, die heilen oder orakeln, erbringen überall funktionale Dienstleistungen. Die israelischen Propheten dagegen bieten mehr.

Die Emphase, mit der Weber die Eröffnung rationaler Weltdeutung durch die Propheten beschreibt, verdienen ausführlicher zitiert zu werden: Es „reichen alle uns bekannten hellenischen Orakelsprüche, die stets auf Bestellung geliefert wurden, in ihrer temperierten Formvollendung nicht von fern an die Macht der Emotion in den spontanen prophetischen Versen des Amos, Nahum, Jesaja, Zephanja, Jeremia heran. Selbst in der teilweise verstümmelten Überlieferung wird die an sich große Macht der Rhythmik noch überboten durch die Glut der geschauten Bilder, die immer konkret, anschaulich, gedrungen, schlagend, erschöpfend, oft von ganz unerhörter Herrlichkeit und Furchtbarkeit, zu dem Grandiosesten gehören, was in dieser Hinsicht die Weltdichtung hervorgebracht hat und nur da unplastisch werden, wo die persönlichen Großtaten des unsichtbaren Gottes für Israel in phantastischen aber unbestimmten Zukunftsbildern aus der vagen Vision herausgestaltet werden mußten."[528] Bemerkenswert ist, daß Weber in dieser Laudatio zuerst auf die ästhetisch-literarischen Qualitäten verweist, die dort besonders hoch gewertet werden, wo sie nicht in vage Utopie auslaufen, sondern einem literarischen Realismus verbunden sind. Dem folgt anschließend die Frage: „Woher stammt nun diese Emotion, wenn doch in mindestens vielen Fällen die eigentlich ekstatische pathologische Erregung schon zurücklag und abgeklungen war? Nun, sie stammt eben *nicht* aus dem Pathos dieser psychopathischen Zuständlichkeiten als solcher, sondern aus der stürmischen Gewißheit der gelungenen Erfassung des *Sinnes* dessen,

527 Weber, *Antikes Judentum*, S. 202.
528 Ebd., S. 219f.

was der Prophet erlebt hatte: daher, deutlicher ausgedrückt, daß der Prophet eben nicht wie ein gewöhnlicher pathologischer Ekstatiker, ein Gesicht gehabt, Träume geträumt oder rätselhafte Stimmen gehört hatte, sondern, daß er darüber klargeworden war, ja es durch leibliche göttliche Stimme gehört zu haben versichert war: was Jahwe mit diesem Wachträumen oder Gesicht oder dieser ekstatischen Erregung *gemeint* und ihm in verständlichen Worten zu sagen befohlen hatte."[529]

Bedeutsam ist der sinnhaft-rationale Gehalt der Prophetien, nicht die Evidenz von magischen Wirkungen. Max Weber greift hier zu starken Formulierungen: „Die Magie zu brechen und die Rationalisierung der Lebensführung durchzusetzen, hat es zu allen Zeiten nur ein Mittel gegeben: große *rationale Prophetien*".[530] Es handelt sich bei diesem Bruch um eine Kehre im Verhältnis von Mensch und Göttern. In der Magie, die Weber in der Regel mit archaischen verwandtschaftlichen Sozialstrukturen im Zusammenhang gesehen hat, ist der Mensch bestrebt, die dämonisch erfahrenen Naturmächte zu bändigen und für seine Zwecke zu nutzen. Im israelischen Bund ist der Mensch, vermittelt durch sinnhaft-rationale Prophetie, der Adressat von Forderungen eines eifernden Gottes, der auf der Einhaltung eines Vertrages besteht. Damit eröffnet sich nun eine Chance, eine Sozialwelt für sich, losgelöst von allen eigensinnigen naturalen Bedingtheiten und Rücksichtnahmen, zu konstituieren, deren Ethik innerweltliches Handeln bestimmt. Es bleibt zu fragen, ob diese Art der Ethisierung sich auch bewährt, wenn es nicht mehr nur um die Bändigung dämonisch erfahrener Naturmächte geht, sondern mehr noch um die von Menschen hergestellte und von Maschinen kontrollierte artifizielle Lebenswelt der Zeit nach Weber. In diesem Erfahrungshorizont wird uns das Thema Magie im *Vierten Teil* noch ausführlicher beschäftigen.[531]

5. Weber, Nietzsche und die Selbstauflösung christlicher Religion

INTELLEKTUELLE IM SINNFREIEN KOSMOS. Webers Bemühen, die Zusammenhänge zwischen Religion und der im Okzident entstandenen modernen kapitalistischen Marktgesellschaft und die Hemmnisse in anderen Regionen der Erde aufzuzeigen, ist – wie zuvor gezeigt – ohne die Auseinandersetzung mit Marx und der „Judenfrage" nicht angemessen zu verstehen. Strittig ist, welche Bedeutung Nietzsches Schriften für Weber gehabt haben. Von den wenigen expliziten Bezugnahmen auf Nietzsche sind nun aber viele eher abschätzig oder ablehnend, wie Randbemerkungen Webers zu Simmels Essay *Schopenhauer und Nietzsche* ausweisen.[532] Aber immerhin haben wir das Zeugnis von Eduard Baumgarten, Weber habe kurz vor sei-

529 Ebd., S. 220.

530 Max Weber, „Wirtschaftsgeschichte. Abriß der universalen Sozial- und Wirtschaftsgeschichte", in: MWG III/6, hg. v. Wolfgang Schluchter, Tübingen 2011, S. 389. Grundlegend zum Entzauberungsmotiv, Tyrell 1993, besonders S. 305ff.

531 In diesem Band, S. 1014ff und 1040ff.

532 Baumgarten 1964, S. 614f.

nem Tod bemerkt: „Die Redlichkeit eines heutigen Gelehrten, und vor allem eines heutigen Philosophen, kann man daran messen, wie er sich zu Nietzsche und Marx stellt. Wer nicht zugibt, daß er gewichtigste Teile seiner eigenen Arbeit nicht leisten könnte, ohne die Arbeit, die diese beiden getan haben, beschwindelt sich selbst und andere. Die Welt, in der wir selber geistig existieren, ist weitgehend eine von Marx und Nietzsche geprägte Welt".[533] Im Folgenden gehen wir Spuren nach, die auf Affinitäten in Problemstellungen und Begrifflichkeiten verweisen.[534]

Nietzsches *Genealogie der Moral* spielt in unserem Zusammenhang eine besondere Rolle. Weber spricht lobend von „Nietzsches glänzendem Essay" und behandelt das Thema in der *Einleitung* zur *Wirtschaftsethik der Weltreligionen* direkt im Anschluß an seine Bemerkungen zur Kritik der marxistischen Widerspiegelungstheorie. Gelte in letzterer religiöse Ethik als eine Funktion einer bestimmten Interessenlage, so beziehe sich die Theorie vom Ressentiment „rein psychologisch" auf eine „ganz allgemeine, gewissermaßen abstrakte, Klassengebundenheit der religiösen Ethik."[535] Allerdings billigt Weber dem von Nietzsche enthüllten Zusammenhang von Ohnmacht und Umwertung der Werte nur eine begrenzte Gültigkeit zu. „Wenn die ethische Verklärung des Erbarmens und der Brüderlichkeit ein ethischer ‚Sklavenaufstand' der, sei es in ihren natürlichen Anlagen, sei es in ihren schicksalsbedingten Lebenschancen, Benachteiligten war, und also die Ethik der ‚Pflicht' ein Produkt ‚verdrängter', weil ohnmächtiger, Rache-Empfindungen des zu Arbeit und Gelderwerb verdammten Banausen gegen die Lebensführung des pflichtfrei lebenden Herrenstandes, – dann ergäbe dies offensichtlich für die wichtigsten Probleme in der Typologie der religiösen Ethik eine sehr einfache Lösung."[536] In die positive Wertung des Leidens könnten sich zwar auch Motive des Ressentiments mischen, aber Weber bemüht sich in der *Einleitung* ausdauernd darum, aufzuzeigen, daß die

533 Ebd., S. 554f.

534 Zur Nietzsche-Rezeption von Weber siehe: Horst Baier, „Die Gesellschaft – ein langer Schatten des toten Gottes. Friedrich Nietzsche und die Entstehung der Soziologie aus dem Geist der décadence", in: *Nietzsche-Studien* 10-11/1981-82, S. 6-33; Hennis 1987; Hartmann Tyrell, „Religion und ‚intellektuelle Redlichkeit'. Zur Tragödie der Religion bei Max Weber und Friedrich Nietzsche", in: *Sociologia Internationalis. Internationale Zeitschrift für Soziologie, Kommunikations- und Kulturforschung* 29(1/2)/1991, S. 159-177. Andrea Germer, *Wissenschaft und Leben. Max Webers Antwort auf eine Frage Friedrich Nietzsches*, Göttingen 1994; Klaus Lichtblau, „Max Webers Nietzsche-Rezeption in werkgeschichtlicher Betrachtung", in: *Max Weber und das moderne Japan*, hg. v. Wolfgang J. Mommsen u. Wolfgang Schwentker, Göttingen 1999, S. 499-518; Stefan Breuer, *Max Webers tragische Soziologie. Aspekte und Perspektiven*, Tübingen 2006; Hubert Treiber, „Max Weber als Leser Nietzsches – Zu einer in Deutschland geführten Auseinandersetzung", in: *Sociologia Internationalis* 51(2)/2013, S. 157-179. Zur soziologischen Nietzsche-Rezeption um 1900 siehe Klaus Lichtblau, *Kulturkrise und Soziologie um die Jahrhundertwende. Zur Genealogie der Kultursoziologie in Deutschland*, Frankfurt a.M. 1996, S.77ff.

535 Weber, *Wirtschaftsethik der Weltreligionen*, S. 3. Zu Nietzsches Wertetheorie in der *Genealogie der Moral* und Max Webers Auseinandersetzung damit vgl. Hans Joas 1999, S. 37ff. u. S. 47ff.

536 Weber, *Wirtschaftsethik der Weltreligionen*, S. 3f.

in religiöse Brüderlichkeitsethik mündenden Erlösungshoffnungen nicht primär auf sublimierte Rachemotive der negativ Privilegierten zurückgeführt werden könnten. Denn diese Erklärung mindert Webers Grundidee von der selbständigen Kraft religiöser Überzeugungen.

Trotz des Abweises der Ressentimenttheorie waren es wohl die nietzscheanischen Suchbewegungen, in den allzumenschlichen Labyrinthen der menschlichen Seele Motive für Geist und Ungeist intellektueller Produktionen zu finden, die Weber interessiert haben mögen. So kann auch die *Protestantische Ethik* als eine Art „psychoanalytische bzw. psychohistorisch orientierte Fallanalyse" gelesen werden.[537] Hinzuzunehmen ist, daß die psychopathologische Blickrichtung, die Nietzsche häufig einnimmt, methodisch zu einem Verfahren der stilisierenden Typenbildungen von ausgeprägten Charakteren führt, das Helmut Schoeck zufolge hohe Affinitäten zum Weberschen Konzept des Idealtypus besitzt.[538]

Die Perspektive Webers auf Nietzsche könnte klarer gemacht werden, wenn man den für beide grundlegenden Ausgangspunkt der Anerkennung eines sinnfreien Kosmos, wie sie in der pessimistischen Weltanschauung in der Folge Schopenhauers vollzogen wurde, in den Blick nimmt. Sowohl Hegels im Horizont enthusiastischer Religion entstandene Geschichtsphilosophie als auch die positivistischen *Wissenschaftsreligionen*, die für das Weltgeschehen eine Sequenz von der Magie zur finalen Wissenschaft behaupteten, können als Varianten eines Vertrauens auf eine basale Koinzidenz menschlicher Rationalität und einer mit der Welt gegebenen Rationalität begriffen werden. Bei solchen Syntheseleistungen handelte es sich für Schopenhauer, Hartmann, Mainländer und Bahnsen um tröstliche, aber haltlose Illusionen. Dieser Pessimismus ging weit über die empirisch-mathematische Weltbetrachtung hinaus, deren Vertreter es zunehmend ablehnten, überhaupt nach einem „Sinn" des innerweltlichen Geschehens zu fragen.[539]

Nietzsche und Weber teilen die Annahme der „Wertirrationalität der Lebenswirklichkeit"[540]. Allerdings vermißt man bei Weber den frohgemuten Experimen-

537 Klaus Lichtblau und Johannes Weiß in der Einleitung der Herausgeber zu Weber, *Protestantische Ethik*, S. XI; vgl. Nicolaus Sombart, *Nachdenken über Deutschland. Vom Historismus zur Psychoanalyse*, München 1987, S. 22ff.

538 Helmut Schoeck, *Geschichte der Soziologie. Ursprung und Aufstieg der Wissenschaft von der menschlichen Gesellschaft*, Freiburg 1974, S. 193ff. Helmut Schoeck hat sich intensiv mit nietzscheanischen Einflüssen auf die Soziologie beschäftigt, insbesondere im thematischen Kontext seiner klassischen Studie *Der Neid. Eine Theorie der Gesellschaft*, Freiburg/München 1966.

539 Vgl. Bernhard Plé, *Die ‚Welt' aus den Wissenschaften. Der Positivismus in Frankreich, England und Italien von 1848 bis ins zweite Jahrzehnt des zwanzigsten Jahrhunderts. Eine wissenssoziologische Studie*, Stuttgart 1996, S. 41.

540 Ernst Topitsch, *Vom Ursprung und Ende der Metaphysik. Eine Studie zur Weltanschauungskritik*, München 1972, S. 366. Zum Zusammenhang des Zusammenbruchs naturrechtlicher Denktraditionen und der Irrationalität von Handlungsorientierungen, vgl. Franz-Xaver Kaufmann, „Wissenssoziologische Überlegungen. Zu Renaissance und Niedergang des katholischen Naturrechtsdenkens im 19. und 20. Jahrhundert", in: *Naturrecht in der Kritik*, hg. v. Franz Böckle u. Ernst-Wolfgang Böckenförde, Mainz 1973, S. 126-164, hier S.151.

talismus Nietzsches. Die tänzerischen Bewegungen einer *fröhlichen Wissenschaft* waren Weber wohl nur selten zugänglich. Dabei mag biographisch das Leiden an einer rätselhaften Krankheit eine nicht unwichtige Rolle gespielt haben.[541] Die Irrationalität der Welt, die für Nietzsche die Chance einer Rehabilitation der Kunst als dem „*guten* Willen zum Scheine" bot, brachte Weber dazu, die verschlungenen Wege der Rationalisierung des Irrationalen zu erforschen, die im Zentrum seiner Religionssoziologie stehen.[542] Dabei geht es im Unterschied zu Nietzsche weniger um die psychologische Motivation, nicht um die Ebene des Erlebens, die Weber zufolge in Musik und Kunst, d.h. in der ästhetischen Sphäre beheimatet sind, sondern um rational nachvollziehbaren „Sinn", der gegenüber der sinnlos gegebenen Welt errungen werden muß.[543]

Gegen Religionstheorien seiner Zeit, die im Erleben oder in religiöser Erfahrung den Kernbereich von Religion situieren, geht Weber davon aus, daß es nicht nur in aller Religion, sondern auch schon in der Magie darum geht, der Sinnlosigkeit von Kosmos und Geschehen nicht nur ein Gefühl, sondern einen objektiven, d. h. rationalen Sinn abzugewinnen. Jedes Handeln hat es wohl auch mit Motivationslagen zu tun, entscheidend ist jedoch für Weber, daß mit dem Handeln Sinnerwartungen verbunden sind, die sich auf eine vorfindliche Wirklichkeit beziehen und sich zu bewähren haben. Zurecht macht Hans G. Kippenberg darauf aufmerksam, für Weber „ist ‚Sinn' keine formale Kategorie, die auf die vermittelte Beziehung der Menschheit zur Welt verweist wie in der heutigen Kulturanthropologie. Weber folgt vielmehr den deutschen Religionshistorikern, für die ‚Sinn' eine Leistung in einer an sich sinn-widrigen Welt darstellt. Webers gesamter Ansatz beruht auf diesem Gehalt von ‚Sinn'. Der Unterschied zwischen religiösem und nicht religiösem Verhalten liegt damit ausschließlich in den subjektiven Erwartungen der Handelnden und nicht in den Typen des Handelns selber."[544] Dies unterscheidet Webers Religionssoziologie von der Émile Durkheims, der „eine spezifische Klasse von Handlun-

541 Radkau 2005, S. 291 u. 312.

542 Nietzsche, *Fröhliche Wissenschaft*, S. 343-651, hier S. 464.

543 Zum Verhältnis von Rationalisierung und Kunst vgl. Hartmann Tyrell, „Potenz und Depotenzierung der Religion – Religion und Rationalisierung bei Max Weber", in: *Saeculum* 44/1993, S. 300-347, hier S. 331ff. Vgl. auch Norbert Bolz, *Auszug aus der entzauberten Welt. Philosophischer Extremismus zwischen den Weltkriegen*, München 1989, S. 149. Die zeitgenössische Kunst war für Weber eine „intime und keine monumentale" Kunst, die „nur innerhalb der kleinsten Gemeinschaftskreise, von Mensch zu Mensch" kommuniziert werden kann. Zit. n. Max Weber, „Wissenschaft als Beruf", in: *Gesammelte Aufsätze zur Wissenschaftslehre*, hg. v. Johannes Winckelmann, Tübingen 1988b (im Folgenden: *Wissenschaft als Beruf*), S. 582-613, S. 612. Dieses Bild „intimer Kunst" ist am Modell des George-Kreises entwickelt.

544 Hans G. Kippenberg, „Religiöse Gemeinschaften. Wo die Arbeit am Sinnproblem der Welt und der Bedarf sozialen Handelns an Gemeinschaftlichkeit zusammenkommen", in: Albert / Bienfait / Sigmund u. Wendt 2005, S. 211-233, hier S. 225f. Siehe auch ders., „Religionssoziologie ohne Säkularisierungsthese: Emil Durkheim und Max Weber aus der Sicht der Symboltheorie", in: *Neue Zeitschrift für systematische Theologie und Religionsphilosophie* 27/1985, S. 177-193.

gen als heilig identifiziert, während für Weber jedes Alltagshandeln religiös sein kann, vorausgesetzt der Handelnde verbindet mit ihm eine Sinn-Erwartung."[545] So gilt für Weber beides: „Religiös oder magisch motiviertes Handeln" ist sowohl „in seinem urwüchsigen Bestande, diesseitig ausgerichtet", als auch mit Sinnerwartungen verbunden, es ist „ein mindestens relativ rationales Handeln".[546]

Hier wird das Verhältnis zu Nietzsche besonders deutlich. Magie und Religion sind in einen Prozeß verflochten, in dem die Erwartungen, daß es letztinstanzlich in der Welt vernünftig zugeht, enttäuscht werden. Am Ende dieses Prozesses sind es nur noch „große Kinder", die daran glauben, „daß Erkenntnisse der Astronomie oder der Biologie oder der Physik oder der Chemie uns etwas über den *Sinn* der Welt, ja auch nur etwas darüber lehren könnten: auf welchem Weg man einem solchen ‚Sinn' – wenn es ihn gibt – auf die Spur kommen könnte? Wenn irgend etwas, so sind sie geeignet, den Glauben daran: *daß* es so etwas wie einen ‚Sinn' der Welt gebe, in der Wurzel absterben zu lassen!"[547]

Was Weber hier den wissenschaftsgläubigen Monisten ins Stammbuch schreibt, ist in hohem Maße affin mit Nietzsches Gedankenfigur zur Selbstauflösung von Sinnsystemen. „Alle großen Dinge gehen durch sich selbst zugrunde, durch einen Akt der Selbstaufhebung: so will es das Gesetz des Lebens, das Gesetz der *notwendigen* ‚Selbstüberwindung' im Wesen des Lebens, – immer ergeht zuletzt an den Gesetzgeber selbst der Ruf: ‚patere legem, quam ipse tulisti'."[548] Das Christentum als Dogma sei an seiner eigenen Moral zugrunde gegangen, und diese werde wiederum an sich selbst zugrunde gehen. „Nachdem die christliche Wahrhaftigkeit einen Schluß nach dem anderen gezogen hat, zieht sie am Ende ihren *stärksten Schluß*, ihren Schluß *gegen* sich selbst; dies aber geschieht, wenn sie die Frage stellt ‚*was bedeutet aller Wille zur Wahrheit?*'."[549] Daran schließt sich die weitere Frage an, „welchen Sinn hätte *unser* ganzes Dasein, wenn nicht den, daß in uns jener Wille zur Wahrheit sich selbst *als Problem* zum Bewußtsein gekommen wäre?"[550]

Nietzsche ruft eine Sequenz der Selbstauflösung von Sinnsystemen auf, die mit dem Christentum beginnt und weiter zur Problematisierung des Willens zur Wahrheit führt. Das Theorem der Selbstauflösung der Religion findet sich mit Bezug auf den Protestantismus bereits bei Bruno Bauer, wenn er 1843 schreibt: „Der Protestantismus hat jetzt das Höchste geleistet, was er leisten kann und was seine höchste

545 Kippenberg 2005, S. 226.

546 Max Weber, *Wirtschaft und Gesellschaft. Grundriß der verstehenden Soziologie*, Köln/Berlin 1964 (im Folgenden: *Wirtschaft und Gesellschaft 1964*), S. 121.

547 Weber, *Wissenschaft als Beruf*, S. 597f.

548 Nietzsche, *Genealogie der Moral*, S. 410. (Nimm das Gesetz hin, das du selbst gemacht hast!)

549 Ebd.

550 Ebd. Weiterführend besonders: Tyrell 1991. Vgl. dazu auch: Gerd-Günther Grau, *Christlicher Glaube und intellektuelle Redlichkeit. Eine religionsphilosophische Studie über Nietzsche*, Frankfurt a.M. 1958. Sowie ders., *Ideologie und Wille zur Macht. Zeitgemäße Betrachtung über Nietzsche*, Berlin/New York 1984, S. 157ff.

Bestimmung ist; er hat sich selbst und mit sich zugleich die Religion überhaupt aufgelöst. Er hat sich zum Besten der Freiheit, der Menschheit aufgeopfert."[551] Ausgearbeitet ist das Motiv dann – wie oben gezeigt – bei Eduard von Hartmann in seiner Schrift: *Die Selbstzerstörung des Christentums und die Religion der Zukunft* von 1874.[552]

Auch die schwierige Verflechtung des Willens zur Wahrheit mit den Institutionen der Wissenschaft war im Kreise der Junghegelianer eine vertraute Angelegenheit. So schreibt Ludwig Feuerbach im Vorwort von 1843 zu seinem religionskritischen Hauptwerk *Das Wesen des Christentums*: „Wahrheit ist die Grenze der Wissenschaft. In demselben Sinne, als sich die Freiheit der deutschen Rheinschifffahrt jusqu'à la mer, erstreckt sich die Freiheit der deutschen Wissenschaft jusqu' à la vèrité. Wo die Wissenschaft zur Wahrheit kommt, Wahrheit wird, da hört sie auf, Wissenschaft zu sein, da wird sie ein Objekt der Polizei – die Polizei ist die Grenze zwischen der Wahrheit und Wissenschaft."[553] Feuerbachs ironisches Bonmot bezog sich auf die staatliche Zensur gegenüber religionskritischen Schriften. Weitergehend handelt es sich bei der Grenze zwischen Wahrheit und Wissenschaft um Fragen der Legitimität institutioneller Grenzziehungen.

Im Folgenden werden wir Webers Umgang mit den Problemen erörtern, die Nietzsches Sequenz der Selbstauflösung von Sinnsystemen aufwirft. Dazu gehört zunächst der Anteil der Institutionalisierung an der Selbstauflösung, eine Problematik, die Weber am Thema des Verhältnisses von Religion und Herrschaft entfaltet. Anschließend wenden wir uns den Konzepten einer die Persönlichkeit bildenden Kraft der Askese zu, die Weber mit Nietzsche teilt. Wir erörtern dann Webers Modellvorstellung einer speziellen „Intellektuellenreligiosität" und ihre Rolle in der Geschichte der Rationalisierung. Schließlich behandeln wir Webers Forderung nach „intellektueller Redlichkeit", die die Fragen nach der Sinnhaftigkeit der Welt und dem Verhältnis von Religion und Wissenschaft umgreift.

---

551 Bruno Bauer, „Die Fähigkeit der heutigen Juden und Christen, frei zu werden" [1833], in: Ders., *Feldzüge der reinen Kritik*, Frankfurt a.M. 1968, S. 175-195, hier 185f. Siehe dazu im *Ersten Band* S. 691. Nietzsche hat Bruno Bauer gekannt und geschätzt als den „alten Hegelianer", von dem er schreibt, daß er in ihm „einen meiner letzten aufmerksamsten Leser gehabt habe. Er liebte es in den letzten Jahren auf mich zu verweisen, zum Beispiel Herrn von Treitschke, dem preußischen Historiographen, einen Wink zu geben, bei wem er sich Auskunft über den ihm verlorengegangenen Begriff ‚Cultur' holen könne." Nietzsche, *Antichrist*, S. 317f.

552 In diesem Band, S. 591ff. Eduard von Hartmann, *Die Selbstzerstörung des Christentums und die Religion der Zukunft*, Berlin ^{2}1874. So sehr Nietzsche davon überzeugt ist: „Schopenhauer war als Philosoph der erste eigenständliche und unbeugsame Atheist, den wir Deutschen gehabt haben", so abschätzig urteilt er gegen den „nach-schopenhauerischen Pessimismus": Eduard von Hartmann ist ein „arger Schalk", Bahnsen ein „Brummkreisel", Mainländer ein „Virginitäts-Apostel". Nietzsche, *Morgenröte*, S. 599 u. 561.

553 Ludwig Feuerbach, „Das Wesen des Christentums", in: ders., *Werke in sechs Bänden*, Bd. 5, hg. v. Erich Thies, Frankfurt a.M. 1976, S. 395-415, hier S. 397.

Legitime Herrschaft und Selbstauflösung der Religion. Wie wendet Weber das Theorem der Selbstauflösung der Religion auf die Verhältnisse zwischen Religion und Herrschaft an? Religion ist für Weber nicht ein System neben anderen, wie Wirtschaft, Politik, Kunst, etc., sondern systematisch den Phänomenen Macht und Herrschaft zugeordnet. „Die religiösen Vergesellschaftungen und Gemeinschaften, gehören bei voller Entwicklung zum Typus der *Herrschafts*verbände: sie stellen ‚hierokratische' Verbände, d.h. solche dar, bei welchen die Herrschaftsgewalt durch das Monopol der Spendung oder Versagung von Heilsgütern gestützt wird."[554] Für Herrschaft und Gehorsam stellt sich überall die Frage nach den Legitimitätsgrundlagen.[555]

Bekanntlich hat Weber in seiner Herrschaftssoziologie drei Idealtypen komponiert: Traditionale, charismatische und legale Herrschaft. In der *Einleitung zur Wirtschaftsethik der Weltreligionen* ordnet er religiöse Gemeinschaften konsequent in diese Typologie ein. Gegenwärtig habe man es mit dem Typus legaler Herrschaft zu tun und die Kirche, insbesondere die katholische, folge exakt diesem Modell. Der Pfarrer oder Priester habe wie ein Beamter „seine bestimmt abgegrenzte ‚Kompetenz': die durch Regeln festgelegt ist. Auch für das höchste Kirchenhaupt gilt das: die heutige ‚Infallibilität' ist ein Kompetenzbegriff: dem inneren Sinn nach verschieden von dem, was ihr voran ging (noch zur Zeit Innozenz' III.). Die Scheidung von ‚Amtssphäre' (bei der Infallibilität: dem Definieren ‚ex cathedra') und ‚Privatsphäre' ist ganz ebenso durchgeführt wie beim politischen (oder sonstigen) Beamten."[556] Für Weber ist diese Herrschaftsform spezifisch modern: „Im Namen nicht einer persönlichen Autorität, sondern im Namen der unpersönlichen Norm wird befohlen, und der Erlaß des Befehls selbst ist auch seinerseits Gehorsam gegenüber einer Norm, nicht freie Willkür oder Gnade oder Privileg."[557]

Die reinste Spielart legaler Herrschaft ist für Weber die bürokratische Herrschaft. Dazu gehören: „Das Verhältnis der modernen Staats- und Kommunalbeamten, der modernen katholischen Priester und Kapläne, der Beamten und Angestellten der modernen Banken und kapitalistischen Großbetriebe."[558] Legale Herrschaft folgt dem rein formalen, juristischen Rationalismus, der ins rein technisch-verfahrensmäßige tendiert. Die Unterwerfung unter solche Herrschaft setzt den Glauben an die Legitimität der Verfahren voraus. Diese eigenartige Glaubensform wird im 20. Jahr-

554 Weber, *Wirtschaftsethik der Weltreligionen*, S. 21.

555 Zu Webers Herrschaftssoziologie vgl. Max Weber, „Die drei reinen Typen der legitimen Herrschaft", in: MWG I/22,4, hg. v. Edith Hanke u. Thomas Kroll, Tübingen 2005b, S. 726-744; ders., „Typen der Herrschaft", in: MWG I/22,4, hg. v. Edith Hanke u. Thomas Kroll, Tübingen 2005c, S. 126-149. *Max Webers Herrschaftssoziologie. Studien zur Entstehung und Wirkung*, hg. v. Edith Hanke und Wolfgang J. Mommsen, Tübingen 2001. Stefan Breuer, *Bürokratie und Charisma. Zur politischen Soziologie Max Webers*, Darmstadt 1994; ders., *Max Webers Herrschaftssoziologie*, Frankfurt a.M. 1991.

556 Weber, *Wirtschaftsethik der Weltreligionen*, S. 21.

557 Ebd., S. 21.

558 Ebd., S. 24.

hundert einen Aufschwung erleben, wenn es um die neue Erfahrung artifizieller Lebenswelt geht, wie wir im *Vierten Teil* der Religionssoziologie untersuchen.[559]

Für Webers *Wirtschaftsethik der Weltreligionen* sind die beiden anderen Herrschaftstypen bedeutsam: Die charismatische und die traditionale Herrschaft, die in einem Spannungsverhältnis zueinander stehen. Die Übertragung des religionsgeschichtlichen Begriffs des Charismas, wie ihn Rudolf Sohm für die frühchristlichen Gemeinden entwickelt hat, auf die Phänomene der Herrschaft, gehört zu den Neuerungen, die Weber zuzuschreiben sind.[560] Charisma definiert Weber als „eine (sei es mehr äußerliche oder mehr innerliche) Herrschaft über Menschen, welcher sich die Beherrschten kraft des Glaubens an diese Qualität dieser bestimmten *Person* fügen. Der magische Zauberer, der Prophet, der Führer auf Jagd- und Beutezügen, der Kriegshäuptling, der sog. ‚cäsaristische' Herrscher, unter Umständen das persönliche Parteihaupt, sind gegenüber seinen Jüngern, seiner Gefolgschaft, der von ihm geworbenen Truppe, der Partei usw. solche Herrschertypen."[561] Es geht dabei nicht um einen Glauben an die Legitimität einer Norm, sondern um „Hingabe an das Außergewöhnliche". Solche Herrschaft wird „nach konkreten Offenbarungen und Eingebungen gehandhabt und ist in diesem Sinne ‚irrational'. Sie ist ‚revolutionär' im Sinne der Ungebundenheit an alles Bestehende: ‚es steht geschrieben – ich aber sage euch …!'"[562] In Gegenlage dazu steht traditionale Herrschaft als „die seelische Eingestelltheit auf und der Glaube an das alltäglich *Gewohnte* als unverbrüchliche Norm für das Handeln".[563] Gehorsamsleistungen erfolgen hier auf Grundlage der Pietät gegenüber den hergebrachten, eben durch Tradition geheiligten Normen, „deren Verletzung magische oder religiöse Übel im Gefolge hat".[564]

Zwischen alltäglicher Gewohnheit und Charisma sind für Weber Prozesse modellhaft denkbar. In der einen Richtung bricht charismatische Herrschaft für die, die daran glauben, alltäglich für legitim erachtete traditionale Herrschaft auf. Sie ist dann revolutionär. In der anderen Richtung verfällt charismatische Herrschaft der Veralltäglichung, insbesondere dann, wenn sich die Nachfolgefrage nach dem Tod des charismatischen Herrschers stellt, oder wenn die wachsende Zahl seiner ihm nahen Mitarbeiter die Organisation des Heilsbetriebs besorgten. Die Veralltäglichung des Charisma führt dann zu traditional werdenden Herrschaftsformen. In diesem Prozeß verschwindet das religiöse Moment des Außeralltäglichen. Veralltäglichung ist Säkularisierung in dem Sinne, daß ein Verfall intensiver Religiosität durch Routine stattfindet.

Die Herrschaftsform, in der die moderne kapitalistische Marktgesellschaft sich erhält, ist bei Weber eigentümlicher Weise mehrfach kodiert. Sie ist legale Herrschaft nach Normen mit exekutierenden Beamten, aber sie gewinnt mit der Einge-

559 Zum Glauben an Verfahren in diesem Band, S. 1267ff.
560 Riesebrodt 2001.
561 Weber, *Wirtschaftsethik der Weltreligionen*, S. 22.
562 Ebd.
563 Ebd.
564 Ebd.

wöhnung in rastlose Berufsarbeit, deren vormaliger religiöser Sinn entschwunden ist, zugleich Züge eines Traditionalismus der gewohnheitsmäßigen Fixierung auf Beruf und Leistung. In beiden Charakteristika kündigt sich das technisch-ritualistische Moment an, das bei Weber eine verhaltene Sehnsucht nach Charisma provoziert. So heißt es in den berühmten Schlußpassagen der *Protestantischen Ethik* vom „stahlharten Gehäuse" des modernen Kapitalismus: „Niemand weiß noch, wer künftig in jenem Gehäuse wohnen wird, und ob am Ende dieser ungeheuren Entwicklung ganz neue Propheten oder eine mächtige Wiedergeburt alter Gedanken und Ideale stehen werden, *oder* aber – wenn keins von beiden – ‚chinesische' Versteinerung durch eine Art von krampfhaften Sich-wichtig-nehmen verbrämt."[565] Es ist nun in symptomatischer Hinsicht bemerkenswert, daß Max Weber die Formulierung „chinesische Versteinerung", die auf eine kulturvergleichende am globalen Markt der Weltreligionen orientierte Perspektive anspielt, 1920 durch „mechanisierte Versteinerung" ersetzt.[566] Die Erfahrung artifizieller Lebenswelt überlagert die der entfalteten Marktgesellschaft.

Die bildende Kraft der Askese. Zu den Affinitäten zwischen Nietzsche und Weber gehört eine besondere Wertschätzung der Askese.[567] Die strikte Ablehnung der klösterlichen Askese durch den protestantischen Theologen Albrecht Ritschl war schon für Ernst Troeltsch Anlaß, Askese in den Soziallehren neu zu bewerten. Auch Weber kritisiert Ritschl, der „in seiner Antipathie gegen alle spezifisch *asketische* Religiosität überall da, wo die Wendung zu dieser hin sich vollzieht, Rückfälle in den ‚Katholizismus' hineininterpretiert."[568] Weber greift die in der Theologie der Zeit erörterte Differenz zwischen einer äußerlichen eher katholischen Auffassung von Askese und der Askese reformierter Gläubiger auf, die abgesondert in einer *ecclesiolae in ecclesia* eine Art bürgerliche Arbeitsdisziplin praktizierten.[569] Bei der ersten Form handelt es sich für Weber um eine „außerweltliche", weltabgewandte oder weltflüchtige Askese, bei der letzteren um eine „innerweltliche", der Welt zugewandte Askese, d.h. eine disziplinierte methodische Lebensführung. Hubert Treiber hat ausgeführt, wie sehr der Webersche Grundgedanke der Bildung der „Persönlichkeit" als einer asketischen Leistung des Ertragens der wertindifferenten Lebenswirklichkeit mit Nietzsches Idee eines „Klosters für freiere Geister" konvergiert.[570]

---

565 Weber, *Protestantische Ethik,* S. 154.

566 Ebd., S. 202.

567 Maßgeblich sind hier die Arbeiten von Hubert Treiber, „Nietzsches ‚Kloster für freiere Geister'. Nietzsche und Weber als Erzieher. Mit Anmerkungen zum ‚Übermenschenkult' innerhalb der Boheme der Jahrhundertwende", in: Antes u. Pahnke 1989, S. 117-161; ders., „Im Westen nichts Neues: Menschwerdung durch Askese", in: Kippenberg u. Luchesi 1991, S. 283-323; ders. 2001.

568 Weber, *Protestantische Ethik,* S. 90.

569 Treiber 2001, S. 271.

570 Treiber 1989; vgl. auch Nietzsches Formulierung in 1980o „Nachgelassene Fragmente 1875-1879", in: *KSA*, Bd. 8, München (im Folgenden: *Fragmente 1875-1879*), S. 294.

Zu den Dingen, die durch den „Mißbrauch“ der Kirche verdorben sind, zählt Nietzsche zuerst die Askese: „man hat kaum noch den Mut dazu, deren natürliche Nützlichkeit, deren Unentbehrlichkeit im Dienste der *Willens-Erziehung* ans Licht zu ziehen.“ Dann „das *Fasten*: in jedem Sinne, auch als Mittel, die feine Genußfähigkeit aller guten Dinge aufrecht zu erhalten (z.B. zeitweilig nicht lesen; keine Musik mehr hören; nicht mehr liebenswürdig sein; man muß auch Fasttage für seine Tugend haben).“ Zum Kloster notiert Nietzsche: „die zeitweilige Isolation mit strengster Abweisung z.B. der Briefe; eine Art tiefster Selbstbesinnung und Selbst-Wiederfindung, welche nicht den ‚Versuchungen‘ aus dem Wege gehen will, sondern den ‚Pflichten‘: ein Heraustreten aus dem Cirkeltanz des milieu, ein Heraustreten aus der Tyrannei verderblicher kleiner Gewohnheiten und Regeln; ein Kampf gegen die Vergeudung unserer Kräfte in bloßen Reaktionen; ein Versuch, unserer Kraft Zeit zu geben, sich zu häufen, wieder *spontan* zu werden. Man sehe sich unsere Gelehrten aus der Nähe an: Sie denken nur noch *reaktiv*, d.h. sie müssen erst lesen um zu denken.“[571] Diese Askese schließt für Nietzsche nicht das Fest aus. Darin ist einbegriffen „Stolz, Übermut, Ausgelassenheit; die Narrheit; der Hohn über alle Art Ernst und Biedermännerei; ein göttliches Jasagen zu sich aus animaler Fülle und Vollkommenheit – lauter Zustände, zu denen der Christ nicht ehrlich Ja sagen darf.“[572] Diese Passagen irritieren, da Nietzsche an anderen Stellen der Askese als einer lebensfeindlichen Praxis eine deutliche Absage erteilt.[573]

Hubert Treiber bemerkt dazu, daß mit Blick auf die antiken Ideale der Erziehung diese überlagert sei „von jener Sehnsucht nach Askese, die jene ethische Haltung hervorzubringen vermag, die in einer entzauberten Welt noch möglich, aber zugleich auch gefragt ist: *Persönlichkeit* (im Sinne übermenschlicher Fähigkeiten zur selbstverantwortlichen Lebensführung in einer entzauberten Welt). Daß diese Suche nach Bedingungen und Möglichkeiten von ‚Persönlichkeit‘ die Wiederentdeckung klösterlichen Lebensstils bedeutet, ist (angesichts des Entzauberungstheorems) zwar kurios, doch im (protestantischen) Westen dennoch nichts Neues.“[574] Entscheidend ist hier der Unterschied zwischen einer Erziehung als Modellierung des Individuums und einer als Selbstverwirklichung verstandenen Einstellung, die sich frei der Askese als eines Instruments bedient.

Diese Askese steht nun bei Weber in Spannung zu einem anderen Modus der innengeleiteten Genese von Werten: der Mystik, ein kompakter Terminus, der für vielfältige Ausdeutungen einer Verschmelzung mit dem Göttlichen offen ist. Ernst Troeltsch hatte – wie oben gezeigt – Mystik als dritten Sozialtypus eingeführt.[575] Sein Heidelberger Kollege, der 1898 gestorbene Altphilologe Erwin Rohde, ein enger Freund Friedrich Nietzsches, hatte in seinem monumentalen Werk *Psyche. Seelencult und Unsterblichkeitsglaube bei den Griechen* die These begründet, daß der

571 Nietzsche, *Fragmente 1885-1887*, S. 552f.

572 Ebd., S. 553.

573 Nietzsche, *Genealogie der Moral*, S. 265 u. 239ff.

574 Treiber 1991, S. 315.

575 In diesem Band, S. 737ff.

griechische Unsterblichkeitsglaube aus einer synkretistischen Verbindung des aus Thrakien eingewanderten Dionysos-Kultes mit griechischen Traditionen entstanden sei.[576] Die ekstatische Verschmelzung mit Gottheiten in einem „wüsten Taumel" (Rohde) sei in einem weiteren Schritt von den Orphikern in eine Lehre umgebildet, auf deren Grundlage dann Sekten die Unsterblichkeit der Seele durch Reinigungsriten befördern wollten. Bei Rhodes Dionysos-Deutung haben Nietzsches Deutungen der griechischen Religion, die bekannte Entgegensetzung des Apollinischen und Dionysischen in *Die Geburt der Tragödie aus dem Geist der Musik*, Pate gestanden. Hinzuzunehmen ist, daß Rohde im Zusammenhang des aus der Ekstase entstandenen Unsterblichkeitsglaubens von „Mystik" spricht. Ernst Troeltschs These, daß Mystik bei Unterschichten als Orgiastik, bei Obersichten als Kontemplation auftritt, ruht auf Rohdes und Nietzsches Konzeptualisierungen der griechischen Religion.

Auch Weber war mit Rohdes Forschungen vertraut. Er folgt Rohde, wo es um die orgiastische Genese der Vorstellung von der Seele als eines vom Körper verschiedenen Wesens geht. Kippenberg bemerkt zu Recht: „Wie ein roter Faden zieht sich durch seine (Webers W.E.) Konstruktion von Religionsgeschichte die Macht von Rausch und Orgie. Sie kommt vor bei den indischen Religionen, beim Zarathustrismus, beim Griechentum, beim Römertum und beim Judentum."[577] Mit Blick auf die griechischen Mysterienreligionen hebt Weber als Charakteristik von Mystik ihre aus der Nähe zur Orgiastik erwachsenen Techniken der „ritualistischen Verbesserung des Diesseits- und Jenseits-loses"[578] hervor. Damit verbunden ist die mindere Bedeutung von rationalen Heilslehren.[579] Dazu gehört auch der „Charakter des Unsteten", der „Verantwortungslosigkeit" einer nur gelegentlichen Vergesellschaftung.[580] Entscheidend ist: „der erstrebte seelische Habitus ist (...) vom *rationalen Handeln* direkt *ab*führend"[581]. Es gehe um „Besitz einer Zuständlichkeit"[582].

Askese und Mystik kontrastiert Weber als zwei Wege, die Sinnerwartung in einer sinnlosen Welt zu erfüllen und somit erlösend zu wirken. In der Askese begreift sich der gläubige Mensch als Werkzeug Gottes. Vorherrschend ist ein Aktivismus; es geht um ethische Bewährung. In der Mystik dagegen begreift sich der gläubige Mensch als Gefäß, das die göttliche Strahlung aufnimmt. Vorherrschend ist ein Aktivitätsverzicht; es geht um Erleuchtung. Im Vergleich der Weltreligionen dominiert mystische Kontemplation im orientalischen und asiatischen Bereich, Askese

576 Erwin Rohde, *Psyche. Seelencult und Unsterblichkeitsglaube bei den Griechen* [1890-94], 2 Bde., Freiburg/Leipzig/Tübingen ²1898. Vgl. Hubert Cancik, „Erwin Rohde. Ein Philologe der Bismarckzeit", in: *Semper Apertus. Festschrift der Universität Heidelberg*, Berlin/Heidelberg 1985, S. 436-505; Kippenberg 1997, S. 146-152.

577 Kippenberg 2001, S. 87f.

578 Weber, *Wirtschaft und Gesellschaft 1964*, S. 372. Zum Folgenden auch Volkhard Krech, „Mystik", in: Kippenberg u. Riesebrodt 2001, S. 241-262, hier S. 253.

579 Weber, *Wirtschaft und Gesellschaft 1964*, S. 348.

580 Ebd., S. 414.

581 Ebd.

582 Ebd.

dagegen im Okzident.[583] Was die Diagnostik seiner Moderne angeht, so sah Weber in der *Protestantischen Ethik* – wie oben gezeigt – die asketische puritanische Askese betriebsförmig ohne Sinn im stählernen Gehäuse als rastlose Berufsarbeit weiterlaufen.

Gleichzeitig bewegte sich Weber inmitten einer vielgestaltigen Diskussion von „Mystik" gerade auch bei Intellektuellen, die mit Inspirationen aus diesen Quellen ihren Glauben an die Religion der Wissenschaft unterfütterten.[584] Auffällig ist bei Weber eine generelle Skepsis gegenüber einer ausfransenden Befassung mit Mystik. Diese Skepsis durchzieht viele seiner Äußerungen, angefangen vom berühmten Brautwerbebrief, in dem es heißt: „Keine phantasievolle Hingabe an unklare und mystische Seelenstimmungen dürfen wir in uns dulden. Denn wenn die Empfindung zu Dir hoch geht, mußt Du sie bändigen, um mit nüchternem Sinne Dich steuern zu können"[585], bis zu den späten Bemerkungen: „Wer ‚Schau' wünscht gehe ins Lichtspiel; es wird ihm heute massenhaft auch in literarischer Form auf eben diesem Problemfeld geboten".[586]

INTELLEKTUELLENRELIGIOSITÄT. Weber hat seinen Beitrag zur Geschichte der Rationalität eng an die Geschichte der Intellektuellen gebunden.[587] Die Zusammenhänge werden systematisch in der neuen Max Weber Gesamtausgabe im mit *Religiöse Gemeinschaften* betitelten Teilband, aus dem Nachlaß *Wirtschaft und Gesellschaft*, entfaltet. Hartmann Tyrell hat darauf hingewiesen, daß der Titel besser noch um den Zusatz „Klassenbedingtheit der Religionen; Kulturreligionen und Wirtschaftsgesinnung" verlängert werden müßte.[588] Denn die Verbandsformen des Religiösen seien „außerhalb des religions-soziologischen Kernkapitels" in der Herrschaftssoziologie behandelt worden.

Die Frage nach der Klassenbedingtheit von Religion führt Weber zu den sozialen Trägerschichten und damit zur Schicht der Intellektuellen und ihrem Umgang mit Religionsfragen. Mit dieser gedanklichen Wegführung bezieht Weber gegen Nietzsche und Marx zugleich Stellung. Denn Weber setzt das Kernproblem von Intellektuellen, die Frage nach der Sinnhaftigkeit der Welt und der möglichen Erlösungswege ebenso von der Marxschen ökonomisch fundierten Klassendichoto-

583 Ebd., S. 430; Krech 2001, S. 260.

584 In diesem Band, S. 200ff.

585 Max Weber an Marianne Weber vom 07.04.1893, zit. n. Joachim Radkau 2005, S. 83.

586 Weber 1963, S. 14.

587 Gangolf Hübinger, „Intellektuelle, Intellektualismus", In: Kippenberg u. Riesebrodt 2001, S. 297-313; Hans G. Kippenberg, „Intellektuellen-Religion", in: Antes u. Pahnke 1989, S. 181-201; Hartmann Tyrell, „Intellektuellenreligiosität, ‚Sinn'-Semantik, Brüderlichkeitsethik – Max Weber im Verhältnis zu Tolstoi und Dostojewski", in: *Max Weber und Osteuropa*, hg. v. Anton Sterbling u. Heinz Zipprian, Hamburg 1997b, S. 25-58.

588 Hartmann Tyrell, „Die innere Nötigung, die Welt als sinnvollen Kosmos erfassen zu können. Ein sorgfältig edierter neuer Teilband der Gesamtausgabe: Max Weber macht sich auf alles Religiöse seinen soziologischen Reim, verrät aber das Versmaß nicht", in: *Frankfurter Allgemeine Zeitung* vom 3.12.2001, S. 52.

mie ab, wie von der Deutung Nietzsches, die negativ Privilegierten veranstalteten einen „Sklavenaufstand in der Moral". Weber schreibt: „Ihren ersten Ursprung kann eine Erlösungsreligiosität sehr wohl innerhalb sozial privilegierter Schichten nehmen." Ein „gewisses Minimum an intellektueller Kultur" sei Voraussetzung für einen Prozeß, in dem ein spezifisch berufsmäßiger Intellektualismus auf „diejenigen negativ privilegierten Schichten übergreift, denen der Intellektualismus ökonomisch und sozial unzugänglich ist."[589]

Weber unterscheidet, was das Verhältnis von Religion und Klassenlage angeht, zwischen einer Massenreligiosität und einer „Virtuosenreligiosität", ein Terminus, den er von Schleiermacher übernnimmt.[590] Für die Rede von „Intellektuellenreligiosität" ist die Unterscheidung zwischen äußeren und inneren Interessenlagen tragend. Intellektuellenreligiosität hat eine andere Quelle „als die soziale Lage der negativ Privilegierten und den durch die praktische Lebenslage bedingten Rationalismus des Bürgertums: den Intellektualismus rein als solchen, speziell die metaphysischen Bedürfnisse des Geistes, welcher über ethische und religiöse Fragen zu grübeln nicht durch materielle Not gedrängt wird, sondern durch die eigene innere Nötigung, die Welt als einen *sinnvollen* Kosmos erfassen und zu ihr Stellung nehmen zu können."[591] Dem entspricht an anderer Stelle Webers Rede von der „*ungleichen* religiösen *Qualifikation* der Menschen", die er mit seinem Konzept von Charisma verbindet.[592] „Die höchstgewerteten religiösen Heilsgüter – die ekstatischen und visionären Fähigkeiten der Schamanen, Zauberer, Asketen und Pneumatiker aller Art – waren nicht jedem erreichbar, ihr Besitz war ein ‚Charisma', welches zwar bei Manchen, aber nicht bei Allen geweckt werden konnte." [593] Die Qualifikationsfrage ist somit nicht eindeutig an der Sozialstruktur festzumachen, wie die nachfolgende Bemerkung zeigt: „‚Heroistische' oder ‚Virtuosen'-Religiosität stand gegen ‚Massen'-Religiosität, – wobei hier unter ‚Masse' natürlich keineswegs die in der weltlichen Ständeordnung sozial niedriger Gestellten verstanden sind, sondern die *religiös* ‚Unmusikalischen'".[594]

Die Bindung von Intellektuellenreligiosität an die Geschichte der Rationalisierung, d.h. der Entzauberung der Welt, gibt der Weberschen Religionssoziologie, die enorme Mengen zeitgenössischer religionswissenschaftlicher Literatur aufgesogen hat, ihr ganz eigenes Profil. Die Fragen, die sich hier anschließen lauten: 1. Wie steht es mit den intellektuellen Zeitgenossen Webers und ihrer Religiosität? 2. Wel-

589 Weber, *Religiöse Gemeinschaften*, S. 60.

590 „Jeder ist Priester, indem er die Andern zu sich hinzieht auf das Feld, welches er sich besonders zugeeignet hat, und wo er sich als Virtuosen darstellen kann: jeder ist Laie, indem er der Kunst und Weisung eines Andern dahin folgt, wo er selbst Fremder ist in der Religion." Friedrich Schleiermacher, *Über die Religion. Reden an die Gebildeten unter ihren Verächtern* [1799], hg. v. Rudolf Otto, Göttingen [8]2002, S. 13. Vgl. Bernhard Lang, „Prophet, Priester, Virtuose", in: Kippenberg u. Riesebrodt 2001, S. 167-191.

591 Weber, *Religiöse Gemeinschaften*, S. 69.

592 Weber, *Wirtschaftsethik der Weltreligionen. Einleitung*, S. 16.

593 Ebd.

594 Ebd.

che Rolle können Intellektuelle für den Erhalt oder Ruin der Legitimationsgrundlagen moderner Gesellschaft, d.h. der legalen und bürokratisch-technisch verfaßten Herrschaft haben? Schließlich: 3. Wie steht es mit dem weiteren Fortgang des Entzauberungsprozesses?

1. Was die erste Frage betrifft, so gibt Weber eine zwiespältige Antwort: „Stets ist Erlösung, die der Intellektuelle sucht, eine Erlösung von ‚innerer Not' und daher einerseits lebensfremderen, andererseits prinzipielleren und systematischer erfaßten Charakters, als die Erlösung von äußerer Not, welche den nicht privilegierten Schichten eignet. Der Intellektuelle sucht auf Wegen, deren Kasuistik ins Unendliche geht, seiner Lebensführung einen durchgehenden ‚Sinn' zu verleihen, also ‚Einheit' mit sich selbst, mit den Menschen, mit dem Kosmos. Er ist es, der die Konzeption der ‚Welt' als eines ‚Sinn'-Problems vollzieht."[595] Das Problematisch-Werden von Welt, nicht, weil es an materiellen Dingen wie Nahrung und Komfort fehlt, sondern weil es ein Selbst-Problem im Sinne eines Selbst-Mangels gibt, der einer sinnhaften Vervollständigung bedürftig ist, wird als Fokus intellektueller Produktion herausgestellt.

Aber dieser Zusammenhang ist brüchig: „Je mehr der Intellektualismus den Glauben an die Magie zurückdrängt, und so die Vorgänge der Welt ‚entzaubert' werden, ihren magischen Sinngehalt verlieren, nur noch ‚sind' und ‚geschehen', aber nichts mehr ‚bedeuten', desto dringlicher erwächst die Forderung an die Welt und ‚Lebensführung' je als Ganzes, daß sie bedeutungshaft und ‚sinnvoll' geordnet seien."[596] Intellektualität und Rationalität lösen das „Sinn-Problem" nicht, sondern verschärfen es. Weber fixiert diese dilemmatische Lage und fordert geistesheroische Anstrengungen, sowohl an der Positivierung der Welt als einem Haufen von sinnlosen Tatsachen als auch an der Forderung nach sinnvoller Weltdeutung und Lebensführung festzuhalten.

Aber die Bedingungen dafür schätzt Weber eher pessimistisch ein. Die Gründe liegen auf verschiedenen Ebenen. Die privilegierten Schichten seien an der Aufrechterhaltung der bestehenden Religion „als Domestikationsmittel" interessiert. Zugleich herrsche bei ihnen ein „begründeter Unglaube daran, daß den überkommenen Glaubensbekenntnissen, von deren Wortlaut beständig jeder etwas fortdeutet, die ‚Orthodoxie' 10%, die ‚Liberalen' 90%, ein wirklich *wörtlich* von breiten Schichten zu akzeptierendes neues Bekenntnis substituiert werden könne".[597] Hinzu komme bei den privilegierten Schichten eine „verachtende Indifferenz gegenüber religiösen Problemen und der Kirche, deren schließlich höchst wenig lästige Formalitäten zu erfüllen kein schweres Opfer kostet, da jedermann weiß, daß es eben Formalitäten sind, die am besten von den offiziellen Hütern der Orthodoxie und Standeskonvention, und weil der Staat sie für Karriere fordert, erfüllt werden".[598] Diese Bedingungen ließen die „Chancen für die Entstehung einer ernsthaften Ge-

595 Weber, *Religiöse Gemeinschaften*, S. 73.
596 Ebd.
597 Ebd., S. 80.
598 Ebd., S. 80f.

meindereligiosität, die von den Intellektuellen getragen würde, ganz ungünstig erscheinen.“ [599] In diesem Punkte nähert sich Weber Troeltsch an, für den ‚echte‘ Religiosität nur aus der Naivität von Unterschichten entstehen kann.

Pessimistisch ist auch Webers Einschätzung des Verhaltens von Intellektuellen, die ihre religiösen Bedürfnisse mit Hilfe des breiten Angebots der verschiedenen Religionsunternehmer und Weltanschauungsverlage befriedigen, das der Religionsmarkt bereit hält. Weber urteilt: „Das Bedürfnis des literarischen, akademisch-vornehmen oder auch Kaffeehausintellektualismus aber, in dem Inventar seiner Sensationsquellen und Diskussionsobjekte die ‚religiösen‘ Gefühle nicht zu vermissen, das Bedürfnis von Schriftstellern, Bücher über diese interessanten Problematiken zu schreiben, und das noch weit wirksamere von findigen Verlegern, solche Bücher zu verkaufen, mögen zwar den Schein eines weit verbreiteten ‚religiösen Interesses‘ vorzutäuschen, ändern aber nichts daran, daß aus derartigen Bedürfnissen von Intellektuellen und ihrem Geplauder noch niemals eine neue Religion entstanden ist und daß die Mode diesen Gegenstand der Konvention und Publizistik, den sie aufgebracht hat, auch wieder beseitigen wird.“[600] Diese Diagnose könnte auch auf weite Partien der gegenwärtigen Debatte um die ‚Wiederkehr von Religion‘ zutreffen und wird wohl auch zukünftig zutreffen, insofern es einen vom Religionszwang befreiten Religionsmarkt gibt.

2. Was die zweite Frage, die Situation der Intellektuellen mit Blick auf den modernen Legitimationsglauben angeht, so ist Webers Gegenwart eine andere geworden als die eines die Spaltung von Virtuosen und Massen überwindenden „Massenintellektualismus“, der Weber idealiter vorschwebt: „Die unerhörte Verbreiterung der Bibelkenntnis und des Interesses für äußerst abstruse und sublime dogmatische Kontroversen, bis tief selbst in bäuerliche Kreise hinein, wie sie im 17. Jahrhundert in den puritanischen Kreisen sich fand, schuf einen religiösen Massenintellektualismus, wie er später nie wieder seinesgleichen gefunden hat und in der Vergangenheit nur mit dem spätjüdischen und dem religiösen Massenintellektualismus der paulinischen Missionsgemeinden zu vergleichen ist.“[601] Es sind diese großen Momente einer Verbindung von theoretischem und praktischem Rationalismus, von Intelligenz und Stadtbürgern, die Weber beschwört und von seiner Gegenwart absetzt. „So überaus gleichgültig es für die religiöse Entwicklung der Gegenwart ist, ob unsere modernen Intellektuellen das Bedürfnis empfinden, neben allerlei andern Sensationen auch die eines ‚religiösen‘ Zustandes als ‚Erlebnis‘ zu genießen, gewissermaßen um ihr inneres Ameublement stilvoll mit garantiert echten alten Gegenständen auszustatten: – aus solcher Quelle ist noch nirgends eine religiöse Erneuerung erwachsen –, so überaus wichtig war die Eigenart der Intellektuellenschichten in der Vergangenheit für die Religionen.“[602] So bleibt Weber die Erinnerung an Zeiten, in denen günstigere Bedingungen für die Entstehung neuer Religiosität gegeben waren.

599 Ebd., S. 81.
600 Weber, *Religiöse Gemeinschaften*, S .81.
601 Ebd., S. 79.
602 Weber, *Wirtschaftsethik der Weltreligionen. Einleitung*, S. 10f.

Weber weist darauf hin, daß in den „im westeuropäischen Sinne ‚*bürger*lichen' Schichten" der Handwerker, Händler und Hausindustriellen, überall im Vergleich etwa zu Adel und Bauern, eine gewisse religiöse Vielfalt herrschte.[603] Diese Vielfalt ging mit einer „von der ökonomischen Naturgebundenheit stärker losgelösten Lebensführung" zusammen: „Auf technischer oder ökonomischer Berechnung und Beherrschung von Natur und Menschen – mit wie primitiven Mitteln auch immer – ruhte ihre ganze Existenz. Die überkommene Art der Lebenstechnik konnte auch bei ihr im Traditionalismus erstarren, – wie es überall und stets wieder geschehen ist. Aber immer bestand, wenn auch in sehr verschiedenem Maße, gerade bei ihr die *Möglichkeit*, an die Tendenz zum technischen und ökonomischen Rationalismus anknüpfend eine *ethisch* rationale Lebensreglementierung erstehen zu lassen."[604]

Fraglich wird diese Möglichkeit in dem Maße, in dem die Naturbeherrschung ein Niveau erreicht, bei dem – um es in Marxschen Begriffen zu sagen – das „tote Kapital" von Maschinen, Fabriken, Verkehrssystemen, Stadtlandschaften in einer sich systemisch schließenden artifiziellen Umwelt die „lebendige Arbeit" dominiert. Dann wird auch fraglich, ob der sich abzeichnende moderne Legitimationsglaube, die Legitimation durch Verfahren, überhaupt in irgendeiner Weise Quelle einer wie immer sich vorzustellenden religiösen Inspiration werden kann. Die Erfindung von Maschinen und Mechanismen mag man sich, die Weberianische Voraussetzung sinnhaften Handelns annehmend, noch als Akt vorzustellen, an den eine *ethisch* rationale Lebensreglementierung anknüpfen könnte. Aber wie sollte denkbar sein, daß religiöse Inspiration und der Wachdienst an komplexen Maschinensystemen, von denen unser Leben abhängig geworden ist, zusammenkommen können?

3. Schließlich stellt sich für Weber die dritte Frage: Wie steht es mit dem weiteren Fortgang des Entzauberungsprozesses? Bisher war es Weber zufolge so, daß die für die okzidentale Entwicklung entscheidende Ethik der Lebensführung einer aktivistischen Linie folgte: „Die aktive Askese: nicht Gottesbesitz oder gottinnige kontemplative Hingegebenheit, wie sie den von vornehmen Intellektuellenschichten beeinflußten Religionen als höchstes Gut erschien, sondern: gottgewolltes *Handeln* mit dem Gefühl, Gottes ‚Werkzeug' zu sein, konnte hier der bevorzugte religiöse Habitus werden, wie er im Okzident immer wieder, gegenüber der dort ebenfalls wohlbekannten kontemplativen Mystik und orgiastischen oder apathischen Ekstase, das Übergewicht behielt."[605] Diese aktivistische Grundrichtung sieht Weber bei den Intellektuellen seiner Zeit geschwächt.

Webers Formulierungen zum Bedürfnis der Intellektuellen seiner Zeit, neben anderen Themen und Sensationsquellen „die ‚religiösen' Gefühle nicht zu vermissen", und „neben allerlei andern Sensationen auch die eines ‚religiösen' Zustandes als ‚Erlebnis' zu genießen", signalisieren die Sorge, daß im weiteren Fortgang des Entzauberungsprozesses und der anwachsenden Einsicht in die Sinnfreiheit der Welt ein Übergewicht einer Intellektuellenreligiosität entstehen könnte, die eine

603 Ebd., S 13.
604 Ebd., S.14.
605 Ebd., S. 14, vgl. auch S. 18.

inaktive religiöse Zuständlichkeit pflegt. In der artifiziellen Lebenswelt von heute, in der sich die Erfahrung der Ohnmacht des Einzelnen, etwas zu bewirken, auch bei Intellektuellen ausbreitet, ist eine solche Tendenz durchaus erkennbar. Unter anderen Namen haben sich kontemplative Mystik und Modi der Ekstase bisweilen verschämt bei Intellektuellen etabliert. Mit Weber wird man diese Konsequenz, der Kontemplation ihre Würde zuzugestehen, nicht ziehen können. Weber hat sein Ideal der Intellektuellenreligiosität, die intellektuelle Rechtschaffenheit, an eine Ethik der Arbeit gebunden. Auch in entzauberter Welt bleibt die Werkzeug-Forderung.

Zum Schluß von *Wissenschaft als Beruf* zitiert Weber das unter die Jesaja-Orakel aufgenommene edomitische Wächterlied, dessen Schönheit Weber anerkennt, von dessen Maximen er sich hingegen entschieden absetzt: „‚Es kommt ein Ruf aus S'îr in Edom: Wächter, wie lang noch die Nacht? Der Wächter spricht: Es kommt der Morgen, aber noch ist es Nacht. Wenn ihr fragen wollt, kommt ein ander Mal wieder.' Das Volk, dem das gesagt wurde, hat gefragt und geharrt durch weit mehr als zwei Jahrtausende, und wir kennen sein erschütterndes Schicksal. Daraus wollen wir die Lehre ziehen: daß es mit dem Sehnen und Harren allein nicht getan ist, und es anders machen: an unsere Arbeit gehen und der ‚Forderung des Tages' gerecht werden – menschlich sowohl wie beruflich. Die aber ist schlicht und einfach, wenn jeder den Dämon findet und ihm gehorcht, der *seines* Lebens Fäden hält."[606] Die tiefe Bewunderung und Verbundenheit, die – wie wir gezeigt haben – Weber für das antike Judentum, insbesondere für die Prophetie bezeugt hat, erfährt an dieser exponierten Stelle von *Wissenschaft als Beruf* eine Korrektur. Weber verweist auf eine berühmte Formulierung aus Goethes *Maximen und Reflektionen*: „Wie kann man sich selbst kennenlernen? Durch Betrachten niemals, wohl aber durch Handeln. Versuche, deine Pflicht zu tun, und du weißt gleich, was an dir ist. // Was aber ist deine Pflicht? Die Forderung des Tages." Ob mit dem „Dämon", der möglicherweise auch dem Goetheschen Horizont entstammt, eher eine teuflische oder göttliche Kraft gemeint ist, ist nicht recht zu klären. Man hat allerdings den Eindruck, daß dem Intellektuellen Max Weber die labyrinthischen Wege der Intellektuellenreligiosiät wohl vertraut waren.

INTELLEKTUELLE REDLICHKEIT. Im Sinne des nach-schopenhauerschen Pessimismus Nietzsches sieht Max Weber den Prozeß der Selbstauflösung der Religion als ein epochales Ereignis, das es in seinen Dimensionen zu erkennen gelte. Hier wurzele die Schwierigkeit, dem Alltag moderner Gesellschaften gewachsen zu sein. „Alles Jagen nach dem ‚Erlebnis' stammt aus dieser Schwäche. Denn Schwäche ist es: dem Schicksal der Zeit nicht in sein ernstes Antlitz blicken zu können. Schicksal unserer Kultur aber ist, daß wir uns dessen wieder deutlicher bewußt werden, nachdem durch ein Jahrtausend die angeblich oder vermeintlich ausschließliche Orientierung an dem großartigen Pathos der christlichen Ethik die Augen dafür

606 Weber, *Wissenschaft als Beruf*, S. 613. Zur Interpretation dieser Stelle siehe u.a.: Gerhard Schmied, *Das Rätsel Mensch: Antworten der Soziologie*, Opladen 2007, S. 38f.; Schluchter 2009, S. 14f.

geblendet hatte."[607] Das „Schicksal der Zeit" zu ertragen, in einer wertindifferenten Welt ohne Orientierung leben zu müssen, führt bei Weber zu einer besonderen Wertschätzung des Heroischen. Wilhelm Hennis hat bemerkt: „Für Weber war es noch selbstverständlich, daß es Helden – wenn auch mit dem abschwächenden Zusatz ‚im schlichtesten Sinn' gab."[608] Dazu gehörten nicht nur der kriegerische Heroismus der „israelischen Eidgenossenschaft"[609] und die „selbstgewissen ‚Heiligen' (...), die wir in den stahlharten puritanischen Kaufleuten jenes heroischen Zeitalters des Kapitalismus und in einzelnen Exemplaren bis in die Gegenwart wiederfinden."[610] Dazu gehört auch der geistige Heroismus. Für diesen gilt „jede[s] rein menschliche Heldentum – welches den Glauben an eine gütige Vorsehung überall stolz abgelehnt hat –", sei es durch den Glauben an die „Vorherbestimmung als eines irrationalen Verhängnisses im Sinne etwa der hellenischen ‚Moira', einer unpersönlichen Schicksalsmacht" gekennzeichnet.[611]

Weber greift dabei immer wieder Nietzsches Forderung nach „intellektueller Redlichkeit" auf. Verlangen könne man vom Hochschullehrer „nur die intellektuelle Rechtschaffenheit", d. h. die Einsicht, daß Wahrheit und Wert in Widerspruch zueinanderstehen. Und daß für Wertfragen gilt: „Hier streiten eben auch verschiedene Götter miteinander, und zwar für alle Zeit."[612] So prophezeit Weber nicht „das Blühen des Sommers" liege vor künftigen Generationen, sondern „eine Polarnacht von eisiger Finsternis und Härte".[613]

Ohne diese geistesheroische Haltung bleibt Webers hartnäckige Verteidigung der Freihaltung wissenschaftlichen Arbeitens von Werturteilen unverstanden. Hier geht es um die Frage, wie überhaupt in einem wertindifferenten Kosmos neue Werte entstehen können. Die rationale Wissenschaft scheidet für diese Leistungen aus. Webers leidenschaftlicher Kampf gilt der „Professoren-Prophetie".[614] Mit der Selbstauflösung des Christentums ist für Weber eine weltgeschichtliche Zäsur gegeben, die es „modernen" Menschen versagt, noch wertschöpferisch zu sein. „Was Weber seinen Zeitgenossen zumutete, war mithin die intellektuell-*persönliche Ratifizierung* jener epochalen Diskontinuität, jenes ‚größten neueren Ereignisses', das die ganze Emphase Nietzsches auf sich gezogen hatte; Weber tritt hiernach gerade als jemand auf, der sich zur ‚Vollstreckung' der Geschichte berufen fühlt – als Pro-

607 Weber, *Wissenschaft als Beruf*, S. 605. Zum Folgenden insbesondere Tyrell 1991.

608 Hennis 1996, S. 84f.

609 Weber, *Antikes Judentum*, S. 84ff.

610 Weber, *Protestantische Ethik*, S. 71.

611 Weber, *Konfuzianismus und Taoismus*, S. 178.

612 Weber, *Wissenschaft als Beruf*, S. 601 u. 604.

613 Max Weber, „Politik als Beruf" [1919], in: MWS I/17, hg. v. Wolfgang J. Mommsen u. Wolfgang Schluchter, Tübingen 1992, S. 35-88, hier S. 87.

614 Max Weber, „Der Sinn der ‚Wertfreiheit' der soziologischen und ökonomischen Wissenschaften" [1917], in: Ders. 1988c (im Folgenden: *Der Sinn der Wertfreiheit*), S. 489-540, hier S. 492. Die Position von Webers Gegenspieler im Werturteilsstreit, Gustav von Schmoller, ist zusammengefaßt bei Schoeck 1974, S. 231-236.

phet der Botschaft von der *nicht mehr möglichen* Prophetie", urteilt treffend Hartmann Tyrell.[615]

Von den „Professoren-Propheten" heißt es: Sie werden „nur das eine fertig bringen, daß das Wissen um den entscheidenden Sachverhalt: der Prophet, nach dem sich so viele unserer jüngsten Generation sehnen, ist eben *nicht* da, ihnen niemals in der ganzen Wucht seiner Bedeutung lebendig wird. Es kann, glaube ich, gerade dem inneren Interesse eines wirklich religiös ‚musikalischen' Menschen nun und nimmermehr gedient sein, wenn ihm und anderen diese Grundtatsache, daß er in einer gottfremden, prophetenlosen Zeit zu leben das Schicksal hat, durch ein Surrogat, wie es alle diese Kathederprophetien sind, verhüllt wird."[616] Dies ist eine Absage an alle Religionen, die in der modernen europäischen Geschichte zu den *Bekenntnisreligionen* hinzugekommen sind. Weder die *Rationalreligion* der Aufklärung, noch die enthusiastischen Religionen der Sakralisierung der Nation oder der Kunst, noch die *Wissenschaftsreligion* der Positivisten und Monisten seiner Zeit sind für Weber Anknüpfungspunkte oder vitale Quellen religiöser Erneuerung. Weber verbleibt konsequent in einem Horizont, der nur die alten Religionen und eine gottferne Gegenwart und Zukunft kennt. Hier liegt die eigenartige Orthodoxie der Weberschen Religionssoziologie.

Gewissermaßen als Konzession an die Protestanten, die der Linie des Theologen Troeltsch folgen, toleriert Weber die Rückkehr in die alten Kirchen. In den Schlußpassagen von *Wissenschaft als Beruf* teilt Weber allen Versuchen, „religiöse Neubildungen zu ergrübeln ohne neue, echte Prophetie", eine Absage und bemerkt: „Wer dies Schicksal der Zeit nicht männlich ertragen kann, dem muß man sagen: Er kehre lieber, schweigend, und ohne die übliche öffentliche Renegatenreklame, sondern schlicht und einfach, in die weit und erbarmend geöffneten Arme der alten Kirchen zurück. Sie machen es ihm ja nicht schwer. Irgendwie hat er dabei – das ist unvermeidlich – das ‚Opfer des Intellekts' zu bringen, so oder so. Wir werden ihn darum nicht schelten, wenn er es wirklich vermag. Denn ein solches Opfer des Intellekts zugunsten einer bedingungslosen religiösen Hingabe ist sittlich immerhin noch etwas anderes als jene Umgehung der schlichten intellektuellen Rechtschaffenheitspflicht, die eintritt, wenn man sich selbst nicht klar zu werden den Mut hat über die eigene letzte Stellungnahme, sondern diese Pflicht durch schwächliche Relativierung sich erleichtert."[617] Webers Alternative läuft auf die Wahl zwischen dem Heroismus der persönlichen „letzten Stellungnahme" oder der intellektuellen Kapitulation vor den *Bekenntnisreligionen* hinaus.[618]

---

615 Tyrell 1991, S. 168.

616 Weber, *Wissenschaft als Beruf*, S. 609f.

617 Ebd., S. 612f.

618 Vgl. dazu auch Luca Di Blasi, *Der Geist in der Revolte. Diagnostizismus und seine Wiederkehr in der Postmoderne*, München 2002, S. 213ff.

SCHLUSS. Webers Religionssoziologie unterscheidet sich von den junghegelianischen Religionskritiken, in denen alle Religion auf nichtreligiöse, anthropologische, gesellschaftliche oder existenzielle Dimensionen zurückgeführt wird. Sie unterscheidet sich auch von den Religionswissenschaften, deren Bemühungen darauf gerichtet waren, Religion in Absetzung von kirchlich bewachter Theologie als einen wissenschaftlichen Gegenstand *sui generis* zu konstituieren. Innerhalb speziell religionssoziologischer Bemühungen unterscheidet sich Webers Religionssoziologie von der Émile Durkheims, der in der Idee der Gesellschaft die „Seele der Religion" ausmachte, aus der die sozialen Institutionen hervorgegangen seien. Sie unterscheidet sich auch von Ernst Troeltschs Religionssoziologie, mit der eine neuartige Kultursynthese aus dem Geist des Christentums vorausgedacht wurde. Man wird auch Webers Ansinnen, die vor dem heroischen Pessimismus zurückweichenden Intellektuellen könnten doch still in die „erbarmend geöffneten Arme der alten Kirchen" zurückkehren, nicht mit Troeltschs Bemühungen verwechseln können.

Johannes Weiß hat zu bedenken gegeben, daß die Besonderheit von Webers Religionssoziologie, wenn man sie mit Marx und Durkheim vergleiche, darin liegen könnte, daß Weber, der sich gelegentlich als „religiös absolut ‚unmusikalisch'" bezeichnete, und der auf der Werturteilsfreiheit der Wissenschaft bestanden habe, gerade das „Eigenrecht der Religion" ins Zentrum gestellt habe.[619] Weiß erinnert an die in heutiger Soziologie oft nicht mehr erkennbare methodologische Differenz zwischen „Wertfreiheit" und „Wertbeziehung", die Weber wichtig war.[620] Religiöse Überzeugungen und Werte sind prominenter Gegenstand soziologischer Untersuchung, weil Individuen im allgemeinen ihr Handeln an irgendwelchen Werten orientieren. Methodisch geboten ist, daß die Objektsprache der Religionssoziologie zu diesen Werten keine Werturteile enthält. Aber zugleich ist es geboten, daß Wissenschaftler die „Wertbeziehung", die zwischen ihnen und der Objektwahl sowie der Auswahl ihrer Stoffe besteht, in der Wissenschaft selbst diskutierbar machen: „Denn dies ist der eigentliche Sinn einer *Wert*diskussion: das, was der Gegner (oder auch man selbst) wirklich meint, d. h. den Wert, auf den es jedem der beiden Teile wirklich und nicht nur scheinbar ankommt, zu erfassen und so zu diesem Wert eine Stellungnahme überhaupt erst zu ermöglichen."[621] Die Wertbeziehungen von Wissenschaftlern zu ihren Objekten der Forschung entspringen nicht nur der je eigenen Lebensgeschichte des Wissenschaftlers, sondern ebenso der gemeinsamen Zeiterfahrung, die den Ton einer Epoche ausmacht. In unserer Historischen Religionssozio-

619 Johannes Weiß, „Das Eigenrecht der Religion und die Eigenart Max Webers", in: Lehmann u. Ouédraogo 2003, S. 301-310. Die Wendung „religiös absolut ‚unmusikalisch'" findet sich bei Max Weber in einem Brief vom 19.02.1909 an Ferdinand Tönnies, in: MWG II/6, hg. v. M. Rainer Lepsius u. Wolfgang J Mommsen, Tübingen 1994, S. 63-66, hier S. 65.

620 Weber, *Der Sinn der Wertfreiheit.*

621 Ebd. S. 503. Ich stimme Johannes Weiß' kritischer Bemerkung zu, „daß eine fortschreitende sogenannte ‚Professionalisierung' der Soziologie, also eine fortschreitende Selbsteinschließung derselben in die selbsterzeugten Problemhorizonte, Sehweisen und Begrifflichkeiten, keineswegs per se die Problemhöhe und den Realitätsgehalt ihrer Analysen fördert – tatsächlich ist das Gegenteil der Fall." Weiß 2003, S. 305.

logie bildet die Grundverschiedenheit der epochalen Zeiterfahrungen den Ausgangspunkt für die unterschiedlichen Weisen der Wiederkehr des Themas Religion und der Genese neuer Religionen. Diese Zeiterfahrungen hatten es nicht mit diesem oder jenem zu tun, sondern mit der Bildung von bleibenden Strukturelementen unserer europäischen Moderne, deren Erstmaligkeit Intellektuellen stets seelische Not und Kopfzerbrechen bereitet hat.[622]

Die Wertbeziehungen, die Weber bei der Objektwahl seiner Untersuchungen geleitet haben, sind offensichtlich: Unhintergehbar war die Problematik des modernen okzidentalen Kapitalismus und der modernen Wissenschaft, der Weber jede Kompetenz zur Sinnstiftung absprach. Mit diesen Wertbeziehungen war er im Kreise der Religionswissenschaftler – wie gezeigt – nicht allein. Auffällig sei Weiß zufolge die Zurückhaltung in der Frage nach der Gegenwart und der Zukunft der Religion. „Diese Zurückhaltung ist kein Ausdruck einer selbst auferlegten Werturteilsenthaltung. Viel eher hat sie mit Urteilen zu tun, in denen man sogar einen Verstoß gegen das sogenannte Wertfreiheitspostulat erkennen könnte, mit Urteilen darüber nämlich, was heute als Religion im engen und strengen Sinne noch zu gelten und zu überzeugen vermöchte."[623] Weber nehme „hinsichtlich der Ernsthaftigkeit, der intellektuellen Redlichkeit und der weltbewegenden Kraft des Religiösen an dem Maß, was er selbst in seinen Studien zur Wirtschaftsethik der Weltreligionen erforscht hatte (und wozu wiederum der Anstoß und die Ausgangsevidenz in lebensweltlichen Erfahrungszusammenhängen erwachsen waren)."[624] Dieser Maßstab habe dann zu den abschätzigen Bemerkungen über die Manifestationen neuer Religiosität, die wir oben zitiert haben, geführt, in denen Weber das Eigenrecht der Religion nicht gesichert glaubte. So ist Weiß zufolge „wohl von einer spezifischen Ratlosigkeit Webers zu reden, und diese Ratlosigkeit wäre als unvermeidliches Resultat seiner religionssoziologischen Untersuchungen, ihrer Wertbezüge und Leitgedanken, ihrer Erklärungsweise und ihrer materiellen Einsichten zu erkennen."[625] Dem können wir zustimmen.

622 Zu den vielen Gründen, die heute Webers Zumutung, als Wissenschaftler tapfer und heroisch das tragische Kulturschicksal der Selbstauflösung von Sinnsystemen auch persönlich mit- und nachzuvollziehen, als befremdlich erscheinen lassen, mag die Enterotisierung der Universität und die Trivialisierung der Wissenschaft gehören. Für die Zukunft der Historischen Soziologie stellt vielleicht mehr noch eine besonderer Herausforderung dar, was Hartmann Tyrell „das Verschwinden des ‚historischen Bewußtseins' (und der historischen Selbstdeutung) in der nur noch von sich selbst und ihrer Zukunft beeindruckten modernen Gesellschaft" genannt hat. Tyrell 1991, S. 169.

623 Weiß 2003, S. 306.

624 Ebd.

625 Ebd., S. 307.

6. Georg Simmel und die Religion vor der Religion

INTERDISZIPLINARITÄT IN EINER PERSON. Daß wir in unserer Darstellung der Klassiker der Religionssoziologie Georg Simmel nach Durkheim, Troeltsch und Weber ans Ende stellen, mag irritieren, war er doch der erste, der 1898 explizit von der *Soziologie der Religion* gesprochen hat.[626] Schon 1890, das heißt drei Jahre nach Ferdinand Tönnies' Jugendschrift der deutschen Soziologie *Gemeinschaft und Gesellschaft* (Leipzig 1887) und drei Jahre vor Durkheims Buch über die Arbeitsteilung erschien Simmels Schrift Über soziale Differenzierung. *Sociologische und psychologische Untersuchungen*, ein Werk, in dem in jedem Kapitel auf religiöse Phänomene Bezug genommen wird.[627] Simmel ist zweifellos der Pionier der klassischen Religionssoziologie. In einer Zeit der Dominanz konfessioneller und kulturkämpferischer Perspektiven in Deutschland stammen die ersten zentralen soziologischen Arbeiten, in denen religiöse Gemeinschaften ins Zentrum rücken, von einem protestantisch getauften deutschen Juden.[628]

Simmel war nicht nur Pionier der klassischen Religionssoziologie, mit seiner großen Arbeit *Philosophie des Geldes* (1900) hat er das Zentralproblem der Marktgesellschaft zu seinem Thema gemacht. Dies geschah in der Absicht, „dem historischen Materialismus ein Stockwerk unterzubauen, derart, daß der Einbeziehung des wirtschaftlichen Lebens in die Ursachen der geistigen Kultur ihr Erklärungswert gewahrt wird".[629] Wir haben im Eingangskapitel *Eine unheimliche Erfahrung*,

626 Simmel, „Zur Soziologie der Religion" [1898], in: *GSG*, Bd. 5, hg. v. Heinz-Jürgen Dahme u. David P. Frisby Otten, Frankfurt a.M. 1992d (im Folgenden: *Zur Soziologie der Religion*), S. 266-286.

627 Georg Simmel, „Über soziale Differenzierung. Sociologische und psychologische Untersuchungen", in: *GSG*, Bd. 2, hg. v. Otthein Rammstedt, Frankfurt a.M. 1989c (im Folgenden: *Über soziale Differenzierung*), S. 109-295. In dieser frühen Schrift zeigt sich noch deutlich eine Orientierung an Herbert Spencers Modell der sozialen Evolution.

628 Nach gescheiterten Versuchen zur Herausgabe einer Gesamtausgabe gelang es Otthein Rammstedt und einem Kreis von engagierten Forschern, 1989 mit der auf 24 Bände angelegte *Georg Simmel-Gesamtausgabe* (GSG) zu starten. Im Vergleich mit der finanziell großzügig unterstützten Max Weber Gesamtausgabe stand für Otthein Rammstedt und sein Team nur ein Bruchteil an Mitteln zur Realisierung der *Georg Simmel-Gesamtausgabe* zur Verfügung. Zuvor erschienen zwei Bände, die das Interesse an Simmel neu erweckten: Georg Simmel, *Schriften zur Soziologie. Eine Auswahl*, hg v. Otthein Rammstedt u. Heinz-Jürgen Dahme, Frankfurt a.M. 1983, sowie mit zentralen Beiträgen: *Georg Simmel und die Moderne – Neue Interpretationen und Materialien*, hg. v. Otthein Rammstedt u. Heinz-Jürgen Dahme, Frankfurt a.M. 1984. Zu den Editionsversuchen siehe Chi-Cheng Jeng, „Ein Stiefkind oder ein Gründervater der modernen Soziologie? Wieviel Renaissance braucht Simmel noch?", in: *Gründerväter. Soziologische Bilder*, hg. v. Werner Gephart, Opladen 1998, S. 69-100, hier S. 87ff. Den Spuren jüdischer Prägung bei dem an jüdischer Tradition wenig interessierten Simmel hat aufgezeigt: Hans Liebeschütz, *Von Georg Simmel zu Franz Rosenzweig: Studien zum Jüdischen Denken*, Tübingen 1970, S. 103-141.

629 Georg Simmel, *Philosophie des Geldes* (1900), in: Ders., *Gesamtausgabe*, Bd. 6, hg. v. Otthein Rammstedt / David P. Frisby u. Klaus Christian Köhnke, Frankfurt a.M. 1989, S. 13.

in dem wir Wahrnehmungen nachgegangen sind, die Europäer und ihre Intellektuellen mit der Entfesselung der modernen Marktgesellschaft gemacht haben, Simmels Überlegungen zur psychologischen Formähnlichkeit von Gott und Geld vorgestellt und die an sie anschießende neuere soziologische Diskussion zur Aufklärung der Rätselhaftigkeit des Geldes erörtert.[630]

Wenn in unserer Darstellung das Denken Simmels für den Teil *Marktgesellschaft* gleichsam eine Klammer bildet, die Anfang und Ende verbindet, so trägt dies dem Umstand Rechnung, daß die Verbindung von Geld und Gott, die in der *Philosophie des Geldes* in wenigen Passagen reflektiert wurde und die in die heutigen Debatten über eine „Religion des Kapitalismus" aufgegriffen wurden, in Simmels *Soziologie der Religion* nicht mehr erkennbar ist. Simmels Sicht auf die unterschiedlichen Profile akademischer Diszplinen folgend ist dies nachvollziehbar: die *Philosophie des Geldes* gehört ins Fach der Kulturphilosophie, Soziologie hat dagegen einen eigenen Status. In der Reihe unserer Darstellung der klassischen Religionssoziologie stellen wir Simmels Religionstheorie auch deshalb an den Schluß, weil Georg Simmel sich, im Unterschied zu Webers pessimistischem universalgeschichtlichem Rückblick auf die Prozesse der Selbstauflösung des Christentums, weit intensiver mit dem Verbleib des Religiösen der Marktgesellschaft seiner Zeit auseinandergesetzt hat.[631]

Aufgabe der Soziologie ist es nach Simmel, „die Formen des Zusammenseins von Menschen zu beschreiben und die Regeln zu finden, nach denen das Individuum, insofern es Mitglied einer Gruppe ist, und die Gruppen untereinander sich verhalten".[632] Soziologie habe es mit komplizierten Gebilden zu tun, denn mit der modernen Marktgesellschaft steigen in der Folge sozialer Differenzierung zugleich die individualistische und die kollektivistische Tendenz.[633] Dies Paradox spiegele sich auch im Charakter der Soziologie: „Sie ist eine eklektische Wissenschaft, insofern die Produkte anderer Wissenschaften ihr Material bilden. Sie verfährt mit den Ergebnissen, der Geschichtsforschung, der Anthropologie, der Statistik, der Psychologie wie mit Halbprodukten; sie wendet sich nicht unmittelbar an das primitive Material, das andere Wissenschaften bearbeiten, sondern, als Wissenschaft so-

630 In diesem Band, S. 88ff.

631 Aus einer Vielzahl von Arbeiten zum „Klassikerverlgeich": Volkhard Krech, „Zwischen Historisierung und Transformation von Religion. Diagnosen zur religiösen Lage um 1900 bei Max Weber, Georg Simmel und Ernst Troeltsch", in: Krech u. Tyrell 1995, S. 313-349. Zum differenzierungstheoretischen Potential von Spencer, Durkheim, Dilthey, Simmel und Weber siehe den Theorie-Teil bei Martin Petzke, *Weltbekehrungen: Zur Konstruktion globaler Religion im pfingstlich-evangelikalen Christentum*, Bielefeld 2016, S. 25-76. Darüber hinaus: *Simmel und die frühen Soziologen. Nähe und Distanz zu Durkheim, Tönnies und Max Weber*, hg. v. Otthein Rammstedt, Frankfurt a.M. 1988; Duk-Yung Kim, *Georg Simmel und Max Weber. Über zwei Entwicklungswege der Soziologie*, Opladen 2002; Patrick Watier, „Erkenntnisinteressen der klassischen Religionssoziologie: Simmel, Weber, Durkheim", in: Koenig u. Willaime (Hg.) 2008, S. 204-236.

632 Simmel, *Über soziale Differenzierung*, S. 118.

633 Ebd., S. 180.

zusagen zweiter Potenz, schafft sie neue Synthesen aus dem, was für jene schon Synthese ist."[634] Was hier über die Soziologie als eine eklektische Wissenschaft, parasitär gegenüber anderen Wissenschaften, als eine Wissenschaft zweiter Potenz für neue Synthesen gesagt wird, kann insgesamt für Simmels weit ausgreifendes Werk gelten, das verschiedene Disziplinen durchquert.

In den frühen Nachrufen haben Hermann Schmalenbach, Max Frischeisen-Köhler und Siegfried Kracauer Simmels Werk in drei Phasen eingeteilt: eine positivistische orientierte psychologisch-soziologische, eine kulturphilosophische und eine lebensphilosophische Phase.[635] Dies entsprach zum Teil durchaus Selbstaussagen Simmels, der – auch bedingt durch ein Scheitern seiner Hoffnungen auf eine Professur und entsprechende Umorientierungen – solchen Wandel bisweilen signalisiert hat. Das Modell der drei Phasen wird freilich der Komplexität Simmelschen des Werks nicht gerecht. Die psychologisch-soziologische, kulturwissenschaftliche und lebensphilosophische Schicht sind bei genauerer Betrachtung zeitlich verstreut.[636] In der Situation unsicherer Plazierung der Soziologie im Konzert der Ausdifferenzierung von Fachdisziplinen um 1900 erschien es besonders dringlich, die disziplinären Zuschnitte von Fächern gerade dort zu präzisieren, wo es sich um Gegenstände handelte, um deren Erforschung sich mehrere Fächer bemühten: wie das Leben in Gesellschaft, wie auch die Religion. Die neuen Fächer Religionswis-

634 Ebd., S. 116.

635 Hermann Schmalenbach, „Simmel", in: *Sozialistische Monatshefte* 25/1919 S. 283-288; Max Frischeisen-Köhler, „Georg Simmel", in: *Kant-Studien* 24/1920, S. 1-51; Siegfried Kracauer, „Georg Simmel", in: *Logos* 9/1920, S. 307-338.

636 Aus der Literatur zu Georg Simmel siehe: Zur ideengeschichtlichen Kontextualisierung die grundlegenden Studien: Klaus Christian Köhnke, *Der junge Simmel – in Theoriebeziehungen und sozialen Bewegungen*, Frankfurt a.M. 1996; Lichtblau 1996; ders., *Georg Simmel*, Frankfurt a.M. 1997; Gregor Fitzi, *Soziale Erfahrung und Lebensphilosophie. Georg Simmels Beziehung zu Henri Bergson*, Konstanz 2002; Willfried Geßner, *Der Schatz im Acker. Georg Simmels Philosophie der Kultur*, Weilerswist 2003. Im Kontext der Moderne-Postmoderne-Diskussion ist Simmel situiert bei David Frisby, *Fragmente der Moderne. Georg Simmel – Siegfried Kracauer – Walter Benjamin*, Rheda-Wiedenbrück 1989; und bei Zygmunt Baumann, *Moderne und Ambivalenz. Das Ende der Eindeutigkeit*, Hamburg 1992, S. 236ff. Zu Simmels akademischem Scheitern und seiner Leistung für die Entstehung der Soziologie siehe Claudius Härpfer, *Georg Simmel und die Entstehung der Soziologie in Deutschland. Eine netzwerksoziologische Studie*, Wiesbaden 2014. Simmel im Kontext soziologischer Theorie behandeln: Donald Levine, *Simmel and Parsons: Two Approaches to the Study of Society. With a new Introduction* [1957], New York 1980; ders., *The Flight From Ambiguity. Essays in Social and Cultural Theory*, Chicago 1985; Friedrich Pohlmann, *Individualität, Geld und Rationalität. Georg Simmel zwischen Karl Marx und Max Weber*, Stuttgart 1987; Brigitta Nedelmann, „Geld und Lebensstil. Rhythmisch-symmetrische und individualistisch-spontane Lebensführung", in: *Annali di sociologia* 8(2)/1992, S. 89-101; Andreas Ziemann, *Die Brücke zur Gesellschaft. Erkenntniskritische und topographische Implikationen der Soziologie Georg Simmels*, Konstanz 2000; Matthias Junge, *Ambivalente Gesellschaftlichkeit. Die Modernisierung der Vergesellschaftung und die Ordnungen der Ambivalenzbewältigung*, Opladen 2000; ders., *Simmel kompakt*, Bielefeld 2009.

senschaft und Soziologie hatten somit verwandte Probleme der disziplinären Selbstbeschreibung und Gegenstandsbestimmung im Verhältnis zu anderen Fächern.

Simmel ging von der auch heute im Zeitalter interdisziplinärer Rhetorik immer wieder in Erinnerung zu rufenden Einsicht aus, daß „überhaupt der Standpunkt *einer* Wissenschaft, die immer eine arbeitsteilige ist, niemals die Ganzheit einer Realität erschöpft".[637] Allerdings hat er daraus nicht die Konsequenz interdisziplinärer Konferenzen gezogen, in denen sich die verschiedenen Fachwissenschafter gegenseitig mit Bildungserlebnissen beschenken, sondern er ist den mühevollen Weg der Interdisziplinarität in einer Person gegangen. Die Darstellung der Simmelschen Auffassungen zur Religion ist von daher eine große Herausforderung. Volkhard Krech hat in seiner Pionierstudie zur Religionstheorie Simmels diese Herausforderung in originaler Weise bewältigt, indem er die religionsbezogenen Arbeiten Simmels im Schlußteil seiner Studie mit Blick auf ihren inhärenten systematischen Kern rekonstruiert hat.[638] Krech kann deutlich machen, daß Simmels kultur- und lebensphilosophische Perspektiven auf den Gegenstand Religion in dessen soziologischer Perspektive aufgehoben werden können. Wir lehnen uns an diese Sicht an.

SIMMEL UND DURKHEIM. Die öfters diskutierte Frage, inwieweit Durkheims Soziologie und insbesondere seine Religionssoziologie von der Simmelschen inspiriert wurde, und ob Simmel in seinen Schriften eine implizite Auseinandersetzung mit Durkheim geführt hat, interessiert in unserem Zusammenhang weniger.[639] Wichtiger ist, die Gemeinsamkeiten herauszustellen. Arbeitsteilung als soziale Differenzierung und Freisetzung der Individuen als Individualisierungsprozeß, diese epochale Erfahrung ist beiden gemeinsam. Ähnlich wie Durkheim sieht Simmel die Gefahr einer „zu weit getriebenen Individualisierung und Arbeitsteilung".[640] Simmel rezensiert Durkheims *Annales* und die Arbeiten französischer Soziologen. Umgekehrt ist Simmel der einzige deutsche Soziologe, den Durkheim gelten läßt. Bei-

637 Georg Simmel, „Philosophie des Geldes", in: *GSG*, Bd. 6, hg. v. David P. Frisby, Frankfurt a.M. 1989a, S. 11.

638 Volkhard Krech, *Georg Simmels Religionstheorie*, Tübingen 1988. Mit dem Ziel, Simmels Religionssoziologie bekannter zu machen, publizierte Horst Helle: Georg Simmel, *Gesammelte Schriften zur Religionssoziologie*, hg. u. mit einer Einl. v. Horst Jürgen Helle, Berlin 1989d. Zu Simmels Religionsphilosophie siehe besonders: Horst Müller, *Lebensphilosophie und Religion bei Georg Simmel*, Berlin 1960; Peter-Otto Ullrich, *Immanente Transzendenz. Georg Simmels Entwurf einer nachchristlichen Religionsphilosophie*, Frankfurt a.M. 1981.

639 Eine Vorwegnahme der Religionssoziologie Durkheims bei Simmel sieht Horst Jürgen Helle, „Einleitung" in: Simmel 1989b, S. 7-35, hier S. 29; vgl. auch Firsching 1995, S. 351-363; Otthein Rammstedt, „Das Durkheim-Simmelsche Projekt einer ‚rein wissenschaftlichen Soziologie' im Schatten der Dreyfus-Affäre", in: *Zeitschrift für Soziologie* 26/1997, S. 444-457. Ausführlich auch Krech 1988, S. 193-196.

640 Simmel, *Über soziale Differenzierung*, S. 271. Siehe dazu Heinz-Jürgen Dahme, „Verlust des Fortschrittsglaubens und die Verwissenschaftlichung der Soziologie. Ein Vergleich von Georg Simmel, Ferdinand Tönnies und Max Weber", in: Otthein Rammstedt 1988, S. 222-273, hier S. 238.

de haben ethnologische Interessen und sie interessieren sich – wohl nicht zuletzt auch ob ihrer jüdischen Wurzeln – für Robertson Smith' Arbeit über die *Religion der Semiten*.[641] Schließlich haben beide als ersten Horizont ihrer Religionssoziologie die Frage nach der sozialen Moral verfolgt, in der das Verhältnis zwischen Utilitarismus und Solidarität thematisiert wurde. Zu den frühen Schriften Simmels gehört eine *Einleitung in die Moralwissenschaft* (1892/93), dabei spielt die empirische Moralwissenschaft ebenso eine Rolle wie der Neukantianismus.[642]

Die Problemstellung von Durkheims *conscience collective* findet sich durchgehend bei Simmel wieder. Die Schrift *Über soziale Differenzierung* setzt nach der erkenntnistheoretischen Einleitung mit dem Phänomen der „Kollektivverantwortlichkeit" ein, d.h. der Tendenz in kleinen einfachen Gesellschaften, „die schädigende Tat des Einzelnen als strafbares Verschulden seines sozialen Kreises" anzusehen.[643] Quantitatives Wachstum der Gruppe bringt dann zugleich soziale Differenzierung und Individualisierung, d.h. auch die verantwortliche Einzelpersönlichkeit mit sich. Die Relationen von sozialer Kohärenz und die Individualisierung durch Wachstum und Differenzierung werden als Modellvorstellung auch für die Religion benutzt. „Die Geschichte der Religionen gibt dafür treffende Analogien. Die kleinen Gemeinden des Urchristentums hatten einen verhältnismäßig geringen Besitz an Dogmen; aber sie wurden durch diese in Zusammenhänge gebracht, die, von unzerreißbarerer Stärke, jeden an jeden unbedingt banden. In demselben Maße, in dem der Kreis des christlichen Glaubens sich äußerlich erweiterte, wuchs auch der Dogmenbesitz und verminderte sich zugleich die solidarische Zugehörigkeit des Einzelnen zur Gemeinde."[644]

Auch was die innere Entwicklung von Simmels Arbeiten zu moralischen und religiösen Phänomenen angeht, findet man Parallelen zu Durkheim. Nach der Einleitung in die Moralwissenschaft, in der sich Simmel u. a. mit dem Unterschied von Moral und Religion befaßt, folgen die zentralen Arbeiten zur Religion, und in der Zeit des Ersten Weltkriegs tritt eine lebensphilosophische Orientierung deutlich hervor, die offenbar mit einer Zweiseitigkeit Durkheims korrespondiert. Daß der späte Durkheim der *elementaren Formen des religiösen Lebens* sich nicht an die Methodologie seines frühen Regelwerks hält, ist offensichtlich und hat in der Folge zu zwei unterschiedlichen Durkheimbildern geführt: Ein rationalistischer, auf methodische Stringenz setzender Durkheim und einer, der im überschäumenden état

641 Zum Verhältnis Simmel und Smith siehe Krech 1988, S. 186ff.

642 Vgl. dazu Klaus Christian Köhnke, „Der junge Simmel zwischen Positivismus und Neukantianismus? Ein Vortrag", in: *Simmel Newsletter* 1(2)/1991, S. 123-137; ders. 1996, S. 167ff.; Treiber 1993. Zum Verhältnis Durkheim-Simmel siehe auch: Werner Gephart, „Soziologie im Aufbruch. Zur Wechselwirkung Durkheim, Schäffle, Tönnies und Simmel", in: *Kölner Zeitschrift für Soziologie und Sozialpsychologie* 34/1982, S. 1-25. Simmels Einfluß auf Durkheim untersucht Simon Deploige, *Le Conflit de la Morale et de la Sociologie*, Paris 1911.

643 Simmel, *Über soziale Differenzierung*, S. 139.

644 Ebd., S. 140f.

d'effervescence festlicher Versammlungen den Geist der Gesellschaft entstehen sieht.[645]

Eine entscheidende Differenz zu Durkheim besteht in der Einbeziehung der Psychologie. Während Durkheim in seinem Bestreben, die Autonomie der Soziologie zu begründen, an der Maxime, Soziales nur durch Soziales zu erklären, festhält und psychische Prozesse als Gegenstandsbereich aus der Soziologie ausklammert, nimmt sie Simmel in seine Soziologie und dann auch Kultur- und Lebensphilosophie in besonderer Weise hinein. Gegen die disziplinäre Trennung von Soziologie und Psychologie hat Simmel den Gesichtspunkt geltend gemacht, daß aus sozialphilosophischer Perspektive von einer „Analogie der individualpsychologischen und der soziologischen Verhältnisse" ausgegangen werden sollte.[646] Den Modus der Verähnlichung entwickelte Simmel am Beispiel des Kampfes. Hier gilt: „Die Interessen im Individuum bekämpfen sich unzählige Male, wie die Individuen sich bekämpfen".[647] Dies gilt auch für die soziale Beobachtung: „Der Kampf, den wir außer uns sich abspielen sehen, wird uns sozusagen erst dadurch zugängig, daß die Relationen unserer Vorstellungen ihn uns innerlich vertreten, die Vorstellung des Kampfes ist vielfach ein Kampf der Vorstellungen. (...) Das Äußere wird durch das Innere, das Innere aber durch das Äußere gestaltet und verstanden, in Abwechslung, aber sicher auch oft im Zugleich."[648] Von daher ist eine gegenseitige Abschließung von Soziologie und Psychologie sachfremd.

So setzt sich auch der für die epochale Erfahrung entfesselter Marktgesellschaft grundlegende Konflikt zwischen den Formen und Kräften der Gesellschaft und dem Eigenleben der Individuen im „Individuum selbst als Kampf seiner Wesensteile fort. Die umfassendste und tiefstgreifende Kollision zwischen der Gesellschaft und dem Individuum scheint mir nicht auf einen einzelnen Interesseninhalt zu gehen, sondern auf die allgemeine Form des Einzellebens."[649] Individuum und Gesellschaft werden von Simmel als Form aufgefaßt. Ihre Kollision ist umso mehr unvermeidlich, je weiter soziale Differenzierung und Individualisierung fortgeschritten ist. „Die Gesellschaft will eine Ganzheit und organische Einheit sein, so daß jedes ihrer Individuen nur ein Glied ist; in die spezielle Funktion, die es als solches zu üben hat, soll es womöglich seine gesamten Kräfte gießen, soll sich umformen, bis es ganz zum geeignetsten Träger dieser Funktion geworden ist. Allein gegen diese Rolle sträubt sich der Einheits- und Ganzheitstrieb, den das Individu-

645 Vgl. dazu Michel Maffesoli, „Ein Vergleich zwischen Emile Durkheim und Georg Simmel", in: Rammstedt 1988, S. 163-180. Zur Inkohärenz bei Durkheim vgl. Gerhard Wagner, „Emile Durkheim und Ferdinand de Saussure. Einige Bemerkungen zum Problem sozialer Ordnung", in: *Zeitschrift für Soziologie* 19/1990, S. 13-25, hier S. 15f.

646 Vgl. Georg Simmel, „Exkurs über die Analogie der individualpsychologischen und soziologischen Verhältnisse", in: *GSG*, Bd. 11, hg. v. Otthein Rammstedt, Frankfurt a.M. 1992e, S. 850-855.

647 Ebd., S. 851.

648 Ebd., S. 852f.

649 Georg Simmel, „Die Religion", in: *GSG*, Bd. 10, hg. v. Michael Behr / Volkhard Krech u. Gert Schmidt, Frankfurt a.M. 1995a (im Folgenden: *Die Religion*), S. 39-118, hier S. 87.

um für sich allein hat. Es will in sich abgerundet sein und nicht nur die Gesellschaft abrunden helfen, es will die Gesamtheit seiner Fähigkeiten entfalten, gleichviel, welche Verschiebungen unter ihnen das Interesse der Gesellschaft forderte.“[650] Daß hier Stirnerianisches Gedankengut eingeflossen ist, erkennt man leicht.

Religiöse Fragmente und Halbprodukte, Religiosität, Religion. Der Neueinsatz der Simmelschen Religionstheorie wird deutlich, wenn man zunächst fragt, wie er sich zu den älteren Schichten der Religionsdeutung: der *Rationalreligion* und der junghegelianischen Religionskritik in Beziehung setzt.

Was seine Beziehung zur *rationalreligiösen* Kirchenkritik der Aufklärung betrifft, so ist an sein Interesse für die Freimaurerei zu erinnern, auf das wir im *Ersten Band* (S.300ff.) hingewiesen haben. Darüberhinaus greift Simmel das *rationalreligiöse* Leitmotiv des Geheimnisses des Herzens auf. Religion ist, kantianisch gedacht, „ein inneres Verhalten der Seele“.[651] Trotz aller Vorstellungen von einem Transzendieren gilt: „Es mag ein Verhältnis zwischen der Seele und dem Transzendenten bestehen, so ist Religion doch jedenfalls der auf der Seite der Seele sich abspielende Teil dieses Verhältnisses. So wenig, nach dem Ausdruck Kants, die Dinge ‚in unsere Vorstellungskraft überwandern‘, so wenig wandert Gott in unser Herz über.“[652] Wie auch immer Mystiker die Verschmelzung mit dem Göttlichen beschreiben mögen, „wenn Religion einen deutlichen, von der Spekulation gesonderten Sinn haben soll, so ist sie ein Sein oder Geschehen in der Seele, das *uns* beschiedene Teil.“[653] Daraus nun aber zu schließen, beim Glauben an etwas Göttliches handele es sich um „subjektive Phantastik, die rein psychologisch erklärt werden muss“, ist nicht zwingend.[654] „Wenn der Mensch ein metaphysisch-göttliches, alle empirische Einzelheit übersteigendes Gebilde sich überstellt, so projiziert er damit nicht immer und nicht nur seine psychologischen Emotionen: Furcht und Hoffnung, Überschwang und Erlösungsbedürfnis aus sich heraus; er projiziert damit auch dasjenige, was in ihm selbst metaphysisch ist, in ihm selbst jenseits aller empirischen Einzelheit liegt.“[655] Hier variiert Simmel den *rationalreligiösen* Glaubenssatz von der Göttlichkeit der Vernunftbegabung des Menschen, die ein Schöpfergott ihm verliehen hat.

---

650 Ebd. Man hört hier einen Nachklang Stirnerscher Formulierungen, mit dem sich Simmel intensiv auseinandergesetzt hat: „Nur Teil haben kann der Einzelne an der Stiftung des Gottesreiches oder, nach moderner Vorstellung von derselben Sache, an der Entwicklung und Geschichte der Menschheit, und nur soweit er daran Teil hat, kommt ihm ein christlicher oder, nach modernem Ausdruck, menschlicher Wert zu, im Übrigen ist er Staub und ein Madensack.“ Max Stirner, *Der Einzige und sein Eigentum*, Stuttgart 1972, S. 411.

651 Georg Simmel, „Das Problem der religiösen Lage“, in: *GSG*, Bd. 12, hg. v. Rüdiger Kramme u. Orthein Rammstedt, Frankfurt a.M. 2001 (im Folgenden: *Das Problem der religiösen Lage*), S. 148-161.

652 Ebd., S. 150.

653 Ebd., S. 151.

654 Ebd., S. 153.

655 Ebd., S. 153f.

Gesichert wird diese um 1900 nicht mehr allen glaubwürdige Position durch einen Vergleich mit der pessimistischen Gedankenfigur eines denk- und möglicherweise wünschbaren Nichtseins der Welt. „Denn wie das Spiel der berechenbaren Weltelemente von der nicht weiter herleitbaren Tatsache getragen wird, daß überhaupt eine Welt und ein bestimmt charakterisierender Ausgangspunkt ihres Prozesses da ist – so ist die ganze psychologische Bewegtheit, die prinzipiell berechenbar, die einzelnen religiösen Gebilde erzeugt, von dem vor aller Berechenbarkeit stehenden Sein und So-Sein der Psyche getragen; daß diese psychologische Reihe entsteht und als eine solche entsteht, setzt eine Grundlage voraus, die nicht selbst wieder innerhalb der Reihe entstanden ist."[656] So wie philosophische Grundlage aller positivistischen Berechenbarkeit ist, daß diese bestimmte Welt da ist, so ist Ausgangspunkt aller Bestimmungen von Emotionen, Präferenzen und religiösen Einstellungen, daß die Form „Psyche" existiert.

Nicht minder wichtig für den Neueinsatz der Simmelschen Religionstheorie ist seine Beziehung zu der zweiten Schicht von Religionsdeutungen, die am Ausgang der Revolutionsperiode in der Intellektuellengruppe der Junghegelianer entwickelt wurden. Simmel interessiert sich nicht in erster Linie für eine Klärung der Frage nach dem Ursprung von Religion, vielmehr schließt er an die junghegelianischen Debatten an und nimmt eine wichtige Korrektur der Feuerbachschen Projektionsthese vor, die – wie wir im *Ersten Band* (S. 678) gezeigt haben – ein Angelpunkt der Kritiken von Bruno Bauer, Karl Marx und Max Stirner wurde. Simmel schreibt, Gott sei für Feuerbach „nichts anderes als der Mensch, der, in der Not seiner Bedürfnisse, sich aus sich heraus ins Unendliche steigert und von dem so entstandenen Gott Abhilfe sucht. ‚Religion ist Anthropologie'. Und mit dieser Wendung glaubt er das Transzendente abgetan, weil er im Menschen nur den empirischen Fluß seelischer Einzelheiten sieht. Aber er hätte schließen sollen: also liegt der metaphysische Wert, das Übereinzelne, in dem Religiös-Sein des Menschen selbst."[657] Wie aber ist dies aufzufassen?

In gewisser Weise an Bruno Bauers Konzept vollendeter Religion anschließend, geht Simmel der eigenartigen „Unbestimmbarkeit" von Religion in der Moderne nach. Man werde „sich der Lösung des Problems nur so nähern, daß man alle Impulse, Ideen, Verhältnisse, die auf diesem Gebiet wirksam werden, inventarisiert, aber mit dem ausdrücklichen Verzicht darauf, die Bedeutung einzelner Motive über die Fälle ihrer Festgestelltheit hinaus zu allgemeinen Gesetzen des religiösen Wesens zu erweitern."[658] Den Generalschlüssel der Differenzierungstheorie gleichsam umgekehrt nutzend, setzt Simmel dort ein, wo religiöse Phänomene noch nicht als eigenständige Gebilde erkennbar sind, sondern verstreut und beigemischt in den verschiedensten Lebensbereichen sich auffinden lassen. Er schreibt: „Ich glaube nicht, daß die religiösen Gefühle und Impulse sich nur in der Religion äußern; vielmehr, daß sie sich in vielerlei Verbindungen finden, als ein bei vielerlei

656 Ebd.
657 Ebd.
658 Simmel, *Zur Soziologie der Religion*, S. 266.

Gelegenheiten mitwirkendes Element, in dessen Aufgipfelung und Isolierung nur die Religion als selbstständiger Lebensinhalt, als ein Gebiet eigenster Begrenzung besteht."[659] Es geht ihm darum, „die Punkte zu finden, wo innerhalb der Wechselbeziehungen zwischen Menschen Fragmente des religiösen Wesen – sozusagen: der Religion, bevor sie Religion ist – entstehen".[660] Das „Religiös-Sein" des Menschen ist gleichsam eine regulative Idee, mit deren Hilfe so etwas wie eine „religiöse Stimmung", ein „religiöser Ton", eine „religiöse Note" empfunden werden kann.[661] Es sind dies Beimischungen des Religiösen, die in stark abgemilderter Intensität nach dem Modus der enthusiastischen Religionen, der Fusion von göttlichen und irdischen Dingen operieren. Aber es ist dies ein leise gewordener Enthusiasmus.

Maßgeblich ist nicht nur die Unterscheidung von Religion und Religiosität, sondern innerhalb des Religiösen gibt es noch feinere Abstufungen, die Simmel „religiöse Halbprodukte" nennt. [662] Sie sind nicht grundverschieden von dem, was in institutionalisierter Religion wirksam ist. „Es sind dieselben Beziehungswerte, die von ihrem sozialen Interesseninhalt gelöst und in die transzendente Dimension erhoben, Religion im engeren, selbstständigen Sinne bedeuten. Unter mancherlei Verhüllungen und Verschiebungen der Oberflächen sind diese Zusammenhänge spürbar. Ich erinnere an das religiöse – oder, wenn das Wortmonstrum gestattet ist: religioide – Moment, das für ein tieferes Empfinden vielleicht in allem Hingeben und Annehmen liegt. Natürlich hat es als rein soziologisches Ereignis mit der Religion als differenziertem Gebiet nichts zu tun."[663]

Mit dieser Suchbewegung nach religiösen Fragmenten, Halbprodukten und religioiden Momenten setzt sich Simmel von den dargestellten Versuchen seiner Zeitgenossen ab, Religion primär ausgehend von offensichtlichen Manifestationen wie den Glaubenslehren der *Bekenntnisreligionen* bei Troeltsch und Weber oder Tylors Glaube an *spiritual beings* oder James' Einstieg bei religiösen Virtuosen zu definieren. Es sei ein „großer Irrtum" früherer Theorien gewesen, „daß sie die Religiosität erst da beginnen lassen, wo solche Inhalte sich in eine substantielle Transzendenz erstrecken, wo sie eine Gottheit außerhalb ihrer selbst bilden". [664] Es sei ein Irrtum zu meinen: „erst indem der Glaube an die Gottheit, die ein Erfolg, ein Auswachsen, eine Hypostasierung jener rein empirischen Innenerlebnisse sei, in das Leben zurückwirke, werde dieses und seine Inhalte religiös."[665]

Allerdings kommt Simmel bei der Profilierung seines Ausgangspunktes in den Religionsfragmenten nicht ganz ohne die Vorstellung einer besonderen religiösen

---

659 Ebd., S. 267f.

660 Ebd., S. 268. Vgl dazu die Einführung der Figur des Dritten zwischen objektiver und individueller Religion bei Ullrich 1981, S. 158ff.

661 So die immer wiederkehrenden Formulierungen bei Simmel, z.B. Simmel, *Die Religion*, S. 61, S. 64 u. S. 65. Daneben ist die Rede vom „religiösen Trieb", S. 67, „religiösen Impulsen", ebd., S. 68 u.ä.

662 Ebd., S. 61

663 Ebd., S. 61f.

664 Simmel, *Das Problem der religiösen Lage*, S. 155.

665 Ebd. S. 155f.

Begabung aus. Er ist sich „sicher, daß bei den Menschen, die überhaupt als religiöse in Frage kommen, die seelischen Vorgänge von vornherein nur als religiös gefärbte entstehen können – wie die Bewegungen eines anmutigen Menschen schon als solche anmutig sind, diese Beschaffenheit von ihrer Quelle mitbringen und sie nicht erst als eine nachträgliche Kolorierung eines an sich farblosen oder anders gefärbten Bewegungsinhaltes bekommen."[666] Diese Einbeziehung einer besonderen religiösen Begabung in der Figur des religiösen Menschen ist dem Erbe des *kunstreligiösen* Enthusiasmus geschuldet, auf das Simmel verweist, wenn er den „religiösen Lebensprozeß" analog zur künstlerische Kreativität auffaßt: „Das Kunstwerk quillt aus der inneren produktiven Bewegung des Künstlers. Es ist Kunstwerk, insofern diese sich zu ihm verkörpert hat, und damit etwas ganz anderes wie etwa das Stück Marmor, als das es in der Welt greifbarer Realität dasteht, etwas ganz anderes auch wie die aus der Erfahrung in dieser Welt gezogene Form."[667] Was dem Kunsttrieb der Marmor, ist der Religiosität und ihren Stimmungen das Material der sozialen Gegebenheiten. Der schöpferische „religiöse Trieb" nimmt die „soziologischen Tatsachen in sich auf" und formt sie zu einer religiösen Institution, die dann so dastehen kann wie die Skulptur aus Marmor.[668] Es handelt sich hier um ein Ineinander der Reihe: „Religiosität – soziales Gebilde – objektive Religion".[669]

Dabei denkt Simmel diesen Prozeß zugleich als einen, der auch kollektiv stattfinden kann: „wenn die Beziehung eines Individuums zu Individuen überragender Ordnung oder einem gesellschaftlichen Ganzen oder zu den idealen Normen desselben oder zu den Symbolen, in denen ein Gruppenleben sich verdichtet, den Ton annimmt, den wir religiös nennen, so ist dies, funktionell angesehen, derselbe Schöpferweg seiner Seele, den er mit der Schaffung der ‚Religion' geht".[670] Religiosität ist somit auf einem Weg, „auf dem sie ein außer ihr Gelegenes durchzieht, um sich an ihm zum Gebilde zu formen, die Substanz dieses Fremden hinter sich lassend und an seiner reinen Form ihre eigene Reinheit" verkörpert, ohne daß absehbar wäre, daß dies erreicht werden könnte.[671] „Vielmehr schleppt die ausgestaltete objektive ‚Religion' noch allenthalben gleichsam materielle Stücke jenes ihr Äußeren mit."[672]

Für *rationalreligiöse* Autoren war die religiöse Begabung ein allen Menschen gleichermaßen zukommendes göttliches Geschenk, das gegen konfessionelle Engführungen ins Feld geführt wurde. Simmel übernimmt dies nur zu einem Teil. Bei ihm sind die objektive, institutionalisierte, im engeren Sinne soziologisch zu erkennende Religion und die subjektive Religiosität samt ihren Halbprodukten miteinander verschränkt. „Es sind die seelischen Kräfte und Bedürfnisse, die sich an der Religion

666 Ebd., S. 156.
667 Simmel, *Die Religion,* S. 67. („religiöser Lebensprozeß" findet sich bei ebd., S. 113)
668 Ebd. S. 67.
669 Ebd., S. 115.
670 Ebd. S. 67f.
671 Ebd., S. 113.
672 Ebd.

ausleben und befriedigen, die freilich nur an dem jeweiligen Dogmenkomplex in Erscheinung treten, aber jede noch so vernichtende Kritik dieses Komplexes ebenso überleben, wie ein Baum das immer wiederholte Abnehmen seiner Früchte.“ [673] Mit dieser Vorstellung kommt Simmel zu einer Auffassung der Spannung von fragmentierter Religiosität und institutionalisierter Religion als einem dynamischen Geschehen. „Das Ewige an der Religion sind diese Sehnsüchte, die noch nicht Religion sind, die aber in ihr produktiv werden und Ruhe gewinnen – Ruhe freilich nur für das Individuum, während das geschichtliche Leben die religiösen Inhalte rastlos gebiert und vernichtet, und die scheinbar dauernsten selbst fortwährenden, stärkeren oder leiseren Umbildungen aussetzt.“[674] Diese lebensphilosophische Sicht auf die Religion bildet einen entschiedenen Kontrapunkt gegen das verbreitete Syndrom der „Säkularisierung“, das Weber mit seinem Modell der Selbstauflösung der Religion gefördert hat.

ARBEITSTEILUNG, KONKURRENZ UND DIE HEILSSUCHE. Was die Frage nach der Stellung der Religion in der modernen Marktgesellschaft angeht, so konzentriert sich Simmels Interesse weniger auf die objektive Religion, die sich in Kultus und Kirche manifestiert und der gegenüber sich das Individuum aufnehmend verhält, als vielmehr auf die subjektive Religion, d. h. die Religiosität, die ein aktives und kreatives Verhalten ist, bei dem das Individuum „nur sein eigenes Heil sucht“.[675] In Kultus und Kirche „bedeutet das Religiöse ein entschiedenes Gegenüber und sozusagen erst nachträgliches Sichaufnehmen zwischen Göttlichem und Seelischem“. Wenn es um das eigene Heil geht, bedeutet das Religiöse dagegen „ein seelisches Leben selbst, aus einer tiefsten individuellen Produktivität und Selbstverantwortlichkeit strömend, das freilich in sich, als religiöses Sein, eine übersubjektive Weihe besitzt.“[676]

Voraussetzung für diesen Doppelaspekt, der dazu führen kann, daß sich objektive und subjektive Religion spalten, ist zunächst die Verwandlung von Dämonen in Götter. „Die Phantastik primitiver Völker läßt sich leicht zur Schaffung dämonischer Realitäten erregen. Ein solches Wesen hat zunächst sozusagen nur eine Existenz *für sich*. Zum Gotte wird es, indem es einen Kreis von Verehrern um sich sammelt; ebenso wie umgekehrt ein Gott zum bloßen Dämon werden kann, wenn er seine Anhänger verliert.“[677] Die Verehrung ist eine soziale Praxis, deren Form

---

673 Georg Simmel, „Ein Problem der Religionsphilosophie“, in: GSG, Bd. 7, hg. v. Rüdiger Kramme / Angela Rammstedt u. Otthein Rammstedt, Frankfurt a.M. 1995b (im Folgenden: *Ein Problem der Religionsphilosophie*), S. 310-320, hier S. 311.

674 Ebd.

675 Georg Simmel, „Rembrandt. Ein kunstphilosophischer Versuch“, in: *GSG*, Bd. 15, hg. v. Uta Kösser / Hans-Martin Kruckis u. Otthein Rammstedt, Frankfurt a.M. 2003 (im Folgenden: *Rembrandt*), S. 305-515, hier S. 451.

676 Ebd.

677 Simmel, *Die Religion*, S. 84. Hier ist bereits anzudeuten, daß die Differenz von Gott und Dämon für die Technikdebatte wichtig wird, ebenso wie Simmels Kritik am Pantheismus / Naturalismus.

den jeweiligen Regeln der Gemeinschaft entnommen ist. Dadurch „wird aus dem bloß daseienden dämonischen Wesen der für den Menschen lebendige und wirksame *Gott.* Darum hat der Gott den Charakter, der in die jeweilige Form der Gesellschaft in diesem Sinne einbeziehbar ist."[678] Form der Gesellschaft und Charakter ihres Gottes korrespondieren miteinander. Simmel schließt an diesen Grundgedanken von Comte an. Aber für die Korrespondenz von Sozialsystem und Glaubenssystem in der Moderne wählt er nicht die *Wissenschaftsreligion* des Positivismus als Endstadium der Reihe theologisches, metaphysisches, positives Stadium. Der sozialen Form der Marktgesellschaft korrespondiert vielmehr eine weitestgehend individualisierte Religiosität.

Das Material der sozialen Gegebenheiten, die sozialen Tatsachen, die der „religiöse Trieb" in sich aufnimmt und nach dem Modell „Religiosität – soziales Gebilde – objektive Religion" umformt, hat Simmel in seiner *Soziologie* von 1908 als formale Weisen des Verhaltens bestimmt. Die Liste enthält: „Über- und Unterordnung, Konkurrenz, Nachahmung, Arbeitsteilung, Parteibildung, Vertretung, Gleichzeitigkeit des Zusammenschlusses nach innen und des Abschlusses nach außen", und Simmel fügt hinzu, daß man dies z.B. „an einer Religionsgemeinde, an einer Verschwörerbande wie an einer Wirtschaftsgenossenschaft" finde.[679] Es fällt auf, daß Simmel in seinem umfänglichsten Werk zur Soziologie, trotz zahlreicher Bezugnahmen auf religiöse Sachverhalte, Religion nicht als eine eigene „Form der Vergesellschaftung" aufgeführt hat, obwohl er zuvor durchaus Formen kennt, die er als religiös bezeichnet.[680] In der nicht einfach zu rekonstruierenden Werkentwicklung zeigt sich bisweilen eine Verlagerung der Thematisierung der Religion und des Religiösen von der Seite der Form auf die des Inhalts.

Mit dieser Verlagerung rückt der Wertgesichtspunkt in den Vordergrund, daß es der Religion gelingt, die Verschiedenheit der Seelen, deren jede einzelne ihr Heil erstrebt, an demselben göttlichen Wertmaßstab zu messen. Simmel schreibt: „Ein solcher Heilsbegriff weist auf eine unendliche Mannigfaltigkeit religiöser Charaktere hin, auf eine religiöse Differenzierung, die freilich keine Arbeitsteilung ist, weil ja jedes Individuum für sich allein das ganze Heil, wenn auch auf besondere Weise, gewinnen kann."[681] Religiöser Pluralismus, nicht verstanden als Konkurrenz von Religionsgemeinschaften, die auf einem Religionsmarkt um Mitglieder werben, unterscheidet sich grundlegend von einer Differenzierung nach dem Modell der Arbeitsteilung. Dieses für Modernisierungsprozesse der Ausdifferenzierung von Teilsystemen eines gesellschaftlichen Ganzen oft gebrauchte Modell geht davon

678 Ebd.

679 Georg Simmel, „Soziologie. Untersuchungen über die Formen der Vergesellschaftung", in: *GSG*, Bd. 11, hg. v. Otthein Rammstedt, Frankfurt a.M. 1992a (im Folgenden: *Soziologie*), S. 21.

680 Austin Harrington, „Simmel und die Religionssoziologie", in: *Georg Simmels große „Soziologie". Eine kritische Sichtung nach hundert Jahren*, hg. v. Ingo Meyer / Otthein Rammstedt u. Hartmann Tyrell, Bielefeld 2011, S. 275-299, hier 276f.

681 Simmel, *Die Religion*, S. 102f.

aus, daß die Arbeit, die ein Individuum verrichtet, in Arbeitsschritte aufgeteilt wird, die verschiedenen Individuen zugewiesen werden können. Dieses Modell der Aufteilung eines Ganzen widerspricht dem Heilsbegriff auch in der Wendung an den religiösen Menschen, „die Besonderheit der Existenz, das Gefühl zu einer unvertretbaren Leistung berufen zu sein und an einer Stelle zu stehen, die gleichsam auf uns gewartet hat. Hiermit zeigt sich nun endlich wieder, wie das religiöse Dasein die Formen des sozialen aufnimmt und sozusagen stilisiert."[682]

Die Struktur von Simmels These, daß es der Religion gelingt, die Verschiedenheit der Seelen, deren jede einzelne ihr Heil erstrebt, an demselben göttlichen Wertmaßstab zu messen, ist durchaus parallel zu seiner Geldtheorie gebaut, nach der das Geld als ein einheitlicher Wertmaßstab gilt, an dem die unterschiedlichen Konsumwünsche gemessen werden. Allerdings gibt diese Strukturanalogie wenig Grund dafür, die alte, heute reaktualisierte These zu stützen, die wir im ersten Kapitel *Eine unheimliche Erfahrung* diskutiert haben, nämlich die These, das Geld sei der wahre Gott, der von allen seine Verehrung fordere, und der Kapitalismus sei nicht lediglich eine Wirtschaftsordnung, sondern auch als eine Religion zu sehen. Auch Simmels Analogien betreffen stets nur ein bestimmtes Merkmal. Die Geld-Gott-Analogie findet ihre Grenze an dem von Simmel besonders herausgestellten Unterschied: „Was die Religion befähigt, das Besonderssein der Menschen, das Nebeneinander ihrer Mannigfaltigkeiten in *einem* Reiche der Vollendung darzustellen, ist das Ausbleiben der Konkurrenz. Denn innerhalb des sozialen Daseins treibt diese zwar die Differenzierung der Individuen hervor und kann sie zu einer wundervollen Entwicklung und innigem Miteinander bringen; aber die Konkurrenz hat sozusagen kein Interesse daran sie auf dieser Höhe zu halten, sondern, mit denselben Kräften immer weiter drängend, übersteigert sie das Besonderssein zu verkümmernder Einseitigkeit und unharmonischer Kraßheit."[683] Simmels Religionstheorie kann nicht ernsthaft Konzepten einer „Religion des Kapitalismus" zu Hilfe kommen. Denn für Simmel ist das religiöse Heilsziel zwar individuell, aber doch konkurrenzfrei vielen zugedacht. Es handelt sich hier um einen radikalen Bruch mit der Marktlogik.[684]

Mit der Geldwirtschaft ist ein weltumspannender Zusammenhang entstanden, in dem der Wertmesser Geld gilt, und zugleich eine Individualisierung, die die Bewegungsfreiheit der einzelnen enorm gesteigert hat. Aber dies geht nun in der Regel einher mit der Etablierung von Normen, die „den Einzelnen in freiem Konkurrenzkampf gegen jeden anderen" stellen.[685] In der Form der wirtschaftlichen Konkurrenz verschlingt sich nach Simmel „aufs wunderbarste die Subjektivität des Endziels

682 Ebd., S. 103.

683 Ebd., S. 103f.

684 Vgl. in Jesus' Abschiedsreden: „Im Hause meines Vaters sind viele Wohnungen – wenn's nicht so wäre, hätte ich's euch gesagt – denn ich gehe ja hin, um die Stätte für euch bereitzumachen." (Johannes 14.2)

685 Simmel, *Soziologie*, S. 832.

mit der Objektivität des Endergebnisses".[686] Hier besteht nun aber der wesentliche Unterschied zwischen ökonomischen und religiösen Endzielen. „Das Endziel, auf das die religiöse Bestrebung, und dasjenige, auf das jede irdisch-soziale Betätigung losgeht, unterscheiden sich eben dadurch, daß das erstere sich keinem Bewerber deshalb zu versagen braucht, weil es sich dem anderen gewährt", mit anderen Worten: für das Endziel Heil gibt es keine Knappheit.[687] Daher besteht für das Erreichen des religiösen Endziels auch keine Notwendigkeit, „die Entwicklung der individuellen Besonderheiten über jenen Höhepunkt hinauszutreiben, der nur durch die Bedürfnisse und Ideale dieser selbst bezeichnet wird."[688] Freilich kennt die Religionsgeschichte auch Übersteigerungen der Askese und frommen Sonderleistungen als Differenzierung, aber sie sind „weniger schroff und exaggeriert als es oft die soziale ist," und gelten als „deren reineres und vollendeteres Gegenbild."[689]

Diese Religionstheorie gilt allerdings nicht für schlechthin alle Religionen. Bemerkenswerterweise spricht Simmel dem Pantheismus, der – wie gezeigt – bei monistischen und *wissenschaftsreligiösen* Gläubigen in unterschiedlichen Variationen verbreitet war, die Passung für die Moderne ab, denn in pantheistischen Glaubenswelten ist Gott mit der gesamten Wirklichkeit identisch. Der „Gott des Pantheismus ist aber nicht der Gott der Religion, ihm fehlt jenes Gegenüber, dessen der Mensch bedarf um seine religiöse Stimmung auszugestalten."[690] Zum Kern der Simmelschen Religionsdefinition gehört, daß jede Gottesvorstellung die Vorstellung von einem Gegenüber mit sich führt. „Pantheistische Entselbstung" nennt Simmel den Mangel des Gegenübers.[691] Auch der Buddhismus ist für Simmel keine Religion, weil ihm ein Gegenüber fehlt. Der Buddhismus ist „die Lehre von dem Heil, das der Strebende absolut allein, durch sein eigenes Wollen und Denken gewinnen kann". Das Ziel ist „im Verzicht auf allen Lebenswillen" erreicht".[692] Um der Wechselwirkung willen darf das Gegenüber „seine Einheit nicht durchbrechen", und ihm eignet daher „die Form der Persönlichkeit, aber durchaus nicht die menschliche."[693]

Gegen den Anthropomorphismus der Religionsauffassungen eines Feuerbach oder Freud insistiert Simmel auf einer Art personaler Gottesvorstellung, die die Rede von Person freilich bis in eine geradezu unendliche Abstraktion treibt, wenn er schreibt: „ ‚Persönlichkeit' ist die völlig formale, wenn man will: abstrakte Bestimmtheit, deren Realisierung im Umfang dieser Abstraktheit nur einem absoluten Wesen zukommen kann, während eine unvollkommenere, einseitig-geistige

686 Ebd. S. 325.
687 Simmel, *Die Religion*, S. 104.
688 Ebd.
689 Ebd.
690 Ebd., S. 105.
691 Simmel spricht auch von „pantheistischer Entselbstung"; Simmel, *Rembrandt*, S. 443.
692 Simmel, *Die Religion*, S. 6.
693 Georg Simmel, „Philosophische Kultur. Gesammelte Essays", in: *GSG*, Bd. 14, hg. v. Rüdiger Kramme u. Otthein Rammstedt, Frankfurt a.M. 1996 (im Folgenden: *Philosophische Kultur*), S. 159-460, hier zur Religionsphilosophie die Persönlichkeit Gottes, S. 364.

Stufe davon Sache *unseres* Lebens ist. Richtig verstanden, mag man deshalb sagen: Gott ist nicht der Mensch im Großen, aber der Mensch ist Gott im Kleinen.“[694]

Volkhard Krech hat zurecht darauf hingewiesen, daß Simmels Religionstheorie nicht, wie oft lehrbuchmäßig verbreitet, ausschließlich auf eine funktionale Definition von Religion hinausläuft. Das formale Gegenüber, der formale Gottesbegriff, wie andere Bestimmungen auch sind durchaus dahingehend zu interpretieren. Aber das ist nicht alles. Krech scheibt: „Religion hat die *Funktion*, Differenzerfahrungen zwischen psychischem Bewußtsein und Vergesellschaftungsprozessen zu thematisieren und mit ihren Symbolen zu vermitteln. Andererseits basiert diese funktionale Bestimmung auf *substantiellen* Vorgaben aus der Vorstellungswelt der christlichen Religion.“[695] Dies betrifft insbesondere die Bedeutung, die Simmel dem Christentum für die in der europäischen Kulturentwicklung charakteristische Individualisierungstendenz zuspricht.

INDIVIDUALISIERUNG, INDIVIDUELLES GESETZ. Wenn heute Simmel in der Soziologie als Theoretiker der Individualisierung aufgerufen wird, so trifft dies Thema das Zentrum seiner Soziologie.[696] Zugleich verdeckt der zum Allerweltswort trivialisierte Begriff die komplexe und vor allem auch religionssoziologisch bedeutsame Architektur, in der Simmel diesen Begriff situiert. Daß Simmel das Gesellschaftliche auf Psychologisches reduziere, daß seine Theorie nichts über das Gesamt der Gesellschaft aussage, daß er im sozialen Mikrobereich von Interaktionen hängen bleibe, gehört zu den wiederkehrenden Fehlwahrnehmungen.[697] Zum Theoretiker der Individualisierung konnte er nach 1945 im Zusammenhang der geläufigen Modernisierungstheorie promoviert werden, in der die Prozesse der Rationalisierung, Industrialisierung, Urbanisierung, Bürokratisierung, Demokratisierung und schließlich auch Säkularisierung und Individualisierung ineinander verflochten für die Genese und den Fortgang der modernen Gesellschaft verantwortlich gemacht wurden. Daß die Entfesselung der Marktwirtschaft in der zweiten Hälfte des 19. Jahrhunderts der Motor der Verflechtung war, ist bekannt. Mit dem Thema Individualität und Individualisierung bewegte sich Simmel wie die anderen Intellektuellen seiner Zeit im Horizont dieser epochalen Zeiterfahrung, deren Verarbeitungsweisen wir im *Dritten Teil* der Religionssoziologie behandeln.

Das Interesse speziell für den Prozeß der Individualisierung ist in den 1980er Jahren bei Soziologen erwacht, die sich nicht mehr in der Lage sahen, mit der traditionellen Klassen- und Schichtungstheorie eine angemessene Diagnose der Sozialstruktur ihrer Gesellschaften zu erstellen und die dies vielleicht auch nicht mehr wollten. Anthony Giddens bemerkte in seiner Untersuchung über die Klassen-

694 Ebd.

695 Krech 1988, S. 253f. siehe auch S. 258.

696 Junge 2009, S. 65.

697 Uta Gerhard, „Formen der Vergesellschaftung und die soziologischen Aprioris. Das gesellschaftstheoretische Erkenntnisprogramm“, in: Meyer / Rammstedt u. Tyrell 2011, S. 83-124, hier S. 83f.

struktur fortgeschrittener Gesellschaften in den Mittelklassen eine Denkhaltung, nach der sozialer Aufstieg und Abstieg „der Initiative und Energie eines einzelnen Individuums zugeschrieben" wurde.[698] In einer späteren Schrift heißt es: „What to do? How to act? Who to be? These are focal questions for everyone living in circumstances of late modernity – and ones which, on some level or another, all of us answer, either discursively or through day-to-day social behaviour."[699] Ulrich Beck vertrat die These, daß die Bedeutung der Zugehörigkeit zu Einheiten wie Stand und Klasse nachlasse und statt dessen mit der Steigerung des Bildungsniveaus und der Orientierung an Lebensstilen ein neuer Prozeß der Individualisierung sich abzeichne, der die Individuen nötige, ihre Art der Lebensführung im Sinne einer Individualisierung reflexiv zu entwerfen.[700] Die breite Debatte über den Abschied von alten Klassentheorien im Namen der Individualisierung hatte schließlich auch wichtige politische Folgen. Giddens und Beck überzeugten Politiker der sozialdemokratischen Parteien, sich ein Stück weit für neoliberale Konzepte zu öffnen und einen „dritten Weg" zwischen Wirtschaftsliberalismus und alten sozialdemokratischen Auffassungen zu entwickeln.[701]

Zurecht hat Matthias Junge darauf hingewiesen, daß in der anhaltenden Debatte über Individualisierung die Arbeiten aus der Gründungsphase der Soziologie in ihrer Vielfältigkeit nur selten wahrgenommen werden, und er hat an die klassischen Positionen erinnert: Bei Durkheim ist es die steigende Arbeitsteilung, die zugleich individuelle Autonomie anwachsen läßt. Bei Tönnies ist es der geschichtliche Prozeß von familialer Gemeinschaftlichkeit zur Gesellschaft, der zu einem universellen Individualismus führt. Weber dagegen befürchtet bei fortschreitender Rationalisierung und Bürokratisierung eine Verringerung der Chancen für Indivi-

698 Anthony Giddens, *Die Klassenstruktur fortgeschrittener Gesellschaften*, Frankfurt a.M. 1979, S. 230.

699 Anthony Giddens, *Modernity and Self-Identity. Self and Society in the Late Modern Age*, Cambridge 1991, S. 70.

700 Ulrich Beck, „Jenseits von Stand und Klasse? Soziale Ungleichheiten, gesellschaftliche Individualisierungsprozesse und die Entstehung neuer sozialer Formationen und Identitäten", in: *Soziale Ungleichheiten. Soziale Welt*, Sonderband 2, hg. v. Reinhard Kreckel, Göttingen 1983, S. 35-74. Zur frühen Diskussion der Individualisierungs-These siehe: Martin Baethge, „Individualisierung als Hoffnung und Verhängnis. Aporien und Paradoxien in spätbürgerlichen Gesellschaften oder: die Bedrohung von Subjektivität", in: *Soziale Welt* 36/1985, S. 299-312. Grundlegend: Michel Maffesoli, *Le Temps des tribus. Le déclin de l'individualisme dans les sociétés de masse*, Paris 1988.

701 Siehe das berühmte ‚Schröder-Blair-Papier': Gerhard Schröder u. Tony Blair, „Der Weg nach vorne für Europas Sozialdemokraten", London, 8. Juni 1999, online: http://www.albanknecht.de/materialien/Schroeder-Blair-Paper.pdf (letzter Zugriff: 27.01.2017); Bourdieu nennt Giddens und Beck „maîtres à penser de Schröder Blair". Pierre Bourdieu, „Instituer efficacement l'attidude critique", in: ders., *Interventions, 1961-2001. Science sociale et action politique*, Marseille 2002, S. 470-475, hier S. 471. Siehe auch: Anthony Giddens, *Jenseits von Links und Rechts. Die Zukunft radikaler Demokratie*, Frankfurt a.M. 1997; ders, *The Third Way. The Renewal of Social Democracy*, Cambridge 1998.

dualismus.[702] Bei Simmel finden sich teilweise vergleichbare Argumentationen. 1890 in der Schrift Über soziale Differenzierung ist es wie bei Durkheim die Arbeitsteilung, die individuelle Autonomie ermöglicht. In der *Philosophie des Geldes* stehen die sehr unterschiedlichen Freiheits- und Bindungswirkungen im Zentrum, die die tauschbedingte Versachlichung ihrer wechselseitigen Beziehungen den Individuen aufgibt. In der Soziologie von 1908 faßt Simmel das Problem der Soziologie in die Frage: „Wie sind nicht nur die empirisch entstehenden Einzelgestaltungen, die unter dem Allgemeinbegriff der Gesellschaft stehen, möglich, sondern die Gesellschaft überhaupt als eine objektive Form subjektiver Seelen?"[703]

Es ist einzusehen, daß dies Problem nicht lösbar ist. Die „Tragödie der Kultur" hat ihre Basis in dieser Paradoxie, eine „objektive Form subjektiver Seelen" zu denken. „Seit der Mensch zu sich Ich sagt, sich zum Objekt, über und gegenüber sich selbst, geworden ist, seit durch solche Form unserer Seele ihre Inhalte in einem Zentrum zusammengehören – seitdem mußte ihr aus dieser Form das Ideal wachsen, daß dies so mit dem Mittelpunkt Verbundene auch eine Einheit sei, die in sich geschlossen und deshalb ein selbstgenugsames Ganzes sei."[704] Die Grundlagen moderner Subjektivität liegen somit auf verschiedenen Ebenen: der anthropologischen Konstitution der Möglichkeit der Selbstreflexion und der historischen Genese von kohärenten Ichidealen. Die so bedingte Formbestimmtheit der Subjektivität bedarf, wenn die zur Individualität wird, dann aber auch bestimmter Inhalte. „Allein die Inhalte, an denen das Ich diese Organisierung zu einer eigenen, einheitlichen Welt vollziehen soll, gehören nicht ihm allein an; sie sind ihm *gegeben*, von irgend einem räumlichen, zeitlichen, ideellen Außerhalb her, sie sind zugleich die Inhalte irgendwelcher anderer Welten, gesellschaftlicher und metaphysischer, begrifflicher und ethischer, und in diesen besitzen sie Formen und Zusammenhänge unter sich, die mit denen des Ich nicht zusammenfallen wollen."[705] Die objektive Kultur ist ein unersetzlicher Fundus für die Selbstbeschreibung des Einzelnen. Aber in der Moderne hat dieser Fundus gewaltige Ausmaße und so verästelte Ausdifferenzierungen erreicht, daß der Einzelne dieser Kultur nicht gewachsen ist. Sie läßt es „nicht zur Zentrierung um das Ich kommen."[706]

Es ist dies die Stelle, an der eine Erbschaft des Christentums für Simmel tragende Bedeutung erhält. Das Christentum habe „den großen Schritt getan: das ganz Persönliche der Innenwelt, das, worin jeder Mensch mit sich allein ist, die subjektive Seite alles Tuns – nun doch nichts Individualistisches, Solipsistisches mehr ist; sondern dadurch, daß sie sich in Gott mit allen anderen begegnet, daß sie vor das Forum der unsichtbaren Kirche gehört, wird sie aus der Vereinzelung in ein Verhältnis zu allen anderen gesetzt, sie ist nicht, was jeder nur mit sich selbst auszumachen

702 Junge 2009, 65f.

703 Simmel, *Soziologie*, S. 41.

704 Simmel, *Philosophische Kultur*, S. 403.

705 Ebd., S. 403f.

706 Ebd., S. 404.

hätte: eine spiritualistische Sozialisierung."[707] Im Christentum gelinge eine „Synthese von Persönlichkeitsgefühl und Solidarität", ablesbar in der Vorstellung der Verantwortlichkeit des Einzelnen für die Sünden aller anderen.[708] Im Anschluß an Durkheims Unterscheidung zwischen mechanischer und organischer Solidarität bemerkt Simmel, „daß jene innere ‚Sozialisierung' des Christentums keineswegs die Herdeneinheit eines mechanistischen Psycho-Kommunismus zu bedeuten braucht; daß vielmehr diese Einheit als eine *organische* bezeichnet werden muß, deren Besonderheit aber in dem Verzicht auf das Vereinheitlichungsmittel der physiologischen und der äußerlich sozialen Organisation: auf die Differenzierung – liegt."[709]

Die Zielrichtung einer „spiritualistischen Sozialisierung.", die Simmel im Christentum identifiziert, fügt sich in seine Vorstellung von zwei Formen des Individualismus, die nacheinander entstanden waren: „Nachdem die prinzipielle Lösung des Individuums von den verrosteten Ketten der Zunft, des Geburtsstandes, der Kirche vollbracht war, geht sie nun dahin weiter, daß die so verselbständigten Individuen sich auch *von einander* unterscheiden wollen; nicht mehr darauf, daß man überhaupt ein freier Einzelner ist, sondern daß man dieser Bestimmte und Unverwechselbare ist, kommt es an".[710] Einmal handelt es sich um einen quantitativen Individualismus, der mit jedermanns freien Willen allgemein gegeben ist, zum anderen um einen qualitativen Individualismus, der mit dem Anderssein jedes Einzelnen verbunden wird. Simmel nimmt hier Bezug auf Max Stirner, der sich jenseits der beiden Formen des Individualismus gestellt habe, „der nur die Tatsache der Individualität überhaupt zum Sinn des menschlichen Daseins macht, aber jeden Inhalt derselben, mag es der der Gleichheit oder der der Differenziertheit sein, als ganz gleichgültig ablehnt."[711] In der Inhaltslosigkeit von Stirners bloßer Form eines qualitativen Individualismus, dessen „schöpferisches Nichts" (Stirner) sowohl das Allgemeine wie das Besondere verneint, sieht Simmel einen Hauptmangel, der zur Folge gehabt habe, daß bei Stirner nur das „radikale gesetz- und gegenstandslose Ich des Egoismus zurückblieb."[712]

---

707 Simmel, *Die Religion*, S. 94.

708 Ebd.

709 Ebd., S. 95. Vgl. zum Konzept der Persönlichkeit Gottes, Simmel, *Ein Problem der Religionsphilosophie*, S. 312ff.

710 Georg Simmel, „Die beiden Formen des Individualismus", in: *GSG*, Bd. 7, hg. v. Rüdiger Kramme / Angela u. Otthein Rammstedt, Frankfurt a.M. 1995c, S. 49-56, hier S. 52.

711 Ebd., S. 54.

712 Ebd., S. 56. Vgl. „Der Einzige ist eine Aussage, von welcher mit aller Offenheit und Ehrlichkeit eingeräumt wird, daß sie – Nichts aussagt. Der Mensch, der Geist, das wahre Individuum, die Persönlichkeit u. s. f. sind Aussagen oder Prädicate, welche von einer Fülle des Inhalts strotzen, Phrasen mit höchstem Gedankenreichtum; der Einzige ist, gegenüber jenen heiligen und erhabenen Phrasen, die leere, anspruchslose und ganz gemeine Phrase." Max Stirner, „Recensenten Stirners", in: ders., *Kleinere Schriften und seine Entgegnungen auf die Kritik seines Werkes ‚Der Einzige und sein Eigentum'*, Stuttgart/Bad Cannstatt 1976, S. 343-396, hier S. 347. Siehe auch Wolfgang Eßbach, Ein unentwegtes Skandalon. Max Stirners Kritik des Heiligen und die Phrase des Einzigen, in: Max Stirner: L'Unique et sa

Die provokative Selbstbeschreibung als ‚Egoist', die Stirner, die Verfemung durch Kirchenmänner und Sittenwächter herausfordernd, ausstellt und mit den Begriffen ‚Eigenheit' und ‚Einzigkeit' überblendet, hat Simmel abgelehnt. Zugleich war er bemüht, daß bei seinem Konzept des Individualismus kein Verdacht des Egoismus, wie er in der Marktgesellschaft sich verbreitet hat, aufkommen kann. Simmel schreibt: „Es ist der größte Irrtum, daß der Egoismus, mit dem man das Sinnlich-Sündhafte solidarisch setzt, den Charakter des Individuellen trage; im Gegenteil, da der Egoismus sich immer auf ein *Haben* richtet, da er den Menschen aus seinem Zentrum heraus auf Objekte hinführt, die schließlich auch Andere haben können oder wollen, so liegt in ihm immer eine Entindividualisierung, eine Intention auf ein irgendwie Unpersönlich-Allgemeines."[713] Die Freiheit der Wahl, dieses oder jenes zu kaufen, die Orientierung an dem, was andere sich leisten können, der Modus der Rivalität des „Ich auch", – diese zur Marktgesellschaft gehörenden und sie vorwärtstreibenden Momente stellen für Simmel eine Entindividualisierung dar.

Dagegen setzt Simmel seine Philosophie des „individuellen Gesetzes", zu dessen Verdeutlichung er eine religiöse Analogie bemüht: Er verweist auf „Persönlichkeiten, die sich von Religion und Religionen in ihrem hergebrachten formulierten Sinne völlig losgesagt haben, aber sich aufs entschiedenste dagegen wehren, als irreligiös zu gelten."[714] Bei manchen begegne einem die Bemerkung, „daß sie die Kantische Wendung, er habe das Wissen beseitigen müssen, um für den Glauben Platz zu gewinnen, dahin fortsetzen: sie hätten den Glauben abgetan, um die Gläubigkeit zu behalten."[715] Diese Art der Religiosität und Gläubigkeit brauche „gar keine eigenen Inhalte oder Gegenstände". Es sei eine Art, „das ganze Leben zu leben und jeden Moment seines stetigen Verlaufes zu färben."[716] Religiöse Dogmen seien für diese Menschen „Bestimmungen, die der Seele von außen kommen, während deren kontinuierliche Ganzheit nur von ihrer inneren Quelle her einen wirklich durchgehenden Charakter bekommen kann."[717]

propriété. Lectures critiques, hg. v. Olivier Agard, Françoise Lartillot, Paris (L'Harmattan) 2017, S. 27-70.

713 Georg Simmel, „Lebensanschauung", in: *GSG*, Bd. 16, hg. v. Gregor Fitzi u. Otthein Rammstedt, Frankfurt a.M. 1999 (im Folgenden: *Lebensanschauung*), S. 209-425, hier S. 368f.

714 Ebd., S. 359 Eine „Umkehrung christlicher Werte" in Simmels individuellem Gesetz sieht Voigt 1998, S. 276. Auf den Einfluß Bergsons verweist Johannes Schwerdtfeger, „Bergson und Simmel", in: *Simmel Newsletter* 5(2)/1995, S. 89-96; dazu auch ders., *Das Individualitätskonzept Georg Simmels*, Heidelberg 1999. Ausführlich: Fitzi 2002. Zur Bedeutung Bergsons für die Soziologie ist grundlegend Heike Delitz, *Bergson-Effekte. Aversionen und Attraktionen im französischen soziologischen Denken*, Weilerswist 2015. Das individuelle Gesetz ist erhellend auf Simmels Biographie angewandt bei Köhnke 1996, S. 489ff.

715 Simmel, *Lebensanschauung*, S. 359.

716 Ebd.

717 Ebd., S. 359f.

Simmels individuelles Gesetz unterscheidet sich von der *rationalreligiös* gefärbten Vorstellung der Autonomie des Menschen als eines Vernunftwesens mit dem Sittengesetz in der Brust, wie sie Kant gedacht hat und wie sie bis heute in der leichtfüßigen Rede von der Autonomie des Individuums, freilich den gestirnten Himmel oft nicht mitbedenkend, mitschwingt. So heißt es bei Simmel: „Wenn man nun die Gewalttat Kants, dieses zentrale, das sittliche Leben aus sich entwickelnde Ich für identisch mit der allgemeinen Vernunft zu erklären, nicht mitmacht, sondern es in der inneren Einzigkeit oder Einsamkeit hinnimmt, in der es erlebt wird – so quillt also gerade die Sittlichkeit aus dem Punkt, wo der Mensch mit sich allein ist und zu dem er sich von dem ‚breiten Wege der Sünde' weg – dessen Breite doch nicht nur seine verlockende Bequemlichkeit, sondern auch seine Gangbarkeit für alle bedeutet – zurückfindet."[718] Die subjektive Religiosität, wie Simmel sie in der Idee des individuellen Gesetzes gefaßt hat, ist auch in einem religionsgeschichtlichen Sinn nonkonformistisch und dissident.

SCHLUSS. Betrachtet man die Genese der Soziologie als einer Wissenschaft von der Gesellschaft für sich, so wird man Hartmann Tyrells These zustimmen, daß ausgehend von Auguste Comte, der die Soziologie an die Spitze des wissenschaftlichen Fortschritts gestellt hat, ein Wandel vom *wissenschaftsreligiösen* Programm: „Soziologie *statt* Religion" hin zu einer professionellen Religionssoziologie stattgefunden hat.[719] So unterschiedlich die Anfänge der Soziologie, sei es aus der schottischen Moralphilosophie oder aus dem „Geist der Restauration" erzählt werden, Einigkeit besteht darin, das erst mit der grundlegenden Transformation der Universitäten von einer Gelehrtengemeinschaft zu einer fachlichen Arbeitsteilung, die der industriellen Marktgesellschaft entspricht, von Soziologie im heute üblichen Sinne gesprochen werden kann.[720] Zu diesem allgemeinen Prozeß, der alle Fächer jenseits der Philosophie ergriffen hat, bemerkt Helmuth Plessner schon 1924: „Die innere Gleichgerichtetheit im Arbeitsgeist" von Forschern und Praktikern, d.h. „die Angepaßtheit der modernen Gesellschaft wirkt sich in doppelter Gestalt aus: als *Industrialisierung der Wissenschaft* und als *Rationalisierung des sozialen Lebens.*"[721] Die

718 Ebd., S. 369.

719 Hartmann Tyrell, „Von der ‚Soziologie *statt* Religion' zur Religionssoziologie", in: ders., *Soziale und gesellschaftliche Differenzierung. Aufsätze zur soziologischen Theorie*, Wiesbaden 2008, S. 199-250.

720 Zu den unterschiedlichen Beschreibungen der Anfänge der Soziologie vgl. Robert Spaemann, *Die Ursprünge der Soziologie aus dem Geist der Restauration. Studien über L.G.A. de Bonald*, München 1959; Viktor Vanberg, *Die zwei Soziologien. Individualismus und Kollektivismus in der Sozialtheorie*, Tübingen 1975. Siehe auch meinen Versuch: Wolfgang Eßbach, „Historische Quellen soziologischen Denkens", in: *Handbuch der Soziologie*, hg. v. Jörn Lamla / Henning Laux / David Strecker u. Hartmut Rosa, Konstanz 2014, S. 25-44.

721 Helmuth Plessner, „Zur Soziologie der modernen Forschung und ihrer Organisation in der deutschen Universität" [1924], in: ders., *Gesammelte Schriften*, Bd. 10, hg. von Günter Dux / Odo Marquard u. Elisabeth Ströker, Frankfurt a.M. 1985c, S. 7-30, hier S. 17; siehe auch

Religionssoziologie ist davon nicht ausgenommen, freilich birgt dieser Prozeß einige Besonderheiten.

Denn der wissenschaftliche Gegenstand Religion ist schwer auf dem Niveau zu halten, auf dem die großen Empirizitäten wie Arbeit, Leben und Sprache liegen, die Michel Foucault in *Die Ordnung der Dinge* untersucht hat. Dies gilt nicht nur für die Religionssoziologie, sondern auch für die Religionswissenschaft, die sich im 20. Jahrhundert als ein eigenes Fach neben der Theologie und der Philosophie etabliert hat. Der Grund ist einsehbar: Im Horizont des Glaubens, daß nicht Religion, sondern Wissenschaft die letzte Instanz ist, bedarf es besonders deutlicher Sperrvermerke. So heißt es im aktuellen Lehrbuch bei Michael Stausberg: „Religionswissenschaftler können durchaus überzeugt sein, daß es eine höhere Realität gibt, oder sich diesbezüglich alle Optionen offenhalten (Agnostizismus), aber in der Forschungspraxis ist eine Berufung auf z.B. Götter als Erklärungsgrundlage für empirische Sachverhalte nicht zulässig."[722] In der Tat gibt es hinreichend Beispiele, die zeigen, daß Religionswissenschaftler in Sachen Religion zur religiösen Partei werden können.

Auf Rudolf Ottos Gründung des „Religiösen Menschheitsbundes" im Jahre 1922 haben wir hingewiesen. Heute kann man auf den amerikanischen Religionswissenschafter Rodney Stark verweisen, der noch 2000 in *Acts of Faith. Explaining the Human Side of Religion* die religionskritische Tradition der Aufklärung aufruft, um nach dem Abriß der Religionsforschung im 20. Jahrhundert zu bemerken: „In the end, what distinguishes the scientific form from the old atheistic approach to religion is fundamental a matter of motives. As social scientists, our purpose should neither be to discredit religion nor to advance a religion of science. Rather, our fundamental quest is to apply social scientific tools to the relationship between human beings and what they experience as divine."[723] Davon ist nun in *God's Battalions. The Case for the Crusades* von 2009 nicht mehr viel erkennbar. Gegen die etablierte historische Forschung, werden die christlichen Kreuzzüge als legitime Notwehr-Reaktion auf den islamischen Anspruch auf Weltherrschaft geschichtspolitisch gerechtfertigt.[724]

---

aus der Reformzeit dazu: Dietrich Goldschmidt, „Zum Schicksal der deutschen Universität im Ausgang ihrer bürgerlichen Epoche", in: Dux u. Luckmann 1974, S. 291-312.

722 Stausberg 2012, S. 1-47, hier S. 3. Zu den frühen Versuchen gehört Joachim Wach, *Religionswissenschaft. Prolegomena zu ihrer wissenschaftstheoretischen Grundlegung*, Leipzig 1924. Siehe dazu auch zum Verhältnis von systematischer Religionswissenschaft und Religionsgeschichte die erhellende Relektüre von Jörg Rüpke, „Gibt es ‚systematische Religionswissenschaft'? Eine historische Lektüre", in: *Aspekte der Religionswissenschaft*, hg. v. Richard Faber u. Susanne Lanwerd, Würzburg 2009, S. 205-218.

723 Rodney Stark u. Roger Finke, *Acts of Faith. Explaining the Human Side of Religion*, Berkeley 2000, S. 21.

724 Rodney Stark, *Gottes Krieger: Die Kreuzzüge in neuem Licht*, Berlin 2013; dazu: Michael Borgolte, „Rächer vor Jerusalem", in: *Frankfurter Allgemeine Zeitung* vom 2. August 2013, S. 32.

Der Verweis auf den positivistischen Haltepunkt empirischer Sachverhalte mag vielleicht ausreichen, um Religionswissenschaft davor zu bewahren, zur religiösen Partei werden und Werturteile über andere Religionen abzugeben. Für die Abgrenzung zur Philosophie reicht der Verweis auf Empirie freilich heute nicht mehr. Denn auch Religionswissenschaft verkümmert ohne Theorie zum bloßen Sammeln von religiösen Phänomenen. So wie man zwischen soziologischer Theorie und theoretischer Soziologie unterscheidet, so gilt es zwischen religionswissenschaftlicher Theorie und theoretischer Religionswissenschaft zu unterscheiden. Keine Wissenschaft kommt ohne eine philosophische Reflexion ihres Daseins aus. Wer es sich leicht machen will, folgt einer der reichlich vorhandenen „Wissenschaftstheorien", den verkappten Philosophien, die nicht Philosophie sein wollen, um der Konkurrenz mit nicht genehmen Philosophen auszuweichen. Dies gilt auch für die Geisteswissenschaften nach ihrer kulturwissenschaftlichen Wende. Auch sie bedürfen einer philosophischen Reflexion ihres Daseins. Die Auskunft: ‚Religionswissenschaft ist, was Religionswissenschaftler machen', mag witzig sein, aber so kommt das Denken nicht vom Fleck.

Auf ein religionsphilosophisches Defizit von Religionswissenschaftlern hat Wolfgang Gantke hingewiesen. Er bestreitet, „die Sachgerechtigkeit der kultur- und humanwissenschaftlichen Übereinkunft, die Religionswissenschaft sei eine ausschließlich empirische Disziplin."[725] Die Gleichordnung von Religion mit anderen Kulturbereichen sei eine nicht mehr diskutierte Vorabentscheidung. „Die Frage nach dem, was die Religion von anderen Kulturbereichen unterscheidet, die Frage nach der Besonderheit, der Echtheit und der interkulturellen Verallgemeinerbarkeit der religiösen Erfahrung, die Frage nach dem Heiligen als einer transempirischen Größe: diese grundsätzlichen Fragen können im Rahmen einer rein empirisch orientierten Religionswissenschaft gar nicht erst sinnvoll gestellt werden."[726] Gantkes Plädoyer für eine „transzendenzoffene" Religionswissenschaft ist zentriert um den Begriff der religiösen Erfahrung, die auch vom Wissenschaftler ernst genommen werden soll.

Die Rehabilitation des Bezugs auf Erfahrungen, wie sie in der Tradition der Phänomenologie liegt, bildet auch den Ausgangspunkt unserer Religionssoziologie: Menschen machen Erfahrungen. Dabei können sie manche Erfahrungen als religiöse Erfahrungen interpretieren. Dies als bloße Konstruktion abzuwerten, verstellt den Weg für ein angemessenes Verständnis des Geschehens. Für die soziologische Betrachtungsweise ist darüber hinaus entscheidend, stets mit einzubeziehen, daß die religiösen Erfahrungen, die Menschen machen, in ein breites Feld nicht-religiöser Erfahrungen eingebettet sind. Darunter finden sich flüchtige, wenig bedeutsame und hochwichtige „Brennpunkte der Erfahrung" (Foucault). Solche Brennpunkte, die wir als dominante epochale Zeiterfahrungen beschrieben haben, können möglicherweise auch, durch eine spezielle religiöse Erfahrung gestützt, zur

---

725 Wolfgang Gantke, „Religion im Rahmen der Kulturwissenschaft", in: *Zeitschrift für Missionswissenschaft und Religionswissenschaft* 89/2005, S.83-96, hier S. 84.

726 Ebd., S. 89.

Thematisierung von Religion führen. Dabei kann es sich um eigene oder um eine bei anderen beobachtete religiöse Erfahrung handeln. Für unsere Religionssoziologie ist die Erhellung der Zusammenhänge von Religion und gesellschaftlicher Erfahrung konstitutiv.

Es bleibt abschließend nach dem Durchgang durch die Wissenschaften von der Religion die Frage zu stellen, ob es nicht viel zu grob ist, die feingliedrigen Spezialisierungen, die Hochbauten der Systematisierung, die wuchtigen Sammlungen religiöser Phänomene, die die Religionswissenschaftler um 1900 uns überliefert haben, auf ihren Horizont: die Erfahrung entfesselter Marktwirtschaft und ihren Folgen zurückzuführen und zu reduzieren. Niklas Luhmann stand bei seinem Versuch, Ideengeschichte als Evolution von Differenzen, als „Ideenevolution" oder als „Sinnevolution" zu konzipieren, vor einer ähnlichen Frage.[727] Dabei hat ihn nicht die Breite des Feldes von Intellektuellendiskursen interessiert, sondern nur „die Hochformen vergangener Intellektualität", die „Evolution ernsthafter, bewahrenswerter Semantik".[728] Wie kann überhaupt Soziologie mit intellektueller Tätigkeit umgehen, die, wie Paul Valéry bemerkt hat, selbst den Charakter des Ungeheuerlichen hat?[729] Luhmann konstatiert, „daß die *Inkommensurabilitäten in der Welt der Ideen höher sind als in der Welt der sogenannten Praxis.*"[730] Die Praktiken, die das Marktgeschehen konstituieren, sind schlichter als die Reflexionen, die diese Wirklichkeit provoziert. Dies gilt auch für die Praktiken der Glaubenskriege und der Revolutionen, die ja auch einen Reichtum an Ideen provoziert haben. Angesichts solcher Unverhältnismäßigkeiten hat Luhmann eine Verfeinerung systemtheoretischer Begrifflichkeit und ihrer erkenntniskritischen Fundierung vorgeschlagen: „Man muß sich nur die Komplexität, Differenziertheit, Widersprüchlichkeit, interne Agnostik, Feinfühligkeit des tradierten Ideenguts vor Augen führen – dann liegt auf der Hand, daß mit sehr einfach gebauten soziologischen Theorien, etwa Klassentheorien oder Elitetheorien, kein hinreichendes Diskriminiervermögen zu gewinnen ist. Wenn man nicht in der Theoriekonstruktion über *alles Bisherige* hinauskommt, und zwar *sehr weit* hinauskommt, sollte man als Soziologe das Feld räumen".[731] Wir folgen in dieser Religionssoziologie nicht der Fluchtbewegung auf immer höhere Palmen der Beobachtung, sondern wir haben uns auch im Kapitel über *Die Wissenschaften von der Religion* in der Nähe der Intellektuellen aufgehalten, die sich ihren Kopf über den Zusammenhang der sich ihnen aufdrängenden Erfahrung von entfesselter Marktwirtschaft und Religion gemacht haben.

Und wie bei der *rationalreligiösen* Konfessionskritik der Aufklärer, aus der Erfahrung von Glaubenskriegen geboren, wie bei der junghegelianischen Kritik aller

727 Niklas Luhmann, „Ideengeschichte in soziologischer Perspektive", in: ders., *Ideenevolution. Beiträge zur Wissenssoziologie*, hg. v. André Kieserling, Frankfurt a.M. 2008, S. 234-252, hier S. 28 und S. 70.

728 Ebd., S. 242 und S. 252.

729 Paul Valéry, *Herr Teste*, übersetzt v. Max Rychner, Frankfurt a.M. 1965.

730 Luhmann 2008, S. 243.

731 Ebd., S. 247.

Religion, aus der Erfahrung des Enthusiasmus der Revolution geboren, so gilt auch für die Wissenschaften von der Religion, daß sie auf den Horizont ihrer genuinen Erfahrung zugespitzt sind. Dies ist nicht einfach vergangene (und zu vergessene) Geschichte, sondern auch heute und in Zukunft dann Gegenwart, wenn wir Geschehnisse als Glaubenskriege, als Revolutionen oder als Folge entgrenzter Marktwirtschaft interpretieren.

Zusammenfassung: Markterfahrung, Wissenschaftsreligion, Religionsmarkt und die Wissenschaften von der Religion

Die Entfesselung der Marktwirtschaft und die Entstehung einer Gesellschaft, deren Bewegungsformen von Arbeitsmärkten, Bodenmärkten und Geldmärkten abhängen, stellt die dritte epochale Zeiterfahrung dar, in der die Wiederkehr des Themas Religion ein eigenes Profil gewonnen hat. Darum ging es im *Dritten Teil* der Religionssoziologie. Dieses Profil unterscheidet sich wesentlich von den Problemlagen europäischer Religionsdynamik, die wir im *Ersten Band* behandelt haben.

Zur Erinnerung: Die gesellschaftliche Erfahrung der Glaubenskriege, die Erfahrung der Konfessionalisierung des Raumes in der Form sich bekriegender Konfessionsstaaten hatte die Gewaltträchtigkeit des politischen Christentums tief ins Innere der europäischen Gesellschaften getragen. Die europäischen Glaubenskriege waren Staatenbildungskriege, in deren Verlauf Religion in einer paradoxen Doppelbewegung staatsbegründend und zugleich ein Stück weit neutralisiert wurde.

Die intellektuelle Antwort auf diese Erfahrung bestand in der Stiftung einer *Rationalreligion*, mit der kriegstreibende, dogmatische und institutionelle Formierungen kirchenkritisch abgebaut, der Religionsdiskurs verknappt und ins Geheimnis des Herzens eingeschlossen wurde. Immer dann, wenn sich in den folgenden Jahrhunderten Glaubenskriegerisches geregt hat, bestand für Intellektuelle die Möglichkeit, auf eine natürliche Religion zurückzugreifen. Es war dies eine aufgeklärte Religion, die auf den allmächtigen Baumeister aller Welten – wie ihn die Freimaurer nannten – vertraute, und die sich in der vormosaischen noachidischen Religion des Regenbogens wiedererkannte. Für die nachhaltige Beendigung von Glaubenskriegen hat die Menschheit bislang kein besseres Mittel gefunden. Und dies ist bei gegebenem Anlaß bis heute hoch aktuell.

Aber eben in der Hauptsache nur bei gegebenem Anlaß. Angesichts der zweiten epochalen Zeiterfahrung, der Erfahrung des sich in Europa ausbreitenden revolutionären Enthusiasmus in der Folge von 1789, erwiesen sich die Deutungen aufklärerischer *Rationalreligion* als unzulänglich. Denn der Enthusiasmus der Revolutionäre war im Kern etwas ganz anderes als der Fanatismus der Glaubenskriege. Der Enthusiasmus war zu sehr verquickt mit der Liebe zum Wahren, Schönen und Guten, die doch gerade zum Bildungselement aufgeklärter Religion gehörte. Die Mischungen von politischen Ideen und religiöser Intensität in der Revolutionsperiode unterschieden sich auch von der Politisierung des Christentums in den Glaubenskriegen. Es ging nicht nur um Staatenbildung, sondern ebenso um den revolutionären Angriff auf eben jene Staaten. Während die europäischen Glaubenskriege sich über relativ weite Zeiträume erstreckten, war die Verlaufsform des revolutionären Enthusiasmus von anderer Art.

Charakteristisch war das spontane Erwachen, eine Art Bewußtwerdung, dann die euphorische Steigerung, ein intensives Werteerleben, der Drang zu gewaltigen Taten, d.h. zur Gewaltaktion, dann aber auch die Erschöpfung und das Erschrekken, das in Reue und Zerknirschung münden konnte. In der Kernzeit des europäischen Enthusiasmus finden wir in vielen Biographien von Intellektuellen dieses Wechselspiel von Berauschung und Ernüchterung, von progressivem Erwachen und reaktionärer Erweckung, von linkem Radikalismus und rechtem Fundamentalismus. Der Enthusiasmus hat seine Stabilisierung in zwei neuen Religionen gefunden, die engstens mit der Revolutionserfahrung verbunden sind: die *Kunstreligion* und die *Nationalreligion*. Es sind dies religiöse Formationen, die sich in Europa wie eine zweite Schicht über die kirchlichen und sektiererischen *Bekenntnisreligionen* und ihren *rationalreligiösen* Widerpart gelegt haben. Es handelt sich um ein bisweilen antagonistisches Zwillingspaar. Denn die individualisierende Intensität kunstreligiösen Erlebens kann in einen Gegensatz zur sich aufs Kollektiv ausdehnenden Intensität *nationalreligiösen* Erlebens geraten.

So wie die Glaubenskriege ihre Antwort in aufgeklärter *Rationalreligion* gefunden haben, so ist das Geheimnis der enthusiastischen Fusionen der Revolutionszeit in der Intellektuellengruppe der Junghegelianer enthüllt worden: in der Feuerbachschen Anthropologie, in Bruno Bauers Kritik religiöser Unbestimmtheit, in der Marxschen Entmächtigung des ideellen Überbaus gesellschaftlicher Evolution und in der Stirnerschen Kritik des Heiligen. Immer dann, wenn sich in der Folgezeit revolutionärer Enthusiasmus geregt hat, bestand die Möglichkeit, auf die junghegelianische Religionskritik zurückzugreifen und die heiligen Ideale anthropologisch als Projektionen oder kritisch als Diffusionen eines Glaubensgefühls, oder ideologisch als Verhimmelung profaner Klasseninteressen, oder existentiell als individuelle Selbstentfremdung zu deuten. Und dies ist bei gegebenem Anlaß bis heute hoch aktuell. Aber in der Hauptsache nur bei gegebenem Anlaß, d.h. in der Erfahrung von Revolutionen, deren Zeiten vielleicht in Europa, aber keineswegs in anderen Kontinenten vorbei sind. Inaktuell werden diese Religionskritiken und Religionsdeutungen, die wir im *Ersten Band* behandelt haben, erst dann, wenn es auf dieser Erde keine Glaubenskriege und keine Revolutionen mehr geben wird.

Bei diesen beiden Schichten gesellschaftlicher Erfahrung und der Wiederkehr des Themas Religion ist es nicht geblieben. Mit der Erfahrung entfesselter Marktwirtschaft, die sich in der zweiten Hälfte des 19. Jahrhunderts ausgebreitet hat, erwiesen sich nicht nur die *rationalreligiösen* Umgangsweisen mit Religion, sondern auch die Kritik enthusiastischer Verhimmelungen, die die Junghegelianer entwikkelt hatten, als unzulänglich. Denn die Erfahrung von Marktgesellschaft unterschied sich qualitativ von den Erfahrungsschichten der Glaubenskriege und der Revolutionen. ‚Glaubenskrieg', ‚Revolution', ‚Marktgesellschaft' sind Erfahrungswelten sehr verschiedener Art, in denen sich auch das Thema Religion stets anders stellt. In der Erfahrung von Marktgesellschaft geht es nicht um Krieg, sondern um Konkurrenz, nicht um die enthusiastische Fusion von Göttlichem und Irdischen, sondern um materielle Interessen. Was wäre eine geistige Orientierung, die dem freien und friedlichen Wettbewerb um die besten Produkte und die besten Gewinnchancen förderlich ist?

Die neue geistige Autorität, die ihre Chance erst in der Marktgesellschaft hatte, war die *Religion der Wissenschaft*. Sie war attraktiv, weil sie das zu bieten versprach, was Marktteilnehmer über den Geldbesitz hinaus vor allem nötig haben, nämlich solides, verläßliches Wissen. Wir haben gezeigt, daß bestimmte Charakteristika wissenschaftlichen Handelns selbst eine hohe Affinität zum Marktgeschehen haben, wie z.B. die Privilegierung von Aktivität gegenüber Kontemplation, das Umgrenzen von Ausschnitten der Wirklichkeit und das Interesse an der Regelhaftigkeit und Kontrollierbarkeit des gewählten Ausschnitts, die Messung und Quantifizierung, der Spielcharakter der Experimente oder der Wissenschaftspragmatismus, der weniger nach Gründen als nach Erfolgen fragt.

So wenig wie jede Art von Skepsis zur *Rationalreligion*, jede Liebe zum Vaterland zur *Nationalreligion*, jede Begeisterung für die Kunst zur *Kunstreligion* geworden ist oder werden muß, so wenig ist aus wissenschaftlicher Neugier, aus empirischer Forschung, aus der Systematisierung der Resultate und der Theoriebildung stets eine *Wissenschaftsreligion* geworden. Aber der Weg, die Wissenschaft zur letzten Instanz, zum absoluten Wert, zu erheben, ist gegangen worden und kann erneut von denen gegangen werden, die eine Balance von Glauben und Wissen verwerfen, um vielleicht leise „mystisch“ oder laut „atheistisch“ einen konsequenten Naturalismus und Utilitarismus propagieren.

Die *Wissenschaftsreligion* hat alle anderen Religionen untereinander in Konkurrenzverhältnisse auf dem Gebiet des Geistigen gezwungen. Es war nicht nur ein Markt für Arbeit, Boden und Geld entstanden, sondern die Warenform bemächtigte sich auch der Religionen, die in der europäischen Moderne entstanden waren. Sie fanden sich als Konkurrenten auf einem Religionsmarkt wieder. Der Positivismus bot dem flügelschwingenden Enthusiasmus eine harte Konkurrenz, und er stand mit seinem Atheismus gegen jede *rationalreligiöse* Rückversicherung in irgendeinem, wie immer vernünftigen, Begriff des Absoluten. Die älteste Konkurrentin der *Wissenschaftsreligion* erwies sich aber als ihr mächtigster Gegner. Der Katholizismus erlebte, befreit von den konfessionsstaatlichen Bindungen der alten Adelskirche, unter den Bedingungen des Religionsmarktes einen bemerkenswerten Aufschwung in der zweiten Hälfte des 19. Jahrhunderts. Er verstand es den Versuchungen konfessioneller *Nationalreligion* zu widerstehen und bot zur *Kunstreligion* und *Wissenschaftsreligion* Alternativen an. Der ‚Kulturkampf‘ zwischen der katholischen Kirche und den *wissenschaftsreligiösen* Vereinen und Organisationen hat allerdings für eine gewisse Zeit die Wahrnehmung der pluralisierenden und homogenisierenden Wirkungen des Religionsmarkts verdeckt. *Wissenschaftsreligion* und Religionsmarkt gehören nicht einer vergangenen Welt an, die Problemlagen, die mit ihnen verbunden sind geblieben und werden bleiben, solange es Marktwirtschaft gibt.

Zur neuen Produktbezeichnung, mit der die konkurrierenden Religionen sortiert werden konnten, avancierte der Terminus Weltanschauung. Seine Karriere half mit, die Sonderstellung des christlichen Glaubens auf dem Religionsmarkt einzuebnen. Hinzu traten als weitere Produktbezeichnung im religiös-weltanschaulichen Feld Diskurse über Werte und Wertvorstellungen, die das bezeichnen sollten, was Menschen heilig ist. Werte konnten auch als *rationalreligiöse* Qualität des Philosophischen aufgefaßt werden. Mit ihren Schriften über Weltanschauungen und Werte konnten nun auch die Philosophen auf dem Religionsmarkt auftreten.

Im Unterschied zur katholischen Kirche, die sich als religiöse Großorganisation für den Markt fit gemacht hatte, erschwerte die staatskirchliche Orientierung von Thron und Altar den Protestanten ihren Marktauftritt als Kirche. Dafür gelang es einzelnen Protestanten als Religionsunternehmer mit ihren Schriften Anhänger als Leser zu gewinnen. Die religiöse Schriftstellerei Sören Kierkegaards hat uns dafür als Beispiel gedient. Im Kontrast zu diesem Typus religiöser Existenzmitteilung eines Einzelnen hat die Weltanschauungsfirma des „Kulturverlegers" Eugen Diederichs ein umfängliches Angebot von solchen außerkirchlichen religiösen Stimmen auf den Markt gebracht, die sich für eine umfassende Synthese im Sinne einer Kräftigung der Moderne durch Religion eigneten.

Der Überfluß religiöser Deutungsangebote konnte auch zum Überdruß werden. Neben den exemplarisch behandelten Teilnehmern auf dem Religionsmarkt haben wir der weltanschaulichen Bewegung des Pessimismus eine besondere Aufmerksamkeit geschenkt, weil ihre Vertreter auf Distanz zu allen positiven Glaubensangeboten gegangen sind. Dem diagnostizierten Verfall aller Religion und der Desillusionierung optimistischer Weltanschauung gegenüber forderten sie, eine heroische Haltung einzunehmen und die bittere Wahrheit des unaufhaltsamen Niedergangs zu ertragen. Eine religiöse Frucht dieser Bewegung war die Religion des Mitleids, die, angeregt durch die Nachrichten über das ferne Elend oder die geschundenen Kreaturen, bis in unsere Tage präsent ist.

Die Wahrnehmung eines Weltmarkts der Religionen erweiterte um 1900 noch einmal das Spektrum religiös-weltanschaulicher Wahlmöglichkeiten. Es waren insbesondere die über die USA auf den europäischen Religionsmarkt drängenden asiatischen Alternativen des unter kolonialistischen Verhältnissen erwachten Reform-Hinduismus und Reform-Buddhismus. Sie ermöglichten europäischen Intellektuellen, sich entweder an west-östlichen Synkretismen zu beteiligen, wie sie z.B. die *Theosophischen Gesellschaft* und ihre Netzwerke entwickelte, oder der ganzen europäischen Religionsentwicklung den Rücken zu kehren.

Die Frage, die sich den Intellektuellen stellte, war: Wie könnte eine Antwort auf diese neuen Erfahrungen einer pluralistischen religiösen Situation in der entfesselten Marktgesellschaft aussehen? Philosophen, die das *rationalreligiöse* Programm der Aufklärung in eine Wertephilosophie umformten waren ebenso wie die junghegelianische Religionskritik – also die Rückführung religiöser Glaubenswelten auf Anthropologie oder die Atomisierung der modernen Individuen in gesellschaftlichen Strukturen oder die Konstruktionsmächtigkeit der Einzelnen – waren ja selbst Weltanschauungsangebote auf dem Markt geworden. Für eine Antwort auf die neuen Erfahrungen der religiösen Situation in entfesselten Marktgesellschaften waren die Anbieter auf dem Religionsmarkt weniger geeignet als die, die sich ganz der geistigen Autorität der Wissenschaft unterstellten. Ihr Projekt war nicht *Wissenschaftsreligion*, sondern Religionswissenschaft. Religion als wissenschaftlichen Gegenstand zu untersuchen, diese Aufgabe haben sich die Religionswissenschaften gestellt, die sich um 1900 als Religionspsychologie, Religionsgeschichte, Religionssoziologie und auch als die Fachdisziplin Religionswissenschaft konstituiert haben. Nach der *rationalreligiösen* Kirchen- und Dogmenkritik der Aufklärer und nach der junghegelianischen Religionskritik ist in Europa mit den Religionswissenschaften die dritte Formation von Religionsdeutung entstanden.

Wie sind diese Wissenschaften mit dem Problem umgegangen, für den religiösen Pluralismus der Marktgesellschaft eine kohärente wissenschaftliche Definition ihres Gegenstandes zu finden? Dies gelang nicht im direkten Zugriff auf ihre Gegenwart, sondern auf verschiedenen Umwegen, etwa Charakteristika des Religiösen und der Religion an den Rändern der Normalität der Moderne zu identifizieren. Man konnte dies an Beispielen extremer Religiosität, durch Hypostase eines besonderen Zugangs zu einer Transzendenz oder eines metaphysischen Bewußtseins, durch Fahndungen nach dem Ursprung der Religion oder durch Religionsvergleiche früher Hochkulturen versuchen. Nicht der Pluralismus des Religionsmarktes war in diesen Versuchen maßgebend, sondern die Orientierung an Phänomenen, bei denen eine, sei es vormoderne oder an Pathologie erinnernde, aber in jedem Fall intakte, eindeutige und greifbare Religiosität zu finden war. Dabei half die evolutionistische Perspektive, die die vormodernen Religionen genügend von der Gegenwart distanzierte ebenso wie die Abweichung vom Maßstab der normalen, nicht außergewöhnlich religiös begabten Individuen. Dann konnte auch gleichsam summarisch die Qualität des Irrationalen überhaupt zum Identitätsmerkmal von Religion erklärt werden.

Die heute klassisch genannten Religionssoziologien von Émile Durkheim, Max Weber, dem wir Ernst Troeltsch zur Seite gestellt haben, und Georg Simmel sind in engem Austausch mit den anderen Religionswissenschaften entstanden. Als Soziologien waren sie jedoch auf das Thema der modernen Marktgesellschaft verpflichtet. Sie konnten ihre Definition von Religion als einem wissenschaftlichen Gegenstand befriedigend nicht auf den Umwegen sei es über die Ränder der Normalität der Moderne, sei es über die Vormoderne oder über eine Phänomenologie des Irrationalen schlechthin erreichen. Wollte man die Religionssoziologien, die wir behandelt haben systematisch anordnen, so bilden Durkheims funktionale Theorie der Religion und Webers historisch-soziologische Analysen zum Zusammenhang von Religion und Wirtschaftsethik eine erste Hauptspannung.

In der Erfahrung entfesselter Marktgesellschaft lenkt Durkheim den Blick auf die zentrale Funktion der Religion, soziale Kohäsion zu stärken und zu erneuern. Weber dagegen fragt nach dem Beitrag, den Religion für die Heraufkunft der modernen Gesellschaft geleistet hat. Für Durkheim haben alle Gesellschaften das Bedürfnis, ihren Zusammenhalt in religiösen Festen zu feiern, zu denen sich die Individuen versammeln und ihre serielle Verstreutheit im profanen System der Arbeitsteilung für eine bestimmte Zeit aufheben. Dabei ist die Besonderheit der Inhalte der religiösen Glaubenswelten im Prinzip gleichgültig. Ob ein Fest zu Ehren irgendwelcher Götter, dem Auszug der Israeliten aus Ägypten, des Weihnachtsfests oder des Geburtstags der Nation gefeiert wird, die Funktion der Religion bleibt gleich. Die funktionale Theorie der Religion handelt von der Religion als einer Religion ohne bestimmte Inhalte, was zählt ist der gleichgültig universelle Inhalt der Göttlichkeit des Sozialen selbst.

Anders bei Weber. Bei ihm richtet sich der Blick gerade auf die Bestimmtheit verschiedener Glaubenslehren, die zu unterschiedlichen Weisen der Lebensführung als ihre Konsequenz veranlassen. Von daher ist Webers Religionssoziologie auf die Frage zugespitzt, welche Dimensionen der verschiedenen Weltreligionen einer kapitalistischen Wirtschaftsgesinnung förderlich sind und welche nicht. Auch wenn Durkheim, die moralische Krise der Gesellschaft seiner Zeit diagnostizierend, ungewiß ist, welches die zukünftigen Feste sein werden, die Funktion von Religion bleibt für jeden sozialen Zusammenhalt unerläßlich. Dem kann Weber nicht folgen, da er die unbeabsichtigten Prozesse der Selbstauflösung des Christentums und weitergehend überhaupt der Entzauberung der Welt für die Entwicklung der Moderne als bestimmend betrachtet.

Bilden Durkheims funktionale Theorie der Religion und Webers Säkularisierungsthese eine erste Hauptspannung in den religionssoziologischen Antworten um 1900, so wird man dieser eine zweite zwischen Ernst Troeltsch und Georg Simmel zur Seite stellen können. Der soziologische Blick des Theologen Troeltsch richtet sich auf die Kernfrage nach der institutionellen Gestalt des christlichen Glaubens. Kann das Christentum als Kirche weiter existieren? Oder hat es nur in der organisatorischen Form der Sekte eine Zukunft? Oder bleibt schließlich insbesondere für Intellektuelle nur Mystik? Und wie kann sich diese als eine christliche Mystik kenntlich machen? Georg Simmels Religionssoziologie setzt nicht bei den fertigen Gestalten objektiver Religion ein. Religiosität hat eher den Charakter einer Tendenz, bei der sich aus Religionsfragmenten und religiösen Halbprodukten ein religiöser Persönlichkeitskern bildet. Gleichwie Formen gegebener religiöser Gemeinschaften beschaffen sind, der Einzelne folgt bei seiner Heilssuche einem ‚individuellen Gesetz'.

Die Wissenschaften von der Religion haben ein anderes Bild von Religion gezeichnet als die Konfessionskritik *rationalreligiöser* Aufklärung und als es die Kritik aller Religion der radikalen Hegelsöhne getan haben. Sie standen auch vor anderen Herausforderungen. Sie hatten es nicht mit der Gewalt von Glaubenskriegen zu tun und auch nicht mit der enthusiastischen Religiosität der Revolutionäre, die das Reich der Gerechtigkeit auf Erden etablieren wollten. Der Kurs der Göttlichkeit der Vernunft war gefallen, dafür leuchtete die Sonne der Wissenschaft, und auch die Revolutionäre entwarfen ihre Pläne nunmehr nach wissenschaftlichen Grundsätzen. Das Bild von Religion, das die Religionssoziologie gezeichnet hat, war eine Antwort auf die Herausforderung der Pluralität und der marktförmigen Konkurrenz der Religionen.

Auch ihr Religionsmarkt war schon ein Weltmarkt der Religionen geworden. Umso mehr ist er es heute. So wie vor hundert Jahren der Einzug von modernem Hinduismus und Buddhismus den Blick auf Religion verändert hat, so stellen sich heute für Intellektuelle mit der Einwanderung aus islamisch geprägten Ländern nach Europa vergleichbare Fragen. Wie verändert sich islamische Religiosität, wenn sie in die Welt der Pluralität und der marktförmigen Konkurrenz der Religionen kommt, in der Religionswissenschaft sich auch historisch-kritisch an die Erforschung der Genese des Islam und die Überlieferung heiliger Texte macht? Andere Fragen, wie die nach einem Reform-Islam, nach Chancen für einen den Euro-Islam oder die nach weiteren enthusiastischen revolutionären Frühlingen in der islamischen Welt berühren Komplexe, die die wir im *Ersten Band* in den Teilen *Glaubenskrieg* und *Revolution* behandelt haben. Was auch immer von Intellektuellen in *res divinae* erstmals erfahren und beantwortet wurde, kann in späteren Zeiten und unter anderen Umständen als eine Wiederholung begriffen werden. Denn für das Denken der Religion bilden intellektuell verarbeitete epochale Erfahrungen den einzigen Rahmen. So sind die Götter aller Religionen sind unsterblich oder können wieder auferstehen, wenn gesellschaftliche Zeiterfahrung sie anruft. In Sachen Religion gibt es keinen Fortschritt.

Jedoch der Sturm, der vom Paradies wegweht, ist ein wiederkehrender Sturm. Wir werden im *Vierten Teil* dieser Studie über Erfahrungen zu sprechen haben, die die Begründer der Religionswissenschaft und Religionssoziologie nur ansatzweise teilen konnten. Auf diese neuen Erfahrungen wollen auch – wie schon in den älteren Phasen europäischer Religionsdynamik – die alten Antworten nicht genau passen. Eine neue europäische Runde beginnt, an deren Ende ganz andere Antworten auf die Frage: Was ist Religion? gegeben werden können.